河南统计年鉴 2016

HENAN STATISTICAL YEARBOOK 2016

2016

河 南 省 统 计 局
国家统计局河南调查总队 编

Compiled by Henan Statistics Bureau
Henan General Team of Investigation under the NBS

总第33期 NO.33

2016 河南统计年鉴

图书在版编目（CIP）数据

河南统计年鉴. 2016 : 汉英对照 / 河南省统计局, 国家统计局河南调查总队编. -- 北京 : 中国统计出版社, 2016.9
ISBN 978-7-5037-7872-8

Ⅰ. ①河… Ⅱ. ①河… ②国… Ⅲ. ①统计资料－河南省－2016－年鉴－汉、英 Ⅳ. ①C832.61-54

中国版本图书馆CIP数据核字（2016）第168102号

河南统计年鉴-2016

作　　者/ 河南省统计局　国家统计局河南调查总队
责任编辑/ 佘竞雄　熊　威
装帧设计/ 梁裕宇
出版发行/ 中国统计出版社
地　　址/ 北京市丰台区西三环南路甲6号　邮政编码/100073
电　　话/ 邮购（010）63376909　书店（010）68783171
网　　址/ http://csp.stats.gov.cn
印　　刷/ 1-3000册
经　　销/ 新华书店
开　　本/ 890mm×1240mm　1/16
字　　数/ 1600千字
印　　张/ 64
版　　别/ 2016年11月第1版
版　　次/ 2016年11月第1次印刷
定　　价/ 398.00元

本书附同版本CD-ROM一张，光盘内容以书面文字为准。
如有印装差错，由本社发行部调换。

《河南统计年鉴－2016》
编委会和编辑部工作人员名单

2016 河南统计年鉴

Editorial Board and Staff

编辑说明

一、《河南统计年鉴—2016》是一部全面反映河南省经济和社会发展情况的资料性年刊。本书收录了全省和各市(县)2015年以及重要历史年份的经济和社会各方面大量的统计数据，并收录了全国及各省市区2015年的主要统计数据。

二、全书内容分为28个部分，即，1、行政区划和自然资源；2、综合；3、国民经济核算；4、人口；5、从业人员和职工工资；6、固定资产投资；7、对外贸易和旅游；8、能源；9、财政；10、物价；11、人民生活；12、城市概况；13、农业；14、工业；15、建筑业；16、房地产业；17、批发和零售业、住宿和餐饮业；18、金融业；19、其他服务业；20、运输和邮电；21、资源和环境；22、科学技术；23、教育；24、卫生和社会工作；25、文化和体育；26、公共管理、社会保障和社会组织；27、各县（市、区）主要统计指标；28、全国及各省市区主要统计指标。各篇前有简要说明，篇末附有《主要统计指标解释》。

三、本年鉴的资料来源，大部分来自年度统计报表，一部分来自抽样调查。

四、资料中所使用的度量衡单位均采用国际统一标准计量单位。

五、本年鉴部分数据合计数或相对数由于单位取舍不同而产生的计算误差均未作机械调整。

六、本年鉴各表中，有关对全表的注解均在该表上方，对表中部分指标的注解则在该表下方。凡带续表的资料，对部分指标的注解一律在最后一张续表的下方。

七、本年鉴表中的符号使用说明：“空格”表示该项统计指标数据不详或无该项数据；“#”表示其中的主要项。

Preface

I. Henan Statistical Yearbook 2016, is an annual statistical publication, which comprehensively reflects the economy and society development of Henan. It widely covers data for 2015 and key statistical data in some historically important years of Henan, at data for 2015 year at the national level and the local levels of province ,autonomous region and municipality directly under the Central Government.

II. The yearbook contains the following twenty-eight parts, 1. Divisions of Administrative Areas and Natural Resources; 2.General Survey; 3.National Accounts; 4.Population; 5.Employment and Wages; 6.Investment in Fixed Assets, 7. Foreign Trade and Tourists; 8. Energy; 9.Government Finance; 10.Price Indices; 11.People's Livelihood; 12.General Survey of Cities; 13.Agriculture; 14.Industry; 15.Construction; 16. Real Estate; 17. Wholesale and Retail Sale trades, Hotels and Catering Services; 18. Financial Intermediation; 19.Other Services; 20. Transport, Storage and Post; 21. Environment; 22.Scientific and Technical; 23.Education; 24.Sanitation and Social Work; 25.Culture and Sports; 26. Public Management, social security and Social Organizations;27.Main Indicators of County （City, municipal districts） ; 28.Main Indicators of the Whole Nation and 31 Provinces (Municipality, Autonomous Regions). there is brief description at the beginning of each chapter, and Explanatory Notes on Main Statistical Indicators are at the end of each chapter.

III. The major data sources of this publication are obtained from annual statistical reports, and some from sample surveys.

IV. The units of measurement used in this yearbook are internationally standard measurement units.

V. Statistical discrepancies due to rounding are not adjusted in this yearbook.

VI. The notes concerning the whole table are placed at the upper part of the table, while the notes concerning individual indicators are placed at the lower part. If the table occupied more than one page, the footnotes of the individual indicators are placed at the end of the last page.

VII. Notations used in this yearbook: "(Blank)" indicates that the data are unknown or are not available; "#"Indicates a major breakdown of the total.

目录索引

目　　录

CONTENTS

一、行政区划和自然资源

Divisions of Administrative Areas and Natural Resources

二、综合

General Survey

三、国民经济核算

National Accounts

四、人口
Population

五、从业人员与职工工资
Employment and Wages

六、固定资产投资

Investment in Fixed Assets

七、对外经济贸易和旅游
Foreign Trade and Economic Cooperation and Tourists

十一、人民生活
People's Livelihood

十二、城市概况
General Survey of Cities

十三、农业
Agriculture

十四、工业
Industry

十五、建筑业
Construction

十六、房地产业

Real Estate

十七、批发和零售业、住宿和餐饮业

Wholesale and Retail Sale trades, Hotels and Catering Services

十九、其他服务业

Other Services

二十、运输和邮电
Transport, Storage and Post

二十二、科学技术
Science and Technology

二十三、教育

Education

二十四、卫生和社会工作
Health and Social Work

二十五、文化和体育
Culture and Sports

二十七、各县（市、区）主要统计指标

Main Indicators of County（City, municipal districts）

二十八、全国及各省、市、区主要统计指标

Main Indicators of the whole Nation and 31 Provinces (Municipality, Autonomous, Regions)

行政区划和自然资源

Divisions of Administrative Areas and Natural Resources

1

资料整理：赵霞　高彦

简要说明

一、主要内容

本篇包括行政区划资料，自然状况和自然资源资料。

二、资料来源

行政区划资料，是截止上年末经国务院批准的行政区划变更情况，由河南省民政厅提供。自然状况包括土地、山脉、河流等数据资料，根据有关历史资料整理。气象资料由河南省气象局提供；矿产资源数据由河南省国土资源厅提供。本篇资料由河南省统计局社会与科技统计处和固定资产投资处编辑整理。

Brief Introduction

I. Main Contents

This chapter consists of three parts: divisions of administrative areas, Natural Conditions and Natural Resources.

II. Sources of Data

Data on divisions of administrative areas in Henan are prepared and provided by the Henan Province Bureau of Civil Affairs on the basis of the changes in the divisions of administrative areas as approved by the State Council at the end of the previous year. Data on natural conditions cover land area, mountain ranges, rivers and so on. Data on natural conditions are compiled by the Department of Comprehensive Statistics using relevant historical data. Data on meteorological phenomena and mineral are provided respectively by Henan Provincial Bureau of Meteorological and Henan Provincial Bureau of Land and Resources. Data in this chapter are sort out by Department of social and scientific and technological, and investment in fixed assets of Henan provincial bureau of statistics.

1-1 全省行政区划(2015年底)
Administrative Division of Henan Province (End of 2015)

单位：个 (unit)

市 City	市 City	省辖市 Cities Under the Jurisdication of Province	县级市 Cities at County Level	县 County	市辖区 Districts Under the Jurisdication of City	镇 Townships	乡 Townships	街道办事处 Urban Subdistrict Offices	居民委员会 Neighborhood Committees	村民委员会 Village Committees
全省 Total	**38**	**17**	**21**	**86**	**51**	**1105**	**703**	**625**	**5418**	**46115**
郑州市 Zhengzhou	6	1	5	1	6	73	16	85	658	2196
开封市 Kaifeng	1	1		4	5	31	48	37	395	2130
洛阳市 Luoyang	2	1	1	8	6	99	31	58	506	2729
平顶山市 Pingdingshan	3	1	2	4	4	50	36	56	236	2553
安阳市 Anyang	2	1	1	4	4	61	30	43	365	3151
鹤壁市 Hebi	1	1		2	3	14	5	23	166	810
新乡市 Xinxiang	3	1	2	6	4	75	43	35	231	3539
焦作市 Jiaozuo	3	1	2	4	4	33	19	56	169	1816
濮阳市 Puyang	1	1		5	1	38	37	13	105	2965
许昌市 Xuchang	3	1	2	3	1	55	23	25	374	2069
漯河市 Luohe	1	1		2	3	38	10	3	78	1262
三门峡市 Sanmenxia	3	1	2	2	2	29	33	12	130	1343
南阳市 Nanyang	2	1	1	10	2	144	60	39	401	4517
商丘市 Shangqiu	2	1	1	6	2	90	79	27	236	4609
信阳市 Xinyang	1	1		8	2	83	88	37	535	2887
周口市 Zhoukou	2	1	1	8	1	93	76	34	390	4608
驻马店市 Zhumadian	1	1		9	1	88	69	37	371	2478
济源市 Jiyuan	1		1			11		5	72	453

1-2 各市、县(市、区)名称(2015年底)
Name of Administrative Area (End of 2015)

市 Cities	县(市、区)数(个) Counties (unit)	市辖县 Counties Under the Jurisdiction of Cities	市辖区 Districts Under the Jurisdiction of Cities	县级市 Cities at County Level
郑州市 Zhengzhou	12	中牟 Zhongmou	中原区、二七区、管城回族区、金水区、上街区、惠济区 Zhongyuan,Erqi,Guancheng Huizu,Jinshui,Shangjie,Huiji	巩义市 Gongyi 荥阳市 Xingyang 新郑市 Xinzheng 登封市 Dengfeng 新密市 Xinmi
开封市 Kaifeng	9	杞县、通许、尉氏、兰考 Qixian,Tongxu,Weishi,Lankao	龙亭区、顺河回族区、鼓楼区、禹王台区、祥符区 Longting,Shunhe Huizu,Gulou,Yuwangtai,Xiangfu	
洛阳市 Luoyang	15	孟津、新安、栾川、嵩县、汝阳、宜阳、洛宁、伊川 Mengjin,Xin'an,Luanchuan,Songxian,Ruyang,Yiyang,Luoning,Yichuan	老城区、西工区、瀍河回族区、涧西区、吉利区、洛龙区 Laocheng,Xigong,Chanhe Huizu,Jianxi,Jili,Luolong	偃师市 Yanshi
平顶山市 Pingdingshan	10	宝丰、叶县、鲁山、郏县 Baofeng,Yexian,Lushan,Jiaxian	新华区、卫东区、湛河区、石龙区 Xinhua,Weidong,Zhanhe,Shilong	汝州市 Ruzhou 舞钢市 Wugang
安阳市 Anyang	9	安阳、汤阴、滑县、内黄 Anyang,Tangyin,Huaxian,Neihuang	文峰区、北关区、殷都区、龙安区 Wenfeng,Beiguan,Yindu,Longan	林州市 Linzhou
鹤壁市 Hebi	5	浚县、淇县 Xunxian,Qixian	鹤山区、山城区、淇滨区 Heshan,Shancheng,Qibin	
新乡市 Xinxiang	12	新乡、获嘉、原阳、延津、封丘、长垣 Xinxiang,Huojia,Yuanyang,Yanjin,Fengqiu,Changyuan	红旗区、卫滨区、凤泉区、牧野区 Hongqi,WeiBin,Fengquan,Muye	卫辉市Weihui 辉县市Huixian
焦作市 Jiaozuo	10	修武、博爱、武陟、温县 Xiuwu,Boai,Wuzhi,Wenxian	解放区、中站区、马村区、山阳区 Jiefang,Zhongzhan,Macun,Shanyang	沁阳市Qinyang 孟州市Mengzhou
濮阳市 Puyang	6	清丰、南乐、范县、台前、濮阳 Qingfeng,Nanle,Fanxian,Taiqian,Puyang	华龙区 Hualong	
许昌市 Xuchang	6	许昌、鄢陵、襄城 Xuchang,Yanling,Xiangcheng	魏都区 Weidu	禹州市Yuzhou 长葛市Changge
漯河市 Luohe	5	舞阳、临颍、 Wuyang,Linying	源汇区、郾城区、召陵区 Yuanhui，Yancheng, Zhaoling	
三门峡市 Sanmenxia	6	渑池、卢氏 Mianchi,Lushi	湖滨区、陕州区 Hubin，Shanzhou	义马市Yima 灵宝市Lingbao
南阳市 Nanyang	13	南召、方城、西峡、镇平、内乡、淅川、社旗、唐河、新野、桐柏 Nanzhao,Fangcheng,Xixia,Zhenping,Neixiang Xichuan,Sheqi,Tanghe,Xinye,Tongbai	卧龙区、宛城区 Wolong,Wancheng	邓州市 Dengzhou
商丘市 Shangqiu	9	虞城、民权、宁陵、睢县、夏邑、柘城 Yucheng,Minquan,Ningling,Suixian,Xiayi,Zhecheng	梁园区、睢阳区 LiangYuan,Suiyang	永城市 Yongcheng
信阳市 Xinyang	10	息县、淮滨、潢川、光山、固始、商城、罗山、新县 Xixian,Huaibin,Huangchuan,Guangshan,Gushi,Shangcheng,Luoshan,Xinxian	浉河区、平桥区 Shihe,Pingqiao	
周口市 Zhoukou	10	扶沟、西华、商水、太康、鹿邑、郸城、淮阳、沈丘 Fugou,Xihua,Shangshui,Taikang,Luyi,Dancheng,Huaiyang,Shenqiu	川汇区 Chuanhui	项城市 XiangCheng
驻马店市 Zhumadian	10	确山、泌阳、遂平、西平、上蔡、汝南、平舆、新蔡、正阳 Queshan,Biyang,Suiping,Xiping,Shangcai Runan,Pingyu,Xincai,Zhengyang	驿城区 Yicheng	
济源市 Jiyuan	1			济源市 Jiyuan

1-3 自然资源

Natural Resources

项　目	Item	2005	2010	2014	2015
地理位置	**Geographical Position**				
东经	East Longitude	110°21′～116°391′	110°21′～116°391′	110°21′～116°391′	110°21′～116°391′
北纬	North Latitude	31°23′～36°23′	31°23′～36°23′	31°23′～36°23′	31°23′～36°23′
矿产资源(保有储量)	**Mineral Resources (Ensured Reserves)**				
煤炭(亿吨)	Coal(100 million tons)	260.00	279.74	303.11	346.58
铁矿(矿石,亿吨)	Iron Ore(100 million tons)	10.60	16.35	20.27	20.70
铝矿(铝土矿矿石,亿吨)	Aluminium(100 million tons)	4.59	7.84	7.42	10.70
钼矿(钼,万吨)	Molybdenum(10 000 tons)	374.60	365.05	565.86	575.85
金矿(金,吨)	Gold mine(ton)	353.58	379.15	626.73	641.99
炼镁白云岩(矿石 亿吨)	Smelting magnesium dolomite (100 million tons)	0.32	1.45	3.19	3.31
钨矿(VO3 万吨)	Tungsten (VO3,10 000 tons)	56.63	43.86	27.06	27.39
蓝晶石(万吨)	kyanite(10 000 tons)	416.60	355.26	376.78	376.65
红柱石(万吨)	andalusite(10 000 tons)	1016.89	995.38	995.38	995.38
天然碱(矿物,万吨)	trona(10 000 tons)	8384.90	8830.11	13568.36	13498.67

1-4 各市年平均气温和平均年降水量(2015年)

Annual Average Temperature and Average Annual Precipitation by City (2015)

市	City	年平均气温(摄氏度) Annual Average Temperature (degree centigrade)	平均年降水量(毫米) Average Annual Precipitation (mm)
全省	**Total**	**15.1**	**694.9**
郑州市	Zhengzhou	15.4	611.6
开封市	Kaifeng	15.0	658.0
洛阳市	Luoyang	14.5	665.5
平顶山市	Pingdingshan	15.0	689.5
安阳市	Anyang	14.4	550.1
鹤壁市	Hebi	14.3	492.9
新乡市	Xinxiang	14.9	525.0
焦作市	Jiaozuo	15.2	580.0
濮阳市	Puyang	14.3	548.8
许昌市	Xuchang	14.8	750.2
漯河市	Luohe	15.0	737.3
三门峡市	Sanmenxia	13.7	687.2
南阳市	Nanyang	15.5	711.3
商丘市	Shangqiu	14.6	736.2
信阳市	Xinyang	16.0	1071.5
周口市	Zhoukou	15.6	749.7
驻马店市	Zhumadian	15.4	733.2
济源市	Jiyuan	15.4	664.8

主要统计指标解释

行政区划 指国家对行政区域的划分。根据有关法规规定，我国的行政区域划分如下：(1)全国分为省、自治区、直辖市；(2)省、自治区分为自治州、县、自治县、市；(3)自治州分为县、自治县、市；(4) 自治区、自治州、自治县都是民族自治的地方；县、自治县分为乡、民族乡、镇；(5)直辖市和较大的市分为区、县；(6)国家在必要时设立的特别行政区。

Explanatory Notes on Main Statistical Indicators

Divisions of Administrative Areas refers to the division of administrative areas by the State. The relative laws stipulate that 1) the whole country is divided into provinces, autonomous regions and municipalities directly under the Central Government; 2) provinces and autonomous regions are further divided into autonomous prefectures, counties, autonomous counties and cities; 3) autonomous prefectures are further divided into counties, autonomous counties and cities; 4) counties and autonomous counties are further divided into townships, ethnic townships and towns; 5) municipalities directly under the Central Government and large cities are divided into districts and counties, 6) the State shall, when necessary, establish special administrative regions.

综合
General Survey

2

资料整理：朱涛　孙崇龙　司景贤　刘秋香

简要说明

一、主要内容

本篇包括国民经济综合资料，基本单位资料，产业集聚区、航空港区和商务两区资料。

二、资料来源

国民经济综合资料是通过对各篇章主要统计指标及其速度、结构和效益等加工计算的，由河南省统计局综合处编辑整理。

基本单位资料主要包括所有法人单位和产业活动单位数，是根据名录库中各部门的单位审批登记资料和经常性统计调查中查到的新增、变动和消亡单位情况，本部分由河南省统计局普查中心编辑整理。

产业集聚区、航空港区和商务两区资料由河南省统计局监测评价考核处编辑整理。

Brief Introduction

I. Main Contents

This chapter consists of following parts: summary data on the national economy and social development, Institutional unit, Main economic indicators of industry gathering area, zhengzhou Airport and two business areas.

II. Sources of Data

The summary data on the national economy and social development reflect the overall situation by presenting further processed statistics including growth, structure, ratio, and efficiency data derived from other chapters. Data in this part are prepared by Comprehensive Department of Henan provincial Bureau of statistics.

Data on institutional unit include legal and establishment units, which are calculated on directory library and increase, change and reduce unit in regular surreys. Data in this part are prepared by Census Center of Henan provincial Bureau of statistics.

Data on industry gathering area, zhengzhou Airport and two business areas is prepared by Assessment of monitoring and evaluation of Henan provincial Bureau of Statistics.

2-1 河南省主要统计指标居全国位次

The Main Indicator Seating Arrangement of Henan in Nation

指　标	Indicator	2000	2005	2010	2014	2015
生产总值	Gross Domestic Product	5	5	5	5	5
生产总值增速	Growth of Gross Domestic Product	14	5	21	13	13
固定资产投资	Total Investment in Fixed Assets	11	6	4	3	3
#房地产开发	Real Estate	18	15	10	8	5
居民消费价格指数	General Consumer Price Index	26	9	13	17	20
一般公共预算收入	Financial Revenue of the Local Government	9	8	9	9	8
一般公共预算支出	Financial Expenditures of the Local Government	7	7	5	5	5
规模以上工业增加值增速	Growth Rate of Industrial Enterprises above Designated Size	17	4	14	7	7
社会消费品零售总额	Total Retail Sales of Consumer Goods	5	5	5	5	5
进出口总额	Total Exports and Imports	18	16	16	12	11
进口	Imports	21	18	19	11	10
出口	Exports	14	13	17	12	11
居民可支配收入	Per Capita Annual Disposable Income				24	24
城镇	Per Capita Annual Disposable Income of Urban Households				23	24
农村	Per Capita Net Income of Rural Residents				17	17
在岗职工平均工资	Average Wage of Staff and Workers	30	30	26	31	31

注：2010年以前固定资产投资为城镇口径，居民可支配收入为城乡一体化调查结果(2-2~6同)。
a) Data on investment in fixed assets before 2010 is urban investment.Data on Per Capita Annual Disposable Income integration of urban and rural. (the same as table 2~6)

2-2 河南省主要统计指标占全国比重

The Main Indicator Poroportion of Henan in Nation

单位：% (%)

指　标	Indicator	1952	1978	1990	2000	2010	2014	2015
生产总值	Gross Domestic Product	5.3	4.5	5.0	5.1	5.6	5.5	5.4
第一产业	Primary Industry	6.6	6.3	6.4	7.9	8.1	7.1	6.9
第二产业	Secondary Industry	5.8	4.0	4.3	5.1	6.8	6.6	6.4
第三产业	Tertiary Industry	2.8	3.3	4.7	4.0	3.9	4.2	4.3
人均生产总值	Per Capita GDP		60.9	66.4	69.0	80.5	79.5	79.3
全社会固定资产投资总额	Total Investment in Fixed Assets		2.7(1980年)	4.6	4.5	6.0	6.0	6.3
#固定资产投资	Investment in Fixed Assets		3.1(1980年)	3.8	3.6	5.8	6.0	6.3
一般公共预算收入	Financial Revenue of the Local Government	2.5	3.5	4.3	3.8	3.4	3.6	3.6
一般公共预算支出	Financial Expenditures of the Local Government	1.0	4.7	4.3	4.3	4.6	4.7	4.5
粮食产量	Output of Grain	6.3	6.9	7.4	8.9	9.9	9.5	9.8
社会消费品零售总额	Total Retail Sales of Consumer Goods	3.9	4.6	3.8	4.8	5.1	5.2	5.2
进出口总额	Total Exports and Imports	0.1(1957年)	0.6	0.9	0.5	0.6	1.5	1.9
#出口	Exports	0.3(1957年)	1.0	1.4	0.6	0.7	1.7	1.9
居民可支配收入	Per Capita Annual Disposable Income						77.8	78.0
城镇	Per Capita Annual Disposable Income of Urban Households						82.1	82.0
农村	Per Capita Net Income of Rural Residents						95.0	95.0

2-3 国民经济和社会发展总量和速度指标

指 标	Item	1978	2000	2005	2010
人口与就业	**Population and Employment**				
人口(万人)	**Population (10 000 persons)**				
年底总人口	Population (year-end)	7067	9488	9768	10437
#城镇人口	Urban	963	2201	2994	4052
常住人口	Residents popolation			9380	9405
就业(万人)	**Employment (10 000 persons)**				
年底从业人员	Employment(year-end)	2807	5572	5662	6042
#在岗职工	Staff and Workers	420	718	681	723
城镇登记失业人数	Registered Unemployed in Urban Areas	15.74	21.40	33.02	38.20
宏观经济	**Macroeconomy**				
国民核算	**National Accounting**				
生产总值(亿元)	Gross Domestic Product (100 million yuan)	162.92	5052.99	10587.42	23092.36
第一产业	Primary Industry	64.86	1161.58	1844.05	3192.41
第二产业	Secondary Industry	69.45	2294.15	5485.12	12822.81
第三产业	Tertiary Industry	28.61	1597.26	3258.25	7077.14
人均生产总值(元)	Per Capita GDP (yuan)	232	5450	11346	24446
固定资产投资(亿元)	**Investment in Fixed Assets (100 million yuan)**				
全社会固定资产投资总额	Total Investment in Fixed Assets		1475.72	4378.69	14124.69
#固定资产投资	Investment in Fixed Assets		1176.76	3928.49	13338.05
#工业投资	Industry		446.77	1938.66	6800.63
#房地产开发投资	Real Estate Development		77.87	388.52	2114.08
对外贸易	**Foreign Trade**				
进出口总额(亿元)	Total Exports and Imports (100 million yuan)	1.99	188.36	626.54	1204.40
进口额	Imports	0.27	64.71	213.42	491.27
出口额	Exports	1.72	123.65	413.12	713.13
利用外资(万美元)	**Utilization of Foreign Capital (USD 10 000)**				
实际利用外商直接投资	Actually Utilized Direct Foreign Investments		53999	122960	624670
能源(万吨标准煤)	**Energy (10 000 tons of SCE)**				
能源生产总量	Total Energy Production	4434	6591	14522	17438
能源消费总量	Total Energy Consumption	3353	7919	14625	18594
财政(亿元)	**Public Finance (100 million yuan)**				
一般公共预算收入	Public Financial Revenue of the Local Government	33.73	246.47	537.65	1381.32
一般公共预算支出	Public Financial Expenditures of the Local Government	27.67	445.53	1116.04	3416.14
物价总指数(以上年为100)	**Price Indices (preceding year=100)**				
居民消费价格总指数	General Consumer Price Index	100.1	99.2	102.1	103.5
商品零售价格总指数	General Retail Price Index	100.1	98.5	101.7	103.7
农业生产资料价格总指数	Means of Agricultural Production Price Index	97.9	99.6	107.9	103.1
人民生活	**People's Livelihood**				
居民可支配收入(元)	Per Capita Annual Disposable Income(yuan)				9520
城镇	UrbanHouseholds				15463
农村	Rural Households				5846
居民消费支出(元)	Per Capita Annual Living Expenditure(yuan)				
城镇	UrbanHouseholds				
农村	Rural Households				
在岗职工平均工资(元)	Average Wage of Staff and Workers (yuan)	590	6930	14282	30303

Principal Aggregate Indicators on National Economic and Social Development and Growth Rates

2014	2015	2015年为以下各年% 2015as % of the Following years					年均增长速度(%) Average Annual Growth Rate		
		1978	2000	2005	2010	2014	1979-2015	2001-2015	2011-2015
10662	10722	151.7	113.0	109.8	102.7	100.6	1.1	0.8	0.5
4819	5023	521.6	228.2	167.8	124.0	104.2	4.6	5.7	4.4
9436	9480			101.1	100.8	100.5			0.2
6520	6636	236.4	119.1	117.2	109.8	101.8	2.4	1.2	1.9
1058	1077	256.4	150.0	158.1	149.0	101.8	2.6	2.7	8.3
40.01	42.46	269.8	198.4	128.6	111.2	106.1	2.7	4.7	2.1
34938.24	37002.16	4784.7	498.6	290.7	158.5	108.3	11.0	11.3	9.6
4160.01	4209.56	754.7	204.0	156.5	122.4	104.4	5.6	4.9	4.1
17816.56	17917.37	9376.0	656.9	335.0	162.9	107.7	13.1	13.4	10.2
12961.67	14875.23	8751.3	488.3	293.8	166.8	110.9	12.8	11.2	10.8
37072	39123	3484.5	488.2	286.4	158.2	107.9	10.1	11.1	9.6
30782.17	35660.34	143791.7	2416.5	814.4	252.5	115.8	21.9	26.2	21.6
30012.28	34951.28		2970.1	889.7	262.0	116.5		26.7	22.5
15378.16	17023.35		3810.3	878.1	250.3	110.7		29.9	22.8
4375.71	4818.93		6188.1	1240.3	227.9	110.1		33.8	19.7
3994.36	4600.19	231210.0	2442.3	734.2	381.9	115.3	23.3	23.7	30.7
1575.55	1916.16	707554.9	2961.3	897.8	390.0	121.9	27.1	25.3	31.3
2418.81	2684.03	156156.9	2170.6	649.7	376.4	111.0	22.0	22.8	30.4
1492688	1608637		2979.0	1308.3	257.5	107.8		25.4	20.8
11796	11231	253.3	170.4	77.3	64.4	95.2	2.5	3.6	-8.4
22890	23161	690.8	292.5	158.4	124.6	101.2	5.4	7.4	4.5
2739.26	3016.05	8941.7	1223.7	561.0	218.3	110.1	12.9	18.2	16.9
6028.69	6799.35	24573.0	1526.1	609.2	199.0	112.8	16.0	19.9	14.8
101.9	101.3								
101.0	99.8								
97.9	100.3								
15695	17125				179.9	109.1			12.5
23672	25576				165.4	108.0			10.6
9966	10853				185.6	108.9			13.2
11000	11835					107.6			
16184	17154					106.0			
7277	7887					108.4			
42670	45920	1521.2	479.4	255.9	141.5	107.6	7.6	11.0	7.2

2-3　续表 1

指　标	Item	1978	2000	2005	2010
城市概况	**General Survey of Cities**				
供水总量(万立方米)	Volume of Tap Water Supply (10 000 cu.m)		191706	183436	179122
排水管道长度(公里)	Length of Sewer Pipelines (km)		6070	10201	14733
城市煤气、天然气家庭用量(万立方米)	Volume of Coal Gas and Natural Gas Supply in Urban Areas (10 000 cu.m)		30100	31384	63663
公共汽(电)车总数(标台)	Total Number of Public Buses and Trolley Buses (unit)		12514	12514	18912
道路长度(公里)	Length of Paved Roads (km)		4920	7090	9413
公园绿地面积(公顷)	Areas of Green Land (hectare)		6286	12644	18361
产　业	**Industry**				
农林牧渔业	**Farming Forestry, Animal Husbandry and Fishery**				
主要农产品产量	Output of Major Farm Products				
粮食(万吨)	Grain (10 000 tons)	2097.40	4101.50	4582.00	5437.10
#粮食生产核心区	The core area of grain production				5296.50
棉花(万吨)	Cotton (10 000 tons)	22.42	70.38	67.70	44.72
油料(万吨)	Oil-bearing Crops (10 000 tons)	24.16	392.55	449.60	540.72
烟叶(万吨)	Tobacco (10 000 tons)	29.95	27.60	28.84	28.75
园林水果(万吨)	Fruits (10 000 tons)	47.11	364.73	555.69	795.99
年底大牲畜存栏头数(万头)	Large Animals (year-end) (10 000 heads)	515.03	1445.73	1508.80	1044.80
年底生猪存栏头数(万头)	Hogs (year-end) (10 000 heads)	1724.90	3787.69	4439.00	4547.00
年底羊存栏只数(万只)	Sheep and goats (year-end) (10 000 heads)	989.70	2961.40	3988.00	1895.40
肉类(万吨)	Meat (10 000 tons)	45.64	517.00	689.00	638.40
工业	**Industry**				
规模以上工业增加值增速(%)	value-added of Industrial Above Designated Size(%)		11.6	23.3	19.0
主要工业产品产量	Output of Major Industrial Products				
原煤(万吨)	Coal (10 000 tons)	5845	7578	18761	21349
原油(万吨)	Crude Oil (10 000 tons)	167.44	562.18	507.16	497.90
发电量(亿千瓦小时)	Electricity (100 million kwh)	130.68	694.93	1414.68	2283.84
生铁(万吨)	Pig Iron (10 000 tons)	109.72	508.88	973.00	2073.92
粗钢(万吨)	Steel (10 000 tons)	54.22	404.84	1226.62	2327.35
成品钢材(万吨)	Steel Products (10 000 tons)	30.94	405.62	1337.40	3196.42
农用化肥(折纯量)(万吨)	Chemical Fertilizer (10 000 tons)	51.92	258.56	396.64	439.25
水泥(万吨)	Cement (10 000 tons)	352.85	3723.00	6210.70	11479.73
平板玻璃(万重量箱)	Plate Glass (10 000 weight cases)	184.20	2425.41	3894.92	2414.41
主营业务收入(亿元)	Sales Revenue (100 million yuan)		3297.78	10114.21	36163.12
利润总额(亿元)	Total Profits (100 million yuan)		139.97	643.39	3302.22
建筑业	**Construction**				
建筑业总产值（亿元）	Gross Output Value of Construction (100 million yuan)		357.34	1066.15	4400.61
施工房屋面积(万平方米)	Floor Space of Buildings Under Construction (10 000 sq.m)		5308.29	10813.15	28677.13
竣工房屋面积(万平方米)	Floor Space of Buildings Completed (10 000 sq.m)		2629.33	4787.12	13156.03
交通运输、仓储、邮政业	**Transport, Storage and Post**				
客运量(万人)	Passengers (10 000 persons)	11177	83912	98099	167804
#铁路	Railways	4319	4727	5842	8399
公路	Highways	6781	79017	91920	158630
货运量(万吨)	Freight (10 000 tons)	18206	60678	78827	202470
#铁路	Railways	6722	10172	14806	14224
公路	Highways	11321	50133	62684	183291
邮电业务总量(亿元)	Business Volume of Post and Telecommunications Service (100 million yuan)	0.71	130.06	556.50	486.11
批发和零售业、住宿和餐饮业	**Wholesale and Retail Trades、Accommodation and Catering Trade**				
社会消费品零售总额(亿元)	Total Retail Sales of Consumer Goods (100 million yuan)	71.79	1869.80	3380.88	8004.15

continued

2014	2015	2015年为以下各年% 2015as % of the Following years					年均增长速度(%) Average Annual Growth Rate		
		1978	2000	2005	2010	2014	1979-2015	2001-2015	2011-2015
191001	196709		102.6	107.2	109.8	103.0		0.2	1.9
19348	20467		337.2	200.6	138.9	105.8		8.4	6.8
99356	110929		368.5	353.5	174.2	111.6		9.1	11.7
25257	27355		218.6	218.6	144.6	108.3		5.4	7.7
11627	12318		250.4	173.7	130.9	105.9		6.3	5.5
23834	25201		400.9	199.3	137.3	105.7		9.7	6.5
5772.30	6067.10	289.3	147.9	132.4	111.6	105.1	2.9	2.6	2.2
5561.00	5778.20				109.1	103.9			1.8
14.70	12.64	56.4	18.0	18.7	28.3	86.0	-1.5	-10.8	-22.3
584.33	599.74	2482.4	152.8	133.4	110.9	102.6	9.1	2.9	2.1
29.99	28.85	96.3	104.5	100.0	100.3	96.2	-0.1	0.3	0.1
896.00	915.76	1943.9	251.1	164.8	115.0	102.2	8.3	6.3	2.8
943.85	955.31	185.5	66.1	63.3	91.4	101.2	1.7	-2.7	-1.8
4420.00	4376.00	253.7	115.5	98.6	96.2	99.0	2.5	1.0	-0.8
1886.00	1926.00	194.6	65.0	48.3	101.6	102.1	1.8	-2.8	0.3
719.00	711.10	1558.1	137.5	103.2	111.4	98.9	7.7	2.1	2.2
11.2	8.6		1061.7	463.4	185.1	108.6		17.1	13.1
14416	13548	231.8	178.8	72.2	63.5	94.0	2.3	3.9	-8.7
470.46	412.05	246.1	73.3	81.2	82.8	87.6	2.5	-2.0	-3.7
2722.27	2615.00	2001.1	376.3	184.8	114.5	96.1	8.4	9.2	2.7
2779.61	2903.60	2646.4	570.6	298.4	140.0	104.5	9.3	12.3	7.0
2882.16	2897.41	5343.8	715.7	236.2	124.5	100.5	11.4	14.0	4.5
4704.14	4766.83	15406.7	1175.2	356.4	149.1	101.3	14.6	17.9	8.3
536.32	561.52	1081.5	217.2	141.6	127.8	104.7	6.6	5.3	5.0
16975.34	16565.00	4694.6	444.9	266.7	144.3	97.6	11.0	10.5	7.6
1455.97	1178.40	639.7	48.6	30.3	48.8	80.9	5.1	-4.7	-13.4
68037.47	73365.96		2224.7	725.4	202.9	107.8		23.0	15.2
4946.19	4900.60		3501.1	761.7	148.4	99.1		26.7	8.2
7911.89	8047.65		2252.1	754.8	182.9	101.7		23.1	12.8
48825.35	53132.48		1000.9	491.4	185.3	108.8		16.6	13.1
19818.32	18026.91		685.6	376.6	137.0	91.0		13.7	6.5
141780	146066	1306.8	174.1	148.9	87.0	103.0	7.2	3.8	-2.7
12400	13068	302.6	276.5	223.7	155.6	105.4	3.0	7.0	9.2
128279	131788	1943.5	166.8	143.4	83.1	102.7	8.3	3.5	-3.6
200626	211854	1163.6	349.1	268.8	104.6	105.6	6.9	8.7	0.9
11577	9802	145.8	96.4	66.2	68.9	84.7	1.0	-0.2	-7.2
179680	191572	1692.2	382.1	305.6	104.5	106.6	7.9	9.3	0.9
1011.06	1317.28	425641.7	2849.1	665.9	245.8	130.3	25.3	25.0	19.7
14004.95	15740.43	21925.7	841.8	465.6	196.7	112.4	15.7	15.3	14.5

2-3 续表 2

指 标	Item	1978	2000	2005	2010
金融业(亿元)	**Finance (100 million yuan)**				
金融机构人民币年底存款余额	Deposits of National Banking System	45.71	4753.41	10003.96	23148.83
金融机构人民币年底贷款余额	Loans of National Banking System	99.99	4356.94	7434.53	15871.32
租赁和商务服务业	**Leasing and Business Services**				
接待旅游者人数(万人次)	Number of foreign tourists (10 000 person-times)		32.50	60.05	146.84
旅游外汇收入(万美元)	Foreign Exchange Earnings from Tourism (USD 10 000)		12390	21604	49877
科学研究、技术服务和地质勘查业	**Scientific Research, Technical Services and Geologic Prospecting**				
研究与试验发展(R&D)经费内部支出(亿元)	Intramural Expenditures on R&D (100 million yuan)		24.80	55.61	211.38
技术市场成交额(亿元)	Volume of Transaction in Technical Markets (100 million yuan)		21.16	26.37	27.69
三种专利授权量(项)	Three Types of Patent Application Granted (item)		2766	3748	16539
水利、环境和公共设施管理业	**Management of Water Conservancy, Environment and Public Facilities**				
水资源总量(亿立方米)	Total Amount of Water Resources (100 million cu.m)		669.95	558.56	534.89
环境污染治理投资总额(亿元)	Total Investment in Treatment of Environment Pollution (100 million yuan)		8.06	82.34	132.25
教育	**Education**				
专任教师数(万人)	Number of Full-time Teachers (10 000 persons)				
高等学校	Institutions of Higher Education	0.54	2.02	4.63	7.75
普通中学	Regular Secondary School	29.34	30.86	37.30	38.10
小学	Primary Schools	42.88	45.93	47.55	49.04
在校学生数(万人)	Students Enrollment (10 000 persons)				
高等学校	Institutions of Higher Education	2.73	26.24	85.19	145.67
普通中学	Regular Secondary School	521.62	638.14	758.22	661.56
小学	Primary Schools	1140.26	1130.63	986.84	1070.53
卫生、社会保障和社会福利业	**Health, Social Security and Social Welfare**				
卫生机构床位数(万张)	Number of Beds in Health Institutions (10 000 units)	10.20	19.86	21.40	32.76
#医院、卫生院	Hospitals	9.73	18.34	20.23	30.44
卫生技术人员数(万人)	Number of Medical Technical Personnel (10 000 persons)	11.44	26.84	28.92	37.28
#医生	Doctors	4.38	11.11	11.11	15.48
文化、体育和娱乐业	**Culture, Sports and Entertainment**				
图书出版总印数(万册)	Number of Books Published (10 000 copies)		35077	27260	20150
期刊出版总印数(万册)	Number of Magazines Issued (10 000 copies)		10721	9323	8524
报纸出版总印数(万份)	Number of Newspapers Issue (10 000 copies)		129104	197896	214158

注：1.本表价值量指标除邮电业务总量2001年以来为2000年不变价，1990-2000年按1990年不变价格计算，以前年度按1980年不变价格计算，其他价值量指标均按当年价格计算。(下同)。生产总值、工业增加值、邮电业务总量、在岗职工平均工资发展(增长)速度均按可比价格计算。
2.2005年以后生产总值相关数据已按新的行业划分办法和第三次经济普查数据调整(下同)。
3.1994年始财政收入为分税制后新口径数据(下同),发展(增长)速度按可比口径计算。
4.在岗职工、工资1997年及以前年度为职工口径(下同)。
5.进出口总额1992年及以后年度为海关数，其他为有关部门数(下同)。
6.2008-2012年客货运输量为公路水路运输量专项调查数据，2013年以后客货运输量按交通部新统计方法测算(下同)。
7.从2013年起，国家统计局开展了城乡一体化住户收支与生活状况调查，本表及以下相关表格数据来源于此调查，与2013年前的分城镇和农村住户调查的调查范围、方法和口径有所不同。

continued

2014	2015	2015年为以下各年% 2015as % of the Following years					年均增长速度(%) Average Annual Growth Rate		
		1978	2000	2005	2010	2014	1979-2015	2001-2015	2011-2015
41374.91	47629.91	104206.6	1002.02	476.1	205.8	115.1	20.7	16.6	15.5
27228.27	31432.62	31434.4	721.4	422.8	198.0	115.4	16.8	14.1	14.6
227.20	268.29		825.5	446.8	182.7	118.1		15.1	12.8
72530	84948		685.6	393.2	170.3	117.1		13.7	11.2
400.01	435.04		1754.0	782.3	205.8	108.8		21.0	15.5
41.64	45.56		215.3	172.7	164.5	109.4		5.2	10.5
33366	47766		1726.9	1274.4	288.8	143.2		20.9	23.6
283.37	287.17		42.9	51.4	53.7	101.3		-5.5	-11.7
333.13	360.16		4471.1	437.4	272.3	108.1		28.8	22.2
9.51	9.80	1814.8	485.1	211.7	126.5	103.0	8.1	11.1	4.8
41.83	42.87	146.1	138.9	114.9	112.5	102.5	1.0	2.2	2.4
46.99	47.21	110.1	102.8	99.3	96.3	100.5	0.3	0.2	-0.8
167.97	176.69	6472.2	673.4	207.4	121.3	105.2	11.9	13.6	3.9
588.91	599.12	114.9	93.9	79.0	90.6	101.7	0.4	-0.4	-2.0
928.60	937.05	82.2	82.9	95.0	87.5	100.9	-0.5	-1.2	-2.6
45.93	48.96	480.0	246.5	228.8	149.5	106.6	4.3	6.2	8.4
42.83	45.65	469.2	248.9	225.7	150.0	106.6	4.3	6.3	8.4
49.45	51.96	454.2	193.6	179.7	139.4	105.1	4.2	4.5	6.9
18.93	19.86	453.4	178.8	178.8	128.3	104.9	4.2	3.9	5.1
19714	23224		66.2	85.2	115.3	117.8		-2.7	2.9
8674	8602		80.2	92.3	100.9	99.2		-1.5	0.2
210240	204783		158.6	103.5	95.6	97.4		3.1	-0.9

a) Figures in value terms in this table are Calculated at current prices, except that on the business transaction of post and telecommunications service since 2001 is calculated at 2000 constant prices.1990~2000 is calculated at 1990 constant prices.Figures on postal and telecommunication services before 1990 were calculated at 1980 constant prices,and those since 1991 were calculated at constant prices.The indices and growth rates of the follow indicators are calculated at GDP, value added of industry, Business volume of post and telecommunications, per capita income of urban and rural residents,comparable prices: wages of Fully Employed Staff and workers(the same as following tables)

b) Since 2005,the data of GDP was adjusted by New industry classification method and The third economic census(the same as following tables).

c) Total financial revenue since tax reform began to be implemented in 1994(the same as following tables).The indices in this table are calculated at comparable prices.

d) Before 1997,Data of Number and Wage of Fully Employed Staff and workers Refer to Total Employed persons(the same as following tables).

e) Since 1992,the data of imports and exports in foreign trade begin to be obtained from custom statistics(the same as following tables).

f) Data on passenger and freight Volume in 2008~2012 is calculated on basis of Highway and waterway traffic special investigation,Data on passenger and freight Volume since 2013 is calculated on new statistical methods of Ministry of Communications,and data in the brakfets are original data.

g) Since 2013, the national bureau of statistics (NBS) caries out the integration of urban and rural residents income and expenditure survey and living conditions survey. Data in this table come from the data collected through a sample survey on the rural households conducted, and different from data before 2013.

2-4　国民经济和社会发展结构指标
Structural Indicators on National Economic and Social Development

单位：%　　(%)

指　　标	Item	2000	2005	2010	2014	2015
人口	**Population**					
城乡结构	Urban and Rural Structure					
市镇	Urban	23.20	30.65	38.82	45.20	46.85
乡村	Rural	76.80	69.35	61.18	54.80	53.15
性别结构	Sexual Structure					
男	Male	51.6	51.6	51.8	51.8	51.8
女	Female	48.4	48.4	48.2	48.2	48.2
就业	**Employment**					
从业人员产业结构	Industrial Structure					
第一产业	Primary Industry	64.0	55.4	44.9	40.7	39.0
第二产业	Secondary Industry	17.5	22.1	29.0	30.6	30.8
第三产业	Tertiary Industry	18.5	22.5	26.1	28.7	30.2
国民核算	**National Accounting**					
生产总值产业结构	Industrial Structure					
第一产业	Primary Industry	23.0	17.4	13.8	11.9	11.4
第二产业	Secondary Industry	45.4	51.8	55.5	51.0	48.4
第三产业	Tertiary Industry	31.6	30.8	30.6	37.1	40.2
全社会固定资产投资	**Investment**					
全社会固定资产投资产业结构	Structure of Investment in Fixed Assets					
第一产业	Primary Industry		3.8	4.7	3.9	4.3
第二产业	Secondary Industry		45.0	48.3	49.9	47.7
第三产业	Tertiary Industry		51.2	47.0	46.2	48.0
能源	**Energy Sources**					
能源生产总量结构	Structure of Energy Sources Products					
原煤	Coal	83.7	91.3	92.4	89.8	89.3
原油	Base oil	12.2	5.0	4.1	5.7	5.2
天然气	Gas	2.8	1.8	0.5	0.6	0.5
水电	Water and Electricity	1.4	1.9	3.0	3.9	5.0
财政	**Government Finance**					
一般公共预算收入结构	Structure of Government Revenue					
#各项税收	Taxes	79.1	68.0	73.6	71.2	68.1
一般公共预算支出结构	Structure of Government Expenditures					
#农林水事务	Supporting Agricultural Production and Agricultural Operating Expenses	7.7	7.4	11.7	11.0	11.6
教科文卫	Culture Education Science and Health Care	24.3	24.2	28.7	32.8	32.0
#科学技术	Science	1.5	1.2	1.3	1.3	1.2
生活	**People's Livelihood**					
城镇居民消费结构	Consumption Structure of Urban Residents					
食品烟酒	Food,Alcohol and tobacco				28.8	28.1
衣着	Clothing				11.3	10.5
居住	Residence				8.6	19.8
生活用品及服务	Articles for Daily Use and Others				19.4	8.1
交通通信	Traffic Communication				10.7	10.9
教育文化娱乐	Education, Cultural and Entertainment				10.6	11.6
医疗保健	Health Care				7.4	8.0
其他用品和服务	Others				3.2	3.1

2-4 续表 continued

单位：% (%)

指 标	Item	2000	2005	2010	2014	2015
农村居民消费结构	Consumption Structure of Rural Residents					
食品烟酒	Food,Alcohol and tobacco				29.6	29.2
衣着	Clothing				8.3	8.3
居住	Residence				21.2	20.8
生活用品及服务	Articles for Daily Use and Others				7.0	7.1
交通通信	Traffic Communication				11.8	12.3
教育文化娱乐	Education, Cultural and Entertainment				10.4	10.8
医疗保健	Health Care				10.1	9.7
其他用品和服务	Others				1.7	1.7
工业	**Industry**					
增加值重点行业比重	Structure of Value-added of the Industry					
#能源原材料工业		57.1	59.1	51.5	44.2	39.1
#高成长性制造业				36.9	45.0	47.5
#传统支柱产业				55.6	47.6	45.3
运输业	**Transportation**					
货运量运输方式结构	Structure of Freight Traffic					
#铁 路	Railways	16.8	18.8	7.0	5.8	4.6
公 路	Highways	82.6	79.5	90.5	89.6	90.4
水 运	Waterways	0.6	1.7	2.4	4.7	4.9
客运量运输方式结构	Structure of Freight Ton -Kilometers					
#铁 路	Railways	5.6	6.0	5.0	8.7	8.9
公 路	Highways	94.2	93.7	94.5	90.5	90.2
水 运	Waterways	0.1	0.1	0.2	0.2	0.2
批发零售贸易、住宿和餐饮业	**Wholesale and Retail Trades、Accommodation and Catering Trade**					
社会消费品零售总额结构	Composition of Retail Sales of Consumer Goods					
批发零售和贸易业	Wholesale and Retail Trade	84.9	84.0	84.9	86.2	86.1
住宿和餐饮业	Accommodation and Catering Trade	11.7	13.9	13.8	13.8	13.9
国际旅游	**International Tourism**					
国际旅游人数结构	Structure of Tourists					
外国人	Foreigners	56.0	57.8	65.4	61.5	64.3
港澳台同胞	Compatriots form Hong Kong,Macao and Taiwan	44.0	42.2	34.6	38.5	35.7
环境	**Environment**					
工业企业污染防治投资结构	Uses of Funds in Pollution Treatment					
#治理废水	Waste Water Treatment		49.2	35.4	11.0	13.4
治理废气	Waste Gas Treatment		34.2	60.4	83.8	70.9
治理固体废物	Solid Wastes Treatment		11.7	0.7	0.0	2.4
治理噪声	Noise Abatement		0.2	0.4	0.0	0.0
教育	**Education**					
专任教师结构	Full-time Teachers by Type					
普通高等学校	Regular Institutions of Higher Education	2.5	5.0	7.9	9.4	9.6
职业中学	Specialized Secondary Schools	3.1	2.5	3.3	2.6	2.6
普通中学	Regular Secondary Schools	38.0	40.6	38.8	41.4	41.8
小学	Primary Schools	56.5	51.8	50.0	46.5	46.0
在校学生结构	Structure of Student Enrollment					
普通高等学校	Regular Institutions of Higher Education	1.4	4.5	7.4	9.7	10.1
职业中学	Specialized Secondary Schools	2.6	2.6	4.1	2.7	2.3
普通中学	Regular Secondary Schools	34.6	40.3	33.8	34.0	34.2
小学	Primary Schools	61.3	52.5	54.7	53.6	53.5

2-5 主要社会经济指标人均水平

Major Per Capita Indicators of Society and Economy

本表价值量指标均按当年价格计算。
The data in value terms in the table are calculated at current prices.

指 标	Item	2000	2005	2010	2014	2015
人口密度（人/平方公里）	**Population Density (person/sq.km)**	**568**	**585**	**625**	**638**	**642**
生产总值(元)	**Gross Domestic Product (yuan)**	**5450**	**11346**	**24446**	**37072**	**39123**
全社会固定资产投资额(元)	**Total Investment in Fixed Assets (yuan)**	**1564**	**4494**	**17559**	**32662**	**37704**
人民生活(元)	**People's Livelihood (yuan)**					
在岗职工平均工资	Average Wage of Staff and Workers	6930	14282	30303	42670	45920
居民人均可支配收入	Per Capita Annual Disposable Income				15695	17125
城镇居民人均可支配收入	Per Capita Annual Disposable Income of Urban Households				23672	25576
城镇居民人均消费性支出	Per Capita Annual Living Expenditure of Urban Residents				16184	17154
农民人均可支配收入	Per Capita Annual Disposable Income of Rural Residents				9966	10853
农民人均生活消费支出	Per Capita Living Expenditure of Rural Households				7277	7887
农林牧渔业	**Farming,Forestry, Farming of Animals and Fishing**					
主要农产品产量(千克)	Output of Major Farm Products (kg)					
粮食	Grain	435	470	576	612	641
#小麦	Wheat	237	265	326	353	370
棉花	Cotton	7	7	5	2	1
油料	Oil- bearing Crops	42	46	57	62	63
猪、牛、羊肉	Pork, Beef and Mutton	48	61	55	62	61
奶类	Milk	2	11	31	35	37
禽蛋	Poultry Eggs	29	39	41	43	43
工业	**Industry**					
主要工业产品产量	Output of Major Industrial Products					
原煤(千克)	Coal (kg)	803	1926	2260	1530	1432
原油(千克)	Crude Oil (kg)	60	52	53	50	44
发电量(千瓦小时)	Electricity (kwh)	736	1452	2418	2889	2765
粗钢(千克)	Steel (kg)	43	126	246	306	307
成品钢材(千克)	Steel Products (kg)	43	137	338	499	504
水泥(千克)	Cement (kg)	394	637	1215	1801	1751
社会消费品零售总额(元)	Total Retail Sales of Consumer Goods (yuan)	1981	3470	8474	14860	16642
财政	**Finance**					
一般公共预算收入(元)	Financial Revenue of the Local Government(yuan)	261	552	1462	2907	3189
一般公共预算支出(元)	Financial Expenditures of the Local Government (yuan)	472	1145	3616	6397	7189
教育	**Education**					
每万人拥有大学生(含研究生)(人)	Number of Doctors per 10 000 Persons (Include Postgraduates) (person)	28	89	149	220	228
卫生	**Health Care**					
每万人拥有卫生机构院床位(张)	Number of Hospital Beds per 10 000 Persons (unit)	20.9	21.9	34.8	48.7	51.6
每万人拥有执业医师(人)	Number of Doctors per 10 000 Persons (person)	11.7	11.4	16.5	20.1	21.0

2-6 国民经济和社会发展比例和效益指标

Indicators on Proportions and Efficiency in National Economic and Social Development

本表价值量指标均按当年价格计算。
The data in value terms in the table are calculated at current prices.

指标	Item	2000	2005	2010	2014	2015
人口	**Population**					
出生率(‰)	Birth Rate (‰)	13.07	11.55	11.52	12.80	12.70
死亡率(‰)	Death Rate (‰)	5.93	6.30	6.57	7.02	7.05
自然增长率(‰)	Natural Growth Rate (‰)	7.14	5.25	4.95	5.78	5.65
城镇化率(%)	Standard of Urbanization (%)	23.20	30.65	38.82	45.20	46.85
就业	**Employment**					
城镇户均就业人口(人)	Number of Dependents per Urban Employee (person)	1.94	1.94	1.95	1.80	1.76
城镇登记失业率(%)	Unemployment Rate in Urban Areas (%)	2.60	3.45	3.38	2.97	2.96
国民核算	**National Accounting**					
经济增长贡献率(%)	Contribution Rate to GDP (%)					
第一产业	Primary Industry	10.2	9.8	4.7	5.3	5.8
第二产业	Secondary Industry	62.6	62.2	68.0	62.4	56.3
第三产业	Tertiary Industry	27.2	28.0	27.3	32.3	37.9
全社会劳动生产率(元/人.年)	Overall Labor Productivity (yuan/person.year)	9377	18824	38517	54138	56251
第一产业	Primary Industry	3382	5776	11658	15955	16071
第二产业	Secondary Industry	24282	45843	74812	88407	88744
第三产业	Tertiary Industry	15827	26361	45866	70796	76687
固定资产投资	**Investment in Fixed Assets**					
全社会固定资产投资率(%)	Proportion of Investment in fixed Assets to GDP (%)	29.2	41.4	71.8	88.1	96.4
对外经济贸易和国际旅游	**Foreign Trade and International Tourism**					
进出口总额相当于生产总值比例(%)	Proportion of Total Imports & Exports to GDP (%)	3.7	5.9	5.2	11.4	12.4
境外每一来豫游客支出(美元)	Expenditure per International Tourist in Henan (USD)	381	360	340	319	317
能源	**Energy**					
能源生产弹性系数	Elasticity Ratio of Energy Production		0.78	0.20		
能源消费弹性系数	Elasticity Ratio of Energy Consumption	0.70	0.80	0.83		
单位GDP能耗降低率(%)	Change of Energy Consumption per 10 000 yuan GDP(%)			-3.53	-4.06	-6.57
单位GDP电耗降低率(%)	Change of Electricity Consumption per 10 000 yuan GDP(%)			0.80	-7.53	-8.98
单位工业增加值能耗降低率(%)	Change of Energy Consumption per 10 000 yuan Add-value Industry (%)			-10.75	-11.29	-11.54
财政	**Finance**					
一般公共预算收入占GDP比重(%)	Proportion of Government Revenue to GDP (%)	4.9	5.1	6.0	7.8	8.2

2-6 续表 continued

指 标	Item	2000	2005	2010	2014	2015
家庭	**Family**					
少儿抚养系数(%)	Dependency Ratio of Children (%)		28.8	29.7	30.5	30.7
老年抚养系数(%)	Dependency Ratio of the Aged (%)		11.4	11.8	13.5	13.9
生活	**Family**					
城乡居民收入比例（农民人均可支配收入为1)	Proportion of Per Capita Annual Disposable Income of Urban Residents to Rural Residents (Rural Residents=1)	2.40	3.02	2.90	2.38	2.36
农业	**Agriculture**					
每公顷播种面积农产量(千克)	Output of Farm Crops per Hectare of Sown Area (kg)					
粮食	Grain	4542	5006	5582	5654	5912
棉花	Cotton	903	866	957	959	1053
油料	Oil-bearing Crops	2630	2800	3457	3656	3747
工业	**Industry**					
规模以上工业企业效益(%)	Main Economic Beneficial Indicators of Enterprises Above Designed Size (%)					
成本费用利润率	Ratio of Profits to Industrial Cost	4.5	6.9	10.2	7.8	7.2
资产负债率	AssetsLiability Ratio	66.4	61.6	55.2	46.9	47.0
总资产贡献率	Ratio of Total Assets to Industrial Output Value	8.6	15.7	22.4	15.8	13.9
产品销售率	Proportion of Products Sold	98.0	98.4	98.7	98.3	98.2
全员劳动生产率(元/人)	Overall Labor Productivity (yuan/person)	33643	88950	206596	224089	229637
建筑业	**Construction**					
技术装备率(元/人)	Value of Machinery per Laborer (yuan/person)	5302	8531	10173	12893	13294
金融保险	**Finance**					
金融机构存款相当于生产总值比例（%)	Bank Deposits as Percentage of GDP (%)	94.1	94.5	100.2	118.4	128.7
金融机构贷款相当于生产总值比例（%)	Bank Loans as Percentage of GDP (%)	86.2	70.2	68.7	64.2	84.9
教育	**Education**					
小学学龄儿童净入学率(%)	Rate of School-age Children Enrollment (%)	99.8	99.7	99.9	100.0	100.0
初中毕业生升学率(%)	Rate of Graduates of Junior Secondary Schools Entering Senior Secondary Schools (%)	41.4	60.2	79.5	93.2	90.0
高中阶段毛入学率(%)	The Gross enrollment rate of Senior Secondary School(%)				90.3	90.3
学校教师负担系数(人)	Student-teacher Ratio(in percentage) (person)					
普通高校	Undergraduate	13.0	18.4	18.8	17.7	18.0
职业中学	Specialized Secondary Schools	19.4	21.5	24.5	17.6	15.0
普通中学	Regular Secondary Schools	20.7	20.3	17.4	14.1	14.0
小学生	Primary School Students	24.6	20.8	21.8	19.8	19.8

2-7 按三次产业分的基本单位数及构成

Institutional Units and Composition By Industry

年 份 Year	单位数(个) Number of Enteprised (unit)	第一产业 Primary Industry		第二产业 Secondary Industry		第三产业 Tertiary Industry	
		绝对数 Value	构成(%) Composition(%)	绝对数 Value	构成(%) Composition(%)	绝对数 Value	构成(%) Composition(%)
法人单位 Institutional Units							
2000	225806	5035	2.2	90865	40.3	129906	57.5
2001	267883	4782	1.8	88965	33.2	174136	65.0
2002	266230	4604	1.7	87495	32.9	174131	65.4
2003	272024	10803	4.0	89839	33.0	171382	63.0
2004	277950	8660	3.1	91370	32.9	177920	64.0
2005	286207	8334	2.9	97446	34.1	180427	63.0
2006	305722	8600	2.8	106732	34.9	190390	62.3
2007	322828	9570	3.0	114560	35.5	198698	61.5
2008	362427	11406	3.1	123219	34.0	227802	62.9
2009	379992	13022	3.4	128949	33.9	238021	62.6
2010	400767	14317	3.6	136646	34.1	249804	62.3
2011	412772	15179	3.7	139539	33.8	258054	62.5
2012	426534	15923	3.7	142556	33.4	268055	62.9
2013	511887	10713	2.1	121078	23.7	380096	74.2
2014	623773	34473	5.5	139985	22.4	449315	72.1
2015	763212	45042	5.9	158963	20.8	559207	73.3
产业活动单位 Establishments Units							
2000	336330	5755	1.7	97001	28.8	233574	69.5
2001	374810	5386	1.5	94602	25.2	274822	73.3
2002	371791	5159	1.4	92909	25.0	273723	73.6
2003	374699	13518	3.6	94607	25.3	266574	71.1
2004	383093	10811	2.8	96284	25.1	275998	72.1
2005	387463	9924	2.6	101636	26.2	275903	71.2
2006	403819	10054	2.5	110784	27.4	282981	70.1
2007	421567	10957	2.6	118568	28.1	292042	69.3
2008	453789	12071	2.7	126048	27.8	315670	69.6
2009	471512	13655	2.9	131829	28.0	326028	69.1
2010	492300	14941	3.1	139509	28.3	337850	68.6
2011	503248	15806	3.1	142386	28.3	345056	68.6
2012	517217	16540	3.2	145425	28.1	355252	68.7
2013	587177	10922	1.9	123681	21.1	452574	77.0
2014	724050	34770	4.8	144347	19.9	544933	75.3
2015	861422	45342	5.3	163283	18.9	652797	75.8

2-8 分行业法人单位数
Number of Institutional Unit by City

单位：个 (unit)

年份 Year	合计 Total	农林牧渔业 Farming, Forestry, Animal Husbandry and Fishery	采矿业 Mining	制造业 Manufacturing	电力、燃气及水的生产和供应业 Production and Supply of Electricity,Gas and Water	建筑业 Construction	交通运输仓储及邮政业 Traffic, transport, storage and post	信息传输计算机服务和软件业 Information transfer, computer services and software	批发和零售业 Wholesale and retail trade	住宿和餐饮业 Accommodation and Restaurants
2003	272024	10803	5893	77783	794	5369	2471	1486	26052	4666
2004	277950	8660	6853	77694	938	5885	2462	1699	27384	4402
2005	286207	8334	7482	82822	946	6196	2430	1704	28669	4546
2006	305722	8600	7800	90965	1025	6942	2652	2156	33862	5181
2007	322828	9570	7893	97862	1090	7715	2882	2497	37450	5882
2008	362427	11406	7454	105315	1367	9083	4885	4631	47472	8809
2009	379992	13022	7774	109908	1450	9817	5300	4892	52698	9092
2010	400767	14317	7955	115652	1556	11483	5787	5267	58780	8240
2011	412772	15179	7951	117629	1605	12354	6112	5564	63176	8411
2012	426534	15923	7882	119770	1629	13275	6319	6451	67778	8688
2013	511887	10713	5741	100313	2181	12843	9409	4809	99916	11136
2014	623773	45427	6353	116185	2402	15511	11185	6306	118451	12223
2015	763212	57525	6487	127692	2892	22490	14401	11964	172393	14547

年份 Year	金融业 Finance	房地产业 Real estate	租赁和商务服务业 Tenancy and business services	科学研究、技术服务和地质勘查业 Scientific research, technical service and geologic perambulation	水利、环境和公共设施管理业 Management of water conservancy, environment and public establishment	居民服务和其他服务业 Resident services and other services	教育 Education	卫生、社会保障和社会福利业 Sanitation, social security and social welfare	文化、体育和娱乐业 Culture, sports and entertainment	公共管理和社会组织 Public management and social organization
2003	3248	2455	4952	4366	2193	1370	14180	25428	3445	75070
2004	1907	3467	5759	4038	1913	1813	16623	29686	2542	74225
2005	1679	3610	6468	4189	1942	1920	16705	29715	2599	74251
2006	1755	4210	7820	4341	1915	2298	16917	29660	2685	74938
2007	1796	5111	8620	4527	1979	2556	17127	30031	2814	75426
2008	1076	6765	9821	5266	2206	3700	22536	26057	3492	81086
2009	1368	7464	11318	5577	2323	4173	22751	26114	3607	81344
2010	1695	9328	13304	6221	2418	4448	22900	26174	3751	81491
2011	1983	10550	15093	6574	2510	4568	22940	25221	3876	81476
2012	2034	11420	16400	7053	2604	4814	23074	25239	4608	81573
2013	1369	14387	22923	24110	4033	6898	40079	34020	13048	93959
2014	3226	17160	29737	27150	4614	8029	42309	37933	15757	103815
2015	4159	22377	45465	36962	6094	11089	44940	38881	17609	105245

2-9 各市按三次产业和机构类型分法人单位数(2015年)

Number of Institutional Unit by orgniztion type and City (2015)

单位：个 (unit)

市(县) City(County)	合计 Total	第一产业 Primary Industry	第二产业 Secondary Industry	第三产业 Tertiary Industry	企业法人 Business Entity	事业法人 Institution Entity	机关法人 Government Entity	社会团体 Social Organization	其他 Others
全省 Total	**763212**	**45042**	**158963**	**559207**	**535642**	**66905**	**14464**	**8100**	**138101**
省辖市 City									
郑州市 Zhengzhou	132675	2361	19512	110802	115690	4504	1137	991	10353
开封市 Kaifeng	25252	872	5536	18844	16593	2750	772	356	4781
洛阳市 Luoyang	58351	3375	12976	42000	39472	6511	1213	670	10485
平顶山市 Pingdingshan	28285	2197	5111	20977	19788	1948	814	336	5399
安阳市 Anyang	25641	1188	6240	18213	16961	2303	750	314	5313
鹤壁市 Hebi	13737	1210	2993	9534	9203	1130	385	265	2754
新乡市 Xinxiang	43459	3146	10146	30167	28319	3731	998	506	9905
焦作市 Jiaozuo	27643	1555	7774	18314	18314	2912	769	382	5266
濮阳市 Puyang	31830	2398	6787	22645	21585	3251	694	415	5885
许昌市 Xuchang	54023	1750	14310	37963	41471	2374	483	388	9307
漯河市 Luohe	15251	891	2967	11393	9474	1805	440	175	3357
三门峡市 Sanmenxia	23320	1482	3735	18103	16677	2445	571	503	3124
南阳市 Nanyang	73504	5469	12262	55773	49666	8037	1149	745	13907
商丘市 Shangqiu	43207	2275	10906	30026	30070	5060	881	380	6816
信阳市 Xinyang	30855	3341	6243	21271	18091	3925	855	385	7599
周口市 Zhoukou	28851	1079	7223	20549	17301	3251	770	164	7365
驻马店市 Zhumadian	34896	3792	7327	23777	23072	4238	771	395	6420
济源市 Jiyuan	8133	264	1356	6513	5627	423	103	117	1863
省直管县 Province Administrating County									
巩义市 Gongyi	7405	173	3192	4040	5521	466	102	60	1256
兰考县 Lankao	7471	192	2621	4658	5755	432	71	29	1184
汝州市 Ruzhou	5527	421	1040	4066	3031	842	107	36	1511
滑县 Huaxian	6275	1009	1173	4093	3039	504	71	30	2631
长垣县 Changyuan	6980	231	1916	4833	4712	556	98	96	1518
邓州市 Dengzhou	8604	1679	1534	5391	4755	1249	78	37	2485
永城市 Yongcheng	7355	588	1730	5037	3872	423	95	97	2868
固始县 Gushi	5753	765	1061	3927	3130	556	96	52	1919
鹿邑县 Luyi	4566	871	627	3068	1384	792	122	154	2114
新蔡县 Xincai	4363	468	665	3230	3069	487	69	22	716

2-10 各市分行业法人单位数(2015年)

单位：个

市(县) City(County)	合计 Total	农林牧渔业 Farming, Forestry, Animal Husbandry and Fishery	采矿业 Mining	制造业 Manufacturing	电力、燃气及水的生产和供应业 Production and Supply of Electricity,Gas and Water	建筑业 Construction	交通运输仓储及邮政业 Traffic, transport, storage and post	信息传输计算机服务和软件业 Information transfer, computer services and software
全 省 Total	**763212**	**57525**	**6487**	**127692**	**2892**	**22490**	**14401**	**11964**
省 辖 市 City								
郑 州 市 Zhengzhou	132675	2887	410	11454	160	7572	2272	6332
开 封 市 Kaifeng	25252	965	3	4837	88	623	690	223
洛 阳 市 Luoyang	58351	3951	1061	10265	260	1444	901	1095
平 顶 山 市 Pingdingshan	28285	2507	613	3753	134	649	487	248
安 阳 市 Anyang	25641	1546	409	4781	132	943	527	194
鹤 壁 市 Hebi	13737	1432	68	2430	67	446	261	98
新 乡 市 Xinxiang	43459	4354	87	8814	145	1156	757	540
焦 作 市 Jiaozuo	27643	2130	246	6881	112	553	699	248
濮 阳 市 Puyang	31830	2792	50	5594	137	1070	728	357
许 昌 市 Xuchang	54023	2794	298	12625	121	1295	763	450
漯 河 市 Luohe	15251	1200	2	2508	46	417	436	135
三 门 峡 市 Sanmenxia	23320	1642	786	2130	194	651	626	231
南 阳 市 Nanyang	73504	7238	866	9954	261	1228	1106	598
商 丘 市 Shangqiu	43207	2753	6	9467	200	1246	1099	322
信 阳 市 Xinyang	30855	5322	587	4848	204	616	536	128
周 口 市 Zhoukou	28851	1405	3	6667	130	439	594	75
驻 马 店 市 Zhumadian	34896	4702	489	6026	143	702	653	251
济 源 市 Jiyuan	8133	516	85	978	36	261	149	122
省 直 管 县 Province Administrating County								
巩 义 市 Gongyi	7405	199	67	3001	49	87	147	53
兰 考 县 Lankao	7471	248	2	2448	27	149	171	40
汝 州 市 Ruzhou	5527	566	232	725	15	72	93	12
滑 县 Huaxian	6275	1188	1	1041	11	122	74	24
长 垣 县 Changyuan	6980	247		1551	8	367	126	52
邓 州 市 Dengzhou	8604	1929	30	1273	140	94	75	26
永 城 市 Yongcheng	7355	740	11	1613	17	91	159	7
固 始 县 Gushi	5753	836	74	852	32	105	125	51
鹿 邑 县 Luyi	4566	922		589	14	24	50	20
新 蔡 县 Xincai	4363	514	1	587	9	68	97	32

Number of Institutional Unit by Sector and City (2014)

(unit)

批发和零售业 Wholesale and retail trade	住宿和餐饮业 Accommodation and Restaurants	金融业 Finance	房地产业 Real estate	租赁和商务服务业 Tenancy and business services	科学研究、技术服务和地质勘查业 Scientific research, technical service and geologic perambulation	水利、环境和公共设施管理业 Management of water conservancy, environment and public establishment	居民服务和其他服务业 Resident services and other services	教育 Education	卫生、社会保障和社会福利业 Sanitation, social security and social welfare	文化、体育和娱乐业 Culture, sports and entertainment	公共管理和社会组织 Public management and social organization
172393	**14547**	**4159**	**22377**	**45465**	**36962**	**6094**	**11089**	**44940**	**38881**	**17609**	**105245**
45709	1925	767	6462	20158	6354	752	2114	4043	3494	2286	7524
4613	719	139	698	1413	1860	124	286	1663	1108	1248	3952
11741	1109	322	1732	3188	2461	643	766	3782	3893	1558	8179
6869	918	108	939	1085	906	267	448	1441	1558	963	4392
5328	461	128	562	1050	906	225	457	1484	1360	546	4602
2505	220	63	464	1034	347	164	199	711	790	256	2182
8350	540	276	1219	1595	2482	333	675	2940	2354	616	6226
5178	340	166	646	1006	973	207	391	1563	1310	493	4501
6618	527	211	835	1267	1491	191	757	2282	1038	690	5195
14180	1162	262	1146	1898	3135	635	765	2365	3360	1610	5159
2768	297	167	500	710	471	123	195	1012	1150	138	2976
6737	486	111	591	1391	780	325	462	897	1086	554	3640
18290	2020	274	1412	3498	4074	520	970	5158	4437	1967	9633
7703	608	283	1396	1641	1353	220	613	4084	2450	774	6989
3806	879	304	946	862	1272	284	325	1238	1496	757	6445
3146	564	110	490	475	3159	88	289	2405	1547	652	6613
6158	697	124	975	1004	2798	254	432	2170	1215	737	5366
2184	78	66	210	475	347	407	136	342	594	174	973
1323	82	28	119	143	107	62	97	274	350	462	755
1424	197	22	137	308	444	19	123	420	155	309	828
919	46	14	86	107	282	44	55	776	482	126	875
969	32	15	96	336	156	16	61	471	108	49	1505
1497	85	27	147	196	138	40	80	768	542	140	969
1157	164	15	114	140	122	37	106	973	809	197	1203
755	100	41	204	185	304	29	51	462	885	81	1620
846	106	57	146	174	85	51	53	255	721	64	1120
283	42	47	49	70	87	24	48	639	512	60	1086
1337	143	12	56	56	68	10	135	322	77	102	737

2-11 各市按登记注册类型分企业法人单位数(2015年)

单位：个

市(县) City(County)	企业单位数 Number of Enterprises	内资企业 Domestic Funded Enterprises	#国有企业 State-owned Enterprises	#集体企业 Collective-owned Enterprises	#股份合作企业 Cooperative Enterprises
全 省 Total	535642	534053	6799	6090	2449
省 辖 市 City					
郑 州 市 Zhengzhou	115690	115116	820	544	306
开 封 市 Kaifeng	16593	16521	292	341	89
洛 阳 市 Luoyang	39472	39349	603	551	153
平 顶 山 市 Pingdingshan	19788	19736	317	281	95
安 阳 市 Anyang	16961	16918	228	257	77
鹤 壁 市 Hebi	9203	9181	99	176	45
新 乡 市 Xinxiang	28319	28200	368	430	141
焦 作 市 Jiaozuo	18314	18251	280	190	155
濮 阳 市 Puyang	21585	21535	296	199	342
许 昌 市 Xuchang	41471	41417	158	160	36
漯 河 市 Luohe	9474	9438	185	166	57
三 门 峡 市 Sanmenxia	16677	16644	282	359	60
南 阳 市 Nanyang	49666	49573	595	638	170
商 丘 市 Shangqiu	30070	30035	428	312	137
信 阳 市 Xinyang	18091	18061	553	441	99
周 口 市 Zhoukou	17301	17255	380	241	121
驻 马 店 市 Zhumadian	23072	23015	409	329	125
济 源 市 Jiyuan	5627	5605	70	52	25
省 直 管 县 Province Administrating County					
巩 义 市 Gongyi	5521	5506	49	96	18
兰 考 县 Lankao	5755	5746	37	39	3
汝 州 市 Ruzhou	3031	3024	35	38	32
滑 县 Huaxian	3039	3032	28	54	19
长 垣 县 Changyuan	4712	4704	32	22	15
邓 州 市 Dengzhou	4755	4748	86	52	13
永 城 市 Yongcheng	3872	3865	45	29	14
固 始 县 Gushi	3130	3128	61	57	3
鹿 邑 县 Luyi	1384	1383	36	20	15
新 蔡 县 Xincai	3069	3067	27	16	84

Number of Business Entities by City and Status of Registration (2015)

(unit)

#联 营 Joint Ownership	#有限责任公司 Limited Liability Corporations	#股份有限公司 Share-holding Corporations Ltd.	#私 营 Private	#其他内资 Others	港、澳、台商投资企业 Enterprises with Funds from Hong Kong, Macao and Taiwan	外商投资企业 Enterprises with Foreign Investment
1832	166741	9755	252254	88133	772	817
143	62899	1528	41695	7181	279	295
111	4103	461	8045	3079	35	37
139	11152	754	21729	4268	60	63
62	5732	411	9850	2988	19	33
65	5365	315	7183	3428	18	25
21	4497	158	3207	978	11	11
172	7382	570	12840	6297	50	69
69	5073	459	7709	4316	30	33
66	7279	586	8120	4647	27	23
97	9935	410	24839	5782	27	27
56	2800	266	3780	2128	15	21
26	2737	248	10792	2140	15	18
211	8724	706	27080	11449	56	37
107	5497	522	17044	5988	17	18
104	2604	402	9108	4750	15	15
88	2596	531	8195	5103	30	16
135	5016	435	10666	5900	32	25
11	3492	114	1296	545	9	13
20	2291	87	2179	766	3	12
11	860	72	4101	623	2	7
5	654	30	1594	636	4	3
11	731	53	1018	1118	4	3
10	2244	149	1192	1040	3	5
57	742	44	2721	1033	5	2
7	351	43	2437	939	3	4
11	910	29	1731	326		2
12	440	32	452	376	1	
5	635	340	1651	309	2	

2-12 "三上"法人单位数(2015年底)

Number of Institutional Unit of industry, construction, wholesale and retail trades, hotels and catering enterprises above designated size (end of 2015)

单位：个 (unit)

市(县) City(County)	合计 Total	工业 Industry	建筑业 Construction	批发和零售业 Wholesale and retail trade	住宿和餐饮业 Accommodation and Restaurants	房地产业 Real estate	重点服务业 Key Services
全 省 Total	**55689**	**22878**	**6352**	**10251**	**2617**	**6158**	**7433**
省 辖 市 City							
郑 州 市 Zhengzhou	8757	2339	1750	1660	388	1105	1515
开 封 市 Kaifeng	2541	1069	275	511	157	250	279
洛 阳 市 Luoyang	4382	1852	478	795	226	548	483
平 顶 山 市 Pingdingshan	2314	700	271	461	181	380	321
安 阳 市 Anyang	2011	896	313	314	70	246	172
鹤 壁 市 Hebi	1093	568	114	138	47	144	82
新 乡 市 Xinxiang	2412	1072	364	379	81	354	162
焦 作 市 Jiaozuo	2180	1212	220	258	49	258	183
濮 阳 市 Puyang	2327	1006	304	410	54	177	376
许 昌 市 Xuchang	3538	1631	135	730	161	364	517
漯 河 市 Luohe	1348	699	106	249	80	124	90
三 门 峡 市 Sanmenxia	1502	646	180	278	60	172	166
南 阳 市 Nanyang	4989	2097	443	1220	303	439	487
商 丘 市 Shangqiu	2543	1119	198	453	80	375	318
信 阳 市 Xinyang	2674	1088	249	446	167	281	443
周 口 市 Zhoukou	2548	1160	225	380	134	201	448
驻 马 店 市 Zhumadian	3140	1437	249	517	166	320	451
济 源 市 Jiyuan	570	238	97	69	15	72	79
省 直 管 县 Province Administrating County							
巩 义 市 Gongyi	738	479	28	61	20	37	113
兰 考 县 Lankao	607	253	24	150	23	31	126
汝 州 市 Ruzhou	563	161	13	186	7	22	174
滑 县 Huaxian	408	207	43	79	5	37	37
长 垣 县 Changyuan	523	152	151	87	25	44	64
邓 州 市 Dengzhou	337	161	25	75	13	37	26
永 城 市 Yongcheng	382	165	40	59	21	50	47
固 始 县 Gushi	509	198	32	133	38	33	75
鹿 邑 县 Luyi	354	117	14	60	15	23	125
新 蔡 县 Xincai	399	156	11	93	31	34	74

2−13 航空港主要经济指标

Main Economic Indicators of Zhengzhou Airport

指　　标	Item	2014		2015	
		绝对数 Absolute value	增长速度(%) Growth Rate (%)	绝对数 Absolute value	增长速度(%) Growth Rate (%)
生产总值(亿元)	Gross Domestic Product (100 million yuan)	421.39	17.6	520.75	22.5
第一产业	Primary Industry	15.32	-1.8	11.80	-5.5
第二产业	Secondary Industry	358.39	20.1	439.73	24.0
#工业	Industry	354.21	19.9	436.15	24.1
第三产业	Tertiary Industry	47.67	18.2	69.22	17.8
规模以上工业增加值(亿元)	value-added of Industrial Above Designated Size (100 million yuan)		22.3		26.0
固定资产投资(亿元)	Investment in Fixed Assets	400.90	91.8	521.75	30.2
#民间投资	civilian	103.70	184.1	218.69	110.9
#工业	Industry	80.03	104.9	117.08	46.3
#房地产开发	Real Estate	151.84	71.6	109.86	-27.6
社会消费品零售总额(亿元)	Total Retail Sales of Consumer Goods (100 million yuan)	72.37	15.3	83.01	14.7
#限上企业(单位)消费品零售额	above Designated Size	4.08	-12.8	5.01	4.5
进出口总值(亿美元)	Total Value of Imports and Exports (USD 100 million)	379.16	8.7	483.31	27.5
出口总值	Total Exports	204.19	5.3		
进口总值	Total Imports	174.97	13.0		
外商实际投资额(亿美元)	Total Amount of Foreign Investment(USD 100 million)	5.80	38.0	5.05	-12.9
引进省外境内资金(亿元)	Foreign Capital Actually Used(100 million yuan)	36.52	23.1	41.44	13.5
地方公共财政预算收入(亿元)	Public Financial Revenue of the Local Government (100 million yuan)	21.17	40.4	29.50	39.4
#税收收入	Tax Revenue	16.28	41.4	21.23	16.3
地方公共财政预算支出(亿元)	Public Financial Expenditure of the Local Government (100 million yuan)	62.54	64.4	86.64	38.5
民航旅客吞吐量(万人次)	Passenger throughput of civil aviation (10 000 person-time)	1580.54	20.3	1729.74	9.4
民航货邮吞吐量(万吨)	Goods throughput of civil aviation (10 000 tons)	37.04	44.9	40.33	8.9
航空运输飞行架次(万架次)	Air transport flight vehicles (10 000 vehicles)	14.77	15.5	15.39	4.6

2-14 产业集聚区主要指标(2015年)

Main indicators of Industry gathering Area (2015)

单位：亿元 (100 million yuan)

名 称	规模以上工业从业人员期末人数(人) Number of Employed Persons (persons)	规模以上工业主营业务收入 Revenue from Principal Business	固定资产投资完成额 Investment in Fixed Assets
产业集聚区合计	**4525498**	**44950.63**	**18178.66**
郑州高新技术产业集聚区	42973	373.60	304.58
郑州经济技术产业集聚区	60907	1008.00	413.00
郑州航空港产业集聚区	294449	2651.88	524.61
郑州市中牟产业集聚区	5457	29.05	172.19
郑州市中牟汽车产业集聚区	17574	279.40	103.80
郑州上街装备产业集聚区	6559	160.71	38.21
郑州马寨产业集聚区	14671	156.14	28.32
巩义市产业集聚区	27252	584.67	80.63
巩义市豫联产业集聚区	15183	281.26	81.09
新郑新港产业集聚区	16956	259.95	93.15
新密市产业集聚区	25676	308.71	149.71
登封市产业集聚区	17144	227.87	91.97
荥阳市产业集聚区	28153	392.39	82.93
开封汴西产业集聚区	25714	246.18	233.06
开封黄龙产业集聚区	45376	310.76	98.48
开封市汴东产业集聚区	10691	59.59	30.89
尉氏县产业集聚区	77563	465.25	146.34
杞县产业集聚区	42047	221.75	134.73
开封市精细化工产业集聚区	11142	100.65	32.12
通许县产业集聚区	33520	219.10	105.68
兰考县产业集聚区	34507	247.42	90.96
洛阳高新技术产业集聚区	25025	261.26	102.07
洛阳工业产业集聚区	16536	192.41	49.16
洛阳经济技术产业集聚区	786	11.25	22.72
伊滨产业集聚区	19296	143.60	115.49
洛阳市洛龙产业集聚区	23117	123.85	115.58
洛阳市洛新产业集聚区	29861	401.05	110.97
洛阳市石化产业集聚区	6734	279.67	24.94
洛阳市先进制造产业集聚区	32187	379.68	83.84
洛宁县产业集聚区	41497	212.90	74.08
宜阳县产业集聚区	30397	251.25	151.14
新安县产业集聚区	28137	572.42	151.32
栾川县产业集聚区	3531	65.22	133.38
孟津县华阳产业集聚区	19464	222.29	112.72
汝阳县产业集聚区	12510	62.17	103.10
嵩县产业集聚区	7986	100.80	61.86
伊川县产业集聚区	18447	288.98	177.90
偃师市产业集聚区	44880	456.32	101.30
洛阳空港产业集聚区	6309	128.57	21.87
平顶山高新技术产业集聚区	16393	242.04	31.37
平顶山平新产业集聚区	6921	37.25	33.06
平顶山市石龙产业集聚区	4181	47.68	5.23

2-14 续表 1 continued

单位：亿元 (100 million yuan)

名 称	规模以上工业从业人员期末人数(人) Number of Employed Persons (persons)	规模以上工业主营业务收入 Revenue from Principal Business	固定资产投资完成额 Investment in Fixed Assets
郏县产业集聚区	26185	170.94	94.53
汝州市产业集聚区	18753	147.79	55.21
叶县产业集聚区	9423	181.34	126.78
宝丰县产业集聚区	16084	103.20	79.73
舞钢市产业集聚区	25505	175.68	46.43
鲁山县产业集聚区	7900	96.35	55.99
安阳高新技术产业集聚区	20385	124.96	134.25
安阳市产业集聚区	3901	115.17	52.67
安阳县产业集聚区	16178	220.24	75.32
滑县产业集聚区	12080	93.33	68.74
林州市产业集聚区	49395	607.23	238.88
汤阴县产业集聚区	16537	306.75	60.87
内黄县产业集聚区	22383	205.05	74.78
鹤壁市鹤淇产业集聚区	36511	313.25	85.54
鹤壁市宝山循环经济产业集聚区	53638	369.43	90.61
鹤壁市金山产业集聚区	15793	235.06	133.02
浚县产业集聚区	40149	260.23	74.08
新乡高新技术产业集聚区	30195	353.63	48.02
新乡工业产业集聚区	44117	346.90	161.31
新乡经济技术产业集聚区	40958	380.50	65.64
新乡电源产业集聚区	16197	167.65	62.48
新乡市新东产业集聚区	7575	30.10	61.68
长垣县产业集聚区	30386	410.60	171.93
原阳县产业集聚区	16192	115.19	112.46
获嘉县产业集聚区	12961	99.84	74.63
封丘县产业集聚区	4927	58.27	48.01
卫辉市产业集聚区	4429	43.93	46.22
延津县产业集聚区	14241	196.91	48.10
辉县市产业集聚区	32978	426.88	109.89
焦作经济技术产业集聚区	32986	337.63	147.19
焦作市工业产业集聚区	22954	193.69	61.85
武陟县产业集聚区	70762	638.19	227.64
温县产业集聚区	40338	463.83	202.91
孟州市产业集聚区	61918	573.73	241.06
沁阳市产业集聚区	36599	620.13	163.18
修武县产业集聚区	18261	260.88	79.61
博爱县产业集聚区	25430	387.78	171.48
濮阳经济技术产业集聚区	12298	218.01	73.03
濮阳市产业集聚区	3465	59.25	81.19
濮阳市濮东产业集聚区	10241	101.27	85.40
南乐县产业集聚区	7090	135.33	104.23
清丰县产业集聚区	18971	222.04	137.38

2-14 续表 2 continued

单位：亿元 (100 million yuan)

名 称	规模以上工业从业人员期末人数(人) Number of Employed Persons (persons)	规模以上工业主营业务收入 Revenue from Principal Business	固定资产投资完成额 Investment in Fixed Assets
台前县产业集聚区	8503	93.23	47.74
濮阳县产业集聚区	12471	195.26	140.55
范县产业集聚区	17503	385.92	99.44
濮阳市化工产业集聚区	5834	138.28	19.98
许昌经济技术产业集聚区	17828	171.91	62.78
许昌魏都产业集聚区	13034	148.55	118.20
许昌尚集产业集聚区	33267	260.28	132.45
中原电气谷核心区	5738	160.52	70.02
长葛市产业集聚区	61289	833.79	215.04
鄢陵县产业集聚区	37818	402.13	122.51
襄城县产业集聚区	17751	174.03	155.71
禹州市产业集聚区	72137	725.82	197.44
长葛市大周再生金属循环产业集聚区	23940	564.35	54.66
襄城县循环经济产业集聚区	13051	241.38	8.62
漯河市经济技术产业集聚区	48360	745.93	129.51
漯河市沙澧产业集聚区	26805	207.36	103.88
漯河市东城产业集聚区	38032	239.42	92.29
漯河市淞江产业集聚区	25725	244.06	100.54
舞阳县产业集聚区	35599	311.35	113.68
临颍县产业集聚区	28722	389.18	164.89
三门峡经济技术产业集聚区	2680	68.46	16.48
三门峡产业集聚区	13246	507.95	162.83
义马煤化工产业集聚区	64167	434.53	111.09
卢氏县产业集聚区	3940	36.64	35.31
渑池县产业集聚区	21887	322.59	165.27
灵宝市产业集聚区	27455	453.23	149.09
陕县产业集聚区	6439	53.52	60.17
南阳高新技术产业集聚区	18091	97.98	103.34
南阳市新能源产业集聚区	24549	176.89	117.48
南阳市光电产业集聚区	11534	68.30	106.14
邓州市产业集聚区	23030	232.92	112.80
新野县产业集聚区	30860	279.51	125.15
淅川县产业集聚区	26540	312.11	130.42
内乡县产业集聚区	20621	172.14	140.36
唐河县产业集聚区	36974	201.99	112.47
桐柏县产业集聚区	6590	87.02	89.47
镇平县产业集聚区	24263	171.17	128.14
西峡县产业集聚区	43315	435.14	143.54
社旗县产业集聚区	19300	143.15	104.71
南召县产业集聚区	6569	68.30	61.56
方城县产业集聚区	7339	66.44	80.68
南阳化工产业集聚区	22372	71.04	29.14
商丘经济技术产业集聚区	22951	89.23	119.79
豫东综合物流产业集聚区	2842	10.65	39.44
商丘市梁园产业集聚区	17904	165.98	107.40
商丘市睢阳产业集聚区	35743	199.36	121.49
永城市产业集聚区	45913	478.37	146.80
民权县产业集聚区	30703	249.22	165.93
夏邑县产业集聚区	50150	238.17	145.15

2-14 续表 3 continued

单位：亿元 (100 million yuan)

名 称	规模以上工业从业人员期末人数(人) Number of Employed Persons (persons)	规模以上工业主营业务收入 Revenue from Principal Business	固定资产投资完成额 Investment in Fixed Assets
虞城县产业集聚区	48061	292.31	148.44
柘城县产业集聚区	26369	171.68	96.51
宁陵县产业集聚区	19411	186.23	65.69
睢县产业集聚区	42494	164.95	150.12
信阳市产业集聚区	7831	88.29	138.73
潢川经济技术产业集聚区	11750	60.47	66.75
信阳平桥产业集聚区	25599	153.70	65.61
信阳市上天梯产业集聚区	19869	104.95	53.97
信阳金牛物流产业集聚区	8629	84.09	74.54
信阳明港产业集聚区	21519	192.04	29.59
固始县史河湾产业集聚区	12213	66.30	61.54
固始县产业集聚区	13169	83.39	79.55
光山县官渡河产业集聚区	31666	184.91	73.51
新县产业集聚区	25905	147.06	62.30
罗山县产业集聚区	24856	132.60	102.32
淮滨县产业集聚区	35289	163.65	84.85
商城县产业集聚区	16984	139.76	79.58
潢川县产业集聚区	19059	134.82	80.13
息县产业集聚区	25082	163.92	68.12
周口经济技术产业集聚区	14746	246.91	41.55
周口市川汇产业集聚区	8968	71.14	27.82
项城市产业集聚区	36139	370.20	107.99
淮阳县产业集聚区	20313	251.84	102.95
扶沟县产业集聚区	19325	233.58	76.93
鹿邑县产业集聚区	20871	254.14	104.91
郸城县产业集聚区	43989	379.98	102.49
西华县产业集聚区	18631	202.75	84.80
沈丘县产业集聚区	36594	404.21	118.96
太康县产业集聚区	35818	328.45	112.95
商水县产业集聚区	37089	285.60	83.08
驻马店装备产业集聚区	20013	162.84	94.40
驻马店市产业集聚区	23998	314.60	80.26
遂平县产业集聚区	25929	227.89	111.08
新蔡县产业集聚区	12047	84.98	89.53
正阳县产业集聚区	19842	97.94	59.41
汝南县产业集聚区	21565	193.84	56.73
西平县产业集聚区	19814	129.09	76.04
泌阳县产业集聚区	44226	281.73	92.80
平舆县产业集聚区	25468	314.52	87.67
确山县产业集聚区	15828	133.67	87.93
上蔡县产业集聚区	31888	227.30	101.96
济源市高新技术产业集聚区	3820	48.67	55.02
济源市玉川产业集聚区	18285	375.56	73.95
济源市虎岭产业集聚区	48185	456.18	130.53

2-15　商务中心区主要指标(2015年)

Main Indicators of Central Business District (2015)

名　称	规划面积 (万平方米) Area (10 000 sq.m)	固定资产投资完成额 (万元) Investment in Fixed Assets (10 000 yuan)	企业个数 (个) Number of Industry (unit)	服务业法人企业从业人员 (人) Number of Employed Persons of Services (persons)
全省商务中心区合计	**13565**	**5997300**	**3084**	**111720**
郑东新区中央商务区	710	324500	1178	23728
巩义市商务中心区	186	60400	42	1336
开封市商务中心区	296	96300	3	28
兰考县商务中心区	172	201000	18	923
洛阳市商务中心区	520	15600		
栾川县商务中心区	172		217	4533
嵩县商务中心区	113	500	185	2508
汝阳县商务中心区	126	44100	117	1310
洛宁县商务中心区	145	5400	5	207
平顶山市商务中心区	347	65700	9	3274
郏县商务中心区	80		4	122
舞钢市商务中心区	140	74300	4	28
汝州市商务中心区	154	246300	52	1942
安阳市商务中心区	292	260400	28	3308
滑县商务中心区	207	35800	53	1375
林州市商务中心区	199	27500	33	1428
鹤壁市商务中心区	440	431600	118	4846
新乡市商务中心区	253		15	1462
封丘县商务中心区	134	23400	14	262
长垣县商务中心区	197	50300	23	1269
焦作市商务中心区	497			221
濮阳市商务中心区	357			
南乐县商务中心区	90	160700	2	217
范县商务中心区	64	6700	30	670
台前县商务中心区	53	12200	12	379
许昌市商务中心区	270	69000	20	337
漯河市商务中心区	249	123700	22	1259
三门峡市商务中心区	398	284000	7	466
南阳市商务中心区	296	134400	36	1019
南召县商务中心区	157	19300	1	55

2-15 续表 continued

名　　称	规划面积 (万平方米) Area (10 000 sq.m)	固定资产投资完成额 (万元) Investment in Fixed Assets (10 000 yuan)	企业个数 (个) Number of Industry (unit)	服务业法人企业从业人员 (人) Number of Employed Persons of Services (persons)
西峡县商务中心区	91	98000	15	212
淅川县商务中心区	152	30500	13	679
新野县商务中心区	136	59200	20	1424
桐柏县商务中心区	123	85000	39	806
邓州市商务中心区	205	183600	6	84
商丘市商务中心区	533	152000	112	3229
睢县商务中心区	299	165800	120	7935
夏邑县商务中心区	202	259300	177	7357
永城市商务中心区	200	314800	100	8247
信阳市商务中心区	295	23600	26	795
光山县商务中心区	171	132800	41	7177
新县商务中心区	167	9200	4	114
商城县商务中心区	149	57900	16	514
固始县商务中心区	157	30100	8	659
潢川县商务中心区	160	109700		65
淮滨县商务中心区	170	18600	2	202
息县商务中心区	161			114
周口市商务中心区	477	65900	1	47
扶沟县商务中心区	175	223800	8	757
沈丘县商务中心区	238	188700	12	697
郸城县商务中心区	175	207800	15	6033
太康县商务中心区	200	120500	8	964
鹿邑县商务中心区	193	86000	20	702
驻马店市商务中心区	238	104900	1	60
上蔡县商务中心区	135	74100	6	1292
平舆县商务中心区	223	137200	26	1182
正阳县商务中心区	105	22800		24
泌阳县商务中心区	215	89700	5	306
新蔡县商务中心区	179		22	1064
济源市商务中心区	327	172700	13	467

2-16 特色商业区主要指标(2015年)

Main Indicators of Feature Commercial Area (2015)

名　称	规划面积 (万平方米) Area (10 000 sq.m)	固定资产投资完成额 (万元) Investment in Fixed Assets (10 000 yuan)	企业个数 (个) Number of Industry (unit)	服务业法人企业从业人员 (人) Number of Employed Persons of Services (persons)
全省特色商业区合计	**20087**	**10102800**	**10648**	**305656**
郑州市中原区特色商业区	200	289900	128	14250
郑州市二七区特色商业区	217	326300	604	11822
郑州市管城回族区特色商业区	224	416200	583	11420
郑州市金水区特色商业区	98	252900	705	8115
郑州市上街区通航特色商业区	316	350600	108	1980
郑州市惠济区特色商业区	168	30300	38	4176
中牟县特色商业区	217	191500	59	1746
荥阳市特色商业区	116	11600	18	573
新密市特色商业区	151	17100	121	2395
新郑市特色商业区	254	464800		37
登封市特色商业区	220	193200	166	4049
开封市龙亭区特色商业区	326	122200	149	3746
开封市顺河回族区特色商业区	260	4200	36	848
开封市鼓楼区特色商业区	216	23400	249	6725
开封市禹王台区特色商业区	112	42400	1	124
开封市龙亭区金明特色商业区	110			8
杞县特色商业区	196	36200	96	2074
通许县特色商业区	180	41100	8	811
尉氏县特色商业区	138	69100	104	3840
开封市祥符区特色商业区	186	173200	39	1275
洛阳市老城区特色商业区	124	251700	26	703
洛阳市西工区特色商业区	200	331600	632	17275
洛阳市瀍河回族区特色商业区	138			22
洛阳市涧西区特色商业区	197	55600	190	3007
洛阳市吉利区特色商业区	80	9500	14	761
洛阳市洛龙区特色商业区	210	60800	182	3411
孟津县特色商业区	200			
新安县特色商业区	120	60500	75	1768
宜阳县特色商业区	198	20800	250	3133
伊川县特色商业区	182	6500	7	264
偃师市特色商业区	142	27700	174	4477
平顶山市新华区特色商业区	186	12900	25	633
平顶山市卫东区特色商业区	86	5100	67	3321
平顶山市石龙区特色商业区	16	2400	4	81
平顶山市湛河区特色商业区	95			14
宝丰县特色商业区	193	117400	42	7113
叶县特色商业区	161	4300	28	1103
鲁山县特色商业区	156	146300	3	96

2-16 续表 1 continued

名　称	规划面积 (万平方米) Area (10 000 sq.m)	固定资产投资完成额 (万元) Investment in Fixed Assets (10 000 yuan)	企业个数 (个) Number of Industry (unit)	服务业法人企业从业人员 (人) Number of Employed Persons of Services (persons)
安阳市文峰区特色商业区	240	8100	96	2334
安阳市北关区特色商业区	177	36000	66	2980
安阳市殷都区特色商业区	90	56000	100	2494
安阳市龙安区特色商业区	105	10100	1	69
安阳县特色商业区	88	46100	13	622
汤阴县特色商业区	182	25600	3	68
内黄县特色商业区	174	97900	9	337
鹤壁市鹤山区特色商业区	65	28700	2	116
鹤壁市山城区特色商业区	102	121200	73	1367
鹤壁市淇滨区特色商业区	101	66300	6	415
浚县特色商业区	160	26800	24	906
淇县特色商业区	118	59700	8	362
新乡市红旗区特色商业区	160	20500	174	5281
新乡市卫滨区特色商业区	150	90700	105	3573
新乡市凤泉区特色商业区	96		15	154
新乡市牧野区特色商业区	142	69300	74	2921
新乡县特色商业区	153	15900	26	538
获嘉县特色商业区	94	28100	18	844
原阳县特色商业区	148	4700	3	131
延津县特色商业区	208	19100	7	127
卫辉市特色商业区	194	2600	4	182
辉县市特色商业区	130	76300	34	971
焦作市解放区特色商业区	241	105700	133	6255
焦作市中站区特色商业区	226	42500	22	903
焦作市马村区特色商业区	275	73800	5	169
焦作市山阳区特色商业区	196	91400	73	3773
修武县特色商业区	198	23900	11	338
博爱县特色商业区	146	6500	34	832
武陟县特色商业区	140	2300	1	78
温县特色商业区	170	12500	8	625
沁阳市特色商业区	185	42200	49	1591
孟州市特色商业区	174			206
濮阳市华龙区特色商业区	181	261500	328	9607
清丰县特色商业区	57	6000	7	416
濮阳县特色商业区	198	22300	3	259
许昌市魏都区特色商业区	210	81700	867	17029
许昌县特色商业区	180	3400	1	97
鄢陵县特色商业区	293	65300	36	805
襄城县特色商业区	261		6	468
禹州市特色商业区	131	279500	352	9730
长葛市特色商业区	289	180400	104	4055

2-16　续表 2　　continued

名　　称	规划面积 (万平方米) Area (10 000 sq.m)	固定资产投资完成额 (万元) Investment in Fixed Assets (10 000 yuan)	企业个数 (个) Number of Industry (unit)	服务业法人企业从业人员 (人) Number of Employed Persons of Services (persons)
漯河市源汇区特色商业区	262	126300	114	4392
漯河市郾城区特色商业区	183	32400	82	1543
漯河市召陵区特色商业区	194	46000	15	520
舞阳县特色商业区	208	128000	49	2915
临颍县特色商业区	211	34100	22	1671
三门峡市湖滨区特色商业区	245	264000	598	12604
渑池县特色商业区	127	101900	76	2681
陕县特色商业区	165	216100	147	4709
卢氏县特色商业区	67	2200	45	999
义马市特色商业区	189	65500	8	538
灵宝市特色商业区	123	75000	118	2961
南阳市宛城区特色商业区	183	97400	91	2149
南阳市卧龙区特色商业区	293	94200	134	2695
方城县特色商业区	165	118100	209	4277
镇平县特色商业区	220	123100	52	1250
内乡县特色商业区	179	196700	174	3018
社旗县特色商业区	215	105900	93	1980
唐河县特色商业区	174	35400	144	3438
商丘市梁园区特色商业区	202	87900	25	995
商丘市睢阳区特色商业区	123	122200	29	907
民权县特色商业区	111	81800	58	1525
宁陵县特色商业区	173	145300	44	1414
柘城县特色商业区	349	271400	164	8307
虞城县特色商业区	199	314100	109	16607
信阳市浉河区特色商业区	129	50600	84	1704
信阳市平桥区特色商业区	160			
罗山县特色商业区	207	70800	26	1494
周口市川汇区特色商业区	160		15	345
西华县特色商业区	104	10100		42
商水县特色商业区	170	21400		51
淮阳县特色商业区	236	75400	8	863
项城市特色商业区	201	223500	8	879
驻马店市驿城区特色商业区	207	91000	5	728
西平县特色商业区	134	10500	5	592
确山县特色商业区	164	66300	32	1140
汝南县特色商业区	100	64700	16	394
遂平县特色商业区	138	153600	17	2105

主要统计指标解释

可比价格 指计算各种总量指标所采用的扣除了价格变动因素的价格，可进行不同时期总量指标的对比。按可比价格计算总量指标有两种方法：一种是直接用产品产量乘某一年的不变价格计算；另一种是用价格指数进行缩减。

不变价格 指以同类产品某年的平均价格作为固定价格，用于计算各年的产品价值。按不变价格计算的产品价值消除了价格变动因素，不同时期对比可以反映生产的发展速度。新中国成立后，随着工农业产品价格水平的变化，国家统计局先后五次制定了全国统一的工业产品不变价格和农业产品不变价格。从 1952 年到 1957 年使用 1952 年工（农）业产品不变价格，从 1957 年到 1970 年使用 1957 年不变价格，从 1971 年到 1980 年使用 1970 年不变价格，从 1981 年到 1990 年使用 1980 年不变价格，从 1991 年开始使用 1990 年不变价格。

平均增长速度 平均增长速度表明社会经济现象在一个较长的时期内逐期平均增长变化的程度，它不能根据各个环比增长速度直接求得，但与平均发展速度之间存在着一定的数量关系：平均增长速度＝平均发展速度－1。

平均发展速度是一种根据环比发展速度计算的序时平均数，由于各时期对比的基础不同，所以计算平均发展速度不能采用一般的序时平均数的计算方法，计算方法分为水平法和累计法。水平法，又称几何平均法，即将环比发展速度按连乘法用几何平均数公式计算。累计法，也称方程法，根据一段时期内各年发展水平总和与基期水平的关系，列出方程式计算平均发展速度。水平法着重考虑最后一年所达到的发展水平；累计法着重考虑整个时期累计发展水平的总量。

本《年鉴》内所列的平均增长速度，除固定资产投资用“累计法”计算外，其余均用“水平法”计算。从某年到某年平均增长速度的年份，均不包括基期年在内。如建国四十三年以来的平均增长速度是以 1949 年为基期计算的，则写为 1950-1992 年平均增长速度，其余类推。

国民经济行业分类 自 2012 年定期报表开始使用新的《国民经济行业分类》(GB/T4754-2011)。该分类是由国家统计局组织修订，国家质量监督检验检疫总局和中国国家标准化管理委员会于 2011 年 4 月 29 日发布。这次修订是在 2002 年分类标准的基础上，参照联合国《全部经济活动的国际标准产业分类》（ISIC/Rev.4）进行的。修订后的《国民经济行业分类》（GB/T4754-2012）共有门类 20 个，大类 96 个，中类 432 个，小类 1094 个。

企业（单位）登记注册类型 是以在工商行政管理机关登记注册的各类企业为划分对象，以工商行政管理部门对企业登记注册的类型为依据，将企业登记注册类型分为内资企业、港澳台商投资企业和外商投资企业三大类。内资企业包括国有企业、集体企业、股份合作企业、联营企业、有限责任公司、股份有限公司、私营公司和其他企业；港澳台商投资企业和外商投资企业分别包括合资经营企业、合作经营企业、独资经营企业和股份有限公司。对不在工商行政管理部门进行登记注册的行政机关、事业单位和社会团体，主要按其经费来源和管理方式进行划分。

国有企业 指企业全部资产归国家所有，并按《中华人民共和国企业法人登记管理条例》规定登记注册的非公司制的经济组织。不包括有限责任公司中的国有独资公司。

集体企业 指企业资产归集体所有，并按《中华人民共和国企业法人登记管理条例》规定登记注册的经济组织。

股份合作企业 指以合作制为基础，由企业职工共同出资入股，吸收一定比例的社会资产投资组建，实行自主经营，自负盈亏，共同劳动，民主管理，按劳分配与按股分红相结合的一种集体经济组织。

联营企业 指两个及两个以上相同或不同所有制性质的企业法人或事业单位法人，按自愿、平等、互利的原则，共同投资组成的经济组织。联营企业包括国有联营企业、集体联营企业、国有与集体联营企业和其他联营企业。

有限责任公司 指根据《中华人民共和国公司登记管理条例》规定登记注册，由两个以上、五十个以下的股东共同出资，每个股东以其所认缴的出资额对公司承担有限责任，公司以其全部资产对其债务承担责任的经济组织。有限责任公司包括国有独资公司以及其他有限责任公司。

股份有限公司 指根据《中华人民共和国公司登记管理条例》规定登记注册，其全部注册资本由等额股份构成并通过发行股票筹集资本，股东以其认购的股份对公司承担有限责任，公司以其全部资产对其债务承担责任的经济组织。

私营企业 指由自然人投资设立或由自然人控股，以雇佣劳动为基础的营利性经济组织。包括按照《公司法》、《合伙企业法》、《私营企业暂行条例》规定登记注册的私营有限责任公司、私营股份有限公司、私营合伙企业和私营独资企业。

其他内资企业 指上述企业之外的其他内资经济组织。

与港澳台商合资经营企业 指港澳台地区投资者与内地企业依照《中华人民共和国中外合资经营企业法》及有关法律的规定，按合同规定的比例投资设立、分享利润和分担风险的企业。

与港澳台商合作经营企业 指港澳台地区投资者与内地企业依照《中华人民共和国中外合作经营企业法》及有关法律的规定，依照合作合同的约定进行投资或提供条件设立、分配利润和分担风险的企业。

港澳台商独资经营企业 指依照《中华人民共和国外资企业法》及有关法律的规定，在内地由港澳台地区投资者全额投资设立的企业。

港澳台商投资股份有限公司 指根据国家有关规定，经外经贸部依法批准设立，其中港、澳、台商的股本占公司注册资本的比例达25%以上的股份有限公司。凡其中港、澳、台商的股本占公司注册资本的比例小于25%的，属于内资企业中的股份有限公司。

中外合资经营企业 指外国企业或外国人与中国内地企业依照《中华人民共和国中外合资经营企业法》及有关法律的规定，按合同规定的比例投资设立、分享利润和分担风险的企业。

中外合作经营企业 指外国企业或外国人与中国内地企业依照《中华人民共和国中外合作经营企业法》及有关法律的规定，依照合作合同的约定进行投资或提供条件设立、分配利润和分担风险的企业。

外资企业 指依照《中华人民共和国外资企业法》及有关法律的规定，在中国内地由外国投资者全额投资设立的企业。

外商投资股份有限公司 指根据国家有关规定，经外经贸部依法批准设立，其中外资的股本占公司注册资本的比例达25%以上的股份有限公司。凡其中外资股本占公司注册资本的比例小于25%的，属于内资企业中的股份有限公司。

行政机关、事业单位和社会团体 参照企业登记注册类型，主要按其经费来源和管理方式划分。具体规定如下：

⑴行政机关：包括国家机关和政党机关，原则上均列为“国有”。但有特殊规定的，如供销社等，则列为“集体”。

⑵事业单位：包括经国家机构编制部门和有关业务主管部门批准成立的各类事业单位，不包括实行企业化管理的事业单位。事业单位的划分办法如下：

①由国家财政预算拨款或列入财政预算外资金管理以及经费主要来源于国有主管部门或国有上级单位的事业单位，列为“国有”。

②经费主要来源于集体单位的事业单位，列为“集体”。

③公民个人（或个人合伙）开办的事业单位，列为“私营”。

④上述以外的其他事业单位，如果其经费来源不明确，按管理方式进行归类。

⑶社会团体：包括经民政部门批准成立以及未纳入社会团体管理条例范围的工会、妇联等各类社会团体。社会团体的划分办法如下：

①未纳入民政部社会团体管理条例范围的工会、妇联、共青团、青联、工商联、科协、侨联等社会团体，国家拨款设立的基金会或基金管理组织以及经费主要来源于国有业务主管部门或国有上级单位的社会团体，列为“国有”。

②经费主要来源于集体单位的社会团体，列为“集体”。

③公民个人（或个人合伙）开办的社会团体，划为“私营”。

④上述以外的其他社会团体，如果其经费来源不明确，改按管理方式进行归类。

法人单位 指具备：

⑴依法成立、有自己的名称、组织机构和场所、能够独立承担民事责任；

⑵独立拥有和使用（或授权使用）资产、承担负债、有权与其它单位签订合同；

⑶会计上独立核算、能够编制资产负债表。法人单位包括企业法人、事业单位法人、机关法人、会团体法人和其他法人。

产业活动单位 是法人单位的附属单位。产业活动单位应具备下列条件：

⑴在一个场所从事一种或主要从事一种社会经济活动；

⑵相对独立组织生产经营和业务活动；

⑶能够掌握收入和支出等业务核算资料。

Explanatory Notes on Main Statistical Indicators

Comparable Prices refer to prices that are used to remove the factors of price change in calculating economic aggregates, so as to facilitate comparison of aggregates over time. Two methods are used for calculating economic aggregates at comparable prices:

One is Multiplying the output of products by their constant prices of certain year, and other is Deflation of data at current prices by relevant price index.

Constant Price refers to the average price of a given product in certain year, which is used for comparison of over output value time. As the output value at constant prices removes the factor of price changes, it reflects the trend of production development over time. Since 1949,with the changes in general price level, the State Statistical Bureau has issued nationally unified constant prices five times: the 1952 constant prices for 1949-1957;the 1957 constant prices for 1957-1971; the 1970 constant prices for 1971-1981; the 1980 constant prices for 1981-1990;and the 1990 constant prices have been used since 1991.

Average Annual Growth Rate shows the average growth rate of social and economic development during a longer period. It can not be directly calculated by chain based growth rate. The relation is:

Average Annual Growth Rate = Average Speed of Development – 1

Average speed of development is the time series average of speed which calculated by chain based. Because the reference bases during the different periods are not same, average speed of development can not be calculated by the general method. Level approach and accumulative approach for calculating average speed of development rate are applied. The “level approach”, or the method of calculating the geometric average, is derived by the formula of geometric average of the chain-based speeds of development, or comparing the level of the last year of the interval with that of the beginning year; the other is called the “accumulative approach” or the “algebraic average”, “equation” method, which is derived by the summation of the actual figure of each year in the interval divided by the figure in the base year. The level approach focuses on the level of the last year, while the accumulative approach emphasizes the aggregate development in the duration.

The average annual growth rates listed in the Yearbook are calculated by the level approach except for the growth rate of investment in fixed assets. The base year is not listed in the duration for which average annual growth rates are computed. For instance, the average annual growth rate of the 43 years since 1949 is shown as the average annual growth rate of 1950-1992 without showing the base year 1949.

Industrial Classification of the National Economy The new Industrial Classification of the National Economy (GB/T 4754-2011) is introduced starting from the compilation of 2012 annual statistics. The revision, based on the 2002 classification, was organized by the National Bureau of Statistics taking into consideration of the International Standards of the Industrial Classification of All Economic Activities (ISIC/Rev.4) of the United Nations. The new Classification was promulgated by the National Administration of Quality Supervision, Inspection and Quarantine and the Standardization Administration of the People's Republic of China on April 29, 2011. The revised version of the Industrial Classification of the National Economy (GB/T 4754-2012) is composed of 20 sections, 96 divisions, 432 groups and 1094 classes.

Registration Status of Enterprises Enterprises are classified into 3 categories, namely domestic-funded enterprises, enterprises with investment from Hong Kong, Macau and Taiwan, and enterprises with foreign investment, in the light of the registration status of an enterprise in industrial and commercial administration agencies. Domestic-funded enterprises include state-owned enterprises, collective-owned enterprises, cooperative enterprises, joint ownership enterprises, limited liability corporations, share-holding corporations Ltd., private enterprises and other enterprises. Included in the enterprises with investment from Hong Kong, Macau and Taiwan and enterprises with foreign investment are joint-venture enterprises, cooperative enterprises, sole investment enterprises and share-holding corporations Ltd. For government agencies, institutions and social organizations which are not requested to be registered in industrial and commercial administration agencies, they are classified mainly by their sources of funds and way of management.

State-owned Enterprises refer to non-corporation economic units where the entire assets are owned by the state and which have registered in accordance with the Regulation of the People's Republic of China on the Management of Registration of Corporate Enterprises. Excluded from this category are sole state-funded corporations in the limited liability corporations.

Collective-owned Enterprises refer to economic units where the assets are owned collectively and which have registered in accordance with the Regulation of the People's Republic of China on the Management of Registration of Corporate Enterprises.

Cooperative Enterprises refer to a form of collective economic units (enterprises) where capitals come mainly from employees as their shares, with certain proportion of capital from the outside, where production is organized on the basis of independent operation, independent accounting for profits and losses, joint work, democratic management, and a distribution system that integrates remuneration according to work with dividend according to capital share.

Joint Ownership Enterprises refer to economic units established by two or more corporate enterprises or corporate institutions of the same or different ownership, through joint investment on the basis of equality, voluntary participation and mutual benefits. They include state joint ownership enterprises, collective joint ownership enterprises, joint state-collective enterprises, and other joint ownership enterprises.

Limited Liability Corporations refer to economic units established with investment from 2-50 investors and registered in accordance with the Regulation of the People's Republic of China on the Management of Registration of Corporations, each investor bearing limited liability to the corporation depending on its share of investment, and the corporation bearing liability to its debt to the maximum of its total assets. Limited liability corporations include exclusive state-funded limited liability corporations and other limited liability corporations.

Share-holding Corporations Ltd. refer to economic units registered in accordance with the Regulation of the People's Republic of China on the Management of Registration of Corporations, with total registered capitals divided into equal shares and raised through issuing stocks. Each investor bears limited liability to the corporation depending on the holding of shares, and the corporation bears liability to its debt to the maximum of its total assets.

Private Enterprises refer to profit-making economic units invested and established by natural persons, or controlled by natural persons using employed labor. Included in this category are private limited liability corporations, private share-holding corporations Ltd, private partnership enterprises and private-funded enterprises registered in accordance with the Corporation Law, Partnership Enterprises Law and Interim Regulations on Private Enterprises.

Other Domestic-funded Enterprises refer to domestic-funded economic units other than those mentioned above.

Joint-venture Enterprises with Funds from Hong Kong, Macau and Taiwan refer to enterprises jointly established by investors from Hong Kong, Macau and Taiwan with enterprises in the mainland of China in accordance with the Law of the People's Republic of China on Sino-foreign Joint Venture Enterprises and other relevant laws, where the share of investment, profits and risks is stipulated in the contract.

Cooperative Enterprises with Funds from Hong Kong Macao and Taiwan, established by investors from Hong Kong, Macao and Taiwan with enterprises in the mainland of China in accordance with the Law of the People's Republic of China on Sino-foreign Cooperative Enterprises and other relevant laws, where the investment or provision of facilities, and the share of profits and risks is stipulated in the cooperative contract.

Enterprises with Sole (exclusive) Investment from Hong Kong, Macao and Taiwan refer to enterprises established in the mainland of China with exclusive investment from investors from Hong Kong, Macao and Taiwan in accordance with the Law of the People's Republic of China on Foreign-Funded Enterprises and other relevant laws.

Share-holding Corporations Ltd. with Investment from Hong Kong, Macao and Taiwan refer to share-holding corporations Ltd. established with the approval from the Ministry of Foreign Trade and Economic Relations in line with relevant state regulations, where the share of investment from Hong Kong, Macau or Taiwan businessmen exceeds 25% of the total registered capital of the corporation. In case the share of investment from Hong Kong, Macao or Taiwan is less than 25% of the total registered capital, the enterprise is to be classified as domestic-funded share-holding corporation Ltd.

Joint-venture Enterprises with Foreign Investment refer to enterprises jointly established by foreign enterprises or foreigners with enterprises in the mainland of China in accordance with the Law of the People's Republic of China on Sino-foreign Joint Venture Enterprises and other relevant laws, where the share of investment, profits and risks is stipulated in the contract.

Cooperation Enterprises with Foreign Investment refer to enterprises jointly established by foreign enterprises or foreigners with enterprises in the mainland of China in accordance with the Law of the People's Republic of China on Sino-foreign Cooperative Enterprises and other relevant laws, where the investment or provision of facilities, and the share of profits and risks is stipulated in the cooperative contract.

Enterprises with Sole (exclusive) Foreign Investment refer to enterprises established in the mainland of China with exclusive investment from foreign investors in accordance with the Law of the People's Republic of China on Foreign-Funded Enterprises and other relevant laws.

Share-holding Corporations Ltd. with Foreign Investment refer to share-holding corporations Ltd. Established with the approval from the Ministry of Foreign Trade and Economic Relations in line with relevant state regulations, where the share of investment from foreign investors exceeds 25% of the total registered capital of the corporation. In case the share of foreign investment is less than 25% of the total registered capital, the enterprise is to be classified as domestic-funded share-holding corporation Ltd.

Government Agencies, Institutions and Social Organizations are classified into following categories by source of funds and way of management taking reference of the registration status of enterprises:

(1) Government agencies: include state and party agencies, classified in principle as “state-owned”. There are exceptions, such as supply and marketing cooperatives, which are classified, as “collective”.

(2) Institutions: include institutions of various types established with the approval by organization and staffing departments of the government, but exclude institutions where enterprise management system is introduced. Institutions are further classified as follows:

(a) Institutions whose main budget is listed in the government budget appropriations or extra-budget funds, or allocated from the budget of their competent government agencies. Such institutions are classified as “state-owned”.

(b) Institutions whose budget mainly comes from collective units. Such institutions are classified as “collective”.

(c) Institutions other than those mentioned above whose source of budget is not clear. Such institutions are classified by way of management.

(3) Social organizations: include social organizations established with the approval from the Ministry of Civil Affairs, and organizations that are not covered by social organization management regulations such as trade unions, women’s federations etc. Social organizations are further classified as follows:

(a) Social organizations that are not covered by social organization management regulations of the Ministry of Civil Affairs such as trade unions, women's federations, communist youth leagues, youth associations, industrial and commerce associations, scientists associations, overseas Chinese associations, etc., foundations and fund management organizations established with funds from the state, and social organizations whose funds mainly come from the budget of their competent government agencies. Such institutions are classified as "state-owned".

(b) Social organizations whose budget mainly comes from collective units. Such institutions are classified as "collective".

(c) Social organizations established by individual or a group of citizens, which are classified as "private".

(d) Social organizations other than those mentioned above whose source of budget is not clear. Such organizations are classified by way of management.

Artificial person Refer to unit that have following conditions:

(1) legally Established, have own name, organization ,location and can undertake a civil case responsibility independently by law.

(2) independently Own and use(or authorizable usage) a property, undertake liabilities and can make a bargain with other units.

(3) can independently account and workout balance sheet. artificial person unit includes business artificial person, artificial person, organization artificial person, meeting group artificial person and other.

Establishments unit Refer to the subsidiary unit of artificial person unit. it should have following conditions:

(1) Be engaged in only one kind of social economic activities in exclusive condition.

(2) Opposite independently organize management and business activity.

(3) predominate data of businesses, such as income and expenditure...etc.

国民经济核算
National Accounts

3

⊙ 资料整理：胡昶昶　雷茜茜

简要说明

一、主要内容

本篇包括生产总值资料和资金流量表。

二、资料来源

生产总值资料是根据不同产业部门、不同支出构成的特点和资料来源情况而采用不同方法计算的。本年鉴公布的地区生产总值以及与之有关的指标数据，如果遇到普查，在能够获得更详细的基础资料的情况下，地区生产总值历史数据还会发生变动。根据第三次经济普查资料，重新修订了2004年以来的地区生产总值数据。本年鉴中的数据是修订以后的数据。本年鉴所列分省辖市、省直管县数据来自各省辖市、省直管县统计局的国民经济核算资料。由于采取分级核算，各省辖市数据相加不等于全省数据。由河南省统计局国民经济核算处编辑整理。

资产负债表采用国际上通用的矩阵结构。主栏为资产和负债项目，包括三个部分：非金融资产项目、金融资产与负债项目和资产负债差额项目。宾栏为机构部门和经济总体，并下设使用项和来源项，其中使用项目记录资产，来源项目记录负债和资产负债差额。由河南省统计局国民经济核算处编制。

资金流量表表式与国际上通用的表式相似，是机构部门与交易项目的矩阵表式。主栏为交易项目，主要反映分配方式和融资工具；宾栏按机构部门分类。机构部门分类是根据机构单位具有的基本特征所进行的部门分类。资金流量表把参与资金活动的主体分为非金融企业、金融机构、政府、住户、国内省外和国外六个部门。每一部门下设资金来源与资金运用两栏。现行的资金流量表分为两大部分，一部分为实物交易，另一部分为金融交易，本年鉴登录的为实物交易部分。由河南省统计局国民经济核算处编制。

Brief Introduction

I. Main Contents

Statistics on national accounts include mainly four parts: gross domestic product, balance sheet, Flow of Funds Table and Input-output table.

II. Sources of Data

Data on GDP are computed by the Department of National Accounts of the Henan provincial Bureau of Statistics based on different approaches in the light of the different features of various sectors, various expenditure structures and different data sources. Data on GDP and related indicators of the most recent year published in the Yearbook are not final, Where a census has been conducted, historical data of GDP of the previous years may also undergo change. GDP since 2004 is adjusted on the basis of the Third Economic Census. Data in this yearbook has been revised.Regional data in this Yearbook are prepared from the national accounts data provided by the statistical bureaus of the 18 cities and province administrating county. The sum of the regional data is not equal to the provincial total due to the decentralized accounting approach. Municipal data of Statistics on national accounts are computed by the Department of National Accounts of the Henan provincial Bureau of Statistics.

Similar to internationally accepted format, the Balance Sheet of Henan constitutes a matrix. Items of transactions are expressed as assets and liabilities, including three parts: non-financial assets, financial assets and liabilities, the difference between assets and liabilities. Institutional sectors are column headings and macroeconomic, grouped by utilization and source, utilization record the item of project assets , and source record the item of liabilities and difference between assets and liabilities. Balance Sheet of Henan province is compiled by the Department of National Accounts of the Henan provincial Bureau of Statistics.

Similar to internationally accepted format, the Flow of Funds table of China constitutes a matrix of institutional sectors by transaction items. Items of transactions are expressed as row headings representing forms of distribution and methods of financing. Institutional sectors are shown as column headings, grouped by the characteristics of the transactions. There are 6 groups of institutional sectors in the flow of funds table, namely, non-financial corporations, financial institutions, general governments, households, other provinces and the rest of the world. Under each sector there are 2 headings: sources of funds and uses of funds. The current flow of funds table is composed of two parts: the first part, comprising the physical (real) transactions, and the second part, refers to comprising financial transactions, and data in this yearbook is the physical (real) transactions, which compiled by the Department of National Accounts of the Henan provincial Bureau of Statistics.

3-1 生产总值

Gross Domestic Product

本表按当年价格计算。
Data in this table are calculated at current prices.

单位：亿元 (100 million yuan)

年份 Year	生产总值 Gross Domestic Product	第一产业 Primary Industry	第二产业 Secondary Industry	第三产业 Tertiary Industry	人均生产总值(元) Per Capita GDP (yuan)
1978	162.92	64.86	69.45	28.61	232
1979	190.09	77.30	80.52	32.27	267
1980	229.16	93.23	94.44	41.49	317
1981	249.69	106.04	95.79	47.86	340
1982	263.30	108.18	102.76	52.36	353
1983	327.95	143.49	116.36	68.10	433
1984	370.04	155.28	136.29	78.47	482
1985	451.74	173.43	170.07	108.24	580
1986	502.91	179.02	202.15	121.74	635
1987	609.60	220.22	230.25	159.13	756
1988	749.09	240.72	299.83	208.54	910
1989	850.71	289.95	317.13	243.63	1012
1990	934.65	325.77	331.85	277.03	1091
1991	1045.73	334.61	388.09	323.03	1201
1992	1279.75	353.92	545.21	380.62	1452
1993	1660.18	410.45	764.20	485.53	1865
1994	2216.83	546.68	1058.89	611.26	2467
1995	2988.37	762.99	1394.98	830.40	3297
1996	3634.69	937.64	1677.62	1019.43	3978
1997	4041.09	1008.55	1861.28	1171.26	4389
1998	4308.24	1071.39	1937.83	1299.02	4643
1999	4517.94	1123.14	1981.07	1413.73	4832
2000	5052.99	1161.58	2294.15	1597.26	5450
2001	5533.01	1234.34	2510.45	1788.22	5959
2002	6035.48	1288.36	2768.75	1978.37	6487
2003	6867.70	1198.70	3310.14	2358.86	7376
2004	8553.79	1649.29	4182.10	2722.40	9201
2005	10587.42	1844.05	5485.12	3258.25	11346
2006	12362.79	1869.83	6655.01	3837.95	13172
2007	15012.46	2168.17	8152.66	4691.63	16012
2008	18018.53	2604.39	10068.47	5345.67	19181
2009	19480.46	2708.42	10726.20	6045.84	20597
2010	23092.36	3192.41	12822.81	7077.14	24446
2011	26931.03	3440.40	14837.13	8653.50	28661
2012	29599.31	3692.49	15898.30	10008.52	31499
2013	32191.30	3972.70	16742.90	11475.70	34211
2014	34938.24	4160.01	17816.56	12961.67	37072
2015	37002.16	4209.56	17917.37	14875.23	39123

注：2005-2013年数据已根据第三次经济普查结果进行调整，三次产业结构已执行《国民经济行业分类》(GB/T4754-2011)行业分类标准；2000年以来人均GDP按常住人口计算。(以下相关表格同)

a) Data from 2005 to 2013 is adjusted according to the result of the third economic census, three times the industrial structure has execution of the national economy industry classification (GB/T4754-2011) industry classification standard.Data of Per capita GDP since 2000 are calculated at resident population.

3-2 生产总值指数(上年=100)

Indices of Gross Domestic Product (preceding year=100)

本表按可比价格计算。
The indices in this table are calculated at comparable prices.

(上年=100) (preceding year=100)

年 份 Year	生产总值 Gross Domestic Product	第一产业 Primary Industry	第二产业 Secondary Industry	第三产业 Tertiary Industry	人 均 生产总值 Per Capita GDP
1978	111.3	110.6	112.1	111.3	109.5
1979	108.7	101.7	112.6	119.7	106.9
1980	115.4	109.2	117.2	126.9	113.7
1981	107.8	111.7	101.3	113.7	106.3
1982	104.3	100.5	106.1	109.0	102.7
1983	123.8	130.2	113.5	131.3	121.9
1984	110.1	105.5	115.0	110.7	108.5
1985	113.5	100.8	117.0	131.9	111.9
1986	104.6	92.1	114.0	108.6	103.0
1987	115.0	116.9	108.6	123.5	112.9
1988	109.8	97.4	120.1	109.4	107.6
1989	107.0	109.2	103.5	110.3	104.8
1990	104.5	105.4	102.3	106.8	102.5
1991	106.9	97.4	113.3	110.4	105.2
1992	113.7	101.5	125.4	111.1	112.3
1993	115.8	110.4	122.1	111.6	114.6
1994	113.8	101.3	121.6	113.1	112.8
1995	114.8	111.9	117.2	113.1	113.8
1996	113.9	111.3	116.0	112.4	113.0
1997	110.4	107.6	110.9	111.8	109.6
1998	108.8	107.0	109.2	109.4	107.9
1999	108.1	107.2	107.8	109.3	107.3
2000	109.5	104.5	111.8	109.2	108.5
2001	109.0	105.5	109.9	110.3	108.9
2002	109.5	104.5	111.6	109.9	109.2
2003	110.7	97.5	117.0	110.1	110.6
2004	113.7	112.8	116.2	110.4	113.9
2005	114.2	107.5	117.6	112.8	113.8
2006	114.4	107.4	117.8	112.8	113.7
2007	114.6	103.7	118.1	114.1	114.7
2008	112.1	105.5	114.6	110.6	111.9
2009	110.9	104.1	112.4	111.1	110.2
2010	112.5	104.5	114.8	111.4	112.6
2011	111.9	103.6	113.2	113.4	112.5
2012	110.1	104.4	111.4	110.1	110.1
2013	109.0	104.2	109.6	109.9	108.9
2014	108.9	104.0	109.4	109.6	108.7
2015	108.3	104.4	107.7	110.9	107.9

3-3 生产总值指数(1978=100)

Indices of Gross Domestic Product (1978=100)

本表按可比价格计算。

The indices in this table are calculated at comparable prices.

(1952=100) (1952=100)

年份 Year	生产总值 Gross Domestic Product	第一产业 Primary Industry	第二产业 Secondary Industry	第三产业 Tertiary Industry	人均生产总值 Per Capita GDP
1978	100.0	100.0	100.0	100.0	100.0
1979	108.7	101.7	112.6	119.7	106.9
1980	125.4	111.1	132.0	151.9	121.5
1981	135.2	124.0	133.7	172.7	129.2
1982	141.0	124.7	141.8	188.3	132.7
1983	174.6	162.3	161.0	247.2	161.8
1984	192.2	171.2	185.1	273.6	175.5
1985	218.2	172.6	216.6	360.9	196.4
1986	228.2	159.0	246.9	391.9	202.3
1987	262.5	185.8	268.2	484.1	228.4
1988	288.2	181.0	322.1	529.6	245.7
1989	308.4	197.7	333.3	584.1	251.4
1990	322.2	208.3	341.0	623.8	257.7
1991	344.5	202.9	386.4	688.7	271.1
1992	391.7	206.0	484.5	765.1	304.4
1993	453.5	227.4	591.6	853.9	348.9
1994	516.3	230.3	719.5	966.2	393.5
1995	592.7	257.8	843.2	1093.1	447.9
1996	675.2	286.9	978.1	1228.6	506.2
1997	745.5	308.7	1085.1	1373.0	554.5
1998	810.9	330.3	1184.8	1502.1	598.5
1999	876.6	354.1	1277.5	1642.3	642.1
2000	959.7	370.0	1427.7	1793.0	696.5
2001	1046.2	390.4	1568.4	1978.3	758.1
2002	1145.2	407.9	1749.6	2174.9	828.2
2003	1267.2	397.7	2047.9	2393.8	915.8
2004	1440.9	448.6	2380.2	2641.6	1042.9
2005	1645.5	482.3	2799.2	2979.7	1186.8
2006	1882.5	518.0	3297.4	3361.1	1349.4
2007	2157.4	537.3	3893.2	3834.1	1547.7
2008	2418.5	567.0	4460.2	4240.2	1731.9
2009	2682.6	590.2	5013.9	4712.1	1908.0
2010	3017.9	616.5	5757.1	5248.3	2148.4
2011	3377.8	638.8	6518.0	5952.7	2416.9
2012	3720.5	667.1	7261.1	6553.4	2661.1
2013	4055.3	695.1	7958.2	7202.2	2897.9
2014	4416.3	722.9	8706.2	7893.6	3150.0
2015	4782.8	754.7	9376.6	8754.0	3398.9

3-4 生产总值分产业构成
Composition of Gross Domestic Product

本表按当年价格计算。
Data in this table are calculated at current prices.
单位：%

(%)

年 份 Year	生产总值 Gross Domestic Product	第一产业 Primary Industry	第二产业 Secondary Industry	第三产业 Tertiary Industry
1978	100.0	39.8	42.6	17.6
1979	100.0	40.7	42.3	17.0
1980	100.0	40.7	41.2	18.1
1981	100.0	42.5	38.3	19.2
1982	100.0	41.1	39.0	19.9
1983	100.0	43.7	35.5	20.8
1984	100.0	42.0	36.8	21.2
1985	100.0	38.4	37.6	24.0
1986	100.0	35.6	40.2	24.2
1987	100.0	36.1	37.8	26.1
1988	100.0	32.1	40.0	27.9
1989	100.0	34.1	37.3	28.6
1990	100.0	34.9	35.5	29.6
1991	100.0	32.0	37.1	30.9
1992	100.0	27.7	42.6	29.7
1993	100.0	24.7	46.0	29.3
1994	100.0	24.6	47.8	27.6
1995	100.0	25.5	46.7	27.8
1996	100.0	25.8	46.2	28.0
1997	100.0	24.9	46.1	29.0
1998	100.0	24.9	45.0	30.1
1999	100.0	24.9	43.8	31.3
2000	100.0	23.0	45.4	31.6
2001	100.0	22.3	45.4	32.3
2002	100.0	21.3	45.9	32.8
2003	100.0	17.5	48.2	34.3
2004	100.0	19.3	48.9	31.8
2005	100.0	17.4	51.8	30.8
2006	100.0	15.1	53.8	31.0
2007	100.0	14.4	54.3	31.3
2008	100.0	14.5	55.9	29.7
2009	100.0	13.9	55.1	31.0
2010	100.0	13.8	55.5	30.6
2011	100.0	12.8	55.1	32.1
2012	100.0	12.5	53.7	33.8
2013	100.0	12.3	52.0	35.7
2014	100.0	11.9	51.0	37.1
2015	100.0	11.4	48.4	40.2

3-5 三次产业贡献率

Share of the Three Industries to the Increase of GDP

本表按可比价格计算。

Data in this table are calculated at constant prices.

单位：%　　(%)

年 份 Year	生产总值 Gross Domestic Product	第一产业 Primary Industry	第二产业 Secondary Industry	第三产业 Tertiary Industry
1981	100.0	61.5	6.9	31.6
1982	100.0	4.9	55.3	39.8
1983	100.0	51.7	22.4	26.0
1984	100.0	23.5	54.1	22.4
1985	100.0	2.6	47.6	49.9
1986	100.0	-62.4	117.2	45.2
1987	100.0	36.0	24.2	39.8
1988	100.0	-8.8	82.4	26.4
1989	100.0	37.8	22.0	40.2
1990	100.0	35.5	21.8	42.7
1991	100.0	-13.0	69.8	43.2
1992	100.0	3.4	72.2	24.3
1993	100.0	18.4	60.1	21.6
1994	100.0	2.5	70.7	26.9
1995	100.0	19.0	56.1	24.9
1996	100.0	18.7	56.7	24.6
1997	100.0	16.4	52.7	30.8
1998	100.0	17.5	52.8	29.7
1999	100.0	19.1	48.8	32.0
2000	100.0	10.2	62.6	27.2
2001	100.0	14.0	49.7	36.3
2002	100.0	10.6	55.8	33.6
2003	100.0	-5.0	74.6	30.4
2004	100.0	17.5	58.4	24.1
2005	100.0	9.8	62.2	28.0
2006	100.0	9.0	63.8	27.2
2007	100.0	4.2	66.4	29.4
2008	100.0	6.8	66.6	26.6
2009	100.0	5.3	64.2	30.5
2010	100.0	4.7	68.0	27.3
2011	100.0	4.2	61.4	34.4
2012	100.0	5.6	63.4	31.0
2013	100.0	5.7	62.0	32.3
2014	100.0	5.3	62.4	32.3
2015	100.0	5.8	56.3	37.9

注：产业贡献率指各产业增加值增量与GDP增量之比。

a) Share of the three industries refers to the proportion of the increment of every industrial value added to the increment of GDP.

3-6 三次产业对生产总值增长的拉动

Contribution of the Three Industries to GDP Growth

本表按可比价格计算。

Data in this table are calculated at current prices.

单位：百分点 (percent)

年 份 Year	生产总值 Gross Domestic Product	第一产业 Primary Industry	第二产业 Secondary Industry	第三产业 Tertiary Industry
1981	7.8	4.8	0.5	2.5
1982	4.3	0.2	2.4	1.7
1983	23.8	12.3	5.3	6.2
1984	10.1	2.4	5.5	2.3
1985	13.5	0.3	6.4	6.7
1986	4.6	-2.9	5.4	2.1
1987	15.0	5.4	3.6	6.0
1988	9.8	-0.9	8.1	2.6
1989	7.0	2.6	1.5	2.8
1990	4.5	1.6	1.0	1.9
1991	6.9	-0.9	4.8	3.0
1992	13.7	0.5	9.9	3.3
1993	15.8	2.9	9.5	3.4
1994	13.8	0.3	9.7	3.7
1995	14.8	2.8	8.3	3.7
1996	13.9	2.6	7.9	3.4
1997	10.4	1.7	5.5	3.2
1998	8.8	1.5	4.7	2.6
1999	8.1	1.6	4.0	2.6
2000	9.5	1.0	5.9	2.6
2001	9.0	1.3	4.5	3.3
2002	9.5	1.0	5.3	3.2
2003	10.7	-0.5	8.0	3.2
2004	13.7	2.4	8.0	3.3
2005	14.2	1.4	8.8	4.0
2006	14.4	1.3	9.2	3.9
2007	14.6	0.6	9.7	4.3
2008	12.1	0.8	8.1	3.2
2009	10.9	0.6	7.0	3.3
2010	12.5	0.6	8.5	3.4
2011	11.9	0.5	7.3	4.1
2012	10.1	0.6	6.4	3.1
2013	9.0	0.5	5.6	2.9
2014	8.9	0.5	5.6	2.8
2015	8.3	0.5	4.7	3.1

注：产业拉动指GDP增长速度与各产业贡献率之乘积。

a) Contribution of the three industies to GDP growth refers to the growth rate of GDP multiplying the industrial shares.

3-7 全员劳动生产率

Over all Labor Productivity

单位：元/人.年 (yuan/person.year)

年 份 Year	全员劳动生产率 Over all Labor Productivity	第一产业 Primary Industry	第二产业 Secondary Industry	第三产业 Tertiary Industry
1979	669	334	2748	1385
1980	790	393	3180	1788
1981	837	437	3120	1892
1982	851	433	3288	1870
1983	1019	560	3548	2092
1984	1115	600	3802	2115
1985	1316	674	3784	2646
1986	1413	696	3706	2761
1987	1652	852	3889	3102
1988	1946	918	4703	3538
1989	2165	1080	4812	4150
1990	2328	1174	4990	4831
1991	2519	1163	5707	5438
1992	2994	1205	7717	6046
1993	3803	1400	9977	7274
1994	5011	1893	12666	8726
1995	6673	2687	15560	11184
1996	7947	3327	17503	12791
1997	8545	3520	18622	13556
1998	8774	3659	19643	13049
1999	8854	3593	21136	13604
2000	9377	3382	24282	15827
2001	9980	3506	25432	17256
2002	10935	3748	27208	18597
2003	12422	3562	31205	21383
2004	15381	5015	37583	23466
2005	18824	5776	45843	26361
2006	21725	6042	51153	29637
2007	26127	7264	57454	34960
2008	31045	9032	66001	38320
2009	33063	9652	66232	41226
2010	38517	11658	74812	45866
2011	44005	12785	82291	53220
2012	47414	13939	84296	58615
2013	50795	15306	84688	65037
2014	54138	15955	88407	70796
2015	56251	16071	88744	76687

3-8 分行业增加值及指数

Value-added and Index by Sector

本表增加值按当年价格计算，指数按可比价格计算。
Value-added in this table are calculated at current prices. The indices in this table are calculated at comparable prices.

单位：亿元 (100 million yuan)

行 业	Sector	2014		2015	
		增加值 Value-added	指 数 (上年=100) Index (preceding year=100)	增加值 Value-added	指 数 (上年=100) Index (preceding year=100)
生产总值	**Gross Domestic Product**	**34938.24**	**108.9**	**37002.16**	**108.3**
农、林、牧、渔业	Farming, Forestry,animal Husbandry and Fishery	4261.54	104.2	4348.41	104.5
工业	Industry	15809.09	109.3	15823.33	107.7
建筑业	Construction	2077.24	110.3	2152.25	107.4
批发和零售业	Wholesale and retail trade	2278.45	108.8	2609.46	108.9
交通运输、仓储和邮政业	Traffic,transport, storage and post	1676.46	107.1	1809.39	103.0
住宿和餐饮业	Accommodation and Restaurants	998.35	106.0	1030.80	100.9
信息传输、软件和信息技术服务业	Information transfer,software and Information technology services	453.88	113.2	626.35	126.3
金融业	Finance	1509.20	115.6	1991.11	127.5
房地产业	Real estate	1541.76	100.8	1657.04	107.1
租赁和商务服务业	Tenancy and business services	457.85	126.0	568.40	116.2
科学研究和技术服务业	Scientific research and technical service	311.59	111.7	343.36	108.8
水利、环境和公共设施管理业	Management of water conservancy, environment and public establishment	144.36	126.6	172.72	118.1
居民服务、修理和其他服务业	Resident services,Repairing and other services	553.18	114.2	670.31	113.5
教育	Education	1212.10	108.8	1334.14	106.6
卫生和社会工作	Sanitation and social security	544.55	117.9	624.90	112.0
文化、体育和娱乐业	Culture, sports and entertainment	216.69	111.1	264.77	114.4
公共管理、社会保障和社会组织	Public management,social welfare and social organization	891.95	105.9	975.42	108.0

3-9 各市生产总值(2015年)

Gross Domestic Product by City (2015)

本表按当年价格计算。

Data in this table are calculated at current prices.

市(县)	City(County)	生产总值(亿元) Gross Domestic Product (100 million yuan)	第一产业 Primary Industry	第二产业 Secondary Industry	第三产业 Tertiary Industry	人均生产总值(元) Per Capita GDP (yuan)
省辖市	**City**					
郑州市	Zhengzhou	7311.52	150.92	3604.15	3556.45	77179
开封市	Kaifeng	1605.84	283.90	657.40	664.54	35326
洛阳市	Luoyang	3469.03	236.39	1695.05	1537.58	51696
平顶山市	Pingdingshan	1686.01	167.04	853.76	665.20	33991
安阳市	Anyang	1872.35	204.71	926.81	740.82	36695
鹤壁市	Hebi	715.65	61.85	468.25	185.55	44678
新乡市	Xinxiang	1975.03	222.77	982.71	769.55	34562
焦作市	Jiaozuo	1926.08	137.10	1150.96	638.02	54590
濮阳市	Puyang	1328.34	157.48	751.19	419.68	36842
许昌市	Xuchang	2171.16	169.58	1280.89	720.69	50162
漯河市	Luohe	992.59	106.41	624.75	261.43	37987
三门峡市	Sanmenxia	1251.04	118.47	727.90	404.67	55681
南阳市	Nanyang	2866.82	501.65	1268.72	1096.45	28653
商丘市	Shangqiu	1812.16	376.97	757.24	677.96	24940
信阳市	Xinyang	1879.67	453.86	750.07	675.74	29351
周口市	Zhoukou	2089.70	454.02	959.61	676.07	23728
驻马店市	Zhumadian	1807.69	402.52	720.25	684.93	26032
济源市	Jiyuan	492.54	21.68	323.98	146.88	67797
省直管县	**Province Administrating County**					
巩义市	Gongyi	625.50	11.26	387.01	227.23	76095
兰考县	Lankao	234.56	39.09	103.28	92.19	37185
汝州市	Ruzhou	362.33	37.07	167.73	157.53	38975
滑县	Huaxian	211.30	65.62	77.95	67.72	19079
长垣县	Changyuan	271.77	32.69	138.10	100.98	36020
邓州市	Dengzhou	347.48	97.46	125.68	124.34	24520
永城市	Yongcheng	430.03	64.59	214.23	151.21	35295
固始县	Gushi	272.75	75.54	88.84	108.37	25372
鹿邑县	Luyi	259.50	48.63	122.43	88.44	29204
新蔡县	Xincai	159.44	45.80	55.65	57.98	18986

注：人均生产总值按常住人口计算。

a) Per Capita GDP are calculated at residents population.

3-10 各市生产总值指数(2015年)

Indices of Gross Domestic Product by City (2015)

本表按可比价格计算。

The indices in this table are calculated at comparable prices.

(上年=100)　　(preceding year=100)

市(县) City(County)	生产总值 Gross Domestic Product	第一产业 Primary Industry	第二产业 Secondary Industry	第三产业 Tertiary Industry	人均生产总值 Per Capita GDP
省辖市 City					
郑州市 Zhengzhou	110.0	103.1	109.3	111.3	107.8
开封市 Kaifeng	109.4	104.4	109.1	112.2	110.7
洛阳市 Luoyang	109.1	105.0	108.5	110.8	108.1
平顶山市 Pingdingshan	106.5	104.6	105.5	109.3	106.5
安阳市 Anyang	107.3	104.0	105.8	111.8	107.1
鹤壁市 Hebi	108.0	104.1	107.4	112.0	108.1
新乡市 Xinxiang	106.1	104.4	104.9	108.8	105.7
焦作市 Jiaozuo	108.7	104.2	108.5	110.2	108.3
濮阳市 Puyang	109.4	104.4	109.9	110.1	109.0
许昌市 Xuchang	109.0	104.1	108.3	112.3	108.4
漯河市 Luohe	109.0	103.9	109.2	111.1	108.0
三门峡市 Sanmenxia	103.3	105.0	101.0	110.0	103.2
南阳市 Nanyang	109.0	104.4	108.3	112.7	109.3
商丘市 Shangqiu	108.8	104.5	108.2	112.7	108.8
信阳市 Xinyang	108.9	104.5	109.0	111.8	108.7
周口市 Zhoukou	109.0	104.4	109.6	111.4	108.8
驻马店市 Zhumadian	108.9	104.3	108.4	112.5	108.5
济源市 Jiyuan	106.0	104.1	105.9	106.4	104.9
省直管县 Province Administrating County					
巩义市 Gongyi	108.0	104.6	107.6	109.6	107.5
兰考县 Lankao	110.1	104.3	110.1	113.0	112.7
汝州市 Ruzhou	108.6	104.3	106.8	112.9	109.0
滑县 Huaxian	109.1	104.2	110.2	113.0	109.4
长垣县 Changyuan	110.6	104.3	111.1	112.3	110.1
邓州市 Dengzhou	108.6	104.4	109.0	111.4	108.8
永城市 Yongcheng	108.7	104.4	107.8	114.4	109.0
固始县 Gushi	108.9	104.5	109.2	112.8	108.2
鹿邑县 Luyi	109.0	104.3	109.4	111.9	108.9
新蔡县 Xincai	109.1	104.3	108.1	114.4	108.6

3-11 各市分行业增加值(2015年)

Value-added of the Tertiary Industry by City (2015)

本表按当年价格计算。
Data in this table are calculated at current prices.

单位：亿元 (100 million yuan)

市(县)	City(County)	合计 Total	农林牧渔业 Farming, Forestry, Animal Husbandry and Fishery	工业 Industry	建筑业 Construction	批发和零售业 Wholesale and retail trade	交通运输仓储及邮政业 Traffic, transport, storage and post	住宿和餐饮业 Accommodation and Restaurants	信息传输、软件和信息技术服务业 Information transfer, software and Information technology services	金融业 Finance
省辖市	**City**									
郑州市	Zhengzhou	7311.52	153.54	3167.41	438.31	546.86	408.40	251.01	154.14	701.44
开封市	Kaifeng	1605.84	295.72	592.94	64.47	89.27	58.57	43.87	25.68	28.49
洛阳市	Luoyang	3469.03	252.46	1450.89	249.16	275.34	158.07	78.29	72.34	195.29
平顶山市	Pingdingshan	1686.01	172.90	774.84	79.17	135.79	55.69	60.89	19.40	90.71
安阳市	Anyang	1872.35	211.35	799.12	128.02	144.46	73.27	36.21	43.07	80.00
鹤壁市	Hebi	715.65	64.49	428.84	39.41	31.02	34.76	16.25	10.16	15.80
新乡市	Xinxiang	1975.03	227.29	842.73	142.42	134.98	76.48	55.96	21.47	124.10
焦作市	Jiaozuo	1926.08	140.30	1076.76	74.35	145.09	108.31	49.66	15.33	55.75
濮阳市	Puyang	1328.34	160.12	727.26	66.39	66.81	33.94	39.03	11.71	24.66
许昌市	Xuchang	2171.16	174.54	1186.74	96.93	127.56	96.07	67.33	37.82	57.27
漯河市	Luohe	992.59	108.25	583.97	40.78	50.25	44.10	25.42	9.82	11.31
三门峡市	Sanmenxia	1251.04	119.17	661.16	67.36	78.46	96.93	22.36	11.36	35.18
南阳市	Nanyang	2866.82	511.72	1094.10	179.38	172.50	136.49	103.82	55.65	102.45
商丘市	Shangqiu	1812.16	383.18	642.82	114.43	102.38	69.26	62.80	36.84	53.87
信阳市	Xinyang	1879.67	461.70	615.01	138.07	87.57	55.91	58.50	47.99	65.54
周口市	Zhoukou	2089.70	469.33	846.79	114.75	114.92	55.26	56.46	30.17	62.63
驻马店市	Zhumadian	1807.69	421.47	622.90	97.35	125.84	62.84	50.42	24.25	57.57
济源市	Jiyuan	492.54	21.94	302.46	21.52	28.29	24.92	12.95	5.11	13.97
省直管县	**Province Administrating County**									
巩义市	Gongyi	625.50	12.00	365.28	22.18	31.19	41.88	30.16	6.89	17.50
兰考县	Lankao	234.56	40.32	97.53	5.75	11.10	9.73	4.83	2.89	4.56
汝州市	Ruzhou	362.33	39.19	153.61	14.12	29.65	21.82	12.74	4.28	15.33
滑县	Huaxian	211.30	68.70	68.15	9.98	11.83	6.46	5.31	1.51	7.28
长垣县	Changyuan	271.77	33.40	114.74	23.61	19.01	14.68	17.69	1.24	4.50
邓州市	Dengzhou	347.48	100.87	110.50	15.40	17.31	13.09	14.48	4.64	7.66
永城市	Yongcheng	430.03	65.94	189.92	24.31	14.89	15.99	11.05	8.13	14.59
固始县	Gushi	272.75	76.32	74.13	17.10	15.53	4.65	9.03	8.69	8.41
鹿邑县	Luyi	259.50	51.76	111.22	11.21	16.42	9.78	10.44	3.57	1.65
新蔡县	Xincai	159.44	47.22	46.89	8.76	11.63	5.40	3.05	2.81	1.65

3-11 续表 continued

本表按当年价格计算。
Data in this table are calculated at current prices.
单位：亿元

市(县) City(County)	房地产业 Real estate	租赁和商务服务业 Tenancy and business services	科学研究和技术服务业 Scientific research, and technical service	水利、环境和公共设施管理业 Management of water conservancy, environment and public establishment	居民服务、修理和其他服务业 Resident services Repairing and other services	教育 Education	卫生和社会工作 Sanitation, and social work	文化、体育和娱乐业 Culture, sports and entertainment	公共管理、社会保障和社会组织 Public management social security and social organization
省辖市 City									
郑州市 Zhengzhou	399.92	202.78	173.85	24.53	118.21	188.18	141.09	77.67	164.19
开封市 Kaifeng	44.54	43.51	32.88	17.76	53.46	53.53	47.10	15.97	98.09
洛阳市 Luoyang	175.83	85.15	106.89	16.88	48.56	106.92	64.83	36.61	95.52
平顶山市 Pingdingshan	59.20	20.46	10.91	10.16	39.75	45.98	30.33	19.02	60.78
安阳市 Anyang	84.32	62.64	17.70	8.44	31.19	53.27	43.72	5.09	50.49
鹤壁市 Hebi	18.25	1.78	1.24	2.22	5.41	20.10	5.10	0.93	19.90
新乡市 Xinxiang	97.08	57.97	8.56	4.06	45.19	34.21	34.79	12.63	55.14
焦作市 Jiaozuo	68.25	16.54	11.96	5.80	46.08	42.02	18.98	14.83	36.07
濮阳市 Puyang	41.69	14.33	12.60	4.43	19.30	34.73	19.32	11.18	40.83
许昌市 Xuchang	54.90	56.20	15.52	4.69	54.48	57.67	25.77	14.02	43.65
漯河市 Luohe	25.76	6.30	5.95	7.24	14.93	13.37	15.00	3.89	26.27
三门峡市 Sanmenxia	19.08	17.70	3.63	5.47	19.67	30.76	14.12	3.07	45.55
南阳市 Nanyang	116.20	38.39	14.53	8.68	58.15	106.76	62.79	11.12	94.08
商丘市 Shangqiu	74.05	33.96	8.96	5.10	42.38	63.68	30.84	11.81	75.81
信阳市 Xinyang	81.98	25.00	20.96	11.81	40.08	67.58	29.34	9.54	63.10
周口市 Zhoukou	93.09	29.18	24.06	3.33	30.92	64.90	26.80	8.73	58.38
驻马店市 Zhumadian	53.93	22.47	14.44	15.18	27.55	57.40	47.80	12.62	93.68
济源市 Jiyuan	13.09	5.00	3.24	3.16	6.14	8.55	4.35	2.45	15.39
省直管县 Province Administrating County									
巩义市 Gongyi	23.53	9.38	1.03	0.81	18.57	12.19	14.61	4.51	13.80
兰考县 Lankao	9.11	4.48	2.36	1.87	5.71	10.79	5.40	2.19	15.96
汝州市 Ruzhou	10.44	10.49	1.36	1.09	10.22	13.59	9.06	1.30	14.04
滑县 Huaxian	7.82	3.52	0.47	0.15	2.65	6.06	4.02	0.47	6.93
长垣县 Changyuan	12.12	3.15	1.42	1.41	5.97	5.05	6.26	1.65	5.87
邓州市 Dengzhou	19.29	6.62	0.56	0.79	7.86	11.83	9.09	0.77	6.74
永城市 Yongcheng	23.17	13.68	2.00	0.75	20.38	8.04	3.92	1.90	11.38
固始县 Gushi	14.14	2.20	0.70	1.05	7.12	9.08	9.25	0.53	14.84
鹿邑县 Luyi	12.46	3.01	0.11	0.33	2.67	7.89	6.02	1.22	9.75
新蔡县 Xincai	7.53	0.74	0.17	0.06	1.32	6.76	4.35	0.70	10.39

3-12 各市分行业增加值指数(2015年)

Indices of Value-added of the Tertiary Industry by City (2015)

本表按可比价格计算。
The indices in this table are calculated at comparable prices.

(上年=100) (preceding year=100)

市(县)	City(County)	合计 Total	农林牧渔业 Farming, Forestry, Animal Husbandry and Fishery	工业 Industry	建筑业 Construction	批发和零售业 Wholesale and retail trade	交通运输仓储及邮政业 Traffic, transport, storage and post	住宿和餐饮业 Accommodation and Restaurants	信息传输、软件和信息技术服务业 Information transfer, software and Information technology services	金融业 Finance
省辖市	**City**									
郑州市	Zhengzhou	110.0	103.1	109.5	107.8	108.6	101.9	108.9	107.8	125.0
开封市	Kaifeng	109.4	104.5	109.2	108.4	111.8	102.8	103.0	114.7	117.8
洛阳市	Luoyang	109.1	104.9	108.8	106.4	109.1	103.3	116.1	123.9	114.5
平顶山市	Pingdingshan	106.5	104.7	105.4	105.9	110.4	101.9	109.1	113.1	118.5
安阳市	Anyang	107.3	104.3	105.5	108.9	107.0	103.6	107.2	116.0	115.5
鹤壁市	Hebi	108.0	104.3	107.2	109.0	106.8	104.1	108.8	117.3	120.2
新乡市	Xinxiang	106.1	104.5	104.7	106.0	106.5	102.5	103.9	118.8	118.3
焦作市	Jiaozuo	108.7	104.3	108.7	104.9	108.8	92.0	100.6	118.8	121.2
濮阳市	Puyang	109.4	104.5	108.5	108.2	111.7	105.7	110.9	122.6	123.2
许昌市	Xuchang	109.0	104.2	108.5	105.2	108.6	104.1	106.3	113.6	116.2
漯河市	Luohe	109.0	104.0	109.3	107.6	107.4	104.5	84.7	120.5	129.5
三门峡市	Sanmenxia	103.3	105.0	100.7	105.7	111.0	99.2	105.6	125.6	132.3
南阳市	Nanyang	109.0	104.5	108.3	108.4	107.7	106.3	107.2	121.9	119.1
商丘市	Shangqiu	108.8	104.5	108.4	107.2	109.8	103.2	104.5	129.0	124.0
信阳市	Xinyang	108.9	104.5	109.1	108.2	109.5	102.3	106.5	121.6	118.9
周口市	Zhoukou	109.0	104.4	109.7	108.8	107.3	104.0	107.0	122.3	114.1
驻马店市	Zhumadian	108.9	104.5	108.3	109.1	113.4	103.2	96.6	102.1	127.1
济源市	Jiyuan	106.0	104.1	106.0	104.9	106.4	102.7	107.0	105.8	111.0
省直管县	**Province Administrating County**									
巩义市	Gongyi	108.0	104.7	107.6	106.5	118.9	82.8	109.6	131.3	131.2
兰考县	Lankao	110.1	104.4	109.6	118.9	119.3	102.2	101.4	117.0	124.5
汝州市	Ruzhou	108.6	104.6	106.7	109.1	107.7	105.3	106.5	119.5	121.3
滑县	Huaxian	109.1	104.4	110.3	109.2	107.5	108.8	107.1	122.7	114.0
长垣县	Changyuan	110.6	104.4	112.2	105.6	108.0	103.7	104.7	117.7	113.6
邓州市	Dengzhou	108.6	104.4	109.1	109.3	114.1	103.6	107.9	134.4	117.0
永城市	Yongcheng	108.7	104.5	107.9	105.8	131.6	113.8	91.8	137.7	120.3
固始县	Gushi	108.9	104.5	109.4	107.6	107.8	106.6	106.6	120.2	132.2
鹿邑县	Luyi	109.0	104.4	109.4	109.4	107.1	106.8	107.7	128.8	113.5
新蔡县	Xincai	109.1	104.3	107.9	109.5	117.0	107.5	111.5	107.4	120.7

3-12 续表 continued

本表按可比价格计算。
The indices in this table are calculated at comparable prices.
(上年=100)

(preceding year=100)

市(县) City(County)	房地产业 Real estate	租赁和商务服务业 Tenancy and business services	科学研究和技术服务业 Scientific research, and technical service	水利、环境和公共设施管理业 Management of water conservancy, environment and public establishment	居民服务、修理和其他服务业 Resident services Repairing and other services	教育 Education	卫生和社会工作 Sanitation, and social work	文化、体育和娱乐业 Culture, sports and enterta-inment	公共管理、社会保障和社会组织 Public management social security and social organization
省辖市 City									
郑州市 Zhengzhou	110.2	110.0	105.2	141.2	111.8	109.3	111.8	113.1	107.5
开封市 Kaifeng	109.6	125.9	111.9	111.5	126.7	109.5	118.1	128.5	108.5
洛阳市 Luoyang	103.1	115.2	107.6	116.1	114.1	116.9	114.7	152.0	101.4
平顶山市 Pingdingshan	92.1	109.5	113.4	110.9	110.4	108.8	114.2	114.1	110.4
安阳市 Anyang	107.2	117.7	120.7	110.7	120.0	116.3	121.9	133.0	111.6
鹤壁市 Hebi	102.5	115.2	127.4	127.3	215.1	119.3	110.9	124.1	113.9
新乡市 Xinxiang	101.9	107.6	110.1	96.5	117.2	113.8	108.9	96.4	111.5
焦作市 Jiaozuo	129.3	122.1	109.9	124.5	116.4	105.9	125.8	146.1	113.9
濮阳市 Puyang	101.4	120.0	129.9	145.9	129.1	118.3	118.3	122.9	116.7
许昌市 Xuchang	110.3	124.4	115.3	125.6	123.9	109.8	121.6	121.2	111.3
漯河市 Luohe	98.2	128.3	121.5	119.2	126.1	129.0	135.6	129.5	131.0
三门峡市 Sanmenxia	107.9	135.4	110.1	114.1	121.1	106.1	110.2	119.3	106.4
南阳市 Nanyang	105.1	129.0	114.3	129.5	128.2	113.0	120.5	124.8	113.9
商丘市 Shangqiu	110.2	120.3	116.8	124.0	118.9	109.0	108.3	144.3	114.7
信阳市 Xinyang	107.8	121.2	122.5	122.9	121.7	111.3	114.1	124.2	106.0
周口市 Zhoukou	110.8	119.7	113.0	112.8	121.6	114.9	113.4	99.9	112.5
驻马店市 Zhumadian	105.1	116.9	119.7	119.6	118.6	99.5	150.2	119.9	113.5
济源市 Jiyuan	103.4	114.5	106.9	106.0	114.8	105.2	103.1	120.7	103.9
省直管县 Province Administrating County									
巩义市 Gongyi	89.5	139.2	120.8	123.2	133.6	129.6	132.3	130.8	117.5
兰考县 Lankao	109.8	115.9	112.0	113.4	114.6	114.7	113.3	117.9	114.6
汝州市 Ruzhou	127.5	114.6	107.6	111.4	112.5	119.1	117.5	116.6	112.6
滑县 Huaxian	111.3	111.4	123.8	123.8	111.4	128.9	127.0	113.8	115.2
长垣县 Changyuan	126.7	119.7	120.9	120.9	119.7	118.5	119.6	120.4	107.0
邓州市 Dengzhou	102.7	146.3	103.0	109.1	139.2	103.6	105.5	113.7	105.2
永城市 Yongcheng	103.2	115.2	114.0	130.7	115.2	114.7	110.3	142.0	112.4
固始县 Gushi	117.5	112.2	123.2	115.0	109.4	120.6	119.1	157.7	98.1
鹿邑县 Luyi	111.7	120.1	119.4	113.6	127.1	116.3	114.2	143.4	112.1
新蔡县 Xincai	108.7	94.4	128.5	127.8	144.6	122.9	120.4	107.3	113.6

3-13 非公有制经济增加值(2015年)

Value-added of Non-Public-Owned (2015)

行业	Sector	增加值(亿元) Value-added of Non-Public-Owned (100 million yuan)	指数(%) Index of Value-added of Non-Public-Owned (%)	占GDP比重(%) Value-added of Non-Public-Owned as percentage of GDP (%)
总计	**Total**	**23645.33**	**109.1**	**63.9**
#第一产业	Value-added of the Primary Industry	1528.27	107.2	36.3
第二产业	Value-added of the Secondary Industry	14054.37	108.4	78.4
第三产业	Value-added of the Tertiary Industry	8062.69	110.8	54.2
#农林牧渔业	Farming Forestry Animal Husbandry and Fishery	1594.74	107.3	36.7
工业	Industry	12277.30	108.3	77.6
建筑业	Construction	1783.67	108.8	82.9
批发和零售业	Wholesale and retail trade	1909.98	113.3	73.2
交通运输、仓储和邮电业	Traffic,transport, storage and post	1055.22	106.3	58.3
住宿和餐饮业	Accommodation and Restaurants	1003.22	101.0	97.3
金融业	Finance	440.93	112.5	22.1
房地产业	Real estate	1576.76	109.5	95.2
其他服务业	Others	2003.51	117.8	35.9

3-14 各市非公有制经济增加值(2015年)

Value-added of Non-Public-Owned by City (2015)

本表按当年价格计算。
Data in this table are calculated at current prices.

市	City	增加值(亿元) Value-added of Non-Public-Owned (100 million yuan)	占GDP比重(%) Value-added of Non-Public-Owned as percentage of GDP (%)
郑州市	Zhengzhou	4386.54	60.0
开封市	Kaifeng	1014.13	63.2
洛阳市	Luoyang	2042.21	58.9
平顶山市	Pingdingshan	936.97	55.6
安阳市	Anyang	1145.01	61.2
鹤壁市	Hebi	465.15	64.9
新乡市	Xinxiang	1327.22	67.2
焦作市	Jiaozuo	1246.31	64.7
濮阳市	Puyang	864.62	65.1
许昌市	Xuchang	1515.81	69.8
漯河市	Luohe	682.91	68.8
三门峡市	Sanmenxia	666.77	53.3
南阳市	Nanyang	1716.23	59.9
商丘市	Shangqiu	1128.22	62.3
信阳市	Xinyang	1132.87	60.3
周口市	Zhoukou	1330.21	63.7
驻马店市	Zhumadian	1130.38	62.5
济源市	Jiyuan	342.81	69.6

3-15 支出法生产总值

Gross Domestic Product by Expenditure Approach

本表按当年价格计算。
Data in this table are calculated at current prices.

单位：亿元 (100 million yuan)

年份 Year	支出法生产总值 Gross Domestic Product by Expenditure Approach	最终消费支出 Final Consumption	居民消费支出 Household Consumption	城镇居民 Urban Households	农村居民 Rural Households	政府消费支出 Government Consumption	资本形成总额 Gross Capital Formation	固定资本形成总额 Fixed Capital Formation	存货变动 Changes in Inventories	货物和服务净流出 Net Export of Good and Services
1978	162.92	107.07	94.34	23.89	70.45	12.73	52.49	40.66	11.83	3.36
1979	190.09	127.10	113.01	26.91	86.10	14.09	60.46	46.37	14.09	2.53
1980	229.16	151.48	135.23	30.87	104.36	16.25	69.20	57.70	11.50	8.48
1981	249.69	164.83	147.09	34.47	112.62	17.74	76.12	55.20	20.92	8.74
1982	263.30	183.01	159.95	36.62	123.33	23.06	71.15	66.10	5.05	9.14
1983	327.95	194.43	165.43	39.80	125.63	29.00	115.21	88.14	27.07	18.31
1984	370.04	222.17	187.89	48.57	139.32	34.28	130.82	101.87	28.95	17.05
1985	451.74	275.95	231.11	64.95	166.16	44.84	173.43	138.19	35.24	2.36
1986	502.91	307.91	256.87	74.19	182.68	51.04	184.00	158.84	25.16	11.00
1987	609.60	344.68	285.09	84.04	201.05	59.59	223.78	174.20	49.58	41.14
1988	749.09	410.63	348.87	113.53	235.34	61.76	307.85	222.33	85.52	30.61
1989	850.71	466.33	395.47	130.65	264.82	70.86	345.19	209.62	135.57	39.19
1990	934.65	527.43	447.97	138.64	309.33	79.46	364.81	225.73	139.08	42.41
1991	1045.73	572.63	479.04	153.74	325.30	93.59	421.32	279.06	142.26	51.78
1992	1279.75	641.79	531.59	173.70	357.89	110.20	571.96	346.67	225.29	66.00
1993	1660.18	878.69	672.23	220.37	451.86	206.46	682.64	485.98	196.66	98.85
1994	2216.83	1196.17	927.84	334.29	593.55	268.33	879.39	670.84	208.55	141.27
1995	2988.37	1590.89	1251.49	437.39	814.10	339.40	1235.62	877.41	358.21	161.86
1996	3634.69	1936.99	1537.04	535.52	1001.52	399.95	1485.58	1079.31	406.27	212.12
1997	4041.09	2146.53	1694.84	622.23	1072.61	451.69	1677.86	1254.89	422.97	216.70
1998	4308.24	2217.62	1717.39	665.78	1051.61	500.23	1845.87	1413.55	432.32	244.75
1999	4517.94	2347.13	1781.18	751.37	1029.81	565.95	1924.38	1469.87	454.51	246.43
2000	5052.99	2745.80	2090.01	900.75	1189.26	655.79	2104.00	1641.43	462.57	203.19
2001	5533.01	3086.15	2266.65	992.74	1273.91	819.50	2257.24	1790.76	466.48	189.62
2002	6035.48	3386.68	2446.93	1105.70	1341.23	939.75	2474.19	2018.58	455.61	174.61
2003	6867.70	3891.70	2870.19	1625.12	1245.07	1021.51	2786.46	2431.76	354.70	189.54
2004	8553.79	4568.52	3370.21	1928.42	1441.79	1198.31	3745.50	3217.10	528.40	239.77
2005	10587.42	5353.67	3817.86	2263.64	1554.22	1535.81	5019.81	4506.75	513.06	213.94
2006	12362.79	6102.27	4251.50	2609.65	1641.85	1850.77	6322.82	6001.50	321.32	-62.30
2007	15012.46	6831.27	4820.00	3051.32	1768.68	2011.27	8366.37	8043.35	323.02	-185.18
2008	18018.53	7759.33	5521.46	3567.66	1953.80	2237.87	10713.52	10301.66	411.86	-454.32
2009	19480.46	8742.69	6248.92	4142.02	2106.90	2493.77	13304.05	12996.08	307.97	-2566.28
2010	23092.36	10209.83	7402.60	5029.87	2372.73	2807.23	15977.40	15704.09	273.31	-3094.87
2011	26931.03	11783.07	8617.90	5825.10	2792.80	3165.17	19166.59	18819.16	347.43	-4018.63
2012	29599.31	13338.44	9754.41	6672.59	3081.82	3584.03	22060.00	21667.75	392.25	-5799.13
2013	32191.30	15322.85	11122.15	7676.11	3446.04	4200.70	24829.97	24376.04	453.93	-7961.52
2014	34938.24	16850.13	12325.62	8434.60	3891.02	4524.51	27244.43	26655.78	588.65	-9156.32
2015	37002.16	18722.62	13720.97	9498.89	4222.08	5001.65	28253.10	27722.49	530.61	-9973.56

3-16 最终消费支出指数

Indices of Final Consumption

本表按可比价格计算。

The indices in this table are calculated at comparable prices.

年 份 Year	以1978年为100 (1978=100)					以上年为100 (preceding year=100)				
	最终消费支出 Final Consumption	居民消费支出 Household Consumption	城镇居民 Urban Households Consumption	农村居民 Rural Households Consumption	政府消费支出 Government Consumption	最终消费支出 Final Consumption	居民消费支出 Household Consumption	城镇居民 Urban Households Consumption	农村居民 Rural Households Consumption	政府消费支出 Government Consumption
1978	100.0	100.0	100.0	100.0	100.0	118.3	118.7	119.9	118.3	115.7
1979	118.6	119.6	112.6	122.1	110.7	118.6	119.6	112.6	122.1	110.7
1980	134.8	136.6	121.0	142.1	121.1	113.7	114.2	107.5	116.4	109.4
1918	145.0	146.8	131.7	152.2	130.1	107.5	107.5	108.8	107.1	107.4
1982	158.9	157.5	137.5	164.7	166.7	109.6	107.3	104.4	108.2	128.2
1983	166.3	160.7	145.2	166.3	206.1	104.7	102.0	105.6	101.0	123.6
1984	189.0	181.4	173.8	184.5	241.5	113.6	112.9	119.7	110.9	117.2
1985	224.5	213.7	218.5	212.5	299.8	118.8	117.8	125.7	115.2	124.1
1986	239.1	226.8	234.2	224.6	324.9	106.5	106.1	107.2	105.7	108.4
1987	252.5	237.6	245.7	235.4	356.8	105.6	104.8	104.9	104.8	109.8
1988	263.3	248.1	271.7	240.6	370.0	104.3	104.4	110.6	102.2	103.7
1989	268.9	253.3	278.0	245.4	377.4	102.1	102.1	102.3	102.0	102.0
1990	281.5	263.4	296.6	252.5	407.6	104.7	104.0	106.7	102.9	108.0
1991	298.4	276.6	313.2	264.1	458.1	106.0	105.0	105.6	104.6	112.4
1992	322.3	295.4	345.4	276.3	527.3	108.0	106.8	110.3	104.6	115.1
1993	395.1	353.3	418.3	327.7	730.8	122.6	119.6	121.1	118.6	138.6
1994	445.3	383.0	458.1	352.9	966.2	112.7	108.4	109.5	107.7	132.2
1995	495.1	425.1	503.9	394.2	1082.1	111.2	111.0	110.0	111.7	112.0
1996	560.5	485.5	545.7	465.9	1183.8	113.2	114.2	108.3	118.2	109.4
1997	609.3	521.9	611.7	487.8	1340.1	108.7	107.5	112.1	104.7	113.2
1998	644.0	543.3	649.0	501.5	1492.8	105.7	104.1	106.1	102.8	111.4
1999	696.1	576.5	725.0	513.0	1716.8	108.1	106.1	111.7	102.3	115.0
2000	798.5	660.0	832.3	585.9	1977.7	114.7	114.5	114.8	114.2	115.2
2001	891.9	711.5	903.0	628.7	2454.3	111.7	107.8	108.5	107.3	124.1
2002	986.4	777.0	1031.3	656.9	2810.2	110.6	109.2	114.2	104.5	114.5
2003	1116.7	892.0	1303.5	674.7	3065.9	113.2	114.8	126.4	102.7	109.1
2004	1219.4	974.9	1454.7	717.9	3341.9	109.2	109.3	111.6	106.4	109.0
2005	1335.2	1054.9	1630.7	738.7	3783.0	109.5	108.2	112.1	102.9	113.2
2006	1523.5	1192.0	1881.9	808.1	4418.6	114.1	113.0	115.4	109.4	116.8
2007	1642.3	1299.3	2105.8	842.9	4648.3	107.8	109.0	111.9	104.3	105.2
2008	1734.3	1383.7	2322.7	842.0	4820.3	105.6	106.5	110.3	99.9	103.7
2009	1966.7	1576.1	2719.9	906.9	5418.0	113.4	113.9	117.1	107.7	112.4
2010	2222.4	1796.7	3179.5	978.5	5981.5	113.0	114.0	116.9	107.9	110.4
2011	2466.8	2001.6	3538.8	1091.0	6579.7	111.0	111.4	111.3	111.5	110.0
2012	2750.5	2209.7	3949.3	1176.1	7520.6	111.5	110.4	111.6	107.8	114.3
2013	3058.6	2432.9	4395.6	1262.0	8588.5	111.2	110.1	111.3	107.3	114.2
2014	3300.2	2647.0	4734.1	1402.1	9086.6	107.9	108.8	107.7	111.1	105.8
2015	3643.4	2935.5	5306.9	1518.4	9931.7	110.4	110.9	112.1	108.3	109.3

3-17 资本形成总额指数

Indices of Final Consumption

本表按可比价格计算。
The indices in this table are calculated at comparable prices.

年份 Year	以1978年为100 (1978=100)			以上年为100 (preceding year=100)		
	资本形成总额 Gross Capital Formation	固定资本形成总额 Fixed Capital Formation	存货变动 Changes in Inventories	资本形成总额 Gross Capital Formation	固定资本形成总额 Fixed Capital Formation	存货变动 Changes in Inventories
1978	100	100	100	103.9	111.6	81.4
1979	108.3	104.1	125.3	108.3	104.1	125.3
1980	123.4	128.6	102.6	113.9	123.5	81.9
1981	134.6	122.5	183.3	109.1	95.3	178.6
1982	125.7	146.2	43.8	93.4	119.3	23.9
1983	200.6	191.6	236.4	159.6	131.1	539.7
1984	210.0	200.4	248.2	104.7	104.6	105.0
1985	249.3	241.3	280.7	118.7	120.4	113.1
1986	253.8	268.1	196.0	101.8	111.1	69.8
1987	271.1	257.1	325.7	106.8	95.9	166.2
1988	387.4	350.2	533.8	142.9	136.2	163.9
1989	402.1	317.6	738.3	103.8	90.7	138.3
1990	406.9	318.3	760.4	101.2	100.2	103.0
1991	452.1	359.0	822.8	111.1	112.8	108.2
1992	550.2	424.3	1053.9	121.7	118.2	128.1
1993	585.9	489.3	964.4	106.5	115.3	91.5
1994	660.9	585.7	947.0	112.8	119.7	98.2
1995	806.3	694.6	1238.7	122.0	118.6	130.8
1996	936.1	820.3	1381.1	116.1	118.1	111.5
1997	1051.3	944.2	1455.7	112.3	115.1	105.4
1998	1180.6	1078.3	1562.0	112.3	114.2	107.3
1999	1266.8	1145.1	1727.5	107.3	106.2	110.6
2000	1364.3	1253.9	1770.7	107.7	109.5	102.5
2001	1459.8	1360.5	1799.1	107.0	108.5	101.6
2002	1613.1	1537.3	1804.5	110.5	113.0	100.3
2003	1782.5	1815.6	1378.6	110.5	118.1	76.4
2004	2142.5	2162.4	1767.4	120.2	119.1	128.2
2005	2626.7	2815.4	1299.0	122.6	130.2	73.5
2006	3165.2	3581.2	800.2	120.5	127.2	61.6
2007	3902.7	4476.5	730.6	123.3	125.0	91.3
2008	4691.1	5394.2	834.3	120.2	120.5	114.2
2009	6028.0	7023.2	695.8	128.5	130.2	83.4
2010	6926.2	8125.9	574.8	114.9	115.7	82.6
2011	7902.8	9271.6	683.4	114.1	114.1	118.9
2012	9056.6	10606.8	839.9	114.6	114.4	122.9
2013	10252.1	11996.2	985.2	113.2	113.1	117.3
2014	11246.5	13123.9	1265.0	109.7	109.4	128.4
2015	11943.8	13990.1	1175.2	106.2	106.6	92.9

3-18 支出法生产总值构成

Structure of Gross Domestic Product by Expenditure Approach

本表按当年价格计算。
Data in this table are calculated at current prices.

年 份 Year	比重（支出法生产总值=100） Proportion (Gross Domestic Product by Expenditure Approach=100)			比重（最终消费支出=100） Proportion (Final Consumption Expenditure=100)	
	最终消费支出 Final Consumption	资本形成总额 Gross Capital Formation	货物和服务净流出 Net Export of Good and Services	居民消费支出 Household Consumption	政府消费支出 Government Consumption
1978	65.7	32.2	2.1	88.1	11.9
1979	66.9	31.8	1.3	88.9	11.1
1980	66.1	30.2	3.7	89.3	10.7
1981	66.0	30.5	3.5	89.2	10.8
1982	69.5	27.0	3.5	87.4	12.6
1983	59.3	35.1	5.6	85.1	14.9
1984	60.0	35.4	4.6	84.6	15.4
1985	61.1	38.4	0.5	83.8	16.2
1986	61.2	36.6	2.2	83.4	16.6
1987	56.5	36.7	6.7	82.7	17.3
1988	54.8	41.1	4.1	85.0	15.0
1989	54.8	40.6	4.6	84.8	15.2
1990	56.4	39.0	4.5	84.9	15.1
1991	54.8	40.3	5.0	83.7	16.3
1992	50.1	44.7	5.2	82.8	17.2
1993	52.9	41.1	6.0	76.5	23.5
1994	54.0	39.7	6.4	77.6	22.4
1995	53.2	41.3	5.4	78.7	21.3
1996	53.3	40.9	5.8	79.4	20.6
1997	53.1	41.5	5.4	79.0	21.0
1998	51.5	42.8	5.7	77.4	22.6
1999	52.0	42.6	5.5	75.9	24.1
2000	54.3	41.6	4.0	76.1	23.9
2001	55.8	40.8	3.4	73.4	26.6
2002	56.1	41.0	2.9	72.3	27.7
2003	56.7	40.6	2.8	73.8	26.2
2004	53.4	43.8	2.8	73.8	26.2
2005	50.6	47.4	2.0	71.3	28.7
2006	49.4	51.1	-0.5	69.7	30.3
2007	45.5	55.7	-1.2	70.6	29.4
2008	43.1	59.5	-2.5	71.2	28.8
2009	44.9	68.3	-13.2	71.5	28.5
2010	44.2	69.2	-13.4	72.5	27.5
2011	43.8	71.2	-14.9	73.1	26.9
2012	45.1	74.5	-19.6	73.1	26.9
2013	47.6	77.1	-24.7	72.6	27.4
2014	48.2	78.0	-26.2	73.1	26.9
2015	50.6	76.4	-27.0	69.2	30.8

3-19 生产总值支出法构成项目

Gross Domestic Product by Expenditure Approach and Structure

本表按当年价格计算。
Data in this table are calculated at current prices.
单位：亿元 (100 million yuan)

项目	Item	2014	2015
支出法生产总值	**Gross Domestic Product by Expenditure Approach**	**34938.24**	**37002.16**
最终消费支出	**Final Consumption**	**16850.13**	**18722.62**
居民消费支出	Household Consumption	12325.62	13720.97
城镇居民	Urban Households	8434.60	9498.89
食品类支出	Food	2183.72	2342.59
衣着类支出	Clothing	841.97	861.59
居住类支出	Residence	1057.15	1122.46
家庭设备、用品及服务类支出	Household Facilities,Articles and Service	590.62	609.92
医疗保健类支出	Medical treatment and medical Service	1059.73	1243.34
交通和通信类支出	Transport, Post and Communication Services	811.43	909.75
文化教育娱乐及服务类支出	Recreation,education and Cultural services	808.49	970.74
银行中介服务支出	Dummy Consumption for finance agency service	615.80	876.28
保险服务消费支出	Insurance	170.63	243.50
其他商品和服务类支出	Miscellaneous and Services	295.06	318.72
农村居民	Rural Households	3891.02	4222.08
食品类支出	Food	1124.03	1174.75
衣着类支出	Clothing	298.94	318.21
居住类支出	Residence	761.47	772.27
家庭设备、用品及服务类支出	Household Facilities,Articles and Service	239.29	286.16
医疗保健类支出	Medical treatment and medical Service	449.32	461.07
交通和通信类支出	Transport, Post and Communication Services	420.57	495.34
文化教育娱乐及服务类支出	Recreation,education and Cultural services	242.67	266.07
银行中介服务支出	Dummy Consumption for finance agency service	213.97	284.64
保险服务消费支出	Insurance	61.18	79.09
其他商品和服务类支出	Miscellaneous and Services	79.58	84.48
政府消费支出	Government Consumption	4524.51	5001.65
资本形成总额	**Gross Capital Formation**	**27244.43**	**28253.10**
固定资本形成总额	Fixed Capital Formation	26655.78	27722.49
存货变动	Changes in Inventories	588.65	530.61
货物和服务净流出	**Net Export of Good and Services**	**-9156.32**	**-9973.56**

3-20 各市支出法生产总值(2015年)

Gross Domestic Product by Expenditure Approach by City (2015)

本表按当年价格计算。
Data in this table are calculated at current prices.
单位：亿元 (100 million yuan)

市(县) City(County)	支出法生产总值 Gross Domestic Product by Expenditure Approach	最终消费支出 Final Consump-tion	居民消费支出 Household Consump-tion	城镇居民 Urban Households	农村居民 Rural Households	政府消费支出 Government Consump-tion	资本形成总额 Gross Capital Formation	货物和服务净流出 Net Export of Good and Services
郑州市 Zhengzhou	7311.52	3533.80	2516.80	1855.74	661.06	1017.00	3707.57	70.15
开封市 Kaifeng	1605.84	1034.03	748.91	530.67	218.23	285.12	877.62	-305.81
洛阳市 Luoyang	3469.03	1685.76	1086.63	801.41	285.22	599.13	2430.31	-647.04
平顶山市 Pingdingshan	1686.01	858.89	615.76	447.71	168.04	243.13	1547.97	-720.85
安阳市 Anyang	1872.35	902.37	663.19	371.13	292.07	239.18	1349.01	-379.04
鹤壁市 Hebi	715.65	281.29	202.07	145.50	56.57	79.22	461.11	-26.75
新乡市 Xinxiang	1975.03	1073.13	822.63	570.14	252.49	250.50	1439.43	-537.53
焦作市 Jiaozuo	1926.08	892.95	688.04	438.96	249.08	204.92	1542.31	-509.19
濮阳市 Puyang	1328.34	577.97	438.25	263.54	174.72	139.72	1188.96	-438.59
许昌市 Xuchang	2171.16	891.95	660.52	440.70	219.82	231.43	1427.07	-147.86
漯河市 Luohe	992.59	568.09	368.27	184.21	184.05	199.83	774.01	-349.51
三门峡市 Sanmenxia	1251.04	366.75	270.16	183.02	87.14	96.59	962.73	-78.44
南阳市 Nanyang	2866.82	1735.50	1315.67	806.96	508.72	419.83	2613.67	-1482.35
商丘市 Shangqiu	1812.16	848.94	639.99	390.77	249.21	208.96	940.91	22.31
信阳市 Xinyang	1879.67	1292.60	885.72	518.99	366.72	406.88	1700.64	-1113.57
周口市 Zhoukou	2089.70	995.93	905.47	499.20	406.27	90.47	1889.41	-795.64
驻马店市 Zhumadian	1807.69	1261.23	914.29	497.10	417.20	346.93	1463.15	-916.68
济源市 Jiyuan	492.54	163.47	130.21	89.90	40.31	33.26	382.24	-53.16

3-21 各市支出法生产总值指数(2015年)

Indices of Gross Domestic Product by Expenditure Approach by City (2015)

本表按可比价格计算。
The indices in this table are calculated at comparable prices.

(上年=100) (preceding year=100)

市(县)	City(County)	支出法生产总值 Gross Domestic Product by Expenditure Approach	最终消费支出 Final Consumption	居民消费支出 Household Consumption	城镇居民 Urban Households	农村居民 Rural Households	政府消费支出 Government Consumption	资本形成总额 Gross Capital Formation
郑州市	Zhengzhou	110.0	110.3	112.8	112.5	113.7	104.6	109.7
开封市	Kaifeng	109.4	113.2	111.0	112.1	108.4	118.3	107.0
洛阳市	Luoyang	109.1	114.7	116.6	118.6	111.4	111.6	105.2
平顶山市	Pingdingshan	106.5	104.6	100.2	93.9	123.4	116.7	108.5
安阳市	Anyang	107.3	105.6	105.5	106.8	104.0	105.7	105.9
鹤壁市	Hebi	108.0	106.9	108.5	109.5	106.2	103.5	112.2
新乡市	Xinxiang	106.1	112.1	110.0	113.1	104.6	119.6	115.6
焦作市	Jiaozuo	108.7	107.3	108.2	110.8	103.9	104.6	103.5
濮阳市	Puyang	109.4	118.9	123.7	125.7	120.7	106.1	101.1
许昌市	Xuchang	109.0	107.5	108.5	109.0	107.4	105.1	109.6
漯河市	Luohe	109.0	109.2	109.5	109.6	109.4	108.2	108.8
三门峡市	Sanmenxia	103.3	107.9	107.4	109.1	104.0	109.2	105.3
南阳市	Nanyang	109.0	107.4	107.6	104.8	112.4	106.8	107.1
商丘市	Shangqiu	108.8	110.4	111.9	105.4	124.8	105.5	108.9
信阳市	Xinyang	108.9	108.0	105.9	104.3	108.1	112.7	109.9
周口市	Zhoukou	109.0	107.0	107.6	113.9	100.6	101.7	123.5
驻马店市	Zhumadian	108.9	106.3	106.0	111.6	101.2	107.1	109.2
济源市	Jiyuan	106.0	111.2	110.5	110.7	110.0	114.0	103.7

3-22 居民消费水平及指数

Per Capita Consumption and Indices

本表绝对数按当年价格计算，指数按可比价格计算。
Value items in this table are calculated at current prices, while tempos are calculated at comparable prices.

年 份 Year	居民消费水平(元) Annual Per Capita Consumption (yuan)			城乡消费水平对比(农民=1) Urban/Rural Consumption Rural (Rural Residents=1)	居民消费水平指数 Indices of Annual Per Capita Consumption					
					以上年为100 (preceding year=100)			以1952年为100 (1952=100)		
	全体居民 Rural & Urban Residents	城镇居民 Urban Residents	农村居民 Rural Residents		全体居民 Rural & Urban Residents	城镇居民 Urban Residents	农村居民 Rural Residents	全体居民 Rural & Urban Residents	城镇居民 Urban Residents	农村居民 Rural Residents
1978	135	428	109	3.9	116.9	116.3	116.7	100.0	100.0	100.0
1979	159	447	132	3.4	117.6	104.4	120.8	117.6	104.4	120.8
1980	187	471	159	3.0	112.5	98.6	115.5	132.3	102.9	139.5
1981	200	496	169	2.9	106.0	102.7	106.1	140.2	105.7	148.0
1982	214	502	183	2.7	105.6	99.4	106.9	148.1	105.1	158.2
1983	218	524	184	2.8	100.4	101.4	99.7	148.7	106.6	157.8
1984	245	605	202	3.0	111.3	113.3	109.8	165.5	120.7	173.2
1985	297	750	240	3.1	116.2	116.4	114.5	192.3	140.5	198.4
1986	324	817	261	3.1	104.4	102.2	104.5	200.8	143.6	207.3
1987	353	895	282	3.2	102.9	101.4	103.0	206.6	145.6	213.5
1988	424	1147	325	3.5	102.3	105.0	100.6	211.3	152.9	214.8
1989	471	1256	360	3.5	100.0	97.3	100.3	211.3	148.8	215.4
1990	523	1274	413	3.1	102.0	102.0	101.3	215.6	151.8	218.2
1991	550	1362	429	3.2	103.3	101.9	103.3	222.7	154.6	225.4
1992	603	1478	469	3.2	105.5	105.9	103.8	234.9	163.8	234.0
1993	755	1769	590	3.0	118.4	114.2	118.3	278.1	187.0	276.8
1994	1032	2493	776	3.2	107.4	101.7	107.8	298.7	190.2	298.4
1995	1381	3045	1067	2.9	110.1	102.7	111.9	328.9	195.3	333.9
1996	1682	3548	1313	2.7	113.3	103.0	118.2	372.6	201.2	394.7
1997	1841	3963	1404	2.8	106.7	107.7	104.5	397.6	216.7	412.5
1998	1851	4106	1373	3.0	103.3	102.7	102.5	410.7	222.5	422.8
1999	1905	4521	1339	3.4	105.3	109.0	101.9	432.5	242.6	430.8
2000	2215	5090	1551	3.3	113.5	111.8	113.6	490.9	271.2	489.4
2001	2381	5562	1647	3.4	106.9	108.0	106.1	524.7	292.9	519.2
2002	2553	5986	1734	3.5	108.6	109.9	105.1	569.9	321.9	545.7
2003	3083	6585	1819	3.6	108.6	109.3	104.7	618.9	351.8	571.4
2004	3625	7394	2156	3.4	109.5	105.6	108.8	677.7	371.5	621.6
2005	4092	8145	2372	3.4	107.7	105.2	105.1	729.9	390.8	653.3
2006	4530	8810	2556	3.4	112.3	108.3	111.6	819.6	423.3	729.1
2007	5141	9743	2833	3.4	109.1	105.8	107.3	894.2	447.8	782.4
2008	5877	10797	3208	3.4	114.3	110.8	113.2	1022.1	496.2	885.6
2009	6607	11884	3528	3.4	112.4	110.1	110.0	1148.8	546.3	974.2
2010	7837	13958	4061	3.4	114.1	113.1	110.3	1310.8	617.9	1074.5
2011	9171	15616	4929	3.2	112.0	107.6	114.9	1468.1	664.8	1234.6
2012	10380	17104	5608	3.0	110.4	106.8	111.1	1620.8	710.0	1371.7
2013	11820	18921	6438	2.9	109.9	107.1	110.2	1781.3	760.4	1511.6
2014	13078	20111	7439	2.7	108.6	104.2	113.7	1934.4	792.4	1718.7
2015	14507	21821	8271	2.6	110.5	108.0	111.0	2137.6	855.8	1907.8

3-23 各市居民消费水平及指数(2015年)
Per Capita Consumption and Indices by City (2015)

本表绝对数按当年价格计算，指数按可比价格计算。
Value items in this table are calculated at current prices, while tempos are calculated at comparable prices.

市(县)	City(County)	居民消费水平(元) Annual Per Capita Consumption (yuan)			指数(以上年为100) Indices (preceding year=100)		
		全体居民 Rural & Urban Residents	城镇居民 Urban Residents	农村居民 Rural Residents	全体居民 Rural & Urban Residents	城镇居民 Urban Residents	农村居民 Rural Residents
郑州市	Zhengzhou	26567	28387	22514	112.8	112.5	113.7
开封市	Kaifeng	16475	26896	8482	111.0	112.1	108.4
洛阳市	Luoyang	16193	23053	8819	116.6	118.6	111.4
平顶山市	Pingdingshan	12414	18603	6581	100.2	93.9	123.4
安阳市	Anyang	12997	15791	10612	105.5	106.8	104.0
鹤壁市	Hebi	12615	16545	7831	108.5	109.5	106.2
新乡市	Xinxiang	14396	20654	8547	110.0	113.1	104.6
焦作市	Jiaozuo	19501	23022	15361	108.2	110.8	103.9
濮阳市	Puyang	12155	18536	8001	123.7	125.7	120.7
许昌市	Xuchang	15261	21832	9517	108.5	109.0	107.4
漯河市	Luohe	14094	15121	13196	109.5	109.6	109.4
三门峡市	Sanmenxia	12024	15977	7913	107.4	109.1	104.0
南阳市	Nanyang	13150	19951	8535	107.6	104.8	112.4
商丘市	Shangqiu	8808	14394	5476	111.9	105.4	124.8
信阳市	Xinyang	13831	19330	9860	105.9	104.3	108.1
周口市	Zhoukou	10281	15311	7325	107.6	113.9	100.6
驻马店市	Zhumadian	13166	19231	9570	106.0	111.6	101.2
济源市	Jiyuan	17923	21629	12968	110.5	110.7	110.0

3-24 各市收入法生产总值构成项目(2015年)
Structure of Gross Domestic Product by City (2015)

本表按当年价格计算。
Data in value terms in this table are calculated at current prices.

单位：亿元 (100 million yuan)

市(县) City(County)	生产总值 Gross Domestic Product	劳动者报酬 Compensation of Laborers	生产税净额 Net Taxes on Production	固定资产折旧 Depreciation of Fixed Assets	营业盈余 Operating Surplus
全 省 Total	**37002.16**	**18735.19**	**4138.55**	**4398.35**	**9730.07**
省 辖 市 City					
郑 州 市 Zhengzhou	7311.52	2921.11	1130.89	967.80	2291.71
开 封 市 Kaifeng	1605.84	785.41	179.45	168.80	472.18
洛 阳 市 Luoyang	3469.03	1564.02	657.96	496.87	750.17
平 顶 山 市 Pingdingshan	1686.01	880.76	196.08	229.07	380.09
安 阳 市 Anyang	1872.35	755.31	293.50	260.00	563.54
鹤 壁 市 Hebi	717.25	393.71	80.03	60.20	183.32
新 乡 市 Xinxiang	1975.03	980.69	186.82	287.03	520.49
焦 作 市 Jiaozuo	1926.08	1007.87	209.70	209.71	498.80
濮 阳 市 Puyang	1328.34	543.86	284.83	190.12	309.53
许 昌 市 Xuchang	2171.16	742.75	428.25	274.80	725.37
漯 河 市 Luohe	992.59	441.14	110.93	66.77	373.75
三 门 峡 市 Sanmenxia	1251.04	516.77	164.08	159.63	410.56
南 阳 市 Nanyang	2866.82	1454.24	311.81	362.13	738.63
商 丘 市 Shangqiu	1812.16	1021.02	205.02	216.88	369.25
信 阳 市 Xinyang	1879.67	1026.26	155.59	197.18	500.64
周 口 市 Zhoukou	2089.70	935.20	276.12	255.39	622.99
驻 马 店 市 Zhumadian	1807.69	805.29	218.18	212.33	571.89
济 源 市 Jiyuan	492.54	165.81	79.52	106.38	140.83
省 直 管 县 Province Administrating County					
巩 义 市 Gongyi	625.50	212.83	86.74	64.69	261.24
兰 考 县 Lankao	234.56	110.92	10.02	28.06	85.57
汝 州 市 Ruzhou	362.33	177.98	38.43	42.34	103.58
滑 县 Huaxian	211.30	107.91	19.59	25.24	58.55
长 垣 县 Changyuan	271.77	140.40	24.63	30.98	75.76
邓 州 市 Dengzhou	347.48	199.90	30.48	45.76	71.35
永 城 市 Yongcheng	430.03	203.23	60.28	47.73	118.78
固 始 县 Gushi	272.75	129.10	26.30	39.44	77.91
鹿 邑 县 Luyi	259.50	86.81	23.77	33.53	115.38
新 蔡 县 Xincai	159.44	97.77	10.58	21.21	29.88

3-25 资金流量表(实物交易，2014年)

单位：亿元

交易项目	Transaction	非金融企业部门 Non-financial Enterprises		金融机构部门 Financial Institutions	
		使用 Utilization	来源 Source	使用 Utilization	来源 Source
净出口	**Net Exports**				
增加值	**Value Added**		**22239.76**		**1509.20**
劳动者报酬	**Compensation of Laborers**	**9859.27**		**386.86**	
工资及工资性收入	Wages and Related Income	8936.51		350.65	
单位社会保险付款	Employer's Contribution of Social Securities	922.76		36.21	
生产税净额	**Taxes on Production, Net**	**3358.64**	**-123.08**	**150.63**	
生产税	Taxes on Production	3358.64		150.63	
生产补贴	Subsidies to Production		123.08		
财产收入	**Income from Properties**	**2221.33**	**1241.06**	**3030.81**	**3045.02**
利息	Interest	1886.26	1211.24	3017.23	3017.23
红利	Dividend	81.05	29.82	1.90	27.79
地租	Rent on Land Use	207.28			
其他	Others	46.73		11.68	
初次分配总收入	**Total Income from Primary Distribution**		**7918.50**		**985.92**
经常转移	**Current Transfer**	**455.68**	**93.24**	**234.13**	**300.19**
收入税	Taxes on Income	213.35		47.65	
社会保险缴款	Payment to Social Security				
社会保险福利	Welfare of social Security				
社会补助	Allowances				
其他	Others	242.33	93.24	186.48	300.19
可支配总收入	**Total Disposable Income**		**7556.06**		**1051.98**
最终消费	**Final Consumption Expenditure**				
居民消费	Household Consumption				
政府消费	Government Consumption				
总储蓄	**Savings**		**7556.06**		**1051.98**
资本转移	**Capital Transfer**		**498.07**		
投资性补助	Investment Allowances		498.07		
其他	Other				
资本形成总额	**Gross Capital Formation**	**21547.60**		**21.79**	
固定资本形成总额	Gross Fixed Capital Formation	21029.79		21.79	
存货增加	Changes in Inventories	517.82			
其他非金融资产获得减处置	**Minus Items from OtherNon-financial Capital**				
净金融投资	**Net Financial Investment**	**-13493.47**		**1030.19**	

Flow of Funds Table (Physical Transaction, 2014)

(100 million yuan)

政府部门 Governments		住户部门 Households		省内合计 Regional Sum		国内省外 Rest of the World		国外部门 Rest of the World		总计 Total	
使用 Utilization	来源 Source	使用 Utilization	来源 Source	使用 Utilization	来源 Source	使用 Utilization	来源 Source	使用 Utilization	来源 Source	使用 Utilization	来源 Source
							9999.58		-843.26		9156.32
	2653.60		8535.68		34938.24						34938.24
785.84		6437.05	17469.02	17469.02	17469.02					17469.02	17469.02
684.38		5834.58	17469.02	15806.12	15806.12					15806.12	15806.12
101.46		602.47		1662.90	1662.90					1662.90	1662.90
-63.03	3971.20	401.88		3848.12	3848.12					3848.12	3848.12
60.05	3971.20	401.88		3971.20	3971.20					3971.20	3971.20
123.08				123.08	123.08					123.08	123.08
129.28	407.99	1001.68	1771.04	6383.10	6465.11	98.98	16.96			6482.08	6482.08
129.28	136.30	1001.68	1669.69	6034.46	6034.46					6034.46	6034.46
	6.00		101.35	82.95	164.96	98.98	16.96			181.92	181.92
	207.28			207.28	207.28					207.28	207.28
	58.41			58.41	58.41					58.41	58.41
	6180.70		19935.14		35020.26						35020.26
2863.99	5056.47	1220.66	2491.00	4774.46	7940.90	3198.31	31.88			7972.77	7972.77
	319.01	58.01		319.01	319.01					319.01	319.01
434.35	1412.65	978.30		1412.65	1412.65					1412.65	1412.65
1395.25			1395.25	1395.25	1395.25					1395.25	1395.25
974.34			974.34	974.34	974.34					974.34	974.34
60.05	3324.81	184.35	121.41	673.21	3839.65	3198.31	31.88			3871.53	3871.53
	8373.18		21205.48		38186.69						38186.69
4524.51		12325.62		16850.13						16850.13	
		12325.62		12325.62						12325.62	
4524.51				4524.51						4524.51	
	3848.67		8879.86		21336.56		6751.13		-843.26		27244.43
498.07				498.07	498.07					498.07	498.07
498.07				498.07	498.07					498.07	498.07
2180.94		3494.09		27244.43						27244.43	
2237.70		3366.50		26655.78						26655.78	
-56.76		127.59		588.65						588.65	
1169.65		5385.76		-5907.87		6751.13		-843.26		0.00	

主要统计指标解释

国内生产总值（GDP） 指按市场价格计算的一个国家(或地区)所有常住单位在一定时期内生产活动的最终成果。国内生产总值有三种表现形态，即价值形态、收入形态和产品形态。从价值形态看，它是所有常住单位在一定时期内生产的全部货物和服务价值超过同期投入的全部非固定资产货物和服务价值的差额，即所有常住单位的增加值之和；从收入形态看，它是所有常住单位在一定时期内创造并分配给常住单位和非常住单位的初次收入之和；从产品形态看，它是所有常住单位在一定时期内最终使用的货物和服务价值减去货物和服务进口价值。在实际核算中，国内生产总值有三种计算方法，即生产法、收入法和支出法。三种方法分别从不同的方面反映国内生产总值及其构成。

三次产业 三产业的划分是世界上较为常用的产业结构分类，但各国的划分不尽一致。我国的三次产业划分是：

第一产业是指农、林、牧、渔业（不含农、林、牧、渔服务业）。

第二产业是指采矿业（不含开采辅助活动），制造业（不含金属制品、机械和设备修理业），电力、热力、燃气及水生产和供应业，建筑业。

第三产业即服务业，是指除第一产业、第二产业以外的其他行业。

支出法生产总值 是从最终使用的角度反映一个国家（或地区）一定时期内生产活动最终成果的一种方法，包括最终消费支出、资本形成总额及货物和服务净出口三部分。计算公式为：

支出法生产总值=最终消费支出+资本形成总额+货物和服务净出口

最终消费支出 指常住单位为满足物质、文化和精神生活的需要，从本国经济领土和国外购买的货物和服务的支出。它不包括非常住单位在本国经济领土内的消费支出。最终消费支出分为居民消费支出和政府消费支出。

居民消费支出 指常住住户在一定时期内对于货物和服务的全部最终消费支出。居民消费支出除了直接以货币形式购买的货物和服务的消费支出外，还包括以其他方式获得的货物和服务的消费支出，即所谓的虚拟消费支出。居民虚拟消费支出包括如下几种类型：单位以实物报酬及实物转移的形式提供给劳动者的货物和服务；住户生产并由本住户消费了的货物和服务，其中的服务仅指住户的自有住房服务；金融机构提供的金融媒介服务；保险公司提供的保险服务。

政府消费支出 指政府部门为全社会提供的公共服务的消费支出和免费或以较低的价格向居民住户提供的货物和服务的净支出，前者等于政府服务的产出价值减去政府单位所获得的经营收入的价值，后者等于政府部门免费或以较低价格向居民住户提供的货物和服务的市场价值减去向住户收取的价值。

资本形成总额 指常住单位在一定时期内获得减去处置的固定资产和存货的净额，包括固定资本形成总额和存货变动两部分。

固定资本形成总额 指常住单位在一定时期内获得的固定资产减处置的固定资产的价值总额。固定资产是通过生产活动生产出来的，且其使用年限在一年以上、单位价值在规定标准以上的资产，不包括自然资产。可分为有形固定资本形成总额和无形固定资本形成总额。有形固定资本形成总额包括一定时期内完成的建筑工程、安装工程和设备工器具购置(减处置)价值，以及土地改良、新增役、种、奶、毛、娱乐用牲畜和新增经济林木价值。无形固定资本形成总额包括矿藏的勘探、计算机软件等获得减处置。

存货变动 指常住单位在一定时期内存货实物量变动的市场价值，即期末价值减期初价值的差额，再扣除当期由于价格变动而产生的持有收益。存货变动可以是正值，也可以是负值，正值表示存货上升，负值表示存货下降。存货包括生产单位购进的原材料、燃料和储备物资等存货，以及生产单位生产的产成品、在制品和半成品等存货。

货物和服务净出口 指货物和服务出口减货物和服务进口的差额。出口包括常住单位向非常住单位出售或无偿转让的各种货物和服务的价值；进口包括常住单位从非常住单位购买或无偿得到的各种货物和服务的价值。由于服务活动的提供与使用同时发生，一般把常住单位从非常住单位得到的服务作为进口，非常住单位从常住单位得到的服务作为出口。货物的出口和进口都按离岸价格计算。

劳动者报酬 指劳动者因从事生产活动所获得的全部报酬。包括劳动者获得的各种形式的工资、奖金和津贴，既包括货币形式的，也包括实物形式的，还包括劳动者所享受的公费医疗和医药卫生费、上下班交通补贴、单位支付的社会保险费、住房公积金等。

生产税净额 指生产税减生产补贴后的余额。生产税指政府对生产单位从事生产、销售和经营活动以及因从事生产活动使用某些生产要素（如固定资产、土地、劳动力）所征收的各种税、附加费和规费。生产补贴与生产税相反，指政府对生产单位的单方面转移支出，因此视为负生产税，包括政策亏损补贴、价格补贴等。

固定资产折旧 指一定时期内为弥补固定资产损耗按照规定的固定资产折旧率提取的固定资产折旧，或按国民经济核算统一规定的折旧率虚拟计算的固定资产折旧。它反映了固定资产在当期生产中的转移价值。各类企业和企业化管理的事业单位的固定资产折旧是指实际计提的折旧费；不计提折旧的政府机关、非企业化管理的事业单位和居民住房的固定资产折旧是按照统一规定的折旧率和固定资产原值计算的虚拟折旧。原则上，固定资产折旧应按固定资产当期的重置价值计算，但是目前我国尚不具备对全社会固定资产进行重估价的基础，所以暂时只能采用上述办法。

营业盈余 指常住单位创造的增加值扣除劳动者报酬、生产税净额和固定资产折旧后的余额。它相当于企业的营业利润加上生产补贴，但要扣除从利润中开支的工资和福利等。

机构单位 指有权拥有资产和承担负债，能够独立地从事经济活动并与其他实体进行交易的经济实体。

机构部门 将相同性质的机构单位归并在一起，就形成机构部门。资金流量核算将常住机构单位划分为以下四个机构部门：非金融企业部门、金融机构部门、政府部门、住户部门。与常住单位发生经济往来关系的非常住单位组成国外部门，在资金流量核算中也视同机构部门。

非金融企业与非金融企业部门 非金融企业指主要从事市场货物生产和提供非金融市场服务的常住企业，它主要包括从事上述活动的各类法人企业。所有非金融企业归并在一起，就形成非金融企业部门。

金融机构与金融机构部门 金融机构指主要从事金融媒介以及与金融媒介密切相关的辅助金融活动的常住单位，它主要包括中央银行、商业银行和政策性银行、非银行信贷机构和保险公司。所有金融机构归并在一起，就形成金融机构部门。

政府单位与政府部门 政府单位指在我国境内通过政治程序建立的、在一特定区域内对其他机构单位拥有立法、司法和行政权的法律实体及其附属单位。政府单位的主要职能是利用征税和其他方式获得的资金向社会和公众提供公共服务。通过转移支付，对社会收入和财产进行再分配。它主要包括各种行政单位和非营利性事业单位。所有政府单位归并在一起，就形成政府部门。

住户与住户部门 住户指共享同一生活设施、部分或全部收入和财产集中使用、共同消费住房、食品和其他消费品与消费服务的常住个人或个人群体。所有住户归并在一起，就形成住户部门。

非常住单位与国外部门 所有不具有常住性的机构单位都是非常住单位。将所有与我国常住单位发生交易的非常住单位归并在一起，就形成国外部门。

初次分配总收入 初次分配是生产活动形成的净成果在参与生产活动的生产要素的所有者及政府之间的分配。生产活动的净成果是增加值。生产要素包括劳动力、土地、资本。劳动力所有者因提供劳动而获得劳动报酬；土地所有者因出租土地而获得地租；资本的所有者因资本的形态不同而获得不同形式的收入：借贷资本所有者获得利息收入；股权所有者获得红利或未分配利润；政府因直接或间接介入生产过程而获得生产税或支付补贴。初次分配的结果形成各个机构部门的初次分配总收入。各部门的初次分配总收入之和就等于国民总收入，亦即国民生产总值。

经常转移 转移是一个机构单位向另一个机构单位提供货物、服务或资产，而同时并没有从后一机构单位获得任何货物、服务或资产作为回报的一种交易。经常转移包括扣除资本转移外的所有转移。其形式有收入税、社会保险付款、社会补助和其他经常转移。

可支配总收入 在初次分配总收入的基础上，通过经常转移的形式对初次分配总收入进行再次分配。再分配的结果形成各个机构部门的可支配总收入。各部门的可支配总收入之和称为国民可支配总收入。

总储蓄 指可支配总收入用于最终消费后的余额。各部门的总储蓄之和称为国民总储蓄。

资本转移 指一个部门无偿地向另一个部门支付用于非金融投资的资金，是一种不从对方获取任何对应物作为回报的交易。资本转移具有不同于经常转移的两个特征，一是转移的目的是用于投资，而不是用于消费；二是资本转移其实物形式往往涉及除存货和现金以外资产所有权的转移；其现金形式往往涉及除存货以外的资产的处置。资本转移包括投资性补助和其他资本转移。

净金融投资 它反映机构部门或经济总体资金富余或短缺的状况。从实物交易角度看，它是指总储蓄加资本转移收入减资本转移支出减非金融投资后的差额。从金融交易角度看，它是金融资产的增加额减金融负债的增加额之后的差额。

通货 指以现金形式存在于市场流通中的货币，包括本币和外币。

存款 指金融机构接受客户存入的货币款项，存款人可随时或按约定时间支取款项的信用业务。包括活期存款、定期存款、住户储蓄存款、财政存款、外汇存款和其他存款等。

贷款 指金融机构将其所吸收的资金，按一定的利率贷放给客户并约期归还的信用业务。包括短期贷款、中长期贷款、财政贷款、外汇贷款和其他贷款。

证券 包括债券和股票。由债券购买者承购的或因销售产品而拥有的，可在金融市场上交易并代表一定债权的书面证明。包括政府债券、金融债券、企业债券、商业票据、支付固定收入但不提供法人企业残余价值分享权的优先股等。股票购买者及直接投资者对其投资企业净资产所拥有的权益。股票是股份公司签发的证明股东投资并按其所持股份享有权益和承担义务的权益性证券。其他股权是机构单位以直接投资的方式用除股票、债权性证券以外的土地、房屋及建筑物、机器设备、存货、资源资产等实物资产，商标、专利权、土地使用权、特许使用权、商誉等无形资产及货币资金直接向其他单位进行的投资。通常以股权证、出资证明书、参与证或类似的单据为凭证。

保险准备金 指对人寿保险准备金和养恤基金的净权益、保险费预付款和未结索赔准备金。

结算资金 指金融机构用于结算目的汇兑在途的资金。

金融机构往来 指各金融机构之间的资金往来，包括同业存放款和同业拆借款。

准备金 指各金融机构在中央银行的存款及缴存中央银行的法定准备金。

中央银行贷款 指中央银行向各金融机构的贷款。

经常项目 包括货物、服务、收益及经常性转移。

货物进出口 指通过我国海关进出口的货物。货物的进出口值都按离岸价格估价。离岸价格可视为进口商在出口商边境领取货物时支付的购买者价格。当进口商领取该货物时，该货物已装载到进口商自己的运载工具或其他运载工具，出口商已为该货物支付了出口税或获得了出口退税。

服务进出口 指常住单位与非常住单位之间相互提供的服务。包括运输服务、旅游服务、通讯服务、建筑服务、保险服务、金融服务、计算机和信息服务、咨询服务、广告、宣传服务、电影音像服务、专有权力使用费和特许费、其他商务服务、政府服务。

收益 指常住单位与非常住单位之间因相互提供生产要素而产生的收入，包括劳动者报酬和投资收益。其中投资收益包括直接投资、证券投资和其他投资的收益和支出，以及直接投资收益的再投资。

资本项目 包括移民转移、债务减免等资本性转移。

金融项目 包括直接投资、证券投资和其它投资。

直接投资 指外国、港澳台地区在我国和我国在外国、港澳台地区以独资、合资、合作及合作勘探开发方式进行的投资。

证券投资 指我国对外国、港澳台地区发行的股票、债券等有价证券和我国购买外国、港澳台地区发行的股票、债券等有价证券。

其它投资 指除直接投资和证券投资以外的所有对外金融资产与负债交易项目。包括外国提供给我国和我国提供给外国的贸易信贷、贷款、货币和存款以及其他资产。

储备资产增减额 指我国在黄金储备、外汇储备、在国际货币基金组织的储备头寸、特别提款权、使用基金信贷等方面本年末与上年末余额之间的差额。负号表示储备资产增加，正号表示储备资产减少。

Explanatory Notes on Main Statistical Indicators

Gross Domestic Product (GDP) refers to the final products at market prices produced by all resident units in a country (or a region) during a certain period of time. Gross domestic product is expressed in three different perspectives, namely value, income, and products respectively. GDP in its value perspective refers to the total value of all goods and services produced by all resident units during a certain period of time, minus the total value of input of goods and services of the nature of non-fixed assets; in other words, it is the sum of the value-added of all resident units. GDP from the perspective of income includes the primary income created by all resident units and distributed to resident and non-resident units. GDP from the perspective of products refers to the value of all goods and services for final consumption by all resident units minus the net exports of goods and services during a given period of time. In the practice of national accounting, gross domestic product is calculated from three approaches, namely production approach, income approach and expenditure approach, which reflect gross domestic product and its composition from different angles.

Three Industries Classification of economic activities into three strata of industry is a common practice in the world, although the grouping varies to some extent form country to country. In China economic activities are categorized into the following three strata of industry:

Primary industry refers to agriculture, forestry, animal husbandry and fishery and services in support of these industries.

Secondary industry refers to mining and quarrying, manufacturing, production and supply of electricity, water and gas, and construction.

Tertiary industry refers to all other economic activities not included in the primary or secondary industries.

GDP by Expenditure Approach refers to the method of measuring the final results of production activities of a country (region) during a given period from the perspective of final uses. It includes final consumption expenditure, gross capital formation and net export of goods and services. The formula for computation is

GDP by expenditure approach = final consumption expenditure + gross capital formation + net export of goods and services

Final Consumption Expenditure refers to the total expenditure of resident units for purchases of goods and services from both the domestic economic territory and abroad to meet the needs of material, cultural and spiritual life. It does not include the expenditure of non-resident units on consumption in the economic territory of the country. The final consumption expenditure is broken down into household consumption expenditure and government consumption expenditure.

Household Consumption Expenditure refers to the total expenditure of resident households on the final consumption of goods and services. In addition to the consumption of goods and services bought by the households directly with money, the household consumption expenditure also includes expenditure on goods and services obtained by the households in other ways, i.e. the so-called imputed consumption expenditure, which includes the following: (a) the goods and services provided to households by employers in the form of payment in kind and transfer in kind; (b) goods and services produced and consumed by the households themselves, in which the services refer only to the owner-occupied housing; (c) financial intermediate services provided by financial institutions; (d) insurance services provided by insurance companies.

Government Consumption Expenditure refers to the consumption expenditure spent for the provision of public services provided by the government to the whole country and the net expenditure on the goods and services provided by the government to households free of charge or at reduced prices. The former equals to the output value of the government services minus the value of operating income obtained by the government departments. The latter equals to the market value of the goods and services provided by the government free of charge or at reduced prices to the households minus the value received by the government from the households.

Gross Capital Formation refers to the fixed assets acquired less disposals and the net value of inventory, thus including gross fixed capital formation and changes in inventories.

Gross Fixed Capital Formation refers to the value of acquisitions less those disposals of fixed assets during a given period. Fixed assets are the assets produced through production activities with unit value above a specified amount and which could be used for over one year. Natural assets are not included. Gross fixed capital formation can be categorized into total tangible fixed capital formation and total intangible fixed capital formation. Total tangible fixed capital formation includes the value of the construction projects and installation projects completed and the equipment, apparatus and instruments purchased (less those disposed) as well as the value of land improved, the value of draught animals, breeding stock and animals for milk, for wool and for recreational purposes and the newly increased forest with economic value. Total intangible fixed capital formation includes the prospecting of minerals and the acquisition of computer software minus the disposal of them.

Changes in Inventories refers to the market value of the change in the physical volume of inventory of resident units during a given period, i.e. the difference between the values at the beginning and at the end of the period minus the gains due to the change in prices. The changes in inventories can have a positive or a negative value. A positive value indicates an increase in inventory while a negative value indicates a decrease in inventory. The inventory includes raw materials, fuels and reserve materials purchased by the production units as well as the inventory of finished products, semi-finished products and work-in-progress.

Net Export of Goods and Services refers to the exports of goods and services subtracting the imports of goods and services. Exports include the value of various goods and services sold or gratuitously transferred by resident units to non-resident units. Imports include the value of various goods and services purchased or gratuitously acquired resident units from non-resident units. Because the provision of services and the use of them happen simultaneously, the acquisition of services by resident units from abroad is usually treated as import while the acquisition of services by non-resident units in this country is usually treated as export. The exports and imports of goods are calculated at FOB.

Laborers Remuneration refers to the total payment of various forms to labourers for the productive activities they are engaged in. It includes wages, bonuses and allowances, which the labourers earn in cash and in kind. It also includes the free medical services provided to the labourers and the medicine expenses, transport subsidies and social insurance, and housing fund paid by the employers.

Net Taxes on Production refers to taxes on production less subsidies on production. The taxes on production refers to the various taxes, extra charges and fees levied on the production units on their production, sale and business activities as well as on the use of some factors of production, such as fixed assets, land and labour in the production activities they are engaged in. In contrast to taxes on production, subsidies on production refer to the unilateral government transfer to the production units and are therefore regarded as negative taxes on production. They include subsidies on the loss due to implementation of government policies, price subsidies, etc.

Depreciation of Fixed Assets refers to the depreciation of fixed assets in a given period, drawn in accordance with the stipulated depreciation rate for the purpose of compensating the wear-and-tear loss of the fixed assets or the depreciation of fixed assets imputed in accordance with the stipulated unified depreciation rate in the national economic accounting system. It reflects the value of transfer of the fixed assets in the production of the current period. The depreciation of fixed assets in various enterprises and institutions managed as enterprises refers to the depreciation expenses actually drawn. In government agencies and institutions not managed as enterprises which do not draw the depreciation expenses, as well as for the houses of residents, the depreciation of fixed assets is the imputed depreciation, which is calculated in accordance with the stipulated unified depreciation rate. In principle, the depreciation of fixed assets should be calculated on the basis of the re-purchased value of the fixed assets. However, currently the conditions in China do not facilitate the revaluation of all the fixed assets. Therefore, only the above-mentioned methods can be adopted at present.

Operating Surplus refers to the balance of the value added created by the resident units after deducting the labourers remuneration, net taxes on production and the depreciation of fixed assets. It is equivalent to the business profit of the enterprises plus subsidies to production, but the wages and welfare expenses paid from the profits should be deducted.

Institutional Units refer to economic entities that are in a position to own assets and incur liabilities; to engage independently in economic activities; and to conduct transactions with other entities.

Institutional Sectors refer to groups of institutional units that are homogenous in nature and have been grouped together. The following 4 institutional sectors are identified in the flow of funds accounts: non-financial corporations, financial institutions, general government and households. and also treated as an institutional sector is the rest of the world, which is composed of non-resident units that have economic relations with resident units.

Non-Financial Corporations and the Sector of Non-Financial Corporations refer to resident corporations that are engaged in the production of goods and the provision of non financial services in the market, mainly covering corporate enterprises of various types engaged in the above-mentioned activities. All non-financial corporations make up the sector of non-financial corporations.

Financial Institutions and the Sector of Financial Institutions refer to resident institutions that are engaged in the financial intermediary services or auxiliary financial activities that are closely related with financial intermediary services, mainly covering the Central Bank, commercial banks, policy banks, non-banking credit institutions and insurance companies. All financial institutions together make up the sector of financial institutions.

General Government and the Sector of General Governments refer to legal entities and their auxiliary units within the territory of China that are established through the political process and are empowered with legislative, administrative or judicial rights over other institutional within specific regions. The main function of general government is to acquire funds through taxation or other means in order to provide public services to society and households, and to conduct redistribution of income and properties of society through transfer payment. General government cover mainly administrative and non-profit institutional units of various types. All general government together make up the sector of general governments.

Households and the Sector of Households refer to resident individuals or groups of resident individuals who share common living facilities, pool together entire or part of their income and properties for their common disposal, and share their housing, food and other consumer goods and services. All households together make up the sector of households.

Non-resident Units and the Rest of the World Non-resident units refer to units that are of a non-resident nature. All non-resident units that have transactions with resident units together make up the rest of the world.

Total Income from Primary Distribution refers to the distribution of net results from production activities among the owners of factors of production and the governments. The net results from production activities is the value-added. Factors of production include labour force, land and capital. Owners of labour force gain remuneration by providing labour. Owners of land receive rents from leasing of land. Owners of capitals get income of various forms depending on the type of capital: owners of loan capital receive income from interests. Share holders receive dividends or non-distributed profits. Government either obtains production tax or pays subsidies in participating directly or indirectly in the production processes. Results of primary distribution generate the total income from primary distribution of each sector, and the sum of the total income of primary distribution of all sectors make up the Gross National Income, or the Gross National Product.

Current Transfers to the transaction in the form of provision of goods, services or assets by an institutional unit to another institutional unit without receiving any goods, services or assets in return from the recipient. Current transfers refer to all kinds of transfers other than capital transfers. They include income tax, payment to social securities, social allowances and other current transfers.

Total Disposable Income Total income from primary distribution is re-distributed through current transfer, resulting in the total disposable income of various institutional sectors. The sum of total disposable income of all institutional sectors makes up the total national disposable income.

Total Savings refer to total disposable income subtracting final consumption. Total savings of all sectors make up the total national savings.

Capital Transfer refers to the free payment from one sector to another sector of non-financial investment capital, and is a transaction that seeks no return from the recipient. Capital transfer differs from current transfer in 2 aspects: 1) The purpose of the capital transfer is investment rather than consumption. 2) Capital transfer features the transfer of the ownership of assets other than inventory and cash, and capital transfer in its monetary form involves the disposal of assets other than inventory. Capital transfer includes investment subsidies and other capital transfers.

Net Financial Investment reflects the surplus or shortage of capitals of institutional sectors or of the economy in general. It refers to total savings plus the income from capital transfer minus payment for capital transfer and the non-financial investment from the point of view of physical transaction. In terms of monetary transaction, it is the difference between the increase in financial assets minus the increase of the financial liabilities.

Currency refers to currency that is in circulation in the market, including local and foreign currencies.

Deposits refer to credit transactions by which financial institutions accept deposits from clients who could withdraw their deposit at any time or by an agreed time frame. They include demand deposit, time deposit, savings deposit, fiscal deposit, foreign exchange deposit and other deposits.

Loans refer to credit transactions by which financial institutions lend their capital to clients at certain level of interest rates, which the latter will repay by an agreed time frame. They include short-term loan, medium- and long-term loan, fiscal loan, foreign exchange loan and other loans.

Securities Include Shares and bond. refer to written certificates representing creditors' rights as purchased by bond holders or as acquired by selling products, which can be transacted at the financial markets. They include government bonds, financial bonds, corporation bonds, commercial drafts, preferential stocks that provide fixed income without the right to share the residual value of corporations, and so on. the rights of stockholders and direct investors on the net assets of corporations they have invested in. Shares refer to negotiable securities on creditor's rights, issued by share companies certifying the investment by stockholders and their rights and duties in accordance with the amount of stocks that they hold. Other holding rights refer to the direct investment by institutional units in other units with currency capital or with assets, in forms other than shares and negotiable securities on creditor's rights, including such tangible assets such as land, buildings, machines and equipment, inventory, resources, etc., and such intangible assets as trade marks, patents, monopolies, rights on land use, licenses, commercial reputation, etc.. Documents of proof of holding rights usually include certificates on creditor's right, certificates on investment or on participation, etc.

Insurance Reserve Funds consists of net equity of households in life insurance reserves and in pension funds reserves, prepayments of insurance premiums, and reserves for outstanding claims.

Settlement Fund refers to fund in float of financial institutions for settlement.

Inter- financial Institutions Accounts refer to flow of capital between financial institutions, consisting of nostro accounts, inter-bank lending.

Required and Excessive Reserves refer to financial institutions' deposits with the People's Bank of China.

Central Bank Lending refer to lending to financial institutions by the People's Bank of China

Current Account includes goods, services, income and current transfers.

Import and Export of Goods refer to imported or exported goods through Chinese customs. Both import and export of goods are valued at free on board (f.o.b.) prices. Free on board prices can be regarded as the purchaser's prices paid by importers when claiming goods at the border of the exporters. When the importer claim the imported goods, the goods have been loaded in importer's carriers or other carriers, and the exporter has paid export duty or received export redeem.

Import and Export of Services refer to services provided between resident and non-resident units, including services on transportation, tourism, communications, construction, insurance, finance, computer and information, consultancy, advertising and publicity, as well as film, audio and video services, royalty for patents, trademarks and other special rights, other commercial services, and government services.

Income refers income from provision of factors of production between resident and non-resident units, including compensation of labour and earnings from investment. Earnings from investment include earnings from and expenses on direct investment, security investment and other investment, as well as reinvestment of earnings from direct investment.

Capital Account includes capital transfers such as immigration transfer, reduction or exemption of debts, etc.

Financial Account includes direct investment, security investment and other investments.

Direct Investment refers to investment by foreign investors or investors from Hong Kong, Macao and Taiwan in China, or by Chinese investors in foreign countries or in Hong Kong, Macao and Taiwan, in forms of exclusive investment, joint investment, contracted operation and cooperative development.

Security Investment refers to the issue of stocks and securities by China in foreign countries or in Hong Kong, Macao and Taiwan, and the purchase by Chinese units of stocks and securities issued in foreign countries or in Hong Kong, Macao and Taiwan.

Other Investment refers to all external transactions on financial assets and liabilities other than direct investment and security investment, including trade credits, loans, currency, deposits and other assets, provided by foreign countries to China and by China to foreign countries.

Reserve Assets, Net Increase refers to the difference between the end of the reference year and the end of the previous year, in gold reserve, foreign exchange reserve, special drawing rights in the International Monetary Fund, and the use of the Fund's credits. An increase in reserve assets is expressed in a negative figure and a decrease in the reserve assets is expressed in a positive figure.

人口

Population

4

● 资料整理：马 召

简要说明

一、主要内容

本篇包括历年人口及自然变动资料，城镇化资料、人口结构主要分类资料，历次人口普查主要指标。

二、资料来源

1971—1981年、1983—1989年、2000年和2010年总人口数是根据1982年、1990年、2000年和2010年人口普查数据调整推算的；1990—1999、2001—2009年数据是人口变动抽样调查调整数；市镇、乡村人口1953、1964、1982、1990、1995、2000、2005、2010年数据是根据当年人口普查（或抽样调查）数据调整推算的，普查年度之间年份是根据两次普查间平均每年增幅调整的；2004年后非普查年份是根据当年人口与城镇化抽样调查推算的。由河南省统计局人口与就业处编辑整理。

三、统计调查方法

在逢“0”的年份进行全国人口普查；在逢“5”的年份进行全国1%人口抽样调查；其余年份进行全国人口变动情况抽样调查。人口抽样调查是以全国为总体，各省为次总体，采用分层、多阶段、整群概率比例抽样方法抽取样本。

Brief Introduction

I. Main Contents

This chapter include the size of Henan population and natural change, urban proportion, classification of the population structure, data of All previous National Population Census, marriage registration.

II. Sources of Data

Figures for 1971-1981, 1983-1989, 2000,2010 have been adjusted on the basis of the 1982, 1990, 2000,2010 National Population Census. Figures for 1990-1999, 2001-2009 are estimated from the National Sample Survey on Population Changes. Figures of Urban and rural population in 1953,1964,1982,1990,1995,2000,2005,2010 are adjusted on the basis of the current year National Population Census or National Sample Survey, Figures for the years between National Population Census are adjusted on the basis of the growth rate of two National Population Census. Data of years without Population Census since 2014 were calculated on the basis of the Spot Check of population and Urbanization in the current year. Tables in this part are compiled by the Department of Population and Employment Statistics of the Henan provincial Bureau of Statistics.

III. Sampling Methodology

The national population census is conducted in the year ending with 0; the national 1 percent population sample survey is conducted in the year ending with 5; sample surveys on population changes are conducted in the rest of the years. The sample survey on population change takes the whole nation as the population and each province, autonomous region or municipality as sub-populations, and the stratified multi-stage systematic PPS cluster sampling scheme is used.

4-1 总 人 口(年底数)

Total Population (Year-end)

单位：万人 (10 000 persons)

年份 Year	总人口数 Total Population	按性别分 By Sex 男 Male	女 Female	性别比(女=100) Sex Ratio (Female=100)	按城乡分 By Residence 城镇 Urban	乡村 Rural	城镇化率(%) Urban Proportion (%)	人口密度(人/平方公里) Population Density (person/sq.km)	常住人口 Residents population
1978	7067	3599	3468	103.8	963	6104	13.6	423	
1979	7189	3662	3527	103.8	994	6195	13.8	431	
1980	7285	3710	3575	103.8	1021	6264	14.0	436	
1981	7397	3768	3629	103.8	1050	6347	14.2	443	
1982	7519	3835	3684	104.1	1084	6435	14.4	450	
1983	7632	3902	3730	104.6	1111	6521	14.6	457	
1984	7737	3960	3777	104.9	1137	6600	14.7	463	
1985	7847	4022	3825	105.2	1164	6683	14.8	470	
1986	7985	4097	3888	105.4	1196	6789	15.0	478	
1987	8148	4184	3964	105.5	1232	6916	15.1	488	
1988	8317	4272	4045	105.6	1269	7048	15.3	498	
1989	8491	4366	4125	105.9	1308	7183	15.4	508	
1990	8649	4440	4209	105.5	1342	7307	15.5	518	
1991	8763	4501	4262	105.6	1389	7374	15.9	525	
1992	8861	4554	4307	105.7	1434	7427	16.2	531	
1993	8946	4602	4344	105.9	1477	7469	16.5	536	
1994	9027	4643	4384	105.9	1520	7507	16.8	541	
1995	9100	4651	4449	104.5	1564	7536	17.2	545	
1996	9172	4715	4457	105.8	1687	7485	18.4	549	
1997	9243	4751	4492	105.8	1811	7432	19.6	553	
1998	9315	4787	4528	105.7	1937	7378	20.79	558	
1999	9387	4825	4562	105.8	2064	7323	21.99	562	
2000	9488	4895	4593	106.6	2201	7287	23.20	568	
2001	9555	4915	4640	105.9	2334	7221	24.43	572	
2002	9613	4946	4667	105.9	2480	7133	25.80	576	
2003	9667	4980	4687	106.3	2630	7037	27.20	579	
2004	9717	5000	4717	106.0	2809	6908	28.90	582	
2005	9768	5045	4723	106.8	2994	6774	30.65	585	9380
2006	9820	5074	4746	106.9	3189	6631	32.50	588	9392
2007	9869	5100	4769	106.9	3389	6480	34.34	591	9360
2008	9918	5125	4793	106.9	3573	6345	36.03	594	9429
2009	9967	5150	4817	106.9	3758	6209	37.70	597	9487
2010	10437	5407	5030	107.5	4052	6385	38.82	625	9405
2011	10489	5417	5072	106.8	4255	6234	40.57	628	9388
2012	10543	5456	5087	107.2	4473	6070	42.43	631	9406
2013	10601	5487	5114	107.3	4643	5958	43.80	635	9413
2014	10662	5523	5139	107.5	4819	5843	45.20	638	9436
2015	10722	5552	5170	107.4	5023	5699	46.85	642	9480

注：1. 1982、1990、2000、2010年以来总人口数为当年人口普查推算数；其余年份数据为年度人口抽样调查推算数据。(下同)

2. 2010年以来总人口数据为以2010年人口普查登记的户籍人口为基础，结合年度人口抽样调查的推算数据。(下同)

a) Data of the total population on 1982,1990,2000,2010 is calculated basis on National Population Census,and data on other year is calculated basis on population sampling survey.(the same as following table).

b) Data of the total population since 2010 is calculated basis on the Registered population of the 2010 National Population Census and population sampling survey, historical data. (the same as following table).

4-2　人口自然变动情况

Natural Changes of Population

单位：万人　　(10 000 persons)

年 份 Year	年平均人口数 Average Person Per Year	出生人口数 Number of Birth	出生率(‰) Birth Rate (‰)	死亡人口数 Number of Death	死亡率(‰) Death Rate (‰)	自然增加人口数 Number of Natural Growth	自然增长率(‰) Natural Growth Rate (‰)
1978	7012	154	21.92	44	6.30	110	15.62
1979	7128	153	21.51	45	6.35	108	15.16
1980	7237	145	20.00	46	6.32	99	13.68
1981	7341	151	20.64	48	6.57	103	14.07
1982	7458	153	20.62	46	6.21	107	14.41
1983	7576	154	20.38	48	6.30	106	14.08
1984	7685	145	18.89	48	6.26	97	12.63
1985	7792	157	20.09	48	6.13	109	13.96
1986	7916	187	23.65	51	6.44	136	17.21
1987	8067	212	26.22	51	6.32	161	19.90
1988	8233	214	25.95	48	5.83	166	20.12
1989	8404	223	26.51	48	5.76	175	20.75
1990	8570	214	24.92	56	6.52	158	18.40
1991	8706	172	19.78	58	6.63	114	13.15
1992	8812	159	18.13	61	6.99	98	11.14
1993	8904	141	15.87	56	6.35	85	9.52
1994	8987	138	15.36	57	6.34	81	9.02
1995	9064	130	14.41	57	6.28	73	8.13
1996	9136	130	14.28	58	6.44	72	7.84
1997	9208	129	13.97	58	6.30	71	7.67
1998	9279	131	14.17	59	6.37	72	7.80
1999	9351	132	14.07	60	6.35	72	7.72
2000	9438	123	13.07	56	5.93	67	7.14
2001	9522	126	13.20	59	6.26	67	6.94
2002	9584	119	12.41	61	6.38	58	6.03
2003	9640	116	12.10	62	6.46	54	5.64
2004	9692	113	11.67	63	6.47	50	5.20
2005	9743	112	11.55	61	6.30	51	5.25
2006	9794	113	11.59	61	6.27	52	5.32
2007	9845	111	11.30	62	6.30	49	4.90
2008	9893	113	11.42	64	6.45	49	4.97
2009	9943	113	11.45	64	6.46	49	4.99
2010	10202	117	11.52	67	6.57	50	4.95
2011	10463	121	11.56	69	6.62	52	4.94
2012	10516	125	11.87	71	6.71	54	5.16
2013	10572	130	12.27	72	6.76	58	5.51
2014	10631	136	12.80	75	7.02	61	5.78
2015	10692	136	12.70	75	7.05	60	5.65

4–3 各市常住人口数

Residents Population by City

单位：万人 (10 000 person)

市(县) City(County)	2005	2006	2007	2008	2009	2010	2011	2012	2013	2014	2015
全 省 Total	**9380**	**9392**	**9360**	**9429**	**9487**	**9405**	**9388**	**9406**	**9413**	**9436**	**9480**
省辖市 City											
郑州市 Zhengzhou	716	724	736	744	752	866	886	903	919	938	957
开封市 Kaifeng	471	469	468	469	471	468	466	465	465	455	454
洛阳市 Luoyang	635	636	634	642	642	655	657	659	662	668	674
平顶山市 Pingdingshan	484	484	484	487	490	491	492	493	496	496	496
安阳市 Anyang	521	522	519	521	522	517	515	508	509	509	512
鹤壁市 Hebi	146	144	142	143	144	157	158	159	161	160	161
新乡市 Xinxiang	557	555	552	551	552	571	566	567	568	571	572
焦作市 Jiaozuo	340	340	339	341	342	354	353	352	351	352	353
濮阳市 Puyang	355	353	349	350	352	360	356	360	358	360	361
许昌市 Xuchang	425	428	429	431	431	431	430	430	430	432	434
漯河市 Luohe	249	250	247	248	250	255	255	256	258	260	263
三门峡市 Sanmenxia	228	226	221	222	223	223	224	223	224	225	225
南阳市 Nanyang	996	997	995	1004	1013	1027	1013	1015	1009	999	1002
商丘市 Shangqiu	761	765	764	777	781	735	736	732	728	726	727
信阳市 Xinyang	663	663	663	669	679	610	611	640	638	641	640
周口市 Zhoukou	994	994	990	996	1004	894	895	881	878	880	881
驻马店市 Zhumadian	777	777	764	768	770	723	709	694	690	693	696
济源市 Jiyuan	66	67	68	68	68	68	68	70	72	72	73
省直管县 Province Administrating County											
巩义市 Gongyi	80	80	81	81	81	81	81	81	82	82	82
兰考县 Lankao	73	73	75	75	76	68	67	67	66	63	63
汝州市 Ruzhou	93	93	93	93	93	93	93	93	93	93	93
滑县 Huaxian	115	114	113	114	114	126	120	114	111	111	111
长垣县 Changyuan	80	80	79	79	78	81	80	75	74	76	75
邓州市 Dengzhou	132	133	131	133	137	147	145	145	143	141	143
永城市 Yongcheng	127	126	122	127	127	124	123	123	123	121	123
固始县 Gushi	124	128	128	129	131	102	102	106	107	107	108
鹿邑县 Luyi	107	107	106	107	108	91	90	89	89	89	89
新蔡县 Xincai	94	95	92	93	93	85	84	83	83	84	84

4-4　各市城镇常住人口数

Urban Residents Population by City

单位：万人　　(10 000 person)

市(县)	City(County)	2005	2006	2007	2008	2009	2010	2011	2012	2013	2014	2015
全　　省	**Total**	**2875**	**3050**	**3214**	**3397**	**3577**	**3651**	**3809**	**3991**	**4123**	**4265**	**4441**
省　辖　市	**City**											
郑　州　市	Zhengzhou	424	436	451	463	477	551	574	599	617	641	667
开　封　市	Kaifeng	154	160	168	177	187	168	176	185	191	194	201
洛　阳　市	Luoyang	242	252	261	273	284	291	303	316	327	340	355
平顶山市	Pingdingshan	169	179	187	196	205	203	212	222	230	237	244
安　阳　市	Anyang	169	179	185	195	203	200	209	216	223	230	240
鹤　壁　市	Hebi	62	64	65	68	71	75	79	82	85	86	89
新　乡　市	Xinxiang	187	197	206	216	226	235	243	253	261	272	280
焦　作　市	Jiaozuo	136	142	148	154	161	167	172	179	183	188	194
濮　阳　市	Puyang	102	107	112	118	125	113	119	127	132	139	146
许　昌　市	Xuchang	136	145	153	162	169	169	176	184	190	197	207
漯　河　市	Luohe	79	83	88	93	98	100	104	110	114	119	125
三门峡市	Sanmenxia	89	92	94	97	101	99	103	106	110	113	116
南　阳　市	Nanyang	299	315	331	351	371	339	353	374	386	395	414
商　丘　市	Shangqiu	199	215	230	245	261	219	232	245	255	265	278
信　阳　市	Xinyang	182	195	207	218	232	210	221	244	253	263	274
周　口　市	Zhoukou	189	208	258	275	296	266	282	295	306	319	333
驻马店市	Zhumadian	145	160	198	213	227	215	223	232	241	252	265
济　源　市	Jiyuan	26	28	30	32	34	33	35	38	39	41	42
省直管县	**Province Administrating County**											
巩　义　市	Gongyi	29	32	33	34	36	37	38	39	40	41	43
兰　考　县	Lankao	14	16	19	20	21	18	19	20	21	21	22
汝　州　市	Ruzhou	21	26	28	30	31	30	32	34	35	37	38
滑　　县	Huaxian	17	22	25	27	29	23	24	25	26	28	30
长　垣　县	Changyuan	17	19	20	21	23	26	27	27	28	30	31
邓　州　市	Dengzhou	34	38	40	43	47	42	44	46	48	49	52
永　城　市	Yongcheng	36	37	39	43	46	42	44	46	48	49	53
固　始　县	Gushi	30	34	37	38	39	29	31	34	36	38	40
鹿　邑　县	Luyi	14	19	28	31	33	26	28	29	30	32	34
新　蔡　县	Xincai	17	19	22	24	26	19	20	21	22	24	25

4-5 各市户数、人口数(2015年底)

Number of Households and Population by City (End of 2015)

分市数据是根据全省2015年人口抽样调查数据推算及公安年报数据。

Data by city were computative on the basis of the 2015 National Sample Surveys Population and annual reports of the Bureau of Public Security.

市(县)	City(County)	总户数(万户) Total Number of Households (10 000 households)	总人口数(万人) Total Population (10 000 persons)	常住人口(万人) Residents Population (10 000 persons)	男 Male	女 Female	城镇 Urban	乡村 Rural	年平均人口数(万人) Average Population (10 000 persons)	城镇化率(%) Urban Proportion (%)	年平均常住人口(万人) Average Residents (10 000 persons)
全省	**Total**	**3209**	**10722**	**9480**	**4805**	**4675**	**4441**	**5039**	**10692**	**46.9**	**9458**
省辖市	**City**										
郑州市	Zhengzhou	216	770	957	482	475	667	290	765	69.7	947
开封市	Kaifeng	170	517	454	232	222	201	253	515	44.2	455
洛阳市	Luoyang	215	700	674	340	334	355	319	698	52.7	671
平顶山市	Pingdingshan	157	544	496	255	241	244	252	542	49.2	496
安阳市	Anyang	181	582	512	250	261	240	272	581	46.8	510
鹤壁市	Hebi	49	163	161	83	77	89	71	163	55.7	160
新乡市	Xinxiang	177	607	572	291	281	280	292	605	49.0	571
焦作市	Jiaozuo	101	371	353	180	174	194	160	370	54.9	353
濮阳市	Puyang	123	392	361	183	178	146	215	391	40.4	361
许昌市	Xuchang	152	490	434	224	210	207	228	488	47.6	433
漯河市	Luohe	80	279	263	138	124	125	138	278	47.5	261
三门峡市	Sanmenxia	74	229	225	115	110	116	109	228	51.6	225
南阳市	Nanyang	384	1183	1002	518	484	414	588	1180	41.3	1001
商丘市	Shangqiu	282	909	727	365	362	278	449	907	38.2	727
信阳市	Xinyang	246	870	640	327	313	274	366	867	42.8	640
周口市	Zhoukou	330	1142	881	445	436	333	548	1139	37.8	881
驻马店市	Zhumadian	255	905	696	349	346	265	431	903	38.1	694
济源市	Jiyuan	20	70	73	37	36	42	31	70	58.0	73
省直管县	**Province Administrating County**										
巩义市	Gongyi	21	84	82	42	41	43	39	83	52.4	82
兰考县	Lankao	28	85	63	31	32	22	41	84	35.6	63
汝州市	Ruzhou	31	108	93	47	46	38	54	107	41.3	93
滑县	Huaxian	45	137	111	54	57	30	81	136	27.2	111
长垣县	Changyuan	28	86	75	37	38	31	44	86	41.9	75
邓州市	Dengzhou	48	177	143	74	69	52	90	176	36.6	142
永城市	Yongcheng	44	155	123	62	61	53	70	154	42.9	122
固始县	Gushi	54	175	108	56	52	40	68	175	37.4	108
鹿邑县	Luyi	33	121	89	44	45	34	55	121	37.9	89
新蔡县	Xincai	29	113	84	42	42	25	59	112	30.2	84

4-6 各市人口出生率、死亡率、自然增长率(2015年底)

Birth Rate, Death Rate, and Natural Growth by City (End of 2015)

市(县)	City(County)	出生人口(万人) Birth (10000 person)	出生率(‰) Birth Rate (‰)	死亡人口(万人) Death (10000 person)	死亡率(‰) Death Rate (‰)	自然增长人口(万人) Natural Growth (10000 person)	自然增长率(‰) Natural Growth Rate (‰)
全省	**Total**	**135.79**	**12.70**	**75.39**	**7.05**	**60.41**	**5.65**
省辖市	**City**						
郑州市	Zhengzhou	7.94	10.37	3.51	4.59	4.43	5.78
开封市	Kaifeng	5.75	11.16	3.09	6.00	2.66	5.16
洛阳市	Luoyang	7.95	11.39	3.90	5.59	4.05	5.80
平顶山市	Pingdingshan	6.45	11.89	3.35	6.18	3.10	5.71
安阳市	Anyang	6.55	11.28	3.49	6.00	3.06	5.28
鹤壁市	Hebi	1.79	11.02	0.89	5.46	0.90	5.56
新乡市	Xinxiang	6.70	11.06	3.49	5.77	3.20	5.29
焦作市	Jiaozuo	4.14	11.20	2.01	5.43	2.13	5.77
濮阳市	Puyang	4.40	11.25	2.43	6.21	1.97	5.04
许昌市	Xuchang	5.62	11.50	3.15	6.45	2.47	5.05
漯河市	Luohe	3.00	10.80	1.45	5.21	1.55	5.59
三门峡市	Sanmenxia	2.22	9.75	1.25	5.50	0.97	4.25
南阳市	Nanyang	13.48	11.42	7.66	6.49	5.82	4.93
商丘市	Shangqiu	10.13	11.17	5.36	5.91	4.77	5.26
信阳市	Xinyang	10.28	11.86	5.15	5.94	5.13	5.92
周口市	Zhoukou	12.52	10.99	6.89	6.05	5.63	4.94
驻马店市	Zhumadian	10.52	11.66	5.84	6.47	4.68	5.19
济源市	Jiyuan	0.91	13.10	0.45	6.48	0.46	6.62
省直管县	**Province Administrating County**						
巩义市	Gongyi	0.91	10.97	0.50	6.05	0.41	4.92
兰考县	Lankao	0.99	11.78	0.50	5.96	0.49	5.82
汝州市	Ruzhou	1.33	12.36	0.76	7.09	0.56	5.27
滑县	Huaxian	1.62	11.88	0.81	6.00	0.80	5.88
长垣县	Changyuan	0.93	10.84	0.48	5.60	0.45	5.24
邓州市	Dengzhou	2.03	11.51	1.27	7.20	0.76	4.31
永城市	Yongcheng	1.86	12.07	0.98	6.38	0.87	5.69
固始县	Gushi	2.19	12.55	1.20	6.91	0.98	5.64
鹿邑县	Luyi	1.45	12.01	0.77	6.41	0.67	5.60
新蔡县	Xincai	1.28	11.35	0.77	6.88	0.50	4.47

4-7 河南省人口预期寿命

Population life expectancy of Henan

单位：岁 (age)

年龄 Age	1990			2000			2010		
	合计 Total	男 Male	女 Female	合计 Total	男 Male	女 Female	合计 Total	男 Male	女 Female
	70.0	**68.1**	**72.0**	**72.8**	**71.0**	**74.7**	**74.6**	**71.8**	**77.6**
1	70.5	68.4	72.8	73.5	71.2	75.9	74.3	71.6	77.4
5	67.1	64.9	69.4	69.7	67.4	72.2	70.5	67.7	73.5
10	62.3	60.1	64.6	64.9	62.6	67.3	65.5	62.8	68.6
15	57.4	55.3	59.7	60.0	57.7	62.4	60.6	57.9	63.6
20	52.7	50.6	54.9	55.2	52.9	57.5	55.7	53.0	58.7
25	48.0	45.9	50.2	50.4	48.2	52.7	50.9	48.3	53.8
30	43.3	41.2	45.5	45.7	43.5	47.9	46.1	43.5	48.9
35	38.6	36.5	40.8	40.9	38.8	43.1	41.3	38.8	44.0
40	33.9	31.9	36.1	36.2	34.2	38.3	36.6	34.2	39.2
45	29.3	27.3	31.4	31.6	29.7	33.6	32.0	29.7	34.4
50	24.9	23.0	26.9	27.1	25.2	29.0	27.5	25.4	29.8
55	20.7	18.9	22.6	22.8	21.0	24.6	23.2	21.3	25.4
60	16.8	15.2	18.4	18.7	17.0	20.3	19.1	17.3	21.1
65	13.4	11.9	14.7	15.0	13.4	16.4	15.4	13.7	17.1
70	10.3	9.1	11.3	11.7	10.3	12.8	12.0	10.6	13.5
75	7.8	6.8	8.5	9.1	7.9	9.9	9.4	8.1	10.6
80	5.5	4.8	6.0	6.9	5.9	7.4	7.2	6.0	8.1
85	3.6	3.2	3.8	5.4	4.6	5.7	5.8	4.8	6.5
90	1.5	1.4	1.6	3.9	3.6	4.0	4.8	3.9	5.3
95	1.3	1.1	1.3	2.8	3.0	2.8			
100	1.1	1.0	1.2	0.5	0.5	0.5			

注：本表数据是根据普查数据计算。

a) Data in this table are calculated basis on National Population Census.

4-8 各市常住人口年龄结构(2015年底)

Composition of Population by Age and City (End of 2015)

全省数据是根据2015年人口抽样调查汇总数据推算，分市数据是根据2015年人口抽样调查数据推算(下表同)。
Data of total in this table are estimated from the National Sample Survey population in 2015.Data by City are estimated from the Provincial Sample Survey of Population in 2015(the next table is the same).

市 City	常住人口数(万人) Total Population (10 000 persons)	0-14岁 Age 0-14	15-64岁 Age 15-64	65岁及以上 Age 65+	比重(%) % to Total Population 0-14岁 Age 0-14	15-64岁 Age 15-64	65岁及以上 Age 65+
全　省 Total	**9480**	**2012**	**6555**	**913**	**21.2**	**69.2**	**9.6**
省辖市 City							
郑州市 Zhengzhou	957	178	693	86	18.6	72.5	9.0
开封市 Kaifeng	454	101	308	46	22.2	67.7	10.1
洛阳市 Luoyang	674	132	475	68	19.5	70.5	10.1
平顶山市 Pingdingshan	496	113	332	51	22.7	67.0	10.3
安阳市 Anyang	512	117	346	48	23.0	67.6	9.5
鹤壁市 Hebi	161	34	114	13	20.9	71.1	8.0
新乡市 Xinxiang	572	126	391	55	22.1	68.3	9.6
焦作市 Jiaozuo	353	63	257	34	17.8	72.6	9.6
濮阳市 Puyang	361	80	246	35	22.2	68.2	9.7
许昌市 Xuchang	434	91	296	47	21.1	68.1	10.9
漯河市 Luohe	263	46	187	29	17.7	71.3	11.0
三门峡市 Sanmenxia	225	36	167	21	16.2	74.3	9.5
南阳市 Nanyang	1002	250	646	106	25.0	64.5	10.5
商丘市 Shangqiu	727	152	500	75	20.9	68.8	10.3
信阳市 Xinyang	640	138	432	70	21.6	67.5	10.9
周口市 Zhoukou	881	198	589	94	22.5	66.8	10.7
驻马店市 Zhumadian	696	162	450	84	23.3	64.7	12.0
济源市 Jiyuan	73	13	54	6	18.2	73.4	8.4
省直管县 Province Administrating County							
巩义市 Gongyi	82	14	59	10	16.4	72.0	11.6
兰考县 Lankao	63	16	40	7	26.1	62.7	11.2
汝州市 Ruzhou	93	26	58	9	28.4	62.3	9.3
滑县 Huaxian	111	30	69	12	26.8	62.3	10.9
长垣县 Changyuan	75	18	49	8	24.5	64.6	10.9
邓州市 Dengzhou	143	38	90	14	26.7	63.5	9.8
永城市 Yongcheng	123	29	80	14	23.6	65.1	11.3
固始县 Gushi	108	25	69	14	23.4	64.0	12.7
鹿邑县 Luyi	89	20	59	10	22.3	66.7	11.0
新蔡县 Xincai	84	19	53	11	22.9	63.6	13.5

4-9 各市常住人口抚养系数(2015年底)

Dependency Ratio of Population by City (End of 2015)

单位：%　　(%)

市 City	少儿系数 Ratio of Children	老年系数 Ratio of the aged	老少比 Ratio of the aged to Children	少儿抚养系数 Children Dependency Ratio	老年抚养系数 The Aged Dependency	总抚养系数 Total Dependency Ratio
全　　省 Total	**21.2**	**9.6**	**45.4**	**30.7**	**13.9**	**44.6**
省　辖　市 City						
郑　州　市 Zhengzhou	18.6	9.0	48.5	25.6	12.4	38.0
开　封　市 Kaifeng	22.2	10.1	45.3	32.8	14.9	47.7
洛　阳　市 Luoyang	19.5	10.1	51.5	27.7	14.3	42.0
平 顶 山 市 Pingdingshan	22.7	10.3	45.2	33.9	15.3	49.2
安　阳　市 Anyang	23.0	9.5	41.3	34.0	14.0	48.0
鹤　壁　市 Hebi	20.9	8.0	38.4	29.4	11.3	40.7
新　乡　市 Xinxiang	22.1	9.6	43.6	32.3	14.1	46.4
焦　作　市 Jiaozuo	17.8	9.6	53.7	24.5	13.2	37.7
濮　阳　市 Puyang	22.2	9.7	43.7	32.5	14.2	46.7
许　昌　市 Xuchang	21.1	10.9	51.5	30.9	15.9	46.9
漯　河　市 Luohe	17.7	11.0	62.4	24.7	15.4	40.2
三 门 峡 市 Sanmenxia	16.2	9.5	58.7	21.8	12.8	34.6
南　阳　市 Nanyang	25.0	10.5	42.2	38.7	16.3	55.1
商　丘　市 Shangqiu	20.9	10.3	49.2	30.4	15.0	45.4
信　阳　市 Xinyang	21.6	10.9	50.5	32.0	16.1	48.1
周　口　市 Zhoukou	22.5	10.7	47.6	33.6	16.0	49.6
驻 马 店 市 Zhumadian	23.3	12.0	51.7	36.0	18.6	54.7
济　源　市 Jiyuan	18.2	8.4	45.9	24.8	11.4	36.2
省 直 管 县 Province Administrating County						
巩　义　市 Gongyi	16.4	11.6	70.4	22.8	16.0	38.8
兰　考　县 Lankao	26.1	11.2	43.0	41.5	17.9	59.4
汝　州　市 Ruzhou	28.4	9.3	32.5	45.6	14.8	60.5
滑　　县 Huaxian	26.8	10.9	40.7	43.0	17.5	60.5
长　垣　县 Changyuan	24.5	10.9	44.3	38.0	16.8	54.8
邓　州　市 Dengzhou	26.7	9.8	36.8	42.1	15.5	57.6
永　城　市 Yongcheng	23.6	11.3	47.6	36.3	17.3	53.6
固　始　县 Gushi	23.4	12.7	54.2	36.5	19.8	56.3
鹿　邑　县 Luyi	22.3	11.0	49.3	33.5	16.5	49.9
新　蔡　县 Xincai	22.9	13.5	59.1	36.1	21.3	57.4

4−10 分年龄、性别的人口结构(2015年)
Population Construction by Age and Sex (2015)

本表数据为2015年人口抽样调查汇总样本数据。抽样比为2.28%。(4-11，4-12表同)
Data in this table are the sumed data obtained from the Provincial Sample Survey of Population in 2015.The Sampling fraction is 2.28%.(4-11,4-12 are the same)

年龄	Age	占常住人口比重 (%) percentage to Population(%)	男 Male	女 Female	性别比 (女=100) Sex Ratio (Female=100)
合 计	**Total**	**100.0**	**50.7**	**49.3**	**102.8**
0-4岁	0-4 Age	7.0	3.8	3.2	118.3
5-9岁	5-9 Age	7.6	4.2	3.4	125.3
10-14岁	10-14 Age	6.7	3.8	2.9	133.9
15-19岁	15-19 Age	6.1	3.4	2.7	125.3
20-24岁	20-24 Age	6.5	3.3	3.2	103.0
25-29岁	25-29 Age	8.7	4.3	4.5	94.9
30-34岁	30-34 Age	6.0	2.9	3.1	95.0
35-39岁	35-39 Age	6.0	3.0	3.0	98.1
40-44岁	40-44 Age	8.1	4.0	4.1	98.7
45-49岁	45-49 Age	8.8	4.3	4.5	95.1
50-54岁	50-54 Age	7.2	3.5	3.8	92.1
55-59岁	55-59 Age	5.5	2.7	2.8	96.4
60-64岁	60-64 Age	6.2	3.1	3.1	97.8
65-69岁	65-69 Age	3.8	1.9	1.9	101.1
70-74岁	70-74 Age	2.5	1.2	1.3	97.1
75-79岁	75-79 Age	1.6	0.8	0.9	92.0
80-84岁	80-84 Age	1.1	0.5	0.6	76.3
85-89岁	85-89 Age	0.4	0.2	0.3	61.7
90-94岁	90-94 Age	0.1	0.0	0.1	43.9
95岁及以上	Above 95 Age	0.0	0.0	0.0	37.0

4-11 6岁及6岁以上分年龄、性别、受教育程度的人口结构(2015年)

Population Construction of 6 and over by Age,Sex and Educational Attainment (2015)

单位：%　　(%)

年龄	Age	6岁及6岁以上人口 6 and over	男 Male	女 Female	未上过学 No-Schooling	男 Male	女 Female	小学 Primary School	男 Male	女 Female	初中 Junior Secondary School	男 Male	女 Female
合　计	**Total**	**100.0**	**100.0**	**100.0**	**5.9**	**3.7**	**8.0**	**27.0**	**26.4**	**27.7**	**43.7**	**44.9**	**42.6**
6-9岁	6-9 Age	100.0	100.0	100.0	3.7	3.6	3.7	96.3	96.3	96.2	0.0	0.0	0.0
10-14岁	10-14 Age	100.0	100.0	100.0	0.4	0.4	0.4	50.5	50.5	50.4	47.6	47.6	47.6
15-19岁	15-19 Age	100.0	100.0	100.0	0.2	0.2	0.2	0.9	0.9	0.8	38.4	39.6	37.0
20-24岁	20-24 Age	100.0	100.0	100.0	0.3	0.3	0.3	1.8	1.8	1.9	43.9	43.3	44.5
25-29岁	25-29 Age	100.0	100.0	100.0	0.4	0.5	0.4	2.9	2.8	3.0	54.6	53.0	56.1
30-34岁	30-34 Age	100.0	100.0	100.0	0.5	0.6	0.5	4.4	3.9	4.8	57.4	56.0	58.8
35-39岁	35-39 Age	100.0	100.0	100.0	0.8	0.8	0.8	7.4	6.3	8.4	60.1	59.0	61.2
40-44岁	40-44 Age	100.0	100.0	100.0	1.2	1.0	1.3	12.1	10.0	14.2	62.5	62.2	62.8
45-49岁	45-49 Age	100.0	100.0	100.0	1.9	1.3	2.5	20.1	16.1	23.9	60.4	62.3	58.6
50-54岁	50-54 Age	100.0	100.0	100.0	3.3	1.7	4.8	26.6	21.0	31.7	52.5	55.7	49.6
55-59岁	55-59 Age	100.0	100.0	100.0	6.8	3.5	9.9	36.0	30.5	41.3	42.0	47.2	37.0
60-64岁	60-64 Age	100.0	100.0	100.0	12.3	6.8	17.6	45.8	41.8	49.7	33.8	40.9	26.9
65岁及以上	Above 65 Age	100.0	100.0	100.0	32.8	21.4	43.3	45.0	48.7	41.6	16.7	22.1	11.6

年龄	Age	高中 Senior Secondary School	男 Male	女 Female	大学专科 College	男 Male	女 Female	大学本科 University	男 Male	女 Female	研究生 Graduate	男 Male	女 Female
合　计	**Total**	**16.0**	**17.4**	**14.6**	**4.6**	**4.7**	**4.4**	**2.6**	**2.6**	**2.5**	**0.2**	**0.2**	**0.2**
6-9岁	6-9 Age	0.0	0.0										
10-14岁	10-14 Age	1.5	1.5	1.6	0.0	0.0							
15-19岁	15-19 Age	51.7	51.7	51.7	5.8	5.1	6.6	3.0	2.5	3.7	0.0	0.0	0.0
20-24岁	20-24 Age	28.6	30.0	27.2	14.4	14.1	14.7	10.4	10.0	10.8	0.5	0.5	0.6
25-29岁	25-29 Age	26.0	27.6	24.4	10.1	10.1	10.1	5.2	5.2	5.3	0.8	0.8	0.8
30-34岁	30-34 Age	22.8	24.1	21.5	8.8	9.1	8.5	5.3	5.6	5.1	0.7	0.7	0.7
35-39岁	35-39 Age	20.7	22.2	19.2	7.1	7.4	6.7	3.6	3.9	3.3	0.3	0.4	0.3
40-44岁	40-44 Age	16.7	18.4	15.1	4.8	5.3	4.3	2.5	2.8	2.1	0.2	0.2	0.1
45-49岁	45-49 Age	12.8	14.7	11.0	3.0	3.5	2.6	1.6	2.0	1.3	0.1	0.2	0.1
50-54岁	50-54 Age	13.6	16.4	11.0	2.6	3.2	2.1	1.3	1.7	0.8	0.1	0.2	0.1
55-59岁	55-59 Age	12.4	15.3	9.7	2.0	2.5	1.5	0.7	0.9	0.5	0.1	0.1	0.0
60-64岁	60-64 Age	6.3	8.1	4.5	1.3	1.7	1.0	0.5	0.6	0.3	0.0	0.0	0.0
65岁及以上	Above 65 Age	3.9	5.4	2.6	1.1	1.6	0.6	0.5	0.8	0.3	0.0	0.0	0.0

4-12 15岁及以上分年龄、性别、婚姻状况的人口结构(2015年)

Population Construction of 15 and over by Age, Sex and Marital Status (2015)

单位：% (%)

年龄	Age	未 婚 Never married	男 Male	女 Female	有配偶 Married	男 Male	女 Female
合　计	**Total**	**18.1**	**21.3**	**15.1**	**74.8**	**73.1**	**76.5**
15-19岁	15-19 Age	98.4	98.6	98.1	1.6	1.4	1.9
20-24岁	20-24 Age	72.4	78.2	66.5	27.2	21.4	33.3
25-29岁	25-29 Age	30.5	35.8	25.4	68.5	62.8	73.9
30-34岁	30-34 Age	8.0	10.3	5.8	90.0	87.1	92.8
35-39岁	35-39 Age	3.2	4.9	1.5	94.2	91.9	96.4
40-44岁	40-44 Age	1.8	3.1	0.5	95.4	93.8	97.0
45-49岁	45-49 Age	1.3	2.4	0.2	95.4	94.1	96.6
50-54岁	50-54 Age	1.0	1.9	0.1	94.3	93.9	94.7
55-59岁	55-59 Age	1.2	2.4	0.1	91.4	91.2	91.6
60-64岁	60-64 Age	1.5	2.9	0.1	87.6	88.1	87.2
65岁及以上	Above 65 Age	1.6	3.3	0.1	67.2	74.8	60.1

年龄	Age	离 婚 Divorced	男 Male	女 Female	丧 偶 Widowed	男 Male	女 Female
合　计	**Total**	**1.1**	**1.4**	**0.9**	**5.9**	**4.2**	**7.5**
15-19岁	15-19 Age						
20-24岁	20-24 Age	0.3	0.4	0.2	0.1	0.0	0.1
25-29岁	25-29 Age	1.0	1.3	0.6	0.1	0.1	0.1
30-34岁	30-34 Age	1.8	2.4	1.2	0.2	0.2	0.3
35-39岁	35-39 Age	2.1	2.8	1.5	0.5	0.4	0.6
40-44岁	40-44 Age	1.9	2.4	1.4	0.9	0.8	1.1
45-49岁	45-49 Age	1.5	1.9	1.1	1.9	1.6	2.2
50-54岁	50-54 Age	1.3	1.5	1.0	3.5	2.7	4.2
55-59岁	55-59 Age	1.1	1.3	0.9	6.3	5.0	7.5
60-64岁	60-64 Age	0.8	1.0	0.7	10.0	8.0	12.1
65岁及以上	Above 65 Age	0.7	0.7	0.7	30.5	21.3	39.1

4-13 育龄妇女分年龄、孩次的生育状况(2015年)

Age-specific Fertility Rate of Childbearing Women by Age of Mother and Birth Order (2015)

本表数据为2015年人口抽样调查汇总样本数据。抽样比为2.28%。
Data in this table are the sumed data obtained from the Provincial Sample Survey of Population in 2015.The Sampling fraction is 2.28%.

年龄	平均育龄妇女人数(人) Average Number of Childbearing Women(person)	出生人数(人) Births (person)	一孩 1st Birth	二孩 2ed Birth	三孩及以上 3rd Birth and Above	生育率(‰) Fertility Rate (‰)	一孩 1st Birth	二孩 2ed Birth	三孩及以上 3rd Birth and Above
总计 Total	**533239**	**17453**	**8617**	**7276**	**1560**	**32.73**	**16.16**	**13.64**	**2.92**
15-19	**56293**	**385**	**342**	**42**	**1**	**6.85**	**6.08**	**0.74**	**0.02**
15	12000	7	7			0.61	0.61		
16	12091	20	19	1		1.62	1.53	0.09	
17	11470	45	42	3		3.96	3.70	0.26	
18	10360	97	88	8		9.33	8.53	0.81	
19	10372	216	186	29	1	20.86	17.91	2.84	0.12
20-24	**69584**	**4870**	**3411**	**1356**	**103**	**69.98**	**49.01**	**19.49**	**1.48**
20	10337	392	330	59	3	37.95	31.88	5.75	0.32
21	11284	644	506	129	8	57.04	44.88	11.42	0.74
22	13416	967	701	249	17	72.05	52.23	18.58	1.24
23	15104	1235	846	366	23	81.75	56.01	24.24	1.50
24	19444	1632	1028	553	52	83.96	52.87	28.42	2.67
25-29	**94395**	**7239**	**3573**	**3224**	**442**	**76.69**	**37.85**	**34.15**	**4.68**
25	22217	1822	1052	695	74	82.00	47.37	31.29	3.34
26	20459	1672	879	709	83	81.71	42.98	34.65	4.07
27	19333	1536	724	703	109	79.45	37.45	36.38	5.62
28	17707	1272	539	637	96	71.85	30.42	36.00	5.43
29	14678	937	379	479	80	63.85	25.80	32.63	5.42
30-34	**65429**	**2767**	**820**	**1499**	**448**	**42.29**	**12.53**	**22.91**	**6.84**
30	12584	690	259	347	84	54.84	20.58	27.54	6.71
31	12520	590	183	320	86	47.12	14.65	25.58	6.89
32	13688	561	159	307	95	40.96	11.61	22.41	6.94
33	13704	502	125	279	97	36.62	9.11	20.39	7.11
34	12934	425	94	246	85	32.84	7.25	19.04	6.54
35-39	**64885**	**1247**	**231**	**678**	**338**	**19.21**	**3.56**	**10.45**	**5.21**
35	13086	357	69	209	79	27.28	5.26	15.98	6.04
36	13219	299	51	168	80	22.63	3.87	12.73	6.03
37	12466	230	40	125	66	18.46	3.18	9.99	5.28
38	12546	193	33	97	63	15.37	2.66	7.70	5.01
39	13567	168	38	79	50	12.36	2.81	5.84	3.71
40-44	**85089**	**570**	**137**	**300**	**134**	**6.70**	**1.60**	**3.52**	**1.57**
40	14932	133	34	71	28	8.92	2.29	4.76	1.87
41	16224	116	28	59	29	7.15	1.74	3.62	1.80
42	17164	112	24	57	32	6.53	1.39	3.30	1.85
43	17755	112	26	62	24	6.31	1.47	3.47	1.36
44	19015	97	24	52	21	5.08	1.27	2.71	1.10
45-49	**97564**	**375**	**104**	**177**	**94**	**3.84**	**1.06**	**1.81**	**0.97**
45	19714	83	19	44	20	4.22	0.97	2.21	1.03
46	20274	77	19	39	19	3.81	0.94	1.94	0.94
47	19636	74	21	32	21	3.78	1.07	1.63	1.07
48	18797	72	22	33	17	3.84	1.16	1.75	0.93
49	19142	68	23	29	17	3.57	1.19	1.51	0.86

4-14 六次人口普查主要指标
Main Indicators on National Population Censuses in 1953, 1964, 1982, 1990, 2000and 2010

单位：万人 (10 000 persons)

项 目	Item	1953	1964	1982	1990	2000	2010
全省总人口	**Total Population**	**4378.50**	**5032.60**	**7442.30**	**8553.40**	**9255.80**	**9402.99**
按性别分的人口	**Population By Sex**						
男 性	Male	2231.50	2549.10	3795.00	4380.30	4775.30	4749.30
女 性	Female	2147.00	2483.50	3647.30	4173.10	4480.50	4653.70
按年龄分的人口	**Population By Age**						
0岁-6岁	Age 0-6	913.90	920.30	1026.60	1268.50	765.10	981.30
7岁-12岁	Age 7-12	510.90	846.40	1165.10	943.10	1211.20	759.90
育龄妇女(15-49岁)	Women at Childbearing Age (Age 15-49)	1017.00	1108.70	1780.60	2278.60	2495.70	2623.20
劳动年龄人口	Population within Working Age						
(男16-59 女16-54)	(Male Age 16-59 and Female Age 16-54)	2289.70	2482.00	3927.40	4985.00	5600.90	5818.90
男60岁女55岁以上人口	Males Aged 60 and Females Aged 55 and Over	457.70	448.50	738.70	898.50	1105.00	1482.50
按民族分的人口	**Population By Nationality**						
汉 族	Han Nationality	4337.90	4980.90	7362.30	8452.50	9143.30	9290.80
各少数民族	Minority Nationality	40.60	51.70	80.00	100.90	112.50	112.20
按城乡分的人口	**Population By Residence**						
城镇总人口	Urban Population	310.60	551.70	1172.50	1302.90	2144.70	3622.00
乡村总人口	Rural Population	4067.90	4480.90	6269.80	7250.50	7111.10	5781.00
按文化程度分的人口	**Population By Educational Level**						
#大学和相当于大学	University		9.30	24.50	72.60	247.50	601.60
高中	Senior Secondary School		44.00	470.10	606.10	928.40	1242.30
初中	Junior Secondary School		208.50	1427.00	2269.80	3646.00	3992.50
小学	Primary School		1229.60	2321.80	2971.90	3072.60	2266.90
文盲和半文盲(12周岁以上)	Illiterate and Semi-literate (Age 12 and Over)		2146.80	2015.00	1395.80	543.20	399.20

注：1.第五次人口普查数据为快速汇总数据，其中文盲和半文盲人口是指15岁及以上。
2.第五次人口普查总人口指根据《第五次人口普查办法》规定的常住人口。
3.第六次人口普查数据为常住人口，其中文盲和半文盲人口是指15岁及以上。

a) Data of the fifth Population Census were fast collected results, Illiterate and Semi-literate were age 15 and over.
b) Total Population of the fifth Population Census refers to Population of resident according with 《Way of the fifth National Population Census》.
c) Data of the sixth Population Census is residents popolation, Illiterate and Semi-literate were age 15 and over.

主要统计指标解释

人口数 指一定时点、一定地区范围内的有生命的个人的总和。

年度统计的年末人口数指每年 12 月 31 日 24 时的人口数。

常住人口 指实际经常居住在某地区一定时间（指半年以上）的人口。按人口普查和抽样调查规定，主要包括：1、在本地居住，户口也在本地的人口；2、户口在外地，但在本地居住半年以上者，或离开户口地半年以上而调查时在本地居住的人口；3、调查时居住在本地，但在任何地方都没有登记常住户口，如手持户口迁移证、出生证、退伍证、劳改劳教释放证等尚未办理常住户口的人，即所谓“口袋户口”的人。

出生率（又称粗出生率） 指在一定时期内（通常为一年）平均每千人所出生的人数的比率，一般用千分率表示。计算公式为：

出生率＝年出生人数／年平均人数×1000‰

式中：出生人数指活产婴儿，即胎儿脱离母体时（不管怀孕月数），有过呼吸或其他生命现象。年平均人数指年初、年底人口数的平均数，也可用年中人口数代替。

死亡率（又称粗死亡率） 指在一定时期内（通常为一年）一定地区的死亡人数与同期平均人数（或期中人数）之比，一般用千分率表示。计算公式为：

死亡率＝年死亡人数／年平均人数×1000‰

人口自然增长率 指在一定时期内（通常为一年）人口自然增加数（出生人数减死亡人数）与该时期内平均人数（或期中人数）之比，一般用千分率表示。计算公式为：

人口自然增长率＝（本年出生人数－本年死亡人数）／年平均人数×1000‰＝人口出生率－人口死亡率

性别比 总人口中男性人数与女性人数之比。通常用每 100 个女性人口相应有多少男性人口表示。其计算公式为：

性别比＝男性人口数/女性人口数×100%

总抚养系数 指被抚养人口（0-14岁和65岁或60岁以上人口）与15-64岁或15-59岁人口的比例。计算公式为:

总抚养系数＝被抚养人口/15-64岁或15-59岁人口×100

老年抚养系数 指老年人口（65岁或60岁以上人口）与15-64岁或15-59岁人口的比例。计算公式为:

老年抚养系数＝老年人口/15-64岁或15-59岁人口×100

少年抚养系数 指少年儿童与 15-64 岁或 15-59 岁人口的比例。计算公式为:

少年抚养系数＝少年儿童人口/15-64 岁或 15-59 岁人口×100（修改）

Explanatory Notes on Main Statistical Indicators

Total Population refers to the total number of people alive at a certain point of time within a given area.

The annual statistics on total population is taken at midnight, the 3lst of December.

Resident Population refers to the population actual living in a certain area for six months or more. According to the census and sample surveys, it includes the following main items : 1, Population live in this area, with the local resident registered; 2, Population with the resident registered of other area, live this area over half a year or Less than half a year but Leaving the area where they resident registered over half a year; 3, Population live in the local area, but have no resident registered, only have Migration Certificate 、Birth certificate 、Legionnaires card 、Release card from Re-education through labor or haven not yet requisition the resident registered ,so-called "pocket-registered "population.

Birth Rate (or Crude Birth Rate) refers to the ratio of the number of births to the average population during a certain period of time (usually a year), which is often expressed in‰. The following formula is used:

Birth Rate=Number of Births/Average Number of Population×1000‰

Number of births refers to live births i.e. the births when babies had showed any vital phenomena regardless of the length of pregnancy.

Annual Average Number of Population is the average of the number of population at the beginning of the year and that at the end of the year. Sometimes it is substituted for with the mid year population.

Death Rate (or Crude Death Rate) refers to the ratio of the number of deaths to the average population (or mid year population) during a certain period of time (usually a year), which is often expressed in‰. The following formula is used:

Death Rate umber of Deaths=Number of Deaths/Annual Average Number of Population×1000‰

Natural Growth Rate of Population refers to the ratio of natural increase in population (number of births minus number of deaths) in a certain period of time (usually a year) to the average population (or mid year population) of the same period, which is often expressed in‰. The following formulas are applied:

Natural Growth of Population=(Number of Births－Number of Deaths)/Average Number of Population×1000‰

Natural Growth Rate of Population=Birth Rate－Death Rate

Sex Ratio Refers to the Proportion of Male to Female Among the Total Population Which is often described as the proportion of 100 females to males. the following formula is used:

Sex Ratio=Number of Males/Number of Females×100%

Total Dependency Ratio refers to the ratio of number of dependents to the total population aged 15-64, the number of dependents being population aged 0-14 and population aged 65 and over. The total dependency ratio is calculated as follows:

Total Dependency Ratio = Number of Dependents/Population Aged 15-64×100%

The Aged Dependency Ratio refers to the ratio of the number of the aged population to the total population aged 15-64, the aged being population aged 65 and over. The aged dependency ratio is calculated as follows:

The Aged Dependency Ratio = Number of the Aged Population/ Population Aged 15-64×100%

The Juvenile and Children Dependency Ratio refers to the ratio of the number of the juvenile and children to the total population aged 15-64, the juvenile and children being population aged 0-14. The juvenile and children dependency ratio is calculated as follows:

The Juvenile and Children Dependency Ratio = Number of Juvenile and Children/ Population Aged 15-64 or 15-59×100%

从业人员与职工工资
Employment and Wages

5

◉ 资料整理：谷永翔

简要说明

一、主要内容

本篇资料反映从业人员就业情况、城镇登记失业情况，平均工资及指数变化情况等。

二、统计范围

《劳动统计报表制度》的调查范围为法人单位（不包括乡镇企业和个体工商户）；私营企业及个体工商业统计范围为城镇。1998年及以后城镇单位就业人员、平均工资等指标中不再包括离开本单位仍保留劳动关系职工及其生活费。

三、资料来源

就业基本情况及分组、工资总额和平均工资等资料，由河南省统计局人口处根据《劳动统计报表制度》编辑整理。城镇私营企业及个体工商业就业人员，由河南省工商行政管理局提供。城镇登记失业人数，由河南省人力资源和社会保障厅提供。

四、调查方法

劳动统计报表采用全面调查方法，由各级统计部门逐级上报。培训、就业统计及私营企业和个体工商业统计利用行政登记资料加工整理。

Brief Introduction

I. Main Contents

Data in this chapter include employment situation, the registered urban unemployment situation, average wages and index change situation, etc.

II. Scope of Statistics

Statistics Scope of "Labor statistics system" is investigation units (not including township enterprises and individual); Statistics Scope of private enterprises and individual industrial refers town. Data on employment personnel, total wages, average wage of town unit no-include leaving this unit but still keep working relationship worker and the cost of living since 1998.

III. Sources of Data

Data on employment, Earnings and wages of staff and workers is used in the labor statistics, are compiled by the Department of population and employment of the Henan provincial Bureau of Statistics. Data on the number of employed persons in private enterprises and self-employed individuals are provided by the Henan provincial Bureau of Industry and Commerce. Data on the number of registered unemployed persons in urban areas are collected provided by the Henan provincial Bureau of Human Resources and Social Security.

IV. Sampling Methodology

Labor statistics using comprehensive investigation method, statistical departments at various levels shall report to higher level. Training, employment statistics, private enterprises, individual industrial and commercial statistics are collected through administrative registration data.

5-1 按城乡分的从业人员数

Number of Employed Persons at Year-end in Urban and Rural

单位：万人 (10 000 persons)

年 份 Year	合 计 Total	城 镇 Urban Area	#国有经济 Stateowned Units	#集体经济 Collective-owned Units	#有限责任公司 Limited Liability Corporations Units	#港澳台投资经济 Economic Units Funded by Entrepreneurs from Hong Kong, Macao and Taiwan	#外商投资经济 Foreign Funded Economic Units	#私营经济 Urban Private Economic Units	#城镇个体 Urban Self-Employed Individuals	乡 村 Rural Area
1978	2807	423	346	74						2384
1979	2873	444	363	78						2429
1980	2929	469	379	83						2460
1981	3039	508	407	90						2531
1982	3146	516	407	95						2630
1983	3289	542	425	99						2747
1984	3346	574	419	129						2772
1985	3520	627	454	139						2893
1986	3598	649	469	149						2949
1987	3782	686	488	156						3096
1988	3916	704	508	161						3212
1989	3943	717	512	168						3226
1990	4086	727	521	171						3359
1991	4216	774	544	177						3442
1992	4332	811	571	172						3521
1993	4400	865	599	162						3535
1994	4448	890	604	158						3558
1995	4509	931	617	162						3578
1996	4638	981	640	161						3657
1997	4820	1002	603	177						3818
1998	5000	933	485	149				26	135	4067
1999	5205	894	475	146	66	9	6	27	124	4311
2000	5572	860	464	143	69	10	6	28	97	4712
2001	5517	829	448	134	69	8	5	28	82	4688
2002	5522	831	417	123	99	8	5	35	86	4691
2003	5536	841	399	117	121	8	6	41	98	4695
2004	5587	869	409	96	121	8	7	57	117	4718
2005	5662	910	405	91	132	7	8	73	137	4752
2006	5719	942	402	86	147	8	10	88	143	4777
2007	5773	958	397	83	154	10	11	89	151	4815
2008	5835	976	391	68	160	10	10	106	156	4859
2009	5949	1067	381	49	192	10	11	161	172	4882
2010	6042	1127	389	50	192	11	12	177	198	4915
2011	6198	1287	400	52	238	28	16	196	252	4911
2012	6288	1383	409	51	287	19	17	208	294	4905
2013	6387	1535	370	46	435	53	20	169	291	4851
2014	6520	1713	368	43	450	55	18	225	380	4807
2015	6636	1839	366	39	493	57	19	286	427	4798

5-2 按城乡分的从业人员数(2015年底)

单位：万人

项 目	Item	合 计 Total
从业人员总计	**Total Number of Employed persons**	**6636.08**
按国民经济行业分	**Grouped by Sector**	
农、林、牧、渔业	Farming, Forestry,animal Husbandry and Fishery	2586.93
采矿业	Mining	52.59
制造业	Manufacturing	1256.30
电力、燃气及水的生产和供应业	Production and distribution of electricity,gas and water	26.07
建筑业	Construction	707.45
批发和零售业	Wholesale and retail trade	692.51
交通运输、仓储和邮政业	Traffic,transport, storage and post	242.84
住宿和餐饮业	Accommodation and Restaurants	209.46
信息传输、软件和信息技术服务业	Information transfer, software and Information technology services	45.29
金融业	Finance	25.90
房地产业	Real estate	35.02
租赁和商务服务业	Tenancy and business services	51.69
科学研究和技术服务业	Scientific research and technical service	26.98
水利、环境和公共设施管理业	Management of water conservancy,environment and public establishment	14.48
居民服务、修理和其他服务业	Resident services,Repairing and other services	357.56
教育	Education	125.86
卫生和社会工作	Sanitation and social work	56.49
文化、体育和娱乐业	Culture, sports and entertainment	12.89
公共管理、社会保障和社会组织	Public management,social security and social organization	109.75
按三次产业分	**By Type of Industry**	
第一产业	Primary Industry	2586.93
第二产业	Secondary Industry	2042.42
第三产业	Teriary Industry	2006.73

Number of Employed Persons at the Year-end in Urban and Rural Areas (End of 2015)

(10 000 persons)

城　　镇 Urban Area	国有经济 State-owned Units	集体经济 Collective-owned Units	其他经济 Collective-owned Units	私营经济 Urban Private Economic Units	城镇个体 Urban Self-Employed Individuals	乡　村 Rural Area
1838.54	**366.34**	**38.98**	**720.54**	**285.88**	**426.81**	**4797.54**
34.18	1.52	0.19	0.82	17.30	14.36	2552.75
52.59	3.87	2.04	45.73	0.64	0.31	
432.25	4.73	6.32	341.84	52.75	26.62	824.06
26.07	13.63	0.30	11.39	0.68	0.07	
199.86	6.40	8.86	163.57	19.58	1.46	507.59
421.87	9.22	5.34	40.36	102.63	264.33	270.64
55.25	22.62	1.58	21.07	6.95	3.03	187.59
75.27	1.93	0.48	8.86	5.54	58.45	134.19
20.37	1.96	0.21	8.26	9.27	0.68	24.91
25.90	6.11	3.20	15.04	1.54		
35.02	1.08	0.29	19.79	13.74	0.11	
51.69	3.57	0.74	11.80	32.27	3.32	
26.98	9.07	0.29	7.79	8.67	1.16	
14.48	10.73	0.21	2.58	0.93	0.03	
61.76	0.58	0.17	1.95	9.25	49.80	295.80
125.86	108.12	6.01	10.87	0.61	0.25	
56.49	47.32	2.38	5.52	0.76	0.52	
12.89	5.89	0.14	1.79	2.78	2.29	
109.75	107.98	0.23	1.52		0.03	
34.18	1.52	0.19	0.82	17.30	14.36	2552.75
710.77	28.63	17.52	562.53	73.65	28.45	1331.65
1093.58	336.18	21.27	157.20	194.93	384.00	913.14

5-3 各市分城乡的从业人员数(2015年底)

单位：万人

市(县) City(County)	合计 Total	城镇 Urban Area	#国有经济 State-owned Units	集体经济 Collective-owned Units	股份合作经济 Cooperative Units	联营经济 Joint Ownership Units
全省 Total	**6636.08**	**1838.54**	**366.34**	**38.98**	**6.62**	**1.15**
省辖市 City						
郑州市 Zhengzhou	556.76	320.86	46.64	3.19	1.42	0.08
开封市 Kaifeng	330.22	78.64	14.20	2.98	0.58	0.11
洛阳市 Luoyang	446.49	155.75	26.96	2.44	0.26	0.03
平顶山市 Pingdingshan	323.44	81.20	18.68	1.95	0.28	0.00
安阳市 Anyang	367.17	94.04	15.81	1.78	0.41	0.08
鹤壁市 Hebi	100.00	41.01	5.19	0.48	0.06	0.02
新乡市 Xinxiang	355.08	110.97	19.03	3.84	0.38	0.09
焦作市 Jiaozuo	245.80	95.94	14.26	0.78	0.12	0.06
濮阳市 Puyang	262.94	83.42	11.92	0.77	0.19	0.11
许昌市 Xuchang	274.43	79.44	12.28	1.01	0.22	0.02
漯河市 Luohe	176.80	47.51	9.44	1.06	0.01	0.00
三门峡市 Sanmenxia	139.33	45.25	10.33	2.15	0.02	0.17
南阳市 Nanyang	708.21	151.22	40.53	4.39	0.93	0.14
商丘市 Shangqiu	561.45	121.05	24.65	1.92	0.63	0.08
信阳市 Xinyang	514.13	104.08	27.54	3.77	0.39	0.04
周口市 Zhoukou	690.00	140.00	26.48	3.38	0.21	0.08
驻马店市 Zhumadian	588.75	119.71	25.13	3.03	0.46	0.09
济源市 Jiyuan	47.00	20.36	2.84	0.06	0.06	
省直管县 Province Administrating County						
巩义市 Gongyi	49.34	15.98	1.51	0.71	0.15	0.01
兰考县 Lankao	57.55	11.14	0.90	0.19	0.03	0.01
汝州市 Ruzhou	64.01	11.53	3.32	0.37		
滑县 Huaxian	79.92	12.05	2.43	0.93	0.07	
长垣县 Changyuan	54.74	22.61	1.65	0.39	0.05	
邓州市 Dengzhou	96.01	12.14	4.58	0.22	0.05	
永城市 Yongcheng	104.32	21.67	3.64	0.07	0.05	
固始县 Gushi	102.04	20.60	4.11	0.32	0.13	
鹿邑县 Luyi	78.99	11.32	2.50	0.12	0.01	0.01
新蔡县 Xincai	74.67	7.40	1.78	0.23	0.02	0.02

Number of Employed Persons at the Year-end by Residence and City (End of 2015)

(10 000 persons)

有限责任公司 Limited Liability Corporations Units	股份有限公司 Share Holding Corporations Units	港澳台投资经济 Economic Units Funded by Entrepreneurs from Hong Kong, Macao and Taiwan	外商投资经济 Foreign Funded Economic Units	私营经济 Urban Private Economic Units	城镇个体 Urban Self-Employed Individuals	乡　村 Rural Area
493.10	**121.80**	**56.82**	**18.57**	**285.88**	**426.81**	**4797.54**
88.79	16.39	33.89	4.34	62.35	59.94	235.90
21.99	5.96	0.56	0.71	14.82	14.88	251.57
33.08	6.99	3.15	1.09	39.22	41.75	290.74
18.73	13.80	1.12	0.47	7.41	17.93	242.24
35.63	3.93	0.39	0.30	8.88	26.21	273.14
15.20	1.26	0.82	0.17	9.38	8.16	58.99
33.34	7.60	0.81	2.54	19.51	22.87	244.11
24.20	7.40	2.44	0.64	26.97	18.63	149.86
19.85	6.12	0.71	0.26	13.11	29.43	179.52
21.89	6.57	0.44	1.90	14.26	19.98	194.99
15.49	1.83	3.05	2.03	4.39	9.94	129.29
6.54	7.02	0.36	0.20	5.37	12.55	94.08
35.21	8.85	1.97	0.55	13.01	42.27	557.00
32.97	5.71	2.18	1.70	14.49	36.35	440.39
23.70	5.84	0.63	0.36	10.56	30.41	410.05
26.48	9.93	1.13	1.40	24.75	44.84	550.00
33.11	5.66	0.54	1.15	25.91	23.08	469.04
6.07	0.74	3.12	0.09	2.26	5.01	26.63
4.34	1.24	0.06	0.14	3.25	4.22	33.37
2.32	0.23	0.03	0.12	4.13	2.50	46.41
1.53	0.75	0.08	0.00	2.58	2.69	52.48
2.78	0.32	0.16		0.61	4.64	67.87
11.33	0.65	0.03	0.03	3.91	4.45	32.13
2.36	0.57	0.12	0.00	0.37	3.70	83.87
6.03	0.34		0.01	4.21	7.30	82.65
3.73	0.32		0.07	3.57	8.33	81.43
3.05	0.57			0.39	4.50	67.67
0.69	0.12			1.42	1.76	67.27

5-4 历年分三次产业的从业人员数

Number of Employed Persons at the Year-end by Three Industries

年份 Year	从业人员（万人） Number of Employed Persons (10 000 persons)	第一产业 Primary Industry	第二产业 Secondary Industry	第三产业 Tretiary Industry	从业人员构成(以从业人员为100) Composition in Percentage (Total=100) 第一产业 Primary Industry	第二产业 Secondary Industry	第三产业 Tretiary Industry
1952	1683	1511	74	98	89.8	4.4	5.8
1957	1829	1577	111	141	86.2	6.1	7.7
1962	2021	1698	82	241	84.0	4.1	11.9
1965	2172	1796	91	285	82.7	4.2	13.1
1970	2481	2037	150	294	82.1	6.0	11.9
1975	2689	2279	230	180	84.8	8.6	6.7
1978	2807	2262	296	249	80.6	10.5	8.9
1979	2873	2366	290	217	82.4	10.1	7.6
1980	2929	2378	304	247	81.2	10.4	8.4
1981	3039	2470	310	259	81.3	10.2	8.5
1982	3146	2530	315	301	80.4	10.0	9.6
1983	3289	2598	341	350	79.0	10.4	10.6
1984	3346	2578	376	392	77.0	11.2	11.7
1985	3520	2571	523	426	73.0	14.9	12.1
1986	3598	2574	568	456	71.5	15.8	12.7
1987	3782	2596	616	570	68.6	16.3	15.1
1988	3916	2648	659	609	67.6	16.8	15.6
1989	3943	2719	659	565	69.0	16.7	14.3
1990	4086	2833	671	582	69.3	16.4	14.2
1991	4216	2921	689	606	69.3	16.3	14.4
1992	4332	2955	724	653	68.2	16.7	15.1
1993	4400	2910	808	682	66.1	18.4	15.5
1994	4448	2865	864	719	64.4	19.4	16.2
1995	4509	2814	929	766	62.4	20.6	17.0
1996	4638	2822	988	828	60.8	21.3	17.9
1997	4820	2909	1011	900	60.4	21.0	18.7
1998	5000	2947	962	1091	58.9	19.2	21.8
1999	5205	3305	913	987	63.5	17.5	19.0
2000	5572	3564	977	1031	64.0	17.5	18.5
2001	5517	3478	997	1042	63.0	18.1	18.9
2002	5522	3398	1038	1086	61.5	18.8	19.7
2003	5536	3332	1084	1120	60.2	19.6	20.2
2004	5587	3246	1142	1200	58.1	20.4	21.5
2005	5662	3139	1251	1272	55.4	22.1	22.5
2006	5719	3050	1351	1318	53.3	23.6	23.0
2007	5773	2920	1487	1366	50.6	25.8	23.7
2008	5835	2847	1564	1424	48.8	26.8	24.4
2009	5949	2765	1675	1509	46.5	28.2	25.4
2010	6042	2712	1753	1577	44.9	29.0	26.1
2011	6198	2670	1853	1675	43.1	29.9	27.0
2012	6288	2628	1919	1740	41.8	30.5	27.7
2013	6387	2563	2035	1789	40.1	31.9	28.0
2014	6520	2652	1996	1873	40.7	30.6	28.7
2015	6636	2587	2042	2007	39.0	30.8	30.2

5-5 各市分三次产业的从业人员数(2015年底)

Number of Employed Persons at the Year-end by Three Industries and City (End of 2015)

市(县) City(County)	从业人员(万人) Number of Employed Persons (10 000 persons)	第一产业 Primary Industry	第二产业 Secondary Industry	第三产业 Tretiary Industry	从业人员构成(以从业人员为100) Composition in Percentage (Total=100) 第一产业 Primary Industry	第二产业 Secondary Industry	第三产业 Tretiary Industry
全 省 Total	**6636.08**	**2586.93**	**2042.42**	**2006.73**	**39.0**	**30.8**	**30.2**
省 辖 市 City							
郑 州 市 Zhengzhou	556.76	95.29	208.69	252.79	17.1	37.5	45.4
开 封 市 Kaifeng	330.22	136.06	108.06	86.10	41.2	32.7	26.1
洛 阳 市 Luoyang	446.49	160.84	135.43	150.21	36.0	30.3	33.7
平 顶 山 市 Pingdingshan	323.44	151.21	87.56	84.67	46.8	27.1	26.2
安 阳 市 Anyang	367.17	127.91	138.55	100.71	34.8	37.7	27.4
鹤 壁 市 Hebi	100.00	28.18	37.75	34.07	28.2	37.8	34.1
新 乡 市 Xinxiang	355.08	114.85	140.56	99.67	32.3	39.6	28.1
焦 作 市 Jiaozuo	245.80	76.18	97.59	72.03	31.0	39.7	29.3
濮 阳 市 Puyang	262.94	105.97	83.83	73.15	40.3	31.9	27.8
许 昌 市 Xuchang	274.43	115.99	84.30	74.14	42.3	30.7	27.0
漯 河 市 Luohe	176.80	77.64	57.79	41.37	43.9	32.7	23.4
三 门 峡 市 Sanmenxia	139.33	62.50	30.96	45.86	44.9	22.2	32.9
南 阳 市 Nanyang	708.21	332.99	187.29	187.93	47.0	26.5	26.5
商 丘 市 Shangqiu	561.45	229.51	165.88	166.06	40.9	29.6	29.6
信 阳 市 Xinyang	514.13	221.13	128.63	164.37	43.0	25.0	32.0
周 口 市 Zhoukou	690.00	306.39	204.80	178.82	44.4	29.7	25.9
驻 马 店 市 Zhumadian	588.75	235.21	186.29	167.24	40.0	31.6	28.4
济 源 市 Jiyuan	47.00	14.63	16.70	15.67	31.1	35.5	28.4
省 直 管 县 Province Administrating County							
巩 义 市 Gongyi	49.34	10.72	24.01	14.61	21.7	48.7	29.6
兰 考 县 Lankao	57.55	19.08	10.64	27.83	33.2	18.5	48.4
汝 州 市 Ruzhou	64.01	30.80	17.28	15.93	48.1	27.0	24.9
滑 县 Huaxian	79.92	32.98	25.17	21.76	41.3	31.1	27.2
长 垣 县 Changyuan	54.74	7.59	32.00	15.15	13.9	58.5	27.7
邓 州 市 Dengzhou	96.01	52.34	23.36	20.31	54.5	24.3	21.2
永 城 市 Yongcheng	104.32	28.94	50.20	25.18	27.7	48.1	24.1
固 始 县 Gushi	102.04	34.83	31.27	35.93	34.1	30.7	35.2
鹿 邑 县 Luyi	78.99	18.86	34.99	25.14	23.9	44.3	31.8
新 蔡 县 Xincai	74.67	20.81	28.67	25.19	27.9	38.4	33.7

5-6 分行业就业人员数

单位：万人

年份 Year	合计 Total	农林牧渔业 Farming, Forestry, Animal Husbandry and Fishery	采矿业 Mining	制造业 Manufacturing	电力、燃气及水的生产和供应业 Production and Supply of Electricity,Gas and Water	建筑业 Construction	批发和零售业 Wholesale and retail trade	交通运输仓储及邮政业 Traffic, transport, storage and post	住宿和餐饮业 Accommodation and Restaurants	信息传输、软件和信息技术服务业 Information transfer, software and Information technology services
2003	5535.67	3331.86	49.44	614.84	23.14	396.13	318.00	166.37	44.47	6.63
2004	5587.44	3245.66	49.27	652.80	22.90	417.15	315.33	180.37	106.05	17.98
2005	5662.44	3138.83	49.96	732.53	22.66	446.55	343.71	187.29	123.50	17.14
2006	5718.70	3050.00	50.20	800.40	22.20	477.80	362.30	188.90	129.10	20.70
2007	5772.72	2920.29	51.33	884.14	21.61	529.90	378.70	198.65	139.50	24.25
2008	5835.45	2847.31	51.27	933.43	20.99	558.23	406.10	204.46	147.07	25.63
2009	5948.78	2764.86	55.49	1006.00	21.23	592.00	443.94	207.70	157.12	31.34
2010	6041.56	2711.72	54.43	1053.52	21.66	623.76	481.71	213.14	165.97	34.25
2011	6197.85	2670.45	65.17	1109.32	22.01	656.00	535.44	217.80	176.52	35.74
2012	6287.50	2628.01	64.48	1155.66	23.20	675.97	565.80	222.77	186.60	35.73
2013	6386.57	2562.60	63.40	1222.81	24.98	723.88	575.91	242.80	184.76	38.58
2014	6520.03	2651.74	57.25	1211.15	26.06	701.11	639.70	234.71	189.51	39.62
2015	6636.08	2586.93	52.59	1256.30	26.07	707.45	692.51	242.84	209.46	45.29
省辖市 City										
郑州市 Zhengzhou	556.76	95.29	6.16	141.03	3.38	58.12	86.20	23.71	23.97	8.29
开封市 Kaifeng	330.22	136.06	0.00	67.73	0.91	39.42	28.84	11.26	9.09	1.79
洛阳市 Luoyang	446.49	160.84	2.41	90.88	1.74	40.40	57.46	15.50	15.77	3.56
平顶山市 Pingdingshan	323.44	151.21	12.60	50.91	3.06	20.99	27.92	10.50	9.25	1.48
安阳市 Anyang	367.17	127.91	0.80	63.21	0.96	73.58	35.94	12.95	11.57	3.55
鹤壁市 Hebi	100.00	28.18	3.71	22.09	0.40	11.55	11.16	3.93	3.73	0.37
新乡市 Xinxiang	355.08	114.85	0.34	77.58	1.35	61.29	32.92	11.79	11.17	2.37
焦作市 Jiaozuo	245.80	76.18	4.02	77.05	1.21	15.31	25.28	11.61	6.93	1.77
濮阳市 Puyang	262.94	105.97	5.19	46.71	2.14	29.78	28.40	7.65	8.47	0.55
许昌市 Xuchang	274.43	115.99	1.09	65.20	0.77	17.24	28.32	7.60	8.21	1.64
漯河市 Luohe	176.80	77.64		41.02	0.38	16.38	13.34	5.47	4.30	0.92
三门峡市 Sanmenxia	139.33	62.50	18.01	4.99	0.77	7.19	17.61	5.57	4.64	0.91
南阳市 Nanyang	708.21	332.99	2.86	125.95	1.67	56.80	69.38	20.44	20.09	3.46
商丘市 Shangqiu	561.45	229.51	4.22	106.18	0.95	54.53	80.99	15.57	14.30	4.57
信阳市 Xinyang	514.13	221.13	2.81	47.91	2.98	74.93	46.55	31.26	23.83	7.46
周口市 Zhoukou	690.00	306.39	0.01	122.94	1.19	80.67	59.11	4.26	31.79	12.85
驻马店市 Zhumadian	588.75	235.21	0.13	101.46	1.27	83.43	53.37	15.1637	29.56	12.94
济源市 Jiyuan	47.00	14.63	0.68	12.30	0.22	3.50	5.41	2.18	1.62	0.20
省直管县 Province Administrating County										
巩义市 Gongyi	49.34	10.72	0.74	20.33	0.13	2.80	4.91	2.23	2.09	0.22
兰考县 Lankao	57.55	19.08		3.56	0.12	6.96	4.48	2.33	1.35	0.20
汝州市 Ruzhou	64.01	30.80	1.38	12.31	0.09	3.50	5.49	2.24	1.36	0.29
滑县 Huaxian	79.92	32.98	0.00	12.03	0.11	13.04	7.82	2.85	3.17	1.38
长垣县 Changyuan	54.74	7.59	0.00	14.15	0.18	17.67	5.63	1.07	2.20	0.30
邓州市 Dengzhou	96.01	52.34	0.00	16.99	0.17	6.21	7.80	2.12	2.63	0.55
永城市 Yongcheng	104.32	28.94	4.22	33.19	0.13	12.66	9.63	2.36	3.60	0.51
固始县 Gushi	102.04	34.83	0.07	20.32	0.22	10.67	15.54	8.88	5.23	0.88
鹿邑县 Luyi	78.99	18.86		22.99	0.07	11.93	9.72	4.54	0.60	0.13
新蔡县 Xincai	74.67	20.81		18.00	0.13	10.54	6.53	0.95	4.81	2.98

Number of Employed Persons by Sector Over the years

(10 000 persons)

金融业 Finance	房地产业 Real estate	租赁和商务服务业 Tenancy and business services	科学研究和技术服务业 Scientific research, and technical service	水利、环境和公共设施管理业 Management of water conservancy, environment and public establishment	居民服务、修理和其他服务业 Resident services Repairing and other services	教育 Education	卫生和社会工作 Sanitation, and social work	文化、体育和娱乐业 Culture, sports and entertainment	公共管理、社会保障和社会组织 Public management social security and social organization
21.11	4.56	8.34	10.73	10.37	294.74	103.84	31.80	7.00	92.30
21.19	6.04	11.21	11.09	10.45	278.48	104.75	33.27	7.70	95.75
20.92	7.68	13.98	11.09	10.58	291.37	107.22	33.43	6.92	97.08
20.70	8.80	15.30	11.40	11.30	301.90	109.60	34.40	8.20	95.50
22.32	9.82	16.29	11.56	11.70	300.75	111.60	35.51	8.22	96.58
21.58	10.87	20.08	13.07	11.78	310.18	109.81	36.50	8.28	98.81
22.48	15.06	26.85	13.88	11.98	314.83	112.58	39.21	8.43	103.80
23.47	17.18	29.04	14.92	12.82	314.08	114.27	41.27	8.62	105.72
25.15	21.98	32.15	16.30	13.53	323.86	117.59	43.75	8.99	106.11
24.75	24.43	33.06	18.65	13.90	330.46	119.17	46.66	9.79	108.40
25.35	26.02	31.05	20.00	13.00	345.34	117.30	49.07	11.27	108.48
25.44	31.23	41.90	23.66	13.99	340.83	119.60	50.90	11.06	110.56
25.90	35.02	51.69	26.98	14.48	357.56	125.86	56.49	12.89	109.75
5.38	8.44	18.39	9.84	2.15	24.12	16.23	9.64	3.12	13.31
0.69	1.78	2.57	0.99	0.65	14.69	4.81	2.87	0.60	5.46
2.39	2.85	5.04	4.40	1.06	20.59	7.48	4.30	1.18	8.63
1.64	1.25	1.55	0.93	1.10	14.69	5.21	2.56	0.56	6.03
1.24	1.14	2.07	0.47	0.68	17.32	5.49	2.49	0.69	5.11
0.49	0.99	1.05	0.53	0.52	6.58	1.68	0.86	0.28	1.93
1.12	1.92	2.59	1.31	0.76	17.00	6.71	2.88	0.58	6.56
1.67	1.24	1.37	0.77	0.68	8.53	4.28	2.08	0.58	5.25
0.65	1.02	1.69	0.44	0.38	13.42	3.95	1.59	0.49	4.46
0.76	1.69	1.43	0.69	0.61	11.18	5.10	2.02	0.46	4.43
0.59	0.66	1.12	0.26	0.37	6.21	3.24	1.40	0.35	3.15
1.21	0.38	0.78	0.38	0.30	6.46	2.73	1.44	0.34	3.12
2.18	1.67	3.20	2.01	1.77	29.46	16.96	6.79	1.03	9.49
1.09	3.07	1.55	0.66	0.99	20.18	10.06	4.44	0.53	8.07
1.54	1.68	4.13	1.26	0.98	17.79	12.13	8.03	0.61	7.12
1.68	1.26	2.78	0.79	0.43	39.36	11.07	3.61	0.54	9.28
1.33	3.22	2.25	1.05	0.87	25.13	10.01	4.08	0.88	7.39
0.23	0.21	0.24	0.08	0.19	2.78	0.83	0.44	0.14	1.13
0.11	0.19	0.22	0.09	0.13	2.39	0.81	0.41	0.10	0.70
0.05	0.37	0.41	0.27	0.10	16.93	0.50	0.40	0.05	0.40
0.14	0.15	0.45	0.19	0.08	3.19	0.88	0.57	0.12	0.78
0.18	0.13	0.10	0.04	0.01	3.49	1.22	0.50	0.07	0.81
0.09	0.45	0.34	0.34	0.09	2.49	0.98	0.40	0.11	0.65
0.06	0.16	0.12	0.16	0.27	3.04	1.89	0.65	0.05	0.82
0.12	0.32	0.10	0.11	0.34	4.74	1.28	0.64	0.10	1.34
0.16	0.26	0.17	0.23	0.29	0.74	1.90	0.60	0.12	0.94
0.07	0.06	0.18	0.07	0.10	7.18	1.43	0.32	0.04	0.68
0.12	0.16	0.20	0.07	0.05	7.59	0.82	0.36	0.05	0.51

5-7 分行业城镇单位就业人员数

单位：万人

年 份 Year	合 计 Total	农 林 牧渔业 Farming, Forestry, Animal Husbandry and Fishery	采矿业 Mining	制造业 Manufacturing	电力、燃气及水的生产和供应业 Production and Supply of Electricity,Gas and Water	建筑业 Construction	批发和零售业 Wholesale and retail trade	交通运输仓储及邮政业 Traffic, transport, storage and post	住宿和餐饮业 Accommodation and Restaurants	信息传输、软件和信息技术服务业 Information transfer, software and Information technology services
2003	701.70	9.63	48.72	159.91	23.14	61.70	58.92	32.94	9.79	5.32
2004	695.89	9.06	48.62	152.07	21.97	64.22	53.24	33.34	9.49	5.12
2005	700.59	9.54	49.24	155.24	21.69	64.79	48.18	32.91	11.00	4.84
2006	711.25	8.80	49.29	159.06	21.93	71.26	46.04	31.51	10.65	5.06
2007	719.18	8.68	50.41	157.11	21.15	77.79	43.11	30.96	10.04	4.58
2008	714.41	7.95	50.33	153.62	20.42	80.64	41.03	29.42	9.07	3.99
2009	734.73	6.97	53.32	154.78	20.67	87.32	38.88	28.78	9.53	5.20
2010	751.68	7.12	52.65	158.82	21.09	93.66	38.19	29.15	9.95	4.87
2011	839.09	7.25	63.67	193.82	21.46	116.06	42.73	30.24	10.53	5.87
2012	881.18	5.83	63.00	218.25	22.50	125.58	42.59	30.89	10.10	6.34
2013	1075.99	5.19	62.57	312.67	24.56	189.48	52.66	43.62	11.82	9.46
2014	1108.89	5.09	56.34	337.10	25.53	189.61	53.26	44.49	11.25	9.72
2015	1125.85	2.53	51.64	352.88	25.32	178.83	54.91	45.27	11.27	10.43
省辖市 City										
郑州市 Zhengzhou	198.57	0.16	6.03	70.09	3.34	30.75	9.50	7.70	3.22	3.11
开封市 Kaifeng	48.94	0.14		15.84	0.89	9.12	3.31	1.12	0.69	0.48
洛阳市 Luoyang	74.78	0.10	2.09	25.73	1.60	9.08	3.61	1.90	0.86	0.54
平顶山市 Pingdingshan	55.87	0.03	12.53	12.29	3.05	4.22	2.29	1.43	0.56	0.26
安阳市 Anyang	58.95	0.07	0.79	14.45	0.94	20.99	1.77	1.46	0.38	0.51
鹤壁市 Hebi	23.47	0.02	3.69	9.66	0.37	2.65	0.64	0.35	0.16	0.12
新乡市 Xinxiang	68.95	0.05	0.34	21.94	1.27	19.72	2.15	1.52	0.52	0.52
焦作市 Jiaozuo	50.34	0.01	3.99	21.67	1.12	3.19	1.67	2.99	0.29	0.24
濮阳市 Puyang	40.88	0.02	5.19	9.18	2.11	8.50	1.41	0.96	0.18	0.36
许昌市 Xuchang	45.20	0.00	1.06	20.04	0.75	4.24	2.03	0.82	0.49	0.29
漯河市 Luohe	33.18	0.00		17.77	0.37	2.63	1.33	0.97	0.15	0.13
三门峡市 Sanmenxia	27.33	0.04	7.58	3.96	0.73	1.65	2.42	0.83	0.20	0.26
南阳市 Nanyang	95.94	0.72	2.77	24.91	1.62	14.10	5.24	3.02	0.97	0.55
商丘市 Shangqiu	70.20	0.06	4.22	19.38	0.89	10.13	4.33	2.22	0.59	0.63
信阳市 Xinyang	63.11	0.32	0.74	14.28	1.35	11.36	4.45	2.29	0.73	0.93
周口市 Zhoukou	70.40	0.41		22.47	1.09	11.30	4.12	1.63	0.29	0.81
驻马店市 Zhumadian	70.72	0.37	0.04	20.68	1.22	13.52	4.08	2.55	0.64	0.61
济源市 Jiyuan	13.09	0.00	0.51	6.94	0.21	1.27	0.44	0.61	0.07	0.06
省直管县 Province Administrating County										
巩义市 Gongyi	8.51		0.72	4.23	0.12	0.30	0.25	0.28	0.09	0.04
兰考县 Lankao	4.51	0.05		1.56	0.09	0.40	0.35	0.10	0.03	0.03
汝州市 Ruzhou	6.26	0.00	1.33	1.09	0.08	0.17	0.43	0.26	0.02	0.02
滑县 Huaxian	6.80	0.01		1.21	0.11	1.64	0.60	0.12	0.08	0.08
长垣县 Changyuan	14.25	0.01		3.36	0.17	7.29	0.36	0.11	0.17	0.00
邓州市 Dengzhou	8.07	0.08		1.92	0.16	0.93	0.70	0.15	0.04	0.02
永城市 Yongcheng	10.16		4.22	0.25	0.12	1.07	0.34	0.10	0.11	0.06
固始县 Gushi	8.71	0.00		1.90	0.22	1.19	0.43	0.35	0.07	0.06
鹿邑县 Luyi	6.44	0.02		2.17	0.07	0.71	0.48	0.11	0.04	
新蔡县 Xincai	4.21			1.08	0.13	0.39	0.23	0.17	0.08	0.05

Number of Employed Persons in Urban Units by Sector

(10 000 persons)

金融业 Finance	房地产业 Real estate	租赁和商务服务业 Tenancy and business services	科学研究和技术服务业 Scientific research, and technical service	水利、环境和公共设施管理业 Management of water conservancy, environment and public establishment	居民服务、修理和其他服务业 Resident services Repairing and other services	教育 Education	卫生和社会工作 Sanitation, and social work	文化、体育和娱乐业 Culture, sports and entertainment	公共管理、社会保障和社会组织 Public management social security and social organization
21.11	4.56	8.34	10.73	10.37	1.56	103.84	31.80	7.00	92.30
21.19	4.59	9.30	11.09	10.45	1.72	104.75	32.97	6.94	95.75
20.92	5.45	10.27	11.09	10.58	1.48	107.22	33.09	5.98	97.08
20.72	5.93	10.36	11.41	11.33	1.71	109.60	34.11	7.03	95.45
22.32	6.94	10.43	11.56	11.70	1.80	111.60	35.24	7.17	96.58
21.49	6.91	12.39	11.95	11.61	1.66	109.78	36.17	7.17	98.81
22.02	8.57	12.05	11.08	11.54	1.77	112.51	38.85	7.10	103.80
22.60	8.97	11.29	11.49	12.22	1.94	114.11	40.85	7.00	105.72
23.81	11.64	11.14	12.25	12.89	1.92	117.40	43.21	7.09	106.11
23.32	13.10	11.29	13.12	13.13	1.60	118.90	46.12	7.12	108.40
24.13	15.76	12.49	14.82	12.44	1.99	116.92	48.44	8.51	108.47
23.98	18.40	15.07	16.39	13.20	2.39	119.05	50.02	7.47	110.55
24.35	21.16	16.11	17.15	13.52	2.71	125.00	55.22	7.82	109.72
5.02	5.81	4.32	6.06	2.04	0.38	16.15	9.22	2.37	13.29
0.65	0.92	0.81	0.62	0.61	0.24	4.79	2.86	0.39	5.46
2.32	1.52	0.84	2.65	0.96	0.14	7.36	4.20	0.66	8.63
1.59	0.80	0.81	0.66	1.06	0.16	5.19	2.54	0.38	6.03
1.20	0.82	1.07	0.28	0.64	0.09	5.47	2.47	0.46	5.11
0.35	0.31	0.11	0.13	0.45	0.02	1.64	0.81	0.06	1.93
1.06	0.94	0.71	0.86	0.68	0.07	6.61	2.83	0.26	6.55
1.62	0.48	0.25	0.31	0.62	0.19	4.22	2.04	0.21	5.23
0.63	0.65	1.37	0.28	0.35	0.19	3.62	1.26	0.18	4.46
0.69	1.25	0.49	0.49	0.58	0.16	5.07	2.01	0.30	4.43
0.58	0.36	0.47	0.11	0.36	0.01	3.22	1.39	0.19	3.14
1.18	0.20	0.32	0.21	0.27	0.03	2.71	1.43	0.18	3.11
2.09	1.02	1.53	1.75	1.67	0.27	16.93	6.64	0.64	9.49
1.01	2.10	0.48	0.34	0.95	0.13	10.01	4.41	0.26	8.07
1.41	1.22	0.98	1.10	0.94	0.23	10.20	3.16	0.40	7.02
1.62	0.99	0.59	0.45	0.41	0.12	10.96	3.58	0.30	9.28
1.16	1.62	0.79	0.72	0.79	0.24	9.93	3.86	0.52	7.39
0.17	0.14	0.04	0.05	0.16	0.02	0.81	0.42	0.06	1.12
0.11	0.13	0.07	0.05	0.13	0.04	0.81	0.41	0.04	0.70
0.04	0.12	0.10	0.16	0.08	0.11	0.49	0.40	0.02	0.39
0.14	0.02	0.15	0.16	0.07	0.03	0.88	0.57	0.07	0.78
0.18	0.11	0.03	0.02	0.01	0.02	1.22	0.50	0.06	0.81
0.08	0.23	0.08	0.25	0.08	0.01	0.97	0.40	0.03	0.65
0.06	0.13	0.06	0.15	0.27	0.02	1.89	0.64	0.05	0.82
0.11	0.09	0.02	0.04	0.33	0.02	1.26	0.64	0.04	1.34
0.16	0.24	0.08	0.23	0.26	0.01	1.86	0.58	0.11	0.94
0.07	0.04	0.13	0.04	0.10	0.01	1.43	0.32	0.01	0.68
0.12	0.07	0.07	0.04	0.03	0.04	0.82	0.36	0.02	0.51

5-8 历年城镇单位从业人员数

Number of Employed Persons in Urban Units at Year-end

单位：万人 (10 000 persons)

年 份 Year	合 计 Total	在岗职工 Staff and Workers	其他从业人员 Others	国有单位 State-owned Units	城镇集体单位 Urban Collective-owned Units	其他单位 Other Units	第一产业 Primary Industry	第二产业 Secondary Industry	第三产业 Tretiary Industry
1978	420			346	74				
1979	441			363	78				
1980	462			379	83				
1981	497			407	90				
1982	502			407	95				
1983	524			425	99				
1984	548			419	129				
1985	593			454	139				
1986	618			469	149				
1987	645			488	156	1			
1988	670			508	161	1			
1989	681			512	168	1			
1990	693			521	171	1			
1991	722			544	177	1			
1992	746			571	172	3			
1993	771			599	162	10			
1994	788			604	158	26			
1995	815			617	162	36			
1996	842			640	161	41			
1997	841			603	177	61			
1998	772	748	24	495	162	115	5	361	406
1999	742	723	19	475	146	121	5	335	402
2000	734	718	16	464	143	127	5	321	408
2001	719	704	15	457	138	124	5	308	406
2002	710	694	16	427	127	156	5	278	428
2003	702	683	19	399	117	187	10	293	399
2004	696	677	19	409	96	191	9	287	400
2005	701	681	20	405	91	205	10	291	400
2006	711	692	19	402	86	224	9	302	401
2007	719	699	20	397	83	240	9	306	404
2008	714	692	22	391	68	255	8	305	401
2009	735	708	27	381	49	305	8	316	412
2010	752	723	28	389	50	312	7	326	418
2011	839	809	30	400	52	387	30	395	414
2012	881	850	32	409	51	421	6	429	446
2013	1076	1023	53	370	46	660	5	589	482
2014	1109	1058	51	368	43	698	5	609	495
2015	1126	1077	49	366	39	721	3	609	515

5-9 各市城镇单位从业人员数(2015年底)

Number of Employed Persons in Urban Units by City (End of 2015)

单位：万人 (10 000 persons)

市(县) City(County)	合计 Total	在岗职工 Staff and Workers	#劳务派遣 Labor Dispatching	其他从业人员 Others	国有单位 State-owned Units	城镇集体单位 Urban Collective-owned Units	其他单位 Other Units	第一产业 Primary Industry	第二产业 Secondary Industry	第三产业 Tretiary Industry
全　省 Total	**1125.86**	**1076.67**	**50.54**	**49.18**	**366.34**	**38.98**	**720.54**	**3**	**609**	**515**
省辖市 City										
郑州市 Zhengzhou	198.57	190.79	13.40	7.78	46.64	3.19	148.75	0.16	110.21	88.20
开封市 Kaifeng	48.94	46.48	3.89	2.46	14.20	2.98	31.76	0.14	25.86	22.95
洛阳市 Luoyang	74.78	71.09	5.58	3.69	26.96	2.44	45.37	0.10	38.50	36.18
平顶山市 Pingdingshan	55.87	53.99	3.27	1.88	18.68	1.95	35.24	0.03	32.08	23.76
安阳市 Anyang	58.59	55.04	2.50	3.91	15.81	1.78	41.36	0.07	37.17	21.71
鹤壁市 Hebi	23.47	22.60	0.73	0.88	5.19	0.48	17.81	0.02	16.37	7.08
新乡市 Xinxiang	68.59	64.31	3.41	4.28	19.03	3.84	45.72	0.05	43.27	25.27
焦作市 Jiaozuo	50.34	48.70	2.13	1.63	14.26	0.78	35.30	0.01	29.96	20.36
濮阳市 Puyang	40.88	38.46	3.06	2.42	11.92	0.77	28.20	0.02	24.98	15.88
许昌市 Xuchang	45.20	43.96	0.94	1.24	12.28	1.01	31.91	0.00	26.10	19.10
漯河市 Luohe	33.18	32.53	0.81	0.64	9.44	1.06	22.68	0.00	20.77	12.40
三门峡市 Sanmenxia	27.33	26.40	0.77	0.93	10.33	2.15	14.85	0.04	13.92	13.37
南阳市 Nanyang	95.94	91.70	2.63	4.24	40.53	4.39	51.03	0.72	43.41	51.81
商丘市 Shangqiu	70.20	67.02	2.83	3.19	24.65	1.92	43.63	0.06	34.62	35.52
信阳市 Xinyang	63.11	59.26	1.19	3.85	27.54	3.77	31.80	0.32	27.72	35.07
周口市 Zhoukou	70.40	68.92	1.01	1.48	26.48	3.38	40.54	0.41	34.87	35.13
驻马店市 Zhumadian	70.72	67.05	1.49	3.67	25.13	3.03	42.57	0.37	35.46	34.90
济源市 Jiyuan	13.09	12.27	0.40	0.82	2.84	0.06	10.19	0.00	8.92	4.17
省直管县 Province Administrating County										
巩义市 Gongyi	8.51	8.34	0.12	0.17	1.51	0.71	6.29	0.00	5.37	3.13
兰考县 Lankao	4.51	4.35	0.11	0.16	0.90	0.19	3.42	0.05	2.05	2.41
汝州市 Ruzhou	6.26	6.03	0.50	0.23	3.32	0.37	2.57	0.00	2.68	3.58
滑县 Huaxian	6.80	6.40	0.23	0.39	2.43	0.93	3.43	0.01	2.96	3.83
长垣县 Changyuan	14.25	13.55	1.42	0.70	1.65	0.39	12.21	0.01	10.82	3.43
邓州市 Dengzhou	8.07	7.20	0.17	0.87	4.58	0.22	3.27	0.08	3.01	4.99
永城市 Yongcheng	10.16	9.85	1.16	0.31	3.64	0.07	6.45		5.66	4.50
固始县 Gushi	8.71	8.32	0.10	0.38	4.11	0.32	4.28	0.00	3.31	5.40
鹿邑县 Luyi	6.44	6.31	0.04	0.13	2.49	0.12	3.82	0.02	1.30	5.11
新蔡县 Xincai	4.21	4.18	0.01	0.03	1.78	0.23	2.21		1.60	2.61

5-10 各种分组的城镇单位从业人员数(2015年底)

Number of Employed Persons in Urban Units by Groups (End of 2015)

单位：万人 (10 000 persons)

类别	Type	合计 Total	在岗职工 Staff and Workers	#劳务派遣 Labor Dispatching	其他从业人员 Others	国有单位 State-owned Units	城镇集体单位 Urban Collective-owned Units	其他单位 Other Units
总计	**Total**	**1125.85**	**1076.67**	**50.54**	**49.18**	**366.34**	**38.98**	**720.54**
按企业、事业、机关分	**Grouped by Enterprises, Institutions and Agencies**							
企业	Enterprises	820.18	779.30	46.94	40.89	81.97	30.29	707.93
事业	Institutions	217.24	211.00	2.17	6.24	203.66	8.12	5.46
机关	Agencies & Organizations	78.18	76.46	1.30	1.72	77.92	0.07	0.18
按国民经济行业分	**Grouped by Sector**							
农、林、牧、渔业	**Farming, Forestry,animal Husbandry and Fishery**	**2.53**	**2.52**	**0.00**	**0.01**	**1.52**	**0.19**	**0.82**
农业	Farming	1.06	**1.06**			**0.71**	0.05	0.31
林业	Forestry	0.21	0.21		0.00	0.18		0.04
畜牧业	Animal Husbandry	0.32	0.32			0.05	0.03	0.24
渔业	Fishery	0.05	0.05			0.03		0.01
农、林、牧、渔服务业	Service activities for Farming, forestry, animal Husbandry and fishery	0.88	0.87	0.00	0.01	0.55	0.11	0.22
采矿业	**Mining**	**51.64**	**51.11**	**6.24**	**0.53**	**3.87**	**2.04**	**45.73**
制造业	**Manufacturing**	**352.88**	**347.98**	**7.52**	**4.91**	**4.73**	**6.32**	**341.84**
电力、燃气及水的生产和供应业	**Production and distribution of electricity, gas and water**	**25.32**	**24.63**	**1.18**	**0.69**	**13.63**	**0.30**	**11.39**
建筑业	**Construction**	**178.83**	**155.29**	**20.65**	**23.54**	**6.40**	**8.86**	**163.57**
房屋建筑业	Building Construction	114.90	99.56	15.62	15.34	2.01	7.24	105.65
土木工程建筑业	Civil engineering construction	39.98	34.49	2.99	5.49	3.79	0.88	35.31
建筑安装业	Architectural installation	11.15	9.42	0.77	1.73	0.52	0.69	9.94
建筑装饰和其他建筑业	Architectural decoration and Others	12.80	11.82	1.26	0.98	0.09	0.04	12.67
批发和零售业	**Wholesale and retail trade**	**54.91**	**52.88**	**1.58**	**2.03**	**9.22**	**5.34**	**40.36**
批发业	Wholesale	21.74	21.02	0.84	7196.00	6.45	1.78	13.51
零售业	Retail trade	33.18	31.87	0.74	13117.00	2.77	3.56	26.85
交通运输、仓储和邮政业	**Traffic,transport, storage and post**	**45.27**	**43.32**	**3.36**	**1.95**	**22.62**	**1.58**	**21.07**
铁路运输业	Transport via railway	11.04	10.86	0.23	0.19	10.81	0.02	0.22
道路运输业	Transport via road	24.99	23.54	1.28	1.45	6.67	0.88	17.44
水上运输业	Water transport	0.44	0.44	0.00	0.00	0.02	0.26	0.16

5-10 续表 1 continued

单位：万人 (10 000 persons)

类别	Type	合计 total	在岗职工 Staff and Workers	#劳务派遣 Labor Dispatching	其他从业人员 Others	国有单位 State-owned Units	城镇集体单位 Urban Collective-owned Units	其他单位 Other Units
航空运输业	Air transport	1.04	1.03	0.64	0.01	0.06		0.98
管道运输业	Transport via pipeline	0.02	0.02		0.00			0.02
装卸搬运和运输代理业	Loading, unloading, portage and Transportation agency	1.25	1.23	0.06	0.02	0.23	0.31	0.71
仓储业	Storage	2.94	2.79	0.04	0.15	1.62	0.10	1.23
邮政业	Post	3.54	3.40	0.11	0.13	3.22	0.01	0.31
住宿和餐饮业	**Accommodation and Restaurants**	**11.27**	**10.93**	**0.39**	**0.35**	**1.93**	**0.48**	**8.86**
住宿业	Accommodation	7.29	7.02	0.27	0.26	1.71	0.41	5.17
餐饮业	Restaurants	3.98	3.90	0.12	0.08	0.22	0.07	3.69
信息传输、软件和信息技术服务业	**Information transfer,software and Information technology services**	**10.43**	**9.85**	**2.11**	**0.58**	**1.96**	**0.21**	**8.26**
电信、广播电视和卫星传输服务	Telecom,Radio,television and Satellite transmission service	8.12	7.62	2.01	0.50	1.87	0.17	6.07
互联网和相关服务	Internet and related services	0.41	0.39	0.02	0.02	0.07	0.00	0.34
软件和信息技术服务业	Software and information services	1.90	1.83	0.08	0.06	0.02	0.03	1.84
金融业	**Finance**	**24.35**	**20.78**	**0.55**	**3.57**	**6.11**	**3.20**	**15.04**
货币金融服务	Monetary and financial services	15.23	15.09	0.38	0.13	4.32	3.12	7.79
资本市场服务	Capital market services	0.33	0.33	0.00	0.00	0.27		0.06
保险业	Insurance	8.61	5.19	0.17	3.42	1.51	0.08	7.01
其他金融业	Other financial activities	0.19	0.17	0.00	0.02	0.01	0.00	0.18
房地产业	**Real estate**	**21.17**	**20.17**	**0.72**	**1.00**	**1.08**	**0.29**	**19.79**
#房地产开发经营	Real estate development and operation	14.32	13.59	0.18	0.73	0.27	0.04	14.01
物业管理	Real estate management	5.29	5.07	0.47	0.22	0.18	0.17	4.94
房地产中介服务	Intermediate service of real estate	0.53	0.52	0.01	0.05	0.12	0.03	0.38
租赁和商务服务业	**Tenancy and business services**	**16.11**	**15.44**	**1.07**	**0.67**	**3.57**	**0.74**	**11.80**
租赁业	Tenancy	0.64	0.62	0.01	0.01	0.03	0.01	0.59
商务服务业	Business service	15.47	14.81	1.06	0.66	3.54	0.73	11.21
科学研究和技术服务业	**Scientific research and technical service**	**17.15**	**16.57**	**1.28**	**0.58**	**9.07**	**0.29**	**7.79**
研究和试验发展	Research and experimental development	3.35	3.19	0.36	0.16	2.52	0.02	0.81
专业技术服务业	Professional technique services	10.91	10.59	0.88	0.32	5.09	0.25	5.56
科技推广和应用服务业	Science and technology popularization and application services	2.90	2.80	0.04	0.10	1.46	0.02	1.42

5-10 续表 2 continued

单位:万人 (10 000 persons)

类别	Type	合计 total	在岗职工 Staff and Workers	#劳务派遣 Labor Dispatching	其他从业人员 Others	国有单位 State-owned Units	城镇集体单位 Urban Collective-owned Units	其他单位 Other Units
水利、环境和公共设施管理业	**Management of water conservancy, environment and public establishment**	**13.52**	**11.90**	**0.19**	**1.62**	**10.73**	**0.21**	**2.58**
水利管理业	Management of water conservancy	3.38	3.33	0.05	0.05	3.07	0.07	0.24
生态保护和环境治理业	Ecological protection and Environmental management	0.64	0.64	0.02	0.00	0.42	0.00	0.22
公共设施管理业	Management of public establishment	9.50	7.93	0.12	1.56	7.24	0.14	2.12
居民服务、修理和其他服务业	**Resident services,Repairing and other services**	**2.71**	**2.64**	**0.12**	**0.07**	**0.58**	**0.17**	**1.95**
居民服务业	Resident services	1.50	1.46	0.03	0.04	0.45	0.08	0.97
机动车、电子产品和日用产品修理业	Motor vehicle repair industry, electronic products and daily products	0.62	0.59	0.01	0.03	0.04	0.04	0.55
其他服务业	Other services	0.59	0.58	0.08	0.00	0.10	0.06	0.43
教育	**Education**	**125.00**	**122.65**	**0.40**	**2.35**	**108.12**	**6.01**	**10.87**
#初等教育	Primary education	42.06	41.62	0.08	0.43	36.30	3.28	2.48
中等教育	Secondary education	63.01	61.79	0.18	1.22	56.23	2.44	4.35
高等教育	Higher education	9.85	9.45	0.03	0.40	8.72	0.01	1.11
卫生和社会工作	**Sanitation and social security**	**55.22**	**53.26**	**1.19**	**1.95**	**47.32**	**2.38**	**5.52**
卫生	Sanitation	54.46	52.53	1.16	1.93	56.04	2.36	5.41
社会工作	Social security	0.76	0.74	0.03	0.02	0.64	0.01	0.11
文化、体育和娱乐业	**Culture, sports and entertainment**	**7.82**	**7.63**	**0.20**	**0.19**	**5.89**	**0.14**	**1.79**
新闻和出版业	Journalism and publishing activities	1.80	1.76	0.04	0.04	1.42	0.01	0.37
广播、电视、电影和影视录音制作业	Broadcasting,movies,television and aud Video recordings	2.50	2.47	0.11	0.03	2.04	0.08	0.39
文化艺术业	Culture and art	2.57	2.49	0.03	0.07	2.05	0.04	0.47
体育	Sports activities	0.33	0.30	0.01	0.03	0.23		0.10
娱乐业	Entertainment	0.63	0.61	0.01	0.01	0.15	0.01	0.46
公共管理、社会保障和社会组织	**Public management,social welfare and social organization**	**109.72**	**107.13**	**1.80**	**2.59**	**107.98**	**0.23**	**1.52**
#中国共产党机关	Chinese Communist Party organs	3.31	3.30	0.02	0.01	3.31	0.00	0.00
国家机构	Organ of state	102.02	99.49	1.70	2.53	100.90	0.19	0.94
人民政协、民主党派	People's Political Consultative Conference and democratic parties	0.57	0.57	0.01	0.01	0.57		0.00
社会保障	Social welfare	0.89	0.88	0.01	0.01	0.88	0.00	0.01
群众团体、社会团体和其他成员组织	Mass communities, social communities and other organizations	2.85	2.81	0.06	0.04	2.32	0.03	0.50

5-11 各种分组的城镇女性从业人员数(年底数)

Number of Female Employed Persons at the Year-end by Groups (Year-end)

单位：万人 (10 000 persons)

项 目	Item	2012	2013	2014	2015
合 计	**Total**	**317.28**	**371.86**	**400.59**	**413.01**
按国民经济行业分	**Grouped by Sector**				
农、林、牧、渔业	Farming, Forestry, Animal Husbandry and Fishery	2.15	1.55	1.61	0.76
采矿业	Mining	12.55	11.17	9.56	8.79
制造业	Manufacturing	91.98	128.22	141.58	147.96
电力、燃气及水的生产和供应业	Production and distribution of electricity,gas and water	6.59	7.35	8.40	8.33
建筑业	Construction	14.99	21.43	22.69	22.63
批发和零售业	Wholesale and retail trade	18.63	24.05	25.10	25.81
交通运输、仓储和邮政业	Traffic,transport, storage and post	9.01	11.89	12.16	12.05
住宿和餐饮业	Accommodation and Restaurants	5.67	6.51	6.40	6.49
信息传输、软件和信息技术服务业	Information transfer, software and Information technology services	2.88	3.98	4.54	4.84
金融业	Finance	11.44	11.35	11.58	11.82
房地产业	Real estate	4.08	5.10	6.54	7.75
租赁和商务服务业	Tenancy and business services	3.79	3.93	4.95	5.41
科学研究和技术服务业	Scientific research and technical service	3.97	4.44	5.15	5.31
水利、环境和公共设施管理业	Management of water conservancy, environment and public establishment	4.97	4.51	4.99	5.33
居民服务、修理和其他服务业	Resident services,Repairing and other services	0.60	0.73	0.99	1.17
教育	Education	60.17	60.17	64.79	66.18
卫生和社会工作	Sanitation, social security	26.78	27.90	30.97	32.67
文化、体育和娱乐业	Culture, sports and entertainment	2.77	3.41	3.21	3.29
公共管理、社会保障和社会组织	Public management,social welfare and social organization	34.26	34.16	35.38	36.46
按三次产业分	**by Type of Industry**				
第一产业	Primary Industry	2.15	1.55	1.61	0.76
第二产业	Secondary Industry	126.12	168.18	182.22	187.70
第三产业	Teriary industry	189.01	202.13	216.75	224.55
按注册类型分	**by Registration Status**				
#国有单位	State-owned Units	159.08	147.50	153.71	154.63
城镇集体单位	Urban Collective Owned Units	17.76	15.87	16.22	14.14
股份合作单位	Share Holding Units	3.41	3.20	3.15	3.18
联营单位	Joint Owned Units	0.59	0.53	0.42	0.41
有限责任公司	Limited Liability Corporations	87.98	118.26	136.48	147.85
股份有限公司	Share-holding Corporations Ltd.	24.56	36.91	38.06	38.22
港澳台商投资单位	Units Funded by Entrepreneurs from Hong Kong, Macao & Taiwan	10.02	32.05	33.89	35.88
外商投资单位	Foreign Funded Units	6.08	8.13	8.46	8.07

5-12 各市城镇登记失业人数及失业率

Number of Unemployed and Unemployment Rate in Urban Area by City

市(县) City(County)	年底登记失业人数（万人） Number of Unemployed End of the year (10 0000 person)							登记失业率（%） Registered Rate of Unemployment (%)						
	2005	2010	2011	2012	2013	2014	2015	2005	2010	2011	2012	2013	2014	2015
全　省 Total	**33.02**	**38.20**	**38.40**	**38.27**	**40.19**	**40.01**	**42.46**	**3.5**	**3.4**	**3.4**	**3.1**	**3.1**	**3.0**	**3.0**
省辖市 City														
郑州市 Zhengzhou	4.64	2.95	2.23	5.03	6.13	4.26	4.92	3.5	2.8	2.0	2.0	2.2	1.4	1.6
开封市 Kaifeng	2.15	2.54	2.49	2.37	1.90	1.88	1.85	3.0	3.9	3.9	3.7	2.9	3.0	2.9
洛阳市 Luoyang	2.53	2.80	3.23	3.98	3.93	4.46	4.60	3.9	3.3	3.5	3.8	3.8	3.9	3.9
平顶山市 Pingdingshan	1.93	2.01	2.20	2.03	2.21	2.41	2.82	3.6	3.2	3.3	3.0	3.3	3.3	3.3
安阳市 Anyang	1.96	2.09	2.27	2.64	2.72	2.61	2.99	3.3	3.3	3.4	3.9	3.6	3.0	3.3
鹤壁市 Hebi	0.47	0.70	0.88	0.54	0.55	0.66	0.42	4.0	3.7	3.9	2.0	2.6	2.8	1.7
新乡市 Xinxiang	2.07	2.45	2.53	2.42	2.68	3.67	4.32	2.9	3.9	3.9	3.8	3.8	4.0	4.0
焦作市 Jiaozuo	1.36	2.17	2.41	2.25	2.64	3.26	3.15	3.3	3.9	4.0	4.0	4.1	4.1	4.0
濮阳市 Puyang	1.28	0.94	1.39	1.37	1.41	1.51	1.53	3.8	2.6	2.7	3.0	2.6	2.8	2.6
许昌市 Xuchang	0.95	0.99	0.46	1.11	1.06	0.49	0.81	4.1	3.3	3.2	3.0	3.0	2.8	2.9
漯河市 Luohe	0.60	0.62	0.53	0.79	0.92	0.70	0.78	3.1	2.5	2.7	2.6	2.6	1.9	2.0
三门峡市 Sanmenxia	1.07	0.90	0.84	0.77	0.75	0.74	0.80	3.1	3.3	3.2	2.9	2.9	2.8	2.8
南阳市 Nanyang	3.31	3.70	3.73	3.83	3.81	3.93	4.02	3.8	3.3	3.3	3.4	3.2	3.2	2.8
商丘市 Shangqiu	2.42	2.52	2.66	2.42	2.76	2.63	2.70	3.4	3.6	3.7	3.4	3.7	3.6	3.7
信阳市 Xinyang	1.75	1.19	0.92	0.82	0.92	0.94	0.87	3.8	2.9	2.3	2.9	2.4	2.9	2.8
周口市 Zhoukou	2.64	3.17	3.02	3.59	3.56	3.65	3.61	3.4	4.0	4.0	4.0	4.0	4.0	2.9
驻马店市 Zhumadian	1.56	1.50	1.58	1.60	1.54	1.45	1.51	3.7	3.4	3.7	3.4	3.2	3.0	3.1
济源市 Jiyuan	0.33	0.69	0.82	0.67	0.70	0.75	0.77	3.3	3.3	3.5	2.8	2.8	2.9	2.9
省直管县 Province Administrating County														
巩义市 Gongyi	0.19	0.47	0.53	0.44	1.30	0.58	0.58	0.8	2.0	2.0	1.0	3.9	4.4	2.7
兰考县 Lankao	0.48	0.10	0.10	0.04	0.01	0.01	0.02	4.4	3.2	2.4	1.1	2.7	0.3	0.6
汝州市 Ruzhou	0.16	0.21	0.17	0.16	0.23	0.14	0.28	3.4	3.8	3.3	3.5	3.0	2.3	3.2
滑县 Huaxian	0.19	0.13	0.16	0.18	0.25	0.25	0.25	3.9	3.7	3.8	4.0	4.1	4.1	4.0
长垣县 Changyuan	0.14	0.23	0.23	0.22	0.22	0.21	0.21	4.2	3.8	3.7	3.6	3.6	3.4	3.3
邓州市 Dengzhou	0.18	0.14	0.19	0.34	0.23	0.22	0.87	3.4	2.4	2.7	3.7	3.2	3.5	3.6
永城市 Yongcheng	0.14	0.27	0.26	0.27	0.27	0.27	0.27	3.9	4.0	4.1	4.0	3.9	3.9	3.9
固始县 Gushi	0.16	0.17	0.18	0.17	0.18	0.18	0.07	3.2	3.2	3.2	3.0	3.2	3.1	1.3
鹿邑县 Luyi	0.21	0.15	0.13	0.13	0.35	0.35	0.35	4.1	3.8	3.7	3.7	3.9	3.9	3.9
新蔡县 Xincai	0.15	0.08	0.20	0.21	0.21	0.21	0.21	3.1	2.8	3.0	3.1	2.9	2.9	2.9

5-13 历年城镇单位从业人员平均工资

Average Earnings of Employed Persons in Urban Areas by Years

单位：元 (yuan)

年份 Year	合计 Total	国有单位 State-owned Units	城镇集体单位 Urban Collective-owned Units	股份合作单位 Cooperative Units	联营单位 Joint Ownership Units	有限责任公司 Limited Liability Corporations Units	股份有限公司 Share Holding Corporations Units	港、澳、台商投资单位 Economic Units Funded by Entrepreneurs from Hong Kong,Macao and Taiwan Units	外商投资单位 Foreign Funded Economic Units	其他 Others
1998	5641	6103	4050	4026	5270	6201	5342	6009	8503	2213
1999	6136	6562	4524	5201	3897	6637	5895	6997	7502	4017
2000	6877	7408	4840	5640	5084	6910	7515	9267	7997	5521
2001	7868	8518	5669	5685	5661	7811	8077	9596	9070	5512
2002	9714	9791	6607	7208	6370	9148	10003	10482	9992	7507
2003	10639	11280	7828	9285	8482	10789	11862	12091	13363	8718
2004	11970	12562	8582	9586	9211	12150	13629	14278	14045	9864
2005	14119	14740	10248	11722	10386	14796	14986	14937	15437	10886
2006	16791	17702	12377	13075	12247	17051	17034	17710	17452	14811
2007	20639	22044	15674	17581	13370	19728	21771	20133	21371	17488
2008	24438	26222	16873	21493	17581	24012	24740	23315	25237	18435
2009	26906	28503	18006	26731	20665	25701	29628	25153	27120	22135
2010	29819	31470	20385	29928	25245	28775	32377	27257	29620	25087
2011	33634	35386	24220	32982	32881	33136	34884	31948	32674	28909
2012	37338	39344	27682	36536	33885	36386	38581	36814	36053	31329
2013	38301	42270	33135	41673	34299	34323	41388	42801	36985	32572
2014	42179	46604	37601	49356	38770	38334	44432	46005	39721	37188
2015	45403	49978	41511	52724	46112	41188	47676	50235	42546	45290

注：2013年后工资数据为联网直报平台汇总(下同)。

a)Data in 2013 are collected by network platform(the same as following table).

5-14 各种分组的城镇单位从业人员平均工资(2015年)
Average Wage of Employed Persons in Urban Units by Groups (2015)

单位：元 (yuan)

类别	Type	平均工资 Average Wage	在岗职工 Staff and Workers	#劳务派遣 Labor Dispatching	其他从业人员 Others	国有单位 State-owned Units	集体单位 Collectiveowned Units	其他单位 Others
总计	**Average**	**45403**	**45920**	**42803**	**33910**	**49978**	**41511**	**43254**
按企业、事业、机关分	**Grouped by Enterprises, Institutions and Agencies**							
企业	Enterprises	44566	45042	43730	35402	61168	40362	42779
事业	Institutions	47546	48149	32578	26675	47722	45544	43965
机关	Agencies & Organizations	43711	44137	25455	24751	43700	54183	44172
按国民经济行业分	**Grouped by Sector**							
农、林、牧、渔业	**Farming, Forestry,animal Husbandry and Fishery**	**34941**	**35000**	**90333**	**17741**	**31041**	**39878**	**41229**
农业	Farming	32191	32191			28966	33111	39784
林业	Forestry	30222	30379		18074	30733		27689
畜牧业	Animal Husbandry	38038	38049		3000	32107	38003	39283
渔业	Fishery	41132	41132			34068		61246
农、林、牧、渔服务业	Service activities for Farming, forestry, animal Husbandry and fishery	37968	38101	90333	17842	33557	43226	46514
采矿业	**Mining**	**48777**	**49148**	**49426**	**13102**	**57347**	**35866**	**48593**
制造业	**Manufacturing**	**41338**	**41444**	**38818**	**34086**	**49080**	**40819**	**41236**
电力、燃气及水的生产和供应业	**Production and distribution of electricity, gas and water**	**65713**	**66652**	**46833**	**32714**	**77762**	**37151**	**51874**
建筑业	**Construction**	**41283**	**41863**	**44833**	**37422**	**47347**	**39215**	**41143**
房屋建筑业	Building Construction	40735	41148	45705	38005	47686	39399	40685
土木工程建筑业	Civil engineering construction	42539	43795	42743	34786	47312	38921	42100
建筑安装业	Architectural installation	43363	44375	43846	37841	46234	38259	43546
建筑装饰和其他建筑业	Architectural decoration and Others	40392	40189	39721	42885	48058	30260	40363
批发和零售业	**Wholesale and retail trade**	**39990**	**40453**	**36490**	**28647**	**55950**	**32785**	**37226**
批发业	Wholesale	48000	48572	38417	32347	65923	35979	40893
零售业	Retail trade	34665	35018	34313	26570	32551	31169	35360
交通运输、仓储和邮政业	**Traffic,transport, storage and post**	**52099**	**52808**	**39694**	**36442**	**61540**	**33071**	**43346**
铁路运输业	Transport via railway	80272	80921	43405	42168	81058	33143	45289
道路运输业	Transport via road	40418	40693	36984	36038	42452	31561	40097
水上运输业	Water transport	45191	45373	44840	35605	42894	38757	55560
航空运输业	Air transport	91940	92320	54609	19920	37871		95405
管道运输业	Transport via pipeline	40724	44909		13444			40724
装卸搬运和运输代理业	Loading, unloading, portage and Transportation agency	42173	42147	43858	43743	65471	30258	39466
仓储业	Storage	49259	49978	48142	36029	48880	39782	50483
邮政业	Post	41756	42052	34575	32976	41216	40009	47877
住宿和餐饮业	**Accommodation and Catering Trade**	**33854**	**34051**	**34927**	**27675**	**37448**	**32768**	**33129**
住宿业	Accommodation	34717	35024	34585	26587	36404	32769	34299
餐饮业	Catering Trade	32257	32279	36123	31251	32258	32763	31495
信息传输、软件和信息技术服务业	**Information transfer,software and Information technology services**	**60671**	**61930**	**50458**	**40055**	**53781**	**41097**	**62851**
电信、广播电视和卫星传输服务	Telecom,Radio,television and Satellite transmission service	62006	63371	50739	41657	54005	42903	65042
互联网和相关服务	Internet and related services	47121	47744	56189	37295	35684	36800	49652
软件和信息技术服务业	Software and information services	57463	58493	40035	27258	67073	32298	57549
金融业	**Finance**	**74441**	**81020**	**49350**	**30533**	**81913**	**64342**	**73542**
货币金融服务	Monetary and financial services	85931	86020	51975	75591	88097	64604	93282
资本市场服务	Capital market services	155768	155937	27000	65500	169553		100714
保险业	Insurance	50369	62833	43102	28431	49471	54969	50517
其他金融业	Other financial activities	54399	54917	22000	49535	54660	44857	54491

5-14 续表 continued

单位：元 (yuan)

类别	Type	平均工资 Average Wage	在岗职工 Staff and Workers	#劳务派遣 Labor Dispatching	其他从业人员 Others	国有单位 State-owned Units	集体单位 Collectiveowned Units	其他单位 Others
房地产业	**Real estate**	**45432**	**45745**	**35014**	**39462**	**50067**	**37078**	**45310**
#房地产开发经营	Real estate development and operation	49643	50091	44513	41892	52188	43222	49614
物业管理	Real estate management	33136	33117	28612	33604	36599	37415	32867
房地产中介服务	Intermediate service of real estate	47727	47753	34947	44578	38572	33893	51776
租赁和商务服务业	**Tenancy and business services**	**41060**	**41694**	**27502**	**26520**	**39323**	**28804**	**42369**
租赁业	Tenancy	45378	45527	24800	38524	95146	32164	42791
商务服务业	Business service	40892	41541	27519	26285	38822	28746	42348
科学研究和技术服务业	**Scientific research and technical service**	**56866**	**57593**	**48205**	**36462**	**54982**	**40586**	**59673**
研究和试验发展	Research and experimental development	68728	71468	34525	16051	61456	36616	92473
专业技术服务业	Professional technique services	57239	57513	53820	48471	54654	40787	60340
科技推广和应用服务业	Science and technology popularization and application services	41674	42092	39816	29197	44936	42231	38294
水利、环境和公共设施管理业	**Management of water conservancy, environment and public establishment**	**37552**	**39492**	**29037**	**22377**	**37038**	**40778**	**39426**
水利管理业	Management of water conservancy	41399	41484	38847	35265	40963	49175	44715
生态保护和环境治理业	Ecological protection and Environmental management	46776	46711	44117	85364	41819	26818	55778
公共设施管理业	Management of public establishment	35520	38054	21601	21927	35078	37033	36940
居民服务、修理和其他服务业	**Resident services,Repairing and other services**	**33857**	**34025**	**37853**	**27005**	**34882**	**38882**	**33095**
居民服务业	Resident services	32920	32948	39495	31629	35758	46845	30397
机动车、电子产品和日用产品修理业	Motor vehicle repair industry, electronic products and daily products	37847	38537	86665	22863	35878	34098	38227
其他服务业	Other services	31940	32039	24184	19318	30460	30788	32438
教育	**Education**	**50152**	**50540**	**25159**	**28839**	**49516**	**44878**	**59595**
#初等教育	Primary education	45718	45954	25458	22855	46175	42683	43035
中等教育	Secondary education	49262	49666	26303	27407	49763	47942	43444
高等教育	Higher education	59940	60648	20060	42447	61205	35228	49099
卫生和社会工作	**Sanitation and social Work**	**53308**	**54018**	**41140**	**33305**	**52769**	**50057**	**59361**
卫生	Sanitation	53453	54161	41693	33510	54082	50065	59806
社会工作	Social Work	43085	43944	18568	18733	43895	48884	37538
文化、体育和娱乐业	**Culture, sports and entertainment**	**47591**	**48087**	**38601**	**26967**	**47922**	**30126**	**47842**
新闻和出版业	Journalism and publishing activities	56833	57547	37714	21839	54989	39233	64440
广播、电视、电影和影视录音制作业	Broadcasting,movies,television and audiovisual activities	46673	46847	44493	31857	48212	29522	41846
文化艺术业	Culture and art	38382	38709	29443	27523	38969	28204	36680
体育	Sports activities	61074	64770	26271	25738	43509		100537
娱乐业	Entertainment	54696	55196	26615	30615	105140	33180	38725
公共管理、社会保障和社会组织	**Public management,social welfare and social organization**	**42587**	**43024**	**25818**	**24370**	**42677**	**44051**	**36055**
#中国共产党机关	Chinese Communist Party organs	45876	45940	23333	31616	45897	23375	22773
国家机构	Organ of state	42466	42925	25859	24294	42525	44656	35828
人民政协、民主党派	People's Political Consultative Conference and democratic parties	47972	48092	23164	25533	47969		48630
社会保障	Social welfare	42161	42411	28806	15786	42314	35189	30376
群众团体、社会团体和其他成员组织	Mass communities, social communities and other organizations	42313	42475	25376	28875	43518	42109	36683
按三次产业分	**Grouped by Industry**							
第一产业	Primary Industry	34941	35000	90333	17741	31041	39878	41229
第二产业	Secondary Industry	43016	43359	44453	36278	63337	39371	42054
第三产业	Teriary industry	48259	48949	38902	30262	48896	43272	47562

5-15 各市城镇单位从业人员平均工资(2015年)

单位：元

市(县) City(County)	平均工资 Average Wages	在岗职工 Staff and Workers	#劳务派遣 Labor Dispatching	其他从业人员 Others	#国有单位 State-owned Units	#集体单位 Urban Collective-owned Units	#股份合作单位 Cooperative Units
全省 Total	**45403**	**45920**	**42803**	**33910**	**49978**	**41511**	**52724**
省辖市 City							
郑州市 Zhengzhou	52376	52987	47589	37091	59025	45262	54341
开封市 Kaifeng	43077	43643	41842	32399	141779	47065	46060
洛阳市 Luoyang	45819	46515	38139	31770	48827	43932	63349
平顶山市 Pingdingshan	44470	45046	38923	26589	46806	45261	106203
安阳市 Anyang	40825	41379	39077	32751	42915	35018	53818
鹤壁市 Hebi	39187	39646	32937	27873	45227	42004	59221
新乡市 Xinxiang	40545	40831	40112	36133	46048	36849	47478
焦作市 Jiaozuo	41768	41995	38845	34435	45714	40232	50061
濮阳市 Puyang	43103	43587	52490	34843	42479	34463	28396
许昌市 Xuchang	43655	43792	40646	39362	44354	47665	51490
漯河市 Luohe	41207	41389	34093	32646	45820	40368	33206
三门峡市 Sanmenxia	43870	44573	34764	23252	50387	38948	37585
南阳市 Nanyang	42507	43082	48383	30049	49147	40262	43307
商丘市 Shangqiu	43241	43695	40511	33640	44841	49679	58523
信阳市 Xinyang	40975	41300	39964	35962	44149	41427	44396
周口市 Zhoukou	42566	42763	49140	33315	50667	40444	57787
驻马店市 Zhumadian	39641	39847	37137	35969	42568	37740	47919
济源市 Jiyuan	43554	44115	34228	35098	46997	33040	79733
省直管县 Province Administrating County							
巩义市 Gongyi	40806	40930	70063	34642	50692	50508	106505
兰考县 Lankao	44627	44699	60656	42891	41474	41469	58171
汝州市 Ruzhou	47234	47864	46839	30955	54811	44188	
滑县 Huaxian	34547	34777	25512	30801	37435	36235	43325
长垣县 Changyuan	38787	38918	37317	36171	42040	40555	34988
邓州市 Dengzhou	38620	40022	32460	26601	41727	36696	80935
永城市 Yongcheng	46427	47277	46778	17864	39552	66834	54671
固始县 Gushi	43318	43317	37566	43345	49321	46529	32600
鹿邑县 Luyi	42327	42409	32775	38620	60329	39043	28331
新蔡县 Xincai	41005	40988	36061	44570	43479	43595	30428

Average Wage of Employed Persons in Urban Units by City (2015)

(yuan)

#联营单位 Joint Ownership Units	#有限责任公司 Limited Liability Corporations Units	#股份有限公司 Share Holding Corporations Units	#港澳台投资 Economic Units Funded by Entrepreneurs from Hong Kong, Macao and Taiwan	#外商投资 Foreign Funded Economic Units	第一产业 Primary Industry	第二产业 Secondary Industry	第三产业 Teriary industry
46112	**41188**	**47676**	**50235**	**42546**	**34941**	**43016**	**48259**
41074	46866	61562	55994	47814	35106	48967	56555
47939	39107	41845	46409	39591	54935	40249	46172
28385	42122	58666	34265	45681	29852	44728	47022
26960	38417	47867	49998	50497	33718	43274	46112
69036	40022	40325	47002	44833	26402	40702	41081
43308	37215	36702	39878	37535	32066	37192	43917
50954	37856	38470	46524	43536	27559	38563	43922
44753	39745	44384	33547	35043	39133	40601	43488
45796	39540	59460	31194	47024	32514	46060	38374
37270	42929	46267	37314	38172	41000	43684	43614
32521	35956	40683	53426	40807	37023	39525	44068
47180	39856	39596	62104	38037	42995	40575	47426
43053	35019	42258	38222	43434	39505	37747	46502
62735	42201	36128	44094	43343	46879	42385	44061
32630	37018	40512	52410	47699	31066	39329	42354
35942	36581	38311	37696	33259	28713	35866	49294
38600	37515	40361	34537	39781	30255	38001	41374
	40361	38020	47425	39028	36667	42701	45384
30821	35329	34754	26795	33320	43140	36317	48237
46092	45951	35891	36877	38633	56271	45503	43655
17222	32076	46368	53737	46286	44367	41032	52075
	32184	29496	34928		26161	32875	35932
	38514	34450	27683	49364	34960	38877	38513
	34177	29264	35274	37581	29397	35234	40785
	51063	39113		42778		51246	40485
	37300	31090		62994	28452	39417	45650
30000	34282	25281			38996	30331	52293
38173	37574	47803				40057	41579

5-16 各市分行业城镇单位从业人员平均工资(2015年)

单位：元

市(县) City(County)	合计 Total	农林牧渔业 Farming, Forestry, Animal Husbandry and Fishery	采矿业 Mining	制造业 Manufacturing	电力、燃气及水的生产和供应业 Production and Supply of Electricity,Gas and Water	建筑业 Construction	批发和零售业 Wholesale and retail trade	交通运输仓储及邮政业 Traffic, transport, storage and post	住宿和餐饮业 Accommodation and Restaurants
省辖市 City									
郑州市 Zhengzhou	52376	35106	43262	48755	59910	49413	46015	55224	36009
开封市 Kaifeng	43077	54935		39834	65408	38456	40160	37799	37856
洛阳市 Luoyang	45819	29852	41259	43228	72958	44876	43634	36350	30953
平顶山市 Pingdingshan	44470	33718	46743	39591	53844	35727	43925	32656	31550
安阳市 Anyang	40825	26402	40767	40300	53474	40406	30612	37249	26812
鹤壁市 Hebi	39187	32066	41000	34739	73687	35254	35799	35189	30668
新乡市 Xinxiang	40545	27559	65265	36809	57547	38766	36584	48118	29337
焦作市 Jiaozuo	41768	39133	47592	38359	59303	40064	32563	44282	31032
濮阳市 Puyang	43103	32514	68212	33936	58807	41523	36137	30436	29707
许昌市 Xuchang	43655	41000	53120	43086	54110	42163	39971	44626	36702
漯河市 Luohe	41207	37023		39384	70243	36130	41875	40239	28796
三门峡市 Sanmenxia	43870	42995	38647	37909	67514	44088	41914	38656	27209
南阳市 Nanyang	42507	39505	61461	35664	51874	34743	40360	32109	29680
商丘市 Shangqiu	43241	46879	53943	39107	56034	42704	37066	41128	34188
信阳市 Xinyang	40975	31066	29909	37176	42004	42359	32911	34158	31900
周口市 Zhoukou	42566	28713		33155	46070	40267	38959	35614	32656
驻马店市 Zhumadian	39641	30255	37406	38966	43544	36021	38937	38007	30546
济源市 Jiyuan	43554	36667	34585	43888	76405	33739	34724	47463	34064
省直管县 Province Administrating County									
巩义市 Gongyi	40806	43140	26698	36013	67694	52301	36557	45554	24780
兰考县 Lankao	44627	56271		44366	76447	42570	40508	44948	41262
汝州市 Ruzhou	47234	44367	46361	33606	64109	31643	36785	35740	38385
滑县 Huaxian	34547	26161		31880	41962	33019	24451	24961	24870
长垣县 Changyuan	38787	34960		37081	57237	39288	30269	34592	29585
邓州市 Dengzhou	38620	29397		35095	49033	33063	28653	22570	21620
永城市 Yongcheng	46427		53943	46135	59941	40848	37965	39146	27520
固始县 Gushi	43318	28452		33954	45165	47896	26894	33357	27077
鹿邑县 Luyi	42327	38996		29857	48983	29877	29940	35565	26775
新蔡县 Xincai	41005			40999	45239	35518	31552	51627	26505

Average Wage of Employed Persons in Urban Units by Sector and City (2015)

(yuan)

信息传输、软件和信息技术服务业 Information transfer, software and Information technology services	金融业 Finance	房地产业 Real estate	租赁和商务服务业 Tenancy and business services	科学研究和技术服务业 Scientific research, and technical service	水利、环境和公共设施管理业 Management of water conservancy, environment and public establishment	居民服务、修理和其他服务业 Resident services Repairing and other services	教育 Education	卫生和社会工作 Sanitation, and social work	文化、体育和娱乐业 Culture, sports and entertainment	公共管理、社会保障和社会组织 Public management social security and social organization
75779	105145	56569	47990	64792	40887	39801	55487	54009	64975	51605
44673	65771	46141	38712	43406	44918	41709	49360	57353	45424	43406
61516	78656	41586	37586	66879	30357	29774	45930	51185	37153	40926
50499	79650	42409	36734	38179	32363	31123	52722	52294	38155	40009
46249	57810	40605	27906	50127	33683	30796	43674	47621	37259	40227
46260	86142	37945	36292	40894	29346	27941	44137	48519	33051	44893
72943	66316	42030	26033	40819	36650	37908	46062	45691	37886	41299
56246	51627	40314	38249	39421	35418	21843	45834	45478	37380	44294
51729	64245	35699	31744	52305	30446	27087	39579	41549	34521	37406
63190	61216	42986	44935	41648	39179	41587	43396	47988	38779	41312
39191	74880	39833	33493	41324	36168	46145	45370	48572	41070	40991
45644	58227	41854	32135	46781	40842	37300	51010	56266	37363	47390
52873	66001	37769	38596	46771	51236	30220	50645	56090	38039	39685
55310	62330	40615	38326	34175	26019	31502	48963	51765	34740	39270
54123	65898	41226	34227	40508	40128	31661	46284	49708	36633	39205
57157	74899	42177	33203	42381	34267	38658	54877	60129	47286	43735
49440	56948	40930	30809	37723	33648	33181	42610	46757	51725	39135
47740	79732	40698	28868	36875	29870	30104	52890	48089	36604	41850
43793	134064	37065	32125	39166	37498	28227	46755	55562	37156	48579
31775	55784	43370	43286	41297	40902	45406	40658	61980	33317	32828
31287	89523	59293	38544	34069	48376	36311	64433	63318	45952	44812
36322	37294	35377	24962	37071	31089	23805	20080	47088	26890	35229
23750	48611	37160	25478	31542	35613	36692	41996	47611	35835	38852
22207	68108	45785	38040	37638	37487	30024	43214	52885	33286	41457
33331	66603	38749	27377	32570	19612	32283	43398	56842	30820	35868
47130	55936	40407	33767	46272	41638	35513	54119	55512	29620	40632
	43956	36950	27431	56118	33942	32813	67285	71426	28916	41243
41522	55864	33393	28273	35340	28023	23926	37878	42520	415878	36297

5-17 历年职工工资及指数

Wages and Related Indices of Staff and Workers over the Years

年份 Year	工资总额(亿元) Total Wages (100 million yuan)	国有单位 State-owned Units	城镇集体单位 Urban Collective-owned Units	其他单位 Other Units	平均工资(元) Average Wage (yuan)	国有单位 State-owned Units	城镇集体单位 Urban Collective-owned Units	其他单位 Other Units	平均工资指数(以上年为100) Index of Average Wage (Preceding year=100) 全部职工 Total Staff and Workers	国有单位 State-owned Units	城镇集体单位 Urban Collective-owned Units	其他单位 Other Units
1952	1.43	1.43			347	347						
1957	5.90	5.90			546	546						
1962	8.33	8.33			538	538				130.4		
1965	10.89	9.07	1.82		503	599		369	86.2	102.6		
1970	12.87	11.18	1.69		547	573		424	98.9	98.7	102.9	
1975	18.12	15.37	2.75		561	581		488	100.5	98.4	104.7	
1978	24.30	20.65	3.64		590	609		496	104.8	105.4	99.8	
1979	27.63	23.60	4.03		644	668		533	108.8	109.4	107.1	
1980	32.93	28.14	4.79		730	759		597	106.9	107.2	105.7	
1981	35.43	30.33	5.09		742	772		604	99.3	99.3	98.8	
1982	37.40	31.82	5.59		754	789		604	99.8	100.4	98.2	
1983	39.19	33.36	5.82		767	805		606	98.9	99.2	97.5	
1984	46.24	37.76	8.47	0.01	866	921	686	809	110.5	111.9	110.8	
1985	57.85	47.06	10.76	0.02	1015	1080	804	1014	110.1	110.1	110.0	117.7
1986	69.57	56.97	12.57	0.03	1159	1245	882	1079	106.9	107.9	102.7	99.6
1987	78.98	64.34	14.58	0.06	1258	1347	974	1559	100.7	100.4	102.4	134.0
1988	95.90	78.66	17.18	0.07	1470	1582	1110	1520	96.2	96.7	93.8	80.2
1989	108.70	89.48	19.12	0.09	1628	1767	1191	1724	96.4	97.2	93.4	98.7
1990	123.86	102.52	21.19	0.15	1825	1997	1288	2128	111.5	112.5	107.6	122.8
1991	138.18	113.58	24.33	0.27	1964	2132	1433	2477	102.4	101.6	105.9	110.8
1992	165.51	138.38	26.51	0.62	2269	2473	1583	2544	107.3	107.7	102.6	95.4
1993	200.82	168.89	28.90	3.03	2646	2860	1821	3097	105.4	104.6	104.0	110.1
1994	275.18	229.87	35.66	9.66	3545	3851	2295	4038	105.2	105.7	98.9	102.3
1995	347.70	284.17	47.79	15.75	4344	4677	3007	4644	104.8	103.9	112.1	98.4
1996	407.43	332.03	54.77	20.63	4924	5265	3485	5197	103.5	102.8	105.8	102.2
1997	434.08	336.34	66.05	31.69	5225	5643	3797	5209	103.6	104.7	106.4	97.9
1998	431.01	299.76	63.36	67.88	5781	6204	4258	5976	119.9	120.4	117.5	117.2
1999	445.61	307.17	62.31	76.13	6194	6594	4639	6384	110.9	110.0	112.8	110.6
2000	495.66	338.39	66.44	90.84	6930	7453	4913	7212	112.9	114.1	106.9	114.0
2001	553.40	381.92	75.73	95.75	7916	8573	5726	7889	113.4	114.2	115.7	108.6
2002	622.42	400.42	80.84	141.15	9174	9864	6664	9335	116.1	115.3	116.6	118.5
2003	720.52	436.31	88.51	195.69	10749	11397	7894	11160	115.2	113.6	116.5	117.5
2004	801.95	497.47	79.62	224.86	12114	12701	8686	12588	106.9	105.7	104.4	107.0
2005	949.97	575.63	90.29	284.05	14282	14877	10383	14852	115.5	114.7	117.1	115.6
2006	1152.05	690.58	103.21	358.26	16981	17886	12483	17088	117.5	118.8	118.8	113.7
2007	1431.35	849.87	125.01	456.48	20935	22345	15850	20333	117.0	118.5	120.5	112.9
2008	1702.22	1008.08	111.75	582.39	24816	26536	17118	24189	110.8	111.0	100.9	111.2
2009	1918.14	1066.34	85.52	766.28	27357	28914	18352	26817	110.9	109.6	107.9	111.5
2010	2171.69	1200.07	98.62	873.00	30303	31924	20769	29770	107.1	106.8	109.5	107.4
2011	2721.42	1390.91	119.85	1210.66	34203	35894	24397	33719	107.1	106.6	111.3	107.5
2012	3146.25	1575.98	134.27	1436.00	37958	39948	28103	37145	111.0	111.3	115.2	110.2
2013	4048.73	1556.02	149.02	2343.68	38804	42831	33954	36765	102.2	107.2	120.8	99.0
2014	4432.94	1667.53	152.34	2613.08	42670	47258	38288	40435	108.2	110.6	107.8	103.7
2015	4862.54	1786.62	151.60	2924.32	45920	50662	42058	43633	107.6	107.2	109.8	107.9

注：1.本表平均工资指数按实际工资计算，即扣除了职工生活费用价格变动因素。

2.1998年及以后年度工资总额为在岗职工口径，与以前年度不尽可比。

a)Indices of average wage in this table were calculated on practical wage ,change factor of employee maintenance price was taken out.

b)Total wages funds since 1998 were totalized by all employed staff and workers ,and can't compared with former years.

5-18 城镇私营单位从业人员平均工资

Average Wage of Engaged Persons in Private Enterprises

单位：元 (yuan)

项目	Item	2011	2012	2013	2014	2015
从业人员总计	**Total Number of Employed persons**	**18749**	**21255**	**23936**	**27414**	**30546**
按国民经济行业分	**Grouped by Sector**					
农、林、牧、渔业	Farming, Forestry,animal Husbandry and Fishery	14364	17071	19869	23179	25526
采矿业	Mining	21144	22361	24314	27319	29201
制造业	Manufacturing	18188	20844	23142	26867	30554
电力、燃气及水的生产和供应业	Production and distribution of electricity,gas and water	16119	21024	23711	25437	25060
建筑业	Construction	21607	24054	27104	31471	34154
批发和零售业	Wholesale and retail trade	17087	19339	23086	26384	27570
交通运输、仓储和邮政业	Traffic,transport, storage and post	19600	19581	24919	26689	29940
住宿和餐饮业	Accommodation and Restaurants	16807	19352	21798	25552	28682
信息传输、软件和信息技术服务业	Information transfer,software and Information technology services	18550	19111	22215	25343	30674
金融业	Finance	16894	21652	20682	24345	28828
房地产业	Real estate	20679	22621	26746	29808	32428
租赁和商务服务业	Tenancy and business services	19364	21498	24655	26967	28815
科学研究、技术服务业	Scientific research and technical service	24949	26399	28898	32733	31556
水利、环境和公共设施管理业	Management of water conservancy, environment and public establishment	17755	20480	24411	27333	29130
居民服务、修理和其他服务业	Resident services,Repairing and other services	16217	18705	21372	24484	26621
教育	Education	18859	21028	24772	27354	29957
卫生和社会工作	Sanitation and social Work	20492	24293	25966	29323	30145
文化、体育和娱乐业	Culture, sports and entertainment	16542	19982	22177	25405	26439
公共管理、社会保证和社会组织	Mass communities, social communities and other organizations	15545	15341	18940	20448	24519

5-19 各市城镇私营单位从业人员工资
Wage of Engaged Persons in Private Enterprises by City

市	City	2010	2011	2012	2013	2014	2015
郑州市	Zhengzhou	18832	22326	24686	27533	30853	33495
开封市	Kaifeng	16049	19153	21609	24902	28671	32628
洛阳市	Luoyang	16363	20583	23271	25208	29500	31613
平顶山市	Pingdingshan	17091	19374	21514	23807	25853	27980
安阳市	Anyang	16226	18477	20324	23003	26824	28357
鹤壁市	Hebi	13023	16635	18662	20581	24440	31292
新乡市	Xinxiang	16014	18852	21116	23552	26455	28837
焦作市	Jiaozuo	14171	16736	19511	22369	24714	31142
濮阳市	Puyang	13536	16222	18807	20489	22789	25077
许昌市	Xuchang	17407	20224	22378	27662	30760	37665
漯河市	Luohe	13692	16244	19022	23882	30471	30565
三门峡市	Sanmenxia	15659	17296	21909	23899	28835	29296
南阳市	Nanyang	14379	15880	18115	20263	23325	27095
商丘市	Shangqiu	13101	15265	18338	21696	26111	31229
信阳市	Xinyang	16510	18750	20649	22838	27972	29744
周口市	Zhoukou	14525	16912	19033	21881	25159	28005
驻马店市	Zhumadian	13968	16192	18847	22500	26155	29342
济源市	Jiyuan	15379	19733	25678	29938	30082	30603

5-20 各市按行业分城镇私营单位从业人员平均工资(2015年)
Average Wage of Employed Persons in Urban Private Units by Sector and City (2015)

单位：元 (yuan)

市 City	平均工资 Average Wage	农林牧渔业 Farming, Forestry, Animal Husbandry and Fishery	采矿业 Mining	制造业 Manufacturing	电力、燃气及水的生产和供应业 Production and Supply of Electricity,Gas and Water	建筑业 Construction	批发和零售业 Wholesale and retail trade	交通运输仓储及邮政业 Traffic, transport, storage and post	住宿和餐饮业 Accommodation and Restaurants	信息传输、软件和信息技术服务业 Information transfer, software and Information technology
郑州市 Zhengzhou	33495	29229	37257	31853	33011	38065	30202	36369	38565	29563
开封市 Kaifeng	32628	28509		32889	38108	33537	30234	33970	30434	33177
洛阳市 Luoyang	31613	28205	26384	32934	24074	39881	26161	29559	24549	25764
平顶山市 Pingdingshan	27980	25037	30032	28265	30021	28794	27302	25934	27753	26275
安阳市 Anyang	28357	21569	27050	26610	26099	31695	26827	29124	21293	24899
鹤壁市 Hebi	31292	32957	33819	31065	31450	37325	22899	29643	25673	
新乡市 Xinxiang	28837	25599	28303	28389	28764	31510	28833	28062	23910	31046
焦作市 Jiaozuo	31142	28718	23095	32303	32564	27905	24815	33947	24350	19966
濮阳市 Puyang	25077	20627		26752	19540	27684	20279	22432	20414	23922
许昌市 Xuchang	37665	23288	28319	37676	30473	41928	35976	42583	35291	
漯河市 Luohe	30565			29864		56108	29403	32128	30940	29118
三门峡市 Sanmenxia	29296	23829	30593	30954	28440	30920	24722	32874	25984	25130
南阳市 Nanyang	27095	21664	27725	27372	25347	28504	21988	25651	24905	27535
商丘市 Shangqiu	31229	19854	22750	33006	27932	37966	22647	28979	23323	25708
信阳市 Xinyang	29744	28082	25529	31638	29352	25853	30628	25974	30494	27295
周口市 Zhoukou	28005	29366		26920	29358	31947	31514	31851	25943	23855
驻马店市 Zhumadian	29342	28537	31815	28295	27163	33353	28574	34148	25382	59138
济源市 Jiyuan	30603		29203	30216	36375	35453	30330	32284	30593	35506

市 city	金融业 Finance	房地产业 Real estate	租赁和商务服务业 Tenancy and business services	科学研究和技术服务业 Scientific research, and technical service	水利、环境和公共设施管理业 Management of water conservancy, environment and public establishment	居民服务、修理和其他服务业 Resident services Repairing and other services	教育 Education	卫生和社会工作 Sanitation, and social work	文化、体育和娱乐业 Culture, sports and entertainment	公共管理、社会保障和社会组织 Public management social security and social organization
郑州市 Zhengzhou	33689	36415	29101	34567	34937	28117	26670	33140	30730	
开封市 Kaifeng	49434	32706	30580	33955	30246	29846	37376	34122	31153	24554
洛阳市 Luoyang	22670	30123	28464	33602	27623	24162	33554	29421	26291	23974
平顶山市 Pingdingshan	26811	28085	29648	23312	47288	54189	31786	24990	21932	24989
安阳市 Anyang	28645	29711	29808	26072	30136	22858	27935	20176	27591	
鹤壁市 Hebi		51362	24000	30620		33939	24672	28981	27000	
新乡市 Xinxiang	31630	31802	29934	25521	25867	28583	29676	27796	26701	28343
焦作市 Jiaozuo	21202	25752	23186	24787	34242	22384	28906	26454	22592	21673
濮阳市 Puyang	16186	26964	21290	18680	19749	20963	22317	23906	16370	
许昌市 Xuchang		43928	56888	41286	35167	40407		30843	12381	
漯河市 Luohe	35600	24728	30147	32000	19586	32149	21481	28636	27545	
三门峡市 Sanmenxia	26041	27437	27941	27462	23313	32923	24174	27810	27010	
南阳市 Nanyang	26210	30094	26231	28128	23952	23832	28615	28609	25382	25962
商丘市 Shangqiu	24205	27288	20500	25946	22845	17353	24071	19398	18479	23515
信阳市 Xinyang	29456	31035	30609	24026	31381	27370	30893	31618	30579	
周口市 Zhoukou		26291	27667	29319		29949	29991	35943	25887	
驻马店市 Zhumadian	41621	31102	31762	33887	33282	27473	31762	29628	29389	23370
济源市 Jiyuan		33911	26777	27393	30258	30281	32040	31563		

主要统计指标解释

从业人员　指在16周岁及以上，从事一定社会劳动并取得劳动报酬或经营收入的人员。这一指标反映了一定时期内全部劳动力资源的实际利用情况，是研究我国基本国情国力的重要指标。

单位就业人员　指报告期末最后一日24时在本单位中工作，并取得工资或其他形式劳动报酬的人员数。该指标为时点指标，不包括最后一日当天及以前已经与单位解除劳动合同关系的人员，是在岗职工、劳务派遣人员及其他就业人员之和。就业人员不包括：

(1)离开本单位仍保留劳动关系，并定期领取生活费的人员；

(2)利用课余时间打工的学生及在本单位实习的各类在校学生；

(3)本单位因劳务外包而使用的人员。

城镇私营和个体就业人员　城镇私营就业人员指在工商管理部门注册登记,其经营地址设在县城关镇(含县城关镇)以上的私营企业就业人员，包括私营企业投资者和雇工。城镇个体就业人员指在工商管理部门注册登记，并持有城镇户口或在城镇长期居住，经批准从事个体工商经营的就业人员，包括个体经营者和在个体工商户劳动的家庭帮工和雇工。

在岗职工　指在本单位工作且与本单位签订劳动合同，并由单位支付各项工资和社会保险、住房公积金的人员，以及上述人员中由于学习、病伤、产假等原因暂未工作仍由单位支付工资的人员。在岗职工还包括：

(1)应订立劳动合同而未订立劳动合同人员(如使用的农村户籍人员)；

(2)处于试用期人员；

(3)编制外招用的人员；

(4)派往外单位工作，但工资仍由本单位发放的人员(如挂职锻炼、外派工作等情况)。

工资总额　指根据《关于工资总额组成的规定》(1990年1月1日国家统计局发布的一号令)进行修订，在报告期内(季度或年度)直接支付给本单位全部就业人员的劳动报酬总额。包括计时工资、计件工资、奖金、津贴和补贴、加班加点工资、特殊情况下支付的工资，是在岗职工工资总额、劳务派遣人员工资总额和其他就业人员工资总额之和。

工资总额是税前工资，包括单位从个人工资中直接为其代扣或代缴的房费、水费、电费、住房公积金和社会保险基金个人缴纳部分等。

工资总额不论是计入成本的还是不计入成本的，不论是以货币形式支付的还是以实物形式支付的，均应列入工资总额的计算范围。

平均工资　指单位就业人员在一定时期内平均每人所得的货币工资额。它表明一定时期职工工资收入的高低程度，是反映就业人员工资水平的主要指标。计算公式为：

$$\text{平均工资}=\frac{\text{报告期实际支付的全部就业人员工资总额}}{\text{报告期全部就业人员平均人数}}$$

平均工资指数　指报告期就业人员平均工资与基期就业人员平均工资的比率，是反映不同时期就业人员货币工资水平变动情况的相对数。计算公式为：

$$\text{平均工资指数}=\frac{\text{报告期就业人员平均工资}}{\text{基期就业人员平均工资}}\times 100\%$$

平均实际工资指数　就业人员平均实际工资指扣除物价变动因素后的就业人员平均工资。就业人员平均实际工资指数是反映实际工资变动情况的相对数，表明就业人员实际工资水平提高或降低的程度。计算公式为：

$$平均实际工资指数 = \frac{报告期就业人员平均工资指数}{报告期城镇居民消费价格指数} \times 100\%$$

城镇登记失业人员　指有非农业户口，在一定的劳动年龄内(16 周岁至退休年龄)，有劳动能力，无业而要求就业，并在当地劳动保障部门进行失业登记的人员。

城镇登记失业率　城镇登记失业人员与城镇单位就业人员(扣除使用的农村劳动力、聘用的离退休人员、港澳台及外方人员)、城镇单位中的不在岗职工、城镇私营业主、个体户主、城镇私营企业和个体就业人员、城镇登记失业人员之和的比。

Explanatory Notes on Main Statistical Indicators

Employed Persons refer to persons aged 16 and over who are engaged in gainful employment and thus receive remuneration payment or earn business income. This indicator reflects the actual utilization of total labour force during a certain period of time and is often used for the research on China's economic situation and national power.

Persons Employed in Various Units refer to the total number of employees who work at his unit and obtain wages or other forms of payment at the end of the reporting period. This indicator is a kind of time point index and it equals to the sum of the number of employed staff and workers, labor dispatch personnel and other employed persons. Employed persons do not include:

1) persons who have left their working units while keeping their labour contract (employment relation) unchanged and receiving regular alimony;

2) students who do part-time jobs in spare time and all kinds of enrolled students who do internship in various units;

3) persons employed due to labor outsourcing;

4) persons who dissolve labor contracts with their units on the last day of reporting period or before.

Persons Employed in Private Enterprises and Self-Employed Individuals in Urban Areas Persons employed in private enterprises refer to the persons employed in the private enterprises which have been registered at the departments of industrial and commercial administration for which the business operation are situated at a county town (i.e. a town where the county government is located), or at urban areas with administrative hierarchy higher than a county town. The self-employed individuals in urban areas refer to persons who hold the certificates of residence in urban areas or have resided in the urban areas for a long time and have been registered at the departments of industrial and commercial administration and approved to be engaged in individual industrial or commercial business, including self-employed persons as well as helpers and hired laborers who work in individual households.

Employed Staff and Workers refer to persons who signed labor contracts with working units and working units would pay wages, social insurance and housing funds for them. Persons who have their work posts but are temporarily absent from work for reasons of study or on sick, injury or maternal leave and still receive wages from their working units are also included. Employed staff and workers also include:

1) Persons who should have signed the labor contracts but not (like people with rural household registration);

2) Employees on probation;

3) Employees beyond the staffing quota;

4) Employees who are sent to other working units but still obtain wages from their original units (situations like on-the-job placement, expatriated assignment, etc.)

1) Employed Staff and Workers do not include: Dispatched personnel who work and are paid directly by the working units; they shall be counted into "labour dispatch personnel" of the working units;

2) Personnel through labor outsourcing, they shall be counted into "employed staff and workers" of the units which contracted them.

Total Wage Bill It is revised according to the "Provision of Composition of Total Wages" (Order No.1 by National Bureau of Statistics on January, 1st, ,1990), total wage bill refers to the total remuneration payment to all employed persons in various units during the reporting period (by quarter or by year), including hourly-paid wages, piece-rate wages, bonuses, allowance and subsidies, overtime wages and wages paid under special circumstances. It equals to the sum of total wages of employed staff and workers, dispatch labors and other employed persons.

Total wage bill is pre-tax wages, including the room charges, utility bills, housing funds and social insurance paid or withheld by employee's units.

Total wage bill, whether or not included in cost, whether or not paid in money or in kind, shall be included in the calculation of total wage.

Average Wage refers to the average per capita wage in money terms during a certain period of time for employed persons. It shows the general level of wage income of staff and worker during a certain period of time, one major indicator to reflect the wage level. It is calculated as follows:

$$\text{Average Wage} = \frac{\text{Total Wage Bill of Employed Persons at Reference Time}}{\text{Average Number of Persons Employed at Reference Time}}$$

Average Wage Indices refers to the ratio of average wage of employed persons the reporting period to that at the base period, which reflects the change of wage of employed persons at the different period. It is calculated as follows:

$$\text{Average Wage Indices} = \frac{\text{Average Wage of Employed Persons at Reference Time}}{\text{Average Wage of Persons Employeds at Base Period}} \times 100\%$$

Average Real Wage Indices average real wage of employed persons refers to the average wage of employed persons after removing the effects of the price changes and average real wage indices of employed persons refers to the change of real wage, which reflects the relative increasing or decreasing level of real wage of employed persons ,which is calculated as follows:

$$\text{Average Real Wage Indices} = \frac{\text{Average Wage Indices of Employed Persons at the Reference Time}}{\text{Urban Consumer Price Indices at Reference Time}} \times 100\%$$

Registered Unemployed Persons in Urban Areas refer to the persons with non-agricultural household registration at certain working ages (16 years old to retirement age), who are capable of working, unemployed and willing to work, and have been registered at the local employment service agencies to apply for a job.

Registered Unemployment Rate in Urban Areas refers to the ratio of the number of the registered unemployed persons to the sum of the number of persons employed in various units (minus the employed rural labour force, re-employed retirees, and Hong Kong, Macao, Taiwan or foreign employees), laid-off staff and workers in urban units, owners of private enterprises in urban areas, owners of self-employed individuals in urban areas, employees of private enterprises in urban areas, employee of self-employed individuals in urban areas, and the registered unemployed persons in urban areas.

固定资产投资

Investment in Fixed Assets

● 资料整理：邱　倩

简要说明

一、主要内容

本篇包括固定资产投资的规模、结构和比例关系、资金来源、投资效果及大型项目等资料。

二、统计范围

固定资产投资统计范围包括：城乡计划总投资500万元及500万元以上建设项目投资，房地产开发投资及农户投资。

三、统计口径的变化

自1997年起，除房地产开发投资、农村非农户投资、个人投资及城镇和工矿区私人建房投资外，固定资产投资的统计起点由5万元提高到50万元。自2006年起，非农户固定资产投资统计改为按项目统计，调查方法由抽样调查改为全面统计报表，起点提高到50万元。城镇和工矿区私人建房投资改为按项目统计，起点为50万元。自2011年起，固定资产投资的统计起点由50万元提高到500万元，2010年新口径数据与2011年标准一致；取消“城镇固定资产投资”指标。

四、资料来源

农村居民投资数据来源于农村住户抽样调查，除此以外的固定资产投资统计资料均为全面统计报表，由河南省统计局固定资产投资统计处编辑整理。

Brief Introduction

I. Main Contents

Statistics in this chapter include the size, growth, structure, ratio, financing and results of the investment in fixed assets and major projects.

II. Scope of Statistics

Statistics on the investment in fixed assets cover investments in capital construction projects investment 5 million yuan and over , investments in real estate development and farm household investment.

III. Changes in Statistical Scope

Since 1997, the cut-off point of projects covered by statistics of investment in fixed assets are raised from an investment of 50,000 yuan to 500,000 yuan, except investment in real estate development, farm household investment, non-farm household investment and private investment in housing construction in urban areas and industrial and mining areas. Since 2006, statistics on investments in fixed assets of rural non-farm households are changed to project-based, the sample survey method changed from Sampling survey to comprehensive statistics, investments in private investment in housing construction in urban areas and industrial and mining areas The cut-off point has been raised to 500,000 yuan. Since 2011, the cut-off point of projects covered by statistics of investment in fixed assets are raised from an investment of 500,000 yuan to 5 million yuan, and the same as New caliber data on 2010Index of investment in fixed assets in unban areas was canceled.

IV. Sources of Data

Data on individual investments in fixed assets in rural areas are collected through sample surveys, Other data on investment in fixed assets are collected by the system of reporting form with complete enumeration, which are provided by the Department of investment in fixed assets of the Henan provincial Bureau of Statistics.

6-1 全社会固定资产投资总额

Investment in Fixed Assets in the whole Province

年 份 Year	全社会固定资产投资总额(亿元) Total Investment in Fixed Assets (100 million yuan)	固定资产投 资 Invest-ment	#工业投资 Industry Invest-ment	#房地产开发投资 Real Estate Development	#基础设施投 资 Infras-tructure Development	农户投资 Farm Households Development	#民间投资 civilian Invest-ment	#基础设施投 资 Infras-tructure Development
1978	24.80							
1979	23.75							
1980	24.27							
1981	47.25							
1982	53.52							
1983	61.40							
1984	86.93							
1985	126.95	82.64				44.32	62.38	
1986	144.94	92.05				52.89	72.47	
1987	160.42	103.20				57.22	78.05	
1988	204.05	134.32				69.73	98.42	
1989	187.68	124.53			24.20	63.15	88.06	24.20
1990	206.12	139.33	87.77	3.43	29.42	66.79	97.89	29.42
1991	256.46	175.38	115.46	4.07	38.12	81.08	112.18	38.12
1992	318.83	250.07	133.83	8.78	55.03	68.76	129.68	55.03
1993	450.43	395.22	181.93	25.27	107.55	55.21	155.58	107.55
1994	628.03	560.32	238.54	49.61	163.30	67.71	215.51	163.30
1995	805.03	713.72	301.69	62.56	224.20	91.31	303.96	224.20
1996	1003.61	881.61	357.97	54.84	290.86	122.00	427.83	290.86
1997	1165.19	979.48	365.52	51.75	328.42	152.00	539.44	328.42
1998	1252.22	1047.41	337.88	58.10	382.03	193.10	595.69	382.03
1999	1324.18	1073.24	404.71	70.41	420.74	210.94	639.42	420.74
2000	1475.72	1176.76	446.77	77.87	509.22	254.95	698.79	509.22
2001	1627.99	1305.87	480.15	102.84	581.51	276.13	781.97	581.51
2002	1820.45	1483.81	524.86	138.36	628.57	295.42	911.76	628.57
2003	2310.54	1983.75	833.27	185.56	828.88	321.79	1228.28	828.88
2004	3099.38	2750.61	1287.17	258.82	1052.59	348.77	1526.42	1075.62
2005	4378.69	3928.49	1938.66	388.52	1331.78	450.20	2434.94	1368.55
2006	5907.74	5399.54	2704.35	581.95	1633.77	508.20	3600.76	1733.94
2007	8010.11	7418.57	4081.42	837.11	1694.92	591.54	5573.14	1725.19
2008	10490.65	9821.02	5385.76	1206.71	1972.73	669.63	7659.96	2008.46
2009	13704.65	12924.53	6954.42	1553.76	2687.75	780.12	10561.40	2715.39
2010	14124.69 (16585.85)	13338.05 (15799.21)	6800.63 (8223.57)	2114.08	2007.31 (3209.62)	786.64	11109.84 (13021.83)	2035.79 (3238.10)
2011	17770.51	16935.88	9110.52	2626.54	2371.06	834.63	14151.06	2399.55
2012	21449.99	20558.61	11024.18	3035.29	2755.72	891.38	17513.16	2786.17
2013	26087.45	25188.06	13132.81	3843.76	3259.53	899.39	21540.29	3293.03
2014	30782.17	30012.28	15378.16	4375.71	3883.47	769.89	26203.10	3917.96
2015	35660.34	34951.28	17023.35	4818.93	5246.64	709.06	30368.11	5278.89

注：1.1997-2003年全社会投资总额中含规模为5-50万元地方项目投资，其他指标均不包括(下同)。

2.2005年及以前年度全社会、固定资产投资及各种分组中包括城镇工矿区私人建房投资(下同)。

a)Data of Investment in fixed assets in 1997~2003 contained local projects from 50000 to 500000 Yuan,other indicators didn't contained these projects (the same as in following tables)

b)Fixed Assets Investment in the Whole Country and Fixed Assets Investment, as well as investment by Group in and before 2005 included the Housing Investment by Individuals in Urban Areas and in Industrial and Mining Areas.(the same as the following tables)

6-2 各种分组的全社会固定资产投资

Investment in Fixed Assets in the whole Province by Group

项　目	Item	2010	2011	2012	2013	2014	2015
投资总额(亿元)	**Total Investment (100 million yuan)**	**14124.69**	**17770.51**	**21449.99**	**26087.45**	**30782.17**	**35660.34**
按登记注册类型分	**By Registration status**						
国有经济	State-Owned Units	2390.83	2829.97	3177.10	3681.96	3883.08	4456.11
集体经济	Collective-Owned Units	1006.82	1044.34	1133.53	1348.33	1624.90	1532.78
城乡个人	Individuals	940.55	959.53	1021.83	980.57	854.46	826.35
#农村	Rural	786.64	834.63	891.38	899.40	769.89	709.06
联营经济	Joint-Ownership Economic Units	23.82	52.51	32.30	51.64	39.34	35.11
股份制经济	Share Holding Economic Units	4267.91	6212.65	7381.51	8976.59	10767.24	13043.41
港澳台投资经济	Economic Units Funded by Entrepreneurs from Hong Kong, Macao and Taiwan	207.72	230.74	228.54	212.65	139.21	141.71
外商投资经济	Foreign Funded Economic Units	145.87	185.92	208.96	245.44	166.11	144.03
私营经济	Privately Owned Enterprises	4228.95	4748.55	5963.83	7791.74	9847.52	11098.51
其他经济	Others	912.21	1506.31	2302.39	2798.56	3460.31	4382.29
按隶属关系分	**Grouped by Administrative Relationship**						
中央	Central Investment	286.04	254.68	256.29	266.26	208.89	246.35
地方	Local Investment	13838.65	17515.83	21193.70	25821.20	30573.28	35414.00
按构成分	**Grouped by Use of Funds**						
建筑安装工程	Construction and Installation	8790.41	11161.90	13036.40	16008.51	19647.87	22912.74
设备、工具、器具购置	Purchase of Equipment and Instruments	3647.26	4522.66	5808.30	7285.86	8065.60	9185.75
其他费用	Others	1687.02	2085.96	2605.29	2793.08	3068.70	3561.86
资金来源(亿元)	**Source of Funds (100 million yuan)**						
国家预算内资金	State Budgetary Appropriation	303.21	353.71	412.02	583.90	861.17	1228.73
国内贷款	Domestic Loans	1376.95	2100.74	2494.87	3271.21	4000.91	4076.22
债券	Bond						
利用外资	Foreign Investment	38.98	100.68	78.08	86.88	94.69	46.55
自筹资金	Fundraising	11192.79	13990.31	16790.36	20362.65	23785.09	27936.72
其他资金	Others	3681.56	4115.97	5129.70	1782.81	2040.31	2272.66
房屋建筑面积(万平方米)	**Floor Space of Buildings (10 000 sq.m)**						
施工面积	Floor Space Under Construction	67803	72560	81028	96791	89258	80328
#住宅	Residential Buildings	38503	41376	42960	45800	44616	42087
竣工面积	Floor Space Completed	29614	28120	27641	24856	24529	20641
#住宅	Residential Buildings	20123	19810	18074	16175	15700	12560

6-3 各市按城乡及三次产业分的全社会固定资产投资(2015年)

Investment in Fixed Assets in the whole Province by Rural and Urban Area and Industry (2015)

单位：亿元 (100 million yuan)

市(县) City(County)	合计 Total	固定资产投资 Investment in Fixed Assets	农户投资 Rural Area	第一产业 Primary Industry	第二产业 Secondary Industry	第三产业 Tertiary Industry
全省 Total	**35660.34**	**34951.28**	**709.06**	**1545.81**	**17011.81**	**17102.73**
省辖市 City						
郑州市 Zhengzhou	6371.72	6288.00	83.72	89.30	1480.45	4801.97
开封市 Kaifeng	1354.45	1324.52	29.93	43.14	707.55	603.75
洛阳市 Luoyang	3576.69	3536.96	39.73	202.76	1656.70	1717.23
平顶山市 Pingdingshan	1627.39	1603.14	24.25	188.20	751.35	687.84
安阳市 Anyang	1862.88	1830.98	31.90	86.46	917.45	858.97
鹤壁市 Hebi	701.40	692.43	8.97	33.87	416.73	250.79
新乡市 Xinxiang	1964.95	1927.21	37.74	59.96	1114.17	790.83
焦作市 Jiaozuo	1906.26	1879.95	26.31	42.95	1312.71	550.59
濮阳市 Puyang	1324.34	1305.28	19.06	49.82	724.91	549.62
许昌市 Xuchang	1965.37	1931.08	34.29	114.91	1082.30	768.16
漯河市 Luohe	927.27	908.53	18.74	15.73	617.82	293.74
三门峡市 Sanmenxia	1548.97	1538.77	10.20	152.33	770.98	625.61
南阳市 Nanyang	2989.62	2911.20	78.42	245.69	1716.93	1027.00
商丘市 Shangqiu	1768.73	1717.25	51.48	22.11	1013.24	733.38
信阳市 Xinyang	2085.28	2023.88	61.40	94.27	802.82	1188.21
周口市 Zhoukou	1693.73	1607.30	86.43	66.30	955.12	672.30
驻马店市 Zhumadian	1512.02	1449.76	62.26	55.84	763.74	692.43
济源市 Jiyuan	479.27	475.05	4.22	15.81	221.32	242.13
省直管县 Province Administrating County						
巩义市 Gongyi	484.50	475.49	9.01	3.98	331.35	149.17
兰考县 Lankao	154.34	147.79	6.55	4.03	93.86	56.45
汝州市 Ruzhou	286.38	282.78	3.60	45.69	105.20	135.49
滑县 Huaxian	153.50	148.56	4.94	17.12	79.06	57.31
长垣县 Changyuan	288.05	282.96	5.09	14.62	189.56	83.87
邓州市 Dengzhou	291.04	280.74	10.30	41.69	98.36	150.99
永城市 Yongcheng	310.18	307.13	3.05	3.24	137.61	169.33
固始县 Gushi	270.86	260.98	9.88	16.22	114.08	140.55
鹿邑县 Luyi	172.08	159.84	12.24	3.35	101.80	66.93
新蔡县 Xincai	129.18	121.57	7.61	4.29	78.15	46.75

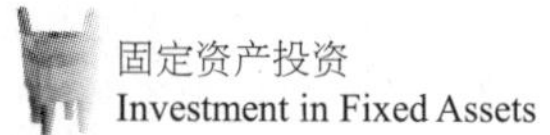

6-4 各市全社会固定资产投资实际到位资金(2015年)

Actual Funds for Investment in Fixed Assets in the whole Province by City (2015)

单位：亿元 (100 million yuan)

市(县)	City(County)	本年实际到位资金 Subtotal of Actual Funds for Investment	国家预算资金 State Budget	国内贷款 Domestic Loans	利用外资 Foreign Investment	自筹资金 Self-raising Funds	其他资金 Others
全省	**Total**	**35560.87**	**1228.73**	**4076.22**	**46.55**	**27936.72**	**2272.66**
省辖市	**City**						
郑州市	Zhengzhou	6418.24	554.09	554.23	1.50	4373.50	934.93
开封市	Kaifeng	1375.01	23.46	180.05	5.76	1094.23	71.51
洛阳市	Luoyang	3511.74	63.83	218.74	0.95	2987.80	240.42
平顶山市	Pingdingshan	1618.78	43.74	251.62	11.12	1194.89	117.42
安阳市	Anyang	1857.56	22.26	76.21		1676.54	82.54
鹤壁市	Hebi	687.57	33.02	140.12	1.77	480.48	32.20
新乡市	Xinxiang	1967.63	28.56	222.39	3.04	1627.27	86.37
焦作市	Jiaozuo	1915.32	13.65	409.97		1448.31	43.39
濮阳市	Puyang	1315.15	67.09	137.99		1056.51	53.56
许昌市	Xuchang	1983.79	50.07	390.98		1474.80	67.93
漯河市	Luohe	930.19	3.03	64.69	1.14	852.80	8.53
三门峡市	Sanmenxia	1491.66	95.28	270.93		1081.91	43.54
南阳市	Nanyang	3011.97	85.30	230.24	3.54	2580.27	112.61
商丘市	Shangqiu	1770.55	17.32	173.34	0.71	1475.62	103.56
信阳市	Xinyang	2043.03	28.69	382.84	1.32	1416.73	213.45
周口市	Zhoukou	1686.38	44.69	190.61	14.89	1420.99	15.20
驻马店市	Zhumadian	1505.60	41.84	134.19	0.80	1278.85	49.92
济源市	Jiyuan	470.70	12.83	45.66		397.44	14.77
省直管县	**Province Administrating County**						
巩义市	Gongyi	481.98	0.12	16.53		453.39	11.94
兰考县	Lankao	153.10	2.94	20.04		128.13	1.99
汝州市	Ruzhou	292.42	2.48	69.60	1.53	177.92	40.89
滑县	Huaxian	153.53	4.15	0.33		145.17	3.88
长垣县	Changyuan	290.23	10.40	10.12		264.22	5.48
邓州市	Dengzhou	292.69		21.06		264.78	6.84
永城市	Yongcheng	309.35		0.85		295.12	13.39
固始县	Gushi	271.12	0.51	64.66	0.85	193.13	11.97
鹿邑县	Luyi	171.43	14.83	6.44		146.83	3.32
新蔡县	Xincai	120.92	2.56	6.61		111.69	0.06

6-5 各市按登记注册类型分的全社会固定资产投资(2015年)

Investment in Fixed Assets in the whole Province by Status of Registration and City (2015)

单位：亿元 (100 million yuan)

市(县) City(County)	总计 Total	内资 Domestic	国有 State-owned	集体 Collective-owned	股份合作 Cooperative	联营 Joint
全省 Total	**35660.34**	**35374.55**	**4217.65**	**1351.10**	**155.63**	**109.43**
省辖市 City						
郑州市 Zhengzhou	6371.72	6298.23	1391.23	326.20	23.70	16.08
开封市 Kaifeng	1354.45	1348.55	130.60	56.68	13.35	4.15
洛阳市 Luoyang	3576.69	3515.77	366.87	250.27	14.85	8.17
平顶山市 Pingdingshan	1627.39	1607.12	193.95	42.14	1.10	3.84
安阳市 Anyang	1862.88	1860.54	146.45	44.69	0.97	
鹤壁市 Hebi	701.40	694.80	73.57	2.04		4.47
新乡市 Xinxiang	1964.95	1951.90	135.68	79.57	9.44	4.60
焦作市 Jiaozuo	1906.26	1898.95	106.74	37.31	15.68	5.52
濮阳市 Puyang	1324.34	1323.71	240.78	36.64	0.58	3.10
许昌市 Xuchang	1965.37	1955.29	100.51	59.47		11.77
漯河市 Luohe	927.27	922.93	21.65	36.01	6.00	20.23
三门峡市 Sanmenxia	1548.97	1534.60	364.98	58.70	16.04	
南阳市 Nanyang	2989.62	2960.24	319.67	101.96	10.28	4.00
商丘市 Shangqiu	1768.73	1764.38	132.06	32.63	10.69	1.96
信阳市 Xinyang	2085.28	2080.22	215.59	65.79	8.71	3.59
周口市 Zhoukou	1693.73	1672.47	138.94	21.86	4.82	3.17
驻马店市 Zhumadian	1512.02	1505.59	105.92	91.31	19.42	2.39
济源市 Jiyuan	479.27	479.26	32.45	7.82		12.38
省直管县 Province Administrating County						
巩义市 Gongyi	484.50	482.20	6.18	21.67	7.14	0.12
兰考县 Lankao	154.34	154.34	10.22	11.75		
汝州市 Ruzhou	286.38	283.65	32.14	3.60		
滑县 Huaxian	153.50	153.50	21.16	5.12		
长垣县 Changyuan	288.05	288.05	13.13	1.30		
邓州市 Dengzhou	291.04	289.82	82.89	12.90		1.50
永城市 Yongcheng	310.18	310.18	0.34	24.52	6.79	
固始县 Gushi	270.86	270.86	34.60			
鹿邑县 Luyi	172.08	172.08	28.93			
新蔡县 Xincai	129.18	129.18	3.45	10.43	15.26	0.08

6-5 续表 continued

单位：亿元 (100 million yuan)

市(县) City(County)	有限责任公司 Limited Liability	股份有限公司 Share-holding	私营 Private	个体 Self-employed Individual	其他 Others	港、澳、台商投资 Funds from Hong Kong, Macao and Taiwan	外商投资 Foreign Funded
全省 Total	**11023.84**	**2209.75**	**11098.51**	**826.35**	**4382.29**	**141.71**	**144.03**
省辖市 City							
郑州市 Zhengzhou	2258.64	200.38	1133.54	83.72	864.75	50.04	23.45
开封市 Kaifeng	557.84	45.63	450.61	30.33	59.35	5.59	0.31
洛阳市 Luoyang	1143.73	124.60	1204.01	44.60	358.65	31.18	29.75
平顶山市 Pingdingshan	728.44	95.88	355.93	30.05	155.78	1.05	19.22
安阳市 Anyang	759.75	59.02	658.53	42.60	148.51	1.67	0.67
鹤壁市 Hebi	348.52	5.41	179.15	8.97	72.67	1.57	5.02
新乡市 Xinxiang	478.80	59.27	544.53	53.51	586.51	9.36	3.69
焦作市 Jiaozuo	406.81	167.11	1016.13	29.32	114.33	7.31	
濮阳市 Puyang	318.03	119.14	535.39	20.11	49.95	0.50	0.12
许昌市 Xuchang	646.98	118.63	611.63	36.64	369.66	4.85	5.23
漯河市 Luohe	217.31	221.69	270.03	18.74	111.27	1.22	3.13
三门峡市 Sanmenxia	422.39	40.69	432.03	12.09	187.68	6.28	8.10
南阳市 Nanyang	494.27	269.03	1378.90	91.31	290.81	10.73	18.65
商丘市 Shangqiu	481.08	84.30	688.91	51.48	281.27	0.36	3.94
信阳市 Xinyang	682.78	55.94	615.06	106.35	326.41	2.18	2.88
周口市 Zhoukou	350.26	479.56	411.11	99.25	163.51	2.13	19.13
驻马店市 Zhumadian	502.01	48.01	580.07	62.26	94.19	5.68	0.75
济源市 Jiyuan	226.20	15.47	32.94	5.02	146.99	0.01	
省直管县 Province Administrating County							
巩义市 Gongyi	139.26	31.72	216.68	9.01	50.43	2.30	
兰考县 Lankao	11.39	0.93	113.50	6.55			
汝州市 Ruzhou	118.25	10.37	45.75	3.60	69.94	0.88	1.85
滑县 Huaxian	113.71	3.94	4.13	4.94	0.50		
长垣县 Changyuan	33.12	1.58	2.19	5.09	231.65		
邓州市 Dengzhou	78.55	4.01	89.04	10.30	10.63	1.22	
永城市 Yongcheng	16.65	2.27	256.56	3.05			
固始县 Gushi	151.86	4.17	0.16	9.88	70.19		
鹿邑县 Luyi	31.65	96.75	1.26	12.24	1.25		
新蔡县 Xincai	16.29	19.33	56.51	7.61	0.24		

6-6 各市分行业全社会固定资产投资(2015年)
Investment in Fixed Assets in the Urban Area by Sector and City (2015)

单位：亿元 (100 million yuan)

市(县) City(County)	合计 Total	农林牧渔业 Farming, Forestry, Animal Husbandry and Fishery	工业 Industry	建筑业 Construction	批发和零售业 Wholesale and retail trade	交通运输仓储及邮政业 Traffic, transport, storage and post	住宿和餐饮业 Accommodation and Restaurants	信息传输、软件和信息技术服务业 Information transfer, software and Information technology services	金融业 Finance
全省 Total	**35660.34**	**1738.89**	**17030.74**	**11.30**	**1176.66**	**1937.81**	**411.13**	**161.65**	**19.68**
省辖市 City									
郑州市 Zhengzhou	6371.73	92.02	1476.54	6.28	214.08	515.79	34.37	69.45	2.85
开封市 Kaifeng	1354.44	48.05	707.55		47.73	54.36	11.70	4.16	1.42
洛阳市 Luoyang	3576.69	238.14	1662.55		92.45	113.87	61.07	34.99	4.27
平顶山市 Pingdingshan	1627.39	196.92	750.62	0.96	100.73	102.67	49.85	9.64	1.46
安阳市 Anyang	1862.88	101.30	927.77		61.59	116.03	24.53	3.96	5.10
鹤壁市 Hebi	701.40	34.67	416.65		28.67	21.43	6.94		0.17
新乡市 Xinxiang	1964.95	81.38	1118.47		39.28	82.94	9.61	8.88	0.48
焦作市 Jiaozuo	1906.26	43.59	1310.19	4.03	47.61	113.55	51.03	9.82	1.77
濮阳市 Puyang	1324.34	56.51	725.05		54.93	71.23	21.78	0.81	0.27
许昌市 Xuchang	1965.38	116.96	1082.37		102.33	58.64	22.48	2.00	
漯河市 Luohe	927.28	21.38	617.82		44.47	42.54	13.90		0.32
三门峡市 Sanmenxia	1548.97	158.86	771.98		27.69		5.36	5.91	
南阳市 Nanyang	2989.61	284.01	1716.62	0.59	118.58	150.53	23.85	1.53	0.49
商丘市 Shangqiu	1768.73	22.55	1013.20		58.60	68.02	15.75	2.27	0.22
信阳市 Xinyang	2085.29	110.17	802.27		68.28	127.14	18.72	3.18	0.47
周口市 Zhoukou	1693.72	77.45	955.12		43.75	73.08	10.43	4.08	0.33
驻马店市 Zhumadian	1512.02	69.79	762.53		33.16	65.63	8.43		
济源市 Jiyuan	479.27	18.77	221.01		11.34	34.72	19.93	1.12	0.06
省直管县 Province Administrating County									
巩义市 Gongyi	484.50	4.34	331.60		8.41	16.10	1.49		
兰考县 Lankao	154.34	4.62	93.86		1.90	10.14	0.39		
汝州市 Ruzhou	286.38	46.24	105.14		22.58	33.42	11.96	9.19	0.46
滑县 Huaxian	153.50	18.38	79.06		13.86	5.51			
长垣县 Changyuan	288.06	14.63	189.56		12.33	1.25			
邓州市 Dengzhou	291.05	51.29	98.36		13.76	16.43	0.70		
永城市 Yongcheng	310.19	3.24	137.61		1.21	18.23	5.38		
固始县 Gushi	270.86	16.22	114.08		5.97	11.16	1.57		
鹿邑县 Luyi	172.08	5.14	101.80		2.05	7.61	4.15		
新蔡县 Xincai	129.19	5.51	78.15		3.62	3.00			

6-6 续表 continued

单位：亿元 (100 million yuan)

市(县) City(County)	房地产业 Real estate	租赁和商务服务业 Tenancy and business services	科学研究和技术服务业 Scientific research, and technical service	水利、环境和公共设施管理业 Management of water conservancy, environment and public establishment	居民服务、修理和其他服务业 Resident services Repairing and other services	教育 Education	卫生和社会工作 Sanitation, and social work	文化、体育和娱乐业 Culture, sports and entertainment	公共管理、社会保障和社会组织 Public management social security and social organization
全　　省 Total	**8161.91**	**441.43**	**184.72**	**2782.89**	**204.06**	**417.93**	**416.47**	**371.02**	**192.06**
省　辖　市 City									
郑　州　市 Zhengzhou	2699.60	153.78	71.15	771.93	2.22	93.92	72.70	62.05	33.01
开　封　市 Kaifeng	306.01	26.65	18.13	67.20	5.14	6.83	13.61	34.92	1.00
洛　阳　市 Luoyang	686.00	21.72	15.52	394.08	60.13	54.76	65.52	64.71	6.75
平顶山市 Pingdingshan	220.49	3.36	1.95	96.45	3.94	18.04	18.10	43.73	8.37
安　阳　市 Anyang	290.47	58.35	5.16	119.69	70.14	26.70	4.28	20.65	23.17
鹤　壁　市 Hebi	128.81	3.33	1.43	36.31	0.85	7.01	9.08	4.98	0.98
新　乡　市 Xinxiang	456.25	35.00	5.55	73.13	2.40	15.03	20.58	12.74	3.26
焦　作　市 Jiaozuo	188.23	23.18	10.34	45.37	4.32	21.71	9.72	12.88	8.93
濮　阳　市 Puyang	196.45	6.43	4.71	129.78	5.24	15.84	20.32	3.62	11.38
许　昌　市 Xuchang	304.14	28.89	11.49	131.11	4.55	31.74	28.80	14.69	25.19
漯　河　市 Luohe	106.62	2.84		43.22	1.80	15.19	8.58	4.50	4.11
三门峡市 Sanmenxia	223.52	0.57	3.69	168.11	5.46	3.79	30.75	6.91	12.21
南　阳　市 Nanyang	298.34	20.79	14.51	213.94	7.61	41.93	39.26	33.98	23.04
商　丘　市 Shangqiu	397.24	13.02	6.86	123.14	5.26	5.39	15.08	18.85	3.25
信　阳　市 Xinyang	719.35	4.93	2.15	158.56	2.62	23.10	18.49	11.30	14.02
周　口　市 Zhoukou	386.51	8.55	7.95	74.66	0.27	14.42	27.80	8.93	0.38
驻马店市 Zhumadian	402.32	21.60	0.40	98.14	6.23	16.04	6.11	9.39	11.04
济　源　市 Jiyuan	102.96	6.14	3.74	38.97	1.52	6.64	7.71	2.35	1.98
省直管县 Province Administrating County									
巩　义　市 Gongyi	68.99	5.67	0.93	35.03		2.80	5.71	3.38	
兰　考　县 Lankao	35.37		4.28	2.03		0.07		0.68	1.00
汝　州　市 Ruzhou	11.13	0.86		23.23		3.76	7.86	9.57	0.62
滑　　县 Huaxian	19.22			4.58	0.76	5.22	0.50	1.03	5.38
长　垣　县 Changyuan	46.34	16.81		6.03			1.11		
邓　州　市 Dengzhou	66.67	8.92		28.40		4.84	0.78	0.89	
永　城　市 Yongcheng	105.54	1.93	4.25	18.15	2.34		3.80	8.50	
固　始　县 Gushi	75.76	2.63		35.26	0.99	4.86	1.51	0.84	
鹿　邑　县 Luyi	31.61	5.24	0.50	7.85		2.03	1.95	2.15	
新　蔡　县 Xincai	35.49		0.35	2.16			0.08	0.25	0.57

6-7 各市按构成分的全社会固定资产投资及房屋面积(2015年)

Total Investment in Fixed Assets and Floor Space of Buildings by Composition in Cities (2015)

市(县) City(County)	全社会固定资产投资总额(亿元) Total Investment in Fixed Assets(100 million yuan)					房屋面积(万平方米) Floor Space of Buildings (10 000 sq.m)			
	合计 Total	建筑工程 Construction	安装工程 Installation	设备、工具、器具购置 Purchase of Equipment and Instruments	其他费用 Others	施工面积 Floor Space Under Construction	#住宅 Residential Buildings	竣工面积 Floor Space Completed	#住宅 Residential Buildings
全省 Total	**35660.34**	**22391.96**	**520.77**	**9185.75**	**3561.86**	**80817**	**42087**	**20641**	**12560**
省辖市 City									
郑州市 Zhengzhou	6371.72	4664.53	88.35	664.32	954.53	15899	8342	2441	1628
开封市 Kaifeng	1354.45	757.46	24.15	485.00	87.83	4183	1891	1842	751
洛阳市 Luoyang	3576.69	2015.71	57.66	946.27	557.04	9167	5590	3069	2418
平顶山市 Pingdingshan	1627.39	802.57	42.08	577.02	205.72	4320	1703	880	409
安阳市 Anyang	1862.88	1133.98	51.89	600.05	76.96	3693	2247	796	512
鹤壁市 Hebi	701.40	517.41	5.80	158.20	19.99	1544	793	228	165
新乡市 Xinxiang	1964.95	1269.62	53.12	561.70	80.51	4997	2645	875	740
焦作市 Jiaozuo	1906.26	512.60	14.07	1150.68	228.90	2990	1115	734	485
濮阳市 Puyang	1324.34	481.22	8.97	537.40	296.76	1852	1230	533	349
许昌市 Xuchang	1965.37	1340.95	53.40	483.30	87.74	8552	6485	5632	5446
漯河市 Luohe	927.27	584.13	9.23	314.42	19.50	1613	933	270	205
三门峡市 Sanmenxia	1548.97	976.93	37.75	396.02	138.27	1815	1097	468	335
南阳市 Nanyang	2989.62	2041.02	35.60	657.91	255.09	6887	3259	1573	1281
商丘市 Shangqiu	1768.73	1064.13	9.08	555.98	139.54	4461	2920	1383	956
信阳市 Xinyang	2085.28	1515.37	10.54	267.07	292.31	6457	4349	3076	2166
周口市 Zhoukou	1693.73	1227.73	3.04	422.35	40.61	4234	2397	2658	1625
驻马店市 Zhumadian	1512.02	1181.55	1.68	298.14	30.65	4879	2303	1994	1006
济源市 Jiyuan	479.27	209.71	14.49	179.89	75.17	916	451	219	122
省直管县 Province Administrating County									
巩义市 Gongyi	484.50	292.76	24.04	155.15	12.54	509	281	161	122
兰考县 Lankao	154.34	124.25	0.25	26.13	3.71	237	159	127	120
汝州市 Ruzhou	286.38	171.96	12.09	85.23	17.11	928	151	132	50
滑县 Huaxian	153.50	107.26	0.07	39.87	6.30	420	244	160	88
长垣县 Changyuan	288.05	114.09	25.03	148.71	0.23	1358	379	84	78
邓州市 Dengzhou	291.04	173.34	0.34	99.01	18.36	355	281	140	133
永城市 Yongcheng	310.18	273.99	0.30	26.05	9.85	689	548	57	53
固始县 Gushi	270.86	209.77	0.18	36.90	24.00	966	605	507	356
鹿邑县 Luyi	172.08	135.04	0.60	28.83	7.61	293	240	125	124
新蔡县 Xincai	129.18	93.87	0.12	35.20		481	196	138	58

6-8 固定资产投资
Investment in Fixed Assets

项　　目	Item	2010	2011	2012	2013	2014	2015
投资总额(亿元)	**Total Investment (100 million yuan)**	**13338.05**	**16935.88**	**20558.61**	**25188.06**	**30012.28**	**34951.28**
按控股情况分	by Shore-holding						
国有控股	State-holding	2721.10	3264.78	3594.37	4206.72	4333.37	5109.88
集体控股	Collective-holding	1371.79	1416.32	1466.92	1668.07	2015.49	2004.29
港澳台商控股	Hong Kong, Macao and Taiwan-holding	177.92	203.24	192.94	179.49	130.14	114.73
外商控股	Foreign-holding	115.83	151.43	149.13	159.27	122.52	107.67
私人及其他控股	Private and others-holding	8951.40	11900.11	15155.26	18974.51	23410.78	27614.67
按隶属关系分	Grouped by Administrative Relationship						
中央	Central Investment	286.04	254.68	256.29	266.26	208.89	246.35
地方	Local Investment	13052.01	16681.20	20302.32	24921.80	29803.40	34704.94
按构成分	Grouped by Use of Funds						
建筑安装工程	Construction and Installation	8097.28	10418.25	12242.18	15213.67	18955.96	22271.38
设备、工器具购置	Purchase of Equipment and Instruments	3567.21	4438.31	5718.27	7188.35	7994.89	9126.17
其他费用	Others	1673.56	2079.33	2598.16	2786.04	3061.43	3553.74
按建设性质分	Grouped by Type of Construction						
#新建	New Construction	8061.23	10893.91	13731.39	17695.98	21842.58	26228.12
扩建	Expansion	1978.27	2070.08	2185.20	2140.70	2032.49	2110.29
改建和技术改造	Reconstruction	956.16	1107.52	1306.37	1195.15	1308.28	1203.33
资金来源(亿元)	**Source of Funds (100 million yuan)**	**13704.12**	**17254.35**	**20818.69**	**25631.18**	**30162.83**	**34851.81**
国家预算资金	State Budgetary Appropriation	303.21	353.71	412.02	578.32	861.17	1228.73
国内贷款	Domestic Loans	1373.40	2093.30	2490.13	3270.31	3995.63	4066.45
债券	Bond					0.69	
利用外资	Foreign Investment	38.98	100.68	78.08	86.88	94.69	46.55
自筹资金	Fundraising	10419.57	13166.16	15910.74	19473.88	23026.80	27244.43
其他资金	Others	1568.95	1540.50	1927.70	2221.79	2183.85	2265.65
新增固定资产(亿元)	**Newly Increased Fixed Assets (100 million yuan)**	**8842.09**	**11001.17**	**13036.64**	**15604.51**	**19672.97**	**25436.06**
房屋建筑面积(万平方米)	**Floor Space of Buildings (10 000 sq.m)**						
施工面积	Floor Space Under Construction	51050	56480	65885	84386	79979	73693
#住宅	Residential Buildings	22658	25800	29089	34650	35889	35453
竣工面积	Floor Space Completed	14537	14291	14703	14701	16515	14204
#住宅	Residential Buildings	5921	7117	6812	6603	8037	6425

6-9 分行业固定资产投资实际到位资金(2015年)

Actual Funds for Investment in Fixed Assets by Sector (2015)

单位：亿元 (100 million yuan)

指标	Item	实际到位资金 Sources of Actual Funds	国家预算资金 State Budget	国内贷款 Domestic Loans	利用外资 Foreign Investment	自筹资金 Self-raising Funds	其他资金 Others
总　计	**Total**	**34851.81**	**1228.73**	**4066.45**	**46.55**	**27244.43**	**2265.65**
农、林、牧、渔业	**Farming, Forestry,animal Husbandry and Fishery**	**1639.01**	**50.27**	**145.35**		**1402.77**	**40.62**
农业	Farming	791.41	10.35	74.15		685.35	21.57
林业	Forestry	106.18	0.96	5.55		96.87	2.80
畜牧业	Animal Husbandry	523.70	0.64	45.80		465.38	11.88
渔业	Fishery	26.40	0.35	1.26		24.79	
农、林、牧、渔服务业	Service activities for Farming, forestry, animal Husbandry and fishery	191.32	37.97	18.59		130.38	4.37
工业	**Industry**	**16888.50**	**76.70**	**2413.16**	**35.69**	**14112.28**	**250.67**
采矿业	Mining	564.43	0.03	73.20	0.15	487.97	3.07
煤炭开采和洗选业	Mining and Washing of Coal	98.58		12.41		85.43	0.74
石油和天然气开采业	Extraction of Petroleum and Natural Gas	31.46		7.16		24.30	
黑色金属矿采选业	Mining of Ferrous Metal Ores	29.42		2.40		27.02	
有色金属矿采选业	Mining of Non-ferrous Metal Ores	293.96		42.56		249.34	2.06
非金属矿采选业	Mining and Processing of Nonmetal Ores	84.85		8.25	0.15	76.19	0.27
开采辅助活动	Mining Auxiliary	22.22	0.03	0.43		21.76	
其他采矿业	Mining of Other Ores n.e.c	3.94				3.94	
制造业	Manufacturing	15219.68	10.27	2199.12	35.14	12746.20	228.96
农副食品加工业	Processing of Food from Agricultural Products	955.82	3.05	137.50	15.36	768.25	31.66
食品制造业	Manufacture of Foods	778.26	1.20	116.38	1.14	647.23	12.32
酒、饮料和精制茶制造业	Manufacture of Wine, drinks and refined tea	395.48	0.03	66.79		323.10	5.56
烟草制造业	Manufacture of Tobacco	16.27	0.02			16.24	
纺织业	Manufacture of Textile	470.28	0.05	75.40		373.37	21.46
纺织服装、服饰业	Manufacture of Textile Wearing,Apparel	613.88		63.26		535.07	15.56
皮革、毛皮、羽毛及其制品和制鞋业	Manufacture of Leather, Fur, Feather and Its Products,Shoemaking	261.14		60.48		198.24	2.43
木材加工及木、竹、藤、棕、草制品业	Processing of Timbers, Manufacture of Wood, Bamboo, Rattan, Palm, and Straw Products	229.35		42.01		186.43	0.91
家具制造业	Manufacture of Furniture	305.60		49.63		254.66	1.31
造纸及纸制品业	Manufacture of Paper and Paper Products	202.83		24.81		176.42	1.60
印刷和记录媒介复制业	Printing,Reproduction of Recording Media	138.86		25.07		111.91	1.88
文教、工美、体育和娱乐用品制造业	Manufacture of Cultural and educational supplies, industrial, sporting and entertainment	175.45		12.86		161.56	1.03
石油加工、炼焦及核燃料加工业	Processing of Petroleum ,Coking, Processing of Nucleus Fuel	98.64		6.36		88.26	4.02

6-9 续表 1　continued

单位：亿元　(100 million yuan)

指　标	Item	实际到位资金 Sources of Actual Funds	国家预算资金 State Budget	国内贷款 Domestic Loans	利用外资 Foreign Investment	自筹资金 Self-raising Funds	其他资金 Others
化学原料及化学制品制造业	Manufacture of Chemical Raw Material and Chemical Products	1001.79	0.50	130.63	1.33	853.94	15.39
医药制造业	Manufacture of Medicines	468.91		51.27	10.09	397.24	10.31
化学纤维制造业	Manufacture of Chemical Fiber	90.55		19.82		67.56	3.16
橡胶和塑料制品业	Manufacture of Rubber and Plastic	448.73		62.41	0.24	383.49	2.59
非金属矿物制品业	Manufacture of Non-metallic Mineral Products	1570.94	2.69	212.24		1336.29	19.72
黑色金属冶炼和压延加工业	Manufacture and Processing of Ferrous Metals	219.64		47.51		172.03	0.11
有色金属冶炼及压延加工业	Manufacture and Processing of Non-ferrous Metals	683.86	1.30	79.02		590.53	13.01
金属制品业	Manufacture of Metal Products	695.71		108.00	3.35	577.70	6.66
通用设备制造业	Manufacture of General Purpose Machinery	1131.35	0.46	175.89	1.17	943.61	10.23
专业设备制造业	Manufacture of Special Purpose Machinery	1097.69		184.38	2.20	895.40	15.71
汽车制造业	Manufacture of Automobile	899.46		116.68	0.10	779.41	3.27
铁路、船舶、航空航天和其他运输设备制造业	Manufacture of Railway, shipbuilding, aerospace, and other transportation equipment	274.67		25.51		242.14	7.01
电气机械及器材制造业	Manufacture of Electrical Machinery and Equipment	915.29		133.25	0.16	772.83	9.05
计算机、通信和其他电子设备制造业	Manufacture of Computer Communication Equipment, and Other Electronic Equipment	758.38	0.98	124.12		632.7	0.58
仪器仪表制造业	Manufacture of Measuring Instrument	169.22		26.25		132.35	10.62
其他制造业	Manufacture of others	81.09		10.77		69.86	0.45
废弃资源综合利用业	Comprehensive utilization of waste materials	62.81		6.80		54.66	1.36
金属制品、机械和设备修理业	Repairing of Metal products, machinery and equipment	7.73		4		3.73	
电力、燃气及水的生产和供应业	Production and Distribution of Electricity, Gas and Water	1104.39	66.4	140.84	0.4	878.11	18.65
电力、热力生产和供应业	Production and Supply of Electric Power and Heat Power	703.76	32.4	111.32	0.4	548.8	10.83
燃气生产和供应业	Production and Distribution of Gas	211.37	0.66	15.4		192.15	3.17
水的生产和供应业	Production and Distribution of Water	189.26	33.34	14.11		137.16	4.64
建筑业	**Construction**	**6.73**		**0.06**		**6.67**	
#房屋建筑业	Building Construction	5.24		0.06		5.18	
批发和零售业	**Wholesale and retail trade**	**1159.62**	**3.03**	**111.56**	**4.58**	**1005.24**	**35.21**
#批发业	Wholesale	475.92	1.90	42.57	4.24	420.12	7.10
交通运输、仓储和邮政业	**Traffic,transport, storage and post**	**1876.36**	**250.69**	**249.22**	**0.20**	**1347.18**	**29.08**
#铁路运输	Transport via railway	71.54	7.50	21.83		41.90	0.31
道路运输业	Transport via road	873.43	222.14	89.98	0.20	544.21	16.90
仓储业	Storage	623.81	5.15	90.66		516.36	11.64

6-9 续表 2 continued

单位：亿元 (100 million yuan)

指标	Item	实际到位资金 Sources of Actual Funds	国家预算资金 State Budget	国内贷款 Domestic Loans	利用外资 Foreign Investment	自筹资金 Self-raising Funds	其他资金 Others
邮政业	Post	21.40	0.20	3.55		17.43	0.22
住宿和餐饮业	**Accommodation and Catering Trade**	**402.95**	**0.28**	**43.43**		**351.69**	**7.55**
#住宿业	Accommodation	296.80	0.28	33.30		259.01	4.20
信息传输、软件和信息技术服务业	**Information transfer,software and Information technology services**	**157.16**		**35.15**		**121.37**	**0.64**
#电信、广播电视和卫星传输服务业	Telecom,Radio,television and Satellite transmission service	31.38		8.59		22.64	0.14
互联网和相关服务	Internet and related services	41.71		6.35		35.36	
金融业	**Finance**	**19.69**	**3.20**	**0.99**		**15.51**	
#货币金融服务	Monetary and financial services	11.13	3.20	0.45		7.48	
保险业	Insurance						
房地产业	**Real estate**	**7802.26**	**141.91**	**736.85**	**3.22**	**5160.17**	**1760.10**
租赁和商务服务业	**Tenancy and business services**	**436.75**	**4.82**	**33.79**	**1.81**	**389.28**	**7.05**
#商务服务业	Business service	431.38	4.82	31.79	1.81	385.91	7.05
科学研究和技术服务业	**Scientific research and technical service**	**183.91**	**8.37**	**15.96**		**158.44**	**1.14**
#研究和试验发展	Research and experimental development	50.06	2.90	1.97		44.68	0.51
专业技术服务业	Professional technique services	49.34	3.79	6.99		38.55	
水利、环境和公共设施管理业	**Management of water conservancy, environment and public establishment**	**2729.14**	**566.86**	**159.41**	**1.05**	**1907.66**	**94.16**
水利管理业	Management of water conservancy	295.37	80.18	11.38		189.69	14.13
生态保护和环境治理业	Ecological protection and Environmental management	129.20	20.32	7.61	0.20	100.13	0.94
公共设施管理业	Management of public establishment	2304.56	466.37	140.42	0.85	1617.84	79.09
居民服务、修理和其他服务业	**Resident services,Repairing and other services**	**177.91**	**2.78**	**8.21**		**161.58**	**5.34**
#居民服务业	Resident services	110.66	2.35	2.48		100.72	5.11
教育	**Education**	**410.85**	**44.10**	**30.15**		**328.10**	**8.50**
卫生和社会工作	**Sanitation and social Work**	**409.33**	**13.34**	**46.82**		**339.96**	**9.21**
#卫生	Sanitation	302.00	11.03	35.17		252.99	2.81
文化、体育和娱乐业	**Culture, sports and entertainment**	**362.10**	**23.64**	**26.18**		**296.95**	**15.33**
#广播、电视、电影和影视录音制作业	Broadcasting,movies,television and audiovisual activities	18.65		0.20		16.96	1.49
文化艺术业	Culture and art	169.83	10.04	15.81		132.88	11.09
公共管理、社会保障和社会组织	**Public management,social welfare and social organization**	**189.54**	**38.73**	**10.16**		**139.60**	**1.05**
国家机构	Organ of state	100.47	31.93	2.48		65.31	0.75
社会保障	Social welfare	10.40	1.98	0.43		8.00	

6-10 按行业和注册类型分固定资产投资(2015年)

单位：亿元

指标	Item	投资额 Total Investment	中央 Central Investment	地方 Local Investment
总计	**Total**	**34951.28**	**246.35**	**34704.94**
农、林、牧、渔业	**Farming, Forestry,animal Husbandry and Fishery**	**1666.43**	**3.26**	**1663.17**
农业	Farming	802.78	2.60	800.17
林业	Forestry	110.90	0.20	110.70
畜牧业	Animal Husbandry	533.26		533.26
渔业	Fishery	26.41		26.41
农、林、牧、渔服务业	Service activities for Farming, forestry, animal Husbandry and fishery	193.08	0.46	192.62
工业	**Industry**	**17023.35**	**157.69**	**16865.67**
采矿业	Mining	568.32	50.37	517.95
煤炭开采和洗选业	Mining and Washing of Coal	99.98		99.98
石油和天然气开采业	Extraction of Petroleum and Natural Gas	31.45	31.45	
黑色金属矿采选业	Mining of Ferrous Metal Ores	29.41		29.41
有色金属矿采选业	Mining of Non-ferrous Metal Ores	295.20	14.62	280.58
非金属矿采选业	Mining and Processing of Nonmetal Ores	85.84		85.84
开采辅助活动	Mining Auxiliary	22.50	4.30	18.21
其他采矿业	Mining of Other Ores n.e.c	3.94		3.94
制造业	Manufacturing	15341.42	62.60	15278.82
农副食品加工业	Processing of Food from Agricultural Products	959.24		959.24
食品制造业	Manufacture of Foods	784.10		784.10
酒、饮料和精制茶制造业	Manufacture of Wine, drinks and refined tea	397.17		397.17
烟草制造业	Manufacture of Tobacco	16.26		16.26
纺织业	Manufacture of Textile	474.30		474.30
纺织服装、服饰业	Manufacture of Textile Wearing,Apparel	616.90		616.90
皮革、毛皮、羽毛及其制品和制鞋业	Manufacture of Leather, Fur, Feather and Its Products,Shoemaking	262.81		262.81
木材加工及木、竹、藤、棕、草制品业	Processing of Timbers, Manufacture of Wood, Bamboo, Rattan, Palm, and Straw Products	230.93		230.93
家具制造业	Manufacture of Furniture	310.54		310.54
造纸及纸制品业	Manufacture of Paper and Paper Products	203.56		203.56
印刷和记录媒介复制业	Printing,Reproduction of Recording Media	140.80	0.96	139.84
文教、工美、体育和娱乐用品制造业	Manufacture of Cultural and educational supplies, industrial, sporting and entertainment	176.06		176.06
石油加工、炼焦及核燃料加工业	Processing of Petroleum ,Coking, Processing of Nucleus Fuel	99.79	1.28	98.51
化学原料及化学制品制造业	Manufacture of Chemical Raw Material and Chemical Products	1014.61	9.98	1004.63
医药制造业	Manufacture of Medicines	472.67		472.67
化学纤维制造业	Manufacture of Chemical Fiber	93.45		93.45
橡胶和塑料制品业	Manufacture of Rubber and Plastic	452.37	0.82	451.55
非金属矿物制品业	Manufacture of Non-metallic Mineral Products	1585.82	0.75	1585.07
黑色金属冶炼和压延加工业	Manufacture and Processing of Ferrous Metals	219.97	4.30	215.67
有色金属冶炼及压延加工业	Manufacture and Processing of Non-ferrous Metals	694.04	1.88	692.16
金属制品业	Manufacture of Metal Products	698.10	0.93	697.17
通用设备制造业	Manufacture of General Purpose Machinery	1137.66	0.10	1137.56
专业设备制造业	Manufacture of Special Purpose Machinery	1103.49	14.48	1089.01
汽车制造业	Manufacture of Automobile	905.38	11.14	894.24
铁路、船舶、航空航天和其他运输设备制造业	Manufacture of Railway, shipbuilding, aerospace, and other transportation equipment	280.44	1.96	278.48
电气机械及器材制造业	Manufacture of Electrical Machinery and Equipment	921.37	14.03	907.34
计算机、通信和其他电子设备制造业	Manufacture of Computer Communication Equipment, and Other Electronic Equipment	767.98		767.98

Investment in Fixed Assets by Registration Status and Sector (2015)

(100 million yuan)

内　资 Domestic Invest-ment	港澳台商投资 Units with Funds from Hong Kong, Macao and Taiwan	外商投资 Foreign Funded Units	国有控股 State holds the majority of shares	集体控股 Collective holds the majority of shares	私人控股 Private holds the majority of shares	港澳台控股 Hong Kong, Macao and Taiwan holds the majority of shares	外商控股 Foreign holds the majority of shares	其他控股 others
34665.49	**141.71**	**144.03**	**5109.88**	**2004.29**	**21965.14**	**114.73**	**107.67**	**5649.53**
1662.03	**0.27**	**4.13**	**120.47**	**77.80**	**1176.97**	**0.01**		**291.18**
800.53	0.26	1.98	28.57	39.51	575.61			159.08
110.90			11.23	6.34	72.19			21.15
531.11	0.01	2.15	3.57	13.34	437.51	0.01		78.84
26.41			2.59		18.20			5.62
193.08			74.51	18.61	73.46			26.50
16903.17	**31.28**	**88.90**	**925.44**	**437.05**	**13124.87**	**17.83**	**63.57**	**2454.60**
562.09	1.31	4.92	129.84	38.25	293.11			107.13
99.98			23.47	27.00	30.86			18.65
31.45			31.45					
24.49		4.92	0.68		16.74			11.99
293.89	1.31		69.56	4.21	178.83			42.59
85.84			0.03	1.44	52.61			31.76
22.50			4.65	5.61	10.12			2.13
3.94					3.94			
15235.05	23.57	82.80	436.56	348.55	12271.33	13.46	63.21	2208.31
939.36	0.70	19.18	10.30	17.51	811.73		11.18	108.51
781.84	0.88	1.38	10.16	16.12	659.68	6.55	1.30	90.29
396.34		0.83		17.13	357.53		0.83	21.68
16.26			12.34		3.90			0.01
471.19		3.11	10.07	10.61	401.88			51.74
616.83		0.06	15.33	9.14	561.31		0.06	31.05
262.81			6.12		236.60			20.08
230.93				1.11	203.64			26.18
310.54				7.27	265.02			38.25
202.58	0.98		0.39	6.55	186.88			9.74
140.80			3.26	2.15	122.28			13.11
176.06			0.38	2.60	136.50			36.58
99.79			1.28	2.09	91.25			5.17
1010.92	0.01	3.67	95.97	19.54	788.93		0.93	109.23
461.81	1.25	9.61	18.70	9.01	361.08		9.61	74.28
93.45			17.61		65.89			9.95
444.90	3.24	4.23	6.75	1.00	384.35		4.23	56.04
1584.43	1.39		9.57	68.48	1249.55	0.21		258.01
219.97			6.04	0.70	160.41			52.82
691.50	2.30	0.24	30.73	5.50	402.20		0.24	255.38
691.45		6.65	8.51	7.98	582.48		12.09	87.04
1118.96	3.60	15.09	12.83	14.18	916.35		8.48	185.83
1096.75	2.21	4.52	47.44	31.06	854.47		4.52	166.00
896.64	1.01	7.74	25.45	39.42	716.63		7.74	116.15
276.15		4.29	15.03	5.00	229.56		1.69	29.16
917.76	1.96	1.65	20.88	44.65	757.73	1.96	0.26	95.89
763.38	4.04	0.56	19.59	9.51	535.15	4.74	0.06	198.92

6-10 续表

单位：亿元

指标	Item	投资额 Total Investment	中央 Central Investment	地方 Local Investment
仪器仪表制造业	Manufacture of Measuring Instrument	169.37		169.37
其他制造业	Manufacture of others	81.05		81.05
废弃资源综合利用业	Comprehensive utilization of waste materials	63.48		63.48
金属制品、机械和设备修理业	Repairing of Metal products, machinery and equipment	7.73		7.73
电力、燃气及水的生产和供应业	Production and Distribution of Electricity, Gas and Water	1113.61	44.72	1068.90
电力、热力生产和供应业	Production and Supply of Electric Power and Heat Power	710.66	44.72	665.94
燃气生产和供应业	Production and Distribution of Gas	211.96		211.96
水的生产和供应业	Production and Distribution of Water	191.00		191.00
建筑业	**Construction**	**6.73**		**6.73**
#房屋建筑业	Building Construction	5.23		5.23
批发和零售业	**Wholesale and retail trade**	**1172.66**	**0.49**	**1172.17**
#批发业	Wholesale	480.83		480.83
交通运输、仓储和邮政业	**Traffic,transport, storage and post**	**1906.61**	**7.30**	**1899.31**
#铁路运输	Transport via railway	73.29		73.29
道路运输业	Transport via road	896.79	5.13	891.66
仓储业	Storage	628.96	2.17	626.80
邮政业	Post	21.45		21.45
住宿和餐饮业	**Accommodation and Catering Trade**	**407.44**		**407.44**
#住宿业	Accommodation	299.83		299.83
信息传输、软件和信息技术服务业	**Information transfer,software and Information technology services**	**161.65**		**161.65**
#电信、广播电视和卫星传输服务业	Telecom,Radio,television and Satellite transmission service	31.37		31.37
互联网和相关服务	Internet and related services	41.71		41.71
金融业	**Finance**	**19.68**	**0.35**	**19.33**
#货币金融服务	Monetary and financial services	11.13		11.13
保险业	Insurance			
房地产业	**Real estate**	**7602.62**	**48.49**	**7554.13**
租赁和商务服务业	**Tenancy and business services**	**438.59**	**0.13**	**438.46**
#商务服务业	Business service	433.22	0.13	433.09
科学研究和技术服务业	**Scientific research and technical service**	**184.72**	**1.85**	**182.87**
#研究和试验发展	Research and experimental development	50.13	1.26	48.87
专业技术服务业	Professional technique services	49.29	0.59	48.70
水利、环境和公共设施管理业	**Management of water conservancy, environment and public establishment**	**2782.60**	**21.25**	**2761.34**
水利管理业	Management of water conservancy	300.03	0.67	299.36
生态保护和环境治理业	Ecological protection and Environmental management	129.68	0.30	129.38
公共设施管理业	Management of public establishment	2352.88	20.28	2332.60
居民服务、修理和其他服务业	**Resident services,Repairing and other services**	**180.73**	**0.08**	**180.65**
#居民服务业	Resident services	113.37		113.37
教育	**Education**	**417.93**	**4.45**	**413.48**
卫生和社会工作	**Sanitation and social Work**	**416.47**	**0.14**	**416.34**
#卫生	Sanitation	306.49	0.14	306.35
文化、体育和娱乐业	**Culture, sports and entertainment**	**371.02**	**0.32**	**370.70**
#广播、电视、电影和影视录音制作业	Broadcasting,movies,television and audiovisual activities	18.65		18.65
文化艺术业	Culture and art	175.28	0.32	174.96
公共管理、社会保障和社会组织	**Public management,social welfare and social organization**	**192.06**	**0.55**	**191.50**
国家机构	Organ of state	100.96	0.55	100.41
社会保障	Social welfare	10.42		10.42

continued

(100 million yuan)

内资 Domestic Investment	港澳台商投资 Units with Funds from Hong Kong, Macao and Taiwan	外商投资 Foreign Funded Units	国有控股 State holds the majority of shares	集体控股 Collective holds the majority of shares	私人控股 Private holds the majority of shares	港澳台控股 Hong Kong, Macao and Taiwan holds the majority of shares	外商控股 Foreign holds the majority of shares	其他控股 others
169.37			19.00		110.01			40.36
81.05			10.13		68.48			2.45
63.48			2.71	0.23	43.61			16.92
7.73					6.23			1.50
1106.03	6.40	1.18	359.05	50.25	560.42	4.37	0.35	139.16
706.42	4.23		223.68	29.53	364.10	4.06		89.28
211.37	0.31	0.28	41.26	3.82	150.21	0.31	0.10	16.26
188.24	1.86	0.90	94.11	16.91	46.11		0.25	33.62
6.73				**0.17**	**1.34**			**5.22**
5.23					0.13			5.10
1157.98	**6.89**	**7.79**	**39.42**	**72.98**	**855.30**	**6.56**	**4.96**	**193.44**
474.02	4.24	2.56	12.63	17.50	386.70	4.24		59.76
1899.53	**7.08**		**780.65**	**112.62**	**744.25**	**0.02**		**269.07**
73.29			55.31	0.48	8.44			9.06
895.23	1.56		570.77	78.07	149.94			98.02
623.45	5.52		50.45	24.50	419.99	0.02		134.02
21.45			3.52	1.71	13.16			3.06
405.45	**1.12**	**0.87**	**16.36**	**10.38**	**319.01**		**0.87**	**60.81**
298.79	0.17	0.87	10.64	7.39	233.12		0.87	47.81
160.38	**1.27**		**22.37**	**24.48**	**94.96**	**1.27**		**18.57**
30.10	1.27		20.81		8.31	1.27		0.98
41.71			0.20	11.76	27.41			2.35
19.68			**6.19**	**2.65**	**8.27**			**2.57**
11.13			5.84	2.07	1.58			1.64
7493.85	**82.40**	**26.32**	**1112.00**	**880.14**	**4058.44**	**81.75**	**29.68**	**1440.57**
431.84	**4.71**	**2.04**	**55.74**	**20.28**	**248.21**	**4.71**		**109.64**
426.47	4.71	2.04	55.74	20.28	242.84	4.71		109.64
184.72			**23.84**	**21.16**	**116.25**			**23.48**
50.13			14.63	0.15	26.62			8.74
49.29			6.20	14.69	24.72			3.67
2776.39	**3.50**	**2.71**	**1512.61**	**195.61**	**604.08**	**0.30**		**469.99**
300.03			181.96	14.82	62.01			41.24
129.38	0.30		39.71	21.65	46.42	0.30		21.60
2346.97	3.20	2.71	1290.94	159.15	495.65			407.15
180.35		**0.38**	**10.11**	**24.05**	**89.79**			**56.78**
112.99		0.38	8.37	20.55	43.88			40.57
411.97	**3.20**	**2.76**	**185.19**	**25.96**	**120.32**	**2.30**	**2.53**	**81.63**
416.27		**0.20**	**116.84**	**46.29**	**177.70**			**75.64**
306.29		0.20	108.53	39.31	110.71			47.94
370.15		**0.87**	**88.03**	**22.96**	**193.24**			**66.78**
18.65				1.46	10.78			6.41
174.41		0.87	52.34	13.09	73.21			36.65
184.99		**7.07**	**94.62**	**29.69**	**32.14**		**6.07**	**29.55**
100.96			82.60	6.06	6.23			6.08
10.42			4.59	0.46	3.46			1.91

6-11 分行业固定资产投资和在建总规模(2015年)

单位：亿元

行业	Item	建设总规模 Investment in Construction	在建总规模 Investment in Projects under Construction
总计	**Total**	**87427.55**	**51501.66**
农、林、牧、渔业	**Farming, Forestry,animal Husbandry and Fishery**	**3418.45**	**1725.23**
农业	Farming	1730.39	922.07
林业	Forestry	237.84	149.04
畜牧业	Animal Husbandry	956.75	375.45
渔业	Fishery	46.9	25.54
农、林、牧、渔服务业	Service activities for Farming, forestry, animal Husbandry and fishery	446.57	253.13
工业	**Industry**	**33047.18**	**14388.3**
采矿业	Mining	1077.9	317.97
煤炭开采和洗选业	Mining and Washing of Coal	180.65	48.15
石油和天然气开采业	Extraction of Petroleum and Natural Gas	85.55	13
黑色金属矿采选业	Mining of Ferrous Metal Ores	**45.11**	**11.63**
有色金属矿采选业	Mining of Non-ferrous Metal Ores	574.5	196.96
非金属矿采选业	Mining and Processing of Nonmetal Ores	150.91	33.66
开采辅助活动	Mining Auxiliary	31.76	6.65
其他采矿业	Mining of Other Ores n.e.c	9.42	7.92
制造业	Manufacturing	29376.85	12463.84
农副食品加工业	Processing of Food from Agricultural Products	1779.19	710.64
食品制造业	Manufacture of Foods	1388.45	551.03
酒、饮料和精制茶制造业	Manufacture of Wine, drinks and refined tea	752.57	323.55
烟草制造业	Manufacture of Tobacco	33.89	26.89
纺织业	Manufacture of Textile	905.31	323
纺织服装、服饰业	Manufacture of Textile Wearing,Apparel	1043.46	376.84
皮革、毛皮、羽毛及其制品和制鞋业	Manufacture of Leather, Fur, Feather and Its Products,Shoemaking	596.97	231.05
木材加工及木、竹、藤、棕、草制品业	Processing of Timbers, Manufacture of Wood, Bamboo, Rattan, Palm, and Straw Products	420.24	177.44
家具制造业	Manufacture of Furniture	690.61	339.65
造纸及纸制品业	Manufacture of Paper and Paper Products	427.09	218.35
印刷和记录媒介复制业	Printing,Reproduction of Recording Media	228.81	83.71
文教、工美、体育和娱乐用品制造业	Manufacture of Cultural and educational supplies, industrial, sporting and entertainment	298.07	138.91
石油加工、炼焦及核燃料加工业	Processing of Petroleum ,Coking, Processing of Nucleus Fuel	184.29	88.23
化学原料及化学制品制造业	Manufacture of Chemical Raw Material and Chemical Products	2056.06	811.9
医药制造业	Manufacture of Medicines	935.6	394.92
化学纤维制造业	Manufacture of Chemical Fiber	157.47	65.73
橡胶和塑料制品业	Manufacture of Rubber and Plastic	775.72	223.04
非金属矿物制品业	Manufacture of Non-metallic Mineral Products	3158.33	1428.26
黑色金属冶炼和压延加工业	Manufacture and Processing of Ferrous Metals	415.31	197.04
有色金属冶炼及压延加工业	Manufacture and Processing of Non-ferrous Metals	1558.69	659.04
金属制品业	Manufacture of Metal Products	1319.95	604.33
通用设备制造业	Manufacture of General Purpose Machinery	1906	674.64
专业设备制造业	Manufacture of Special Purpose Machinery	2029.76	897.21
汽车制造业	Manufacture of Automobile	1634.66	858.33
铁路、船舶、航空航天和其他运输设备制造业	Manufacture of Railway, shipbuilding, aerospace, and other transportation equipment	587.95	298.47
电气机械及器材制造业	Manufacture of Electrical Machinery and Equipment	1838.6	875.97
计算机、通信和其他电子设备制造业	Manufacture of Computer Communication Equipment, and Other Electronic Equipment	1520.02	446.4

Investment in Fixed Assets by Sector and Total Investment in Construction (2015)

(100 million yuan)

在建净规模 Net Investment in Projects under Construction	投资总额 Total Investment	按构成分 By Use of Funde				按建设性质分 By Type of Construction		
		建筑工程 Construction	安装工程 Installation	设备购置 Purchase of Equipment	其他费用 Others	#新 建 New Construction	#扩 建 Expansion	#改建和技术改造 Reconstruction and Technical Alteration
27647.94	**34951.28**	**21750.6**	**520.77**	**9126.17**	**3553.74**	**26228.12**	**2110.29**	**1203.33**
1238.49	**1666.43**	**1001.48**	**20.86**	**366.38**	**277.7**	**1576.73**	**76.87**	**12.37**
680.62	802.78	487.39	10.72	158.31	146.36	765.19	35.87	1.41
105.18	110.9	60.3	0.72	17.76	32.12	108.47	1.55	0.88
235.62	533.26	298.95	6.97	145.26	82.07	497.85	34.09	1.17
15.46	26.41	15.8	0.39	4.09	6.13	24.61	1.45	0.35
201.62	193.08	139.05	2.05	40.95	11.03	180.6	3.91	8.56
7272.13	**17023.35**	**7992.35**	**363.18**	**7364.82**	**1303**	**14551.6**	**1475.2**	**575.46**
159.77	568.32	276.17	17.98	145.96	128.21	374.72	107.84	82.22
14.89	99.98	40.21	2.82	46.38	10.57	38.93	23.78	35.23
0.09	31.45	16.63	1.14	13.04	0.65	25.75	2.6	3.1
2.78	**29.41**	**16.35**	**0.33**	**8.23**	**4.51**	**19.96**	**8.99**	**0.47**
116.78	295.2	139.5	9.41	44.99	101.3	198.43	62.99	33.78
17.69	85.84	53.36	1.47	24.51	6.5	78.44	2.73	3.15
2.05	22.5	9.51	2.82	8.08	2.1	11.72	4.3	6.49
5.48	3.94	0.62		0.74	2.58	1.5	2.44	
6088.79	15341.42	7202.66	314.44	6752.38	1071.94	13205.07	1312.8	441.17
389.66	959.24	485.74	10.7	391.18	71.62	798.95	134.75	16.23
277.09	784.1	400.48	10.63	314.92	58.06	683.41	74.83	10.06
180.27	397.17	210.75	4.28	160.22	21.93	329	44.74	9.88
12.18	16.26	15.03	0.17	1.06		15.16		1.1
169.08	474.3	208.78	8.58	233.94	23	351.91	82.04	24.89
194.54	616.9	322.85	5.5	252.67	35.88	548.59	54.79	12.59
117.37	262.81	139.28	2.99	108.18	12.36	230	27.62	3.89
99.96	230.93	105.96	3.03	92.11	29.84	216.08	12.1	2.25
231.68	310.54	159.64	5.1	107.07	38.73	266.7	42.92	0.12
114.17	203.56	90.08	3.28	98	12.2	144.22	44.62	12.02
40.9	140.8	70.96	1.63	55.72	12.5	117.93	15.94	0.8
87.96	176.06	100.44	6.4	54.87	14.35	158.8	10.76	4.56
45	99.79	30.57	4.91	58.87	5.43	67.1	10.34	18.96
357.29	1014.61	422.79	22.47	526.72	42.63	879.43	64.21	43.81
201.45	472.67	252.78	7.49	178.18	34.22	384.18	45.03	22.59
13.46	93.45	31.99	0.68	57.84	2.94	81.56	3.3	8.59
99.18	452.37	165	10.17	248.78	28.43	404.63	19.05	6.05
827.58	1585.82	825.17	36.76	597.65	126.23	1371.02	139.07	57.83
62.6	219.97	120.92	9.08	85	4.97	190.52	20.3	6.97
285.32	694.04	223.18	26.17	405.99	38.69	592.47	20.65	74.06
309.43	698.1	321.9	16.39	307.94	51.87	631.16	44.29	10.97
308.2	1137.66	462.7	30.62	567.26	77.08	1007.97	76.93	24.72
403.84	1103.49	469.12	22.11	526.41	85.85	912.21	114.29	34.17
309	905.38	418.98	23.19	367.78	95.43	792.19	74.56	13.63
140.91	280.44	143.2	4.7	121.53	11.01	262.98	15.41	
397.07	921.37	458.71	22.08	375.1	65.47	819.72	68.51	8
167.24	767.98	373.58	11.59	336.35	46.46	650.71	38.89	1.51

6-11 续表

单位：亿元

行业	Item	建设总规模 Investment in Construction	在建总规模 Investment in Projects under Construction
仪器仪表制造业	Manufacture of Measuring Instrument	358.30	198.32
其他制造业	Manufacture of others	259.11	183.46
废弃资源综合利用业	Comprehensive utilization of waste materials	102.09	46.71
金属制品、机械和设备修理业	Repairing of Metal products, machinery and equipment	14.30	10.80
电力、燃气及水的生产和供应业	Production and Distribution of Electricity,Gas and Water	2592.44	1606.49
电力、热力生产和供应业	Production and Supply of Electric Power and Heat Power	1901.08	1275.54
燃气生产和供应业	Production and Distribution of Gas	357.83	187.40
水的生产和供应业	Production and Distribution of Water	333.52	143.56
建筑业	**Construction**	**7.63**	**1.70**
#房屋建筑业	Building Construction	6.07	2.61
批发和零售业	**Wholesale and retail trade**	**2505.34**	**1385.10**
#批发业	Wholesale	1027.97	535.70
交通运输、仓储和邮政业	**Traffic,transport, storage and post**	**4533.79**	**2363.52**
#铁路运输	Transport via railway	283.07	104.10
道路运输业	Transport via road	2193.63	1131.48
仓储业	Storage	1304.12	766.59
邮政业	Post	40.50	29.52
住宿和餐饮业	**Accommodation and Catering Trade**	**881.91**	**427.66**
#住宿业	Accommodation	702.46	363.59
信息传输、软件和信息技术服务业	**Information transfer,software and Information technology services**	**485.21**	**337.41**
#电信、广播电视和卫星传输服务业	Telecom,Radio,television and Satellite transmission service	70.47	44.66
互联网和相关服务	Internet and related services	47.12	0.16
金融业	**Finance**	**81.42**	**48.16**
#货币金融服务	Monetary and financial services	55.03	40.00
保险业	Insurance		
房地产业	**Real estate**	**31032.54**	**23759.15**
租赁和商务服务业	**Tenancy and business services**	**1304.22**	**967.12**
#商务服务业	Business service	1297.22	968.03
科学研究和技术服务业	**Scientific research and technical service**	**372.27**	**157.80**
#研究和试验发展	Research and experimental development	135.95	31.82
专业技术服务业	Professional technique services	72.56	33.83
水利、环境和公共设施管理业	**Management of water conservancy, environment and public establishment**	**6396.14**	**4070.32**
水利管理业	Management of water conservancy	684.59	427.68
生态保护和环境治理业	Ecological protection and Environmental management	281.55	184.88
公共设施管理业	Management of public establishment	5430.01	3457.76
居民服务、修理和其他服务业	**Resident services,Repairing and other services**	**326.24**	**169.84**
#居民服务业	Resident services	206.27	96.19
教育	**Education**	**813.22**	**357.90**
卫生和社会工作	**Sanitation and social Work**	**833.19**	**424.42**
#卫生	Sanitation	623.07	316.41
文化、体育和娱乐业	**Culture, sports and entertainment**	**1065.27**	**739.33**
#广播、电视、电影和影视录音制作业	Broadcasting,movies,television and audiovisual activities	34.68	22.23
文化艺术业	Culture and art	494.95	348.42
公共管理、社会保障和社会组织	**Public management,social welfare and social organization**	**323.52**	**178.69**
国家机构	Organ of state	179.84	84.11
社会保障	Social welfare	19.64	2.75

continued

(100 million yuan)

在建净规模 Net Investment in Projects under Construction	投资总额 Total Investment	按构成分 By Use of Funde				按建设性质分 By Type of Construction		
		建筑工程 Construction	安装工程 Installation	设备购置 Purchase of Equipment	其他费用 Others	#新建 New Construction	#扩建 Expansion	#改建和技术改造 Reconstruction and Technical Alteration
98.54	169.37	90.89	1.45	63.30	13.73	156.94	6.41	4.70
119.91	81.05	48.57	0.85	25.65	5.99	72.41	3.17	5.42
22.13	63.48	26.04	1.46	31.00	4.97	59.39	3.30	0.79
5.78	7.73	6.56		1.10	0.07	7.73		
1023.58	1113.61	513.51	30.76	466.49	102.85	971.81	54.57	52.07
900.23	710.66	312.37	22.03	316.18	60.08	599.67	40.72	36.68
49.85	211.96	86.88	6.67	97.14	21.27	199.17	5.41	6.37
73.50	191.00	114.26	2.06	53.18	21.50	172.97	8.43	9.02
-0.95	**6.73**	**3.12**	**0.02**	**3.56**	**0.02**	**5.69**		**0.05**
-0.04	5.23	2.89		2.32	0.02	5.10		0.05
750.04	**1172.66**	**785.42**	**11.93**	**217.47**	**157.84**	**1057.60**	**60.09**	**48.13**
287.98	480.83	300.45	6.38	97.60	76.40	442.79	19.77	13.44
1325.48	**1906.61**	**1393.91**	**21.16**	**307.33**	**184.21**	**1642.00**	**83.76**	**171.69**
72.57	73.29	50.76	0.28	14.91	7.34	69.05		4.24
623.16	896.79	706.41	10.14	83.20	97.04	673.37	51.32	164.66
404.52	628.96	410.79	6.73	150.45	61.00	604.68	22.15	0.73
15.93	21.45	15.49	0.15	3.47	2.35	21.45		
197.33	**407.44**	**262.70**	**5.73**	**68.83**	**70.18**	**375.23**	**9.80**	**18.52**
166.04	299.83	184.02	5.08	54.85	55.87	278.37	8.02	9.56
228.67	**161.65**	**92.91**	**1.87**	**54.58**	**12.3**	**144.78**		**3.15**
12.82	31.37	19.68	0.36	8.91	2.42	30.57		
-8.21	41.71	17.34	0.29	23.75	0.34	28.16		1.30
40.23	**19.68**	**17.48**	**0.20**	**0.62**	**1.38**	**18.45**		**1.23**
33.51	11.13	9.62	0.19	0.29	1.03	9.89		1.23
12705.63	**7602.62**	**6406.36**	**59.13**	**203.80**	**933.33**	**2483.62**	**110.17**	**148.05**
547.09	**438.59**	**324.69**	**2.68**	**66.68**	**44.55**	**419.99**	**12.01**	**3.41**
548.52	433.22	322.40	2.68	63.89	44.25	417.32	12.01	3.41
69.62	**184.72**	**132.43**	**1.49**	**37.36**	**13.45**	**179.21**	**3.23**	**0.51**
17.39	50.13	39.17	0.13	9.55	1.27	49.63		
12.03	49.29	35.93	0.40	9.18	3.77	45.89	2.22	0.48
2318.65	**2782.60**	**2183.69**	**16.62**	**224.42**	**357.87**	**2424.52**	**184.43**	**164.95**
277.15	300.03	249.78	1.98	20.77	27.5	265.63	13.45	19.06
120.33	129.68	93.88	1.52	17.96	16.33	115.20	5.05	8.21
1921.16	2352.88	1840.03	13.12	185.69	314.04	2043.69	165.93	137.69
83.03	**180.73**	**144.93**	**0.94**	**17.36**	**17.51**	**168.53**	**5.61**	**6.59**
56.46	113.37	98.49	0.34	4.85	9.69	106.61	4.48	2.27
115.61	**417.93**	**318.38**	**2.16**	**49.00**	**48.39**	**347.61**	**35.96**	**14.83**
234.37	**416.47**	**283.51**	**5.15**	**78.90**	**48.91**	**344.50**	**28.22**	**22.30**
161.30	306.49	202.27	4.08	64.81	35.33	236.49	26.90	21.66
440.07	**371.02**	**259.01**	**4.42**	**45.34**	**62.26**	**325.21**	**21.96**	**8.70**
12.52	18.65	9.38	0.21	5.11	3.96	15.85		0.23
201.80	175.28	123.13	1.22	14.97	35.96	142.80	14.99	5.02
82.44	**192.06**	**148.24**	**3.26**	**19.71**	**20.85**	**162.85**	**2.98**	**3.37**
40.51	100.96	86.79	0.33	7.67	6.17	89.55	2.98	1.68
2.18	10.42	5.87	0.30	2.35	1.90	10.42		

6-12 各市分行业固定资产投资(2015年)

单位：亿元

市(县) City(County)	合计 Total	农林牧渔业 Farming, Forestry, Animal Husbandry and Fishery	工业 Industry	建筑业 Construction	批发和零售业 Wholesale and retail trade	交通运输仓储及邮政业 Traffic, transport, storage and post	住宿和餐饮业 Accommodation and Restaurants	信息传输、软件和信息技术服务业 Information transfer, software and Information technology services
全　省 Total	**34951.28**	**1666.43**	**17023.35**	**6.73**	**1172.66**	**1906.61**	**407.44**	**161.65**
省　辖　市 City								
郑州市 Zhengzhou	6288.00	87.10	1472.73	2.60	198.94	500.04	33.74	69.45
开封市 Kaifeng	1324.52	44.65	707.55		45.08	54.34	11.57	4.16
洛阳市 Luoyang	3536.96	235.29	1662.46		92.37	113.72	60.76	34.86
平顶山市 Pingdingshan	1603.14	191.22	750.56	0.91	100.08	102.04	49.85	9.64
安阳市 Anyang	1830.98	96.26	927.76		60.61	112.86	24.53	3.96
鹤壁市 Hebi	692.43	31.05	416.62		28.30	21.43	6.94	
新乡市 Xinxiang	1927.21	78.90	1118.47		39.11	80.59	9.51	8.88
焦作市 Jiaozuo	1879.95	42.05	1310.19	2.63	47.47	113.41	51.03	9.82
濮阳市 Puyang	1305.28	52.46	724.85		54.67	71.20	21.30	0.81
许昌市 Xuchang	1931.08	114.47	1078.79		100.74	58.64	21.84	2.00
漯河市 Luohe	908.53	17.32	617.82		44.09	41.86	13.90	
三门峡市 Sanmenxia	1538.77	156.38	771.98		27.69	124.11	5.36	5.91
南阳市 Nanyang	2911.20	273.10	1714.66	0.59	118.55	147.96	23.85	1.53
商丘市 Shangqiu	1717.25	8.48	1008.00		58.53	66.52	15.75	2.27
信阳市 Xinyang	2023.88	100.01	802.27		68.28	126.69	18.72	3.18
周口市 Zhoukou	1607.30	65.05	955.12		43.75	71.34	10.43	4.08
驻马店市 Zhumadian	1449.76	53.99	762.51		33.05	65.57	8.43	
济源市 Jiyuan	475.05	18.64	221.01		11.34	34.28	19.93	1.12
省直管县 Province Administrating County								
巩义市 Gongyi	475.49	4.12	327.79		7.15	15.44	1.29	
兰考县 Lankao	147.79	4.14	93.86		1.90	10.14	0.39	
汝州市 Ruzhou	282.78	45.94	105.08		22.05	32.79	11.96	9.19
滑县 Huaxian	148.56	18.23	79.06		13.86	5.51		
长垣县 Changyuan	282.96	14.40	189.56		12.33	1.25		
邓州市 Dengzhou	280.74	48.58	98.36		13.76	16.43	0.70	
永城市 Yongcheng	307.13	3.04	137.61		1.21	18.23	5.38	
固始县 Gushi	260.98	13.66	114.08		5.97	11.16	1.57	
鹿邑县 Luyi	159.84	4.42	101.80		2.05	7.61	4.15	
新蔡县 Xincai	121.57	2.89	78.15		3.62	3.00		

Investment in Fixed Assets by Sector and City (2015)

(100 million yuan)

金融业 Finance	房地产业 Real estate	租赁和商务服务业 Tenancy and business services	科学研究和技术服务业 Scientific research, and technical service	水利、环境和公共设施管理业 Management of water conservancy, environment and public establishment	居民服务、修理和其他服务业 Resident services Repairing and other services	教育 Education	卫生和社会工作 Sanitation, and social work	文化、体育和娱乐业 Culture, sports and entertainment	公共管理、社会保障和社会组织 Public management social security and social organization
19.68	**7602.62**	**438.59**	**184.72**	**2782.60**	**180.73**	**417.93**	**416.47**	**371.02**	**192.06**
2.85	2659.87	153.78	71.15	771.93	2.17	93.92	72.70	62.05	33.01
1.42	282.46	26.65	18.13	67.20	4.95	6.83	13.61	34.92	1.00
4.27	651.43	21.72	15.52	394.08	59.04	54.62	65.52	64.55	6.75
1.46	203.90	3.36	1.95	96.45	3.49	18.04	18.10	43.73	8.37
5.10	272.37	58.33	5.16	119.69	69.54	26.70	4.28	20.65	23.17
0.17	124.37	2.90	1.43	36.31	0.85	7.01	9.08	4.98	0.98
0.48	423.70	35.00	5.55	73.13	2.30	15.03	20.58	12.74	3.26
1.77	165.17	23.18	10.34	45.37	4.29	21.71	9.72	12.88	8.93
0.27	182.46	6.43	4.71	129.78	5.21	15.84	20.32	3.62	11.38
	278.59	28.85	11.49	131.11	4.14	31.74	28.80	14.69	25.19
0.32	92.99	2.84		43.22	1.80	15.19	8.58	4.50	4.11
	215.85	0.57	3.69	168.11	5.46	3.79	30.75	6.91	12.21
0.49	235.41	20.78	14.51	213.94	7.61	41.93	39.26	33.98	23.04
0.22	366.67	13.02	6.86	123.14	5.22	5.39	15.08	18.85	3.25
0.47	669.12	4.93	2.15	158.56	2.61	23.10	18.49	11.30	14.02
0.33	315.42	8.53	7.95	73.48	0.27	14.42	27.80	8.93	0.38
	363.21	21.60	0.40	98.14	0.28	16.04	6.11	9.39	11.04
0.06	99.63	6.14	3.74	38.97	1.52	6.64	7.71	2.35	1.98
	66.19	5.67	0.93	35.03		2.80	5.71	3.38	
	29.30		4.28	2.03		0.07		0.68	1.00
0.46	9.41	0.86		23.23		3.76	7.86	9.57	0.62
	14.43			4.58	0.76	5.22	0.50	1.03	5.38
	41.47	16.81		6.03			1.11		
	59.08	8.92		28.40		4.84	0.78	0.89	
	102.69	1.93	4.25	18.15	2.34		3.80	8.50	
	68.44	2.63		35.26	0.99	4.86	1.51	0.84	
	20.09	5.24	0.50	7.85		2.03	1.95	2.15	
	30.50		0.35	2.16			0.08	0.25	0.57

6-13 各市按三次产业分的固定资产投资和建设总规模(2015年)

Investment in Fixed Assets by Type of Industry and Total Investment in Construction by City (2015)

单位：亿元 (100 million yuan)

市(县) City(County)	投资总额 Total Investment	第一产业 Primary Industry	第二产业 Secondary Industry	第三产业 Tertiary Industry	建设总规模 Investment in Construction	在建总规模 Investment in Projects under Construction	在建净规模 Net Investment in Projects under Construction
全 省 Total	**34951.28**	**1473.35**	**16999.85**	**16478.08**	**87427.55**	**51501.66**	**27647.94**
省 辖 市 City							
郑 州 市 Zhengzhou	6288.00	84.38	1472.96	4730.66	19149.82	13492.88	6911.34
开 封 市 Kaifeng	1324.52	39.74	707.55	577.23	3951.55	2646.60	1338.53
洛 阳 市 Luoyang	3536.96	199.90	1656.45	1680.61	8357.62	4411.77	2339.47
平 顶 山 市 Pingdingshan	1603.14	182.50	751.23	669.41	3862.92	2158.37	1178.87
安 阳 市 Anyang	1830.98	81.42	913.46	836.10	3600.09	2008.34	887.37
鹤 壁 市 Hebi	692.43	30.25	416.62	245.55	1806.20	1174.69	667.59
新 乡 市 Xinxiang	1927.21	57.48	1114.17	755.56	4688.92	2393.85	1085.40
焦 作 市 Jiaozuo	1879.95	41.41	1311.32	527.22	3848.14	1686.49	638.07
濮 阳 市 Puyang	1305.28	45.76	724.70	534.82	3209.95	1943.79	1100.50
许 昌 市 Xuchang	1931.08	112.43	1078.72	739.93	4191.17	2325.21	1167.23
漯 河 市 Luohe	908.53	11.67	617.82	279.05	2263.12	1206.55	704.74
三 门 峡 市 Sanmenxia	1538.77	149.85	770.98	617.94	3522.35	1690.28	861.55
南 阳 市 Nanyang	2911.20	234.78	1714.97	961.45	8332.67	5142.45	4002.68
商 丘 市 Shangqiu	1717.25	8.04	1008.00	701.21	4207.68	2677.94	1329.32
信 阳 市 Xinyang	2023.88	84.11	802.27	1137.51	4327.43	2171.01	1173.22
周 口 市 Zhoukou	1607.30	53.91	955.12	598.27	3162.13	1501.85	755.10
驻 马 店 市 Zhumadian	1449.76	40.04	762.51	647.20	4056.19	2463.37	1345.24
济 源 市 Jiyuan	475.05	15.68	221.01	238.36	889.58	406.21	161.73
省 直 管 县 Province Administrating County							
巩 义 市 Gongyi	475.49	3.76	327.54	144.19	1121.61	577.75	310.32
兰 考 县 Lankao	147.79	3.55	93.86	50.38	533.15	439.11	251.16
汝 州 市 Ruzhou	282.78	45.39	105.08	132.31	664.25	393.59	239.50
滑 县 Huaxian	148.56	16.97	79.06	52.52	257.41	159.34	79.01
长 垣 县 Changyuan	282.96	14.40	189.56	79.00	625.25	272.03	88.90
邓 州 市 Dengzhou	280.74	38.98	98.36	143.40	480.88	196.44	114.57
永 城 市 Yongcheng	307.13	3.04	137.61	166.48	723.54	684.49	178.20
固 始 县 Gushi	260.98	13.66	114.08	133.23	495.56	289.31	131.01
鹿 邑 县 Luyi	159.84	2.63	101.80	55.41	484.97	344.51	212.57
新 蔡 县 Xincai	121.57	1.67	78.15	41.75	328.59	218.76	100.90

6-14 各市按建设性质和构成性质分的固定资产投资(2015年)

Investment in Fixed Assets by Type of Construction, Composition of Funds and City (2015)

单位：亿元 (100 million yuan)

市(县) City(County)	投资总额 Total Investment	按建设性质分 by Type of Construction			按构成性质分 by Composition of Funds			
		#新建 New Construction	#扩建 Expansion	#改建和技术改造 Reconstruction	建筑工程 Construction	安装工程 Installation	设备购置 Purchase of Equipment	其他费用 Others
全省 Total	**34951.28**	**26228.12**	**2110.29**	**1203.33**	**21750.60**	**520.77**	**9126.17**	**3553.74**
省辖市 City								
郑州市 Zhengzhou	6288.00	3730.57	302.53	136.62	4619.82	88.35	643.55	936.29
开封市 Kaifeng	1324.52	1013.62	106.07	28.20	732.12	24.15	483.34	84.90
洛阳市 Luoyang	3536.96	2654.64	182.38	251.62	1979.24	57.66	943.46	556.60
平顶山市 Pingdingshan	1603.14	1240.71	89.47	107.92	783.51	42.08	572.85	204.70
安阳市 Anyang	1830.98	1473.57	73.11	55.91	1115.22	51.78	590.87	73.11
鹤壁市 Hebi	692.43	609.97	2.89	10.59	512.72	5.80	154.11	19.80
新乡市 Xinxiang	1927.21	1465.34	116.67	13.67	1236.51	53.12	557.21	80.37
焦作市 Jiaozuo	1879.95	1603.12	53.29	76.21	487.97	14.07	1149.15	228.75
濮阳市 Puyang	1305.28	1039.24	117.19	50.67	466.67	8.97	532.93	296.71
许昌市 Xuchang	1931.08	1540.32	164.02	36.09	1311.70	53.40	479.58	86.41
漯河市 Luohe	908.53	762.19	31.88	4.94	568.06	9.23	312.80	18.44
三门峡市 Sanmenxia	1538.77	1067.23	253.23	100.21	969.26	37.75	393.99	137.77
南阳市 Nanyang	2911.20	2453.14	215.45	76.07	1976.97	35.60	643.99	254.64
商丘市 Shangqiu	1717.25	1283.43	120.87	48.03	1032.30	9.08	536.40	139.47
信阳市 Xinyang	2023.88	1633.41	35.86	54.13	1462.55	10.54	258.51	292.28
周口市 Zhoukou	1607.30	1108.96	198.53	97.30	1156.62	3.04	407.17	40.47
驻马店市 Zhumadian	1449.76	1152.26	20.29	32.99	1133.82	1.68	286.41	27.85
济源市 Jiyuan	475.05	396.42	26.59	22.16	205.55	14.49	179.83	75.17
省直管县 Province Administrating County								
巩义市 Gongyi	475.49	336.27	77.10	22.09	289.74	24.04	152.15	9.55
兰考县 Lankao	147.79	119.51	0.26	12.29	118.18	0.25	25.65	3.71
汝州市 Ruzhou	282.78	246.26	13.95	11.38	170.25	12.09	83.84	16.60
滑县 Huaxian	148.56	133.83	0.30		103.06	0.07	39.18	6.25
长垣县 Changyuan	282.96	269.39	1.25	0.36	109.22	25.03	148.49	0.23
邓州市 Dengzhou	280.74	261.98	1.32	7.28	165.75	0.34	96.57	18.08
永城市 Yongcheng	307.13	262.51			271.12	0.30	25.87	9.85
固始县 Gushi	260.98	223.38	7.64	2.29	199.92	0.18	36.87	24.00
鹿邑县 Luyi	159.84	149.12	1.14	1.10	123.52	0.60	28.11	7.61
新蔡县 Xincai	121.57	104.97		0.07	88.87	0.12	32.58	

6-15 各市按登记注册类型分的固定资产投资(2015年)

单位：亿元

市(县) City(County)	总计 Total	内资 Domestic	国有 State-owned	集体 Collective-owned	股份合作 Cooperative	联营 Joint
全 省 Total	**34951.28**	**34665.49**	**4217.65**	**1351.10**	**155.63**	**109.43**
省 辖 市 City						
郑 州 市 Zhengzhou	6288.00	6214.51	1391.23	326.20	23.70	16.08
开 封 市 Kaifeng	1324.52	1318.62	130.60	56.68	13.35	4.15
洛 阳 市 Luoyang	3536.96	3476.04	366.87	250.27	14.85	8.17
平 顶 山 市 Pingdingshan	1603.14	1582.87	193.95	42.14	1.10	3.84
安 阳 市 Anyang	1830.98	1828.64	146.45	44.69	0.97	
鹤 壁 市 Hebi	692.43	685.83	73.57	2.04		4.47
新 乡 市 Xinxiang	1927.21	1914.16	135.68	79.57	9.44	4.60
焦 作 市 Jiaozuo	1879.95	1872.64	106.74	37.31	15.68	5.52
濮 阳 市 Puyang	1305.28	1304.65	240.78	36.64	0.58	3.10
许 昌 市 Xuchang	1931.08	1921.00	100.51	59.47		11.77
漯 河 市 Luohe	908.53	904.19	21.65	36.01	6.00	20.23
三 门 峡 市 Sanmenxia	1538.77	1524.40	364.98	58.70	16.04	
南 阳 市 Nanyang	2911.20	2881.82	319.67	101.96	10.28	4.00
商 丘 市 Shangqiu	1717.25	1712.90	132.06	32.63	10.69	1.96
信 阳 市 Xinyang	2023.88	2018.82	215.59	65.79	8.71	3.59
周 口 市 Zhoukou	1607.30	1586.04	138.94	21.86	4.82	3.17
驻 马 店 市 Zhumadian	1449.76	1443.33	105.92	91.31	19.42	2.39
济 源 市 Jiyuan	475.05	475.04	32.45	7.82		12.38
省 直 管 县 Province Administrating County						
巩 义 市 Gongyi	475.49	473.19	6.18	21.67	7.14	0.12
兰 考 县 Lankao	147.79	147.79	10.22	11.75		
汝 州 市 Ruzhou	282.78	280.05	32.14	3.60		
滑 县 Huaxian	148.56	148.56	21.16	5.12		
长 垣 县 Changyuan	282.96	282.96	13.13	1.30		
邓 州 市 Dengzhou	280.74	279.52	82.89	12.90		1.50
永 城 市 Yongcheng	307.13	307.13	0.34	24.52	6.79	
固 始 县 Gushi	260.98	260.98	34.60			
鹿 邑 县 Luyi	159.84	159.84	28.93			
新 蔡 县 Xincai	121.57	121.57	3.45	10.43	15.26	0.08

Investment in Fixed Assets by Status of Registration and City (2015)

(100 million yuan)

有限责任公司 Limited Liability	股份有限公司 Share-holding	私营 Private	个体 Self-employed Individual	其他 Others	港、澳、台商投资 Funds from Hong Kong, Macao and Taiwan	外商投资 Foreign Funded
11023.84	**2209.75**	**11098.51**	**117.29**	**4382.29**	**141.71**	**144.03**
2258.64	200.38	1133.54		864.75	50.04	23.45
557.84	45.63	450.61	0.40	59.35	5.59	0.31
1143.73	124.60	1204.01	4.87	358.65	31.18	29.75
728.44	95.88	355.93	5.80	155.78	1.05	19.22
759.75	59.02	658.53	10.70	148.51	1.67	0.67
348.52	5.41	179.15		72.67	1.57	5.02
478.80	59.27	544.53	15.77	586.51	9.36	3.69
406.81	167.11	1016.13	3.01	114.33	7.31	
318.03	119.14	535.39	1.05	49.95	0.50	0.12
646.98	118.63	611.63	2.35	369.66	4.85	5.23
217.31	221.69	270.03		111.27	1.22	3.13
422.39	40.69	432.03	1.89	187.68	6.28	8.10
494.27	269.03	1378.90	12.89	290.81	10.73	18.65
481.08	84.30	688.91		281.27	0.36	3.94
682.78	55.94	615.06	44.95	326.41	2.18	2.88
350.26	479.56	411.11	12.82	163.51	2.13	19.13
502.01	48.01	580.07		94.19	5.68	0.75
226.20	15.47	32.94	0.80	146.99	0.01	
139.26	31.72	216.68		50.43	2.30	
11.39	0.93	113.50				
118.25	10.37	45.75		69.94	0.88	1.85
113.71	3.94	4.13		0.50		
33.12	1.58	2.19		231.65		
78.55	4.01	89.04		10.63	1.22	
16.65	2.27	256.56				
151.86	4.17	0.16		70.19		
31.65	96.75	1.26		1.25		
16.29	19.33	56.51		0.24		

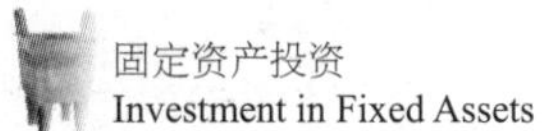

6−16 各市固定资产投资实际到位资金(2015年)

Actual Funds for Investment in Fixed Assets by City (2015)

单位：亿元 (100 million yuan)

市(县)	City(County)	本年实际到位资金 Subtotal of Actual Funds for Investment	国家预算资金 State Budget	国内贷款 Domestic Loans	利用外资 Foreign Investment	自筹资金 Self-raising Funds	其他资金 Others
全省	**Total**	**34851.81**	**1228.73**	**4066.45**	**46.55**	**27244.43**	**2265.65**
省辖市	**City**						
郑州市	Zhengzhou	6334.52	554.09	554.23	1.50	4289.78	934.93
开封市	Kaifeng	1345.08	23.46	179.70	5.76	1064.82	71.34
洛阳市	Luoyang	3472.01	63.83	217.20	0.95	2956.17	233.86
平顶山市	Pingdingshan	1594.53	43.74	250.86	11.12	1173.27	115.54
安阳市	Anyang	1825.66	22.26	75.24		1648.09	80.07
鹤壁市	Hebi	678.60	33.02	139.17	1.77	472.48	32.17
新乡市	Xinxiang	1929.89	28.56	220.85	3.04	1591.07	86.37
焦作市	Jiaozuo	1889.01	13.65	409.97		1422.16	43.24
濮阳市	Puyang	1296.09	67.09	137.78		1038.28	52.94
许昌市	Xuchang	1949.50	50.07	390.68		1440.81	67.93
漯河市	Luohe	911.45	3.03	64.69	1.14	834.26	8.33
三门峡市	Sanmenxia	1481.46	95.28	270.93		1071.71	43.54
南阳市	Nanyang	2933.55	85.30	228.52	3.54	2506.29	109.90
商丘市	Shangqiu	1719.07	17.32	173.34	0.71	1428.21	99.50
信阳市	Xinyang	1981.63	28.69	382.84	1.32	1361.20	207.58
周口市	Zhoukou	1599.95	44.69	190.61	14.89	1334.56	15.20
驻马店市	Zhumadian	1443.34	41.84	134.19	0.80	1218.07	48.44
济源市	Jiyuan	466.48	12.83	45.66		393.22	14.77
省直管县	**Province Administrating County**						
巩义市	Gongyi	472.97	0.12	16.53		444.38	11.94
兰考县	Lankao	146.55	2.94	20.04		121.58	1.99
汝州市	Ruzhou	288.82	2.48	69.52	1.53	174.95	40.33
滑县	Huaxian	148.59	4.15	0.33		140.23	3.88
长垣县	Changyuan	285.14	10.40	10.12		259.13	5.48
邓州市	Dengzhou	282.39		21.06		254.48	6.84
永城市	Yongcheng	306.30		0.85		293.84	11.62
固始县	Gushi	261.24	0.51	64.66	0.85	183.25	11.97
鹿邑县	Luyi	159.19	14.83	6.44		134.59	3.32
新蔡县	Xincai	113.31	2.56	6.61		104.08	0.06

6-17 高成长性制造业、传统支柱产业和六大高载能行业投资完成额及结构

Investment in Fixed Assets in High-growth industries, Traditional pillar Industrial Exterprises and Six Carrying energy Industrial Enterprises

单位：亿元 (100million yuan)

行业	Sector	2014	占工业投资比重(%) Percentage of Industry Investment (%)	2015	占工业投资比重(%) Percentage of Industry Investment (%)
高成长性制造业	**High-growth industries**	**8331.75**	**54.2**	**9315.71**	**54.7**
电子信息产业	Electronic information industry	747.07	4.9	767.98	4.5
装备制造业	Equipment manufacturing industry	699.62	4.5	3787.62	22.2
汽车及零部件产业	Automobile and parts industry	3215.58	20.9	905.38	5.3
食品产业	Food industry	1996.39	13.0	2156.76	12.7
现代家居产业	Modern furniture industry	772.46	5.0	748.61	4.4
服装服饰	Clothing accessories	900.64	5.9	949.35	5.6
传统支柱产业	**Traditional pillar industries**	**5404.17**	**35.1**	**6021.15**	**35.4**
冶金工业	Metallurgical industry	1148.09	7.5	914.01	5.4
建材工业	Building materials industry	873.62	5.7	1470.16	8.6
化学工业	Chemical industry	1405.76	9.1	1216.58	7.1
轻纺工业	Textile industry	1280.93	8.3	1366.56	8.0
能源工业	Energy industry	695.76	4.5	1053.84	6.2
六大高载能行业	**Six Carrying energy Industrial**	**3972.29**	**25.8**	**4324.87**	**25.4**
煤炭开采和洗选业	Mining and Washing of Coal	145.50	0.9	99.98	0.6
化学原料及化学制品制造业	Manufacture of Chemical Raw Material and Chemical Products	1008.36	6.6	1014.61	6.0
非金属矿物制品业	Manufacture of Non-metallic Mineral Products	1555.40	10.1	1585.82	9.3
黑色金属冶炼及压延加工业	Manufacture and Processing of Ferrous Metals	230.57	1.5	219.97	1.3
有色金属冶炼及压延加工业	Manufacture and Processing of Non-ferrous Metals	643.05	4.2	694.04	4.1
电力、热力的生产和供应业	Production and Supply of Electric Power and Heat Power	389.40	2.5	710.46	4.2

6-18 能源原材料工业投资额及结构

Investment and structure of Energy raw material industrial

行　　业	Sector	2014	2015
能源原材料工业(亿元)	**Energy and raw material industrial (100 million)**	**5224.56**	**5785.56**
煤炭开采和洗选业	Mining and Washing of Coal	145.50	99.98
石油和天然气开采业	Extraction of Petroleum and Natural Gas	33.01	31.45
黑色金属矿采选业	Mining of Ferrous Metal Ores	16.26	29.41
有色金属矿采选业	Mining of Non-ferrous Metal Ores	270.01	295.20
非金属矿采选业	Mining and Processing of Nonmetal Ores	86.02	85.84
石油加工、炼焦和核燃料加工业	Processing of Petroleum ,Coking, Processing of Nucleus Fuel	59.16	99.79
化学原料和化学制品制造业	Manufacture of Chemical Raw Material and Chemical Products	1008.36	1014.61
橡胶和塑料制品业	Manufacture of Rubber and Plastic	419.20	452.37
非金属矿物制品业	Manufacture of Non-metallic Mineral Products	1555.40	1585.82
黑色金属冶炼和压延加工业	Manufacture and Processing of Ferrous Metals	230.57	219.97
有色金属冶炼和压延加工业	Manufacture and Processing of Non-ferrous Metals	643.05	694.04
废弃资源综合利用业	Comprehensive utilization of waste materials	56.46	63.48
电力、热力生产和供应业	Production and Supply of Electric Power and Heat Power	389.40	710.66
燃气生产和供应业	Production and Distribution of Gas	127.85	211.96
水的生产和供应业	Production and Distribution of Water	184.30	191.00
能源原材料工业占工业投资比重(%)	**Proportion in Investment of Industry Enterprises(%)**	**34.0**	**34.0**
煤炭开采和洗选业	Mining and Washing of Coal	0.9	0.6
石油和天然气开采业	Extraction of Petroleum and Natural Gas	0.2	0.2
黑色金属矿采选业	Mining of Ferrous Metal Ores	0.1	0.2
有色金属矿采选业	Mining of Non-ferrous Metal Ores	1.8	1.7
非金属矿采选业	Mining and Processing of Nonmetal Ores	0.6	0.5
石油加工、炼焦和核燃料加工业	Processing of Petroleum ,Coking, Processing of Nucleus Fuel	0.4	0.6
化学原料和化学制品制造业	Manufacture of Chemical Raw Material and Chemical Products	6.6	6.0
橡胶和塑料制品业	Manufacture of Rubber and Plastic	2.7	2.7
非金属矿物制品业	Manufacture of Non-metallic Mineral Products	10.1	9.3
黑色金属冶炼和压延加工业	Manufacture and Processing of Ferrous Metals	1.5	1.3
有色金属冶炼和压延加工业	Manufacture and Processing of Non-ferrous Metals	4.2	4.1
废弃资源综合利用业	Comprehensive utilization of waste materials	0.4	0.4
电力、热力生产和供应业	Production and Supply of Electric Power and Heat Power	2.5	4.2
燃气生产和供应业	Production and Distribution of Gas	0.8	1.2
水的生产和供应业	Production and Distribution of Water	1.2	1.1

6–19 各市能源工业投资

Investment Energy Industry in Urban Area by City

单位：亿元 (100 million yuan)

年 份 Year 市(县) City(County)	合 计 Total	煤炭开采及洗选业 Mining and Washing of Coal	石油和天然气开 采 业 Extraction of Petroleum and Natural Gas	石油加工、炼焦和核燃料加工业 Processing of Petroleum ,Coking, Processing of Nucleus Fuel	电力、热力及燃气的生产和供应业 Production and Supply of Electric Power、Heat Power and Gas
2005	523.11	122.62	55.83	21.10	323.56
2006	606.29	162.67	55.40	26.95	361.27
2007	697.43	234.03	68.40	39.03	355.97
2008	869.09	302.55	72.75	46.83	446.96
2009	971.24	335.29	73.21	59.36	503.37
2010	812.32	256.15	71.23	76.08	408.87
2010(新口径 New Caliber)	707.83	225.48	71.23	65.97	345.16
2011	824.27	295.80	56.90	96.29	375.28
2012	785.22	247.61	59.16	77.80	400.65
2013	868.14	187.27	50.28	69.07	561.51
2014	754.92	145.50	33.01	59.16	517.25
2015	1153.83	99.98	31.45	99.79	922.61
省辖市 City					
郑州市 Zhengzhou	126.09	40.33		2.59	83.17
开封市 Kaifeng	36.74			1.44	35.30
洛阳市 Luoyang	97.41	3.90		6.64	86.87
平顶山市 Pingdingshan	136.55	32.47		6.16	97.92
安阳市 Anyang	86.42	1.08		29.64	55.70
鹤壁市 Hebi	36.57			4.78	31.79
新乡市 Xinxiang	52.91	3.33		1.02	48.56
焦作市 Jiaozuo	67.91	8.29			59.62
濮阳市 Puyang	96.59		14.82	23.75	58.02
许昌市 Xuchang	65.83	4.29		1.18	60.36
漯河市 Luohe	19.10			3.39	15.71
三门峡市 Sanmenxia	85.46	4.70		5.80	74.96
南阳市 Nanyang	79.29		16.63	3.87	58.78
商丘市 Shangqiu	16.60	0.60			16.00
信阳市 Xinyang	33.46			7.72	25.74
周口市 Zhoukou	45.49				45.49
驻马店市 Zhumadian	23.15	0.01			23.14
济源市 Jiyuan	48.27	0.98		1.80	45.49
省直管县 Province Administrating County					
巩义市 Gongyi	15.31	1.49		2.59	11.23
兰考县 Lankao	5.08				5.08
汝州市 Ruzhou	31.41	0.74		5.43	25.24
滑县 Huaxian	1.35				1.35
长垣县 Changyuan	23.87				23.87
邓州市 Dengzhou	10.42				10.42
永城市 Yongcheng	1.16				1.16
固始县 Gushi	13.90			7.72	6.18
鹿邑县 Luyi	5.37				5.37
新蔡县 Xincai	2.17				2.17

6-20 分行业固定资产投资项目个数及新增固定资产(2015年)
Number of Projects of Investment in Fixed Assets and Newly Increased Fixed Assets by Sector (2015)

行业	Item	在建规模(亿元) Investment in Projects under Construction (100 million yuan)	#新开工规模 Started in This Year	施工项目(个) Number of Projects under Con-struction (unit)	#新开工 Started in This Year	全部投产项目(个) Number of Projects Completed and Put into Use (unit)	新增固定资产(亿元) Newly Increased Fixed Assets (100 million yuan)
总计	**Total**	**62977**	**26743**	**24083**	**14061**	**16810**	**23719**
农、林、牧、渔业	**Farming, Forestry,animal Husbandry and Fishery**	**3418**	**1833**	**2596**	**1533**	**1898**	**1456**
农业	Farming	1730	871	1180	719	849	695
林业	Forestry	238	153	159	102	99	86
畜牧业	Animal Husbandry	957	459	872	471	669	495
渔业	Fishery	47	29	49	29	29	17
农、林、牧、渔服务业	Service activities for Farming, forestry, animal Husbandry and fishery	447	322	336	212	252	162
工业	**Industry**	**33047**	**14386**	**11963**	**7019**	**8500**	**13768**
采矿业	Mining	1078	416	415	245	323	524
煤炭开采和洗选业	Mining and Washing of Coal	181	40	69	32	53	76
石油和天然气开采业	Extraction of Petroleum and Natural Gas	86	13	24	6	18	54
黑色金属矿采选业	Mining of Ferrous Metal Ores	45	16	21	13	16	26
有色金属矿采选业	Mining of Non-ferrous Metal Ores	574	250	154	103	113	251
非金属矿采选业	Mining and Processing of Nonmetal Ores	151	68	122	72	101	93
开采辅助活动	Mining Auxiliary	32	20	22	16	20	23
其他采矿业	Mining of Other Ores n.e.c	9	9	3	3	2	1
制造业	Manufacturing	29377	12566	10680	6212	7569	12400
农副食品加工业	Processing of Food from Agricultural Products	1779	756	844	447	615	857
食品制造业	Manufacture of Foods	1388	602	538	327	390	610
酒、饮料和精制茶制造业	Manufacture of Wine, drinks and refined tea	753	298	269	156	190	326
烟草制造业	Manufacture of Tobacco	34	24	10	5	4	5
纺织业	Manufacture of Textile	905	380	323	179	244	413
纺织服装、服饰业	Manufacture of Textile Wearing,Apparel	1043	509	463	287	314	464
皮革、毛皮、羽毛及其制品和制鞋业	Manufacture of Leather, Fur, Feather and Its Products,Shoemaking	597	248	193	100	146	257
木材加工及木、竹、藤、棕、草制品业	Processing of Timbers, Manufacture of Wood, Bamboo, Rattan, Palm, and Straw Products	420	220	236	138	154	185
家具制造业	Manufacture of Furniture	691	358	284	157	207	266
造纸及纸制品业	Manufacture of Paper and Paper Products	427	140	148	76	105	149
印刷和记录媒介复制业	Printing,Reproduction of Recording Media	229	106	90	57	63	110
文教、工美、体育和娱乐用品制造业	Manufacture of Cultural and educational supplies, industrial, sporting and entertainment	298	174	165	103	114	130
石油加工、炼焦及核燃料加工业	Processing of Petroleum ,Coking, Processing of Nucleus Fuel	184	77	74	47	58	78
化学原料及化学制品制造业	Manufacture of Chemical Raw Material and Chemical Products	2056	751	669	388	473	976
医药制造业	Manufacture of Medicines	936	406	301	166	204	382
化学纤维制造业	Manufacture of Chemical Fiber	157	67	36	17	26	76
橡胶和塑料制品业	Manufacture of Rubber and Plastic	776	353	373	230	281	410
非金属矿物制品业	Manufacture of Non-metallic Mineral Products	3158	1439	1551	932	1090	1400
黑色金属冶炼和压延加工业	Manufacture and Processing of Ferrous Metals	415	160	142	86	101	149
有色金属冶炼及压延加工业	Manufacture and Processing of Non-ferrous Metals	1559	468	282	175	226	581
金属制品业	Manufacture of Metal Products	1320	649	540	325	384	568
通用设备制造业	Manufacture of General Purpose Machinery	1906	941	776	462	575	905
专业设备制造业	Manufacture of Special Purpose Machinery	2030	962	689	416	473	844
汽车制造业	Manufacture of Automobile	1635	715	472	264	309	595
铁路、船舶、航空航天和其他运输设备制造业	Manufacture of Railway, shipbuilding, aerospace, and other transportation equipment	588	222	144	80	97	226
电气机械及器材制造业	Manufacture of Electrical Machinery and Equipment	1839	730	556	313	377	628
计算机、通信和其他电子设备制造业	Manufacture of Computer Communication Equipment,and Other Electronic Equipment	1520	539	291	157	207	592

6-20 续表 continued

行业	Item	在建规模(亿元) Investment in Projects under Construction (100 million yuan)	#新开工规模 Started in This Year	施工项目(个) Number of Projects under Construction (unit)	#新开工 Started in This Year	全部投产项目(个) Number of Projects Completed and Put into Use (unit)	新增固定资产(亿元) Newly Increased Fixed Assets (100 million yuan)
仪器仪表制造业	Manufacture of Measuring Instrument	358	134	90	50	59	107
其他制造业	Manufacture of others	259	82	58	31	33	59
废弃资源综合利用业	Comprehensive utilization of waste materials	102	46	67	38	46	50
金属制品、机械和设备修理业	Repairing of Metal products, machinery and equipment	14	11	6	3	4	3
电力、燃气及水的生产和供应业	Production and Distribution of Electricity, Gas and Water	2592	1404	868	562	608	843
电力、热力生产和供应业	Production and Supply of Electric Power and Heat Power	1901	1054	415	272	256	525
燃气生产和供应业	Production and Distribution of Gas	358	184	183	131	146	162
水的生产和供应业	Production and Distribution of Water	334	166	270	159	206	157
建筑业	**Construction**	**8**	**6**	**4**	**3**	**2**	**3**
#房屋建筑业	Building Construction	6	6	3	3	1	3
批发和零售业	**Wholesale and retail trade**	**2505**	**931**	**1023**	**612**	**689**	**824**
#批发业	Wholesale	1028	382	318	184	219	329
交通运输、仓储和邮政业	**Traffic,transport, storage and post**	**4534**	**1866**	**1305**	**838**	**907**	**1802**
#铁路运输	Transport via railway	283	73	23	15	12	153
道路运输业	Transport via road	2194	972	748	513	551	859
仓储业	Storage	1304	560	392	240	256	438
邮政业	Post	40	35	20	15	12	8
住宿和餐饮业	**Accommodation and Catering Trade**	**882**	**241**	**404**	**238**	**284**	**296**
#住宿业	Accommodation	702	168	266	135	176	203
信息传输、软件和信息技术服务业	**Information transfer,software and Information technology services**	**485**	**148**	**58**	**35**	**38**	**99**
#电信、广播电视和卫星传输服务业	Telecom,Radio,television and Satellite transmission service	70	8	17	8	14	11
互联网和相关服务	Internet and related services	47	27	11	9	6	26
金融业	**Finance**	**81**	**16**	**30**	**18**	**24**	**22**
#货币金融服务	Monetary and financial services	55	6	21	13	17	10
保险业	Insurance						
房地产业	**Real estate**	**6582**	**2216**	**1757**	**746**	**1162**	**2070**
租赁和商务服务业	**Tenancy and business services**	**1304**	**417**	**204**	**118**	**126**	**235**
#商务服务业	Business service	1297	414	198	114	122	229
科学研究和技术服务业	**Scientific research and technical service**	**372**	**131**	**139**	**88**	**93**	**133**
#研究和试验发展	Research and experimental development	136	9	34	11	23	55
专业技术服务业	Professional technique services	73	43	56	40	41	24
水利、环境和公共设施管理业	**Management of water conservancy, environment and public establishment**	**6396**	**3095**	**2732**	**1669**	**1797**	**1837**
水利管理业	Management of water conservancy	685	455	336	211	246	234
生态保护和环境治理业	Ecological protection and Environmental management	282	195	108	82	61	64
公共设施管理业	Management of public establishment	5430	2444	2288	1376	1490	1539
居民服务、修理和其他服务业	**Resident services,Repairing and other services**	**326**	**190**	**177**	**123**	**120**	**136**
#居民服务业	Resident services	206	119	100	71	65	100
教育	**Education**	**813**	**325**	**677**	**411**	**511**	**354**
卫生和社会工作	**Sanitation and social Work**	**833**	**346**	**449**	**267**	**286**	**307**
#卫生	Sanitation	623	235	297	168	184	221
文化、体育和娱乐业	**Culture, sports and entertainment**	**1065**	**407**	**329**	**188**	**213**	**254**
#广播、电视、电影和影视录音制作业	Broadcasting,movies,television and audiovisual activities	35	21	14	10	12	8
文化艺术业	Culture and art	495	189	169	91	114	126
公共管理、社会保障和社会组织	**Public management,social welfare and social organization**	**324**	**190**	**236**	**155**	**160**	**125**
国家机构	Organ of state	180	102	153	94	107	87
社会保障	Social welfare	20	9	18	10	12	10

6-21 各市固定资产投资项目个数和在建规模

Number of Projects of Investment in Fixed Assets and Investment in Projects under Construction

年份 Year 市(县) City(County)	施工项目 (个) Number of Projects under Construction (unit)	#新开工 Started in This Year	全部建成投产项目 (个) Number of Projects Completed and Put into Use (unit)	全部建成投产率 (%) Rate of Construction Projects Completed and Put into Use (%)	在建规模 (亿元) Investment in Projects under Construction (100 million yuan)	#新开工 Started in This Year
2005	21983	18254	15889	72.3	7695.80	3497.32
2006	26522	22685	20467	77.2	9475.15	4210.22
2007	37501	32426	28660	76.4	12112.77	6555.77
2008	44123	37575	35032	79.4	14725.49	8687.27
2009	52790	46133	41654	78.9	20204.60	13922.86
2010	48651	38652	35323	72.6	27675.97	17545.39
2010(新口径 New Caliber)	43075	33549	29973	69.6	22986.67	14481.25
2011	32091	19612	20466	63.8	32945.44	17807.55
2012	27886	17278	16776	60.2	42713.41	22390.48
2013	24215	13698	14069	58.1	53548.82	26038.14
2014	24602	14687	13996	56.9	61621.40	26785.12
2015	24083	14061	16810	69.8	62976.65	26743.35
省辖市 City						
郑州市 Zhengzhou	2354	1261	1460	62.0	10884.61	3992.01
开封市 Kaifeng	900	499	514	57.1	2861.28	997.60
洛阳市 Luoyang	2398	1654	1824	76.1	6169.91	2870.15
平顶山市 Pingdingshan	1305	665	1009	77.3	2737.17	979.37
安阳市 Anyang	1396	1158	1098	78.7	2502.94	1649.76
鹤壁市 Hebi	614	375	425	69.2	1373.97	530.51
新乡市 Xinxiang	1240	774	1035	83.5	3171.05	1203.28
焦作市 Jiaozuo	1174	781	826	70.4	3323.53	1634.15
濮阳市 Puyang	1210	671	783	64.7	2505.35	1018.98
许昌市 Xuchang	1232	597	881	71.5	3360.38	1490.81
漯河市 Luohe	475	242	297	62.5	1849.28	701.12
三门峡市 Sanmenxia	755	483	598	79.2	3015.65	930.33
南阳市 Nanyang	3504	1578	2212	63.1	6991.34	3351.54
商丘市 Shangqiu	1130	683	673	59.6	2927.28	1348.03
信阳市 Xinyang	1762	1162	1293	73.4	3243.40	1602.62
周口市 Zhoukou	1176	668	913	77.6	2399.01	1028.49
驻马店市 Zhumadian	1091	545	707	64.8	2926.33	1023.97
济源市 Jiyuan	367	265	262	71.4	734.17	390.64
省直管县 Province Administrating County						
巩义市 Gongyi	452	271	333	73.7	951.46	404.83
兰考县 Lankao	140	23	57	40.7	467.72	190.88
汝州市 Ruzhou	164	123	126	76.8	555.41	261.43
滑县 Huaxian	151	136	109	72.2	182.97	164.40
长垣县 Changyuan	195	61	168	86.2	554.60	80.83
邓州市 Dengzhou	156	113	126	80.8	408.59	232.13
永城市 Yongcheng	123	35			480.20	120.17
固始县 Gushi	297	237	193	65.0	368.36	240.77
鹿邑县 Luyi	186	83	106	57.0	424.15	110.57
新蔡县 Xincai	117	45	67	57.3	279.37	41.44

6-22 各市亿元及以上固定资产投资项目投资情况(2015年)

Investment of Projects above 100 Million yuan by City (2015)

市(县)	City(County)	施工项目(个) Number of Projects under Construction (unit)	#新开工 Started in This Year	在建规模(亿元) Total investment Planed (100 million yuan)	#新开工 Started in This Year	本年完成投资(亿元) Real investment completed in this year (100 million yuan)
全省	**Total**	**11143**	**4922**	**55363.37**	**21640.52**	**24236.95**
省辖市	**City**					
郑州市	Zhengzhou	1245	450	10218.45	3558.44	3747.21
开封市	Kaifeng	449	163	2594.35	799.58	975.75
洛阳市	Luoyang	1080	523	5212.32	2151.73	2402.74
平顶山市	Pingdingshan	559	230	2376.98	772.58	1221.52
安阳市	Anyang	382	237	1906.64	1111.12	1060.88
鹤壁市	Hebi	245	82	1162.75	370.36	450.69
新乡市	Xinxiang	535	227	2728.44	949.40	1307.51
焦作市	Jiaozuo	650	372	2956.17	1374.23	1488.67
濮阳市	Puyang	511	217	2198.72	832.05	1008.08
许昌市	Xuchang	634	277	2965.34	1306.32	1485.60
漯河市	Luohe	381	168	1717.13	657.49	752.70
三门峡市	Sanmenxia	352	159	2777.08	730.96	1216.21
南阳市	Nanyang	1651	710	6029.32	2846.88	2186.00
商丘市	Shangqiu	601	269	2619.63	1111.95	1192.86
信阳市	Xinyang	682	332	2560.83	1091.15	1211.09
周口市	Zhoukou	505	224	2094.87	829.56	1168.72
驻马店市	Zhumadian	532	202	2641.22	859.05	1017.19
济源市	Jiyuan	149	80	603.14	287.66	343.52
省直管县	**Province Administrating County**					
巩义市	Gongyi	148	43	776.63	272.55	297.57
兰考县	Lankao	68	18	425.26	187.32	116.58
汝州市	Ruzhou	112	75	523.53	232.95	246.68
滑县	Huaxian	39	37	134.90	124.27	91.81
长垣县	Changyuan	109	28	492.60	58.40	232.08
邓州市	Dengzhou	79	48	366.98	197.26	233.69
永城市	Yongcheng	88	22	456.72	111.81	246.27
固始县	Gushi	93	65	252.75	143.68	144.48
鹿邑县	Luyi	85	28	384.00	89.11	127.42
新蔡县	Xincai	53	10	251.90	26.30	85.08

6-23 各市施工、竣工房屋建筑面积及竣工价值

Floor Space and Value of Urban Buildings under Construction and Completed by City

年份 Year	施工房屋建筑面积(万平方米) Floor Space Under Construction (10 000 sq.m)	#住宅 Residential Buildings	竣工房屋建筑面积(万平方米) Floor Space Completed (10 000 sq.m)	#住宅 Residential Buildings	竣工房屋价值(亿元) Value of Buildings Completed (100 million yuan)	#住宅 Residential Buildings
2005	15413.62	7576.97	7550.16	3715.38		
2006	18750.06	8750.92	8095.71	3147.69		
2007	26899.30	13145.07	11832.65	4667.34	1166.97	450.02
2008	33856.85	16809.66	13416.52	5197.16	1400.69	563.17
2009	43284.53	19299.84	16008.93	5590.59	1659.51	638.20
2010	51476.60	22709.88	15121.38	6075.41	1889.14	790.29
2010(新口径 New Caliber)	51049.72	22657.97	14537.36	5920.74	1815.36	768.71
2011	56480.43	25799.52	14290.72	7116.73	1996.32	979.06
2012	65885.02	29089.23	14702.60	6811.91	2051.92	1057.28
2013	84386.05	34649.82	14701.06	6602.76	2268.51	1105.87
2014	79978.89	35889.25	16515.03	8036.68	1417.52	1096.18
2015	73693.45	35452.76	14203.57	6424.79	1079.75	812.59
省辖市 City						
郑州市 Zhengzhou	14894.34	7430.16	1479.32	753.20	294.79	176.05
开封市 Kaifeng	3852.81	1567.57	1512.12	427.71	53.88	46.28
洛阳市 Luoyang	7366.13	3837.87	1318.90	714.42	114.35	81.38
平顶山市 Pingdingshan	4076.26	1461.63	638.23	168.63	36.74	32.18
安阳市 Anyang	3442.22	2006.20	544.98	270.45	54.43	42.34
鹤壁市 Hebi	1478.28	728.20	162.90	101.17	16.84	12.92
新乡市 Xinxiang	4459.71	2125.13	361.11	239.77	47.06	42.28
焦作市 Jiaozuo	2595.46	844.07	335.50	97.18	23.53	20.06
濮阳市 Puyang	1681.56	1066.68	363.21	185.83	29.56	27.13
许昌市 Xuchang	3248.37	1181.30	336.28	150.28	34.81	31.33
漯河市 Luohe	1395.66	753.56	106.75	55.61	10.98	10.67
三门峡市 Sanmenxia	1673.22	955.27	325.71	193.41	25.05	19.05
南阳市 Nanyang	5845.78	2227.55	550.39	264.38	54.00	44.59
商丘市 Shangqiu	3715.01	2190.04	642.33	232.34	58.70	35.19
信阳市 Xinyang	5908.24	3821.07	2553.34	1655.21	76.34	66.42
周口市 Zhoukou	2891.82	1088.59	1325.65	324.64	42.12	36.30
驻马店市 Zhumadian	4348.88	1813.94	1522.95	563.85	101.58	84.03
济源市 Jiyuan	819.68	353.92	123.91	26.69	5.00	4.41
省直管县 Province Administrating County						
巩义市 Gongyi	422.91	201.66	102.88	66.31	21.21	12.97
兰考县 Lankao	168.69	89.79	58.31	51.31	9.92	8.88
汝州市 Ruzhou	912.92	135.99	116.39	35.03	10.64	9.10
滑县 Huaxian	352.39	176.17	92.42	20.14	7.23	4.29
长垣县 Changyuan	1301.22	322.11	27.05	21.33	6.65	4.93
邓州市 Dengzhou	246.76	172.81	22.03	15.03	2.99	2.52
永城市 Yongcheng	631.99	490.80	4.11	4.11	1.01	1.01
固始县 Gushi	843.15	494.63	402.86	257.61	8.47	6.33
鹿邑县 Luyi	171.95	119.33	4.28	2.78	0.44	0.30
新蔡县 Xincai	475.92	191.08	133.20	53.08	6.78	6.52

6-24 分行业农村农户固定资产投资

Investment in Fixed Assets farm Households in Rural Area by Sector

单位：亿元 (100 million yuan)

产　业	Branch	2010	2011	2012	2013	2014	2015
总　计	**Total**	**786.64**	**834.63**	**891.38**	**899.40**	**769.88**	**709.06**
农、林、牧、渔业	Farming, Forestry, Animal Husbandry and Fishery	85.04	79.87	79.15	88.80	78.38	72.46
工业	Industry	4.49	2.64	5.55	6.20	6.71	7.39
采矿业	Mining						0.01
制造业	Manufacturing	4.09	2.32	4.89	5.51	6.04	6.62
电力煤气及水的生产和供应业	Production and Distribution of Electricity,Gas and Water	0.40	0.32	0.65	0.70	0.66	0.75
建筑业	Construction	2.63	2.55	5.33	5.20	4.81	4.57
交通运输、仓储和邮政业	Traffic,Transport, Storage and Post	28.08	28.17	30.45	32.84	33.25	31.20
批发和零售业	Wholesale and Retail Trade	3.45	3.08	3.21	3.97	3.98	4.01
住宿和餐饮业	Accommodation and Restaurants	0.25	0.26	0.24	0.27	0.28	3.69
房地产业	Real estate	641.27	696.87	745.02	734.20	612.20	559.29
居民服务和其他服务业	Resident Services and Other Services	21.43	21.19	22.44	24.61	27.02	23.33

6-25 各市按三次产业分的农村农户固定资产投资(2015年)

Investment in Fixed Assets farm Households in Rural Area by City (2015)

单位：亿元 (100 million yuan)

市(县) City(County)	投资总额 Total Investment	第一产业 Primary Industry	第二产业 Secondary Industry	#工业 Industry	第三产业 Tertiary Industry
省辖市 City					
郑州市 Zhengzhou	83.72	4.92	7.49	3.81	71.31
开封市 Kaifeng	29.93	3.40			26.52
洛阳市 Luoyang	39.73	2.86	0.25	0.08	36.62
平顶山市 Pingdingshan	24.25	5.70	0.12	0.06	18.43
安阳市 Anyang	31.90	5.04	3.99	0.01	22.87
鹤壁市 Hebi	8.97	3.62	0.11	0.03	5.24
新乡市 Xinxiang	37.74	2.48			35.27
焦作市 Jiaozuo	26.31	1.54	1.39		23.37
濮阳市 Puyang	19.06	4.06	0.21	0.21	14.80
许昌市 Xuchang	34.29	2.48	3.58	3.58	28.23
漯河市 Luohe	18.74	4.06			14.69
三门峡市 Sanmenxia	10.20	2.48			7.67
南阳市 Nanyang	78.42	10.91	1.96	1.96	65.55
商丘市 Shangqiu	51.48	14.07	5.24	5.21	32.17
信阳市 Xinyang	61.40	10.16	0.55		50.70
周口市 Zhoukou	86.43	12.39			74.03
驻马店市 Zhumadian	62.26	15.80	1.23	0.01	45.23
济源市 Jiyuan	4.22	0.13	0.31		3.77
省直管县 Province Administrating County					
巩义市 Gongyi	9.01	0.22	3.81	3.81	4.98
兰考县 Lankao	6.55	0.48			6.07
汝州市 Ruzhou	3.60	0.30	0.12	0.06	3.18
滑县 Huaxian	4.94	0.15			4.79
长垣县 Changyuan	5.09	0.22			4.87
邓州市 Dengzhou	10.30	2.71			7.59
永城市 Yongcheng	3.05	0.20			2.85
固始县 Gushi	9.88	2.56			7.32
鹿邑县 Luyi	12.24	0.72			11.52
新蔡县 Xincai	7.61	2.62			5.00

6-26 各市按构成性质分的农村农户固定资产投资(2015年)

Investment in Fixed Assets farm Households in Rural Area by City and Composition of Funds (2015)

单位：亿元 (100 million yuan)

市(县) City(County)	投资总额 Total Investment	建筑工程 Construction	安装工程 Installation	设备购置 Purchase of Equipment	其他费用 Others
省辖市 City					
郑州市 Zhengzhou	83.72	44.71		20.77	18.24
开封市 Kaifeng	29.93	25.34		1.66	2.93
洛阳市 Luoyang	39.73	36.47		2.81	0.44
平顶山市 Pingdingshan	24.25	19.06		4.17	1.02
安阳市 Anyang	31.90	18.76	0.11	9.18	3.85
鹤壁市 Hebi	8.97	4.69		4.09	0.19
新乡市 Xinxiang	37.74	33.11		4.49	0.14
焦作市 Jiaozuo	26.31	24.63		1.53	0.15
濮阳市 Puyang	19.06	14.55		4.47	0.05
许昌市 Xuchang	34.29	29.25		3.72	1.33
漯河市 Luohe	18.74	16.07		1.62	1.06
三门峡市 Sanmenxia	10.20	7.67		2.03	0.50
南阳市 Nanyang	78.42	64.05		13.92	0.45
商丘市 Shangqiu	51.48	31.83		19.58	0.07
信阳市 Xinyang	61.40	52.82		8.56	0.03
周口市 Zhoukou	86.43	71.11		15.18	0.14
驻马店市 Zhumadian	62.26	47.73		11.73	2.80
济源市 Jiyuan	4.22	4.16		0.06	
省直管县 Province Administrating County					
巩义市 Gongyi	9.01	3.02		3.00	2.99
兰考县 Lankao	6.55	6.07		0.48	
汝州市 Ruzhou	3.60	1.71		1.39	0.51
滑县 Huaxian	4.94	4.20		0.69	0.05
长垣县 Changyuan	5.09	4.87		0.22	
邓州市 Dengzhou	10.30	7.59		2.44	0.28
永城市 Yongcheng	3.05	2.87		0.18	
固始县 Gushi	9.88	9.85		0.03	
鹿邑县 Luyi	12.24	11.52		0.72	
新蔡县 Xincai	7.61	5.00		2.62	

6-27 各市分行业农村农户固定资产投资(2015年)

Investment in Fixed Assets farm Households in Rural Area by Sector and City (2015)

单位：亿元 (100 million yuan)

市(县) City(County)	合 计 Total	#农、林、牧、渔业 Farming, Forestry, Animal Husbandry and Fishery	工 业 Industry	建筑业 Construction	交通运输、仓储和邮政业 Traffic, Transport, Storage and Post	批发和零售业 Wholesale and Retail Trade	住宿和餐饮业 Accommodation and Restaurants	房地产业 Real Estate	居民服务修理和其他服务业 Resident Services Repairing and Other Services
省辖市 City									
郑州市 Zhengzhou	83.72	4.92	3.81	3.68	15.75	15.14	0.63	39.74	0.05
开封市 Kaifeng	29.93	3.40			0.01	2.64	0.12	23.55	0.19
洛阳市 Luoyang	39.73	2.86	0.08	0.16	0.15	0.08	0.31	34.57	1.08
平顶山市 Pingdingshan	24.25	5.70	0.06	0.06	0.63	0.65		16.58	0.45
安阳市 Anyang	31.90	5.04	0.01	3.98	3.17	0.98		18.10	0.59
鹤壁市 Hebi	8.97	3.62	0.03	0.08	0.00	0.38		4.44	0.00
新乡市 Xinxiang	37.74	2.48			2.35	0.16	0.10	32.55	0.10
焦作市 Jiaozuo	26.31	1.54		1.39	0.14	0.14		23.06	0.03
濮阳市 Puyang	19.06	4.06	0.21	0.00	0.03	0.26	0.48	13.99	0.03
许昌市 Xuchang	34.29	2.48	3.58			1.59	0.65	25.55	0.41
漯河市 Luohe	18.74	4.06			0.68	0.37		13.63	
三门峡市 Sanmenxia	10.20	2.48		0.06				7.67	
南阳市 Nanyang	78.42	10.91	1.96		2.58	0.04		62.93	
商丘市 Shangqiu	51.48	14.07	5.21	0.03	1.50	0.07		30.56	0.03
信阳市 Xinyang	61.40	10.16		0.55	0.45		0.00	50.24	0.01
周口市 Zhoukou	86.43	12.39			1.74			71.10	0.00
驻马店市 Zhumadian	62.26	15.80	0.01	1.22	0.06	0.10		39.11	5.95
济源市 Jiyuan	4.22	0.13		0.31	0.44			3.33	
省直管县 Province Administrating County									
巩义市 Gongyi	9.01	0.22	3.81		0.67	1.26	0.20	2.80	0.05
兰考县 Lankao	6.55	0.48						6.07	
汝州市 Ruzhou	3.60	0.30	0.06	0.06	0.63	0.52		1.71	0.20
滑县 Huaxian	4.94	0.15						4.79	
长垣县 Changyuan	5.09	0.22						4.87	
邓州市 Dengzhou	10.30	2.71						7.59	
永城市 Yongcheng	3.05	0.20						2.85	
固始县 Gushi	9.88	2.56						7.31	0.01
鹿邑县 Luyi	12.24	0.72						11.52	
新蔡县 Xincai	7.61	2.62						5.00	

主要统计指标解释

全社会固定资产投资 是以货币形式表现的在一定时期内全社会建造和购置固定资产的工作量以及与此有关的费用的总称。该指标是反映固定资产投资规模、结构和发展速度的综合性指标，又是观察工程进度和考核投资效果的重要依据。全社会固定资产投资按登记注册类型可分为国有、集体、个体、联营、股份制、外商、港澳台商、其他等。

固定资产投资 指城镇和农村各种登记注册类型的企业、事业、行政单位及城镇个体户进行的计划总投资（或实际需要总投资）500 万元及以上的建设项目投资和房地产开发投资。

固定资产投资的资金来源 根据固定资产投资的资金来源不同，分为国家预算资金、国内贷款、利用外资、自筹资金和其他资金来源。

（1）国家预算资金：自 2011 年起，按照全国人大和国务院的要求，各级财政的所有资金，包括税收和非税收入，均必须纳入预算管理，我国已不存在预算外资金的概念，因此各级政府用于固定资产投资的财政资金均为预算资金。由于已经没有预算外资金，因此名称改为国家预算资金，包括中央预算资金和地方预算资金，旧的国家预算内资金的内容和现中央预算资金的内容基本一致。

国家预算包括一般预算、政府性基金预算、国有资本经营预算和社保基金预算。各类预算中用于固定资产投资的资金全部作为国家预算资金填报，其中一般预算中用于固定资产投资的部分包括基建投资、车购税、灾后恢复重建基金和其他财政投资。各级政府债券也应归入国家预算资金。

（2）国内贷款：指报告期固定资产投资项目单位向银行及非银行金融机构借入的用于固定资产投资的各种国内借款，包括银行贷款、非银行金融机构贷款等。

银行贷款：是指向各商业银行、政策性银行借入的用于固定资产投资的各项贷款。

非银行金融机构贷款：是指向除上述银行之外从事金融业务的机构借入的用于固定资产投资的各项贷款。非银行金融机构包括保险公司和养老基金（企业年金）、信托投资公司、金融租赁公司、金融资产管理公司、汽车金融服务公司、金融担保公司、证券公司、投资基金、证券交易所、其他金融辅助机构。

投资项目单位从上级部门、总公司或公司股东处取得的用于固定资产投资的资金中，来源于银行或非银行金融机构贷款的部分，也应归入国内贷款。

通过银行理财产品和信托产品筹集的资金，如果是用于固定资产投资的，也做为国内贷款统计。

（3）利用外资：指报告期收到的用于固定资产建造和购置的国外资金（包括设备、材料、技术在内）。包括对外借款（外国政府贷款、国际金融组织贷款、出口信贷、外国银行商业贷款、对外发行债券和股票）、外商直接投资、外商其他投资（包括利用外商投资收益在国内进行固定资产再投资活动的资金）。不包括我国自有外汇资金（国家外汇、地方外汇、留成外汇、调济外汇和国内银行自有资金发放的外汇贷款等）。

（4）自筹资金：指固定资产投资单位在报告期收到的，由各企事业单位筹集用于固定资产投资的资金，包括各类企事业单位的自有资金和从其他单位筹集的用于固定资产投资的资金，但不包括各类财政性资金、从各类金融机借入资金和国外资金。

（5）其他资金来源：指在报告期收到的除以上各种资金之外的用于固定资产投资的资金。包括社会集资、个人资金、无偿捐赠的资金及其他单位拨入的资金等。

固定资产投资按国民经济行业分 根据建设项目建成投产后的主要产品种类或主要用途及社会经济活动性质来确定国民经济行业。一般情况下，一个建设项目或一个企业、事业单位只能属于一种国民经济行业。

固定资产投资按建设性质分 根据整个建设项目情况来确定。建设项目的性质一般分为新建、扩建、改建和技术改造、迁建、恢复。房地产开发单位、农村投资不划分建设性质。

（1）新建：一般是指从无到有、“平地起家”新开始建设的单位。有的单位原有的基础很小，经过建设后其新增加的固定资产价值超过原有固定资产价值（原值）三倍以上的也算新建。

（2）扩建：一般是指为扩大原有产品的生产能力，在厂内或其他地点增建主要生产车间（或主要工程）、独立的生产线或分厂的企业；事业单位和行政单位在原单位增建业务用房（如学校增建教学用房、医院增建门诊部或病床用房、行政机关增建办公楼等）也作为扩建。

（3）改建和技术改造：指现有企业、事业单位，对原有设施进行技术改造或更新（包括相应配套的辅助性生产、生活福利设施）的建设项目。现有企业、事业单位为适应市场变化的需要，而改变企业的主要产品种类（如军工企业转产民用品等）的建设项目，应作为改建。原有产品生产作业线由于各工序（车间）之间能力不平衡，为填平补齐充分发挥原有生产能力而增建不增加本企业主要产品设计能力的车间，也应作为改建。技术改造是指企业、事业单位在现有基础上，用先进的技术代替落后的技术，用先进的工艺和装备代替落后的工艺和装备，以改变企业落后的技术经济面貌，实现以内涵为主的扩大再生产，达到提高产品质量、促进产品更新换代、节约能源、降低消耗、扩大生产规模、全面提高社会经济效益的目的。技术改造具体包括以下内容：机器设备和工具的更新改造；生产工艺改革、节约能源和原材料的改造；厂房建筑和公共设施的改造；劳动条件和生产环境的改造等。

固定资产投资按构成分　固定资产投资活动按其工作内容和实现方式分为建筑安装工程，设备、工具、器具购置，其他费用三个部分。

（1）建筑安装工程（建筑安装工作量）：指各种房屋、建筑物的建造工程和各种设备、装置的安装工程。包括各种房屋建造工程，各种用途设备基础和各种工业窑炉的砌筑工程；为施工而进行的各种准备工作和临时工程以及完工后的清理工作等；铁路、道路的铺设，矿井的开凿及石油管道的架设等；水利工程；防空地下建筑等特殊工程；以及各种机械设备的安装工程；为测定安装工程质量，对设备进行的试运工作。在安装工程中，不包括被安装设备本身的价值。

（2）设备、工具、器具购置：指购置或自制达到固定资产标准的设备、工具、器具的价值，固定资产的标准按财务部门规定。新建单位、扩建单位的新建车间按照设计和计划要求购置或自制的全部设备、工具、器具，不论是否达到固定资产标准均计入“设备、工具、器具购置”中。

（3）其他费用：指在固定资产建造和购置过程中发生的，除建筑安装工程和设备、工具、器具购置以外的各种应摊入固定资产的费用。

施工项目　指报告期内曾进行建筑或安装工程施工活动的建设项目，包括报告期内新开工项目、报告期以前开工跨入报告期继续施工的项目以及报告期施过工并在报告期内全部建成投产或停缓建的项目。

全部建成投产项目　工业项目是指设计文件规定形成生产能力的主体工程及其相应配套的辅助设施全部建成，经负荷试运转，证明具备生产设计规定合格产品的条件，并经过验收鉴定合格或达到竣工验收标准，与生产性工程配套的生活福利设施可以满足近期正常生产的需要，正式移交生产的建设项目。非工业项目是指设计文件规定的主体工程和相应的配套工程全部建成，能够发挥设计规定的全部效益，经验收鉴定合格或达到竣工验收标准，正式移交使用的建设项目。

新增生产能力（或工程效益）　指通过固定资产投资活动而增加的设计能力(或工程效益)，该指标是以实物形态表现的反映固定资产投资成果的指标，也是考核投资经济效果的重要依据之一。

新增生产能力（或工程效益）一般有以下几种表现形式：

（1）用产品数量表示，以工程在单位时间内（一般是一年）所能生产的产品数量（即年产量）表示。如原煤开采用万吨／年表示，化学农药用吨／年表示，汽车制造用辆／年表示等。某些化工产品由于含量差别较大，按其设计含量计算折合量表示，如氮肥、磷肥等。

（2）用单位时间内所能处理的原料数量表示，以工程每天（或小时）所能处理原料的数量表示。如城市污水处理能力用万吨／日表示等。

（3）用新增加的主要设备的数量或容量表示，如毛纺锭等锭数，发电厂新增发电机组容量用万千瓦表示等。

（4）用建筑物个数、容积、容量、面积、长度表示，是非工业项目或工程新增效益的一种表现形式。如铁路投产里程、公路里程、桥梁隧道延长米里程、新（扩）建公路客货运站个数等。

根据工程的特点，有时需要用两种或两种以上的复合计量单位表示新增生产能力或工程效益。如新增内燃机生产能力同时用年产台数、万千瓦数表示等。

为了规范新增生产能力（或工程效益）的名称和计算单位，国家统计局制订了《新增生产能力（或工程效益）目录及代码》。各固定资产投资单位在统计新增生产能力（或工程效益）时，必须按目录中规定的名称、计量单位和代码填报。

新增固定资产 指已经完成建造和购置过程，并已交付生产或使用单位的固定资产的价值，包括已经建成投入生产或交付使用的工程投资和达到固定资产标准的设备、工具、器具的投资及有关应摊入的费用。

属于增加固定资产价值的其他建设费用，应随同交付使用的工程一并计入新增固定资产。

房屋建筑面积 指房屋建筑物勒脚以上外墙外围的水平截面面积，包括房屋建筑物的有效面积和结构面积。该指标是从实物形态上反映建设规模和建设成果的重要指标之一，也是检查工程形象进度、计算工程造价、分析投资效果、研究施工任务和建筑材料之间平衡情况的重要依据。

住宅建筑面积 指施工和竣工房屋建筑面积中供居住用的房屋建筑面积。

施工面积 指报告期内施工的全部房屋建筑面积。包括本期新开工的面积和上期开工跨入本期继续施工的房屋面积，以及上期已停建在本期复工的房屋面积。本期竣工和本期施工后又停缓建的房屋，其建筑面积仍计入本期施工房屋面积中。

竣工面积 指在报告期内房屋建筑按照设计要求已全部完工，达到住人和使用条件，经验收鉴定合格（或达到竣工验收标准），可正式移交使用的各栋房屋建筑面积的总和。

Explanatory Notes on Main Statistical Indicators

Total Investment in Fixed Assets in the Whole Country refers to the volume of activities in construction and purchases of fixed assets and related fees, expressed in monetary terms. It is a comprehensive indicator which shows the size, structure and growth of the investment in fixed assets, providing basis for observing the progress of construction projects and evaluating results of investment. Total investment in fixed assets in the whole country includes, by type of ownership, the investment by the state-owned units, collective units, individuals, joint ownership units, share-holding units, as well as investment by businessmen from foreign countries and from Hong Kong, Macao and Taiwan, and by other units.

Investment in Fixed Assets refers to construction projects involving a total planned (or required) investment of 5 million yuan and over by urban and rural enterprises and institutions of various types of ownership, by administrative units and by individuals, investment in real estate development, and housing investment by individuals in urban areas and in industrial and mining areas.

Sources of Funds for Investment in Fixed Assets Including State budgetary appropriation, domestic loans, foreign investment, self-raised funds, and others.

(1) State budgetary appropriation Since 2011, according to the National People's Congress and the requirements of the state council, all of the money at all levels for finance, including tax and non-taxable, must be included in the budget management.

State budgetary appropriation include general budget, government fund budget, state-owned capital management budget and social security fund budget. Governments at all levels should also be classified as State budgetary appropriation.

(2) Domestic loans refer to various funds borrowed by enterprises and institutions from banks and non-bank financial institutions assets, include bank loans, non-bank financial institutions loans.

Bank loans refers to the investment in fixed assets loans borrowed from commercial Banks, policy Banks.

Non-bank financial institutions loans refers to the investment in fixed assets loans borrowed from other organization of lending loans. The non-bank financial institutions including insurance companies and pension funds, trust and investment companies, financial leasing companies, financial assets management companies, financial services company, car finance guarantee companies, securities companies, investment funds, securities exchanges, and other financial assistant mechanism.

Investment project units fixed assets funds from higher level department, the corporation or the shareholders of a company, which from Banks and other financial institutions, also should be classified as domestic loans.

(3) Foreign Investment refers to foreign funds received during the reference period for the purpose of investment in fixed assets, including foreign borrowing(foreign government loans, the international finance organization loans, export credit, commercial loans of foreign Banks, foreign issue bonds and stock), foreign direct investment, foreign other investments. Not including has its own foreign exchange funds in China (state foreign exchange, the local foreign exchange, the foreign exchange, has retained the foreign exchange and domestic Banks issue their own funds of foreign exchange loan, etc.)

(4) Self-raised funds refer to funds received by construction enterprises from their higher responsible authorities, local governments, for a fixed asset investment funds.

(5) Others refer to funds received during the reference period which are not included in the above-mentioned sources, Include fund raising, personal capital, free donation funds and other units dial the money into, etc..

Investment in Fixed Assets by Sector The classification of construction projects by sector is determined by the major products or the purpose of the projects when they are put into production or use, and by the nature of their social economic activities. In general, one project or one enterprise or institution can only be classified into one sector.

Investment in Fixed Assets by Type of Construction The construction projects in general can be classified by the type of construction into new construction, expansion, reconstruction and moving away. In capital construction, the type of construction is determined by the condition of the project. In investment in innovation, in other investment by state-owned units and investment by collective-owned units, the type of construction is determined by the condition of the whole enterprise or institutions. Investment by type of construction is not applied to investment by real-estate development units, investment in rural areas and investment in housing by urban individuals.

(1) New construction in general refers to newly constructed units. In the case in which the value of the original fixed assets is quite small, and the value of newly added fixed assets exceeds the original ones by three times, the expansion construction is considered as new construction.

(2) Expansion refers to construction of new major production workshop or independent production line within a factory or in other locations, or construction of a branch factory so as to increase the production capacity of the original products. Newly constructed business houses in institutions and administrative organizations (such as the newly constructed teaching buildings in schools, clinics or bed building in hospitals, and office buildings in administrative agencies, etc.) are also classified as expansion.

(3) Reconstruction refers to technical innovation and transformation of the existing equipment and technical conditions undertaken by enterprises and institutions for the purposes of technological advancement, improvement in product quality, enlarging variety of products, promoting new generation of products, reducing production consumption and cost, promoting comprehensive utilization of resources, strengthening treatment of waste gas, waste water and solid wastes, and safety in production, etc. through application of new technologies and techniques, use of new equipment and new materials (including accessory facilities for production or for living and welfare purposes).Construction of new workshops for improving existing production capacity rather than increasing production capacity is also considered as reconstruction.

Investment in Fixed Assets by Structure refers to the three major parts of investment activities, i.e. construction and installation, purchase of equipment and instrument, and other expenses.

(1) Construction and installation (work volume of construction and installation) refers to the construction of various houses and buildings and installation of various kinds of equipment and instruments, including construction of various houses, equipment foundations and industrial kilns and stoves, preparation works for project construction, and clearing up works post project construction, pavement of railways and roads, drilling of mines and putting up of oil pipes, construction of projects of water conservancy, construction of underground air-raid shelters and construction of other special projects, installation of various machinery equipment, testing operation for pre-testing the quality of installation projects. The value of equipment installed is not included in the value of installation projects.

(2) Purchase of equipment and instruments refers to the total value of equipment, tools, and vessels purchased or self-produced which come up to standards for fixed assets. Equipment, tools and vessels purchased or self-produced for new workshops by newly established or expanded units are categorized as "purchase of equipment and instruments" no matter whether they come up to the standards for fixed assets or not.

(3)Other expenses refer to expenses occurring during the construction or purchase of fixed assets other than construction, installation or purchase of equipment and instruments.

Projects Under Construction refer to projects having construction and installation activities undertaken in the reference period, including projects started in the reference period, or continued from the previous period, or completed and put into production or suspended in the reference period.

Projects Completed and Put into Use Industrial projects refer to the major projects and accessory facilities completed which result in forming production capacity and have been checked and accepted while the living and welfare facilities have been completed and can ensure normal production and formally put into production. Non-industrial projects refer to the major projects and accessory facilities completed which possess the designed capacity and have been checked, accepted and formally put into production.

Newly Increased Production Capacity (or Project Efficiency) refers to the increase in design capacity (or project efficiency) through investment in fixed assets, which reflects the accomplishment of investment in fixed assets in physical form and serves as an important basis for evaluating the economic efficiency of investment.

The newly increased production capacity (project efficiency) are usually expressed in one of the following forms:

(1) volume of output of products, i.e. the volume of output that the project can produce during a given period (usually a year). For instance, the capacity in coal mining is expressed in 10,000 tons/year, the capacity in producing chemical pesticides expressed in ton/year, the capacity in producing automobile in set/year, etc. For some chemical products where the effective contents differ significantly, the production capacity is expressed as the designed effective content equivalent, such as in the case of sulphuric acid, soda ash, caustic soda, etc;

(2) volume of raw materials processed per unit of time, i.e. the volume of raw materials that could be processed by the project per day (or per hour), such as tons of urban sewage processed per day;

(3) number or capacity of major equipment increased, such as number of wool spindles increased, or capacity (in 10 000kilowatts) of power generators increased;

(4) physical measures (number, volume, capacity, area, and length) of construction, which is typical for non-industrial projects, for instance, the length of railways put into operation, Highway mileage, bridge tunnel mileage, new (enlarge) built highway passenger/station number etc.

The special features of projects may sometimes call for the combined use of two or more measurements to reflect the increase in production capacity (or project efficiency); for instance, the new capacity for the production of internal combustion engines is expressed in sets per year and 10 000 kilowatts per year simultaneously.

To standardize the nomenclature and unit of measurement for newly increased production capacity (or project efficiency), the National Bureau of Statistics has developed the Nomenclature and Codes for New Production Capacity (Project Efficiency). All reporting units with investment activities are required to follow these two nomenclatures in reporting statistics on new production capacity (project efficiency).

Newly Increased Fixed Assets refer to the newly increased value of fixed assets, constructed or purchased, that have been transferred to the investors. Including finished fixed assets value and equipment, instrument investment and should be the cost of the relevant booth that reach the standard.

Belong to the increase of fixed assets value of the other construction cost, along with the work of the service of the delivery shall be included in the new with fixed assets.

Floor Space of Buildings under Construction refers to total floor space of the horizontal section of outer walls above the plinth of the building, including the effective area and the area occupied by the structure. This indicator is one of the important indicators in physical terms to reflect the scale and accomplishment of the construction industry, and important basis for monitoring the progress, calculating the cost, analyzing the efficiency and studying the supply of building materials in relation with the construction projects.

Floor Space of Residential Buildings refers to the floor space of the residential buildings among the total space of buildings under construction or completed.

Floor Space under Construction refers to total floor space of all buildings under construction during the reference period, including floor space of newly started buildings during the reference period, floor space of construction extended from the previous period to the current period, and floor space of construction suspended during the previous period and resumed in the current period. Floor space of construction completed in the current period, and floor space of construction started and then suspended in the current period are also included in the floor space under construction of the current year.

Floor Space of Buildings Completed refers to the floor space of all buildings completed in the reference period, which have been appraised and accepted (or come up to the designed standards) and have been transferred to the owners for use.

对外经济贸易和旅游

Foreign Trade and Economic Cooperation and Tourists

● 资料整理：周文瑞

简要说明

一、主要内容

本篇包括河南对外贸易资料，利用外资资料，对外经济合作以及旅游等资料。

二、统计范围

对外贸易统计的范围是全省各进、出口贸易公司和有进出口经营权的生产企业、外商及港澳台商投资企业、科研机构等辖区内全部有进出口经营权的企业；利用外资统计的范围是辖区内全部外商投资企业、港澳台商投资企业和有外商其他投资的单位；对外经济合作统计范围是经各级商务部门批准的从事对外承包和劳务合作业务并具有法人地位的对外承包劳务企业。对外直接投资统计范围是境内投资主体通过直接投资在境外设立的各类公司型企业和非公司型企业。

三、资料来源

对外贸易、外商投资企业的登记注册情况、对外经济合作和对外直接投资资料采用全面调查方法。对外贸易资料1992年及以后为海关进出口统计数字，由郑州海关提供；利用外资资料中外商投资企业的登记注册情况资料由河南省工商行政管理局提供,其他由河南省商务厅提供；对外经济合作资料和对外直接投资资料由河南省商务厅提供。本篇资料由河南省统计局贸易外经处编辑整理。

旅游资料由河南省旅游局等有关部门提供，由河南省统计局贸易外经处编辑整理。

Brief Introduction

I. Main Contents

Data in this chapter provide summary data of Henan provincial foreign trade, utilization of foreign capital, economic cooperation with foreign countries or territories and Tourists.

II. Statistical Scopes

The statistics of foreign trade cover the Henan provincial import and export corporation, the manufacturing enterprises that have right to operate import and export, foreign and Hong Kong, Macao and Taiwan-invested enterprises and scientific research institutions. The statistics of utilization of foreign capital cover the foreign direct investments and other foreign investments, and the basic condition of registration of foreign funded enterprises. The statistics of economic cooperation with foreign countries or territories cover the corporate enterprise engaged in contracted projects and labour services cooperation with foreign countries and has been approved by the department of commerce at various levels. The statistics of foreign direct investment cover overseas corporate and non-corporate enterprises of various forms established by domestic investors through their investment operation.

III. Data Sources

Data on foreign trade, utilization of foreign capital, economic cooperation with foreign countries or territories are calculated through a comprehensive reporting system. Data on foreign trade since 1992 and later are calculated by Zhengzhou Customs. Data on utilization of foreign capital are calculated by the Henan provincial bureau of Commerce, data on registered cases of foreign-invested enterprises are calculated by the Henan provincial administration of Industry and Commerce. Data on overseas direct investment and economic cooperation with foreign countries or territories are calculated by the Henan provincial bureau of Commerce. Data in this chapter are provided by the Department of Trade and External Economic Relations of the Henan provincial bureau of Statistics.

Data on tourism are calculated by the Henan provincial bureau of tourism. Data on tourism are provided by the Department of Trade and External Economic Relations of the Henan provincial bureau of Statistics.

7-1 对外经济贸易基本情况
Foreign Trade and Economic Cooperation

指 标	Item	2005	2010	2014	2015
货物进出口总额(人民币亿元)	**Total Value of Imports and Exports (RMB 100 million yuan)**	**626.54**	**1204.40**	**3994.36**	**4600.19**
出口总额	Total Exports	413.12	713.13	2418.81	2684.03
进口总额	Total Imports	213.42	491.27	1575.55	1916.16
进出口差额	Balance	199.71	221.86	843.25	767.86
货物进出口总额(亿美元)	**Total Value of Imports and Exports (USD 100 million)**	**77.36**	**177.92**	**650.33**	**737.81**
出口总额	Total Exports	51.01	105.34	393.84	430.61
进口总额	Total Imports	26.35	72.57	256.49	307.19
进出口差额	Balance	24.66	32.77	137.35	123.42
外商直接投资合同项目(个)	**Number of Projects for Contracted Foreign Direct Investment (unit)**	**472**	**362**	**328**	**272**
实际使用外资额(亿美元)	**Total Amount of Foreign Investment Actually Utilized (USD 100 million)**	**23.52**	**62.47**	**149.27**	**160.86**
#外商直接投资	Foreign Direct Investments	12.30	62.47	149.27	160.86
外资企业基本情况	**Registered Foreign-funded Enterprises**				
年末实有企业数(户)	Number of Registered Enterprise in the Year-end (unit)	2877	2459	2127	2154
投资总额(亿美元)	Total Investment (USD 100 million)	206.41	378.66	588.78	687.10
注册资本(亿美元)	Registered Capital (USD 100 million)	112.29	205.35	296.92	348.16
#外方	Capital from Foreign Investors	75.34	148.66	223.26	248.44
对外经济合作(亿美元)	**Economic Cooperation with Foreign Countries & Regions (USD 100 million)**				
合同金额	Contracted Value	6.29	25.26	42.29	43.35
#对外承包工程	Contracted Projects	5.85	23.73	27.95	27.53
对外劳务合作	Labor Services	0.39	1.53	14.33	15.82
完成营业额	Value of Turnover Fulfilled	4.99	23.23	47.08	48.32
#对外承包工程	Contracted Projects	4.53	20.71	32.08	37.78
对外劳务合作	Labor Services	0.42	2.51	15.00	10.54

7-2 进出口总额

Total Value of Imports and Exports

年 份 Year	美元(万美元) USD (10 000 dollors)				人民币(万元) RMB (10 000 yuan)			
	进出口总额 Total Imports & Exports	出口总额 Total Exports	进口总额 Total Imports	顺 差 Balance	进出口总额 Total Imports & Exports	出口总额 Total Exports	进口总额 Total Imports	顺 差 Balance
1978	11843	10231	1612	8619	19896	17188	2708	14480
1979	15406	13422	1984	11438	23879	20804	3075	17729
1980	22644	20448	2196	18252	33966	30672	3294	27378
1981	28487	24948	3539	21409	42855	37531	5324	32207
1982	28761	25471	3290	22181	54358	48140	6218	41922
1983	30418	27963	2455	25508	60228	55367	4861	50506
1984	38203	34174	4029	30145	89013	79625	9388	70237
1985	44991	36710	8281	28429	167367	136561	30806	105755
1986	50671	45263	5408	39855	188496	168378	20118	148260
1987	74732	65434	9298	56136	278003	243414	34589	208825
1988	84961	75052	9909	65143	316055	279193	36862	242331
1989	98539	81897	16642	65255	335157	304657	30500	274157
1990	100385	86689	13696	72993	481848	416107	65741	350366
1991	121489	104297	17192	87105	643892	552774	91118	461656
1992	116194	81632	34562	47070	633257	444894	188363	256532
1993	131423	75546	55877	19669	756996	435145	321852	113293
1994	163193	102242	60951	41291	1398564	876214	522350	353864
1995	222918	135759	87159	48600	1861365	1133588	727778	405810
1996	196855	124001	72854	51147	1631928	1027968	603960	424009
1997	189699	128663	61036	67627	1572604	1066616	505988	560628
1998	173196	118675	54521	64154	1435795	983816	451979	531837
1999	175044	112889	62155	50734	1449364	934721	514643	420078
2000	227486	149338	78148	71190	1883584	1236519	647065	589453
2001	279256	171548	107708	63840	2311339	1419864	891475	528389
2002	320351	211876	108475	103401	2652506	1754333	898173	856160
2003	471640	298041	173599	124442	3905179	2467779	1437400	1030380
2004	661346	417610	243736	173874	5475945	3457811	2018134	1439677
2005	773604	510093	263511	246582	6265419	4131243	2134176	1997067
2006	979594	663497	316097	347400	7809094	5289240	2519853	2769387
2007	1280493	839145	441347	397798	9803869	6424771	3379098	3045673
2008	1747934	1071890	676044	395846	12238006	7504743	4733263	2771481
2009	1343839	734648	609191	125457	9179764	5018380	4161384	856997
2010	1779157	1053447	725710	327737	12044003	7131309	4912694	2218616
2011	3264212	1924040	1340172	583868	20711951	12208344	8503607	3704736
2012	5175027	2967788	2207239	760549	32602703	18697083	13905620	4791463
2013	5995687	3598710	2396977	1201733	37165081	22312067	14853013	7459054
2014	6503288	3938370	2564918	1373452	39943605	24188066	15755539	8432527
2015	7378063	4306142	3071921	1234221	46001884	26840255	19161629	7678626

注：本表1991年及以前年度为有关部门统计数据，从1992年开始为海关进出口数据。
a)Data before 1991 were obtained from the Department concerned, and the data since 1992 have been obtained from the customs statistics.

7–3 各种分组的进出口总额

Total Value of Imports and Exports by Group

单位：万元 (10 000 yuan)

项 目	Item	进出口总额 Total Value of Imports and Exports		#出口总额 Exports Trade	
		2014	2015	2014	2015
合 计	**Total**	**39943605**	**46001884**	**24188066**	**26840255**
按贸易方式分	**By trade system**				
一般贸易	General trade	12729781	12105103	8873837	8293054
援助物资	Aid material	1061	4495	373	4495
加工贸易	Processing trade	25922354	31606643	14977963	18118711
#来料加工贸易	Trade of processing with customer's materials	266758	93364	178718	60424
进料加工贸易	Trade of processing with imported materials	25655596	31513278	14799245	18058287
对外承包工程出口	Export of contract foreign projects	277092	344393	277092	344393
三资企业投资设备进口	Import of Machines Invested by Joint-venture, Cooperation with Foreign Investment and Sole Foreign Investment Enterprises	40336	53691		
保税仓库进出境货物	Bonded warehouse	210613	374354	8020	33247
其他贸易方式	Other trade system	762368	1513206	50780	46355
按注册类型分	**By Registration**				
国有企业	State-owned enterprises	4412932	3874071	2252651	2074678
外商投资企业	Foreign Investment	26910792	32502533	15064079	18392989
合作	Cooperative Operation	64289	51019	12718	12426
合资	Joint Ventures	25716453	31371247	14241200	17592467
独资	Proprietorship	1130050	1080267	810161	788095
民营企业	Private enterprise	8619496	9625280	6871337	6372588
其他企业	Others	385			

7-4 河南向一些国家(地区)进出口总额

Total Value of Imports and Exports To Related Countries and Regions

单位：万元 (10 000 yuan)

国家(地区)名称	Country (Region)	进出口总额 Total Imports & Exports		#出口 Exports	
		2014	2015	2014	2015
合　计	**Total**	**39943605**	**46001884**	**24188066**	**26840255**
亚洲	**Asia**	**19796117**	**24306335**	**8144776**	**9091658**
韩国	South Korea	4591544	5872596	710954	1004085
日本	Japan	3627642	3198869	2094420	1496378
中国	China	2393407	4383690		
台湾省	Taiwan	2259737	2869971	336983	432852
越南	Vietnam	1092940	1208429	508503	566357
中国香港	Hong Kong, China	1058370	1803444	1055337	1802345
非洲	**Africa**	**1778684**	**1635136**	**1476310**	**1315370**
南非	South Africa	476980	442140	310355	277936
贝宁	Benin	223769	202697	221564	202697
欧洲	**Europe**	**5410482**	**4705929**	**4332887**	**3875978**
荷兰	Holland	1617275	1522290	1556922	1462946
德国	Federal Republic of Germany	942214	748729	491044	480215
英国	United Kingdom	686511	504889	616300	428662
俄罗斯联邦	Russian	567325	351742	436092	280171
意大利	Italy	258236	318205	211236	264531
拉丁美洲	**Latin America**	**2349754**	**2701302**	**1269250**	**1307022**
巴西	Brazil	832652	782801	357757	269655
墨西哥	Mexico	506711	784175	236686	348385
智利	Chile	262454	248831	115293	143997
北美洲	**North America**	**9328856**	**11362572**	**8554506**	**10613546**
美国	United States	8756992	10717488	8091500	10043901
加拿大	Canada	571864	645076	463007	569638
大洋州	**Oceania**	**1270049**	**1282991**	**410336**	**636680**
澳大利亚	Australia	1211214	1206382	369056	581270
新西兰	New Zealand	53470	67891	35918	47933

7–5 人民币汇率(年平均价)

Reference Exchange Rate of Renminbi (Period Average)

单位：元 (yuan)

年 份 Year	100美元 100 US Dollars	100日元 100 Japanese Yen	100港元 100 Hong Kong Dollars	100欧元 100 Euros
1985	293.66	1.2457	37.57	
1986	345.28	2.0694	44.22	
1987	372.21	2.5799	47.74	
1988	372.21	2.9082	47.70	
1989	376.51	2.7360	48.28	
1990	478.32	3.3233	61.39	
1991	532.33	3.9602	68.45	
1992	551.46	4.3608	71.24	
1993	576.20	5.2020	74.41	
1994	861.87	8.4370	111.53	
1995	835.10	8.9225	107.96	
1996	831.42	7.6352	107.51	
1997	828.98	6.8600	107.09	
1998	827.91	6.3488	106.88	
1999	827.83	7.2932	106.66	
2000	827.84	7.6864	106.18	
2001	827.70	6.8075	106.08	
2002	827.70	6.6237	106.07	800.58
2003	827.70	7.1466	106.24	936.13
2004	827.68	7.6552	106.23	1029.00
2005	819.17	7.4484	105.30	1019.53
2006	797.18	6.8570	102.62	1001.90
2007	760.40	6.4632	97.46	1041.75
2008	694.51	6.7427	89.19	1022.27
2009	683.10	7.2986	88.12	952.70
2010	676.95	7.7279	87.13	897.25
2011	645.88	8.1050	82.97	900.11
2012	631.25	7.9037	81.38	810.67
2013	619.32	6.3323	79.85	822.19
2014	614.28	5.8196	79.22	816.51
2015	622.84	5.1543	80.34	691.41

注：数据来源于国家外汇管理局。

a) Data from State Administration of Foreign Exchange.

7-6 历年外商和港澳台商直接投资情况

Foreign, Hong Kong, Macao and Taiwan's Direct Investments Over the years

单位：万美元 (USD 10 000)

年 份 Year	签订协议(合同) New Agerrment Signed		实际利用外资额 Actually Used Investment by forign Enterprise Used			
	个 数 Number of Projects(unit)	金 额 Value		#独资经营 Foreign Investment Enterprises	#合资经营 Joint Ventures Enterprises	#合作经营 Cooperative Operation Enterprises
1985	29	6870	565		541	24
1986	14	2724	605		542	63
1987	31	12562	467	31	244	192
1988	38	1986	6436		6268	168
1989	36	1681	4266	37	4199	30
1990	50	2107	1049	75	708	266
1991	154	12716	3791	294	3214	283
1992	1053	88327	10691	717	9655	319
1993	1727	157768	34197	5190	27338	1669
1994	1011	79168	42488	7168	32008	3312
1995	815	86748	47981	5064	42121	796
1996	478	92166	52566	7543	36831	8192
1997	423	86799	64735	14096	30159	20480
1998	353	57333	61794	6198	36356	19240
1999	264	61832	49527	8185	32317	9025
2000	237	69921	53999	4459	27292	6248
2001	224	62188	35861	9510	20685	5666
2002	290	101964	45165	9860	29592	5713
2003	324	182560	56149	16628	32970	5911
2004	478	205383	87367	39866	36071	11430
2005	472	235176	122960	48312	54698	10267
2006	497	336788	184526	89313	81926	8702
2007	516	483538	306162	150935	97847	18572
2008	364	604146	403266	203739	94822	14715
2009	274	492055	479858	284554	163957	27023
2010	362	578385	624670	366770	191196	58545
2011	355	767752	1008209	593537	322191	84563
2012	363	1172936	1211777	766291	368604	76373
2013	344	1154233	1345659	888056	411544	28321
2014	328	1183590	1492688	893738	537869	25846
2015	272	737323	1608637	963356	536546	33182

7-7 外商和港澳台商在豫直接投资(2015年)

Direct Investment of Foreign, Hong Kong, Macao and Taiwan Businessmen in Henan (2015)

项目	Item	新签协议 New Agreement Signed		实际投资(万美元)
		合同个数(个) Number of Contracts (unit)	投资额(万美元) Investments Value (USD 10 000)	Actually Investments (USD 10 000)
总计	**Total**	**272**	**737323**	**1608637**
按登记注册类型分	**By Registration**			
#合资经营	Joint Ventures Enterprises	78	162658	536546
合作经营	Cooperative Operation Enterprises	6	50448	33182
独资	Foreign Investment Enterprises	187	522723	963356
股份有限公司	Foreign Investment Share Enterprises	1	1494	75553
按国民经济行业分	**By Sector**			
#农、林、牧、渔业	Farming, Forestry, Animal Husbandry and Fishery	22	75583	51202
采矿业	Mining	1	4309	47655
制造业	Manufacturing	138	473114	1047905
电力、燃气及水的生产和供应业	Production and distribution of electricity,gas and water	7	33798	140500
建筑业	Construction	5	7624	10854
交通运输、仓储及邮政业	Traffic,transport, storage and post	9	9511	24431
信息传输、计算机服务和软件业	Information transfer, computer services and software	5	3514	1482
批发和零售业	Wholesale and retail trade	35	22240	45637
住宿和餐饮业	Accommodation and Restaurants	7	4821	5775
金融业	Financial	1	3500	37178
房地产业	Real estate	6	22193	135766
租赁和商务服务业	Tenancy and business services	14	31998	18164
科学研究、技术服务和地质勘查业	Scientific Research, Technical Service and Geologic Perambulation	11	27263	7872
水利、环境和公共设施管理业	Management of Water Conservancy, Environment and Public Establishment	2	1878	21821
居民服务和其他服务业	Resident Services and Other Services	2	48	
教育	Education	1	523	523
卫生、社会保障和社会福利业	Sanitation, Social Security and Social Welfare	3	15375	1021
文化、体育和娱乐业	Culture, Sports and Entertainment	3	31	10851
按地区、国别分	**by Country or Territory**			
香港	Hong Kong, China	157	527902	1015172
台湾	Taiwan	33	60394	82548
加拿大	Canada	1	2211	3552
日本	Japan	1	6232	30360
英国	United Kingdom	3	17494	42192
美国	America	12	21495	79689
新加坡	Singapore	6	18905	58187
德国	Germany	1	6531	23047
韩国	South Korea	10	4802	14239

7-8 各市外商和港澳台商在豫直接投资金额
Direct Investment by Foreign, Hong Kong, Macao and Taiwan in Henan by City

单位：万美元 (USD 10 000)

市 City	新签协议(合同)金额 Value of New Agreement (Contract) Signed		实际利用外资 Foreign Capital Actually Used	
	2014	2015	2014	2015
全省 Total	**1183590**	**737323**	**1492688**	**1608637**
省辖市 City				
郑州市 Zhengzhou	144557	125514	363002	382661
开封市 Kaifeng	52241	55013	51698	58807
洛阳市 Luoyang	137584	46057	241025	255371
平顶山市 Pingdingshan	58048	21708	36493	40633
安阳市 Anyang	47827	36163	42839	49454
鹤壁市 Hebi	56995	41251	66785	77067
新乡市 Xinxiang	99485	39411	86988	95072
焦作市 Jiaozuo	29066	27840	72850	78735
濮阳市 Puyang	41568	17930	48717	57544
许昌市 Xuchang	39686	34895	59725	68090
漯河市 Luohe	118650	71168	78897	85574
三门峡市 Sanmenxia	107838	29688	95679	100817
南阳市 Nanyang	85787	44587	57264	57136
商丘市 Shangqiu	35225	24607	30897	34346
信阳市 Xinyang	33332	16313	47822	49517
周口市 Zhoukou	36123	27395	48490	49052
驻马店市 Zhumadian	46268	57632	35392	36888
济源市 Jiyuan	13310	20151	28125	31873
省直管县 Province Administrating County				
巩义市 Gongyi	13484	-280	27774	30090
兰考县 Lankao	399	12659	1970	2149
汝州市 Ruzhou	19943	20110	8706	10349
滑县 Huaxian		1756		3042
长垣县 Changyuan	12860	3049	10797	11968
邓州市 Dengzhou	13549	5026	5880	1470
永城市 Yongcheng		255	3113	3426
固始县 Gushi	2016	6448	5573	2609
鹿邑县 Luyi	7500		3600	
新蔡县 Xincai		2000	1600	130

7–9 外商和港澳台商投资企业(单位)注册登记情况
Registration Status of Foreign, Hong Kong, Macao and Taiwan Funded Enterprises

指 标	Item	2005	2010	2013	2014	2015
年末实有企业数(户)	**Number of Registered Enterprise in the Year-end (unit)**	**2877**	**2459**	**2045**	**2127**	**2154**
与外商和港澳台商合资经营	Joint Ventures Enterprises	1717	1251	979	998	974
与外商和港澳台商合作经营	Cooperative Operation Enterprises	292	181	108	120	118
外商和港澳台商独资	Foreign Investment Enterprises	860	1006	932	979	1027
外商和港澳台商投资股份有限公司	Foreign Investment Share Enterprises	8	21	26	30	35
年末实有企业投资总额(亿美元)	**Total Investments (100 million USD)**	**206.41**	**378.66**	**477.87**	**588.78**	**687.10**
注册资本(亿美元)	**Registered Capital (100 million USD)**	**112.29**	**205.35**	**244.79**	**296.92**	**348.16**
#外方	Capital Invested by Foreign Partner	75.34	148.66	179.10	223.26	248.44
本年登记企业数(户)	**Number of Registered Enterprise in the Year (unit)**	**420**	**252**	**143**	**162**	**154**
中外合资	Joint-venture Enterprises	212	91	62	75	52
中外合作	Cooperation Enterprises	39	19	3	11	3
外商独资	Enterprises with Sole Foreign Investment	169	142	78	76	98
中外股份公司	Share-holding Corporations					1
本年注册企业投资总额(万美元)	**Total Investments in the Year (USD 10 000)**	**401029**	**507457**	**363741**	**518010**	**412106**
本年注册资本(万美元)	**Registered Capital ih the Year(USD 10 000)**	**201757**	**269995**	**173492**	**286752**	**216162**
#外方	Capital Invested Foreign Partner	152789	225467	150904	226465	186371

7-10 各市外商和港澳台商投资企业登记注册情况(2015年)
Registration Status of Foreign, Hong Kong, Macao and Taiwan Funded Enterprises by City (2015)

市 City	年末实有企业数(个) Real Number of Enterprises by the end of the year (unit)	年末实有企业投资总额(万美元) Realized Investment in the year-end (USD 10 000)	本年登记企业数(个) Registered Enterprises in the year (unit)	本年注册企业投资总额(万美元) Total Value of Investment by Registered Enterprises This Year (USD 10 000)	累计注销企业数(个) Accumulative total of deregistered enterprises (unit)
全省 Total	**2154**	**6870978**	**154**	**412106**	**1169**
河南省(省级) Provincial	**190**	**1436653**	**7**	**58341**	**160**
郑州市 Zhengzhou	549	1403226	50	116429	467
开封市 Kaifeng	103	212884	11	7344	38
洛阳市 Luoyang	184	416896	15	94494	81
平顶山市 Pingdingshan	57	266273	1	628	13
安阳市 Anyang	77	157868	7	9927	36
鹤壁市 Hebi	43	127799	4	2444	16
新乡市 Xinxiang	129	210352	5	3881	53
焦作市 Jiaozuo	82	319660	3	1977	66
濮阳市 Puyang	78	105164	4	24335	42
许昌市 Xuchang	70	193709	6	22341	19
漯河市 Luohe	57	179261	2	3040	58
三门峡市 Sanmenxia	42	251129	2	550	18
南阳市 Nanyang	142	396371	8	18005	34
商丘市 Shangqiu	52	44375	4	1688	13
信阳市 Xinyang	40	366615	3	1064	21
周口市 Zhoukou	78	90424	10	8503	11
驻马店市 Zhumadian	79	186437	7	29644	14
济源市 Jiyuan	26	332920			5
省直管县 Province Administrating County					
巩义市 Gongyi	14	27852			
兰考县 Lankao	10	55298	1	4384	
汝州市 Ruzhou	3	1722			
滑县 Huaxian	6	21187	1	1008	
长垣县 Changyuan	13	19813	1	81	
邓州市 Dengzhou	11	18702	1		3
永城市 Yongcheng	6	14065			
固始县 Gushi	7	1444			
鹿邑县 Luyi	3	9441			1
新蔡县 Xincai	3	3440	1	2000	

7-11 对外国和港澳台地区投资

Investment to Foreign, Hong Kong, Macao and Taiwan

项目	Item	2010	2011	2012	2013	2014	2015
新签协议(合同)个数(个)	Number of New Agreements (Contracts) Signed (unit)	62	83	69	81	87	92
中方新签协议(合同)	Investments of New Agreement (Contract)						
投资额(万美元)	Signed by China (USD 10 000)	53132	92823	108405	130207	159014	232461
中方实际投资(万美元)	Actually Investments by China (USD 10 000)	11864	30171	24497	65675	62614	182243
年末已建成投产(开业)	Number of Business Completed and						
企业数(个)	Put into Use in the Year-end (unit)	288	295	360	382	442	561

7-12 对外承包工程和劳务合作

Contracted Projects and Labor Cooperation with Foreign Countries or Regions

指标	Item	2010	2011	2012	2013	2014	2015
签订合同数(个)	Number of Contracts Signed (unit)	860	241	229	315	128	151
签订合同金额(万美元)	Contracted Value (USD 10 000)	252599	293368	347086	405763	422878	433503
营业额(万美元)	Value of Business (USD 10 000)	232269	319937	370866	420916	470801	483160
派出人员(人次)	Person Send Abroad (person-times)	32350	32001	16492	68877	69703	70243
年底在外人员(人)	Number of Abroad Person at Year-end (person)	56251	68948	57103	81751	88825	101289

7-13 河南与国外结成友好城市一览表
List of Foreign Sister Cities with HeNan

友好城市 Sister City	国别 Country of Origin	缔结时间 Time of Conclusion
河南省		
堪萨斯州	美国	1981年5月
三重县	日本	1986年11月
瓦隆大区	比利时	1988年4月
普利亚大区	意大利	1988年6月
索恩-卢瓦尔省	法国	1990年10月
布勒伊拉县	罗马尼亚	1993年9月
曼尼托巴省	加拿大	1994年11月
庆尚北道	韩国	1995年10月
萨马拉州	俄罗斯	1997年3月
阿尔及尔省	阿尔及利亚	1998年4月
同塔省	越南	1998年7月
蒂罗尔州	奥地利	1999年11月
奥罗莫州	埃塞俄比亚	2000年9月
春武里府	泰国	2001年6月
圣卡塔琳娜州	巴西	2002年4月
科马隆州	匈牙利	2002年8月
莫吉廖夫州	白俄罗斯	2004年8月
伊达尔戈州	墨西哥	2005年5月
恩特雷里奥斯省	阿根廷	2005年5月
东芬兰省	芬兰	2005年8月
玻利瓦尔州	委内瑞拉	2006年8月
科金博大区	智利	2007年11月
法尤姆省	埃及	2007年11月
西北省	南非	2008年4月
纽卡斯尔市	英国	2008年9月
卢布林省	波兰	2008年9月
梅克伦堡-前波莫瑞州	德国	2009年7月
哈瓦那市	古巴	2009年7月
马格尼西亚省	希腊	2009年10月
林波波省	南非	2011年6月
打拉省	菲律宾	2011年9月
马鲁古省	印度尼西亚	2011年9月
加兹-纳杰孔-索尔诺克州	匈牙利	2012年3月
瓜亚斯省	厄瓜多尔	2012年3月
阿肯色州	美国	2012年4月
干拉省	柬埔寨	2014年10月
磅湛省	柬埔寨	2014年10月
郑州市		
埼玉市	日本	1981年10月
里士满市	美国	1994年9月
克卢日.纳波卡市	罗马尼亚	1995年5月
晋州市	韩国	2000年7月
马林塔尔市	纳米比亚	2001年8月
伊尔比德市	约旦	2002年4月
萨马拉市	俄罗斯	2002年4月
若茵维莱市	巴西	2003年11月
什未林市	德国	2006年4月
舒门市	保加利亚	2007年4月
莫吉廖夫市	**白俄罗斯**	**2014年6月**
开封市		
户田市	日本	1984年8月
威奇托市	美国	1985年12月
永川市	韩国	2005年6月
温格卡瑞比郡	澳大利亚	2007年10月
鄂木斯克市	**俄罗斯**	**2009年8月**
莫茨金市	以色列	2014年10月
洛阳市		
冈山市	日本	1981年4月
图尔市	**法国**	**1982年12月**
拉克罗斯市	美国	1997年10月
陶里亚蒂市	俄罗斯	2000年4月
平顶山市		
安东市	韩国	1997年4月
塞兹兰市	俄罗斯	2000年11月
圣路易斯.里约.科罗拉纟	墨西哥	2009年11月
坎布里乌市	巴西	2011年11月
安阳市		
斯哈尔贝克市	比利时	1985年9月
草加市	日本	1998年11月
莱桥市	加拿大	2005年5月
纳库鲁市	肯尼亚	2006年9月
新乡市		
柏原市	日本	1990年9月
伊塔亚伊市	巴西	2008年11月
乌珀塔尔市	德国	2014年6月
焦作市		
热伊勒地区	吉尔吉斯斯坦	2001年4月
帕辽沙市	巴西	2007年9月
卢布林市	波兰	2010年4月
忠州市	韩国	2013年9月
濮阳市		
阿什伯顿市	新西兰	2000年9月
楚河区	吉尔吉斯斯坦	2008年5月
许昌市		
博灵布鲁克市	美国	2005年5月
基涅利市	俄罗斯	2007年9月
蔚山广域市，中区	韩国	2015年4月
漯河市		
伊普斯威奇市	英国	2008年3月
三门峡市		
北上市	日本	1985年5月
索尔诺克市	匈牙利	2009年9月
东豆川市	韩国	2011年5月
南阳市		
南阳市	日本	1988年10月
加特市	以色列	1995年11月
春川市	**韩国**	**2013年1月**
斯洛博齐亚市	罗马尼亚	2013年2月
阿斯蒂市	意大利	2014年2月
商丘市		
大谢珀顿市	澳大利亚	2012年12月
信阳市		
高敞郡	韩国	2010年3月
驻马店市		
梅杰迪亚市	罗马尼亚	2002年9月
济源市		
新座市	日本	2003年2月
漆谷郡	**韩国**	**2015年4月**
禹州市		
山清郡	韩国	2009年5月
信阳市浉河区		
新见市	日本	1992年4月
阿什凯隆市	以色列	1995年6月
濮阳市濮阳县		
诗巫市	马来西亚	2013年1月

7-14 各市利用省外资金情况

Direct Investment by Other Provinces in Henan by City

单位：亿元　　(100 million yuan)

市 City	新签协议(合同)金额 Value of New Agreement (Contract) Signed		实际利用省外资金 Foreign Capital Actually Used	
	2014	2015	2014	2015
全　　省 Total	**19038.8**	**18147.2**	**7206.0**	**7821.5**
省　辖　市 City				
郑　州　市 Zhengzhou	1743.3	2019.5	852.0	924.2
开　封　市 Kaifeng	1258.9	1239.3	459.9	498.3
洛　阳　市 Luoyang	1148.8	1640.3	607.8	661.0
平 顶 山 市 Pingdingshan	1123.1	1008.4	440.4	476.3
安　阳　市 Anyang	1891.6	1470.7	534.7	578.9
鹤　壁　市 Hebi	981.2	528.6	239.9	261.4
新　乡　市 Xinxiang	781.4	1551.5	508.5	550.5
焦　作　市 Jiaozuo	762.6	757.9	497.7	538.9
濮　阳　市 Puyang	693.3	575.4	176.6	194.3
许　昌　市 Xuchang	839.6	1236.2	374.0	406.8
漯　河　市 Luohe	978.7	545.1	192.2	207.9
三 门 峡 市 Sanmenxia	618.4	638.0	301.8	327.3
南　阳　市 Nanyang	958.0	1356.1	440.3	478.7
商　丘　市 Shangqiu	1320.4	1303.0	547.7	595.2
信　阳　市 Xinyang	979.2	654.7	206.3	224.7
周　口　市 Zhoukou	771.7	708.4	442.7	479.2
驻 马 店 市 Zhumadian	1327.3	512.5	221.4	241.2
济　源　市 Jiyuan	861.3	401.6	162.1	176.7
省 直 管 县 Province Administrating County				
巩　义　市 Gongyi	143.2	113.1	61.1	66.3
兰　考　县 Lankao	137.6	100.8	53.5	57.9
汝　州　市 Ruzhou	119.5	84.5	58.8	63.8
滑　　县 Huaxian	175.9	79.3	53.6	58.2
长　垣　县 Changyuan	115.4	53.9	40.6	44.2
邓　州　市 Dengzhou	177.7	167.8	42.0	45.7
永　城　市 Yongcheng	189.2	158.2	51.6	56.2
固　始　县 Gushi	214.9	40.7	27.7	30.0
鹿　邑　县 Luyi	104.9	101.4	53.5	58.3
新　蔡　县 Xincai	39.8	94.6	17.4	18.8

7-15 旅游业基本情况
Basic Condition of International Tourism

项　目	Item	2010	2011	2012	2013	2014	2015
旅游设施	**Tourist Facilities**						
饭店(个)	Number of Tourist Hotel (unit)	502	503	566	575	557	545
床位(万张)	Number of Bed (10 000 units)	11.21	11.25	12.37	12.48	12.25	12.24
接待入境游客人数（万人次）	**Number of International Tourists Received (10 000 person-times)**	**146.84**	**168.29**	**190.77**	**207.33**	**227.20**	**268.29**
外国人	Foreigner	96.09	104.29	118.74	125.27	139.75	172.62
香港同胞	Compatriots from Hongkong	17.91	23.40	26.48	29.38	32.56	31.00
澳门同胞	Compatriots from Macao	8.07	10.00	11.25	11.62	11.72	14.54
台湾同胞	Compatriots from Taiwan	24.77	30.16	34.30	41.06	43.17	50.13
旅游创汇收入（万美元）	**Income of International Tourists Received (USD 10 000)**	**49877**	**54902**	**61141**	**65997**	**72530**	**84948**

注：1.本表接待入境旅游者人数包括不过夜人数(下表同)。
　　2.旅游创汇收入为旅游部门抽样调查数。
　　3.饭店和床位为星级饭店年报数据。

a)Number of international tourists received exclude persons who didn't stay for night. (The following table is the same).
b)Data on the income of international tourists received are obtained from sample surry by tourism administration.
c)Numbers of Hotels and Beds were Obtained from Stara-Ranked Hotels Annual Report.

7-16 各市入境旅游情况(2015年)
Basic Condition of International Tourism by City (2015)

市	City	星级饭店数（个）Total Number of Star-rated Hotel (unit)	接待入境游客人数（人次）Number of International Tourists Received (person-times)	#外国人 Foreigner	旅游创汇收入（万美元）Income of International Tourists Received (USD 10 000)
郑州市	Zhengzhou	93	501262	355930	19006
开封市	Kaifeng	18	240895	112600	5855
洛阳市	Luoyang	66	1004200	662108	30901
平顶山市	Pingdingshan	29	28159	14408	828
安阳市	Anyang	20	124411	120996	2782
鹤壁市	Hebi	10	8079	1945	157
新乡市	Xinxiang	18	169250	162045	3180
焦作市	Jiaozuo	30	348742	193893	12802
濮阳市	Puyang	10	18676	16823	127
许昌市	Xuchang	19	3955	3399	216
漯河市	Luohe	11	9311	4945	240
三门峡市	Sanmenxia	25	73762	19965	1967
南阳市	Nanyang	84	18371	1572	895
商丘市	Shangqiu	13	8178	1542	228
信阳市	Xinyang	33	19030	4318	530
周口市	Zhoukou	24	57835	26628	1433
驻马店市	Zhumadian	38	36745	16297	3620
济源市	Jiyuan	4	12077	6799	181

7-17 接待国内游客人数和收入

Number and Income of Civil Tourists Received

本表为抽样调查数。
Date in this table are obtained from the Sample Survey.

项目	Item	2014	省内游客 Local Tourists	省外游客 Non-local Tourists	2015	省内游客 Local Tourists	省外游客 Non-local Tourists
接待国内游客人数 (万人次)	Number of Civil Tourists Received (10 000 person-times)	45642	34277	11365	51621	38767	12854
#一日游	Number of One Day Tour	18951	14232	4719	21433	16096	5337
接待国内游客收入 (亿元)	Income of Civil Tourists Received (100 million yuan)	4322	2889	1433	4982	3330	1652

7-18 各市国内旅游基本情况(2015年)

Basic statistics of internal-tour by City (2015)

市	City	总人次数(万人次) Number of person-time (10 000 person-times)	总花费(亿元) Total Cost (100 million yuan)	人均花费(元) Per capita Cost (yuan)
郑州市	Zhengzhou	12291.83	1382.58	1125
开封市	Kaifeng	4532.53	355.47	784
洛阳市	Luoyang	8016.22	895.37	1117
平顶山市	Pingdingshan	1868.29	163.28	874
安阳市	Anyang	2914.39	247.29	848
鹤壁市	Hebi	899.69	58.15	646
新乡市	Xinxiang	2899.84	189.83	655
焦作市	Jiaozuo	3706.32	292.80	790
濮阳市	Puyang	1665.22	128.00	769
许昌市	Xuchang	1285.12	72.20	562
漯河市	Luohe	875.42	53.79	614
三门峡市	Sanmenxia	2891.16	202.63	701
南阳市	Nanyang	2627.39	206.36	785
商丘市	Shangqiu	1575.48	95.91	609
信阳市	Xinyang	2635.01	150.84	572
周口市	Zhoukou	1471.00	98.32	668
驻马店市	Zhumadian	1882.49	112.27	596
济源市	Jiyuan	857.81	39.44	460

主要统计指标解释

进出口总额 海关进出口总额指实际进出我国国境的货物总金额。包括对外贸易实际进出口货物，来料加工装配进出口货物，国家间、联合国及国际组织无偿援助物资和赠送品，华侨、港澳台同胞和外籍华人捐赠品，租赁期满归承租人所有的租赁货物，进料加工进出口货物，边境地方贸易及边境地区小额贸易进出口货物(边民互市贸易除外)，中外合资企业、中外合作经营企业、外商独资经营企业进出口货物和公用物品，到、离岸价格在规定限额以上的进出口货样和广告品(无商业价值、无使用价值和免费提供出口的除外)，从保税仓库提取在中国境内销售的进口货物，以及其他进出口货物。进出口总额用以观察一个国家在对外贸易方面的总规模。我国规定出口货物按离岸价格统计，进口货物按到岸价格统计。

利用外资 指我国各级政府、部门、企业和其他经济组织通过对外借款、吸收外商直接投资以及用其他方式筹措的境外现汇、设备、技术等。

外商直接投资 指外国企业和经济组织或个人(包括华侨、港澳台胞以及我国在境外注册的企业)按我国有关政策、法规，用现汇、实物、技术等在我国境内开办外商独资企业、与我国境内的企业或经济组织共同举办中外合资经营企业、合作经营企业或合作开发资源的投资(包括外商投资收益的再投资)，以及经政府有关部门批准的项目投资总额内企业从境外借入的资金。

外商其他投资 指除对外借款和外商直接投资以外的各种利用外资的形式。包括企业在境内外股票市场公开发行的以外币计价的股票（目前主要是在香港证券市场发行的H股和在境内证券市场发行的B股）发行价总额，国际租赁进口设备的应付款，补偿贸易中外商提供的进口设备、技术、物料的价款，加工装配贸易中外商提供的进口设备、物料的价款。

对外承包工程 指各对外承包公司以招标议标承包方式承揽的下列业务：⑴承包国外工程建设项目，⑵承包我国对外经援项目，⑶承包我国驻外机构的工程建设项目，⑷承包我国境内利用外资进行建设的工程项目，⑸与外国承包公司合营或联合承包工程项目时我国公司分包部分，⑹对外承包兼营的房屋开发业务。对外承包工程的营业额是以货币表现的本期内完成的对外承包工程的工作量，包括以前年度签订的合同和本年度新签订的合同在报告期内完成的工作量。

对外劳务合作 指以收取工资的形式向业主或承包商提供技术和劳动服务的活动。我国对外承包公司在境外开办的合营企业，中国公司同时又提供劳务的，其劳务部分也纳入劳务合作统计。劳务合作营业额按报告期内向雇主提交的结算数(包括工资、加班费和奖金等)统计。

旅游人数

(1)入境旅游人数：指报告期内来我国观光、度假、探亲访友、就医疗养、购物、参加会议或从事经济、文化、体育、宗教活动的外国人、港澳台同胞等入境游客。统计时，外国人、港澳台同胞每入境一次统计 1 人次。

(2)出境人数：指中国（大陆）居民因公或因私出境前往其他国家、中国香港特别行政区、澳门特别行政区和台湾省观光、度假、探亲访友、就医疗养、购物、参加会议或从事经济、文化、体育、宗教活动的人数，即出境游客。统计时，按每出境一次统计 1 人次。

(3)国内旅游人数：指在报告期内在中国（大陆）观光游览、度假、探亲访友、就医疗养、购物、参加会议或从事经济、文化、体育、宗教活动的中国（大陆）居民人数，其出游的目的不是通过所从事的活动谋取报酬。统计时，国内游客按每出游一次统计 1 人次。

国际旅游(外汇)收入 指入境游客在中国（大陆）境内旅行、游览过程中用于交通、参观游览、住宿、餐饮、购物、娱乐等全部花费。

国内旅游收入 指国内游客在国内旅行、游览过程中用于交通、参观游览、住宿、餐饮、购物、娱乐等全部花费。

星级饭店 指设备、设施、服务符合《旅游饭店星级的划分与评定》(GB/T14308-2003)，通过相关旅游管理部门评定，并取得星级饭店称号的饭店（含预备星级饭店）。

Explanatory Notes on Main Statistical Indicators

Total Imports and Exports at Customs refer to the value of commodities imported into and exported from the boundary of China. They include the actual imports and exports through foreign trade, imported and exported goods under the processing and assembling trades and materials, supplies and gifts as aid given gratis between governments and by the United Nations and other international organizations, and contributions donated by overseas Chinese, compatriots in Hong Kong and Macao and Chinese with foreign citizenship, leasing commodities owned by tenant at the expiration of leasing period, the imported and exported commodities processed with imported materials, commodities trading in border areas(excluding mutual exchange goods), the imported and exported commodities and articles for public use of the Sino-foreign joint ventures, cooperative enterprises and ventures exclusively with foreign own investment. Also included are import or export of samples and advertising goods for whose CIF or FOB value are beyond the permitted ceiling (excluding goods of no trading or use value and free commodities for export), imported goods sold in China from bonded warehouses and other imported or exported goods. The indicator of the total imports and exports at customs can be used to observe the total size of external trade in a country. In accordance with the stipulation of the Chinese government, imports are calculated at CIF, while exports are calculated at FOB.

Utilization of Foreign Capital refers to remittance, equipment and technology financed from abroad, by loans, foreign direct investment and other forms undertaken by the Chinese governments at all levels, by various departments, enterprises and other economic units.

Direct Investment by Foreign Entrepreneurs refers to the investments inside China by foreign enterprises and economic organizations or individuals (including overseas Chinese, compatriots from Hong Kong and Macao, and Chinese enterprises registered abroad), following the relevant policies and laws of China, for the establishment of ventures exclusively with foreign own investment, Sino-foreign joint ventures and cooperative enterprises or for co-operative exploration of resources with enterprises or economic organizations in China. It includes the re investment of the foreign entrepreneurs with the profits gained from the investment and the funds that enterprises borrow from abroad in the total investment of projects which are approved by the relevant department of the government.

Other Investment by Foreign Entrepreneurs refers to all forms of utilization of foreign capitals other than foreign borrowings and foreign direct investment. It includes the total value of stock shares in foreign currencies issued by enterprises at domestic or foreign stock exchanges (now mainly consisting of H shares issued at Hong Kong Security Market and B shares issued at domestic security markets), rent payable for the imported equipment through international leasing arrangement, cost of imported equipment, technology and materials provided by foreign counterparts in compensation trade and processing and assembly trade.

Contracted Projects with Foreign Countries refer to projects undertaken by Chinese contractors (project contracting companies) through bidding process. They include: (1) overseas civil engineering construction projects financed by foreign investors; (2) overseas projects financed by the Chinese government through its foreign aid programs; (3) construction projects of Chinese diplomatic missions, trade offices and other institutions stationed abroad; (4) construction projects in China financed by foreign investment; (5)sub-contracted projects to be taken by Chinese contractors through a joint umbrella project with foreign contractor's); (6)housing development projects. The business income from international contracted projects is the work volume of contracted projects completed during the reference period, expressed in monetary terms, including completed work on projects signed in previous years.

Service Cooperation with Foreign Countries refers to the activities of providing technology and labor services to employers or contractors in the forms of receiving salaries and wages. Labor services providing by contractual joint ventures of Chinese international contracting corporations should be included in the statistics of service co-operation with foreign countries. The business income of labor service co-operation is the income in the form of wages and salaries, overtime pay, bonuses and other remuneration received from the employers during the reference period.

Number of Tourists

(1) Visitor arrivals refer to the number of foreigners, Chinese compatriots from Hong Kong, Macao and Taiwan Chinese (mainland) who come to China (mainland) for sight-seeing, vacation, visiting relatives, medical treatment, shopping, attending conference, or to engage in economic, cultural, sports and religious activities. In compiling statistics, each time of entering China is counted as one person-time.

(2) Number of Chinese residents going abroad refer to the number of Chinese (mainland) residents going to other countries, Hong Kong Special Administrative region, Macao Special Administrative region and Taiwan for on official or private purposes, for sight-seeing, vacation, visiting relatives, medical treatment, shopping, attending conference, or to engage in economic, cultural, sports and religious activities. In compiling statistics, each time of leaving is counted as one person-time.

(3) Number of domestic tourists refers to the number Of Chinese (mainland) residents who travel within China (mainland) for sight-seeing, vacation, visiting relatives, medical treatment, shopping, attending conference, or to engage in economic, cultural, sports and religious activities. In compiling statistics, each time of traveling is counted as one person-time.

Foreign Exchange Earnings from International Tourism refer to the total expenditure of foreigners, overseas Chinese, Chinese compatriots from Hong Kong, Macao and Taiwan during their stay in the mainland of China on transportation, sighting, accommodation, food, shopping and entertainment.

Income from Domestic Tourism refer to expenditure of domestic tourists on transportation, sighting, accommodation, food, shopping and entertainment while they travel.

Star-rated Hotels refer to hotels rated with stars as assessed by the relevant tourism authorities according to GB/T14308-2003 standard with reference to their infrastructure, facilities and service levels.

能源
Energy Sources

8

● 资料整理：曹战峰

简要说明

一、主要内容

本篇包括能源生产、消费及品种构成，能源生产和消费弹性系数、能源加工转换效率、单位能耗、规模以上工业分行业主要能源品种的购进、消费及库存，主要耗能工业企业单位产品能源消耗，水资源消耗和电力消耗等资料。

二、统计范围

能源统计范围为全社会。单位工业增加值能耗的统计范围是规模以上工业法人企业(年主营业收入达到2000万元及以上)。能源加工转换效率表中，电力折算标准煤系数采用当量值计算，每千瓦小时折0.1229千克标准煤。

三、资料来源

本篇数据来自能源平衡表以及规模以上工业企业能源购进、消费、库存统计年报。能源生产与消费弹性系数分别以能源生产、消费增长速度与国内生产总值增长速度相比求得。根据第三次经济普查结果，对2010年以来有关数据进行了修订。本部分资料由河南省统计局能源统计处编辑整理。

Brief Introduction

I. Main Contents

Data in this chapter cover mainly energy production, consumption, and composition; elasticity ratio of energy production and consumption; efficiency of energy processing and conversion; energy consumption per unit; Purchase, consumption and Stock of enterprises above designated size by sector, Energy consumption per unit of product, consumption of water and electric.

II. Scope of Statistics

The scope of data in this chapter is the whole province. The scope of data on energy consumption per unit of added-value of industrial is enterprises above designated size (Main business income over 20 million yuan). In the table on the efficiency of energy conversion, the coefficient for the conversion of electric power into standard coal equivalent. One kilowatt is equal to 0.1229kg SCE.

III. Sources of Data

Data in this part comes from the energy balance sheets and annual report on energy purchase, consumption and Stock by industrial enterprises above designated size. The elasticity ratio of energy production is calculated as the quotient of the growth rate of energy production divided by the growth rate of GDP; and the elasticity ratio of energy consumption is calculated as the quotient of the growth rate of energy consumption divided by the growth rate of GDP. Data on Energy consumption since 2010 are revised by the basis of the third Economic Census. Data in this chapter are provided by Department of Energy of the Henan provincial Bureau of Statistics.

8-1 能源生产总量及构成

Total Production of Energy and Its Composition

年 份 Year	能源生产总量 (万吨标准煤) Total Energy Production (10 000 tons of SCE)	占能源生产总量的比重 (%) As Percentage of Total Energy Production			
		原 煤 Coal	原 油 Crude Oil	天然气 Natural Gas	水 电 Electricity
1978	4434	93.7	5.4		0.9
1979	4536	91.9	7.1		1.0
1980	4402	91.3	7.5	0.1	1.1
1981	4760	87.4	11.1	0.5	1.0
1982	4998	85.3	12.8	0.7	1.2
1983	5456	83.8	14.1	0.9	1.2
1984	5981	82.8	15.3	0.9	1
1985	6909	81.5	16.4	1.2	0.9
1986	7261	80.3	17.3	1.6	0.8
1987	7361	79.3	18.1	1.9	0.7
1988	7624	78.6	18.3	2.3	0.8
1989	8031	80.0	17.0	2.2	0.8
1990	8071	81.3	15.6	2.3	0.8
1991	7999	81.9	15.2	2.2	0.7
1992	8058	82.8	14.4	2.1	0.7
1993	8037	83.7	13.6	1.9	0.8
1994	8085	85.0	12.1	2.0	0.9
1995	8454	87.5	10.2	1.6	0.7
1996	8757	88.1	9.6	1.6	0.7
1997	8558	87.9	9.8	1.7	0.6
1998	8080	87.4	10.4	2.0	0.2
1999	6947	85.6	11.6	2.5	0.3
2000	6591	83.7	12.2	2.8	1.4
2001	7238	84.0	11.2	2.9	1.9
2002	8321	85.2	9.8	2.8	2.3
2003	10634	88.3	7.4	2.3	2.0
2004	13079	90.4	5.7	1.7	2.2
2005	14522	91.3	5.0	1.8	1.9
2006	15002	91.7	4.7	1.7	2.0
2007	14604	91.8	4.8	1.4	2.0
2008	15487	92.6	4.4	1.2	1.8
2009	17002	93.4	4.0	0.8	1.8
2010	17438	92.4	4.1	0.5	3.0
2011	15786	91.3	4.4	0.4	3.9
2012	12224	90.2	5.6	0.5	3.7
2013	13133	90.6	5.2	0.5	3.7
2014	11796	89.8	5.7	0.6	3.9
2015	11232	89.3	5.2	0.5	5.0

注：电力折算标准煤数根据当年平均发电煤耗计算。

a)Data of Electricity is calculated by Average consume of coal on Power.

8-2 能源消耗总量及构成

Total Consumption of Energy and Its Composition

年 份 Year	能源消耗总量 (万吨标准煤) Total Energy Consumption (10 000 tons of SCE)	占能源消耗总量的比重 (%) As Percentage of Total Energy Consumption			
		煤 炭 Coal	石 油 Crude Oil	天然气 Natural Gas	水 电 Hydropower
1978	3353	92.3	6.8		0.9
1979	3228	92.1	6.9		1.0
1980	3389	91.6	7.0	0.2	1.2
1981	3612	91.3	6.9	0.6	1.2
1982	3560	91.1	6.5	0.9	1.5
1983	4035	90.9	6.5	1.1	1.5
1984	4474	91.0	6.5	1.2	1.3
1985	4618	89.9	7.0	1.8	1.3
1986	4709	88.3	8.4	2.2	1.1
1987	5006	88.4	8.4	2.2	1.0
1988	5292	87.7	8.8	2.5	1.0
1989	5112	87.7	8.7	2.3	1.3
1990	5206	87.8	8.4	2.6	1.2
1991	5363	88.3	8.5	2.2	1.0
1992	5583	88.4	8.4	2.3	0.9
1993	5862	88.2	8.8	2.0	1.0
1994	6225	87.7	9.0	2.2	1.1
1995	6473	87.6	9.6	1.8	1.0
1996	6654	87.5	9.8	1.7	1.0
1997	6711	87.8	9.6	1.7	0.9
1998	7244	87.6	9.8	1.6	1.0
1999	7380	87.5	9.8	1.7	1.0
2000	7919	87.6	9.6	1.7	1.1
2001	8367	87.0	9.5	1.9	1.6
2002	9005	86.6	9.3	2.0	2.1
2003	10595	86.7	9.4	1.9	2.0
2004	13074	86.6	9.2	2.0	2.2
2005	14625	87.2	8.7	2.2	1.9
2006	16234	87.4	8.0	2.5	2.1
2007	17838	87.7	7.9	2.5	1.9
2008	18976	87.2	8.0	2.6	2.2
2009	19751	87.0	7.9	2.8	2.3
2010	18594	82.8	9.3	3.4	4.5
2011	20462	81.6	10.4	3.6	4.4
2012	20920	80.0	11.5	4.7	3.8
2013	21909	77.2	12.9	4.8	5.2
2014	22890	77.7	12.6	4.5	5.3
2015	23161	76.5	13.1	4.5	5.9

8-3 能源生产弹性系数

Elasticity Ratio of Energy Production

年 份 Year	能源生产比上年增长（%） Growth Rate of Energy Production over Preceding Year (%)	电力生产比上年增长（%） Growth Rate of Electricity Production over Preceding Year (%)	生产总值比上年增长（%） Growth Rate of Gross Domestic Product(GDP) over Preceding Year (%)	能源生产弹性系数 Elasticity Ratio of Energy Production	电力生产弹性系数 Elasticity Ratio of Electricity Production
1980	-3.0		15.4		
1981	8.1	13.6	7.8	1.04	1.74
1982	5.0	4.1	4.3	1.16	0.95
1983	9.2	5.6	23.8	0.39	0.24
1984	9.6	5.8	10.1	0.95	0.57
1985	15.5	5.3	13.5	1.15	0.39
1986	5.1	12.3	4.6	1.11	2.67
1987	1.4	12.0	15.0	0.09	0.80
1988	3.6	0.1	9.8	0.37	0.01
1989	5.3	5.6	4.4	1.20	1.27
1990	0.5	5.4	4.5	0.11	1.20
1991	-0.9	11.3	6.9		1.64
1992	0.7	16.2	13.7	0.05	1.18
1993	-0.3	8.8	15.8		0.56
1994	0.6	10.3	13.8	0.04	0.75
1995	4.6	12.8	14.8	0.31	0.86
1996	3.6	8.5	13.9	0.26	0.61
1997	-2.3	6.2	10.4		0.60
1998	-5.6	0.0	8.8		0.00
1999	-14.0	4.4	8.1		0.55
2000	-5.1	6.6	9.5		0.70
2001	9.8	12.8	9.0	1.09	1.42
2002	15.0	14.4	9.5	1.57	1.52
2003	27.8	12.7	10.7	2.60	1.19
2004	23.0	24.2	13.7	1.68	1.77
2005	11.0	11.3	14.2	0.78	0.80
2006	3.3	12.6	14.4	0.23	0.88
2007	-2.7	19.9	14.6		1.36
2008	6.1	2.2	12.1	0.50	0.18
2009	9.8	4.9	10.9	0.90	0.45
2010	2.6	10.4	12.5	0.20	0.83
2011	-9.5	13.8	11.9		1.16
2012	-22.6	1.9	10.1		0.18
2013	7.4	8.3	9.0	0.83	0.92
2014	-10.2	-4.9	8.9		
2015	-4.8	-4.3	8.3		

8-4 能源消费弹性系数

Elasticity Ratio of Energy Consumption

年 份 Year	能源消费比上年增长（%） Growth Rate of Energy Consumption over Preceding Year (%)	电力消费比上年增长（%） Growth Rate of Electricity Consumption over Preceding Year (%)	生产总值比上年增长（%） Growth Rate of Gross Domestic Product(GDP)over Preceding Year (%)	能源消费弹性系数 Elasticity Ratio of Energy Consumption	电力消费弹性系数 Elasticity Ratio of Electricity Consumption
1980	5.0		15.4	0.32	
1981	6.6	5.6	7.8	0.85	0.72
1982	-1.4	32.3	4.3		7.51
1983	13.3	-3.2	23.8	0.56	
1984	10.9	6.5	10.1	1.08	0.64
1985	3.2	5.6	13.5	0.24	0.41
1986	2.0	7.0	4.6	0.43	1.52
1987	6.3	10.6	15.0	0.42	0.71
1988	5.7	12.1	9.8	0.58	1.23
1989	-3.4	9.8	4.4		2.23
1990	1.8	2.2	4.5	0.40	0.49
1991	3.0	9.3	6.9	0.43	1.35
1992	4.1	15.7	13.7	0.30	1.15
1993	5.0	7.5	15.8	0.32	0.47
1994	6.2	8.8	13.8	0.45	0.64
1995	4.0	13.2	14.8	0.27	0.89
1996	2.8	8.3	13.9	0.20	0.60
1997	0.9	6.5	10.4	0.09	0.63
1998	7.9	-0.5	8.8	0.90	
1999	1.9	3.4	8.1	0.23	0.42
2000	7.3	6.8	9.5	0.77	0.71
2001	5.7	12.7	9.0	0.63	1.41
2002	8.2	14.7	9.5	0.87	1.55
2003	17.0	13.7	10.7	1.59	1.28
2004	23.4	22.3	13.7	1.71	1.63
2005	11.9	7.6	14.2	0.84	0.53
2006	11.0	10.6	14.4	0.76	0.73
2007	9.9	21.5	14.6	0.68	1.47
2008	6.4	12.0	12.1	0.53	0.99
2009	4.1	5.6	10.9	0.38	0.51
2010	8.5	13.1	12.5	0.68	1.05
2011	7.9	13.0	11.9	0.66	1.09
2012	2.2	3.3	10.1	0.22	0.33
2013	4.7	5.5	9.0	0.53	0.61
2014	4.5	0.7	8.9	0.50	0.08
2015	1.2	-1.4	8.3	0.14	

8-5 能源加工转换效率

Efficiency of Energy Conversion

单位：% (%)

年 份 Year	总效率 Total Efficiency	发电及供热 Electricity Generation and Heating by Power Stations	炼 焦 Coking	炼 油 Petroleum Refining
1995	59.73	33.58	93.35	96.93
1996	61.21	35.64	91.90	97.71
1997	61.61	36.27	94.79	95.69
1998	67.84	35.41	99.40	99.40
1999	63.57	36.54	95.44	95.44
2000	61.78	36.03	96.71	96.71
2001	61.26	35.49	96.06	96.06
2002	59.47	36.36	98.31	98.31
2003	58.34	34.34	97.90	97.90
2004	58.36	33.45	94.38	94.38
2005	60.97	34.18	96.81	96.81
2006	64.94	36.10	99.08	99.08
2007	66.22	38.10	89.43	99.67
2008	65.96	39.49	91.89	95.43
2009	70.15	39.62	91.97	99.16
2010	72.64	40.85	93.24	87.14
2011	73.74	41.96	91.22	97.01
2012	72.24	41.99	91.62	97.66
2013	73.09	42.61	97.40	96.25
2014	74.30	43.51	96.33	97.88
2015	73.78	43.19	94.30	97.15

8–6 综合平衡表
Overall Energy Balance Sheet

单位：万吨标准煤 (10 000 tons of SCE)

项 目	Item	2011	2012	2013	2014	2015
可供量	**Total Energy Available for Consumption**	**20462.38**	**20994.60**	**21909.13**	**22841.80**	**23201.24**
一次能源生产量	Primary Energy Output	15786.31	12223.70	13132.69	11795.76	11231.89
外省(区、市)调入量	Transfer in from other province	8293.05	12074.01	12152.29	12850.42	14838.32
进口量	Imports	465.72	659.48	690.01	537.34	455.18
本省(区、市)调出量(－)	Transfer to other province	4163.99	3910.15	4128.28	2971.16	2710.71
出口量(－)	Exports (-)				36.37	
年初年末库存差额	Stock Changes in the Year	81.27	-52.44	62.42	665.81	-613.44
年初库存量	Inventories in the beginning of the year	1425.78	1335.39	1255.28	1251.83	578.46
年末库存量(－)	Inventories in the end of the year	1344.51	1387.83	1192.87	586.01	1191.90
消费量	**Total Energy Consumption**	**20462.41**	**20919.96**	**21909.09**	**22889.85**	**23161.16**
在总量中：	Consumption by Sector					
农、林、牧、渔业	Agriculture, Forestry, Animal Husbandry, Fishery	509.27	530.79	562.25	601.38	666.18
工 业	Industry	15735.49	15728.51	16239.00	16769.71	16389.05
建筑业	Construction	163.45	173.49	180.21	213.55	269.70
交通运输、仓储和邮政业	Transport, Storage and Post	1159.64	1339.83	1436.20	1487.58	1603.12
批发、零售业和住宿、餐饮业	Wholesale and Retail Trades, Hotels and Catering Services	329.81	352.09	475.04	604.51	665.15
其他	Other Sectors	480.89	502.17	670.27	732.04	911.82
生活消费	Household Consumption	2083.88	2293.09	2346.12	2481.07	2656.19
在总量中：	Consumption by Usage					
终端消费	End-use Consumption	19325.36	20251.55	20968.39	22005.83	22245.36
#工业	Industry	14598.43	15060.09	15298.30	15897.69	15485.45
加工转换损失	Losses During the Process of Energy Conversion	705.27	426.70	324.41	218.45	238.45
#火力发电损失	Power Generation				0.00	
供热损失	Heating	176.67	184.59	194.42	261.23	226.41
洗选煤损失	Coal cleaning	230.69	319.35	380.60	207.59	169.28
炼焦损失	Coking	298.37	235.25	75.88	112.46	180.64
炼油及煤制油损失	Petroleum Refining	36.78	31.52	49.60	27.52	32.95
制气损失	Gas Production	10.34	10.20	1.22	1.19	2.62
天然气液化损失	Gas liquidation				1.16	0.31
煤制品加工损失	Coal products processing	0.37	0.13	1.13	0.15	0.22
回收能	Recovery of Energy	-47.95	-354.34	-378.44	-392.84	-373.98
损失量	**Energy Losses**	**431.79**	**241.71**	**616.29**	**665.65**	**677.35**
平衡差额	**Balance**	**-0.04**	**74.64**	**0.04**	**-48.13**	**40.08**

8-7 分行业能源消费总量(2015年)

Energy Consumption by Sector (2015)

行业	Sector	综合能源消费量(万吨标煤) Overall Energy Consumption (10 000 tons of SCE)	煤炭消费总量(万吨) Coal Consumption (10 000 tons)	电力消费总量(亿千瓦时) Power Consumption (100 million kwh)
消费总量	**Total**	**23161.16**	**23719.93**	**3247.96**
农、林、牧、渔业	**Farming, Forestry,animal Husbandry and Fishery**	**666.18**	**89.90**	**98.60**
工业	**Industry**	**16389.01**	**22709.77**	**2317.93**
采矿业	Mining	1911.72	3510.26	173.35
煤炭开采和洗选业	Mining and Washing of Coal	1490.32	3491.28	120.49
石油和天然气开采业	Extraction of Petroleum and Natural Gas	199.94	16.96	16.27
黑色金属矿采选业	Mining of Ferrous Metal Ores	28.66	0.12	5.89
有色金属矿采选业	Mining of Non-ferrous Metal Ores	108.75	0.70	21.13
非金属矿采选业	Mining and Processing of Nonmetal Ores	30.27	1.08	7.42
开采辅助活动	Mining Auxiliary	53.78	0.11	2.16
其他采矿业	Mining of Other Ores n.e.c			
制造业	Manufacturing	11953.29	8382.19	1741.29
农副食品加工业	Processing of Food from Agricultural Products	222.72	20.97	55.42
食品制造业	Manufacture of Foods	208.34	170.59	27.86
酒、饮料和精制茶制造业	Manufacture of Wine, drinks and refined tea	88.52	13.11	23.40
烟草制造业	Manufacture of Tobacco	10.25	0.11	1.76
纺织业	Manufacture of Textile	229.58	2.87	68.06
纺织服装、服饰业	Manufacture of Textile Wearing,Apparel	32.44	1.47	8.98
皮革、毛皮、羽毛及其制品和制鞋业	Manufacture of Leather, Fur, Featherand Its Products,Shoemaking	32.57	2.91	7.32
木材加工及木、竹、藤、棕、草制品业	Processing of Timbers, Manufacture of Wood, Bamboo, Rattan, Palm, and Straw Products	52.18	2.01	13.85
家具制造业	Manufacture of Furniture	17.17	0.50	4.74
造纸及纸制品业	Manufacture of Paper and Paper Products	157.59	28.86	39.72
印刷和记录媒介复制业	Printing,Reproduction of Recording Media	23.61	0.54	6.50
文教、工美、体育和娱乐用品制造业	Manufacture of Cultural and educational supplies, industrial, sporting and entertainment	35.17	0.44	7.92
石油加工、炼焦及核燃料加工业	Processing of Petroleum ,Coking, Processing of Nucleus Fuel	1475.27	4472.31	21.63
化学原料及化学制品制造业	Manufacture of Chemical Raw Material and Chemical Products	1650.48	709.31	252.09

8-7 续表 continued

行 业	Sector	综合能源消费量（万吨标煤）Overall Energy Consumption (10 000 tons of SCE)	煤炭消费总量（万吨）Coal Consumption (10 000 tons)	电力消费总量（亿千瓦时）Power Consumption (100 million kwh)
医药制造业	Manufacture of Medicines	112.16	9.36	27.44
化学纤维制造业	Manufacture of Chemical Fiber	27.66	3.29	6.88
橡胶和塑料制品业	Manufacture of Rubber and Plastic	113.97	54.80	26.38
非金属矿物制品业	Manufacture of Non-metallic Mineral Products	876.80	591.89	250.55
黑色金属冶炼和压延加工业	Manufacture and Processing of Ferrous Metals	3520.87	2086.79	183.68
有色金属冶炼及压延加工业	Manufacture and Processing of Non-ferrous Metals	2199.53	198.72	492.70
金属制品业	Manufacture of Metal Products	124.68	1.71	30.19
通用设备制造业	Manufacture of General Purpose Machinery	140.13	2.98	33.24
专业设备制造业	Manufacture of Special Purpose Machinery	145.16	1.93	36.18
汽车制造业	Manufacture of Automobile	175.97	1.99	48.34
铁路、船舶、航空航天和其他运输设备制造业	Manufacture of Railway, shipbuilding, aerospace, and other transportation equipment	34.20	0.47	8.28
电气机械及器材制造业	Manufacture of Electrical Machinery and Equipment	141.10	1.97	27.26
计算机、通信和其他电子设备制造业	Manufacture of Computer Communication Equipment , and Other Electronic Equipment	81.58	0.07	24.84
仪器仪表制造业	Manufacture of Measuring Instrument	13.61	0.05	3.74
其他制造业	Manufacture of others	4.10	0.09	1.17
废弃资源综合利用业	Comprehensive utilization of waste materials	4.86	0.08	1.09
金属制品、机械和设备修理业	Repairing of Metal products, machinery and equipment	1.01		0.08
电力、燃气及水的生产和供应业	Production and Distribution of Electricity, Gas and Water	2524.00	10817.33	403.29
电力、热力生产和供应业	Production and Supply of Electric Power and Heat Power	2477.48	10776.82	393.60
燃气生产和供应业	Production and Distribution of Gas	25.65	35.63	4.33
水的生产和供应业	Production and Distribution of Water	20.87	4.88	5.36
建筑业	**Construction**	**269.70**	**49.22**	**29.58**
交通运输、仓储和邮政业	**Traffic,transport, storage and post**	**1603.12**	**10.48**	**80.64**
批发和零售业、住宿和餐饮业	**Wholesale and retail trade, Accommodation and Restaurants**	**665.15**	**50.97**	**125.92**
其他行业	**Others**	**911.82**	**142.33**	**181.22**
生活消费	**Residential Consumption**	**2656.19**	**667.26**	**414.07**

8-8 平均每天能源消费量

Average Daily Energy Consumption by Variety

能源品种	Item	1995	2000	2005	2010	2011	2012	2013	2014	2015
合计 （万吨标准煤）	**Total (10 000 tons of SCE)**	**17.73**	**21.70**	**40.07**	**50.94**	**56.06**	**57.31**	**60.02**	**62.71**	**63.46**
原煤 （万吨）	Coal (10 000 tons)	23.33	26.58	55.38	73.33	78.65	76.69	77.02	73.79	70.71
焦炭 （万吨）	Coke (10 000 tons)	1.08	1.17	2.72	4.78	5.62	4.64	4.98	7.40	7.79
原油 （万吨）	Crude Oil (10 000 tons)	1.10	1.67	1.83	2.29	2.40	2.63	2.64	2.32	2.32
汽油 （万吨）	Gasoline (10 000 tons)	0.39	0.33	0.64	0.81	0.95	1.11	1.53	1.45	1.85
煤油 （万吨）	Kerosene (10 000 tons)	0.04	0.04	0.04	0.08	0.14	0.12	0.13	0.14	0.19
柴油 （万吨）	Diesel Oil (10 000 tons)	0.37	0.42	0.90	1.54	1.79	2.03	2.13	2.19	2.29
燃料油 （万吨）	Fuel Oil (10 000 tons)	0.14	0.16	0.21	0.05	0.11	0.04	0.09	0.14	0.19
天然气 （亿立方米）	Natural Gas (100 million cu.m)	0.03	0.03	0.06	0.13	0.15	0.20	0.21	0.21	0.21
电力 （亿千瓦小时）	Electricity (100 million kwh)	1.57	1.97	3.80	7.00	7.81	8.04	8.45	8.66	8.90

8-9 人均生活能源消费量

Average Daily Energy Consumption for Non-Production Purpose

能源品种	Item	1995	2000	2005	2010	2011	2012	2013	2014	2015
平均每人生活消费	**Average Daily Energy**									
能源(千克标准煤)	**Consumption (kg of SCE)**	**112.97**	**121.27**	**161.29**	**179.79**	**221.77**	**244.02**	**249.33**	**263.26**	**280.84**
原煤 (千克)	Coal (kg)	119.76	95.36	112.90	46.26	58.96	59.91	58.45	61.65	67.70
液化石油气 (千克)	Liquefied Petroleum gas (kg)	0.91	2.18	2.62	3.40	4.33	8.71	7.34	8.06	8.37
天然气 (立方米)	Natural Gas (cu.m)	2.63	2.00	5.49	6.45	9.68	10.75	11.80	14.32	14.57
热力 (百万千焦)	Heat power (million kJ)	0.02	0.09	0.17	0.24	0.28	0.37	0.40	0.51	0.56
电力 (千瓦小时)	Electricity (kwh)	46.28	80.05	128.91	288.20	356.09	402.36	394.73	406.08	437.80

注：2010年以后使用常住人口计算人均生活能源消费量。
a)Per capita energy consumption is calculated on resident population since 2010.

8-10 规模以上工业企业分品种能源购进、消费及库存(2015年)

Purchase, Consume, and Stock of Energy in above Designated Size Industrial Enterprises by Catalog (2015)

项目	Item	年初库存 Stock of Year Beginning	购进量 Purchase Capacity	消费量 Total Energy Consumption	工业生产消费 Consumptin of Industry Production	非工业生产消费 Consumptin of Industry Nonindustry Production	年末库存 Stock of Year End
原煤(万吨)	Coal (10 000tons)	1289.89	25520.28	27704.40	27646.46	57.94	1020.41
洗精煤(万吨)	Clean Coal (10 000tons)	93.13	3793.26	3980.30	3980.30		79.62
其他洗煤(万吨)	Other Clean Coal (10 000tons)	9.13	195.68	223.11	220.76	2.35	31.29
煤制品(万吨)	Coal Products (10 000tons)	0.07	18.14	17.99	17.99	0.00	0.23
焦炭(万吨)	Coke (10 000tons)	27.97	1068.84	1373.28	1373.27	0.00	24.33
其他焦化产品(万吨)	Other Coking Products (10 000 tons)	0.17	28.51	36.79	36.78	0.01	0.00
焦炉煤气(亿立方米)	Coking Gas (100 million cu.m)		7.29	29.17	28.97	0.20	
高炉煤气(亿立方米)	Blast furnace Gas (100 million cu.m)		11.00	288.99	288.99		
其他煤气(亿立方米)	Other Gas (100 million cu.m)		17.60	50.49	50.49		
天然气(亿立方米)	Natural Gas (100 million cu.m)	0.07	45.05	46.27	46.07	0.19	0.03
液化天然气(万吨)	Liquefied Gas (10 000 tons)	0.00	2.80	2.80	2.78	0.03	0.00
原油(万吨)	Crude Oil (10 000 tons)	26.16	455.05	606.37	606.37	0.00	23.14
汽油(万吨)	Gasoline (10 000 tons)	0.20	34.05	34.48	30.03	4.45	0.08
煤油(万吨)	Kerosene (ton)	0.02	0.61	0.62	0.60	0.03	0.01
柴油(万吨)	Diesel Fuel Oil (10 000 tons)	1.80	52.25	52.48	48.81	3.66	1.60
燃料油(万吨)	Fuel Oil (10 000 tons)	1.42	4.90	11.92	11.87	0.04	0.91
液化石油气(万吨)	Liquefied Petroleum Gas (10 000 tons)	0.06	18.39	17.72	17.72	0.00	0.75
炼厂干气(万吨)	Net Gas of Plant (10 000 tons)		1.44	19.93	19.93		
其他石油制品(万吨)	Other Petroleum Products (10 000 tons)	3.04	77.91	93.87	93.87		1.72
热力(万百万千焦)	Heat (10 billion kilo-joule)		6221.90	14166.35	14119.25	47.10	
电力(亿千瓦时)	Power (100 millin kwh)		1920.14	2283.63	2266.97	16.65	
其他燃料(万吨标准煤)	Other Fuel (10 000 tons of SCE)	0.81	5.18	9.00	8.98	0.02	0.07

8-11 规模以上工业企业分行业主要能源消费量(2015年)

行　业	Sector	综合能源消费量(万吨标准煤) Total Energy Consumption (10 000 tons of SCE)	原　煤(万吨) Coal (10 000tons)
总　计	**Industry**	**14949.36**	**27704.40**
采矿业	**Mining**	**1224.32**	**9986.06**
煤炭开采和洗选业	Mining and Washing of Coal	1015.35	9941.56
石油和天然气开采业	Extraction of Petroleum and Natural Gas	106.30	23.44
黑色金属矿采选业	Mining of Ferrous Metal Ores	12.27	1.55
有色金属矿采选业	Mining of Non-ferrous Metal Ores	48.08	9.10
非金属矿采选业	Mining and Processing of Nonmetal Ores	19.22	9.05
开采辅助活动	Mining Auxiliary	23.09	1.36
其他采矿业	Mining of Other Ores n.e.c		
制造业	**Manufacturing**	**9807.61**	**8050.36**
农副食品加工业	Processing of Food from Agricultural Products	178.61	115.50
食品制造业	Manufacture of Foods	161.78	142.17
酒、饮料和精制茶制造业	Manufacture of Wine, drinks and refined tea	99.20	84.49
烟草制造业	Manufacture of Tobacco	7.23	1.11
纺织业	Manufacture of Textile	126.91	36.07
纺织服装、服饰业	Manufacture of Textile Wearing,Apparel	25.87	16.76
皮革、毛皮、羽毛及其制品和制鞋业	Manufacture of Leather, Fur, Feather and Its Products,Shoemaking	38.04	30.83
木材加工及木、竹、藤、棕、草制品业	Processing of Timbers, Manufacture of Wood, Bamboo, Rattan, Palm, and Straw Products	45.99	24.95
家具制造业	Manufacture of Furniture	11.11	6.23
造纸及纸制品业	Manufacture of Paper and Paper Products	201.11	184.38
印刷和记录媒介复制业	Printing,Reproduction of Recording Media	13.87	6.68
文教、工美、体育和娱乐用品制造业	Manufacture of Cultural and educational supplies, industrial, sporting and entertainment	20.34	5.41
石油加工、炼焦及核燃料加工业	Processing of Petroleum ,Coking, Processing of Nucleus Fuel	449.83	907.97
化学原料及化学制品制造业	Manufacture of Chemical Raw Material and Chemical Products	2214.75	2317.62
医药制造业	Manufacture of Medicines	127.83	108.40
化学纤维制造业	Manufacture of Chemical Fiber	40.46	40.87
橡胶和塑料制品业	Manufacture of Rubber and Plastic	84.41	65.71
非金属矿物制品业	Manufacture of Non-metallic Mineral Products	1581.46	1361.14
黑色金属冶炼和压延加工业	Manufacture and Processing of Ferrous Metals	1886.69	316.57
有色金属冶炼及压延加工业	Manufacture and Processing of Non-ferrous Metals	2016.16	2167.83
金属制品业	Manufacture of Metal Products	71.44	21.15
通用设备制造业	Manufacture of General Purpose Machinery	75.17	17.97
专业设备制造业	Manufacture of Special Purpose Machinery	80.77	22.28
汽车制造业	Manufacture of Automobile	86.07	14.70
铁路、船舶、航空航天和其他运输设备制造业	Manufacture of Railway, shipbuilding, aerospace, and other transportation equipment	18.06	5.50
电气机械及器材制造业	Manufacture of Electrical Machinery and Equipment	97.67	24.62
计算机、通信和其他电子设备制造业	Manufacture of Computer Communication Equipment , and Other Electronic Equipment	35.33	0.93
仪器仪表制造业	Manufacture of Measuring Instrument	5.89	0.62
其他制造业	Manufacture of others	2.16	1.17
废弃资源综合利用业	Comprehensive utilization of waste materials	2.84	0.72
金属制品、机械和设备修理业	Repairing of Metal products, machinery and equipment	0.57	
电力、燃气及水的生产和供应业	**Production and Distribution of Electricity, Gas and Water**	**3917.42**	**9667.99**
电力、热力生产和供应业	Production and Supply of Electric Power and Heat Power	3889.66	9633.88
燃气生产和供应业	Production and Distribution of Gas	18.72	29.98
水的生产和供应业	Production and Distribution of Water	9.05	4.12

Consumption of Main Energy Sources in above Designated Size Industrial Enterprises by Industrial Sector (2015)

焦 炭 (万吨) Gas (10 000tons)	原 油 (万吨) Crude Oil (10 000tons)	柴 油 (万吨) Diesel Fuel Oil (10 000tons)	燃料油 (万吨) Fuel Oil (10 000tons)	热 力 (万百万千焦) Heat (10 billion Kilo Joule)	电 力 (亿千瓦时) Electricity (100 million kwh)
1373.28	**606.37**	**52.48**	**11.92**	**14166.35**	**2283.63**
4.01	**149.65**	**26.63**	**6.29**	**1363.62**	**191.59**
2.64	0.03	2.51		479.84	135.31
	149.61	2.78	6.29	851.75	18.05
0.01		1.93			6.15
1.36		6.02			22.08
		1.14		17.20	7.75
	0.01	12.25		14.83	2.26
1369.26	**456.70**	**23.81**	**4.95**	**12022.20**	**1878.07**
0.58	0.00	0.94	0.00	357.46	62.09
0.12		1.99	0.02	503.42	29.11
0.12	0.00	0.22		114.03	24.45
		0.01		31.04	1.84
		0.66		71.96	76.34
0.27	0.00	0.09	0.04	14.37	9.38
0.08		0.11		81.65	7.64
0.20		0.57		22.16	14.47
		0.26			4.95
		0.38	0.01	514.46	41.51
0.01		0.18		2.59	6.79
		0.37	0.00	131.00	8.27
0.00	456.68	1.56	0.26	573.18	22.60
46.17	0.00	1.04	0.61	4296.75	284.32
0.23		0.44		149.09	28.67
		0.01	0.06	106.99	7.19
0.36		0.45	0.00	321.72	27.56
13.72	0.01	5.21	2.50	131.46	264.94
1236.03	0.00	2.26	0.00	445.15	202.38
48.36		2.25	1.37	3912.15	525.29
8.81	0.00	0.12	0.00	6.20	32.59
8.93	0.00	0.81		20.61	36.83
2.96		1.37	0.01	109.91	38.85
1.63		1.10	0.00	12.63	50.51
0.40		0.38		8.02	8.66
		0.62	0.06	43.31	28.49
		0.11		32.80	25.95
0.29		0.08	0.00	0.11	3.91
0.00		0.00			1.22
		0.14			1.14
		0.07		8.00	0.08
0.01	**0.02**	**2.04**	**0.68**	**780.53**	**213.97**
	0.02	1.99	0.68	780.30	203.85
		0.02			4.53
0.01		0.03		0.23	5.60

8-12 规模以上工业分部门主要能源消费量(2015年)
Consumption of Main Energy Sources in above Designated Size Industrial Enterprises by Industrial Sector (2015)

部 门	Sector	综合能源消费量(万吨标准煤) Total Energy Consumption (10 000 (tons of SCE)	原 煤(万吨) Coal (10 000 tons)	焦 炭(万吨) Gas (10 000 tons)	原 油(万吨) Crude Oil (10 000 tons)	柴 油(万吨) Diesel Fuel Oil (10 000 tons)	燃料油(万吨) Fuel Oil (10 000 tons)	热 力(万百万千焦) Heat (10 billion Kilo Joule)	电 力(亿千瓦时) Electricity (100 million kwh)
全省总计	**Total**	**14949.36**	**27704.40**	**1373.28**	**606.37**	**52.48**	**11.92**	**14166.35**	**2283.63**
煤 炭	Coal	1015.35	9941.56	2.64	0.03	2.51		479.84	135.31
石油石化	Petroleum	217.11	65.47		606.31	15.61	6.55	1433.78	30.42
冶 金	Metallurgy	2276.21	1194.14	1236.04	0.00	5.17	0.00	451.12	227.42
有 色	coloured Coherer	2064.24	2176.93	49.72		8.27	1.37	3912.15	547.37
建 材	Construction material	1619.42	1371.99	14.06	0.01	6.41	2.50	137.22	285.03
化 工	Chymic Industry	2253.16	2356.75	46.52	0.00	1.12	0.61	4616.32	291.90
轻 工	Light Industry	852.18	614.03	9.04	0.00	4.88	0.03	1734.40	226.74
烟 草	Smokables	7.23	1.11			0.01		31.04	1.84
纺 织	Weave	193.23	93.70	0.27	0.00	0.77	0.10	193.33	92.92
医 药	Medication	129.61	108.45	0.23		0.61		149.09	29.51
机 械	Machine	306.45	80.58	14.21	0.00	4.16	0.07	184.14	154.37
电 子	Electron	35.33	0.93			0.11		32.80	25.95
电 力	Electric power	3738.84	9253.61		0.02	1.89	0.68	398.71	198.52
其 他	Other	240.99	445.16	0.54	0.00	0.95		412.41	36.34

8-13 各市规模以上工业企业分品种主要能源消费量(2015年)

Consumption of Main Energy Sources in above Designated Size Industrial Enterprises by Industrial Sector and City (2015)

市(县)	City(County)	综合能源消费量(万吨标准煤) Total Energy Consumption (10 000 tons of SCE)	原煤(万吨) Coal (10 000 tons)	焦炭(万吨) Gas (10 000 tons)	原油(万吨) Crude Oil (10 000 tons)	柴油(万吨) Diesel Fuel Oil (10 000 tons)	燃料油(万吨) Fuel Oil (10 000 tons)	热力(万百万千焦) Heat (10 billion Kilo Joule)	电力(亿千瓦时) Electricity (100 million kwh)
全省	**Total**	**14949.36**	**27704.40**	**1373.28**	**606.37**	**52.48**	**11.92**	**14166.35**	**2283.63**
省辖市	**City**								
郑州市	Zhengzhou	1962.91	3317.46	25.21	0.00	6.34	1.94	1254.08	380.77
开封市	Kaifeng	510.24	608.16	32.27	0.00	1.69			66.77
洛阳市	Luoyang	1595.37	2532.42	14.39	456.68	3.25	0.83	910.91	352.48
平顶山市	Pingdingshan	1084.04	6036.58	124.28	0.00	3.75	0.25	1416.44	129.12
安阳市	Anyang	1706.82	1609.27	709.53		1.71	0.00	672.42	219.86
鹤壁市	Hebi	334.51	1502.54	0.14		0.66		127.70	34.75
新乡市	Xinxiang	1093.36	1546.35	0.33	0.00	0.70	0.06	610.04	128.23
焦作市	Jiaozuo	1032.72	1675.56	7.48		1.40	2.07	2962.77	182.10
濮阳市	Puyang	461.82	289.52	0.03	90.69	12.46		990.84	51.61
许昌市	Xuchang	680.37	1258.48	18.82	0.01	3.78	0.00	522.14	71.11
漯河市	Luohe	266.01	354.61	1.17		1.64	0.06	322.36	46.44
三门峡市	Sanmenxia	982.11	1995.15	4.25		7.67	0.31	2665.27	109.28
南阳市	Nanyang	795.77	797.21	82.75	58.95	2.32	6.29	1404.92	166.11
商丘市	Shangqiu	551.72	2113.31	0.70	0.03	1.20	0.06	10.63	111.95
信阳市	Xinyang	519.51	415.75	186.63	0.00	1.88		8.38	47.23
周口市	Zhoukou	126.77	100.55	1.11	0.00	0.22	0.00	76.32	38.08
驻马店市	Zhumadian	512.93	618.77	15.78		0.58	0.03	88.74	75.67
济源市	Jiyuan	725.69	932.72	148.42	0.00	1.22	0.01	122.41	72.05
省直管县	**Province Administrating County**								
巩义市	Gongyi	386.22	455.24	14.13	0.00	0.18	0.07		110.94
兰考县	Lankao	12.38	8.53	0.02		1.09			3.64
汝州市	Ruzhou	199.21	1407.07	26.66		0.86	0.05	19.51	27.04
滑县	Huaxian	65.74	74.16			0.03			16.02
长垣县	Changyuan	82.56	175.93			0.12			6.56
邓州市	Dengzhou	32.48	18.27			0.00			7.92
永城市	Yongcheng	397.11	1886.62	0.00	0.03	0.57	0.06	1.02	68.81
固始县	Gushi	9.74	1.06	0.73	0.00	0.02			3.26
鹿邑县	Luyi	14.55	10.34			0.01			2.30
新蔡县	Xincai	3.80	0.39			0.01			2.82

8-14　规模以上工业企业分行业水消费总量(2015年)

单位：万吨

行　业	Sector	取水总量 Water consumption
总　计	**Total**	**336644**
轻工业	Light Industry	191351
重工业	Heavy Industry	145293
采矿业	**Mining**	**29715**
煤炭开采和洗选业	Mining and Washing of Coal	22095
石油和天然气开采业	Extraction of Petroleum and Natural Gas	2167
黑色金属矿采选业	Mining of Ferrous Metal Ores	933
有色金属矿采选业	Mining of Non-ferrous Metal Ores	3177
非金属矿采选业	Mining and Processing of Nonmetal Ores	1299
开采辅助活动	Mining Auxiliary	44
其他采矿业	Mining of Other Ores n.e.c	
制造业	**Manufacturing**	**112243**
农副食品加工业	Processing of Food from Agricultural Products	7606
食品制造业	Manufacture of Foods	5605
酒、饮料和精制茶制造业	Manufacture of Wine, drinks and refined tea	7064
烟草制造业	Manufacture of Tobacco	217
纺织业	Manufacture of Textile	3560
纺织服装、服饰业	Manufacture of Textile Wearing,Apparel	526
皮革、毛皮、羽毛及其制品和制鞋业	Manufacture of Leather, Fur, Feather and Its Products,Shoemaking	1422
木材加工及木、竹、藤、棕、草制品业	Processing of Timbers, Manufacture of Wood, Bamboo, Rattan, Palm, and Straw Products	465
家具制造业	Manufacture of Furniture	205
造纸及纸制品业	Manufacture of Paper and Paper Products	6450
印刷和记录媒介复制业	Printing,Reproduction of Recording Media	206
文教、工美、体育和娱乐用品制造业	Manufacture of Cultural and educational supplies, industrial, sporting and entertainment	646
石油加工、炼焦及核燃料加工业	Processing of Petroleum ,Coking, Processing of Nucleus Fuel	2465
化学原料及化学制品制造业	Manufacture of Chemical Raw Material and Chemical Products	22107
医药制造业	Manufacture of Medicines	4686
化学纤维制造业	Manufacture of Chemical Fiber	2158
橡胶和塑料制品业	Manufacture of Rubber and Plastic	1551
非金属矿物制品业	Manufacture of Non-metallic Mineral Products	13020
黑色金属冶炼和压延加工业	Manufacture and Processing of Ferrous Metals	9075
有色金属冶炼及压延加工业	Manufacture and Processing of Non-ferrous Metals	13815
金属制品业	Manufacture of Metal Products	827
通用设备制造业	Manufacture of General Purpose Machinery	1324
专业设备制造业	Manufacture of Special Purpose Machinery	1366
汽车制造业	Manufacture of Automobile	1134
铁路、船舶、航空航天和其他运输设备制造业	Manufacture of Railway, shipbuilding, aerospace, and other transportation equipment	180
电气机械及器材制造业	Manufacture of Electrical Machinery and Equipment	1431
计算机、通信和其他电子设备制造业	Manufacture of Computer Communication Equipment , and Other Electronic Equipment	2718
仪器仪表制造业	Manufacture of Measuring Instrument	277
其他制造业	Manufacture of others	73
废弃资源综合利用业	Comprehensive utilization of waste materials	37
金属制品、机械和设备修理业	Repairing of Metal products, machinery and equipment	27
电力、燃气及水的生产和供应业	**Production and Distribution of Electricity, Gas and Water**	**194686**
电力、热力生产和供应业	Production and Supply of Electric Power and Heat Power	46516
燃气生产和供应业	Production and Distribution of Gas	109
水的生产和供应业	Production and Distribution of Water	148062

Computation of Water in above Designated Size Industrial Enterprises by Sector (2015)

(10 000 tons)

地表水 Groundwater	地下水 Surface-water	自来水 Tap water	其它水 Others	重复用水 Volume of Repeated Computation
153266	**124209**	**36953**	**22216**	**1943262**
99333	75343	16346	330	18827
53933	48866	20607	21886	1924436
4841	**18964**	**1936**	**3975**	**34173**
806	15605	1713	3971	26188
216	1944	7		
712	213	7	2	961
2507	607	61	2	7019
600	595	104	0	6
	0	44		
26938	**55694**	**25135**	**4477**	**887920**
131	4548	2924	4	157
43	4382	1172	8	189
496	4390	2168	9	679
	28	184	5	18
24	2704	817	14	4505
30	388	108	0	21
65	1241	83	33	61
49	342	74		8
13	168	24		0
677	5172	589	12	2732
6	134	66		1
37	500	109		11
892	730	447	397	54139
7113	8766	3738	2490	500413
118	3259	1068	241	5293
8	1015	1131	3	3538
24	1037	301	189	8764
2472	7702	2752	93	8547
5380	1989	1419	287	195646
9201	3437	538	639	93429
38	506	283	0	71
19	746	558	0	210
14	617	699	36	2459
22	637	461	13	6115
10	87	83		8
32	730	668	1	260
8	241	2468	1	286
14	106	157	1	326
1	66	7		0
3	25	9	0	5
0	0	27		32
121487	**49551**	**9882**	**13765**	**1021169**
24304	3948	4499	13765	1018510
7	31	71	0	2555
97177	45572	5312		105

8-15 各市规模以上工业企业水消费量(2015年)

Computation of Water in above Designated Size Industrial Enterprises by City (2015)

单位：万吨 (10 000 tons)

市(县) City(County)	取水总量 Water consumption	地表水 Groundwater	地下水 Surface-water	自来水 Tap water	其它水 Others	重复用水 Volume of Repeated Computation
全 省 Total	**336644**	**153266**	**124209**	**36953**	**22216**	**1943262**
省 辖 市 City						
郑 州 市 Zhengzhou	57241	33538	14043	6465	3194	185493
开 封 市 Kaifeng	15240	11754	1683	1803	0	211528
洛 阳 市 Luoyang	31341	8742	16693	2761	3145	243956
平 顶 山 市 Pingdingshan	25837	14807	3459	4002	3569	112805
安 阳 市 Anyang	17073	6693	7618	2000	762	205999
鹤 壁 市 Hebi	4006	1836	836	329	1005	75531
新 乡 市 Xinxiang	19914	9382	6715	2293	1524	42389
焦 作 市 Jiaozuo	23409	1371	19141	1210	1686	79177
濮 阳 市 Puyang	9998	5413	3201	1326	58	136063
许 昌 市 Xuchang	9921	4891	3002	255	1772	148982
漯 河 市 Luohe	9814	4239	3921	1208	446	1561
三 门 峡 市 Sanmenxia	17778	9250	3726	3424	1378	38200
南 阳 市 Nanyang	19258	4826	12007	2393	32	46229
商 丘 市 Shangqiu	10278	3307	4732	400	1839	45555
信 阳 市 Xinyang	34794	23458	5913	5038	385	29123
周 口 市 Zhoukou	9160	11	8979	170	0	757
驻 马 店 市 Zhumadian	12425	5852	4886	1341	346	54721
济 源 市 Jiyuan	9155	3896	3652	534	1074	285193
省 直 管 县 Province Administrating County						
巩 义 市 Gongyi	1443	638	236	349	220	757
兰 考 县 Lankao	51	0	45	6		0
汝 州 市 Ruzhou	1126	370	561	10	186	5138
滑 县 Huaxian	761	0	137	624	0	1852
长 垣 县 Changyuan	1121	685	52	6	378	21
邓 州 市 Dengzhou	474	11	448	15	0	118
永 城 市 Yongcheng	2323	2	1228	30	1063	3606
固 始 县 Gushi	208	52	144	12		44
鹿 邑 县 Luyi	550	0	546	3		4
新 蔡 县 Xincai	452	7	419	26		2

8-16 各市年耗能万吨标准煤以上工业企业个数

Number of Industrial Enterprises of Consumption of Energy Above 10 000 tons by City

单位：个 (unit)

市(县)	City(County)	2005	2010	2011	2012	2013	2014	2015
全　　省	**Total**	**849**	**1071**	**1118**	**1003**	**978**	**958**	**907**
省　辖　市	**City**							
郑　州　市	Zhengzhou	165	212	212	191	189	167	165
开　封　市	Kaifeng	21	36	36	31	27	27	24
洛　阳　市	Luoyang	64	76	74	63	65	69	72
平　顶　山　市	Pingdingshan	49	79	92	86	86	84	81
安　阳　市	Anyang	64	72	98	85	90	93	82
鹤　壁　市	Hebi	42	41	30	27	26	26	22
新　乡　市	Xinxiang	63	62	68	61	61	63	63
焦　作　市	Jiaozuo	106	113	108	84	77	68	70
濮　阳　市	Puyang	23	54	60	48	40	35	30
许　昌　市	Xuchang	38	92	91	95	94	97	82
漯　河　市	Luohe	23	28	22	23	19	17	21
三　门　峡　市	Sanmenxia	36	46	65	56	51	54	53
南　阳　市	Nanyang	59	46	45	51	52	55	53
商　丘　市	Shangqiu	11	22	21	19	17	16	12
信　阳　市	Xinyang	21	22	24	20	20	21	19
周　口　市	Zhoukou	13	21	20	21	22	21	16
驻　马　店　市	Zhumadian	27	22	26	20	19	20	21
济　源　市	Jiyuan	24	27	26	22	23	25	21
省　直　管　县	**Province Administrating County**							
巩　义　市	Gongyi	38	36	36	34	33	32	30
兰　考　县	Lankao		1					
汝　州　市	Ruzhou	12	26	36	36	30	29	29
滑　　县	Huaxian	3	3	2			1	1
长　垣　县	Changyuan	1	1	2	2	3	3	3
邓　州　市	Dengzhou	10	2	2	5	4	6	4
永　城　市	Yongcheng	6	4	6	6	5	7	3
固　始　县	Gushi			1	1	3	3	3
鹿　邑　县	Luyi	1	5	5	5	7	7	3
新　蔡　县	Xincai							

8-17 各行业年耗能万吨标准煤以上工业企业单位数
Number of Industrial Enterprises of Consumption of Energy Above 10 000 tons by Sector

单位：个 (unit)

行业	Sector	2014	2015
总计	**Industry**	**958**	**907**
采矿业	**Mining**	**113**	**92**
煤炭开采和洗选业	Mining and Washing of Coal	95	79
石油和天然气开采业	Extraction of Petroleum and Natural Gas	2	2
黑色金属矿采选业	Mining of Ferrous Metal Ores	4	2
有色金属矿采选业	Mining of Non-ferrous Metal Ores	4	4
非金属矿采选业	Mining and Processing of Nonmetal Ores	6	3
开采辅助活动	Mining Auxiliary	2	2
其他采矿业	Mining of Other Ores n.e.c		
制造业	**Manufacturing**	**748**	**715**
农副食品加工业	Processing of Food from Agricultural Products	21	19
食品制造业	Manufacture of Foods	22	22
酒、饮料和精制茶制造业	Manufacture of Wine, drinks and refined tea	19	15
烟草制造业	Manufacture of Tobacco	1	1
纺织业	Manufacture of Textile	19	14
纺织服装、服饰业	Manufacture of Textile Wearing,Apparel	3	7
皮革、毛皮、羽毛及其制品和制鞋业	Manufacture of Leather, Fur, Feather and Its Products,Shoemaking	8	7
木材加工及木、竹、藤、棕、草制品业	Processing of Timbers, Manufacture of Wood, Bamboo, Rattan, Palm, and Straw Products	10	9
家具制造业	Manufacture of Furniture		
造纸及纸制品业	Manufacture of Paper and Paper Products	37	36
印刷和记录媒介复制业	Printing,Reproduction of Recording Media		
文教、工美、体育和娱乐用品制造业	Manufacture of Cultural and educational supplies, industrial, sporting and entertainment	1	1
石油加工、炼焦及核燃料加工业	Processing of Petroleum ,Coking, Processing of Nucleus Fuel	25	24
化学原料及化学制品制造业	Manufacture of Chemical Raw Material and Chemical Products	96	100
医药制造业	Manufacture of Medicines	19	18
化学纤维制造业	Manufacture of Chemical Fiber	3	2
橡胶和塑料制品业	Manufacture of Rubber and Plastic	13	11
非金属矿物制品业	Manufacture of Non-metallic Mineral Products	238	231
黑色金属冶炼和压延加工业	Manufacture and Processing of Ferrous Metals	74	67
有色金属冶炼及压延加工业	Manufacture and Processing of Non-ferrous Metals	65	63
金属制品业	Manufacture of Metal Products	14	11
通用设备制造业	Manufacture of General Purpose Machinery	6	7
专业设备制造业	Manufacture of Special Purpose Machinery	8	6
汽车制造业	Manufacture of Automobile	15	15
铁路、船舶、航空航天和其他运输设备制造业	Manufacture of Railway, shipbuilding, aerospace, and other transportation equipment	2	3
电气机械及器材制造业	Manufacture of Electrical Machinery and Equipment	24	21
计算机、通信和其他电子设备制造业	Manufacture of Computer Communication Equipment, and Other Electronic Equipment	4	5
仪器仪表制造业	Manufacture of Measuring Instrument		
其他制造业	Manufacture of others	1	
废弃资源综合利用业	Comprehensive utilization of waste materials		
金属制品、机械和设备修理业	Repairing of Metal products, machinery and equipment		
电力、燃气及水的生产和供应业	**Production and Distribution of Electricity, Gas and Water**	**97**	**100**
电力、热力生产和供应业	Production and Supply of Electric Power and Heat Power	93	96
燃气生产和供应业	Production and Distribution of Gas	3	3
水的生产和供应业	Production and Distribution of Water	1	1

8-18 主要耗能工业企业单位产品能源消耗情况

Energy Consumption per Unit of Product in Main Enterprises that Consume much Energy

单位：千克标准煤/吨 (kg SEC/ton)

指标名称	Item	2010	2012	2013	2014	2015
吨原煤生产综合能耗	Overall Energy Consumption per ton of Machining Coal	7.70	6.44	6.31	6.67	6.75
单位油气产量综合能耗	Overall Energy Consumption of Manufacturing Oil and Gas	172.34	174.66	187.25	187.73	186.87
铁矿采矿工序单位能耗	Energy Consumption per Uint of Mining of Iron ore	4.60	4.50	4.45	4.45	4.62
铁矿选矿工序单位能耗	Energy Consumption per Uint of Milling run Iron ore	4.03	4.10	4.27	4.38	4.48
每吨涤纶综合能耗(短纤)	Overall Energy Consumption per ton of Terylene(short fibre)	146.42	131.20	136.69	139.92	129.97
每吨纱(线)混合数综合能耗	Overall Energy Consumption per ton of Mixed Yarn(Cotton)	447.16	390.22	397.39	379.89	376.62
机制纸及纸板综合能耗	Overall Energy Consumption of Machinemade Paper and Paperboard	318.44	349.10	364.66	354.80	325.06
炼焦工序单位能耗	Energy Consumption per Unit of Coking plant	130.84	142.56	138.87	137.77	132.04
原油加工单位综合能耗	Overall Energy Consumption of Machining Base oil	63.12	62.87	62.89	67.88	70.24
单位烧碱生产综合能耗	Overall Energy Consumption of Manufacturing Caustic Soda	342.11	330.16	329.95	329.68	326.20
单位烧碱生产综合能耗(离子膜法30%)	Overall Energy Consumption per Unit of Manufacturing Caustic Soda(Ion Film 30%)	311.35	330.16	329.95	329.68	326.20
单位纯碱生产能耗	Overall Energy Consumption per Unit of Manufacturing Sodium carbonate	298.23	286.49	288.19	281.81	281.27
联碱法纯碱双吨产品生产综合能耗	Overall Energy Consumption per Unit of Sodium carbonate in Joint Alkali	249.34	264.10	262.61	254.66	249.59
天然碱法单位纯碱生产综合能耗	Overall Energy Consumption per Unit of Sodium carbonate in Natural Law	379.19	303.75	315.04	316.60	319.97
单位电石生产综合能耗	Overall Energy Consumption per Unit of Manufacturing Calcium carbide	1222.08	1117.65	1211.49	1016.59	989.45
单位乙烯生产综合能耗	Overall Energy Consumption per Unit of Manufacturing Ethylene	877.27	1082.58	1050.74	1070.02	1047.85
单位合成氨生产综合能耗	Overall Energy Consumption per Unit of Manufacturing Compound ammonia	1243.06	1264.57	1292.30	1408.38	1227.06
吨水泥熟料综合能耗	Energy Consumption per ton of Cement Ripe-material	112.68	109.48	106.93	107.05	105.56
吨水泥综合能耗	Energy Consumption per ton of Cement	87.27	78.84	76.91	78.38	74.48
每重量箱平板玻璃综合能耗(千克标准煤/重量箱)	Energy Consumption per weight case of Plate Glass (Kg SEC/weight Case)	18.45	16.61	16.22	16.66	17.67
硅铁工序单位能耗	Energy Consumption per Unit of Ferrosilicon Processes	630.60	641.08	690.55	585.67	545.58
吨钢综合能耗	Energy Consumption per ton of Steel	476.00	468.68	497.51	497.63	496.80
吨钢耗新水(吨/吨)	Fresh Water Consumption per ton of Steel (ton/ton)	3.91	3.51	3.37	3.20	3.02
单位氧化铝综合能耗	Energy Consumption per Unit of Coking Alumina	562.28	525.23	474.01	478.06	463.64
单位电解铝综合能耗	Energy Consumption per Unit of Coking Aluminum	1726.71	1657.77	1637.44	1625.04	1649.35
单位粗铅综合能耗	Energy Consumption per Unit of Coking Lead	382.48	362.75	343.44	329.43	325.44
单位铅冶炼综合能耗	Energy Consumption per Unit of Lead smelting	474.53	451.00	419.25	392.15	381.80
吨铜加工材消耗能源量	Energy Consumption per ton of Machining Cuprum	282.90	284.04	265.05	245.41	279.41
吨铝加工材消耗能源量	Energy Consumption per ton of Machining Aluminium	170.74	147.86	148.13	137.81	132.39
电厂火力发电标准煤耗(克标准煤/千瓦时)	SEC Consumption of Firepower Generate Electricity (g SEC/kwh)	315.38	305.10	304.28	303.34	300.76

8-19 主要耗能工业企业单位产品电力消耗情况
Electric Power Consumption per Unit of Product in Main Enterprises that Consume much Energy

单位：千瓦时/吨 (kwh/ton)

指标名称	Item	2010	2012	2013	2014	2015
吨原煤生产耗电	Electric Power Consumption per ton of Machining Coal	32.55	33.87	34.19	36.28	38.03
选煤电力单耗	Electric Power Consumption per ton of Milling run Coal	6.82	7.85	8.10	8.30	8.85
单位油气产量耗电	Electric Power Consumption per ton of Manufacturing Oil and Gas	343.99	344.11	352.32	348.83	360.27
每吨粘胶纤维用电量(短纤)	Electric Power Consumption per ton of Pectic-fibre(short fibre)	1715.28	1486.76	1377.31	1460.38	1415.57
每吨粘胶纤维用电量(长丝)	Electric Power Consumption per ton of Pectic-fibre(long silk)	7575.17	7675.56	7746.77	7402.36	7207.63
每吨涤纶用电量(短纤)	Electric Power Consumption per ton of Terylene(short fibre)	196.75	239.88	234.45	232.46	222.47
每吨纱(线)混合数生产用电量	Electric Power Consumption per ton of Gauze and Line	1492.42	1846.18	2058.10	1924.48	2641.64
机制纸及纸板耗电	Electric Power Consumption per ton of Machinemade Paper and Paperboard	455.63	511.89	583.00	550.67	523.10
原油加工单位耗电	Electric Power Consumption per ton of Machining Base oil	63.79	59.81	60.63	62.31	73.59
单位烧碱耗电	Electric Power Consumption per unit of Manufacturing Caustic Soda	2315.05	2299.22	2339.13	2318.52	2297.69
单位烧碱生产耗交流电(离子膜法30%)	Electric Power Consumption per ton of Manufacturing Caustic Soda (Ion Film 30%)	2306.70	2299.22	2339.13	2318.52	2297.69
单位纯碱耗电	Electric Power Consumption per ton of Manufacturing Sodium carbonate	262.33	315.83	310.95	306.86	303.70
联碱法纯碱双吨产品生产耗电	Electric Power Consumption per Unit of Sodium carbonate in Joint Alkali	290.38	330.70	303.31	300.00	299.52
天然碱法单位纯碱生产耗电	Electric Power Consumption per Unit of Sodium carbonate in Natural Law	336.07	304.38	318.97	315.37	308.79
单位电石生产电力消耗	Electric Power Consumption per ton of Manufacturing Calcium carbide	3000.94	3079.22	3399.49	2813.27	3381.20
单位乙烯生产耗电	Electric Power Consumption per ton of Manufacturing Ethylene	170.46	102.63	102.71	107.42	94.65
单位合成氨耗电	Electric Power Consumption per ton of Manufacturing Compound ammonia	1261.43	1246.20	1079.32	1234.32	1023.10
吨水泥熟料综合电耗	Overall Electric Power Consumption per ton of Cement Ripe-material	74.41	69.28	69.31	67.76	66.49
吨水泥综合电耗	Overall Electric Power Consumption per ton of Cement	90.45	83.75	80.89	81.93	76.38
每重量箱平板玻璃耗电(千瓦时/重量箱)	Electric Power Consumption per ton of Plate Glass (kwh/weight case)	7.40	9.29	9.32	8.64	11.61
吨钢耗电	Electric Power Consumption per ton of Steel	332.67	360.59	339.48	344.87	357.52
电炉炼钢综合电力消耗	Electric Power Consumption per ton of Electric Cooker Ferroalloy-making	398.00	428.96	472.28	334.89	325.80
硅铁单位电耗(千瓦时/标准吨)	Energy Consumption per Unit of Ferrosilicon Processes (kwh/SET)	4310.10	4425.13	4240.11	3569.33	3261.88
轧钢工序单位电力消耗	Electric Power Consumption per ton of Steel rolling	87.44	125.75	136.94	127.47	129.91
单位铝锭综合交流电耗	Overall Alternating Current Electric Power Consumption per ton of Aluminium	13993.26	13881.93	13830.45	13441.60	13740.03
析出铅直流电单耗	DC Electric Power Consumption per ton of Separate out Aluminium	127.98	109.99	109.73	109.55	108.76
析出锌(湿法)直流电单耗	DC Electric Power Consumption per ton of Separate out Zn	2974.65	2923.90	2923.04	2923.22	2920.92
吨铜加工材消耗电量	Electric Power Consumption per ton of Machining Cuprum	1793.33	1673.72	1559.47	1594.56	1726.25
吨铝加工材消耗电量	Electric Power Consumption per ton of Machining Aluminium	539.24	475.56	467.02	474.57	448.65
发电厂用电率(%)	Electro-rate of Power plant(%)	6.40	5.75	5.92	5.96	6.05

8-20 各市全社会用电量

Electricity Consumption by City

单位：亿千瓦时 (100 millin kwh)

市(县) City(County)	2007	2008	2009	2010	2011	2012	2013	2014	2015
省辖市 City									
郑州市 Zhengzhou	334.89	366.67	365.84	410.09	455.99	479.52	504.92	496.85	500.65
开封市 Kaifeng	40.00	42.89	51.78	59.71	68.00	75.13	85.64	95.47	95.59
洛阳市 Luoyang	270.55	287.74	294.67	349.42	408.29	392.98	390.33	395.13	382.44
平顶山市 Pingdingshan	109.38	124.12	126.14	131.70	149.98	159.11	161.32	161.05	157.17
安阳市 Anyang	118.03	125.73	131.45	164.93	193.84	179.44	196.57	216.17	214.53
鹤壁市 Hebi	29.62	35.48	34.24	38.93	41.82	43.80	49.56	52.58	52.40
新乡市 Xinxiang	98.24	117.88	128.06	144.02	162.23	173.70	186.07	196.41	196.32
焦作市 Jiaozuo	166.97	186.50	182.03	186.31	207.59	197.91	210.90	213.96	215.23
濮阳市 Puyang	44.60	46.33	51.71	56.85	60.03	73.84	83.92	89.85	90.37
许昌市 Xuchang	49.36	55.77	65.89	76.16	84.11	93.70	103.57	109.13	104.53
漯河市 Luohe	31.61	33.89	36.51	41.17	46.92	50.59	53.62	58.21	57.87
三门峡市 Sanmenxia	99.71	105.11	117.86	141.72	140.91	133.97	130.90	127.36	114.68
南阳市 Nanyang	112.77	124.55	132.38	160.69	190.25	203.87	215.92	211.69	180.13
商丘市 Shangqiu	107.34	114.56	121.83	134.34	152.56	156.04	173.92	170.95	158.02
信阳市 Xinyang	46.01	50.53	62.10	69.22	78.24	87.59	95.77	95.25	95.86
周口市 Zhoukou	37.35	41.84	47.41	53.92	59.88	70.54	81.94	83.82	86.56
驻马店市 Zhumadian	51.31	53.89	59.89	66.32	80.10	91.77	100.48	108.68	111.44
济源市 Jiyuan	39.35	48.28	53.44	59.68	67.61	75.10	80.30	82.97	82.12
省直管县 Province Administrating County									
巩义市 Gongyi	76.73	79.67	83.21	94.79	105.07	103.67	100.72	100.66	94.17
兰考县 Lankao	2.14	3.04	3.67	5.07	5.85	7.18	9.59	11.11	10.34
汝州市 Ruzhou	11.60	13.57	12.70	13.47	16.43	19.60	20.07	19.41	19.63
滑县 Huaxian	5.71	6.22	6.96	7.52	10.22	11.07	13.29	14.92	16.30
长垣县 Changyuan	4.90	5.60	6.40	7.50	8.90	9.76	10.58	11.34	13.48
邓州市 Dengzhou	5.39	5.45	6.91	7.58	8.34	10.81	12.11	12.76	13.32
永城市 Yongcheng	55.94	55.08	50.50	52.54	55.23	61.34	74.71	74.51	72.42
固始县 Gushi	3.85	4.44	5.34	5.96	6.94	8.31	9.43	9.76	10.21
鹿邑县 Luyi	2.63	3.05	3.48	4.12	4.92	5.87	7.09	7.58	7.80
新蔡县 Xincai	1.47	1.67	2.10	2.48	2.95	3.75	4.27	4.37	4.64

注：本表由省电力公司提供。

a) Data in this table are provided by provincial electric company.

8-21 单位GDP能耗情况

Basic condition of Energy Consumption

市(县) City(County)	单位GDP能耗降低率(%) Change of Energy Consumption for GDP(%)	单位GDP电耗降低率(%) Change of Energy Consumption for GDP(%)	单位工业增加值能耗降低率(%) Change of Energy Consumption for Add-value of Industry(%)
2005			
2006	-2.98	-1.58	-5.93
2007	-4.11	3.55	-7.08
2008	-5.10	-2.77	-10.83
2009	-6.16	-4.79	-11.56
2010	-3.53	0.80	-10.75
2011	-3.57	1.27	-8.60
2012	-7.14	-6.42	-14.75
2013	-3.92	-3.16	-8.32
2014	-4.06	-7.53	-11.29
2015	-6.57	-8.98	-11.54
省辖市 City			
郑州市 Zhengzhou	-8.29	-8.47	-15.90
开封市 Kaifeng	-11.08	-8.51	-16.23
洛阳市 Luoyang	-6.30	-11.33	-10.90
平顶山市 Pingdingshan	-5.91	-8.50	-10.88
安阳市 Anyang	-5.49	-7.60	-6.40
鹤壁市 Hebi	-7.23	-7.76	-16.61
新乡市 Xinxiang	-2.18	-5.71	1.04
焦作市 Jiaozuo	-3.46	-7.50	-5.20
濮阳市 Puyang	-9.18	-8.12	-22.80
许昌市 Xuchang	-8.20	-12.40	-17.53
漯河市 Luohe	-5.60	-8.77	-15.31
三门峡市 Sanmenxia	-0.66	-13.02	-2.10
南阳市 Nanyang	-7.01	-22.00	-14.94
商丘市 Shangqiu	-7.70	-14.94	-15.47
信阳市 Xinyang	-2.76	-7.61	-9.00
周口市 Zhoukou	-6.23	-5.24	-17.45
驻马店市 Zhumadian	-2.80	-5.87	-9.84
济源市 Jiyuan	-9.78	-6.58	-14.00
省直管县 Province Administrating County			
巩义市 Gongyi	-6.21	-13.34	-13.53
兰考县 Lankao	-5.16	-15.43	-16.98
汝州市 Ruzhou	-4.95	-7.10	-8.47
滑县 Huaxian	-3.02	0.16	-5.45
长垣县 Changyuan	3.25	7.92	500.78
邓州市 Dengzhou	-3.57	-3.93	-11.58
永城市 Yongcheng	-6.50	-10.41	-13.64
固始县 Gushi	-4.50	-3.75	-10.12
鹿邑县 Luyi	-6.28	-5.33	-8.43
新蔡县 Xincai	-4.60	-1.24	-14.92

主要统计指标解释

能源生产总量 指一定时期内全国(地区)一次能源生产量的总和。该指标是观察全国(地区)能源生产水平、规模、构成和发展速度的总量指标。一次能源生产量包括原煤、原油、天然气、水电、核能及其他动力能(如风能、地热能等)发电量，不包括低热值燃料生产量、生物质能、太阳能等的利用和由一次能源加工转换而成的二次能源产量。

能源消费总量 指一定地域内（国家或地区）国民经济各行业和居民家庭在一定时期消费的各种能源的总和。能源消费总量分为终端能源消费量、能源加工转换损失量和能源损失量三部分。

(1) 终端能源消费量：指一定时期内，生产和生活消费的各种能源在扣除了用于加工转换二次能源消费量和损失量以后的数量。

(2) 能源加工转换损失量：指一定时期内，投入加工转换的各种能源数量之和与产出各种能源产品之和的差额。该指标是观察能源在加工转换过程中损失量变化的指标。

(3) 能源损失量：指一定时期内，能源在输送、分配、储存过程中发生的损失和由客观原因造成的各种损失量，不包括各种气体能源放空、放散量。

能源生产弹性系数 研究能源生产增长速度与国民经济增长速度之间关系的指标。计算公式为：

能源生产弹性系数=能源生产总量年平均增长速度/国民经济年平均增长速度

国民经济年平均增长速度，可根据不同的目的或需要，用国民生产总值、国内生产总值等指标来计算，本年鉴是采用国内生产总值指标计算的。

电力生产弹性系数 是研究电力生产增长速度与国民经济增长速度之间关系的指标。一般来说，电力的发展应当快于国民经济的发展，也就是说电力应超前发展。计算公式为：

电力生产弹性系数=电力生产量年平均增长速度/国民经济年平均增长速度

能源消费弹性系数 反映能源消费增长速度与国民经济增长速度之间比例关系的指标。计算公式为：

能源消费弹性系数=能源消费量年平均增长速度/国民经济年平均增长速度

电力消费弹性系数 反映电力消费增长速度与国民经济增长速度之间比例关系的指标。计算公式为：

电力消费弹性系数=电力消费量年平均增长速度/国民经济年平均增长速度

能源加工转换效率 指一定时期内能源经过加工、转换后，产出的各种能源产品的数量与同期内投入加工转换的各种能源数量的比率。该指标是观察能源加工转换装置和生产工艺先进与落后、管理水平高低等的重要指标。计算公式为：

能源加工转换效率=能源加工转换产出量/能源加工转换投入量×100%

单位GDP能耗 指一定时期内，一个国家或地区每生产一个单位的生产总值所消耗的能源。能源消费的核算范围既包括全部三次产业的生产、经营及其他活动用能，也包括居民生活用能。计算方法：

单位GDP能耗=能源消费总量/GDP（可比价）

单位GDP电耗 指一定时期内，一个国家或地区每生产一个单位的国内生产总值所消耗的电力。计算公式为：

单位GDP电耗=全社会用电量/GDP(可比价)

单位工业增加值能耗 指一定时期内，一个国家或地区每生产一个单位的工业增加值所消耗的能源。计算公式为：

单位工业增加值能耗=工业能源消耗量/工业增加值

Explanatory Notes on Main Statistical Indicators

Total Energy Production refers to the total production of primary energy by all energy producing enterprises in the country in a given period of time. It is a comprehensive indicator to show the capacity, scale, composition and development of energy production of the country. The production of primary energy includes that of coal, crude oil, natural gas, hydro-power and electricity generated by nuclear energy and other means such as wind power and geothermal power. However, it excludes the production of fuels of low calorific value, bio-energy, solar energy and the secondary energy converted from the primary energy.

Total Domestic Energy Consumption refers to the total consumption of energy of various kinds by sectors and households in the country in a given period of time. Total domestic energy consumption can be divided into three parts: final energy consumption, loss during the process of energy conversion, and energy loss.

(1) End-use Energy Consumption: It refers to the total energy consumption by the production sectors and the households in the country (region) in a given period of time. It does not include the consumption during the conversion of primary energy into secondary energy and the loss in the process of energy conversion.

(2) Loss During the Process of Energy Conversion: It refers to the total input of various kinds of energy for conversion, minus the total output of various kinds of energy in the country in a given period of time. It is an indicator to show the loss that occurs during the process of energy conversion.

(3) Energy Loss: It refers to the total of the loss of energy during the course of energy transport, distribution and storage and the loss caused by any objective reason in a given period of time. The loss of various kinds of gas due to gas discharges and stocktaking is not included.

Elasticity Ratio of Energy Production the indicator to show the relationship between the growth rate of energy production and the growth rate of the national economy. The formula is:

Elasticity Ratio of Energy Production = Average Annual Growth Rate of Energy Production / Average Annual Growth Rate of National Economy

The average annual growth rate of the national economy can be shown by the gross national product, gross domestic product and other indicators, depending upon the purposes or needs. The gross domestic product is used in calculation of the ratio in this chapter.

Elasticity Ratio of Electricity Production is an indicator to show the relationship between the growth rate of electricity production and the growth rate of the national economy. Generally speaking, the growth rate of electricity production should be higher than that of the national economy.

Its formula is:

$$\text{Elasticity Ratio of Electricity Production} = \frac{\text{Average Annual Growth Rate of Electricity Production}}{\text{Average Annual Growth Rate of National Economy}}$$

Elasticity Ratio of Energy Consumption the indicator to show the relationship between the growth rate of energy consumption and the growth rate of the national economy. The formula is:

Elasticity Ratio of Energy Consumption = Average Annual Growth Rate of Energy Consumption / Average Annual Growth Rate of National Economy

Elasticity Ratio of Electricity Consumption is an indicator to show the relationship between the growth rate of electricity consumption and the growth rate of the national economy. The formula is:

$$\text{Elasticity Ratio of Electricity Consumption} = \frac{\text{Average Annual Growth Rate of Electricity Consumption}}{\text{Average Annual Growth Rate of National Economy}}$$

Efficiency of Energy Processing and Conversion refers to the ratio of the total output of energy products of various kinds after processing and conversion and the total input of energy of various kinds for processing and conversion in the same reference period. It is an important indicator to show the current conditions of energy processing and conversion equipment, production technique and management. The formula is:

Efficiency of Energy Processing & Conversion = (Output of Energy After Processing & Conversion / Input of Energy for Processing & Conversion)×100%

Energy Consumption per Unit of GDP refers to the energy consumption per unit of gross domestic production in a country or the gross region production in a region in the same reference period. The consumption of energy accounting scope includes both all three times of industry production and business operations and other activities can use, including residents with life.

The formula is:

Energy Consumption per Unit of GDP = Total Energy Consumption / Gross Domestic Production

Electricity Consumption per Unit of GDP refers to the electricity consumption per unit of gross domestic production in a country or the gross region production in a region in the same reference period. The formula is:

Electricity Consumption per Unit of GDP = Total Electricity Consumption / Gross Domestic Production

Energy Consumption per Unit of Industrial Value-added refers to the energy consumption per unit of industrial value-added in a country or region in the same reference period. The formula is:

Energy Consumption per Unit of Industrial Value-added = Total Energy Consumption / Industrial Value-added

财政
Government Finance

9

● 资料整理：赵国顺

简要说明

一、主要内容

本篇包括地方财政收支和预算外资金收支资料。

二、统计口径

2007年起，财政收支科目实施了较大改革，特别是财政支出项目口径变化很大，与往年数据不可比，2015年开始，财政收支指标改为财政一般公共预算收支，财政部门对指标口径进行相应调整。

三、资料来源

资料来源于河南省财政厅的财政总决算，由河南省统计局国民经济核算处编辑整理。

Brief Introduction

I. Main Contents

The data in this chapter present the government revenue and expenditure situation, the extra-budgetary revenue and expenditure.

II. Scope of Statistics

Because of the classifications of revenue and expenditure accounts have been adjusted largely since 2007, especially the government expenditure, the relative data are not compared with data in preceding years.

III. Sources of Data

The data are based on final Henan provincial financial accounts, which are provided by the Department of National Accounts of the Henan provincial Bureau of Statistics.

9-1 一般公共预算收支额

Total Public Financial Revenue and Expenditure of the Local Government

单位：亿元 (100 million yuan)

年 份 Year	财 政 总收入 Total Financial Revenue	一般公共预算收入 Public Financial Revenue of Local Government	#税收收入 Taxes	一般公共预算支出 Public Financial Expenditure of Local Government	#农林水事务 Farming Forestry Water Conservancy Operating	#社会保障和就业 Social Security and Obtain employment	#教科文卫 Culture Education Science & Health Care	#科学技术 Technology	#教育 Education	#医疗卫生 Medical Treatment and Public Health
1978		33.73	23.04	27.67	4.20		5.77	0.43		
1979		33.68	23.62	29.86	5.28		7.05	0.53		
1980		31.86	24.86	26.74	4.66		8.31	0.59		
1981		34.23	29.73	25.84	4.25		8.84	0.61		
1982		33.49	30.96	29.81	4.57		9.83	0.67		
1983		36.49	30.69	30.06	4.73		10.45	0.91		
1984		39.26	34.54	36.79	4.86		11.83	1.08		
1985		48.93	44.57	49.51	5.01		13.93	1.16		
1986		54.92	49.71	69.20	5.92		15.78	1.31		
1987		63.15	56.10	65.26	6.90		16.67	1.18		
1988		70.98	65.09	76.22	8.64		19.47	1.35		
1989		80.97	75.50	87.67	10.85		22.76	1.49		
1990		83.59	78.85	89.53	10.74		24.54	1.53		
1991		91.36	84.61	97.88	12.18		26.99	1.70		
1992		104.03	95.41	116.49	13.29		33.22	1.93		
1993		139.20	126.36	147.73	14.34		39.28	2.01		
1994		(171.38)								
		93.35	81.77	169.62	15.09		50.64	2.54		
1995		124.63	103.45	207.28	17.59		58.30	3.24		
1996		162.06	126.63	255.29	21.12		69.49	3.75		
1997		192.63	152.09	290.84	23.47		75.43	4.52		
1998		208.20	160.60	323.63	25.71		82.89	5.05		
1999		223.35	176.12	384.32	28.39		95.57	6.01		
2000		246.47	195.04	445.53	34.19		108.46	6.86		
2001		267.75	226.70	508.58	36.94		131.35	7.25		
2002		296.72	242.24	629.18	44.77		166.56	7.95		
2003		338.05	264.40	716.60	47.92		188.27	9.06		
2004	789.05	428.78	307.12	879.96	65.99		220.81	10.40		
2005	967.16	537.65	365.67	1116.04	82.28		270.22	13.85		
2006	1202.96	679.17	471.80	1440.09	(99.12)		(344.21)	(18.84)		
					111.34		362.82	17.37		
2007	1530.48	862.08	625.02	1870.61	152.51	281.22	523.51	25.23	366.12	98.78
2008	1781.89	1008.90	742.27	2281.61	209.59	330.23	661.40	30.44	444.03	145.47
2009	1921.80	1126.06	821.50	2905.76	361.60	403.62	843.47	35.52	526.14	223.15
2010	2293.70	1381.32	1016.55	3416.14	399.19	461.22	979.24	44.67	609.37	270.21
2011	2851.91	1721.76	1263.10	4248.82	480.48	547.96	1332.75	56.59	857.14	361.48
2012	3282.48	2040.33	1469.57	5006.40	551.73	631.61	1671.77	69.64	1106.51	425.99
2013	3686.81	2415.45	1764.71	5582.31	629.85	731.41	1824.78	80.00	1171.52	492.48
2014	4094.78	2739.26	1951.46	6028.69	661.94	790.87	1976.74	81.25	1201.38	602.95
2015	4426.96	3016.05	2101.17	6799.35	791.63	945.83	2177.38	83.25	1270.99	717.74

注：1.财政收入1993年以前为分税制前老口径，1994年以后为分税制后新口径，括号内为分税制前老口径。

2.1994年以后的财政收支均为地方财政一般预算收支。

3.2007年起，财政收支项目按新科目列支。2006年财政支出括号内数据为按老科目列支。

4.2011年起，财政一般预算收支改称公共财政预算收支，2015年起，改为一般公共预算收支。

a) Before 1993,government revenue is old statement before distributive taxation.The date in parentheses is statement before distributive taxation .

b) Financial revenue and expenditure refer to Ordinary budget financial revenue and expenditure of local government since 1994(the same to next).

c) Item of Financial revenue and expenditure based on new system since 2007.Data of financial expenditure Parenthesos are based on old system in 2006.

d) Data of Financial general budget revenue and expenditure change to public financial revenue and expenditure since 2011.

9-2 各项税收
Taxes

单位：亿元 (100 million yuan)

年 份 Year	一般公共预算收入 Public Financial Revenue of Local Government	#增值税 Value-added Tax	#营业税 Business Tax	#企业所得税 Corporate Income Tax	#个人所得税 Individual Income Tax	#城市维护建设税 City Maintenance and Construction Tax
1995	124.63	25.57	22.78	18.64	3.44	8.39
1996	162.06	30.00	29.76	19.83	4.92	10.13
1997	192.63	32.80	38.85	28.43	6.38	11.18
1998	208.20	36.07	42.83	22.68	8.84	12.28
1999	223.35	36.72	47.22	29.47	10.83	12.69
2000	246.47	42.24	48.18	39.60	12.88	13.64
2001	267.75	44.35	52.89	60.85	19.25	13.73
2002	296.72	49.25	63.14	31.97	17.82	17.24
2003	338.05	57.95	75.31	29.14	15.60	20.54
2004	428.78	65.78	92.81	38.43	19.32	24.60
2005	537.65	87.97	111.60	51.56	22.05	29.18
2006	679.17	105.84	143.34	70.21	24.05	35.02
2007	862.08	129.96	184.24	103.06	30.26	42.87
2008	1008.90	153.89	209.55	116.76	32.30	49.06
2009	1126.06	140.82	252.81	114.81	33.33	51.93
2010	1381.32	155.79	319.34	136.63	40.29	61.35
2011	1721.76	181.38	404.27	185.21	48.38	80.22
2012	2040.33	187.79	482.40	209.13	41.41	89.77
2013	2415.45	202.66	581.79	235.60	47.63	98.57
2014	2739.26	256.47	627.33	261.00	58.01	106.67
2015	3016.05	263.73	659.16	281.41	62.03	112.72

9-3 一般公共预算收入
Public Financial Revenue of the Local Government

单位：亿元 (100 million yuan)

项 目	Item	2014 绝对数 Absolute Value	2014 比重(%) Proportion (%)	2015 绝对数 Absolute Value	2015 比重(%) Proportion (%)
收入合计	**Total Revenue**	**2739.26**	**100.0**	**3016.05**	**100.0**
税收收入	Tax Revenue	1951.46	71.2	2101.17	69.7
增值税	Value-added Tax	256.47	9.4	263.73	8.7
营业税	Sales Tax	627.33	22.9	659.16	21.9
企业所得税	Enterprises' Income Tax	261.00	9.5	281.41	9.3
个人所得税	Individual Income Tax	58.01	2.1	62.03	2.1
资源税	Resources Tax	39.19	1.43	35.35	1.2
城市维护建设税	Tax on Urban Maintenance and Construction	106.67	3.9	112.72	3.7
房产税	Tax on Real Estates	45.91	1.7	52.52	1.7
印花税	Stamp Tax	26.80	1.0	27.94	0.9
城镇土地使用税	Tax on the Use of Urban Land	95.90	3.5	102.81	3.4
土地增值税	Land Value Added Tax	132.51	4.8	139.43	4.6
车船税	Tax on Vehicles and Ships	25.00	0.9	30.06	1.0
耕地占用税	Tax on The Occupancy of Cultivated Land	125.31	4.6	184.74	6.1
契税	Contract Tax	142.01	5.18	138.75	4.6
烟叶税及其他	Tax on Tobacco leaf and others	9.36	0.3	10.53	0.3
非税收入	Non-Tax Revenue	787.80	28.8	914.88	30.3
专项收入	Expert Project Income	101.42	3.7	201.29	6.7
行政事业性收费收入	Income from Adiministrative Fees	263.90	9.6	238.34	7.9
罚没收入	Penalty and Confiscator Income	82.20	3.0	89.11	3.0
国有资本经营收入	Stated-owned Assets Profit	108.25	4.0	103.28	3.4
国有资源(资产)有偿使用收入	Revenue from using Stated-owned Assets Profit	156.27	5.7	195.26	6.5
其他收入	Other	75.76	2.8	87.60	2.9

9-4 各级一般公共预算收入(2015年)

Public Financial Revenue of the Local Government by Rating (2015)

单位：亿元 (100 million yuan)

项 目	Item	合 计 Total	省 级 Province	市 级 City	县市级 County	乡镇级 Town & Township
收入合计	**Total Revenue**	**3016.05**	**164.55**	**1181.24**	**1184.93**	**485.33**
税收收入	Tax Revenue	2101.17	75.52	837.68	757.89	430.08
增值税	Value-added Tax	263.73	18.65	96.00	89.37	59.72
营业税	Sales Tax	659.16	11.24	298.02	206.46	143.44
企业所得税	Enterprises' Income Tax	281.41	44.87	119.57	80.23	36.73
个人所得税	Individual Income Tax	62.03		35.54	19.24	7.25
资源税	Resources Tax	35.35		6.11	11.92	17.32
城市维护建设税	Tax on Urban Maintenance and Construction	112.72	0.76	59.14	38.10	14.72
房产税	Tax on Real Estates	52.52		16.12	27.57	8.83
印花税	Stamp Tax	27.94		10.81	11.79	5.34
城镇土地使用税	Tax on the Use of Urban Land	102.81		27.51	46.09	29.21
土地增值税	Land Value Added Tax	139.43		43.33	68.10	28.00
车船税	Tax on Vehicles and Ships	30.06		12.30	10.27	7.49
耕地占用税	Tax on The Occupancy of Cultivated Land	184.74		32.78	110.80	41.16
契税	Contract Tax	138.75		80.46	36.19	22.10
烟叶税及其他	Tax on Tobacco leaf and other	10.53			1.76	8.77
非税收入	Non-Tax Revenue	914.88	89.03	343.57	427.04	55.24
专项收入	Expert Project Income	201.29	52.38	94.20	52.23	2.48
行政事业性收费收入	Income from Adiministrative Fees	238.34	17.50	68.22	142.11	10.51
罚没收入	Penalty and Confiscator Income	89.11	2.15	33.33	53.18	0.45
国有资本经营收入	Stated-owned Assets Profit	103.28	0.01	67.15	29.89	6.23
国有资源(资产)有偿使用收入	Revenue from using Stated-owned Assets Profit	195.26	13.31	57.48	109.61	14.86
其他收入	Other	87.60	3.68	23.19	40.02	20.70

9-5 一般公共预算支出
Public Financial Expenditure of the Local Government

单位：亿元 (100 million yuan)

项 目	Item	2014		2015	
		绝对数 Absolute Value	比重(%) Proportion (%)	绝对数 Absolute Value	比重(%) Proportion (%)
本年支出合计	**Total Expenditure**	**6028.69**	**100.0**	**6799.35**	**100.0**
一般公共服务	Commonly Public servings	700.71	11.6	695.32	10.2
国防	National Defense	6.79	0.1	6.08	0.1
公共安全	Public security	274.12	4.5	301.12	4.4
教育	Education	1201.38	19.9	1271.00	18.7
科学技术	Technology	81.25	1.3	83.25	1.2
文化体育与传媒	Culture Sport and Medium	91.16	1.5	105.38	1.5
社会保障和就业	Social Security and Obtain employment	790.87	13.1	945.83	13.9
医疗卫生与计划生育支出	Medical Treatment and Public Health	602.95	10.0	717.74	10.6
环境保护	Environment Protection	119.95	2.0	177.77	2.6
城乡社区事务	Urban and Rural Area Community Operating	431.74	7.2	645.21	9.5
农林水事务	Farming Forestry and Water Conservancy Operating	661.94	11.0	791.63	11.6
交通运输	Traffic and Transport	364.86	6.1	371.01	5.5
资源勘探电力信息等事务	Resource exploration power information, etc	117.62	2.0	149.98	2.2
商业服务业等事务	Business Services, etc	31.50	0.5	57.71	0.8
金融监管支出	The financial supervision	27.71	0.5	40.92	0.6
援助其它地区支出	Expenses after the Earthquake Reconstruction	2.63	-	2.84	0.0
国土资源气象等事务	The Land and Resources, etc	54.00	0.9	55.72	0.8
住房保障支出	Housing Safeguard	247.57	4.1	242.04	3.6
粮油物资储备管理等事务	Grain and oil reserves management	45.12	0.7	36.21	0.5
国债付息支出	Debt servicing expenditure	94.41	1.6	29.92	0.4
债务发行费用支出	Debt distribution expenditure			1.07	0.0
其他支出	Others	80.46	1.3	71.58	1.1

9-6 各级一般公共预算支出(2015年)

Public Financial Expenditure of the Local Government by Rating (2015)

单位：亿元 (100 million yuan)

项目	Item	合计 Total	省级 Province	市级 City	县市级 County	乡镇级 Town & Township
本年支出合计	**Total Expenditure**	**6799.35**	**828.77**	**1725.15**	**3830.65**	**414.79**
一般公共服务	Commonly Public servings	695.32	49.58	132.29	343.89	169.57
国防	National Defense	6.08	2.05	1.72	2.30	0.01
公共安全	Public security	301.12	35.90	111.31	152.70	1.21
教育	Education	1271.00	173.22	240.42	838.64	18.72
科学技术	Technology	83.25	15.77	29.12	34.52	3.85
文化体育与传媒	Culture Sport and Medium	105.38	23.83	39.67	38.29	3.59
社会保障和就业	Social Security and Obtain employment	945.83	254.66	140.26	518.20	32.71
医疗卫生与计划生育支出	Medical Treatment and Public Health	717.74	31.67	97.34	570.42	18.32
节能环保	Energy conservation and environmental protection	177.77	7.58	96.54	68.28	5.36
城乡社区事务	Urban and Rural Area Community Operating	645.21	0.55	335.50	245.76	63.40
农林水事务	Farming Forestry and Water Conservancy Operating	791.63	84.75	83.13	548.72	75.04
交通运输	Traffic and Transport	371.01	37.50	182.99	147.92	2.59
资源勘探电力信息等事务	Resource exploration power information, etc	149.98	33.22	67.01	43.64	6.11
商业服务业等事务	Business Services, etc	57.71	3.38	15.82	37.90	0.62
金融监管等事务	Financial supervision and others	40.92	28.34	9.51	3.06	
援助其它地区支出	Expenses after the Earthquake Reconstruction	2.84	1.65	0.64	0.55	
国土资源气象等事务	The Land and Resources, etc	55.72	11.63	12.18	31.54	0.37
住房保障支出	Housing Safeguard	242.04	9.23	74.41	151.99	6.42
粮油物资储备管理等事务	Grain and oil reserves management	36.21	15.87	5.55	14.78	
国债付息支出	Debt servicing expenditure	29.92	6.94	11.95	10.97	0.06
债务发行费用支出	Debt distribution expenditure	1.07	1.07			
其他支出	Others	71.58	0.37	37.78	26.56	6.86

9–7 各市一般公共预算收入(2015年)

单位：亿元

市（县） City(County)	收入合计 Total Revenue	税收收入 Tax Revenue	增值税 Value-added Tax	营业税 Operation Tax	企业所得税 Corporate Income Tax	个人所得税 Individual Income Tax
全　省 Total	**3016.05**	**2101.17**	**263.73**	**659.16**	**281.41**	**62.03**
省辖市 City						
郑州市 Zhengzhou	942.90	699.26	67.83	255.58	113.33	29.29
开封市 Kaifeng	108.28	75.20	7.76	25.20	5.06	1.27
洛阳市 Luoyang	286.69	196.43	24.21	60.85	21.31	5.65
平顶山市 Pingdingshan	117.88	81.92	13.66	20.06	6.44	2.20
安阳市 Anyang	109.64	77.87	12.07	21.89	10.02	1.60
鹤壁市 Hebi	52.86	35.12	4.09	8.63	1.86	0.48
新乡市 Xinxiang	144.57	101.76	13.74	29.74	10.24	2.62
焦作市 Jiaozuo	115.11	75.15	12.32	15.28	5.87	1.66
濮阳市 Puyang	79.00	58.71	7.79	18.85	3.99	1.56
许昌市 Xuchang	138.55	100.33	11.48	30.48	8.10	2.32
漯河市 Luohe	68.28	52.41	8.58	11.79	7.22	1.49
三门峡市 Sanmenxia	93.94	62.57	9.59	16.58	5.66	1.42
南阳市 Nanyang	157.08	105.56	16.02	33.01	8.99	3.06
商丘市 Shangqiu	110.71	76.48	9.59	26.07	5.24	1.97
信阳市 Xinyang	91.03	67.13	6.50	28.13	5.85	1.83
周口市 Zhoukou	100.42	67.06	6.55	19.04	5.43	1.30
驻马店市 Zhumadian	95.98	67.20	7.74	22.13	6.33	1.67
济源市 Jiyuan	38.59	25.47	5.57	4.62	5.59	0.65
省直管县 Province Administrating County						
巩义市 Gongyi	34.73	17.40	3.29	3.33	1.67	0.29
兰考县 Lankao	12.73	10.07	1.36	2.62	0.72	0.09
汝州市 Ruzhou	20.66	14.14	1.01	3.08	0.50	0.20
滑县 Huaxian	9.36	7.32	0.70	2.77	0.70	0.14
长垣县 Changyuan	15.35	12.07	1.47	4.28	1.47	0.14
邓州市 Dengzhou	12.77	8.82	0.74	3.05	0.58	0.14
永城市 Yongcheng	33.52	21.81	3.80	5.59	1.20	0.76
固始县 Gushi	11.14	7.13	0.77	3.21	0.69	0.15
鹿邑县 Luyi	10.37	6.07	0.65	1.55	0.33	0.08
新蔡县 Xincai	6.16	3.94	0.32	1.52	0.25	0.05

Public Financial Revenue of the Local Government by City (2015)

(100 million yuan)

城市维护建设税 Tax on Town Maintenance and Construction	耕地占用税 Tax on Occupation of Cultivated Land	契税 Deed Tax	其他各项税收 Other Tax	非税收入 Non-Tax Revenue	#专项收入 Expert Project Income	#行政事业性收费收入 Income from Adiministrative Fees	#国有资本经营收入 Income from Stated-owned Assets Profit
112.72	**184.74**	**138.75**	**398.64**	**914.88**	**201.29**	**238.34**	**103.28**
36.11	19.16	49.09	128.87	243.63	58.61	41.71	54.46
2.85	14.15	5.02	13.90	33.07	4.24	16.21	2.20
11.67	25.57	8.13	39.04	90.26	11.85	17.65	12.81
4.57	11.63	4.96	18.41	35.96	6.51	10.11	0.52
6.41	4.56	6.89	14.43	31.78	7.02	12.01	0.90
1.57	4.45	2.07	11.98	17.74	3.20	3.13	0.47
4.78	12.60	7.18	20.86	42.81	5.99	10.43	2.31
3.54	14.31	3.89	18.28	39.96	3.93	7.58	14.69
3.14	8.82	3.21	11.34	20.29	3.24	6.11	0.05
8.99	9.55	4.84	24.58	38.22	9.17	12.39	1.83
3.79	3.67	4.55	11.31	15.87	3.49	5.06	1.74
3.41	2.38	9.78	13.75	31.37	4.06	4.62	8.48
6.49	14.18	7.15	16.66	51.52	8.83	23.46	0.51
3.58	10.39	4.93	14.72	34.23	3.95	9.67	0.00
3.01	5.30	6.76	9.76	23.90	4.99	11.88	0.04
2.31	14.54	4.41	13.48	33.36	3.15	11.86	1.81
4.22	7.67	4.72	12.74	28.78	4.61	15.23	0.00
1.52	1.80	1.18	4.54	13.11	2.07	1.76	0.45
0.88	1.76	0.37	5.79	17.34	1.04	1.04	0.91
0.19	2.19	0.73	2.18	2.66	0.44	1.39	0.01
0.42	3.95	1.72	3.27	6.52	1.21	1.12	0.52
0.19	0.63	0.72	1.48	2.03	0.36	0.66	
0.43	1.31	0.96	2.01	3.28	0.45	1.11	
0.31	2.75	0.12	1.12	3.96	0.36	2.36	
1.15	3.17	0.78	5.36	11.71	1.23	2.20	
0.23	0.16	0.87	1.06	4.01	0.81	1.36	0.03
0.18	1.27	0.49	1.53	4.30	0.25	0.42	
0.10	1.17	0.14	0.40	2.23	0.17	1.50	

9-8 各市一般公共预算支出(2015年)

单位：亿元

市(县) City(County)	支出合计 Payout	#一般公共服务 Commonly Public servings	#公共安全 Public security	#教育 Education	#科学技术 Technology	#文化体育与传媒 Culture Sport and Medium
全省 Total	**6799.35**	**695.32**	**301.12**	**1271.00**	**83.25**	**105.38**
省辖市 City						
郑州市 Zhengzhou	1106.02	85.04	41.40	147.60	17.86	17.40
开封市 Kaifeng	264.37	47.54	12.79	46.96	2.54	3.82
洛阳市 Luoyang	477.76	48.55	21.97	85.70	8.89	9.34
平顶山市 Pingdingshan	259.42	27.48	13.74	49.40	2.20	3.35
安阳市 Anyang	273.57	28.94	14.22	55.76	3.86	3.80
鹤壁市 Hebi	114.94	10.02	5.67	18.16	1.02	1.71
新乡市 Xinxiang	310.95	40.25	19.20	65.65	3.18	4.15
焦作市 Jiaozuo	209.32	23.80	12.50	36.04	3.51	3.44
濮阳市 Puyang	218.82	20.48	10.40	45.05	2.13	3.24
许昌市 Xuchang	249.56	40.19	12.33	54.09	2.79	2.69
漯河市 Luohe	163.90	16.08	6.52	26.43	0.90	3.91
三门峡市 Sanmenxia	172.83	23.40	8.61	35.11	1.89	2.46
南阳市 Nanyang	515.84	53.31	21.71	100.06	6.17	5.24
商丘市 Shangqiu	381.70	37.47	17.10	70.55	1.93	3.44
信阳市 Xinyang	374.81	51.71	14.21	81.79	2.00	3.84
周口市 Zhoukou	433.74	45.58	15.92	93.21	2.70	5.76
驻马店市 Zhumadian	383.72	39.00	14.27	76.66	3.30	3.14
济源市 Jiyuan	59.32	6.90	2.63	9.55	0.62	0.82
省直管县 Province Administrating County						
巩义市 Gongyi	50.43	6.78	1.81	7.65	0.79	0.65
兰考县 Lankao	43.86	6.26	1.45	9.33	0.10	0.77
汝州市 Ruzhou	45.19	4.61	1.72	9.12	0.50	0.53
滑县 Huaxian	50.53	5.17	1.44	9.25	0.13	0.68
长垣县 Changyuan	39.56	6.07	1.74	8.87	0.75	0.32
邓州市 Dengzhou	62.41	3.67	2.11	11.07	0.05	0.51
永城市 Yongcheng	67.33	7.87	2.50	12.08	0.21	0.41
固始县 Gushi	63.09	8.03	1.96	11.07	0.06	0.39
鹿邑县 Luyi	42.68	4.92	1.41	9.78	0.53	0.30
新蔡县 Xincai	47.30	2.25	0.89	9.70	0.04	0.29

Public Financial Expenditure of the Local Government by City (2015)

(100 million yuan)

#社会保障和就业 Social Security and Obtain employment	#医疗卫生与计划生育支出 Medical Treatment and Public Health	#节能保护 Energy conservation and environmental protection	#城乡社区事务 Urban and Rural Area Community Operating	#农林水事务 Farming Forestry and Water Conservancy Operating	#交通运输 Traffic and Transport	#住房保障 Housing Safeguard
945.83	**717.74**	**177.77**	**645.21**	**791.63**	**371.01**	**242.04**
77.84	81.39	74.45	291.95	71.63	69.45	36.03
34.89	33.03	2.60	12.71	36.19	11.36	9.32
45.14	43.97	9.06	58.47	57.39	25.32	23.96
36.79	33.01	7.05	17.11	30.95	17.06	8.90
28.90	34.33	7.82	20.92	34.43	13.32	16.60
12.63	10.91	10.77	13.79	10.65	6.43	3.98
32.15	37.35	7.68	26.22	37.26	9.91	11.14
26.58	25.89	4.08	17.90	21.02	15.11	6.81
30.47	31.59	3.56	12.05	30.79	9.57	8.00
27.10	25.77	3.90	20.00	28.90	11.74	5.73
19.47	17.77	1.96	21.98	16.52	11.45	5.84
15.32	18.69	4.06	10.84	21.97	12.11	4.59
72.05	65.24	14.82	27.00	78.50	32.83	13.59
56.54	51.70	2.76	25.91	55.35	17.89	22.49
47.05	45.40	7.29	16.70	58.54	21.24	13.36
62.43	67.49	3.50	27.49	55.40	25.66	13.89
59.40	54.07	3.22	18.96	53.72	20.22	25.75
6.42	8.49	1.62	4.68	7.68	2.85	2.85
5.16	9.28	0.86	5.06	4.77	0.98	1.35
4.09	5.22	0.51	2.20	8.54	2.39	1.44
5.78	7.18	0.51	1.48	6.38	2.96	2.36
6.23	6.70	0.81	4.66	9.60	3.83	1.34
3.83	5.60	0.65	1.74	5.46	1.87	1.67
8.82	9.40	2.71	3.93	10.87	5.41	0.97
7.27	9.37	0.64	6.57	8.78	4.55	2.27
9.48	9.13	1.04	1.98	10.21	4.33	3.07
6.38	7.44	0.25	1.01	5.32	2.74	1.59
6.34	6.65	0.26	3.93	6.23	1.72	7.88

主要统计指标解释

财政收入 指国家财政参与社会产品分配所取得的收入，是实现国家职能的财力保证。公共财政预算收入主要包括税收收入和非税收入。

（1）税收收入：包括国内增值税、国内消费税、进口货物增值税和消费税、出口货物退增值税和消费税、营业税、企业所得税、个人所得税、资源税、城市维护建设税、房产税、印花税、城镇土地使用税、土地增值税、车船税、船舶吨税、车辆购置税、关税、耕地占用税、契税、烟叶税等。

（2）非税收入：包括专项收入、行政事业性收费收入、罚没收入、国有资本经营收入、国有资源（资产）有偿使用收入和其他收入。

财政支出 指国家财政将筹集起来的资金进行分配使用，以满足经济建设和各项事业的需要。公共财政预算支出主要包括：

（1）一般公共服务：指政府提供基本公共管理与服务的支出，包括人大事务、政协事务、政府办公厅（室）及相关机构事务、发展与改革事务、统计信息事务、财政事务、税收事务、审计事务、海关事务、人力资源事务、纪检监察事务、人口与计划生育事务、商贸事务、知识产权事务、工商行政管理事务、质量技术监督与检验检疫事务、国土资源事务、海洋管理事务、测绘事务、地震事务、气象事务、民族事务、宗教事务、港澳台侨事务、档案事务、共产党事务、民主党派及工商联事务、群众团体事务、彩票发行事务、国债事务、债券投资、其他一般公共服务支出。

（2）国防：指政府用于国防方面的支出，包括现役部队、预备役部队、民兵、国防科研事业、专项工程、国防动员等方面的支出。

（3）公共安全：指政府维护社会公共安全方面的支出，包括武装警察、公安、国家安全、检察、法院、司法行政、监狱、劳教、国家保密、缉私警察等。

（4）教育：指政府教育事务支出，包括教育管理、学前教育、小学教育、初中教育、普通高中教育、普通高等教育、中专教育、技校教育、职业高中教育、高等职业教育、广播电视教育、留学生教育、特殊教育、干部继续教育、教育机关服务等。

（5）科学技术：指用于科学技术方面的支出，包括科学技术管理事务、基础研究、应用研究、技术研究与开发、科技条件与服务、社会科学、科学技术普及、科技交流与合作等。

（6）文化体育与传媒：指政府在文化、文物、体育、广播影视、新闻出版等方面的支出。

（7）社会保障和就业：指政府在社会保障与就业方面的支出，包括社会保障和就业管理事务、民政管理事务、财政对社会保险基金的补助、补充全国社会保障基金、行政事业单位离退休、企业改革补助、就业补助、抚恤、退役安置、社会福利、残疾人事业、城市居民最低生活保障、其他城镇社会救济、农村社会救济、自然灾害生活救助、红十字事务等。

（8）医疗卫生：指政府在医疗卫生方面的支出，包括医疗卫生管理事务、医疗服务、社区卫生服务、医疗保障、疾病预防控制、卫生监督、妇幼保健、农村卫生、中医药等。

（9）节能环保：指政府节能环保的支出，包括环境保护管理事务、环境监测与监察、污染防治、自然生态保护、天然林保护工程、退耕还林、风沙荒漠治理、退牧还草、已垦草原退耕还草、能源节约利用、污染减排、可再生能源和资源综合利用等支出。

（10）城乡社区事务：指政府城乡社区事务支出，包括城乡社区管理事务、城乡社区规划与管理、城乡社区公共设施、城乡社区住宅、城乡社区环境卫生、建设市场管理与监督等。

（11）农林水事务：指政府农林水事务的支出，包括农业、林业、水利、扶贫、农业综合开发等。

（12）交通运输：指政府交通运输和邮政业方面的支出，包括公路运输、水路运输、铁路运输、民用航空运输、邮政业支出等。

（13）资源勘探电力信息等事务：指政府对资源勘探电力信息等事务支出，包括资源勘探业、制造业、建筑业、电力监管、工业和信息产业监管、安全生产监管、国有资产监管、支持中小企业发展和管理支出等。

（14）商业服务业等事务：指政府对商业服务业等事务的支出，包括商业流通事务、旅游业管理与服务、涉外发展服务支出等。

（15）金融监管等事务：指政府对金融保险业监管等事务方面的支出。

（16）国土资源气象等事务：指政府用于国土资源、海洋、测绘、地震、气象等公益服务事业方面的支出。

（17）住房保障支出：指政府用于住房保障方面的支出。

（18）粮油物资储备事务：指政府用于粮油物资储备事务方面的支出。

（19）国债还本付息支出：指政府在国债还本、付息、发行等方面的支出。

Explanatory Notes on Main Statistical Indicators

Government Revenue refers to income for the government finance through participating in the distribution of social products. It is the financial guarantee to ensure government functioning. Now it includes Tax Revenue and Non-Tax Revenue:

(1) Tax Revenue: Including Value-added tax, consumption tax, business tax, enterprise income tax, enterprise income tax rebate, personal income tax, resources tax , regulatory taxes on investment in fixed assets, urban maintenance and construction taxes, property taxes, stamp duty, tax on using urban land, land value-added tax, tax on using Vehicles and Ships, tax on using licence , Ship tons of tax, vehicle purchase tax (charges),tax on Slaughtering, banquet tax, customs, agriculture (tobacco) specialty tax, land tax, contract taxes and other tax revenue.

(2) Non-Tax Revenue: Including Special revenue, the Community Chest lottery income, administrative fees income, confiscated income, the state capital operating revenue, compensation income of using state-owned resources (assets), other income.

Government Expenditure refers to the distribution and use of the funds which the government finance has raised, so as to meet the needs of economic construction and various causes. It includes the following main items:

(1) Commonly Public servings :including affairs of People's Congress, affairs of Committee of People's Political Consultative Conference, the Government Office (room) and related organizations affairs, development and reform Affairs, statistical information Affairs, financial services, revenue Affairs, audit Affairs, customs affairs, personnel affairs, the discipline inspection and supervision Affairs, population and family planning Affairs, commerce and trade Affairs, intellectual property Affairs, administration affairs of industrial and commercial, supervision and administration Affairs of food and drug, quality of technical supervision and inspection and quarantine Affairs, land and natural resources Affairs, marine management Affairs, surveying and mapping Affairs, seismic Affairs, meteorological Affairs, ethical affairs, religion Affairs, Hong Kong, Macao and Taiwan affairs, file Affairs, the Communist Party affairs, other parties and the Federation of Industry and Commerce Services Mass organizations Affairs, Lottery Affairs, Treasury Affairs, bond investment, the other general public Affairs expenditure.

(2) Defense: refers to the government for defense spending, including standing army, the reserve forces and the militia, national defense scientific research career, special engineering, national defense mobilization of expenditure.

(3) National Defense: including Active-duty troops and reserve forces of national defense, national defense mobilization, and other defense expenditure.

(4) Education: including Education and management Affairs, general education, vocational education, adult education, radio and television education, studying abroad education, special education, teacher education and continuing education of cadres, education surcharge and education fund, other educational expenses.

(5) Science and technology : including Science and technology management Affairs, basic research, applied research, technology research and development, conditions and service of science and technology, social science, science and technology popularization , Science and technology exchanges and cooperation, and other science and technology expenditure.

(6) Culture Sport and Medium : including Culture, heritage, sports, radio, television, press, publishing, sports and other cultural and media expenditure.

(7) Social Security and Obtain employment: including Social security and Obtain employment Affairs, civil administration Management Affairs, added the National Social Security Fund, retired from administrative institutions, subsidies for shutdown and bankruptcy enterprises, employment subsidies, pension, placement of retirement, social welfare, handicapped Affairs, the minimum

living guarantee for urban residents, other urban social relief, rural social relief, living relief for natural disaster, the Red Cross Affairs, other social security expenditure and employment expenditure.

(8) Medical Treatment and Public Health: including Medical and health management affairs, medical services, community health services, health ensure, disease prevention and control, sanitation surveillance, health care of female and child, rural sanitation, Chinese traditional medicine, other medical and health expenditure.

(9) Energy conservation and environmental protection: including Environmental management affairs, environmental monitoring and surveillance, pollution control, natural ecological protection, natural forests protection, returning farmland to forests, desertification and sandstorms control, returning farmland to grassland, other environmental protection expenditure.

(10) Urban and Rural Area Community Operating :Including The management of urban and rural communities affairs, planning and management of urban and rural community, public facilities in rural and urban communities, residential of rural and urban communities, sanitation of urban and rural communities, management and supervision of marketable construction, the Government Housing Fund expenditures, expenditures of using land, additional expenditures of urban public utilities, other expenses of urban and rural community affairs.

(11) Farming Forestry and Water Conservancy Operating : including Agriculture, forestry, water conservancy, moving water from north to south, poverty alleviation, agricultural development, and other expenditures of agriculture, forestry, water affairs.

(12) Traffic and Transport : including Highway and waterway transport, rail transport, air transport, and other transport expenses.

(13) Resource exploration of electric power information: Mining, manufacturing, construction, electricity, the information industry, tourism, foreign-related development, grain and oil services, commercial circulation services, material reserves, the financial industry, tobacco affairs, production safety, state-owned assets supervision, the SME affairs, other industrial business Services such as financial expenditures.

(14) Business service and other affairs: refers to the government to business service and other affairs expenses, including commercial distribution affairs, tourism management and service, foreign development service expenditure, etc.

(15) Financial supervision: refers to the government for financial insurance regulatory affairs expenses.

(16) Land and resources weather affairs: refers to the government for land and resources, ocean, surveying and mapping, earthquake, meteorology and so on public service business spending.

(17) Housing security spending: refers to the government for housing safeguard expenses.

(18) Grain and oil materials reserve affairs: refers to the government for cereals and oil materials reserve affairs expenses

(19) National debt repayment of capital and interest expenses: refers to the government in national debt repayment of principal and interest payment and issue of expenditure.

物价

Price Indices

10

资料整理：王燕　芦松林　孟凡玲

简要说明

一、主要内容

本篇包括居民消费价格指数，商品零售价格指数，农业生产资料价格指数，农产品生产价格指数，工业生产者出厂价格指数，工业生产者购进价格指数，固定资产投资价格指数等资料。

二、资料来源

价格指数编制由国家统计局河南调查总队组织实施。由省、市及抽选出的市、县调查队依据国家统计局统一制定的价格统计调查制度向基层采集原始数据汇总后得到。

居民消费、商品零售、农业生产资料价格指数采用抽样调查和重点调查相结合的方法取得，即在全省选择不同经济区域和分布合理的地区，以及有代表性的商品作为样本，对其市场价格进行定期调查，以样本推断总体。由国家统计局河南调查总队消费价格调查处编辑整理。

工业生产者价格调查采用重点调查与典型调查相结合的调查方法。重点调查将全部年主营业务收入2000万元以上的企业列为调查对象，采用主观选样的方法选择调查企业；典型调查是把年主营业务收入2000万元以下的企业作为抽样对象，采用随机抽样的调查方法。由国家统计局河南调查总队生产投资价格调查处编辑整理。

固定资产投资价格指数采用重点调查与典型调查相结合的方法。由国家统计局河南调查总队生产投资价格调查处编辑整理。

Brief Introduction

I. Main Contents

Data on price indices in this chapter including mainly consumer price indices, retail price indices, price indices for means of agricultural production, producer price indices for farm products, Industrial producers ex-factory price index, industrial producers purchase price index, price indices for investment in fixed assets.

II. Sources of Data

Compilation of statistics on price indices is organized by the Department of Henan Survey organizations, NBS. The survey organizations of the provinces, cities directly under the Central Government and of the selected cities and counties collect data from the grassroots units in accordance with the scheme of price survey system, tabulate them and report them to the higher agencies.

Data for compilation of the consumer price indices, the retail price indices and the producer price indices for farm products in Henan province are collected through a combination of sample surveys and surveys of key units. Areas distributed in different economic regions are selected as the sample areas and representative commodities are selected as the sample commodities. Regular surveys are conducted to collect data on their market prices. Population parameters are inferred on the basis of the sample data. Data of this part are provided by the Department of Henan Survey organizations, NBS.

Industrial producer prices are collected through a combined use of the key units' survey and typical units' survey methods. Key units refer to enterprises which annual sale revenue above 20 million yuan, using the method of subjective selection. Typical units refer to the enterprises which annual sale revenue below 20 million yuan, using the method of sampling survey. Data of this part are provided by the Department of Henan Survey organizations, NBS.

Data on prices of investment in fixed assets are collected by a program involving the combined use of surveys on key units and surveys on typical units. Data of this part are provided by the Department of Henan Survey organizations, NBS.

10-1 各种物价总指数
General Price Indices

(上年=100) (preceding year=100)

年 份 Year	居民消费价格总指数 General Consumer Price Index	城 市 Urban Areas	农 村 Rural Areas	商品零售价格总指数 General Retail Price Index	农业生产资料价格总指数 General Price Index of Agricultural Means of Production	工业生产者出厂价格指数 Ex-Factory Price Indices of Industrial Products	工业生产者购进价格指数 Indices of Purchasing Prices of Raw Materials, Fuels and Power	固定资产投资价格指数 Price Indices of Investment In Fixed Assets
1978	100.1	100.0	100.1	100.1	97.9			
1980	104.6	106.0	103.8	104.9	100.1			
1985	104.6	106.5	103.6	105.4	103.0			
1990	100.7	100.5	100.9	100.1	98.3	105.5	105.5	
1991	102.3	105.1	100.0	102.0	100.1	104.3	104.4	109.4
1992	105.4	107.7	102.9	105.0	101.2	106.2	110.0	119.8
1993	110.4	110.6	110.3	108.3	109.2	118.1	133.0	126.7
1994	125.2	127.4	123.5	120.6	124.4	124.1	122.0	106.0
1995	116.5	116.9	116.3	114.9	125.8	115.0	114.1	105.9
1996	110.5	109.5	110.9	107.9	107.9	104.1	106.0	103.9
1997	103.5	102.4	103.9	100.6	99.3	100.6	100.6	102.9
1998	97.5	97.9	97.1	96.6	94.2	95.3	94.8	98.7
1999	96.9	96.6	97.1	96.2	95.7	95.4	94.3	98.0
2000	99.2	99.1	99.2	98.5	99.6	104.0	105.1	102.9
2001	100.7	100.7	100.7	99.8	99.1	100.5	101.9	100.4
2002	100.1	99.8	100.6	99.2	100.8	98.6	97.6	98.7
2003	101.6	101.7	101.4	101.3	101.9	105.0	107.8	103.8
2004	105.4	105.4	105.4	105.7	111.4	110.2	115.7	110.1
2005	102.1	102.1	102.1	101.7	107.9	106.1	108.3	101.4
2006	101.3	101.2	101.5	100.9	101.2	104.3	105.3	101.6
2007	105.4	105.4	105.5	104.4	106.1	105.2	106.4	104.6
2008	107.0	106.5	107.9	107.5	120.9	112.1	111.9	109.0
2009	99.4	98.8	100.4	99.4	98.1	94.9	97.1	96.4
2010	103.5	103.4	103.8	103.7	103.1	107.8	110.2	103.5
2011	105.6	105.4	106.1	105.7	111.1	107.2	110.1	107.4
2012	102.5	102.6	102.4	102.3	105.4	99.4	99.2	101.0
2013	102.9	102.9	102.9	101.9	101.3	98.5	99.3	99.9
2014	101.9	102.0	101.6	101.0	97.9	98.1	98.4	100.0
2015	101.3	101.3	101.2	99.8	100.3	95.4	95.4	97.6

10-2 各种物价定基指数

General Price Indices

(1978年=100) (1978 year =100)

年 份 Year	居民消费价格总指数 General Consumer Price Index	城 市 Urban Areas	农 村 Rural Areas	商品零售价格总指数 General Retail Price Index	农业生产资料价格总指数 General Price Index of Agricultural Means of Production	工业生产者出厂价格指数 Ex-Factory Price Indices of Industrial Products	工业生产者购进价格指数 Indices of Purchasing Prices of Raw Materials, Fuels and Power	固定资产投资价格指数 Price Indices of Investment In Fixed Assets
1978	100.0	100.0	100.0	100.0	100.0			
1979	100.4	100.3	100.4	100.4	100.0			
1980	105.0	106.3	104.2	105.3	100.1			
1981	106.5	108.9	105.0	107.0	101.4			
1982	108.0	110.8	106.3	108.6	103.5			
1983	109.7	114.0	107.3	110.5	109.4			
1984	110.6	116.6	107.4	111.5	116.1			
1985	115.7	124.1	111.2	117.5	119.6			
1986	122.0	132.6	116.0	123.3	125.7			
1987	129.7	142.9	122.2	131.1	143.8			
1988	154.9	173.6	144.3	156.9	175.1	100.0	100.0	
1989	183.9	199.5	176.0	186.3	204.6	119.7	130.0	
1990	185.1	200.5	177.6	186.5	201.1	126.3	137.2	100.0
1991	189.4	210.7	177.6	190.2	201.3	131.7	143.2	109.4
1992	199.6	227.0	182.8	199.7	203.7	139.9	157.5	131.1
1993	220.4	251.0	201.6	216.3	222.4	165.2	209.5	166.1
1994	275.9	319.8	249.0	260.8	276.7	205.0	255.6	176.0
1995	321.4	373.8	289.5	299.7	348.1	235.8	291.6	186.4
1996	355.2	409.3	321.1	323.4	375.6	245.4	309.1	193.7
1997	367.6	419.2	333.6	325.0	373.0	246.9	310.9	199.3
1998	358.4	410.4	323.9	314.0	351.3	235.3	294.8	196.7
1999	347.3	396.4	314.6	302.0	336.2	224.5	278.0	192.8
2000	344.6	392.9	312.0	297.5	334.9	233.5	292.2	198.4
2001	347.0	395.6	314.2	296.9	331.9	234.6	297.7	199.1
2002	347.3	394.8	316.1	294.5	334.5	231.4	290.5	196.6
2003	352.9	401.5	320.5	298.4	340.9	243.0	313.0	204.0
2004	371.9	423.2	337.8	315.4	379.7	267.9	362.0	224.6
2005	379.7	432.1	344.9	320.7	409.7	284.1	392.0	227.8
2006	384.7	437.3	350.1	323.6	414.7	296.3	412.7	231.3
2007	405.5	460.9	369.4	337.8	440.0	311.8	439.2	242.0
2008	433.9	490.9	398.6	363.1	532.0	349.6	491.3	263.7
2009	431.3	485.0	400.2	360.9	521.9	331.8	477.2	254.2
2010	446.4	501.5	415.4	374.3	538.1	357.7	525.9	263.1
2011	471.4	528.6	440.7	395.6	597.8	383.4	579.1	282.4
2012	483.2	542.3	451.3	404.7	630.1	381.2	574.2	285.2
2013	497.2	558.0	464.4	412.4	638.3	375.6	570.0	285.0
2014	506.7	569.2	471.8	416.5	624.9	368.2	560.8	284.8
2015	513.3	576.8	477.7	415.5	626.9	351.1	534.9	278.1

注：工业生产者出厂价格和工业生产者购进价格指数以1988年=100，固定资产投资价格指数以1990年=100。

a)Ex-Factory Price Indices of Indices of Industrial Products and Indices of Purchasing Prices of Industrial Products are Calculated as the Year 1988=100, Prices Indices of Investment in Fixed Assets is Calculated as the Year 1990=100.

10－3 居民消费价格指数

Consumer Price Indices

(上年=100)　　(preceding year=100)

项 目	Item	2014 全省 The Whole Province	2014 城市 Urban Indices	2014 农村 Rural Indices	2015 全省 The Whole Province	2015 城市 Urban Indices	2015 农村 Rural Indices
总指数	**General Consumer Price Index**	**101.9**	**102.0**	**101.6**	**101.3**	**101.3**	**101.2**
食品	**Food**	**102.6**	**102.8**	**102.2**	**101.8**	**102.0**	**101.6**
粮食	Grain	105.2	105.1	105.5	102.9	102.9	102.8
淀粉	Starches	104.6	104.6	104.0	102.4	102.4	102.5
干豆类及豆制品	Bean and Its Products	104.7	104.9	104.2	103.0	103.5	101.4
油脂	Oil or Fat	94.8	94.5	95.1	95.3	95.6	94.9
肉禽及其制品	Meal, Poultry and Their Products	98.8	99.1	98.3	103.5	103.0	104.5
蛋类	Eggs	114.4	115.0	113.7	85.5	84.9	86.1
水产品类	Aquatic Products	105.0	105.1	104.5	103.1	103.0	103.6
菜类	Vegetables	95.7	95.8	95.5	107.1	107.1	107.0
#鲜菜	Fresh Vegetables	94.9	95.0	94.6	107.3	107.4	107.3
调味品	Flavoring	103.9	103.8	104.1	104.1	105.4	102.3
糖类	Carbohydrate	98.4	99.1	97.8	101.5	100.5	102.4
茶及饮料	Tea and Beverages	102.5	102.5	102.5	102.3	102.9	100.3
干鲜瓜果类	Dried and Fresh Melons and Fruits	112.8	112.2	114.7	97.4	98.7	93.0
#鲜果	Fresh Fruits	118.4	118.8	117.3	94.7	96.1	90.7
糕点饼干面包	Cake and Biscuit	102.9	102.7	103.1	101.3	101.5	101.0
奶及奶制品	Milk and Its Products	109.2	110.0	105.5	98.5	98.3	99.4
在外用膳食品	Food Dining out	103.7	103.5	104.0	103.2	103.2	103.0
其它食品	Other Food Processing Service	102.1	100.4	105.1	100.9	100.3	101.9
烟酒及用品	**Tobacco,Liquor and Article for Use**	**98.3**	**97.8**	**98.8**	**101.1**	**101.1**	**101.0**
烟草	Tobacco	99.8	99.8	99.7	104.4	103.8	105.1
酒	Liquor	97.2	95.6	98.3	98.5	98.0	98.8
衣着	**Clothing**	**102.5**	**102.5**	**102.5**	**102.3**	**102.3**	**102.3**
服装	Garments	102.6	102.6	102.7	102.4	102.3	102.6
衣着材料	Clothing Material	101.0	100.9	101.1	100.7	100.1	101.2
鞋袜帽	Shoes,Socks and Hats	102.1	102.1	102.2	101.9	102.2	101.6
衣着加工服务	Tailoring and Laundering Service	106.1	105.0	109.4	108.0	108.4	106.9
家庭设备用品及维修服务	**Household Facilities and Articles**	**100.9**	**100.8**	**100.9**	**100.5**	**100.4**	**100.6**
耐用消费品	Durable Consumer Goods	100.7	100.8	100.5	99.9	99.8	100.0
室内装饰品	Interior Decorations	100.8	100.6	101.1	100.6	100.4	101.1
床上用品	Bed Articles	100.1	99.9	100.7	100.6	100.5	100.7
家庭日用杂品	Daily Use Household Articles	100.8	100.4	101.8	100.5	100.4	100.9
家庭服务及加工维修服务	Household and Machining Service	105.3	106.7	102.6	107.0	106.6	107.6
医疗保健和个人用品	**Medicine and Medical Articles**	**101.0**	**100.8**	**101.4**	**102.4**	**102.2**	**103.0**
医疗保健	Medicine and Medical Service	101.3	101.2	101.4	103.1	102.9	103.5
个人用品及服务	Personal Article and Service	100.4	99.9	101.4	101.0	100.6	101.9
交通和通讯	**Means of Transportation and Communication**	**99.9**	**99.8**	**100.2**	**97.9**	**97.9**	**98.1**
交通	Transportation	99.7	99.6	100.0	97.1	96.7	97.8
通信	Communication	100.2	100.0	100.6	99.2	99.4	98.6
娱乐、教育、文化用品及服务	**Recreation, Education and Culture Articles**	**103.2**	**103.6**	**102.4**	**102.1**	**101.8**	**102.7**
文娱用耐用消费品及服务	Recreational Durable Consumer Goods and Service	98.5	97.9	99.4	98.0	97.1	99.2
教育	Education	103.4	103.7	102.7	103.3	103.1	103.8
文化娱乐用品	Cultural and Recreational Articles	102.3	102.3	102.1	101.4	101.5	101.0
旅游	Tourism	108.6	108.8	107.5	101.7	101.3	103.9
居住	**Residence**	**102.2**	**102.3**	**102.0**	**101.0**	**101.2**	**100.8**
建房及装修材料	Housing and Building Decoration Materials	100.9	101.4	100.5	99.8	100.1	99.5
住房租金	Rent	103.8	103.2	105.2	102.6	101.8	104.3
自有住房	Housing Uncontrolled	104.3	104.0	104.9	102.6	102.5	102.7
水、电、燃料	Water, Electricity and Fuels	99.2	99.6	98.6	98.8	98.9	98.7

10-4 分类商品零售价格指数
Retail Price Indices by Category

(上年=100) (preceding year=100)

项 目	Item	2008	2009	2010	2011	2012	2013	2014	2015
商品零售价格总指数	**Retail Price Index of commodities**	**107.5**	**99.4**	**103.7**	**105.7**	**102.3**	**101.9**	**101.0**	**99.8**
食品类	Food	116.1	101.2	108.7	112.4	103.1	105.6	102.5	101.5
饮料、烟酒类	Beverage and cigarette and alcohol	103.6	101.9	101.5	104.0	103.8	101.4	99.6	101.0
服装、鞋帽类	Clothing and shoe and cap	100.8	99.7	100.9	101.4	103.2	102.7	102.4	102.3
纺织品类	Textile product	102.3	100.5	104.0	109.8	102.4	100.8	100.5	101.0
家用电器及音像器材	Household appliance and audio-video material	98.7	95.7	97.8	98.8	99.5	99.8	99.6	98.9
文化办公用品类	Office supplies	100.0	98.1	98.7	98.5	99.3	99.2	100.0	99.0
日用品类	Articles in everyday use	104.5	101.6	100.1	102.5	102.8	101.3	100.9	100.4
体育娱乐用品类	Sport and entertainment goods	99.0	99.4	99.8	100.8	100.9	100.3	100.6	100.6
交通、通信用品类	Transportation and communication material	92.3	93.2	96.1	97.1	97.7	97.4	99.3	95.5
家具类	Furniture	101.4	99.8	99.6	102.3	101.8	101.4	101.4	100.7
化妆品类	Cosmetics	100.6	100.6	100.3	101.1	103.2	102.0	101.0	100.4
金银珠宝类	Gold and sliver and jewellery	118.8	93.8	111.3	114.3	103.2	91.5	91.6	93.6
中西药品及医疗保健用品类	Chinese traditional medicine and western medicine and health product	102.9	101.2	104.0	103.9	102.4	102.2	101.7	103.8
书报杂志及电子出版物类	Book and newspaper and megazine and E-journal	102.8	106.7	99.4	100.9	103.9	102.5	100.7	102.1
燃料类	Fuel	119.3	98.7	110.5	113.6	104.5	98.3	98.5	87.8
建筑材料及五金电料类	Architectural and hardware material	109.3	96.9	104.3	107.0	101.3	100.0	100.4	99.5

10-5 农业生产资料价格指数
Price Indices of Means of Agricultural Production

(上年=100) (preceding year=100)

项 目	Item	2008	2009	2010	2011	2012	2013	2014	2015
农业生产资料价格总指数	**Price Indices of Means of Agricultural Production**	**120.9**	**98.1**	**103.1**	**111.1**	**105.4**	**101.3**	**97.9**	**100.3**
农用手工工具	Small farm tool	118.1	105.9	101.1	104.9	102.9	105.0	106.1	102.1
饲料	Feed	113.2	108.1	109.1	105.5	106.5	106.4	101.0	96.1
产品畜	Production Livestock	126.4	80.9	101.8	136.4	103.1	98.5	93.6	112.3
半机械化农具	Semi-mechanized farm machinery	105.6	100.1	100.9	105.8	104.6	102.3	102.1	101.6
机械化农具	Mechanized farm machinery	107.3	100.9	100.1	103.7	100.5	100.3	100.4	99.3
化学肥料	Chemical fertilizer	138.5	92.6	98.5	115.2	106.0	95.4	91.2	101.7
农药及农药机械	Pesticide and device in pesticide	108.4	100.0	100.6	106.0	101.4	102.1	102.6	100.5
化学农药	Chemical pesticide	109.0	98.1	99.4	106.3	101.4	102.4	102.5	100.4
农药器械	Device in pesticide	105.8	108.8	105.9	102.5	100.8	99.6	103.5	100.5
农用机油	Agricultural oil	115.4	89.4	113.1	114.7	104.2	99.3	97.5	83.8
其他农业生产资料	Other agricultural production goods	105.1	104.5	109.5	108.2	107.9	106.0	102.4	101.4
农用种子	Farm seed	104.8	110.6	113.6	108.7	109.2	106.6	102.5	101.8
其他	Others	105.8	90.5	99.5	105.6	100.6	102.0	101.6	98.8
农业生产服务	Service for agriculture	106.0	105.5	102.3	106.9	107.1	106.1	103.9	104.8

10-6 各市居民消费价格指数(2015年)

Consumer Price Indices by City (2015)

各市数据均为市政府所在城市市区数(10-7表同)。

Price Indices of every city refers to the figures of under of the cities (the same as 10-7 table).

(上年=100) (preceding year=100)

市 City	居民消费价格总指数 Consumer Price Index	食品 Food	烟酒及用品 Tobacco, Liquor and Articles	衣着 Clothing	家庭设备用品及维修服务 Household Facilities, Articles and Repair Service	医疗保健和个人用品 Medicines, Health care Services and Personal Articles	交通和通信 Transportation and Communication	娱乐教育文化用品及服务 Recreation, Education & Culture Articles	居住 Residence
省辖市 City	**101.3**	**102.0**	**101.1**	**102.3**	**100.4**	**102.2**	**97.9**	**101.8**	**101.2**
郑州市 Zhengzhou	101.1	101.0	100.3	102.5	100.0	102.5	97.6	102.1	101.6
开封市 Kaifeng	102.1	102.1	101.6	101.2	101.1	105.9	99.4	103.9	100.9
洛阳市 Luoyang	101.6	102.9	101.9	101.3	101.0	101.1	98.7	100.9	101.6
平顶山市 Pingdingshan	101.2	102.0	102.1	101.1	99.9	101.0	98.7	103.9	100.2
安阳市 Anyang	101.0	102.1	101.3	102.2	99.5	102.8	98.0	99.8	100.3
鹤壁市 Hebi	101.3	101.8	102.2	106.1	101.3	101.3	98.1	99.4	101.0
新乡市 Xinxiang	101.7	103.1	99.5	102.6	102.9	102.3	97.9	100.5	100.8
焦作市 Jiaozuo	101.4	103.2	101.8	101.1	99.9	104.3	98.6	99.9	99.6
濮阳市 Puyang	101.3	102.1	102.5	102.4	100.8	101.9	98.5	99.8	101.0
许昌市 Xuchang	101.3	101.4	102.1	102.7	99.5	102.4	98.7	101.0	101.7
漯河市 Luohe	101.5	102.6	101.0	100.7	101.1	101.4	96.9	104.6	100.7
三门峡市 Sanmenxia	102.1	102.7	102.4	102.0	101.2	102.5	98.9	102.4	102.7
南阳市 Nanyang	101.3	101.6	100.3	104.4	100.1	102.7	97.7	101.2	101.1
商丘市 Shangqiu	101.4	101.8	100.2	102.8	100.8	100.9	98.0	100.8	102.9
信阳市 Xinyang	101.4	102.4	99.2	100.3	101.2	101.3	97.5	101.3	102.9
周口市 Zhoukou	101.4	101.1	102.2	104.1	101.3	99.9	97.6	102.3	102.3
驻马店市 Zhumadian	101.3	101.8	99.3	104.6	101.1	101.4	98.2	100.7	100.6
济源市 Jiyuan									
省直管县 Province Administrating County	**101.2**	**101.6**	**101.0**	**102.3**	**100.6**	**103.0**	**98.1**	**102.7**	**100.8**
巩义市 Gongyi									
兰考县 Lankao									
汝州市 Ruzhou									
滑县 Huaxian	101.0	101.1	100.7	102.0	99.8	103.1	97.9	100.0	102.0
长垣县 Changyuan									
邓州市 Dengzhou									
永城市 Yongcheng	101.2	100.3	102.9	102.6	101.4	102.0	97.6	104.7	101.4
固始县 Gushi	101.2	101.9	98.5	101.5	100.5	100.3	98.5	105.2	100.5
鹿邑县 Luyi									
新蔡县 Xincai									

10-7 各市商品零售价格指数(2015年)

(上年=100)

市 City	商品零售价格总指数 General Index	食品类 Food	饮料烟酒类 Beverage and cigarette	服装鞋帽类 Clothing, Shoes and Hats	纺织品类 Drygoods	家用电器及音像器材类 Household appliance and audio-video material	文化办公用品类 Cultural and Office supplies	日用品类 Articles for Daily Use
省辖市 City	**99.6**	**101.6**	**101.1**	**102.2**	**100.6**	**98.5**	**99.0**	**99.9**
郑州市 Zhengzhou	99.0	100.8	100.7	102.2	99.6	98.2	99.3	99.6
开封市 Kaifeng	99.3	101.6	102.0	100.7	100.0	95.3	97.9	99.4
洛阳市 Luoyang	99.0	102.1	104.3	101.5	101.7	98.1	99.0	100.9
平顶山市 Pingdingshan	99.3	102.0	101.0	101.2	100.5	96.3	96.9	100.2
安阳市 Anyang	99.7	102.0	101.0	102.5	98.1	97.7	99.1	100.0
鹤壁市 Hebi	99.9	101.3	101.1	106.0	99.1	101.3	99.1	100.3
新乡市 Xinxiang	99.8	102.7	100.5	102.3	101.1	103.4	99.6	100.0
焦作市 Jiaozuo	99.7	102.2	102.1	101.4	100.4	96.2	98.7	100.4
濮阳市 Puyang	100.0	101.9	102.3	102.3	100.7	99.9	98.4	99.4
许昌市 Xuchang	99.3	101.3	101.8	102.8	101.6	95.3	98.7	100.4
漯河市 Luohe	99.8	101.9	101.3	100.7	106.5	99.5	98.6	99.1
三门峡市 Sanmenxia	100.4	102.3	102.7	102.1	100.7	98.0	98.2	100.2
南阳市 Nanyang	99.7	101.3	100.2	104.2	100.3	98.2	99.0	100.1
商丘市 Shangqiu	99.5	101.8	100.8	102.6	100.3	99.7	99.3	99.6
信阳市 Xinyang	99.5	102.3	99.4	100.2	104.1	98.7	99.1	99.3
周口市 Zhoukou	99.2	100.6	101.6	104.1	98.9	97.7	97.9	100.6
驻马店市 Zhumadian	99.7	101.5	99.2	104.3	104.6	99.9	99.4	101.1
济源市 Jiyuan								
省直管县 Province Administrating County	**100.0**	**101.3**	**100.9**	**102.4**	**101.6**	**99.3**	**99.0**	**100.6**
巩义市 Gongyi								
兰考县 Lankao								
汝州市 Ruzhou								
滑县 Huaxian	100.8	101.4	100.8	102.0	100.0	97.8	99.7	100.1
长垣县 Changyuan								
邓州市 Dengzhou								
永城市 Yongcheng	100.4	100.6	103.0	102.8	106.1	100.3	99.9	101.5
固始县 Gushi	99.9	101.9	99.7	101.3	102.5	99.8	98.3	100.8
鹿邑县 Luyi								
新蔡县 Xincai								

Retail Price Indices by City (2015)

(preceding year=100)

体育娱乐用品类 Sport and entertainment goods	交通、通信用品 Traffic& Communi-cation Goods	家具类 Furniture	化妆品类 Cosmetics	金银珠宝类 Gold、sliver and jewellery	中、西药品及医疗保健用品 Chinese traditional medicine and western medicine and health product	书报杂志及电子出出版物类 Book& newspaper、magazine and e-publication	燃料类 Fuels	建筑材料及五金电料类 Architectural and hardware material
100.5	**95.4**	**100.3**	**100.4**	**92.7**	**103.8**	**101.9**	**86.9**	**100.0**
100.2	96.0	100.0	101.1	88.0	106.0	99.7	88.9	100.0
101.5	95.0	103.2	101.0	96.3	107.8	103.5	87.7	97.6
100.0	96.1	99.8	99.0	90.7	102.2	102.5	82.6	99.8
98.1	95.6	100.1	100.0	89.6	100.3	100.0	86.8	99.9
100.6	96.0	99.9	99.8	99.0	100.6	104.9	87.5	100.1
102.7	94.8	99.7	101.4	92.0	102.2	104.8	86.3	99.9
102.5	95.8	100.5	99.7	96.7	102.4	103.7	82.8	99.7
101.0	97.0	104.8	100.2	89.1	104.6	99.1	85.6	99.6
100.1	95.0	105.4	99.7	93.1	102.4	106.3	91.4	98.3
100.6	95.8	101.3	100.5	93.4	104.8	99.2	88.3	97.6
98.4	95.6	101.9	100.1	95.4	100.0	110.6	88.4	97.3
100.5	95.3	103.6	102.7	93.4	102.6	99.5	87.7	107.3
100.6	95.7	98.1	101.0	94.7	106.8	101.7	88.1	98.9
100.0	96.9	99.7	100.1	92.3	101.2	104.5	87.6	98.2
100.4	95.4	98.4	100.3	96.1	102.2	100.0	87.7	101.2
102.4	95.5	100.2	99.8	95.1	100.1	100.2	89.2	98.6
100.2	95.9	100.0	100.0	96.9	101.4	100.0	86.6	100.0
101.2	**95.6**	**101.3**	**100.4**	**95.6**	**103.8**	**102.9**	**89.1**	**99.2**
101.5	95.0	102.5	100.3	98.9	106.8	102.2	87.8	104.9
100.9	95.0	100.6	100.5	95.1	101.9	100.8	90.0	101.0
104.5	96.8	102.6	100.2	93.7	100.1	99.9	90.9	97.7

10-8 各市居民消费价格指数(2015年)

Consumer Price Indices by City (2015)

本表数据全市口径(10-9表同)。

Price Indices of every city refers to the whole city's caliber (the same as10-9 table).

(上年=100) (preceding year=100)

市(县) City(County)	居民消费价格总指数 Consumer Price Index	食品 Food	烟酒及用品 Tobacco, Liquor and Articles	衣着 Clothing	家庭设备用品及维修服务 Household Facilities, Articles and Repair Service	医疗保健和个人用品 Medicines, Health care Services and Personal Articles	交通和通信 Transportation and Communication	娱乐教育文化用品及服务 Recreation, Education & Culture Articles	居住 Residence
省辖市 City									
郑州市 Zhengzhou	101.1	101.0	100.3	102.5	100.0	102.5	97.6	102.1	101.6
开封市 Kaifeng	101.9	101.8	102.0	102.1	100.9	105.6	99.2	105.0	100.0
洛阳市 Luoyang	102.0	102.4	102.8	102.5	102.7	103.0	98.7	102.4	101.8
平顶山市 Pingdingshan	101.3	102.5	103.1	102.0	100.4	100.9	98.7	102.1	100.0
安阳市 Anyang	101.1	101.7	99.7	101.2	98.7	101.7	98.5	99.9	103.2
鹤壁市 Hebi	101.3	102.5	102.2	100.0	99.9	100.8	98.8	101.8	101.8
新乡市 Xinxiang	101.5	102.3	100.0	101.9	102.4	103.1	96.8	102.0	100.9
焦作市 Jiaozuo	101.1	102.2	102.8	103.0	101.0	101.3	98.9	100.1	99.9
濮阳市 Puyang	101.5	101.8	101.7	101.7	102.5	101.8	99.8	102.3	100.6
许昌市 Xuchang	100.9	101.4	101.1	101.7	99.5	102.9	98.5	99.3	101.1
漯河市 Luohe	101.4	103.6	102.8	100.5	99.3	101.8	99.4	100.4	100.0
三门峡市 Sanmenxia	101.5	103.8	103.6	99.9	101.0	101.1	98.7	100.1	100.6
南阳市 Nanyang	101.2	101.9	100.5	101.4	100.3	101.4	98.3	102.4	101.1
商丘市 Shangqiu	100.8	100.8	102.5	101.4	101.5	103.8	98.4	101.4	99.2
信阳市 Xinyang	101.2	102.5	99.5	101.2	100.2	101.4	98.8	101.5	100.7
周口市 Zhoukou	101.2	102.0	102.4	103.4	101.1	100.7	98.6	101.5	100.1
驻马店市 Zhumadian	100.9	101.9	101.6	102.1	100.9	100.7	98.6	101.0	99.8
济源市 Jiyuan	101.2	100.9	100.0	100.6	108.4	102.4	98.9	100.8	99.8
省直管县 Province Administrating County									
巩义市 Gongyi	101.5	103.4	101.8	99.3	103.2	106.2	97.1	100.1	99.7
兰考县 Lankao	102.0	104.3	104.2	100.1	101.7	102.3	98.5	101.7	100.8
汝州市 Ruzhou	101.1	101.9	100.1	107.1	100.0	99.9	97.8	100.1	99.8
滑县 Huaxian	101.0	101.1	100.7	102.0	99.8	103.1	97.9	100.0	102.0
长垣县 Changyuan	101.6	101.1	101.8	107.5	100.7	101.5	100.2	103.4	100.1
邓州市 Dengzhou	101.7	102.8	105.4	100.9	100.9	101.7	98.9	102.4	100.7
永城市 Yongcheng	101.3	101.8	103.1	100.3	100.3	108.1	98.6	100.7	99.4
固始县 Gushi	101.2	101.9	98.5	101.5	100.5	100.3	98.5	105.2	100.5
鹿邑县 Luyi	101.1	103.8	102.0	99.9	100.2	99.4	98.8	100.3	99.9
新蔡县 Xincai	101.4	102.2	100.0	100.9	101.1	101.2	100.8	103.4	100.4

10—9 各市商品零售价格指数(2015年)

Retail Price Indices by City (2015)

(上年=100) (preceding year=100)

市(县) City(County)	商品零售价格总指数 General Index	食品类 Food	饮料烟酒 Beverage and cigarette	服装鞋帽类 Clothing, Shoes and Hats	纺织品类 Drygoods	家用电器及音像器材类 Household appliance and audio-video material	文化办公用品类 Cultural and Office supplies	日用品 Articles for Daily Use	体育娱乐用品类 Sport and entertainment goods
省辖市 City									
郑州市 Zhengzhou	99.0	100.8	100.7	102.2	99.6	98.2	99.3	99.6	100.2
开封市 Kaifeng	99.3	101.1	102.4	103.5	101.3	94.9	98.6	99.7	101.4
洛阳市 Luoyang	100.9	102.3	102.7	102.8	98.7	102.4	99.9	100.6	100.4
平顶山市 Pingdingshan	100.2	102.6	102.0	101.9	100.5	98.0	98.8	100.2	99.1
安阳市 Anyang	99.5	101.3	101.9	101.4	99.1	98.4	99.2	99.0	100.5
鹤壁市 Hebi	100.2	102.8	102.3	100.1	99.9	99.3	99.9	102.1	100.0
新乡市 Xinxiang	99.8	102.5	100.5	102.1	100.9	102.9	99.8	100.1	102.4
焦作市 Jiaozuo	100.3	102.2	102.4	102.9	100.9	99.9	99.3	100.8	100.6
濮阳市 Puyang	99.8	100.8	101.9	101.7	102.3	99.1	100.0	100.5	100.5
许昌市 Xuchang	99.5	101.4	101.5	103.1	99.9	97.2	98.3	100.0	98.9
漯河市 Luohe	100.0	103.1	101.9	100.6	98.5	97.1	99.8	100.8	104.3
三门峡市 Sanmenxia	100.0	102.6	102.9	99.8	99.5	99.5	99.7	99.9	100.8
南阳市 Nanyang	99.8	101.9	101.2	101.3	100.4	99.9	100.1	99.8	100.1
商丘市 Shangqiu	99.8	101.0	102.1	101.0	100.1	99.6	98.4	101.3	100.1
信阳市 Xinyang	100.2	102.7	100.6	100.7	100.1	99.2	99.6	100.3	100.0
周口市 Zhoukou	100.2	101.7	101.6	103.2	101.7	99.9	100.2	100.7	100.7
驻马店市 Zhumadian	99.7	102.0	100.6	102.1	99.0	98.6	97.7	99.8	100.0
济源市 Jiyuan	100.5	100.8	101.3	100.5	97.1	104.2	100.9	119.2	101.5
省直管县 Province Administrating County									
巩义市 Gongyi	100.8	103.4	100.7	98.6	100.9	98.1	101.2	101.6	104.3
兰考县 Lankao	100.4	103.8	104.2	99.9	100.4	98.8	99.8	100.0	99.4
汝州市 Ruzhou	100.5	101.9	100.1	106.8	101.3	98.2	99.9	100.6	100.3
滑县 Huaxian	100.8	101.4	100.8	102.0	100.0	97.8	99.7	100.1	101.5
长垣县 Changyuan	101.1	101.2	101.7	107.5	100.0	99.8	99.3	101.2	98.6
邓州市 Dengzhou	101.1	102.9	104.5	100.6	102.9	98.7	100.0	100.8	100.0
永城市 Yongcheng	99.7	101.4	103.6	100.0	100.0	98.9	105.4	100.3	101.4
固始县 Gushi	99.9	101.9	99.7	101.3	102.5	99.8	98.3	100.8	104.5
鹿邑县 Luyi	100.4	102.1	101.5	99.9	100.1	100.8	100.0	100.0	100.0
新蔡县 Xincai	100.2	102.5	100.0	101.1	101.2	100.6	100.0	98.9	100.0

10−9 续表 continued

(上年=100) (preceding year=100)

市(县) City(County)	交通、通信用品 Traffic& Communication Goods	家 具 Furniture	化妆品 Cosmetics	金银珠宝类 Gold、sliver and jewellery	中、西药品及医疗保健用品 Chinese traditional medicine and western medicine and health product	书报杂志及电子出版物类 Book& newspaper、magazine and e-publication	燃料类 Fuels	建筑材料及五金电料类 Architectural and hardware material
省 辖 市 City								
郑 州 市 Zhengzhou	96.0	100.0	101.1	88.0	106.0	99.7	88.9	100.0
开 封 市 Kaifeng	94.7	101.8	100.7	96.7	105.8	102.1	87.7	96.8
洛 阳 市 Luoyang	96.9	102.0	107.8	99.0	101.1	99.9	90.2	103.5
平 顶 山 市 Pingdingshan	97.5	99.4	100.2	92.6	100.7	100.5	91.5	99.5
安 阳 市 Anyang	98.0	100.3	99.9	99.4	100.4	102.8	88.4	100.7
鹤 壁 市 Hebi	99.7	100.0	104.6	98.2	100.3	103.1	88.2	98.9
新 乡 市 Xinxiang	95.8	100.5	99.8	96.7	102.7	103.6	83.1	99.9
焦 作 市 Jiaozuo	99.4	101.8	100.6	94.7	101.5	100.0	90.1	99.1
濮 阳 市 Puyang	99.6	102.3	100.3	94.0	103.4	99.1	88.9	98.8
许 昌 市 Xuchang	95.8	99.6	100.6	95.0	103.7	100.8	89.2	98.0
漯 河 市 Luohe	98.6	98.4	99.7	94.4	100.2	100.6	89.3	100.4
三 门 峡 市 Sanmenxia	99.7	101.4	100.0	94.2	100.1	100.9	86.9	99.8
南 阳 市 Nanyang	99.4	100.1	99.8	94.6	102.0	101.0	87.3	99.9
商 丘 市 Shangqiu	97.6	99.9	100.5	93.9	105.0	104.5	89.3	97.2
信 阳 市 Xinyang	99.0	99.6	100.9	96.0	101.4	105.5	88.8	99.3
周 口 市 Zhoukou	99.7	99.3	100.7	94.7	101.9	99.9	87.9	99.8
驻 马 店 市 Zhumadian	96.5	100.3	101.6	96.2	100.6	100.7	88.3	99.1
济 源 市 Jiyuan	97.6	101.4	101.1	97.5	101.8	101.0	85.7	97.2
省 直 管 县 Province Administrating County								
巩 义 市 Gongyi	92.7	100.1	102.3	94.1	113.3	101.9	89.1	100.1
兰 考 县 Lankao	97.8	103.2	99.2	93.5	101.6	100.0	83.8	99.8
汝 州 市 Ruzhou	97.7	102.7	100.8	99.3	99.9	102.1	93.0	98.2
滑 县 Huaxian	95.0	102.5	100.3	98.9	106.8	102.2	87.8	104.9
长 垣 县 Changyuan	99.8	100.0	104.2	135.4	100.0	100.0	89.5	101.6
邓 州 市 Dengzhou	100.0	100.0	100.0	92.0	102.0	100.0	93.2	99.3
永 城 市 Yongcheng	97.1	97.2	100.4	94.3	98.3	100.4	91.1	96.9
固 始 县 Gushi	96.8	102.6	100.2	93.7	100.1	99.9	90.9	97.7
鹿 邑 县 Luyi	100.0	99.4	100.1	98.5	99.8	100.0	92.7	99.9
新 蔡 县 Xincai	95.8	100.0	100.2	100.0	100.0	100.0	91.8	100.6

10-10 工业生产者出厂价格指数

Ex-Factory Price Indices of Industrial Productor

(上年=100) (preceding year=100)

类 别	Type	2009	2010	2011	2012	2013	2014	2015
总 指 数	**General Index**	**94.9**	**107.8**	**107.2**	**99.4**	**98.5**	**98.1**	**95.4**
按轻、重工业分	**Grouped by Light & Heavy Industry**							
轻工业	Light Industry	98.4	104.3	106.9	100.1	101.8	100.9	99.8
以农产品为原料	Using Farm Products as Raw Materials	99.4	106.0	107.5	100.0	102.1	100.8	99.6
以非农产品为原料	Using Non-Farm Products as Raw Materials	97.2	102.4	104.3	100.5	100.0	101.0	100.5
重工业	Heavy Industry	92.2	110.7	107.3	99.2	97.3	96.9	93.6
采掘工业	Mining & Quarrying Industry	92.3	116.7	112.6	96.8	91.8	91.3	82.1
原料工业	Raw Materials Industry	91.6	112.9	108.4	100.2	96.8	96.9	93.4
加工工业	Manufacturing Industry	92.7	105.0	105.2	99.2	99.1	98.5	96.9
按部类分	**Grouped by Division**							
生产资料	Means of Production	93.3	108.8	107.7	98.6	97.5	97.2	93.9
采掘工业	Mining & Quarrying Industry	92.6	116.8	112.6	96.8	91.8	91.3	82.1
原料工业	Raw Materials Industry	91.7	112.0	108.3	100.1	96.9	97.5	94.1
加工工业	Manufacturing Industry	94.4	104.6	106.1	98.1	99.2	98.5	96.7
生活资料	Consumer Goods	101.1	103.9	105.5	102.5	102.2	100.9	100.4
食品类	Food	101.1	103.7	104.9	102.9	103.5	101.2	100.4
衣着类	Clothing	101.8	105.6	111.4	104.9	100.4	100.9	100.8
一般日用品类	Articles for Daily Use	100.4	103.7	105.0	101.0	100.0	100.3	100.1
耐用消费品类	Durable Consumer Goods	101.8	103.9	105.6	101.5	100.5	99.8	100.0
按工业部门分	**Grouped by Sector**							
冶金工业	Metallurgical Industry	82.9	116.4	108.7	95.2	95.9	95.6	90.5
电力工业	Power Industry	103.7	103.6	104.3	108.0	100.8	99.7	96.9
煤炭及冶炼工业	Coal and Smelt Industry	99.8	113.1	107.8	95.9	89.1	88.5	83.1
石油工业	Petroleum Industry	75.1	127.9	121.7	101.5	96.4	96.9	77.6
化学工业	Chemical Industry	91.0	107.3	111.0	98.8	97.0	97.6	96.8
机械工业	Machine Buiding Industry	99.8	101.4	103.5	100.4	100.1	99.8	99.0
建筑材料工业	Building Materials Industry	99.5	101.1	104.5	101.3	100.5	100.2	98.9
森林工业	Timber Industry	97.2	99.9	106.0	102.2	100.8	101.3	100.7
食品工业	Food Industry	100.9	103.7	104.8	102.4	103.6	101.1	99.9
纺织工业	Textile Industry	96.2	116.4	120.4	88.8	99.5	97.7	95.9
缝纫工业	Tailoring Industry	103.9	105.3	111.4	105.5	99.5	100.7	99.5
皮革工业	Leather Industry	99.7	102.7	106.3	103.0	104.1	108.1	109.3
造纸工业	Paper Industry	94.4	103.4	102.9	99.9	99.1	99.8	98.8
文教艺术用品工业	Cultural,Educational & Handicrafts Articles	99.9	101.8	100.5	102.1	102.5	99.3	98.6
其他工业	Others	94.4	103.5	106.3	100.0	99.1	99.6	99.6

10－11　工业生产者购进价格指数
Indices of Purchasing Prices of Industrial Productor

(上年=100)　　(preceding year=100)

类　别	Type	2009	2010	2011	2012	2013	2014	2015
总 指 数	**General Index**	**97.1**	**110.2**	**110.1**	**99.2**	**99.3**	**98.4**	**95.4**
燃料、动力类	Fuels and Motive Power	102.5	108.9	106.6	101.6	96.7	96.8	91.0
黑色金属材料类	Ferrous Metals Materials	86.4	108.4	108.1	94.1	96.4	93.6	85.4
#钢材	Steel Products	86.7	105.9	106.1	95.5	95.9	97.9	91.9
有色金属材料和电线类	Nonferrous Metals Materials and Electric Wire	83.8	123.2	109.2	98.2	96.4	97.9	95.4
化工原料类	Chemical Raw Materials	90.9	116.8	115.0	91.5	94.6	97.1	92.7
木材及纸浆类	Logging and Paper Pulp	98.7	104.7	107.4	102.2	100.8	98.5	98.2
建筑材料及非金属矿类	Building Materials and Nonmetal Minerals	96.6	103.9	106.3	101.4	98.8	99.5	98.7
其他工业原材料及半成品类	Others Industry Materials & Semi Finished Articles	99.6	107.4	111.5	104.6	104.4	102.3	100.5
农副产品类	Farm Products	101.0	108.3	114.2	97.0	101.3	97.9	97.0
纺织原料类	Textile Raw Materials	93.4	118.1	111.7	91.6	99.7	96.2	93.4

10－12　固定资产投资价格指数
Price Indices of Investment in Fixed Assets

(上年=100)　　(preceding year=100)

类　别	Type	2009	2010	2011	2012	2013	2014	2015
固定资产投资价格指数	**Price Indices of Investment In Fixed Assets**	**96.4**	**103.5**	**107.4**	**101.0**	**99.9**	**100.0**	**97.6**
建筑安装工程	Construction and Installation	94.6	104.9	110.1	101.4	99.8	100.1	96.5
设备、工器具购置	Purchase of Equipments and Instruments	98.8	100.5	102.3	99.7	99.7	99.4	99.0
其他费用	Other Expenses	102.5	101.3	103.0	101.9	101.2	100.7	100.5

主要统计指标解释

商品零售价格指数 是反映一定时期城乡商品零售价格变动趋势的一种经济指数。零售物价的调整变动直接影响到城乡居民的生活支出和国家的财政收入，影响居民购买力和市场供需平衡，影响消费与积累的比例。因此，计算零售价格指数，可以从一个侧面对上述经济活动进行观察和分析。

居民消费价格指数 是反映一定时期内城乡居民所购买的生活消费品价格和服务项目价格变动趋势和程度的相对数，是对城市居民消费价格指数和农村居民消费价格指数进行综合汇总计算的结果。利用居民消费价格指数，可以观察和分析消费品的零售价格和服务价格变动对城乡居民实际生活费支出的影响程度。

城市居民消费价格指数 是反映一定时期城市居民家庭所购买的生活消费品价格和服务项目价格变动趋势和程度的相对数。城市居民消费价格指数可以观察和分析消费品的零售价格和服务项目价格变动对职工货币工资的影响，作为研究职工生活和确定工资政策的依据。

农村居民消费价格指数 是反映一定时期农村居民家庭所购买的生活消费品价格和服务项目价格变动趋势和程度的相对数。农村居民消费价格指数可以观察农村消费品的零售价格和服务项目价格变动对农村居民生活消费支出的影响，直接反映农民生活水平的实际变化情况，为分析和研究农村居民生活问题提供依据。

农业生产资料价格指数 是反映一定时期工业、商业及其他单位和个人向农民出售农业生产资料价格变动趋势和变动程度的相对数。编制农业生产资料价格指数，目的在于掌握农业生产资料的平均价格水平，为国家制定经济政策提供依据；同时，为研究市场流通和国民经济核算提供参考依据。

农产品生产价格指数 是反映一定时期内，农产品生产者出售农产品价格水平变动趋势及幅度的相对数。该指数可以客观反映全国农产品生产价格水平和结构变动情况，满足农业与国民经济核算需要。其中某代表品生产价格指数是通过对全部有出售该产品行为的调查单位的个体指数进行几何平均求得的，类价格指数是通过对其所属的类（或代表品）的价格指数进行加权平均求得的。

工业生产者出厂价格指数 是反映一定时期全部工业产品出厂价格总水平的变动趋势和程度的相对数，包括工业企业售给本企业以外所有单位的各种产品和直接售给居民用于生活消费的产品。通过工业生产者出厂价格指数能观察出厂价格变动对工业总产值的影响。

工业生产者购进价格指数 是反映工业企业作为生产投入，而从物资交易市场和能源、原材料生产企业购买原材料、燃料和动力产品时，所支付的价格水平变动趋势和程度的统计指标，是扣除工业企业物质消耗成本中的价格变动影响的重要依据。

固定资产投资价格指数 是反映固定资产投资额价格变动趋势和程度的相对数。固定资产投资额是由建筑安装工程投资完成额、设备、工器具购置投资完成额和其他费用投资完成额三部分组成的。编制固定资产投资价格指数应首先分别编制上述三部分投资的价格指数，然后采用加权算术平均法求出固定资产投资价格总指数。

固定资产投资价格指数可以准确地反映固定资产投资中涉及的各类商品和取费项目价格变动趋势和变动幅度，消除按现价计算的固定资产投资指标中的价格变动因素，真实地反映固定资产投资的规模、速度、结构和效益，为国家科学地制定、检查固定资产投资计划并提高宏观调控水平，为完善国民经济核算体系提供科学的、可靠的依据。

Explanatory Notes on Main Statistical Indicators

Retail Price Index reflects the general change in retail prices of commodities. The change and adjustment in retail prices directly affect the living expenditure of urban and rural residents, government revenue, purchasing power of residents and the equilibrium of market supply and demand, and the ratio of consumption to accumulation. Therefore, the calculation of retail price index is useful to analyze the changes of the above economic activities.

Consumer Price Index reflects the trend and degree of changes in prices of consumer goods and services purchased by urban and rural residents, and is a composite index derived from the urban consumer price index and the rural consumer price index. Consumer price index can be used to analyze the impact of consumer price change on actual expenditure for living cost of urban and rural residents.

Urban Consumer Price Index reflects the trend and degree of changes in prices of consumer goods and services purchased by urban households. It can be used to observe and analyze the impact of price changes in consumer goods and services on money wages of staff and workers, and provide basis for policymaking concerning the living cost and wages of staff and workers.

Rural Consumer Price Index reflects the trend and degree of changes in prices of consumer goods and services purchased by rural households. It can be used to observe the impact of change in retail prices of consumer goods and service prices in rural areas on living expenditure of rural households, and to show the changes in the living standard of peasants. It provides basis for analysis and research on condition of life in rural areas.

Price Indices of Means of Agricultural Production reflect the trend and degree of changes in prices of means of agricultural production bought by farmers from industry, commerce, other units of nature person. Compilation of these indices helps to command the mean prices of means of agricultural production, providing basis for economic decision-making of the Nation, research in market circulation and national account statistics.

Producer Prices Indices for Farm Products reflect the trend and degree of changes in producers' prices received by farmers when they sell farm products during a given period. These indices depict the change in the level and structure of producer prices for farm products of the country and meet the needs of agricultural statistics and national accounts statistics. The producer price index for a given product is calculated as the geometrical mean of individual indices for all surveyed units which sell such product, and the indices for a product category is obtained as the weighted mean of price indices for all products in the category. Method for calculating accumulative quarterly indices is the same as for calculating the individual quarterly indices.

Ex-factory Price Index of Industrial Products reflects the trend and degree of changes in general ex-factory prices of all industrial products, including sales of industrial products by an industrial enterprise to all units outside the enterprise, as well as sales of consumer goods to residents. It can be used to analyze the impact of ex-factory prices on gross industrial output value.

Price Index of Investment in Fixed Assets reflects the trend and degree of changes in prices of investment in fixed assets. The investment in fixed assets consists of three components, namely the investment in construction and installation, the investment in purchases of equipment and instrument, and the investment in other items. Price index of investment in fixed assets is calculated as the weighted arithmetic mean of the price indices of the three components of investment in fixed assets.

Removing the factor of price change in the aggregates of investment at current prices, this indicator shows the changes in the prices of commodities and fees involved in the investment of fixed assets, and can be used to observe the actual size, growth, structure, and efficiency of investment in fixed assets and provides reliable and scientific data for government planning, management, decision making, and further improving the current national accounting system.

人民生活
People's Livelihood

11

◉ 资料整理：张亚男　张乾林　孙晓亮　刘凤玲

简要说明

一、主要内容

本篇资料反映全省人民生活现状及变化情况，包括居民家庭情况、收入、消费等资料，分为全体居民生活、城镇居民生活和农村居民生活三部分。

二、资料来源

从2013年起，国家统计局开展了城乡一体化住户收支与生活状况调查，全省人民生活状况的数据来源于住户收支生活状况调查，该调查采用抽样调查的方法，国家统计局使用统一的抽样框，以省为总体，在对县级调查网点代表性进行评估的基础上，采用分层、多阶段随机抽样方法抽选调查住宅，确定调查户。采用固定样本户连续记帐的调查方式，调查网点实行样本轮换制度，每五年为一个周期，抽中调查小区五年内保持不变，抽中住宅每年轮换一半。省级数据调查网点分布在18个市、43个县的7200余住宅，2014年以后数据根据城乡一体化调查取得，2014年以前数据为老口径，农民收入为纯收入口径，由国家统计局河南调查总队编辑整理。各省辖市、省直管县数据由河南省地方经济社会调查队编辑整理。

Brief Introduction

I. Main Contents

Data in this chapter show the people's living conditions in Henan province, including basic condition, revenue and expenditure of household, consisting of two parts, on the life of urban and rural households respectively.

II. Sources of Data

Since 2013, the national bureau of statistics (NBS) caries out the integration of urban and rural residents income and expenditure survey and living conditions survey. Data on the living condition of the whole province of people come from the data collected through a sample survey on the rural households conducted. The national bureau of statistics using uniform sampling frame collected the data of living condition through a combination of Regular accounting and One-time accounting .This is on the basis of evaluating representative of the county network. The NBS adopts the survey method of charging to an account continuously for fixed sample. Network survey is set through a sample rotation, which is conducted for every five years. The sample remains unchanged for five years, and the sample rotation is half the year. The provincial sample of provincial data included 7200 households from 18 cities and 43 counties 2014 data cannot do compare with the data of antecedent years. Data in this part are provided by the Department of Henan Survey organizations, NBS. Data of the provincial cities and Provincial-controlled division are provided by Henan provincial survey organizations of social and economy.

11-1 城乡居民家庭人均收支

Per Capita Income, Expenditures in Urban and Rural Areas

指数以上年为100，按可比价格计算。

Indices are preceding year=100, while tempos are calculated at comparable prices.

单位：元 (yuan)

年份 Year	城镇居民家庭人均 Per Capita Annual Income and Expenditures of Urban Household			农村居民家庭人均 Per Capita Annual Income and Expenditures of Rural Household		
	可支配收入 Disposable Income	可支配收入指数 Disposable Income Index	消费支出 Consumptive Expenditures	纯收入 Net Income	纯收入指数 Index of Net Income	生活消费支出 Expenditures of Living
1978	315.00		274.00	104.71		81.70
1979	361.04	114.3	302.98	133.56	127.6	
1980	365.00	108.1	335.02	160.78	120.5	135.51
1981	395.00	103.1	363.23	215.57	133.4	165.57
1982	429.00	103.9	382.47	216.74	99.7	177.90
1983	452.50	101.6	405.00	272.00	124.5	196.35
1984	497.49	108.8	431.68	301.17	110.3	219.64
1985	600.59	114.2	556.72	328.78	107.0	260.19
1986	724.21	113.2	653.83	333.64	99.7	292.48
1987	814.20	104.9	711.27	377.72	110.1	309.90
1988	946.10	87.2	896.55	401.32	98.2	346.73
1989	1111.46	102.2	963.97	457.06	102.5	390.05
1990	1267.73	113.5	1067.67	526.95	105.5	437.73
1991	1384.81	103.9	1199.95	539.29	102.3	454.68
1992	1608.03	107.8	1342.58	588.48	104.9	472.61
1993	1962.75	110.4	1609.26	695.85	109.0	564.93
1994	2618.55	104.7	2155.15	909.81	103.4	731.78
1995	3299.46	107.8	2673.95	1231.97	109.5	929.39
1996	3755.44	103.9	3009.35	1579.19	113.8	1206.43
1997	4093.62	106.4	3378.02	1733.89	107.4	1270.52
1998	4219.42	105.3	3415.65	1864.05	106.5	1240.30
1999	4532.36	111.2	3497.53	1948.36	106.4	1163.98
2000	4766.26	106.1	3830.71	1985.82	103.9	1315.83
2001	5267.42	108.8	4110.17	2097.86	104.9	1375.60
2002	6245.40	114.2	4504.68	2215.74	105.1	1451.51
2003	6926.12	109.0	4941.60	2235.68	99.6	1508.67
2004	7704.90	105.5	5294.19	2553.15	108.1	1664.09
2005	8667.97	110.2	6038.02	2870.58	107.5	1891.57
2006	9810.26	111.9	6685.18	3261.03	112.1	2229.28
2007	11477.05	111.0	7826.72	3851.60	112.2	2676.41
2008	13231.11	108.3	8837.46	4454.24	107.2	3044.21
2009	14371.56	109.9	9566.99	4806.95	107.5	3388.47
2010	15930.26	107.2	10838.49	5523.73	111.0	3682.21
2011	18194.80	108.4	12336.47	6604.03	112.7	4319.95
2012	20442.62	109.5	13732.96	7524.94	111.3	5032.14
2013	22398.03	106.6	14821.98	8475.34	109.5	5627.73
2014	24391.45	106.8	15726.12	9416.10	109.4	6438.12
2014新口径	23672.00	106.8	16184.00	9966.07	109.4	7277.21
2015	25575.61	108.0	17154.30	10852.86	107.6	7887.45

注：1)1978年-1991年城镇居民可支配收入根据当年生活费收入测算。

2)2014年以后为实施城乡一体化调查的数据。(以下相关全省的表格相同)

a) Data on disposable income of urban household are calculated on basis of income of living in 1978-1991.

b) Data since 2014 is calculated by egration of urban and rural residents income and expenditure survey and living conditions survey.(the same as the following tables about provincial data)

11-2 家庭平均每人收入、支出及结构(2015年)

Per Capita Income and Expenditure in Households (2015)

项　　目	Item	绝对数 (元) Absolute number (yuan)	结　构 (%) Structure (%)
可支配收入	**Disposable Income**	**17124.75**	**100.0**
工资性收入	Laborage	8796.05	51.4
工资	Wage	7826.70	45.7
实物福利	Physical Welfare	11.66	0.1
其他	Others	957.69	5.6
经营净收入	Business Net Income	4069.12	23.8
第一产业	Primary Industry	1982.21	11.6
第二产业	Secondary Industry	247.71	1.4
第三产业	Tertiary Industry	1839.20	10.7
财产净收入	Net Income of Properties	937.96	5.5
转移净收入	Net Income of Transfers	3321.62	19.4
现金可支配收入（未扣除生产费用）	**Cash Disposable Income**	**18152.45**	**100.0**
工资性收入	Laborage	8784.39	48.4
工资	Wage	7826.70	43.1
其他	Others	957.69	5.3
经营净收入	Business Net Income	5291.96	29.2
第一产业	Primary Industry	2488.20	13.7
第二产业	Secondary Industry	361.45	2.0
第三产业	Tertiary Industry	2442.32	13.5
财产净收入	Net Income of Properties	485.26	2.7
转移净收入	Net Income of Transfers	3590.83	19.8
消费支出	**Consumption Expenditures**	**11835.13**	**100.0**
食品烟酒	Food,Cigarettes and Wine	3373.71	28.5
衣着	Cloth	1141.86	9.6
居住	Residence	2387.87	20.2
生活用品及服务	Living Supplies and Services	910.58	7.7
交通通信	Transportation and Communication	1355.35	11.5
教育文化娱乐	Recreation,Education and Cultural Serveces	1337.23	11.3
医疗保健	Health Care	1023.09	8.6
其他用品和服务	Others	305.43	2.6
现金消费支出	**Cash Consumption Expenditures**	**10213.49**	**100.0**
食品烟酒	Food,Cigarettes and Wine	3263.66	32.0
衣着	Cloth	1141.85	11.2
居住	Residence	1063.80	10.4
生活用品及服务	Living Supplies and Services	909.84	8.9
交通通信	Transportation and Communication	1355.07	13.3
教育文化娱乐	Recreation,Education and Cultural Serveces	1337.16	13.1
医疗保健	Health Care	837.70	8.2
其他用品和服务	Others	304.40	3.0

11–3 各市居民家庭人均收支情况(2015年)

Per Capita Income and Expenditures in Urban and Rural Areas by City (2015)

单位：元 (yuan)

市(县)	City(County)	居民家庭人均 Per Capita (Urban) Residents			城镇居民家庭人均 Per Capita (Urban) Residents			农村居民家庭人均 Per Capita (Rural) Residents		
		可支配收入 Disposable Income	消费支出 Consumption Expenditures	#食品 Food	可支配收入 Disposable Income	消费支出 Consumption Expenditures	#食品 Food	可支配收入 Disposable Income	消费支出 Consumption Expenditures	#食品 Food
省辖市	**City**									
郑州市	Zhengzhou	26501	18530	5192	31099	21692	6326	17125	12080	2881
开封市	Kaifeng	15490	12099	3043	22923	18949	4696	10304	7297	1867
洛阳市	Luoyang	19569	14300	3362	28686	20328	4728	10667	8385	2020
平顶山市	Pingdingshan	17476	10584	3185	25592	16308	4906	10450	5601	1691
安阳市	Anyang	18200	11012	3388	26513	15596	4977	11721	7439	2150
鹤壁市	Hebi	19091	12376	3675	24540	15411	4275	12995	8981	3003
新乡市	Xinxiang	18031	12078	3684	25349	17443	5350	11772	7490	2259
焦作市	Jiaozuo	19723	14088	4117	25236	17703	5158	13751	10172	2988
濮阳市	Puyang	15345	9831	2842	24928	14802	4192	9790	6949	2059
许昌市	Xuchang	18602	12613	3658	25225	17706	5109	13355	8579	2472
漯河市	Luohe	17626	11859	3524	24755	18633	5428	11980	6493	2015
三门峡市	Sanmenxia	17314	12345	3189	23825	16942	4400	11084	7946	2031
南阳市	Nanyang	16278	11888	4001	25140	18156	5992	10777	7804	2841
商丘市	Shangqiu	14025	9220	2901	23572	14592	4280	8885	6328	2159
信阳市	Xinyang	14842	10495	4116	22434	14909	5669	9844	7589	3094
周口市	Zhoukou	12906	9659	3356	21019	16605	5571	8576	5956	2175
驻马店市	Zhumadian	13862	10502	2259	22608	16664	4548	9174	7198	2435
济源市	Jiyuan	21080	15145	3730	26532	19853	4504	14469	9435	2792
省直管县	**Province Administrating County**									
巩义市	Gongyi	21968	13045	3160	26105	17687	4279	17985	8574	2082
兰考县	Lankao	12402	9716	2611	19651	12919	3215	9072	8244	2333
汝州市	Ruzhou	16531	9533	2933	22270	15252	4401	13060	6075	2046
滑县	Huaxian	11810	8403	2925	20747	13362	3942	9079	6775	2170
长垣县	Changyuan	17486	10366	2793	21633	14348	3729	14950	7930	2220
邓州市	Dengzhou	15544	12106	4053	23014	19593	6252	11827	8381	2959
永城市	Yongcheng	16588	10724	3287	25102	13163	3799	11097	9794	3440
固始县	Gushi	14325	10731	4213	21715	16420	5838	10535	7814	3380
鹿邑县	Luyi	13880	8514	2554	21163	12454	3536	10101	6470	2515
新蔡县	Xincai	12230	10587	3707	19972	15653	5968	9384	8725	2875

11-4 城镇居民家庭人口及居住情况(2015年)
Population and Living condition of Urban Households (2015)

指标	Item	2014	2015
人口及就业情况(人)	**Population and Living condition(person)**		
期内住户常住人口数	Number of Permanent population during the period	3.17	3.17
就业及离退休人员数	Number of Employee and Retiree	2.20	
户均就业人数	Number of Employee per household	1.80	1.76
#雇主	Employers	0.04	0.05
公职人员	Civil Servants	0.12	0.11
事业单位人员	Staff of public Institution	0.24	0.25
国有企业雇员	Staff of state-owned Enterprise	0.17	0.18
住房情况	**Housing condition**		
现住房总建筑面积(平方米/人)	Construction area of present Housing	38.18	38.35
期末拥有房屋面积(平方米/人)	Housing area in the year end	39.85	40.18
#自有现住房面积	Area of self present Housing	36.60	36.47
现住房房屋来源结构(%)	Source Structure of present Housing		
#租赁私房	Leasing private Housing	4.4	4.3
自建住房	Self-built Housing	32.2	31.8
购买商品房	Purchasing Commercial Housing	34.4	34.2
购买房改住房	Purchasing Housing-reform House	18.7	19.4
购买保障性住房	Purchasing indemnificatory Housing	3.1	2.2
拆迁安置房	Removing Settlement Housing	4.2	4.3
本住户居住空间样式结构(%)	Structure of residents living space style		
#单栋楼房	Single-span building	23.5	22.4
单栋平房	Single-span bungalow	12.5	11.8
四居室及以上单元房	Flat with four and over four bedrooms	2.3	3.7
三居室单元房	Flat with Two bedrooms	34.3	34.1
二居室单元房	Flat with three bedrooms	24.0	24.9
住户主要饮用水来源情况结构(%)	Source Structure of resident main drinking water		
#经过净化处理的自来水	Purificatory Tap water	89.6	89.1
受保护的井水和泉水	Wells and springs with protection	7.9	7.4
不受保护的井水和泉水	Wells and springs without protection	2.0	2.2
住户厕所类型结构(%)	Structure of Household toilet type		
水冲式卫生厕所	Flush Sanitary Dry Toilet	79.0	81.4
水冲式非卫生厕所	Flush Insanitary Dry Toilet	2.1	1.9
卫生旱厕	Sanitary Dry Toilet	4.3	4.8
普通旱厕	General Dry Toilet	12.1	9.9
无厕所	No Toilet	2.5	2.0
住户洗澡设施情况结构(%)	Structure of Resident shower facility		
#统一供热水	Unified hot water	4.7	3.6
家庭自装热水器	Water Heater installed by Self	71.4	75.8
无洗澡设施	No Shower Facilities	18.0	14.6
住户主要取暖设备状况结构(%)	Structure of Main Heating Facility		
由市政或小区集中供暖	Unified Heating supplied by Municipal Administration and Community	21.1	21.9
自行供暖	Self-heating	48.9	48.8
无取暖设备	No Heating Facilities	30.0	29.3

11-5 城镇居民家庭人均收支及结构(2015年)

Per Capita Income, Expenditures and Structure in Urban Areas (2015)

指标	Item	城镇平均 Average	低收入户 Low Income Households	中低收入户 Lower Middle Income Households
城镇家庭人均可支配收入(元)	**Per Capita Disposable Income of Urban Household (yuan)**	**25576**	**11270**	**18493**
工资性收入	Wage Income	15624	7977	13558
经营净收入	Net Income from Operations	3539	1282	1431
财产净收入	Property Net Income	1990	692	1233
#出租房屋财产性收入	Income from Renting Room	479	55	297
房屋虚拟租金	Building Virtual Money	1108	530	801
转移净收入	Transfer Net Income	4422	1319	2271
城镇家庭人均可支配收入结构(%)	**Structure of Per Capita Disposable Income (%)**	**100.0**	**100.0**	**100.0**
工资性收入	Wage Income	61.1	70.8	73.3
经营净收入	Net Income from Operations	13.8	11.4	7.7
财产净收入	Property Net Income	7.8	6.1	6.7
转移净收入	Transfer Net Income	17.3	11.7	12.3
家庭人均总支出(元)	**Per Capita Total Expenditures of Households**	**21339**	**12631**	**16717**
消费支出	Consumption Expenditures	17154	9874	13889
食品烟酒	Food,Cigarettes and Wine	4819	2913	4157
衣着	Cloth	1798	1003	1475
居住	Residence	3391	1945	2846
生活用品及服务	Living Supplies and Services	1382	797	1014
交通通信	Transportation and Communication	1874	890	1386
教育文化娱乐	Recreation,Education and Cultural Serveces	1992	1257	1684
医疗保健	Health Care	1365	835	977
其他用品和服务	Others	533	234	349
生产经营费用支出	Production and Operation Costs	849	743	432
财产性支出	Property Expenditure	40	24	63
转移性支出	Transfer Expenditure	814	469	580
部分商业保险支出	Part of commercial insurance	57	30	49
购置资产及非经常性转移支出	Purchase of Assets and Non Regular Payments	1630	1317	1169
购置资产支出	Purchase of Assets	328	540	150
非经常性转移支出	Non Regular Payments	1302	777	1018
借贷性支出	Debit and Credit	795	174	535
家庭人均总支出结构(%)	**Structure of Per Capita Expenditures of Households (%)**	**100.0**	**100.0**	**100.0**
消费支出	Consumption Expenditure	80.4	78.2	83.1
生产经营费用支出	Production and Operation Costs	4.0	5.9	2.6
财产性支出	Property Expenditure	0.2	0.2	0.4
转移性支出	Transfer Expenditure	3.8	3.7	3.5
部分商业保险支出	Part of commercial insurance	0.3	0.2	0.3
购置资产及非经常性转移支出	Purchase of Assets and Non Regular Payments	7.6	10.4	7.0
借贷性支出	Debit and Credit	3.7	1.4	3.2

11-5 续表 continued

指 标	Item	中等收入户 Middle Income Households	中高收入户 Upper Middle Income Households	高收入户 High Income Households
城镇家庭人均可支配收入(元)	**Per Capita Disposable Income of Urban Household (yuan)**	**24419**	**32211**	**51648**
工资性收入	Wage Income	16356	18948	25538
经营净收入	Net Income from Operations	2336	3355	11881
财产净收入	Property Net Income	1728	2984	4275
#出租房屋财产性收入	Income from Renting Room	391	797	1144
房屋虚拟租金	Building Virtual Money	1042	1414	2173
转移净收入	Transfer Net Income	3999	6923	9954
城镇家庭人均可支配收入结构(%)	**Structure of Per Capita Disposable Income (%)**	**100.0**	**100.0**	**100.0**
工资性收入	Wage Income	67.0	58.8	49.4
经营净收入	Net Income from Operations	9.6	10.4	23.0
财产净收入	Property Net Income	7.1	9.3	8.3
转移净收入	Transfer Net Income	16.4	21.5	19.3
家庭人均总支出(元)	**Per Capita Total Expenditures of Households**	**20573.06**	**25358.81**	**37764.33**
消费支出	Consumption Expenditures	16736	20181	30113
食品烟酒	Food,Cigarettes and Wine	4935	5820	7388
衣着	Cloth	1805	2159	3056
居住	Residence	3099	3979	6108
生活用品及服务	Living Supplies and Services	1346	1609	2599
交通通信	Transportation and Communication	2039	2217	3478
教育文化娱乐	Recreation,Education and Cultural Serveces	1844	2355	3342
医疗保健	Health Care	1185	1430	2909
其他用品和服务	Others	483	613	1233
生产经营费用支出	Production and Operation Costs	594	692	2135
财产性支出	Property Expenditure	31	22	61
转移性支出	Transfer Expenditure	765	1051	1472
部分商业保险支出	Part of commercial insurance	35	78	112
购置资产及非经常性转移支出	Purchase of Assets and Non Regular Payments	1514	1917	2601
购置资产支出	Purchase of Assets	168	227	591
非经常性转移支出	Non Regular Payments	1346	1690	2010
借贷性支出	Debit and Credit	898	1416	1269
家庭人均总支出结构(%)	**Structure of Per Capita Expenditures of Households (%)**	**100.0**	**100.0**	**100.0**
消费支出	Consumption Expenditure	81.4	79.6	79.7
生产经营费用支出	Production and Operation Costs	2.9	2.7	5.7
财产性支出	Property Expenditure	0.2	0.1	0.2
转移性支出	Transfer Expenditure	3.7	4.1	3.9
部分商业保险支出	Part of commercial insurance	0.2	0.3	0.3
购置资产及非经常性转移支出	Purchase of Assets and Non Regular Payments	7.4	7.6	6.9
借贷性支出	Debit and Credit	4.4	5.6	3.4

11-6 城镇居民家庭人均购买生活消费品及服务现金支出(2015年)

Per Capita Cash Expenditure of Urban Households to Purchase Living Goods and Services (2015)

单位：元 (yuan)

指标	Index	城镇平均 Average	低收入户 Low Income Households	中低收入户 Lower Middle Income Households	中等收入户 Middle Income Households	中高收入户 Upper Middle Income Households	高收入户 High Income Households
购买生活消费品及服务	**Purchasing Living Goods and Services**	**15075.26**	**8630.93**	**12313.37**	**14851.63**	**17368.15**	**26616.61**
食品烟酒	Food,Cigarettes and Wine	4713.48	2792.20	4087.28	4872.67	5648.98	7275.09
食品	Food	2973.85	1943.73	2640.75	3060.51	3481.23	4334.96
谷物	Cereal	392.83	305.97	360.60	405.46	426.19	517.53
薯类	Tubers	50.93	36.98	44.63	51.92	59.53	70.17
豆类	Beans	52.98	38.36	50.52	54.69	61.34	66.99
食用油	Edible Oil	139.64	97.70	126.46	142.88	163.14	191.54
蔬菜和食用菌	Vegetables and Edible Fungus	391.28	248.64	353.96	411.66	460.68	556.91
肉类	Meat	607.65	378.96	535.03	623.88	705.73	928.85
禽类	Poultry	129.66	86.83	119.06	136.85	147.51	180.56
水产品	Aquatic Products	101.47	48.40	80.11	98.95	137.06	175.92
蛋类	Egg	129.97	98.05	124.32	128.76	140.78	176.26
奶类	Milk	249.46	138.42	205.08	258.21	299.85	414.28
干鲜瓜果类	Dried and Fresh Melons and Fruits	382.69	206.23	320.15	394.24	482.62	612.95
糖果糕点类	Sugar and Cake	119.67	75.07	97.30	118.21	143.90	194.39
其他食品	Others	225.64	184.12	223.54	234.79	252.89	248.62
饮料	Beverages	146.86	97.49	132.09	155.15	148.37	231.50
烟	Tobacco	225.90	139.99	192.97	228.59	261.37	360.87
酒类	Liquor	292.48	148.54	231.84	299.23	345.92	530.63
饮食服务	Catering Services	1074.39	462.45	889.62	1129.20	1412.09	1817.13
衣着	Dress	1777.40	986.61	1461.63	1791.08	2121.94	3031.86
衣类	Clothing	1348.69	730.94	1110.58	1346.13	1630.22	2319.34
鞋类	Footwear	428.70	255.68	351.04	444.95	491.73	712.52
居住	Residence	**1533.30**	**879.22**	**1417.57**	**1332.22**	**1627.30**	**2863.75**
租赁房房租	Rental Housing Rent	132.29	58.22	91.19	148.43	149.85	264.03
住房维修及管理	Housing Maintenance and Management	695.93	339.19	704.50	512.21	664.16	1512.40
水电燃料及其他	Water,Electricity and Fuels	705.08	481.82	621.88	671.58	813.29	1087.31
生活用品及服务	Supplies and Services	**1364.31**	**782.54**	**1000.38**	**1339.73**	**1585.47**	**2561.86**
家具及室内装饰品	Furniture and Interior Decorations	301.60	196.77	199.63	317.65	270.59	625.81
家用器具	Home Appliances	360.17	192.04	251.57	354.90	432.41	699.10
家用纺织品	Home Textiles	127.80	81.59	91.28	118.33	159.82	227.04
家庭日用杂品	Household Articles for Daily Use	340.86	211.10	292.25	319.40	390.40	581.58
个人用品	Personal Items	183.16	82.85	141.33	179.03	237.68	339.96
家庭服务	Household Services	50.73	18.20	24.32	50.40	94.58	88.36
交通通信	Transportation and Communication	**1831.80**	**876.78**	**1355.23**	**2013.69**	**2134.93**	**3398.06**
交通	Transportation	1088.19	455.30	719.85	1269.30	1209.10	2215.57
通信	Communication	743.61	421.48	635.38	744.38	925.83	1182.49
教育文化娱乐	Recreation,Education and Cultural Serveces	**1978.69**	**1248.96**	**1676.88**	**1843.99**	**2323.49**	**3315.07**
教育	Education	945.77	791.68	1049.86	899.70	988.08	1043.23
文化娱乐	Recreation Durable Consumer	1032.92	457.28	627.02	944.29	1335.41	2271.84
医疗保健	Health Care	**1349.57**	**833.19**	**971.82**	**1178.18**	**1325.19**	**2947.53**
医疗器具及药品	Medical Equipment and Drugs	490.80	315.97	360.85	436.68	572.90	924.15
医疗服务	Medical Services	858.77	517.22	610.96	741.50	752.29	2023.38
其他用品和服务	Others	**526.71**	**231.41**	**342.59**	**480.07**	**600.86**	**1223.39**

11-7 城镇居民家庭平均每人购买食品数量(2015年)
Number of Per Capita Food Consumption of Urban Households (2015)

单位：千克 (kg)

指标	Indicator	城镇平均 Average	低收入户 Low Income Households	中低收入户 Lower Middle Income Households	中等收入户 Middle Income Households	中高收入户 Upper Middle Income Households	高收入户 High Income Households
面粉	Flour	20.01	18.77	18.23	23.09	18.59	22.05
大米	Rice	18.35	14.31	17.36	20.21	19.35	22.36
食用植物油	Edible Vegetable Oil	9.60	7.82	8.90	9.99	10.55	11.75
鲜菜	Vegetable	92.49	66.53	88.66	96.66	105.80	116.96
猪肉	Pork	13.44	9.57	12.38	14.23	14.97	18.06
牛肉	Beef	1.88	0.82	1.43	2.11	2.42	3.24
羊肉	Mutton	1.52	0.76	1.35	1.49	1.85	2.61
鸡	Chicken	4.63	3.18	4.51	5.02	5.23	5.82
鸭	Duck	0.68	0.48	0.60	0.80	0.62	0.98
鱼类	Fish	4.15	2.51	3.66	4.27	5.14	6.08
虾类	Shrimp	0.48	0.17	0.31	0.52	0.67	0.97
鲜蛋	Fresh Eggs	13.59	10.67	12.99	13.43	14.67	17.91
鲜奶	Fresh Milk	10.46	5.30	7.47	10.17	14.35	18.62
酸奶	Yogurt	5.11	2.16	3.78	4.62	6.36	10.79
奶粉	Milk Powder	0.42	0.38	0.36	0.51	0.40	0.46
鲜瓜果	Fresh Fruit and Melon	55.46	38.54	51.36	58.10	64.82	73.01
坚果类	Nuts	4.18	2.45	3.49	4.39	5.17	6.43
糕点	Cakes	4.35	3.02	3.62	4.31	5.08	6.67
茶叶	Tea	0.26	0.14	0.21	0.28	0.27	0.51
卷烟	Cigarette	18.57	14.33	17.42	19.02	20.70	23.68
啤酒	Beer	4.10	2.55	4.23	4.10	4.06	6.35
白酒	Liquor	2.86	1.96	2.51	2.83	3.11	4.50
果酒	Wine	0.14	0.07	0.11	0.08	0.21	0.25

11－8 城镇居民家庭平均每百户主要消费品年末拥有量(2015年)

Number of Main Consumption Goods of Per Hundred Urban Household in the year end (2015)

指标	Item	城镇平均 Average	低收入户 Low Income Households	中低收入户 Lower Middle Income Households	中等收入户 Middle Income Households	中高收入户 Upper Middle Income Households	高收入户 High Income Households
家用汽车(辆)	Domestic Car (unit)	24.09	14.88	23.26	26.77	23.76	31.78
摩托车(辆)	Motorcycle (unit)	25.57	39.93	28.32	25.04	21.18	13.42
助力车(台)	Aided Power Bike (unit)	90.28	91.28	101.54	96.22	89.38	73.00
洗衣机(台)	Washing Machine (unit)	98.58	94.72	100.85	99.33	98.50	99.46
电冰箱(柜)(台)	Refrigerator (unit)	94.02	84.21	95.40	97.09	96.59	96.80
微波炉(台)	Oven (unit)	40.11	21.73	33.97	41.12	47.85	55.84
彩色电视机(台)	Color TV Set (unit)	118.23	113.89	120.30	115.87	117.57	123.52
#接入有线电视(台)	Cable TV (unit)	90.78	72.24	94.01	91.82	95.55	100.26
空调(台)	Air Conditioner (unit)	135.71	101.34	130.36	136.11	143.20	167.47
热水器(台)	Water Heater (unit)	82.77	68.98	80.12	83.05	88.66	93.01
#太阳能热水器(台)	Solar Water Heater (unit)	35.94	39.06	37.90	34.50	39.40	28.81
消毒碗柜(台)	Antiseptic Cupboard (unit)	5.43	1.15	5.66	6.79	5.69	7.83
排油烟机(台)	Smoke Sucker (unit)	61.33	39.08	59.39	61.20	68.71	78.21
固定电话(线)(部)	Telephone (unit)	37.55	27.43	35.12	40.22	41.96	42.98
移动电话(部)	Hand Telephone (unit)	225.30	221.66	243.22	226.77	224.40	210.46
#接入互联网(部)	Internet Mobile Phones (unit)	89.89	76.83	90.55	101.31	90.46	90.26
计算机(台)	Computers (unit)	74.44	54.04	78.74	76.50	79.75	83.11
#接入互联网(台)	Internet Computers (unit)	60.61	45.27	67.21	62.31	64.10	64.12
摄像机(台)	Pickup Camera (unit)	5.19	1.13	3.31	5.75	5.97	9.77
照相机(台)	Camera (unit)	24.98	8.65	17.88	27.53	31.93	38.85
中高档乐器(架)	Medium and High-Grade Musical Instrument (unit)	3.04	1.31	1.66	3.28	3.77	5.18
健身器材(台)	Healthy Equipment (unit)	4.67	1.86	3.73	4.51	4.97	8.28
组合音响(套)	Hi-Fi Stereo Component System (set)	4.46	3.31	2.70	5.12	4.50	6.65

11-9 各市城镇居民家庭平均每人全年可支配收入情况(2015年)

Per Capita Annual Disposable Income of Urban Households by City (2015)

单位：元 (yuan)

市(县) City(County)	可支配收入 Average	低收入户 Low Income Households	中低收入户 Lower Middle Income Households	中等收入户 Middle Income Households	中高收入户 Upper Middle Income Households	高收入户 High Income Households
省辖市 City						
郑州市 Zhengzhou	31099	13880	23273	29575	38519	62271
开封市 Kaifeng	22923	10989	17761	21892	27674	43567
洛阳市 Luoyang	28686	12327	20262	26491	33599	52559
平顶山市 Pingdingshan	25592	8595	16102	22242	29283	45748
安阳市 Anyang	26513	9467	17273	22698	29189	50581
鹤壁市 Hebi	24540	10885	16795	21053	27055	48951
新乡市 Xinxiang	25349	11629	18389	23785	31702	51310
焦作市 Jiaozuo	25236	10592	16915	22767	30209	53587
濮阳市 Puyang	24928	10090	18443	24915	30601	46896
许昌市 Xuchang	25225	10220	16523	23097	31395	53685
漯河市 Luohe	24755	13197	20612	24776	29660	39912
三门峡市 Sanmenxia	23825	12193	19819	23994	29240	38748
南阳市 Nanyang	25140	8900	16080	22502	30477	50897
商丘市 Shangqiu	23572	9927	18328	23282	29249	42653
信阳市 Xinyang	22434	13407	19051	22809	26406	35916
周口市 Zhoukou	21019	10377	15476	19582	24765	37721
驻马店市 Zhumadian	22608	11158	15930	20544	25052	40639
济源市 Jiyuan	26532	12458	17982	24375	29589	42706
省直管县 Province Administrating County						
巩义市 Gongyi	26105	7393	13213	19617	27966	56063
兰考县 Lankao	19651	13273	15982	17992	22580	31270
汝州市 Ruzhou	22270	13769	17027	21351	26694	34442
滑县 Huaxian	20747	9613	16546	21365	25071	37649
长垣县 Changyuan	21633	11597	16540	19384	23790	38379
邓州市 Dengzhou	23014	12133	17401	21578	28372	39831
永城市 Yongcheng	25102	14807	21430	25665	30117	39956
固始县 Gushi	21715	10848	15485	20837	25391	35962
鹿邑县 Luyi	21163	10278	17022	20115	26954	37887
新蔡县 Xincai	19972	11494	15125	19918	23038	37330

11-10 各市城镇居民家庭消费支出情况(2015年)

Per Capita Consumption Expenditures of Urban Households by City (2015)

单位：元 (yuan)

市(县) City(County)	消费支出 Consumption Expenditures	食品烟酒 Food	衣着 Clothing	居住 Residence	生活用品及服务 Household Appliances and Service	交通、通信及服务 Transport, and Communi-cations	教育及文化娱乐 Education, Cultural and Recreation	医疗、保健及服务 Health Care Medical and Service	其他商品及服务 Other Goods and Service
省辖市 City									
郑州市 Zhengzhou	21692	6326	2542	4483	2028	2182	2048	1390	692
开封市 Kaifeng	18949	4696	1699	3224	2169	3065	1887	1227	980
洛阳市 Luoyang	20328	4728	2218	3694	1932	2406	2718	1896	737
平顶山市 Pingdingshan	16308	4906	1808	2827	1457	1654	1851	1220	584
安阳市 Anyang	15596	4977	2117	2060	1330	1716	1638	1113	646
鹤壁市 Hebi	15411	4275	1193	2522	1546	1990	1464	1618	803
新乡市 Xinxiang	17443	5350	2208	2514	1455	1895	2063	1374	584
焦作市 Jiaozuo	17703	5158	2126	2408	1590	2261	1943	1428	788
濮阳市 Puyang	14802	4192	1339	2967	1477	1794	1844	818	372
许昌市 Xuchang	17706	5109	2064	2562	1381	2043	2240	1257	1050
漯河市 Luohe	18633	5428	3162	1803	1542	2526	2159	1229	784
三门峡市 Sanmenxia	16942	4400	2338	3037	1293	2276	1935	1114	549
南阳市 Nanyang	18156	5992	2203	2825	1284	1498	1948	1904	503
商丘市 Shangqiu	14592	4280	1956	2248	1230	2106	1279	1053	439
信阳市 Xinyang	14909	5669	1507	3022	1243	1271	1112	708	377
周口市 Zhoukou	16605	5571	1521	2563	1479	2654	1335	932	550
驻马店市 Zhumadian	16664	4548	1852	3022	1886	1086	1792	1660	817
济源市 Jiyuan	19853	4504	2617	2200	1996	3271	3072	925	1268
省直管县 Province Administrating County									
巩义市 Gongyi	17687	4279	1549	3179	1074	2810	3023	1164	609
兰考县 Lankao	12919	3215	1365	1931	968	2083	1367	1378	612
汝州市 Ruzhou	15252	4401	2011	1782	1330	2054	1592	1326	757
滑县 Huaxian	13362	3942	1739	1979	1371	1602	1572	744	413
长垣县 Changyuan	14348	3729	1685	1998	1539	2564	1402	827	604
邓州市 Dengzhou	19593	6252	1610	5036	1292	1922	1545	1567	368
永城市 Yongcheng	13163	3799	1556	2491	952	1207	968	1878	311
固始县 Gushi	16420	5838	1447	3695	1477	834	1249	1362	518
鹿邑县 Luyi	12454	3536	1522	2431	1572	1819	795	701	78
新蔡县 Xincai	15653	5968	2125	3281	1074	546	1135	1405	119

11-11 各市按收入等级分的城镇居民家庭平均每人全年消费支出(2015年)
Per Capita Annual Consumption Expenditures of Urban Households by Level of Income By City (2015)

单位：元 (yuan)

市(县) City(County)	城镇平均 Average	低收入户 Low Income Households	中低收入户 Lower Middle Income Households	中等收入户 Middle Income Households	中高收入户 Upper Middle Income Households	高收入户 High Income Households
省辖市 City						
郑州市 Zhengzhou	21692	12056	15990	17886	22570	31903
开封市 Kaifeng	18949	13878	15443	16923	20967	29601
洛阳市 Luoyang	20328	9830	15265	19070	23068	34278
平顶山市 Pingdingshan	16308	6372	11295	14884	15922	28145
安阳市 Anyang	15596	8051	11035	14925	18499	22364
鹤壁市 Hebi	15411	7156	11819	12123	16469	30515
新乡市 Xinxiang	17443	11791	13891	16324	19788	30276
焦作市 Jiaozuo	17703	10390	14871	16500	20447	29616
濮阳市 Puyang	14802	7503	15131	15387	16648	21184
许昌市 Xuchang	17706	9054	12985	18061	21494	29039
漯河市 Luohe	18633	14846	13869	20742	23211	22362
三门峡市 Sanmenxia	16942	10651	13245	15106	21919	26889
南阳市 Nanyang	18156	8828	12995	16181	21352	34185
商丘市 Shangqiu	14592	9817	11993	13039	16781	24094
信阳市 Xinyang	14909	11440	13256	15324	16237	20576
周口市 Zhoukou	16605	9528	12905	15472	19267	23428
驻马店市 Zhumadian	16664	11369	12121	15863	18037	24964
济源市 Jiyuan	19853	12050	13855	14784	22216	26534
省直管县 Province Administrating County						
巩义市 Gongyi	17687	6203	8176	13438	16510	39550
兰考县 Lankao	12919	9265	8308	11643	14434	22303
汝州市 Ruzhou	15252	7320	7561	10634	22095	31647
滑县 Huaxian	13362	5664	11022	11642	21495	18982
长垣县 Changyuan	14348	11279	11856	13649	14136	21630
邓州市 Dengzhou	19593	10651	14166	17680	24407	35408
永城市 Yongcheng	13163	7582	12673	12092	14004	20354
固始县 Gushi	16420	7420	12606	14641	15947	19335
鹿邑县 Luyi	12454	7822	10926	11870	12651	17427
新蔡县 Xincai	15653	8626	13751	15862	16890	28308

11-12 各市城镇居民家庭平均每人主要食品消费量(2015年)

Per Capita Consumption of Major Food in Rural Households by City (2015)

单位：千克 (kg)

市(县)	City(County)	粮食 Grain	食用油 Edible Oil	蔬菜及菜制品 Vegetables	猪牛羊肉 Pork, Beef and Mutton	家禽 Poultry	水产品 Aquatic Products	蛋类及其制品 Eggs and Related Products	奶和奶制品 Fresh Milk and Dairy products	干鲜瓜果类 Dry fresh fruit	糖果糕点类 Sugar	酒类 Liquor
省辖市	**City**											
郑州市	Zhengzhou	95.9	9.6	88.0	16.4	5.1	5.9	13.9	27.8	57.4	7.3	5.5
开封市	Kaifeng	129.7	10.5	81.9	11.1	4.5	3.5	14.9	13.6	69.7	8.1	11.2
洛阳市	Luoyang	121.6	8.8	97.1	19.3	3.6	3.9	14.0	24.1	54.1	6.5	5.6
平顶山市	Pingdingshan	132.4	10.4	115.5	21.5	5.2	2.9	14.1	16.1	64.1	6.4	7.4
安阳市	Anyang	177.3	11.7	113.4	16.9	3.5	3.1	17.1	18.4	57.6	8.1	8.6
鹤壁市	Hebi	158.1	13.0	86.5	17.3	3.5	2.2	14.3	14.1	51.5	6.5	7.8
新乡市	Xinxiang	142.7	10.0	98.2	14.5	3.9	3.4	16.3	14.0	64.3	6.7	8.7
焦作市	Jiaozuo	121.6	11.1	88.3	18.9	4.0	3.0	13.9	22.0	52.0	5.6	6.1
濮阳市	Puyang	137.9	13.0	108.5	21.9	7.5	5.3	13.9	15.5	68.0	6.4	6.3
许昌市	Xuchang	108.6	9.1	93.9	16.5	4.6	2.6	11.6	17.8	64.3	6.8	4.3
漯河市	Luohe	113.6	9.2	90.8	14.6	6.6	3.2	13.9	12.7	60.7	5.5	10.6
三门峡市	Sanmenxia	117.9	8.9	82.6	13.2	2.3	2.2	10.0	16.5	49.4	6.5	3.4
南阳市	Nanyang	116.5	11.8	123.2	23.5	7.2	5.5	21.3	20.8	28.1	5.5	13.8
商丘市	Shangqiu	170.7	11.6	100.2	15.5	7.3	4.5	15.5	12.5	63.7	5.8	7.7
信阳市	Xinyang	143.2	13.0	111.3	32.5	13.5	10.8	10.8	10.4	43.2	6.1	13.2
周口市	Zhoukou	128.3	9.2	91.4	17.5	8.8	4.7	13.4	12.1	56.0	4.5	7.5
驻马店市	Zhumadian	121.1	13.1	104.7	17.4	11.4	6.0	15.2	16.8	69.0	5.7	8.5
济源市	Jiyuan	135.8	9.1	136.3	13.8	8.5	2.9	19.4	26.3	30.6	8.7	5.2
省直管县	**Province Administrating County**											
巩义市	Gongyi	103.7	13.6	60.4	11.1	1.5	2.2	10.5	16.3	50.4	5.3	3.8
兰考县	Lankao	153.0	10.3	73.9	9.4	3.7	2.5	13.0	8.7	46.3	2.2	6.7
汝州市	Ruzhou	124.0	10.0	93.0	9.0	1.0	3.0	9.0	17.0	50.0	4.0	6.0
滑县	Huaxian	127.0	9.9	92.8	9.4	5.4	2.6	14.0	7.4	72.4	6.6	5.4
长垣县	Changyuan	131.1	9.7	89.3	8.1	3.0	1.9	11.2	4.9	50.2	4.3	10.0
邓州市	Dengzhou	121.3	10.3	88.3	17.7	6.8	4.3	16.4	10.7	31.5	5.9	7.0
永城市	Yongcheng	120.6	13.2	85.2	15.7	7.5	3.7	12.2	6.5	43.2	3.5	5.0
固始县	Gushi	142.4	7.8	115.6	23.8	22.3	6.9	7.0	5.9	26.5	2.6	10.4
鹿邑县	Luyi	150.2	9.9	87.3	11.8	11.6	2.6	20.1	10.7	45.7	3.5	7.4
新蔡县	Xincai	168.6	10.2	128.8	27.4	21.3	9.2	23.0	6.5	42.9	5.8	4.5

11-13 按收入分组的农民家庭人口，劳动力及居住状况(2015年)

Status of the Peasant Family Population, Labor Force and Housing Conditions by Income Level (2015)

项目	Item	全省平均 Average	低收入户 Low Income Households	中低收入户 Lower Middle Income Households
调查户数(户)	Number of Households Surveyed(household)	3806	761	762
调查户常住人口(人)	Number of Residents Surveyed(person)	13403	3007	2917
平均每户中	Average Number of Permanent			
常住人口	Residents Per Household	3.52	3.95	3.83
整、半劳动力	Average Number of Able-bodied and Semi-abledbodied Laborers Per Household	2.21	2.33	2.28
劳动力占常住人口比重(%)	Percentage of Laborers to Residents Surveyed(%)	62.8	59.01	59.62
平均每个劳动力负担人口	Average Number of Persons Supported by a Laborer	1.59	1.69	1.68
平均每百个常住人口中(人)	Among Per 100 Permanent Residents (person)			
5岁及以下	Age 5 and Below	6.65	7.91	7.42
6-15岁	Age 6-15	16.79	18.69	19.35
16-60岁	Age 16-60	61.64	56.96	58.50
61岁及以上	above 60	14.91	16.45	14.73
每百个就业劳动力文化程度(人)	Among Per 100 Laborers(person)(by cultur level)			
未上过学	Illiterate or Semiliterate	4.00	5.58	4.83
小学	Primary School	19.89	20.99	21.22
初中	Junior Secondary School	59.75	59.96	60.44
高中	Senior Secondary School	12.68	11.10	10.98
大学专科	Specialty	2.63	1.86	1.84
大学本科	Undergraduate College	0.95	0.45	0.57
研究生	Graduate Degrees	0.10	0.06	0.11
每百个就业劳动力从事的主要行业(人)	Among Per 100 Laborers (person)			
第一产业	Primary Industry	58.94	68.94	63.09
第二产业	Secondary Industry	21.61	19.57	20.16
第三产业	Tertiary Industry	19.44	11.49	16.75
居住情况	**Housing condition**			
期末人均住房情况	Per Capita Housing Situation			
住房面积(平方米)	Living Space(sq.m.)	43.60	37.57	38.71
#租用住房面积	Rental Living Space	0.42	0.02	0.20
住房价值(万元)	Value of Owned Houses(10 000yuan)	3.10	2.48	2.67
住房主要建筑材料构成(%)	Construction of Main Building Materials(%)			
#钢筋混凝土	Reinforced Concrete	14.3	11.6	14.8
砖混材料	Brick mixed material	61.1	57.7	60.2
砖瓦砖木	Brick tile and brick wood	23.4	28.5	23.4
住宅外道路路面构成(%)	Construction of the Road Pavement Outside Home(%)			
水泥或柏油路面	Asphalt or Cement Road	52.5	50.1	54.8
沙石或石板等硬质路面	Rigid Pavement	15.8	15.1	15.6
其他	Others	31.7	34.9	29.6
住户主要饮用水来源构成(%)	Construction of Drinking Water for Residents(%)			
#经过净化处理的自来水	After Purification Treatment of Tap Water	33.8	31.7	30.2
受保护的井水和泉水	Protected Well and Spring Water	32.8	34.6	35.9
不受保护的井水和泉水	Unprotected Wells and Springs Water	28.6	28.4	28.8
住户厕所类型构成(%)	Construction of Toilet(%)			
#水冲式卫生厕所	Flush Sanitary Dry Toilet	4.8	2.4	3.8
水冲式非卫生厕所	Flush Insanitary Dry Toilet	1.4	1.8	1.7
卫生旱厕	Sanitary Dry Toilet	21.3	20.2	17.9
普通旱厕	General Dry Toilet	71.8	74.6	75.7
主要炊用能源构成(%)	Construction of Cooking Energy(%)			
柴草	Straw	30.6	37.1	29.9
煤炭	Coal	18.9	21.9	18.5
罐装液化石油气	Canned Liquefied Petroleum Gas	28.6	23.9	30.8
电	Electricity	17.5	13.7	16.5

11-13 续表 continued

项目	Item	中等收入户 Middle Income Households	中高收入户 Upper Middle Income Households	高收入户 High Income Households
调查户数(户)	Number of Households Surveyed(household)	762	760	762
调查户常住人口(人)	Number of Residents Surveyed(person)	2776	2564	2138
平均每户中	Average Number of Permanent			
常住人口	Residents Per Household	3.64	3.38	2.81
整、半劳动力	Average Number of Able-bodied and Semi-abledbodied Laborers Per Household	2.28	2.22	2.16
劳动力占常住人口比重(%)	Percentage of Laborers to Residents Surveyed(%)	62.56	65.76	77.01
平均每个劳动力负担人口	Average Number of Persons Supported by a Laborer	1.60	1.52	1.30
平均每百个常住人口中(人)	Among Per 100 Permanent Residents (person)			
5岁及以下	Age 5 and Below	6.93	5.36	3.29
6-15岁	Age 6-15	17.22	16.54	9.43
16-60岁	Age 16-60	61.99	64.11	71.46
61岁及以上	above 60	13.86	14.00	15.82
每百个就业劳动力文化程度(人)	Among Per 100 Laborers(person)(by cultur level)			
未上过学	Illiterate or Semiliterate	4.15	3.91	3.52
小学	Primary School	19.52	18.76	19.25
初中	Junior Secondary School	59.69	59.15	55.25
高中	Senior Secondary School	12.90	13.55	15.91
大学专科	Specialty	3.22	3.38	3.83
大学本科	Undergraduate College	0.35	1.07	2.25
研究生	Graduate Degrees	0.17	0.18	
每百个就业劳动力从事的主要行业(人)	Among Per 100 Laborers (person)			
第一产业	Primary Industry	55.56	51.63	49.96
第二产业	Secondary Industry	23.90	23.42	21.63
第三产业	Tertiary Industry	20.54	24.95	28.41
居住情况	**Housing condition**			
期末人均住房情况	Per Capita Housing Situation			
住房面积(平方米)	Living Space(sq.m.)	43.02	48.48	59.96
#租用住房面积	Rental Living Space	0.27	0.47	3.32
住房价值(万元)	Value of Owned Houses(10 000yuan)	3.17	3.46	4.77
住房主要建筑材料构成(%)	Construction of Main Building Materials(%)			
#钢筋混凝土	Reinforced Concrete	14.7	12.1	16.8
砖混材料	Brick mixed material	62.3	64.7	61.9
砖瓦砖木	Brick tile and brick wood	22.4	22.5	20.6
住宅外道路路面构成(%)	Construction of the Road Pavement Outside Home(%)			
水泥或柏油路面	Asphalt or Cement Road	56.9	56.4	58.6
沙石或石板等硬质路面	Rigid Pavement	15.9	15.2	13.0
其他	Others	27.2	28.5	28.4
住户主要饮用水来源构成(%)	Construction of Drinking Water for Residents(%)			
#经过净化处理的自来水	After Purification Treatment of Tap Water	33.0	34.4	33.9
受保护的井水和泉水	Protected Well and Spring Water	33.4	35.8	34.7
不受保护的井水和泉水	Unprotected Wells and Springs Water	30.1	26.2	28.5
住户厕所类型构成(%)	Construction of Toilet(%)			
#水冲式卫生厕所	Flush Sanitary Dry Toilet	4.3	6.9	11.6
水冲式非卫生厕所	Flush Insanitary Dry Toilet	1.3	2.4	1.2
卫生旱厕	Sanitary Dry Toilet	20.6	20.7	21.5
普通旱厕	General Dry Toilet	73.3	69.1	64.9
主要炊用能源构成(%)	Construction of Cooking Energy(%)			
柴草	Straw	27.2	25.3	23.9
煤炭	Coal	21.0	16.7	17.3
罐装液化石油气	Canned Liquefied Petroleum Gas	27.8	29.5	30.7
电	Electricity	20.2	24.5	20.6

11－14 按收入分组的农民家庭平均每人总收支及结构(2015年)

Per Capita Total Income and Expenditure in Rural Households by Level of Income (2015)

单位：元 (yuan)

项　目	Item	全省平均 Average	低收入户 Low Income Households	中低收入户 Lower Middle Income Households
总收入	**Total Cash Income**	**13667**	**6155**	**9235**
工资性收入	Income of Wage	3728	1395	2450
经营性收入	Income from Household Business Operation	7083	3635	4585
第一产业	Primary Industry	5319	3117	3848
第二产业	Secondary Industry	392	63	91
第三产业	Tertiary Industry	1371	456	645
财产性收入	Property Income	161	37	80
转移性收入	Transfer Income	2695	1088	2120
家庭外出从业人员寄回带回收入	Earning from Migrant Workers	1877	669	1580
农民家庭平均每人总收入构成(%)	**Structure of Peasant Family Per Capita Income (%)**			
总收入	Total Cash Income	100.0	100.0	100.0
工资性收入	Income of Wage	27.3	22.7	26.5
经营性收入	Income from Household Business Operation	51.8	59.1	49.6
财产性收入	Property Income	1.2	0.6	0.9
转移性收入	Transfer Income	19.7	17.7	23.0
总支出	**Total Expenditure**	**12176**	**8878**	**9620**
消费支出	Consumption Expenditure	7887	5819	6622
生产经营费用支出	Expenditure of Production Business	2339	1797	1482
第一产业	Primary Industry	1908	1585	1312
第二产业	Secondary Industry	109	16	19
第三产业	Tertiary Industry	322	196	152
财产性支出	Property Expenditure	4	1	2
转移性支出	Transfer Expenditure	189	161	175
部分商业保险支出	Expenditure of Commercial Insurance	33	15	23
购置资产及非经常性转移支出	Expenditure of Purchasing Assets and Non-transfer Expenditur	1484	969	1163
借贷性支出	Expenditure of Debit and Credit	238	116	153
农民家庭平均每人总支出构成(%)	**Structure of Per Capita Total Expenditure of Rural Households (%)**			
总支出	Total Expenditure	100.0	100.0	100.0
消费支出	Consumption Expenditure	64.8	65.5	68.8
生产经营费用支出	Expenditure of Production Business	19.2	20.2	15.4
财产性支出	Property Expenditure	0.0	0.0	0.0
转移性支出	Transfer Expenditure	1.6	1.8	1.8
部分商业保险支出	Expenditure of Commercial Insurance	0.3	0.2	0.2
购置资产及非经常性转移支出	Expenditure of Purchasing Assets and Non-transfer Expenditur	12.2	10.9	12.1
借贷性支出	Expenditure of Debit and Credit	2.0	1.3	1.6

11-14 续表 continued

单位：元 (yuan)

项目	Item	中等收入户 Middle Income Households	中高收入户 Upper Middle Income Households	高收入户 High Income Households
总收入	**Total Cash Income**	**12344**	**15864**	**29533**
工资性收入	Income of Wage	3680	4985	7366
经营性收入	Income from Household Business Operation	5828	6932	17222
第一产业	Primary Industry	4629	5368	11310
第二产业	Secondary Industry	244	346	1521
第三产业	Tertiary Industry	955	1218	4392
财产性收入	Property Income	106	229	440
转移性收入	Transfer Income	2730	3718	4504
家庭外出从业人员寄回带回收入	Earning from Migrant Workers	2088	2735	2708
农民家庭平均每人总收入构成(%)	**Structure of Peasant Family Per Capita Income (%)**			
总收入	Total Cash Income	100.0	100.0	100.0
工资性收入	Income of Wage	29.8	31.4	24.9
经营性收入	Income from Household Business Operation	47.2	43.7	58.3
财产性收入	Property Income	0.9	1.4	1.5
转移性收入	Transfer Income	22.1	23.4	15.3
总支出	**Total Expenditure**	**11313**	**12763**	**20792**
消费支出	Consumption Expenditure	7656	8533	12098
生产经营费用支出	Expenditure of Production Business	1896	2071	5178
第一产业	Primary Industry	1638	1645	3846
第二产业	Secondary Industry	65	77	462
第三产业	Tertiary Industry	193	348	870
财产性支出	Property Expenditure	2	4	15
转移性支出	Transfer Expenditure	185	175	273
部分商业保险支出	Expenditure of Commercial Insurance	34	33	73
购置资产及非经常性转移支出	Expenditure of Purchasing Assets and Non-transfer Expenditur	1280	1581	2808
借贷性支出	Expenditure of Debit and Credit	259	367	347
农民家庭平均每人总支出构成(%)	**Structure of Per Capita Total Expenditure of Rural Households (%)**			
总支出	Total Expenditure	100.0	100.0	100.0
消费支出	Consumption Expenditure	67.7	66.9	58.2
生产经营费用支出	Expenditure of Production Business	16.8	16.2	24.9
财产性支出	Property Expenditure	0.0	0.0	0.1
转移性支出	Transfer Expenditure	1.6	1.4	1.3
部分商业保险支出	Expenditure of Commercial Insurance	0.3	0.3	0.3
购置资产及非经常性转移支出	Expenditure of Purchasing Assets and Non-transfer Expenditur	11.3	12.4	13.5
借贷性支出	Expenditure of Debit and Credit	2.3	2.9	1.7

11-15 按收入分组的农民家庭平均每人可支配收入及消费性支出(2015年)

Per Capita Disposable Income and Consumption Expenditure of Rural Households by Income Level (2015)

单位：元 (yuan)

项目	Item	全省平均 Average	低收入户 Low Income Households	中低收入户 Lower Middle Income Households
可支配收入	**Disposable Income**	**10853**	**3899**	**7319**
工资性收入	Laborage	3728	1395	2450
经营净收入	Business Net Income	4462	1542	2845
第一产业	Primary Industry	3265	1393	2405
第二产业	Secondary Industry	263	41	28
第三产业	Tertiary Industry	934	107	412
财产净收入	Net Income of Properties	157	36	79
转移净收入	Net Income of Transfers	2505	927	1945
家庭外出从业人员寄回带回收入	Income Taken back by Employees out Home	1877	669	1580
生活消费支出	**Annual Living Consumption Expenditure**	**7887**	**5819**	**6622**
食品	Food	2301	1748	1949
衣着	Clothing	655	477	557
居住	Residence	1643	1251	1362
家庭设备、用品及服务	Household Appliances	561	380	462
交通和通讯	Transport and Telecommunications	970	634	693
文化、教育、娱乐用品及服务	Culture,Education,Recreation and Service	851	656	822
医疗保健	Health and Medical	769	579	662
其他商品和服务	Other Goods and Servies	136	93	114

项目	Item	中等收入户 Middle Income Households	中高收入户 Uper Middle Income Households	高收入户 High Income Households
可支配收入	**Disposable Income**	**10017**	**13424**	**23617**
工资性收入	Laborage	3680	4985	7366
经营净收入	Business Net Income	3688	4671	11594
第一产业	Primary Industry	2845	3591	7267
第二产业	Secondary Industry	174	261	1018
第三产业	Tertiary Industry	670	818	3309
财产净收入	Net Income of Properties	103	225	425
转移净收入	Net Income of Transfers	2546	3543	4232
家庭外出从业人员寄回带回收入	Income Taken back by Employees out Home	2088	2735	2708
生活消费支出	**Annual Living Consumption Expenditure**	**7656**	**8533**	**12098**
食品	Food	2281	2460	3409
衣着	Clothing	656	721	963
居住	Residence	1589	1745	2537
家庭设备、用品及服务	Household Appliances	546	608	914
交通和通讯	Transport and Telecommunications	932	1117	1704
文化、教育、娱乐用品及服务	Culture,Education,Recreation and Service	878	940	1030
医疗保健	Health and Medical	648	805	1299
其他商品和服务	Other Goods and Servies	126	137	242

11-16 按收入分组的农民家庭平均每人现金收入及支出(2015年)

Per Capita Cash Income and Expenditure of Rural Households by Income Level (2015)

单位：元 (yuan)

项　目	Item	全省平均 Average	低收入户 Low Income Households	中低收入户 Lower Middle Income Households
现金收入(未扣除生产费用)	**Cash Income(including Product Expenditure)**	**12311**	**5211**	**8060**
现金工资性收入	Cash Income from Wages	3725	1393	2449
现金经营性收入	Business Cash Income	5879	2778	3504
第一产业	Primary Industry	4115	2259	2767
第二产业	Secondary Industry	392	63	91
第三产业	Tertiary Industry	1371	456	645
现金财产性收入	Cash Income of Properties	161	37	80
现金转移性收入	Cash Income of Transfers	2547	1003	2027
家庭外出从业人员寄回带回收入	Income Taken back by Employees out Home	1877	669	1580
现金支出	**Cash Expenditure**	**10907**	**7915**	**8569**
现金消费支出	Cash Consumption Expenditure	6635	4868	5585
生产经营现金费用支出	Cash Expenditure of Production Business	2323	1785	1469
第一产业	Primary Industry	1891	1573	1298
第二产业	Secondary Industry	109	16	19
第三产业	Tertiary Industry	322	196	152
现金财产性支出	Cash Expenditure of Properties	4	1	2
现金转移性支出	Cash Expenditure of Transfers	189	161	175
部分商业保险支出	Expenditure of Commercial Insurance	33	15	23
购置资产及非经常性转移支出	Expenditure of Purchasing Assets and Non-transfer Expenditure	1484	969	1163
借贷性支出	Expenditure of Debit and Credit	238	116	153

项　目	Item	中等收入户 Middle Income Households	中高收入户 Upper Middle Income Households	高收入户 High Income Households
现金收入(未扣除生产费用)	**Cash Income(including Product Expenditure)**	**11075**	**14336**	**27437**
现金工资性收入	Cash Income from Wages	3674	4981	7359
现金经营性收入	Business Cash Income	4671	5593	15454
第一产业	Primary Industry	3471	4030	9541
第二产业	Secondary Industry	244	346	1521
第三产业	Tertiary Industry	955	1218	4392
现金财产性收入	Cash Income of Properties	106	229	440
现金转移性收入	Cash Income of Transfers	2624	3533	4183
家庭外出从业人员寄回带回收入	Income Taken back by Employees out Home	2088	2735	2708
现金支出	**Cash Expenditure**	**10118**	**11413**	**18789**
现金消费支出	Cash Consumption Expenditure	6474	7197	10130
生产经营现金费用支出	Cash Expenditure of Production Business	1883	2057	5144
第一产业	Primary Industry	1626	1631	3812
第二产业	Secondary Industry	65	77	462
第三产业	Tertiary Industry	193	348	870
现金财产性支出	Cash Expenditure of Properties	2	4	15
现金转移性支出	Cash Expenditure of Transfers	185	175	273
部分商业保险支出	Expenditure of Commercial Insurance	34	33	73
购置资产及非经常性转移支出	Expenditure of Purchasing Assets and Non-transfer Expenditure	1280	1581	2808
借贷性支出	Expenditure of Debit and Credit	259	367	347

11−17 按收入分组的农民家庭主要食品消费量(2015年)

Consumption of Major Food in Rural Households by Income Level (2015)

单位：公斤/人　　(kg/person)

项　目	Item	全省平均 Average	低收入户 Low Income Households	中低收入户 Lower Middle Income Households
粮食消费量	Consumption of Food	132.45	109.41	123.18
#小麦	Wheat	91.75	77.04	85.59
稻谷	Rice	24.19	18.08	22.86
玉米	Corn	5.98	6.07	6.23
油脂类消费量	Oil	7.61	6.40	6.80
蔬菜及菜制品消费量	Vegetables	67.72	53.89	61.80
肉类	Meat	12.79	9.68	11.36
禽类	Poultry	3.88	3.03	3.34
水产品	Aquatic Products	2.53	2.12	2.27
蛋类及蛋制品	Eggs and Related Productions	10.73	8.89	9.63
奶和奶制品	Milk and Dairy Products	5.03	3.38	4.77
干鲜瓜果类	Melons and Fruits	39.10	30.85	35.06
糖果糕点类	Confectionery	4.56	3.84	4.11
酒	Liquor	6.71	5.03	6.08

项　目	Item	中等收入户 Middle Income Households	中高收入户 Upper Middle Income Households	高收入户 High Income Households
粮食消费量	Consumption of Food	122.91	134.85	157.54
#小麦	Wheat	85.76	95.13	105.06
稻谷	Rice	20.98	22.55	30.38
玉米	Corn	4.58	5.57	6.24
油脂类消费量	Oil	7.20	7.85	9.61
蔬菜及菜制品消费量	Vegetables	62.80	69.42	87.48
肉类	Meat	12.34	13.45	17.42
禽类	Poultry	3.72	3.90	4.82
水产品	Aquatic Products	2.33	2.48	3.36
蛋类及蛋制品	Eggs and Related Productions	10.62	11.37	13.54
奶和奶制品	Milk and Dairy Products	5.41	6.92	7.88
干鲜瓜果类	Melons and Fruits	39.77	41.20	50.67
糖果糕点类	Confectionery	4.71	4.81	5.85
酒	Liquor	6.91	6.81	9.51

11-18 按收入分组的农民家庭平均每百户主要耐用消费品及生产性固定资产年末拥有量(2015年)

Number of Durable Consumer Goods and Productive Fixed Assets Owned Per hundred Rural Households at the Year-end by Income Level (2015)

项　目	Item	全省平均 Average	低收入户 Low Income Households	中低收入户 Lower Middle Income Households
耐用消费品年末拥有量	**Durable Consumer Goods**			
家用汽车(台)	Domestic Car (unit)	12.0	8.4	12.6
摩托车(台)	Motorcycle (unit)	65.2	59.0	63.8
助力车(台)	Moped (unit)	87.6	84.8	87.6
洗衣机(台)	Washing Machine (unit)	92.9	88.1	94.0
电冰箱(台)	Refrigerator(unit)	79.1	71.9	77.9
微波炉(台)	Oven (unit)	9.0	6.4	7.1
彩色电视机(台)	Color TV Set (unit)	112.6	109.6	111.8
#接入有线电视	Cable (unit)	51.5	45.3	43.3
空调(台)	Air Conditioner(unit)	54.8	38.8	51.9
热水器(台)	Water Heater(unit)	48.3	38.6	46.1
#太阳能热水器	Solar Water Heater(unit)	39.4	33.2	37.2
消毒碗柜(台)	Disinfection Cabinet(unit)	0.4	0.3	0.3
洗碗机(台)	Dishwasher(unit)	0.5	0.4	0.7
排油烟机(台)	Gas Hooker(unit)	6.3	2.9	7.4
固定电话(部)	Telephone(unit)	20.1	20.0	19.6
移动电话(部)	Hand Telephone(unit)	221.0	209.9	215.9
#接入互联网	Internet Mobile Phones(unit)	67.7	58.0	64.9
计算机(台)	Computer(unit)	26.6	19.1	22.2
#接入互联网	Internet Computer(unit)	19.9	13.7	17.3
摄像机(架)	Pickup Camera(unit)	0.4	0.1	0.5
照相机(架)	Camera(unit)	3.1	1.3	2.5
中高档乐器(件)	Medium and High-Grade Musical Instrument(unit)	0.2	0.1	0.5
健身器材(套)	Fitness Equipment(unit)	0.4	0.1	0.4
组合音响(套)	Audio System(unit)	1.6	0.9	1.8
生产性固定资产数量	**Productive Fixed Assets**			
生产性用房及建筑物(平方米)	Productive Occupancy and Buildings(sq.m.)	805.8	951.4	558.0
大中型农用拖拉机(台)	Large and Medium Tractors(unit)	2.3	1.6	2.2
小型农用拖拉机(台)	Minitype Tractors(unit)	41.9	44.2	42.6
农用排灌动力机械(台)	Drainage and Irrigation Agricultural Machinery(unit)	26.3	25.1	27.9
插秧机(台)	Transplanter(unit)	0.7	0.3	1.0
收割机(台)	Harvesters(unit)	1.4	2.2	1.3
脱粒机(台)	Thresher (unit)	12.4	13.0	12.7
役畜(头)	Draught Animals (unit)	30.1	2.4	35.4
产品畜(头)	Livestock Products (unit)	43.6	17.4	18.6

11-18 续表 continued

项 目	Item	中等收入户 Middle Income Households	中高收入户 Upper Middle Income Households	高收入户 High Income Households
耐用消费品年末拥有量	**Durable Consumer Goods**			
家用汽车(台)	Domestic Car (unit)	12.6	11.3	17.6
摩托车(台)	Motorcycle (unit)	67.2	66.4	63.9
助力车(台)	Moped (unit)	90.2	95.8	89.4
洗衣机(台)	Washing Machine (unit)	96.3	92.4	94.7
电冰箱(台)	Refrigerator(unit)	81.2	80.6	78.9
微波炉(台)	Oven (unit)	8.5	9.9	14.3
彩色电视机(台)	Color TV Set (unit)	113.9	114.7	114.4
#接入有线电视	Cable (unit)	50.6	56.6	58.4
空调(台)	Air Conditioner(unit)	56.7	65.8	72.5
热水器(台)	Water Heater(unit)	50.9	51.8	50.4
#太阳能热水器	Solar Water Heater(unit)	41.4	42.7	38.9
消毒碗柜(台)	Disinfection Cabinet(unit)	0.3	0.5	1.3
洗碗机(台)	Dishwasher(unit)	0.4	0.7	0.4
排油烟机(台)	Gas Hooker(unit)	7.1	9.6	13.1
固定电话(部)	Telephone(unit)	22.2	19.7	22.4
移动电话(部)	Hand Telephone(unit)	224.9	227.7	229.1
#接入互联网	Internet Mobile Phones(unit)	69.9	76.4	81.2
计算机(台)	Computer(unit)	28.0	34.3	34.9
#接入互联网	Internet Computer(unit)	20.7	26.5	27.4
摄像机(架)	Pickup Camera(unit)	0.3	0.7	0.9
照相机(架)	Camera(unit)	3.8	4.6	5.1
中高档乐器(件)	Medium and High-Grade Musical Instrument(unit)	0.5	0.3	0.3
健身器材(套)	Fitness Equipment(unit)	0.9	0.7	0.9
组合音响(套)	Audio System(unit)	2.4	2.0	1.2
生产性固定资产数量	**Productive Fixed Assets**			
生产性用房及建筑物(平方米)	Productive Occupancy and Buildings(sq.m.)	684.6	792.0	1042.9
大中型农用拖拉机(台)	Large and Medium Tractors(unit)	2.6	1.7	3.4
小型农用拖拉机(台)	Minitype Tractors(unit)	41.3	41.8	39.7
农用排灌动力机械(台)	Drainage and Irrigation Agricultural Machinery(unit)	29.3	25.6	23.7
插秧机(台)	Transplanter(unit)	0.7	0.7	1.0
收割机(台)	Harvesters(unit)	1.4	0.8	1.5
脱粒机(台)	Thresher (unit)	13.4	12.9	10.1
役畜(头)	Draught Animals (unit)	60.0	3.3	49.1
产品畜(头)	Livestock Products (unit)	61.0	26.0	94.9

11－19 各市农村居民家庭平均每人全年可支配收入按收入来源分组情况(2015年)

Per Capita Annual Disposable Income of Rural Household by City (2015)

单位：元 (yuan)

市(县) City(County)	合计 Total	工资性收入 Net Income from Wages and Salaries	家庭经营收入 Net Income from Household Operations	财产性收入 Net Income from Properties	转移性收入 Net Income from Transfers
省辖市 City					
郑州市 Zhengzhou	17125	11029	4113	1089	894
开封市 Kaifeng	10304	3959	4637	172	1536
洛阳市 Luoyang	10667	4908	3077	201	2481
平顶山市 Pingdingshan	10450	4249	3389	273	2539
安阳市 Anyang	11721	4940	4618	169	1995
鹤壁市 Hebi	12995	6094	5572	67	1263
新乡市 Xinxiang	11772	5326	4455	128	1864
焦作市 Jiaozuo	13751	7906	4726	334	785
濮阳市 Puyang	9790	4104	4534	117	1035
许昌市 Xuchang	13355	7124	3951	288	1992
漯河市 Luohe	11980	5168	5574	334	904
三门峡市 Sanmenxia	11084	3515	6175	148	1247
南阳市 Nanyang	10777	3292	5542	115	1828
商丘市 Shangqiu	8885	3884	3271	103	1627
信阳市 Xinyang	9844	2708	4869	68	2199
周口市 Zhoukou	8576	2259	3237	58	3021
驻马店市 Zhumadian	9174	3036	4135	122	1881
济源市 Jiyuan	14469	6729	6856	157	727
省直管县 Province Administrating County					
巩义市 Gongyi	17985	11747	5037	97	1104
兰考县 Lankao	9072	1113	4703	-3	3260
汝州市 Ruzhou	13060	5927	6342	101	690
滑县 Huaxian	9079	2051	3779	29	3220
长垣县 Changyuan	14950	5805	5672	66	3408
邓州市 Dengzhou	11827	2611	5648	255	3313
永城市 Yongcheng	11097	4258	3839	87	2913
固始县 Gushi	10535	3470	4943	47	2075
鹿邑县 Luyi	10101	2365	3194	26	4516
新蔡县 Xincai	9384	2194	4200	120	2870

11-20 各市农村居民家庭平均每人全年可支配收入分组情况(2015年)

Per Capita Annual Disposable Income of Rural Household by City (2015)

单位：元 (yuan)

市(县) City(County)	低收入户 Low Income Households	中低收入户 Lower Middle Income Households	中等收入户 Middle Income Households	中高收入户 Upper Middle Income Households	高收入户 High Income Households
省辖市 City					
郑州市 Zhengzhou	8176	12279	15761	20077	33307
开封市 Kaifeng	4809	7275	9312	12099	20254
洛阳市 Luoyang	4284	7276	9579	12322	22267
平顶山市 Pingdingshan	4096	6990	9185	12317	24765
安阳市 Anyang	4583	7664	10901	14331	26067
鹤壁市 Hebi	5934	9611	11513	14764	24275
新乡市 Xinxiang	5053	8471	10822	13905	22934
焦作市 Jiaozuo	4397	8880	11977	15719	30715
濮阳市 Puyang	3008	6117	8662	11366	23844
许昌市 Xuchang	6395	9791	12659	16038	24693
漯河市 Luohe	1533	7355	10553	15150	29658
三门峡市 Sanmenxia	4236	6999	9631	13583	26097
南阳市 Nanyang	3949	7619	10761	13593	21705
商丘市 Shangqiu	3226	6188	8687	11350	16960
信阳市 Xinyang	3681	6513	8849	12129	21708
周口市 Zhoukou	3505	6697	8708	11114	17045
驻马店市 Zhumadian	3988	6898	9014	11244	18585
济源市 Jiyuan	6650	9952	12481	15633	24562
省直管县 Province Administrating County					
巩义市 Gongyi	6189	12931	16014	20821	30490
兰考县 Lankao	5344	7614	8673	9941	14489
汝州市 Ruzhou	6554	8693	10718	12792	29497
滑县 Huaxian	4459	6359	8862	12180	18558
长垣县 Changyuan	7637	10505	13177	17839	26320
邓州市 Dengzhou	4656	8573	12026	15152	23049
永城市 Yongcheng	4249	6741	10549	14030	20013
固始县 Gushi	2624	6011	9384	13529	25059
鹿邑县 Luyi	4068	8277	10700	13046	18359
新蔡县 Xincai	3506	6506	8779	10908	19938

11-21 各市农村居民家庭平均每人生活消费总支出(2015年)
Per Capita Consumption Expenditure of Rural Households by City (2015)

单位：元 (yuan)

市(县) City(County)	生活消费支出合计 Consumption Expenditure	食品烟酒 Food	衣着 Clothing	居住 Residence	生活用品及服务 Household Appliances	交通、通信及服务 Transport, and Communi-cations	教育及文化娱乐 Education, Cultural and Recreation	医疗、保健及服务 Health Care and Medical	其他商品及服务 Other Goods
省辖市 City									
郑州市 Zhengzhou	12080	2881	1069	3216	865	1819	977	882	372
开封市 Kaifeng	7297	1867	613	1598	546	800	888	727	259
洛阳市 Luoyang	8385	2020	799	1982	741	1330	789	550	174
平顶山市 Pingdingshan	5601	1691	540	1179	461	530	451	622	126
安阳市 Anyang	7439	2150	666	1776	555	848	564	680	201
鹤壁市 Hebi	8981	3003	833	1645	607	745	858	1158	132
新乡市 Xinxiang	7490	2259	748	1334	566	908	788	688	199
焦作市 Jiaozuo	10172	2988	901	1943	919	1327	860	820	414
濮阳市 Puyang	6949	2059	542	1553	574	958	656	538	68
许昌市 Xuchang	8579	2472	778	1952	583	974	748	765	306
漯河市 Luohe	6493	2015	627	1078	854	768	498	473	180
三门峡市 Sanmenxia	7946	2031	651	1776	571	850	1106	811	149
南阳市 Nanyang	7804	2841	578	1900	474	721	441	631	218
商丘市 Shangqiu	6328	2159	580	1119	480	732	543	603	112
信阳市 Xinyang	7589	3094	498	1554	448	671	607	573	143
周口市 Zhoukou	5956	2175	459	1535	408	557	338	357	127
驻马店市 Zhumadian	7198	2435	605	1374	597	741	724	595	128
济源市 Jiyuan	9435	2792	872	1294	894	1667	825	711	380
省直管县 Province Administrating County									
巩义市 Gongyi	8574	2082	766	2198	532	1244	889	590	273
兰考县 Lankao	8244	2333	526	1807	499	1488	857	575	159
汝州市 Ruzhou	6075	2046	601	1275	489	589	306	541	228
滑县 Huaxian	6775	2170	585	1333	400	660	698	768	163
长垣县 Changyuan	7930	2220	778	1672	718	1166	697	493	186
邓州市 Dengzhou	8381	2959	559	1883	528	707	760	862	123
永城市 Yongcheng	9794	3440	794	1347	537	1438	755	1321	162
固始县 Gushi	7814	3380	375	1390	389	552	691	945	92
鹿邑县 Luyi	6470	2515	457	1253	539	935	424	308	39
新蔡县 Xincai	8725	2875	745	2009	645	867	1004	523	57

11-22 各市农村居民家庭平均每人生活消费现金支出(2015年)
Per Capita Cash Consumption Expenditure of Rural Households by City (2015)

单位：元 (yuan)

市(县)	City(County)	生活消费支出合计 Consumption Expenditure	食品烟酒 Food	衣着 Clothing	居住 Residence	生活用品及服务 Household Appliances	交通、通信及服务 Transport, and Communi-cations	教育及文化娱乐 Education, Cultural and Recreation	医疗、保健及服务 Health Care and Medical	其他商品及服务 Other Goods
省辖市	**City**									
郑州市	Zhengzhou	9482	2780	1069	1534	760	1519	976	572	271
开封市	Kaifeng	5978	1670	613	776	546	800	888	426	259
洛阳市	Luoyang	7172	1828	798	1026	740	1330	789	488	174
平顶山市	Pingdingshan	4251	1612	540	433	461	530	451	98	126
安阳市	Anyang	6212	2023	666	787	555	848	564	569	201
鹤壁市	Hebi	7562	2866	833	772	607	745	858	749	132
新乡市	Xinxiang	6552	2197	748	568	565	908	788	579	199
焦作市	Jiaozuo	8911	2823	900	917	919	1327	860	752	414
濮阳市	Puyang	6010	1893	542	951	574	958	656	367	68
许昌市	Xuchang	7538	2331	778	1148	582	974	748	671	306
漯河市	Luohe	5671	1898	627	416	854	768	498	431	180
三门峡市	Sanmenxia	6686	1820	651	905	571	850	1106	633	149
南阳市	Nanyang	6211	2491	578	795	474	721	441	493	217
商丘市	Shangqiu	5357	2066	580	402	477	732	543	444	112
信阳市	Xinyang	5938	2630	497	532	446	671	607	411	143
周口市	Zhoukou	4820	1341	459	1233	408	557	338	357	127
驻马店市	Zhumadian	6156	2308	605	562	597	741	724	492	128
济源市	Jiyuan	8254	2537	868	1190	863	1069	806	617	304
省直管县	**Province Administrating County**									
巩义市	Gongyi	6707	2002	766	479	532	1244	889	522	273
兰考县	Lankao	7084	2072	526	1043	499	1488	857	441	159
汝州市	Ruzhou	5049	2034	601	529	489	589	306	273	228
滑县	Huaxian	5684	2128	585	433	400	660	698	618	163
长垣县	Changyuan	6901	2217	778	717	718	1166	697	422	186
邓州市	Dengzhou	6662	2819	559	477	528	707	760	690	123
永城市	Yongcheng	8344	3326	763	422	509	1427	747	989	162
固始县	Gushi	6067	2799	375	422	389	552	691	747	92
鹿邑县	Luyi	6391	2515	457	1245	539	868	424	304	39
新蔡县	Xincai	7217	2770	745	663	645	867	1004	466	57

11－23 各市农村居民家庭平均每人主要食品消费量(2015年)

Per Capita Consumption of Major Food in Rural Households by City (2015)

单位：千克 (kg)

市(县)	City(County)	粮食 Grain	食用油 Edible Oil	蔬菜及食用菌 Vegetables	猪牛羊肉 Pork, Beef and Mutton	家禽 Poultry	水产品 Aquatic Products	蛋类及其制品 Eggs and Related Products	奶和奶制品 Fresh Milk and Dairy products	干鲜瓜果 Dry fresh fruit	糖果糕点 Sugar	酒类 Liquor
省辖市	**City**											
郑州市	Zhengzhou	104.0	9.4	72.8	10.3	2.5	2.4	9.8	8.1	41.7	5.7	4.5
开封市	Kaifeng	124.3	9.6	54.0	7.9	3.0	1.9	8.9	2.9	38.6	4.9	7.8
洛阳市	Luoyang	125.3	9.1	67.3	10.9	1.1	0.6	8.7	6.4	23.9	4.7	4.1
平顶山市	Pingdingshan	113.4	6.8	58.3	9.8	2.0	1.3	7.1	4.0	33.8	3.3	5.4
安阳市	Anyang	154.3	8.4	61.7	10.2	2.0	1.1	12.3	6.2	34.8	5.0	5.7
鹤壁市	Hebi	186.0	12.8	63.9	14.6	2.2	1.4	14.9	9.1	51.3	7.2	9.1
新乡市	Xinxiang	120.7	9.0	68.3	9.2	3.2	2.5	12.0	5.5	43.7	4.7	8.0
焦作市	Jiaozuo	137.7	8.4	51.4	11.2	1.9	1.5	9.6	11.9	31.8	4.8	6.4
濮阳市	Puyang	178.9	9.9	58.9	6.6	2.8	1.3	11.8	6.5	35.2	4.2	6.3
许昌市	Xuchang	112.5	7.8	75.8	11.8	2.8	1.2	7.5	6.2	44.2	4.6	5.6
漯河市	Luohe	124.2	7.6	57.5	12.9	3.4	1.9	7.7	4.1	36.0	5.7	4.0
三门峡市	Sanmenxia	147.1	8.9	60.4	8.1	0.7	0.7	7.7	4.7	22.7	3.3	2.9
南阳市	Nanyang	187.9	9.1	80.9	13.1	3.4	2.3	14.9	5.5	22.7	4.9	7.8
商丘市	Shangqiu	130.7	8.0	59.7	10.7	4.3	2.5	10.5	6.3	43.1	3.5	7.6
信阳市	Xinyang	172.6	10.7	97.8	23.5	8.9	8.1	8.6	3.4	28.0	4.1	13.6
周口市	Zhoukou	115.8	6.6	51.2	8.9	5.5	3.5	9.0	3.6	37.1	4.1	4.8
驻马店市	Zhumadian	124.6	13.4	64.8	13.4	6.8	3.2	11.6	3.7	50.2	4.2	8.9
济源市	Jiyuan	132.2	6.9	60.1	11.5	2.5	1.1	15.7	7.8	25.0	1.9	9.1
省直管县	**Province Administrating County**											
巩义市	Gongyi	90.4	7.6	52.9	9.2	1.3	1.2	7.5	7.6	34.4	4.3	2.1
兰考县	Lankao	179.8	10.2	66.5	9.0	4.6	2.7	12.3	3.8	49.2	3.5	7.3
汝州市	Ruzhou	112.0	7.0	30.0	8.0	1.0	1.0	6.0	7.0	30.0	4.0	12.0
滑县	Huaxian	112.3	7.7	55.4	12.3	3.1	1.8	11.5	1.5	53.3	5.9	8.0
长垣县	Changyuan	111.6	8.8	61.1	7.6	3.0	1.5	12.7	3.9	50.1	4.8	4.3
邓州市	Dengzhou	113.0	7.3	81.3	12.3	6.1	2.5	18.4	6.6	25.3	5.7	10.9
永城市	Yongcheng	120.5	12.6	66.7	20.7	6.9	3.7	12.1	5.1	52.7	2.7	11.1
固始县	Gushi	162.5	9.0	94.4	26.7	15.0	8.5	8.7	1.3	25.7	2.4	8.4
鹿邑县	Luyi	119.6	5.7	74.9	8.5	7.5	2.1	12.3	4.3	33.3	1.7	3.8
新蔡县	Xincai	150.6	6.2	63.2	16.6	4.9	5.8	13.3	3.3	44.2	5.6	8.3

11-24 各市农村居民家庭住房情况(2015年)
Housing Conditions of Rural Households by City (2015)

市(县) City(County)	拥有住房面积(平方米/人) Per Capita Floor Space of Owned Houses (sq.m/person)	拥有住房价值(元/平方米) Value of Owned Houses (yuan/sq.m)	实际住房按主要建筑材料分的户数占比重(%)			
			#钢筋混凝土 Reinforced Concrete Structure	砖混材料 Brick Mixed Structure	砖瓦砖木 Brick tile and wood	竹草土坯 Bamboo grass adobe
省 辖 市 City						
郑 州 市 Zhengzhou	57.2	1124.4	21.8	72.6	4.3	1.2
开 封 市 Kaifeng	39.2	710.4	13.2	70.9	15.6	
洛 阳 市 Luoyang	46.4	730.8	12.0	79.2	7.9	0.9
平 顶 山 市 Pingdingshan	33.4	682.0	17.5	56.9	24.6	0.5
安 阳 市 Anyang	43.3	718.1	4.6	78.0	17.4	
鹤 壁 市 Hebi	48.4	694.4	8.2	69.0	22.8	
新 乡 市 Xinxiang	42.8	618.7	9.1	58.4	32.0	0.5
焦 作 市 Jiaozuo	45.8	759.3	10.3	65.0	24.3	0.1
濮 阳 市 Puyang	36.1	568.9	4.5	45.7	49.7	0.2
许 昌 市 Xuchang	44.7	630.1	15.7	64.7	16.8	2.9
漯 河 市 Luohe	38.6	642.8	20.0	63.0	16.6	0.5
三 门 峡 市 Sanmenxia	37.3	681.0	8.5	71.0	16.7	3.8
南 阳 市 Nanyang	37.9	870.3	29.1	56.1	14.4	0.2
商 丘 市 Shangqiu	44.3	575.6	8.2	47.3	43.5	0.6
信 阳 市 Xinyang	37.7	919.2	28.6	49.0	20.5	1.9
周 口 市 Zhoukou	41.6	649.0	11.3	45.4	43.1	0.2
驻 马 店 市 Zhumadian	38.5	698.7	18.4	62.5	18.3	0.8
济 源 市 Jiyuan	53.7	965.3	5.0	81.8	12.0	1.2
省 直 管 县 Province Administrating County						
巩 义 市 Gongyi	42.8	1354.5	4.7	93.5	1.9	
兰 考 县 Lankao	38.8	677.7	6.5	48.4	45.1	
汝 州 市 Ruzhou	40.6	488.0	23.9	49.7	26.5	
滑 县 Huaxian	40.2	722.0		68.0	32.0	
长 垣 县 Changyuan	38.0	846.8	6.2	40.8	53.0	
邓 州 市 Dengzhou	48.9	935.1	65.5	20.7	13.8	
永 城 市 Yongcheng	46.2	725.0		56.8	40.5	2.7
固 始 县 Gushi	42.7	696.0	18.6	74.3	7.1	
鹿 邑 县 Luyi	39.1	869.0	17.0	22.0	59.0	2.0
新 蔡 县 Xincai	43.6	690.6	37.6	26.0	31.7	4.7

注：拥有住房，包括出租的住房面积和价值，但不包括租住的面积。实际住房，包括租住的面积。

a) Owned housing include rental housing area and value, but does not include the area of the lease.The actual housing, including the area of the lease.

主要统计指标解释

期内常住人口数 指居住在一个住宅内，共同分享生活开支或收入的一群人。凡计算为家庭常住人口的成员其全部收支都包括在本家庭中。

户均就业人数 指家庭人口与就业人口之比。

可支配收入 指调查户在调查期内获得的、可用于最终消费支出和储蓄的综合，即调查户可以用来自由支配的收入。可支配收入既包括现金，也包括实物收入。按照收入的来源，可支配收入包含四项，分别为：工资性收入、经营净收入、财产净收入和转移净收入。计算公式为：

可支配收入=工资性收入+经营净收入+财产净收入+转移净收入

总支出 指全部家庭支出。包括消费支出、生产经营费用支出、财产性支出、转移性支出、部分商业保险支出、购置资产及非经常性转移支出、借贷性支出。

消费性支出 指用户用于满足家庭日常生活消费需要的全部支出，包括用于消费品的支出和用于服务性消费的支出。根据用途不同，消费支出可以划分为食品烟酒、衣着、居住、生活用品及服务、交通通讯、教育文化娱乐、医疗保健、其他用品及服务八大类。根据来源不同，消费支出可以划分为现金消费支出、实物消费支出（含自产自用、来自单位、来自政务和其他社会组织）。

收入分组方法 是将所有调查户分别按照全体居民、城镇居民、农村居民，将户人均可支配收入由低到高排队，按20%，20%，20%，20%，20%的比例依次分成：低收入户、中低收入户、中等收入户、中高收入户、高收入户等五组。

Explanatory Notes on Main Statistical Indicators

Number of Usual Population refers to members of households living and sharing living cost and income together. All the income and expenditure of all the members of such households are included in the income and expenditure of the household.

Number of Employee per Household refers to the ratio between number of persons in an urban household and the number of employed persons.

Disposal Income refers to the total income at the disposal of investigation residents which can be used for final consumption and savings in the investigation period. It includes income both in cash and in kind from four categories: income from wages and salaries, net income from household operations, net income from transfers and net income from properties. The following formula is used:

Disposal income = income from wages and salaries+ net income from household operations+ net income from transfers+ net income from properties

Total Expenditure refers to all expenditure of households. It includes consumption expenditure, production and operation expenditure, property expenditure, transfer expenditure, expenditure on commercial insurance, expenditure on purchase of assets and non regular transfer expenditure and expenditure on debit and credit.

Consumption Expenditure refers to total expenditure of households for consumption in daily life, including expenditure on consumer goods and on services. It is classified by usage into eight categories of food; clothing; housing; household appliances and services; health care and medical services; transport and communications; recreation, education and cultural services; and miscellaneous goods and services. It is classified by source of expenditure into expenditure in cash and reality consumption expenditure (including it from produce on their own, from the unit, from government and other social groups).

Methods of Income Group All households in the sample are grouped according to all the residents, urban residents and rural residents, by per capita disposal income of the household, into groups of low income, lower middle income, middle income, upper middle income and high income, each group consisting of 20%, 20%, 20%, 20% and 20% of all households respectively.

城市概况

General Survey of Cities

12

● 资料整理：靳伟莉　赵霞　陈琛

简要说明

一、主要内容

本篇反映河南省城市社会经济发展和城市建设的规模及综合水平的资料。城市公用事业概况主要包括：城市建设、供水、供气、供热、市政设施、公共交通、城市绿化、环境卫生等资料。

二、统计范围

包括全省所有设市城市在建成区范围内的城市规划管理、投资、建设或经营管理相关设施的单位。

三、资料来源

省辖市主要经济指标由河南省统计局地方经济社会调查队编辑整理。省辖市和县级市城市公用事业基本情况资料由省住房城乡建设厅和省交通厅提供，由河南省统计局社会与科技处和服务业统计处编辑整理。

Brief Introduction

I. Main Contents

Data in this chapter present the scale and the comprehensive level of Social economic development and urban construction of Henan provincial cities, main include supply of water, gas and heating; municipal infrastructure; public transportation; urban greenery; public transportation and environmental, sanitation.

II. Scope of Statistics

Data in this chapter cover all units under the jurisdiction of cities which are engaged in urban planning and management, investment, construction and operation of relevant facilities.

III. Sources of Data

Data on Districts are provided by Henan provincial survey organizations of social and economy. Data on basic conditions and overall level of urban public facilities in provincial and county city are collected by the Henan provincial bureau of Housing and Urban-Rural development. Data on this chapter are provided by Department of social and scientific and technological of Henan provincial bureau of statistics and Department of Service industry statistical of Henan provincial bureau of statistics.

12-1 城市社会经济主要指标

Major Social and Economic Indicators of Cities

本表价值量指标均按当年价格计算。
Data in value terms in this table are calculated at current prices.

指　标	Item	2014	2015
土地面积(万平方公里)	Total Area (10 000 sq.km)	1.59	1.59
年末城镇失业人员(登记数)(万人)	Number of Registered Urban Unemployed Persons at the Year-end (10 000persons)	22.80	20.24
生产总值(亿元)	Gross Domestic Product (100 million yuan)	11124.58	11843.16
第一产业	Primary Industry	451.09	460.73
第二产业	Secondary Industry	5322.25	5408.69
第三产业	Tertiary Industry	5351.23	5973.74
一般公共预算收入(亿元)	Total Revenue of Local Governments (100 million yuan)	1434.20	1641.84
一般公共预算支出(亿元)	Total Expenditures of Local Governments (100 million yuan)	2037.32	2450.13
规模以上工业企业主营业务收入(亿元)	Enterprises above Designated Size Product Sales (100 million yuan)	19221.68	20494.98
利润总额(亿元)	Total Profits (100 million yuan)	858.76	813.07
限额以上批零贸易业商品销售总额(亿元)	Total Sales of Enterprise above Designated Size in Wholesale and Retail Sale Trades (100 million yuan)	6428.84	8336.09
当年实际使用外资金额(万美元)	Amount of Foreign Capital Actually Vtilized This Year (USD 10 000)	689722	714156
居民人民币储蓄存款余额(亿元)	Outstanding Amount of Savings Deposit in Urban and Rural Areas (year-end) (100 million yuan)	9873.02	11577.45
在校学生数(万人)	Student Enrollment (10 000 persons)		
#普通高等学校	Number of Regular Institutes of Higher Education	155.96	157.57
普通中学	Number of Regular Secondary Schools	136.62	140.95
小学	Number of Primary Schools	188.70	196.00
医院、卫生院个数(个)	Number of Hospitals (unit)	970	983
医院、卫生院床位数(万张)	Number of Beds in Hospitals (10 000 beds)	18.31	19.21
医生(万人)	Number of Doctors (10 000 persons)	8.05	7.64

12−2 省辖市市区社会经济主要指标(2015年)

本表价值量指标均按当年价格计算。
Data in value terms in this table are calculated at current prices.

指　标	Item	郑　州 Zhengzhou	开　封 Kaifeng	洛　阳 Luoyang	平顶山 Pingdingshan	安　阳 Anyang
年底(末)户籍人口(万人)	Total Population (year-end) (10 000 persons)	343.70	87.47	201.10	110.40	115.55
从业人员期末人数(城镇) (万人)	Number of Employed Persons (year-end) (10 000 persons)	140.75	28.56	40.74	32.24	19.40
在岗职工平均人数(万人)	Staff and Workers (10 000 persons)	130.39	23.48	37.80	31.51	18.42
行政区域土地面积(平方公里)	Total Area (sq.km)	1010	565	879	443	534
#建成区面积	Developed Areas	438	129	209	73	81
生产总值(亿元)	Gross Domestic Product (100 million yuan)	4080.36	580.75	1323.14	470.70	511.70
#第二产业	Secondary Industry	1770.47	212.00	578.38	258.18	245.81
第三产业	Tertiary Industry	2279.60	299.62	725.06	205.90	256.92
一般公共收入 (亿元)	Public Financial Revenue of Local Governments (100 million yuan)	723.88	60.58	175.43	58.91	59.36
一般公共支出 (亿元)	Public Financial Expenditures of Local Governments (100 million yuan)	796.62	119.41	234.49	95.76	105.55
规模以上工业法人企业	Enterprises above Designated Size					
主营业务收入(亿元)	Product Sales (100 million yuan)	5620.42	800.30	2398.55	757.59	946.08
利润总额(亿元)	Total Profits (100 million yuan)	289.49	45.49	46.01	16.94	4.45
社会用电量(亿千瓦小时)	Annual Electricity Consumption (100 million kwh)	381.66		160.07		157.74
#工业用电	Industrial Power Consumption	246.84		128.72		138.21
城乡居民生活用电	Residents Power Consumption	50.31		12.78		9.53
限额以上批零贸易业商品销售总额(亿元)	Total Sales of Enterprise above Designated Size in Wholesale and Retail Sale Trades (100 million yuan)	3436.75	130.89	882.96	392.27	343.87
当年实际使用外资金额 (万美元)	Amount of Foreign Capital Actually Vtilized This Year (USD 10 000)	291435		135145	5867	28061
居民人民币储蓄存款余额 (亿元)	Outstanding Amount of Savings Deposit (100 million yuan)	4323.19	431.68	1195.70	563.61	483.19
在岗职工工资总额(亿元)	Total Wages of Staff and Workers (100 million yuan)	749.86	104.16	201.31	147.69	85.03
在校学生数(万人)	Student Enrollment (10 000 persons)					
普通高等学校	Number of Regular Institutes of Higher Education	60.15	8.93	12.95	5.52	7.29
中等职业学校	Number of Vocational Secondary Schools	20.70	2.95	6.84	2.86	2.06
普通中学	Number of Regular Secondary Schools	26.46	6.29	11.79	5.88	7.24
小学	Number of Primary Schools	37.60	7.28	16.46	9.51	12.45
医院、卫生院个数(个)	Number of Hospitals (unit)	173.00	69.00	98.00	74.00	42.00
医院、卫生院床位数(万张)	Number of Beds in Hospitals (10 000 beds)	5.54	1.07	1.86	0.95	0.89
医生(万人)	Number of Doctors (10 000 persons)	1.87	0.35	0.83	0.39	0.41

Major Social and Economic Indicators of Districts in Cities Directly Under the Province (2015)

鹤 壁 Hebi	新 乡 Xinxiang	焦 作 Jiaozuo	濮 阳 Puyang	许 昌 Xuchang	漯 河 Luohe	三门峡 Sanmenxia	南 阳 Nanyang	商 丘 Shangqiu	信 阳 Xinyang	周 口 Zhoukou	驻马店 Zhumadian
63.97	105.24	98.47	70.66	41.52	134.67	29.31	188.19	181.86	153.30	59.95	84.31
15.16	22.74	21.45	23.15	12.29	22.31	6.81	30.61	19.80	20.33	12.74	21.51
14.51	19.47	18.44	21.43	11.41	21.48	5.81	27.49	17.33	18.77	11.61	19.10
679	431	578	263	97	1116	185	2135	1697	3604	333	1365
64	115	115	56	90	66	33	149	63	89	68	75
343.83	652.11	431.85	364.30	258.12	593.82	185.12	666.91	384.39	496.01	195.78	304.26
220.25	289.50	194.23	166.08	122.47	376.05	81.15	262.19	161.28	228.11	96.71	145.83
111.49	353.55	230.83	179.79	134.46	168.39	99.30	355.25	156.74	194.93	90.50	131.42
39.25	68.81	57.80	50.02	53.09	49.87	24.49	68.13	39.17	47.45	25.63	39.98
70.37	108.83	92.01	84.93	76.12	107.75	50.31	143.46	110.22	106.39	67.77	80.15
928.39	1364.36	1008.89	631.60	699.81	1772.10	493.64	749.19	647.56	769.76	367.47	539.29
10.37	65.67	21.92	-9.17	50.93	152.87	14.29	-2.61	15.27	36.97	33.71	20.48
36.40	57.11		47.52	27.83	33.98	17.38	63.69	75.72		14.47	43.89
28.75	35.68		37.93	18.06	21.48	14.81	34.05	55.62		7.47	31.91
2.81	8.19		4.48	4.72	5.90	2.40	25.74	10.00		2.88	4.38
89.12	357.91	177.95	210.79	193.82	238.87	143.23	470.24	500.20	327.80	163.85	275.58
57463	40148	17995	18815	15900	59643	8190	14166	11459		9869	
193.85	497.01	397.36	406.45	311.71	371.56	174.46	707.05	458.96	505.61	226.64	329.40
59.01	90.90	79.30	106.46	53.52	91.99	31.01	133.50	73.28	79.56	60.89	78.14
1.21	14.15	9.59	0.84	3.54	2.65	1.30	7.24	8.04	6.13	4.61	3.43
1.82	1.79	3.07	1.96	1.44	2.24	1.24	3.91	2.66	1.51	3.52	1.76
4.89	6.79	5.75	9.26	3.34	8.10	2.14	13.28	11.00	8.38	4.10	6.26
5.67	9.62	6.89	8.71	4.38	10.52	2.50	22.85	14.91	12.19	5.60	8.86
30.00	53.00	37.00	40.00	33.00	58.00	22.00	93.00	50.00	57.00	31.00	23.00
0.36	0.99	0.75	0.81	0.51	0.84	0.44	1.81	0.74	0.62	0.43	0.61
0.21	0.34	0.35	0.34	0.23	0.43	0.16	0.70	0.33	0.26	0.23	0.22

12-3 城市建设基本情况

Basic Statistics on Urban Construction

指 标	Item	2005	2010	2013	2014	2015
城市个数(个)	Number of Cities (unit)	38	38	38	38	38
城区面积(平方公里)	Urban Area (sq.km)		4101	4658	4663	4810
建成区面积(平方公里)	Area of Built Districts (sq.km)	1572	2014	2289	2375	2503
年底供水综合生产能力(万立方米/日)	General Production Capacity of Water Supply (year-end) (10 000 cu.m/day)	1027	1010	1047	1084	1121
全年供水总量(万立方米)	Total Annual Volume of Water Supply (10 000 cu.m)	183436	179122	188710	191001	196709
#生活用水量			76986	82258	87246	87545
平均每人每天生活用水量(升)	Per Capita Daily Consumption of Tap Water for Residential Use (liter)	147.1	109.1	105.3	107.4	111.0
用水普及率(%)	Percentage of Population with Access to Tap Water (%)	91.9	91.0	92.2	93.0	93.1
公共交通标准运营车辆(标台)	Operating Standard Public Transit Vehicles (Standardized)	12514	18912	22790	25257	27355
出租汽车数(辆)	Taxi (unit)			59966	60935	61555
煤气家庭用量(万立方米)	Consumption of Coal Gas for Residential Use (10 000cu.m)	12735	15420	3374	2590	1553
天然气家庭用量(万立方米)	Consumption of Natural Gas for Residential Use (10 000cu.m)	18649	48243	94825	96766	109376
液化石油气家庭用量(吨)	Consumption of Liquefied Petroleum Gas for Residential Use (ton)	198629	201931	190221	186581	179752
燃气普及率(%)	Percentage of Population with Access to Gas (%)		73.4	82.0	83.8	86.0
集中供热面积(万平方米)	Heated Area (10 000 sq.m)	5361	10737	15151	18993	22375
道路长度(千米)	Length of Roads (km)	7090	9413	11235	11627	12318
道路面积(万平方米)	Area of Roads (10 000sq.m)	15653	21767	26843	28017	29915
排水管道长度(千米)	Length of Drainage Pipelines (km)	10201	14733	18297	19348	20467
建成区绿化覆盖面积(公顷)	Coverage Space of Green Areas Developed (hectare)	50822	73652	86076	90995	94345
建成区绿化覆盖率(%)	Coverage Rate of Green Areas Developed (%)	32.3	36.5	37.6	38.3	37.7
公园个数(个)	Number of Parks (unit)	272	262	290	306	327
公园绿地面积(公顷)	Public Green Areas (hectare)		18361	22226	23834	25201
人均公园绿地面积(平方米)	Per Capita Public Green Area (sq.m)		8.7	9.6	9.9	10.2
生活垃圾清运量(万吨)	Volume of Residential Garbages and Night Soil Disposal (10 000 tons)	754	694	805	833	892
生活垃圾无害化处理率(%)	Percentage of Harmless Disposal (%)	58.1	82.5	90.0	92.8	96.0
城市污水排放量(亿吨)	Volume of Consumption Waste Water Discharge (100 million tons)		14.74	16.77	16.95	19.47
城市污水处理量(亿吨)	processing Volume of Consumption Waste Water Discharge(100 million tons)		12.91	15.24	15.68	18.22
城市污水处理厂集中处理率(%)	Concentration of Consumption Waste Water(%)			89.3	91.0	93.1

12-4 城市市政公用设施水平情况(2015年)

Statistics on Level of Municipal Public Facilities by City (2015)

市 City	人口密度(人/平方公里) Population Density (person/sq.km)	人均日生活用水量(升) Daily Water Consumption Per Capita (liter)	用水普及率(%) Water Coverage Rate (%)	燃气普及率(%) Gas Coverage Rate (%)	建成区供水管道密度(公里/平方公里) Built-up Areas Density of Water Pipes (km/sq.km)	人均城市道路面积(平方米) Road Surface Area Per Capita (sq.m)	建成区排水管道密度(公里/平方公里) Built-up Areas Density of Drains (km/sq.km)	污水处理率(%) Treatment Rate of Sewage (%)
全　省 Total	**5155**	**111**	**93**	**86**	**9**	**12**	**8**	**94**
郑州市 Zhengzhou	15055	97	100	92	7	7	9	96
巩义市 Gongyi	9019	82	95	90	6	10	7	85
荥阳市 Xingyang	6162	125	93	94	10	21	12	86
新密市 Xinmi	2021	160	92	93	10	18	5	88
新郑市 Xinzheng	7044	122	72	98	11	17	7	90
登封市 Dengfeng	3574	80	87	50	6	17	9	91
开封市 Kaifeng	5601	112	91	97	11	15	7	94
洛阳市 Luoyang	7278	117	97	76	8	10	8	94
偃师市 Yanshi	8800	103	95	80	11	8	5	93
平顶山市 Pingdingshan	3620	108	98	90	17	13	7	95
舞钢市 Wugang	1804	112	98	75	9	20	12	92
汝州市 Ruzhou	2377	83	42	43	8	12	8	99
安阳市 Anyang	4735	161	100	98	10	14	11	98
林州市 Linzhou	5292	109	98	99	11	14	10	91
鹤壁市 Hebi	3602	112	97	94	8	16	7	93
新乡市 Xinxiang	5473	128	99	99	7	14	7	90
卫辉市 Weihui	3249	158	100	70	8	11	6	100
辉县市 Huixian	1873	139	93	91	19	13	12	90
焦作市 Jiaozuo	5564	117	100	95	9	16	8	90
沁阳市 Qinyang	4232	65	93	92	9	26	12	56
孟州市 Mengzhou	1345	85	98	92	14	19	16	85
濮阳市 Puyang	3384	140	94	96	5	14	8	93
许昌市 Xuchang	5196	122	97	89	7	12	6	97
禹州市 Yuzhou	8228	113	85	67	4	9	8	100
长葛市 Changge	2547	88	87	83	3	20	10	99
漯河市 Luohe	5283	144	91	78	7	15	8	96
三门峡市 Sanmenxia	7134	122	90	77	6	9	6	74
义马市 Yima	1580	71	90	90	5	16	4	77
灵宝市 Lingbao	6397	95	97	86	6	11	6	92
南阳市 Nanyang	2506	94	76	72	10	14	9	98
邓州市 Dengzhou	9125	68	81	77	17	13	11	92
商丘市 Shangqiu	9364	104	67	80	9	10	7	91
永城市 Yongcheng	5044	134	91	79	8	15	10	95
信阳市 Xinyang	2065	144	98	91	15	17	4	90
周口市 Zhoukou	3808	138	100	93	5	22	9	93
项城市 Xiangcheng	5025	99	100	63	8	12	11	88
驻马店市 Zhumadian	2539	115	87	74	7	24	10	93
济源市 Jiyuan	6108	134	100	100	9	18	10	97

12-4 续表 continued

市 City	人均公园绿地面积（平方米） Public Recreational Green Space Per Capita (sq.m)	建成区绿化覆盖率（%） Built-up Areas Green Coverage Rate (%)	建成区绿地率（%） Built-up Areas Green Space Rate (%)	生活垃圾无害化处理率（%） Innocent Treatment Rate of Living Garbage (%)	建成区面积（平方公里） City (County) Area (sq.km)	年底实有运营车辆（辆） Operating Transit Vehicles (year-end) (unit)
全 省 Total	**10.2**	**37.7**	**33.3**	**96.0**	**2503**	**25258**
郑州市 Zhengzhou	7.1	40.3	35.3	100.0	438	6221
巩义市 Gongyi	14.7	41.4	37.5	100.0	31	161
荥阳市 Xingyang	11.0	37.6	29.5	100.0	23	291
新密市 Xinmi	12.9	33.4	27.1	100.0	25	351
新郑市 Xinzheng	11.6	36.4	31.4	100.0	32	552
登封市 Dengfeng	11.0	38.7	34.6	90.4	24	73
开封市 Kaifeng	9.1	32.4	29.8	100.0	129	786
洛阳市 Luoyang	9.2	39.3	33.3	92.4	209	2196
偃师市 Yanshi	8.7	36.7	33.8	100.0	19	76
平顶山市 Pingdingshan	10.4	40.7	34.2	92.9	73	708
舞钢市 Wugang	12.2	40.6	36.5	100.0	16	96
汝州市 Ruzhou	14.8	36.3	31.3	92.6	36	87
安阳市 Anyang	10.6	40.1	34.4	100.0	81	682
林州市 Linzhou	10.4	38.7	34.6	100.0	23	131
鹤壁市 Hebi	14.6	39.6	35.4	92.9	64	355
新乡市 Xinxiang	10.5	40.0	37.1	100.0	115	1082
卫辉市 Weihui	7.7	35.3	29.4	100.0	21	10
辉县市 Huixian	7.1	35.4	31.2	100.0	22	28
焦作市 Jiaozuo	11.1	40.0	34.7	97.5	111	696
沁阳市 Qinyang	8.2	24.7	16.8	94.1	20	42
孟州市 Mengzhou	10.9	38.4	33.6	92.3	16	54
濮阳市 Puyang	14.3	38.1	33.2	99.1	56	602
许昌市 Xuchang	10.5	38.4	33.8	96.5	90	850
禹州市 Yuzhou	7.6	30.3	25.4	66.3	45	224
长葛市 Changge	14.7	34.4	27.5	91.8	26	86
漯河市 Luohe	14.6	36.3	29.7	97.7	66	1044
三门峡市 Sanmenxia	11.3	29.9	27.6	90.2	56	262
义马市 Yima	11.1	33.0	27.4	75.4	18	42
灵宝市 Lingbao	10.6	36.1	31.0	98.3	22	33
南阳市 Nanyang	16.7	25.6	28.4	85.3	149	551
邓州市 Dengzhou	7.8	36.1	35.4	91.6	33	87
商丘市 Shangqiu	6.9	41.8	36.8	90.5	63	1331
永城市 Yongcheng	12.6	39.9	35.5	93.7	42	184
信阳市 Xinyang	14.1	42.5	37.0	97.0	89	306
周口市 Zhoukou	11.3	39.4	32.8	98.1	68	526
项城市 Xiangcheng	11.3	39.5	36.4	100.0	33	218
驻马店市 Zhumadian	11.1	40.4	34.5	92.5	75	642
济源市 Jiyuan	12.3	42.0	39.3	100.0	45	275

12-5 城市供、排水情况(2015年)

Basic Statistics on Tap Water Supply in Cities (2015)

市 City	综合生产能力(万立方米/日) Production Capacity of Tap Water Supply (10 000 cu.m/day)	供水管道长度(公里) Length of Water Supply Pipelines (km)	供水总量(万立方米) Total Volume of Water Supply (10 000 cu.m)	生产运营用水 Water for Production Oporation	公共服务用水 Water for Public Service	居民家庭用水 Water for Households	用水人口(万人) Population of Using Water (10000person)	污水排放量(万立方米) Sewage Drainage (10 000 cu.m)
全　　省 Total	**1121**	**21338**	**196710**	**66672**	**19715**	**73182**	**2308.6**	**194710**
郑州市 Zhengzhou	187	2997	35181	3877	5757	17381	661.0	48077
巩义市 Gongyi	12	175	1736	426	337	567	30.9	1218
荥阳市 Xingyang	4	227	1224	456	118	545	14.5	1224
新密市 Xinmi	11	253	1309	184	290	559	14.5	1113
新郑市 Xinzheng	6	334	1099	147	177	594	17.3	2107
登封市 Dengfeng	4	140	1083	313	256	279	18.2	991
开封市 Kaifeng	64	1363	10594	4074	810	3219	98.1	9369
洛阳市 Luoyang	86	1685	16168	4193	3094	6942	235.1	15979
偃师市 Yanshi	8	204	1051	207	59	596	17.5	900
平顶山市 Pingdingshan	61	1217	10190	4145	174	3461	91.8	9795
舞钢市 Wugang	14	141	1558	974	90	400	12.0	1200
汝州市 Ruzhou	9	279	1052	487	105	303	13.5	1083
安阳市 Anyang	76	790	9995	4304	1069	3178	72.4	7050
林州市 Linzhou	6	251	1187	108	97	682	19.6	929
鹤壁市 Hebi	28	528	4147	1697	24	1820	45.4	2903
新乡市 Xinxiang	62	813	13392	7058		3541	75.9	10714
卫辉市 Weihui	6	173	1917	820	233	611	14.6	1594
辉县市 Huixian	10	410	2032	727	381	648	20.3	2021
焦作市 Jiaozuo	57	1050	8272	3303	594	2708	77.8	10052
沁阳市 Qinyang	8	168	606	132	59	259	13.4	424
孟州市 Mengzhou	7	216	988	419	193	273	15.0	850
濮阳市 Puyang	36	283	5863	2750	552	1952	49.0	5480
许昌市 Xuchang	39	602	5034	1847	397	1778	49.0	4027
禹州市 Yuzhou	8	202	2194	461	90	1420	36.5	1909
长葛市 Changge	14	83	1443	440	180	361	16.8	1290
漯河市 Luohe	33	473	9948	5699	816	1687	51.3	7200
三门峡市 Sanmenxia	19	340	3286	707	135	1967	47.1	2946
义马市 Yima	15	85	1551	1020	43	366	15.9	1088
灵宝市 Lingbao	8	122	2230	1435	141	484	18.0	1818
南阳市 Nanyang	72	1431	9793	4033	1235	2837	122.2	7974
邓州市 Dengzhou	14	569	1412	428	203	528	29.6	1035
商丘市 Shangqiu	37	566	4335	949	138	2318	64.7	8135
永城市 Yongcheng	14	322	3261	1163	295	1516	37.4	3130
信阳市 Xinyang	27	1308	4279	927	382	2376	52.5	3930
周口市 Zhoukou	19	358	4309	573	519	1400	38.1	3835
项城市 Xiangcheng	9	275	2966	1477	122	970	30.2	2298
驻马店市 Zhumadian	23	505	6605	3265	201	1513	41.0	5614
济源市 Jiyuan	10	403	3419	1447	349	1144	30.5	3408

12-6 城市天然气、石油液化气供应情况(2015年)
Basic Statistics on Natural Gas and Liquefied Gas Supply in Cities (2015)

市 City	天然气 Natural Gas					液化气 Liquefied Gas		
	供气管道长度(公里) Length of Gas Supply Pipelines (km)	供气总量合计(万立方米) Volume of Gas Supply (10 000 cu.m)	#居民家庭 Households	用气人口(万人) Population of Using Gas (10 000person)	天然气汽车加气站(座) Natural Gas Station (unite)	供气总量合计(吨) Volume of Gas Supply (ton)	#居民家庭 Households	用气人口(万人) Population of Using Gas (10 000person)
全省 Total	**19732.29**	**332808**	**109378**	**1590.52**	**130**	**217382**	**179752**	**527.43**
郑州市 Zhengzhou	5495.00	106895	34280	513.43	14	61615	43166	95.12
巩义市 Gongyi	120.37	6864	2461	23.14		3504	1850	6.03
荥阳市 Xingyang	179.00	1325	682	10.10	1	2049	1632	4.56
新密市 Xinmi	249.01	2890	1310	11.98	2	723	717	2.80
新郑市 Xinzheng	219.94	4386	1483	16.00	3	2460	1745	7.60
登封市 Dengfeng	106.65	2769	172	6.50	2	1354	1110	4.00
开封市 Kaifeng	1359.57	11695	3431	79.76	16	11100	10095	24.30
洛阳市 Luoyang	333.03	22306	3606	153.10	10	20316	18200	31.20
偃师市 Yanshi	32.64	1376	1270	10.35	1	1149	1145	4.46
平顶山市 Pingdingshan	399.44	9321	3000	85.00	10			
舞钢市 Wugang	49.40	892	472	9.20	2			
汝州市 Ruzhou						2717	710	3.00
安阳市 Anyang	1683.00	23477	6158	60.65	3	6890	3250	7.18
林州市 Linzhou	566.37	2343	1941	16.98	2	1252	1245	3.00
鹤壁市 Hebi	349.60	3832	2095	40.00		1436	1436	4.30
新乡市 Xinxiang	1269.40	14891	9145	72.30	8	1100	1100	3.20
卫辉市 Weihui	71.41	1069	720	6.87	2	962	959	3.40
辉县市 Huixian	185.00	4280	1328	9.98	3	3257	3248	9.74
焦作市 Jiaozuo	1479.49	17922	6135	74.10				
沁阳市 Qinyang	303.30	1656	367	5.00		2015	2015	8.17
孟州市 Mengzhou	170.00	1202	1199	14.00		6943	6910	17.30
濮阳市 Puyang	387.99	6252	4100	50.00		5642	5156	18.95
许昌市 Xuchang	218.24	6236	3330	27.40	4	5440	4100	10.00
禹州市 Yuzhou	133.85	4110	1490	9.80	2	8500	8500	23.55
长葛市 Changge	76.02	9250	370	6.00	2	3323	3018	17.91
漯河市 Luohe	311.60	2468	1538	20.30	3	2595	2583	5.00
三门峡市 Sanmenxia	204.86	11265	517	22.20	3			
义马市 Yima	92.00	549	373	10.90				
灵宝市 Lingbao	81.00	161	160	7.50		1650	1560	8.41
南阳市 Nanyang	411.58	6991	3279	59.30	10	17758	17723	56.87
邓州市 Dengzhou	20.53	284	191	3.60	4	4121	3997	24.60
商丘市 Shangqiu	721.89	6971	1381	30.07	5	14036	11981	47.00
永城市 Yongcheng	232.00	1209	522	14.91	2	3930	3370	17.60
信阳市 Xinyang	597.47	10995	3977	28.22	8	9540	7490	20.48
周口市 Zhoukou	495.29	7518	1254	19.42	4	4000	4000	16.18
项城市 Xiangcheng	218.35	1190	684	8.98	1	2385	2130	10.00
驻马店市 Zhumadian	591.00	6016	2747	23.95		3270	3260	11.00
济源市 Jiyuan	317.00	9952	2211	29.53	3	350	350	0.52

12−7 城市道路、园林和绿化情况(2015年)

Basic Statistics on Road, Botanical Garden and Green Coverage Area in Cities (2015)

市 City	道路长度(公里) Length of Road (km)	道路面积(万平方米) Road Area (10000sq.m)	道路照明灯盏数(盏) Number of Road Lamp (unit)	安装路灯的道路长度(公里) Length of Road Installed Lamps (km)	绿化覆盖面积(公顷) Green Coverage Area (hectare)	#建成区 Built-up Areas	园林绿地面积(公顷) Botanical Garden Areas (hectare)	公园绿地面积(公顷) Public Green Areas (hectare)	公园个数(个) Number of Parks (unit)
全省 Total	**12318.33**	**29915**	**863653**	**9856**	**102700**	**94345**	**89952**	**25201**	**327**
郑州市 Zhengzhou	1808.95	4720	93551	1675	19374	17654	16369	4720	83
巩义市 Gongyi	110.15	325	15440	83	1300	1263	1178	478	2
荥阳市 Xingyang	149.43	336	9533	133	883	882	691	172	3
新密市 Xinmi	103.00	277	11508	102	838	834	685	204	2
新郑市 Xinzheng	126.36	405	8703	116	1150	1149	1002	281	5
登封市 Dengfeng	169.51	357	14540	131	930	909	824	232	9
开封市 Kaifeng	596.09	1611	35551	448	5169	4184	4569	978	14
洛阳市 Luoyang	741.37	2370	74906	640	8239	8226	6971	2227	14
偃师市 Yanshi	89.11	145	7660	75	695	690	648	161	4
平顶山市 Pingdingshan	334.43	1230	45890	308	3213	2986	2679	978	14
舞钢市 Wugang	124.03	241	3296	70	706	665	626	150	2
汝州市 Ruzhou	165.74	402	8363	137	1310	1309	1131	479	11
安阳市 Anyang	459.19	1020	29712	459	3291	3245	2796	765	11
林州市 Linzhou	155.12	286	19997	153	926	886	833	209	2
鹤壁市 Hebi	334.38	755	19630	321	2542	2541	2280	688	9
新乡市 Xinxiang	465.35	1110	30273	424	4593	4592	4261	805	16
卫辉市 Weihui	86.56	167	7821	71	761	759	632	112	1
辉县市 Huixian	127.35	285	8966	91	784	774	691	156	5
焦作市 Jiaozuo	444.40	1248	23119	417	4449	4448	3862	862	14
沁阳市 Qinyang	176.59	379	8254	108	489	484	330	118	3
孟州市 Mengzhou	89.50	296	14127	86	601	599	527	166	2
濮阳市 Puyang	271.95	723	21631	271	2223	2131	2067	743	9
许昌市 Xuchang	308.10	628	38497	290	3457	3452	3148	530	5
禹州市 Yuzhou	139.23	407	21905	130	1516	1373	1238	325	4
长葛市 Changge	176.79	380	10121	154	887	877	717	283	3
漯河市 Luohe	360.95	847	23291	321	2520	2396	1962	825	13
三门峡市 Sanmenxia	247.81	487	28355	222	1686	1676	1555	591	7
义马市 Yima	134.90	288	3853	55	613	583	502	197	4
灵宝市 Lingbao	85.00	210	5036	80	801	801	705	196	1
南阳市 Nanyang	1468.61	2189	33428	469	6390	3825	6439	2675	9
邓州市 Dengzhou	200.52	470	18947	148	1529	1190	1350	285	3
商丘市 Shangqiu	400.63	944	35436	336	2654	2630	2332	669	9
永城市 Yongcheng	252.81	634	11200	232	1759	1660	1526	518	9
信阳市 Xinyang	420.02	891	28397	395	5065	3779	4481	758	5
周口市 Zhoukou	251.24	820	35165	248	3013	2681	2716	432	5
项城市 Xiangcheng	172.59	353	5312	112	1310	1290	1192	341	3
驻马店市 Zhumadian	349.79	1118	23239	130	3045	3034	2639	520	4
济源市 Jiyuan	220.78	562	29000	215	1990	1890	1799	375	8

12-8 城市市容环境卫生情况(2015年)
Basic Statistics on Urban Sanitation in Cities (2015)

市 City	排水管道长度(公里) Length of Drainage Pipelines (km)	污水处理总量(万立方米) Volume of sewerage Treatment (10 000 cu.m)	道路清扫保洁面积(万平方米) Area under Cleaning Program (10 000 sq.m)	生活垃圾 Living Garbage 清运量(万吨) Volume of Garbage Disposal (10 000 tons)	生活垃圾 Living Garbage 无害化处理量(万吨) Volume of Innocent Disposal (10 000 tons)	公共厕所(座) Number of Public Lavatories (unit)	市容环卫专用车辆设备总数(辆) Number of Vehicles Facilities (unit)
全 省 Total	**20467**	**182194**	**29490**	**891.83**	**856.09**	**7540**	**5682**
郑 州 市 Zhengzhou	3812	46173	4720	206.96	206.96	966	2355
巩 义 市 Gongyi	207	1030	318	9.58	9.58	37	43
荥 阳 市 Xingyang	288	1051	450	7.92	7.92	50	62
新 密 市 Xinmi	126	978	322	9.94	9.93	56	80
新 郑 市 Xinzheng	227	1897	190	8.40	8.40	104	78
登 封 市 Dengfeng	221	901	345	7.72	6.98	48	18
开 封 市 Kaifeng	963	8817	1925	31.62	31.62	872	277
洛 阳 市 Luoyang	1637	14981	2851	71.39	65.93	575	316
偃 师 市 Yanshi	101	833	200	8.44	8.44	35	21
平 顶 山 市 Pingdingshan	514	9296	1090	30.30	28.14	400	141
舞 钢 市 Wugang	199	1102	148	5.30	5.30	75	45
汝 州 市 Ruzhou	283	1074	372	9.50	8.80	44	46
安 阳 市 Anyang	886	6889	1020	54.51	54.51	421	228
林 州 市 Linzhou	227	841	414	9.69	9.69	43	37
鹤 壁 市 Hebi	424	2696	695	15.96	14.82	76	45
新 乡 市 Xinxiang	848	9643	1090	38.43	38.43	290	102
卫 辉 市 Weihui	134	1594	249	7.95	7.95	21	23
辉 县 市 Huixian	252	1819	188	7.85	7.85	46	28
焦 作 市 Jiaozuo	912	9071	1591	27.88	27.19	173	128
沁 阳 市 Qinyang	244	238	249	4.78	4.50	27	24
孟 州 市 Mengzhou	244	720	289	4.46	4.11	17	18
濮 阳 市 Puyang	456	5080	668	21.90	21.70	141	172
许 昌 市 Xuchang	531	3906	550	23.33	22.52	261	119
禹 州 市 Yuzhou	345	1900	545	13.45	8.92	50	86
长 葛 市 Changge	244	1280	170	7.14	6.55	29	50
漯 河 市 Luohe	499	6930	714	22.00	21.50	333	100
三 门 峡 市 Sanmenxia	311	2166	389	15.86	14.31	165	61
义 马 市 Yima	64	837	227	5.68	4.28	30	29
灵 宝 市 Lingbao	140	1668	181	8.10	7.96	45	17
南 阳 市 Nanyang	1415	7793	2249	49.23	41.98	660	367
邓 州 市 Dengzhou	359	947	520	13.30	12.18	90	90
商 丘 市 Shangqiu	421	7435	882	28.17	25.49	302	82
永 城 市 Yongcheng	428	2979	570	14.71	13.78	111	39
信 阳 市 Xinyang	349	3537	671	27.11	26.30	366	127
周 口 市 Zhoukou	631	3569	612	14.86	14.57	123	54
项 城 市 Xiangcheng	366	2031	470	10.59	10.59	58	32
驻 马 店 市 Zhumadian	730	5193	849	18.86	17.45	289	78
济 源 市 Jiyuan	432	3299	507	18.96	18.96	111	64

主要统计指标解释

城区面积 包括：市本级（1）街道办事处所辖地域；（2）城市公共设施、居住设施和市政公用设施等连接到的其他镇（乡）地域；（3）常住人口在3000人以上独立的工矿区、开发区、科研单位、大专院校等特殊区域。

建成区面积 城市行政区内实际已成片开发建设、市政公用设施和公共设施基本具备的区域。对核心城市，它包括集中连片的部分以及分散的若干个已经成片建设起来，市政公用设施和公共设施基本具备的地区；对一城多镇来说，它包括由几个连片开发建设起来的，市政公用设施和公共设施基本具备的地区组成。因此建成区范围，一般是指建成区外轮廓线所能包括的地区，也就是这个城市实际建设用地所达到的范围。

供水总量 指报告期供水企业（单位）供出的全部水量。包括有效供水量和漏损水量。

有效供水量指水厂将水供出厂外后，各类用户实际使用到的水量。包括售水量和免费供水量。

城市燃气 指符合《城镇燃气设计规范》的规定，供城市生产和生活作燃料使用的天然气、人工煤气和液化石油气等气体能源的统称。

供气总量 指报告期燃气企业（单位）向用户供应的燃气数量。包括销售量和损失量

集中供热面积 指从一个或多个热源通过热网向城市的热用户供给生产和生活热能，供热企业（单位）向城市各类房屋建筑物、构筑物及其附属设施供热的全部建筑面积。

道路长度 指道路长度和与道路相通的桥梁、隧道的长度，按车行道中心线计算。

道路面积 指道路实际铺装面积和与道路相通的广场、桥梁、隧道的铺装面积（统计时，将人行道面积单独统计）。

人行道面积按道路两侧面积相加计算，包括步行街和广场，不含人车混行的道路。

排水管道长度 指所有排水总管、干管、支管、检查井及连接井进出口等长度之和。计算时应按单管计算，即在同一条街道上如有两条或两条以上并排的排水管道时，应按每条排水管道的长度相加计算。

污水排放总量 指生活污水、工业废水的排放总量，包括从排水管道和排水沟（渠）排出的污水量。

污水处理量 指污水处理厂（或污水处理装置）实际处理的污水量。包括物理处理量、生物处理量和化学处理量。

其中处理本市（县）外，指污水处理厂作为区域设施，不仅处理本市（县）的污水，还处理本市（县）以外其他市、县或乡镇等的污水。这部分污水处理量单独统计，并在计算本市（县）的污水处理率时扣除。

公园绿地面积 城市中向公众开放的、以游憩为主要功能，有一定的游憩设施和服务设施，同时兼有健全生态、美化景观、防灾减灾等综合作用的绿化用地。它是城市建设用地、城市绿地系统和城市市政公用设施的重要组成部分。

生活垃圾清运量 指报告期内收集和运送到各生活垃圾处理厂(场)和生活垃圾最终消纳点的生活垃圾数量。生活垃圾指城市日常生活或为城市日常生活提供服务的活动中产生的固体废物以及法律行政规定的视为城市生活垃圾的固体废物。包括：居民生活垃圾、商业垃圾、集市贸易市场垃圾、街道清扫垃圾、公共场所垃圾和机关、学校、厂矿等单位的生活垃圾。

生活垃圾处理量 指报告期内简易处理场和各种生活垃圾无害化处理场（厂）处理生活垃圾总量。生活垃圾简易处理量指生活垃圾简易处理场所处理的生活垃圾总量。生活垃圾无害化处理量指生活垃圾无害化处理场（厂）所处理的生活垃圾总量。

Explanatory Notes on Main Statistical Indicators

City Area include three parts:(1), area under the jurisdiction of the street agency;(2), urban public facilities, residential facilities and municipal public facilities connected to other towns area, (3) Independent industrial and mining district, development area, scientific research units, colleges and other special areas with over 3000 resident population.

Area of Built Districts refers to the Urban area that already development and construction and have public facilities. Core cities include focused even dispersion of parts, as well as several have film build up, the urban areas of basic public infrastructure and public facilities; on more than one city, town, it included several continuous development and construction, municipal and public facilities and public areas with basic facilities. Scope of the built-up area, generally refer to the built-up areas can include outer contour line, which is achieved by the actual construction of the city's range.

Volume of Water Supply refers to the total volume of water supplied by water-works (units) during the reference period, including both the effective water supply and loss during the water supply.

Available water supply refers to all kinds of users actually use water volume after water plant form water factory. Includes water sale and free water.

City gas refers to supply to urban for production and daily life, such as natural gas, manufactured gas and LPG gas energy collectively.

Volumc of gas supply rcfers to Volume of gas supply for household by gas enterprises in reference period. Including sales and the amount of loss.

Central heating Area refers to supply to user Production and life heat energy us heat net from one or more Means from one or more sources of heat, all heat area of urban housing buildings, structures and their ancillary equipment by Heating enterprise (units).

Road length refers to the length of roads with paved surface including bridges and tunnels connected with roads. Length of the roads is measured by the central lines for vehicles for paved roads.

Road area refers to actual pavement area and with a road paving of squares, bridges, tunnels area (statistics, sidewalk area separate statistics). The sidewalk area are calculated on add of both sides area, including walking Street and square, does not contain mixed line of road vehicles and pedestrians.

Length of Urban Sewage Pipes refers to the total length of general drainage, trunks, branch and inspection wells, connection wells, inlets and outlets, etc. if there are two or more than two side-by-side in a street pipes, length of pipes should be Calculated by adding length.

Volume of waste water discharge refers to Sewage and industrial waste water, include sewer and drain (drainage) discharge of waste water.

Treatment capacity Sewage treatment plant (or sewage treatment plant) the actual amount of sewage treatment. Including physical treatment, biological treatment and chemical treatment. Which deal with the city (County), sewage treatment plants as a regional facility, not only dealing with the city (County) of sewage, also deals with the city (County), such as cities, counties or towns other than water. This portion of the amount of sewage to individual statistics and in the calculation of the city (County) when the sewage treatment rate of deduction.

Park Green Area refers to green areas open to the public for amusement and rest with the facilities of amusement, rest and services. Its function includes perfecting ecology, beautifying landscape, and preventing and reducing disaster. Park green areas include comprehensive park, community park, topic park, belt-shaped park and green area nearby street. Total areas of comprehensive park, topic park and belt-shaped is the area of park.

Consumption Wastes Transported refers to volume of consumption wastes collected and transported to disposal factories or sites. Consumption wastes are solid wastes produced from urban households or from service activities for urban households, and solid wastes regarded by laws and regulations as urban consumption wastes, including those from households, commercial activities, markets, cleaning of streets, public sites, offices, schools, factories, mining units and other sources.

Volume of consumption Wastes treatment refers to Volume of consumption Wastes Simple processing and consumption wastes treated in the reporting period.

农业

Agriculture

13

◉ 资料整理：韩爱桃　郑 洁　贾世云　刘露霞　王庆先

简要说明

一、主要内容

本篇包括我省农业生产和农村经济的基本情况，内容主要包括农村劳动力、耕地、农业机械拥有量、农林牧渔业增加值、农作物播种面积、主要农产品及畜禽产品产量、水利设施与除涝治碱、农村居民家庭拥有生产性固定资产等方面的统计资料。

二、统计范围

统计范围包括农村各种经济组织和农户经营的农林牧渔业生产活动；各种专业性农、林、牧、渔场的农业生产活动；国家各级机关、团体、学校、部队进行的农业生产活动；集体所有制的乡、镇、村办农场的农业生产活动；以及工矿企业经营的农、林、牧、渔业生产活动。

2006年农林牧渔业增加值及农业、牧业生产情况已与第二次农业普查数据进行了衔接。2010年以后的农业、林业增加值数据是按照国家统计局制定的新《统计用产品分类目录》进行了调整。

三、资料来源

全省农作物播种面积及产量、畜牧业生产情况由河南省统计局农业处和国家统计局河南调查总队编辑整理。农村基本情况、农林牧渔业增加值、市级农作物播种面积及产量、市级畜牧业生产情况等由河南省统计局农业处编辑整理。林业生产情况、渔业生产情况、耕地面积、灌溉、水库和除涝、治水、治碱资料，农业机械拥有情况及农机化作业情况、农村基层组织情况等由河南省统计局农业处根据河南省林业厅、河南省农业厅水产局、河南省国土资源厅、河南省水利厅、河南省农业机械化管理局、河南省民政厅等部门提供的资料整理编辑。市级粮食产量数据由河南省地方调查队编辑整理。

Brief Introduction

I. Main Contents

The data in this chapter show the basic conditions of agricultural production and rural economy, including mainly cultivated number of rural employed persons, land, quantity of agricultural machinery, value-added of agriculture, forestry, animal husbandry and fishery, sown areas of farm crops, output of major products and livestock, facilities of water conservancy and efforts to eliminate water-logging and combat alkalinity, productive fixed assets owned by rural households.

II. Scope of Statistics

Statistics on agriculture cover in agriculture statistics are production activities in agriculture, forestry, animal husbandry and fishery undertaken by rural economic units of various types and by rural households; production activities of farms specializing in agriculture, forestry, animal husbandry and fishery; production activities in agriculture undertaken by government agencies, institutions, schools and military units; production activities in agriculture undertaken by collective farms run by townships and villages; and production activities in agriculture, forestry, animal husbandry and fishery undertaken by manufacturing and mining enterprises.

Data on value-added of agriculture, forestry, animal husbandry and fishery and production of agriculture and animal husbandry in 2006 have been reflected basis on the second agricultural census. Data on value-added of agriculture and forestry since 2010 are adjusted according to the new classified catalogue of statistics product which formulated by NBS.

III. Sources of Data

Data on provincial sown areas, output of farm crops and livestock production are provided by Department of agricultural of the Henan provincial Bureau of Statistics and Department of Henan Survey organizations, NBS. Data on rural basic situation, value-added of agriculture, forestry, animal husbandry and fishery, municipal sown areas, output of farm crops and livestock production are provided by Department of agricultural of the Henan provincial Bureau of Statistics. Data on forestry, fishery, sown areas, irrigation and reservoirs, data on efforts to eliminate water-logging, to prevent floods by water control and to combat alkalinity, agricultural machinery, agricultural mechanization conditions and rural grassroots units are calculated by Henan province Bureau of statistics according to Henan provincial Bureau of forestry, Henan province agriculture department of administration, Henan provincial Bureau of Land and Resources, Henan provincial Bureau of water, Henan province administration of agricultural mechanization and Henan provincial Bureau of Civil affairs. Data on municipal output of farm crops come from Henan provincial survey organizations.

13−1 农村基本情况(年底数)

Basic Statistics on Rural Areas (Year-end)

指　　标	Item	2000	2005	2010	2012	2013	2014	2015
农村基层组织(个)	**Rural Grassroots Units (unit)**							
乡镇	Number of Township and Town Governments	2129	1907	1878	1841	1840	1821	1808
#镇	Number of Town Governments	844	841	949	1014	1085	1103	1105
村民委员会	Number of Villagers' Committees	48206	48064	47311	47140	46997	46938	46115
农村基础设施（个）	**Social Basic Facilities In Rural Areas(unit)**							
自来水受益村数	Number of Villages with Access to Tap Water	13252	17369	26329	29882	31284	33797	36528
通有线电视村数	Number of Villages with Cable TV						43194	43591
通宽带村数	Number of Vllages with Broadband						45764	46079
乡村劳动力和从业人员	**Number of Rural Laborer and Employed Persons**							
乡村户数(万户)	Number of Rural Households (10 000 households)	1972	2026	2061	2066	2049	2037	2046
乡村劳动力资源数(万人)	Number of Rural Laborer Resource (10 000 persons)	5069	5167	5338	5367	5334	5309	5307
#男	Male				2854	2833	2824	2825
女	Female				2512	2502	2485	2482
乡村从业人员(万人)	Number of Rural Employed Persons (10 000 persons)	4712	4752	4915	4905	4851	4807	4798
#男	Male	2493	2517	2630	2624	2591	2570	2567
女	Female	2220	2235	2285	2281	2261	2237	2231
#农业	Agricultural	3559	3128	2698	2611	2541	2621	2553

注：乡镇个数、镇个数、村民委员会个数为民政部门数据。
a) Number of Township and Town Governments,Villagers' Committees are taken from civil administration department.

13-2 各市农村基本情况(2015年底)
Basic Conditions of Rural Areas by City (End of 2015)

市(县) City(County)	乡村户数 (万户) Number of Rural Households (10 000 households)	乡村劳动力资源数 (万人) Number of Rural Laborer Resource (10 000 persons)	男 Male	女 Female	乡村从业人员 (万人) Number of Rural Employed Persons (10 000 persons)	男 Male	女 Female	#农业 Farming
省辖市 City								
郑州市 Zhengzhou	103.81	267.46	144.09	123.37	235.90	128.16	107.74	93.15
开封市 Kaifeng	99.35	271.04	143.84	127.19	251.57	132.48	119.09	134.09
洛阳市 Luoyang	126.75	325.42	171.72	153.70	290.74	155.23	135.51	157.30
平顶山市 Pingdingshan	103.69	267.41	142.59	124.82	242.24	130.47	111.76	149.80
安阳市 Anyang	120.80	302.20	162.41	139.79	273.14	149.37	123.77	126.70
鹤壁市 Hebi	26.06	70.27	37.64	32.62	58.99	33.25	25.74	27.23
新乡市 Xinxiang	106.36	271.71	145.57	126.14	244.11	131.14	112.96	113.52
焦作市 Jiaozuo	65.52	166.34	87.51	78.83	149.86	79.58	70.29	71.84
濮阳市 Puyang	73.90	200.27	106.27	93.99	179.52	97.88	81.64	104.54
许昌市 Xuchang	80.14	211.65	112.68	98.97	194.99	102.74	92.24	113.49
漯河市 Luohe	54.68	142.86	75.97	66.89	129.29	68.77	60.51	76.88
三门峡市 Sanmenxia	44.59	105.36	56.19	49.18	94.08	50.46	43.62	61.70
南阳市 Nanyang	246.67	625.73	337.49	288.24	557.00	303.92	253.08	329.08
商丘市 Shangqiu	192.53	479.31	252.70	226.61	440.39	230.51	209.89	227.17
信阳市 Xinyang	185.45	455.66	246.48	209.18	410.05	218.74	191.31	219.19
周口市 Zhoukou	222.51	589.13	309.07	280.06	550.00	291.91	258.09	301.58
驻马店市 Zhumadian	180.48	523.74	275.89	247.85	469.04	247.67	221.37	231.00
济源市 Jiyuan	12.30	31.71	16.90	14.81	26.63	14.20	12.43	14.50
省直管县 Province Administrating County								
巩义市 Gongyi	15.07	35.05	19.19	15.86	33.37	18.65	14.71	10.57
兰考县 Lankao	16.41	47.25	24.22	23.04	46.41	23.93	22.47	18.71
汝州市 Ruzhou	21.99	57.49	30.04	27.45	52.48	27.67	24.81	30.46
滑县 Huaxian	30.88	75.25	37.81	37.44	67.87	34.89	32.98	32.70
长垣县 Changyuan	13.24	35.09	19.54	15.55	32.13	17.86	14.27	7.45
邓州市 Dengzhou	36.91	101.40	53.73	47.67	83.87	44.91	38.97	56.11
永城市 Yongcheng	34.15	90.43	47.52	42.92	82.65	42.58	40.07	28.71
固始县 Gushi	40.53	93.97	52.84	41.13	81.43	42.80	38.64	36.29
鹿邑县 Luyi	26.59	68.68	35.63	33.06	67.67	35.12	32.55	18.98
新蔡县 Xincai	22.67	67.31	34.32	32.99	67.27	34.31	32.97	20.65

13-3 农林牧渔业总产值

Value of Farming, Forestry, Animal Husbandry and Fishery

本表数据为当年价。
Data in this table are calculated at current prices

单位：亿元 (100 million yuan)

年份 Year	农林牧渔业 Farming, Forestry, Animal Husbandry and Fishery	农业 Farming	林业 Forestry	牧业 Animal Husbandry	渔业 Fishery	农林牧渔服务业 Service for Farming,Forestry, Animal Husbandry and Fishery
1978	95.38	81.74	2.58	10.87	0.19	
1980	134.62	113.17	3.88	17.28	0.29	
1985	241.54	188.79	10.29	41.19	1.27	
1990	502.01	372.19	20.77	105.17	3.88	
1995	1304.25	865.82	38.32	391.08	9.03	
1996	1606.04	1092.35	41.61	461.41	10.67	
1997	1710.12	1105.73	47.20	544.05	13.14	
1998	1823.01	1159.55	50.20	597.13	16.13	
1999	1906.75	1231.89	51.75	605.61	17.50	
2000	1981.54	1264.29	56.18	641.56	19.51	
2001	2102.79	1331.55	57.00	693.81	20.43	
2002	2192.02	1215.22	64.42	773.57	21.31	117.50
2003	2193.09	1137.74	69.11	835.93	23.31	127.00
2004	2963.92	1602.88	75.85	1117.23	27.96	140.00
2005	3309.70	1790.37	83.92	1251.65	35.26	148.50
2006	3348.94	2011.09	94.92	1067.85	29.38	145.70
2007	3879.93	2254.52	104.85	1326.09	44.47	150.00
2008	4669.54	2561.10	122.89	1761.18	59.00	165.38
2009	4871.51	2833.27	134.09	1654.29	64.94	184.92
2010	5734.20	3540.83	115.29	1805.89	71.23	200.96
2011	6218.64	3599.90	127.32	2198.38	72.55	220.50
2012	6679.04	3958.95	140.85	2255.61	86.40	237.23
2013	7198.08	4202.30	152.35	2486.28	93.52	263.64
2014	7549.11	4491.95	152.40	2505.20	105.10	294.46
2015	7641.27	4610.71	134.28	2445.30	123.61	327.37

13-4 农林牧渔业总产值指数(上年=100)

Value Index of Farming, Forestry, Animal Husbandry and Fishery(Preceding year=100)

本表数据按可比价格计算。
Data in this table are calculated at comparable prices.

年份 Year	农林牧渔业 Farming, Forestry, Animal Husbandry and Fishery	农业 Farming	林业 Forestry	牧业 Animal Husbandry	渔业 Fishery	农林牧渔服务业 Service for Farming,Forestry, Animal Husbandry and Fishery
1978	109.6	110.2	109.7	105.3	100.7	
1980	105.0	106.4	117.9	93.7	114.0	
1985	104.3	98.8	119.3	143.6	130.5	
1990	107.8	107.0	105.0	111.9	119.8	
1995	117.6	113.3	106.1	128.5	115.3	
1996	112.6	111.2	110.8	115.4	115.1	
1997	107.9	105.6	103.3	112.5	117.3	
1998	106.9	105.3	104.7	109.7	114.7	
1999	107.7	108.8	103.7	106.3	108.9	
2000	105.4	104.2	105.6	107.2	112.1	
2001	105.6	105.4	101.3	106.2	104.5	
2002	104.3	104.9	105.2	103.1	113.7	
2003	98.0	90.4	103.8	106.9	108.3	108.7
2004	112.9	118.8	105.5	106.7	109.9	105.0
2005	107.5	107.7	104.7	107.6	122.5	104.0
2006	107.4	108.1	107.7	106.6	119.0	102.7
2007	103.9	104.7	105.0	101.9	113.1	104.1
2008	105.8	105.1	107.9	107.0	108.5	105.0
2009	104.5	103.1	107.5	106.0	106.6	105.5
2010	104.6	104.3	104.5	105.0	107.5	105.0
2011	103.8	104.3	107.1	102.2	107.2	105.5
2012	104.5	104.2	104.9	104.6	105.8	106.0
2013	104.4	104.1	107.0	104.1	106.5	108.9
2014	104.2	103.9	104.8	104.1	107.8	109.5
2015	104.6	105.6	101.7	102.2	110.5	109.7

13-5 农林牧渔业增加值

Value-Added of Farming, Forestry, Animal Husbandry and Fishery

本表增加值按当年价格计算，指数按可比价格计算。

Data in this table are calculated at current prices.Indices are based on comparable prices.

年　份 Year	农林牧渔业 Farming, Forestry, Animal Husbandry and Fishery	农　业 Farming	林　业 Forestry	牧　业 Animal Husbandry	渔　业 Fishery	农林牧渔服务业 Service for Farming,Forestry, Animal Husbandry and Fishery
绝对值(亿元) Absolute value (100 million yuan)						
1985	173.43	139.96	9.19	23.07	1.21	
1990	325.77	251.82	16.61	54.08	3.26	
1995	762.99	512.10	28.55	215.85	6.49	
1996	937.64	644.25	31.04	254.70	7.65	
1997	1005.55	653.48	35.40	307.25	9.42	
1998	1068.58	690.35	37.65	329.21	11.37	
1999	1120.14	735.80	38.86	332.88	12.60	
2000	1160.22	751.03	41.72	353.77	13.70	
2001	1234.34	798.75	40.39	381.41	13.79	
2002	1246.44	722.49	37.73	431.69	15.20	39.33
2003	1239.70	673.54	42.16	466.45	16.55	41.00
2004	1692.79	956.92	46.27	624.53	19.85	45.22
2005	1892.01	1068.85	51.19	699.67	24.33	47.96
2006	1916.73	1196.84	57.72	595.05	20.21	46.91
2007	2217.65	1337.48	63.56	736.62	30.49	49.49
2008	2658.77	1514.57	74.26	975.22	40.32	54.39
2009	2769.05	1670.25	80.78	913.15	44.24	60.63
2010	3258.11	2080.78	69.49	993.79	48.37	65.68
2011	3512.24	2108.83	76.50	1205.96	49.10	71.84
2012	3769.54	2315.80	84.93	1233.46	58.29	77.05
2013	4058.98	2458.15	91.86	1359.60	63.10	86.27
2014	4261.67	2627.40	91.89	1369.79	70.92	101.66
2015	4348.41	2704.71	84.40	1337.04	83.41	138.85
指数(上年=100) Index (Preceding year=100)						
1985	100.8					
1990	105.4					
1995	111.9					
1996	111.3					
1997	107.6	105.3	104.2	112.0	117.8	
1998	107.0	105.4	104.7	109.7	114.6	
1999	107.2	108.2	103.0	106.2	106.3	
2000	104.5	103.2	105.2	106.6	110.2	
2001	105.5	105.4	96.4	107.1	100.2	
2002	104.5	103.8	103.2	105.4	115.3	
2003	97.5	90.1	108.0	106.9	108.3	106.9
2004	113.2	118.8	105.5	106.8	109.9	105.0
2005	107.6	107.7	104.7	107.6	119.0	104.0
2006	107.3	107.7	107.4	106.6	118.6	102.3
2007	103.8	104.7	105.0	101.5	111.7	104.1
2008	105.5	104.7	107.5	106.7	108.5	104.7
2009	104.2	102.9	107.2	105.8	106.3	105.2
2010	104.5	104.2	104.3	104.9	107.4	104.8
2011	103.7	104.2	107.0	102.0	106.9	105.3
2012	104.5	104.2	104.9	104.6	105.7	105.9
2013	104.3	104.1	107.0	104.1	106.5	108.9
2014	104.2	103.9	104.8	104.1	107.8	109.6
2015	104.5	105.5	101.7	102.2	110.5	109.7

注：2010年起的增加值数据，按照2011年国家统计局修订的《统计用产品分类目录》进行计算。

a) Data of Value-Added of Farming, Forestry,Animal Husbandry and Fishery are calculated on new statistical product category in 2010.

13-6 各市农林牧渔业总产值(2015年)

Value of Farming, Forestry, Animal Husbandry and Fishery by City (2015)

本表按当年价格计算。
Data in this table are calculated at current prices.
单位：亿元

(100 million yuan)

市(县) City(County)	农林牧渔业 Farming, Forestry, Animal Husbandry and Fishery	农业 Farming	林业 Forestry	牧业 Animal Husbandry	渔业 Fishery	农林牧渔服务业 Service for Farming,Forestry, Animal Husbandry and Fishery
全省 Total	**7641.27**	**4610.71**	**134.28**	**2445.30**	**123.61**	**327.37**
省辖市 City						
郑州市 Zhengzhou	276.58	139.93	5.55	109.35	17.56	4.19
开封市 Kaifeng	539.15	317.29	8.49	172.21	7.14	34.03
洛阳市 Luoyang	440.84	240.98	39.59	127.06	6.30	26.91
平顶山市 Pingdingshan	308.67	150.40	11.32	132.35	5.17	9.43
安阳市 Anyang	367.45	259.33	11.73	82.66	1.36	12.37
鹤壁市 Hebi	118.02	44.28	0.96	66.33	1.42	5.04
新乡市 Xinxiang	387.26	223.12	5.72	138.83	7.44	12.15
焦作市 Jiaozuo	247.68	156.55	2.69	74.04	1.47	12.93
濮阳市 Puyang	282.33	174.05	7.13	90.26	2.39	8.49
许昌市 Xuchang	310.30	163.61	12.43	120.39	1.32	12.56
漯河市 Luohe	190.01	101.40	1.63	80.89	1.48	4.60
三门峡市 Sanmenxia	205.46	156.87	4.25	41.13	2.15	1.07
南阳市 Nanyang	875.32	539.72	19.39	276.26	16.01	23.94
商丘市 Shangqiu	679.28	447.94	8.84	190.20	10.77	21.52
信阳市 Xinyang	797.38	512.21	29.39	198.15	38.41	19.21
周口市 Zhoukou	839.72	531.31	15.34	237.79	6.23	49.05
驻马店市 Zhumadian	739.17	405.03	5.70	277.63	14.36	36.45
济源市 Jiyuan	36.77	15.99	2.43	15.24	2.72	0.40
省直管县 Province Administrating County						
巩义市 Gongyi	20.90	8.10	1.30	9.73	0.61	1.16
兰考县 Lankao	70.38	38.46	2.97	24.37	0.39	4.19
汝州市 Ruzhou	69.83	24.39	5.35	35.53	0.36	4.20
滑县 Huaxian	119.42	94.38	1.40	19.17	0.06	4.41
长垣县 Changyuan	57.74	39.26	2.29	14.39	0.57	1.24
邓州市 Dengzhou	172.65	107.60	0.99	55.10	0.90	8.06
永城市 Yongcheng	115.11	75.28	1.11	33.11	1.77	3.84
固始县 Gushi	132.80	79.72	1.94	42.37	7.00	1.77
鹿邑县 Luyi	90.22	51.84	1.26	31.03	0.53	5.56
新蔡县 Xincai	89.89	44.92	0.34	39.43	1.46	3.74

13-7 各市农林牧渔业增加值(2015年)

Value-Added of Farming, Forestry, Animal Husbandry and Fishery by City (2015)

本表按当年价格计算。
Data in this table are calculated at current prices.

单位：亿元 (100 million yuan)

市(县)	City(County)	农林牧渔业 Farming, Forestry, Animal Husbandry and Fishery	农业 Farming	林业 Forestry	牧业 Animal Husbandry	渔业 Fishery	农林牧渔服务业 Service for Farming,Forestry, Animal Husbandry and Fishery
全省	**Total**	**4348.41**	**2704.71**	**84.40**	**1337.04**	**83.41**	**138.85**
省辖市	**City**						
郑州市	Zhengzhou	153.54	80.36	3.42	57.70	9.44	2.62
开封市	Kaifeng	295.72	184.42	6.01	90.32	3.14	11.83
洛阳市	Luoyang	252.46	142.25	28.18	61.66	4.30	16.06
平顶山市	Pingdingshan	172.90	83.57	9.10	70.46	3.91	5.86
安阳市	Anyang	211.35	152.91	6.51	44.54	0.74	6.63
鹤壁市	Hebi	64.49	27.38	0.56	32.95	0.97	2.64
新乡市	Xinxiang	227.29	138.68	3.97	74.98	5.14	4.52
焦作市	Jiaozuo	140.30	96.98	1.99	37.30	0.82	3.20
濮阳市	Puyang	160.12	99.85	4.99	51.00	1.64	2.64
许昌市	Xuchang	174.54	98.34	8.91	61.36	0.96	4.96
漯河市	Luohe	108.25	59.19	1.18	45.15	0.89	1.84
三门峡市	Sanmenxia	119.17	94.67	3.19	19.04	1.57	0.70
南阳市	Nanyang	511.72	339.01	14.44	136.71	11.49	10.07
商丘市	Shangqiu	383.18	275.98	6.88	86.18	7.93	6.21
信阳市	Xinyang	461.70	303.12	25.61	93.98	31.15	7.85
周口市	Zhoukou	469.33	319.85	11.33	118.25	4.59	15.31
驻马店市	Zhumadian	421.47	227.90	2.97	162.46	9.20	18.95
济源市	Jiyuan	21.94	9.54	1.73	8.66	1.75	0.26
省直管县	**Province Administrating County**						
巩义市	Gongyi	12.00	4.67	0.83	5.51	0.26	0.73
兰考县	Lankao	40.32	23.07	2.11	13.77	0.14	1.22
汝州市	Ruzhou	39.19	15.34	4.05	17.48	0.21	2.12
滑县	Huaxian	68.70	54.43	0.89	10.27	0.03	3.08
长垣县	Changyuan	33.40	23.43	1.36	7.50	0.41	0.71
邓州市	Dengzhou	100.87	68.93	0.73	27.20	0.60	3.41
永城市	Yongcheng	65.94	46.19	0.88	16.12	1.41	1.34
固始县	Gushi	76.32	47.88	1.56	20.50	5.59	0.78
鹿邑县	Luyi	51.76	30.65	0.91	16.65	0.42	3.13
新蔡县	Xincai	47.22	24.58	0.19	19.91	1.11	1.42

13–8 农业生产条件
Conditions of Agriculture

年 份 Year	乡村从业人员 (万人) Employed persons in Rural Area (10 000 persons)	#农、林、牧、渔业 Farming, Forestry, Animal Husbandry and Fishery	耕地面积 (千公顷) Area of Plow land (1 000 hectares)	农用机械总动力 (万千瓦) Total Power of Agricultural Machinery (10 000 kw)	灌溉面积 (千公顷) Effective Irrigated Area (1 000 hectares)	化肥施用折纯量 (万吨) Consumption of Chemical Fertilizer by 100% Effective Component (10 000 tons)	农村用电量 (亿千瓦小时) Electricity Consumption in Rural Areas (100 million kwh)	农药施用实物量 (万吨) Consumption of Chemical Pesticides (10 000 tons)	农用塑料薄膜使用量 (万吨) Plastic Film Use for Agriculture (10 000 tons)
1978	2384	2251	7157.3	974.4	3722.67	52.54	13.25		
1979	2429	2300	7138.7	1079.3	3636.00	60.05	14.59		
1980	2505	2365	7128.1	1178.0	3536.23	72.52	17.23		
1981	2576	2457	7121.3	1262.1	3388.00	81.90	20.85		
1982	2669	2515	7109.3	1356.3	3265.33	105.50	22.76		
1983	2711	2537	7100.7	1405.9	3210.00	130.67	23.50		
1984	2819	2565	7079.3	1507.0	3278.67	140.16	25.83		
1985	2932	2558	7033.2	1590.0	3189.97	143.58	28.33		
1986	2998	2561	6998.9	1737.9	3212.71	148.73	33.30		
1987	3096	2583	6972.6	1865.9	3250.07	135.58	37.29		
1988	3212	2636	6956.4	2004.2	3358.76	150.57	40.81		
1989	3284	2706	6944.4	2153.4	3438.00	184.25	45.20		
1990	3424	2820	6933.2	2264.0	3550.09	213.18	46.93	3.31	2.75
1991	3511	2913	6920.0	2330.4	3676.59	239.74	52.06	3.88	3.15
1992	3601	2947	6887.8	2424.4	3779.72	251.13	59.58	4.76	3.45
1993	3658	2902	6871.0	2624.0	3868.33	288.21	61.10	5.44	3.84
1994	3717	2859	6830.0	2780.5	3931.30	292.47	70.54	6.53	4.87
1995	3773	2808	6805.8	3115.4	4044.19	322.21	85.07	7.56	5.32
1996	3848	2816	6786.3	4256.4	4191.05	345.33	103.66	8.33	6.17
1997	4015	2903	6773.4	4337.9	4333.06	355.31	118.27	8.49	6.95
1998	4067	2940	6834.0	4764.4	4513.86	382.80	121.21	9.10	7.49
1999	4311	3299	6825.9	5342.9	4648.78	399.85	122.54	9.61	7.94
2000	4712	3559	6875.3	5780.6	4725.31	420.71	125.80	9.55	9.19
2001	4688	3472	6907.3	6078.7	4766.00	441.73	134.61	9.85	9.41
2002	4691	3393	7262.8	6548.2	4802.36	468.83	141.36	10.20	9.86
2003	4695	3321	7187.2	6953.2	4792.22	467.89	144.59	9.87	9.88
2004	4718	3235	7177.5	7521.1	4829.10	493.16	157.69	10.12	10.16
2005	4752	3128	7201.2	7934.2	4864.12	518.14	172.15	10.51	10.84
2006	4777	3039	7202.4	8309.1	4918.80	540.43	188.82	11.16	11.84
2007	4815	2910	7201.9	8718.7	4955.84	569.68	223.43	11.80	12.66
2008	4859	2837	7202.2	9429.3	4989.20	601.68	237.36	11.91	13.07
2009	4882	2754	8192.0	9817.9	5033.03	628.67	257.76	12.14	14.14
2010	4915	2698	8177.5	10195.9	5080.96	655.15	269.41	12.49	14.70
2011	4911	2655	8161.9	10515.8	5150.44	673.71	281.82	12.87	15.16
2012	4905	2611	8156.8	10872.7	5205.63	684.43	290.03	12.83	15.52
2013	4851	2541	8140.7	11150.0	4969.11	696.37	305.42	13.01	16.78
2014	4807	2621	8126.1	11476.8	5101.74	705.75	313.23	12.99	16.35
2015	4798	2553		11710.1	5333.90	716.09	321.01	12.87	16.20

注：1.耕地面积：2008年及以前年份耕地面积为年底常用耕地面积，2009年数据为第二次全省土地调查数据，2010年以后数据已按2009年数据口径进行了调整。

2.灌溉面积：2013年及以前年份的数据为农田有效灌溉面积。(下表同)

a)Data of Plow land Area is cultivated area at year-end before 2008, data in 2009 is from The second provincial land survey, and data since 2010 is changed by 2009 caliber.

b)The irrigated area before 2013 refer to effective irrigation area of farmland. (the same as following tables)

13-9 各市耕地面积(2014年)
Plow land Area by City

单位：千公顷 (1 000 hectares)

市(县) City(County)	耕地面积	水田 Paddy field	水浇地 Irrigated land	旱地 dry land
全 省 Total	**8126.06**	**754.08**	**4555.22**	**2816.75**
省 辖 市 City				
郑 州 市 Zhengzhou	325.06	1.14	202.77	121.15
开 封 市 Kaifeng	414.30	6.32	389.20	18.78
洛 阳 市 Luoyang	432.08	1.71	83.69	346.68
平 顶 山 市 Pingdingshan	320.16	1.11	218.27	100.79
安 阳 市 Anyang	409.13	0.04	331.82	77.27
鹤 壁 市 Hebi	119.64		109.72	9.92
新 乡 市 Xinxiang	474.56	40.77	414.18	19.61
焦 作 市 Jiaozuo	195.18	2.99	177.93	14.26
濮 阳 市 Puyang	282.85	25.24	255.16	2.44
许 昌 市 Xuchang	337.42	0.00	250.50	86.92
漯 河 市 Luohe	189.63		189.05	0.57
三 门 峡 市 Sanmenxia	176.66	0.07	29.92	146.67
南 阳 市 Nanyang	1053.36	26.92	303.91	722.53
商 丘 市 Shangqiu	705.78	0.00	567.40	138.38
信 阳 市 Xinyang	840.54	626.60	2.90	211.04
周 口 市 Zhoukou	854.78	0.31	808.55	45.92
驻 马 店 市 Zhumadian	948.95	20.86	203.66	724.43
济 源 市 Jiyuan	45.98		16.59	29.39
省 直 管 县 Province Administrating County				
巩 义 市 Gongyi	39.96		12.87	27.09
兰 考 县 Lankao	68.29	2.66	65.61	0.02
汝 州 市 Ruzhou	61.42	0.00	43.21	18.22
滑 县 Huaxian	132.69		132.56	0.14
长 垣 县 Changyuan	69.34	4.37	64.89	0.08
邓 州 市 Dengzhou	168.80	0.01	63.32	105.47
永 城 市 Yongcheng	136.76		0.03	136.73
固 始 县 Gushi	156.69	144.04	0.26	12.39
鹿 邑 县 Luyi	85.23	0.00	85.22	0.01
新 蔡 县 Xincai	100.64		0.06	100.59

13-10 主要农业机械和农产品加工机械年末拥有量
Number of Agricultural Machinery and Machinery for Processing Farm Products at Year-end

指 标	Item	1980	1990	2000	2010	2014	2015
农业机械总动力(万千瓦)	**Total Power of Agricultural Machinery(10 000 kw)**	**1178.00**	**2263.99**	**5780.60**	**10195.94**	**11476.81**	**11710.08**
#柴油发动机动力	Diesel Engines		1588.55	4859.20	9029.20	10186.96	10405.41
汽油发动机动力	Benzine Engines		94.62	107.90	56.29	69.59	71.71
电动发动机动力	Electric Engines		580.82	812.40	1110.30	1220.26	1232.96
大中型拖拉机(混合台)(万台)	Large and Medium Tractors (10 000 units)	5.97	4.93	6.62	27.44	37.81	40.23
(万千瓦)	(10 000 kw)	216.90	174.30	216.80	969.55	1505.01	1639.38
小型(包括手扶)拖拉机(万台)	Mini-Tractors (10 000 units)	12.77	82.20	224.67	358.61	346.26	339.62
(万千瓦)	(10 000 kw)	111.10	758.40	2317.70	3797.50	3756.09	3704.77
大中型拖拉机配套农具(万部)	Number of Large and Medium Tractor Towing Farm Machinery (10 000 units)	7.41	6.57	11.87	64.26	89.61	94.83
小型拖拉机配套农具(万部)	Number of Mini-Tractor Towing Farm Machinery(10 000 units)	4.76	83.34	357.32	666.42	670.99	661.37
机引犁(万台)	Tractor-propelled Plough(10 000 units)	3.81	63.93	196.23	318.33	322.07	320.51
机引耙(万台)	Citation Machine harrow(10 000 units)	2.24	18.51	110.17	214.60	219.01	214.62
旋耕机(万台)	Rotary cultivator(10 000 units)		1.17	4.08	18.38	24.07	26.33
农用运输车(万辆)	Trucks for Agricultural(10 000 unit)			131.24	219.55	218.25	217.15
(万千瓦)	(10 000 kw)			1406.07	2744.90	2793.25	2797.01
农用排灌动力机械(万台)	Drainage and Irrigation Agricultural Machinery (10 000 unit)	80.52	86.93	125.58	160.05	168.67	168.61
(万千瓦)	(10 000 kw)	574.60	609.60	905.90	1147.75	1191.39	1194.69
柴油机(万台)	Diesel Engines (10 000 units)	43.50	32.59	47.52	54.00	54.58	54.10
(万千瓦)	(10 000 kw)	356.70	295.40	458.70	525.50	529.94	526.74
电动机(万台)	Electric Engines (10 000 units)	37.02	54.29	78.06	106.06	112.96	113.36
(万千瓦)	(10 000 kw)	218.10	314.00	447.20	622.25	658.33	664.19

13-10 续表　　Continued

指　　标	Item	1980	1990	2000	2010	2014	2015
节水灌溉机械(万套)	Watersaving Irrigation Machinery (10 000 sets)				17.37	21.30	21.56
农用水泵(万台)	Pumps (10 000 units)	56.53	79.51	175.89	216.29	223.44	223.34
联合收割机(台)	Combine Harvesters (unit)	799	837	26900	143760	221261	241473
水稻插秧机(部)	Rice Transplanter (unit)	1053			1250	2924	3978
割晒机(万台)	Swather motor(10 000 units)			28.38	8.28	5.90	5.80
机动脱粒机(万台)	Mobile thresher(10 000 units)	11.93	34.96	79.15	55.73	54.64	54.59
谷物烘干机(台)	Grain dryer (unit)	41	9	100	646	1097	1348
种子加工机械(台)	Seed processing machinery (unit)	119	123	110	643	1270	1322
机动喷雾(粉)机(万部)	Mobile spray (powder) machines(10 000 units)	0.52	3.32	15.58	26.19	29.43	29.53
(万千瓦)	(10 000 kw)	1.00	5.40	24.90	50.15	55.55	55.49
饲草料加工机械(万台)	Hours processing machinery (10 000 units)	11.38	9.92	11.53	16.92	18.64	18.71
农产品初加工动力机械(万台)	Power Machinery processing of agricultural products (10 000 units)	32.86	53.09	67.76	80.24	84.36	85.57
(万千瓦)	(10 000 kw)	223.80	355.10	466.80	582.70	605.37	611.00
柴油机(万台)	Diesel Engines(10 000 units)	9.14	9.50	11.44	15.74	16.25	16.28
(万千瓦)	(10 000 kw)	84.80	88.20	118.70	156.71	154.51	154.84
电动机(万台)	Electric Engines(10 000 units)	23.72	43.59	53.46	64.50	67.87	68.98
(万千瓦)	(10 000 kw)	139.00	266.90	348.10	426.04	447.26	452.71
农产品初加工作业机械(万台)	Agricultural products processing machinery (10 000 units)			43.18	50.82	56.95	57.59
#粮食加工机	Food processing machine			32.31	34.80	35.65	35.83
棉花加工机	Cotton processing machine			3.87	4.94	4.49	4.48
油料加工机	Oil processing machine			6.82	8.88	9.27	9.35
农田基本建设机械(台)	Farmland capital construction machinery(unit)			5302	15743	19332	22410

13-11 各市农业机械和农产品加工机械年末拥有量(2015年)

市(县) City(County)	农业机械总动力(万千瓦) Total Power of Agricultural Machinery (10 000 kw)	柴油发动机动力 Diesel Engines	汽油发动机动力 Benzine Engines	电动机动力 Electric Engines	农用大中型拖拉机 Large and Medium Tractors (台) (unit)	(万千瓦) (10 000 kw)	小型及手扶拖拉机 Mini-Tractors (万台) (10 000 units)	(万千瓦) (10 000 kw)
省辖市 City								
郑州市 Zhengzhou	582.0	461.2	4.5	116.4	14838	70.5	11.2	109.4
开封市 Kaifeng	779.0	700.7	2.6	75.8	15585	75.13	20.86	227.61
洛阳市 Luoyang	509.7	408.3	5.0	96.4	10046	45.53	18.33	161.03
平顶山市 Pingdingshan	414.2	349.7	2.2	62.3	21623	80.07	10.27	111.39
安阳市 Anyang	650.5	532.4	3.8	114.3	14036	75.07	12.77	153.57
鹤壁市 Hebi	242.5	213.9	0.6	28.0	8591	31.61	7.51	97.90
新乡市 Xinxiang	766.3	671.9	1.9	92.5	22103	109.35	16.44	193.61
焦作市 Jiaozuo	410.7	352.4	1.2	57.1	12627	61.22	4.84	55.99
濮阳市 Puyang	458.1	382.9	3.2	72.0	11813	54.77	8.55	102.36
许昌市 Xuchang	391.3	323.0	1.1	67.2	9562	51.33	4.63	55.56
漯河市 Luohe	281.0	264.4	0.3	16.3	7313	41.84	8.71	109.69
三门峡市 Sanmenxia	177.4	150.5	1.6	25.3	3665	14.52	4.53	40.17
南阳市 Nanyang	1417.6	1293.9	13.8	110.0	46510	203.39	84.53	793.39
商丘市 Shangqiu	1208.5	1115.8	7.4	85.2	29454	148.79	21.31	261.58
信阳市 Xinyang	642.1	579.4	5.9	56.8	30875	117.45	18.70	188.93
周口市 Zhoukou	1197.9	1130.4	3.9	63.7	33126	162.78	34.71	388.82
驻马店市 Zhumadian	1468.7	1382.9	12.3	73.4	106709	280.28	50.06	637.12
济源市 Jiyuan	112.4	91.8	0.4	20.2	3778	15.74	1.62	16.64
省直管县 Province Administrating County								
巩义市 Gongyi	59.5	47.1	0.3	12.0	1843	7.41	1.29	10.70
兰考县 Lankao	98.7	85.8	0.2	12.7	2690	13.09	1.06	11.88
汝州市 Ruzhou	148.3	115.4	1.8	31.1	5982	20.79	3.15	30.72
滑县 Huaxian	267.4	230.9	1.7	34.8	3325	21.50	8.92	112.53
长垣县 Changyuan	116.2	108.9	0.3	7.1	2633	12.99	3.94	50.04
邓州市 Dengzhou	198.3	174.8	3.6	20.0	10567	55.20	11.43	84.56
永城市 Yongcheng	181.1	171.0	0.7	9.4	4114	21.02	3.94	49.87
固始县 Gushi	118.1	106.9	1.2	10.0	4153	19.06	3.52	27.83
鹿邑县 Luyi	130.8	122.4	0.2	8.2	4140	17.49	1.96	23.72
新蔡县 Xincai	168.0	152.0	1.2	14.8	11565	33.27	4.46	55.34

Number of Agricultural Machinery and Machinery for Processing Farm Products at Year-end by City (2015)

大中型拖拉机配套农具(部) Number of Large and Medium Tractor Towing Farm Machinery (unit)	小型拖拉机配套农具(万部) Number of Mini-Tractor Towing Farm Machinery (10000 units)	耕整地及种植机械(万台) Arable land and planting machinery (10 000 units)					
		机引犁 Tractor-propelled Plough	机引耙 Citation Machine harrow	旋耕机 Rotary cultivator	播种机 Drill Machine	化肥深施机 Fertilizer deep-Shi Machine	秸秆粉碎还田机 Straw Mill
32045	16.33	8.12	6.99	1.21	2.87	0.25	0.97
37310	32.17	18.08	10.67	1.30	5.37	1.11	1.07
20488	29.99	14.73	9.80	2.44	5.95	0.20	0.34
45838	19.38	9.75	4.98	1.41	6.16	0.08	0.79
40093	25.98	11.36	8.73	1.25	4.44	0.47	1.11
20323	19.39	7.52	7.21	0.29	4.15	0.40	0.42
43706	28.46	13.00	9.97	1.53	7.56	0.30	1.49
31053	6.54	3.01	0.90	0.80	3.58		1.18
26629	16.65	6.73	4.63	0.83	3.89	1.56	1.28
21765	9.01	5.80	1.84	0.76	3.06	0.79	0.70
16171	20.06	7.22	6.78	0.62	4.71	0.38	0.84
7835	6.56	2.82	1.32	0.49	0.79	0.09	0.09
129765	170.49	86.69	60.80	3.06	20.96	0.93	0.91
66422	34.95	15.78	4.88	2.61	10.16	1.96	2.06
34906	29.08	15.86	9.65	1.97	1.00	0.65	0.12
52907	61.54	36.16	17.52	2.67	10.91	1.17	1.32
310632	130.52	56.89	47.41	2.60	39.38	0.95	2.53
10450	4.26	0.98	0.52	0.46	1.15	0.01	0.18
3620	1.69	0.86	0.43	0.15	0.36	0.02	0.06
3945	2.80	1.23	0.96	0.18	0.53	0.11	0.12
7880	5.37	2.45	0.87	0.46	1.73		0.16
7630	18.51	7.87	7.27	0.28	2.91	0.22	0.35
6816	6.25	3.08	1.73	0.17	2.04	0.05	0.18
30596	17.76	10.44	5.31	0.91	1.42	0.32	0.20
10053	7.64	2.43	0.75	0.42	2.13	0.12	0.20
5330	4.67	2.64	1.78	0.32	0.01	0.01	
7600	2.90	1.45	0.85	0.55	0.76	0.02	0.17
31700	12.90	5.31	4.05	0.44	2.69	0.05	0.23

13-11 续表 1

市(县) City(County)	农用排灌动力机械 Irrigation and drainage of agricultural power machinery		柴油机 Diesel Engines		电动机 Electric Engines		农用水泵 (万台) Agricultural pumps (10 000 units)	节水灌溉机械 (万套) Water-saving irrigation machinery (10 000 units)
	(万台) (10 000 units)	(万千瓦) (10 000 kw)	(万台) (10 000 units)	(万千瓦) (10 000 kw)	(万台) (10 000 units)	(万千瓦) (10 000 kw)		
省 辖 市 City								
郑 州 市 Zhengzhou	9.31	75.32	1.65	13.78	7.66	61.50	9.85	1.21
开 封 市 Kaifeng	12.73	79.66	3.26	32.90	9.47	46.68	14.30	3.09
洛 阳 市 Luoyang	7.83	66.73	2.81	23.49	5.03	43.13	3.97	1.37
平 顶 山 市 Pingdingshan	7.25	50.31	1.87	20.10	5.38	30.20	9.05	0.62
安 阳 市 Anyang	12.42	95.69	0.98	11.96	11.42	83.54	16.95	0.06
鹤 壁 市 Hebi	3.69	27.06	0.51	5.43	3.15	21.18	4.59	0.14
新 乡 市 Xinxiang	14.44	101.99	3.88	51.52	10.56	50.29	16.97	0.29
焦 作 市 Jiaozuo	8.01	45.63	0.21	1.99	7.77	43.52	7.29	0.04
濮 阳 市 Puyang	11.93	92.48	4.56	44.41	7.33	47.73	14.99	0.15
许 昌 市 Xuchang	10.79	58.44	1.89	22.13	8.86	35.87	9.82	0.01
漯 河 市 Luohe	5.14	34.83	3.29	24.98	1.82	9.75	6.29	0.29
三 门 峡 市 Sanmenxia	1.65	15.71	0.58	5.27	1.07	10.44	1.55	0.45
南 阳 市 Nanyang	11.58	73.63	3.82	31.96	6.94	40.79	21.27	2.03
商 丘 市 Shangqiu	19.56	129.20	8.58	87.27	10.88	41.87	18.26	2.47
信 阳 市 Xinyang	7.73	69.95	5.24	44.68	2.49	25.12	9.21	0.40
周 口 市 Zhoukou	15.25	97.64	7.79	70.18	7.45	27.15	38.00	1.49
驻 马 店 市 Zhumadian	7.86	68.57	3.16	34.52	4.65	33.76	19.78	7.43
济 源 市 Jiyuan	1.45	11.84	0.03	0.15	1.42	11.69	1.19	0.02
省 直 管 县 Province Administrating County								
巩 义 市 Gongyi	0.44	4.88	0.01	0.06	0.43	4.81	0.44	0.01
兰 考 县 Lankao	2.12	14.89	0.72	7.21	1.41	7.67	2.36	0.28
汝 州 市 Ruzhou	3.02	25.29	1.05	11.70	1.96	13.59	3.51	
滑 县 Huaxian	4.57	28.22			4.57	28.22	6.08	
长 垣 县 Changyuan	1.43	11.04	0.54	7.05	0.89	3.99	1.98	0.11
邓 州 市 Dengzhou	1.38	9.51	0.80	5.91	0.58	3.60	5.30	0.28
永 城 市 Yongcheng	2.15	20.77	1.57	17.03	0.58	3.74	2.19	0.71
固 始 县 Gushi	2.22	17.23	1.60	11.63	0.62	5.61	2.38	0.01
鹿 邑 县 Luyi	3.06	11.09	0.48	6.24	2.58	4.85	3.60	0.19
新 蔡 县 Xincai	0.54	5.06	0.30	3.30	0.24	1.76	1.49	1.28

continued

联合收割机 Combine harvester		水稻插秧机 (台) Rice Transplanter (unit)	晴晒机 (台) Blind drying machine (unit)	机动脱粒机 (台) Mobile thresher (unit)	谷物烘干机 (台) Grain dryer (unit)	机动喷雾(粉)机 (台) Mobile spray machines (unit)	饲草料加工机械 (台) Hours processing machinery (units)
(台) (unit)	(万千瓦) (10 000 kw)						
9700	64.35		3973	33534	36	11428	8019
14083	76.06	110	345	41005	402	6710	12852
5489	26.02		25032	105459	25	13371	9147
8399	40.52	4	1712	17787	5	5897	11508
15853	84.28		250	49855	93	19419	5740
8225	38.72		203	5468	4	4591	1377
18876	102.34	83	4702	14600	11	8849	16578
8418	42.80	20		11734	65	7199	5392
8835	53.34	49	3630	20115	41	11625	4284
9798	50.85			7421	60	7053	16795
7432	39.35			13825	51	2096	660
2033	9.51		775	24743	35	8178	4847
15857	87.97	149	2083	42028	159	54084	13090
29577	147.52		3320	65944	24	37770	22353
17143	87.72	3555	1189	14083	101	14369	6741
30175	168.10		4368	41927	71	21445	16985
29909	183.63	8	5500	31391	113	57465	25764
1671	8.98		899	5023	52	3734	4929
838	3.93		44	10586	1	469	1489
3231	19.57	1		8448	10		1160
2457	12.40		1712	11264	2	3640	6310
5204	26.23			10453	4	10490	2373
2405	13.05			2233	4	1352	588
3748	22.33			1493	17	12795	1658
5318	25.31		1910	9726		6816	5586
2582	13.89	1279		177	8	3550	1255
3310	21.52					1800	1230
2815	15.79	2		5150	10	7010	6052

13-11 续表 2

市(县) City(County)	农田基本建设机械 Farmland capital construction machinery		农产品初加工动力机械 Power Machinery processing of agricultural products		#柴油机 Diesel Engines		#电动机 Electric Engines	
	(台) (unit)	(万千瓦) (10 000 kw)	(万台) (10 000 units)	(万千瓦) (10 000 kw)	(万台) (10 000 units)	(万千瓦) (10 000 kw)	(万台) (10 000 units)	(万千瓦) (10 000 kw)
省 辖 市 City								
郑 州 市 Zhengzhou	2838	22.17	4.69	37.34	0.08	1.03	4.61	36.31
开 封 市 Kaifeng	1947	9.51	5.50	37.45	2.30	13.12	3.20	24.33
洛 阳 市 Luoyang	2010	12.29	7.49	54.75	1.14	12.28	6.34	42.48
平 顶 山 市 Pingdingshan	930	5.53	3.87	25.48	0.31	2.84	3.53	22.38
安 阳 市 Anyang	3684	6.17	3.57	23.32	0.14	1.39	3.42	21.93
鹤 壁 市 Hebi	52	0.34	1.05	6.87	0.03	0.78	1.02	6.09
新 乡 市 Xinxiang	1486	9.21	5.67	40.07	1.07	5.53	4.60	33.94
焦 作 市 Jiaozuo	1140	3.23	1.79	11.47	0.01	0.15	1.78	11.31
濮 阳 市 Puyang	743	4.08	2.27	19.67	0.22	1.67	2.04	17.94
许 昌 市 Xuchang	823	4.38	4.90	30.95	0.39	4.78	4.40	25.14
漯 河 市 Luohe	134	0.80	1.38	10.37	0.35	4.13	0.99	6.10
三 门 峡 市 Sanmenxia	564	4.08	2.07	13.90	0.31	2.84	1.75	11.06
南 阳 市 Nanyang	1730	11.21	9.77	70.85	1.33	14.00	8.43	56.73
商 丘 市 Shangqiu	1182	5.20	9.41	71.89	3.08	29.90	6.33	41.84
信 阳 市 Xinyang	939	4.98	8.21	52.45	2.24	23.17	5.96	28.67
周 口 市 Zhoukou	476	2.48	6.69	49.64	1.25	15.22	5.42	34.27
驻 马 店 市 Zhumadian	1327	9.46	6.71	50.97	2.02	22.01	4.64	28.67
济 源 市 Jiyuan	405	3.87	0.51	3.55		0.01	0.51	3.54
省 直 管 县 Province Administrating County								
巩 义 市 Gongyi	225	2.01	1.05	5.92		0.01	1.05	5.91
兰 考 县 Lankao	195	0.77	0.87	5.71	0.14	1.51	0.73	4.19
汝 州 市 Ruzhou	279	1.59	1.82	13.66	0.14	1.39	1.65	12.01
滑 县 Huaxian	298	1.75	1.03	6.58			1.03	6.58
长 垣 县 Changyuan	235	1.29	0.49	3.99	0.12	1.26	0.36	2.73
邓 州 市 Dengzhou	360	2.04	1.35	13.45	0.05	0.79	1.29	12.66
永 城 市 Yongcheng	135	0.78	1.29	8.33	0.44	2.92	0.85	5.41
固 始 县 Gushi	239	1.27	0.72	7.32	0.30	2.95	0.42	4.37
鹿 邑 县 Luyi	90	0.74	0.41	3.02			0.41	3.02
新 蔡 县 Xincai	208	1.37	0.79	6.90	0.15	1.67	0.64	5.23

continued

农用运输车 Trucks for Agricultural		#三轮运输车 Tricycle		农产品初加工作业机械（万台） Agricultural products processing machine (10 000 units)	粮食加工机械 Food processing machine	棉花加工机械 Cotton processing machine	油料加工机械 Oil processing machine
（万辆） (10 000 units)	（万千瓦） (10 000 kw)	（万辆） (10 000 units)	（万千瓦） (10 000 kw)				
11.37	162.17	9.50	110.87	2.94	2.35	0.20	0.37
19.61	232.33	18.73	214.48	3.05	1.29	0.57	0.66
6.53	107.64	4.84	61.95	4.56	3.29	0.61	0.66
6.88	86.68	5.74	63.76	2.71	2.13	0.19	0.39
14.27	197.83	13.42	178.85	3.02	2.21	0.27	0.50
4.17	44.65	3.84	33.81	0.75	0.57	0.10	0.07
17.14	205.16	16.29	178.68	2.65	1.97	0.19	0.39
17.24	182.14	16.45	166.36	1.13	0.89	0.08	0.15
11.51	134.23	10.83	122.38	1.83	1.30	0.14	0.38
9.81	127.96	8.39	95.92	2.21	1.68	0.27	0.26
3.02	42.95	2.90	40.82	0.74	0.52	0.10	0.12
5.73	62.80	5.27	53.48	0.95	0.72	0.06	0.12
7.63	111.37	6.02	74.28	5.94	3.78	0.39	1.44
36.16	430.12	33.42	365.38	4.68	3.22	0.39	1.05
6.66	100.63	4.78	59.11	8.74	3.25	0.16	0.61
25.41	313.62	23.46	280.96	6.65	2.95	0.49	1.16
10.98	215.94	9.53	167.69	4.73	3.44	0.26	1.01
3.03	38.79	2.59	26.41	0.31	0.29	0.01	0.01
0.55	10.88	0.35	3.83	0.49	0.47	0.01	0.01
3.38	36.79	3.27	34.74	0.32	0.19	0.03	0.10
2.97	35.90	2.47	25.60	0.62	0.51	0.04	0.07
5.39	68.91	5.32	66.56	0.54	0.41		0.12
2.03	23.15	2.01	22.24	0.36	0.26	0.02	0.07
0.61	10.89	0.29	4.26	0.54	0.39	0.01	0.14
4.49	54.05	4.29	48.73	0.68	0.50	0.06	0.12
1.45	28.82	0.96	14.86	0.73	0.52	0.02	0.19
4.06	52.08	3.80	47.96	2.28	0.13	0.03	0.07
2.07	41.27	1.81	31.93	0.51	0.41	0.01	0.09

13-12 农业机械化、能源、主要物资消耗及水利建设情况
Agricultural Mechanization, Energy Resources, Consumption of main materials and Construction of Water Conservancy

指　　标	Item	2000	2005	2010	2014	2015
农业机械化情况	**Agricultural Mechanization**					
当年实际机耕面积(千公顷)	Area Cultivated by Machine This Year (1 000 hectares)	5607	5804	8260	9084	9104
当年机械播种面积(千公顷)	Area Sown by Machine This Year (1 000 hectares)	4648	5855	9063	10205	10399
为农作物播种面积(%)	Percentage to Sown Area of Crops (%)	35.40	42.10	63.60	70.98	72.09
当年机械收获面积(千公顷)	Mechanical Harvest Area This Year (1 000 hectares)	4250	4801	7374	9429	9789
为农作物播种面积(%)	Percentage to Sown Area of Crops (%)	32.40	34.50	51.80	65.58	67.86
农村能源情况	**Agricultural Energy**					
农村用电量(亿千瓦小时)	Electricity Consumed in Rural Area (100 million kwh)	125.80	172.15	269.41	313.23	321.01
农业主要物资消耗情况	**Agricultural Consumption of main materials**					
农用化肥施用折纯量(万吨)	Consumption of Chemical Fertilizer by 100% Effective Component (10 000 tons)	420.71	518.14	655.15	705.75	716.09
农用塑料薄膜使用量(万吨)	Plastic Film Use for Agriculture (10 000 tons)	9.19	10.84	14.70	16.35	16.20
农药施用实物量(万吨)	Pesticide Use (10 000 tons)	9.55	10.51	12.49	12.99	12.87
农用柴油使用量(万吨)	Diesel Oil Use for Agriculture (10 000 tons)	79.56	89.79	107.92	115.95	114.70
农田水利建设情况	**Farm Water Conservancy Condition**					
灌溉面积(千公顷)	Irrigated Area (1 000 hectares)	4785.59	4941.21	5172.01	5521.62	5333.9
#耕地灌溉面积	Cultivated Irrigated Area	4725.31	4864.12	5080.96	5101.74	5210.64
林地灌溉面积	Woodland Irrigated Area	11.21	23.28	33.07	61.23	63.58
园地灌溉面积	Garden Irrigated Area	46.43	50.11	51.4	45.3	46.39
#节水灌溉面积	Water Saving Irrigated Area	949.61	1309.14	1536.64	1476.53	1672.16
节水灌溉面积占灌溉面积比重(%)	Mechanical and Electrical Irrigated Area Percentage to Effective Irrigated Area (%)	19.8	26.5	29.7	28.3	31.4
农业灌溉供水量(万立方米)	Irrigated Water Supply (10 000 cu.m)	1355863	1034076	1162144	1174899	1106313

注：2011年以后的水利建设情况数据根据第一次全国水利普查数据调整。
a)Data on the construction of water conservancy is calculated from The first National water resources census since 2011.

13-13 各市农业机械化、能源及水利建设情况(2015年)
Agricultural Mechanization，Energy Resources Construction of Water Conservancy by City (2015)

市(县)	City(County)	农业机械化情况 Agricultural Mechanization			农村能源情况 Agricultural Energy Resources	水利建设情况 Water Conservancy		
		机耕面积 (千公顷) Area Ploughed by Tractors (1 000 hectares)	机播面积 (千公顷) Area Sown by Machines (1 000 hectares)	机收面积 (千公顷) Area Harvested by Machines (1 000 hectares)	农村用电量 (亿千瓦小时) Electricity Consumption in Rural Areas (100 million kwh)	水库数量 (座) Reservoir (unit)	塘坝数量 (座) Spoilage (unit)	机电井数量 (眼) Motor-pumped Well (unit)
省辖市	**City**							
郑州市	Zhengzhou	234.67	362.75	325.47	37.06	150	547	57027
开封市	Kaifeng	549.27	633.82	553.82	8.96	2		180058
洛阳市	Luoyang	368.54	378.37	291.16	24.62	169	694	17379
平顶山市	Pingdingshan	265.18	404.70	342.24	11.93	169	981	43442
安阳市	Anyang	351.46	496.70	540.71	31.03	158	1006	338700
鹤壁市	Hebi	90.12	163.12	184.98	2.47	38	170	25389
新乡市	Xinxiang	446.48	624.82	610.95	65.19	40	711	196450
焦作市	Jiaozuo	182.70	287.18	286.03	14.21	40	144	65420
濮阳市	Puyang	276.79	329.23	351.45	8.60			162539
许昌市	Xuchang	333.57	480.16	397.36	10.45	55	163	467927
漯河市	Luohe	204.63	286.27	275.11	5.15			227067
三门峡市	Sanmenxia	113.28	104.68	94.69	3.76	172	141	37267
南阳市	Nanyang	1527.38	1443.02	1144.38	21.38	495	18565	746341
商丘市	Shangqiu	722.38	1174.42	1062.04	22.90	26		165798
信阳市	Xinyang	1037.46	374.52	844.36	15.86	931	131377	447531
周口市	Zhoukou	1083.09	1367.78	1239.61	17.04			165768
驻马店市	Zhumadian	1293.84	1439.65	1197.65	18.48	185	5147	376299
济源市	Jiyuan	23.10	48.00	47.50	1.92	23	451	3862
省直管县	**Province Administrating County**							
巩义市	Gongyi	24.67	41.33	32.31	13.78	14	68	1973
兰考县	Lankao	71.82	114.73	102.83	2.47			14813
汝州市	Ruzhou	59.86	99.89	96.35	3.18	26	323	12312
滑县	Huaxian	109.33	174.33	176.53	4.79	1		147376
长垣县	Changyuan	72.75	98.92	97.62	5.90			10708
邓州市	Dengzhou	323.56	314.75	221.98	2.34	18	2715	227570
永城市	Yongcheng	122.17	204.12	184.67	4.01	1		26178
固始县	Gushi	246.00	73.67	198.67	2.90	61	18131	137821
鹿邑县	Luyi	102.56	149.83	135.60	1.43			20465
新蔡县	Xincai	158.33	161.60	141.60	0.90	3	275	130597

13-14 各市农用物资消耗情况(2015年)
Consumption of Agricultural Materials by City (2015)

单位：吨 (ton)

市(县)	City(County)	农用化肥使用折纯量 Consumption of Chemical Fertilizer by 100% Effective Component	#氮肥 Nitrogenous Fertilizer	#磷肥 Phosphate Fertilizer	#钾肥 Potash Fertilizer	农用塑料薄膜使用量 Plastic Film Use for Agriculture	农用柴油使用量 Diesel Oil Use for Agriculture	农药使用量 Consumption of Chemical Pesticides
省辖市	**City**							
郑州市	Zhengzhou	220678	66672	35677	17219	7977	57720	4002
开封市	Kaifeng	310089	125932	60219	32236	10473	54931	5893
洛阳市	Luoyang	236225	80358	37483	24097	4894	46559	4697
平顶山市	Pingdingshan	384425	108845	48577	24853	3758	62844	4514
安阳市	Anyang	481913	148878	65415	28896	20928	62411	6331
鹤壁市	Hebi	80812	33963	13205	5068	1139	13740	1314
新乡市	Xinxiang	546970	199296	80225	30487	3642	90634	8861
焦作市	Jiaozuo	215799	67412	25781	8340	2433	39090	4630
濮阳市	Puyang	275730	119501	53486	21453	7952	35291	4126
许昌市	Xuchang	291096	82086	37476	19918	3303	39061	4006
漯河市	Luohe	171263	48362	18318	10415	3617	23392	2529
三门峡市	Sanmenxia	99174	27710	12137	12409	3579	19891	2976
南阳市	Nanyang	912580	286868	161525	101221	28901	145999	18860
商丘市	Shangqiu	826907	270361	160753	113115	12309	89285	20033
信阳市	Xinyang	539983	279735	115355	38493	14139	101102	10401
周口市	Zhoukou	798424	286679	148809	74361	19619	157983	18496
驻马店市	Zhumadian	743706	146057	96053	69866	12652	97569	6513
济源市	Jiyuan	25107	7855	4874	3400	686	9474	565
省直管县	**Province Administrating County**							
巩义市	Gongyi	28460	10480	4178	1468	104	6948	316
兰考县	Lankao	73855	27178	13338	6531	996	10324	782
汝州市	Ruzhou	99557	32006	17823	5319	817	17969	723
滑县	Huaxian	235146	66981	31737	9191	3936	17443	1957
长垣县	Changyuan	69815	23671	12579	6454	599	13745	1286
邓州市	Dengzhou	189962	47885	31381	16504	3773	25975	3776
永城市	Yongcheng	126537	39200	10832	14000	2500	21200	2050
固始县	Gushi	101382	51105	25739	8834	3121	15896	2894
鹿邑县	Luyi	93819	58946	11754	4248	712	13730	1194
新蔡县	Xincai	71070	11470	20780	9210	1706	9920	1220

13-15 各市农田水利情况(2015年)

Condition of Irrigation and Conservancy Project by City (2015)

单位：千公顷 (1 000 hectares)

市(县) City(County)	灌溉面积 Irrigated Area	耕地灌溉面积 Effective Irrigated Area	实际耕地灌溉面积 Actual Irrigated area	园地灌溉面积 Garden Irrigated Area	节水灌溉面积 Water Saving Irrigated Area
全省 Total	**5333.90**	**5210.64**	**4495.50**	**46.39**	**1672.16**
省辖市 City					
郑州市 Zhengzhou	202.71	191.09	161.77	2.35	101.25
开封市 Kaifeng	352.93	336.16	241.56	5.73	26.21
洛阳市 Luoyang	153.24	145.18	109.56	4.41	77.70
平顶山市 Pingdingshan	201.79	197.87	111.16	2.01	99.27
安阳市 Anyang	311.11	294.59	275.22	2.05	95.74
鹤壁市 Hebi	92.47	89.36	82.84	1.66	70.52
新乡市 Xinxiang	362.03	360.25	337.91	0.52	192.42
焦作市 Jiaozuo	181.33	167.22	156.69	1.81	126.07
濮阳市 Puyang	235.32	226.06	224.75	3.53	150.79
许昌市 Xuchang	246.66	246.32	226.80	0.31	165.41
漯河市 Luohe	142.40	142.40	142.30		22.53
三门峡市 Sanmenxia	52.23	47.92	39.44	4.30	16.41
南阳市 Nanyang	489.18	481.34	418.25	1.79	161.32
商丘市 Shangqiu	600.55	591.45	519.72	5.03	109.82
信阳市 Xinyang	510.89	499.14	371.51	8.41	51.36
周口市 Zhoukou	575.98	575.31	571.31	0.21	71.06
驻马店市 Zhumadian	598.00	595.73	485.40	2.18	131.60
济源市 Jiyuan	25.07	23.25	19.30	0.08	2.69
省直管县 Province Administrating County					
巩义市 Gongyi	16.39	15.92	15.20		6.54
兰考县 Lankao	57.15	57.15	57.15		4.30
汝州市 Ruzhou	49.78	49.78	36.05		25.87
滑县 Huaxian	116.47	108.68	97.00	1.30	45.29
长垣县 Changyuan	44.76	44.09	41.00		19.78
邓州市 Dengzhou	113.31	111.67	111.67	0.45	40.90
永城市 Yongcheng	87.64	87.64	60.00		21.87
固始县 Gushi	105.00	104.79	96.05	0.21	20.97
鹿邑县 Luyi	65.81	65.81	65.81		12.68
新蔡县 Xincai	75.39	75.27	53.72	0.12	16.19

13－16 水库、灌区情况
Reservoirs and Irrigated Areas

指　　标	Item	2000	2010	2013	2014	2015
年底水库数(座)	**Number of Reservoirs at Year-end (unit)**	**2396**	**2350**	**2663**	**2648**	**2653**
大型水库(1亿立方米以上)	Large Reservoirs (100 million and over cu.m)	21	21	25	25	25
中型水库(1千万至1亿立方米)	Medium-sized Reservoirs (10 million - 100 million cu.m)	102	108	121	121	121
小型水库(10万至1千万立方米)	Small Reservoirs (100 thousand -10 million cu.m)	2273	2221	2517	2502	2507
塘坝数量(座)	Small Reservoirs (in a hilly area,unit)		277838	141113	158514	160097
窖池数量(座)	Pits(unit)			275431	276594	277873
年底灌区数(处)	Number of Irrigation Areas at Year-end (unit)	171	191	664	666	664
规模以上灌区渠道长度(公里)	Irrigation channel length Above designated size (km)		2075	2296	2246	2454

13－17 除涝、治水、堤防情况
Condition of Flood Prevention, water-control and Embankment

指　　标	Item	2000	2010	2013	2014	2015
除涝面积(千公顷)	Flooded or Waterlogged Area Under Control (1 000 hectares)	1848.11	1973.3	1884.63	2031.69	2074.64
水土流失综合治理面积 (平方公里)	Area of Soil Erosion Under Control (sq.km)	3810	4413	3237	3314	3560
堤防长度(公里)	Total Length of Dikes (km)	15758	16313	19361	19351	19531
达标堤防长度(公里)	Standards Length of Dikes (km)		6440	10265	10410	10617
堤防保护耕地面积(千公顷)	Area of Land Protected by Dikes (1 000 hectares)	3260	3388	3231	3482	3524

13-18 农业生产情况

Agriculture Production

年 份 Year	播种面积(千公顷) Insemination Area (1 000hectares)	#粮食 Grain	#棉花 Cotton	#油料 Oil- bearing Crops	粮食产量(万吨) Grain Yield (10 000tons)	#小麦 Wheat	棉花产量(万吨) Cotton Yield (10 000tons)	油料产量(万吨) Oil- bearing Crops Yield (10 000tons)	园林水果产量(万吨) Garden Fruits Yield (10 000tons)
1978	10966.70	9123.30	612.00	465.33	2097.40	868.18	22.42	24.16	47.11
1979	10917.00	9066.70	555.33	632.67	2134.50	969.00	19.84	36.87	52.37
1980	10788.20	8858.90	626.67	710.00	2148.68	890.37	40.62	46.20	43.55
1981	11013.00	9029.30	641.33	744.67	2314.50	1083.50	35.50	55.99	52.30
1982	11076.00	8923.30	754.00	709.33	2217.10	1220.10	32.04	44.16	46.63
1983	11326.70	9286.70	794.00	607.33	2904.00	1455.75	63.24	51.52	58.67
1984	11432.70	8996.70	1162.00	579.33	2893.50	1653.00	86.89	52.50	41.01
1985	11685.30	9029.30	814.30	793.70	2710.53	1528.23	54.73	96.18	53.33
1986	11819.50	9372.20	619.33	921.33	2545.67	1567.90	39.86	98.99	61.23
1987	11952.90	9365.20	717.33	977.33	2948.41	1626.00	57.00	136.57	77.84
1988	11930.20	9053.80	916.03	952.84	2663.00	1520.95	63.71	96.17	74.81
1989	11999.40	9262.00	836.15	915.43	3149.44	1695.13	52.72	118.48	76.75
1990	11889.70	9316.10	823.00	876.40	3303.66	1639.86	67.61	152.29	63.92
1991	12001.90	9040.40	1193.20	896.00	3010.30	1554.28	94.77	127.62	63.67
1992	11936.30	8804.70	1247.90	908.60	3109.61	1650.67	65.85	133.63	87.79
1993	12068.00	8969.00	974.00	1075.00	3639.21	1922.13	66.01	204.50	125.12
1994	12087.70	8810.90	966.70	1242.00	3253.80	1798.42	62.81	225.00	170.54
1995	12136.80	8810.00	1000.10	1271.50	3466.50	1754.18	77.00	298.00	211.66
1996	12257.40	8965.30	933.30	1181.10	3839.90	2026.76	73.57	278.46	247.26
1997	12276.74	8879.90	868.30	1208.50	3894.66	2372.35	79.00	276.66	269.26
1998	12567.05	9101.98	800.00	1235.90	4009.61	2073.53	72.84	312.13	312.60
1999	12659.90	9032.30	733.30	1316.10	4253.25	2291.46	70.73	349.25	349.42
2000	13136.91	9029.60	779.33	1492.54	4101.50	2235.95	70.38	392.55	364.73
2001	13127.70	8822.79	858.20	1443.97	4119.88	2299.71	82.77	362.49	399.12
2002	13359.80	8975.10	793.10	1537.00	4209.98	2248.39	76.49	420.68	427.01
2003	13684.40	8923.30	926.67	1569.90	3569.47	2292.50	37.67	309.91	430.38
2004	13805.69	8970.07	951.80	1554.96	4260.00	2480.93	66.67	408.75	507.07
2005	13922.60	9153.40	781.47	1605.80	4582.00	2577.69	67.70	449.60	555.69
2006	13995.39	9455.80	748.20	1489.10	5112.30	2936.50	81.00	460.07	591.78
2007	14087.84	9468.03	700.00	1497.41	5245.22	2980.21	75.00	483.98	663.49
2008	14181.67	9600.00	606.00	1518.32	5365.48	3051.00	65.08	505.34	714.09
2009	14196.59	9683.61	537.33	1541.22	5389.00	3056.00	51.75	532.98	755.90
2010	14248.69	9740.17	467.30	1564.12	5437.10	3082.22	44.72	540.72	795.99
2011	14258.61	9859.87	396.67	1578.91	5542.50	3123.00	38.24	532.36	833.58
2012	14262.17	9985.15	256.67	1573.63	5638.60	3177.35	25.69	569.51	870.43
2013	14323.54	10081.81	186.67	1589.93	5713.69	3226.44	18.97	589.08	888.30
2014	14378.34	10209.82	153.33	1598.21	5772.30	3329.00	14.70	584.33	896.00
2015	14424.94	10267.15	120.00	1600.80	6067.10	3501.00	12.64	599.74	915.76

13-19 农作物播种面积
Total Sown Areas of Farm Crops

单位：千公顷 (1 000 hectares)

指 标	Item	2009	2010	2011	2012	2013	2014	2015
播种面积总计	**Total**	**14196.59**	**14248.69**	**14258.61**	**14262.17**	**14323.54**	**14378.34**	**14424.94**
粮食作物	Grain	9683.61	9740.17	9859.87	9985.15	10081.81	10209.82	10267.15
夏收粮食	Summer Harvest	5290.00	5306.67	5353.33	5366.67	5393.33	5433.33	5452.33
秋收粮食	Autumn Harvest	4393.61	4433.50	4506.54	4618.48	4688.48	4776.49	4814.82
谷物	Cereal	8838.97	8920.89	9055.35	9152.78	9276.11	9408.47	9499.13
稻谷	Rice	611.30	628.00	638.00	648.16	641.33	649.67	656.00
小麦	Wheat	5263.30	5280.00	5323.33	5340.00	5366.66	5406.67	5425.66
玉米	Corn	2895.42	2946.00	3025.00	3100.00	3203.33	3283.86	3343.86
谷子	Millet	37.96	36.37	35.87	35.37	35.53	35.68	35.68
高粱	Sorghum	3.97	3.85	3.15	2.58	2.59	5.93	11.26
其他谷物	Others	27.02	26.67	30.00	26.67	26.67	26.66	26.67
#大麦	Barley	25.20	26.67	30.00	26.67	26.67	26.66	26.67
豆类	Beans	529.29	513.40	505.87	520.45	503.78	453.67	413.67
#大豆	Soybean	467.00	452.98	445.69	460.52	443.85	399.70	366.04
绿豆	Mung bean	58.05	53.31	54.29	55.29	54.07	48.69	43.94
红薯	Tubers	315.35	305.88	298.65	311.92	301.92	347.68	354.35
油料	Oil- bearing Crops	1541.22	1564.12	1578.91	1573.63	1589.93	1598.21	1600.80
#花 生	Peanuts	975.35	989.49	1010.58	1007.11	1037.27	1058.32	1074.61
油菜籽	Rapeseeds	381.96	393.26	383.45	380.42	371.33	361.62	348.17
芝 麻	Sesame	177.46	175.96	177.49	180.67	175.80	172.57	172.00
棉花	Cotton	537.33	467.30	396.67	256.67	186.67	153.33	120.00
生麻	Fiber Crops	7.48	7.44	8.13	6.61	6.54	4.68	4.56
#黄红麻	Jute and Ambary Hemp	7.33	7.35	8.12	6.59	6.54	4.66	4.22
甘蔗	Sugarcane	5.00	3.92	3.96	3.97	3.95	3.86	3.54
烟叶	Tobacco	127.03	122.15	124.70	125.42	137.15	123.80	114.27
#烤烟	Flue-cured Tobacco	116.78	122.07	124.67	125.42	137.15	123.80	114.27
中草药材	Medicinal Materials	117.77	121.87	123.10	122.73	121.20	118.81	113.58
蔬菜及食用菌	Vegetables	1692.21	1704.06	1720.10	1730.28	1745.78	1725.62	1751.65
瓜果类	Fruits	333.02	341.75	329.13	330.62	336.39	326.42	325.45
#西瓜	Watermelon	280.48	284.56	265.74	276.59	282.01	274.16	270.10
甜瓜	Honey-dew Melon	46.10	49.46	58.58	49.02	49.07	46.98	48.82
草莓	Strawberries	4.23	4.80	4.81	5.01	5.31	5.29	6.53
其他农作物	Others	151.92	175.91	114.04	127.09	114.12	113.79	123.96
#青饲料	Succulence	9.92	7.51	5.80	4.18	4.19	4.03	3.16
花卉	Flower	86.68	83.93	91.20	71.17	70.97	77.43	47.91

13-20 主要农作物种植结构
Planting Structure of Major Farm Crops

单位：%　　　　(%)

指　标	Item	2009	2010	2011	2012	2013	2014	2015
总播种面积	**Total sown Area**	**100.0**	**100.0**	**100.0**	**100.0**	**100.0**	**100.0**	**100.0**
粮食作物	Grain	68.2	68.4	69.1	70.0	70.4	71.0	71.2
夏收粮食	Summer Harvest	37.3	37.2	37.5	37.6	37.7	37.8	37.8
秋收粮食	Autumn Harvest	30.9	31.1	31.6	32.4	32.7	33.2	33.4
谷物	Cereal	62.3	62.6	63.5	64.2	64.8	65.4	65.9
稻谷	Rice	4.3	4.4	4.5	4.5	4.5	4.5	4.5
小麦	Wheat	37.1	37.1	37.3	37.4	37.5	37.6	37.6
玉米	Corn	20.4	20.7	21.2	21.7	22.4	22.8	23.2
谷子	Millet	0.3	0.3	0.3	0.2	0.2	0.2	0.2
高粱	Sorghum	0.0	0.0	0.0	0.0	0.0	0.0	0.1
其他谷物	Others	0.2	0.2	0.2	0.2	0.2	0.2	0.2
#大麦	Barley	0.2	0.2	0.2	0.2	0.2	0.2	0.2
豆类	Beans	3.7	3.6	3.5	3.6	3.5	3.2	2.9
#大豆	Soybean	3.3	3.2	3.1	3.2	3.1	2.8	2.5
绿豆	Mung bean	0.4	0.4	0.4	0.3	0.4	0.3	0.3
红薯	Tubers	2.2	2.1	2.1	2.2	2.1	2.4	2.5
油料	Oil- bearing Crops	10.9	11.0	11.1	11.0	11.1	11.1	11.1
#花　生	Peanuts	6.9	6.9	7.1	7.1	7.2	7.4	7.4
油菜籽	Rapeseeds	2.7	2.8	2.7	2.7	2.6	2.5	2.4
芝　麻	Sesame	1.3	1.2	1.2	1.3	1.2	1.2	1.2
棉花	Cotton	3.8	3.3	2.8	1.8	1.3	1.1	0.8
生麻	Fiber Crops	0.1	0.1	0.1	0.0	0.0	0.0	0.0
#黄红麻	Jute and Ambary Hemp	0.1	0.1	0.1	0.0	0.0	0.0	0.0
烟叶	Tobacco	0.9	0.9	0.9	0.9	1.0	0.9	0.8
#烤烟	Flue-cured Tobacco	0.8	0.9	0.9	0.9	1.0	0.9	0.8
中草药材	Medicinal Materials	0.8	0.9	0.9	0.9	0.8	0.8	0.8
蔬菜及食用菌	Vegetables	11.9	12.0	12.1	12.1	12.2	12.0	12.1
瓜果类	Fruits	2.3	2.4	2.3	2.3	2.3	2.3	2.3
#西瓜	Watermelon	1.9	2.0	1.9	1.9	2.0	1.9	1.9
甜瓜	Honey-dew Melon	0.3	0.3	0.4	0.3	0.3	0.3	0.3
其他农作物	Others	1.0	1.2	0.8	0.9	0.8	0.8	0.9
#青饲料	Succulence	0.1	0.1	0.0	0.0	0.0	0.0	0.0
花卉	Flower	0.6	0.6	0.6	0.5	0.5	0.5	0.3

13–21 主要农产品产量
Output of Major Farm Crops

单位：万吨 (10 000 tons)

指 标	Item	2009	2010	2011	2012	2013	2014	2015
粮 食	Grain	5389.00	5437.10	5542.50	5638.60	5713.69	5772.30	6067.10
夏收粮食	Summer Harvest	3065.00	3090.70	3131.50	3186.00	3235.19	3339.00	3511.80
秋收粮食	Autumn Harvest	2324.00	2346.4	2411.00	2452.60	2478.50	2433.30	2555.30
谷物	Cereal	5159.87	5207.14	5308.08	5431.43	5522.72	5604.60	5902.56
稻 谷	Rice	451.00	471.19	474.50	492.55	485.80	528.60	531.52
小 麦	Wheat	3056.00	3082.22	3123.00	3177.35	3226.44	3329.00	3501.00
玉 米	Corn	1634.00	1634.79	1696.50	1747.75	1796.50	1732.05	1853.65
谷 子	Millet	11.00	10.11	5.30	4.91	4.97	4.36	4.47
高 粱	Sorghum	0.37	0.35	0.28	0.22	0.26	0.59	1.12
其他谷物	Others	7.50	8.48	8.50	8.65	8.75	10.00	10.80
#大麦	Barley	7.38	8.48	8.50	8.65	8.75	10.00	10.80
豆类	Beans	93.00	93.34	95.15	84.56	78.83	59.00	53.75
#大 豆	Soybean	86.00	86.37	88.04	78.13	72.94	54.59	49.90
绿 豆	Mung bean	6.40	6.42	6.54	6.01	5.42	4.05	3.62
红薯	Tubers	136.13	136.62	139.27	122.61	112.14	108.70	110.79
油 料	Oil- bearing Crops	532.98	540.72	532.36	569.51	589.08	584.33	599.74
#花 生	Peanuts	412.56	427.61	429.79	454.03	471.37	471.29	485.31
油菜籽	Rapeseeds	93.07	88.87	77.32	87.61	89.80	86.39	86.10
芝 麻	Sesame	26.17	23.22	24.14	26.76	26.86	25.88	27.34
棉 花	Cotton	51.75	44.72	38.24	25.69	18.97	14.70	12.64
生 麻	Fiber Crops	4.62	3.88	4.35	3.67	3.65	2.87	2.86
#黄红麻	Jute and Ambary Hemp	4.56	3.84	4.35	3.67	3.65	2.87	2.68
甘 蔗	Sugarcane	28.27	26.12	26.69	26.88	28.31	27.27	24.33
烟叶(未加工烟草)	Tobacco	29.73	28.75	29.25	30.68	34.65	29.99	28.85
#烤烟	Flue-cured Tobacco	29.73	28.74	29.24	30.68	34.65	29.67	23.34
蔬菜及食用菌	Vegetables	6370.38	6624.26	6709.74	7011.68	7112.51	7272.46	7456.52
瓜果类	Fruits	1472.19	1598.01	1580.54	1664.61	1711.37	1664.23	1749.33
#西 瓜	Watermelon	1279.36	1389.19	1346.71	1467.76	1508.00	1467.54	1565.62
甜 瓜	Honey-dew Melon	164.50	185.79	219.86	182.00	188.55	182.42	165.67
草 莓	Strawberries	12.14	12.68	13.97	14.85	14.82	14.27	18.04

13-22 主要农产品单位面积产量(按播种面积计算)
Output of Major Farm Crops Per Hectare by Sown Areas

单位：千克/公顷 (kg/hectare)

指 标	Item	2009	2010	2011	2012	2013	2014	2015
粮食	Grain	5565	5582	5621	5647	5667	5654	5912
夏收粮食	Summer Harvest	5794	5824	5850	5937	5999	6146	6441
秋收粮食	Autumn Harvest	5289	5292	5350	5310	5286	5094	5307
谷物	Cereal	5838	5837	5862	5934	5954	5957	6214
稻谷	Rice	7378	7504	7437	7599	7575	8136	8102
小麦	Wheat	5806	5838	5867	5950	6012	6157	6453
玉米	Corn	5643	5549	5608	5638	5608	5274	5544
谷子	Millet	2898	2780	1478	1388	1399	1222	1252
高粱	Sorghum	932	909	889	853	1004	995	995
其他谷物	Others	2776	3180	2833	3243	3281	3751	4049
#大麦	Barley	2929	3180	2833	3243	3281	3751	4049
豆类	Beans	1757	1819	1881	1625	1565	1300	1299
#大豆	Soybean	1842	1907	1975	1697	1643	1365	1363
绿豆	Mung bean	1102	1204	1205	1087	1002	832	824
红薯	Tubers	4317	4466	4663	3931	3714	3126	3127
油料	Oil- bearing Crops	3458	3457	3372	3619	3705	3656	3747
#花 生	Peanuts	4229	4322	4253	4508	4544	4453	4516
油菜籽	Rapeseeds	2437	2260	2016	2303	2418	2389	2473
芝 麻	Sesame	1474	1320	1360	1481	1528	1500	1590
棉花	Cotton	963	957	964	1001	1016	959	1053
生 麻	Fiber Crops	3857	5218	5351	5552	5582	6132	6272
#黄红麻	Jute and Ambary Hemp	3854	5221	5353	5562.2155	5582	6159	6351
甘蔗	Sugarcane	61869	66622	67398	67709	71678	70648	68729
烟叶(未加工烟草)	Tobacco (unprocessed)	2341	2353	2345	2446	2527	2422	2525
#烤烟	Flue-cured Tobacco	2662	2355	2345	2446	2526	2397	2043
蔬菜及食用菌	Vegetables and edible fungus	37645	38873	39008	40523	40741	42144	42569
瓜果类	Fruits	45111	46759	48022	50348	50874	50984	53751

注：本表单位面积产量均按原始计量单位计算，故与表13-18、20表的计算结果略有出入。
a) Output of farm crops per hectare in this table are calculated at original computation unit,so the data is different from 13-18、20).

13–23 各市主要农作物播种面积(2015年)

单位：千公顷

市(县) City(County)	农作物播种面积 Sown Area of Farm Crops	粮食作物 Grain	夏收粮食 Summer Harvest	秋收粮食 Autumn Harvest	谷物 Cereal	#稻谷 Rice	#小麦 Wheat	#玉米 Corn	豆类 Legume
省辖市 City									
郑州市 Zhengzhou	469.77	347.70	172.17	175.53	325.50	0.11	172.17	152.29	9.99
开封市 Kaifeng	809.99	496.53	301.32	195.21	461.28	7.16	301.32	152.78	16.02
洛阳市 Luoyang	699.20	520.33	249.60	270.73	461.69	1.48	249.53	195.52	29.67
平顶山市 Pingdingshan	539.32	420.60	210.00	210.61	393.41	1.52	209.85	181.72	11.12
安阳市 Anyang	758.81	571.12	310.03	261.09	557.83	0.40	310.03	241.41	5.36
鹤壁市 Hebi	195.90	172.12	88.72	83.40	169.73		88.72	80.16	0.89
新乡市 Xinxiang	816.14	639.27	343.21	296.07	614.48	31.82	343.10	238.01	15.61
焦作市 Jiaozuo	354.47	278.46	143.44	135.01	272.25	5.71	143.44	123.01	3.68
濮阳市 Puyang	507.76	395.14	220.45	174.69	375.35	38.28	220.45	116.21	13.85
许昌市 Xuchang	601.93	443.19	217.96	225.23	399.15		217.96	180.98	15.46
漯河市 Luohe	373.19	270.31	142.89	127.42	253.75		142.85	110.86	9.86
三门峡市 Sanmenxia	245.89	169.18	79.82	89.36	140.07		79.82	59.04	22.39
南阳市 Nanyang	1889.82	1210.48	683.34	527.14	1085.28	38.01	678.85	366.68	71.90
商丘市 Shangqiu	1386.25	1018.90	583.05	435.85	946.60	0.34	582.77	363.36	53.31
信阳市 Xinyang	1269.18	854.30	319.92	534.38	821.02	469.27	317.47	31.83	15.02
周口市 Zhoukou	1738.69	1245.74	678.91	566.83	1099.35	0.63	678.91	419.58	111.12
驻马店市 Zhumadian	1692.30	1220.93	687.63	533.31	1174.52	31.15	685.15	455.71	27.21
济源市 Jiyuan	55.19	41.82	19.88	21.94	39.85	0.01	19.88	19.89	1.26
省直管县 Province Administrating County									
巩义市 Gongyi	48.38	43.10	22.52	20.58	41.36		22.51	18.58	0.59
兰考县 Lankao	123.74	93.79	57.36	36.43	90.05	0.26	57.36	32.42	1.88
汝州市 Ruzhou	116.50	95.52	45.43	50.09	90.21	0.03	45.43	44.66	1.28
滑县 Huaxian	262.84	188.57	114.88	73.69	186.84	0.33	114.88	71.59	0.65
长垣县 Changyuan	123.49	96.06	53.07	42.99	91.39	2.27	53.03	35.71	3.39
邓州市 Dengzhou	342.09	215.50	138.09	77.42	196.35	1.01	136.99	58.36	15.21
永城市 Yongcheng	239.96	203.60	106.43	97.17	171.55		106.43	65.13	30.20
固始县 Gushi	240.39	155.78	39.69	116.09	153.83	110.54	39.69	3.60	0.70
鹿邑县 Luyi	170.61	132.75	68.99	63.75	116.83		68.99	47.76	14.37
新蔡县 Xincai	189.74	138.78	80.93	57.85	132.82	5.43	80.93	46.42	2.58

Total Sown Areas of Farm Crops by City (2015)

(1 000 hectares)

#大豆 Soybean	红薯 Tubers	油料 Oilbearing Crops	#花生 Peanuts	#油菜籽 Rapeseeds	#芝麻 Sesame	棉花 Cotton	烟叶 Fluecured Tobacco	蔬菜及食用菌 Vegetables and Edible Fungus	瓜果 Melon and fruit
8.34	12.21	43.12	34.82	7.18	1.11	2.75	0.76	64.54	9.52
15.38	19.23	107.33	101.06	5.67	0.55	15.77		146.62	42.48
21.90	28.97	43.96	25.07	11.94	4.05	3.97	23.56	68.68	6.31
9.78	16.08	47.91	26.38	17.56	3.94	2.43	13.45	45.87	7.07
4.88	7.93	58.28	52.33	5.54	0.36	5.80		107.34	14.51
0.62	1.51	11.17	10.24	0.78	0.15	0.80		10.40	0.37
15.16	9.19	82.36	77.84	4.34	0.17	4.71		69.79	6.41
3.49	2.53	17.12	15.89	1.15	0.06	1.68		38.39	3.93
13.39	5.94	37.45	36.49	0.90	0.06	3.07		64.86	6.68
15.16	28.58	27.57	17.56	9.52	0.49	3.47	11.93	50.54	6.57
9.86	6.70	13.54	7.37	4.81	1.37	7.02	9.31	60.09	12.61
17.45	6.71	15.17	4.62	6.49	1.18	1.47	17.74	31.95	4.01
53.29	53.31	341.43	229.27	54.98	57.18	20.54	21.47	239.32	30.26
50.95	19.00	84.06	72.92	9.40	1.73	17.69	2.81	191.66	55.10
12.29	18.26	243.21	64.73	163.64	14.85	1.18	0.94	118.71	23.79
102.56	35.27	111.97	69.41	7.28	35.27	22.01	4.41	247.16	75.49
24.81	19.20	314.01	227.86	36.72	49.43	5.53	6.73	117.33	21.30
1.19	0.71	1.13	0.76	0.28	0.07	0.14	1.16	7.15	0.20
0.29	1.15	2.80	1.64	0.85	0.31	0.85		1.36	0.19
1.68	1.87	17.28	16.64	0.64	0.00	3.24		7.27	2.13
0.85	4.03	9.78	6.95	2.48	0.35	0.82	1.72	7.61	0.87
0.63	1.08	26.67	26.37	0.29	0.01	2.20		39.33	5.59
3.18	1.27	15.45	12.90	2.55		0.33		9.92	1.74
10.93	3.94	65.74	45.81	7.85	12.08	6.09	1.67	47.32	4.93
30.07	1.85	1.27	0.45	0.77	0.05	0.08		29.01	5.90
0.60	1.26	46.74	11.84	32.09	2.81	0.15	0.35	26.18	6.40
14.09	1.55	6.47	1.82	2.37	2.29	3.08	1.26	24.32	1.82
1.91	3.38	27.46	15.21	2.40	9.85	2.53		13.14	7.23

13-24 各市主要农产品产量(2015年)

单位：万吨

市(县) City(County)	粮食 Grain	夏粮 Summer Harvest	秋粮 Autumn Harvest	谷物 Cereal	#稻谷 Rice	#小麦 Wheat	#玉米 Corn	豆类 legume	#大豆 Soybean
省辖市 City									
郑州市 Zhengzhou	168.31	85.59	82.72	158.81	0.08	85.59	72.93	1.58	1.42
开封市 Kaifeng	291.77	189.62	102.15	278.01	4.38	189.62	84.01	4.72	4.54
洛阳市 Luoyang	245.14	124.53	120.61	223.72	0.91	124.52	93.77	3.47	2.26
平顶山市 Pingdingshan	211.87	111.53	100.34	199.79	0.94	111.50	87.26	3.03	2.89
安阳市 Anyang	375.60	206.61	169.00	368.50	0.38	206.61	159.48	1.54	1.45
鹤壁市 Hebi	123.64	65.85	57.80	122.52		65.85	56.44	0.18	0.14
新乡市 Xinxiang	430.31	249.52	180.79	421.05	22.02	249.47	148.93	4.01	3.99
焦作市 Jiaozuo	208.99	112.19	96.81	205.96	4.68	112.19	89.06	1.10	1.04
濮阳市 Puyang	271.80	160.18	111.63	262.92	25.91	160.18	76.62	3.82	3.71
许昌市 Xuchang	291.51	159.42	132.10	273.68		159.42	114.22	3.31	3.27
漯河市 Luohe	182.60	106.72	75.88	177.24		106.71	70.52	2.04	2.04
三门峡市 Sanmenxia	71.57	36.98	34.58	62.00		36.98	24.68	4.80	3.87
南阳市 Nanyang	662.39	399.47	262.92	619.57	28.57	400.75	189.79	14.75	10.93
商丘市 Shangqiu	692.24	435.54	256.70	668.29	0.20	434.63	232.62	14.90	13.77
信阳市 Xinyang	596.99	152.75	444.24	588.84	421.84	152.55	14.25	1.57	1.57
周口市 Zhoukou	829.56	518.96	310.59	778.41	0.57	518.96	261.86	29.23	27.31
驻马店市 Zhumadian	758.82	473.65	285.17	740.54	18.85	472.63	247.97	6.74	6.07
济源市 Jiyuan	22.55	11.59	10.96	21.96	0.00	11.59	10.34	0.24	0.23
省直管县 Province Administrating County									
巩义市 Gongyi	16.93	9.40	7.53	16.24		9.40	6.80	0.04	0.02
兰考县 Lankao	53.94	34.79	19.15	52.01	0.18	34.79	17.04	0.56	0.51
汝州市 Ruzhou	47.98	24.69	23.29	45.89	0.01	24.69	21.16	0.22	0.16
滑县 Huaxian	148.21	89.40	58.81	147.14	0.32	89.40	57.40	0.24	0.23
长垣县 Changyuan	65.64	40.50	25.15	63.67	2.10	40.47	20.82	0.84	0.83
邓州市 Dengzhou	121.33	82.37	38.96	117.76	0.62	84.69	32.45	3.72	2.66
永城市 Yongcheng	133.85	80.36	53.49	124.31		80.36	43.95	7.70	7.67
固始县 Gushi	121.58	18.66	102.91	120.54	99.59	18.66	2.28	0.26	0.25
鹿邑县 Luyi	93.35	53.66	39.69	86.58		53.66	33.32	5.27	5.19
新蔡县 Xincai	84.51	54.66	29.85	82.29	3.24	54.66	24.37	0.65	0.46

Output of Major Farm Crops by City (2015)

(10 000 tons)

红薯 Tubers	油料 Oil-bearing Crops	#花生 Peanuts	#油菜籽 Rapeseeds	#芝麻 Sesame	棉花 Cotton	烟叶(未加工) Flue-cured Tobacco	蔬菜及食用菌 Vegetables and Edible Fungus	瓜果 Melon and fruit
7.92	15.38	13.98	1.29	0.12	0.25	0.17	273.56	37.52
9.04	46.33	44.50	1.70	0.11	1.82		696.65	223.79
18.14	12.69	8.94	2.83	0.72	0.41	5.51	293.08	18.28
8.54	14.03	9.68	3.77	0.57	0.24	3.29	223.53	24.19
5.56	24.11	22.91	1.15	0.04	0.65		584.58	96.71
0.94	3.38	3.24	0.13	0.01	0.06		56.40	1.92
4.11	35.17	33.94	1.21	0.02	0.48		360.75	34.45
1.93	7.25	6.94	0.30	0.01	0.16		220.45	20.99
5.07	16.71	16.41	0.29	0.01	0.31		253.33	25.87
14.52	9.25	6.72	2.47	0.06	0.32	3.31	202.98	22.46
3.32	3.94	2.53	1.25	0.16	0.66	1.71	213.99	45.58
4.76	3.61	1.32	1.41	0.17	0.11	4.17	115.69	11.83
30.76	136.29	111.12	15.09	10.09	1.86	6.03	1039.96	175.19
8.99	36.43	32.86	3.25	0.32	1.71	1.03	940.21	323.14
6.59	69.00	28.88	38.32	1.80	0.11	0.30	383.12	106.65
21.92	46.59	37.50	2.50	6.60	2.28	1.55	979.40	446.19
11.54	119.38	103.73	9.12	6.53	0.54	1.56	453.75	122.75
0.35	0.19	0.13	0.04	0.01	0.02	0.23	29.54	0.47
0.66	0.53	0.35	0.15	0.03	0.08		5.50	0.40
1.37	7.36	7.20	0.16		0.38		22.35	9.82
1.87	3.47	2.98	0.45	0.04	0.08	0.40	34.06	2.64
0.83	11.06	10.99	0.07		0.22		195.91	38.04
1.14	5.68	4.93	0.75		0.04		65.78	11.26
2.55	25.74	21.37	2.39	1.98	0.55	0.71	235.72	24.34
1.85	0.45	0.19	0.26	0.01	0.01		153.56	42.52
0.78	12.70	4.69	7.56	0.45	0.01	0.11	105.09	34.21
1.49	1.84	0.73	0.81	0.30	0.32	0.40	94.99	7.78
1.57	8.93	7.30	0.59	1.03	0.26		50.15	36.88

13-25 各市主要农产品单位面积产量（2015年，按播种面积计算）

单位：千克/公顷

市(县) City(County)	粮食 Grain	夏粮 Summer Harvest	秋粮 Autumn Harvest	谷物 Cereal	稻谷 Rice	小麦 Wheat	玉米 Corn	豆类 Soybean
省辖市 City								
郑州市 Zhengzhou	4841	4971	4712	4879	7345	4971	4789	1586
开封市 Kaifeng	5876	6293	5233	6027	6109	6293	5499	2948
洛阳市 Luoyang	4711	4989	4455	4846	6122	4990	4796	1168
平顶山市 Pingdingshan	5037	5311	4764	5078	6180	5313	4802	2728
安阳市 Anyang	6577	6664	6473	6606	9492	6664	6606	2879
鹤壁市 Hebi	7184	7422	6930	7219		7422	7041	2025
新乡市 Xinxiang	6731	7270	6106	6852	6920	7271	6257	2571
焦作市 Jiaozuo	7505	7821	7170	7565	8205	7821	7240	3000
濮阳市 Puyang	6879	7266	6390	7004	6768	7266	6593	2756
许昌市 Xuchang	6578	7314	5865	6857		7314	6311	2139
漯河市 Luohe	6755	7469	5955	6985		7470	6361	2066
三门峡市 Sanmenxia	4230	4634	3870	4426		4634	4181	2144
南阳市 Nanyang	5472	5846	4988	5709	7517	5903	5176	2052
商丘市 Shangqiu	6794	7470	5890	7060	5899	7458	6402	2794
信阳市 Xinyang	6988	4775	8313	7172	8989	4805	4476	1042
周口市 Zhoukou	6659	7644	5479	7081	9048	7644	6241	2631
驻马店市 Zhumadian	6215	6888	5347	6305	6051	6898	5441	2478
济源市 Jiyuan	5392	5832	4995	5512	6000	5832	5198	1883
省直管县 Province Administrating County								
巩义市 Gongyi	3929	4174	3660	3926		4175	3662	652
兰考县 Lankao	5751	6065	5258	5776	6966	6065	5255	2995
汝州市 Ruzhou	5023	5434	4650	5087	3625	5434	4739	1724
滑县 Huaxian	7859	7782	7980	7875	9750	7782	8018	3648
长垣县 Changyuan	6834	7631	5850	6966	9292	7632	5831	2473
邓州市 Dengzhou	5630	5965	5033	5998	6179	6182	5561	2447
永城市 Yongcheng	6574	7551	5505	7246		7551	6748	2551
固始县 Gushi	7804	4702	8865	7836	9010	4702	6341	3712
鹿邑县 Luyi	7032	7778	6225	7411		7778	6978	3670
新蔡县 Xincai	6090	6755	5160	6196	5968	6755	5250	2533

Output of Major Farm Crops Per Hectare by City (2015, by Sown Areas)

(kg/hectare)

大豆 Soybean	红薯 Tubers	油料 Oil-bearing Crops	花生 Peanuts	油菜籽 Rapeseeds	芝麻 Sesame	烟叶（未加工） Tobacco	蔬菜及食用菌 Vegetables and Edible Fungus	瓜果类 Melon for Fruits
1702	6481	3568	4014	1797	1060	2212	42389	39415
2954	4701	4316	4403	2999	2022		47513	52685
1032	6262	2887	3566	2367	1784	2337	42673	28962
2956	5312	2927	3670	2145	1435	2444	48731	34194
2974	7008	4138	4378	2083	1121		54461	66651
2228	6253	3025	3170	1629	470		54254	51601
2633	4473	4271	4360	2780	1374		51693	53792
2975	7617	4234	4368	2600	1438		57431	53464
2771	8545	4462	4498	3195	1967		39056	38715
2159	5082	3355	3826	2591	1281	2776	40159	34200
2066	4955	2909	3432	2593	1199	1831	35614	36151
2215	7096	2382	2845	2173	1462	2350	36210	29538
2050	5770	3992	4847	2744	1765	2808	43454	57896
2703	4732	4334	4506	3454	1844	3655	49055	58647
1277	3610	2837	4462	2342	1210	3195	32275	44836
2663	6215	4161	5402	3430	1870	3526	39626	59106
2448	6010	3802	4552	2485	1320	2315	38672	57639
1889	4916	1696	1704	1331	773	2014	41325	23620
677	5729	1883	2126	1764	914		40584	21496
3014	7337	4260	4326	2567	2000		30763	46196
1915	4639	3546	4288	1818	1014	2327	44737	30311
3657	7703	4148	4168	2415	2400		49807	68010
2612	8945	3677	3824	2939			66341	64842
2434	6466	3915	4665	3045	1637	4272	49817	49398
2550	10000	3556	4095	3366	1489		52936	72075
4151	6225	2717	3962	2355	1601	3117	40140	53448
3688	9601	2847	4035	3410	1320	3157	39051	42810
2400	4650	3252	4800	2475	1050		38164	51042

13-26 蔬菜生产情况
Production of Vegetables

指 标	Item	2014		2015	
		播种面积 (千公顷) Sown Areas (1 000 hectares)	产 量 (万吨) Output (10 000tons)	播种面积 (千公顷) Sown Areas (1 000 hectares)	产 量 (万吨) Output (10 000tons)
蔬菜及食用菌合计	**Vegetables and Edible fungus**	**1725.62**	**7272.46**	**1751.65**	**7456.52**
叶菜类	Leaf Type for Vegetable	204.75	835.17	221.30	851.29
#芹菜	Celery	78.40	355.99	77.80	355.83
油菜	Cole	24.68	81.24	29.81	88.34
菠菜	Spinach	71.05	250.46	74.46	237.56
白菜类	Cabbage	196.97	1038.33	211.50	1052.38
大白菜	Celery Cabbage	179.78	949.30	157.23	836.71
甘蓝类	Cabbages	51.44	243.28	45.48	220.01
圆白菜	Cabbage Patch	46.78	222.32	42.09	205.56
块根、块茎类	Root and Stem Tuber for Vegetable	233.74	1154.13	197.25	980.65
#白萝卜	Radish	133.60	678.42	108.44	560.15
胡萝卜	Carrot	56.89	269.72	42.33	213.12
瓜菜类	Melons for Vegetable	183.38	917.66	223.01	1071.79
#黄瓜	Cucumber	134.61	689.85	174.27	844.61
菜用豆类	Legume for Vegetable	132.62	522.35	142.91	566.57
#长豆角	Carob	80.35	313.60	101.90	370.71
四季豆	Kidney Bean	41.46	161.96	38.08	158.72
茄果菜类	Eggplant and Fruit for Vegetable	336.55	1142.29	365.23	1339.80
#茄子	Eggplant	67.29	314.08	77.55	356.92
西红柿	Tomato	95.45	466.41	110.49	548.90
葱蒜类	Shallot and Garlic for Vegetable	220.71	850.94	215.85	793.60
#大葱	Scallion	87.29	384.62	83.43	346.07
蒜头	Garlic	113.66	393.05	131.02	360.72
水生菜类	Aquicolous Vegetable	30.87	132.01	25.13	108.00
#莲藕	Lotus	29.13	123.59	23.61	103.82
其他蔬菜	Others	134.59	263.97	103.99	290.01
食用菌	Edible Fungus		172.32		182.41

13–27 各市蔬菜播种面积(2015年)
Total Sown Areas of Vegetables by City (2015)

单位：千公顷 (1000 hectare)

市(县)	City(County)	蔬菜及食用菌 Vegetables and Edible fungus	叶菜类 Leaf Type for Vegetable	白菜类 Cabbage Type for Vegetable	甘蓝类 Cabbages	块根、块茎类 Root and Stem Tuber for Vegetable	瓜菜类 Melons for Vegetable	菜用豆类 Legume for Vegetable	茄果菜类 Eggplant and Fruit for Vegetable	葱蒜类 Shallot and Garlic for Vegetable	水生菜类 Aquicolous Vegetable	其他蔬菜 Others
省辖市	**City**											
郑州市	Zhengzhou	64.54	7.23	7.19	1.62	6.75	5.32	5.38	7.69	19.36	1.46	2.55
开封市	Kaifeng	146.62	13.40	12.28	3.21	20.07	11.68	7.88	19.03	46.18	1.63	11.27
洛阳市	Luoyang	68.68	9.08	6.78	1.56	9.97	7.75	6.49	16.75	7.01	0.73	2.57
平顶山市	Pingdingshan	45.87	8.34	5.09	0.93	6.46	5.83	4.50	7.78	4.29	0.61	2.04
安阳市	Anyang	107.34	14.80	10.64	2.84	8.80	18.06	9.79	30.55	8.86	0.09	2.93
鹤壁市	Hebi	10.40	1.41	1.81	0.57	0.94	1.48	0.75	1.58	0.55		1.30
新乡市	Xinxiang	69.79	10.37	13.32	1.84	6.69	10.68	5.81	12.84	5.07	0.34	2.84
焦作市	Jiaozuo	38.39	4.78	5.40	1.00	4.50	7.20	4.63	6.12	3.71	0.26	0.79
濮阳市	Puyang	64.86	6.98	9.02	0.88	4.76	10.97	5.41	18.39	4.42	1.97	2.06
许昌市	Xuchang	50.54	6.13	12.67	0.16	8.13	3.34	3.23	13.44	2.32	0.26	0.88
漯河市	Luohe	60.09	7.67	5.05	0.94	6.94	8.80	2.41	13.77	4.56	0.06	9.89
三门峡市	Sanmenxia	31.95	2.90	2.94	1.49	6.39	2.83	1.54	9.68	2.40	0.35	1.43
南阳市	Nanyang	239.32	22.21	17.22	8.76	30.75	22.19	17.61	50.07	26.79	8.64	35.09
商丘市	Shangqiu	191.66	23.57	22.87	5.82	14.08	21.70	15.20	56.91	24.18	1.77	5.58
信阳市	Xinyang	118.71	21.65	10.70	4.54	18.18	13.91	12.91	14.34	11.89	4.40	6.19
周口市	Zhoukou	247.16	31.90	48.46	3.97	21.57	42.89	21.13	48.13	19.99	1.13	8.00
驻马店市	Zhumadian	117.33	22.47	10.35	3.32	14.48	16.76	9.77	18.13	16.40	0.90	4.76
济源市	Jiyuan	7.15	0.79	0.78	0.04	0.63	0.91	1.13	1.84	0.79		0.24
省直管县	**Province Administrating County**											
巩义市	Gongyi	1.36	0.32	0.13	0.01	0.24	0.19	0.12	0.18	0.13	0.01	0.03
兰考县	Lankao	7.27	1.85	0.13	0.17	0.24	1.14	0.55	1.34	1.69	0.15	0.01
汝州市	Ruzhou	7.61	0.97	1.30	0.26	1.52	0.87	0.49	0.90	0.97	0.01	0.32
滑县	Huaxian	39.33	8.24	3.37	0.99	2.96	7.58	2.68	8.42	3.48	0.02	1.61
长垣县	Changyuan	9.92	1.77	1.89	0.11	1.21	1.78	0.53	1.39	0.73	0.24	0.29
邓州市	Dengzhou	47.32	2.80	2.82	1.06	5.72	7.48	4.41	14.06	6.02	2.76	0.20
永城市	Yongcheng	29.01	2.98	4.91	2.65	4.39	2.37	2.18	4.95	3.31	0.55	0.72
固始县	Gushi	26.18	5.06	2.06	0.99	2.74	2.54	3.37	3.08	4.74	0.74	0.87
鹿邑县	Luyi	24.32	7.03	2.49	1.05	2.05	3.55	2.06	3.78	1.82	0.06	0.44
新蔡县	Xincai	13.14	1.47	1.06	0.49	2.93	1.89	0.79	2.05	1.97	0.11	0.40

13-28 各市蔬菜及食用菌产量(2015年)
Output of Vegetables and Edible fungus by City (2015)

单位：万吨 (10 000tons)

市(县) City(County)	蔬菜及食用菌 Vegetables and Edible fungus	叶菜类 Leaf Type for Vegetable	白菜类 Cabbage Type for Vegetable	甘蓝类 Cabbages	块根、块茎类 Root and Stem Tuber for Vegetable	瓜菜类 Melons for Vegetable	菜用豆类 Legume for Vegetable	茄果菜类 Eggplant and Fruit for Vegetable	葱蒜类 Shallot and Garlic for Vegetable	水生菜类 Aquicolous Vegetable	其他蔬菜 Others	食用菌 Edible Fungus
省 辖 市 City												
郑 州 市 Zhengzhou	273.56	24.15	47.05	7.70	33.88	24.91	18.99	36.50	59.76	7.52	11.85	1.26
开 封 市 Kaifeng	696.65	66.80	76.66	17.45	137.68	64.81	30.45	94.64	166.07	9.58	24.73	7.78
洛 阳 市 Luoyang	293.08	35.94	26.83	6.84	43.04	39.34	24.27	70.61	22.30	3.16	12.87	7.89
平 顶 山 市 Pingdingshan	223.53	32.72	29.75	4.72	41.74	31.94	15.17	31.15	15.80	1.60	7.17	11.77
安 阳 市 Anyang	584.58	64.70	65.23	19.14	46.38	118.85	41.79	160.01	44.21	0.42	14.59	9.25
鹤 壁 市 Hebi	56.40	3.96	11.90	2.76	5.13	11.35	2.84	10.92	2.16		4.73	0.66
新 乡 市 Xinxiang	360.75	49.15	65.70	9.41	31.57	60.96	23.03	59.52	13.93	2.24	13.35	31.90
焦 作 市 Jiaozuo	220.45	20.25	31.69	6.34	26.54	48.18	18.78	39.80	19.92	1.10	6.34	1.52
濮 阳 市 Puyang	253.33	32.10	48.44	4.82	17.15	50.82	18.28	46.49	11.95	4.32	9.77	9.18
许 昌 市 Xuchang	202.98	21.53	57.56	0.64	36.23	20.93	14.29	32.88	13.57	0.80	4.28	0.27
漯 河 市 Luohe	213.99	32.37	21.54	5.23	36.36	29.96	11.23	41.49	15.50	0.28	18.82	1.22
三 门 峡 市 Sanmenxia	115.69	10.18	10.60	7.90	23.40	13.01	4.88	23.39	8.16	1.73	5.01	7.42
南 阳 市 Nanyang	1039.96	93.43	90.90	48.83	161.23	116.63	108.06	154.17	132.41	46.06	65.93	22.32
商 丘 市 Shangqiu	940.21	106.89	151.11	26.19	89.37	100.22	66.22	233.43	104.89	9.66	23.68	28.54
信 阳 市 Xinyang	383.12	65.03	44.63	17.78	63.57	52.23	38.36	39.48	26.54	10.25	18.94	6.31
周 口 市 Zhoukou	979.40	113.19	196.42	15.38	96.60	193.23	91.16	151.27	78.17	5.30	28.12	10.55
驻 马 店 市 Zhumadian	453.75	77.09	49.19	14.49	71.88	59.09	26.43	65.66	48.64	4.05	16.53	20.71
济 源 市 Jiyuan	29.54	2.09	4.18	0.16	3.73	7.70	1.94	5.69	2.48	0.01	0.52	1.04
省 直 管 县 Province Administrating County												
巩 义 市 Gongyi	5.50	0.64	0.73	0.02	1.24	0.95	0.47	0.94	0.42		0.03	0.06
兰 考 县 Lankao	22.35	4.36	1.02	1.08	0.85	3.03	1.68	4.60	3.91	0.60		1.23
汝 州 市 Ruzhou	34.06	4.97	6.22	1.32	7.96	3.66	1.34	3.36	4.35	0.05	0.75	0.09
滑 县 Huaxian	195.91	37.86	18.02	5.28	16.60	45.28	10.05	39.22	16.32	0.15	6.75	0.38
长 垣 县 Changyuan	65.78	8.63	12.39	1.56	9.75	11.87	3.34	9.16	3.30	1.82	3.33	0.65
邓 州 市 Dengzhou	235.72	12.06	25.07	6.73	32.47	37.39	22.45	60.22	21.66	16.00	0.48	1.20
永 城 市 Yongcheng	153.56	10.49	39.86	11.07	28.61	7.32	8.47	28.32	11.02	5.26	2.98	0.16
固 始 县 Gushi	105.09	20.82	12.02	4.08	22.83	12.58	8.82	8.87	10.41	1.92	2.63	0.11
鹿 邑 县 Luyi	94.99	23.44	12.27	2.05	10.83	17.20	6.04	16.64	5.17	0.20	1.03	0.12
新 蔡 县 Xincai	50.15	3.31	8.60	1.10	10.57	7.86	2.53	9.94	4.16	0.32	0.96	0.80

13–29 茶叶、水果及食用坚果生产情况

Production of Tea, Fruit and Nuts

指 标	Item	2000	2005	2010	2013	2014	2015
面 积	**Area**						
茶园面积(千公顷)	Area of Tea Plantations (1 000 hectares)	20.68	33.09	65.15	97.69	105.47	114.00
果园面积(千公顷)	Area of Orchards (1 000 hectares)	355.90	416.63	455.26	475.70	458.40	455.63
苹果园	Apple Orchards	206.97	165.78	177.63	176.65	171.95	170.21
梨园	Pears Orchards	30.87	39.23	47.28	52.32	52.97	54.73
葡萄园	Grapes Orchards	16.75	26.17	29.90	32.39	33.94	36.25
猕猴桃园	Chinese goosebeery Orchards		6.90	9.20	10.30	10.82	10.99
桃园	Peach Orchards	29.11	60.22	73.90	76.39	70.01	73.82
柑桔园	Citrus Orchards	4.88	10.05	10.85	11.54	11.75	11.60
其他果园	Others	67.30	108.30	106.50	116.11	106.96	98.03
产 量	**Output**						
茶叶产量(吨)	Output of Tea (ton)	9163	16902	42732	55891	61119	64855
园林水果产量(万吨)	Output of garden fruit (10 000 tons)	364.73	555.69	795.99	888.30	895.95	915.76
苹果	Apples	238.90	300.62	408.96	443.15	441.74	449.65
梨	Pears	33.30	65.47	94.66	107.73	112.91	114.83
葡萄	Grapes	20.83	41.26	48.41	55.67	58.39	63.78
鲜枣	Jujube	17.78	26.81	39.19	41.55	35.64	32.42
柿	Persimmon	15.88	25.86	44.38	54.63	54.33	51.98
桃	Peach	26.63	60.10	101.74	110.12	113.32	119.35
柑桔	Citrus	2.12	3.59	4.17	4.81	4.67	4.94
其他园林水果	Other garden fruit	9.29	31.98	74.48	70.64	74.95	78.81
食用坚果产量(吨)	Nuts (ton)						
核桃	Walnuts	17143	25339	55407	130428	107018	165925
板栗	Chestnut	85650	112351	206517	242671	176993	283562

13-30 各市果园面积(2015年)
Area of Orchard by City (2015)

单位：千公顷

(1 000 hectares)

市(县) City(County)	合 计 Total	#苹果园 Apple Orchards	#梨园 Pears Orchards	#葡萄园 Grapes Orchards	#柑橘园 Orange Orchards	#猕猴桃园 Chinese goosebeery Orchards	#桃园 Peach Orchards
省 辖 市 City							
郑 州 市 Zhengzhou	21.45	3.76	1.10	2.21		0.02	2.44
开 封 市 Kaifeng	25.17	15.19	1.59	2.01			4.35
洛 阳 市 Luoyang	45.19	22.34	3.31	4.25	0.03	0.06	3.42
平 顶 山 市 Pingdingshan	12.47	1.19	1.66	1.27		0.01	4.96
安 阳 市 Anyang	40.69	10.64	2.52	1.88			5.07
鹤 壁 市 Hebi	2.40	0.49	0.23	0.29			0.30
新 乡 市 Xinxiang	14.50	4.44	1.98	1.17		0.02	4.07
焦 作 市 Jiaozuo	7.77	1.91	1.18	0.68			2.35
濮 阳 市 Puyang	11.47	5.99	0.93	0.71			1.36
许 昌 市 Xuchang	7.37	2.90	0.95	1.52		0.05	1.18
漯 河 市 Luohe	3.35	0.11	0.58	1.70		0.03	0.88
三 门 峡 市 Sanmenxia	69.12	55.10	1.41	2.12		0.01	3.38
南 阳 市 Nanyang	82.34	9.52	12.73	2.36	11.33	10.68	17.49
商 丘 市 Shangqiu	48.35	28.86	9.10	4.72			3.90
信 阳 市 Xinyang	16.72	0.33	3.94	3.71	0.25	0.09	5.61
周 口 市 Zhoukou	24.05	4.94	4.96	2.71			5.69
驻 马 店 市 Zhumadian	20.82	2.04	6.34	2.86		0.01	6.89
济 源 市 Jiyuan	2.41	0.46	0.21	0.08			0.49
省 直 管 县 Province Administrating County							
巩 义 市 Gongyi	2.24	1.41	0.11	0.31			0.17
兰 考 县 Lankao	6.54	4.96	0.38	0.17			0.29
汝 州 市 Ruzhou	5.11	0.68	0.21	0.41			2.53
滑 县 Huaxian	5.01	2.01	0.90	0.39			1.02
长 垣 县 Changyuan	1.79	0.12	0.22	0.48			0.07
邓 州 市 Dengzhou	5.00	0.43	0.87	0.40	0.93		1.62
永 城 市 Yongcheng	5.63	1.50	1.80	0.85			1.20
固 始 县 Gushi	1.88	0.10	0.37	0.47	0.13	0.01	0.52
鹿 邑 县 Luyi	0.57	0.08	0.18	0.03			0.12
新 蔡 县 Xincai	3.24	0.15	0.84	0.83			0.74

13-31 各市园林水果产量(2015年)

Output of garden fruit by City (2015)

单位：吨 (ton)

市(县)	City(County)	合计 Total	#苹果 Apples	#梨 Pears	#葡萄 Grapes	#枣 Jujube	#柿 Persimmon	#桃 Peach
省辖市	**City**							
郑州市	Zhengzhou	275402	55761	19993	41710	59199	10198	35406
开封市	Kaifeng	571031	339965	31862	28261	15936	16430	104487
洛阳市	Luoyang	867595	469868	47727	106956	21698	72996	74098
平顶山市	Pingdingshan	113929	15164	20021	21413	1635	15066	37341
安阳市	Anyang	681226	275062	59388	41140	98300	56307	118326
鹤壁市	Hebi	40525	16260	6391	4736	2689	3934	6425
新乡市	Xinxiang	212932	59739	20998	16926	6926	8239	95318
焦作市	Jiaozuo	179096	60564	27386	16865	4418	11263	52087
濮阳市	Puyang	282428	187718	32692	14636	9464	2893	18142
许昌市	Xuchang	75329	25229	22117	14688	168	1709	10271
漯河市	Luohe	111430	3413	16217	61927	165	1643	26710
三门峡市	Sanmenxia	2282967	1875207	36630	39566	40349	132443	93312
南阳市	Nanyang	888687	46492	70630	22261	24055	44958	163796
商丘市	Shangqiu	1777086	953663	562882	106578	12046	33323	98280
信阳市	Xinyang	126966	1773	40138	27708	3187	16640	33391
周口市	Zhoukou	492591	88419	87444	50156	20100	80738	159451
驻马店市	Zhumadian	148072	10172	42266	21146	3753	6714	60361
济源市	Jiyuan	30349	12003	3525	1132	77	4307	6294
省直管县	**Province Administrating County**							
巩义市	Gongyi	31102	16120	2240	6567	123	2181	1580
兰考县	Lankao	195433	157605	10692	2949	9536	379	5438
汝州市	Ruzhou	36537	9212	2465	3797	560	10103	9304
滑县	Huaxian	164141	73067	29724	14264	7048	13016	27022
长垣县	Changyuan	22056	4474	1049	9883	5202	5	1271
邓州市	Dengzhou	29358	2879	5504	2872	1310	1127	12457
永城市	Yongcheng	278098	61491	175392	10935	4200	3400	22680
固始县	Gushi	28885	195	9778	4994	759	5214	6193
鹿邑县	Luyi	10517	1948	5100	1045	90	315	1707
新蔡县	Xincai	22073	1280	6260	4280	290	2560	7403

13-32 林业生产情况
Conditions of Forestry Production

指 标	Item	2000	2005	2010	2013	2014	2015
营林情况	**Afforestation Conditions**						
当年造林面积(千公顷)	New Forest Area This Year (1 000 hectares)	241.32	263.50	277.11	253.91	260.00	200.01
#人工造林	By Manpower	206.45	186.72	211.53	201.21	201.25	154.75
按造林用途分(千公顷)	Afforestation Area by Use (1 000 hectares)						
用材林	Timber Forest	56.77	73.90	72.81	55.70	67.18	55.39
经济林	Economic Forest	69.11	39.00	35.46	41.44	49.00	37.37
防护林	Shelter Forest	113.80	72.93	168.58	156.77	143.08	105.23
年末实有封山育林面积(千公顷)	Area of Close Hillsides to Facilitate Afforestation at the year end(1 000 hectares)	475.46	385.92	367.46	362.78	388.34	425.82
零星(四旁)植树(万株)	Planting Trees Piecemeal (10 000 trees)	25806	30639	27328	22948	20768	18921
育苗面积(千公顷)	Area of Tending Seedlings (1 000 hectares)	18.21	28.65	34.94	42.55	53.66	59.15
当年苗木产量(万株)	Output of Nursery Stock(10 000 trees)		201169	153503	239485	253022	268911
森林抚育面积(千公顷)	Area of Young and middle aged forests (1 000 hectares)			634.61	323.95	349.13	217.07
主要林产品产量	**Output of Major Forest Products**						
天然生漆(吨)	Lacquer (ton)	569	955	2034	2209	2103	2111
油桐籽(吨)	Tung-oil Seeds (ton)	57054	45802	120701	83830	84397	79182
油茶籽(吨)	Tea-oil Seeds (ton)	3270	8079	20823	17461	18439	24324
乌桕籽(吨)	Tallow-seeds (ton)	1157	2557	11631	10825	9765	8235
五倍子(吨)	Chinese Gall (ton)	934	1709	3986	4181	4163	4173
村及村以下竹木采伐量	**Fall of Bamboo and Tree in Rural Areas**						
木材(万立方米)	Wood (10 000 cu.m)	306.00	55.94	149.67	243.13	228.81	228.88
竹材(万根)	Bamboo (10 000 units)	158.00	506.50	76.50	125.85	151.44	153.89

13-33 各市林业生产情况(2015年)

Conditions of Forestry Production by City (2015)

单位：千公顷 (1 000 hectares)

市(县) City(County)	当年造林面积 Current New Forest Area	#人工造林 By Manpower	#用材林 Timber Forest	#经济林 Economic Forest	#防护林 Shelter Forest
省辖市 City					
郑州市 Zhengzhou	3.12	3.12	1.13	0.79	1.20
开封市 Kaifeng	6.63	6.63	5.50	0.20	0.94
洛阳市 Luoyang	23.56	15.55	2.89	5.42	15.22
平顶山市 Pingdingshan	4.02	3.96	0.70	2.66	0.66
安阳市 Anyang	9.55	7.27	1.26	1.92	6.38
鹤壁市 Hebi	13.86	10.87	0.33	1.90	11.63
新乡市 Xinxiang	7.38	4.78	0.22	0.38	6.78
焦作市 Jiaozuo	6.69	5.29	2.07	0.41	4.21
濮阳市 Puyang	8.51	8.51	3.56	1.47	3.48
许昌市 Xuchang	5.83	4.50	1.58	1.26	2.99
漯河市 Luohe	1.17	1.17	0.44	0.04	0.69
三门峡市 Sanmenxia	15.95	12.38	3.15	1.72	11.08
南阳市 Nanyang	39.11	25.44	7.54	8.99	22.58
商丘市 Shangqiu	3.94	3.94	2.34	0.79	0.82
信阳市 Xinyang	18.93	14.46	9.42	5.16	4.34
周口市 Zhoukou	7.13	7.13	7.04		
驻马店市 Zhumadian	12.00	8.80	4.69	0.48	4.94
济源市 Jiyuan	4.32	2.99		0.68	3.64
省直管县 Province Administrating County					
巩义市 Gongyi	0.33	0.33		0.14	0.19
兰考县 Lankao	1.22	1.22	0.22	0.53	0.47
汝州市 Ruzhou	2.32	2.32	0.05	1.61	0.65
滑县 Huaxian	0.75	0.75	0.61	0.13	
长垣县 Changyuan	0.32	0.32	0.06	0.12	0.14
邓州市 Dengzhou	1.42	1.09			1.42
永城市 Yongcheng	0.42	0.42	0.25	0.17	
固始县 Gushi	0.70	0.70	0.02	0.19	0.49
鹿邑县 Luyi	0.74	0.74	0.23	0.20	0.31
新蔡县 Xincai	0.09	0.09	0.09		

13-33　续表　continued

单位：千公顷　(1 000 hectares)

市(县) City(County)	年末实有封山育林面积 Area of Close Hillsides to Facilitate Afforestation at the year end	零星(四旁)植树(万株) Planting Trees Piecemeal (10 000 trees)	当年苗木产量(万株) Area of Tending Forest (10 000 trees)	森林抚育面积
省辖市 City				
郑州市 Zhengzhou	4.12	685.00	10000.12	2.16
开封市 Kaifeng		361.90	3209.37	1.03
洛阳市 Luoyang	64.40	669.10	31215.38	53.25
平顶山市 Pingdingshan	8.56	670.00	3690.00	3.49
安阳市 Anyang	18.23	490.50	10723.64	4.73
鹤壁市 Hebi	14.14	269.00	5003.08	2.84
新乡市 Xinxiang	16.06	732.68	5914.91	4.33
焦作市 Jiaozuo	2.27	309.50	12267.60	1.92
濮阳市 Puyang		151.85	8089.60	1.86
许昌市 Xuchang	5.34	2043.32	18100.00	4.74
漯河市 Luohe		405.55	2972.15	3.14
三门峡市 Sanmenxia	58.04	1359.00	23477.95	21.86
南阳市 Nanyang	122.54	4453.36	54095.43	58.73
商丘市 Shangqiu		974.50	7640.03	3.80
信阳市 Xinyang	84.30	2090.20	29244.00	24.97
周口市 Zhoukou		518.81	12962.00	2.62
驻马店市 Zhumadian	21.68	595.87	16980.00	14.20
济源市 Jiyuan	**2.67**	**150.00**	**4483.91**	**2.62**
省直管县 Province Administrating County				
巩义市 Gongyi			152.20	0.68
兰考县 Lankao		102.00	370.00	0.35
汝州市 Ruzhou	2.42	76.50	1762.00	0.94
滑县 Huaxian			1306.00	0.20
长垣县 Changyuan		415.00	560.00	0.14
邓州市 Dengzhou	0.33	560.00	2998.78	0.33
永城市 Yongcheng		284.10		0.25
固始县 Gushi	0.73	200.00	565.00	1.36
鹿邑县 Luyi		145.00	275.75	0.52
新蔡县 Xincai		208.75	851.89	0.05

13-34 牧渔业产量

Output of Animal Husbandry and Fishery

年份 Year	肉类产量（万吨）Total Output of Meat (10 000 tons)	#猪肉 Pork	#牛肉 Beef	#羊肉 Mutton	#禽肉 Poultry	大牲畜年底头数（万头）Number of Livestock at Year-end (10 000 heads)	#役畜 Draught Animals	猪年底头数（万头）Hogs (10 000 heads)	禽蛋产量（万吨）Poultry Eggs (10 000 tons)	奶类产量（万吨）Output of Milk (10 000 tons)	水产品产量（万吨）Total Aquatic Products (10 000 tons)
1978	45.64	42.20				515.03	401.70	1724.90			2.47
1979	55.14	50.00				521.50	400.40	1592.30			2.30
1980	55.03	49.45	0.69	2.88	1.90	541.99	423.75	1474.24	15.86	2.20	2.91
1981	51.58	44.30	0.60	3.36		607.00	498.90	1386.50	16.31		3.00
1982	54.26	47.60	0.52	3.46		671.50	542.10	1310.70	16.75		3.25
1983	51.33	43.70	0.88	3.41		704.70	562.20	1195.70	21.41		3.78
1984	58.59	49.60	1.83	3.31		794.70	615.70	1327.00	31.38		4.89
1985	71.83	61.08	3.01	3.38	4.10	886.35	664.55	1621.74	37.15	4.50	6.37
1986	79.42	65.00	5.50	3.70		957.44	708.10	1539.41	37.32		6.61
1987	86.63	66.10	8.90	5.00		1000.82	738.44	1404.72	43.55		7.62
1988	103.75	76.87	12.24	6.48		1069.20	779.57	1586.18	50.43		9.39
1989	121.53	88.11	15.26	7.89		1111.56	794.04	1680.22	53.62		9.83
1990	134.86	97.45	18.16	8.05	9.40	1116.33	798.30	1750.32	59.58	7.40	10.48
1991	157.95	108.73	24.82	7.76		1102.10	782.25	1820.80	73.81		10.77
1992	171.66	119.23	25.67	7.96		1135.50	794.90	1959.70	79.29		11.55
1993	203.51	137.60	32.64	9.90	19.30	1211.00	843.00	2085.00	95.58	7.50	13.83
1994	253.31	165.81	44.00	12.57	25.70	1329.18	919.79	2325.17	125.28	8.90	15.84
1995	333.00	210.37	64.39	21.10	31.00	1420.45	985.76	2667.72	140.01	9.80	18.09
1996	347.72	225.63	59.45	21.72	34.10	1089.14	783.00	2229.67	154.54	9.70	20.51
1997	403.00	256.12	64.88	25.23	49.30	1420.87	857.03	2931.91	201.40	10.60	23.88
1998	461.63	297.86	76.71	28.00	50.76	1416.84	803.70	3439.66	229.34	12.30	27.02
1999	485.11	313.95	82.21	29.96	51.47	1448.42	530.60	3556.43	251.82	15.90	28.83
2000	517.00	337.88	83.00	32.00	55.00	1445.73	482.84	3787.69	270.00	20.20	32.17
2001	540.65	343.77	89.23	34.51	63.90	1435.93	479.53	3672.07	286.00	30.00	31.46
2002	570.01	366.49	89.20	37.85	66.40	1409.78	437.03	3800.00	302.00	39.00	36.22
2003	603.55	386.00	93.00	42.00	74.00	1469.45	430.00	3917.80	326.20	52.60	38.95
2004	643.00	412.37	98.33	44.06	79.55	1491.19	427.00	4152.87	347.40	78.90	42.70
2005	689.00	441.20	102.75	47.38	87.51	1508.80	412.90	4439.00	375.30	108.50	51.68
2006	584.60	391.30	82.00	23.80	76.60	1114.26	410.12	3953.30	329.50	154.07	61.43
2007	542.90	339.00	82.10	25.30	85.50	1081.93	353.76	4185.50	336.70	223.54	74.74
2008	584.50	367.10	84.10	26.50	93.50	1097.55	251.62	4462.00	173.60	298.62	85.68
2009	615.10	389.60	84.00	25.90	100.10	1080.11	216.55	4528.90	382.90	301.29	92.94
2010	638.40	408.30	83.00	25.20	105.80	1044.80	290.20	4547.00	388.60	307.90	99.41
2011	641.65	406.40	82.00	24.80	111.40	988.60	257.67	4569.00	390.50	321.14	102.90
2012	677.35	432.50	80.44	24.75	122.21	942.34	216.71	4587.28	404.17	330.43	109.75
2013	699.05	454.13	80.56	24.76	122.32	936.80	204.96	4426.74	410.23	328.77	116.65
2014	719.00	478.00	82.10	25.40	118.04	943.85	188.40	4420.00	404.00	342.37	120.39
2015	711.10	468.00	82.60	25.90	120.00	955.31	184.00	4376.00	410.00	352.30	125.36

13−35 畜禽产品年末存栏数量及产量

Number of Livestock Year-end and Output of Livestock Products

单位：万头、万只 (10 000 heads)

指 标	Item	1980	1990	2000	2005	2010	2014	2015
年底存栏总头数	**Number of Livestock at Year-end**							
#大牲畜	Large Livestock	542.00	1116.30	1445.70	1508.80	1044.80	943.85	955.31
#从事农事劳役	Draught Animals	423.80	798.30	482.80	412.90	290.20	188.40	175.75
牛	Cow	339.60	892.50	1340.20	1447.00	1010.20	918.20	934.00
#肉牛	Cattle	177.70		282.80	514.06	634.20	626.60	650.41
#乳牛	Dairy	0.90	1.90	6.70	31.22	98.50	103.20	107.84
马	Horse	52.20	39.20	29.30	17.29	13.10	9.89	8.10
驴	Donkey	94.30	120.90	49.50	29.60	16.10	12.48	10.48
骡	Mule	55.90	63.70	26.80	14.91	5.40	3.27	2.72
猪	Pig	1474.20	1750.30	3787.70	4439.00	4547.00	4420.00	4376.00
羊	Sheep	1147.80	1279.50	2961.40	3988.00	1895.40	1886.00	1926.00
山羊	Goat	764.80	1129.50	2730.10	3509.00	1794.90	1808.00	1844.00
绵羊	Sheep	383.00	150.00	231.30	479.00	100.50	78.00	82.00
家禽	Poultry		19849.90	42529.00	61958.00	62104.00	68460.00	70020.00
猪牛羊出栏头(只)数	**Slaughtered Fattened Hogs, Cattle and Sheep**							
肉猪	Hogs	684.70	1182.40	4180.00	5568.00	5390.50	6310.00	6171.18
肉用牛	Cattle	9.00	167.90	578.00	702.64	551.90	546.00	548.60
肉用羊	Sheep and Goats	289.10	834.00	2903.80	4225.00	2114.70	2088.00	2126.00
肉用禽	Poultry					85101.71	90087.16	91550.00
肉类总产量(万吨)	**Total Output of Meat (10 000 tons)**	**55.00**	**134.90**	**517.00**	**689.00**	**638.40**	**719.00**	**711.10**
#猪肉	Pork	49.40	97.40	337.90	441.20	408.30	478.00	468.00
牛肉	Beef	0.70	18.20	83.00	102.75	83.00	82.10	82.60
羊肉	Mutton	2.90	8.10	32.00	47.38	25.20	25.40	25.90
禽肉	Meat of Poultry	1.90	9.40	55.00	87.51	105.80	118.04	120.00
兔肉	Rabbit	0.10	0.30	4.20	5.66	8.40	8.32	8.05
其他畜产品产量	**Others Output of Livestock Products**							
奶类总产量(万吨)	Output of Milk (10 000 tons)	2.20	7.40	20.20	108.50	307.90	342.37	352.30
牛奶	Cow Milk	0.80	2.70	16.10	104.00	290.90	332.00	342.20
羊奶	Sheep Milk	1.40	4.70	4.10	5.00	17.00	10.37	10.10
羊毛总产量(吨)	Output of Wool (ton)	10708	6745	10844	14335	14165	13028	10755
山羊粗毛	Goat Wool	771	1372	2858	2873	5235	5663	4630
绵羊毛	Sheep Wool	9937	5373	7986	11462	8930	7365	6892
羊绒产量(吨)	Cashmere (ton)	52	102	277	7135	933	847	767
蜂蜜产量(吨)	Honey (ton)	5287	11908	23105	27441	98265	95383	93986
禽蛋产量(万吨)	Poultry Eggs (10 000 tons)	15.90	59.60	270.00	375.30	388.60	404.00	410.00
蚕茧产量(吨)	Output of Silkworm Cocoons (ton)			15190	20366	28254	24303	24015
#桑蚕茧	Mulberry Silkworm Cocoons			12560	14803	21052	17486	17503
柞蚕茧	Tussore Silkworm Cocoons			2630	5563	7202	6817	6512

13-36 各市牲畜饲养情况(2015年底)
Number of Livestock by City (End of 2015)

市(县)	City(County)	大牲畜年底头数(万头) Number of Large Animals (year-end) (10 000 heads)	牛(万头) Cattle's (10 000 heads)	马(万头) Horses (10 000 heads)	驴(万头) Donkeys (10 000 heads)	骡(万头) Mules (10 000 heads)
省辖市	**City**					
郑州市	Zhengzhou	21.72	21.49	0.09	0.11	0.03
开封市	Kaifeng	54.36	53.48	0.16	0.65	0.08
洛阳市	Luoyang	65.01	64.87	0.05	0.06	0.03
平顶山市	Pingdingshan	49.56	44.78	1.82	2.19	0.76
安阳市	Anyang	12.56	11.91	0.12	0.41	0.13
鹤壁市	Hebi	4.07	3.65	0.08	0.20	0.13
新乡市	Xinxiang	41.63	40.99	0.16	0.26	0.22
焦作市	Jiaozuo	12.46	12.45	0.00	0.01	
濮阳市	Puyang	26.40	25.62	0.29	0.35	0.14
许昌市	Xuchang	27.56	26.56	0.24	0.66	0.08
漯河市	Luohe	13.39	13.34	0.03	0.02	0.01
三门峡市	Sanmenxia	30.38	30.38			
南阳市	Nanyang	135.16	130.40	2.08	2.40	0.29
商丘市	Shangqiu	68.09	67.42	0.35	0.31	0.01
信阳市	Xinyang	52.89	52.89			
周口市	Zhoukou	62.34	61.71	0.25	0.22	0.16
驻马店市	Zhumadian	113.49	107.82	2.38	2.63	0.66
济源市	Jiyuan	2.71	2.71			
省直管县	**Province Administrating County**					
巩义市	Gongyi	0.76	0.73	0.01	0.02	0.01
兰考县	Lankao	9.79	9.24	0.06	0.48	0.01
汝州市	Ruzhou	23.83	20.26	1.31	1.50	0.76
滑县	Huaxian	4.36	4.30	0.00	0.05	0.00
长垣县	Changyuan	3.39	3.38	0.00	0.00	
邓州市	Dengzhou	26.93	26.92	0.00	0.01	0.00
永城市	Yongcheng	9.80	9.80			
固始县	Gushi	4.18	4.18			
鹿邑县	Luyi	8.78	8.78			
新蔡县	Xincai	22.38	20.84	0.82	0.38	0.34

13-36 续表 contiuned

市(县) City(County)	猪年底头数(万头) Hogs (year-end) (10 000 heads)	羊年底只数(万只) Sheep and Goats (year-end) (10 000 heads)	#山羊 Goats	家禽(万只) Poultry (10 000 heads)	兔(万只) Rabbits (10 000 heads)
省辖市 City					
郑州市 Zhengzhou	167.66	45.40	38.78	2854.61	55.16
开封市 Kaifeng	280.23	165.58	147.87	3639.56	87.45
洛阳市 Luoyang	177.54	75.96	46.06	2462.20	226.25
平顶山市 Pingdingshan	252.60	103.98	74.93	2650.21	45.67
安阳市 Anyang	161.95	85.94	40.22	3796.32	64.72
鹤壁市 Hebi	85.11	33.19	24.26	3068.68	11.39
新乡市 Xinxiang	258.35	76.73	43.12	4073.33	79.49
焦作市 Jiaozuo	136.09	43.71	2.94	1535.65	54.05
濮阳市 Puyang	133.01	77.45	53.69	3616.79	118.89
许昌市 Xuchang	245.10	82.50	70.78	2639.11	72.16
漯河市 Luohe	210.45	22.67	21.98	2121.60	101.01
三门峡市 Sanmenxia	72.40	45.01	23.94	822.65	3.79
南阳市 Nanyang	464.59	255.52	245.38	6435.78	368.95
商丘市 Shangqiu	309.03	260.37	250.43	6281.38	85.03
信阳市 Xinyang	299.22	81.81	81.81	7121.64	76.85
周口市 Zhoukou	483.60	276.91	274.96	7051.41	163.74
驻马店市 Zhumadian	595.58	186.67	171.74	6269.36	525.63
济源市 Jiyuan	43.52	4.29	2.79	191.89	12.88
省直管县 Province Administrating County					
巩义市 Gongyi	19.46	3.02	1.93	114.55	6.53
兰考县 Lankao	31.75	32.04	19.72	476.18	4.03
汝州市 Ruzhou	60.09	14.38	6.18	746.85	13.03
滑县 Huaxian	22.99	32.85	13.77	1008.80	13.63
长垣县 Changyuan	23.31	9.08	8.22	381.96	0.63
邓州市 Dengzhou	89.76	52.02	46.38	1352.06	35.76
永城市 Yongcheng	39.87	47.55	47.55	1452.00	13.60
固始县 Gushi	60.11	27.42	27.42	1852.02	13.74
鹿邑县 Luyi	54.76	24.61	24.61	629.84	2.01
新蔡县 Xincai	62.08	31.77	19.06	979.45	138.97

13-37 各市畜产品产量(2015年)

Output of Livestock Products by City (2015)

市(县) City(County)	猪牛羊出栏头(只)数 Slaughtered Fattened Hogs,Cattle and Sheep			肉类总产量 (万吨) Total Output of Meat (10 000 tons)	#猪肉 Pork	#牛肉 Beef	#羊肉 Mutton
	猪(万头) Hogs (10 000 heads)	牛(万头) Cattle (10 000 heads)	羊(万只) Sheep and Goats (10 000 units)				
省　辖　市 City							
郑　州　市 Zhengzhou	228.66	13.52	54.23	25.94	17.83	2.06	0.68
开　封　市 Kaifeng	375.01	40.04	186.91	40.94	28.76	6.00	2.30
洛　阳　市 Luoyang	236.66	35.89	59.53	27.33	18.13	5.42	0.73
平 顶 山 市 Pingdingshan	354.63	33.96	104.98	39.23	26.58	5.04	1.30
安　阳　市 Anyang	215.95	6.25	66.99	24.77	16.43	0.95	0.82
鹤　壁　市 Hebi	113.35	2.52	37.76	23.43	8.86	0.38	0.46
新　乡　市 Xinxiang	361.58	25.65	98.43	38.97	27.24	3.74	1.27
焦　作　市 Jiaozuo	176.67	9.30	37.71	18.65	12.85	1.38	0.44
濮　阳　市 Puyang	178.10	13.43	99.92	26.35	13.59	2.06	1.20
许　昌　市 Xuchang	395.06	21.52	96.75	39.22	30.08	3.26	1.21
漯　河　市 Luohe	359.40	9.18	25.17	30.08	25.55	1.29	0.31
三 门 峡 市 Sanmenxia	94.46	16.02	28.71	10.82	7.35	2.29	0.32
南　阳　市 Nanyang	639.24	95.28	304.11	75.00	48.51	14.12	3.69
商　丘　市 Shangqiu	456.28	56.84	326.09	54.66	34.53	8.14	3.94
信　阳　市 Xinyang	456.22	22.96	85.64	65.62	35.06	3.41	1.06
周　口　市 Zhoukou	652.10	54.25	309.96	75.05	49.82	8.06	3.74
驻 马 店 市 Zhumadian	814.85	76.39	197.14	86.89	62.32	11.42	2.41
济　源　市 Jiyuan	62.97	1.53	4.38	5.09	4.46	0.24	0.06
省 直 管 县 Province Administrating County							
巩　义　市 Gongyi	28.01	0.63	2.34	2.62	2.22	0.09	0.03
兰　考　县 Lankao	41.34	6.45	26.90	5.07	3.10	0.96	0.32
汝　州　市 Ruzhou	82.43	10.44	13.17	9.73	6.36	1.57	0.16
滑　　　县 Huaxian	34.06	2.87	29.07	4.92	2.69	0.43	0.38
长　垣　县 Changyuan	31.28	3.01	18.38	4.01	2.41	0.53	0.25
邓　州　市 Dengzhou	114.74	23.26	55.06	15.01	9.12	3.63	0.71
永　城　市 Yongcheng	54.29	12.59	71.22	9.19	4.16	1.80	1.00
固　始　县 Gushi	92.22	1.38	33.89	15.48	8.09	0.21	0.41
鹿　邑　县 Luyi	71.53	5.11	22.13	7.66	5.47	0.74	0.29
新　蔡　县 Xincai	81.83	17.09	29.66	11.07	6.26	2.52	0.35

13-37 续表 contiuned

市(县) City(County)	奶类总产量(吨) Total Output of Milk (ton)	#牛奶 Cow Milk	蜂 蜜(吨) Honey (ton)	禽 蛋(万吨) Poultry Eggs (10 000 ton)	绵羊毛(吨) Sheep Wool (ton)	#细羊毛 Fine Wool	山羊粗毛(吨) Goat Wool (ton)
省 辖 市 City							
郑 州 市 Zhengzhou	436025	428463	368	23	198	163	84
开 封 市 Kaifeng	279441	277031	99	27	417	2	
洛 阳 市 Luoyang	443095	430321	2558	15	1092	273	431
平 顶 山 市 Pingdingshan	241586	241099	320	16	746	77	239
安 阳 市 Anyang	47659	47659	124	28	611		21
鹤 壁 市 Hebi	69123	69058	18	14	70	19	69
新 乡 市 Xinxiang	348146	348105	241	34	315	10	54
焦 作 市 Jiaozuo	201312	201312	129	15	497	17	21
濮 阳 市 Puyang	81856	81721	5	30	1082	0	111
许 昌 市 Xuchang	67708	67514	993	23	162		23
漯 河 市 Luohe	133809	133669	22	14	1		
三 门 峡 市 Sanmenxia	48532	48482	2624	6	690	40	301
南 阳 市 Nanyang	332365	255911	34539	36	453	62	1332
商 丘 市 Shangqiu	287201	287146	367	30	362	38	
信 阳 市 Xinyang	2090	2090	5950	28			
周 口 市 Zhoukou	156526	156506	45	30	28	10	
驻 马 店 市 Zhumadian	56691	56138	45513	36	131	105	405
济 源 市 Jiyuan	35235	35210	18	2	39	3	4
省 直 管 县 Province Administrating County							
巩 义 市 Gongyi	5720	5720	63	1	3	1	10
兰 考 县 Lankao	20051	17641	0	4	4	2	
汝 州 市 Ruzhou	46836	46836	3	7	21	10	21
滑 县 Huaxian	7959	7959	0	9	187		
长 垣 县 Changyuan	2334	2334	1	2	16		4
邓 州 市 Dengzhou	16774	16644	13	7	5	5	28
永 城 市 Yongcheng	5200	5200		5			
固 始 县 Gushi	128	128	15	9			
鹿 邑 县 Luyi	2785	2785	0	3			
新 蔡 县 Xincai	9473	9473	3851	5			

13-38 渔业生产情况

Output of Aquatic Products

项　　目	Item	1980	1990	1995	2000	2005	2010	2014	2015
水产品产量(万吨)	**Output of Aquatic Products (10 000 tons)**	**2.91**	**10.48**	**18.09**	**32.17**	**51.68**	**99.41**	**120.39**	**125.36**
鱼类	Fish	2.85	10.22	17.68	31.08	49.75	95.07	116.39	121.18
甲壳类	Crustaceans	0.04	0.17	0.23	0.66	1.45	3.12	2.97	3.16
贝类	Shellfish	0.02	0.09	0.04	0.11	0.14	0.28	0.10	0.14
其他	Others			0.14	0.32	0.34	0.94	0.93	0.89
淡水捕捞	Freshwater Fishing		1.09	1.18	1.94	3.46	5.56	6.61	6.83
鱼类	Fish			0.92	1.23	2.56	4.25	5.53	5.58
甲壳类	Crustaceans			0.17	0.54	0.79	1.17	1.01	1.13
贝类	Shellfish			0.03	0.11	0.08	0.14	0.07	0.12
其他	Others			0.06	0.06	0.03	0.01		
淡水养殖	Freshwater Cultured	2.12	9.38	16.91	30.23	48.22	93.85	113.78	118.52
鱼类	Fish			16.76	29.84	47.19	90.83	110.87	115.59
甲壳类	Crustaceans			0.06	0.13	0.65	1.95	1.97	2.03
贝类	Shellfish			0.02		0.07	0.14	0.02	0.02
其他	Others			0.07	0.26	0.31	0.93	0.92	0.88
淡水养殖面积(千公顷)	**Freshwater Aquaculture Ware(1000 hectares)**	**147.56**	**161.76**	**174.27**	**189.15**	**229.95**	**259.90**	**289.26**	**298.25**
池塘养殖	Pond	57.53	70.82	82.14	91.65	103.80	124.83	132.14	137.43
湖泊养殖	Lakes	3.85	3.63	3.57	2.92	4.05	3.63	3.70	3.80
河沟养殖	rivulet	4.09	3.90	3.15	3.63	6.35	9.84	10.61	10.62
水库养殖	Reservoir	82.09	81.58	84.80	90.40	114.92	121.33	142.79	146.40
其他	Others		1.83	0.60	0.55	0.83	0.27	0.01	0.01

注：淡水养殖面积合计中不包括稻田养殖面积。

a) Data on Freshwater Aquaculture Ware do not include Rice breeding.

13-39 各市渔业生产情况(2015年)
Output of Aquatic Products by City (2015)

市(县) City(County)	养殖面积 (公顷) Aquaculture area (hectares)	水产品总产量 (吨) Output of Aquatic Products (ton)	捕捞产量 Fishing	养殖产量 Cultured	鱼类 Fish	甲壳类 Crustaceans	贝类 Shellfish	其他 Others
省辖市 City								
郑州市 Zhengzhou	10170	153952	3	153949	153499	45		408
开封市 Kaifeng	6828	71428	277	71151	70701	34		693
洛阳市 Luoyang	30672	53383	5113	48270	52910	467	1	5
平顶山市 Pingdingshan	15717	48390	1057	47333	47895	379	18	98
安阳市 Anyang	2837	18841	1380	17461	18837			4
鹤壁市 Hebi	2018	12812	215	12597	12798	6		8
新乡市 Xinxiang	4390	65422	251	65171	65347	15		60
焦作市 Jiaozuo	1439	14092	35	14057	14092			
濮阳市 Puyang	3711	37583	531	37052	37278	300		5
许昌市 Xuchang	4019	19711	858	18853	19153	301	29	228
漯河市 Luohe	1988	16953	930	16023	16854	91	1	7
三门峡市 Sanmenxia	3411	20461	7250	13211	20230	6		225
南阳市 Nanyang	64266	129159	2936	126223	126551	1878	53	677
商丘市 Shangqiu	12282	88840	2941	85899	87182	1509		149
信阳市 Xinyang	70439	268720	16661	252059	241653	20726	313	6028
周口市 Zhoukou	17562	67330	8550	58780	66527	757	35	11
驻马店市 Zhumadian	36342	128333	17973	110360	123209	3916	960	248
济源市 Jiyuan	10157	38220	1440	36780	37040	1180		
省直管县 Province Administrating County								
巩义市 Gongyi	359	5085		5085	5070			15
兰考县 Lankao	1001	9821	41	9780	9808	8		5
汝州市 Ruzhou	597	3053	16	3037	3039	12		2
滑县 Huaxian	159	670		670	670			
长垣县 Changyuan	472	4921	241	4680	4915	6		
邓州市 Dengzhou	3700	12552	95	12457	12552			
永城市 Yongcheng	2545	17700	855	16845	17547	143		10
固始县 Gushi	13555	48364	5072	43292	44467	2726	16	1155
鹿邑县 Luyi	2638	6209	1863	4346	5589	620		
新蔡县 Xincai	3848	13761	1805	11956	13395	289	72	5

主要统计指标解释

农林牧渔业总产值 指以货币表现的农、林、牧、渔业全部产品和对农林牧渔业生产活动进行的各种支持性服务活动的价值总量，它反映一定时期内农林牧渔业生产总规模和总成果。1957 年以前的农林牧渔业总产值中包括了厩肥和农民自给性手工业（如农民自制衣服、鞋、袜，自己从事粮食初步加工等）。1958 年及以后，林业中增加了村及村以下竹木采伐产值；牧业中取消了厩肥产值；副业中取消了农民自给性手工业产值，增加了村及村以下办的工业产值；渔业中增加了海洋捕捞水产品产值。1980 年及以后，在副业中增加了农民家庭兼营工业商品部分的产值。从 1984 年起村及村以下工业产值划归工业。从 1993 年起取消副业，将野生动物的捕猎划入牧业，野生植物采集和农民家庭兼营商品性工业划归农业。从 2003 年起，执行新的国民经济行业分类标准，农林牧渔业总产值中包括了农林牧渔服务业产值。林业中增加了森林采运业产值。农业中取消了家庭兼营商品性工业产值，将野生林产品的采集划归林业。第一次农业普查以后，由于畜牧业产品年报数据与普查数据之间存在一定的差距，根据农业普查结果，对畜牧业年报数据和畜牧业产值进行了修正。2010 年执行《统计用产品分类目录》，对 2009 年的农业、林业产值做了相应调整。

农林牧渔业总产值的计算方法通常是按农、林、牧、渔业产品及其副产品的产量分别乘以各自单位产品价格求得；少数生产周期较长，当年没有产品或产品产量不易统计的，则采用间接方法匡算其产值；然后将四业产品产值及农林牧渔服务业产值相加即为农林牧渔业总产值。

粮食产量 指农业生产经营者日历年度内生产的全部粮食数量。按收获季节包括夏收粮食、早稻和秋收粮食，按作物品种包括谷物、薯类和豆类。其产量计算方法：谷物按脱粒后的原粮计算，豆类按去豆荚后的干豆计算；薯类（包括甘薯和马铃薯，不包括芋头和木薯）1963 年以前按每 4 公斤鲜薯折 1 公斤粮食计算，从 1964 年开始改为按 5 公斤鲜薯折 1 公斤粮食计算。城市郊区作为蔬菜的薯类（如马铃薯等）按鲜品计算，并且不作粮食统计。1989 年以前全国粮食产量数据主要靠全面报表取得，1989 年开始使用抽样调查数据。

棉花产量 指全社会的产量。包括春播棉和夏播棉。产量按皮棉计算。不包括木棉。

油料产量 指全部油料作物的生产量。包括花生、油菜籽、芝麻、向日葵籽、胡麻籽（亚麻籽）和其他油料。不包括大豆、木本油料和野生油料。花生以带壳干花生计算。

水产品产量 指渔业（捕捞和养殖）生产活动的最终有效成果，包括全部海水和淡水鱼类、甲壳类（虾、蟹）、贝类、头足类、藻类和其他类渔业产品的最终产量。水产品产量是通过各级水产和统计部门逐级上报取得数据。1995 年及以前，贝类中牡蛎按鲜肉计算；蚶、蛤、蛙按 5 斤鲜品折 1 斤计算。1996 年以后则统一按鲜品计算。

猪、牛、羊肉产量 指当年出栏并已屠宰、除去头蹄下水后带骨肉（即胴体重）的重量。

期初(末)畜禽存栏头(只)数 指报告期初（末）农村各种合作经济组织和国营农场、农民个人、机关、团体、学校、工矿企业、部队等单位以及城镇居民饲养的大牲畜、猪、羊、家禽等畜禽的存栏数。

常用耕地 是指耕地总资源中专门种植农作物并经常进行耕种、能够正常收获的土地。包括当年实际耕种的熟地；弃耕、休闲不满三年，随时可以复耕的地；开荒利用三年以上的地。不包括临时种植农作物的坡度在 25 度以上的陡坡地；在河套、湖畔、库区临时开发的成片或零星土地；也不包括已列为国家和省（区、市）退耕计划但临时耕种的土地。

农作物播种面积 指实际播种或移植有农作物的面积。凡是实际种植有农作物的面积，不论种植在耕地上还是种植在非耕地上，均包括在农作物播种面积中。在播种季节基本结束后，因遭灾而重新改种和补种的农作物面积，也包括在内。

有效灌溉面积 指具有一定的水源，地块比较平整，灌溉工程或设备已经配套，在一般年景下当年能够进行正常灌溉的耕地面积。

农用化肥施用量 指本年内实际用于农业生产的化肥数量，包括氮肥、磷肥、钾肥和复合肥。化肥施用量要求按折纯量计算数量。折纯量是指把氮肥、磷肥、钾肥分别按含氮、含五氧化二磷、含氧化钾的百分之一百成份进行折算后的数量。复合肥按其所含主要成分折算。

农业机械总动力 指主要用于农、林、牧、渔业的各种动力机械的动力总和。包括耕作机械、排灌机械、收获机械、农用运输机械、植物保护机械、牧业机械、林业机械、渔业机械和其他农业机械〔内燃机按引擎马力折成瓦（特）计算、电动机按功率折成瓦（特）计算〕。不包括专门用于乡镇、村、组办工业、基本建设、非农业运输、科学试验和教学等非农业生产方面用的动力机械与作业机械。

Explanatory Notes on Main Statistical Indicators

Gross Output Value of Agriculture, Forestry, Animal Husbandry and Fishery refers to the total value of products of agriculture, forestry, animal husbandry and fishery, and total value of services in support of agriculture, forestry, animal husbandry and fishery activities. It reflects the total scale and results of agricultural production during a given period. Prior to 1957, China's gross agricultural output value included barnyard manure and handicraft products for self-consumption (clothes, shoes, stockings, and initial grain processing undertaken by peasants). Since 1958, cutting and felling of bamboo and trees by villages and other cooperative organizations under villages have been included in forestry; value of barnyard manure has been excluded from animal husbandry; self consumed handicrafts have not been included from sideline occupations, while the output value of industries run by villages and cooperative organizations under village has been included in sideline occupations; and the output value of fish catches by motor fishing boats has been added to fishery. Since 1980, the value of handicraft products made for sale by individuals in households has been added to sideline occupations. Since 1984, industries run by villages and under villages have been included in the sector of industry. Since 1993, the subdivision of sideline occupations has been cancelled, and the hunting of wild animals has been classified into animal husbandry, and the gathering of wild plants and commodity industry run by rural household have been included in farming. A new industrial classification of economic activities was introduced in 2003. Under the new classification, value of services to agriculture, forestry, animal husbandry and fishery is included in the gross output value of agriculture, value of wood felling and transport is included in forestry, value of industrial output by rural households is not included in agriculture. The First Agriculture Census of China revealed some discrepancy between the production of animal products from the annual reports and that from the census. According to the result of the First Agriculture census, efforts were made to adjust the annual reports of animal husbandry output and the output value of animal husbandry to make the figures from the annual reports consistent with the census data. "The Classification of Products for Statistical Purposes" implemented in 2010 made relevant revision on the output value of agriculture and forestry in 2009.

Gross output value of agriculture is obtained by multiplying the output of each product or by-product by its price, resulting in the output value of each single item. For a small number of products, annual output of which is not available or difficult to get due to the long production (growing) process involved, the output value is estimated through an indirect approach. The sum of output values of all products of agriculture, forestry, animal husbandry and fishery and services in support to those industries is then equal to the gross output value of agriculture.

Grain Output refers to the total output of grains produced by agricultural producers within a calendar year. It includes summer grain, early rice and autumn grain if classified by harvest seasons; it covers cereal, tubers and beans if classified by type of crops. Output of cereal should be limited to husked grain only. Output of beans refers to dry beans without pods. The output of tubers (sweet potatoes and potatoes, not including taros and cassava) are converted into that of grain at the ratio 4:1, i.e. 4 kilograms of fresh tubers were equivalent to 1 kilogram of grain up to 1963. Since 1964 the ratio for conversion has been 5:1. Tubers supplied as vegetables (such as potatoes) in cities and suburbs are calculated as fresh vegetables and their output is not included in the output of grain. Data on grain production before 1989 were obtained through the Comprehensive Statistical Reporting System. Since 1989, data from sample surveys are used.

Cotton Output refers to cotton production in the whole country including cotton planted in spring and in autumn. Output is measured as the weight of ginned cotton. Ceiba is not included.

Output of Oil-bearing Crops refers to the total production of oil-bearing crops of various kinds, including peanuts (dry, in shell), rapeseeds, sesame, sunflower seeds, flax seeds, and other oil-bearing crops. Soybeans, oil-bearing woody plants, and wild oil-bearing crops are not included.

Output of Aquatic Products refers to final output actually yielded from fishing production (fishery and breeding), including all output of marine and freshwater fish, crustaceans (shrimps, crabs), shellfish, cephalopod, seaweed and other fishery products. Data on output of aquatic products are reported by aquatic product and statistical agencies level by level. Before 1995, among the shellfish, oyster was counted as fresh meat; 5 kilograms of ark shell, clams and frogs are equivalent to 1 kilogram of fresh aquatic products; they have all been counted as fresh aquatic products since 1996.

Output of Pork, Beef, and Mutton refers to the meat of slaughtered hogs, cattle, sheep and goats with head, feet, and offal taken away.

Number of Livestock or Poultry in Stock at Beginning (or End) refers to the total number of large animals, pigs, sheep, fowls, etc. raised by rural cooperative organizations, state farms, rural individuals, government agencies, schools, industrial and mining enterprises, army, and urban residents at the beginning (or end) of the reference period.

Regularly Cultivated Land refers to farmland among the total land resources which is exclusively used for farming and is under regular cultivation with harvest in normal years. Included are currently cultivated land, land that has been abandoned or put in idle for less than 3 years and could be re-used for cultivation at any time, and new-claimed land that has been put into cultivation for more than 3 years. Excluded under this category are steep slope land over 25 degrees under temporary cultivation, land (large or small plots) that is claimed along river bends, lake sides or banks of reservoirs, as well as land that has been designated under the "Green for Grain" programs of the state and provincial governments but is still temporarily under cultivation.

Sown Area of Crops refers to area of land sown or transplanted with crops regardless of being in cultivated area or non cultivated area. Area of land re-sown due to natural disasters is also included.

Irrigated Area refers to areas that are effectively irrigated, i.e. level land, which has water source and complete sets of irrigation facilities to lift and move adequate water for irrigation purpose under normal conditions.

Consumption of Chemical Fertilizers in Agriculture refers to the quantity of chemical fertilizers applied in agriculture in the year, including nitrogenous fertilizer, phosphate fertilizer, potash fertilizer, and compound fertilizer. The consumption of chemical fertilizers is required in calculation to convert the gross weight into weight containing 100% effective component (e.g. 100% nitrogen content in nitrogenous fertilizer, 100% phosphorous-pent oxide contents in phosphate fertilizer, 100% potassium oxide contents in potash fertilizer). Compound fertilizer is converted with its major component.

Total Power of Farm Machinery refers to total mechanical power of machinery used in farming, forestry, animal husbandry, and fishery, including equipment of ploughing, irrigation and drainage, harvesting, transport, plant protection, stock breeding, forestry and fishery. The power of internal combustion engines is required to convert horsepower into watts and the power of electric motors is required to be converted into watts. Machinery employed for non agricultural purposes, such as the machines used in township run and village-run industry, construction, non agricultural transport, scientific experiments and teaching, is excluded.

工业
Industry

14

● 资料整理：施薇　张静　罗迪　任焱丽

简要说明

一、主要内容

本篇包括河南省规模以上工业企业单位数，工业增加值指数，工业主要产品产量和主要经济效益指标；规模以下工业单位数、工业增加值指数及从业人员情况。

二、统计范围

工业统计调查范围为河南省全部工业法人企业和个体工业单位。1997年以前，我国工业的统计范围按隶属关系划分，分为乡及乡以上独立核算工业企业和非独立核算生产单位、村办工业、城镇合作工业、农村合作工业、城镇个体工业、农村个体工业六大部分，（其中，1984年以前不包括农村的村及村以下办工业）。1998年起，工业统计调查对象范围的界定由按隶属关系划分，改变为按企业规模划分，分为“规模以上工业”和“规模以下工业”。规模以上工业是指全部国有及年主营业务收入在500万元及以上非国有工业企业，规模以下工业是指年主营业务收入在500万元以下非国有工业企业及个体工业。2006年年报起，规模以上工业统计范围由全部国有及年主营业务收入在500万元及以上非国有工业企业改为年主营业务收入在500万元及以上的工业法人企业，相应改变规模以下工业的调查范围为年主营业务收入在500万元以下的工业企业及个体工业。从2011年定报起，规模以上工业统计范围调整为年主营业务收入在2000万元及以上的工业法人企业，相应改变规模以下工业的调查范围为年主营业务收入在2000万元以下的工业企业及个体工业。

三、资料来源

年主营业务收入2000万元及以上的工业法人企业实行全数调查，由河南省统计局工业处整理提供；年主营业务收入2000万元以下的工业企业实行目录抽样调查，个体工业经营户实行整群抽样调查，省级数据由国家统计局河南调查总队整理提供，省级以下数据由河南省统计局工业处提供；能源类产品产量由河南省统计局能源统计处提供。

Brief Introduction

I. Main Contents

Data on this chapter including number of industrial enterprises, value-added of industrial enterprises, output, beneficial indicators of industrial enterprises above designated size , unit, value-added and employed persons of industrial enterprises below designated size and individual.

II. Scope of Statistics The scopes of industrial statistics are all corporate and individual industrial enterprises. Before 1997, the scopes of industrial statistics include six parts, as enterprises above township, Village-run enterprises, cooperative industry in cities and towns, rural cooperative industry, urban individual industrial, individual industries in rural areas. From 1998 to 2005, the scope of the industrial statistical investigation was divided into " industrial enterprises above designated size " and "below designated size ". Industrial enterprises above designated size refers to all State-owned industrial enterprises and non-State-owned industrial enterprises with revenue from principal business over 5 million yuan, and industrial enterprises above designated size refers to non-State-owned industrial enterprises with revenue from principal business below 5 million yuan and individual enterprises. From 2006 to 2010, the industrial enterprises above designated size refers to all industrial enterprises with revenue from principal business over 5 million yuan, and the industrial enterprises below designated size refers to all industrial enterprises with revenue from principal business below 5 million yuan and individual. Since 2011, the industrial enterprises above designated size refers to all industrial enterprises with revenue from principal business over 20 million yuan, and the industrial enterprises below designated size refers to all industrial enterprises with revenue from principal business below 20 million yuan and individual industry.

III. Sources of Data

Data on industrial enterprises with principal business revenue above 5 million yuan are collected through a combination of full survey, which are provided by the Department of Industrial of the Henan provincial bureau of Statistics. Data on industrial enterprises with principal business revenue below 5 million yuan are collected through a combination of sample survey directory, data on individual household are collected through a combination of cluster sample survey. Provincial data are provided by the Department of Henan Survey organizations. The following data at the provincial levelare provided by the Department of Industrial of the Henan provincial bureau of Statistics. Data on output of energy product are provided by the Department of Energy of the Henan provincial bureau of Statistics.

14-1 各种分组的规模以上工业增加值指数

Indices of Value-added of the Industry Enterprises above Designated Size

上年=100 (Preceding=100)

项　目	Item	2000	2005	2010	2012	2013	2014	2015
指　数	**Indices**	**111.6**	**123.3**	**119.0**	**114.6**	**111.8**	**111.2**	**108.6**
按注册类型分	**By Registration status**							
内资企业	Domestic Funded Enterprises	111.6	124.0	119.8	113.4	111.3	111.0	108.5
国有	State-owned	114.6	109.5	115.5	105.5	106.6	103.1	98.6
集体	Collective-owned	106.7	128.8	115.9	109.6	109.9	107.5	105.4
股份合作	Cooperative	111.1	130.3	122.2	107.5	109.7	105.3	111.1
联营	Joint Ownership	93.6	120.7	101.9	95.3	103.3	83.9	73.5
有限责任公司	Limited Liability Corporations	108.3	119.9	120.5	114.2	114.0	112.9	110.6
股份有限公司	Share-holding Corporation Ltd	112.8	115.8	116.7	109.9	105.3	103.8	102.2
私营	Private	122.2	148.5	121.6	116.3	111.7	111.9	108.6
其他	Other	102.0	164.1	129.0	117.3	120.5	113.2	108.4
港澳台商投资	Enterprises with Funds from Hong Kong, Macao and Taiwan	113.9	110.8	117.4	173.6	127.3	117.4	116.0
外商投资	Foreign Funded	106.4	115.2	118.0	104.1	108.5	109.0	100.8
按控股类型分	**By Proprietarily System**							
#国有控股	State-holding			113.6	104.3	105.3	100.4	97.9
集体控股	Collective-holding			117.9	109.0	110.3	104.5	101.2
私人控股	Private-holding			121.5	117.0	113.2	114.1	110.9
港澳台控股	Hong Kong, Macao and Taiwan-holding			117.4	182.1	130.0	117.7	116.4
外商控股	Foreign-holding			110.7	103.5	106.6	105.0	100.5
按所有制分	**By Proprietorial System**							
公有制	Public-owned		114.0	115.3	105.2	106.1	101.2	98.6
非公有制	Non-Public-owned		137.0	121.8	118.4	113.9	114.2	111.0
按轻重工业分	**Grouped by Light & Heavy Industry**							
轻工业	Enterprises of Light Industry	106.2	128.8	120.0	116.2	111.5	110.4	108.1
重工业	Enterprises of Heavy Industry	114.2	121.0	118.8	113.9	111.9	111.7	108.9
按企业规模分	Grouped by Size of Enterprises							
大型企业	Large Enterprises	116.0	114.3	116.3	111.8	110.3	107.5	106.7
中型企业	Medium-sized Enterprises	103.0	112.5	118.7	112.2	111.6	110.5	108.6
小型企业	Small Enterprises	110.4	138.0	122.4	118.4	113.6	116.4	111.6
微型企业								68.9

注：本表按照定报数据整理。

a) Data in this table is calculated on Reports on a regular basis.

14−2 规模以上工业企业主要指标(2015年)

单位：亿元

行 业	Sector	单位数 (个) Number of Enterprises (unit)	平均从业人员 (万人) Number of Employed Persons (10 000 persons)
总 计	**Total**	**22892**	**703.26**
按轻重工业分	**Grouped by Light & Heavy Industry**		
轻工业	Enterprises of Light Industry	8778	265.23
重工业	Heavy Industry	14114	438.03
按企业规模分	**Grouped by Size of Enterprises**		
大型企业	Large Enterprises	681	257.13
中型企业	Medium-sized Enterprises	4859	249.13
小型企业	Small Enterprises	16259	194.05
微型企业	Micro-enterprises	1093	2.95
按所有制分	**By Proprietorial System**		
公有制	Public-owned	1367	142.04
非公有制	Non-Public-owned	21525	561.22
按行业分	**By Sector**		
煤炭开采和洗选业	Mining and Washing of Coal	282	47.36
石油和天然气开采业	Extraction of Petroleum and Natural Gas	4	5.51
黑色金属矿采选业	Mining of Ferrous Metal Ores	106	1.27
有色金属矿采选业	Mining of Non-ferrous Metal Ores	320	8.22
非金属矿采选业	Mining and Processing of Nonmetal Ores	277	4.33
开采辅助活动	Mining Auxiliary	3	2.51
其他采矿业	Mining of Other Ores n.e.c		
农副食品加工业	Processing of Food from Agricultural Products	2085	47.72
食品制造业	Manufacture of Foods	911	28.43
酒、饮料和精制茶制造业	Manufacture of Wine, drinks and refined tea	528	14.82
烟草制品业	Manufacture of Tobacco	11	1.95
纺织业	Manufacture of Textile	912	32.99
纺织服装服饰业	Manufacture of Textile Wearing,Apparel	636	22.72
皮革、毛皮、羽毛及其制品和制鞋业	Manufacture of Leather, Fur, Featherand Its Products,Shoemaking	495	19.16
木材加工及木、竹、藤、棕、草制品业	Processing of Timbers, Manufacture of Wood, Bamboo, Rattan, Palm, and Straw Products	609	11.45
家具制造业	Manufacture of Furniture	339	7.69
造纸及纸制品业	Manufacture of Paper and Paper Products	354	10.88
印刷和记录媒介的复制业	Printing,Reproduction of Recording Media	311	7.57
文教、工美、体育和娱乐用品制造业	Manufacture of Cultural and educational supplies, industrial, sporting and entertainment	452	14.26
石油加工、炼焦及核燃料加工业	Processing of Petroleum ,Coking, Processing of Nucleus Fuel	83	3.73
化学原料及化学制品制造业	Manufacture of Chemical Raw Material and Chemical Products	1323	31.50
医药制造业	Manufacture of Medicines	478	20.01
化学纤维制造业	Manufacture of Chemical Fiber	39	1.65
橡胶和塑料制品业	Manufacture of Rubber and Plastic	823	17.84
非金属矿物制品业	Manufacture of Non-metallic Mineral Products	3899	75.38
黑色金属冶炼及压延加工业	Manufacture and Processing of Ferrous Metals	579	21.24
有色金属冶炼及压延加工业	Manufacture and Processing of Non-ferrous Metals	553	22.22
金属制品业	Manufacture of Metal Products	998	18.82
通用设备制造业	Manufacture of General Purpose Machinery	1222	29.25
专用设备制造业	Manufacture of Special Purpose Machinery	1291	34.47
汽车制造业	Manufacture of Automobile	712	24.21
铁路、船舶、航空航天和其他运输设备制造业	Manufacture of Railway, shipbuilding, aerospace, and other transportation equipment	260	10.13
电气机械及器材制造业	Manufacture of Electrical Machinery and Equipment	892	26.12
计算机、通信和其他电子设备制造业	Manufacture of Computer Communication Equipment , and Other Electronic Equipment	323	43.01
仪器仪表制造业	Manufacture of Measuring Instrument	216	5.98
其他制造业	Manufacture of others	86	2.77
废弃资源综合利用业	Comprehensive utilization of waste materials	58	0.80
金属制品、机械和设备修理业	Repairing of Metal products, machinery and equipment	11	0.57
电力、热力的生产和供应业	Production and Supply of Electric Power and Heat Power	272	20.37
燃气生产和供应业	Production and Distribution of Gas	71	1.89
水的生产和供应业	Production and Distribution of Water	68	2.47

Main Indicators of Industrial Enterprises above Designated Size by Industrial Sector (2015)

(100 million yuan)

增加值指数(%) Indices (%)	资产总计 Total Assets	流动资产合计 Balance of Working Capitals	负债合计 Total Liabilities	主营业务收入 Revenue from Principal Business	主营业务成本 Cost of Pricipal Business	利润总额 Total Profits	利税总额 Total Pre-tax Profits	本年应缴增值税 Value Added Tax Payable
108.6	**55710.97**	**25075.84**	**26189.58**	**73365.96**	**63992.81**	**4900.60**	**7104.94**	**1498.46**
108.1	15581.10	6832.05	5288.83	24283.87	20597.42	2047.12	2883.83	478.68
108.9	40129.87	18243.79	20900.75	49082.09	43395.40	2853.49	4221.11	1019.78
106.7	23213.63	11120.00	14031.18	25823.82	22882.80	1083.19	1980.26	499.52
108.6	16299.86	6855.98	6661.54	23419.86	20341.35	1795.54	2449.86	510.16
111.6	15057.00	6607.68	5083.28	23430.63	20185.28	1957.24	2591.06	475.19
68.9	1140.47	492.18	413.57	691.64	583.38	64.63	83.76	13.59
98.6	15654.72	6252.55	10231.96	12820.84	11288.88	260.77	954.00	341.96
111.0	40056.25	18823.29	15957.62	60545.12	52703.94	4639.83	6150.93	1156.49
96.54	3328.68	1179.74	2221.95	2178.95	2012.38	-39.89	58.24	75.69
78.54	340.99	66.19	192.69	134.18	139.99	-88.77	-61.21	10.82
110.91	144.95	57.46	55.14	153.97	129.80	13.35	18.87	3.64
109.06	1017.24	469.85	379.97	1664.99	1424.47	169.94	190.37	11.91
95.27	309.06	121.98	86.91	450.61	375.94	49.05	66.37	13.40
86.25	160.51	90.69	108.51	106.75	96.78	0.19	5.14	3.83
107.13	3307.10	1422.67	1084.80	6009.86	5255.47	452.20	560.13	78.75
112.55	1656.82	759.42	594.21	2772.49	2362.34	259.01	322.30	48.62
106.19	1197.31	505.74	488.51	1480.15	1238.63	117.58	167.10	28.35
99.87	442.72	327.15	144.78	468.38	146.84	71.60	338.34	53.55
106.08	1767.45	759.86	689.50	2583.99	2269.71	197.84	255.37	42.03
112.99	814.84	323.78	242.97	1199.68	1034.45	94.13	126.23	22.82
103.82	795.06	337.17	185.32	1408.34	1175.34	134.19	172.14	29.80
102.97	527.08	198.37	121.89	870.54	744.79	75.39	97.00	14.55
111.48	359.86	130.61	60.85	603.68	501.19	59.79	77.38	12.76
100.76	733.99	298.79	288.75	998.80	868.53	78.69	107.79	24.81
108.55	332.41	146.90	109.09	521.33	444.84	43.02	58.77	12.24
111.51	596.44	305.78	208.21	928.12	794.03	76.52	101.92	20.23
97.88	556.03	248.39	370.48	973.56	826.71	28.79	111.20	19.09
110.39	3559.23	1262.24	1822.38	4069.44	3581.87	254.15	339.27	64.16
116.06	1379.09	594.88	495.06	1976.15	1653.61	176.53	231.10	43.96
104.47	107.35	42.05	45.42	93.07	79.22	7.37	9.50	1.51
111.60	1239.84	496.05	358.85	1884.83	1616.05	170.53	217.45	34.09
108.56	6074.14	2772.47	2279.74	8618.09	7380.30	734.24	1033.53	240.05
108.52	2423.33	1020.64	1207.08	3453.35	3142.22	147.79	232.69	66.74
111.86	4238.31	2146.70	2760.60	5018.82	4681.75	129.79	213.89	68.01
116.12	1286.10	564.18	397.54	1916.14	1661.72	143.89	189.86	33.44
111.91	2065.79	1071.78	791.38	3193.61	2778.14	231.77	316.64	66.52
112.80	2521.10	1324.32	1040.13	3585.70	3133.81	230.93	326.71	74.86
113.46	1816.18	950.18	849.95	2776.01	2408.11	201.05	276.32	58.56
117.27	663.61	323.72	191.39	890.07	763.78	77.84	93.72	12.81
112.33	2189.60	1242.73	972.90	3050.42	2617.48	227.14	314.33	70.21
123.23	2886.64	2297.25	2160.84	3642.94	3391.52	164.72	182.92	13.24
115.22	338.96	203.82	119.23	393.14	326.95	33.17	44.16	9.09
134.51	144.02	71.54	53.38	157.08	133.73	10.17	13.83	2.78
97.84	73.19	38.35	28.78	128.36	114.33	9.02	12.52	2.86
74.74	33.43	20.86	20.89	33.88	30.21	0.43	1.14	0.54
98.15	3694.23	644.54	2625.96	2650.44	2391.44	127.42	244.00	102.93
108.11	404.39	172.92	233.61	264.19	214.76	26.31	31.73	3.32
107.75	183.90	64.08	99.90	61.85	49.59	3.75	6.18	1.90

14-3　规模以上国有控股工业企业主要指标(2015年)

单位：亿元

行　业	Sector	单位数（个）Number of Enterprises (unit)	平均从业人员（万人）Number of Employed Persons (10 000 persons)
总　计	**Total**	**820**	**122.86**
按轻重工业分	**Grouped by Light & Heavy Industry**		
轻工业	Enterprises of Light Industry	152	13.93
重工业	Heavy Industry	668	108.93
按企业规模分	**Grouped by Size of Enterprises**		
大型企业	Large Enterprises	143	92.14
中型企业	Medium-sized Enterprises	358	24.87
小型企业	Small Enterprises	279	4.01
微型企业	Micro-enterprises	40	1.84
按行业分	**By Sector**		
煤炭开采和洗选业	Mining and Washing of Coal	56	41.08
石油和天然气开采业	Extraction of Petroleum and Natural Gas	2	5.45
黑色金属矿采选业	Mining of Ferrous Metal Ores	3	0.15
有色金属矿采选业	Mining of Non-ferrous Metal Ores	27	1.88
非金属矿采选业	Mining and Processing of Nonmetal Ores	4	0.09
开采辅助活动	Mining Auxiliary	2	2.49
其他采矿业	Mining of Other Ores n.e.c		
农副食品加工业	Processing of Food from Agricultural Products	32	1.92
食品制造业	Manufacture of Foods	14	0.67
酒、饮料和精制茶制造业	Manufacture of Wine, drinks and refined tea	10	1.13
烟草制品业	Manufacture of Tobacco	6	1.76
纺织业	Manufacture of Textile	10	1.76
纺织服装服饰业	Manufacture of Textile Wearing,Apparel	9	0.34
皮革、毛皮、羽毛及其制品和制鞋业	Manufacture of Leather, Fur, Featherand Its Products,Shoemaking	3	0.27
木材加工及木、竹、藤、棕、草制品业	Processing of Timbers, Manufacture of Wood, Bamboo, Rattan, Palm, and Straw Products	4	0.05
家具制造业	Manufacture of Furniture		
造纸及纸制品业	Manufacture of Paper and Paper Products	5	0.63
印刷和记录媒介的复制业	Printing,Reproduction of Recording Media	7	0.18
文教、工美、体育和娱乐用品制造业	Manufacture of Cultural and educational supplies, industrial, sporting and entertainment	3	0.05
石油加工、炼焦及核燃料加工业	Processing of Petroleum ,Coking, Processing of Nucleus Fuel	9	0.90
化学原料及化学制品制造业	Manufacture of Chemical Raw Material and Chemical Products	60	5.12
医药制造业	Manufacture of Medicines	11	0.88
化学纤维制造业	Manufacture of Chemical Fiber	2	0.99
橡胶和塑料制品业	Manufacture of Rubber and Plastic	9	1.09
非金属矿物制品业	Manufacture of Non-metallic Mineral Products	79	3.57
黑色金属冶炼及压延加工业	Manufacture and Processing of Ferrous Metals	9	4.23
有色金属冶炼及压延加工业	Manufacture and Processing of Non-ferrous Metals	38	6.49
金属制品业	Manufacture of Metal Products	12	0.31
通用设备制造业	Manufacture of General Purpose Machinery	33	2.65
专用设备制造业	Manufacture of Special Purpose Machinery	41	6.38
汽车制造业	Manufacture of Automobile	17	2.68
铁路、船舶、航空航天和其他运输设备制造业	Manufacture of Railway, shipbuilding, aerospace, and other transportation equipment	10	1.92
电气机械及器材制造业	Manufacture of Electrical Machinery and Equipment	32	3.37
计算机、通信和其他电子设备制造业	Manufacture of Computer Communication Equipment , and Other Electronic Equipment	7	0.28
仪器仪表制造业	Manufacture of Measuring Instrument	13	0.63
其他制造业	Manufacture of others	2	1.24
废弃资源综合利用业	Comprehensive utilization of waste materials	1	0.03
金属制品、机械和设备修理业	Repairing of Metal products, machinery and equipment	1	0.42
电力、热力的生产和供应业	Production and Supply of Electric Power and Heat Power	198	18.00
燃气生产和供应业	Production and Distribution of Gas	11	0.36
水的生产和供应业	Production and Distribution of Water	28	1.42

Main Indicators on Economic Benefit of State-holding Industrial Enterprises above Designated Size (2015)

(100 million yuan)

增加值指数(%) Indices (%)	资产总计 Total Assets	流动资产合计 Balance of Working Capitals	负债合计 Total Liabilities	主营业务收入 Revenue from Principal Business	主营业务成本 Cost of Pricipal Business	利润总额 Total Profits	利税总额 Total Pre-tax Profits	本年应缴增值税 Value Added Tax Payable
97.9	**14227.92**	**5548.33**	**9725.27**	**10300.43**	**9127.53**	**18.21**	**669.79**	**312.16**
102.2	1543.43	849.19	831.84	1265.67	864.90	82.77	365.50	65.97
96.7	12684.49	4699.14	8893.43	9034.76	8262.63	-64.56	304.29	246.20
97.5	10965.74	4424.65	7388.59	8096.43	7173.21	-36.56	533.61	243.73
96.9	2465.60	844.20	1787.25	1665.22	1474.97	35.79	102.46	56.37
109.9	742.00	260.99	484.18	525.19	467.32	21.01	35.36	11.73
91.0	54.59	18.48	65.25	13.59	12.03	-2.03	-1.63	0.34
96.33	2902.82	974.39	2042.12	1671.57	1582.28	-86.08	-14.78	54.42
78.50	337.99	63.61	191.18	131.93	137.96	-88.86	-61.55	10.59
87.86	20.62	4.18	12.87	6.37	5.05	0.07	0.71	0.42
117.75	201.49	70.41	135.06	179.68	165.56	4.51	9.71	3.59
69.02	14.19	4.03	1.99	15.46	12.94	1.73	2.50	0.51
84.72	160.00	90.27	108.10	106.55	96.60	0.19	5.12	3.82
110.69	101.33	48.32	59.11	157.35	152.62	1.38	1.48	-0.09
122.89	45.03	16.77	21.83	57.88	49.19	2.87	4.16	0.88
91.58	242.13	129.67	192.70	108.81	104.05	-9.24	-6.92	0.97
99.92	434.73	321.24	139.23	459.07	139.53	71.38	337.54	53.04
113.39	181.96	98.38	130.77	150.06	140.72	2.05	2.76	0.48
103.98	7.79	4.38	2.16	6.64	4.75	0.72	1.12	0.34
109.52	8.39	5.93	4.02	17.80	16.19	0.89	1.00	0.07
92.89	6.52	1.56	6.79	4.11	3.35	0.16	-0.03	-0.20
97.89	125.14	55.55	90.83	84.39	75.37	0.28	4.49	3.97
100.32	11.29	5.26	1.44	6.92	5.25	0.56	1.27	0.59
113.57	3.27	2.77	2.45	7.41	7.15	0.12	0.17	0.04
74.89	196.44	86.66	189.54	294.89	230.21	-16.42	52.07	11.04
99.07	922.97	262.29	769.04	571.17	531.20	-6.43	2.20	7.61
140.95	66.76	26.97	33.13	59.67	44.82	4.06	6.84	2.49
108.12	62.83	21.13	26.05	30.77	25.93	2.77	3.27	0.34
84.73	86.79	41.81	50.62	72.62	58.22	3.26	4.46	0.46
98.48	475.99	181.18	273.77	285.98	253.72	7.10	15.95	7.25
106.80	619.05	281.37	461.11	479.41	454.77	-12.82	-2.94	8.62
103.83	1538.50	758.14	1180.08	1382.06	1316.55	-14.34	11.86	21.17
101.08	23.40	13.69	14.05	61.95	58.36	1.01	1.54	0.44
94.41	280.55	148.54	184.32	168.25	148.68	-5.13	-1.92	2.68
105.62	817.45	529.16	467.74	500.64	434.05	14.30	25.75	8.86
107.85	268.48	148.94	183.22	269.76	232.49	4.51	11.84	4.33
332.84	148.05	106.81	73.99	88.72	66.15	8.91	10.35	1.15
102.17	583.07	408.16	347.34	308.46	248.98	27.64	38.99	9.90
109.58	21.91	15.48	9.24	15.80	11.39	2.16	2.69	0.45
104.25	57.56	45.59	28.71	39.33	30.76	3.35	4.38	0.88
75.63	85.73	49.21	33.48	50.50	41.16	3.28	3.54	0.14
96.00	3.62	2.79	2.44	2.65	1.46	0.38	0.52	0.13
59.40	26.10	17.47	19.41	21.91	19.60	0.03	0.27	0.21
95.80	2992.25	456.77	2146.40	2361.10	2168.31	86.14	185.99	89.26
104.97	33.97	12.44	21.15	34.29	28.24	2.43	2.88	0.27
105.89	111.77	36.99	67.78	28.50	23.93	-0.70	0.52	1.06

14-4 规模以上公有制工业企业主要指标(2015年)

单位：亿元

行 业	Sector	单位数 (个) Number of Enterprises (unit)	平均从业人员 (万人) Number of Employed Persons (10 000 persons)
总 计	**Total**	**1367**	**142.04**
按轻重工业分	**Grouped by Light & Heavy Industry**		
轻工业	Enterprises of Light Industry	297	21.59
重工业	Heavy Industry	1070	120.45
按企业规模分	**Grouped by Size of Enterprises**		
大型企业	Large Enterprises	169	98.99
中型企业	Medium-sized Enterprises	488	32.17
小型企业	Small Enterprises	634	9.04
微型企业	Micro-enterprises	76	1.84
按行业分	**By Sector**		
煤炭开采和洗选业	Mining and Washing of Coal	68	41.97
石油和天然气开采业	Extraction of Petroleum and Natural Gas	3	5.50
黑色金属矿采选业	Mining of Ferrous Metal Ores	8	0.27
有色金属矿采选业	Mining of Non-ferrous Metal Ores	122	4.41
非金属矿采选业	Mining and Processing of Nonmetal Ores	10	0.83
开采辅助活动	Mining Auxiliary	3	2.51
其他采矿业	Mining of Other Ores n.e.c		
农副食品加工业	Processing of Food from Agricultural Products	65	2.75
食品制造业	Manufacture of Foods	22	2.08
酒、饮料和精制茶制造业	Manufacture of Wine, drinks and refined tea	25	1.58
烟草制品业	Manufacture of Tobacco	10	1.93
纺织业	Manufacture of Textile	22	2.28
纺织服装服饰业	Manufacture of Textile Wearing,Apparel	15	0.88
皮革、毛皮、羽毛及其制品和制鞋业	Manufacture of Leather, Fur, Featherand Its Products,Shoemaking	9	0.67
木材加工及木、竹、藤、棕、草制品业	Processing of Timbers, Manufacture of Wood, Bamboo, Rattan, Palm, and Straw Products	8	0.11
家具制造业	Manufacture of Furniture	2	0.02
造纸及纸制品业	Manufacture of Paper and Paper Products	16	1.15
印刷和记录媒介的复制业	Printing,Reproduction of Recording Media	19	0.38
文教、工美、体育和娱乐用品制造业	Manufacture of Cultural and educational supplies, industrial, sporting and entertainment	8	0.65
石油加工、炼焦及核燃料加工业	Processing of Petroleum ,Coking, Processing of Nucleus Fuel	10	0.97
化学原料及化学制品制造业	Manufacture of Chemical Raw Material and Chemical Products	95	6.15
医药制造业	Manufacture of Medicines	23	2.42
化学纤维制造业	Manufacture of Chemical Fiber	2	0.99
橡胶和塑料制品业	Manufacture of Rubber and Plastic	29	1.79
非金属矿物制品业	Manufacture of Non-metallic Mineral Products	146	4.95
黑色金属冶炼及压延加工业	Manufacture and Processing of Ferrous Metals	16	4.29
有色金属冶炼及压延加工业	Manufacture and Processing of Non-ferrous Metals	51	6.67
金属制品业	Manufacture of Metal Products	35	0.76
通用设备制造业	Manufacture of General Purpose Machinery	62	3.59
专用设备制造业	Manufacture of Special Purpose Machinery	75	7.08
汽车制造业	Manufacture of Automobile	29	3.29
铁路、船舶、航空航天和其他运输设备制造业	Manufacture of Railway, shipbuilding, aerospace, and other transportation equipment	14	1.98
电气机械及器材制造业	Manufacture of Electrical Machinery and Equipment	63	3.99
计算机、通信和其他电子设备制造业	Manufacture of Computer Communication Equipment , and Other Electronic Equipment	13	0.62
仪器仪表制造业	Manufacture of Measuring Instrument	15	0.68
其他制造业	Manufacture of others	6	1.29
废弃资源综合利用业	Comprehensive utilization of waste materials	1	0.03
金属制品、机械和设备修理业	Repairing of Metal products, machinery and equipment	2	0.45
电力、热力的生产和供应业	Production and Supply of Electric Power and Heat Power	202	18.10
燃气生产和供应业	Production and Distribution of Gas	11	0.36
水的生产和供应业	Production and Distribution of Water	32	1.65

Main Indicators on Economic Benefit of Public-owned Industrial Enterprises above Designated Size (2015)

(100 million yuan)

增加值指数(%) Indices (%)	资产总计 Total Assets	流动资产合计 Balance of Working Capitals	负债合计 Total Liabilities	主营业务收入 Revenue from Principal Business	主营业务成本 Cost of Pricipal Business	利润总额 Total Profits	利税总额 Total Pre-tax Profits	本年应缴增值税 Value Added Tax Payable
98.6	**15654.72**	**6252.55**	**10231.96**	**12820.84**	**11288.88**	**260.77**	**954.00**	**341.96**
101.1	1979.00	1039.70	980.39	2012.97	1510.36	153.37	448.68	75.51
97.8	13675.72	5212.85	9251.57	10807.87	9778.52	107.40	505.32	266.46
97.8	11390.62	4618.03	7565.94	8806.90	7791.47	28.04	610.27	252.55
98.5	2988.25	1100.32	1974.01	2449.22	2139.36	107.43	190.82	69.66
104.3	1175.49	493.75	617.63	1509.31	1310.63	122.20	148.93	19.10
75.4	100.37	40.44	74.38	55.41	47.41	3.10	3.99	0.66
96.2	2950.02	995.48	2065.94	1709.16	1616.16	-84.61	-11.93	55.55
78.5	340.87	66.13	192.64	133.87	139.74	-88.80	-61.26	10.81
102.6	26.22	8.22	13.54	20.11	15.08	3.46	4.67	0.91
109.1	526.38	228.53	176.52	997.89	854.80	104.69	113.09	3.61
75.8	35.31	9.67	14.63	39.70	31.25	4.94	6.63	1.00
84.7	160.51	90.69	108.51	106.75	96.78	0.19	5.14	3.83
98.8	154.53	63.73	79.14	264.98	247.97	10.27	10.62	-0.01
120.2	156.32	72.44	64.30	255.13	208.26	31.42	35.55	3.24
87.1	283.22	141.06	199.72	166.34	152.08	-3.98	0.23	2.11
99.9	441.58	326.40	143.97	467.93	146.52	71.60	338.29	53.51
109.3	208.99	110.33	141.27	186.64	172.32	5.56	7.00	1.07
127.0	12.66	6.45	5.30	19.17	15.92	0.91	1.60	0.55
84.3	42.14	21.42	18.69	61.44	55.91	3.83	5.05	0.99
98.3	8.26	3.01	7.30	9.94	8.48	0.77	0.61	-0.16
124.4	0.43	0.35	0.29	1.71	1.52	0.08	0.11	0.02
98.5	166.56	74.01	102.61	151.02	137.65	3.82	8.57	4.38
100.5	22.82	13.57	5.95	20.67	16.64	1.82	3.22	1.16
58.7	8.04	4.59	3.72	20.27	18.06	1.13	1.42	0.21
74.7	197.90	87.48	190.95	295.29	230.49	-16.38	52.16	11.08
103.4	1054.18	321.46	832.94	774.45	709.05	9.80	23.57	11.49
116.3	126.95	51.58	45.95	212.33	181.91	15.88	21.21	4.39
109.4	62.83	21.13	26.05	30.77	25.93	2.77	3.27	0.34
80.1	136.37	65.34	63.06	148.83	120.93	11.95	15.39	1.77
100.4	589.26	234.04	316.67	463.71	405.16	23.45	37.70	11.72
104.8	634.95	291.65	471.73	490.30	463.95	-11.69	-1.08	9.22
103.6	1552.21	767.62	1187.80	1410.61	1343.50	-13.54	13.13	21.55
105.4	44.76	28.33	24.66	87.18	80.29	2.06	3.44	1.11
98.0	365.71	199.84	224.53	288.55	256.48	1.90	8.10	5.21
107.1	855.39	549.16	479.99	593.34	515.67	20.04	32.60	9.64
106.2	303.83	171.50	204.64	324.34	282.35	6.64	15.16	5.40
243.5	151.73	107.67	75.85	91.82	68.57	9.20	10.72	1.20
100.7	637.16	443.78	378.68	379.04	306.45	32.35	45.89	11.80
107.9	46.50	33.72	21.83	37.99	29.15	4.03	5.06	0.84
98.9	58.71	46.65	29.49	40.03	31.30	3.25	4.36	0.94
95.7	88.63	50.21	34.61	54.08	44.36	3.53	3.83	0.18
96.2	3.62	2.79	2.44	2.65	1.46	0.38	0.52	0.13
59.4	26.33	17.63	19.61	26.43	24.09	0.03	0.29	0.21
95.7	3005.83	462.13	2155.81	2368.78	2176.59	85.86	185.94	89.47
105.0	33.97	12.44	21.15	34.29	28.24	2.43	2.88	0.27
106.8	133.05	50.30	79.47	33.29	27.78	-0.25	1.24	1.25

14−5 分行业规模以上私营工业企业主要指标(2015年)

单位：亿元

行 业	Sector	单位数（个） Number of Enterprises (unit)	平均从业人员（万人） Number of Employed Persons (10 000 persons)
总 计	**Total**	**10661**	**233.82**
按轻重工业分	**Grouped by Light & Heavy Industry**		
轻工业	Enterprises of Light Industry	4210	101.72
重工业	Heavy Industry	6451	132.10
按企业规模分	**Grouped by Size of Enterprises**		
大型企业	Large Enterprises	175	37.57
中型企业	Medium-sized Enterprises	2107	102.55
小型企业	Small Enterprises	7810	93.02
微型企业	Micro-enterprises	569	0.69
按行业分	**By Sector**		
煤炭开采和洗选业	Mining and Washing of Coal	110	2.54
石油和天然气开采业	Extraction of Petroleum and Natural Gas	1	0.01
黑色金属矿采选业	Mining of Ferrous Metal Ores	70	0.76
有色金属矿采选业	Mining of Non-ferrous Metal Ores	139	2.75
非金属矿采选业	Mining and Processing of Nonmetal Ores	206	2.65
开采辅助活动	Mining Auxiliary		
其他采矿业	Mining of Other Ores n.e.c		
农副食品加工业	Processing of Food from Agricultural Products	1164	20.76
食品制造业	Manufacture of Foods	427	9.83
酒、饮料和精制茶制造业	Manufacture of Wine, drinks and refined tea	238	4.40
烟草制品业	Manufacture of Tobacco		
纺织业	Manufacture of Textile	468	15.17
纺织服装服饰业	Manufacture of Textile Wearing,Apparel	237	7.70
皮革、毛皮、羽毛及其制品和制鞋业	Manufacture of Leather, Fur, Featherand Its Products,Shoemaking	241	6.59
木材加工及木、竹、藤、棕、草制品业	Processing of Timbers, Manufacture of Wood, Bamboo, Rattan, Palm, and Straw Products	348	7.15
家具制造业	Manufacture of Furniture	202	4.45
造纸及纸制品业	Manufacture of Paper and Paper Products	154	4.37
印刷和记录媒介的复制业	Printing,Reproduction of Recording Media	138	3.22
文教、工美、体育和娱乐用品制造业	Manufacture of Cultural and educational supplies, industrial, sporting and entertainment	219	4.67
石油加工、炼焦及核燃料加工业	Processing of Petroleum ,Coking, Processing of Nucleus Fuel	30	1.51
化学原料及化学制品制造业	Manufacture of Chemical Raw Material and Chemical Products	584	11.91
医药制造业	Manufacture of Medicines	177	5.70
化学纤维制造业	Manufacture of Chemical Fiber	16	0.33
橡胶和塑料制品业	Manufacture of Rubber and Plastic	362	6.88
非金属矿物制品业	Manufacture of Non-metallic Mineral Products	1995	36.16
黑色金属冶炼及压延加工业	Manufacture and Processing of Ferrous Metals	332	8.33
有色金属冶炼及压延加工业	Manufacture and Processing of Non-ferrous Metals	227	6.57
金属制品业	Manufacture of Metal Products	470	8.82
通用设备制造业	Manufacture of General Purpose Machinery	566	11.15
专用设备制造业	Manufacture of Special Purpose Machinery	541	11.49
汽车制造业	Manufacture of Automobile	277	7.09
铁路、船舶、航空航天和其他运输设备制造业	Manufacture of Railway, shipbuilding, aerospace, and other transportation equipment	138	5.10
电气机械及器材制造业	Manufacture of Electrical Machinery and Equipment	333	8.49
计算机、通信和其他电子设备制造业	Manufacture of Computer Communication Equipment , and Other Electronic Equipment	100	4.04
仪器仪表制造业	Manufacture of Measuring Instrument	77	2.02
其他制造业	Manufacture of others	23	0.50
废弃资源综合利用业	Comprehensive utilization of waste materials	17	0.21
金属制品、机械和设备修理业	Repairing of Metal products, machinery and equipment	1	0.01
电力、热力的生产和供应业	Production and Supply of Electric Power and Heat Power	14	0.26
燃气生产和供应业	Production and Distribution of Gas	7	0.04
水的生产和供应业	Production and Distribution of Water	12	0.19

Main Indicators on Economic Benefit of Private Industrial Enterprises above Designated Size (2015)

(100 million yuan)

增加值指数(%) Indices (%)	资产总计 Total Assets	流动资产合计 Balance of Working Capitals	负债合计 Total Liabilities	主营业务收入 Revenue from Principal Business	主营业务成本 Cost of Pricipal Business	利润总额 Total Profits	利税总额 Total Pre-tax Profits	本年应缴增值税 Value Added Tax Payable
108.5	**15395.76**	**6226.38**	**4429.88**	**26255.56**	**22687.72**	**2217.97**	**2915.72**	**526.48**
106.5	5718.80	2242.30	1459.11	9724.37	8335.17	877.50	1123.62	185.21
109.7	9676.96	3984.08	2970.77	16531.18	14352.54	1340.47	1792.10	341.27
113.7	2515.72	933.15	866.65	3935.37	3471.41	274.83	354.25	59.05
108.5	5650.41	2269.87	1606.97	10575.09	9174.24	894.86	1176.43	219.41
108.2	6611.71	2773.45	1772.01	11370.67	9725.97	1010.53	1336.03	239.96
26.5	617.93	249.91	184.26	374.43	316.10	37.75	49.02	8.07
98.5	180.86	91.62	72.01	265.14	224.13	23.04	37.78	11.08
	0.12	0.05	0.05	0.31	0.26	0.04	0.05	0.01
123.8	92.03	38.83	32.63	98.04	85.38	6.65	9.90	1.93
104.9	278.87	130.77	85.96	487.12	422.26	44.89	51.66	4.56
95.3	205.58	88.20	51.08	333.14	280.98	34.37	45.99	9.14
134.7								
105.7	1434.86	562.84	382.51	2589.80	2262.78	216.92	270.66	38.38
111.6	463.66	182.41	113.80	855.65	731.82	79.16	100.64	16.96
107.8	325.32	126.26	77.71	508.16	428.69	49.37	64.15	9.73
104.8	709.71	283.21	210.39	1203.62	1048.52	104.93	136.22	23.11
109.2	350.67	125.97	102.19	446.93	380.52	38.54	51.66	9.76
99.6	320.28	124.73	58.97	511.78	435.55	51.83	70.74	15.35
101.9	302.70	113.40	61.76	532.22	453.14	49.89	63.96	9.80
105.3	219.49	68.34	28.90	375.24	305.74	39.32	49.95	7.53
96.2	254.95	97.96	65.80	404.73	348.30	35.63	47.10	9.60
103.9	151.24	61.88	50.72	227.18	189.34	20.82	27.50	5.03
112.8	219.03	101.55	59.84	385.34	328.59	34.95	46.43	9.24
113.2	185.53	86.31	82.04	444.97	385.96	36.50	44.64	3.77
111.4	1232.41	420.47	422.78	1585.25	1370.01	132.64	169.29	27.15
113.5	410.26	158.26	137.08	586.38	479.11	52.15	69.17	13.34
95.2	16.13	6.88	1.97	30.56	25.74	2.77	3.75	0.74
110.8	461.84	172.46	100.83	826.98	707.65	78.15	98.30	15.03
107.5	2419.79	1015.90	704.57	4302.10	3695.18	387.05	523.28	106.87
107.2	851.80	296.67	263.45	1436.65	1273.53	89.67	127.20	25.32
114.6	782.22	363.71	302.84	1390.54	1259.66	80.27	104.10	18.58
113.1	625.03	243.98	165.29	979.23	842.51	77.63	102.14	18.12
114.2	634.50	301.13	175.20	1289.55	1115.09	106.29	142.67	27.49
113.6	660.50	289.07	175.05	1206.62	1040.64	101.18	138.83	29.42
111.3	400.77	157.50	114.83	750.31	655.81	59.46	82.63	18.80
111.6	344.11	136.89	56.28	557.34	485.22	53.87	62.58	7.39
115.7	536.53	251.46	161.77	1164.29	1012.25	92.31	122.40	23.05
116.3	147.80	55.25	48.92	232.52	200.34	19.03	24.45	4.23
108.2	90.33	42.87	26.80	150.15	130.05	11.31	15.29	3.37
173.4	19.37	9.33	4.59	40.83	34.61	2.79	4.39	1.32
89.4	16.01	7.02	4.87	28.60	24.23	3.20	4.32	0.91
121.0	0.84	0.67	0.27	0.55	0.37	0.04	0.06	0.02
270.4	38.92	8.11	21.06	13.81	11.92	0.55	0.76	0.13
98.6	7.54	3.42	3.99	5.13	4.05	0.13	0.26	0.08
84.7	4.16	0.95	1.07	8.81	7.79	0.65	0.82	0.13

14-6 规模以上高成长性制造业、传统支柱产业和六大高载能行业主要指标(2015年)

Main indicators of High-growth industries, Traditional pillar Industrial Exterprises and Six Carrying energy Industrial Enterprises above Designated Size (2015)

行 业	Sector	单位数 (个) Number of Enterprises (unit)	增加值占规模以上工业比重(%) Proportion in Value-Added of Industry (%)	增加值指数(上年=100) Indices of Value-Added of Industry (Preceding =100)
高成长性制造业	**High-growth industries**	**10922**	**47.5**	**111.4**
电子信息产业	Electronic information industry	318	4.3	123.2
装备制造业	Equipment manufacturing industry	4012	16.0	113.1
汽车及零部件产业	Automobile and parts industry	679	3.8	113.5
食品产业	Food industry	3403	15.8	107.2
现代家居产业	Modern furniture industry	1418	4.0	108.6
服装服饰	Clothing accessories	1092	3.6	110.6
传统支柱产业	**Traditional pillar industries**	**9545**	**45.3**	**105.9**
冶金工业	Metallurgical industry	1103	8.0	109.7
建材工业	Building materials industry	3544	12.9	108.5
化学工业	Chemical industry	1529	6.6	108.5
轻纺工业	Textile industry	2747	10.2	106.6
能源工业	Energy industry	622	7.7	96.4
六大高载能行业	**Six Carrying energy Industrial**	**6597**	**33.2**	**106.5**
煤炭开采和洗选业	Mining and Washing of Coal	294	3.4	96.5
化学原料及化学制品制造业	Manufacture of Chemical Raw Material and Chemical Products	1280	4.9	110.4
非金属矿物制品业	Manufacture of Non-metallic Mineral Products	3658	13.4	108.6
黑色金属冶炼及压延加工业	Manufacture and Processing of Ferrous Metals	585	4.5	108.5
有色金属冶炼及压延加工业	Manufacture and Processing of Non-ferrous Metals	518	3.5	111.9
电力、热力的生产和供应业	Production and Supply of Electric Power and Heat Power	262	3.5	98.1
高技术产业	**High Technology Industrial**	**1008**	**8.8**	**120.0**
医药制造业	Manufacture of Medicines	433	2.9	116.1
航空、航天器及设备制造业	Manufacture of Aviation, spacecraft, and equipment	5	0.0	322.5
电子及通信设备制造业	Manufacture of Electronic and communication equipment	293	4.5	123.7
计算机及办公设备制造业	Manufacture of Computer and office equipment	32	0.2	102.9
医疗仪器设备及仪器仪表制造业	Manufacture of Medical equipment and instruments	225	1.0	113.8
信息化学品制造业	Manufacture of Information chemicals	20	0.2	131.4

注：本表按照定报数据整理。
a) Data in this table is calculated on Reports on a regular basis.

14-7 规模以上能源原材料工业增加值结构
Struction of Energy raw material industrial

行业	sector	2008	2010	2011	2012	2013	2014	2015
能源原材料工业占规模以上工业增加值比重(%)	**Proportion in Value-added of Industry Enterprises Above Designated Size(%)**	**55.1**	**51.5**	**50.2**	**50.3**	**47.0**	**44.2**	**39.1**
煤炭开采和洗选业	Mining and Washing of Coal	9.2	9.9	9.6	8.0	6.4	5.3	3.4
石油和天然气开采业	Extraction of Petroleum and Natural Gas	2.3	1.1	1.4	1.0	0.8	0.7	0.4
黑色金属矿采选业	Mining of Ferrous Metal Ores	0.5	0.6	0.5	0.5	0.4	0.4	0.3
有色金属矿采选业	Mining of Non-ferrous Metal Ores	3.2	3.4	3.2	3.3	2.9	2.4	2.1
非金属矿采选业	Mining and Processing of Nonmetal Ores	1.1	0.9	0.9	0.9	0.9	0.8	0.8
石油加工、炼焦和核燃料加工业	Processing of Petroleum ,Coking, Processing of Nucleus Fuel	2.4	2.8	2.2	1.9	1.6	1.3	1.08
化学原料和化学制品制造业	Manufacture of Chemical Raw Material and Chemical Products	5.1	5.1	5.0	5.1	4.9	4.9	4.9
橡胶和塑料制品业	Manufacture of Rubber and Plastic	2.1	2.4	2.1	2.3	2.5	2.6	0.6
非金属矿物制品业	Manufacture of Non-metallic Mineral Products	10.6	12.7	12.4	12.9	12.9	13.1	13.4
黑色金属冶炼和压延加工业	Manufacture and Processing of Ferrous Metals	7.0	5.1	4.4	5.5	5.5	5.1	4.5
有色金属冶炼和压延加工业	Manufacture and Processing of Non-ferrous Metals	6.4	5.4	5.5	4.5	4.0	3.5	3.5
废弃资源综合利用业	Comprehensive utilization of waste materials	0.1	0.1	0.2	0.2	0.2	0.2	0.2
电力、热力生产和供应业	Production and Supply of Electric Power and Heat Power	6.1	3.0	3.9	3.9	3.6	3.4	3.5
燃气生产和供应业	Production and Distribution of Gas	0.2	0.3	0.3	0.3	0.3	0.3	0.3
水的生产和供应业	Production and Distribution of Water	0.1	0.1	0.1	0.1	0.1	0.1	0.2

注：本表按照定报数据整理。
a) Data in this table is calculated on Reports on a regular basis.

14-8 各市规模以上工业企业主要财务指标

单位：亿元

年份 year 市(县) City(County)	单位数(个) Number of Enterprises (unit)	平均从业人员(万人) Average Number of Employed Persons (10 000 persons)	资产总计 Total Assets	流动资产合计 Balance of Working Capitals
1998	10450	380.58	4813.59	
1999	9922	358.02	5090.87	
2000	9930	343.13	5234.71	
2001	9720	335.73	5633.03	
2002	9671	322.47	5987.80	
2003	9091	317.32	6575.13	
2004	9782	326.92	8142.33	
2005	10867	355.70	9158.03	
2006	11895	361.94	11026.18	
2007	13518	382.43	13788.00	
2008	15795	401.53	16421.08	
2009	18592	449.14	19668.61	7769.93
2010	19574	479.27	23467.42	9798.26
2011	18338	546.84	29049.22	12411.51
2012	19245	584.05	35174.81	15830.84
2013	20583	632.57	43431.82	20131.51
2014	21756	678.88	50540.15	22668.15
2015	22892	703.26	55710.97	25075.84
省辖市 City				
郑州市 Zhengzhou	2820	107.47	11296.73	6520.41
开封市 Kaifeng	1322	39.91	2133.38	779.72
洛阳市 Luoyang	1858	56.13	5764.50	2634.49
平顶山市 Pingdingshan	862	36.30	3026.79	1413.02
安阳市 Anyang	1104	29.33	2415.14	991.85
鹤壁市 Hebi	568	19.69	1516.60	439.22
新乡市 Xinxiang	1226	39.74	2918.47	1318.82
焦作市 Jiaozuo	1213	47.05	3113.81	1216.43
濮阳市 Puyang	1006	24.24	1993.34	794.93
许昌市 Xuchang	1632	44.74	4003.88	1821.98
漯河市 Luohe	700	25.55	1535.95	662.75
三门峡市 Sanmenxia	646	22.34	2782.98	1255.14
南阳市 Nanyang	2262	49.04	3752.94	1745.13
商丘市 Shangqiu	1284	41.12	2083.43	874.85
信阳市 Xinyang	1286	36.08	1531.65	496.79
周口市 Zhoukou	1277	38.49	2584.25	1003.61
驻马店市 Zhumadian	1594	34.23	2098.68	654.49
济源市 Jiyuan	240	10.06	1158.45	452.20
省直管县 Province Administrating County				
巩义市 Gongyi	477	10.43	1152.16	490.07
兰考县 Lankao	253	6.32	361.92	124.52
汝州市 Ruzhou	161	4.06	668.26	398.52
滑县 Huaxian	207	2.86	181.46	71.22
长垣县 Changyuan	152	4.26	364.29	217.98
邓州市 Dengzhou	161	3.66	269.62	136.12
永城市 Yongcheng	165	6.95	777.59	376.33
固始县 Gushi	198	4.15	101.65	39.97
鹿邑县 Luyi	117	3.62	248.33	128.89
新蔡县 Xincai	156	2.61	85.45	33.60

Main Indicators on Economic Benefit of Industrial Enterprises above Designated Size by City

(100 million yuan)

负债合计 Total Liabilities	主营业务收入 Revenue from Principal Business	主营业务成本 Cost of Pricipal Business	利润总额 Total Profits	利税总额 Total Pre-tax Profits	本年应缴增值税 Value Added Tax Payable	增加值指数(上年=100) Indices of Value-Added (Preceding =100)
3237.58	2774.43	2278.26	71.21	251.73	117.88	107.2
3357.14	2889.61	2391.14	79.58	269.43	128.23	107.5
3477.34	3297.78	2708.84	139.97	343.68	140.02	111.6
3699.60	3642.32	3015.28	141.62	363.93	150.68	109.8
3825.08	4159.57	3438.38	183.85	440.01	174.14	114.2
4227.07	5284.81	4399.48	255.91	558.98	208.00	119.9
5087.83	7283.63	6078.52	403.65	794.78	283.02	123.6
5639.20	10114.21	8441.39	643.39	1205.65	402.71	123.3
6644.10	13809.07	11463.04	1141.80	1907.06	565.18	123.4
7970.01	18936.82	15478.08	1941.51	3023.05	812.31	124.2
9497.17	25292.02	21251.31	2179.10	3458.82	926.72	119.8
11103.26	28246.65	23765.05	2444.18	3835.99	976.99	114.6
12960.96	36163.12	30316.67	3302.22	4928.53	1147.72	119.0
15651.99	47647.21	40301.82	4131.59	6124.18	1397.73	119.6
18087.58	52276.38	44546.45	4016.39	6107.52	1452.56	114.6
21050.58	59975.16	51549.68	4543.07	6800.54	1594.74	111.8
23717.27	68037.47	58959.69	4946.19	7365.94	1711.05	111.2
26189.58	73365.96	63992.81	4900.60	7104.94	1498.46	108.6
6257.41	13587.52	11773.73	1044.25	1538.53	353.03	110.2
634.07	2701.16	2344.03	232.76	312.28	59.74	110.3
3158.13	6723.45	6010.89	218.47	410.19	98.73	109.7
1795.15	2342.48	2025.53	136.96	230.09	75.59	106.1
1353.30	3633.50	3242.01	178.52	309.69	82.30	106.1
667.51	1993.76	1746.62	102.33	146.36	32.94	107.5
1501.75	4157.07	3741.88	231.22	308.64	60.29	105.8
1281.42	5138.78	4541.47	340.64	475.33	100.37	110.1
674.13	3402.43	2933.45	238.77	337.39	61.40	109.3
1448.26	5395.16	4557.54	444.02	710.88	160.22	109.1
493.06	2899.01	2458.23	306.53	376.29	43.01	110.1
1532.97	3507.44	3137.28	217.82	278.54	46.10	101.8
1763.20	4176.08	3630.85	201.51	334.68	89.65	109.8
1000.50	3076.57	2771.22	142.43	209.11	48.38	109.3
595.69	2442.20	2092.87	157.73	216.47	39.02	110.1
729.61	4033.58	3322.22	441.97	532.01	63.05	110.7
671.47	2758.53	2408.77	188.52	266.24	53.39	109.2
631.93	1397.24	1254.24	76.15	112.21	31.24	106.2
585.24	1859.64	1648.53	89.92	144.80	47.17	108.0
48.34	381.09	329.60	37.81	51.40	9.81	111.3
486.60	291.16	258.98	13.01	26.03	11.91	109.8
59.68	309.33	261.55	26.87	31.60	1.28	111.6
178.99	519.58	448.05	52.12	62.51	9.29	111.7
131.32	398.48	355.56	17.07	23.64	4.05	111.1
445.38	864.64	804.99	15.91	35.49	13.63	109.2
10.14	262.73	228.50	17.78	20.47	1.62	111.6
116.17	484.90	331.08	53.43	58.29	3.74	110.3
17.64	182.37	150.49	13.70	16.56	1.74	109.8

14-9 各市规模以上国有控股工业企业主要财务指标(2015年)

单位：亿元

市(县)	City(County)	平均从业人员(万人) Number of Employed Persons (10 000 persons)	资产总计 Total Assets	流动资产合计 Balance of Working Capitals	负债合计 Total Liabilities
全省	**Total**	**122.86**	**14227.92**	**5548.33**	**9725.27**
省辖市	**City**				
郑州市	Zhengzhou	12.63	1903.89	850.77	1251.62
开封市	Kaifeng	2.10	293.30	105.54	234.29
洛阳市	Luoyang	17.91	2653.13	1116.83	1765.78
平顶山市	Pingdingshan	21.12	1478.89	617.43	1056.13
安阳市	Anyang	5.49	809.32	306.67	618.19
鹤壁市	Hebi	4.00	365.40	75.22	285.86
新乡市	Xinxiang	5.59	661.22	221.86	411.66
焦作市	Jiaozuo	7.31	652.91	188.66	415.51
濮阳市	Puyang	8.19	597.66	190.86	428.05
许昌市	Xuchang	4.87	776.06	424.83	479.90
漯河市	Luohe	1.18	177.03	71.88	107.17
三门峡市	Sanmenxia	9.50	1194.89	435.26	926.78
南阳市	Nanyang	7.91	877.70	347.43	530.99
商丘市	Shangqiu	5.43	784.88	325.78	547.11
信阳市	Xinyang	2.81	185.29	51.14	131.66
周口市	Zhoukou	1.09	60.01	10.47	46.59
驻马店市	Zhumadian	2.48	278.53	77.54	209.55
济源市	Jiyuan	1.49	477.81	130.17	278.41
省直管县	**Province Administrating County**				
巩义市	Gongyi	0.89	42.85	9.31	37.54
兰考县	Lankao	0.06	3.41	1.76	1.44
汝州市	Ruzhou	1.77	129.28	53.38	118.85
滑县	Huaxian	0.09	2.33	0.56	1.42
长垣县	Changyuan	0.06	1.20	0.35	0.90
邓州市	Dengzhou	0.25	14.11	2.74	7.61
永城市	Yongcheng	4.14	615.65	296.41	398.37
固始县	Gushi	0.14	2.00	0.49	1.26
鹿邑县	Luyi	0.10	3.49	0.68	1.94
新蔡县	Xincai	0.18	2.66	0.72	0.90

Main Indicators on Economic Benefit of State-holding Industrial Enterprises above Designated Size by City (2015)

(100 million yuan)

主营业务收入 Revenue from Principal Business	主营业务成本 Cost of Pricipal Business	利润总额 Total Profits	利税总额 Total Pre-tax Profits	本年应缴增值税 Value Added Tax Payable	增加值指数（上年=100） Indices of Value-Added (Preceding=100)
10300.43	**9127.53**	**18.21**	**669.79**	**312.16**	**97.9**
1293.10	1093.33	23.14	159.13	52.32	100.1
200.16	180.75	2.10	6.62	4.10	103.3
1909.27	1689.03	-8.25	107.02	43.00	98.2
830.16	730.00	2.40	35.25	25.85	106.2
681.83	597.60	3.87	59.93	21.22	98.2
304.47	296.19	-8.89	-2.33	5.32	91.4
427.16	367.17	20.79	35.71	12.71	103.2
548.37	500.78	7.77	25.85	14.33	97.3
417.01	393.18	-65.83	-32.27	17.25	88.1
447.55	325.69	28.17	110.43	25.97	102.0
156.32	121.64	12.10	33.87	6.73	100.1
1071.38	1033.97	-21.99	0.28	18.69	90.9
599.78	520.75	-15.70	31.02	20.17	89.7
566.95	524.40	3.16	23.32	17.17	98.2
201.92	189.38	6.05	11.09	4.11	102.4
79.99	75.43	1.26	3.82	2.30	104.5
228.57	190.25	10.09	29.83	9.30	103.0
336.45	297.98	17.96	31.22	11.65	100.8
22.46	22.66	-7.63	-6.42	1.01	99.3
6.65	6.18	0.25	0.30	0.03	110.9
56.97	51.55	-3.42	-1.26	1.74	121.9
7.52	7.14	0.18	0.35	0.14	103.9
5.67	5.59	0.11	0.31	0.19	100.7
12.53	10.96	0.46	1.21	0.67	87.3
398.31	370.09	-0.69	13.33	11.57	96.9
4.89	4.96	-0.05	0.17	0.20	105.7
3.90	3.86	0.06	0.67	0.60	95.3
10.60	9.50	0.55	0.73	0.13	272.6

14-10 各市规模以上公有制工业企业主要财务指标(2015年)

单位：亿元

市(县)	City(County)	平均从业人员(万人) Number of Employed Persons (10 000 persons)	资产总计 Total Assets	流动资产合计 Balance of Working Capitals	负债合计 Total Liabilities
全省	**Total**	**142.04**	**15654.72**	**6252.55**	**10231.96**
省辖市	**City**				
郑州市	Zhengzhou	14.58	2092.25	948.25	1343.22
开封市	Kaifeng	2.92	335.60	130.96	250.93
洛阳市	Luoyang	18.66	2704.01	1147.38	1795.01
平顶山市	Pingdingshan	21.81	1504.54	634.61	1073.65
安阳市	Anyang	5.73	821.44	316.49	623.83
鹤壁市	Hebi	4.91	421.79	106.88	312.14
新乡市	Xinxiang	8.04	772.03	271.24	447.18
焦作市	Jiaozuo	8.87	729.17	228.67	452.08
濮阳市	Puyang	8.81	671.71	224.39	439.75
许昌市	Xuchang	5.46	823.29	448.81	497.70
漯河市	Luohe	2.24	286.70	127.63	148.18
三门峡市	Sanmenxia	12.31	1551.82	609.45	977.49
南阳市	Nanyang	8.73	980.79	394.71	583.90
商丘市	Shangqiu	6.23	809.87	336.58	561.10
信阳市	Xinyang	3.80	214.24	57.73	146.47
周口市	Zhoukou	1.58	114.76	31.76	64.21
驻马店市	Zhumadian	3.42	299.57	88.02	215.84
济源市	Jiyuan	2.20	521.15	148.99	299.28
省直管县	**Province Administrating County**				
巩义市	Gongyi	1.20	65.45	18.07	52.01
兰考县	Lankao	0.13	5.29	2.07	2.29
汝州市	Ruzhou	1.77	129.28	53.38	118.85
滑县	Huaxian	0.11	4.00	1.64	2.27
长垣县	Changyuan	0.08	2.49	1.20	1.24
邓州市	Dengzhou	0.29	15.45	3.41	8.51
永城市	Yongcheng	4.20	616.85	297.00	399.59
固始县	Gushi	0.18	2.45	0.71	1.30
鹿邑县	Luyi	0.11	3.60	0.74	1.95
新蔡县	Xincai	0.21	3.99	1.33	1.03

Main Indicators on Economic Benefit of Public-owned Industrial Enterprises above Designated Size by City (2015)

(100 million yuan)

主营业务收入 Revenue from Principal Business	主营业务成本 Cost of Pricipal Business	利润总额 Total Profits	利税总额 Total Pre-tax Profits	本年应缴增值税 Value Added Tax Payable	增加值指数(上年=100) Indices of Value-Added (Preceding=100)
12820.84	**11288.88**	**260.77**	**954.00**	**341.96**	**98.6**
1507.81	1275.08	44.82	188.03	58.64	101.2
264.10	238.69	6.20	11.90	5.05	103.1
2026.65	1799.52	-6.35	110.68	44.48	98.2
852.33	749.98	3.21	36.75	26.41	104.9
700.73	611.75	7.30	64.17	21.93	98.7
421.66	395.75	-0.81	8.57	7.42	97.7
729.20	650.34	35.14	53.04	14.66	105.1
669.93	603.39	15.65	37.74	17.39	98.1
562.55	514.28	-48.36	-12.64	18.72	91.9
494.71	365.25	32.81	117.30	27.70	100.8
345.63	274.42	40.74	65.18	8.85	99.5
1939.46	1766.27	83.52	109.87	19.34	98.5
656.01	562.83	-7.05	43.39	23.14	90.1
612.83	565.80	5.13	26.20	17.92	95.9
233.99	214.43	8.99	14.59	4.36	97.3
142.52	127.54	6.74	11.10	3.35	107.2
265.45	222.26	12.48	33.00	9.94	100.7
395.29	351.30	20.63	35.14	12.68	103.6
40.54	38.95	-6.95	-5.27	1.43	99.5
10.53	10.47	0.19	0.44	0.21	82.1
56.97	51.55	-3.42	-1.26	1.74	121.9
9.73	9.10	0.33	0.52	0.16	111.8
6.88	6.57	0.26	0.48	0.20	102.4
16.95	15.17	0.51	1.30	0.70	91.6
399.74	371.31	-0.69	13.37	11.59	96.8
6.26	6.08	0.04	0.29	0.21	107.8
4.12	4.03	0.08	0.69	0.60	96.2
15.28	13.40	0.87	1.14	0.18	190.9

14-11 各市规模以上私营工业企业主要财务指标(2015年)

单位：亿元

市(县)	City(County)	平均从业人员(万人) Number of Employed Persons (10 000persons)	资产总计 Total Assets	流动资产合计 Balance of Working Capitals	负债合计 Total Liabilities
全省	**Total**	**233.82**	**15395.76**	**6226.38**	**4429.88**
省辖市	**City**				
郑州市	Zhengzhou	19.63	1754.26	903.34	586.87
开封市	Kaifeng	21.17	952.88	313.93	146.78
洛阳市	Luoyang	23.31	1649.83	747.64	584.76
平顶山市	Pingdingshan	5.95	514.05	223.20	141.39
安阳市	Anyang	9.85	672.46	283.39	255.18
鹤壁市	Hebi	5.29	513.27	124.92	110.07
新乡市	Xinxiang	13.03	792.67	361.30	341.58
焦作市	Jiaozuo	15.78	1091.75	442.37	267.29
濮阳市	Puyang	6.07	527.31	223.60	58.32
许昌市	Xuchang	19.92	1661.37	538.70	308.35
漯河市	Luohe	7.00	345.10	137.43	85.22
三门峡市	Sanmenxia	7.65	663.30	276.66	230.37
南阳市	Nanyang	16.10	1137.68	494.06	428.84
商丘市	Shangqiu	17.77	738.80	307.83	248.02
信阳市	Xinyang	19.98	779.51	251.19	268.14
周口市	Zhoukou	12.73	940.93	368.17	238.85
驻马店市	Zhumadian	11.55	550.76	168.51	73.99
济源市	Jiyuan	1.06	109.84	60.15	55.85
省直管县	**Province Administrating County**				
巩义市	Gongyi	4.08	370.00	182.25	106.69
兰考县	Lankao	3.15	167.15	59.55	17.87
汝州市	Ruzhou	0.75	63.92	32.52	33.55
滑县	Huaxian	1.37	85.52	33.18	12.44
长垣县	Changyuan	0.51	29.42	19.81	14.09
邓州市	Dengzhou	1.58	159.78	85.33	83.51
永城市	Yongcheng	2.60	148.41	73.23	40.05
固始县	Gushi	1.64	37.45	16.59	2.37
鹿邑县	Luyi	0.46	108.99	46.50	59.52
新蔡县	Xincai	1.15	40.23	15.20	7.99

Main Indicators on Economic Benefit of Private Industrial Enterprises above Designated Size by City (2015)

(100 million yuan)

主营业务收入 Revenue from Principal Business	主营业务成本 Cost of Pricipal Business	利润总额 Total Profits	利税总额 Total Pre-tax Profits	本年应缴增值税 Value Added Tax Payable	增加值指数(上年=100) Indices of Value-Added (Preceding=100)
26255.56	**22687.72**	**2217.97**	**2915.72**	**526.48**	**108.6**
3072.61	2611.95	319.90	432.39	97.38	108.1
1357.22	1154.50	145.60	191.45	35.87	108.2
2896.19	2544.42	169.76	215.69	32.30	115.1
713.41	598.28	78.97	110.88	25.45	103.2
1224.65	1079.70	88.34	121.66	25.23	104.7
714.09	608.39	60.26	79.14	14.01	107.4
1351.26	1211.24	86.10	111.81	19.56	108.5
2206.42	1926.00	185.99	246.64	45.08	107.1
1255.32	1080.35	126.72	157.13	21.77	106.4
2913.85	2476.86	266.35	372.84	70.30	110.5
614.29	519.21	67.62	77.48	6.56	108.9
1041.88	910.51	90.10	110.84	15.73	103.8
1561.06	1360.20	103.31	139.87	28.75	118.4
1441.37	1300.81	80.04	103.28	18.06	110.5
1337.31	1136.69	86.82	120.46	23.04	109.1
1342.59	1111.36	167.11	200.26	24.49	105.5
909.45	782.40	78.58	101.52	17.78	100.2
302.55	274.83	16.39	22.36	5.13	120.2
877.49	775.18	63.57	87.70	20.84	104.2
190.02	158.38	24.03	31.72	5.74	108.9
99.92	89.72	8.39	13.44	4.87	100.6
165.17	136.37	16.37	20.06	0.80	104.3
66.17	58.96	5.55	7.08	1.41	111.0
226.34	199.96	10.67	14.33	2.03	109.1
448.97	424.24	14.87	17.32	1.66	126.0
110.51	95.46	8.02	9.08	0.69	107.7
53.70	41.73	7.57	9.91	2.10	107.6
72.57	58.41	6.16	7.62	0.87	98.4

14-12 分行业规模以上工业企业主要经济效益指标(2015年)

行业	Sector	总资产贡献率(%) Ratio of Total Assets to Industrial Output Value (%)
总 计	**Total**	**13.9**
按轻重工业分	**Grouped by Light & Heavy Industry**	
轻工业	Light Industry	19.5
重工业	Heavy Industry	11.8
按企业规模分	**Grouped by Size of Enterprises**	
大型企业	Large Enterprises	9.9
中型企业	Medium-sized Enterprises	16.2
小型企业	Small Enterprises	18.1
微型企业	Micro-enterprises	7.8
按所有制分	**By Proprietorial System**	
公有制	Public-owned	7.8
非公有制	Non-Public-owned	16.3
按行业分	**Grouped by Sectors**	
煤炭开采和洗选业	Mining and Washing of Coal	4.0
石油和天然气开采业	Extraction of Petroleum and Natural Gas	-17.7
黑色金属矿采选业	Mining of Ferrous Metal Ores	13.8
有色金属矿采选业	Mining of Non-ferrous Metal Ores	19.8
非金属矿采选业	Mining and Processing of Nonmetal Ores	22.2
开采辅助活动	Mining Auxiliary	3.6
其他采矿业	Mining of Other Ores n.e.c	
农副食品加工业	Processing of Food from Agricultural Products	17.8
食品制造业	Manufacture of Foods	20.4
酒、饮料和精制茶制造业	Manufacture of Wine, drinks and refined tea	15.0
烟草制品业	Manufacture of Tobacco	76.6
纺织业	Manufacture of Textile	15.5
纺织服装服饰业	Manufacture of Textile Wearing,Apparel	16.5
皮革、毛皮、羽毛及其制品和制鞋业	Manufacture of Leather, Fur,	22.4
	Featherand Its Products,Shoemaking	19.3
木材加工及木、竹、藤、棕、草制品业	Processing of Timbers, Manufacture of Wood, Bamboo, Rattan, Palm, and Straw Products	22.5
家具制造业	Manufacture of Furniture	15.9
造纸及纸制品业	Manufacture of Paper and Paper Products	18.8
印刷和记录媒介的复制业	Printing,Reproduction of Recording Media	18.6
文教、工美、体育和娱乐用品制造业	Manufacture of Cultural and educational supplies, industrial, sporting and entertainment	21.9
石油加工、炼焦及核燃料加工业	Processing of Petroleum ,Coking, Processing of Nucleus Fuel	10.7
化学原料及化学制品制造业	Manufacture of Chemical Raw Material and Chemical Products	17.9
医药制造业	Manufacture of Medicines	10.3
化学纤维制造业	Manufacture of Chemical Fiber	18.3
橡胶和塑料制品业	Manufacture of Rubber and Plastic	18.0
非金属矿物制品业	Manufacture of Non-metallic Mineral Products	11.0
黑色金属冶炼及压延加工业	Manufacture and Processing of Ferrous Metals	6.9
有色金属冶炼及压延加工业	Manufacture and Processing of Non-ferrous Metals	15.7
金属制品业	Manufacture of Metal Products	16.2
通用设备制造业	Manufacture of General Purpose Machinery	13.8
专用设备制造业	Manufacture of Special Purpose Machinery	16.0
汽车制造业	Manufacture of Automobile	14.7
铁路、船舶、航空航天和其他运输设备制造业	Manufacture of Railway, shipbuilding, aerospace, and other transportation equipment	
电气机械及器材制造业	Manufacture of Electrical Machinery and Equipment	15.3
计算机、通信和其他电子设备制造业	Manufacture of Computer Communication Equipment , and Other Electronic Equipment	6.4
仪器仪表制造业	Manufacture of Measuring Instrument	13.7
其他制造业	Manufacture of others	10.3
废弃资源综合利用业	Comprehensive utilization of waste materials	17.7
金属制品、机械和设备修理业	Repairing of Metal products, machinery and equipment	4.1
电力、热力的生产和供应业	Production and Supply of Electric Power and Heat Power	8.8
燃气生产和供应业	Production and Distribution of Gas	8.3
水的生产和供应业	Production and Distribution of Water	4.4

Main Economic Beneficial Indicators of Industrial Enterprises above Designated Size by Sector (2015)

成本费用利润率 (%) Ratio of Profits to Industrial Cost (%)	资产负债率 (%) Assets-Liability Ratio (%)	产品销售率 (%) Proportion of Products Sold (%)	全员劳动生产率 (元/人.年) Over Labour Productivity of Industrial Enterpreses (yuan/person.year)
7.2	**47.0**	**98.2**	**229637**
9.3	33.9	98.4	214974
6.1	52.1	98.0	238516
4.4	60.4	98.3	205393
8.3	40.9	98.3	205463
9.2	33.8	97.9	294826
9.1	36.3	98.6	96220
2.0	65.4	98.2	193773
8.3	39.8	98.1	238714
-1.8	66.8	96.8	116284
-44.7	56.5	99.9	108839
9.6	38.0	97.6	344365
11.4	37.4	98.9	415197
12.3	28.1	98.2	290960
0.2	67.6	100.0	230117
8.2	32.8	98.4	252239
10.3	35.9	98.6	206183
8.7	40.8	98.3	261259
38.5	32.7	100.1	1905997
8.2	39.0	98.9	176333
8.6	29.8	98.7	132746
10.9	23.3	99.4	199845
9.6	23.1	98.3	
			190622
11.1	16.9	98.9	
8.6	39.3	98.0	209270
9.0	32.8	98.6	239919
9.0	34.9	97.5	135715
			140526
3.1	66.6	98.1	
			465434
6.3	51.2	97.6	
			249244
9.8	35.9	98.7	
8.4	42.3	98.3	232712
10.0	28.9	98.5	144945
9.3	37.5	97.8	252560
4.4	49.8	98.3	286976
2.6	65.1	98.6	343352
8.2	30.9	98.0	251588
7.8	38.3	98.3	241059
6.9	41.3	98.2	238160
7.7	46.8	98.1	226657
9.6	28.8	98.1	253977
			174411
8.0	44.4	96.5	235070
4.7	74.9	97.0	162536
9.1	35.2	96.9	202114
6.9	37.1	95.8	83352
7.6	39.3	98.5	330992
1.2	62.5	99.7	79983
4.9	71.1	99.0	280881
11.1	57.8	99.0	282087
6.1	54.3	98.4	99838

14-13　分行业规模以上国有控股工业企业主要经济效益指标(2015年)

行　　业	Sector	总资产贡献率(%) Ratio of Total Assets to Industrial Output Value (%)
总　计	**Total**	**6.5**
按轻重工业分	**Grouped by Light & Heavy Industry**	
轻工业	Light Industry	24.9
重工业	Heavy Industry	4.3
按企业规模分	**Grouped by Size of Enterprises**	
大型企业	Large Enterprises	6.6
中型企业	Medium-sized Enterprises	5.9
小型企业	Small Enterprises	6.6
微型企业	Micro-enterprises	-1.4
按行业分	**Grouped by Sectors**	
煤炭开采和洗选业	Mining and Washing of Coal	2.0
石油和天然气开采业	Extraction of Petroleum and Natural Gas	-17.9
黑色金属矿采选业	Mining of Ferrous Metal Ores	4.0
有色金属矿采选业	Mining of Non-ferrous Metal Ores	6.3
非金属矿采选业	Mining and Processing of Nonmetal Ores	17.7
开采辅助活动	Mining Auxiliary	3.6
其他采矿业	Mining of Other Ores n.e.c	
农副食品加工业	Processing of Food from Agricultural Products	2.4
食品制造业	Manufacture of Foods	11.1
酒、饮料和精制茶制造业	Manufacture of Wine, drinks and refined tea	-0.6
烟草制品业	Manufacture of Tobacco	77.8
纺织业	Manufacture of Textile	3.2
纺织服装服饰业	Manufacture of Textile Wearing,Apparel	14.7
皮革、毛皮、羽毛及其制品和制鞋业	Manufacture of Leather, Fur, Featherand Its Products,Shoemaking	12.0
木材加工及木、竹、藤、棕、草制品业	Processing of Timbers, Manufacture of Wood, Bamboo, Rattan, Palm, and Straw Products	4.7
家具制造业	Manufacture of Furniture	
造纸及纸制品业	Manufacture of Paper and Paper Products	6.9
印刷和记录媒介的复制业	Printing,Reproduction of Recording Media	11.1
文教、工美、体育和娱乐用品制造业	Manufacture of Cultural and educational supplies, industrial, sporting and entertainment	5.4
石油加工、炼焦及核燃料加工业	Processing of Petroleum ,Coking, Processing of Nucleus Fuel	29.0
化学原料及化学制品制造业	Manufacture of Chemical Raw Material and Chemical Products	2.0
医药制造业	Manufacture of Medicines	12.2
化学纤维制造业	Manufacture of Chemical Fiber	6.9
橡胶和塑料制品业	Manufacture of Rubber and Plastic	6.5
非金属矿物制品业	Manufacture of Non-metallic Mineral Products	4.5
黑色金属冶炼及压延加工业	Manufacture and Processing of Ferrous Metals	1.9
有色金属冶炼及压延加工业	Manufacture and Processing of Non-ferrous Metals	2.9
金属制品业	Manufacture of Metal Products	7.7
通用设备制造业	Manufacture of General Purpose Machinery	0.6
专用设备制造业	Manufacture of Special Purpose Machinery	3.8
汽车制造业	Manufacture of Automobile	5.5
铁路、船舶、航空航天和其他运输设备制造业	Manufacture of Railway, shipbuilding, aerospace, and other transportation equipment	8.0
电气机械及器材制造业	Manufacture of Electrical Machinery and Equipment	7.3
计算机、通信和其他电子设备制造业	Manufacture of Computer Communication Equipment , and Other Electronic Equipment	12.2
仪器仪表制造业	Manufacture of Measuring Instrument	8.4
其他制造业	Manufacture of others	4.3
废弃资源综合利用业	Comprehensive utilization of waste materials	17.1
金属制品、机械和设备修理业	Repairing of Metal products, machinery and equipment	1.6
电力、热力的生产和供应业	Production and Supply of Electric Power and Heat Power	8.3
燃气生产和供应业	Production and Distribution of Gas	8.8
水的生产和供应业	Production and Distribution of Water	1.4

Main Economic Beneficial Indicators of State-holding Industrial Enterprises above Designated Size by Sector (2015)

成本费用利润率 (%) Ratio of Profits to Industrial Cost (%)	资产负债率 (%) Assets-Liability Ratio (%)	产品销售率 (%) Proportion of Products Sold (%)	全员劳动生产率 (元/人.年) Over Labour Productivity of Industrial Enterpreses (yuan/person.year)
0.2	**68.4**	**98.3**	**177810**
8.1	53.9	98.3	385300
-0.7	70.1	98.3	151276
-0.4	67.4	98.5	185133
2.0	72.6	97.5	146973
4.0	65.3	96.7	262821
-7.4	119.5	100.0	40765
-4.8	70.4	96.8	74213
-45.2	56.6	99.9	108468
1.0	62.4	95.4	116396
2.5	67.0	99.6	255652
12.8	14.1	100.0	632450
0.2	67.6	100.0	220140
0.9	58.3	98.5	174693
4.6	48.5	99.2	151198
-7.9	79.6	96.0	248305
40.4	32.0	100.2	2098446
1.2	71.9	99.4	102314
12.3	27.7	100.5	57298
5.2	47.9	97.4	192254
4.1	104.2	100.6	169924
0.3	72.6	100.7	330104
8.4	12.7	106.1	113154
1.6	75.1	96.3	269302
-5.2	96.5	100.3	523920
-0.8	83.3	98.3	194601
7.3	49.6	98.2	191690
9.3	41.5	97.1	98886
4.6	58.3	97.2	139265
2.4	57.5	96.1	234824
-2.6	74.5	98.8	174611
-1.0	76.7	98.4	180498
1.7	60.0	98.6	250531
-3.0	65.7	97.8	88523
2.9	57.2	97.5	155651
1.7	68.2	95.2	161016
11.0	50.0	98.0	50511
9.5	59.6	94.4	216172
15.7	42.2	95.8	207646
9.1	49.9	99.5	179036
6.7	39.1	90.6	2495
23.0	67.5	64.9	881966
0.1	74.4	100.0	59528
3.6	71.7	99.1	253821
7.5	62.3	97.6	217085
-2.2	60.7	98.3	85276

14-14 分行业规模以上公有制工业企业主要经济效益指标(2015年)

行业	Sector	总资产贡献率(%) Ratio of Total Assets to Industrial Output Value (%)
总计	**Total**	**7.8**
按轻重工业分	**Grouped by Light & Heavy Industry**	
轻工业	Light Industry	23.9
重工业	Heavy Industry	5.5
按企业规模分	**Grouped by Size of Enterprises**	
大型企业	Large Enterprises	7.1
中型企业	Medium-sized Enterprises	8.1
小型企业	Small Enterprises	14.1
微型企业	Micro-enterprises	5.0
按行业分	**Grouped by Sectors**	
煤炭开采和洗选业	Mining and Washing of Coal	2.1
石油和天然气开采业	Extraction of Petroleum and Natural Gas	-17.7
黑色金属矿采选业	Mining of Ferrous Metal Ores	18.3
有色金属矿采选业	Mining of Non-ferrous Metal Ores	22.7
非金属矿采选业	Mining and Processing of Nonmetal Ores	18.9
开采辅助活动	Mining Auxiliary	3.6
其他采矿业	Mining of Other Ores n.e.c	
农副食品加工业	Processing of Food from Agricultural Products	7.8
食品制造业	Manufacture of Foods	24.6
酒、饮料和精制茶制造业	Manufacture of Wine, drinks and refined tea	2.0
烟草制品业	Manufacture of Tobacco	76.8
纺织业	Manufacture of Textile	4.9
纺织服装服饰业	Manufacture of Textile Wearing,Apparel	15.4
皮革、毛皮、羽毛及其制品和制鞋业	Manufacture of Leather, Fur, Featherand Its Products,Shoemaking	12.7
木材加工及木、竹、藤、棕、草制品业	Processing of Timbers, Manufacture of Wood, Bamboo, Rattan, Palm, and Straw Products	11.7
家具制造业	Manufacture of Furniture	29.8
造纸及纸制品业	Manufacture of Paper and Paper Products	7.7
印刷和记录媒介的复制业	Printing,Reproduction of Recording Media	14.1
文教、工美、体育和娱乐用品制造业	Manufacture of Cultural and educational supplies, industrial, sporting and entertainment	20.7
石油加工、炼焦及核燃料加工业	Processing of Petroleum ,Coking, Processing of Nucleus Fuel	28.8
化学原料及化学制品制造业	Manufacture of Chemical Raw Material and Chemical Products	3.9
医药制造业	Manufacture of Medicines	18.1
化学纤维制造业	Manufacture of Chemical Fiber	6.9
橡胶和塑料制品业	Manufacture of Rubber and Plastic	12.5
非金属矿物制品业	Manufacture of Non-metallic Mineral Products	7.5
黑色金属冶炼及压延加工业	Manufacture and Processing of Ferrous Metals	2.2
有色金属冶炼及压延加工业	Manufacture and Processing of Non-ferrous Metals	3.0
金属制品业	Manufacture of Metal Products	8.7
通用设备制造业	Manufacture of General Purpose Machinery	3.4
专用设备制造业	Manufacture of Special Purpose Machinery	4.5
汽车制造业	Manufacture of Automobile	6.1
铁路、船舶、航空航天和其他运输设备制造业	Manufacture of Railway, shipbuilding, aerospace, and other transportation equipment	8.1
电气机械及器材制造业	Manufacture of Electrical Machinery and Equipment	7.9
计算机、通信和其他电子设备制造业	Manufacture of Computer Communication Equipment , and Other Electronic Equipment	11.0
仪器仪表制造业	Manufacture of Measuring Instrument	8.2
其他制造业	Manufacture of others	4.5
废弃资源综合利用业	Comprehensive utilization of waste materials	17.1
金属制品、机械和设备修理业	Repairing of Metal products, machinery and equipment	1.6
电力、热力的生产和供应业	Production and Supply of Electric Power and Heat Power	8.3
燃气生产和供应业	Production and Distribution of Gas	8.8
水的生产和供应业	Production and Distribution of Water	1.8

Main Economic Beneficial Indicators of Public-owned Industrial Enterprises above Designated Size by Sector (2015)

成本费用利润率 (%) Ratio of Profits to Industrial Cost (%)	资产负债率 (%) Assets-Liability Ratio (%)	产品销售率 (%) Proportion of Products Sold (%)	全员劳动生产率 (元/人.年) Over Labour Productivity of Industrial Enterpreses (yuan/person.year)
2.0	**65.4**	**98.2**	**193773**
9.1	49.5	98.3	3361
1.0	67.7	98.2	1683
0.3	66.4	98.4	1899
4.3	66.1	97.7	1663
8.7	52.5	97.7	3648
4.9	74.1	99.9	411
-4.6	70.0	96.3	752
-44.8	56.5	99.9	1090
20.7	51.7	98.3	1909
11.7	33.5	99.4	4591
15.1	41.5	99.8	1382
0.2	67.6	100.0	2185
4.0	51.2	99.1	2487
13.7	41.1	97.9	1822
-2.4	70.5	97.0	2803
38.6	32.6	100.1	19220
2.7	67.6	99.1	1094
5.0	41.9	100.1	1075
6.7	44.3	98.0	2724
8.4	88.4	95.4	1628
4.9	69.0	98.3	3332
2.6	61.6	98.7	3519
9.3	26.1	103.6	2496
5.9	46.3	98.1	414
-5.2	96.5	100.2	4923
1.0	79.0	98.3	2093
8.1	36.2	97.8	2416
9.3	41.5	97.1	1242
8.7	46.2	97.9	1898
5.1	53.7	96.7	2614
-2.3	74.3	98.1	2067
-0.9	76.5	98.5	1874
2.4	55.1	97.9	2966
0.7	61.4	97.8	1197
3.4	56.1	97.3	1720
2.1	67.4	96.0	1604
11.0	50.0	98.4	560
9.1	59.4	94.5	2131
11.9	47.0	88.9	2370
8.6	50.2	99.4	1871
6.8	39.1	91.1	62
23.0	67.5	64.9	9863
0.1	74.5	100.0	557
3.6	71.7	99.1	2531
7.5	62.3	97.6	2171
-0.7	59.7	98.5	821

14-15 分行业规模以上私营工业企业主要经济效益指标(2015年)

行 业	Sector	总资产贡献率 (%) Ratio of Total Assets to Industrial Output Value (%)
总 计	**Total**	**19.8**
按轻重工业分	**Grouped by Light & Heavy Industry**	
轻工业	Light Industry	20.6
重工业	Heavy Industry	19.4
按企业规模分	**Grouped by Size of Enterprises**	
大型企业	Large Enterprises	15.0
中型企业	Medium-sized Enterprises	21.8
小型企业	Small Enterprises	21.1
微型企业	Micro-enterprises	8.3
按行业分	**Grouped by Sectors**	
煤炭开采和洗选业	Mining and Washing of Coal	21.6
石油和天然气开采业	Extraction of Petroleum and Natural Gas	44.9
黑色金属矿采选业	Mining of Ferrous Metal Ores	11.7
有色金属矿采选业	Mining of Non-ferrous Metal Ores	19.2
非金属矿采选业	Mining and Processing of Nonmetal Ores	23.2
开采辅助活动	Mining Auxiliary	
其他采矿业	Mining of Other Ores n.e.c	
农副食品加工业	Processing of Food from Agricultural Products	19.7
食品制造业	Manufacture of Foods	22.4
酒、饮料和精制茶制造业	Manufacture of Wine, drinks and refined tea	20.4
烟草制品业	Manufacture of Tobacco	
纺织业	Manufacture of Textile	20.0
纺织服装服饰业	Manufacture of Textile Wearing,Apparel	15.7
皮革、毛皮、羽毛及其制品和制鞋业	Manufacture of Leather, Fur, Featherand Its Products,Shocmaking	23.1
木材加工及木、竹、藤、棕、草制品业	Processing of Timbers, Manufacture of Wood, Bamboo, Rattan, Palm, and Straw Products	21.9
家具制造业	Manufacture of Furniture	24.0
造纸及纸制品业	Manufacture of Paper and Paper Products	19.1
印刷和记录媒介的复制业	Printing,Reproduction of Recording Media	19.5
文教、工美、体育和娱乐用品制造业	Manufacture of Cultural and educational supplies, industrial, sporting and entertainment	22.8
石油加工、炼焦及核燃料加工业	Processing of Petroleum ,Coking, Processing of Nucleus Fuel	25.8
化学原料及化学制品制造业	Manufacture of Chemical Raw Material and Chemical Products	14.7
医药制造业	Manufacture of Medicines	18.3
化学纤维制造业	Manufacture of Chemical Fiber	23.6
橡胶和塑料制品业	Manufacture of Rubber and Plastic	22.0
非金属矿物制品业	Manufacture of Non-metallic Mineral Products	22.5
黑色金属冶炼及压延加工业	Manufacture and Processing of Ferrous Metals	15.9
有色金属冶炼及压延加工业	Manufacture and Processing of Non-ferrous Metals	14.3
金属制品业	Manufacture of Metal Products	17.3
通用设备制造业	Manufacture of General Purpose Machinery	23.3
专用设备制造业	Manufacture of Special Purpose Machinery	21.8
汽车制造业	Manufacture of Automobile	21.6
铁路、船舶、航空航天和其他运输设备制造业	Manufacture of Railway, shipbuilding, aerospace, and other transportation equipment	18.5
电气机械及器材制造业	Manufacture of Electrical Machinery and Equipment	23.6
计算机、通信和其他电子设备制造业	Manufacture of Computer Communication Equipment , and Other Electronic Equipment	17.7
仪器仪表制造业	Manufacture of Measuring Instrument	17.5
其他制造业	Manufacture of others	25.3
废弃资源综合利用业	Comprehensive utilization of waste materials	27.4
金属制品、机械和设备修理业	Repairing of Metal products, machinery and equipment	6.6
电力、热力的生产和供应业	Production and Supply of Electric Power and Heat Power	3.3
燃气生产和供应业	Production and Distribution of Gas	3.6
水的生产和供应业	Production and Distribution of Water	20.1

Main Economic Beneficial Indicators of Private Industrial Enterprises above Designated Size by Sector (2015)

成本费用利润率 (%) Ratio of Profits to Industrial Cost (%)	资产负债率 (%) Assets-Liability Ratio (%)	产品销售率 (%) Proportion of Products Sold (%)	全员劳动生产率 (元/人.年) Over Labour Productivity of Industrial Enterpreses (yuan/person.year)
9.3	**28.8**	**98.3**	**256275**
10.0	25.5	98.6	218451
8.8	30.7	98.2	285401
7.5	34.5	98.9	216737
9.3	28.4	98.5	224457
9.8	26.8	98.0	308163
9.3	29.8	98.0	139217
9.7	39.8	97.4	517707
13.4	42.5	98.8	
7.4	35.5	97.2	374395
10.2	30.8	98.0	362301
11.6	24.9	98.2	339749
9.2	26.7	98.7	258475
10.2	24.5	97.8	190192
10.9	23.9	98.5	316809
9.6	29.7	98.7	183081
9.5	29.1	98.7	149665
11.4	18.4	100.0	211611
10.4	20.4	98.5	191142
11.8	13.2	98.9	243681
9.7	25.8	98.8	242595
10.2	33.5	98.4	116956
10.0	27.3	97.7	176195
9.0	44.2	96.7	482293
9.2	34.3	97.7	277263
9.8	33.4	99.2	273364
10.1	12.2	99.4	187403
10.5	21.8	98.8	279336
9.9	29.1	98.1	293653
6.4	30.9	98.3	409600
6.1	38.7	98.6	296868
8.7	26.5	97.9	242617
9.1	27.6	98.2	255281
9.2	26.5	98.4	236113
8.7	28.7	98.8	235424
10.7	16.4	98.6	219460
8.7	30.2	98.0	272054
9.0	33.1	98.3	165964
8.2	29.7	95.9	215093
7.4	23.7	99.3	213107
12.7	30.5	99.6	314799
7.0	32.3	96.9	790860
4.2	54.1	98.6	169591
2.7	53.0	96.7	602269
8.0	25.6	99.3	148699

14-16 各市规模以上工业企业主要经济效益指标
Main Economic Beneficial Indicators of Industrial Enterprises above Designated Size by City

年份 Year 市(县) City(County)	总资产贡献率 (%) Ratio of Total Assets to Industrial Output Value (%)	成本费用利润率 (%) Ratio of Profits to Industrial Cost (%)	资产负债率 (%) Assets-Liability Ratio (%)	产品销售率 (%) Proportion of Products Sold (%)	全员劳动生产率 (元/人.年) Over Labour Productivity of Industrial Enterpreses (yuan/person.year)
1998	7.6	2.7	67.3	97.2	25496
1999	7.3	2.8	65.9	97.8	27753
2000	8.6	4.5	66.4	98.0	33643
2001	8.1	4.1	65.7	97.9	37827
2002	9.4	4.7	63.9	98.3	44368
2003	10.7	5.2	64.3	98.5	55278
2004	23.0	6.0	62.4	98.4	76834
2005	15.7	6.9	61.6	98.4	88950
2006	20.7	9.1	60.3	97.0	111021
2007	23.5	11.6	57.8	98.3	142201
2008	24.7	9.5	57.8	98.4	181939
2009	21.0	9.6	56.5	98.5	172874
2010	22.4	10.2	55.2	98.7	206596
2011	22.7	9.5	53.9	98.6	217295
2012	18.9	8.3	51.4	98.3	216674
2013	16.9	8.2	48.5	98.4	221106
2014	15.8	7.8	46.9	98.3	224089
2015	13.9	7.2	47.0	98.2	229637
省辖市 City					
郑州市 Zhengzhou	14.4	8.3	55.4	97.9	270694
开封市 Kaifeng	15.4	9.4	29.7	98.8	144871
洛阳市 Luoyang	8.4	3.4	54.8	98.2	246969
平顶山市 Pingdingshan	8.9	5.6	59.3	97.9	178367
安阳市 Anyang	14.6	5.2	56.0	98.3	270687
鹤壁市 Hebi	11.2	5.5	44.0	96.6	225590
新乡市 Xinxiang	11.8	5.9	51.5	98.1	226892
焦作市 Jiaozuo	16.4	7.1	41.2	98.8	242577
濮阳市 Puyang	17.5	7.7	33.8	98.5	315241
许昌市 Xuchang	18.9	9.1	36.2	97.8	289263
漯河市 Luohe	25.4	11.9	32.1	98.2	251034
三门峡市 Sanmenxia	11.6	6.6	55.1	98.7	269487
南阳市 Nanyang	10.2	5.1	47.0	97.4	199904
商丘市 Shangqiu	11.5	4.9	48.0	98.1	166797
信阳市 Xinyang	15.4	7.0	38.9	98.5	158412
周口市 Zhoukou	21.8	12.7	28.2	99.1	240922
驻马店市 Zhumadian	13.5	7.2	32.0	98.4	180173
济源市 Jiyuan	11.3	5.7	54.6	96.5	284287
省直管县 Province Administrating County					
巩义市 Gongyi	14.5	5.1	50.8	95.6	359731
兰考县 Lankao	14.6	11.1	13.4	98.7	137971
汝州市 Ruzhou	4.9	4.3	72.8	95.8	216096
滑县 Huaxian	18.6	9.6	32.9	98.8	231284
长垣县 Changyuan	18.4	11.1	49.1	99.7	283987
邓州市 Dengzhou	9.6	4.5	48.7	98.1	259771
永城市 Yongcheng	6.4	1.9	57.3	98.8	279755
固始县 Gushi	20.7	7.3	10.0	100.1	140925
鹿邑县 Luyi	25.6	15.4	46.8	98.7	377101
新蔡县 Xincai	21.5	8.2	20.6	98.7	160386

14-17 各市规模以上国有控股工业企业主要经济效益指标(2015年)

Main Economic Beneficial Indicators of State-holding Industrial Enterprises above Designated Size by City (2015)

市(县) City(County)	总资产贡献率 (%) Ratio of Total Assets to Industrial Output Value (%)	成本费用利润率 (%) Ratio of Profits to Industrial Cost (%)	资产负债率 (%) Assets-Liability Ratio (%)	产品销售率 (%) Proportion of Products Sold (%)	全员劳动生产率 (元/人.年) Over Labour Productivity of Industrial Enterprises (yuan/person.year)
全　省 Total	**6.5**	**0.2**	**68.4**	**98.3**	**177810**
省辖市 City					
郑州市 Zhengzhou	9.9	1.8	65.7	98.3	251799
开封市 Kaifeng	4.1	1.0	79.9	99.0	152769
洛阳市 Luoyang	5.5	-0.4	66.6	98.3	193942
平顶山市 Pingdingshan	4.1	0.2	71.4	97.5	102610
安阳市 Anyang	9.7	0.6	76.4	98.2	269882
鹤壁市 Hebi	2.9	-2.8	78.2	97.1	97440
新乡市 Xinxiang	7.4	5.0	62.3	97.2	133369
焦作市 Jiaozuo	6.1	1.4	63.6	99.5	112360
濮阳市 Puyang	-4.2	-14.3	71.6	99.6	146023
许昌市 Xuchang	15.3	7.5	61.8	98.5	373803
漯河市 Luohe	20.9	9.2	60.5	100.0	499293
三门峡市 Sanmenxia	2.1	-2.0	77.6	98.1	103169
南阳市 Nanyang	5.1	-2.6	60.5	97.6	200202
商丘市 Shangqiu	5.2	0.6	69.7	98.3	238580
信阳市 Xinyang	8.2	3.0	71.1	98.1	155236
周口市 Zhoukou	8.4	1.6	77.6	90.2	135610
驻马店市 Zhumadian	12.6	3.6	75.2	99.0	275947
济源市 Jiyuan	8.7	5.6	58.3	98.8	399483
省直管县 Province Administrating County					
巩义市 Gongyi	-11.9	-28.2	87.6	99.0	58176
兰考县 Lankao	8.8	3.9	42.1	98.3	85881
汝州市 Ruzhou	1.5	-4.1	91.9	98.6	111321
滑县 Huaxian	15.4	2.5	60.9	101.3	126002
长垣县 Changyuan	27.0	1.9	75.2	100.0	184819
邓州市 Dengzhou	9.6	3.7	53.9	101.0	116449
永城市 Yongcheng	4.3	-0.2	64.7	99.3	234237
固始县 Gushi	8.1	-1.1	63.0	100.0	55369
鹿邑县 Luyi	20.4	1.6	55.6	11.2	54036
新蔡县 Xincai	29.9	5.3	33.7	100.0	136545

14－18 各市规模以上公有制工业企业主要经济效益指标(2015年)

Main Economic Beneficial Indicators of Public-owned Industrial Enterprises above Designated Size by City (2015)

市(县) City(County)	总资产贡献率(%) Ratio of Total Assets to Industrial Output Value (%)	成本费用利润率(%) Ratio of Profits to Industrial Cost (%)	资产负债率(%) Assets-Liability Ratio (%)	产品销售率(%) Proportion of Products Sold (%)	全员劳动生产率(元/人.年) Over Labour Productivity of Industrial Enterprises (yuan/person.year)
全 省 Total	**7.8**	**2.0**	**65.4**	**98.1**	**193773**
省 辖 市 City					
郑 州 市 Zhengzhou	12.2	4.4	59.0	96.6	154419
开 封 市 Kaifeng	10.1	7.4	42.9	98.8	49998
洛 阳 市 Luoyang	5.5	-0.3	66.4	98.4	197206
平 顶 山 市 Pingdingshan	4.6	1.5	70.5	96.9	92326
安 阳 市 Anyang	11.6	3.6	68.2	98.4	180465
鹤 壁 市 Hebi	5.3	-0.2	74.0	95.8	158697
新 乡 市 Xinxiang	11.8	7.4	55.1	98.4	115832
焦 作 市 Jiaozuo	7.2	2.4	62.0	99.5	124154
濮 阳 市 Puyang	-0.8	-8.2	65.5	99.3	173021
许 昌 市 Xuchang	15.3	7.8	60.5	97.5	359727
漯 河 市 Luohe	24.5	14.0	51.7	98.8	474541
三 门 峡 市 Sanmenxia	9.0	4.5	63.0	98.7	215316
南 阳 市 Nanyang	6.7	0.9	57.2	97.8	143469
商 丘 市 Shangqiu	7.0	2.1	62.5	98.4	155563
信 阳 市 Xinyang	12.6	5.7	49.6	99.1	79312
周 口 市 Zhoukou	21.2	12.6	49.6	98.0	55843
驻 马 店 市 Zhumadian	14.6	5.4	61.0	98.7	132405
济 源 市 Jiyuan	8.9	5.5	57.4	97.3	337333
省 直 管 县 Province Administrating County					
巩 义 市 Gongyi	-5.9	-15.7	79.5	98.7	76659
兰 考 县 Lankao	8.3	1.8	43.2	98.8	80430
汝 州 市 Ruzhou	1.5	-4.1	91.9	98.6	111321
滑 县 Huaxian	13.4	3.5	56.8	100.9	141662
长 垣 县 Changyuan	20.9	3.9	50.0	100.0	193000
邓 州 市 Dengzhou	9.3	3.1	55.1	100.6	189047
永 城 市 Yongcheng	4.3	-0.2	64.8	99.2	231074
固 始 县 Gushi	11.6	0.6	53.2	100.0	72176
鹿 邑 县 Luyi	20.5	2.0	54.3	16.0	53615
新 蔡 县 Xincai	33.2	5.9	25.9	100.0	163116

14-19 各市规模以上私营工业企业主要经济效益指标(2015年)

Main Economic Beneficial Indicators of Private Industrial Enterprises above Designated Size by City (2015)

市(县)	City(County)	总资产贡献率 (%) Ratio of Total Assets to Industrial Output Value (%)	成本费用利润率 (%) Ratio of Profits to Industrial Cost (%)	资产负债率 (%) Assets-Liability Ratio (%)	产品销售率 (%) Proportion of Products Sold (%)	全员劳动生产率 (元/人.年) Over Labour Productivity of Industrial Enterprises (yuan/person.year)
全省	**Total**	**19.8**	**9.3**	**28.8**	**98.3**	**256275**
省辖市	**City**					
郑州市	Zhengzhou	25.4	13.3	34.7	98.6	351409
开封市	Kaifeng	21.0	11.7	16.4	99.3	139295
洛阳市	Luoyang	13.9	6.1	35.4	97.8	286243
平顶山市	Pingdingshan	22.3	13.2	24.0	98.2	355264
安阳市	Anyang	18.8	7.3	41.4	98.7	282054
鹤壁市	Hebi	16.3	9.3	21.4	97.1	312018
新乡市	Xinxiang	14.7	6.7	42.9	98.3	231381
焦作市	Jiaozuo	23.3	9.3	24.5	100.1	337769
濮阳市	Puyang	30.0	11.3	11.1	97.9	460180
许昌市	Xuchang	23.3	10.2	18.6	97.8	323649
漯河市	Luohe	23.5	12.4	24.7	98.2	207274
三门峡市	Sanmenxia	17.9	9.5	34.7	98.6	315506
南阳市	Nanyang	14.1	7.5	35.3	97.5	218830
商丘市	Shangqiu	15.3	7.1	35.2	97.2	182420
信阳市	Xinyang	16.4	6.9	35.8	98.4	149247
周口市	Zhoukou	24.1	14.2	21.6	99.4	243010
驻马店市	Zhumadian	19.0	9.5	12.9	98.1	181547
济源市	Jiyuan	21.5	5.7	50.9	97.4	520606
省直管县	**Province Administrating County**					
巩义市	Gongyi	24.6	7.8	28.8	97.1	437601
兰考县	Lankao	19.4	14.7	10.7	99.2	140416
汝州市	Ruzhou	22.1	9.1	52.5	95.0	464376
滑县	Huaxian	24.4	11.2	14.5	98.4	269322
长垣县	Changyuan	25.7	9.2	47.9	100.0	302177
邓州市	Dengzhou	9.6	5.0	52.3	99.5	327581
永城市	Yongcheng	12.4	3.4	27.0	98.9	368670
固始县	Gushi	24.8	7.9	6.3	100.2	148217
鹿邑县	Luyi	12.2	15.5	54.6	95.9	335957
新蔡县	Xincai	21.4	9.4	19.9	98.8	144792

14-20 主要工业产品产量

Output of Major Industrial Products

年 份 year	纱 (万吨) Yarn (10 000 tons)	卷 烟 (亿支) Cigarettes (100 million rolls)	农用化肥 (万吨) Chemical Fertilizers (10 000 tons)	原 煤 (万吨) Coal (10 000 tons)	原 油 (万吨) Crude Oil (10 000 tons)	发电量 (亿千瓦小时) Electricity (100 million kwh)	粗 钢 (万吨) Steel (10 000 tons)	平板玻璃 (万重量箱) Plate Glass (10 000 weight cases)
1978	16.28	161.70	51.92	5845	167.44	130.68	54.22	184.20
1979	18.88	187.70	55.65	5838	225.72	145.50	59.18	231.71
1980	20.17	231.60	65.06	5625	230.89	159.45	64.50	294.61
1981	22.90	258.80	65.57	5825	369.23	171.17	55.78	284.16
1982	23.27	277.90	75.35	5968	448.32	177.97	63.88	343.90
1983	22.43	254.30	89.06	6402	541.21	187.88	77.08	402.13
1984	21.22	290.40	99.01	6934	639.59	198.72	86.68	485.03
1985	22.92	316.20	81.43	7857	793.31	209.34	97.26	595.73
1986	26.01	329.20	80.29	7949	880.78	231.63	103.99	665.07
1987	28.46	326.30	111.62	8062	932.04	259.33	118.09	769.16
1988	30.65	323.30	129.28	8245	979.07	286.57	138.95	877.52
1989	32.58	285.56	131.84	8858	953.15	302.82	159.00	981.57
1990	31.45	291.49	140.58	9080	882.06	319.14	168.98	904.80
1991	31.95	293.68	156.50	8973	848.32	356.49	186.12	1014.20
1992	37.45	298.71	169.78	9027	810.13	405.17	212.87	1132.95
1993	47.65	297.51	164.84	9279	764.07	440.65	239.39	1299.13
1994	35.20	295.51	189.70	9618	688.25	485.46	241.30	1604.21
1995	41.03	298.30	219.19	10334	601.96	547.71	280.98	2127.41
1996	42.70	290.95	241.09	10781	587.19	593.99	309.87	1832.36
1997	49.59	290.28	237.89	10520	587.13	630.83	334.16	1546.18
1998	47.06	275.77	267.89	9406	587.60	631.05	366.58	2165.02
1999	52.85	287.67	252.72	8012	565.40	658.97	392.03	2137.14
2000	61.06	294.23	258.56	7578	562.18	694.93	404.84	2425.41
2001	67.64	291.56	280.13	8448	566.57	791.05	530.98	2794.30
2002	81.33	282.62	308.30	9921	568.06	909.68	672.22	2920.37
2003	86.91	285.50	307.70	11871	547.60	1025.10	851.75	2978.20
2004	106.37	1434.73	345.03	14445	523.41	1185.58	974.73	3346.34
2005	138.80	1430.19	396.64	18761	507.16	1414.68	1226.62	3894.92
2006	188.36	1484.44	440.87	18532	492.06	1590.25	1740.84	3463.84
2007	246.66	1552.10	523.98	18917	485.08	1910.97	2264.65	3588.17
2008	305.20	1586.08	536.04	20888	475.81	1952.78	2187.85	3208.94
2009	340.40	1613.50	554.80	23018	474.50	2068.00	2329.00	2764.70
2010	402.96	1650.45	439.25	21349	497.90	2180.87	2327.35	2414.41
2011	464.71	1676.15	474.03	20935	485.50	2571.88	2370.65	2153.48
2012	483.15	1691.01	435.47	18058	476.56	2626.90	2215.78	1216.06
2013	568.67	1712.96	535.89	16043	476.51	2853.27	2786.08	1128.04
2014	619.64	1733.25	536.32	14416	470.46	2722.27	2882.15	1455.98
2015	638.46	1674.29	561.52	13548	412.05	2615.00	2897.41	1178.40

注：2003年以前卷烟产量计量单位为“万箱”。
a) Data on unit of cigarette is “10 000 cases” before 2003.

14-21 主要工业产品产量

Output of Major Industrial Products

产品名称	Item	2000	2005	2009	2010	2013	2014	2015
两轮脚踏自行车(万辆)	Bicycles (10 000 units)	35.74	11.05	8.80	13.26	1.45	1.36	1.79
电动自行车(万辆)	Electric bicycle (10 000 units)					367.93	427.94	617.98
彩色电视机(万台)	Colour Television Set (10 000 units)	90.91	177.00	43.50	17.45	46.39	29.45	18.86
家用电冰箱(万台)	Household Refrigerators (10 000 units)	107.97	249.00	319.20	366.47	517.75	335.47	253.08
化学纤维(吨)	Chemical Fiber (ton)	186297	397266	525154	522459	538231	559074	486077
纱(万吨)	Yarn (10 000 tons)	61.06	138.80	340.45	402.96	568.67	619.64	638.46
布(亿米)	Cloth (100 million m)	11.09	16.03	31.68	39.34	31.34	23.85	25.15
呢绒(万米)	Woolen Piece Goods (10 000 m)	184.90	529.40	366.60	375.10	557.20	745.49	526.73
毛线(吨)	Knitting Wool (ton)	12115	16207	32363	24915	41637	50131	54047
服装(万件)	Garments (10 000 sets)	6502	20138	38774	55743	116659	138281	157528
原盐(万吨)	Salt (10 000 tons)	59.38	109.95	217.35	262.50	412.23	370.59	328.19
卷烟(亿支)	Cigarettes (100 million rolls)	294.23	1430.19	1613.50	1650.45	1712.96	1733.25	1674.29
饮料酒(万千升)	Alcoholic Beverages (10 million litre)	141.45	227.53	468.41	525.05	562.44	541.05	528.12
方便面(万吨)	Instant Noodles (10 000 tons)		64.87	158.51	212.53	347.21	349.19	357.79
速冻米面食品(万吨)	Quick-frozen Rice and Wheat Flour foods (10 000 tons)		93.47	181.43	220.88	365.13	351.42	356.68
罐头(吨)	Canned Food (ton)	24615	31270	156848	141681	176426	398582	389979
畜肉制品(万吨)	Raise Meat Products (10 000 tons)		88.39	111.61	123.12	201.04	212.14	237.47
液体乳(万吨)	Liquid Milk (10 000 ton)		30.91	88.26	106.45	188.61	220.23	236.29
配、混合饲料(万吨)	Mixed Feed (10 000 tons)	185.03	475.20	866.02	1109.53	1409.40	1551.02	1611.62
机制纸及纸板(万吨)	Machine-made Paper and Paperboard (10 000 tons)	290.06	562.18	1023.66	975.64	826.11	739.38	698.39
合成洗涤剂(万吨)	Synthetic Detergents (10 000 tons)	19.03	16.33	43.98	47.38	74.93	91.25	98.74
日用精铝制品(吨)	Fine Aluminium Products Daily-use (ton)	16527	23089	12751	16521	45414	51449	40884
卫生陶瓷制品(万件)	Household Ceramics (10 000 pcs)					5425	7016	7928
日用玻璃制品(万吨)	Daily-use Glassware (10 000 ton)	26.99	71.66	31.63	43.94	51.44	58.98	54.25
塑料制品(万吨)	Plastic Products (10 000 tons)	46.88	103.95	155.70	314.68	426.59	477.29	544.08
#农用薄膜	Plastic Film for Farm Use	9.28	15.14	11.20	15.83	38.38	42.60	48.85
原煤(万吨)	Coal (10 000 tons)	7578	18761	23018	21349	16042.8	14416	13548
原油(万吨)	Crude Oil (10 000 tons)	562.18	507.16	474.50	497.90	476.51	470.46	412.05
原油加工量(万吨)	Volume of Crude Oil Processing (10 000 tons)	573.65	553.58	793.80	879.35	876.12	772.94	589.99
汽油(万吨)	Gasoline (10 000 tons)	136.86	127.03	189.40	207.98	222.47	209.60	163.95
柴油(万吨)	Diesel Oil (10 000 tons)	213.42	218.97	287.01	297.54	250.51	191.22	138.43
润滑油(吨)	Lubricating Oil (ton)	42783	101431	149612	177113	35497	51570	80722
天然气(万立方米)	Natural Gas (10 000 cu.m)	149465	201432	99915	67488	49313	48720	41858
发电量(亿千瓦小时)	Electricity (100 million kwh)	694.93	1414.68	2067.96	2180.87	2853.27	2722.27	2615.00

注：卷烟产量2000年计量单位为“万箱”，饮料酒2005年以前计量单位为“万吨”。

a) unit of cigarette is “10 000 cases” in 2000, unit of Alcoholic Beverages is “10 000 tons"before 2005.

14-21 续表 contiuned

产品名称	Item	2000	2005	2009	2010	2013	2014	2015
铁矿石原矿(万吨)	Iron ore (10 000 tons)	154.66	281.32	828.38	1269.21	2024.89	957.31	1662.36
生铁(万吨)	Pig Iron (10 000 tons)	508.88	973.00	1944.63	2073.92	2551.91	2779.61	2903.60
粗钢(万吨)	Steel (10 000 tons)	404.84	1226.62	2328.99	2327.35	2786.08	2882.16	2897.41
钢材(万吨)	Steel Products (10 000 tons)	405.62	1337.40	2882.47	3196.42	4255.19	4704.14	4766.83
铁合金(万吨)	Ferroalloy (10 000 tons)	14.27	54.98	136.80	149.23	190.60	181.62	149.45
焦炭(万吨)	Coke (10 000 tons)	355.22	1317.27	2163.06	2570.18	2705.61	2898.34	2942.21
十种有色金属(万吨)	10 Nonferrous Metal (10 000 tons)	70.92	294.86	481.62	516.69	536.30	529.79	521.35
铜材(万吨)	Copper Products (10 000 tons)	11.69	25.74	40.90	45.56	57.85	60.26	60.68
原铝(万吨)	Aluminium (10 000 tons)	41.53	193.96	317.74	365.49	332.49	337.82	325.93
氧化铝(万吨)	Alumina (10 000 tons)	144.42	353.35	852.10	957.11	1213.41	1237.44	1295.05
硫铁矿石(万吨)	Sulfur-iron ore (Output) (10 000 tons)	23.26	9.90	16.50	16.30	20.30	18.49	7.99
硫酸(万吨)	Sulfuric Acid (10 000 tons)	75.01	124.76	207.59	247.73	378.78	476.03	520.35
浓硝酸(吨)	Concentrated Nitric Acid (ton)	38451	110114	227109	209189	334236	440205	390037
纯碱(万吨)	Soda Ash (10 000 tons)	33.65	118.65	212.20	188.14	337.58	333.20	350.07
烧碱(万吨)	Caustic Soda (10 000 tons)	37.62	67.84	111.24	140.28	181.13	182.04	154.24
电石(折合量)(万吨)	Calcium Carbide (10 000 tons)	9.88	21.98	76.62	78.15	116.07	122.64	127.76
纯苯(吨)	Pure Benzene (ton)	47545	106730	106582	115454	328053	447692	408777
合成氨(万吨)	Synthetic Ammonia (10 000 tons)	316.55	515.71	485.58	427.50	490.72	578.44	630.25
农用化肥(折纯量)(万吨)	Chemical Fertilizers (10 000 tons)	258.56	396.64	554.77	439.25	535.89	536.32	561.52
化学农药原药(吨)	Chemical Pesticide (ton)	21008	47476	108339	87763	216078	305476	324047
化学药品原药(吨)	Chemical Raw Medicine (ton)	13832	68544	125228	135926	289158	272205	206208
橡胶轮胎外胎(万条)	Tires (10 000 units)	555.51	851.81	1576.55	2128.89	2357.73	2686.39	2840.82
初级形态的塑料(万吨)	Plastics (10 000 tons)	38.20	69.63	122.59	148.02	209.63	198.99	163.77
人造板(万立方米)	Artificial Board (10 000 cu.m)	64.66	316.47	1422.59	2118.34	2744.99	3025.76	2826.54
水泥(万吨)	Cement (10 000 tons)	3723	6211	11711	11480	16764	16975	16565
平板玻璃(万重量箱)	Plate Glass (10 000 weight cases)	2425	3895	2765	2414	1128	1456	1178
发电设备(万千瓦)	Power Generating Equipment (10 000kw)	17.18	115.68	50.60	76.31	98.25	130.51	95.83
交流电动机(万千瓦)	Alternating Equipment (10 000 Kw)	152.74	429.35	1206.15	1434.67	2286.17	2856.39	3099.16
金属切削机床(台)	Metal-cutting Machine Tools (unit)	1197	8701	5847	8035	9223	11426	11002
汽车(辆)	Motor Vehicles (unit)	7903	36352	124573	235211	511670	560037	529809
大中型拖拉机(台)	Large and Medium Tractors (unit)	7059	29548	71376	81624	137392	109538	123532
小型拖拉机(万台)	Small-size Tractor (10 000 units)	42.01	53.39	22.81	25.08	30.95	34.19	26.78
手机(万台)	Mobile phone (10 000 units)				2.2	9720.7	12065.2	19841.9

14-22 各市主要工业产品产量(2015年)
Output of Major Industrial Products by City (2015)

市(县)	City(County)	化学纤维(吨) Chemical Fiber (ton)	纱(万吨) Yarn (10 000tons)	布(万米) Cloth (10 000m)	服装(万件) Garments (10 000sets)	卷烟(亿支) Cigarettes (100millinrolls)	饮料酒(千升) Alcoholic Beverages (1 000 litre)
全省	**Total**	**486077.39**	**638.46**	**251540.67**	**157528.76**	**1674.29**	**5281153**
省辖市	**City**						
郑州市	Zhengzhou		4.84	3504.79	20409.71		615936
开封市	Kaifeng		80.16	10784.12	13429.81		181218
洛阳市	Luoyang	91277.00	1.81	3478.29	852.50		224515
平顶山市	Pingdingshan	120700.57	17.71	5409.33	1822.14		38717
安阳市	Anyang		22.63	14222.00	23116.34		976596
鹤壁市	Hebi		9.37	2037.50	12824.28		253773
新乡市	Xinxiang	133674.00	55.33	7880.03	527.06		585776
焦作市	Jiaozuo	13633.00	20.77	12662.49	2379.91		144895
濮阳市	Puyang	5668.00	17.64	2067.00	3390.77		27654
许昌市	Xuchang	57497.00	50.94	48705.50	1579.86		71466
漯河市	Luohe		1.12	10916.71	2094.54		194095
三门峡市	Sanmenxia		2.05				42314
南阳市	Nanyang		146.09	54082.86	9258.06		163311
商丘市	Shangqiu	18303.70	79.84	1322.16	40739.19		482462
信阳市	Xinyang	45324.12	4.58		6090.94		180436
周口市	Zhoukou		79.05	67007.99	15653.44		923665
驻马店市	Zhumadian		43.07	7459.90	3360.21		174325
济源市	Jiyuan		1.46				
省直管县	**Province Administrating County**						
巩义市	Gongyi				32.09		
兰考县	Lankao		2.26	1065.30	683.11		31021
汝州市	Ruzhou						
滑县	Huaxian		14.01	2482.00	372.21		194677
长垣县	Changyuan						
邓州市	Dengzhou		20.30	11343.86	3309.28		80470
永城市	Yongcheng		4.37	319.93	113.57		23122
固始县	Gushi				131.11		4520
鹿邑县	Luyi		0.68		655.39		25436
新蔡县	Xincai		2.86	4831.90	659.84		882

14-22 续表 1 contiuned

市(县) City(County)	液体乳 (吨) Liquid Milk (ton)	畜肉制品 (吨) Raise Meat Products (ton)	速冻米面食品 (吨) Quick-frozen Rice and Wheat Flour foods (ton)	机制纸及纸板 (万吨) Machinemade Paper and Paperboard (10 000 tons)	塑料制品 (万吨) Plastic Products (10 000 tons)	焦炭 (万吨) Synthetic Detergents (10 000 tons)	十种有色金属 (万吨) Ten Kinds of Nonferrous Metals (10 000 tons)
全省 Total	**2362935**	**2374682**	**3566813**	**698.39**	**544.08**	**2942.41**	**521.35**
省辖市 City							
郑州市 Zhengzhou	127720	125342	1223663	216.92	33.10		55.66
开封市 Kaifeng	37913	63925	67615	0.36	15.71		13.56
洛阳市 Luoyang	51144	64108		6.39	57.07	86.88	138.91
平顶山市 Pingdingshan	123993	70829		8.64	8.90	618.26	0.02
安阳市 Anyang		29237	43411	4.54	24.18	1465.93	49.63
鹤壁市 Hebi	261084	697773	368672	3.92	40.78		3.29
新乡市 Xinxiang	20577	44695	61915	119.68	40.90		0.36
焦作市 Jiaozuo	662293	44053	241882	42.78	51.33		49.18
濮阳市 Puyang	5878	41219	33004	66.20	50.21		
许昌市 Xuchang	76395		21108	63.13	18.43	434.59	
漯河市 Luohe	481021	828820	781063	58.42	34.75		
三门峡市 Sanmenxia	52210				6.58		36.76
南阳市 Nanyang	91259	36926	1955	29.37	29.13		0.96
商丘市 Shangqiu	300538	81494	612422	18.58	7.32		40.81
信阳市 Xinyang		13432			5.57	44.36	
周口市 Zhoukou	70911	110346	37415	22.38	98.04		
驻马店市 Zhumadian		100735	25743	37.09	20.17		
济源市 Jiyuan		21748	46945		1.94	292.40	132.21
省直管县 Province Administrating County							
巩义市 Gongyi					1.75		43.28
兰考县 Lankao		21480		0.36	2.46		
汝州市 Ruzhou						213.64	
滑县 Huaxian		5217		0.42	13.57		
长垣县 Changyuan					0.18		
邓州市 Dengzhou				18.96	2.43		
永城市 Yongcheng					0.02		35.84
固始县 Gushi		8306					
鹿邑县 Luyi					0.63		
新蔡县 Xincai		3384			0.68		

14-22 续表 2 contiuned

市(县) City(County)	发电量(亿千瓦小时) Electricity (100 million kwh)	生铁(万吨) Pig Iron (10 000 tons)	粗钢(万吨) Steel (10 000 tons)	成品钢材(万吨) Steel Products (10 000 tons)	硫酸(万吨) Sulfuric Acid (10 000 tons)	烧碱(万吨) Caustic Soda (10 000 tons)	原铝(万吨) Aluminum (10 000 tons)
全 省 Total	**2615.00**	**2903.60**	**2897.41**	**4766.83**	**520.35**	**154.24**	**325.93**
省 辖 市 City							
郑 州 市 Zhengzhou	515.28	12.87	0.24	627.36	19.22		55.66
开 封 市 Kaifeng	49.54			1.74		16.16	
洛 阳 市 Luoyang	428.94		21.34	347.06	32.85		137.76
平 顶 山 市 Pingdingshan	218.05	225.82	265.35	331.42		27.45	
安 阳 市 Anyang	99.20	1888.64	1846.91	1921.33	16.36		25.72
鹤 壁 市 Hebi	87.62				25.59		
新 乡 市 Xinxiang	183.35			41.98	134.93		
焦 作 市 Jiaozuo	167.76			25.69	67.78	56.70	44.19
濮 阳 市 Puyang	19.44			18.49	0.68		
许 昌 市 Xuchang	95.32			149.21			
漯 河 市 Luohe	26.56			17.42		11.00	
三 门 峡 市 Sanmenxia	131.37			19.63	63.48	4.06	21.78
南 阳 市 Nanyang	118.49	172.08	172.85	206.00		1.00	
商 丘 市 Shangqiu	124.73			292.13			40.81
信 阳 市 Xinyang	72.42	257.21	245.55	379.93			
周 口 市 Zhoukou	3.84				3.57		
驻 马 店 市 Zhumadian	69.43		4.69	49.89			
济 源 市 Jiyuan	203.69	346.98	340.47	337.54	155.89	37.87	
省 直 管 县 Province Administrating County							
巩 义 市 Gongyi	71.18		0.24	56.30			43.28
兰 考 县 Lankao				1.74			
汝 州 市 Ruzhou	12.14			0.56			
滑 县 Huaxian							
长 垣 县 Changyuan	41.50			1.81			
邓 州 市 Dengzhou	2.55						
永 城 市 Yongcheng	76.19			222.93			35.84
固 始 县 Gushi	0.36						
鹿 邑 县 Luyi	2.35						
新 蔡 县 Xincai				0.09			

14–22 续表 3 contiuned

市(县) City(County)	合成氨 (万吨) Synthetic Ammonia (10 000 tons)	农用化肥(折纯量) (万吨) Synthetic Ammonia (10 000 tons)	化学农药(原药) (吨) Chemical Pesticide (ton)	人造板 (万立方米) Artificial Board (10 000 cu.m)	水 泥 (万吨) Cement (10 000 tons)	平板玻璃 (万重量箱) Plate Glass (10 000 weight cases)	小型拖拉机 (台) Small Tractors (unit)
全 省 Total	**630.25**	**561.53**	**324047**	**2826.54**	**16565.62**	**1178.40**	**267767**
省 辖 市 City							
郑 州 市 Zhengzhou		6.12	42505	15.24	2184.37		
开 封 市 Kaifeng	160.26	80.17	7768.00	569.74	137.39		224590
洛 阳 市 Luoyang	23.11	14.05	990	26.81	752.68	733.62	11177
平 顶 山 市 Pingdingshan				2.80	1299.57		
安 阳 市 Anyang	17.00	65.65	3184	62.56	1060.88		
鹤 壁 市 Hebi		8.90	29605	9.94	582.41		
新 乡 市 Xinxiang	189.92	147.90	3413	161.71	2360.20		
焦 作 市 Jiaozuo	34.80	47.96		61.96	731.21		1113
濮 阳 市 Puyang		18.35	27389	177.32	230.85		
许 昌 市 Xuchang		16.65	52979	311.69	1205.00		30887
漯 河 市 Luohe		2.61	2552	112.37	52.30		
三 门 峡 市 Sanmenxia	22.52	13.86		164.70	570.81		
南 阳 市 Nanyang		25.35		193.28	1800.78		
商 丘 市 Shangqiu		0.36	13369	188.61	593.70	427.28	
信 阳 市 Xinyang				334.05	759.92		
周 口 市 Zhoukou	16.19	18.65	114800	123.35	178.50	17.50	
驻 马 店 市 Zhumadian	166.43	85.73	25493	310.43	1687.45		
济 源 市 Jiyuan		9.21			377.61		
省 直 管 县 Province Administrating County							
巩 义 市 Gongyi				7.25	390.28		
兰 考 县 Lankao				271.68			
汝 州 市 Ruzhou					356.92		
滑 县 Huaxian		46.73	2203	42.27			
长 垣 县 Changyuan				0.14	55.87		
邓 州 市 Dengzhou				131.36	224.85		
永 城 市 Yongcheng				6.75	151.96		
固 始 县 Gushi				48.98	52.75		
鹿 邑 县 Luyi							
新 蔡 县 Xincai				8.53	41.04		

14-23 规模以下工业主要经济指标

Main Indicators of Industrial Enterprises below Designated Size

年份	企业单位数（个）Number (unit)	企业从业人员（万人）Number of Employed Persons (10 000person)	增加值指数（%）Indices of Value-added (%)	企 业 Enterpirses	个 体 Individual
1998	71160	232.53			
1999	70711	223.46	107.5	110.0	106.2
2000	71239	201.92	111.5	113.7	110.2
2001	71686	205.42	109.6	109.9	109.4
2002	72418	225.38	109.9	109.7	109.9
2003	69915	212.19	113.5	103.7	119.6
2004	66420	196.19	110.5	113.7	108.8
2005	64625	219.76	110.8	111.0	110.7
2006	67542	214.32	110.4	111.3	109.8
2007	75134	218.22	109.5	112.6	107.4
2008	70460	185.92	106.1	98.7	110.4
2009	75266	159.25	105.0	100.0	107.4
2010	84400	177.27	103.0	102.5	103.3
2011	83383	176.81	106.0	106.1	106.0
2012	74328	157.06	101.9	102.1	101.8
2013	71617	140.38	103.5	103.8	103.3
2014	68096	130.07	102.7	102.9	102.5
2015	53940	98.60	104.9	105.3	104.6

注：规模以下工业指标均为抽样调查数据。

a) Data on Industrial Enterprises below Designated Size is Sampling survey data.

14-24 各市规模以下工业主要指标(2015年)

Main Indicators of Industrial below Designated Size by City (2015)

市（县） City(County)	单位数（个） Number (unit)	企业 Enterpirses	个体 Individual	平均从业人员（万人） Number of Employed persons (10 000 persons)	企业 Enterpirses	个体 Individual	增加值指数（上年=100） Indices of Value Added of Industry (Preceding year=100)	#企业 Enterpirses
省辖市 City								
郑州市 Zhengzhou	72343	7880	64463	67.84	19.79	48.06	104.9	108.7
开封市 Kaifeng	27981	3328	24653	20.92	8.81	12.12	105.1	109.0
洛阳市 Luoyang	53515	5618	47897	45.85	9.57	36.28	105.8	110.2
平顶山市 Pingdingshan	41478	3009	38469	27.20	5.90	21.30	105.4	109.6
安阳市 Anyang	34631	5421	29210	23.81	12.04	11.76	104.8	108.5
鹤壁市 Hebi	5185	1615	3570	2.36	1.31	1.05	104.9	108.7
新乡市 Xinxiang	48510	6812	41698	29.64	17.12	12.53	105.2	109.2
焦作市 Jiaozuo	34301	4666	29635	26.54	11.97	14.57	104.6	108.1
濮阳市 Puyang	17140	4178	12962	14.59	10.25	4.34	105.8	110.2
许昌市 Xuchang	43897	6857	37040	27.85	13.73	14.12	105.2	109.2
漯河市 Luohe	16016	1555	14461	11.06	3.85	7.20	104.1	107.2
三门峡市 Sanmenxia	10731	2100	8631	11.75	4.26	7.49	104.0	107.1
南阳市 Nanyang	37815	8085	29730	102.83	37.95	64.88	105.8	110.3
商丘市 Shangqiu	47972	7070	40902	30.04	16.44	13.60	105.0	108.8
信阳市 Xinyang	42820	3446	39374	19.46	9.00	10.47	106.0	110.5
周口市 Zhoukou	70492	6996	63496	28.25	9.41	18.84	105.7	110.1
驻马店市 Zhumadian	41584	6893	34691	19.96	10.57	9.38	105.2	109.2
济源市 Jiyuan	4075	681	3394	4.10	0.84	3.25	104.3	107.6
省直管县 Province Administrating County								
巩义市 Gongyi	8723	1596	7127	10.51	3.80	6.71	105.0	108.8
兰考县 Lankao	5927	802	5125	7.00	3.08	3.92	105.6	109.9
汝州市 Ruzhou	15687	686	15001	13.03	1.38	11.65	105.9	110.4
滑县 Huaxian	5760	1102	4658	5.49	2.84	2.66	105.4	109.5
长垣县 Changyuan	3620	442	3178	3.34	1.40	1.94	105.9	110.4
邓州市 Dengzhou	5285	1220	4065	3.92	2.68	1.23	105.6	109.9
永城市 Yongcheng	4444	770	3674	2.37	1.12	1.25	106.0	110.6
固始县 Gushi	6443	530	5913	2.82	1.36	1.46	105.8	110.2
鹿邑县 Luyi	8423	753	7670	2.68	1.15	1.54	105.7	110.1
新蔡县 Xincai	3644	374	3270	1.47	0.82	0.65	105.3	109.4

主要统计指标解释

工业 指从事自然资源的开采，对采掘品和农产品进行加工和再加工的物质生产部门。具体包括：(1)对自然资源的开采，如采矿、晒盐等(但不包括禽兽捕猎和水产捕捞)；(2)对农副产品的加工、再加工，如粮油加工、食品加工、缫丝、纺织、制革等；(3)对采掘品的加工、再加工，如炼铁、炼钢、化工生产、石油加工、机器制造、木材加工等，以及电力、自来水、煤气的生产和供应等；(4)对工业品的修理、翻新，如机器设备的修理、交通运输工具(如汽车)的修理等。

工业统计调查单位为独立核算法人工业企业。

独立核算法人工业企业指从事工业生产经营活动的单位。独立核算法人工业企业应同时具备以下条件：①依法成立，有自己的名称、组织机构和场所，能够承担民事责任；②独立拥有和使用资产，承担负债，有权与其他单位签订合同；③独立核算盈亏，并能够编制资产负债表。

国有及国有控股企业 指国有企业加上国有控股企业。国有企业(即原全民所有制工业或国营工业)指企业全部资产归国家所有，并按《中华人民共和国企业法人登记管理条例》规定登记注册的非公司制的经济组织。包括国有企业、国有独资公司和国有联营企业。1957年以前的公私合营和私营工业，后均改造为国营工业，1992年改为国有工业，这部分工业的资料不单独分列时，均包括在国有企业内。国有控股企业是对混合所有制经济的企业进行的“国有控股”分类。它是指这些企业的全部资产中国有资产(股份)相对其他所有者中的任何一个所有者占资(股)最多的企业。该分组反映了国有经济控股情况。

本篇涉及的其他企业登记注册类型的解释详见综合篇。

轻工业 指主要提供生活消费品和制作手工工具的工业。按其所使用的原料不同，可分为两大类：(1)以农产品为原料的轻工业，是指直接或间接以农产品为基本原料的轻工业。主要包括食品制造、饮料制造、烟草加工、纺织、缝纫、皮革和毛皮制作、造纸以及印刷等工业；(2)以非农产品为原料的轻工业，是指以工业品为原料的轻工业。主要包括文教体育用品、化学药品制造、合成纤维制造、日用化学制品、日用玻璃制品、日用金属制品、手工工具制造、医疗器械制造、文化和办公用机械制造等工业。

重工业 指为国民经济各部门提供物质技术基础的主要生产资料的工业。按其生产性质和产品用途，可以分为下列三类：(1)采掘(伐)工业，是指对自然资源的开采，包括石油开采、煤炭开采、金属矿开采、非金属矿开采等工业；(2)原材料工业，指向国民经济各部门提供基本材料、动力和燃料的工业。包括金属冶炼及加工、炼焦及焦炭、化学、化工原料、水泥、人造板以及电力、石油和煤炭加工等工业；(3)加工工业，是指对工业原材料进行再加工制造的工业。包括装备国民经济各部门的机械设备制造工业、金属结构、水泥制品等工业，以及为农业提供的生产资料如化肥、农药等工业。

根据上述划分原则，修理业中以重工业产品为修理作业对象的划为重工业，反之划为轻工业。

资产总计 指企业过去的交易或者事项形成的、由企业拥有或者控制的、预期会给企业带来经济利益的资源。资产一般按流动性分为流动资产和非流动资产。其中流动资产可分为货币资金、交易性金融资产、应收票据、应收账款、预付款项、其他应收款、存货等；非流动资产可分为长期股权投资、固定资产、无形资产及其他非流动资产等。根据会计“资产负债表”中“资产总计”项目的期末余额数填报。

流动资产合计 资产满足以下条件之一应归为流动资产：(1) 预计在一个正常营业周期中变现、出售或耗用，主要包括存货、应收账款等；(2) 主要为交易目的而持有；(3) 预计在资产负债表日起一年内（含一年）变现；(4) 自资产负债日起一年内，交换其他资产或清偿负债的能力不受限制的现金或现金等价物。包括货币资金、应收票据、应收账款、存货等项目。根据会计“资产负债表”中“流动资产合计”项目的期末余额数填报。

固定资产原价 指固定资产的成本，包括企业在购置、自行建造、安装、改建、扩建、技术改造某项固定资产时所发生的全部支出总额。根据会计“固定资产”科目的期末借方余额填报。

累计折旧 指企业在报告期末提取的历年固定资产折旧累计数。根据会计“累计折旧”科目的期末贷方余额填报。

负债合计 指企业过去的交易或者事项形成的，预期会导致经济利益流出企业的现时义务。负债一般按偿还期长短分为流动负债和非流动负债。根据会计“资产负债表”中“负债合计”项目的期末余额数填报。

流动负债合计 负债满足下列条件之一的应归为流动负债：(1) 预计在一个正常营业周期中清偿；(2) 主要为交易目的而持有；(3) 自资产负债表日起一年内到期应予清偿；(4) 企业无权自主地将清偿推迟至资产负债表日后一年以上。包括短期借款、应付票据、应付账款、应付职工薪酬、应交税费等项目。根据会计“资产负债表”中“流动负债合计”项目的期末余额数填报。

所有者权益合计 指企业资产扣除负债后由所有者享有的剩余权益。公司的所有者权益又称股东权益。包括实收资本、资本公积、盈余公积、未分配利润等。根据会计“资产负债表”中“所有者权益合计”项目的期末余额数填报。

主营业务收入 指企业确认的销售商品、提供劳务等主营业务的收入。根据会计“主营业务收入”科目的期末贷方余额填报。

主营业务成本 指企业经营主要业务所发生的成本总额。根据会计“主营业务成本”科目的期末借方余额填报。

主营业务税金及附加 指企业经营主要业务应负担的营业税、消费税、城市维护建设税、教育费附加等。根据会计“主营业务税金及附加”科目的期末借方余额填报。

利润总额 指企业在一定会计期间的经营成果，是生产经营过程中各种收入扣除各种耗费后的盈余，反映企业在报告期内实现的盈亏总额。根据会计“利润表”中“利润总额”项目的本期金额数填报。

应交增值税 指企业按税法规定，从事货物销售或提供加工、修理修配劳务等增加货物价值的活动本期应交纳的税金。计算公式为：

应交增值税=销项税额−（进项税额−进项税额转出）−出口抵减内销产品应纳税额−减免税款+出口退税

进项税额指企业在报告期内购入货物或接受应税劳务而支付的、准予从销项税额中抵扣的增值税额。

销项税额指企业在报告期内销售货物或提供应税劳务应收取的增值税额。

总资产贡献率 反映企业全部资产的获利能力，是企业经营业绩和管理水平的集中体现，是评价和考核企业盈利能力的核心指标。计算公式为：

$$\text{总资产贡献率}(\%)=\frac{\text{利润总额}+\text{税金总额}+\text{利息支出}}{\text{平均资产总额}}\times100\%$$

公式中：税金总额为主营业务税金及附加与应交增值税之和；平均资产总额为期初期末资产之和的算术平均值。

资产负债率 该指标既反映企业经营风险的大小，也反映企业利用债权人提供的资金从事经营活动的能力。计算公式为：

$$\text{资产负债率}(\%)=\frac{\text{负债总额}}{\text{资产总额}}\times100\%$$

资产与负债均为报告期期末数。

流动资产周转次数 指一定时期内流动资产完成的周转次数，反映投入工业企业流动资金的周转速度。计算公式为：

$$\text{流动资产周转次数}=\frac{\text{主营业务收入}}{\text{全部流动资产平均余额}}$$

公式中：全部流动资产平均余额为期初和期末的流动资产之和的算术平均值。

成本费用利润率 反映企业投入的生产成本及费用的经济效益，同时也反映企业降低成本所取得的经济效益。计算公式为：

$$\text{成本费用利润率}(\%)=\frac{\text{利润总额}}{\text{成本费用总额}}\times100\%$$

公式中：成本费用总额为主营业务成本、销售费用、管理费用、财务费用之和。

产品销售率 该指标反映工业产品已实现销售的程度，是分析工业产销衔接情况，研究工业产品满足社会需求的指标。计算公式为：

$$产品销售率(\%)=\frac{工业销售产值}{工业总产值}\times 100\%$$

Explanatory Notes on Main Statistical Indicators

Industry refers to the material production sector which is engaged in the extraction of natural resources and processing and reprocessing of minerals and agricultural products, including (1) extraction of natural resources, such as mining, salt production (but not including hunting and fishing); (2) processing and reprocessing of farm and sideline produces, such as rice husking, flour milling, wine making, oil pressing, silk reeling, spinning and weaving, and leather making; (3) manufacture of industrial products, such as steel making, iron smelting, chemicals manufacturing, petroleum processing, machine building, timber processing; water and gas production and electricity generation and supply; (4)repairing of industrial products such as the repairing of machinery and means of transport (including cars).

In industrial statistics surveys, the units of enquiry are corporate industrial enterprises with independent accounting systems.

Corporate industrial enterprises with independent accounting systems refer to enterprises engaging in industrial production activities, which meet the following requirements: (1) They are established legally, having their own names, organizations, location and able to take civil liability; (2) They possess and use their assets independently, assume liabilities and are entitled to sign contracts with other units; (3) They are financially independent and compile their own balance sheets.

State-owned and State-holding Enterprises refer to state-owned enterprises plus State-holding enterprises. State-owned enterprises (originally known as State-run enterprises with ownership by the whole society) are non-corporate economic entities registered in accordance with the Regulation of the People's Republic of China on the Management of Registration of Legal Enterprises, where all assets are owned by the State. Included in this category are State-owned enterprises, State-funded corporations and State-owned joint-operation enterprises. Joint State-private industries and private industries, which existed before 1957, were transformed into state-run industries since 1957, and into State-owned industries after 1992. Statistics on those enterprises are included in the State-owned industries instead of being grouped them separately. State-holding enterprises are a sub-classification of enterprises with mixed ownership, referring to enterprises where the percentage of State assets (or shares by the State) is larger than any other single share holder of the same enterprise. This sub-classification illustrates the control of the State over a particular industry.

For explanation of enterprises of other types of registration covered in this chapter, please refer to General Survey.

Light Industry refers to the industry that produces consumer goods and hand tools. It consists of two categories, depending on the materials used:

(1) Industries using farm products as raw materials. These are the branches of light industry which directly or indirectly use farm products as basic raw materials, including the manufacture of food and beverages, tobacco processing, textile, clothing, fur and leather manufacturing, paper making, printing, etc.

(2) Industries using non-farm products as raw materials. These are the branches of light industry which use manufactured goods as raw materials, including the manufacture of cultural, educational articles and sports goods, chemicals, synthetic fibre, chemical products for daily use, glass products for daily use, metal products for daily use, hand tools, medical apparatus and instruments, and the manufacture of cultural and office machinery.

Heavy Industry refers to the industry which produces capital goods, and provides various sectors of the national economy with necessary material and technical basis for production. It consists of the following three branches according to the purpose of production or the use of products:

(1) Mining, quarrying and logging industry, which refers to the industry that extracts natural resources, including extraction of petroleum, coal, metal and non-metal ores.

(2) Raw materials industry refers to the industry that provides various sectors of the national economy with raw materials, fuels and power. It includes smelting and processing of metals, coking and coke chemistry, chemical materials and building materials such as cement, plywood, and power, petroleum refining and coal dressing.

(3) Manufacturing industry which refers to the industry that processes raw materials. It includes machine-building industries which equip sectors of the national economy; industries producing metal structure and cement products; and industries producing means of agricultural production, such as chemical fertilizers and pesticides.

In accordance with the above principles of classification, the repairing trades, which are engaged primarily in repairing products of heavy industry, are classified as heavy industry while those which are engaged in repairing products of light industry are classified as light industry.

Total Assets refer to all resources that are owned or controlled by enterprises through previous trades or transactions with expectation of making economic profits. Classified by the degree of liquidity, total assets include current assets, and non-current assets. Current assets can be classified into monetary assets, trading financial assets, notes receivable, accounts receivable, advanced payments, other prepaid money and inventories. Non-current assets can be divided into long-term equity investment, fixed assets, intangible assets and other non-current assets. Data on this indicator can be obtained by the year-end figures of total assets in the Assets and Liability Table of accounting records of enterprises.

Total Current Assets refer to the assets that meet one of the following requirements: (1) expected to be cashed, sold or used in a normal operation cycle, mainly including inventory and accounts receivable; (2) be owned for trading purpose mainly; (3) expected to be cashed in one year (including one year) from the day of the Assets and Liability Table; (4) unlimited cash or cash equivalents that can be exchanged with other assets or being capable of settling debts during one year since the day of Assets and Liability Table. Included are monetary assets, notes receivable, accounts receivable and inventories. Data on this indicator can be obtained by the year-end figures of total current assets in the Assets and Liability Table of the accounting records of enterprises.

Original Value of Fixed Assets refers to the cost of fixed assets, or the total expenditure of an enterprise spent on certain fixed assets, through purchase, construction, installation, transformation, expansion or technical upgrading. It is reported according to the year-end debit balance of fixed assets of accounting records.

Accumulated Depreciation refers to the accumulated figure of fixed assets depreciation over the past years that are extracted by the enterprise at the end of the reference period. It is reported according to the year-end credit balance of accumulated depreciation of accounting records.

Total Liabilities refer to payable liabilities of enterprises that accumulated from previous trades or transactions with expectation of economic profits leaking out. In terms of payment, it can be divided into liquid liabilities and long-term liabilities. Data on this item is obtained from the year-end figures on total liabilities from the Assets and Liability Table of the accounting record of the cnterprises.

Total Liquid Liabilities refer to the liabilities that meet one of the following requirements: (1) expected to be repaid in a normal operation cycle; (2) be owned for trading purpose mainly; (3) expected to be repaid in one year from the day of the Assets and Liability Table; (4) enterprise has no right to postpone the settlement of which over a year from the day of the Assets and Liability Table. Included are short-term loans, notes payable, accounts payable, employee compensations, taxes and expenses due. Data on this indicator can be obtained by the year-end figures of total liquid liabilities in the Assets and Liability Table of the accounting records of enterprises.

Total Equity refers to the residual ownership of enterprise investors by deducting total liabilities from the total assets, including the paid-in capital, accumulation of capital, operating surplus and non-distributed profits. Data are obtained from the year-end figures on "total equity" from the Assets and Liability Table of the accounting record of enterprise.

Revenue from Principal Business refers to the income confirmed of an enterprise from the principal business of selling products and providing labor services. Data on this indicator can be obtained from the year-end credit balance of "revenue from principal business" in the accounting record of enterprise.

Cost of Principal Business refers to the total cost occurred from the principal business of the enterprise. Data can be obtained from the year-end debit balance of "cost of principal business" in the accounting record of enterprise.

Tax and Extra Charges from Principal Business refer to the sales tax, consumption tax, urban maintenance and construction tax and education expenses shouldered by the enterprise from its principal business. Data are obtained from the year-end debit balance of "tax and extra charges from principal business" in the accounting record of enterprise.

Total Profits refers to the operation results in a certain accounting period, and it is the balance of various incomes minus various spendings in the course of operation, reflecting the total profits and losses of enterprises in reference period. Data are obtained from the amount of "total profits" in the "profit table" of the accounting record of enterprise.

Value-added Tax Payable refers to the payable tax of enterprises which engaged in selling of goods or providing services that bring added value to the goods, such as processing, repairing, fitting and other activities should be paid according to Tax Law. The formula is as follows:

Value-added Tax Payable = tax on sales-(tax on purchase-transferred tax on purchase)-exports deduct tax payable on domestic sales-tax relief+the export tax rebate.

Tax on Purchase refers to the value-added tax payable by enterprises that purchase goods or receiving taxable services during the reference period and this part of the tax is allowed to be deducted from the tax on sales.

Tax on Sales refers to the value-added tax chargeable by enterprises that sell goods or provide taxable services during the reference period.

Ratio of Profits, Taxes and Interests to Average Assets reflects the profit-making capability of all assets of the enterprise and is a key indicator manifesting the performance and management and evaluating the profit-making potential of the enterprise. It is calculated as follows:

$$\text{Ratio of Profits, Taxes and Interests to Average Assets (\%)} = \frac{\text{total profits} + \text{total taxes} + \text{interest payment}}{\text{average assets}} \times 100\%$$

In the above formula, total taxes is the sum of tax and extra charges on the principal business and value-added tax payable; and average assets is the arithmetic mean of the sum of beginning assets and ending assets.

Ratio of Debts to Assets reflects both the operation risk and the capability of the enterprise in making use of the capital from the creditors. It is calculated as follows:

$$\text{Ratio of Debts to Assets (\%)} = \frac{\text{total debts}}{\text{total assets}} \times 100\%$$

Both assets and debts are figures at the end of the reference period.

Turnover of Current Assets refers to the number of times of turnover of current assets in a given period of time, which reflects the speed of the turnover of current assets of industrial enterprises, and is calculated as follows:

$$\text{Turnover of Current Assets} = \frac{\text{sales revenue of products}}{\text{average balance of total current assets}}$$

In the above formula, average balance of total current assets refers to the arithmetic mean of the sum of current assets at the beginning and at the end of the reference period.

Ratio of Profits to Total Industrial Costs refers to the ratio of profits realized in a given period to the total costs in the same period, which reflects the economic efficiency of input cost and is calculated as follows:

$$\text{Ratio of Profits to Total Industrial Cost (\%)} = \frac{\text{total profits}}{\text{total costs}} \times 100\%$$

Total costs in the above formula are the sum of cost of principal business, marketing cost, management cost and financial cost.

Sales Ratio of Products is an indicator reflecting the actual sale of industrial products, analyzing the production-selling and supply-demand relations. It is calculated as:

$$\text{Sales Ratio of Products (\%)} = \frac{\text{value of industrial sales}}{\text{gross industrial output value (current prices)}} \times 100\%$$

建筑业

Construction

15

● 资料整理：高 彦

简要说明

一、主要内容

本篇反映河南省建筑业企业的基本情况和经营情况。包括企业个数、从业人员数、建筑业总产值、房屋建筑面积、资产、利润、税金、劳动生产率等资料。

二、统计范围

从2002年起，由原具有建筑业资质等级四级及四级以上的独立核算建筑业企业，调整为具有建筑业资质的总承包和专业承包、劳务分包建筑业企业。

三、资料来源

建筑业资料采取全面调查的方法，由河南省统计局固定资产投资处编辑整理。

Brief Introduction

I. Main Contents

Data in this chapter show the general and operation situation of the construction industry in Henan provincial. They cover the situation of production and management of the construction enterprises, including the number of enterprises; number of employed persons; gross output value of the construction industry; floor space of buildings under construction; profits and taxes ; and labour productivity etc.

II. Scope of Statistics

Starting from 2002 the scope of construction statistics has been adjusted to include all the construction enterprises of various types of ownership with qualification certificates and independent accounting systems, replacing the previous criteria that required construction enterprises of various types of ownership to have qualification certificates at or above Class 4 with independent accounting systems.

III. Sources of Data

Data on construction enterprises are collected in accordance with the Reporting Form System of Construction Statistics, which are provided by Department of investment in fixed assets of the Henan provincial Bureau of Statistics.

15-1 建筑业企业主要统计指标

Main Indicators of Construction Enterprises

年份 Year	单位数 (个) Number of Enterprise (unit)	建筑业总产值 (亿元) Gross Output Value of Construction (100 million yuan)	从业人员 (万人) Number of Person Employed (10 000persons)	房屋建筑面积(万平方米) Floor Spece of Buildings (10 000 sq.m) 施工 Under Construction	竣工 Completed	资产 (亿元) Asset (100 million yuan)	利润 (亿元) Profit (100 million yuan)	税金 (亿元) Tax (100 million yuan)	劳动生产率(按总产值计算) (元/人.年) Overall Labor Productivity by Total Output (yuan/person.year)
1978									
1979									
1980									
1981									
1982									
1983	249	13.30		1050.00	608.40		0.90	0.26	4749
1984	264	19.53		1177.00	647.10		1.10	0.38	5762
1985	375	26.09		1287.70	607.90		1.39	0.58	7435
1986	383	29.20		1324.70	659.70		1.09	0.45	7991
1987	412	31.56		1482.90	731.30		1.16	0.68	8429
1988	442	36.81		1829.20	674.90		1.10	0.91	9720
1989	403	39.26		1355.50	594.60		0.64	0.95	10759
1990	393	41.05		1264.50	609.70		1.02	1.14	11985
1991	493	53.91		1614.72	701.61		0.98	1.67	13098
1992	511	70.33		1934.10	878.60		1.27	2.04	16060
1993	979	101.26		2476.25	1015.03	108.10	1.10	2.74	19549
1994	1332	145.52		2966.28	1322.53	147.44	1.47	3.99	24100
1995	1384	182.07		3386.46	1533.55	186.59	2.07	5.18	27121
1996	2278	271.56		5335.91	2726.45	255.43	4.02	8.32	27910
1997	1975	294.69		4984.41	2447.91	274.48	2.60	8.63	31485
1998	2027	304.96	93.79	5061.35	2418.40	305.48	2.11	9.23	35619
1999	1936	316.99	79.77	5016.55	2584.82	324.54	3.72	9.51	40279
2000	1983	357.34	79.90	5308.29	2629.33	356.53	3.09	11.76	45237
2001	1824	452.49	84.01	6295.47	3146.07	437.70	5.86	14.40	52002
2002	1926	536.73	92.65	7118.44	3630.82	562.05	7.53	16.93	57930
2003	1905	634.52	93.44	8026.07	3433.59	656.32	9.40	20.36	65943
2004	2556	817.13	107.66	9086.52	4186.89	828.57	19.05	27.65	83239
2005	2842	1066.15	125.03	10813.15	4787.12	926.11	25.55	37.01	83308
2006	2834	1530.95	141.37	14472.92	6530.01	1130.11	37.10	50.78	108464
2007	3110	2151.72	176.43	19015.67	9177.80	1484.90	57.43	74.30	123272
2008	3894	2824.06	197.86	21966.53	10289.20	1898.06	92.92	98.71	140560
2009	4146	3596.49	224.34	24596.04	11994.23	2386.99	118.67	129.09	162702
2010	4341	4400.61	235.00	28677.13	13156.03	2856.03	161.65	162.31	183639
2011	4511	5279.36	228.91	33282.01	15146.83	3562.79	200.09	185.44	224132
2012	4738	6009.08	227.12	38328.73	16397.59	4159.13	232.86	210.94	287736
2013	5149	7003.20	237.19	43408.63	18179.14	4981.35	312.47	257.48	277186
2014	5129	7911.89	240.89	48825.35	19818.32	5812.88	321.89	275.37	307264
2015	5142	8047.65	238.83	53132.48	18026.91	5759.66	322.38	273.37	287604

注：本表不包括劳务分包企业(下同)。

a) Construction Enterprises in this table exclude Work Subcontractors Enterprises(the same as following tables).

15-2 建筑业企业主要经济指标
Main Indicators of Construction Enterprises

指　标	Item	2012	2013	2014	2015
企业单位数（个）	Number of Construction Enterprises (unit)	4738	5149	5129	5142
从业人员（万人）	Number of Employed Persons (10 000 persons)	227.12	237.19	240.89	238.83
固定资产原价（亿元）	Original Value of Fixed Assets Owned (100 million yuan)	829.59	943.97	1037.24	1031.21
固定资产合计（亿元）	Net Value of Fixed Assets Owned (100 million yuan)	633.36	716.82	784.33	782.59
自有施工机械设备年末总台数（万台）	Total Number of Machinery and Equipment Owned (10 000 sets)	81.90	80.22	78.93	64.77
自有施工机械设备年末净值（亿元）	Net Value of Machinery and Equipment Owned (100 million yuan)	267.22	287.23	310.59	317.51
自有施工机械设备年末总功率（万千瓦）	Total Power of Machinery and Equipment Owned (10 000 kw)	1660.29	1640.19	1650.01	1651.00
建筑业总产值（亿元）	Gross Output Value of Construction (100 million yuan)	6009.08	7003.2	7911.89	8047.65
全员劳动生产率	Overall Labor Productivity				
按总产值计算（元/人）	In Terms of Gross Output Value (yuan/person)	287736	277186	307264	287604
房屋建筑施工面积（万平方米）	Floor Space of Buildings under Construction (10 000 sq.m)	38329	43409	48825	53132
房屋建筑竣工面积（万平方米）	Floor Space of Buildings Completed (10 000 sq.m)	16398	18179	19818	18027
技术装备率（元/期末人数）	Value of Machines per Laborer (yuan/person)	11766	12110	12893	13294
动力装备率（千瓦/期末人数）	Power of Machines per Laborer (kw/person)	7.31	6.92	6.85	6.91
工程结算收入（亿元）	Revenue of Project Settlement Accounts (100 million yuan)	5841.65	6838.92	7435.36	7398.20
工程结算成本（亿元）	Costs of Project Settlement Accounts (100 million yuan)	5114.51	5873.62	6437.53	6401.10
工程结算税金及附加（亿元）	Taxes and Extra Charges on Project Settle Accounts (100 million yuan)	192.61	237.82	253.62	251.89
管理费用中的税金（亿元）	Taxes in Management Expenses (100 million yuan)	12.28	15.00	15.78	15.53
本年固定资产折旧（亿元）	Depreciation of Fixed Assets (100 million yuan)	59.76	66.82	66.18	65.90
应付职工薪酬（亿元）	Deal with worker firewood (100 million yuan)	586.83	786.87	857.81	849.73
利润总额（亿元）	Total Profits (100 million yuan)	232.86	312.47	321.89	322.38
税金总额（亿元）	Total Tax (100 million yuan)	210.94	257.48	275.37	273.37
产值利润率（%）	Ratio of Profit to Gross Output Value (%)	3.9	4.5	4.1	4.0
产值利税率（%）	Ratio of Pre-tax Profit to Gross Output Value (%)	7.4	8.1	7.6	7.4

15-3 建筑业企业房屋建筑竣工面积及竣工价值(2015年)

Floor space and Value of Building completed of Construction Enterprises (2015)

指　　标	Item	竣工面积(万平方米) Floor space Building completed (10 000 sq.m)	竣工价值(亿元) Value of Hoor Space (10 million yuan)
竣工房屋	**Buildings Completed**	**18026.91**	**2270.41**
住宅房屋	Residential Building	13002.72	1616.78
商业及服务用房屋	Houses for Commercial and service	944.00	135.32
商厦房屋(批发和零售用房)	Malls housing	281.94	39.50
宾馆用房屋(住宿用房)	Hotel	157.44	21.75
餐饮用房屋(餐饮用房)	Dining	50.62	5.86
商务会展用房屋	Commercial exhibition	44.71	5.83
其他商业及服务用房屋(居民服务业用房)	Others (Residents service)	409.29	62.38
办公用房屋	Official Building	1129.46	145.24
科研、教育、医疗用房屋	Houses for scientific research，education and public health and medical	984.64	127.15
科学研究用房屋	Houses for scientific research	98.03	12.27
教育用房屋	Houses for education	747.44	96.66
医疗用房屋(卫生医疗用房)	Houses for public health and medical	139.16	18.21
文化、体育、娱乐用房屋	Houses for culture and sports and amusement	123.30	17.71
厂房及建筑物	Workshop and Buildings	1401.67	169.25
#厂房	Workshop	708.94	90.11
仓库	Houses for other uses	115.15	8.91
其他未列明的房屋建筑物	Others	325.97	50.06

15-4 建筑业企业生产情况(2015年)

指 标	Item	合 计 Total	内 资 Domestic Funded	港澳台商投资 Funded from Hong Kong, Macao and Taiwan
企业个数(个)	Number of Enterprises (unit)	5142	5130	4
签订的合同额(亿元)	Contract Value Signed (100 million yuan)	14160.45	14151.80	5.87
上年结转合同额	Contract Value on Hand Last Year	5725.25	5719.40	5.85
本年新签合同额	Contract Value Newly Signed this Year	8435.20	8432.39	0.02
承包工程完成情况(亿元)	Conditions Finished of Contracted Projects (100 million yuan)			
直接从建设单位承揽	Contracted Directly from Fabricative Units			
工程完成的产值	Output Value Finished of Projects	7944.80	7942.15	0.17
自行完成施工产值	Output Value Self-Finished of Buildings Under Construction	7902.92	7900.28	0.17
分包出去工程的产值	Output Value of Projects Subcontracted	41.87	41.87	
从建设单位以外承揽	Contracted Directly Exceptant Fabricative Units			
工程完成的产值	Output Value Finished of Projects	144.72	144.72	
建筑业总产值(亿元)	Gross Output Value of Construction (100 million yuan)	8047.65	8045.01	0.17
建筑工程	Construction	7028.01	7027.32	0.17
安装工程	Installation	722.87	720.92	
其他	Others	296.77	296.77	
#装修装饰	Building Decoration	371.49	371.28	
建筑业竣工产值(亿元)	Buildings Completed Output Value of Construction (100 million yuan)	4411.68	4408.93	0.28
从业人员(万人)	Number of Persons Engaged (10 000 persons)	238.83	238.73	0.02
#工程技术人员	Engineering	31.65	31.64	0.00
#一级建造师	Constructor	1.98	1.98	
直接从事生产经营活动的平均人数(万人)	Annual Average people who Directly engaged in production and business operation activities (10 000 persons)	279.82	279.73	0.01
全员劳动生产率	Overall Labor Productivity			
按总产值计算(元/人)	In Terms of Gross Output Value (yuan/person)	287604	287604	181576
房屋建筑施工面积(万平方米)	Floor Space of Buildings Under Construction (10 000 sq.m)	53132.48	53121.22	11.26
#本年新开工	Beginning Projects This Year	23642.13	23640.12	2.01
#投标承包面积	Floor Space of Enter a bid Contract	41295.77	41295.77	
房屋建筑竣工面积(万平方米)	Floor Space of Buildings Completed (10 000 sq.m)	18026.9	18024.4	2.5
房屋竣工率(%)	Rate of Floor Space of Buildings Completed (%)	33.9	33.9	22.2
自有施工机械设备年末总台数(台)	Number of Machinery and Equipment Owned (set)	647676	647637	

Main Indicators on Construction Enterprises (2015)

外商投资 Foreign Funded	#国有控股 State-holding	#集体控股 Collective-holding	#私人控股 Private-holding	房屋建筑业 Floor Space	土木工程建筑业 Civil Engineering	建筑安装业 Building Installation	建筑装饰和其他建筑业 Building Decoration and Others	公有制 Public-owned	非公有制 Non-public owned
8	326	325	4083	1814	1138	635	1555	651	4491
2.79	3348.75	565.98	6272.47	7612.11	5189.54	755.61	603.19	3914.73	10245.73
0.00	1431.30	152.00	2107.19	3230.09	2194.63	219.76	80.77	1583.30	4141.95
2.78	1917.45	413.98	4165.28	4382.02	2994.91	535.85	522.42	2331.43	6103.77
2.48	1439.70	449.22	4332.40	4250.48	2773.30	473.44	447.58	1888.92	6055.87
2.48	1420.94	447.85	4313.51	4233.12	2757.99	469.80	442.02	1868.80	6034.13
	18.76	1.37	18.89	17.36	15.31	3.64	5.55	20.13	21.74
	52.36	12.66	71.00	52.69	58.45	9.93	23.67	65.02	79.71
2.48	1473.30	460.52	4384.51	4285.80	2816.43	479.72	465.69	1933.81	6113.84
0.52	1233.16	372.18	3820.18	3948.01	2533.04	233.33	313.63	1605.35	5422.67
1.95	198.77	55.13	394.74	212.09	190.39	229.27	91.11	253.90	468.97
	41.36	33.21	169.59	125.70	93.00	17.12	60.95	74.57	222.20
0.21	59.43	14.25	279.78	160.62	26.78	24.11	159.98	73.67	297.82
2.46	603.27	313.60	2888.44	2552.08	1276.56	293.31	289.72	916.88	3494.80
0.08	26.88	19.94	171.10	159.06	48.23	13.64	17.90	46.82	192.02
0.01	4.85	2.01	19.97	18.00	9.33	2.43	1.90	6.86	24.79
0.00	0.32	0.07	1.28	1.04	0.57	0.19	0.18	0.40	1.58
0.08	29.03	19.65	197.32	167.33	77.41	14.65	20.42	48.68	231.14
298976	507428	234395	222200	256123	363819	327499	228031	397237	264513
	4950.52	3080.08	39447.93	49545.98	1636.44	1595.49	354.58	8030.60	45101.88
	1873.41	1803.62	18377.65	21904.29	696.80	864.14	176.90	3677.04	19965.09
	3335.34	2693.08	30271.10	38651.65	1332.27	1187.26	124.59	6028.42	35267.35
	1125.6	1618.9	13944.6	16609.4	488.1	700.8	228.6	2744.5	15282.4
	22.7	52.6	35.3	33.5	29.8	43.9	64.5	34.2	33.9
39									

15-5 建筑业企业主要财务指标(2015年)

单位：万元

指标	Item	合计 Total	内资 Domestic Funded	港澳台商投资 Funded from Hong Kong, Macao and Taiwan	外商投资 Foreign Funded
资产总计	Total Assets	57596627	57359080	149728	71154
流动资产合计	Total Circulating Funds	45147284	44945283	142525	46907
#应收工程款	Year-end Projects Arrearage	11297996	11288345	3224	1796
存货	Stock	10654644	10637494	11444	3075
固定资产合计	Total Fixed Assets	7825854	7804126	2894	14737
固定资产原价	Original Value of Fixed Assets	10312129	10301264	3260	2841
累计折旧	Total Depreciation Drawn Accumulated	3949471	3946174	367	2263
#本年折旧	Draw Depreciation This Year	659018	658351	118	215
在建工程	Under Construction Project	679618	677659		1959
流动负债合计	Liquid Liabilities	32855287	32675373	142170	26126
#应付账款	Accounts payable	11419005	11413357	1775	3205
非流动负债合计	Non-current liabilities	1965801	1940518	90	25193
负债合计	Total Liabilities	36459234	36253916	142260	51440
所有者权益合计	Total Creditors Equity	21137393	21105164	7468	19714
#实收资本	Capitals Hold	14928085	14907734	5688	12543
国家资本	State capital	1612954	1612954		
集体资本	Collective	708009	705809	2200	
法人资本	Legal person	5297412	5288226	2188	6999
个人资本	Individual	7297801	7295131	450	100
港澳台资本	Hong Kong, Macao and Taiwan	7811	3961	850	3000
外商资本	Foreign	4098	1653		2445
营业收入	Business income	75165056	75090629	23269	24108
#主营业务收入	Main business income	73981985	73907843	23145	23947
营业成本	Operating costs	65690154	65629409	19984	17653
#主营业务成本	Advocate business wu cost	64010961	63950220	19984	17649
营业税金及附加	Business tax and extra	2578483	2576068	720	804
#主营业务税金及附加	Main business taxes and add	2518865	2516490	720	765
其他业务利润	Other Profit from Business	95085	94820	124	141
销售费用	Sales expenses	393201	391655	169	197
管理费用	Management Fee	2634278	2629915	1213	2322
#税金	Taxes	155250	155147	29	38
财务费用	Financial Expenses	557871	557283	174	
#利息收入	Expenses of Interest	136733	136690	42	0
营业利润	Profits of Business	3150550	3145517	959	3142
利润总额	Total Profits	3223825	3218769	959	3165
利税总额	Profits and Tax of Business	5957558	5949985	1708	4006
应付职工薪酬	Deal with worker firewood	8497259	8488571	1042	3185
亏损企业个数(个)	Number of Loss-Making Enterprises(unit)	480	476	1	3

Main Economic Indicators on Construction Enterprises by Registration Status (2015)

(10 000 yuan)

#国有控股 State-holding	#集体控股 Collective-holding	#私人控股 Private-holding	房屋建筑业 Floor Space	土木工程建筑业 Civil Engineering	建筑安装业 Building Installation	建筑装饰和其他建筑业 Building Decoration and Others	公有制 Public-owned	非公有制 Non-public owned
13675558	2407806	25535748	24214098	25144145	4450534	3787851	16083364	41513263
11383655	1643448	18851286	18659777	20209333	3506598	2771576	13027103	32120181
2993905	409765	5093085	4635481	4965023	980032	717460	3403671	7894326
2751106	263869	4297124	4439269	4999462	686040	529873	3014975	7639669
1299582	518180	4347401	3269386	3342771	544169	669527	1817762	6008092
2012530	646565	5043001	3746753	5074066	727920	763390	2659096	7653034
937066	211678	1537130	1118983	2308047	309349	213092	1148744	2800727
152781	29212	285906	202934	359737	54277	42070	181993	477024
86767	43625	386765	338180	237335	49719	54384	130393	549225
9686663	1318660	10084375	12633167	16416537	2616535	1189048	11005323	21849964
3935959	434574	2446864	4001076	5979281	986938	451710	4370533	7048471
452320	70309	448552	645946	1239571	52445	27839	522629	1443172
10378332	1447496	11695699	14371174	18032514	2746058	1309488	11825828	24633405
3297226	960309	13840049	9842924	7111631	1704476	2478362	4257535	16879858
1904528	631066	8409421	5811333	4383436	3052786	1680531	2535593	12392492
1221000	24639	65373	298406	1174162	86289	54097	1245638	367316
38805	406121	190728	354042	206156	116761	31050	444926	263083
545075	136011	2246315	1565966	1614412	1507733	609301	681086	4616326
98318	63952	5905214	3590199	1381887	1341852	983863	162270	7135531
1331		480	2520	4231	150	910	1331	6480
	343	1310	200	2587	0	1310	343	3755
15254365	4114157	38596509	37598959	28632211	4906137	4027749	19368521	55796535
15117841	4005286	37827885	36963551	28210971	4829232	3978231	19123127	54858858
13585978	3410911	33249697	33291884	25035144	4144206	3218920	16996890	48693264
13371829	3220504	32104898	32144069	24638930	4059521	3168441	16592333	47418628
459573	187447	1401708	1372236	908556	152841	144850	647020	1931463
452452	181330	1359597	1333524	894983	149613	140745	633782	1885084
12638	7437	55115	36419	42195	7469	9002	20075	75010
32622	39864	283489	179189	120872	40092	53048	72486	320714
567508	216650	1194137	876122	1245556	291093	221506	784159	1850119
19085	20255	97062	75966	49826	12618	16841	39340	115911
107405	27499	269772	234906	267566	25807	29592	134904	422967
33138	3200	22010	63971	64922	6530	1310	36338	100396
423716	237129	2092924	1592998	961839	231919	363794	660845	2489704
446212	243591	2132948	1636666	984998	237418	364743	689803	2534023
924870	451293	3631718	3084868	1943380	402877	526434	1376162	4581396
1218991	623234	5483122	5359294	2112841	562696	462428	1842225	6655034
32	24	367	121	101	74	184	56	424

15-6 劳务分包建筑企业生产经营情况(2015年)

单位：万元

指 标	Item	合 计 Total	#内资 Domestic Funded	国有控股 State-holding	集体控股 Collective-holding
企业数(个)	Number of Construction Enterprises (unit)	1157	1157	10	21
年末从业人员(人)	Number of Employed Persons at the Year-end (penson)	125713	125713	608	1499
#现场施工人员	Builder in Employed Persons at the Year-end	88144	88144	530	985
从业人员平均人数(人)	Average Number of Employed Persons (penson)	130943	130943	625	1309
年末资产负债	Year-end Assets and Liabilities				
固定资产原价	Original Value of Fixed Assets	175960	175960	871	1961
本年折旧	Draw Depreciation This Year	13225	13225	59	222
资产总计	Total Assets	627821	627821	5574	30514
负债总计	Total Liabilities	365274	365274	1114	23196
实收资本	Capitals Hold	238611	238611	1096	3588
损益及分配	Total Creditors Equity (10 000 yuan)				
营业收入	Total Income	921110	921110	5616	40996
#主营业务收入	Income form Principal Operations	914576	914576	5555	40849
营业成本	Operating costs	793490	793490	4650	32650
#主营业务成本	Advocate business wu cost	777975	777975	4569	31909
营业税金及附加	Business tax and extra	35591	35591	268	2054
#主营业务税金及附加	Main business taxes and add	32873	32873	266	1791
销售费用	Profits of Business	11165	11165	2	501
管理费用	Management Fee	51322	51322	537	2568
#税金	Taxes	3551	3551	54	90
财务费用	Financial Expenses	5778	5778	-17	337
营业利润	Profits of Business	61108	61108	192	3632
利润总额	Total Profits	51836	51836	177	3610
建筑业总产值	Gross Output Value of Construction	958933	958933	5680	42980
#装饰装修产值	Output Value of Fitment	85402	85402	401	3601
应付职工薪酬	Handle employee compensation	400745	400745	2102	7358

Main Indicators on Construction Enterprises of Work Subcontractors (2015)

(10 000 yuan)

私人控股 Private-holding	其他 Others	房屋建筑业 Floor Space	土木工程建筑业 Civil Engineering	建筑安装业 Building Installation	建筑装饰和其他建筑业 Building Decoration and Others	公有制 Public-owned	非公有制 Non-public owned
1013	113	526	88	129	414	31	1126
106539	17067	75681	7912	7911	34209	2107	123606
76033	10596	55758	3734	5621	23031	1515	86629
112293	16716	72178	8503	8813	41449	1934	129009
162977	10150	64962	10328	10084	90587	2833	173128
11992	953	5546	957	1122	5601	281	12944
543690	48042	243386	100442	54443	229550	36088	591733
324729	16235	89054	61148	19460	195612	24310	340964
215444	18484	86940	24210	23561	103901	4684	233927
755622	118876	483286	69063	102796	265966	46612	874498
750659	117513	482694	67955	101062	262865	46405	868172
657521	98669	410356	55827	90259	237048	37300	756190
646993	94504	402734	55813	86266	233163	36479	741497
28718	4550	18812	2697	3477	10606	2323	33268
26810	4005	17880	2680	2939	9374	2057	30815
9626	1036	6426	503	907	3329	503	10662
43910	4307	19466	3517	5697	22642	3105	48218
3115	292	1372	234	373	1572	144	3407
5136	322	3829	738	253	957	320	5458
46581	10703	28145	8285	3460	21218	3825	57283
41315	6734	24475	4654	3293	19413	3786	48049
782493	127780	500107	81332	105049	272445	48660	910273
65172	16228	49877	10897	3475	21153	4002	81400
349786	41499	252136	16795	27804	104009	9460	391285

15-7 各市建筑业企业总产值

Total Output Value of Construction by City

单位：亿元 (100 million yuan)

市(县) City(County)	2000	2005	2010	2011	2012	2013	2014	2015
全省 Total	**357.34**	**1066.15**	**4400.61**	**5279.36**	**6009.08**	**7003.20**	**7911.89**	**8047.65**
省辖市 City								
郑州市 Zhengzhou	105.93	299.39	1352.33	1549.16	1816.99	2264.38	2715.24	2715.91
开封市 Kaifeng	10.77	35.16	105.80	132.88	164.04	198.46	216.34	212.85
洛阳市 Luoyang	50.18	168.54	877.67	1110.90	1214.38	1202.35	1263.52	1255.70
平顶山市 Pingdingshan	15.48	31.18	88.66	102.88	121.59	130.40	137.92	120.66
安阳市 Anyang	28.68	71.78	319.14	359.22	410.82	532.27	601.64	678.74
鹤壁市 Hebi	3.65	6.34	34.25	43.37	42.37	50.61	58.24	61.08
新乡市 Xinxiang	26.84	79.44	238.71	294.56	344.56	418.86	449.31	443.91
焦作市 Jiaozuo	9.31	36.26	87.51	99.18	108.09	121.99	114.34	96.70
濮阳市 Puyang	23.45	46.84	138.98	168.44	192.39	224.91	235.04	228.38
许昌市 Xuchang	9.69	21.28	85.04	95.32	106.11	120.28	159.95	127.98
漯河市 Luohe	3.73	10.10	35.29	41.72	42.86	51.45	55.09	49.93
三门峡市 Sanmenxia	7.55	26.25	82.44	104.68	112.55	126.56	133.64	117.05
南阳市 Nanyang	21.29	75.70	197.79	242.66	260.52	292.65	310.00	328.76
商丘市 Shangqiu	9.42	43.76	170.41	214.74	228.96	272.16	322.59	362.93
信阳市 Xinyang	14.78	43.34	207.15	247.60	278.23	321.66	372.18	428.70
周口市 Zhoukou	9.73	40.60	184.06	216.63	250.73	298.99	352.64	361.95
驻马店市 Zhumadian	6.09	23.14	175.48	233.82	284.85	342.04	377.51	425.19
济源市 Jiyuan	0.78	7.08	19.88	21.61	29.04	33.17	36.72	31.23
省直管县 Province Administrating County								
巩义市 Gongyi	0.52	3.50	9.24	11.68	11.47	16.94	18.70	15.35
兰考县 Lankao	0.08	0.31	4.80	5.93	7.62	8.51	10.12	11.20
汝州市 Ruzhou	0.16	0.52	1.01	1.43	2.03	2.78	3.82	4.17
滑县 Huaxian	0.22	6.07	18.72	22.07	24.08	26.18	29.02	33.08
长垣县 Changyuan	4.24	7.78	61.53	78.67	104.86	141.61	151.71	161.07
邓州市 Dengzhou	0.58	3.81	18.69	25.56	34.76	31.49	38.83	41.05
永城市 Yongcheng	1.44	5.86	22.04	26.92	34.78	49.05	49.11	48.66
固始县 Gushi	2.72	5.10	21.69	25.01	27.32	34.50	34.53	32.71
鹿邑县 Luyi	0.82	4.87	10.66	13.63	15.51	20.82	26.85	34.69
新蔡县 Xincai	0.18	0.26	10.58	14.74	16.13	17.54	19.69	22.57

15−8 各市建筑业企业利税总额
Total Pre-Tax Profits of Construction Enterprises by City

单位：万元 (10 000 yuan)

市(县) City(County)	2000	2005	2010	2011	2012	2013	2014	2015
全　　省 Total	**148547**	**625512**	**3239587**	**3855334**	**4437985**	**5699485**	**5972587**	**5957558**
省　辖　市 City								
郑　州　市 Zhengzhou	35374	136720	981163	1086687	1285770	1664808	1747851	1801655
开　封　市 Kaifeng	3581	18134	69580	102444	142594	176426	174210	172487
洛　阳　市 Luoyang	6407	96068	435593	568588	626172	612825	603274	582412
平 顶 山 市 Pingdingshan	5962	19443	60208	67976	84575	111784	108247	108088
安　阳　市 Anyang	15184	29358	168267	237826	274682	354032	415905	417861
鹤　壁　市 Hebi	1296	1649	20348	26354	21382	32964	37903	36227
新　乡　市 Xinxiang	15297	56331	282720	321634	353188	463834	319120	308212
焦　作　市 Jiaozuo	2673	17570	59892	62343	60720	66864	75926	74608
濮　阳　市 Puyang	11834	24647	94763	113504	137242	185635	161124	153925
许　昌　市 Xuchang	6812	8436	54114	81835	100773	116294	156975	161803
漯　河　市 Luohe	2363	5093	30699	38042	38067	48080	52891	52793
三 门 峡 市 Sanmenxia	2626	12422	71644	111018	108904	138632	144746	144220
南　阳　市 Nanyang	10156	45817	216463	246672	237262	283888	236195	232857
商　丘　市 Shangqiu	8610	33083	136697	131181	176922	245662	236755	265895
信　阳　市 Xinyang	7246	44549	197830	199190	226530	328460	320301	320301
周　口　市 Zhoukou	9263	38970	196239	249295	310958	404723	399796	362657
驻 马 店 市 Zhumadian	3624	30310	149536	193600	231026	436653	331019	317404
济　源　市 Jiyuan	241	6915	13832	17146	21219	27922	30530	30530
省 直 管 县 Province Administrating County								
巩　义　市 Gongyi	420	3594	8948	15425	17602	21635	26478	25323
兰　考　县 Lankao	106	428	2955	7607	7240	11678	19003	18270
汝　州　市 Ruzhou	26	344	999	973	1423	2453	4450	4450
滑　　县 Huaxian	64	4085	12871	17413	18799	22539	23385	23162
长　垣　县 Changyuan	5342	13344	98909	108407	132565	171898	171525	165938
邓　州　市 Dengzhou	207	1188	20956	30406	33279	35484	44021	44021
永　城　市 Yongcheng	444	4915	18550	21044	24762	52966	47592	47592
固　始　县 Gushi	1835	3208	11541	19827	23184	30554	33663	35168
鹿　邑　县 Luyi	1301	8136	11652	13058	13802	16975	22798	22798
新　蔡　县 Xincai	134	291	16246	21024	22642	26645	26904	26904

15−9 各市建筑业企业利润总额
Total Profits of Construction Enterprises by City

单位：万元 (10 000 yuan)

市(县) City(County)	2000	2005	2010	2011	2012	2013	2014	2015
全　　省 Total	**30936**	**255460**	**1616515**	**2000905**	**2328601**	**3124690**	**3218893**	**3223825**
省　辖　市 City								
郑　州　市 Zhengzhou	3508	40921	490101	601868	708762	932512	892177	931924
开　封　市 Kaifeng	418	6952	33919	56990	84683	104543	101758	100232
洛　阳　市 Luoyang	-8040	39499	159910	198078	221691	194882	217403	215929
平 顶 山 市 Pingdingshan	528	7813	29104	33541	42639	67700	62069	61959
安　阳　市 Anyang	1411	6107	73664	101678	122522	168122	213906	215140
鹤　壁　市 Hebi	-57	-388	8743	12104	7617	13662	19667	18128
新　乡　市 Xinxiang	4511	23368	179761	199307	224733	304239	201118	193916
焦　作　市 Jiaozuo	88	6175	28387	24161	25604	27950	40484	39761
濮　阳　市 Puyang	5261	11735	46593	62702	78615	109568	83855	78639
许　昌　市 Xuchang	4307	2563	27695	51954	63095	72502	92927	95679
漯　河　市 Luohe	1454	2394	12734	19277	18941	25832	28889	28815
三 门 峡 市 Sanmenxia	710	2950	40519	68636	63252	85149	89576	89537
南　阳　市 Nanyang	3271	20315	95397	130764	119710	157240	120876	120430
商　丘　市 Shangqiu	5148	17363	82915	64956	92003	138498	143851	160289
信　阳　市 Xinyang	2725	24434	101907	110457	133704	176769	174082	174082
周　口　市 Zhoukou	4782	23148	119227	142577	170790	243275	238401	218278
驻 马 店 市 Zhumadian	895	15027	78544	112237	138168	286425	194177	182584
济　源　市 Jiyuan	17	5086	7395	9618	12071	15823	17015	17015
省 直 管 县 Province Administrating County								
巩　义　市 Gongyi	222	1843	4933	10150	12447	15541	18250	17354
兰　考　县 Lankao	88	348	1219	5518	5089	8238	13206	12967
汝　州　市 Ruzhou	15	109	516	481	551	1204	2877	2877
滑　　县 Huaxian	0	1792	5772	9417	9317	13418	12906	12774
长　垣　县 Changyuan	1591	9713	68503	77664	92844	121710	122973	118362
邓　州　市 Dengzhou	45	209	13386	18899	18581	20870	27175	27175
永　城　市 Yongcheng	201	3389	10576	11569	12962	34683	31765	31765
固　始　县 Gushi	801	1348	4836	11843	15703	20632	22380	23085
鹿　邑　县 Luyi	833	6648	7331	8401	8667	10191	14607	14607
新　蔡　县 Xincai	70	23	13456	17315	16363	19948	20525	20525

15-10 各市建筑业企业主要指标(2015年)

市(县) City(County)	企业个数 (个) Number of Enterprises (unit)	从业人员 (万人) Number of Persons Engaged (10 000 person)	直接从事生产经营活动的平均人数 (万人) Annual Average people who Directly engaged in production and business operation activities(10 000 person)	签定的合同额 (亿元) Contract Value Signed (100 million yuan)
全　省 Total	**5142**	**238.83**	**279.82**	**14160.45**
省辖市 City				
郑州市 Zhengzhou	1432	54.48	63.97	5297.25
开封市 Kaifeng	250	10.99	8.92	370.62
洛阳市 Luoyang	402	15.41	26.30	3329.73
平顶山市 Pingdingshan	195	5.76	5.27	180.24
安阳市 Anyang	247	27.33	25.34	888.10
鹤壁市 Hebi	88	2.42	2.55	94.63
新乡市 Xinxiang	284	16.11	14.51	377.07
焦作市 Jiaozuo	183	4.41	3.44	219.61
濮阳市 Puyang	226	8.93	17.57	305.14
许昌市 Xuchang	126	5.98	4.91	215.34
漯河市 Luohe	92	3.30	2.91	71.13
三门峡市 Sanmenxia	147	4.68	3.85	257.49
南阳市 Nanyang	332	12.91	13.12	346.47
商丘市 Shangqiu	157	9.89	10.24	429.29
信阳市 Xinyang	197	12.60	15.12	490.93
周口市 Zhoukou	182	11.07	10.97	373.67
驻马店市 Zhumadian	217	14.58	32.36	432.68
济源市 Jiyuan	86	1.46	1.35	43.82
省直管县 Province Administrating County				
巩义市 Gongyi	22	0.77	0.78	27.72
兰考县 Lankao	22	0.67	0.72	14.71
汝州市 Ruzhou	12	0.25	0.27	5.45
滑县 Huaxian	30	1.63	1.63	32.36
长垣县 Changyuan	126	7.74	8.30	183.43
邓州市 Dengzhou	21	0.94	1.09	42.57
永城市 Yongcheng	30	1.66	1.86	51.93
固始县 Gushi	16	1.72	1.44	39.05
鹿邑县 Luyi	11	0.65	0.68	37.08
新蔡县 Xincai	9	0.51	0.36	2.93

Main Indicators of Construction Enterprises by City (2015)

总产值 (亿元) Gross Output Value (100 million yuan)	竣工产值 (亿元) Buildings Completed Output Value (100 million yuan)	房屋建筑施工面积 (万平方米) Floor Space of Buildings Under Construction (10 000 sq.m)	房屋建筑竣工面积 (万平方米) Floor Space of Buildings Completed (10 000 sq.m)	自有施工机械设备年末总功率 (万千瓦) Total Power of Machinery and Equipment Owned (10 000 kw)	自有施工机械设备年末净值 (亿元) Net Value of Machinery and Equipment Owned (100 million yuan)
8047.65	**4411.68**	**53132.48**	**18026.91**	**1651.00**	**317.51**
2700.57	1164.11	23096.65	4265.67	504.30	87.52
201.66	112.67	2072.39	559.88	25.93	5.41
1255.70	504.86	6417.24	1386.35	291.54	74.75
116.49	80.22	1019.39	385.04	29.62	4.41
645.66	427.97	4503.09	2455.18	233.06	24.46
61.08	38.46	520.13	221.23	29.96	3.55
282.84	205.00	1913.87	1068.71	58.48	12.92
96.70	53.05	560.75	176.32	24.40	4.16
228.38	182.24	1033.63	617.84	65.91	13.70
127.98	102.03	1112.70	587.01	21.45	4.76
49.93	36.65	475.57	231.13	6.69	2.16
117.05	49.23	437.15	101.58	48.15	11.45
287.71	184.50	1671.05	759.83	54.06	9.10
314.27	214.17	1465.23	1013.03	40.55	7.46
395.99	269.26	2054.15	1317.51	44.36	11.74
327.26	262.59	1303.49	786.39	54.66	11.30
402.62	210.55	1467.24	815.67	34.28	6.71
31.23	23.32	261.32	112.90	4.25	1.70
15.35	7.42	157.81	41.47	1.63	0.88
11.20	10.72	72.15	62.40	2.10	0.61
4.17	2.16	34.53	10.75	0.52	0.07
33.08	30.12	185.54	142.10	3.10	1.23
161.07	108.38	373.14	146.49	47.72	10.53
41.05	18.89	58.26	24.24	3.11	0.68
48.66	36.32	332.46	268.20	11.63	2.55
32.71	30.89	241.37	182.48	6.28	2.95
34.69	34.69	235.69	231.04	3.12	0.70
22.57	11.21	56.50	56.50	0.13	0.06

15-11 各市建筑业企业个数(2015年)

单位：个

市(县)	City(County)	企业个数 Number of Enterprises	内资 Domestic Funded	港澳台商投资 Funded from Hong Kong, Macao and Taiwan	外商投资 Foreign Funded	公有制 Public-owned	非公有制 Non-public owned
全省	**Total**	**5142**	**5130**	**4**	**8**	**651**	**4491**
省辖市	**City**						
郑州市	Zhengzhou	1432	1424	4	4	103	1329
开封市	Kaifeng	250	249		1	35	215
洛阳市	Luoyang	402	401		1	65	337
平顶山市	Pingdingshan	195	195			27	168
安阳市	Anyang	247	247			23	224
鹤壁市	Hebi	88	88			12	76
新乡市	Xinxiang	284	283		1	37	247
焦作市	Jiaozuo	183	182		1	21	162
濮阳市	Puyang	226	226			18	208
许昌市	Xuchang	126	126			14	112
漯河市	Luohe	92	92			17	75
三门峡市	Sanmenxia	147	147			20	127
南阳市	Nanyang	332	332			56	276
商丘市	Shangqiu	157	157			29	128
信阳市	Xinyang	197	197			58	139
周口市	Zhoukou	182	182			26	156
驻马店市	Zhumadian	217	217			46	171
济源市	Jiyuan	86	86			6	80
省直管县	**Province Administrating County**						
巩义市	Gongyi	22	22			1	21
兰考县	Lankao	22	22			1	21
汝州市	Ruzhou	12	12			3	9
滑县	Huaxian	30	30			3	27
长垣县	Changyuan	126	126			5	121
邓州市	Dengzhou	21	21			9	12
永城市	Yongcheng	30	30			10	20
固始县	Gushi	16	16			2	14
鹿邑县	Luyi	11	11				11
新蔡县	Xincai	9	9			4	5

Number of Construction Enterprises by City (2015)

(unit)

#国有控股 State-holding	#集体控股 Collective-holding	#私人控股 Private-holding	房屋建筑业 Floor Space	土木工程建筑业 Civil Engineering	建筑安装业 Building Installation	建筑装饰和其他建筑业 Building Decoration and Others
326	**325**	**4083**	**1814**	**1138**	**635**	**1555**
66	37	1213	301	289	279	563
15	20	201	112	42	49	47
27	38	313	147	53	40	162
9	18	161	82	29	18	66
12	11	199	154	31	31	31
6	6	62	53	15	9	11
14	23	224	132	54	43	55
12	9	133	49	24	21	89
13	5	188	64	79	19	64
2	12	100	55	23	13	35
4	13	62	50	12	7	23
17	3	127	38	83	5	21
30	26	255	80	83	26	143
16	13	113	80	44	5	28
28	30	127	91	52	15	39
5	21	145	65	69	12	36
24	22	145	108	56	12	41
4	2	70	25	26	13	22
	1	18	14	7	1	
1		20	15	7		
1	2	9	8	3		1
1	2	24	14	8	6	2
4	1	114	33	19	7	67
8	1	12	5	11	2	3
3	7	19	19	6	1	4
1	1	13	10	5	1	
		11	6	4		1
3	1	5	4	4		1

15-12 各市建筑业企业总产值(2015年)

单位：亿元

市(县)	City(County)	总产值 Gross Output Value	内资 Domestic Funded	港澳台商投资 Funded from Hong Kong, Macao and Taiwan	外商投资 Foreign Funded	公有制 Public-owned	非公有制 Non-public owned
全省	**Total**	**8047.65**	**8045.01**	**0.17**	**2.48**	**1933.81**	**6113.84**
省辖市	City						
郑州市	Zhengzhou	2700.57	2699.98	0.17	0.42	586.48	2114.09
开封市	Kaifeng	201.66	201.64		0.02	55.84	145.81
洛阳市	Luoyang	1255.70	1255.62		0.09	347.19	908.51
平顶山市	Pingdingshan	116.49	116.49			10.29	106.20
安阳市	Anyang	645.66	645.66			25.97	619.69
鹤壁市	Hebi	61.08	61.08			14.69	46.40
新乡市	Xinxiang	282.84	282.11		0.72	36.99	245.85
焦作市	Jiaozuo	96.70	95.47		1.23	53.65	43.06
濮阳市	Puyang	228.38	228.38			51.40	176.97
许昌市	Xuchang	127.98	127.98			19.53	108.45
漯河市	Luohe	49.93	49.93			12.61	37.32
三门峡市	Sanmenxia	117.05	117.05			75.41	41.63
南阳市	Nanyang	287.71	287.71			105.36	182.35
商丘市	Shangqiu	314.27	314.27			91.70	222.57
信阳市	Xinyang	395.99	395.99			150.12	245.87
周口市	Zhoukou	327.26	327.26			53.33	273.92
驻马店市	Zhumadian	402.62	402.62			167.15	235.48
济源市	Jiyuan	31.23	31.23			1.89	29.34
省直管县	**Province Administrating County**						
巩义市	Gongyi	15.35	15.35			0.13	15.22
兰考县	Lankao	11.20	11.20			1.14	10.06
汝州市	Ruzhou	4.17	4.17			0.92	3.26
滑县	Huaxian	33.08	33.08			4.02	29.06
长垣县	Changyuan	161.07	161.07			5.78	155.29
邓州市	Dengzhou	41.05	41.05			25.50	15.55
永城市	Yongcheng	48.66	48.66			23.81	24.86
固始县	Gushi	32.71	32.71			0.98	31.73
鹿邑县	Luyi	34.69	34.69				34.69
新蔡县	Xincai	22.57	22.57			11.96	10.61

Total Output Value of Construction Enterprises by City (2015)

(100 million yuan)

#国有控股 State-holding	#集体控股 Collective-holding	#私人控股 Private-holding	房屋建筑业 Floor Space	土木工程建筑业 Civil Engineering	建筑安装业 Building Installation	建筑装饰和其他建筑业 Building Decoration and Others
1473.30	**460.52**	**4384.51**	**4285.80**	**2816.43**	**479.72**	**465.69**
561.78	24.69	1361.26	1356.76	934.94	219.91	188.95
39.46	16.39	138.60	129.09	21.59	46.28	4.69
309.62	37.58	280.37	389.81	804.63	45.45	15.82
2.68	7.61	60.58	87.71	21.67	3.24	3.86
17.13	8.84	553.89	607.49	22.18	12.93	3.06
11.91	2.78	39.52	52.30	6.15	2.34	0.29
18.14	18.84	237.81	192.24	65.19	17.56	7.85
43.36	10.29	35.22	35.99	47.05	7.43	6.23
47.72	3.68	158.37	105.82	93.79	13.36	15.40
5.72	13.80	81.14	77.54	33.91	4.64	11.90
2.29	10.32	31.56	39.59	6.63	1.75	1.95
74.34	1.07	41.63	24.13	91.98	0.48	0.46
59.57	45.79	151.92	155.41	92.70	27.66	11.93
69.91	21.79	211.64	206.59	82.03	9.19	16.46
70.88	79.24	228.39	242.48	120.30	14.32	18.88
12.48	40.86	255.72	157.38	131.37	20.23	18.28
76.50	90.65	187.70	206.75	129.33	13.71	52.84
1.84	0.05	27.61	19.88	8.49	2.02	0.84
	0.13	13.36	12.57	2.38	0.40	
1.14		9.86	6.60	4.59		
0.14	0.78	3.26	3.08	1.07		0.02
2.53	1.49	26.33	21.78	8.20	3.03	0.08
3.59	2.19	133.99	51.92	18.45	6.62	84.09
21.51	3.98	15.55	10.86	23.09	6.98	0.12
8.64	15.17	24.69	36.65	10.76	0.03	1.23
0.91	0.07	29.23	24.51	8.03	0.16	
		34.69	16.47	17.84		0.38
9.51	2.44	10.61	14.41	8.09		0.07

15-13 各市建筑业企业资产总计(2015年)

单位：亿元

市(县) City(County)	资产合计 Total Assets	内资 Domestic Funded	港澳台商投资 Funded from Hong Kong, Macao and Taiwan	外商投资 Foreign Funded	公有制 Public-owned	非公有制 Non-public owned
全省 Total	**5759.66**	**5735.91**	**14.97**	**7.12**	**1608.34**	**4151.33**
省辖市 City						
郑州市 Zhengzhou	2272.95	2255.36	14.65	1.49	669.67	1603.28
开封市 Kaifeng	190.71	190.61		0.11	57.89	132.82
洛阳市 Luoyang	1006.45	1006.45			211.54	794.91
平顶山市 Pingdingshan	163.31	163.31			16.49	146.82
安阳市 Anyang	248.74	248.74			31.09	217.66
鹤壁市 Hebi	78.43	78.43			33.15	45.29
新乡市 Xinxiang	202.23	197.45		4.78	42.41	159.82
焦作市 Jiaozuo	104.41	103.67		0.74	59.49	44.93
濮阳市 Puyang	176.23	176.23			63.88	112.35
许昌市 Xuchang	167.95	167.95			18.81	149.14
漯河市 Luohe	50.11	50.11			6.58	43.52
三门峡市 Sanmenxia	174.10	174.10			121.80	52.31
南阳市 Nanyang	158.89	158.89			61.90	96.98
商丘市 Shangqiu	141.20	140.88	0.32		55.79	85.41
信阳市 Xinyang	125.46	125.46			48.91	76.56
周口市 Zhoukou	89.63	89.63			19.64	69.99
驻马店市 Zhumadian	139.49	139.28			45.15	94.33
济源市 Jiyuan	41.17	41.17			4.06	37.12
省直管县 Province Administrating County						
巩义市 Gongyi	21.40	21.40			5.82	15.58
兰考县 Lankao	8.96	8.96			0.79	8.17
汝州市 Ruzhou	2.29	2.29			0.60	1.69
滑县 Huaxian	16.95	16.95			1.87	15.08
长垣县 Changyuan	118.28	118.28			4.43	113.85
邓州市 Dengzhou	14.99	14.99			9.86	5.13
永城市 Yongcheng	22.74	22.74			14.41	8.33
固始县 Gushi	17.36	17.36			0.55	16.82
鹿邑县 Luyi	1.96	1.96				1.96
新蔡县 Xincai	3.26	3.26			1.78	1.48

Total Assets of Construction Enterprises by City (2015)

(100 million yuan)

#国有控股 State-holding	#集体控股 Collective-holding	#私人控股 Private-holding	房屋建筑业 Floor Space	土木工程建筑业 Civil Engineering	建筑安装业 Building Installation	建筑装饰和其他建筑业 Building Decoration and Others
1367.56	**240.78**	**2553.57**	**2421.41**	**2514.41**	**445.05**	**378.79**
652.80	16.88	821.11	981.57	889.31	218.80	183.27
44.14	13.75	125.53	108.30	27.93	49.87	4.61
181.19	30.34	231.69	173.46	764.58	46.53	21.88
6.57	9.92	72.18	113.83	32.53	7.25	9.71
18.02	13.07	197.73	189.84	34.32	9.03	15.55
28.66	4.48	38.24	67.49	8.06	2.25	0.63
27.01	15.40	147.68	101.57	77.24	18.16	5.26
43.95	15.53	39.29	39.42	45.78	9.81	9.40
61.58	2.29	103.59	48.64	103.42	6.53	17.64
9.43	9.38	139.89	105.09	47.63	8.18	7.05
2.32	4.26	38.10	33.25	5.54	8.11	3.22
121.17	0.62	52.21	35.96	136.10	0.73	1.31
31.54	30.37	83.42	61.26	60.00	26.20	11.43
49.26	6.53	77.74	72.99	59.20	0.61	8.41
24.64	24.27	60.48	71.37	37.74	8.93	7.42
8.56	11.07	63.36	30.07	48.87	5.21	5.48
28.22	16.94	67.25	71.67	53.48	4.66	9.67
3.87	0.19	33.42	17.15	17.12	4.42	2.48
	5.82	13.73	18.30	3.10		
0.79		8.17	4.20	4.76		
0.26	0.34	1.69	1.91	0.31		0.07
1.19	0.68	13.22	10.96	3.99	1.96	0.05
3.07	1.36	98.35	42.27	21.09	3.31	51.61
8.75	1.11	5.13	1.32	9.21	4.36	0.09
9.10	5.31	7.82	11.32	10.70	0.03	0.69
0.41	0.14	9.12	5.67	9.71	0.13	1.85
		1.96	0.64	1.31		0.01
1.05	0.74	1.48	1.90	1.36		

15-14 各市建筑业企业负债合计(2015年)

单位：亿元

市(县) City(County)	负债合计 Total Liabilities	内资 Domestic Funded	港澳台商投资 Funded from Hong Kong, Macao and Taiwan	外商投资 Foreign Funded	公有制 Public-owned	非公有制 Non-public owned
全　　省 Total	**3645.92**	**3625.39**	**14.23**	**5.14**	**1182.58**	**2463.34**
省 辖 市 City						
郑 州 市 Zhengzhou	1572.91	1557.45	14.12	0.28	550.86	1022.05
开 封 市 Kaifeng	123.42	123.39		0.02	37.67	85.74
洛 阳 市 Luoyang	788.26	788.26			159.80	628.46
平 顶 山 市 Pingdingshan	106.08	106.08			11.87	94.21
安 阳 市 Anyang	94.95	94.95			19.41	75.54
鹤 壁 市 Hebi	46.79	46.79			22.81	23.97
新 乡 市 Xinxiang	87.27	82.86		4.41	27.78	59.49
焦 作 市 Jiaozuo	63.61	63.19		0.42	44.27	19.34
濮 阳 市 Puyang	99.63	99.63			57.66	41.97
许 昌 市 Xuchang	110.27	110.27			9.29	100.97
漯 河 市 Luohe	25.19	25.19			3.11	22.08
三 门 峡 市 Sanmenxia	115.16	115.16			87.40	27.76
南 阳 市 Nanyang	86.38	86.38			38.90	47.47
商 丘 市 Shangqiu	65.50	65.40	0.10		29.86	35.64
信 阳 市 Xinyang	58.80	58.80			25.38	33.42
周 口 市 Zhoukou	31.94	31.94			10.52	21.43
驻 马 店 市 Zhumadian	68.13	68.01			24.03	44.10
济 源 市 Jiyuan	19.74	19.74			1.86	17.88
省 直 管 县 Province Administrating County						
巩 义 市 Gongyi	8.53	8.53			3.32	5.21
兰 考 县 Lankao	2.00	2.00			0.49	1.51
汝 州 市 Ruzhou	0.61	0.61			0.20	0.40
滑 县 Huaxian	7.16	7.16			0.63	6.53
长 垣 县 Changyuan	35.52	35.52			1.69	33.83
邓 州 市 Dengzhou	4.88	4.88			3.78	1.11
永 城 市 Yongcheng	12.54	12.54			9.39	3.15
固 始 县 Gushi	9.94	9.94			0.13	9.82
鹿 邑 县 Luyi						
新 蔡 县 Xincai	0.72	0.72			0.47	0.25

Total Liabilities of Construction Enterprises by City (2015)

(100 million yuan)

#国有控股 State-holding	#集体控股 Collective-holding	#私人控股 Private-holding	房屋建筑业 Floor Space	土木工程建筑业 Civil Engineering	建筑安装业 Building Installation	建筑装饰和其他建筑业 Building Decoration and Others
1037.83	**144.75**	**1169.57**	**1437.12**	**1803.25**	**274.61**	**130.95**
541.02	9.84	373.17	672.20	679.77	140.44	80.50
31.66	6.01	81.91	74.47	13.00	34.52	1.42
140.92	18.88	135.18	103.22	645.39	31.06	8.59
4.43	7.44	31.22	78.03	20.45	3.04	4.56
8.67	10.75	67.65	70.28	19.93	3.47	1.27
19.74	3.07	19.70	41.56	4.41	0.57	0.25
19.64	8.15	52.57	41.57	37.12	7.39	1.19
31.22	13.05	15.36	23.14	31.24	6.10	3.12
56.19	1.47	38.80	20.78	68.63	3.28	6.94
3.17	6.12	96.92	75.16	27.87	5.40	1.83
1.12	1.99	20.74	14.96	2.71	6.47	1.05
87.27	0.13	27.69	25.22	89.24	0.38	0.32
18.42	20.49	40.63	33.49	32.57	16.37	3.94
27.66	2.20	32.05	34.25	28.98	0.42	1.85
13.15	12.23	25.38	32.16	19.41	4.90	2.33
3.54	6.98	18.44	11.48	16.93	2.50	1.03
15.68	8.35	28.01	32.77	29.95	2.37	3.04
1.76	0.10	15.65	8.92	7.72	2.39	0.71
	3.32	3.95	6.93	1.60		
0.49		1.51	1.06	0.94		
0.15	0.05	0.40	0.39	0.20		0.02
0.39	0.24	5.46	4.93	1.21	1.01	0.01
1.34	0.35	28.40	21.17	7.36	1.40	5.59
3.61	0.17	1.11	0.08	3.71	1.04	0.05
6.36	3.03	2.67	4.98	7.08	0.01	0.48
0.06	0.07	4.76	3.61	5.40	0.07	0.87
0.18	0.29	0.25	0.29	0.42		

15-15 各市建筑业企业工程结算收入(2015年)

单位：亿元

市(县) City(County)	工程结算收入 Revenue of Project Settlement Accounts	内资 Domestic Funded	港澳台商投资 Funded from Hong Kong, Macao and Taiwan	外商投资 Foreign Funded	公有制 Public-owned	非公有制 Non-public owned
全　　省 Total	**7398.20**	**7390.78**	**2.31**	**2.39**	**1912.31**	**5485.89**
省　辖　市 City						
郑　州　市 Zhengzhou	2649.31	2645.41	1.50	0.48	721.06	1928.25
开　封　市 Kaifeng	203.22	203.08		0.13	71.53	131.69
洛　阳　市 Luoyang	1197.42	1197.42			233.72	963.70
平顶山市 Pingdingshan	119.49	119.49			12.54	106.95
安　阳　市 Anyang	529.31	529.31			32.02	497.29
鹤　壁　市 Hebi	47.03	47.03			11.30	35.73
新　乡　市 Xinxiang	288.10	287.11		0.99	37.86	250.23
焦　作　市 Jiaozuo	113.76	112.97		0.79	64.29	49.47
濮　阳　市 Puyang	218.21	218.21			60.27	157.95
许　昌　市 Xuchang	147.99	147.99			24.25	123.74
漯　河　市 Luohe	53.81	53.81			7.77	46.04
三门峡市 Sanmenxia	175.67	175.67			125.66	50.01
南　阳　市 Nanyang	236.34	236.34			78.32	158.03
商　丘　市 Shangqiu	263.98	263.16	0.82		94.15	169.83
信　阳　市 Xinyang	248.20	248.20			103.30	144.90
周　口　市 Zhoukou	279.80	279.80			55.61	224.20
驻马店市 Zhumadian	259.21	258.42			110.03	149.18
济　源　市 Jiyuan	35.99	35.99			3.64	32.34
省直管县 Province Administrating County						
巩　义　市 Gongyi	19.77	19.77			3.50	16.27
兰　考　县 Lankao	8.69	8.69			0.48	8.21
汝　州　市 Ruzhou	3.64	3.64			0.80	2.84
滑　　县 Huaxian	28.40	28.40			3.35	25.04
长　垣　县 Changyuan	117.69	117.69			5.33	112.36
邓　州　市 Dengzhou	30.78	30.78			20.43	10.35
永　城　市 Yongcheng	44.70	44.70			24.43	20.26
固　始　县 Gushi	39.84	39.84			0.97	38.87
鹿　邑　县 Luyi	26.85	26.85				26.85
新　蔡　县 Xincai	11.00	11.00			5.69	5.31

Revenue of Project Settlement Accounts of Construction Enterprises by City (2015)

(100 million yuan)

#国有控股 State-holding	#集体控股 Collective-holding	#私人控股 Private-holding	房屋建筑业 Floor Space	土木工程建筑业 Civil Engineering	建筑安装业 Building Installation	建筑装饰和其他建筑业 Building Decoration and Others
1511.78	**400.53**	**3782.79**	**3696.36**	**2821.10**	**482.92**	**397.82**
697.47	23.59	1205.37	1273.16	933.43	248.17	194.56
47.74	23.79	124.21	119.07	22.69	56.69	4.76
208.20	25.52	281.83	249.62	888.52	41.38	17.90
3.78	8.76	67.68	90.86	20.18	3.79	4.66
21.70	10.32	449.45	486.08	27.81	11.94	3.48
8.24	3.07	30.14	40.06	5.13	1.31	0.53
16.39	21.48	242.36	203.80	60.00	17.38	6.92
53.46	10.83	43.29	45.94	53.10	6.81	7.91
57.93	2.34	144.90	92.45	101.22	10.46	14.08
8.59	15.65	93.65	97.24	35.15	7.45	8.14
2.62	5.16	38.96	42.90	6.08	2.45	2.38
124.40	1.26	49.97	26.38	147.96	0.72	0.62
36.82	41.49	135.15	133.65	71.20	23.12	8.38
75.27	18.88	157.72	174.28	77.62	0.51	11.57
50.13	53.17	129.69	164.51	60.81	11.76	11.12
10.94	44.66	206.98	129.65	119.84	16.83	13.48
46.42	63.61	111.69	143.74	89.08	7.49	18.91
3.57	0.07	29.54	20.34	11.35	2.55	1.75
	3.50	14.63	18.03	1.74		
0.48		8.21	4.87	3.82		
0.13	0.67	2.84	3.44	0.17		0.03
2.26	1.10	22.90	18.83	7.17	2.32	0.07
3.20	2.13	97.99	36.54	14.67	3.24	63.25
16.94	3.49	10.35	6.86	17.38	6.46	0.08
10.72	13.71	19.94	31.06	12.48		1.15
0.86	0.11	31.17	25.31	12.59	0.10	1.85
		26.85	12.55	14.03		0.27
3.52	2.17	5.31	5.12	5.88		

15-16 各市建筑业企业利润总额(2015年)

单位：万元

市(县) City(County)	利润总额 Total Profits	内资 Domestic Funded	港澳台商投资 Funded from Hong Kong, Macao and Taiwan	外商投资 Foreign Funded	公有制 Public-owned	非公有制 Non-public owned
全省 Total	**3223825**	**3218769**	**959**	**3165**	**689803**	**2534023**
省辖市 City						
郑州市 Zhengzhou	931924	930343	888	-114	136113	795810
开封市 Kaifeng	100232	100236		-4	30189	70044
洛阳市 Luoyang	215929	215929			60517	155411
平顶山市 Pingdingshan	61959	61959			4638	57321
安阳市 Anyang	215140	215140			20428	194712
鹤壁市 Hebi	18128	18128			2924	15204
新乡市 Xinxiang	193916	190749		3167	27519	166397
焦作市 Jiaozuo	39761	39645		116	11515	28246
濮阳市 Puyang	78639	78639			-4937	83576
许昌市 Xuchang	95679	95679			22710	72969
漯河市 Luohe	28815	28815			4444	24371
三门峡市 Sanmenxia	89537	89537			59538	29999
南阳市 Nanyang	120430	120430			39508	80922
商丘市 Shangqiu	160289	160219	71		42397	117892
信阳市 Xinyang	174082	174082			75884	98198
周口市 Zhoukou	218278	218278			59029	159249
驻马店市 Zhumadian	182584	182458			45965	136619
济源市 Jiyuan	17015	17015			2294	14721
省直管县 Province Administrating County						
巩义市 Gongyi	17354	17354			488	16866
兰考县 Lankao	12967	12967			621	12346
汝州市 Ruzhou	2877	2877			565	2312
滑县 Huaxian	12774	12774			910	11864
长垣县 Changyuan	118362	118362			4521	113841
邓州市 Dengzhou	27175	27175			15840	11335
永城市 Yongcheng	31765	31765			16673	15092
固始县 Gushi	23085	23085			937	22149
鹿邑县 Luyi	14607	14607				14607
新蔡县 Xincai	20525	20525			8575	11950

Total Profits of Construction Enterprises by City (2015)

(10 000 yuan)

#国有控股 State-holding	#集体控股 Collective-holding	#私人控股 Private-holding	房屋建筑业 Floor Space	土木工程建筑业 Civil Engineering	建筑安装业 Building Installation	建筑装饰和其他建筑业 Building Decoration and Others
446212	**243591**	**2132948**	**1636666**	**984998**	**237418**	**364743**
129177	6936	627193	445861	232073	92215	161775
20608	9580	66261	51465	16186	28471	4111
47483	13034	87756	75214	111290	16763	12662
3100	1538	46491	42752	13181	3184	2843
17359	3069	184092	185786	13033	15078	1242
636	2287	12065	14159	3280	240	449
9651	17869	160264	110458	65428	10735	7295
4019	7496	27334	16700	9601	7826	5634
-5048	111	80796	49120	15180	5097	9242
9368	13342	46158	55299	27322	4976	8082
2357	2086	19974	20398	4463	2059	1895
59092	446	30006	9873	79295	58	311
20790	18718	65325	50717	44982	14629	10102
28948	13449	111752	104880	47879	271	7260
43182	32702	92992	96102	58861	8841	10279
6731	52298	148067	92314	98977	12194	14793
15100	30865	107126	82886	62130	4664	32903
2376	-82	12885	5900	7816	1931	1368
	488	16602	17430	-76		
621		12346	9245	3722		
2	562	2312	2765	112		
430	480	11195	9331	2063	1354	26
630	3892	96969	31496	15071	1897	69898
14377	1463	11335	7749	14484	4727	215
6383	10290	14946	21539	8677	44	1506
869	68	14150	12066	10147	167	705
		14607	4082	10378		147
7971	604	11950	11080	9444		

15−17 各市建筑业企业利税总额(2015年)

单位：万元

市(县) City(County)	利税总额 Total Pre-tax Profits	内资 Domestic Funded	港澳台商投资 Funded from Hong Kong, Macao and Taiwan	外商投资 Foreign Funded	公有制 Public-owned	非公有制 Non-public owned
全 省 Total	**5957558**	**5949985**	**1708**	**4006**	**1376162**	**4581396**
省 辖 市 City						
郑 州 市 Zhengzhou	1801655	1798765	1366	96	346121	1455534
开 封 市 Kaifeng	172487	172447		40	52009	120478
洛 阳 市 Luoyang	582412	582412			121939	460473
平 顶 山 市 Pingdingshan	108088	108088			9893	98195
安 阳 市 Anyang	417861	417861			32016	385845
鹤 壁 市 Hebi	36227	36227			6302	29925
新 乡 市 Xinxiang	308212	304702		3510	44827	263385
焦 作 市 Jiaozuo	74608	74248		361	27498	47110
濮 阳 市 Puyang	153925	153925			6197	147728
许 昌 市 Xuchang	161803	161803			34856	126946
漯 河 市 Luohe	52793	52793			8459	44334
三 门 峡 市 Sanmenxia	144220	144220			94305	49915
南 阳 市 Nanyang	232857	232857			75284	157574
商 丘 市 Shangqiu	265895	265552	343		80979	184915
信 阳 市 Xinyang	320301	320301			148367	171934
周 口 市 Zhoukou	362657	362657			92554	270103
驻 马 店 市 Zhumadian	317404	316974			110429	206975
济 源 市 Jiyuan	30530	30530			4586	25944
省 直 管 县 Province Administrating County						
巩 义 市 Gongyi	25323	25323			1582	23741
兰 考 县 Lankao	18270	18270			799	17471
汝 州 市 Ruzhou	4450	4450			1023	3427
滑 县 Huaxian	23162	23162			2195	20967
长 垣 县 Changyuan	165938	165938			6955	158982
邓 州 市 Dengzhou	44021	44021			27259	16762
永 城 市 Yongcheng	47592	47592			25272	22320
固 始 县 Gushi	35168	35168			1300	33868
鹿 邑 县 Luyi	22798	22798				22798
新 蔡 县 Xincai	26904	26904			13156	13748

Total Pre-tax Profits of Construction Enterprises by City (2015)

(10 000 yuan)

#国有控股 State-holding	#集体控股 Collective-holding	#私人控股 Private-holding	房屋建筑业 Floor Space	土木工程建筑业 Civil Engineering	建筑安装业 Building Installation	建筑装饰和其他建筑业 Building Decoration and Others
924870	**451293**	**3631718**	**3084868**	**1943380**	**402877**	**526434**
326539	19582	1061373	873753	536227	160923	230752
34292	17717	114696	97167	24091	45425	5804
97760	24179	190533	166988	365106	31079	19239
4460	5433	72357	76938	21632	4528	4990
25878	6138	358812	369445	25677	20172	2567
3173	3129	24670	29005	4975	1490	757
16798	28029	253521	192085	88853	16616	10658
15746	11752	43861	34317	21203	10193	8895
5420	777	140325	87742	43000	8858	14325
12262	22594	82097	101481	40100	7061	13160
3398	5061	36311	39609	6953	3191	3040
93434	871	49909	21212	122029	321	658
42478	32805	133665	108352	79137	29984	15385
61614	19365	173915	168832	84786	457	11820
70470	77897	157424	182858	106841	14187	16415
10492	82063	251986	167067	150812	19970	24809
47563	62866	162049	165633	99410	11333	41028
4627	-41	23251	12060	13447	2761	2262
	1582	22483	24889	433		
799		17471	12916	5354		
45	978	3427	4228	211		11
1183	1012	19566	16347	4695	2068	52
2420	4536	136908	46255	20703	3061	95919
23263	3996	16762	11267	23584	8914	257
10144	15128	22066	32662	12997	50	1883
1164	136	25737	21156	12270	237	1505
		22798	7749	14805		245
9449	3707	13748	12857	14047		

主要统计指标解释

建筑业统计单位 指从事房屋、构筑物建造和设备安装活动的法人企业。建筑业法人企业应同时具备的条件是：① 依法成立，有自己的名称、组织机构和场所，能够承担民事责任；②独立拥有和使用资产，承担负债，有权与其他单位签订合同；③独立核算盈亏，能够编制资产负债表。

建筑业总产值 是以货币形式表现的建筑业企业在一定时期内生产的建筑业产品和提供的服务的总和。建筑业总产值包括：

（1）建筑工程产值：指列入建筑工程预算内的各种工程价值。

（2）安装工程产值：指设备安装工程价值，不包括被安装设备本身的价值。

（3）其他产值：建筑业总产值中除建筑工程、安装工程以外的产值。包括房屋构筑物修理产值、非标准设备制造产值、总包企业向分包企业收取的管理费以及不能明确划分的施工活动所完成的产值。

a. 房屋构筑物修理产值：指房屋和构筑物修理所完成的产值，但不包括被修理房屋、构筑物本身价值和生产设备的修理产值。

b. 非标准设备制造产值：指加工制造没有定型的非标准生产设备的加工费和原材料价值(如化工厂、炼油厂用的各种罐、槽，矿井生产统一使用的各种漏斗、三角槽、阀门等)以及附属加工厂为本企业承建工程制作的非标准设备的价值。

房屋建筑施工面积 指在报告期内施工的全部房屋建筑面积，包括本期新开工的房屋面积、上期施工跨入本期继续施工的房屋面积、上期停缓建在本期恢复施工的房屋面积、本期竣工的房屋面积及本期施工后又停缓建的房屋面积。

房屋建筑竣工面积 指在报告期内房屋建筑按照设计要求全部完工，达到了住人和使用条件，经验收鉴定合格，正式移交使用单位的房屋建筑面积。

自有机械设备年末总台数 指归本企业所有，属于本企业固定资产的生产性机械设备年末总台数。包括施工机械、生产设备、运输设备以及其他设备。

自有机械设备年末总功率 指本企业自有施工机械、生产设备、运输设备以及其他设备等列为在册固定资产的生产性机械设备年末总功率，按设定能力或查定能力计算。包括机械本身的动力和为该机械服务的单独动力设备，如电动机等。计算单位用千瓦，动力换算可按 1 马力＝0.735 千瓦折合成千瓦数。电焊机、变压器、锅炉不计算动力。

工程结算收入 指企业承包工程实现的工程价款结算收入，以及向发包单位收取的除工程价款以外的按规定列作营业收入的各种款项，如临时设施费、劳动保险费、施工机械调迁费等以及向发包单位收取的各种索赔款。

工程结算利润 指已结算工程实现的利润，如亏损以“－”号表示。计算公式为：

工程结算利润＝工程结算收入－工程结算成本－工程结算税金及附加-经营费用

Explanatory Notes on Main Statistical Indicators

Statistical Unit in Construction refers to corporate enterprise engaged in the construction of buildings and structures and in the installation of equipment. A corporate construction enterprise should meet the following 3 requirements:①being set up in line with relevant legal basis, having its full name, organization and location, and capable of taking civil liabilities;②independently possessing and using its assets and assuming its liabilities, and entitled to sign contracts with other institutions; and ③ making independent accounts of its profits and losses, and capable of compiling its own balance sheet

Gross Output Value of Construction refers to total of construction products and services, expressed in money terms, produced or rendered by construction and installation enterprises during a given period of time. It includes:

(1) Output value of construction projects: the value of projects covered by the project budgets;

(2) Output value of installation projects: the value of the installation of equipment, (excluding the value of the equipment to be installed);

(3) Other output values: the output value of construction industry apart from that of construction projects and installation projects. It includes: output value of repair of buildings and structures; output value of non-standard equipment manufacturing; overhead expenses received by contracted enterprises from the sub-contracted enterprises and the completed output value of construction activities for which there is no clear definition.

a. Output value of repair of buildings and structures: the value created through the repairs of buildings or structures. It does not include the value of buildings or structures being repaired and the value of the repair of production equipment;

b. Output value of manufactured non-standard equipment: the value of non-standard production equipment, including raw materials and manufacturing cost, made for the construction project (i.e., chemical plant; kettles or tanks used by refineries; various fillers, triangle tanks, valves used by mines). It also includes the output value of equipment manufactured by subsidiary workshops.

Floor Space of Buildings Under Construction refers to floor space of buildings under construction during the reference period, including newly started buildings, buildings started earlier and continued during the reference period, and buildings suspended earlier but restarted during the reference period, buildings completed during the reference period, and buildings under construction and then suspended during the reference period.

Floor Space of Buildings Completed refers to the floor space of buildings that are completed in the reference period in accordance with the requirements of the design, up to the standard for putting them into use, and have been checked and accepted by concerned departments as qualified ones.

Total Number of Machinery and Equipment Owned by the End of Year refers to the number of machines and equipment owned by the enterprises, and listed as the fixed assets of the enterprises by the end of the year, including machinery and equipment for construction, production and transportation.

Total Power of Machinery and Equipment Owned by the End of Year refers to the total power of machinery and equipment owned by the enterprises, and listed as the fixed assets of the enterprises by the end of the year, including machinery and equipment for construction, production and transportation. The power of the machinery is calculated on basis of the designed or verified capacity, covering the power of the machinery/equipment and the separate power equipment serving the machinery/equipment (such as electric motors), but excluding welders, transformers and boilers. The unit used for the calculation of power is kilowatt, with horsepower converted to kilowatt by 1 horsepower=0.735 kilowatt.

Income from Settlement of Projects refers to the income received by the construction enterprise from the contracted project through settlement procedures, and other charges of Operating income in addition to the value of the project, such as temporary facility fee, labour insurance premium, moving cost of construction equipment, as well as various types of claims to the contract.

Profit from Settlement of Projects refers to profit realized through settled projects. It is calculated with the following formula:

Profit from Settlement of Projects=Income from Settlement of Projects−Settled Cost−Settled Taxes and Other Cost- Operating expenses

房地产业

Real Estate

16

● 资料整理：朱丽玲

简要说明

一、主要内容

本篇包括房地产开发企业单位数、从业人数、主要财务指标以及房地产开发与经营活动的规模、结构及资金来源等资料。

二、统计范围

房地产开发统计范围包括：各种登记注册类型的房地产开发公司、商品房建设公司及其他房地产开发单位统一开发（包括统代建，拆迁还建）的各种房屋建筑物和配套的服务设施、土地开发工程，如道路、给水、排水、供电、供热、通讯、平整场地等基础设施工程，还包括实际从事房地产开发或经营活动的附营房地产开发单位。凡从事房地产开发与经营活动的单位，均按单位进行统计。

房地产开发企业数据，暂不包括物业管理、房地产中介服务、其它房地产活动法人单位数据。

三、资料来源

本篇资料由河南省统计局固定资产投资统计处编辑整理。

Brief Introduction

I. Main Contents

Statistics in this chapter include the unit, employment, and main financial indicators of real estate, the Size, structure and funding sources of real estate development and operation.

II. Scope of Statistics

Data on Scope of real estate development enterprises refer to various types of registration companies, commercial building companies, various of housing services to buildings and ancillary facilities built by real estate development companies, such as roads, water supply, drainage, electricity, heating, communications, site formation works and other infrastructure, and data also including subsidiary real estate development business unit which actually engaged in real estate development or business activities.

Data in this chapter are except property management, real estate intermediary services and other real estate activities.

III. Sources of Data

Data in this chapter are provided by the Department of investment in fixed assets of the Henan provincial Bureau of Statistics.

16-1 房地产开发企业主要指标

Main Indicators of Enterprises for Real Estate Development

年份 Year	企业个数 (个) Number of Enterprises (unit)	本年完成投资额 (亿元) Investment Completed This Year (100 million yuan)	#住宅 Residential Buildings	房屋建筑面积竣工率 (%) Rate of Floor Space of Buildings Completed (%)	商品房销售面积 (万平方米) Floor Space of Selling House (10 000 sq.m)	#住宅 Residential Buildings	商品房销售额 (亿元) Sales of Selling House (100 million yuan)	#住宅 Residential Buildings
1990		3.43						
1991		4.07		42.2	83.16		2.99	
1992		8.78		35.1	103.36		4.83	
1993		25.27		31.2	100.20		6.41	
1994	896	49.61	35.22	39.3	225.04	198.19	16.43	9.58
1995	880	62.56	39.38	64.0	660.29	484.53	26.14	20.86
1996	731	54.84	30.49	37.1	255.82	215.27	22.75	18.55
1997	509	51.75	27.15	35.5	220.49	201.65	20.26	17.69
1998	655	58.10	32.09	33.3	279.61	262.94	27.32	24.70
1999	677	70.41	42.94	33.2	297.10	275.28	30.37	26.41
2000	1020	77.87	50.37	36.0	509.21	438.41	64.18	50.51
2001	938	102.84	75.87	32.6	529.21	483.77	65.59	56.55
2002	1108	138.36	101.31	35.9	639.94	584.74	88.29	75.50
2003	1430	185.56	135.10	31.3	862.71	795.78	120.75	103.60
2004	1774	258.82	174.81	28.8	1055.37	948.61	165.91	136.76
2005	1906	388.52	271.62	28.0	1724.82	1539.60	322.01	255.37
2006	2100	581.95	432.64	24.0	2409.33	2190.99	484.72	403.72
2007	2586	837.11	639.08	26.4	3928.04	3569.18	885.16	742.83
2008	4146	1206.71	970.86	21.8	3191.98	2943.36	746.46	629.40
2009	3798	1553.76	1235.21	21.2	4336.90	4019.26	1156.22	1005.21
2010	4176	2114.08	1685.21	21.7	5452.23	5092.49	1658.79	1454.57
2011	4963	2626.54	2021.19	21.8	6275.16	5725.12	2196.81	1788.04
2012	5316	3035.29	2203.06	19.9	5968.49	5455.50	2286.67	1915.57
2013	5438	3843.76	2827.09	16.6	7310.21	6561.41	3074.14	2516.26
2014	5662	4375.71	3289.20	18.8	7879.67	7009.09	3440.58	2739.71
2015	6158	4818.93	3529.15	13.1	8556.34	7645.84	3945.55	3300.33

注：商品房销售面积、销售额2005年开始采用新口径，与以前不可比，新口径包括期房销售和现房销售(下同)。

a) Figures on Floor Space and Sales of selling House are Accounted in New Caliber in 2005, So they are different from former years. New Caliber Include marketable housing and futures marketable housing (the same as following tables).

16-2 房地产开发企业(单位)个数和从业人员数

Number of Employed Persons and Enterprises for Real Estate Development

指 标	Item	2010	2011	2012	2013	2014	2015
企业个数（个）	**Number of Enterprises(unit)**	**4176**	**4963**	**5316**	**5438**	**5662**	**6158**
#国有控股	State-holding	209	237	251	234	233	249
集体控股	Collective-holding	167	172	167	148	133	123
私人控股	Private-holding	3511	4104	4407	4498	4670	5125
港澳台控股	Hong Kong, Macao and Taiwan-holding	63	68	66	63	56	50
外资控股	Foreign-holding	61	58	49	44	37	29
从业人数（人）	**number of Employed Persons(person)**	**100350**	**138716**	**144708**	**158600**	**173215**	**192193**
#国有控股	State-holding	6352	6227	6600	6636	7254	8026
集体控股	Collective-holding	4257	9225	13720	9945	5602	5476
私人控股	Private-holding	81719	108264	108426	123771	138896	154686
港澳台控股	Hong Kong, Macao and Taiwan-holding	1694	1900	1573	1507	1685	1590
外资控股	Foreign-holding	2491	2461	1700	1918	1710	1300

16-3 各市房地产开发企业(单位)个数(2015年)

Number of Enterprises for Real Estate Development by City (2015)

单位：个 (unit)

市(县) City(County)	企业(单位)个数 Enterprises Number	一级 First Class	二级 Second Class	三级 Third Class	四级 Fourth Class	暂定 Provisional	其他 Others
全省 Total	**6158**	**77**	**662**	**992**	**744**	**3109**	**574**
省辖市 City							
郑州市 Zhengzhou	1140	26	168	180	26	661	79
开封市 Kaifeng	282	3	19	33	21	174	32
洛阳市 Luoyang	548	12	86	149	102	170	29
平顶山市 Pingdingshan	402	7	36	52	40	160	107
安阳市 Anyang	283	3	48	50	20	148	14
鹤壁市 Hebi	144	1	8	19	29	80	7
新乡市 Xinxiang	398	1	53	78	22	224	20
焦作市 Jiaozuo	258	3	23	51	27	136	18
濮阳市 Puyang	177	1	22	24	11	100	19
许昌市 Xuchang	364	1	43	64	57	149	50
漯河市 Luohe	124	1	12	25	27	53	6
三门峡市 Sanmenxia	172		9	25	39	88	11
南阳市 Nanyang	476	8	49	79	159	172	9
商丘市 Shangqiu	425	3	19	43	7	279	74
信阳市 Xinyang	314	6	18	52	96	136	6
周口市 Zhoukou	224		11	32	15	154	12
驻马店市 Zhumadian	355	1	18	23	44	188	81
济源市 Jiyuan	72		20	13	2	37	
省直管县 Province Administrating County							
巩义市 Gongyi	36		2	7	2	23	2
兰考县 Lankao	31	1		1	1	22	6
汝州市 Ruzhou	22		5	4		12	1
滑县 Huaxian	36	1	7	2	2	19	5
长垣县 Changyuan	44		9	7	1	25	2
邓州市 Dengzhou	37		1	4	8	17	7
永城市 Yongcheng	49		2	5		41	1
固始县 Gushi	33	2	2	4	13	12	
鹿邑县 Luyi	23		1	1	1	20	
新蔡县 Xincai	34					26	8

16-4 各市房地产开发企业从业人员(2015年)
Number of Employed Persons in Enterprises for Real Estate Development (2015)

单位：人 (person)

市(县) City(County)	从业人员 Number of Employed Persons	一级 First Class	二级 Second Class	三级 Third Class	四级 Fourth Class	暂定 Provisional	其他 Others
全省 Total	**192193**	**8051**	**30046**	**26780**	**16095**	**95986**	**15235**
省辖市 City							
郑州市 Zhengzhou	40392	3210	8396	4750	1031	21882	1123
开封市 Kaifeng	8414	57	526	748	300	6017	766
洛阳市 Luoyang	13867	846	3322	3202	1784	4327	386
平顶山市 Pingdingshan	9413	513	1409	1372	640	3686	1793
安阳市 Anyang	8314	232	1879	1291	480	3911	521
鹤壁市 Hebi	3226	36	172	373	596	1936	113
新乡市 Xinxiang	12003	20	2956	1711	429	6353	534
焦作市 Jiaozuo	6130	275	941	1104	424	3004	382
濮阳市 Puyang	5035	40	1012	639	274	2655	415
许昌市 Xuchang	10230	169	2431	1664	900	3692	1374
漯河市 Luohe	3632	251	624	575	489	1608	85
三门峡市 Sanmenxia	3734		294	584	743	1562	551
南阳市 Nanyang	12263	763	2249	2262	2844	4005	140
商丘市 Shangqiu	22944	190	1120	1915	228	15125	4366
信阳市 Xinyang	11774	1260	925	1996	2826	4534	233
周口市 Zhoukou	7037		517	723	386	4882	529
驻马店市 Zhumadian	12396	189	790	1467	1702	6324	1924
济源市 Jiyuan	1389		483	404	19	483	
省直管县 Province Administrating County							
巩义市 Gongyi	640		45	83	20	468	24
兰考县 Lankao	1059	9		17	45	849	139
汝州市 Ruzhou	981		241	35		695	10
滑县 Huaxian	1085	36	238	30	34	544	203
长垣县 Changyuan	2150		976	179	35	915	45
邓州市 Dengzhou	1115		20	176	200	614	105
永城市 Yongcheng	2011		197	262		1536	16
固始县 Gushi	2162	1112	161	86	398	405	
鹿邑县 Luyi	422		25	15	24	358	
新蔡县 Xincai	609					523	86

16-5 房地产开发投资额

Completed Investment in Real Estate Development

单位：亿元 (100 million yuan)

项 目	Item	2005	2010	2012	2013	2014	2015
投资总额	**Total Investment**	**388.52**	**2114.08**	**3035.29**	**3843.76**	**4375.71**	**4818.93**
#国有控股	State-holding		100.87	193.56	292.53	359.98	404.77
集体控股	Collective-holding		153.07	119.33	114.01	113.43	89.93
私人控股	Private-holding		1618.75	2279.02	2809.27	3138.71	3361.14
港澳台控股	Hong Kong, Macao and Taiwan-holding		46.97	55.08	59.10	56.26	81.75
外资控股	Foreign-holding		59.62	58.39	47.67	32.80	27.68
按构成分	**Grouped by Use of Composition**						
建筑、安装工程	Construction and Installation	283.87	1657.06	2397.41	3132.97	3704.57	4125.78
设备、工器具购置	Purchase of Equipment and Instruments	2.84	25.34	44.27	57.26	87.05	117.27
其他费用	Others	101.81	431.68	593.61	653.53	584.10	575.88
#土地购置费	Total Value of Land Purchased	74.81	293.23	307.36	391.70	352.80	362.68
按工程用途分	**By Use of Projects**						
住宅	Residential Buildings	271.62	1685.21	2203.06	2827.09	3289.20	3529.15
#144平方米以上	Over 144 sq.m		253.23	302.78	352.01	375.65	429.98
90平方米以下	Under 90 sq.m		422.33	676.46	857.86	1028.50	1272.26
办公楼	Office Buildings	14.05	56.74	136.35	175.40	198.84	218.54
商业营业用房	Houses for Bussiness Use	67.79	192.77	319.39	442.10	531.22	694.23
其他	Other	35.06	179.36	376.49	399.17	356.46	377.00
新增固定资产	**Newly Increased Fixed Assets**	**189.47**	**861.63**	**1602.45**	**1572.90**	**2008.37**	**1717.29**
资金来源	**Source of Funds**	**388.52**	**2114.08**	**3455.04**	**4402.70**	**4688.97**	**5076.92**
国内贷款	Domestic Loans	60.75	209.37	321.09	387.13	527.01	475.69
利用外资	Foreign Investment	2.10	1.51	1.13	5.40	0.67	3.22
#外商直接投资	Foreign Direct Investment	1.45	1.46	1.03	0.27	0.67	1.92
自筹资金	Self-raising Funds	180.91	1144.53	1920.72	2472.67	2601.55	2956.20
其他资金	Others	144.76	758.67	1212.10	1537.51	1559.74	1641.82

注：2011年以前资金来源是按完成投资分，2011年以后是企业到位资金。
a) Data of source fo funds before 2011 refers to completed investment,and data since 2011 refers to funds available.

16-6 房地产开发企业(单位)建设房屋建筑面积和造价
Floor Space and Cost of Buildings Developed by Enterprises for Real Estate Development

市(县) City(County)	施工房屋面积(万平方米) Floor Space Under Construction (10 000 sq.m)	竣工房屋面积(万平方米) Floor Space Completed (10 000 sq.m)	房屋建筑面积竣工率(%) Rate of Floor Space of Buildings Completed(%)	竣工房屋价值(亿元) Value of Buildings Completed(100 million yuan)	竣工房屋造价(元/平方米) Cost of Buildings Completed (yuan/sq.m)
1997	1042.19	370.26	35.5	32.10	867
1998	1175.96	392.03	33.3	28.41	725
1999	1339.60	444.87	33.2	34.05	765
2000	1657.53	597.21	36.0	40.49	678
2001	1976.84	644.40	32.6	45.74	710
2002	2484.01	892.32	35.9	67.83	760
2003	3210.26	1005.52	31.3	86.33	859
2004	3940.64	1135.32	28.8	100.94	889
2005	4902.98	1370.94	28.0	144.72	1056
2006	7017.17	1681.42	24.0	184.87	1099
2007	10550.90	2785.48	26.4	326.78	1173
2008	13906.18	3026.04	21.8	403.95	1335
2009	16074.35	3400.98	21.2	434.30	1277
2010	20393.98	4426.94	21.7	630.25	1424
2011	25343.32	5527.42	21.8	923.85	1671
2012	29559.36	5870.54	19.9	1059.08	1804
2013	35979.33	5965.87	16.6	1117.83	1874
2014	38857.60	7324.34	18.8	1417.52	1935
2015	40994.40	5390.32	13.1	1079.75	2003
省辖市 City					
郑州市 Zhengzhou	10818.24	1076.66	10.0	294.79	2738
开封市 Kaifeng	1764.09	290.29	16.5	53.88	1856
洛阳市 Luoyang	4693.41	556.79	11.9	114.35	2054
平顶山市 Pingdingshan	1715.62	164.79	9.6	36.74	2229
安阳市 Anyang	2286.96	264.34	11.6	54.43	2059
鹤壁市 Hebi	816.01	88.86	10.9	16.84	1895
新乡市 Xinxiang	2371.38	236.55	10.0	47.06	1989
焦作市 Jiaozuo	1020.25	111.68	10.9	23.53	2107
濮阳市 Puyang	1165.76	147.94	12.7	29.56	1998
许昌市 Xuchang	1457.97	164.71	11.3	34.81	2113
漯河市 Luohe	770.90	50.30	6.5	10.98	2182
三门峡市 Sanmenxia	803.28	104.79	13.0	25.05	2391
南阳市 Nanyang	2720.30	312.84	11.5	54.00	1726
商丘市 Shangqiu	2668.77	345.94	13.0	58.70	1697
信阳市 Xinyang	2173.30	450.76	20.7	76.34	1694
周口市 Zhoukou	1113.86	340.35	30.6	42.12	1238
驻马店市 Zhumadian	2241.74	655.05	29.2	101.58	1551
济源市 Jiyuan	392.57	27.69	7.1	5.00	1807
省直管县 Province Administrating County					
巩义市 Gongyi	206.95	91.08	44.0	21.21	2329
兰考县 Lankao	105.07	56.09	53.4	9.92	1769
汝州市 Ruzhou	145.84	40.50	27.8	10.64	2627
滑县 Huaxian	209.74	32.28	15.4	7.23	2241
长垣县 Changyuan	368.00	27.05	7.4	6.65	2458
邓州市 Dengzhou	207.72	17.03	8.2	2.99	1753
永城市 Yongcheng	623.09	4.11	0.7	1.01	2467
固始县 Gushi	318.11	54.36	17.1	8.47	1559
鹿邑县 Luyi	138.87	4.28	3.1	0.44	1038
新蔡县 Xincai	227.99	51.44	22.6	6.78	1318

16-7 房地产开发企业开发情况

Operating Statistics of Enterprises for Real Estate Development

项　　目	Item	2005	2010	2012	2013	2014	2015
本年购置土地面积(万平方米)	Land Space Purchased This year (10 000sq.m)	2015.82	2864.32	1742.63	1501.56	1116.16	951.41
本年待开发的土地面积(万平方米)	Land Space Needed to Development This year(10 000sq.m)	763.50	1209.47	1318.72	1309.60	1343.57	1627.82
房屋建筑面积(万平方米)	Floor Space of Building Construction (10 000 sq.m)						
施工面积	Floor Space Under Construction	4902.98	20393.98	29559.36	35979.33	38857.60	40994.40
#住宅	Residential Buildings	3895.44	16901.99	23466.99	28113.59	29831.26	31210.56
竣工面积	Floor Space Completed	1370.94	4426.94	5870.54	5965.87	7324.34	5390.32
#住宅	Residential Buildings	1151.39	3852.60	4888.17	4916.31	5767.18	4237.92
房屋竣工价值(亿元)	Value of Buildings Completed (100 million yuan)	144.72	630.25	1059.08	1117.83	1417.52	1079.75
房屋竣工造价(元/平方米)	Cost of Buildings Completed (yuan/sq.m)	1056	1424	1804	1874	1935	2003
商品房屋销售建筑面积(万平方米)	Floor Space of Selling House (10 000 sq.m)	1724.82	5452.23	5968.49	7310.21	7879.67	8556.34
现房销售面积	Sale Space of marketable housing	791.21	1910.83	2179.25	2547.91	2890.93	2811.98
期房销售面积	Sale Space of futures marketable housing	933.61	3541.40	3789.24	4762.30	4988.73	5744.37
商品房屋销售额(亿元)	Total Sales of Commerical Houses (100 million yuan)	322.01	1658.79	2286.67	3074.14	3440.58	3945.55
现房销售额	Sale of marketable housing	128.95	438.82	646.01	837.71	1072.06	1038.88
期房销售额	Sale of futures marketable housing	193.06	1219.97	1640.65	2236.43	2368.52	2906.67
商品住宅销售套数(万套)	Total Flats Saled of Residential Buildeins (10 000 sets)		45.93	48.93	58.38	62.48	69.37
现房销售套数	Sale of marketable housing		14.92	16.44	19.32	21.95	21.10
期房销售套数	Sale of futures marketable housing		31.01	32.49	39.07	40.53	48.27
商品房待售面积(万平方米)	Area of Land Lying Idle (10 000 sq.m)	307.30	1161.14	2453.46	2716.66	3694.06	3606.83

16−8 房地产开发企业施工、销售和待售情况(2015年)

项目	Item	合计 Total	住宅 Commercially Residential Buildings	#90平方米以下 Under 90 sq.m
房屋施工面积(万平方米)	Floor Space of Buildings under Construction (10 000 sq.m)	40994.40	31210.56	8351.30
#新开工	Started This Year	10974.12	8375.26	2255.52
房屋竣工面积(万平方米)	Floor Space of Buildings Completed (10 000 sq.m)	5390.32	4237.92	1113.55
#不可销售面积	Floor Space Cannot be Solded	279.25	145.03	104.70
住宅竣工套数(万套)	Total Flats of Residential Buildings Completed (10 000 sets)		37.66	13.57
竣工房屋价值(亿元)	Value of Buildings Completed (100 million yuan)	1079.75	812.59	235.15
批准预售面积(万平方米)	Approval to open to Booking Area(10 000 sq.m)	5927.45	5008.67	959.67
批准预售住宅套数(套)	Approval to open to Booking Residence (set)		44.19	11.80
出租房屋面积(万平方米)	Space of Buildings Leased (10 000 sq.m)	28.59	1.51	
商品房销售面积(万平方米)	Floor Space Sold (10 000 sq.m)	8556.34	7645.84	1811.42
现房销售	Sale of marketable housing	2811.98	2385.34	520.43
期房销售	Sale of futures marketable housing	5744.37	5260.50	1290.99
商品房销售额(亿元)	Total Sale of Commercial Buildings (100 million yuan)	3945.55	3300.33	850.73
现房销售	Sale of marketable housing	1038.88	793.68	175.14
期房销售	Sale of futures marketable housing	2906.67	2506.65	675.59
商品住宅销售套数(万套)	Total Flats Saled of Residential Buildings (10 000 sets)		69.37	22.70
现房销售	Sale of marketable housing		21.10	6.39
期房销售	Sale of futures marketable housing		48.27	16.31
商品房待售面积(万平方米)	Floor Space of Buildings Emptied(10 000 sq.m)	3606.83	2768.26	568.43
#待售1-3年	1-3Years Emptied	1197.88	885.62	230.29
待售3年以上	Over 3 Years Emptied	34.87	21.98	1.54

Situation of Construction, Sale and Buildings Emptied of Real Estate Enterprises (2015)

#144平方米以上 Over 144sq.m	#别墅、高档公寓 Villas, Highgrade Apartments	办公楼 Office Buildings	商业营用房 House for Business Use	其 他 Others
4116.59	331.78	1568.02	4831.74	3384.08
1096.01	107.62	329.73	1452.39	816.74
640.52	53.40	143.35	688.87	320.18
2.27	0.03	6.70	26.20	101.32
3.72	0.30			
123.93	11.81	45.98	149.97	71.20
655.09	60.62	123.72	635.54	159.52
3.79	0.38			
		3.74	15.52	7.81
1084.55	58.64	149.50	639.18	121.82
378.15	14.95	32.96	332.44	61.23
706.40	43.69	116.55	306.74	60.59
551.39	45.48	123.18	457.80	64.24
139.30	8.57	21.88	196.93	26.39
412.09	36.91	101.30	260.87	37.86
6.44	0.37			
2.28	0.07			
4.16	0.30			
493.14	34.73	90.40	563.86	184.31
157.15	6.16	36.00	209.21	67.06
7.51		1.23	8.10	3.56

16-9 各市房地产开发投资情况(2015年)

Development and Investment Completed for Real Estate by City (2015)

市(县) City(County)	投资总额(亿元) Total Investment (100 million yuan)	住宅 Residential Buildings	#90平方米以下 Under 90 sq.m	#144平方米以上 Over 144sq.m	#别墅、高档公寓 Villas, Highgrade Apartments	办公楼 Office Buildings	商业营业用房 Houses for Business Use	其他 Other
全 省 Total	**4818.93**	**3529.15**	**1272.26**	**429.98**	**35.07**	**218.54**	**694.23**	**377.00**
省 辖 市 City								
郑 州 市 Zhengzhou	2000.20	1338.16	750.36	155.41	18.09	149.69	280.06	232.28
开 封 市 Kaifeng	168.21	122.13	46.83	27.29	0.32	11.55	30.70	3.82
洛 阳 市 Luoyang	333.89	232.45	54.09	38.67	7.55	19.88	44.24	37.32
平 顶 山 市 Pingdingshan	106.21	81.16	29.98	13.22	0.72	1.86	14.88	8.32
安 阳 市 Anyang	223.66	172.07	31.07	31.27	0.54	6.99	35.86	8.74
鹤 壁 市 Hebi	68.98	55.97	16.49	3.61	0.04	3.19	8.14	1.69
新 乡 市 Xinxiang	257.54	216.84	57.83	29.76	2.70	2.94	26.43	11.32
焦 作 市 Jiaozuo	98.92	75.84	21.49	5.64	0.07	0.83	16.67	5.59
濮 阳 市 Puyang	95.12	80.61	23.77	6.50	2.00	0.64	12.04	1.83
许 昌 市 Xuchang	151.67	115.39	33.42	16.82	0.85	3.86	17.02	15.39
漯 河 市 Luohe	48.11	40.19	10.91	3.41	0.06	0.61	3.15	4.16
三 门 峡 市 Sanmenxia	106.72	53.04	14.01	6.76	0.44	7.03	41.50	5.14
南 阳 市 Nanyang	160.83	128.84	34.04	12.17	0.16	3.13	18.43	10.43
商 丘 市 Shangqiu	262.47	186.13	31.80	22.61		0.99	66.51	8.85
信 阳 市 Xinyang	292.50	260.05	43.95	21.73	0.73	1.33	21.54	9.57
周 口 市 Zhoukou	192.29	167.74	9.53	7.00	0.03	1.95	19.10	3.50
驻 马 店 市 Zhumadian	232.67	185.82	62.05	23.85	0.71	1.98	37.00	7.88
济 源 市 Jiyuan	18.96	16.71	0.64	4.27	0.07	0.09	0.98	1.17
省 直 管 县 Province Administrating County								
巩 义 市 Gongyi	39.73	26.48	5.38	6.54		0.40	7.33	5.51
兰 考 县 Lankao	15.74	14.59	7.32	3.05		0.10	0.43	0.63
汝 州 市 Ruzhou	6.49	5.13	0.81	0.65	0.43	0.17	0.83	0.35
滑 县 Huaxian	14.43	10.21	0.52	1.23			3.24	0.98
长 垣 县 Changyuan	11.96	10.36	0.89	4.66	0.27	0.37	1.08	0.15
邓 州 市 Dengzhou	10.16	9.08	3.87	0.24			0.82	0.26
永 城 市 Yongcheng	44.63	25.48	4.73	3.51		0.01	14.15	5.00
固 始 县 Gushi	27.67	21.84	0.19	0.03		0.03	1.76	4.04
鹿 邑 县 Luyi	8.47	7.46	0.14				1.01	
新 蔡 县 Xincai	16.53	13.23	6.98	0.94			2.20	1.10

16-10 各市房地产开发企业实际到位资金(2015年)

Actual Funds in Place of Enterprises for Real Estate Development (2015)

单位：亿元 (100 million yuan)

市(县) City(County)	合计 Total	国内贷款 Domestic Loans	利用外资 Foreign Investment	#外商直接投资 Foreign Direct Investment	自筹资金 Self-raising Funds	其他资金来源 Others
全省 Total	**5076.92**	**475.69**	**3.22**	**3.22**	**2956.20**	**1641.82**
省辖市 City						
郑州市 Zhengzhou	2121.62	200.61	1.30	1.30	1055.81	863.90
开封市 Kaifeng	188.84	10.66	1.52	1.52	141.87	34.79
洛阳市 Luoyang	368.05	38.02			168.03	162.00
平顶山市 Pingdingshan	118.13	12.85			72.35	32.93
安阳市 Anyang	226.31	5.59			144.82	75.90
鹤壁市 Hebi	68.57	9.56			46.83	12.18
新乡市 Xinxiang	259.89	29.79			167.42	62.68
焦作市 Jiaozuo	105.91	11.16			63.67	31.07
濮阳市 Puyang	115.43	11.16			53.38	50.88
许昌市 Xuchang	167.69	21.03			82.20	64.46
漯河市 Luohe	51.00	4.69			38.38	7.93
三门峡市 Sanmenxia	101.32	6.88			76.97	17.47
南阳市 Nanyang	184.21	14.89			95.53	73.80
商丘市 Shangqiu	264.58	16.28			203.17	45.12
信阳市 Xinyang	302.16	60.31			198.76	43.10
周口市 Zhoukou	186.72	5.89			168.08	12.75
驻马店市 Zhumadian	225.38	15.04	0.40	0.40	170.56	39.38
济源市 Jiyuan	21.12	1.29			8.36	11.48
省直管县 Province Administrating County						
巩义市 Gongyi	40.70	0.50			39.42	0.78
兰考县 Lankao	14.50	0.58			13.71	0.21
汝州市 Ruzhou	11.88	0.24			6.76	4.88
滑县 Huaxian	14.46	0.33			10.25	3.88
长垣县 Changyuan	14.14	0.46			8.19	5.48
邓州市 Dengzhou	11.76	0.56			4.35	6.84
永城市 Yongcheng	43.80	0.85			31.93	11.02
固始县 Gushi	27.93	10.78			11.78	5.37
鹿邑县 Luyi	7.82	0.09			6.64	1.09
新蔡县 Xincai	8.17	3.36			4.81	

16-11 各市房地产开发施工房屋面积(2015年)
Floor Space of Buildings under Construction by City (2015)

单位：万平方米 (10 000 sq.m)

市(县) City(County)	施工房屋面积 Floor Space of Buildings under Construction	住宅 Residential Buildings	#90平方米以下 Under 90 sq.m	#144平方米以上 Over 144 sq.m	#别墅、高档公寓 Villas,luxury apartments	办公楼 Office Buildings	商业营业用房 Houses for Business Use	其他 Others
全省 Total	**40994.40**	**31210.56**	**8351.30**	**4116.59**	**331.78**	**1568.02**	**4831.74**	**3384.08**
省辖市 City								
郑州市 Zhengzhou	10818.24	7256.23	3070.73	976.96	147.39	916.87	1119.62	1525.52
开封市 Kaifeng	1764.09	1375.64	505.91	259.60	7.49	92.59	203.31	92.55
洛阳市 Luoyang	4693.41	3331.19	679.08	450.10	60.56	247.04	501.72	613.47
平顶山市 Pingdingshan	1715.62	1363.57	406.00	173.98	8.22	20.00	186.42	145.63
安阳市 Anyang	2286.96	1777.79	233.64	389.40	10.47	49.64	321.19	138.33
鹤壁市 Hebi	816.01	661.58	149.05	45.45	4.86	26.89	89.71	37.83
新乡市 Xinxiang	2371.38	2069.42	403.41	254.85	19.71	26.04	222.11	53.81
焦作市 Jiaozuo	1020.25	811.03	117.30	102.25	1.62	5.39	158.51	45.33
濮阳市 Puyang	1165.76	1004.84	273.12	121.69	15.39	16.18	102.92	41.82
许昌市 Xuchang	1457.97	1171.30	254.77	165.12	13.05	27.10	139.92	119.65
漯河市 Luohe	770.90	698.99	180.72	132.66	2.84	6.20	45.70	20.00
三门峡市 Sanmenxia	803.28	539.27	165.84	59.38	0.44	43.39	158.63	61.99
南阳市 Nanyang	2720.30	2212.87	473.27	222.89	0.66	32.12	343.99	131.31
商丘市 Shangqiu	2668.77	2075.47	423.85	178.62	3.50	9.72	505.93	77.65
信阳市 Xinyang	2173.30	1828.65	212.39	175.12	6.17	17.63	195.78	131.24
周口市 Zhoukou	1113.86	965.47	117.86	68.63	2.00	2.69	129.86	15.84
驻马店市 Zhumadian	2241.74	1759.79	666.63	253.86	24.69	24.14	364.24	93.57
济源市 Jiyuan	392.57	307.47	17.75	86.02	2.70	4.37	42.17	38.56
省直管县 Province Administrating County								
巩义市 Gongyi	206.95	167.18	20.36	23.04		1.50	24.62	13.65
兰考县 Lankao	105.07	89.79	14.95	28.69		0.70	10.06	4.52
汝州市 Ruzhou	145.84	105.76	27.17	9.71	1.97	1.19	24.61	14.29
滑县 Huaxian	209.74	176.17	10.96	24.41			26.86	6.71
长垣县 Changyuan	368.00	322.11	30.14	81.87	5.38	5.63	30.92	9.34
邓州市 Dengzhou	207.72	172.81	57.39	4.58			24.80	10.11
永城市 Yongcheng	623.09	490.80	94.70	52.55		0.05	119.48	12.76
固始县 Gushi	318.11	232.63	6.15	2.07		0.86	26.02	58.60
鹿邑县 Luyi	138.87	119.33	12.24				19.54	
新蔡县 Xincai	227.99	170.86	81.48	19.47			54.01	3.12

16-12 各市房地产开发竣工房屋面积(2015年)

Floor Space of Buildings Completed by City (2015)

单位：万平方米　　　　(10 000 sq.m)

市(县) City(County)	竣工房屋面积 Floor Space of Buildings Completed	住宅 Residential Buildings	#90平方米以下 Under 90 sq.m	#144平方米以上 Over 144sq.m	#别墅高档公寓 Villas,luxury apartments	办公楼 Office Buildings	商业营业用房 Houses for Business Use	其他 Others
全　省 Total	**5390.32**	**4237.92**	**1113.55**	**640.52**	**53.40**	**143.35**	**688.87**	**320.18**
省辖市 City								
郑州市 Zhengzhou	1076.66	670.50	318.25	142.14	22.55	115.02	144.27	146.87
开封市 Kaifeng	290.29	256.06	73.55	90.96		0.23	26.42	7.58
洛阳市 Luoyang	556.79	409.37	65.16	68.78		5.65	64.65	77.12
平顶山市 Pingdingshan	164.79	143.06	28.30	18.15	3.03	0.62	13.01	8.11
安阳市 Anyang	264.34	202.21	57.47	12.32	1.00	0.50	49.18	12.46
鹤壁市 Hebi	88.86	68.83	22.68	11.43	4.86	2.80	11.09	6.14
新乡市 Xinxiang	236.55	216.89	48.24	23.83	0.59	1.01	17.57	1.08
焦作市 Jiaozuo	111.68	97.18	22.97	17.12	1.62	0.30	14.10	0.09
濮阳市 Puyang	147.94	136.56	40.18	31.52		0.05	8.15	3.18
许昌市 Xuchang	164.71	150.28	32.48	19.85			5.63	8.80
漯河市 Luohe	50.30	49.11	7.95	0.96			0.49	0.70
三门峡市 Sanmenxia	104.79	80.35	18.41	9.30	0.36	6.36	13.73	4.36
南阳市 Nanyang	312.84	264.36	62.54	20.10		0.74	38.29	9.44
商丘市 Shangqiu	345.94	231.34	34.76	27.25		5.65	108.71	0.24
信阳市 Xinyang	450.76	396.03	58.91	35.55			46.67	8.05
周口市 Zhoukou	340.35	292.71	31.39	16.33			41.47	6.17
驻马店市 Zhumadian	655.05	547.79	190.05	88.39	19.40	4.27	83.88	19.11
济源市 Jiyuan	27.69	25.30	0.28	6.54		0.14	1.56	0.70
省直管县 Province Administrating County								
巩义市 Gongyi	91.08	58.82	13.39	16.10		1.50	21.94	8.83
兰考县 Lankao	56.09	51.31	10.65	13.54		0.23	2.73	1.82
汝州市 Ruzhou	40.50	34.81	3.51	3.92	1.82	0.61	4.12	0.96
滑县 Huaxian	32.28	20.14	2.07	0.81			12.13	
长垣县 Changyuan	27.05	21.33	9.06	9.19			5.18	0.54
邓州市 Dengzhou	17.03	15.03	5.80	1.46			1.48	0.52
永城市 Yongcheng	4.11	4.11	0.11	4.00				
固始县 Gushi	54.36	44.57	0.62				7.70	2.09
鹿邑县 Luyi	4.28	2.78					1.50	
新蔡县 Xincai	51.44	49.66	14.29	12.47			1.77	

16-13 各市房地产开发竣工房屋价值(2015年)
Value of Buildings Completed by City (2015)

单位：亿元 (100 million yuan)

市(县) City(County)	竣工房屋价值 Value of Buildings Completed	住宅 Residential Buildings	#90平方米以下 Under 90 sq.m	#144平方米以上 Over 144sq.m	#别墅、高档公寓 Villas,luxury apartments	办公楼 Office Buildings	商业营业用房 Houses for Business Use	其他 Others
全　省 Total	**1079.75**	**812.59**	**235.15**	**123.93**	**11.81**	**45.98**	**149.97**	**71.20**
省辖市 City								
郑州市 Zhengzhou	294.79	176.05	88.58	36.38	5.94	40.46	40.11	38.18
开封市 Kaifeng	53.88	46.28	13.89	13.83		0.03	5.83	1.74
洛阳市 Luoyang	114.35	81.38	11.13	12.91		1.26	16.26	15.45
平顶山市 Pingdingshan	36.74	32.18	7.29	4.80	0.78	0.17	3.09	1.30
安阳市 Anyang	54.43	42.34	13.64	2.25	0.29	0.08	9.50	2.51
鹤壁市 Hebi	16.84	12.92	4.14	2.44	1.19	0.72	2.17	1.03
新乡市 Xinxiang	47.06	42.28	8.55	5.42	0.16	0.24	4.29	0.25
焦作市 Jiaozuo	23.53	20.06	5.08	4.09	0.25	0.03	3.41	0.02
濮阳市 Puyang	29.56	27.13	8.38	4.47		0.01	2.11	0.32
许昌市 Xuchang	34.81	31.33	7.61	3.21			1.35	2.13
漯河市 Luohe	10.98	10.67	2.31	0.27			0.11	0.20
三门峡市 Sanmenxia	25.05	19.05	4.51	2.12	0.10	1.69	3.40	0.92
南阳市 Nanyang	54.00	44.59	10.79	3.25		0.16	7.34	1.90
商丘市 Shangqiu	58.70	35.19	6.14	4.81		0.54	22.92	0.06
信阳市 Xinyang	76.34	66.42	10.45	4.92			8.28	1.64
周口市 Zhoukou	42.12	36.30	3.35	2.91			5.27	0.54
驻马店市 Zhumadian	101.58	84.03	29.23	14.24	3.10	0.56	14.16	2.84
济源市 Jiyuan	5.00	4.41	0.07	1.60		0.04	0.38	0.17
省直管县 Province Administrating County								
巩义市 Gongyi	21.21	12.97	2.90	3.87		0.35	5.73	2.16
兰考县 Lankao	9.92	8.88	1.97	2.09		0.03	0.63	0.39
汝州市 Ruzhou	10.64	9.10	0.93	1.09	0.52	0.17	1.15	0.22
滑县 Huaxian	7.23	4.29	0.31	0.18			2.94	
长垣县 Changyuan	6.65	4.93	1.30	2.11			1.59	0.13
邓州市 Dengzhou	2.99	2.52	0.87	0.22			0.32	0.15
永城市 Yongcheng	1.01	1.01	0.01	1.01				
固始县 Gushi	8.47	6.33	0.12				1.74	0.41
鹿邑县 Luyi	0.44	0.30					0.15	
新蔡县 Xincai	6.78	6.52	1.90	1.53			0.26	

16-14 房地产开发企业房屋销售情况

Selling of Enterprises for Real Estate Development

指　标	Item	2005	2010	2012	2013	2014	2015
商品房屋销售额(亿元)	**Total Sales of Commerical Houses**						
	(100 million yuan)	**322.01**	**1658.79**	**2286.67**	**3074.14**	**3440.58**	**3945.55**
商品住宅	Commercially Residential Buildings	255.37	1454.57	1915.57	2516.26	2739.71	3300.33
#90平方米以下	Under 90 sq.m		400.76	530.66	620.02	664.51	850.73
144平方米以上	Over 144 sq.m		301.59	294.95	407.11	454.02	551.39
#别墅、高档公寓	Villas and Good Apartments	24.19	20.55	22.18	32.38	29.58	45.48
办公楼	Office Buildings	7.60	50.31	111.57	187.16	164.40	123.18
商业营业用房	Houses for Bussiness Use	58.32	137.09	228.15	334.53	437.64	457.80
其他房屋	Others	0.72	16.82	31.38	36.19	98.83	64.24
商品房屋销售面积(万平方米)	**Floor Space of Selling House**						
	(10 000 sq.m)	**1724.82**	**5452.23**	**5968.49**	**7310.21**	**7879.67**	**8556.34**
商品住宅	Commercially Residential Buildings	1539.60	5092.49	5455.50	6561.41	7009.09	7645.84
#90平方米以下	Under 90 sq.m		1106.32	1251.73	1374.32	1492.55	1811.42
144平方米以上	Over 144 sq.m		941.14	898.24	1001.95	1016.57	1084.55
#别墅、高档公寓	Villas and Good Apartments	94.85	41.14	33.69	41.23	32.72	58.64
办公楼	Office Buildings	24.86	60.79	126.49	205.44	181.67	149.50
商业营业用房	Houses for Bussiness Use	154.91	246.44	297.96	444.99	554.60	639.18
其他房屋	Others	5.45	52.51	88.54	98.37	134.30	121.82

16-15 各市房地产开发商品房屋销售面积(2015年)
Floor Space of Commercial Houses Sold by City (2015)

单位：万平方米 (10 000sq.m)

市(县) City(County)	商品房屋销售面积 Floor Space Sold of Commercial House	现房 Marketable housing	期房 Futures marketable housing	住宅 Residential Buildings	#90平方米以下 Under 90 sq.m	#别墅、高档公寓 Villas, luxury apartments	办公楼 Office Buildings	商业营业用房 Houses for Business Use	其他 Others
全　省 Total	**8556.34**	**2811.98**	**5744.37**	**7645.84**	**1811.42**	**58.64**	**149.50**	**639.18**	**121.82**
省辖市 City									
郑州市 Zhengzhou	1898.67	211.98	1686.68	1695.21	635.95	18.63	96.88	79.95	26.63
开封市 Kaifeng	333.72	106.52	227.20	309.99	77.62	0.71	0.99	20.18	2.55
洛阳市 Luoyang	687.32	184.05	503.27	608.23	108.02	6.15	10.79	39.97	28.34
平顶山市 Pingdingshan	219.63	63.52	156.11	213.25	32.91	1.65	0.03	5.14	1.20
安阳市 Anyang	554.09	131.84	422.25	485.89	65.16	6.96	10.12	41.37	16.70
鹤壁市 Hebi	176.98	36.79	140.19	168.56	28.66	0.69	0.08	6.17	2.17
新乡市 Xinxiang	494.46	146.18	348.28	478.89	95.38	5.32	2.40	12.65	0.52
焦作市 Jiaozuo	195.27	93.35	101.92	182.49	45.98	1.37	0.08	12.22	0.48
濮阳市 Puyang	282.87	71.70	211.17	268.92	78.76	4.19	0.84	11.67	1.43
许昌市 Xuchang	400.68	72.84	327.85	381.95	65.79	6.98	2.33	15.92	0.49
漯河市 Luohe	102.79	17.80	84.99	97.50	15.79	0.84	0.84	3.72	0.73
三门峡市 Sanmenxia	158.52	73.55	84.97	119.61	25.56	1.50	8.54	26.96	3.40
南阳市 Nanyang	485.66	137.46	348.20	445.37	94.46	0.09	0.22	36.46	3.61
商丘市 Shangqiu	705.19	288.51	416.68	561.78	81.21		3.42	134.66	5.33
信阳市 Xinyang	618.99	369.84	249.16	560.03	77.95		2.23	44.41	12.33
周口市 Zhoukou	401.04	306.50	94.54	364.99	32.89	0.16		36.02	0.03
驻马店市 Zhumadian	790.69	486.29	304.41	656.23	248.46	2.18	8.99	109.82	15.65
济源市 Jiyuan	49.80	13.28	36.52	46.95	0.87	1.24	0.72	1.90	0.23
省直管县 Province Administrating County									
巩义市 Gongyi	97.64	82.17	15.47	81.17	9.45		1.50	12.54	2.42
兰考县 Lankao	54.62	47.28	7.34	52.38	13.47			0.92	1.32
汝州市 Ruzhou	43.03	17.24	25.79	42.53	3.29	1.51		0.50	
滑县 Huaxian	51.94	8.51	43.43	43.53	2.10			8.41	
长垣县 Changyuan	83.40	15.69	67.71	78.96	16.21	1.62		4.17	0.27
邓州市 Dengzhou	72.72	0.95	71.77	67.40	18.17			4.30	1.02
永城市 Yongcheng	92.71	25.18	67.52	80.28	14.12			12.43	
固始县 Gushi	70.41	53.73	16.68	62.01	0.59			7.00	1.40
鹿邑县 Luyi	20.30	5.01	15.29	18.82	3.38			1.47	
新蔡县 Xincai	50.42	50.42		49.31	11.36			1.11	

16-16 各市房地产开发商品房屋销售额(2015年)

Total Sales of Commercial Houses by City (2015)

单位：万元 (10 000 yuan)

市(县) City(County)	商品房屋销售额 Total Sales of Commerical Houses	现房 Marketable housing	期房 Futures marketable housing	住宅 Residential Buildings	#90平方米以下 Under 90 sq.m	#别墅、高档公寓 Villas, luxury apartments	办公楼 Office Buildings	商业营业用房 Houses for Business Use	其他 Others
全　　省 Total	**39455522**	**10388788**	**29066734**	**33003306**	**8507276**	**454799**	**1231786**	**4577997**	**642433**
省　辖　市 City									
郑　州　市 Zhengzhou	14309918	1201096	13108822	12243743	4493184	228842	942248	879285	244642
开　封　市 Kaifeng	1282638	357238	925400	1090472	290599	5726	2717	179232	10217
洛　阳　市 Luoyang	2956367	807103	2149264	2425132	377270	59702	89750	322228	119257
平顶山市 Pingdingshan	861483	224051	637432	809458	129542	10515	128	43094	8803
安　阳　市 Anyang	2088897	440852	1648045	1680545	210920	32096	58879	311573	37900
鹤　壁　市 Hebi	619764	109689	510075	587147	96903	3293	388	28913	3316
新　乡　市 Xinxiang	1881862	529803	1352059	1782535	365262	19526	14793	82570	1964
焦　作　市 Jiaozuo	735640	335904	399736	687757	188619	4127	400	45560	1923
濮　阳　市 Puyang	1051444	231479	819965	983372	292756	20103	5200	59180	3692
许　昌　市 Xuchang	1591093	256509	1334584	1447799	255952	42948	12041	128708	2545
漯　河　市 Luohe	434529	58838	375691	366478	63482	4615	6715	58031	3305
三门峡市 Sanmenxia	590590	294526	296064	388014	83964	5950	30104	164135	8337
南　阳　市 Nanyang	1652365	453760	1198605	1425282	297167	520	1326	211716	14041
商　丘　市 Shangqiu	3012884	1132778	1880106	1829262	279352		16888	1088333	78401
信　阳　市 Xinyang	2255624	1340613	915011	1954940	265195		11526	241551	47607
周　口　市 Zhoukou	1373946	1023982	349964	1163429	94464	1674		210461	56
驻马店市 Zhumadian	2570520	1541397	1029123	1965617	719589	7755	35347	517225	52331
济　源　市 Jiyuan	185958	49170	136788	172324	3056	7407	3336	6202	4096
省直管县 Province Administrating County									
巩　义　市 Gongyi	406986	332704	74282	296661	35706		12000	81791	16534
兰　考　县 Lankao	156614	135853	20761	147349	39547			5034	4231
汝　州　市 Ruzhou	146817	60462	86355	143216	12022	9836		3601	
滑　　县 Huaxian	167833	23824	144009	126313	6039			41520	
长　垣　县 Changyuan	275076	43612	231464	255477	51185	5619		18751	848
邓　州　市 Dengzhou	277812	8930	268882	226501	64834			44856	6455
永　城　市 Yongcheng	323248	75076	248172	255318	42064			67930	
固　始　县 Gushi	229985	180468	49517	196644	2249			29445	3896
鹿　邑　县 Luyi	60412	12833	47579	51733	9522			8679	
新　蔡　县 Xincai	142113	142113		139107	32564			3006	

16-17 房地产开发企业(单位)财务状况

Financial Conditions of Enterprises for Real Estate Development

单位：万元 (10 000 yuan)

年份 Year	实收资本合计 Total Capital Hold	资产总计 Total Assets	累计折旧 Total Depreciation	#本年折旧 Depriciation This Year	负债总计 Total Liabilities	所有者权益 Owners' Equity	资产负债率(%) Assets Liabilities Ration
1995		1764785	14267	5342	1279978	484807	72.5
1996	551806	1807658	26520	7591	1387989	419669	76.8
1997	406745	1740105	19949	7588	1447544	292561	83.2
1998	505463	2280437	30805	8592	1910905	369532	83.8
1999	510523	2173758	36403	10014	1753236	420520	80.7
2000	817805	3018825	56674	12183	2338003	680822	77.4
2001	945883	3442486	63638	15519	2604287	838199	75.7
2002	1150354	4595641	85859	17913	3481164	1114477	75.7
2003	1455042	5510446	102740	19951	4038378	1472068	73.3
2004	2202011	8276947	129627	29240	5938250	2338698	71.7
2005	2318891	9784926	143625	29277	6816474	2968452	69.7
2006	3014227	12757587	186086	48428	8971739	3785848	70.3
2007	4432599	19659483	230093	45495	13732874	5926609	69.9
2008	6637409	26964335	304507	73239	17873731	9090604	66.3
2009	7364502	33620940	378972	80626	22812498	10808442	67.9
2010	8508683	45243820	493246	114146	32685619	12558201	72.2
2011	11222136	65168658	585018	136696	48594182	16574476	74.6
2012	13021039	86412935	688028	144209	66347192	20065743	76.8
2013	17606463	118597788	946125	228537	92631519	25966268	78.1
2014	18176192	149779271	998051	250516	119599889	30179382	79.8
2015	21513722	182626392	1135933	315165	145839268	36787123	79.9
省辖市 City							
郑州市 Zhengzhou	8511163	87278642	431978	88131	71694106	15584536	82.1
开封市 Kaifeng	792708	5616493	26836	6125	4531279	1085215	80.7
洛阳市 Luoyang	2094563	20273819	121782	29335	15324840	4948978	75.6
平顶山市 Pingdingshan	1160080	6382554	59010	13908	4964889	1417665	77.8
安阳市 Anyang	774690	6330172	32609	9147	5158839	1171333	81.5
鹤壁市 Hebi	269667	2662412	12855	4025	2196511	465901	82.5
新乡市 Xinxiang	1103318	8274231	73464	27927	6396562	1877669	77.3
焦作市 Jiaozuo	532961	3889327	19353	6357	3237350	651977	83.2
濮阳市 Puyang	514543	3953353	18166	5263	3405493	547861	86.1
许昌市 Xuchang	1087511	7788408	39470	8909	6146908	1641500	78.9
漯河市 Luohe	289286	2475326	17082	6388	1999243	476082	80.8
三门峡市 Sanmenxia	390051	3017026	14766	3267	2520368	496658	83.5
南阳市 Nanyang	1107652	6995180	58284	14187	5599333	1395847	80.0
商丘市 Shangqiu	879386	4608496	70275	49361	3091874	1516622	67.1
信阳市 Xinyang	680338	5372544	47182	15009	4080274	1292270	75.9
周口市 Zhoukou	425783	2677386	53216	15209	1879046	798340	70.2
驻马店市 Zhumadian	597136	3880754	28420	10383	2769056	1111697	71.4
济源市 Jiyuan	302887	1150271	11186	2233	843299	306972	73.3
省直管县 Province Administrating County							
巩义市 Gongyi	114343	478861	6021	3128	301769	177093	63.0
兰考县 Lankao	54470	184390	3364	920	76408	107982	41.4
汝州市 Ruzhou	92426	428828	4370	1586	171014	257814	39.9
滑县 Huaxian	70551	492369	1681	381	359654	132715	73.0
长垣县 Changyuan	96922	802435	30226	16951	539718	262718	67.3
邓州市 Dengzhou	50608	337836	4029	721	253535	84300	75.0
永城市 Yongcheng	53664	919710	3033	888	702302	217408	76.4
固始县 Gushi	78394	820294	2749	691	732781	87514	89.3
鹿邑县 Luyi	23051	170936	672	246	137312	33625	80.3
新蔡县 Xincai	14451	90201	1915	677	45699	44502	50.7

16－18　房地产开发企业(单位)经营状况

Operating Statistics of Enterprises for Real Estate Development

单位：万元　　　　(10 000 yuan)

年份 Year	主营业务总收入 Revenue from Principal Business	土地转让收入 Land Transferred	商品房屋销售收入 Commercial Houses Sold	房屋出租收入 Houses Leased	其他收入 Others	主营业务税金及附加 Operating Tax and Extra Charges	利润总额 Operating Profit
1995	296217	12144	261429	6646	15998		
1996	255167	5452	233920	3017	12778	11632	-25046
1997	253688	5168	219637	15007	13876	10766	-25754
1998	351299	13176	281049	12390	44684	14994	-24228
1999	372131	5429	305042	8766	52894	13786	-32030
2000	589976	5061	540151	2006	42758	25236	-31592
2001	795263	9742	667394	28533	89594	38027	-37939
2002	1076871	5910	922688	23136	125137	54990	-24806
2003	1456160	21772	1368253	18096	48039	76469	-33501
2004	2020881	15111	1918110	38611	49049	115015	26208
2005	2811080	61734	2675030	11543	62773	160582	176260
2006	3979391	24054	3887229	23325	44783	258454	273585
2007	6090315	45874	5939029	14200	91212	438474	632245
2008	7046582	53621	6772130	29211	191620	481789	694067
2009	8933162	63141	8721890	13006	135125	645284	1015016
2010	12005594	37385	11676405	137383	154421	895513	1328860
2011	13865231	45658	13400414	203150	216009	1055193	1583907
2012	15709431	77198	15133586	209955	288692	1318915	1817922
2013	26254232	175336	25111237	529686	437973	2154407	3930904
2014	25292238	67897	24247358	736829	240155	2056709	3056275
2015	28395941	83725	27499841	480320	332056	2436180	3322897
省辖市 City							
郑州市 Zhengzhou	9823146	6495	9231507	339371	245773	906755	1318124
开封市 Kaifeng	1128028	6464	1095377	17594	8593	67604	91807
洛阳市 Luoyang	1937853	60	1887038	28549	22206	179652	
平顶山市 Pingdingshan	802116	912	792192	7357	1655	55249	7300
安阳市 Anyang	1207893	1458	1204672	870	894	181055	143287
鹤壁市 Hebi	505610	115	500299	3633	1563	30714	23924
新乡市 Xinxiang	1792188	1772	1757258	30179	2979	126612	233342
焦作市 Jiaozuo	626872	1512	623262	1449	649	74459	39377
濮阳市 Puyang	521926	2934	507581	7804	3607	36996	26712
许昌市 Xuchang	1161021	8049	1129525	5155	18292	95266	112048
漯河市 Luohe	587335	2752	583369	681	534	45774	53822
三门峡市 Sanmenxia	232735	5895	222559	2612	1668	22334	
南阳市 Nanyang	1283952	8481	1263765	6818	4888	106979	144132
商丘市 Shangqiu	2245117	8234	2209198	20616	7069	171565	407476
信阳市 Xinyang	1723477	19889	1694604	4415	4569	139753	278353
周口市 Zhoukou	1432820	7350	1423719	352	1399	110933	231252
驻马店市 Zhumadian	1192298	1096	1185659	464	5079	67088	219096
济源市 Jiyuan	191555	259	188256	2401	639	17393	12821
省直管县 Province Administrating County							
巩义市 Gongyi	276123	2533	273590			12940	33074
兰考县 Lankao	126272	2509	114084	9103	576	7308	31494
汝州市 Ruzhou	147598	100	147002	198	298	9942	17119
滑县 Huaxian	162379		162161	150	68	11252	18429
长垣县 Changyuan	218022	400	217522	100	0	16289	25459
邓州市 Dengzhou	87340	7216	78710	67	1348	5973	28783
永城市 Yongcheng	330319		330317	2		23554	78483
固始县 Gushi	267915	6218	258525	1407	1765	19208	18484
鹿邑县 Luyi	28507	1000	27217		290	3262	
新蔡县 Xincai	94109		91956		2153	2295	20836

主要统计指标解释

房地产开发投资 指各种登记注册类型的房地产开发法人单位统一开发的包括统代建、拆迁还建的住宅、厂房、仓库、饭店、宾馆、度假村、写字楼、办公楼等房屋建筑物，配套的服务设施，土地开发工程（如道路、给水、排水、供电、供热、通讯、平整场地等基础设施工程）和土地购置的投资；不包括单纯的土地开发和交易活动。

房屋建筑面积 指从房屋外墙线算起的各层平面面积的总和，包括可供使用的有效面积和房屋结构(如柱、墙)占用的面积。多层建筑按各层（包括地下室）面积总和计算。

住宅建筑面积 指施工和竣工房屋建筑面积中供居住用的施工和竣工房屋建筑面积。

施工面积 指报告期内施工的全部房屋建筑面积。包括本期新开工的面积、上期跨入本期继续施工的房屋面积、上期停缓建在本期恢复施工的房屋面积、本期竣工的房屋面积及本期施工后又停缓建的房屋面积。

竣工面积 指在报告期内房屋建筑按照设计要求已全部完工，达到住人和使用条件，经验收鉴定合格，正式移交使用单位的建筑面积。

新增固定资产 指报告期内已经完成建造和购置过程，并已交付生产或使用单位的固定资产价值。该指标是表示固定资产投资成果的价值指标，也是反映建设进度，计算固定资产投资效果的重要指标。

别墅、高档公寓 指建筑造价和销售价格明显高于一般商品住宅的商品住宅。别墅一般指地处郊区，独立成栋的商品住宅；高档公寓一般指地处市内高尚社区，高层或多层的商品住宅。别墅、高档公寓的确定标准：一是经有房地产投资计划审批权的主管部门审批建设的别墅、高档公寓开发项目；二是销售价格高于当地同等地段商品住宅平均销售价格一倍以上的别墅、公寓开发项目。该指标可以分析房地产投资结构，反映高收入家庭商品住宅的供求平衡情况。

商品房销售面积 指报告期内出售商品房屋的合同总面积(即双方签署的正式买卖合同中所确定的建筑面积)。由现房销售建筑面积和期房销售建筑面积两部分组成。

商品房销售额 指报告期内出售商品房屋的合同总价款(即双方签署的正式买卖合同中所确定的合同总价)。该指标与商品房销售面积同口径，由现房销售额和期房销售额两部分组成。

商品房建设投资额 是指房地产开发企业（单位）开发建设的供出售、出租用的住宅、厂房、仓库、饭店、度假村、写字楼、办公楼等房屋工程及其配套的服务设施所完成的投资额。

完成开发土地面积 指报告期内对土地进行开发并已完成七通一平等前期开发工程，具备进行房屋建筑物施工或达到出让条件的土地面积。

本年购置土地面积 指在本年内通过各种方式获得土地使用权的土地面积。

Explanatory Notes on Main Statistical Indicators

Investment in Real Estate Development refers to investment by real estate development companies, commercialized buildings construction companies and other real estate development units of various types of ownership in the construction of buildings, such as residential buildings, factory buildings, warehouses, hotels, guesthouses, holiday villages, office buildings, the complementary service facilities and land development projects, such as roads, water supply, water drainage, power supply, heating supply, telecommunications, land leveling and other infrastructural projects. It does not include activities in pure land transactions.

Floor Space of Buildings Under Construction and Completed refers to total floor space in each story of buildings calculated from the outside line of building walls, including both usable space and the space occupied by constructions like pillars or walls. The floor space of multi-story buildings includes the total floor space of each story (including basement).

Floor Space of Residential Buildings refers to the floor space of the residential buildings under construction and completed among the total space of buildings under construction and completed.

Floor Space Under Construction refers to total floor space of all buildings under construction during the reference period, including floor space of newly started buildings during the reference period, floor space of construction extended from the previous period to the current period, floor space of construction suspended during the previous period and resumed in the current period, floor space of construction completed in the current period, and floor space of construction started and then suspended in the current period.

Floor Space of Buildings Completed refers to the floor space of buildings completed in the reference period, which have come up to the designed standards and have been put into use.

Newly Increased Fixed Assets refer to the newly increased value of fixed assets, constructed or purchased, that have been transferred to the investors. This is an indicator that demonstrates the results of investment in fixed assets in monetary terms, and an important indicator to reflect the speed of construction and to calculate the efficiency of investment.

Villas, High-Grade Apartments refers to commercial houses whose construction costs and marketing prices are significantly higher than ordinary housing. Villas are independent structures generally located in the suburbs; high-grade apartments are multi-story buildings located in elegant urban neighborhoods. Criteria for villas and high-grade apartments include: 1) projects for the construction of villas or high-grade apartments have to be approved by competent departments in charge of real estate development and investment plans, and 2) prices for projects on villas or high-grade apartments are higher by over 100% compared with the average prices of ordinary commercial housing projects in similar location. This indicator helps to analyze the investment structure of the real estate industry and the demand and supply of housing for high-income households.

Area of Commercialized Housing Sold refers to total contracted area of commercialized housing (i.e. area of floor space as designated in the formal contracts signed by both sides) during the reference time. It constitutes floor space of completed housing and floor space of future housing.

Value of Commercialized Housing Sold refers to the total contracted value (i.e. value of sales/purchase for selling/purchase of commercialized housing as designated in the contract signed by both sides) during the reference time. This indicator has the same coverage as the area of commercialized housing sold, which constitutes floor space of completed housing and floor space of housing yet to be completed

Investment in Commercial Buildings refers to the investment in residential buildings, workshops, warehouses, hotels, official buildings and related service establishment for sale or rent by real estate development enterprises.

Developed Land Area Completed refers to the land area of land development and prophase development projects completed, which can carry out construction or remise.

Purchased Land Area in Current Year refers to the land area accessible by various means in current year.

批发和零售业、住宿和餐饮业

Wholesale and Retail Sale trades,Hotels and Catering Services

17

● 资料整理：董 军

简要说明

一、主要内容

本篇包括河南省商品市场状况和批发零售业、住宿餐饮业经营情况以及主要财务状况。

二、统计范围

辖区内批发零售业和住宿餐饮业企业（单位）、个体经营户、连锁经营企业和亿元商品交易市场。

社会消费品零售总额不包括农业生产资料、居民购买住房；不包括各种经济类型的制造业法人企业、产业活动单位和个体工业直接售给城乡居民（包括本企业职工）和社会集团的商品；不包括农民在田间地头出售的农产品。

限额以上批发和零售业、住宿和餐饮业企业统计限额标准：批发业，年主营业务收入2000万元及以上；零售业，年主营业务收入500万元及以上；住宿业，年主营业务收入200万元及以上；餐饮业，年主营业务收入200万元及以上。

三、资料来源

达到限额以上标准的批发和零售业、住宿和餐饮业企业、个体经营户和其他行业附营的产业活动单位经营性指标和财务指标以及连锁经营企业、亿元商品交易市场采用全面调查的方法取得资料；限额以下批发零售企业采用抽样调查方法取得资料，限额以下住宿和餐饮业企业采用全面调查方法取得资料；批发零售和住宿餐饮业个体经营户资料采用抽样调查方法取得。由省统计局贸易外经处编辑整理。

Brief Introduction

I. Main Contents

Data in this chapter include the conditions of commodity market and wholesale and retail trades, hotels and catering services in Henan province.

II. Scope of Statistics

Wholesale and retail， accommodation catering enterprises (units), individual, chain business enterprises and one hundred million yuan commodity trading market.

Total retail sales of consumer goods do not include means of agricultural production; purchase of housing by residents; and do not include commodities that various types of corporate enterprise, industrial activity units and individual industrial directly sale to residents and social groups; and do not include agricultural products that sold by farmers in the fields.

Criteria for wholesale and retail sale trades, hotels and catering services above designated size are as follows: wholesale trade, having main business income over 20 million yuan; retail trade, having main business income over 5 million yuan; hotels, having main business income over 2 million yuan; catering services, having main business income over 2 million yuan.

III. Sources of Data

Data on business index and financial indicators of wholesale and retail trades, hotels and catering services enterprises, individual, Industrial activity unit above designated size, Chain group, trading market above one hundred million yuan are collected through comprehensive reporting form system. Data on enterprises and individual enterprises below the designated size are collected by sample surveys. Data in this chapter are provided by the Department of Trade and External Economic Relations of the Henan provincial bureau of Statistics.

17－1 社会消费品零售总额

Total Retail Sale of Consumer Goods

单位：亿元 (100 million yuan)

年 份 Year	社会消费品零售总额 Total Retail Sales of Consumer Goods	#批发和零售业 Wholesale and Retail Trades	住宿和餐饮业 Hotels and Catering Serbices	城 镇 Urban	乡 村 Rural
绝对数					
1978	71.79				
1980	96.04				
1985	180.59				
1990	314.31	283.78	16.42	217.06	97.25
1991	368.92	332.88	19.81	259.31	109.61
1992	470.30	427.64	27.85	334.90	135.40
1993	577.96	524.17	34.77	417.39	160.57
1994	790.17	696.31	60.37	566.34	223.83
1995	957.76	823.67	87.06	677.01	280.75
1996	1194.76	1045.79	115.26	831.69	363.07
1997	1427.53	1211.04	172.19	1009.55	417.98
1998	1565.88	1339.39	177.10	1102.45	463.43
1999	1691.20	1445.48	191.09	1189.81	501.39
2000	1869.80	1586.69	219.35	1313.92	555.88
2001	2071.93	1743.90	258.65	1458.11	613.82
2002	2292.75	1906.72	312.70	1623.97	668.78
2003	2539.33	2103.25	359.08	1809.43	729.90
2004	2938.26	2468.73	402.21	2131.42	806.84
2005	3380.88	2840.62	470.90	2479.08	901.80
2006	3932.55	3264.86	596.57	2911.99	1020.56
2007	4690.32	3830.07	779.77	3505.48	1184.84
2008	5815.44	4725.41	992.28	4375.69	1439.75
2009	6746.38	5525.51	1115.22	5085.74	1660.64
2010	8004.15	6790.78	1102.67	6618.76	1385.39
2011	9453.65	8018.88	1304.03	7821.77	1631.88
2012	10915.62	9272.24	1515.37	9021.73	1893.89
2013	12426.61	10564.79	1711.81	10236.77	2189.84
2014	14004.95	12076.29	1928.67	11503.06	2501.89
2015	15740.43	13552.51	2187.92	12886.63	2853.81
增速(%)					
1991	17.4	17.3	20.6	19.5	12.7
1992	27.5	28.5	40.6	29.2	23.5
1993	22.9	22.6	24.8	24.6	18.6
1994	36.7	32.8	73.6	35.7	39.4
1995	21.2	18.3	44.2	19.5	25.4
1996	24.7	27.0	32.4	22.8	29.3
1997	19.5	15.8	49.4	21.4	15.1
1998	9.7	10.6	2.9	9.2	10.9
1999	8.0	7.9	7.9	7.9	8.2
2000	10.6	9.8	14.8	10.4	10.9
2001	10.8	9.9	17.9	11.0	10.4
2002	10.7	9.3	20.9	11.4	9.0
2003	10.8	10.3	14.8	11.4	9.1
2004	15.7	17.4	12.0	17.8	10.5
2005	15.1	15.1	17.1	16.3	11.8
2006	16.3	14.9	26.7	17.5	13.2
2007	19.3	17.3	30.7	20.4	16.1
2008	24.0	23.4	27.3	24.8	21.5
2009	16.0	16.9	12.4	16.2	15.3
2010	19.0	18.9	19.1	19.4	16.3
2011	18.1	18.1	18.3	18.2	17.8
2012	15.7	15.6	16.2	15.6	16.1
2013	13.8	13.9	13.0	13.5	15.6
2014	12.7	12.7	12.7	12.3	14.5
2015	12.4	12.2	13.5	12.0	14.1

17-2 社会消费品零售总额

Total Retail Sale of Consumer Goods

单位：亿元 (100 million yuan)

指　　标	Item	2010	2011	2012	2013	2014	2015
社会消费品零售总额	**Total Retail Sale of Consumer Goods**	**8004.15**	**9453.65**	**10915.62**	**12426.61**	**14004.95**	**15740.43**
批发和零售业	Wholesale and Retail Trade	6790.78	8018.88	9272.24	10564.79	12076.29	13552.51
限额以上	Above Designed Size	2185.37	3017.92	3626.93	4317.99	5084.15	5874.33
限额以下	Below Designed Size	4605.41	5000.95	5645.31	6246.81	6992.14	7678.18
住宿和餐饮业	Accommodation and Catering Trade	1102.67	1304.03	1515.37	1711.81	1928.67	2187.92
限额以上	Above Designed Size	195.04	271.23	346.07	372.60	388.46	426.81
限额以下	Below Designed Size	907.63	1032.80	1169.30	1339.21	1540.21	1761.11

17-3 各市社会消费品零售总额(2015年)

Total Retail Sale of Consumer Goods by City (2015)

单位：亿元 (100 million yuan)

市(县) City(County)	社会消费品零售总额 Total Retail Sales of Consumer Goods	城镇 Urban Area	乡村 Urual Area	批发和零售业 Wholesale and Retail Sale Trade	#限额以上 Above Designated Size	住宿和餐饮业 Accommodation and Catering	#限额以上 Above Designated Size
全省 Total	**15740.43**	**12886.63**	**2853.81**	**13552.51**	**5874.33**	**2187.92**	**426.81**
省辖市 City							
郑州市 Zhengzhou	3294.71	2779.23	515.48	2998.30	1576.90	296.41	90.19
开封市 Kaifeng	747.14	650.76	96.39	594.91	254.26	152.23	25.49
洛阳市 Luoyang	1605.08	1349.77	255.31	1400.20	576.90	204.88	40.57
平顶山市 Pingdingshan	690.15	575.12	115.03	584.08	255.89	106.07	25.19
安阳市 Anyang	675.52	589.65	85.87	553.04	198.80	122.47	8.45
鹤壁市 Hebi	183.67	152.79	30.88	173.86	52.76	9.81	6.31
新乡市 Xinxiang	777.51	697.06	80.45	701.62	262.41	75.88	12.79
焦作市 Jiaozuo	624.72	528.58	96.14	505.66	202.26	119.06	16.79
濮阳市 Puyang	470.68	389.09	81.59	339.17	216.32	131.51	16.31
许昌市 Xuchang	707.19	583.99	123.21	567.68	262.21	139.51	25.54
漯河市 Luohe	437.41	371.57	65.84	349.12	182.01	88.29	16.27
三门峡市 Sanmenxia	396.86	347.31	49.55	332.06	135.15	64.80	4.60
南阳市 Nanyang	1570.19	1327.17	243.02	1219.97	346.02	350.23	27.01
商丘市 Shangqiu	813.18	675.30	137.88	599.39	286.70	213.79	10.88
信阳市 Xinyang	880.28	632.55	247.73	715.29	300.93	164.99	31.28
周口市 Zhoukou	974.73	777.68	197.06	792.29	231.36	182.44	20.47
驻马店市 Zhumadian	755.11	648.33	106.78	551.41	285.64	203.70	24.91
济源市 Jiyuan	136.28	109.22	27.06	132.31	34.50	3.98	1.56
省直管县 Province Administrating County							
巩义市 Gongyi	248.29	194.39	53.90	229.28	31.10	19.02	6.56
兰考县 Lankao	83.22	69.86	13.35	59.44	26.12	23.77	1.98
汝州市 Ruzhou	118.14	103.89	14.25	80.22	23.12	37.93	1.33
滑县 Huaxian	83.13	73.77	9.36	62.42	10.09	20.71	1.05
长垣县 Changyuan	68.33	59.14	9.20	54.71	27.05	13.63	1.80
邓州市 Dengzhou	140.90	110.55	30.34	107.25	20.63	33.64	2.19
永城市 Yongcheng	146.96	106.28	40.69	116.05	22.70	30.91	1.34
固始县 Gushi	153.18	116.83	36.35	122.81	22.25	30.37	3.15
鹿邑县 Luyi	110.72	84.61	26.10	96.30	10.22	14.41	0.93
新蔡县 Xincai	55.92	46.66	9.26	39.46	20.03	16.45	1.86

17-4 各市批发和零售业、住宿和餐饮业商品销售额(营业额)增幅(2015年)

Growth rate of Total Sales of Wholesale and Retail Sale, Hotels and Catering Services by City (2015)

单位：% (%)

市(县)	City(County)	批发和零售业商品销售额 Wholesale and Retail Sale Trade	#限额以上 Above Designated Size	住宿和餐饮业营业额 Accommodation and Catering	#限额以上 Above Designated Size
省辖市	**City**				
郑州市	Zhengzhou	11.7	5.3	16.3	6.5
开封市	Kaifeng	13.0	15.7	15.4	17.1
洛阳市	Luoyang	12.1	2.9	16.2	10.8
平顶山市	Pingdingshan	11.5	-5.3	15.0	11.8
安阳市	Anyang	11.7	-0.5	16.4	11.9
鹤壁市	Hebi	11.4	21.5	15.6	17.0
新乡市	Xinxiang	11.1	-2.4	15.1	-6.2
焦作市	Jiaozuo	11.7	3.9	16.2	27.2
濮阳市	Puyang	11.9	18.5	15.7	17.3
许昌市	Xuchang	12.7	17.2	16.3	21.6
漯河市	Luohe	12.8	19.8	15.2	12.8
三门峡市	Sanmenxia	11.8	7.2	14.2	-0.8
南阳市	Nanyang	12.5	16.5	15.9	24.0
商丘市	Shangqiu	12.5	8.8	15.6	27.1
信阳市	Xinyang	13.3	19.6	15.0	14.7
周口市	Zhoukou	12.9	11.9	15.8	14.6
驻马店市	Zhumadian	13.6	24.2	16.1	19.0
济源市	Jiyuan	11.0	-7.8	16.3	7.1
省直管县	**Province Administrating County**				
巩义市	Gongyi	13.9	12.9	14.7	20.0
兰考县	Lankao	13.8	19.4	15.3	23.7
汝州市	Ruzhou	13.0	9.4	15.1	6.9
滑县	Huaxian	13.1	16.1	16.6	11.9
长垣县	Changyuan	13.8	16.3	15.6	11.9
邓州市	Dengzhou	12.4	-1.9	15.4	22.1
永城市	Yongcheng	11.7	-28.2	14.9	14.6
固始县	Gushi	14.8	21.7	15.3	9.2
鹿邑县	Luyi	14.0	9.4	15.6	10.5
新蔡县	Xincai	14.0	16.9	14.0	23.3

17–5 限额以上批发和零售业法人基本情况(2015年)

Basic Conditions of Corporation in Wholesale and Retail Trades above Designated Size (2015)

指标名称	Item	法人企业 (个) Corporate Enterprises (unit)	从业人员期末人数 (人) Persons Employed (person)	法人属产业活动单位数 (个) Establish_ments Units (unit)	#批发和零售业 Wholesale and Retail Trades
总　计	**Total**	**10251**	**631903**	**20954**	**11287**
批发业	**Wholesale Trades**	**3740**	**222332**	**6552**	**2917**
按批发行业小类分	By small kind points				
农、林、牧产品	Animal products	548	30423	660	117
食品、饮料及烟草制品	Food, Beverages, Tobacco and Liquor	506	65570	994	510
纺织、服装及家庭用品	Textile Clothing, and Articles for Daily Use	210	12342	229	20
文化、体育用品及器材	Culture, sports supplies and equipment	91	4733	132	46
医药及医疗器材	Medicine and the medical equipment	248	25314	551	323
矿产品、建材及化工产品	Mineral products, building materials and chemical products	1557	62097	3339	1822
机械设备、五金产品及电子产品	Mechanical equipment, hardware and electronic products	456	17624	478	30
贸易经纪与代理	Trade brokers and agents	8	274	8	
其他	Others	116	3955	161	49
按登记注册类型分	By Registration				
内资企业	Domestic-Funded Enterprises	3729	219999	6533	2909
港澳台商投资企业	Enterprises With Investment from Hong Kong, Macao and Taiwan	8	2208	16	8
外商投资企业	Enterprises With Foreign Investment	3	125	3	
按控股情况分	By Proprietarily System				
国有控股	State-holding	344	60164	2501	2216
集体控股	Collective-holding	111	6193	326	235
私人控股	Private-holding	2924	134455	3294	394
港澳台商控股	Hong Kong, Macao and Taiwan-holding	8	893	10	1
外商控股	Foreign-holding	2	88	2	
其他	Others	351	20539	419	71
按经营形式分	By Managing Form				
独立门店	Independent store	2856	153730	4252	1465
连锁总店(总部)	Chain head office	31	9751	1093	1078
连锁门店	Chain store	8	956	10	3
其他	Others	845	57895	1197	371

17-5 续表 continued

指标名称	Item	法人企业（个）Corporate Enterprises (unit)	从业人员期末人数（人）Persons Employed (person)	法人属产业活动单位数（个）Establish_ments Units (unit)	#批发和零售业 Wholesale and Retail Trades
零售业	**Retail Sale trades**	**6511**	**409571**	**14402**	**8370**
按零售行业小类分	By small kind points				
综合	Comprehensive	1294	165108	3565	2430
食品、饮料及烟草制品	Food, Beverages, Tobacco and Liquor	474	19303	896	457
纺织、服装及日用品	Textile Clothing, and Articles for Daily Use	391	20792	570	196
文化、体育用品及器材	Culture, sports supplies and equipment	343	18335	695	408
医药及医疗器材	Medicine and the medical equipment	265	27429	3805	3636
汽车、摩托车、燃料及零配件	Automobile, motorcycle, fuel and spare parts	2011	96830	2815	858
家用电器及电子产品	Household appliances and electronic	958	31522	1265	366
五金、家具及室内装饰材料	Hardware, furniture and indoor decoration materials	482	19957	495	15
货摊、无店铺及其他	Non-store and Others	293	10295	296	4
按登记注册类型分	By Registration				
内资企业	Domestic-Funded Enterprises	6464	396693	14310	8321
港澳台商投资企业	Enterprises With Investment from Hong Kong, Macao and Taiwan	26	8991	65	43
外商投资企业	Enterprises With Foreign Investment	21	3887	27	6
按控股情况分	By Proprietarily System				
国有控股	State-holding	403	39659	3132	2846
集体控股	Collective-holding	378	27803	1811	1487
私人控股	Private-holding	5105	283160	7986	3118
港澳台商控股	Hong Kong, Macao and Taiwan-holding	23	8583	56	36
外商控股	Foreign-holding	20	3830	26	6
其他	Others	582	46536	1391	877
按经营形式分	By Managing Form				
独立门店	Independent store	5773	302027	9821	4345
连锁总店(总部)	Chain head office	156	50480	2837	2799
连锁门店	Chain store	118	27640	790	695
其他	Others	464	29424	954	531
按零售业态分	By Retail Formats				
有店铺零售	Store Retailing	6409	404382	14297	8365
无店铺零售	Non-store Retailing	102	5189	105	5

17-6 限额以上住宿和餐饮业法人基本情况(2015年)

Basic Conditions of Corporation in Hotels and Catering Services above Designated Size (2015)

指标名称	Item	法人企业 (个) Corporate Enterprises (unit)	从业人员期末人数 (人) Persons Employed (person)	法人属产业活动单位数 (个) Establish_ments Units (unit)	#住宿和餐饮业 Wholesale and Retail Trades
总　计	**Total**	**2617**	**167281**	**2950**	**397**
住宿业	**Hotels**	**1293**	**96603**	**1378**	**113**
按住宿行业小类分	By small kind points				
旅游饭店	Tourist hotel	676	63819	724	67
一般旅馆	General hotel	577	30237	614	46
其他住宿业	Others	40	2547	40	
按登记注册类型分	By Registration				
内资企业	Domestic-Funded Enterprises	1275	93483	1360	113
国有企业	State-owned	101	12988	122	25
集体企业	Collective-owned	36	2803	41	7
股份合作企业	Cooperative	4	251	4	
联营企业	Joint Ownership				
有限责任公司	Limited Liability Corporations	540	41588	575	43
股份有限公司	Share-holding Corporation Ltd	57	4315	61	7
私营企业	Private	525	31271	545	31
其他企业	Other	12	267	12	
港澳台商投资企业	Enterprises With Investment from Hong Kong, Macao and Taiwan	12	2479	12	
外商投资企业	Enterprises With Foreign Investment	6	641	6	
按控股情况分	By Proprietarily System				
国有控股	State-holding	146	19380	169	28
集体控股	Collective-holding	70	5578	78	12
私人控股	Private-holding	937	58492	982	60
港澳台商控股	Hong Kong, Macao and Taiwan-holding	8	1583	8	
外商控股	Foreign-holding	4	182	4	
其他	Others	128	11388	137	13
按经营形式分	By Managing Form				
独立门店	Independent store	1201	90785	1267	90
连锁总店(总部)	Chain head office	7	576	21	16
连锁门店	Chain store	30	1300	34	6
其他	Others	55	3942	56	1
按星级分	By Star Points				
五星	Five-star	33	7695	35	3
四星	Four-star	117	17011	131	21
三星	Three-star	222	21153	237	20
二星	Two-star	92	4971	102	10
一星	One-star	4	258	4	
其他	Others	825	45515	869	59

17-6 续表 continued

指标名称	Item	法人企业(个) Corporate Enterprises (unit)	从业人员期末人数(人) Persons Employed (person)	法人属产业活动单位数(个) Establish_ments Units (unit)	#住宿和餐饮业 Wholesale and Retail Trades
餐饮业	**Catering Services**	**1324**	**70678**	**1572**	**284**
按餐饮行业小类分	By small kind points				
正餐服务	Dinner	1231	61100	1327	128
快餐服务	Snack	69	8391	218	152
饮料及冷饮服务	Drinks and cold drinks	2	54	2	
其他餐饮业	Others	22	1133	25	4
按登记注册类型分	By Registration				
内资企业	Domestic-Funded Enterprises	1316	64315	1418	136
国有企业	State-owned	16	557	17	1
集体企业	Collective-owned	11	397	20	11
股份合作企业	Cooperative	2	195	2	
联营企业	Joint Ownership	1	62	1	
有限责任公司	Limited Liability Corporations	461	25623	486	39
股份有限公司	Share-holding Corporation Ltd	41	2450	41	
私营企业	Private	766	34133	833	85
其他企业	Other	18	898	18	
港澳台商投资企业	Enterprises With Investment from Hong Kong, Macao and Taiwan	3	881	41	40
外商投资企业	Enterprises With Foreign Investment	5	5482	113	108
按控股情况分	By Proprietarily System				
国有控股	State-holding	20	918	21	1
集体控股	Collective-holding	25	1424	34	11
私人控股	Private-holding	1173	55559	1251	102
港澳台商控股	Hong Kong, Macao and Taiwan-holding	3	881	41	40
外商控股	Foreign-holding	5	5482	113	108
其他	Others	98	6414	112	22
按经营形式分	By Managing Form				
独立门店	Independent store	1224	59546	1265	58
连锁总店(总部)	Chain head office	29	7974	218	204
连锁门店	Chain store	26	1546	44	22
其他	Others	45	1612	45	

17-7 各市批发和零售、住宿和餐饮业法人企业单位数(2015年)

Number of Corporation in Wholesale and Retail Sale, Hotels and Catering Services by City (2015)

单位：个 (unit)

市(县)	City(County)	批发业 Wholesale Trade	#限额以上 Above Designated Size	零售业 Retail Sale	#限额以上 Above Designated Size	住宿业 Accommodation	#限额以上 Above Designated Size	餐饮业 Catering Trade	#限额以上 Above Designated Size
省辖市	**City**								
郑州市	Zhengzhou	27370	801	19662	920	788	219	1197	189
开封市	Kaifeng	2631	199	3406	462	246	74	650	106
洛阳市	Luoyang	5988	291	5753	504	449	133	635	93
平顶山市	Pingdingshan	4208	217	3580	430	301	101	629	87
安阳市	Anyang	3093	143	3204	250	183	38	290	37
鹤壁市	Hebi	1067	32	1438	106	76	24	142	23
新乡市	Xinxiang	4124	128	5723	338	197	43	394	63
焦作市	Jiaozuo	2578	64	2600	194	141	29	190	20
濮阳市	Puyang	3020	159	3598	251	107	29	405	25
许昌市	Xuchang	7145	351	7035	379	319	73	831	88
漯河市	Luohe	1200	75	1568	174	89	31	202	49
三门峡市	Sanmenxia	3442	70	3295	208	186	38	297	22
南阳市	Nanyang	8961	535	10486	760	567	145	1523	171
商丘市	Shangqiu	3420	159	5038	353	212	45	485	56
信阳市	Xinyang	1479	126	3173	453	276	87	684	118
周口市	Zhoukou	1411	153	2017	287	229	70	347	79
驻马店市	Zhumadian	3138	213	4357	397	246	102	586	95
济源市	Jiyuan	1485	24	699	45	29	12	48	3
省直管县	**Province Administrating County**								
巩义市	Gongyi	844	17	479	44	33	10	44	10
兰考县	Lankao	527	39	897	111	37	7	157	16
汝州市	Ruzhou	388	74	531	112	21	3	25	4
滑县	Huaxian	508	31	461	48	15	3	16	2
长垣县	Changyuan	216	10	1281	77	17	3	67	22
邓州市	Dengzhou	303	16	854	59	44	8	117	5
永城市	Yongcheng	257	3	498	56	19	3	80	18
固始县	Gushi	221	23	625	110	35	16	71	22
鹿邑县	Luyi	127	30	156	30	16	10	25	5
新蔡县	Xincai	351	20	986	73	33	13	110	18

17-8 各市批发和零售、住宿和餐饮业法人企业从业人员(2015年)

Number of Persons Employed in Wholesale and Retail Sale, Hotels and Catering Services by City (2015)

单位：人 (person)

市(县) City(County)	批发业 Wholesale Trade	#限额以上 Above Designated Size	零售业 Retail Sale	#限额以上 Above Designated Size	住宿业 Accommodation	#限额以上 Above Designated Size	餐饮业 Catering Trade	#限额以上 Above Designated Size
省辖市 City								
郑州市 Zhengzhou	294968	44322	212193	64709	35725	22424	38493	17548
开封市 Kaifeng	53896	13834	58709	21435	9050	4943	14869	4930
洛阳市 Luoyang	65513	13509	84853	40436	14776	8823	17431	7105
平顶山市 Pingdingshan	46746	10804	48716	20913	11384	7004	11598	3312
安阳市 Anyang	41613	7007	41051	11946	5130	2796	6169	1847
鹤壁市 Hebi	13244	1710	16301	5229	2098	1055	2800	826
新乡市 Xinxiang	46955	6503	76091	21510	6381	3241	10133	4354
焦作市 Jiaozuo	31982	3902	41000	14819	5520	2517	5543	1425
濮阳市 Puyang	42443	6506	47156	11724	2390	1238	6199	818
许昌市 Xuchang	106811	11811	94147	19938	10834	6016	17228	3406
漯河市 Luohe	18018	3795	25102	11111	3183	1790	5951	2371
三门峡市 Sanmenxia	34802	6163	31368	9815	5685	3007	5948	1265
南阳市 Nanyang	146211	26929	141577	33584	18350	9526	26358	6198
商丘市 Shangqiu	61238	15387	86237	32098	8271	4400	12040	3785
信阳市 Xinyang	36170	15238	70095	37469	9771	6171	12746	4738
周口市 Zhoukou	40680	17709	53496	26275	7312	4202	7871	2665
驻马店市 Zhumadian	58414	16125	70623	22939	9396	6492	11747	3948
济源市 Jiyuan	13008	1078	9265	3621	1354	958	858	137
省直管县 Province Administrating County								
巩义市 Gongyi	9448	465	6995	1590	1181	788	1106	482
兰考县 Lankao	8911	1495	13927	4139	899	419	2746	530
汝州市 Ruzhou	7057	2825	8805	4199	675	347	511	130
滑县 Huaxian	6195	1573	4917	1350	434	137	288	80
长垣县 Changyuan	3294	487	20390	4524	431	225	2930	1797
邓州市 Dengzhou	5965	1460	12166	3235	1048	336	1807	299
永城市 Yongcheng	3851	259	12300	7155	857	300	2102	1062
固始县 Gushi	3780	989	9879	4123	1273	1011	1368	456
鹿邑县 Luyi	6861	4222	3756	1105	824	597	478	195
新蔡县 Xincai	3697	749	11438	1585	862	528	1540	406

17-9 各市批发和零售、住宿和餐饮业限额以上企业(单位)单位数(2015年)

Number of Corporation in Wholesale and Retail Sale, Hotels and Catering Services Above Designated Size by City (2015)

单位：个 (unit)

市(县) City(County)	批发业 Wholesale Trade	限额以上法人 Institutional Above Designated Size	产业活动单位、个体经营户 Large Individual	零售业 Retail Sale	限额以上法人 Institutional Above Designated Size	产业活动单位、个体营户 Large Individual
省辖市 City						
郑州市 Zhengzhou	837	801	36	1390	920	470
开封市 Kaifeng	208	199	9	584	462	122
洛阳市 Luoyang	304	291	13	822	504	318
平顶山市 Pingdingshan	226	217	9	633	430	203
安阳市 Anyang	150	143	7	338	250	88
鹤壁市 Hebi	36	32	4	145	106	39
新乡市 Xinxiang	129	128	1	503	338	165
焦作市 Jiaozuo	67	64	3	290	194	96
濮阳市 Puyang	178	159	19	451	251	200
许昌市 Xuchang	390	351	39	517	379	138
漯河市 Luohe	81	75	6	260	174	86
三门峡市 Sanmenxia	71	70	1	228	208	20
南阳市 Nanyang	559	535	24	905	760	145
商丘市 Shangqiu	164	159	5	535	353	182
信阳市 Xinyang	136	126	10	602	453	149
周口市 Zhoukou	158	153	5	379	287	92
驻马店市 Zhumadian	230	213	17	635	397	238
济源市 Jiyuan	26	24	2	51	45	6
省直管县 Province Administrating County						
巩义市 Gongyi	18	17	1	99	44	55
兰考县 Lankao	40	39	1	144	111	33
汝州市 Ruzhou	79	74	5	140	112	28
滑县 Huaxian	35	31	4	74	48	26
长垣县 Changyuan	10	10		97	77	20
邓州市 Dengzhou	17	16	1	95	59	36
永城市 Yongcheng	3	3		66	56	10
固始县 Gushi	23	23		124	110	14
鹿邑县 Luyi	30	30		31	30	1
新蔡县 Xincai	32	20	12	113	73	40

17-9 续表 continued

单位：个 (unit)

市(县) City(County)	住宿业 Accommodation	限额以上法人 Institutional Above Designated Size	产业活动单位、个体经营户 Individual	餐饮业 Catering Trade	限额以上法人 Institutional Above Designated Size	产业活动单位、个体经营户 Individual
省辖市 City						
郑州市 Zhengzhou	309	219	90	816	189	627
开封市 Kaifeng	99	74	25	231	106	125
洛阳市 Luoyang	202	133	69	565	93	472
平顶山市 Pingdingshan	141	101	40	277	87	190
安阳市 Anyang	48	38	10	123	37	86
鹤壁市 Hebi	35	24	11	92	23	69
新乡市 Xinxiang	63	43	20	208	63	145
焦作市 Jiaozuo	52	29	23	120	20	100
濮阳市 Puyang	45	29	16	139	25	114
许昌市 Xuchang	97	73	24	259	88	171
漯河市 Luohe	46	31	15	148	49	99
三门峡市 Sanmenxia	47	38	9	40	22	18
南阳市 Nanyang	180	145	35	284	171	113
商丘市 Shangqiu	68	45	23	134	56	78
信阳市 Xinyang	124	87	37	297	118	179
周口市 Zhoukou	81	70	11	132	79	53
驻马店市 Zhumadian	135	102	33	179	95	84
济源市 Jiyuan	14	12	2	13	3	10
省直管县 Province Administrating County						
巩义市 Gongyi	22	10	12	90	10	80
兰考县 Lankao	8	7	1	30	16	14
汝州市 Ruzhou	8	3	5	21	4	17
滑县 Huaxian	8	3	5	12	2	10
长垣县 Changyuan	4	3	1	35	22	13
邓州市 Dengzhou	20	8	12	26	5	21
永城市 Yongcheng	4	3	1	19	18	1
固始县 Gushi	26	16	10	40	22	18
鹿邑县 Luyi	11	10	1	10	5	5
新蔡县 Xincai	18	13	5	25	18	7

17-10 各市批发和零售、住宿和餐饮业限上企业(单位)从业人员(2015年)

Number of Persons Employed in Wholesale and Retail Sale, Hotels and Catering Services Above Designated Size by City (2015)

单位：人 (Person)

市(县) City(County)	批发业 Wholesale Trade	限额以上法人 Institutional Above Designated Size	产业活动单位、个体经营户 Large Individual	零售业 Retail Sale	限额以上法人 Institutional Above Designated Size	产业活动单位、个体经营户 Large Individual
省辖市 City						
郑州市 Zhengzhou	46073	44322	1751	73951	64709	9242
开封市 Kaifeng	13890	13834	56	23465	21435	2030
洛阳市 Luoyang	13842	13509	333	46038	40436	5602
平顶山市 Pingdingshan	11023	10804	219	24443	20913	3530
安阳市 Anyang	7233	7007	226	13836	11946	1890
鹤壁市 Hebi	1990	1710	280	5953	5229	724
新乡市 Xinxiang	6566	6503	63	25122	21510	3612
焦作市 Jiaozuo	3996	3902	94	17602	14819	2783
濮阳市 Puyang	6836	6506	330	14163	11724	2439
许昌市 Xuchang	12345	11811	534	21949	19938	2011
漯河市 Luohe	4489	3795	694	12716	11111	1605
三门峡市 Sanmenxia	6194	6163	31	10476	9815	661
南阳市 Nanyang	27155	26929	226	36055	33584	2471
商丘市 Shangqiu	15459	15387	72	35579	32098	3481
信阳市 Xinyang	15727	15238	489	40150	37469	2681
周口市 Zhoukou	17773	17709	64	28338	26275	2063
驻马店市 Zhumadian	16382	16125	257	27314	22939	4375
济源市 Jiyuan	1087	1078	9	3744	3621	123
省直管县 Province Administrating County						
巩义市 Gongyi	475	465	10	3990	1590	2400
兰考县 Lankao	1512	1495	17	4811	4139	672
汝州市 Ruzhou	2930	2825	105	4568	4199	369
滑县 Huaxian	1714	1573	141	2350	1350	1000
长垣县 Changyuan	487	487		5207	4524	683
邓州市 Dengzhou	1469	1460	9	3918	3235	683
永城市 Yongcheng	259	259		7291	7155	136
固始县 Gushi	989	989		4342	4123	219
鹿邑县 Luyi	4222	4222		1118	1105	13
新蔡县 Xincai	875	749	126	1965	1585	380

17-10 续表 continued

单位：人 (Person)

市(县) City(County)	住宿业 Accommodation	限额以上法人 Institutional Above Designated Size	产业活动单位、个体经营户 Large Individual	餐饮业 Catering Trade	限额以上法人 Institutional Above Designated Size	产业活动单位、个体经营户 Large Individual
省辖市 City						
郑州市 Zhengzhou	25649	22424	3225	35729	17548	18181
开封市 Kaifeng	5367	4943	424	7521	4930	2591
洛阳市 Luoyang	10527	8823	1704	17102	7105	9997
平顶山市 Pingdingshan	8209	7004	1205	6900	3312	3588
安阳市 Anyang	3371	2796	575	4267	1847	2420
鹤壁市 Hebi	1700	1055	645	2242	826	1416
新乡市 Xinxiang	3602	3241	361	7781	4354	3427
焦作市 Jiaozuo	3152	2517	635	3757	1425	2332
濮阳市 Puyang	1523	1238	285	2963	818	2145
许昌市 Xuchang	6613	6016	597	6739	3406	3333
漯河市 Luohe	2075	1790	285	4541	2371	2170
三门峡市 Sanmenxia	3560	3007	553	1724	1265	459
南阳市 Nanyang	10274	9526	748	8327	6198	2129
商丘市 Shangqiu	4766	4400	366	5204	3785	1419
信阳市 Xinyang	7050	6171	879	8646	4738	3908
周口市 Zhoukou	4529	4202	327	3784	2665	1119
驻马店市 Zhumadian	7225	6492	733	5649	3948	1701
济源市 Jiyuan	1033	958	75	541	137	404
省直管县 Province Administrating County						
巩义市 Gongyi	989	788	201	2745	482	2263
兰考县 Lankao	444	419	25	853	530	323
汝州市 Ruzhou	484	347	137	487	130	357
滑县 Huaxian	338	137	201	493	80	413
长垣县 Changyuan	265	225	40	2316	1797	519
邓州市 Dengzhou	576	336	240	649	299	350
永城市 Yongcheng	315	300	15	1076	1062	14
固始县 Gushi	1190	1011	179	829	456	373
鹿邑县 Luyi	597	597		240	195	45
新蔡县 Xincai	608	528	80	490	406	84

17-11 限额以上批发和零售企业(单位)商品分类销售总额(2015年)

Total Sales of Enterprises above Designated Size of Wholesale and Retail Trade by Category of Main Commodities (2015)

单位：亿元 (100 million yuan)

指 标	Item	合 计 Total	批 发 Wholesale Trade	零 售 Retail Trade
粮油、食品类	Food	1646.87	1143.25	503.62
#粮油类	Grain and oils	481.51	331.70	149.81
肉禽蛋类	Meat, Poultry and Eggs	198.17	111.46	86.71
水产品类	Aquatic products	22.09	10.41	11.69
蔬菜类	Vegetables	393.98	345.00	48.98
干鲜果品类	Nuts	272.85	225.17	47.68
饮料类	Beverages	216.71	87.15	129.56
烟酒类	Tobacco and Liquor	1275.04	1090.28	184.76
服装、鞋帽、针纺织品类	Clothing, Shoes, Hats and Textiles	661.36	108.21	553.15
服装类	Clothing	456.15	57.34	398.82
鞋帽类	Shoes and Hats	112.20	14.91	97.29
针纺织品类	Knitwear and Textiles	93.01	35.97	57.04
化妆品类	Cosmetics	111.88	10.72	101.16
金银珠宝类	Gold, Silver and Jewelry	160.46	61.66	98.80
日用品类	Articles for Daily Use	265.75	38.34	227.42
儿童玩具类	Children Toys	11.95	0.19	11.75
五金、电料类	Hardware and Electrical Materials	102.50	35.29	67.21
体育、娱乐用品类	Sports and Recreation Articles	23.87	6.84	17.03
照相器材类	Photographic equipment class	0.81		0.81
书报杂志类	Newspapers and Magazines	86.98	37.62	49.36

17-11 续表 continued

单位：亿元 (100 million yuan)

指 标	Item	合 计 Total	批 发 Wholesale Trade	零 售 Retail Trade
电子出版物及音像制品类	E-journal and Video Products	4.04	0.10	3.94
家用电器和音像器材类	Household Appliances and Video Appliances	602.76	224.26	378.51
中西药品类	Traditional Chinese and Western Medicines	1128.73	947.31	181.41
#西药类	Western Medicines	673.09	574.19	98.91
中草药及中成药类	Traditional Chinese Medicines	137.60	101.06	36.55
文化办公用品类	Cultural and Official Goods	122.26	43.45	78.80
计算机及其配套产品	Computer and its supporting products	26.01	8.92	17.09
家具类	Furniture	163.17	10.43	152.74
通讯器材类	Communication Appliances	85.29	12.42	72.87
煤炭及制品类	Coal and Related Products	624.79	578.83	45.96
木材及制品类	Wood and Wooden Products	15.58	15.15	0.43
石油及制品类	Petroleum and Related Products	1392.47	996.97	395.50
化工材料及制品类	Raw Chemical Materials	497.55	455.68	41.87
#化肥类	Fertilizer	232.89	202.29	30.60
金属材料类	Metal Materials	1067.94	1066.57	1.36
建筑及装潢材料类	Building and Decoration Materials	210.18	165.15	45.02
机电产品及设备类	Mechanical and Electrical Products	394.01	343.53	50.47
#农机类	Agricultural Machinery	88.96	87.54	1.42
汽车类	Automobile	2075.96	237.86	1838.10
种子饲料类	Seed and Feedstuff	98.66	96.11	2.55
棉麻类	Cotton, Hemp	79.22	78.68	0.53
其他类	Others	565.59	463.32	102.27

17−12 各市限额以上批发和零售企业(单位)商品分类批发总额(2015年)

Total Wholesale Value of Enterprises above Designated Size of Wholesales and Retail Trades by City and Sort (2015)

单位：万元 (10 000 yuan)

市(县)	City(County)	粮油食品类 Grain and oil food	日用品类 Articles for Daily Use	服装、鞋帽针纺织类 Clothing,shoes and Hats,Knitwear and Textiles	文化办公用品类 Cultural and Sports	家用电器和音像器材类 Household and Video Appliances	中西药品类 Medical Treatment Use	书报杂志类 Newspapers and Magazines
省辖市	**City**							
郑州市	Zhengzhou	4795626	52902	301143	381729	1495801	5049172	319028
开封市	Kaifeng	432626	2123	21098	4637	28737	95384	2658
洛阳市	Luoyang	184859	5058	27598	110	73658	557142	1
平顶山市	Pingdingshan	238250	7912	9656	12	62636	364253	
安阳市	Anyang	237609	19026	175	107	2226	156057	8291
鹤壁市	Hebi	281485		3180	179		6286	
新乡市	Xinxiang	264596	4908	16357	5049	72265	589112	141
焦作市	Jiaozuo	96680		5971		1755	55060	76
濮阳市	Puyang	204951	82193	57600	1232	56863	50415	4006
许昌市	Xuchang	103344	90134	55439	1449	16887	204794	
漯河市	Luohe	522312	16472	2961	79	122247	126592	
三门峡市	Sanmenxia	29141	3043	119		8687	45599	
南阳市	Nanyang	610158	5129	67915	6358	242587	642244	20571
商丘市	Shangqiu	282899	4641	247466	21751	71534	614864	20
信阳市	Xinyang	987360	8754	75567	0	44324	87569	5556
周口市	Zhoukou	607937	7055	18314	2	17326	158662	2476
驻马店市	Zhumadian	563742	21540	51227	521	26384	200731	8463
济源市	Jiyuan					225	23530	
省直管县	**Province Administrating County**							
巩义市	Gongyi	3198	156	222	4		5246	
兰考县	Lankao	50723					3227	2367
汝州市	Ruzhou	19269						
滑县	Huaxian	101800				628	10895	5138
长垣县	Changyuan		65				7796	
邓州市	Dengzhou	82523	667	3340	21		2267	
永城市	Yongcheng						3303	
固始县	Gushi	41699						
鹿邑县	Luyi	31936	2593	10827		2852		
新蔡县	Xincai	17913	1090	966		2454	6068	363

17-13 各市限额以上批发和零售企业(单位)商品分类零售总额(2015年)

Retail Trades Value of Enterprises above Designated Size in Wholesales and Retail Trades by City and Sort (2015)

单位：万元 (10 000 yuan)

市(县) City(County)	粮油食品类 Grain and oil food	日用品类 Articles for Daily Use	服装、鞋帽针纺织类 Clothing,shoes and Hats,Knitwear and Textiles	文化办公用品类 Cultural and Sports	家用电器和音像器材类 Household and Video Appliances	中西药品类 Medical Treatment Use	书报杂志类 Newspapers and Magazines
省辖市 City							
郑州市 Zhengzhou	1114353	657386	1467164	385714	844022	490080	79724
开封市 Kaifeng	353734	94435	328650	23404	286091	141074	22311
洛阳市 Luoyang	513159	158938	584594	45960	362219	170437	36481
平顶山市 Pingdingshan	363801	124949	209713	51673	138002	310602	20643
安阳市 Anyang	172664	119499	164172	14455	92252	182757	18605
鹤壁市 Hebi	36777	11917	36592	1638	51213	18359	7216
新乡市 Xinxiang	305914	68153	209447	26371	121566	160823	28206
焦作市 Jiaozuo	202586	65513	200002	14403	134278	92666	21356
濮阳市 Puyang	181018	138489	272776	27217	171830	31127	14669
许昌市 Xuchang	254111	74064	355284	8339	207481	42831	32179
漯河市 Luohe	286803	56618	118053	37782	112623	63982	11990
三门峡市 Sanmenxia	221800	107510	202164	12309	78060	96412	10488
南阳市 Nanyang	325557	116506	322783	36045	325311	99209	42840
商丘市 Shangqiu	214684	46831	156041	25345	123044	79340	31245
信阳市 Xinyang	619837	150569	366538	40000	193397	67676	48948
周口市 Zhoukou	437264	87938	321938	5584	185048	113114	32125
驻马店市 Zhumadian	389266	233274	298866	41139	225695	89011	35921
济源市 Jiyuan	31788	14052	37011	1968	31352	10296	3583
省直管县 Province Administrating County							
巩义市 Gongyi	26014	28908	40807	6892	16753	4990	3816
兰考县 Lankao	20579	10715	28070	4185	29921	7043	237
汝州市 Ruzhou	21373	31218	21288	2300	17350	20460	4693
滑县 Huaxian	22768	3602	14442	467	14008		130
长垣县 Changyuan	37543	7693	16082	2879	23343	14405	4560
邓州市 Dengzhou	15826	10755	44488	2523	24182	4270	7458
永城市 Yongcheng	30787	7746	19912	2025	12841	11882	5298
固始县 Gushi	48424	5368	20526	1872	9007	5141	6719
鹿邑县 Luyi	14082	5880	1030		11104	14425	3217
新蔡县 Xincai	28305	16257	23937	6903	16177	10894	3579

17-14 限额以上批发和零售企业(单位)商品销售、库存(2015年)

Total Sales and Inventory of Enterprises above Designated Size in Wholesale and Retail Trades (2015)

指　标	Item	购进量 purchases	销售量 Total Sales	库存量 Inventory (year-end)
大米(稻米)(吨)	Rice(ton)	580449	540885	38432
白面(小麦面)(吨)	Flour(ton)	546313	540469	11884
杂粮(吨)	Food grains (ton)	1552707	1285664	549115
食用植物油(吨)	Edible Vegetable Oil (ton)	329747	332758	13246
猪肉(吨)	pork(ton)	334448	340395	3347
牛肉(吨)	Beef (ton)	6303	6848	123
羊肉(吨)	Sheep (ton)	3465	6092	199
禽肉(吨)	Poultry meat(ton)	21795	23934	813
鲜蛋(吨)	Eggs(ton)	126677	137437	2876
彩色电视机(台)	Colour Television Set (unit)	3022331	2977072	234967
家用电冰箱(台)	Refrigerator (unit)	2456329	2355046	266547
房间空调器(台)	Air conditioner	8941466	8137653	1981740
电脑(微型计算机)(台)	Personal Computer (unit)	909212	932275	111602
汽车(辆)	Motor Vehicles (unit)	1805515	1727952	221070
#轿车	Car	1025573	978604	137527
煤炭(吨)	Coal (ton)	1307926	1357009	30442
汽油(吨)	Gasoline (ton)	163288	163183	11872
柴油(吨)	Diesel Oil (ton)	329461	328106	23438
钢材(吨)	Steel Products (ton)	13345451	12617340	1327273
铜(吨)	Copper (ton)	295946	293902	3910
铝(吨)	Aluminum (ton)	319828	325586	8066
水泥(吨)	Cement (ton)	5492984	5399765	92761
化学肥料(吨)	Chemical Fertilizers (ton)	9112529	9127629	237059
化学农药(吨)	Chemical Pesticide (ton)	52491	48499	24921

17-15 限额以上批发和零售企业(单位)商品购销存总额(2015年)

Total Purchases, Sales and Inventory above Designated Size of Wholesale and Retail Trades (2015)

单位：万元 (10 000yuan)

指 标	Iterm	商品购进额 purchases	#进口 Imports	商品销售额 Total Sales
总 计	**Total**	**123665943**	**2149299**	**139394202**
批发业	**Wholesale Trades**	**77515254**	**1430049**	**86741602**
#国有控股	State-ownedand State-holding	28614356	357238	34606059
按登记注册类型分	By Registration status			
内资企业	Domestic Funded Enterprises	74383468	1400467	83221063
国有企业	State-owned	8090334	1898	11024779
集体企业	Collective-owned	1183376		1246459
股份合作企业	Cooperative	7620		7573
联营企业	Joint Ownership			
有限责任公司	Limited Liability Corporations	45494447	974671	47768383
股份有限公司	Share-holding Corporation Ltd	7511071	8364	9693419
私营企业	Private	11549075	407076	12874447
其他企业	Other	547545	8459	606002
港澳台商投资企业	Enterprises with Funds from Hong Kong, Macao and Taiwan	1794020	29581	2042819
外商投资企业	Foreign Funded	208087		233803
个体经营	Individual	1129680		1243918
按国民经济行业分	By sector			
农、林、牧产品	Farming, forestry, animal husbandry products	4711624	425520	5072024
食品、饮料及烟草制品	Food, drinks and tobacco products	16821090	10593	20839803
纺织、服装及家庭用品	Textile, clothing and household items	4034680	89318	3891976
文化、体育用品及器材	Cultural and sports supplies and equipment	1517792	1299	1650502
医药及医疗器材	Pharmaceutical and medical equipment	9311578	211110	10011334
矿产品、建材及化工产品	Minerals, building materials and chemical products	33529015	660041	37091702
机械设备、五金产品及电子产品	Mechanical equipment, metal products and electronic products	6365134	10512	6850374
贸易经纪与代理	Trade brokers and agents	23657		25019
其他批发业	Others	1200685	21656	1308868
零售业	**Retail Trades**	**46150688**	**719251**	**52652600**
#国有控股	State-ownedand State-holding	4969792	47520	5261922
按登记注册类型分	By Registration status			
内资企业	Domestic Funded Enterprises	39792874	662493	45024644
国有企业	State-owned	1154339	5627	1243334
集体企业	Collective-owned	2141018	8500	2313319
股份合作企业	Cooperative	38870		38937
联营企业	Joint Ownership	67551		72825
有限责任公司	Limited Liability Corporations	19444209	428233	22640845
股份有限公司	Share-holding Corporation Ltd	4071477	90800	4454083
私营企业	Private	12745824	129333	14104195
其他企业	Other	129586		157107
港澳台商投资企业	Enterprises with Funds from Hong Kong, Macao and Taiwan	936393	38015	1625084
外商投资企业	Foreign Funded	496978	17016	580235
个体经营	Individual	4924444	1727	5422637
按国民经济行业分	By sector			
综合零售	Comprehensive retail	11989676	62278	14898319
食品、饮料及烟草制品	Food, drinks and tobacco products	1624582	1500	1834499
纺织、服装及日用品	Textile, clothing and household items	1882525	17483	2092123
文化、体育用品及器材	Cultural and sports supplies and equipment	1367581	13	1615434
医药及医疗器材	Pharmaceutical and medical equipment	1640231	2567	1810660
汽车、摩托车、燃料及零配件	Automobiles, motorcycles, fuel and spare parts	20622136	631241	22192545
家用电器及电子产品	Household appliances and electronic products	4097203	1594	4649290
五金、家具及室内装饰材料	Hardware, furniture and interior decoration materials	1912656	1856	2221170
货摊、无店铺及其他	Booth and others	1014097	719	1338560

17-15 续表 continued

单位：万元 (10 000yuan)

指 标	Iterm	批发额 Wholesale trade	#出口 Imports	零售额 Retail Trade	年末商品库存额 Inventory (year-end)
总 计	**Total**	**83191194**	**1066028**	**56203008**	**9141791**
批发业	**Wholesale Trades**	**79188746**	**1037603**	**7552857**	**5058575**
#国有控股	State-ownedand State-holding	31075040	197911	3531019	2441416
按登记注册类型分	By Registration status				
内资企业	Domestic Funded Enterprises	75814497	899507	7406566	4963011
国有企业	State-owned	10926489		98289	1538595
集体企业	Collective-owned	1090796		155664	19623
股份合作企业	Cooperative	7293		280	112
联营企业	Joint Ownership				
有限责任公司	Limited Liability Corporations	45064336	442422	2704047	2280299
股份有限公司	Share-holding Corporation Ltd	6566285	216519	3127134	383905
私营企业	Private	11652157	238542	1222291	729232
其他企业	Other	507142	2024	98861	11245
港澳台商投资企业	Enterprises with Funds from Hong Kong, Macao and Taiwan	2042785	133426	34	56491
外商投资企业	Foreign Funded	229770	4669	4033	5329
个体经营	Individual	1101694		142224	33743
按国民经济行业分	By sector				
农、林、牧产品	Farming, forestry, animal husbandry products	4799520	75010	272504	1110026
食品、饮料及烟草制品	Food, drinks and tobacco products	19765460	151738	1074343	1271601
纺织、服装及家庭用品	Textile, clothing and household items	3626173	211992	265803	659729
文化、体育用品及器材	Cultural and sports supplies and equipment	1445162	38885	205340	99403
医药及医疗器材	Pharmaceutical and medical equipment	9639331	864	372004	617850
矿产品、建材及化工产品	Minerals, building materials and chemical products	32536794	307448	4554909	899413
机械设备、五金产品及电子产品	Mechanical equipment, metal products and electronic products	6141872	222717	708502	336801
贸易经纪与代理	Trade brokers and agents	23636	13300	1383	1070
其他批发业	Others	1210799	15649	98069	62682
零售业	**Retail Trades**	**4002448**	**28426**	**48650151**	**4083216**
#国有控股	State-ownedand State-holding	577038	8032	4684884	213242
按登记注册类型分	By Registration status				
内资企业	Domestic Funded Enterprises	3540729	28426	41483915	3667482
国有企业	State-owned	162105	2232	1081229	53333
集体企业	Collective-owned	452251		1861068	87960
股份合作企业	Cooperative	11691		27246	1588
联营企业	Joint Ownership	29933		42892	678
有限责任公司	Limited Liability Corporations	1628036	16296	21012809	2203868
股份有限公司	Share-holding Corporation Ltd	422547	5791	4031536	185825
私营企业	Private	817008	4107	13287186	1122204
其他企业	Other	17158		139949	12026
港澳台商投资企业	Enterprises with Funds from Hong Kong, Macao and Taiwan	2338		1622746	76266
外商投资企业	Foreign Funded	14810		565424	66871
个体经营	Individual	444571		4978066	272598
按国民经济行业分	By sector				
综合零售	Comprehensive retail	1020521	1050	13877798	972318
食品、饮料及烟草制品	Food, drinks and tobacco products	279671		1554829	124589
纺织、服装及日用品	Textile, clothing and household items	225997	2241	1866126	126759
文化、体育用品及器材	Cultural and sports supplies and equipment	172990	2	1442444	167873
医药及医疗器材	Pharmaceutical and medical equipment	305989		1504671	146517
汽车、摩托车、燃料及零配件	Automobiles, motorcycles, fuel and spare parts	888991	17998	21303554	1969418
家用电器及电子产品	Household appliances and electronic products	614980		4034310	388812
五金、家具及室内装饰材料	Hardware, furniture and interior decoration materials	281171	6907	1939999	148281
货摊、无店铺及其他	Booth and others	212140	228	1126420	38649

17-16 各市限额以上批发和零售企业(单位)商品购、销、存总额(2015年)

Total Purchases, Sales and Inventory above Designated Size of Wholesale and Retail Trades by City (2015)

单位：亿元 (100 million yuan)

市(县) City(County)	商品购进额 purchases	商品销售额 Total Sales	批发额 Wholesale trade	零售额 Retail Trade	年末商品库存额 Inventory (year-end)
全省 Total	**12366.59**	**13939.42**	**8319.12**	**5620.30**	**914.18**
省辖市 City					
郑州市 Zhengzhou	4329.94	4751.85	3218.88	1532.97	288.43
开封市 Kaifeng	398.68	473.87	194.18	279.69	22.36
洛阳市 Luoyang	1058.81	1177.22	617.48	559.75	72.67
平顶山市 Pingdingshan	563.25	672.21	397.64	274.57	41.74
安阳市 Anyang	457.03	521.47	319.51	201.97	25.64
鹤壁市 Hebi	199.16	228.00	174.00	54.00	8.10
新乡市 Xinxiang	482.09	537.71	250.59	287.11	36.23
焦作市 Jiaozuo	236.86	309.32	119.77	189.56	20.70
濮阳市 Puyang	358.16	383.87	179.62	204.25	22.89
许昌市 Xuchang	555.17	644.80	396.14	248.66	41.03
漯河市 Luohe	306.32	381.55	206.28	175.26	11.99
三门峡市 Sanmenxia	296.65	330.26	209.19	121.07	12.70
南阳市 Nanyang	809.69	915.16	577.08	338.08	102.89
商丘市 Shangqiu	806.43	869.79	553.05	316.74	36.58
信阳市 Xinyang	523.32	598.20	281.77	316.43	51.55
周口市 Zhoukou	427.18	484.97	266.37	218.60	71.11
驻马店市 Zhumadian	485.91	582.23	311.42	270.80	42.65
济源市 Jiyuan	71.96	76.95	46.15	30.80	4.93
省直管县 Province Administrating County					
巩义市 Gongyi	39.78	41.51	10.67	30.84	2.29
兰考县 Lankao	37.59	39.38	15.30	24.08	2.19
汝州市 Ruzhou	85.24	93.12	70.57	22.55	5.76
滑县 Huaxian	29.86	30.10	19.61	10.49	3.11
长垣县 Changyuan	30.62	34.65	9.11	25.54	2.75
邓州市 Dengzhou	49.45	51.35	32.44	18.91	24.77
永城市 Yongcheng	177.15	180.30	162.18	18.12	2.41
固始县 Gushi	27.00	33.66	9.23	24.43	2.10
鹿邑县 Luyi	35.14	39.51	28.56	10.95	1.18
新蔡县 Xincai	23.86	26.04	8.60	17.44	1.41

17-17 限额以上住宿和餐饮业企业(单位)经营情况(2015年)

Management of Enterprises above Designated Size of Star-rated Hotels and Catering Services (2015)

单位：万元 (10 000 yuan)

指标名称	Item	营业额 Total Business Revenue	客房收入 Guest room Revenue	餐费收入 Meal Revenue	商品销售额 Total Retail Sales of Consumer Goods	其他收入 Other Revenue
总　计	**Total**	**5605739**	**1301374**	**3929098**	**221062**	**154137**
住宿业	**Hotels**	**2045782**	**1089648**	**771312**	**75964**	**108790**
按住宿行业小类分	By small kind points					
旅游饭店	Tourist hotel	1166537	565592	477296	40543	83039
一般旅馆	General hotel	802133	480202	266295	32670	22966
其他住宿业	Others	77112	43855	27721	2751	2786
按登记注册类型分	By Registration					
内资企业	Domestic-Funded Enterprises	1655338	840894	669216	60905	84256
国有企业	State-owned	213863	91096	94933	14007	13827
集体企业	Collective-owned	42926	18729	18559	1325	4245
股份合作企业	Cooperative	5235	3064	1767	93	311
联营企业	Joint Ownership					
有限责任公司	Limited Liability Corporations	670485	356887	257350	18200	38048
股份有限公司	Share-holding Corporation Ltd	85491	37253	39685	3106	5447
私营企业	Private	623851	325610	252575	23345	22321
其他企业	Other	13488	8256	4347	828	57
港澳台商投资企业	Enterprises With Investment from Hong Kong, Macao and Taiwan	36331	13318	16053	2668	4292
外商投资企业	Enterprises With Foreign Investment	36350	10691	8851	1818	14990
按控股情况分	By Proprietarily System					
国有控股	State-holding	290733	121069	123297	18448	27918
集体控股	Collective-holding	84815	36004	36313	3115	9314
私人控股	Private-holding	1076671	576567	423727	37068	39308
港澳台商控股	Hong Kong, Macao and Taiwan-holding	27228	9227	12404	1905	3693
外商控股	Foreign-holding	4908	2094	2678	136	
其他	Others	167490	81299	60708	4110	21373
按经营形式分	By Managing Form					
独立门店	Independent store	1907606	1010236	726112	72266	98924
连锁总店(总部)	Chain head office	10426	7997	2210	62	157
连锁门店	Chain store	37543	23322	13035	434	753
其他	Others	90206	48094	29955	3202	8956
按星级分	By Star Points					
五星	Five-star	146320	64119	68889	4348	8963
四星	Four-star	277560	120966	108145	12061	36388
三星	Three-star	330216	145887	149046	14061	21223
二星	Two-star	162576	85973	70129	4302	2172
一星	One-star	12371	8529	3228	427	187
其他	Others	1116739	664174	371875	40765	39857

17-17 续表 continued

单位：万元 (10 000 yuan)

指标名称	Item	营业额 Total Business Revenue	客房收入 Guest room Revenue	餐费收入 Meal Revenue	商品销售额 Total Retail Sales of Consumer Goods	其他收入 Other Revenue
餐饮业	**Catering Services**	**3559957**	**211725**	**3157787**	**145098**	**45347**
按餐饮行业小类分	By small kind points					
正餐服务	Dinner	3199006	206899	2826951	135626	29531
快餐服务	Snack	276726	3642	252879	6655	13550
饮料及冷饮服务	Drinks and cold drinks	10667		9071	1402	194
其他餐饮业	Others	73558	1184	68886	1415	2072
按登记注册类型分	By Registration					
内资企业	Domestic-Funded Enterprises	1549081	158235	1316552	49534	24759
国有企业	State-owned	21596	2736	17939	229	694
集体企业	Collective-owned	14918	3284	11604	26	3
股份合作企业	Cooperative	2835		1375	1198	262
联营企业	Joint Ownership	1913	149	1657	107	
有限责任公司	Limited Liability Corporations	423219	52320	351949	11042	7908
股份有限公司	Share-holding Corporation Ltd	42968	6368	30014	1691	4896
私营企业	Private	1009421	91929	871814	34745	10932
其他企业	Other	32212	1450	30200	497	65
港澳台商投资企业	Enterprises With Investment from Hong Kong, Macao and Taiwan	20943		20498	444	
外商投资企业	Enterprises With Foreign Investment	82622		69211	30	13382
按控股情况分	By Proprietarily System					
国有控股	State-holding	23670	2775	19455	685	755
集体控股	Collective-holding	28000	4149	23018	634	199
私人控股	Private-holding	1349229	137496	1146287	43719	21727
港澳台商控股	Hong Kong, Macao and Taiwan-holding	20943		20498	444	
外商控股	Foreign-holding	82622		69211	30	13382
其他	Others	112554	9346	96845	4316	2047
按经营形式分	By Managing Form					
独立门店	Independent store	3260995	207180	2884508	138377	30930
连锁总店(总部)	Chain head office	132868	364	118171	964	13369
连锁门店	Chain store	66984	1161	64597	958	268
其他	Others	99110	3021	90510	4798	780

17－18 各市限额以上住宿和餐饮企业(单位)经营情况(2015年)
Management of Enterprises above Designated Size of Star-rated Hotels and Catering Services by City (2015)

单位：万元 (10 000 yuan)

市(县) City(County)	营业额 Total Business Revenue	客房收入 Guest room Revenue	餐费收入 Meal Revenue	商品销售额 Total Retail Sales of Consumer Goods	其他收入 Other Revenue
省辖市 City					
郑州市 Zhengzhou	1314041	300857	882823	65139	65223
开封市 Kaifeng	380448	100414	267328	8713	3994
洛阳市 Luoyang	555793	108238	414467	18856	14164
平顶山市 Pingdingshan	348407	69120	239779	26098	13410
安阳市 Anyang	125740	26742	87317	4896	6785
鹤壁市 Hebi	80523	17421	59335	3008	759
新乡市 Xinxiang	180396	35614	133316	7510	3956
焦作市 Jiaozuo	170925	31881	128476	8694	1874
濮阳市 Puyang	204400	41765	157816	4232	588
许昌市 Xuchang	326902	67358	241771	9778	7995
漯河市 Luohe	194709	33527	155870	4616	696
三门峡市 Sanmenxia	63846	19385	38457	3860	2144
南阳市 Nanyang	400842	113271	268354	11869	7347
商丘市 Shangqiu	196295	64613	120111	10774	797
信阳市 Xinyang	451084	106126	321445	18032	5481
周口市 Zhoukou	242526	51858	183105	5164	2399
驻马店市 Zhumadian	351993	109128	217124	9653	16088
济源市 Jiyuan	16870	4056	12205	170	439
省直管县 Province Administrating County					
巩义市 Gongyi	79520	15051	61243	2181	1045
兰考县 Lankao	23654	5270	17795	550	40
汝州市 Ruzhou	15454	3219	10073	1620	543
滑县 Huaxian	15063	4584	10230	147	103
长垣县 Changyuan	24394	6127	17821	80	366
邓州市 Dengzhou	26480	6478	19769		232
永城市 Yongcheng	14462	2256	12013	39	155
固始县 Gushi	40920	9109	29356	2313	143
鹿邑县 Luyi	17053	7100	8607	457	890
新蔡县 Xincai	19225	5900	13324		

17－19　各市限额以上住宿企业(单位)经营情况(2015年)

Business of Star-rated Hotels above Designated Sized by City (2015)

单位：万元　(10 000 yuan)

市(县) City(County)	营业额 Total Business Revenue	客房收入 guest room Revenue	餐费收入 meal Revenue	商品销售额 Total Retail Sales of Consumer Goods	其他收入 other Revenue
省辖市 City					
郑州市 Zhengzhou	476018	265898	153211	19656	37254
开封市 Kaifeng	122008	84859	33219	1634	2296
洛阳市 Luoyang	161822	89566	55893	3632	12663
平顶山市 Pingdingshan	147528	66104	55996	13682	11747
安阳市 Anyang	48666	22721	19071	2225	4650
鹤壁市 Hebi	30471	13835	14489	1575	572
新乡市 Xinxiang	52189	26706	20406	1917	3161
焦作市 Jiaozuo	60700	24184	34243	822	1451
濮阳市 Puyang	65265	39239	24319	1409	298
许昌市 Xuchang	104078	54184	42904	1487	5503
漯河市 Luohe	37991	26638	10733	376	245
三门峡市 Sanmenxia	35583	16201	16429	919	2034
南阳市 Nanyang	175831	86666	78159	5523	5483
商丘市 Shangqiu	95344	55627	34484	4779	453
信阳市 Xinyang	143935	70236	62278	8587	2835
周口市 Zhoukou	106801	49257	53199	2054	2292
驻马店市 Zhumadian	172853	93673	58031	5519	15630
济源市 Jiyuan	8700	4056	4250	170	225
省直管县 Province Administrating County					
巩义市 Gongyi	19908	13536	5744	270	359
兰考县 Lankao	5063	2597	2466		
汝州市 Ruzhou	5527	2498	2371	290	368
滑县 Huaxian	5429	3734	1480	113	103
长垣县 Changyuan	4515	4251	244		20
邓州市 Dengzhou	10306	5164	4972		169
永城市 Yongcheng	2512	1282	1035	39	155
固始县 Gushi	17384	8584	8234	438	128
鹿邑县 Luyi	10642	6821	2546	386	890
新蔡县 Xincai	6763	5300	1463		

17–20 各市限额以上餐饮企业(单位)经营情况(2015年)

Business of Catering Services above Designated Size by City (2015)

单位：万元 (10 000 yuan)

市(县)	City(County)	营业额 Total Business Revenue	客房收入 guest room Revenue	餐费收入 meal Revenue	商品销售额 Total Retail Sales of Consumer Goods	其他收入 other Revenue
省辖市	**City**					
郑州市	Zhengzhou	838023	34959	729613	45482	27969
开封市	Kaifeng	258440	15555	234108	7079	1698
洛阳市	Luoyang	393971	18673	358574	15223	1501
平顶山市	Pingdingshan	200879	3016	183783	12417	1663
安阳市	Anyang	77074	4021	68246	2671	2135
鹤壁市	Hebi	50052	3586	44846	1433	187
新乡市	Xinxiang	128208	8908	112910	5594	795
焦作市	Jiaozuo	110226	7697	94233	7873	424
濮阳市	Puyang	139135	2526	133497	2822	290
许昌市	Xuchang	222824	13175	198867	8291	2492
漯河市	Luohe	156718	6889	145137	4240	451
三门峡市	Sanmenxia	28264	3184	22028	2941	111
南阳市	Nanyang	225011	26604	190195	6347	1865
商丘市	Shangqiu	100951	8986	85627	5995	344
信阳市	Xinyang	307149	35890	259167	9445	2646
周口市	Zhoukou	135725	2601	129906	3111	107
驻马店市	Zhumadian	179140	15455	159093	4134	458
济源市	Jiyuan	8169		7956		214
省直管县	**Province Administrating County**					
巩义市	Gongyi	59612	1515	55499	1911	687
兰考县	Lankao	18591	2673	15329	550	40
汝州市	Ruzhou	9927	720	7702	1329	175
滑县	Huaxian	9633	850	8750	34	
长垣县	Changyuan	19879	1876	17577	80	346
邓州市	Dengzhou	16174	1314	14797		63
永城市	Yongcheng	11950	973	10977		
固始县	Gushi	23536	525	21122	1874	15
鹿邑县	Luyi	6411	279	6061	71	
新蔡县	Xincai	12461	600	11861		

17-21 限额以上批发和零售、住宿和餐饮法人企业主要财务指标(2015年)

Main Financial Indicators of Enterprises in Wholesale and Retail Trades, Hotels and Catering Trades above Designated Size (2015)

单位：万元 (10 000 yuan)

指　标	Item	批发业 Wholesale	零售业 Retail Sale	住宿业 Accommodation Trade	餐饮业 Catering Trade
期末资产负债	**Assets and Liability(year-end)**				
流动资产合计	Circulating Funds	23984867	13245284	1600441	541448
应收帐款	Accounts receivable	4893641	1464295	130984	56590
存货	Inventory	4815072	3210322	89266	45145
固定资产合计	Total Fixed assets	3901291	3474085	1407264	487046
固定资产原价	Original Value of Fixed Assets	5053851	4556176	2148444	652738
累计折旧	Accumulated Depreciation	1214456	1109651	763122	182165
本年折旧	Depreciation of Deducted This Year	201987	241216	106687	35306
在建工程	Project under construction	293612	245870	203749	59185
资产总计	Total Assets	32643947	19893064	3756779	1392016
流动负债合计	Total Flow liabilities	19291537	12903138	2015303	617329
应付账款	Accounts payable	4912442	2034999	182911	84943
非流动负债合计	Total current liabilities	1248670	846622	615991	110230
负债合计	Total liabilities	20564808	13792206	2645061	735046
所有者权益合计	Total Creditors'Equity	12079139	6100858	1111613	656970
实收资本	Actual Capital	6010696	4260774	1172327	522376
损益及分配	**Profit and Loss Apportionment**				
营业收入	Business income	78747925	42756993	1632696	1592039
主营业务收入	Main Sales Revenue	78534839	42156505	1618992	1574786
营业成本	Operating costs	70096826	37286101	864903	982937
主营业务成本	Cost of Sales	69911196	37071330	858834	974072
营业税金及附加	Sales Tax and Extra Changes	1200082	385558	73530	67796
主营业务税金及附加	Main Sales Tax and Extra Changes	1181664	377602	72818	66421
其他业务利润	Other Profits	82260	362222	25399	9472
销售费用	Operating Expenses	1866480	1761991	301973	193605
管理费用	Management Expenses	1345657	1179491	297489	119660
税金	Taxes	65151	71402	15034	8643
财务费用	Financial Expenses	398892	351564	64766	29050
利息收入	Interest income	82658	21789	1231	
利息支出	Profit Paying	205254	143760	30728	9213
资产减值损失	Loss of asset impairment	38231	5234	418	1214
公允价值变动收益	The changes in the fair value	1538	3014	154	
投资收益	Investment income	69674	12911	2043	755
营业利润	Operating profit	3717903	1732218	37754	190970
营业外收入	Non-operating income	107406	53704	10704	4561
政府补助	Subsidies income	40740	2995	1673	718
营业外支出	Non-business expenses	81990	27518	2538	2896
利润总额	Profit total	3718146	1662034	53942	193619
应交所得税	Payable income tax	470837	140991	10056	9349
人工成本及增值税	**Artificial cost and value added tax**				
应付职工薪酬	Deal with worker firewood	1271452	1332912	298680	209311
应交增值税	VAT payable	1055568	588207	9099	5991

17-22 各市限额以上批发和零售法人企业主要财务指标(2015年)

Main Economic Indicators of Enterprises in Wholesale and Retail Trades above Designated Size by City (2015)

单位：万元 (10 000 yuan)

市(县) City(County)	流动资产合计 Circulating Funds	#存货 Inventory	固定资产原价 Fixed Asset	资产总计 Original Values of Fixed Asset	所有者权益 Total Assets	主营业务收入 Main Sales Revenue	主营业务成本 Cost of Main Sales
省辖市 City							
郑州市 Zhengzhou	15122459	2527277	1947455	19228471	4537780	40524106	37363554
开封市 Kaifeng	799695	206238	478901	1435697	806923	4126079	3344286
洛阳市 Luoyang	3319669	629219	579786	4605868	1040239	10331683	9442336
平顶山市 Pingdingshan	1656891	360977	541678	2526964	1012154	5811782	5245137
安阳市 Anyang	1315548	204336	335433	1916703	587602	4841092	4435167
鹤壁市 Hebi	396189	90522	124286	535124	184735	1987877	1854695
新乡市 Xinxiang	1495658	331652	364431	1971815	710802	4466478	4025296
焦作市 Jiaozuo	802476	152617	224462	1087876	362505	2446304	2147550
濮阳市 Puyang	671460	133655	323143	1196969	660041	2831240	2521966
许昌市 Xuchang	1642096	326982	608488	2362326	1042165	5496362	4318424
漯河市 Luohe	611246	146895	337221	954041	484090	3396654	2907734
三门峡市 Sanmenxia	650871	192004	229821	917092	388080	2865918	2532402
南阳市 Nanyang	2997036	906053	920351	4197343	2073055	8065188	6843787
商丘市 Shangqiu	1625117	353972	503567	2390753	1054196	8043263	7249767
信阳市 Xinyang	954050	267559	770127	2131214	1047090	5109301	4115081
周口市 Zhoukou	1702035	842017	685592	2558021	1036455	4598311	3765416
驻马店市 Zhumadian	1234731	300325	550866	2145603	1067387	5007102	4197647
济源市 Jiyuan	232926	53096	84420	375132	84701	742605	672281
省直管县 Province Administrating County							
巩义市 Gongyi	49992	13697	23546	75109	27195	231127	197544
兰考县 Lankao	83839	25600	78712	197035	128215	336358	248047
汝州市 Ruzhou	221982	88836	137675	377827	200582	831422	738003
滑县 Huaxian	75966	26260	41590	121105	76283	247752	202815
长垣县 Changyuan	160487	48412	79142	242467	103998	268717	229708
邓州市 Dengzhou	411264	253973	86964	485578	147142	453010	391797
永城市 Yongcheng	251215	22636	38577	291132	103550	1605410	1562555
固始县 Gushi	69236	24849	72117	146257	102347	308513	257353
鹿邑县 Luyi	145206	77912	115734	295904	191251	390783	317804
新蔡县 Xincai	41216	11917	17028	65550	36957	181196	139106

17-22 续表 continued

单位：万元 (10 000 yuan)

市(县) City(County)	主营业务税金及附加 Main Sales Tax and Extra Changes	销售费用 Marketing Expenses	管理费用 Management Expenses	财务费用 Finance Charge	营业利润 Profits of Main Sales	利润总额 Total Profits	本年应缴增值税 Increment Value Tax Payable
省辖市 City							
郑州市 Zhengzhou	218210	1196865	640026	209319	1176768	1173069	357696
开封市 Kaifeng	76613	149350	104307	22899	435450	422968	77887
洛阳市 Luoyang	93322	338739	198750	78758	205365	208599	80349
平顶山市 Pingdingshan	67414	174523	132463	38750	165667	173586	86790
安阳市 Anyang	67122	107329	79348	25224	148156	155386	47779
鹤壁市 Hebi	25427	36588	32261	7765	28298	27960	11213
新乡市 Xinxiang	57241	125178	102868	26298	144677	129387	51242
焦作市 Jiaozuo	37136	75733	64796	22253	108185	108539	40292
濮阳市 Puyang	40936	57146	49248	12607	152819	130575	25428
许昌市 Xuchang	84473	211563	174661	54195	472270	486556	119709
漯河市 Luohe	49291	99781	58672	10600	280366	284751	96701
三门峡市 Sanmenxia	50814	88469	64777	13200	114617	114064	54982
南阳市 Nanyang	181859	282870	230896	47881	494298	468211	177589
商丘市 Shangqiu	111606	166429	131443	20884	376048	355634	136721
信阳市 Xinyang	124347	210906	167796	78471	382795	363841	90435
周口市 Zhoukou	147034	144921	151538	43816	346107	359942	67309
驻马店市 Zhumadian	118029	139657	125728	32811	402080	400254	115152
济源市 Jiyuan	8393	22425	15570	4725	16154	16860	6502
省直管县 Province Administrating County							
巩义市 Gongyi	4359	3760	7050	3217	15618	10631	1543
兰考县 Lankao	7508	14520	14213	6743	44667	40855	11932
汝州市 Ruzhou	9539	16485	11411	5517	50351	49682	15502
滑县 Huaxian	3444	9169	7037	1908	23517	23413	563
长垣县 Changyuan	2410	15894	8190	2942	9904	9753	3191
邓州市 Dengzhou	7311	18808	15857	2938	15422	14187	12207
永城市 Yongcheng	3219	14292	10103	1634	16194	12439	5382
固始县 Gushi	5449	12765	8730	1985	22174	21292	2812
鹿邑县 Luyi	6341	11729	8466	6377	40152	40194	1922
新蔡县 Xincai	2265	8017	8338	1792	21173	20061	2491

17-23 各市限额以上住宿和餐饮法人企业主要财务指标(2015年)

Main Economic Indicators of Enterprises in Hotels and Catering Services above Designated Size by City (2015)

单位：万元 (10 000 yuan)

市(县) City(County)	流动资产合计 Circulating Funds	#存货 Inventory	固定资产原价 Original Values of Fixed Asset	资产总计 Total Assets	所有者权益 Total Creditors' Equity	#实收资本 Actual Capital	主营业务收入 Main Sales Revenue
省辖市 City							
郑州市 Zhengzhou	925165	34539	812376	1726297	340843	427448	661079
开封市 Kaifeng	61802	6313	127962	201921	130535	92981	276317
洛阳市 Luoyang	231304	10280	271396	486690	134926	180496	223600
平顶山市 Pingdingshan	103175	4786	246284	371043	206200	185989	196240
安阳市 Anyang	28324	2708	92983	117473	44614	18950	71600
鹤壁市 Hebi	5937	839	15302	21597	9806	8647	38501
新乡市 Xinxiang	98381	4627	81357	208471	58751	69287	93341
焦作市 Jiaozuo	55194	1753	62342	108112	5440	23937	63076
濮阳市 Puyang	12779	1053	47908	64000	42583	32793	50174
许昌市 Xuchang	118780	5403	133603	296765	101966	105833	186902
漯河市 Luohe	22769	1898	40360	69482	35043	25107	119318
三门峡市 Sanmenxia	26024	3613	54819	70465	18883	29747	48898
南阳市 Nanyang	125688	9166	268302	487540	161326	166520	286225
商丘市 Shangqiu	73177	4874	64910	152651	87810	45071	131895
信阳市 Xinyang	124255	9075	238273	363817	162236	113432	255146
周口市 Zhoukou	42042	9215	100296	140274	93117	74563	196985
驻马店市 Zhumadian	69809	21675	117853	221032	119639	87054	282659
济源市 Jiyuan	17286	2594	24857	41166	14866	6848	11823
省直管县 Province Administrating County							
巩义市 Gongyi	7278	1877	26397	33914	16286	9344	17063
兰考县 Lankao	5665	1565	35678	40352	32255	19579	15729
汝州市 Ruzhou	8126	139	3616	10411	6116	7730	4178
滑县 Huaxian	527	124	8932	10111	818	1020	1896
长垣县 Changyuan	11282	1328	18960	41260	21107	16055	15730
邓州市 Dengzhou	1789	216	7696	8231	4251	2566	6695
永城市 Yongcheng	2213	498	2256	4495	2189	1382	13389
固始县 Gushi	8762	1036	21440	29563	12033	10639	28792
鹿邑县 Luyi	1453	290	14274	16849	13216	11686	13959
新蔡县 Xincai	3439	495	2945	8364	5947	3828	13154

17-23 续表 continued

单位：万元 (10 000 yuan)

市(县) City(County)	主营业务成本 Cost of main Sales	主营业务税金及附加 Main sales tax and Extra Charges	销售费用 Operating Expenses	管理费用 Management	财务费用 Finance Charge	营业利润 Operating Profits	利润总额 Total Profits
省辖市 City							
郑州市 Zhengzhou	267521	34800	220081	169482	26700	-54671	-34030
开封市 Kaifeng	157873	11602	19613	20461	2968	64451	66284
洛阳市 Luoyang	122899	10501	48854	41676	12019	-10193	-8344
平顶山市 Pingdingshan	124802	7896	25720	20526	6409	12230	15142
安阳市 Anyang	40844	2503	9685	11166	903	8851	8111
鹤壁市 Hebi	27270	1777	3691	2814	685	2261	2336
新乡市 Xinxiang	52651	4118	15897	12727	4449	4742	3061
焦作市 Jiaozuo	39396	1976	10349	8883	2066	568	1457
濮阳市 Puyang	36957	1824	5189	2968	846	2421	1955
许昌市 Xuchang	107745	6856	20387	21320	7809	22522	23623
漯河市 Luohe	79743	5320	6450	4975	2274	20511	18893
三门峡市 Sanmenxia	28755	2313	9573	8721	1569	-2115	-1959
南阳市 Nanyang	186144	11034	33145	27603	6659	23434	19688
商丘市 Shangqiu	82991	5705	9716	10279	2836	21031	17743
信阳市 Xinyang	151045	10446	24981	20383	8388	39986	41896
周口市 Zhoukou	123768	10935	10965	12124	3533	35804	35397
驻马店市 Zhumadian	196696	9109	17521	18602	3629	37328	36862
济源市 Jiyuan	5806	525	3763	2440	75	-438	-551
省直管县 Province Administrating County							
巩义市 Gongyi	9472	705	2800	2269	223	1663	1910
兰考县 Lankao	8578	518	814	970	353	4466	4466
汝州市 Ruzhou	2290	149	820	743	202	254	230
滑县 Huaxian	981	111	522	566	1	-55	-55
长垣县 Changyuan	7656	897	3515	2723	578	863	396
邓州市 Dengzhou	3732	282	1789	593	405	-106	-141
永城市 Yongcheng	7840	639	1969	1703	92	1213	923
固始县 Gushi	19016	1161	3637	2036	1115	1827	1895
鹿邑县 Luyi	9290	581	860	1304	399	1524	1524
新蔡县 Xincai	9291	234	756	688	149	2034	1964

17–24 各种分组的连锁企业单位数(2015年)
Number of Chain Enterprise By variety of Group (2015)

单位：个 (unit)

指标名称	Item	连锁总店 Head Offices of Chain Store	连锁门店数 Number of Chain Stores	直营店 Under Direct Management	加盟店 Through License Arrangement
批发和零售业	**Wholesale and Retail**	**135**	**5368**	**4278**	**1090**
按登记注册类型分	By Status of Registration				
内资企业	Domestic Funded Enterprises	132	5152	4062	1090
国有企业	State-owned	8	157	144	13
集体企业	Collective-owned	1	2	2	
有限责任公司	Limited Liability Corporations	64	1868	1736	132
股份有限公司	Share-holding Corporation Ltd	22	1492	1388	104
私营企业	Private	36	1629	788	841
私营独资企业	Proprietorship	4	210	45	165
私营合伙企业	Partnership	2	20	20	
私营有限责任公司	Limited Liability Corporations	28	988	422	566
私营股份有限公司	Share-holding Corporation Ltd	2	411	301	110
其他企业	Others	1	4	4	
港、澳、台商投资企业	Enterprises with Funds from Hong Kong, Macao and Taiwan	3	216	216	
外商投资企业	Foreign Funded				
按国民经济行业分	By Sector				
批发业	Wholesale Trades	15	999	999	
食品、饮料及烟草制品批发	Food, drink and tobacco products wholesale	1	43	43	
矿产品、建材及化工产品批发	Minerals, building materials and chemical products wholesale	13	952	952	
机械设备、五金产品及电子产品批发	Mechanical equipment, metal products and electronic products wholesale	1	4	4	
零售业	Retail Trades	120	4369	3279	1090
综合零售	Comprehensive retail	47	1550	951	599
食品、饮料及烟草制品专门零售	Food, drink and tobacco retail	8	448	321	127
纺织、服装及日用品专门零售	Special retail textile, clothing and daily necessities	6	36	31	5
文化、体育用品及器材专门零售	Cultural and sports supplies and equipment retail	5	26	26	
医药及医疗器材专门零售	Pharmaceutical and medical equipment	31	1544	1291	253
汽车、摩托车、燃料及零配件专门零售	Automobiles, motorcycles, fuel and spare parts	6	600	496	104
家用电器及电子产品专门零售	Household appliances and electronic products retail	17	165	163	2
按业态分	By Format				
便利店	Neighbourhood Market	2	104	104	
超市	Supermarker	26	1058	459	599
大型超市	large supermarket	15	352	352	
百货店	Department Store	2	18	18	
专业店	Professional Shop	76	3306	2936	370
#加油站	Gas station	19	1552	1448	104
专卖店	Regie Shop	12	518	397	121
住宿和餐饮业	**Hotels and Catering**	**21**	**227**	**220**	**7**
按登记注册类型分	By Status of Registration				
内资企业	Domestic Funded Enterprises	18	95	88	7
有限责任公司	Limited Liability Corporations	7	41	34	7
私营企业	Private	11	54	54	
私营独资企业	proprietorship	2	9	9	
私营有限责任公司	Limited Liability Corporations	9	45	45	
外商投资企业	Foreign Funded	3	132	132	
按国民经济行业分	By Sector				
住宿业	Hotels	2	22	15	7
旅游饭店	Tourist hotel	1	2	2	
一般旅馆	General hotel	1	20	13	7
餐饮业	Catering Services	19	205	205	
正餐服务	Restaurant	15	69	69	
快餐服务	Fast food	3	132	132	
小吃服务	Snack	1	4	4	

17-25 各种分组的连锁企业基本情况(2015年)
Basic Conditions of Chain Enterprise By variety of Group (2015)

指标名称	Item	营业面积(平方米) Operational Area(sq.m)	从业人数(人) Employed Persons(person)	商品销售总额(万元) Total Sale Value (10 000yuan)	零售额(万元) Retail Sale (10 000yuan)
批发和零售业	**Wholesale and Retail**	**6578454**	**67126**	**8510689**	**7636615**
按登记注册类型分	By Status of Registration				
内资企业	Domestic Funded Enterprises	5754609	59253	7185450	6311376
国有企业	State-owned	194660	1547	144465	117283
集体企业	Collective-owned	1000	33	8675	8675
有限责任公司	Limited Liability Corporations	2034858	32273	2452960	2230229
股份有限公司	Share-holding Corporation Ltd	3128837	13538	3913403	3297527
私营企业	Private	391454	11842	664808	656523
私营独资企业	Proprietorship	34120	782	52807	52807
私营合伙企业	Partnership	37000	422	21937	21937
私营有限责任公司	Limited Liability Corporations	288974	9355	548093	539808
私营股份有限公司	Share-holding Corporation Ltd	31360	1283	41971	41971
其他企业	Others	3800	20	1140	1140
港、澳、台商投资企业	Enterprises with Funds from Hong Kong, Macao and Taiwan	823845	7873	1325239	1325239
外商投资企业	Foreign Funded				
按国民经济行业分	By Sector				
批发业	Wholesale Trades	2247439	5505	2438046	1748588
食品、饮料及烟草制品批发	Food, drink and tobacco products wholesale	2150	131	4092	1902
矿产品、建材及化工产品批发	Minerals, building materials and chemical products wholesale	2243789	5310	2423734	1741207
机械设备、五金产品及电子产品批发	Mechanical equipment, metal products and electronic products wholesale	1500	64	10221	5479
零售业	Retail Trades	4331015	61621	6072643	5888027
综合零售	Comprehensive retail	2711194	42541	3257253	3238992
食品、饮料及烟草制品专门零售	Food, drink and tobacco retail	37862	1599	57668	57668
纺织、服装及日用品专门零售	Special retail textile, clothing and daily necessities	10996	403	25306	25306
文化、体育用品及器材专门零售	Cultural and sports supplies and equipment retail	16662	838	23342	23030
医药及医疗器材专门零售	Pharmaceutical and medical equipment	236925	8639	350733	341293
汽车、摩托车、燃料及零配件专门零售	Automobiles, motorcycles, fuel and spare parts	1028713	3411	1594503	1446185
家用电器及电子产品专门零售	Household appliances and electronic products retail	288663	4190	763839	755554
按业态分	By Format				
便利店	Neighbourhood Market	25100	766	28206	28206
超市	Supermarker	485890	7732	399298	394289
大型超市	large supermarket	2113624	32306	2755047	2742802
百货店	Department Store	71300	1530	51798	50790
专业店	Professional Shop	3777273	22014	5083334	4233821
#加油站	Gas station	3272502	8721	4018237	3187392
专卖店	Regie Shop	50987	2346	123067	116767
住宿和餐饮业	**Hotels and Catering**	**97949**	**7752**		
按登记注册类型分	By Status of Registration				
内资企业	Domestic Funded Enterprises	43278	2631		
有限责任公司	Limited Liability Corporations	20010	1171		
私营企业	Private	23268	1460		
私营独资企业	proprietorship	2376	230		
私营有限责任公司	Limited Liability Corporations	20892	1230		
外商投资企业	Foreign Funded	54671	5121		
按国民经济行业分	By Sector				
住宿业	Hotels	500	648		
旅游饭店	Tourist hotel	100	28		
一般旅馆	General hotel	400	620		
餐饮业	Catering Services	97449	7104		
正餐服务	Restaurant	38978	1902		
快餐服务	Fast food	54671	5121		
小吃服务	Snack	3800	81		

17-26 连锁企业商品购进和配送情况(2015年)
Conditions of Purchase and Delivery of Chain Enterprise (2015)

单位：万元 (10 000 yuan)

指标名称	Item	商品购进总额 Total Purchases	统一配送商品购进额 Centralized Pruchase and Delivery	自有配送中心配送商品购进额 Self Centralized Purchase and Delivery	非自有配送中心配送商品购进额 Non-self Centralized Purchase and Delivery
批发和零售业	**Wholesale and Retail**	**7732989**	**4541610**	**2533645**	**346526**
按登记注册类型分	By Status of Registration				
内资企业	Domestic Funded Enterprises	6888428	4416477	2533645	221393
国有企业	State-owned	134088	111412	17514	6999
集体企业	Collective-owned	7663			
有限责任公司	Limited Liability Corporations	2362988	1832873	1145897	208187
股份有限公司	Share-holding Corporation Ltd	3885311	2039171	1156869	
私营企业	Private	497128	431770	213365	6207
私营独资企业	Proprietorship	49943	39070	34032	5038
私营合伙企业	Partnership	24529	24529	24529	
私营有限责任公司	Limited Liability Corporations	371631	317146	154804	1169
私营股份有限公司	Share-holding Corporation Ltd	51024	51024		
其他企业	Others	1251	1251		
港、澳、台商投资企业	Enterprises with Funds from Hong Kong, Macao and Taiwan	844561	125133		125133
外商投资企业	Foreign Funded				
按国民经济行业分	By Sector				
批发业	Wholesale Trades	2341475	1231689	630167	
食品、饮料及烟草制品批发	Food, drink and tobacco products wholesale	4152	4152	4152	
矿产品、建材及化工产品批发	Minerals, building materials and chemical products wholesale	2328006	1218219	626015	
机械设备、五金产品及电子产品批发	Mechanical equipment, metal products and electronic products wholesale	9318	9318		
零售业	Retail Trades	5391514	3309921	1903478	346526
综合零售	Comprehensive retail	2531587	1206753	666387	195300
食品、饮料及烟草制品专门零售	Food, drink and tobacco retail	63942	61578	5642	348
纺织、服装及日用品专门零售	Special retail textile, clothing and daily necessities	18584	18554	1308	11101
文化、体育用品及器材专门零售	Cultural and sports supplies and equipment retail	20811	13734	8320	
医药及医疗器材专门零售	Pharmaceutical and medical equipment	343399	333908	72250	139778
汽车、摩托车、燃料及零配件专门零售	Automobiles, motorcycles, fuel and spare parts	1634199	1102567	740836	
家用电器及电子产品专门零售	Household appliances and electronic products retail	778992	572828	408736	
按业态分	By Format				
便利店	Neighbourhood Market	32327	15459	14127	
超市	Supermarker	441070	217052	70576	9269
大型超市	large supermarket	1980825	950403	561141	186032
百货店	Department Store	49990	12851	9556	
专业店	Professional Shop	5037875	3173752	1811579	139778
其中：加油站	Gas station	3962204	2320786	1366851	
专卖店	Regie Shop	119646	117225	11799	11448
住宿和餐饮业	**Hotels and Catering**	**52138**	**39822**	**30**	**2475**
按登记注册类型分	By Status of Registration				
内资企业	Domestic Funded Enterprises	11212	5978	30	2475
有限责任公司	Limited Liability Corporations	4546	610	30	10
私营企业	Private	6665	5368		2465
私营独资企业	proprietorship	668			
私营有限责任公司	Limited Liability Corporations	5997	5368		2465
外商投资企业	Foreign Funded	40926	33845		
按国民经济行业分	By Sector				
住宿业	Hotels	278	238	30	10
旅游饭店	Tourist hotel	78	78		
一般旅馆	General hotel	200	160	30	10
餐饮业	Catering Services	51860	39584		2465
正餐服务	Restaurant	10436	5740		2465
快餐服务	Fast food	40926	33845		
小吃服务	Snack	498			

17-27 各种分组的住宿餐饮业连锁企业主要指标(2015年)

Basic Conditions of Chain Hotels and Catering Services Enterprise By variety of Group (2015)

指标名称	Item	客房数(间) Number of (Rooms)	床位数(个) Number of (Beds)	餐位数(位) Meal digits (unit)	营业额(万元) Bussiness revinue (10 000yuan)	餐费收入(万元) From Meals (10 000yuan)
总　计	**Total**	**2230**	**4380**	**33050**	**106891**	**105807**
按登记注册类型分	By Status of Registration					
内资企业	Domestic Funded Enterprises	2230	4380	12345	22899	21815
有限责任公司	Limited Liability Corporations	2000	4000	4971	11110	10434
私营企业	Private	230	380	7374	11790	11381
私营独资企业	proprietorship			621	1431	1431
私营有限责任公司	Limited Liability Corporations	230	380	6753	10359	9950
外商投资企业	Foreign Funded			20705	83992	83992
按国民经济行业分	By Sector					
住宿业	Hotels	2230	4380	430	1072	133
旅游饭店	Tourist hotel	230	380	30	410	1
一般旅馆	General hotel	2000	4000	400	662	132
餐饮业	Catering Services			32620	105820	105674
正餐服务	Restaurant			11215	20792	20646
快餐服务	Fast food			20705	83992	83992
小吃服务	Snack			700	1036	1036

17－28 亿元以上商品交易市场情况

Statistics on Commodity Exchange Market of Turnover above 100 million yuan

类别	Type	2014		2015	
		摊位数量（个）Number of Booths (Unit)	成交额（亿元）Total Turnover (100 million yuan)	摊位数量（个）Number of Booths (Unit)	成交额（亿元）Total Turnover (100 million yuan)
总计	**Total**	**126925**	**3114.99**	**121518**	**3348.90**
粮油、食品类	Food	33342	1293.91	30872	1417.68
#粮油类	Grain,Edible Oil,Fruits,Vegetables	3679	199.63	3818	200.40
肉禽蛋类	Meat,Poultry and Eggs	2282	37.81	3316	96.50
水产品类	Aquatic Products	4360	189.70	4294	312.95
蔬菜类	Vegetables	14567	496.82	12998	450.36
干鲜果品类	Dried and Fresh Melons and Fruits	7250	364.74	5791	351.44
饮料类	Beverages	1730	30.77	1795	34.32
烟酒类	Tobacco and Liquor	2104	21.51	2167	25.74
服装、鞋帽、针纺织品类	Garments,Footwears,Hats,Kintwear and Textiles	38635	256.91	35769	248.30
服装类	Clothing	23930	164.60	23921	162.77
鞋帽类	Shoes and Hats	6681	49.24	5987	49.96
针纺织品类	Knitwear and Textiles	8024	43.08	5861	35.57
化妆品类	Cosmetics	4155	15.25	1255	10.08
金银珠宝类	Gold,Silver and Fewelry	215	9.95	198	9.10
日用品类	Articles for Daily Use	5718	39.16	5050	28.18
儿童玩具类	Childern toys	1816	8.71	942	4.18
五金、电料类	Hardware and Electrical Materials	4025	72.49	4175	81.87
体育、娱乐用品类	Sports & Recreation Articles	790	5.54	760	5.47
书报杂志类	Newspapers and Magazines	734	14.37	547	2.31
电子出版物及音像制品类	E-journals and Video Products	723	3.84	569	2.58
家用电器和音像器材类	Household Appliances and Video Appliances	1904	54.27	2179	50.83
中西药品类	Traditional Chinese and Western Medicines	2946	37.39	2835	42.42
#西药类	Western Medicines	152	0.59	147	0.62
中草药及中成药类	Traditional Chinese l Medicines	2778	36.76	2672	41.75
文化办公用品类	Cultural and Official Appliances	4084	30.50	3709	32.86
家具类	Furniture	2444	53.17	2525	58.16
通讯器材类	Communication Appliances	641	34.92	546	41.22
煤炭及制品类	Coal and Related Products	85	0.14	68	0.12
木材及制品类	Wood and Wooden Products	253	20.62	349	22.93
石油及制品类	Petroleum and Related Products	981	10.09	977	13.08
化工材料及制品类	Chemical Materials and Related Products	579	5.68	1616	7.81
#化肥类	Fertilizers	443	5.27	770	5.00
金属材料类	Metals Materials	3298	633.65	3308	742.62
建筑及装潢材料类	Building and Decoration Materials	6558	195.76	7760	196.71
机电产品及设备类	Mechanical & Electrical Products	1268	12.02	1616	20.82
#农机类	Agricultural Machineries	324	7.63	316	8.85
汽车类	Automobiles	1976	147.67	1631	88.79
种子饲料类	Seeds and Feedstuff	562	4.46	596	6.73
棉麻类	Cotton and Hemp	115	5.88	109	5.99
其他类	Others	7060	105.08	8537	152.18

17-29 各市亿元以上商品交易市场情况

Statistics on Commodity Exchange Market of Turnover above 100 million yuan by City

市(县)	City(County)	2014		2015	
		摊位数量(个) Number of Booths (Unit)	成交额(亿元) Total Turnover (100 million yuan)	摊位数量(个) Number of Booths (Unit)	成交额(亿元) Total Turnover (100 million yuan)
省辖市	**City**				
郑州市	Zhengzhou	39203	1205.77	33151	1201.49
开封市	Kaifeng	4538	30.75	4768	32.14
洛阳市	Luoyang	13422	285.20	12399	323.12
平顶山市	Pingdingshan	2752	22.78	1888	19.54
安阳市	Anyang	3269	25.39	3301	27.13
鹤壁市	Hebi	471	21.02	437	20.64
新乡市	Xinxiang	4937	90.01	5149	72.24
焦作市	Jiaozuo	1601	2.67	649	1.09
濮阳市	Puyang				
许昌市	Xuchang	7349	511.44	7235	640.60
漯河市	Luohe	4532	28.63	4531	30.18
三门峡市	Sanmenxia	779	7.99	768	7.23
南阳市	Nanyang	13436	209.68	12575	254.44
商丘市	Shangqiu	8068	431.18	9756	417.82
信阳市	Xinyang	6582	24.90	2159	22.38
周口市	Zhoukou	6013	138.18	5074	120.57
驻马店市	Zhumadian	6088	62.92	5874	75.57
济源市	Jiyuan	3885	16.48	2932	18.42
省直管县	**Province Administrating County**				
巩义市	Gongyi				
兰考县	Lankao				
汝州市	Ruzhou	42	1.29	41	1.32
滑县	Huaxian				
长垣县	Changyuan	290	4.84	290	5.84
邓州市	Dengzhou	2768	33.15	2695	36.43
永城市	Yongcheng	936	8.04	987	9.44
固始县	Gushi	4458	6.19	4375	5.85
鹿邑县	Luyi				
新蔡县	Xincai	484	5.27	484	5.42

主要统计指标解释

社会消费品零售总额 指企业（单位、个体户）通过交易直接售给个人、社会集团非生产、非经营用的实物商品金额，以及提供餐饮服务所取得的收入金额。个人包括城乡居民和入境人员，社会集团包括机关、社会团体、部队、学校、企事业单位、居委会或村委会等。

批发业 指向其他批发或零售单位（含个体经营者）及其他企事业单位、机关团体等批量销售生活用品、生产资料的活动，以及从事进出口贸易和贸易经纪与代理的活动，包括拥有货物所有权，并以本单位(公司)的名义进行交易活动，也包括不拥有货物的所有权，收取佣金的商品代理、商品代售活动；还包括各类商品批发市场中固定摊位的批发活动，以及以销售为目的的收购活动。

零售业 指百货商店、超级市场、专门零售商店、品牌专卖店、售货摊等主要面向最终消费者（如居民等）的销售活动，以互联网、邮政、电话、售货机等方式的销售活动，还包括在同一地点，后面加工生产，前面销售的店铺（如面包房）；谷物、种子、饲料、牲畜、矿产品、生产用原料、化工原料、农用化工产品、机械设备（乘用车、计算机及通信设备除外）等生产资料的销售不作为零售活动；多数零售商对其销售的货物拥有所有权，但有些则是充当委托人的代理人，进行委托销售或以收取佣金的方式进行销售。

批发和零售业商品购进、销售、库存额 指各种登记注册类型的批发和零售业企业(单位)以本企业(单位)为总体的，从国内、国外市场购进的商品总量，销售和出口的商品总量，库存的商品总量等情况。该指标可以反映商品流转过程中商品的购进、销售、库存之间的比例关系和存在的问题。

商品购进额 指从本企业以外的单位和个人购进（包括从国外直接进口）作为转卖或加工后转卖的商品金额（含增值税）。商品购进包括：(1) 从工农业生产者、批发和零售业企业、住宿和餐饮业企业、出版社或报社的出版发行部门和其他服务业企业购进的商品；(2) 从机关团体、事业单位购进的商品；(3) 从海关、市场管理部门购进的缉私和没收的商品；(4) 从居民收购的废旧商品等。不包括：(1) 企业为本单位自身经营用，不是作为转卖而购进的商品，如材料物资、包装物、低值易耗品、办公用品等；(2) 未通过买卖行为而收入的商品，如接受其他部门移交的商品、借入的商品、收入代其他单位保管的商品、其他单位赠送的样品、加工回收的成品等；(3) 经本单位介绍，由买卖双方直接结算，本单位只收取手续费的业务；(4) 销售退回和买方拒付货款的商品；(5) 商品溢余。

商品销售额 指对本单位以外的单位和个人出售的商品金额（包括售给本单位消费用的商品，含增值税）。商品销售包括 (1) 售给城乡居民和社会集团消费用的商品；(2) 售给农业、工业、建筑业、服务业等国民经济各行业用于生产、经营用的商品，包括售予批发和零售业作为转卖或加工后转卖的商品；(3) 对国（境）外直接出口的商品。不包括：(1) 未通过买卖行为付出的商品，如随机构变动移交给其他企业单位的商品、借出的商品、归还受其他单位委托代保管的商品、付出的加工原料和赠送给其他单位的样品等；(2) 经本单位介绍，由买卖双方直接结算，本单位只收取手续费的业务；(3) 购货退回的商品；(4) 商品损耗和损失；(5) 出售本单位自用的废旧物资。

商品库存额 对于批发和零售业法人单位和个体经营户，是指报告期末取得所有权的全部商品金额（含增值税）；对于批发和零售业产业活动单位，是指报告期末实际在库且归属法人具有所有权的全部商品金额（含增值税）。库存商品包括：(1)存放在本单位(如门市部、批发站、采购站、经营处)的仓库、货场、货柜和货架中的商品；(2)挑选、整理、包装中的商品；(3)已记入购进而尚未运到本单位的商品，即发货单或银行承兑凭证已到而货未到的商品；(4)寄放他处的商品，如因购货方拒绝付款而暂时存在购货方的商品；(5)委托其他单位代销(未作销售或调出)尚未售出的商品；(6)代其他单位购进尚未交付的商品。不包括：所有权不属于本单位的商品；委托外单位加工的商品；外贸企业代理其他单位从国外进口，尚未付给订货单位的商品；代国家储备部门保管的商品。

连锁总店（总部） 指负责连锁企业资源（商号、商誉、经营模式、服务标准、管理模式等等）的开发、配置、控制或使用等功能的企业核心管理机构。连锁经营是指经营同类商品或服务，使用统一商号的若干店铺，在同一总店（总部）的管理下，采取统一采购或特许经营等方式，实现规模效益的组织形式，包括直营连锁、特许连锁和自愿连锁三种形式。其中，直营连锁是指连锁店铺由连锁公司全资或控股开设，在总部的直接控制下，开展统一经营的连锁经营形式；特许连锁是指拥有注册商标、企业标志、专利、专有技术等经营资源的企业（特许人），以合同形式将其拥有的经营资源许可其他经营者（被特许人）使用，被特许人按合同约定在统一的经营模式下开展经营，并向特许人支付特许经营费用的连锁经营形式；自愿连锁是指若干个店铺或企业自愿组合起来，在不改变各自资产所有权关系的情况下，以同一个品牌形象面对消费者，以共同进货为纽带开展的连锁经营形式。

亿元以上商品交易市场 指年成交额在亿元及以上的商品交易市场。商品交易市场是指经有关部门和组织批准设立，有固定场所、设施，有经营管理部门和监管人员，若干市场经营者人内，常年或实际开业三个月以上，集中、公开、独立地进行生活消费品、生产资料等现货商品交易以及提供相关服务的交易场所，包括各类消费品市场、生产资料市场等。

住宿业 指为旅行者提供短期留宿场所的活动，有些单位只提供住宿，也有些单位提供住宿、饮食、商务、娱乐一体的服务，不包括主要按月或按年长期出租房屋住所的活动。

餐饮业 指通过即时制作加工、商业销售和服务性劳动等，向消费者提供食品和消费场所及设施的服务。

营业额 指住宿和餐饮业单位在经营活动中因提供服务或销售商品等取得的收入。包括：客房收入、餐费收入、商品销售额（含增值税）和其他收入。其中，客房收入指住宿和餐饮业单位在经营活动中因提供住宿服务取得的收入。餐费收入指本单位为顾客提供就餐服务取得的收入，包括：经烹饪、调制加工后出售的各种食品，如主食、炒菜、凉拌菜等的收入。

Explanatory Notes on Main Statistical Indicators

Total Retail Sales of Consumer Goods refer to the amount obtained by enterprises (units, self-employed individuals) through direct sales of non-production and non-business physical commodity to individuals, social institutions, and revenue from providing catering services. Individuals include rural and urban households, population from abroad, social institutions include government agencies, social organizations, military units, schools, institutions, neighbourhood (village) committees.

Wholesale Trade refers to the activities of selling wholesale commodities for daily use and capital goods to enterprises of wholesale and retail trades (including self-employed individuals) and other enterprises, institutions and government organs and organizations, and the activities of engaging in import and export and acting as a trade agent. The wholesaler may have the ownership of the commodities for wholesale and trade in the name of its own (a company), and the wholesaler can act as commission agent or commodity broker without the ownership of commodities. Also included are the wholesale activities at the fixed stalls in wholesale market and the acquisition for sales purpose.

Retail Trade refers to the activities of department store, supermarket, franchised store, brand store, retail stall and on-the-spot-making-selling store selling commodities to the final consumers (residents) by any means including internet, post, telephone, sales machine. It also includes shops with sales and production localted in the same places (such as bakeries). Retail trade excludes the activities of sales of capital goods such as grain, seed, feed, livestock, mineral products, raw material for production, industrial chemicals, chemical products for agricultural use, machine and equipment (excluding vehicles, computers and communication equipment). Most retailers have the ownership of commodities to sell, but some are acting as agents or brokers to make transactions for a commission.

Purchase, Sales and Stock of Commodities by Wholesale and Retail Trades refer to the total volume of commodities purchased, total volume of sales and exports, and the stock of commodities by wholesale and retail enterprises (establishments) of different status of registration from domestic and overseas markets. This indicator reflects the relationship among purchase, sales and stock of commodities in the circulation of goods and reveals the existing problems.

Total Purchases of Commodities refer to the total value of purchases of commodities by enterprises (establishments) from other establishments or individuals (including direct import from abroad) for the purpose of re-selling, either with or without further processing of the commodities purchased. The commodities include: (1) commodities purchased from agricultural and industrial producer, wholesaler, retailer, publishing house and other service business; (2) commodities purchased from institutions and government departments; (3) confiscated goods purchased from the customs authorities or market management agencies; (4) second-hand goods and wastes purchased from residents; The commodities exclude (1) commodities purchased by enterprises (establishments) for use in their own business operation, commodities obtained without buying or selling procedures such as materials, consumable goods of low value, office appliance, etc. (2) received goods without trading, such as goods handed over from others, borrowed goods, preserved goods for others, donated goods from others, processed and retrieved goods, etc. (3) goods of direct settlement between buyer and seller with handling fees introduced by others, (4) goods returned or refused to pay by the buyer, (5) excessive goods.

Total Sales of Commodities refer to value of commodities sold by the establishments to other establishments and individuals (including goods sold for self consumption, including the value-added tax). The commodities include: (1) commodities sold to urban and rural residents and social groups for their consumption; (2) commodities sold to establishments in all industries for their production and operation, including agriculture, industry, construction, and catering services including commodities sold to wholesale and retail establishments for re-selling, with or without further processing; and (3) commodities for direct export to abroad. Excluded are (1) extended commodities without trading, such as goods handed over to other enterprises and institutions because of the change of organizations, lent goods, returned goods preserved for others, extended processing materials and samples donated to others, (2) goods of direct settlement between buyer and seller with handling fees introduced by others, (3) goods returned after purchase, (4) damaged and spoiled goods, (5) waste and used goods of self use,

Total Stock of Commodities For the legal entities and self-employed individuals engaged in wholesale and retail trade, it refers to total value (including VAT) of commodities possessed at the end of the reference period; and for wholesale and retail establishments, it refers to the value (including VAT) of all commodities actually in stock and owned by their legal persons at the end of reference period. The commodities in stock includes: (1) commodities located in storage, garages, counters, and shelves of operating places of wholesale and retail trades (such as sale stores, wholesale centres, procurement stations and operating offices); (2) commodities in the process of being selected, sorted, and packed; (3) commodities not arrived but recorded as purchase in the account, i.e. commodities not arrived but payment receipts for the commodities from the sellers or the banks arrived; (4) commodities deposited in other places rather than places mentioned above, for instance: commodities in the hold of purchasers temporarily due to the refusal of payment; (5) commodities entrusted to other units to sell but not sold yet; (6) commodities purchased for other units but not delivered yet. Commodities not included as stock are those not owned by the enterprises (units), commodities on commission for processing, imported commodities of agency of foreign trade enterprise but not yet delivered to ordering units and finally those put in stock on behalf of the state reserves units.

Chain Head Stores (headquarter) refer to the core leading stores responsible for development, allocation, administration and utilization of resources (name of stores, brand of stores, operation model, service standard, management way, etc.) of chain stores. Chain stores refers to the stores engaged in providing homogeneous commodities or services, with the central leadership of head store (headquarters) and guided by common policies, conduct centralized purchase and distributed selling of commodities, in order to gain better efficiency through standardized operation. The chain stores include regular chain stores, franchise chain stores and voluntary chain stores.

Regular Chain store refers to chain stores that are invested or controlled by the headquarters. They operate under direct and unified management from the headquarters.

Franchise chain store refers to the chain stores (franchisees) which are franchised with operation resources such as trade marks, names, patent and operation know-how by the franchisors in form of contract and pay the operation fees to the franchisors.

Voluntary chain store refers to the stores operate jointly on the voluntary bases while maintaining their status of independent legal entities with full ownership of their assets. They sell goods of same brand from same channel of resource to the consumers.

Large Commodity Markets with Transaction Value over 100 Million Yuan refers to the commodity markets with an annual transaction at and above 100 million. The commodity market refers to the markets approved and managed by related departments, where there are fixed sites, facilities, managers and administration offices, where there are a certain number of traders to operate for three month and above or all the year, where the commodities including the articles for daily consumption and capital goods and services are traded in a centralized, independent and open way. Such market includes markets of daily goods and market of capital goods, etc.

Hotel Services refer to the accommodation services provided to visitors. Some units may provide only accommodation while others provide a combination of accommodation, meals, business services and/or recreational facilities. It excludes activities related to the provision of long-term primary residences in facilities such as apartments typically leased on a monthly or annual basis.

Catering Services refer to the activities of providing foods, serving locations and facilities to customers through instant processing, commercial sales and service-type labor.

Business Revenue refers to revenue of hotels and catering services received from providing services or selling commodities through business activities, including income from hotels, from catering services, from selling of commodities (including VAT) and from other services. Income from hotels refers to income of hotels and catering services by providing lodging services through business activities. Income from catering services refers to income from providing catering services, including selling of cooked or prepared foods, such as staple food, cooked dishes, or cold dishes.

金融业
Financial Intermediation

18

◎ 资料整理：赵国顺

简要说明

一、主要内容

本篇包括金融机构、证券业、保险业和国债发行情况资料。

二、资料来源

金融机构和国债发行情况资料来源于中国人民银行郑州中心支行。证券业资料来源于河南证监局。保险业资料来源于河南保监局。本篇资料由河南省统计局国民经济核算处编辑整理。

Brief Introduction

I. Main Contents

Data in this chapter including four aspects: the financial activities of the financial institutions; the situations of the securities industry; the situation regarding the insurance business and the situation regarding the issuance of treasury bonds.

II. Sources of Data

Data on financial institutions and issuance of treasury bonds are calculated from The People's Bank of China and Zhengzhou Central Sub-branch. Data on securities industry are calculated from Henan provincial Securities Regulatory Commission. Data on insurance business are calculated from Henan provincial Insurance Regulatory. Data on this chapter are provided of Department of National Accounts of the Henan provincial Bureau of Statistics.

18-1 金融机构和保险业主要指标

Main Indicators of Banking and Insurance

单位：亿元 (100 million yuan)

年 份 Year	金融机构人民币存款年底余额 Total Saving Deposit Balance	金融机构人民币贷款年底余额 Total Loan Balance	#短期 Short-term	#中长期 Medium-term & Long-term	保险公司保费收入 Premium Income of Insarance Companies	保险公司赔款及给付 Claim & Payment of Insarance Companies
1978	45.71	99.99				
1979	52.00	108.14				
1980	57.77	125.01				
1981	68.45	146.42				
1982	74.08	153.73				
1983	88.10	174.83				
1984	136.84	229.88				
1985	146.42	284.91				
1986	184.66	350.21				
1987	231.71	392.32				
1988	270.67	447.99				
1989	329.01	511.90				
1990	593.96	773.04			6.57	3.18
1991	754.03	945.90			8.47	4.49
1992	936.04	1127.26			13.65	5.46
1993	1143.66	1366.98			18.48	7.55
1994	1602.95	1704.82			21.03	11.89
1995	2131.69	2170.17			25.57	11.47
1996	2707.65	2665.41			26.87	15.23
1997	3271.76	3320.89			34.84	16.02
1998	3772.51	3878.53			44.92	17.78
1999	4198.10	4179.51			47.89	15.83
2000	4753.41	4356.94	3114.58	1057.50	55.77	17.30
2001	5530.16	4885.73	3336.16	1447.99	69.57	21.85
2002	6451.59	5553.58	3673.39	1702.63	126.22	22.68
2003	7618.03	6422.66	4025.08	2138.16	162.98	27.53
2004	8631.79	7092.31	4200.53	2487.19	202.05	33.84
2005	10003.96	7434.53	4088.16	2736.63	213.55	38.16
2006	11492.55	8567.33	4731.54	3259.90	252.31	50.98
2007	12576.42	9545.48	5213.08	3800.96	323.56	100.88
2008	15255.42	10368.05	5180.84	4302.41	518.92	128.77
2009	19175.06	13437.43	6016.17	6066.05	565.39	148.23
2010	23148.83	15871.32	6995.81	7806.31	793.28	153.91
2011	26646.15	17506.24	8273.66	8690.17	839.82	171.14
2012	31970.43	20301.72	9977.52	9608.35	841.13	199.55
2013	37591.70	23511.41	11823.35	11029.60	916.52	279.75
2014	41374.91	27228.27	12801.98	13625.90	1036.08	324.03
2015	47629.91	31432.62	13763.71	16416.30	1248.76	447.71

注：各项存款、贷款年底余额1989年及以前为国家银行口径，1990年以后为金融机构口径。

a)The balance of various Deposits and loans before 1998 is measured by statistics of state-owned banks,otherwise,after 1990,it is evaluated by datum from financial institutions.

18-2 金融机构人民币存贷款情况(2015年)
Deposits and Loans of Financial Institutions (2015)

单位：亿元 (100 million yuan)

项 目	Item	2015
各项存款	**Deposits**	**47629.91**
境内存款	Domestic savings	47618.71
住户存款	Household savings	26048.49
非金融企业存款	Non-financial corporate deposits	13293.68
广义政府存款	General government deposits	6924.67
非银行业金融机构存款	Non-banking financial institutions deposits	1351.87
境外存款	Overseas Deposits	11.20
各项贷款	**Loans**	**31432.62**
境内贷款	Domestic Loans	31426.11
住户贷款	Households loans	10041.88
短期贷款	Short-term loans	3642.78
中长期贷款	Medium and long-term loans	6399.09
非金融企业及机关团体贷款	Non-financial companies and organizations loans	21383.24
非银行业金融机构贷款	Non-banking financial institutions loans	1.00
境外贷款	Foreign loans	6.51

18-3 各类银行人民币存贷款情况（2015年）
Deposits and Loans of Financial Institutions (2015)

单位：亿元 (100 million yuan)

项目	Item	大型银行 State-Owned Commercial Banks	中小型银行 Stock-holding System Commercial Banks	区域性中小型银行 Urban Commercial Banks	农村信用社 Rural Credit Cooperatives
各项存款	**Deposits**	**24610.87**	**7226.19**	**8242.05**	**6625.73**
境内存款	Domestic savings	24602.52	7223.39	8242.00	6625.73
个人存款	Individual deposit	15019.90	1274.48	4015.18	5738.19
单位存款	Unit deposit	8885.00	5216.90	4028.53	887.54
国库定期存款	Treasury deposit	62.63	19.00	15.00	
非存款类金融机构存款	Deposit financial institutions deposits	634.99	713.02	183.29	
境外存款	Overseas Deposits	8.35	2.79	0.05	
各项贷款	**Loans**	**15566.06**	**6444.44**	**5144.62**	**3930.69**
境内贷款	Domestic Loans	15560.11	6443.88	5144.62	3930.69
短期贷款	Short-term Loans	3304.89	3985.99	3679.65	2648.15
#个人贷款及透支	Personal loans and overdrafts	784.98	607.02	1011.81	1238.95
#个人消费贷款	Personal consumption loans	478.65	221.05	94.37	47.56
单位贷款及透支	Unit loans and overdrafts	2519.90	3375.97	2640.79	1407.20
中长期贷款	Medium-term & Long-term Loans	11606.90	2327.95	1100.73	1273.55
个人贷款	Personal loan	4624.50	824.47	369.24	578.07
#个人消费贷款	Personal consumption loans	4181.81	589.07	200.72	148.33
单位贷款	Unit loans	6982.40	1503.48	731.43	695.48
票据融资	Bill financing	635.04	115.47	347.70	8.95
融资租赁	Financing lease				
各项垫款	Advance payment	13.28	14.46	16.55	0.04
境外贷款	Foreign loans	5.95	0.56		

18-4 各市金融机构贷款年底余额

Loans of Financial Institution by City

单位：亿元 (100 million yuan)

市(县)	City(County)	2014	#短期 Short-term	#中长期 Medium-term & Long-term	2015	#短期 Short-term	#中长期 Medium-term & Long-term
省辖市	**City**						
郑州市	Zhengzhou	10868.35	3616.68	7035.76	12659.48	3919.63	8352.02
开封市	Kaifeng	864.41	392.99	436.92	1018.06	428.28	558.23
洛阳市	Luoyang	2299.96	1205.85	914.41	2635.68	1244.33	1055.45
平顶山市	Pingdingshan	1242.31	702.41	490.42	1405.26	775.40	532.04
安阳市	Anyang	878.83	506.74	328.25	1009.64	537.85	419.81
鹤壁市	Hebi	438.34	246.02	184.67	484.60	244.90	228.75
新乡市	Xinxiang	1175.07	609.44	543.52	1276.15	600.63	649.85
焦作市	Jiaozuo	853.98	452.86	361.94	944.58	457.25	434.24
濮阳市	Puyang	461.36	231.37	211.60	543.35	248.86	279.81
许昌市	Xuchang	1166.20	764.26	370.84	1357.02	853.17	473.55
漯河市	Luohe	420.18	254.25	160.98	504.18	302.73	194.24
三门峡市	Sanmenxia	587.04	319.21	234.75	671.76	378.38	259.12
南阳市	Nanyang	1552.53	1016.75	475.49	1723.16	1057.53	604.98
商丘市	Shangqiu	1007.19	577.73	406.65	1137.75	606.36	498.92
信阳市	Xinyang	1107.74	608.88	480.51	1290.94	677.60	592.69
周口市	Zhoukou	818.34	476.94	334.76	917.97	524.00	379.98
驻马店市	Zhumadian	939.35	510.92	422.03	1114.67	513.76	588.39
济源市	Jiyuan	209.75	135.51	73.14	227.36	128.73	76.79
省直管县	**Province Administrating County**						
巩义市	Gongyi	169.36	111.60	56.74	182.40	116.88	64.93
兰考县	Lankao	61.99	30.84	31.15	85.80	40.28	45.43
汝州市	Ruzhou	131.14	86.51	44.43	147.98	99.57	45.24
滑县	Huaxian	91.91	49.60	42.31	98.60	46.13	52.47
长垣县	Changyuan	147.97	83.19	63.97	160.47	71.27	88.49
邓州市	Dengzhou	120.32	88.79	30.93	137.13	92.60	42.43
永城市	Yongcheng	222.37	92.96	127.76	245.67	101.34	144.19
固始县	Gushi	135.64	94.62	41.02	154.43	104.74	49.69
鹿邑县	Luyi	89.10	56.90	32.20	96.34	58.93	37.16
新蔡县	Xincai	59.03	31.76	27.26	62.16	24.28	37.88

18-5 个人贷款总额

Total Amount of Personal Loans

单位：亿元 (100 million yuan)

指标	Indicators	2005	2009	2010	2013	2014	2015
个人贷款总额	**Total Amount of Personal Loans**	**377.79**	**1229.86**	**1898.14**	**4022.70**	**4658.82**	**5961.59**
个人消费贷款	Personal Consumption Loan	347.30	1044.37	1623.94	3413.66	4658.82	5961.59
#个人住房贷款	Housing Mortgage Loan	269.71	829.03	1257.00	2687.08	3606.34	4719.70
汽车消费贷款	Car Consumption Loan	41.02	47.24	68.09	58.56	67.10	71.49
个人住房贷款占个人消费贷款额比重(%)	**Percentage of Housing Mortgage Loan in Personal Consumption Loan (%)**	**77.7**	**79.4**	**77.4**	**78.7**	**77.4**	**79.2**

注：2014年以后数据不含公积金贷款。

a)Data since 2014 do not include provident fund loans.

18-6 人民币一年期存贷款利率

Official Interest Rates of RMB Deposits and Loans of Financial Institutions

单位：年利率 %　　(annual interest rate %)

执行日期 Ajust Time	金融机构存款基准利率 Official Interest Rates of Deposits of Financial Institutions	金融机构贷款基准利率 Official Interest Rates of Loans of Financial Institutions	中央银行对金融机构贷款基准利率 Official Interest Rates of Loans of Central Bank
1978	3.24	5.04	
1980	3.96-5.76	5.04	
1985	5.40-7.20	3.60-7.92	
1990.01.01	11.34	11.34	
1990.04.15	10.08	10.08	
1990.08.21	8.64	9.36	
1991.04.21	7.56	8.64	
1993.05.15	9.18	9.36	
1993.07.11	10.98	10.98	
1995.07.01	10.98	12.06	
1996.05.01	9.18	10.98	10.98
1996.08.23	7.47	10.08	10.62
1997.10.23	5.67	8.64	9.36
1998.03.25	5.22	7.92	7.92
1998.07.01	4.77	6.93	5.67
1998.12.07	3.78	6.39	5.13
1999.06.10	2.25	5.85	3.78
2002.02.21	1.98	5.31	3.24
2004.03.25	1.98	5.31	3.87
2004.10.29	2.25	5.58	3.87
2006.04.28	2.25	5.85	3.87
2006.08.19	2.52	6.12	3.87
2007.03.18	2.79	6.39	3.87
2007.05.19	3.06	6.57	3.87
2007.07.21	3.33	6.84	3.87
2007.08.22	3.60	7.02	3.87
2007.09.15	3.87	7.29	3.87
2007.12.21	4.14	7.47	3.87
2008.01.01	4.14	7.47	4.68
2008.09.16	4.14	7.20	4.68
2008.10.09	3.87	6.93	4.68
2008.10.30	3.60	6.66	4.68
2008.11.27	2.52	5.58	3.60
2008.12.23	2.25	5.31	3.33
2010.10.20	2.50	5.56	3.33
2010.12.26	2.75	5.81	3.85
2011.02.09	3.00	6.06	3.85
2011.04.06	3.25	6.31	3.85
2011.07.07	3.50	6.56	3.85
2012.06.08	3.25	6.31	3.85
2012.07.06	3.00	6.00	3.85
2014.11.22	2.75	5.60	3.85
2015.03.01	2.50	5.35	3.85
2015.05.11	2.25	5.10	3.85
2015.06.28	2.00	4.85	3.85
2015.08.26	1.75	4.60	3.85
2015.10.24	1.50	4.35	3.85

18-7 各市证券交易额(2013年)

Securities transactions by City (2013)

单位：亿元 (100 million yuan)

市 City	2009	2010	2011	2012	2013	2014	2015
全　　省 Total	**26443.67**	**25065.78**	**19873.60**	**15987.46**	**18586.20**	**36532.64**	**100578.31**
省　辖　市 City							
郑　州　市 Zhengzhou	14739.50	13928.78	11176.51	9241.54	10132.35	21409.34	54869.28
开　封　市 Kaifeng	558.49	577.66	445.92	315.76	441.43	730.87	2295.89
洛　阳　市 Luoyang	2431.37	2387.21	1886.47	1433.71	1830.23	3413.54	10204.13
平顶山市 Pingdingshan	907.18	939.37	741.02	538.33	718.20	1177.05	3637.42
安　阳　市 Anyang	709.46	645.36	574.31	406.11	494.45	840.87	2272.12
鹤　壁　市 Hebi	155.91	250.49	203.57	161.61	152.79	316.61	779.87
新　乡　市 Xinxiang	864.90	930.63	788.36	704.73	759.19	1466.30	3897.78
焦　作　市 Jiaozuo	750.33	640.65	462.84	363.18	449.34	877.84	2668.86
濮　阳　市 Puyang	494.01	453.68	336.87	312.22	341.07	661.58	2561.37
许　昌　市 Xuchang	949.15	860.20	629.23	453.74	585.25	1021.34	3216.74
漯　河　市 Luohe	366.88	312.01	239.84	180.64	281.89	367.44	1187.18
三门峡市 Sanmenxia	546.46	438.41	282.79	212.67	275.74	457.88	1311.51
南　阳　市 Nanyang	858.51	827.87	617.53	492.04	638.12	1128.20	3316.89
商　丘　市 Shangqiu	469.56	290.30	370.97	278.46	337.20	544.38	1803.07
信　阳　市 Xinyang	605.73	525.41	379.96	310.93	386.30	880.53	2537.20
周　口　市 Zhoukou	474.30	415.59	295.90	229.53	306.28	452.73	1535.72
驻马店市 Zhumadian	561.93	488.09	361.94	293.89	383.13	626.86	2015.70
济　源　市 Jiyuan		154.09	79.56	58.37	73.24	159.28	467.59

18-8 各市国债发行情况

Issuance of National Debt by City

单位：万元 (10 000 yuan)

市 City	2000	2005	2010	2011	2012	2013	2014	2015
全　　省 Total	**485000**	**460969**	**618676**	**648960**	**406549**	**617544**	**226256**	**575315**
郑　州　市 Zhengzhou	160330	190559	140710	185175	127292	197459	64297	147775
开　封　市 Kaifeng	23266	18625	31839	29823	16598	18066	6091	15767
洛　阳　市 Luoyang	79250	68155	55497	64665	58884	66022	25102	70383
平顶山市 Pingdingshan	21000	13410	24190	25692	9140	15522	5218	16030
安　阳　市 Anyang	30500	16682	13050	14902	9350	30300	8173	26826
鹤　壁　市 Hebi	2880	3360	10755	18427	3711	7714	1575	4789
新　乡　市 Xinxiang	30737	24089	45620	24177	17054	25976	10575	41586
焦　作　市 Jiaozuo	25021	11699	31401	47384	33237	49336	20966	51015
濮　阳　市 Puyang	35300	35975	45013	35024	24604	41366	22477	45038
许　昌　市 Xuchang	14600	10770	10737	12095	9384	13934	5379	16112
漯　河　市 Luohe	3296	6080	8191	13582	8902	15142	3899	8551
三门峡市 Sanmenxia	11710	9690	18821	17897	16683	22276	8843	26949
南　阳　市 Nanyang	8000	17220	25086	30194	14152	24980	8106	21534
商　丘　市 Shangqiu	6515	4505	22454	26705	12951	23326	4550	16529
信　阳　市 Xinyang	8275	9900	37562	20307	9077	14013	3752	7666
周　口　市 Zhoukou	8800	5575	28285	44135	15044	25154	11164	23988
驻马店市 Zhumadian	11600	9125	59963	33382	16847	18472	9817	19278
济　源　市 Jiyuan	3920	5550	9502	5394	3640	8486	6272	15499

18-9 证券市场情况
Basic Statistics on Securities Market

指　标	Item	2012	2013	2014	2015
年末河南上市公司数量(家)	Number of Henan Listed Companies in Share Market at the Year-end(unit)	103	95	99	101
年末发行股票(只)	Issued shares at the end year (unit)	104	97	99	105
发行A股	A Shares	66	65	67	73
#新发行	Issued in this Year	3		1	6
发行境外股票	Overseas stock	38	32	32	32
#新发行	Issued in this Year	1	3	3	1
截止年末募集资金总额(亿元)	Capital Avaliable at the end year (100 million yuan)	1166.57	1831.32	2249.21	2631.60
本年首次发行、再融资募集资金(亿元)	Capital Avaliable from First Issued and Refinancing (100 million yuan)	209.20	226.63	417.89	377.35
#A股	A Shares	188.97	210.38	256.32	226.71
年末A股上市公司流通股市价总值(亿元)	Total Negotiable Market Capotalization of Companies Listed in A Share Market at the Year-edn(100 million yuan)	2460.69	2992.47	2278.90	6581.30
股票成交量(亿元)	Total Stock Turnover (100 million yuan)	12685.78	18586.20	29757.37	100578.31
债券成交量金额(亿元)	Bonds Turnover Amount(100 million yuan)	411.41	582.35	407.29	590.61
投资者开户数(万户)	Total Investors (10 000 households)	408.00	421.51	447.07	579.00
#机构	Institutions	0.40	0.42	0.50	0.28
个人	Individuals	407.60	421.09	446.57	578.42
证券营业部个数(个)	Number of Business Departments of Security Companies (unit)	148	208	219	301
#外省证券公司设本省营业部	Number of Local Business Departments of Security Companies from Strange Provinces	105	159	156	234

18-10 河南A股股票发行情况(1993-2015年)

Issuance of A Shares (1993-2015)

股票名称 Name of Stocks	证券代码 Code of Stocks	发行(上市)日期 issue or the listing date	发行数量(万股) Total Issued Capital (10 000 shares)	发行价格(元/股) Issued Prices (yuan/share)	发行总市值(万元) Issued Aggregate Market Value (10 000yuan)	募集资金净额(万元) Net Capitalization Collected (10 000yuan)
中原环保	000544.SZ	1993/12/08	4500	3.50	15750	15075
神马股份	600810.SH	1994/01/06	4950	4.68	23166	23166
洛阳玻璃	600876.SH	1995/10/31	5000	5.03	25150	23900
焦作万方	000612.SZ	1996/09/26	3201	6.80	21767	21127
东方银星	600753.SH	1996/09/27	2000	5.18	10360	9760
*ST思 达	000676.SZ	1996/12/24	1250	5.20	6500	6000
大地传媒	000719.SZ	1997/03/31	1478			
许继电气	000400.SZ	1997/04/18	5000	9.24	46200	44700
银鸽投资	600069.SH	1997/04/30	4000	4.62	18480	17810
宇通客车	600066.SH	1997/05/08	3500	9.75	34125	33075
郑州煤电	600121.SH	1998/01/07	8000	5.50	44000	42520
豫能控股	001896.SZ	1998/01/22	8000	3.36	26880	25920
莲花味精	600186.SH	1998/08/25	10000	7.01	70100	68000
黄河旋风	600172.SH	1998/11/26	4000	6.40	25600	24721
双汇发展	000895.SZ	1998/12/10	5000	6.24	31200	30046
同力水泥	000885.SZ	1999/03/19	6000	7.08	42480	40980
安彩高科	600207.SH	1999/07/14	18000	7.20	129600	127623
神火股份	000933.SZ	1999/08/31	7000	7.50	52500	51170
新乡化纤	000949.SZ	1999/10/21	7500	7.80	58500	56752
太龙药业	600222.SH	1999/11/05	3500	6.52	22820	21823
羚锐制药	600285.SH	2000/10/18	4000	8.30	33200	32030
天方药业	600253.SH	2000/12/27	6000	7.75	46500	44820
平高电气	600312.SH	2001/02/21	6000	12.45	74700	72787
安阳钢铁	600569.SH	2001/08/20	27500	6.80	187000	182925
中孚实业	600595.SH	2002/06/26	5000	8.30	41500	39939
豫光金铅	600531.SH	2002/07/30	4500	7.34	33030	31502
瑞 贝 卡	600439.SH	2003/07/10	2400	10.40	24960	23956
中原高速	600020.SH	2003/08/08	28000	6.36	178080	172754
大有能源	600403.SH	2003/10/09	3000	6.67	20010	19078
风神股份	600469.SH	2003/10/21	7500	4.30	32250	30533
华兰生物	002007.SZ	2004/06/25	2200	15.74	34628	32985
轴研科技	002046.SZ	2005/05/26	2500	6.39	15975	14784
平煤股份	601666.SH	2006/11/23	37000	8.16	301920	294892
新野纺织	002087.SZ	2006/11/30	8000	5.19	41520	38821
恒星科技	002132.SZ	2007/04/27	4100	8.00	32800	30200
中航光电	002179.SZ	2007/11/01	3000	16.19	48570	46231
利达光电	002189.SZ	2007/12/03	5000	5.1	25500	23512

18-10 续表 continued

股票名称 Name of Stocks	证券代码 Code of Stocks	发行(上市)日期 issue or the listing date	发行数量(万股) Total Issued Capital (10 000 shares)	发行价格(元/股) Issued Prices (yuan/share)	发行总市值(万元) Issued Aggregate Market Value (10 000yuan)	募集资金净额(万元) Net Capitalization Collected (10 000yuan)
三全食品	002216.SZ	2008/02/20	2350	21.59	50737	48864
濮耐股份	002225.SZ	2008/04/25	6000	4.79	28740	27012
辉煌科技	002296.SZ	2009/09/29	1550	25.00	38750	37004
汉威电子	300007.SZ	2009/10/30	1500	27.00	40500	37364
华英农业	002321.SZ	2009/12/16	3700	16.98	62826	58884
森源电气	002358.SZ	2010/02/10	2200	26.00	57200	54715
豫金刚石	300064.SZ	2010/03/26	3800	21.32	81016	74502
远东传动	002406.SZ	2010/05/18	4700	26.60	125020	121490
多 氟 多	002407.SZ	2010/05/18	2700	39.39	106353	99085
中原特钢	002423.SZ	2010/06/03	7900	9.00	71100	67383
新大新材	300080.SZ	2010/06/25	3500	43.40	151900	148008
中原内配	002448.SZ	2010/07/16	2350	21.80	51230	47275
郑 煤 机	601717.SH	2010/08/03	14000	20.00	280000	270040
新 开 源	300109.SZ	2010/08/25	900	30.00	27000	24805
雏鹰农牧	002477.SZ	2010/09/15	3350	35.00	117250	108623
林州重机	002535.SZ	2011/01/11	5120	25.00	128000	120520
西泵股份	002536.SZ	2011/01/11	2400	36.00	86400	81749
四 方 达	300179.SZ	2011/02/15	2000	24.75	49500	46312
通达股份	002560.SZ	2011/03/03	2000	28.80	57600	53389
好 想 你	002582.SZ	2011/05/20	1860	46.00	85560	81478
佰 利 联	002601.SZ	2011/07/15	2400	55.00	132000	125818
新 开 普	300248.SZ	2011/07/29	1120	30.00	33600	29903
北玻股份	002613.SZ	2011/08/30	6700	13.50	90450	82145
新天科技	300259.SZ	2011/08/31	1900	21.90	41610	38732
隆华节能	300263.SZ	2011/09/16	2000	33.00	66000	61074
明泰铝业	601677.SH	2011/09/19	6000	20.00	120000	113549
中信重工	601608.SH	2012/07/06	68500	4.67	319895	308557
一拖股份	601038.SH	2012/08/08	15000	5.40	81000	77373
洛阳钼业	603993.SH	2012/10/09	20000	3.00	60000	55815
牧原股份	002714.SZ	2014/01/17	6050	24.07	72210	66782
清水源	300437.SZ	2015/04/23	1670	10.53	17585	15230
普莱柯	603566.SH	2015/05/18	4000	15.52	62080	55988
科迪乳业	002770.SZ	2015/06/30	6840	6.85	46854	40698
濮阳惠成	300481.SZ	2015/06/30	2000	9.13	18260	14599
光力科技	300480.SZ	2015/07/02	2300	7.28	16744	13938
思维列控	603508.SH	2015/12/24	4000	33.56	134240	127427

注：2007年及以前为发行日期，2008年起为上市日期。
a) Data before 2007 is issue date,and later 2008 is listing date.

18-11 保险业务情况

Major Indicators of Insurance Business

单位：亿元 (100 million yuan)

项　目	Item	2008	2009	2010	2011	2012	2013	2014	2015
保费收入	**Premium Income**	**518.92**	**565.39**	**793.28**	**839.82**	**841.13**	**916.52**	**1036.08**	**1248.76**
财产保险	Property Insurance	77.85	97.74	134.72	163.33	195.77	238.83	278.38	320.16
#机动车辆险	Motor Vehicle Insurance	63.15	81.70	119.34	139.95	162.66	197.36	237.73	271.09
企业财产险	Enterprise Property Insurance	5.71	5.43	6.63	8.94	8.67	8.14	7.90	7.34
家庭财产险	Family Property Insurance	0.25	0.22	0.20	0.24	0.22	0.23	0.41	0.41
人身保险	Life Insurance	441.07	467.66	658.56	676.49	645.36	677.69	757.70	928.60
寿险	Life Insurance	411.01	434.45	618.34	637.16	595.49	613.40	659.88	794.72
健康险	Health Insurance	22.36	24.91	31.03	28.31	37.10	49.49	79.05	111.44
意外伤害险	Accident Insurance	7.70	8.30	9.19	11.02	12.78	14.81	18.77	22.44
赔款及给付	**Claim and Payment**	**128.77**	**148.23**	**153.91**	**171.14**	**199.55**	**279.75**	**324.03**	**447.71**
财产保险	Property Insurance	45.13	52.13	70.72	80.54	102.50	122.08	141.02	156.14
#机动车辆险	Motor Vehicle Insurance	38.24	43.15	58.66	68.59	88.85	105.82	122.65	134.92
企业财产险	Enterprise Property Insurance	2.39	2.95	5.27	3.57	3.70	3.55	4.72	3.15
家庭财产险	Family Property Insurance	0.06	0.07	0.08	0.06	0.06	0.04	0.06	0.11
人身保险	Life Insurance	83.64	96.10	83.19	90.60	97.05	157.67	183.01	291.57
寿险	Life Insurance	74.56	86.22	68.64	76.14	83.72	141.09	161.27	251.99
健康险	Health Insurance	6.51	7.32	11.58	11.61	9.79	12.83	17.18	34.97
意外伤害险	Accident Insurance	2.56	2.57	2.97	2.85	3.54	3.75	4.57	4.61

18-12 各市国内保险业务主要指标(2015年)

Major Indicators of Domestic Insurance Business by City (2015)

单位：万元 (10 000 yuan)

市 City	保费收入 Premium Income	财产保险 Property Insurance	#机动车辆险 Motor Vehicle Insurance	#企业财产险 Enterprise Property Insurance	#家庭财产险 Family Property Insurance	人身保险 Life Insurance	寿险 Life Insurance	健康险 Health Insurance	意外伤害险 Accident Insurance
全省 Total	**12487602**	**3201644**	**2710856**	**73394**	**4131**	**9285959**	**7947225**	**1114361**	**224374**
省辖市 City									
郑州市 Zhengzhou	3385255	1153343	998979	37377	642	2231912	1791857	357473	82582
开封市 Kaifeng	420984	70410	60165	1121	90	350574	298061	43482	9031
洛阳市 Luoyang	898824	247314	207085	3923	274	651510	555855	81616	14040
平顶山市 Pingdingshan	506894	128462	110379	2538	135	378432	326974	42832	8626
安阳市 Anyang	597581	137686	120501	2796	155	459894	409063	40368	10463
鹤壁市 Hebi	155107	42499	38067	752	21	112609	98071	11646	2892
新乡市 Xinxiang	679264	135573	121288	3520	106	543692	469212	62060	12420
焦作市 Jiaozuo	569706	129915	108231	2518	138	439791	378289	52591	8910
濮阳市 Puyang	526368	98001	88181	1586	91	428367	381201	38473	8693
许昌市 Xuchang	515665	133165	112810	2817	124	382499	340515	32977	9007
漯河市 Luohe	353378	64555	52838	966	195	288822	257272	26686	4865
三门峡市 Sanmenxia	282112	52066	43366	824	68	230046	206775	17817	5454
南阳市 Nanyang	1052827	215223	172361	5299	162	837604	717427	106673	13505
商丘市 Shangqiu	585287	149529	127779	1482	554	435758	377484	49896	8378
信阳市 Xinyang	625642	125719	105698	1345	181	499924	449200	43310	7414
周口市 Zhoukou	641914	158057	124375	1316	1080	483857	424739	52211	6907
驻马店市 Zhumadian	573950	125262	89694	1463	99	448688	397527	41942	9219
济源市 Jiyuan	111168	33252	27841	1382	21	77916	64639	11677	1600

市 City	赔款及给付 Claim and Payment	财产保险 Property Insurance	#机动车辆险 Motor Vehicle Insurance	#企业财产险 Enterprise Property Insurance	#家庭财产险 Family Property Insurance	人身保险 Life Insurance	寿险 Life Insurance	健康险 Health Insurance	意外伤害险 Accident Insurance
全省 Total	**4477120**	**1561450**	**1349230**	**31468**	**1133**	**2915671**	**2519922**	**349668**	**46080**
省辖市 City									
郑州市 Zhengzhou	1033739	538405	473760	15326	126	495334	369113	114571	11651
开封市 Kaifeng	154095	33623	29618	308	12	120472	104011	15484	977
洛阳市 Luoyang	377788	118397	97812	1380	26	259392	235310	20891	3190
平顶山市 Pingdingshan	230949	71713	62088	1035	29	159235	143728	13744	1763
安阳市 Anyang	206816	61590	52950	1479	43	145226	126892	13973	4362
鹤壁市 Hebi	54192	19866	17899	395	7	34326	30594	2663	1069
新乡市 Xinxiang	241529	59889	54078	1657	16	181639	152320	26774	2545
焦作市 Jiaozuo	193917	61096	52240	710	15	132821	121331	9692	1798
濮阳市 Puyang	201335	48113	42962	1523	10	153223	143106	8390	1727
许昌市 Xuchang	178024	70352	62700	609	33	107672	97698	8317	1658
漯河市 Luohe	133414	31619	27973	293	4	101795	92171	8787	836
三门峡市 Sanmenxia	111564	24621	19304	181	19	86943	79207	4664	3072
南阳市 Nanyang	357912	112289	97008	2259	36	245622	208883	33300	3440
商丘市 Shangqiu	221317	72938	64950	1120	86	148379	130118	15138	3123
信阳市 Xinyang	231586	65923	58531	631	22	165663	145057	19241	1365
周口市 Zhoukou	285564	85401	71429	451	629	200162	175636	23103	1423
驻马店市 Zhumadian	218112	63278	45643	972	6	154834	144622	8689	1523
济源市 Jiyuan	37966	15290	12621	766	8	22676	20090	2201	384

主要统计指标解释

信贷资金　指金融机构以信用方式积聚和分配的货币资金。金融机构信贷资金的来源有各项存款、对国际金融机构负债、流通中货币、银行自有资金及当年结益等；信贷资金的运用有各项贷款、黄金占款、外汇占款、财政借款及在国际金融机构中的资产等。

存款　指企业、机关、团体或居民根据资金必须收回的原则，把货币资金存入银行或其他信用机构保管并取得一定利息的一种信用活动形式。根据存款对象的不同可划分为企业存款、财政存款、机关团体存款、基本建设存款、城镇储蓄存款、农村存款等科目。它是银行信贷资金的主要来源。

贷款　指银行或其他信用机构根据资金必须归还的原则，按一定利率，为企业、个人等提供资金的一种信用活动形式。我国银行贷款分为短期贷款、委托及信托类贷款、其他贷款等。

保险公司　在中国境内的、经过保险监督部门批准设立，并依法登记注册的各类商业保险公司。

保险金额　指保险人承担赔偿或者给付保险金责任的最高限额。

证券　由债券购买者承购的或因销售产品而拥有的，可在金融市场上交易并代表一定债权的书面证明。包括政府债券、金融债券、企业债券、商业票据、股票、支付固定收入但不提供法人企业残余价值分享权的优先股等。

股票　指股票购买者及直接投资者对其投资企业净资产所拥有的权益。股票是股份公司签发的证明股东投资并按其所持股份享有权益和承担义务的权益性证券。

保费　指投保人为取得保险人在约定范围内所承担赔偿责任而支付给保险人的费用。

赔款　指保险人根据保险合同的规定，向被保险人支付的赔偿保险责任损失的金额。

给付　包括死伤医疗给付和满期给付。死伤医疗给付是指保险人根据人寿保险及长期健康保险合同的规定，因被保险人在保险期内发生保险责任范围内的保险事故支付给被保险人（或受益人）的金额。满期给付是指被保险人生存期满，保险人按人寿保险合同规定支付给被保险人的满期保险金额。

Explanatory Notes on Main Statistical Indicators

Credit Funds refer to the funds issued as loans by banking institutions. The sources of credit funds of the banking institutions included deposits, liabilities to international financial institutions, currency in circulation, self-owned funds and current retained profits, etc. The credit funds can be used in forms of loans, gold, foreign exchange, government debt and assets in the international financial institutions.

Deposit is a form of credit by which enterprises, institutions, organizations or households can put money into banks and other credit institutions for safekeeping and interest earning under the principle of free withdrawal. According to different depositors, deposits are divided into enterprise deposits, treasury deposits, deposits of government agencies and organizations, capital construction deposits, urban savings deposits, rural deposits and other deposits. Deposits are major sources of the credit funds of banks.

Loan is a form of credit by which banks and other credit institutions provide funds at certain interest rate to enterprises and individuals in the light of the principle of unconditional repayment. Loans from Chinese banks include short-term loans, medium-term and long-term loans, entrusted loans, and other loans.

Insurance Companies refer to commercial insurance companies of various forms registered by law and established in china with the approval of insurance regulatory agencies.

Insurance amount refers to the insurer undertakes to indemnify or pay under its insurance obligation ceiling.

Securities refer to written certificates representing creditors' rights, purchased by bond holders or owned by selling products, which can be transacted at the financial markets. They include government bonds, financial bonds, corporation bonds, commercial drafts, stocks, preferential stocks that provide fixed income without the right to share the residual value of corporations, etc.

Stocks refer to the rights by stockholders and direct investors on the net assets of corporations they invested in. Stocks refer to negotiable securities on creditor's rights, issued by stock companies certifying the investment by stockholders and their rights and duties depending on their stocks.

Premium is the fee paid by the insurant to the insurer to obtain the obligation of compensation from the insurance within the agreed terms.

Settled Claim is the compensation paid by the insurer to the insurant in accordance with the insurance contract.

Payment includes payment for death, injury or medical treatment and mature payment. Payment for death, injury or medical treatment refers to the money paid to the insurant (or the beneficiary) in accordance with the life or health insurance contract when the insurant encounters accidents within the insured period covered in the contract. Mature payment refers to the mature payment to the insurant in accordance with the life insurance contract at the end of the insured period.

其他服务业
Other Service

19

● 资料整理：陈 哲

简要说明

一、主要内容

本篇主要包括河南省规模以上服务业企业单位数、从业人数、营业收入、营业利润、应付职工薪酬等主要财务指标。

二、统计范围

辖区内年营业收入1000万元及以上，或年末从业人员50人及以上服务业法人单位。包括交通运输、仓储和邮政业，信息传输、软件和信息技术服务业，租赁和商务服务业，科学研究和技术服务业，水利、环境和公共设施管理业，教育，卫生和社会工作；以及物业管理、房地产中介服务等自有房地产经营活动、其他房地产业行业。

辖区内年营业收入500万元及以上，或年末从业人员50人及以上服务业法人单位。主要包括居民服务、修理和其他服务业，文化、体育和娱乐业。

三、资料来源

规模以上服务业法人企业实行全数调查，由河南省统计局服务业统计处整理提供。

Brief Introduction

I. Main Contents

Data on this chapter including number of Services enterprises above designated size, employment, main financial indicators of operating income, operating profit, employee compensation and so on in Henan.

II. Scope of Statistics

he Services enterprises with revenue from principal business over 10 million yuan or employee at the end of year over 50 persons includes: transportation, storage and post, Information transfer, software and Information technology services, leasing and business services, management of water conservancy, environment and public facilities, education, sanitation and social work, property management, real estate intermediary and so on.

The Services enterprises with revenue from principal business over 5 million yuan or employee over 50 person at the end of year includes: resident services, repairing and other services, culture, sports and entertainment.

III. Sources of Data

Data on services enterprises above designated size are collected through a combination of full survey, which are provided by the Department of Services industry of the Henan provincial bureau of Statistics.

19−1 规模以上服务业企业主要财务指标(2015年)

Main indictor of Service companies Above Designated size (2015)

单位：亿元 (100 million yuan)

指 标	indictor	单位数(个) Number of Enterprises (unit)	资产总计 Total Assets	所有者权益 Owner's equity	营业收入 Revenue	营业成本 Cost of Pricipal Business
总 计	**Total**	**7419**	**18986**	**8586**	**4660**	**3484**
交通运输、仓储和邮政业	Traffic, transport, storage and post	2053	7955	3650	2408	2007
信息传输、软件和信息技术服务业	Information transfer, software and Information technology services	388	1260	522	668	419
房地产业(不含房地产开发经营)	Realty industry	557	210	51	82	50
租赁和商务服务业	Tenancy and business services	1170	7623	3378	522	324
科学研究和技术服务业	Scientific research and technical service	1170	698	338	539	393
水利、环境和公共设施管理业	Management of water conservancy,environment and public establishment	339	462	267	82	47
居民服务、修理和其他服务业	Resident services,Repairing and other services	397	49	28	49	31
教育	Education	623	139	81	82	51
卫生和社会工作	Sanitation and social work	377	201	81	144	116
文化、体育和娱乐业	Culture, sports and entertainment	345	389	189	83	47

19-1 续表 continued

单位：亿元 (100 million yuan)

指标	indictor	营业税金及附加 Business tax and additional	营业利润 Total Profits	应付职工薪酬 Employee compensation of Everage Employed	应交增值税 Value Added Tax Payable	从业人员平均人数（人） Number of Employed Persons (person)
总计	**Total**	**64**	**417**	**633**	**83**	**1133796**
交通运输、仓储和邮政业	Traffic, transport, storage and post	25	80	313	28	480812
信息传输、软件和信息技术服务业	Information transfer, software and Information technology services	4	95	70	32	92707
房地产业（不含房地产开发经营）		4	7	24	0	75585
租赁和商务服务业	Tenancy and business services	12	125	56	5	137184
科学研究和技术服务业	Scientific research and technical service	9	62	77	12	119590
水利、环境和公共设施管理业	Management of water conservancy,environment and public establishment	3	12	13	1	32874
居民服务、修理和其他服务业	Resident services,Repairing and other services	2	8	7	1	24100
教育	Education	2	16	21	1	61359
卫生和社会工作	Sanitation and social work	1	8	31	0	64067
文化、体育和娱乐业	Culture, sports and entertainment	2	6	20	2	45518

19−2 各市规模以上服务业企业单位数(2015年)

Number of Service companies Above Designated size by Sector and City (2015)

单位：个 (unit)

市(县) City(County)	合 计 Total	交通运输、仓储及邮政业 Traffic, transport, storage and post	信息传输、软件和信息技术服务业 Information transfer, software and Information technology services	房地产业(不含房地产开发经营) Realty industry	租赁和商务服务业 Tenancy and business services
全 省 Total	**7419**	**2053**	**388**	**557**	**1170**
省 辖 市 City					
郑 州 市 Zhengzhou	1515	286	165	176	357
开 封 市 Kaifeng	279	78	13	14	54
洛 阳 市 Luoyang	481	125	27	39	69
平 顶 山 市 Pingdingshan	321	51	17	46	36
安 阳 市 Anyang	172	61	9	11	20
鹤 壁 市 Hebi	81	28	6	11	13
新 乡 市 Xinxiang	162	54	11	11	24
焦 作 市 Jiaozuo	183	112	5	6	12
濮 阳 市 Puyang	376	103	23	46	47
许 昌 市 Xuchang	517	116	17	32	76
漯 河 市 Luohe	90	56	4	8	8
三 门 峡 市 Sanmenxia	166	69	6	11	26
南 阳 市 Nanyang	487	153	14	27	80
商 丘 市 Shangqiu	318	133	18	18	64
信 阳 市 Xinyang	443	88	14	22	65
周 口 市 Zhoukou	447	107	12	10	41
驻 马 店 市 Zhumadian	450	171	10	14	52
济 源 市 Jiyuan	79	32	5	4	6
省 直 管 县 Province Administrating County					
巩 义 市 Gongyi	107	27	1	19	9
兰 考 县 Lankao	126	47	3	5	18
汝 州 市 Ruzhou	174	37	2	2	23
滑 县 Huaxian	37	9	1	1	5
长 垣 县 Changyuan	62	8	1	14	6
邓 州 市 Dengzhou	26	7	1	1	4
永 城 市 Yongcheng	46	23	2	2	9
固 始 县 Gushi	75	45		2	7
鹿 邑 县 Luyi	125	14			15
新 蔡 县 Xincai	74	13	1	5	24

19-2 续表 continued

单位：个 (unit)

市(县)	City(County)	科学研究和技术服务业 Scientific research, and technical service	水利、环境和公共设施管理业 Management of water conservancy, environment and public establishment	居民服务、修理和其他服务业 Resident services Repairing and other services	教育 Education	卫生和社会工作 Sanitation, and social work	文化、体育和娱乐业 Culture, sports and enterta-inment
全省	**Total**	**1170**	**339**	**397**	**623**	**377**	**345**
省辖市	**City**						
郑州市	Zhengzhou	277	63	48	23	41	79
开封市	Kaifeng	34	11	28	27	4	16
洛阳市	Luoyang	66	44	15	6	22	68
平顶山市	Pingdingshan	73	14	30	23	9	22
安阳市	Anyang	27	16	5	17	5	1
鹤壁市	Hebi	5	2	3	6	6	1
新乡市	Xinxiang	7	8	2	4	37	4
焦作市	Jiaozuo	18	6	4	11	7	2
濮阳市	Puyang	37	7	34	64	9	6
许昌市	Xuchang	107	25	43	39	21	41
漯河市	Luohe	7	2		2		3
三门峡市	Sanmenxia	12	13	8		11	10
南阳市	Nanyang	75	35	38	29	18	18
商丘市	Shangqiu	37	4	14	21	1	8
信阳市	Xinyang	108	27	26	23	60	10
周口市	Zhoukou	103	1	22	102	39	10
驻马店市	Zhumadian	41	10	24	73	41	14
济源市	Jiyuan	7	14	1	5	3	2
省直管县	**Province Administrating County**						
巩义市	Gongyi	7	7	7	21	5	4
兰考县	Lankao	23	3	12	8	2	5
汝州市	Ruzhou	64	13	10	13	7	3
滑县	Huaxian	2	1	2	9	7	
长垣县	Changyuan	11	6	2	9	2	3
邓州市	Dengzhou	3	1	1	5	2	1
永城市	Yongcheng	4	1	1	2	1	1
固始县	Gushi	2	2	2	5	2	8
鹿邑县	Luyi	4	2	4	68	15	3
新蔡县	Xincai	9	1	11	8		2

19-3 各市规模以上服务业企业营业收入(2015年)

Operating income of Everage Employed Persons of Service companies Above Designated size by Sector and City (2015)

单位：亿元 (100 million yuan)

市(县) City(County)	合计 Total	交通运输、仓储及邮政业 Traffic, transport, storage and post	信息传输、软件和信息技术服务业 Information transfer, software and Information technology services	房地产业(不含房地产开发经营) Realty industry	租赁和商务服务业 Tenancy and business services
全 省 Total	**4659.57**	**2407.88**	**667.69**	**82.26**	**521.98**
省 辖 市 City					
郑 州 市 Zhengzhou	2358.08	1492.14	212.20	46.98	291.26
开 封 市 Kaifeng	131.90	45.69	24.20	1.14	25.16
洛 阳 市 Luoyang	304.73	64.31	43.03	5.98	17.32
平 顶 山 市 Pingdingshan	81.31	21.10	24.91	2.42	2.63
安 阳 市 Anyang	81.16	25.46	29.99	0.71	14.46
鹤 壁 市 Hebi	24.14	8.89	8.71	0.44	3.32
新 乡 市 Xinxiang	90.67	28.69	36.49	0.64	4.39
焦 作 市 Jiaozuo	128.65	92.15	18.81	0.55	4.37
濮 阳 市 Puyang	88.85	23.39	20.11	1.89	14.91
许 昌 市 Xuchang	182.20	71.00	29.65	5.57	18.26
漯 河 市 Luohe	113.00	89.62	14.05	0.40	4.58
三 门 峡 市 Sanmenxia	55.69	18.48	12.29	0.14	14.69
南 阳 市 Nanyang	167.86	84.51	42.37	2.11	8.84
商 丘 市 Shangqiu	125.39	62.28	35.24	2.37	10.48
信 阳 市 Xinyang	177.39	47.14	32.07	6.91	27.47
周 口 市 Zhoukou	213.22	76.13	44.72	1.05	24.88
驻 马 店 市 Zhumadian	168.46	79.63	31.98	0.82	16.29
济 源 市 Jiyuan	28.67	19.73	5.01	0.05	0.49
省 直 管 县 Province Administrating County					
巩 义 市 Gongyi	16.13	7.43	0.08	0.47	0.66
兰 考 县 Lankao	21.30	9.06	0.42	0.89	2.98
汝 州 市 Ruzhou	19.87	7.55	0.19	0.08	2.76
滑 县 Huaxian	8.82	1.19	0.53	0.00	3.33
长 垣 县 Changyuan	18.54	3.48	0.27	0.12	3.67
邓 州 市 Dengzhou	3.43	0.84	0.06	0.03	0.34
永 城 市 Yongcheng	12.39	9.15	0.27	0.24	0.65
固 始 县 Gushi	17.33	13.21		0.16	0.71
鹿 邑 县 Luyi	13.42	1.53			1.81
新 蔡 县 Xincai	6.99	4.09	0.04	0.13	1.27

19-3 续表 continued

单位：亿元 (100 million yuan)

市(县) City(County)	科学研究和技术服务业 Scientific research, and technical service	水利、环境和公共设施管理业 Management of water conservancy, environment and public establishment	居民服务、修理和其他服务业 Resident services Repairing and other services	教 育 Education	卫生和社会工作 Sanitation, and social work	文化、体育和娱乐业 Culture, sports and enterta-inment
全 省 Total	**539.39**	**81.87**	**49.21**	**82.42**	**144.12**	**82.76**
省 辖 市 City						
郑 州 市 Zhengzhou	208.88	28.08	5.36	3.60	24.20	45.40
开 封 市 Kaifeng	17.16	4.94	5.49	4.35	0.66	3.11
洛 阳 市 Luoyang	151.52	4.23	1.08	1.08	8.50	7.68
平 顶 山 市 Pingdingshan	9.68	8.16	1.41	2.22	2.28	6.51
安 阳 市 Anyang	6.80	1.42	0.19	1.17	0.91	0.05
鹤 壁 市 Hebi	0.81	0.27	0.26	0.38	1.03	0.03
新 乡 市 Xinxiang	1.12	2.83	0.15	0.79	14.72	0.84
焦 作 市 Jiaozuo	4.68	4.31	0.62	1.12	1.67	0.36
濮 阳 市 Puyang	8.73	1.33	2.90	3.47	11.79	0.33
许 昌 市 Xuchang	22.01	3.48	5.10	5.50	15.10	6.52
漯 河 市 Luohe	3.47	0.30		0.36		0.22
三 门 峡 市 Sanmenxia	1.50	1.15	0.34		6.64	0.46
南 阳 市 Nanyang	10.80	5.20	2.49	1.92	8.36	1.25
商 丘 市 Shangqiu	5.76	1.93	1.68	4.72	0.01	0.94
信 阳 市 Xinyang	33.89	4.60	7.61	8.17	9.22	0.30
周 口 市 Zhoukou	25.98	0.21	5.05	17.36	15.40	2.44
驻 马 店 市 Zhumadian	9.53	1.99	4.69	11.28	8.89	3.36
济 源 市 Jiyuan	0.36	2.27	0.03	0.30	0.39	0.06
省 直 管 县 Province Administrating County						
巩 义 市 Gongyi	0.60	0.90	1.30	2.31	2.08	0.31
兰 考 县 Lankao	3.12	0.42	1.69	1.36	0.48	0.88
汝 州 市 Ruzhou	5.74	1.27	0.62	0.70	0.82	0.15
滑 县 Huaxian	0.93	0.01	0.03	0.44	2.34	
长 垣 县 Changyuan	4.27	1.43	0.12	1.62	3.41	0.15
邓 州 市 Dengzhou	0.49	0.17	0.04	1.38	0.06	0.02
永 城 市 Yongcheng	0.50	0.15	0.08	0.13	1.05	0.17
固 始 县 Gushi	0.33	0.34	0.27	0.49	0.89	0.94
鹿 邑 县 Luyi	0.32	0.46	0.30	5.62	3.22	0.16
新 蔡 县 Xincai	0.42	0.04	0.31	0.58		0.11

19—4 各市规模以上服务业企业营业利润(2015年)

Operating profit of Everage Employed Persons of Service companies Above Designated size by Sector and City (2015)

单位：亿元 (100 million yuan)

市(县) City(County)	合　计 Total	交通运输、仓储及邮政业 Traffic, transport, storage and post	信息传输、软件和信息技术服务业 Information transfer, software and Information technology services	房地产业(不含房地产开发经营) Realty industry	租赁和商务服务业 Tenancy and business services
全　省 Total	**416.77**	**80.04**	**94.60**	**6.64**	**124.52**
省辖市 City					
郑州市 Zhengzhou	109.46	10.40	-2.34	3.55	77.29
开封市 Kaifeng	24.56	3.40	4.90	0.12	7.22
洛阳市 Luoyang	23.78	-1.86	6.53	-0.06	3.37
平顶山市 Pingdingshan	5.88	-1.52	4.85	0.07	0.26
安阳市 Anyang	11.49	0.43	6.32	-0.01	2.06
鹤壁市 Hebi	0.36	0.02	0.54	0.03	-0.06
新乡市 Xinxiang	11.50	0.97	8.66	-0.32	0.93
焦作市 Jiaozuo	12.39	7.40	3.47	0.02	0.94
濮阳市 Puyang	6.37	0.64	3.97	0.17	0.60
许昌市 Xuchang	31.38	8.63	6.78	0.80	6.25
漯河市 Luohe	19.40	14.23	3.01	0.04	1.26
三门峡市 Sanmenxia	4.95	0.34	1.17	-0.02	3.28
南阳市 Nanyang	18.97	4.10	10.11	0.35	1.41
商丘市 Shangqiu	23.21	7.15	9.97	0.60	2.84
信阳市 Xinyang	16.61	-3.33	6.58	0.69	3.67
周口市 Zhoukou	47.97	15.24	12.24	0.14	5.74
驻马店市 Zhumadian	25.88	4.78	7.25	0.16	4.59
济源市 Jiyuan	1.14	0.46	0.37	0.00	0.04
省直管县 Province Administrating County					
巩义市 Gongyi	0.97	0.54	0.00	-0.08	0.15
兰考县 Lankao	6.97	2.90	0.13	0.37	0.96
汝州市 Ruzhou	2.41	0.55	0.02	0.01	0.18
滑县 Huaxian	0.12	0.07	0.02	-0.02	0.03
长垣县 Changyuan	1.94	0.53	0.00	-0.11	0.60
邓州市 Dengzhou	0.56	0.06	0.00	0.00	0.02
永城市 Yongcheng	1.28	0.86	0.05	0.06	0.12
固始县 Gushi	2.76	2.30		0.03	0.08
鹿邑县 Luyi	3.33	0.33			0.43
新蔡县 Xincai	1.13	0.41	0.01	0.05	0.27

19-4 续表 continued

单位：亿元 (100 million yuan)

市(县) City(County)	科学研究和技术服务业 Scientific research, and technical service	水利、环境和公共设施管理业 Management of water conservancy, environment and public establishment	居民服务、修理和其他服务业 Resident services Repairing and other services	教育 Education	卫生和社会工作 Sanitation, and social work	文化、体育和娱乐业 Culture, sports and enterta-inment
全 省 Total	**61.76**	**11.63**	**7.44**	**15.66**	**8.46**	**6.02**
省 辖 市 City						
郑 州 市 Zhengzhou	14.24	3.08	0.36	0.30	0.95	1.63
开 封 市 Kaifeng	4.93	1.75	0.81	1.17	0.15	0.12
洛 阳 市 Luoyang	15.53	-0.34	-0.05	0.21	-0.03	0.49
平 顶 山 市 Pingdingshan	0.04	2.47	0.08	-0.80	0.22	0.22
安 阳 市 Anyang	2.02	-0.04	0.00	0.26	0.42	0.02
鹤 壁 市 Hebi	-0.02	0.04	0.03	0.01	-0.22	0.00
新 乡 市 Xinxiang	0.17	-0.25	0.02	0.19	1.13	0.01
焦 作 市 Jiaozuo	0.57	0.03	-0.02	0.04	-0.13	0.07
濮 阳 市 Puyang	0.70	0.18	0.24	0.27	-0.11	-0.28
许 昌 市 Xuchang	4.14	0.91	1.05	1.25	0.29	1.26
漯 河 市 Luohe	0.74	0.03		0.06		0.03
三 门 峡 市 Sanmenxia	0.14	0.10	-0.05		-0.04	0.03
南 阳 市 Nanyang	1.24	0.37	0.44	0.33	0.41	0.21
商 丘 市 Shangqiu	0.93	0.68	0.30	0.56		0.18
信 阳 市 Xinyang	5.50	0.50	1.04	1.39	0.51	0.06
周 口 市 Zhoukou	5.42	0.03	1.21	4.80	2.47	0.67
驻 马 店 市 Zhumadian	2.27	0.67	1.03	3.08	1.24	0.81
济 源 市 Jiyuan	0.07	0.18	0.00	0.00	0.03	0.00
省 直 管 县 Province Administrating County						
巩 义 市 Gongyi	0.02	0.24	0.01	0.02	0.04	0.02
兰 考 县 Lankao	1.07	0.10	0.60	0.42	0.08	0.34
汝 州 市 Ruzhou	1.04	0.20	0.09	0.09	0.20	0.02
滑 县 Huaxian	0.02	0.00	0.00	0.05	-0.06	
长 垣 县 Changyuan	0.59	0.38	0.00	-0.07	0.02	0.01
邓 州 市 Dengzhou	0.07	0.02	0.01	0.36	0.01	0.00
永 城 市 Yongcheng	0.05	0.03	0.00	0.02	0.05	0.04
固 始 县 Gushi	0.06	0.03	0.08	0.10	0.03	0.04
鹿 邑 县 Luyi	0.06	0.23	0.04	1.44	0.79	0.02
新 蔡 县 Xincai	0.14	0.01	0.10	0.12		0.03

19-5 各市规模以上服务业企业应付职工薪酬(2015年)

Employee compensation of Everage Employed Persons of Service companies Above Designated size by Sector and City (2015)

单位：亿元 (100 million yuan)

市(县) City(County)	合计 Total	交通运输、仓储及邮政业 Traffic, transport, storage and post	信息传输、软件和信息技术服务业 Information transfer, software and Information technology services	房地产业(不含房地产开发经营) Realty industry	租赁和商务服务业 Tenancy and business services
全省 Total	**632.69**	**312.71**	**70.42**	**23.90**	**56.32**
省辖市 City					
郑州市 Zhengzhou	326.50	192.12	29.95	14.14	23.74
开封市 Kaifeng	10.03	3.69	1.37	0.31	1.32
洛阳市 Luoyang	42.43	11.57	3.63	2.47	3.70
平顶山市 Pingdingshan	16.13	4.82	2.59	1.21	0.83
安阳市 Anyang	11.98	5.18	2.75	0.40	2.20
鹤壁市 Hebi	3.15	1.45	0.50	0.15	0.36
新乡市 Xinxiang	16.88	5.84	4.31	0.23	1.27
焦作市 Jiaozuo	21.87	15.89	1.55	0.18	1.17
濮阳市 Puyang	16.75	3.94	1.53	0.59	6.46
许昌市 Xuchang	20.54	5.55	3.04	1.02	1.74
漯河市 Luohe	6.82	4.74	1.05	0.20	0.55
三门峡市 Sanmenxia	8.88	2.59	1.63	0.11	1.39
南阳市 Nanyang	23.52	11.75	3.57	0.45	2.18
商丘市 Shangqiu	16.89	8.78	3.26	0.26	1.39
信阳市 Xinyang	21.99	7.27	3.37	0.99	2.36
周口市 Zhoukou	21.69	7.22	2.74	0.16	1.82
驻马店市 Zhumadian	19.07	8.80	2.58	0.21	1.48
济源市 Jiyuan	5.16	3.85	0.53	0.04	0.08
省直管县 Province Administrating County					
巩义市 Gongyi	2.64	1.02	0.02	0.29	0.13
兰考县 Lankao	3.35	1.40	0.13	0.12	0.38
汝州市 Ruzhou	2.90	0.74	0.04	0.02	0.49
滑县 Huaxian	0.92	0.09	0.16	0.02	0.06
长垣县 Changyuan	2.76	0.52	0.00	0.13	0.19
邓州市 Dengzhou	0.98	0.28	0.05	0.01	0.19
永城市 Yongcheng	1.81	1.07	0.05	0.05	0.08
固始县 Gushi	2.48	1.36		0.09	0.14
鹿邑县 Luyi	3.08	0.29			0.50
新蔡县 Xincai	1.47	0.89	0.00	0.04	0.14

19-5 续表 continued

单位：亿元 (100 million yuan)

市(县) City(County)	科学研究和技术服务业 Scientific research, and technical service	水利、环境和公共设施管理业 Management of water conservancy, environment and public establishment	居民服务、修理和其他服务业 Resident services Repairing and other services	教育 Education	卫生和社会工作 Sanitation, and social work	文化、体育和娱乐业 Culture, sports and enterta-inment
全 省 Total	**77.25**	**12.57**	**7.26**	**21.22**	**30.89**	**20.15**
省 辖 市 City						
郑 州 市 Zhengzhou	41.76	4.38	1.25	1.02	5.75	12.39
开 封 市 Kaifeng	0.84	0.63	0.51	0.77	0.06	0.53
洛 阳 市 Luoyang	14.65	1.01	0.41	0.47	2.56	1.94
平 顶 山 市 Pingdingshan	2.11	0.67	0.34	1.33	0.53	1.71
安 阳 市 Anyang	0.66	0.31	0.10	0.31	0.06	0.01
鹤 壁 市 Hebi	0.18	0.02	0.04	0.16	0.28	0.01
新 乡 市 Xinxiang	0.22	0.51	0.05	0.43	3.86	0.18
焦 作 市 Jiaozuo	0.94	0.95	0.22	0.59	0.31	0.06
濮 阳 市 Puyang	1.49	0.07	0.51	1.05	0.97	0.14
许 昌 市 Xuchang	2.34	0.48	0.79	1.02	3.78	0.78
漯 河 市 Luohe	0.11	0.01		0.12		0.05
三 门 峡 市 Sanmenxia	0.45	0.27	0.08		2.21	0.14
南 阳 市 Nanyang	1.96	1.06	0.45	0.52	1.33	0.23
商 丘 市 Shangqiu	0.79	0.21	0.27	1.78	0.00	0.14
信 阳 市 Xinyang	3.06	0.71	0.78	1.62	1.75	0.09
周 口 市 Zhoukou	2.72	0.01	0.42	3.73	2.68	0.20
驻 马 店 市 Zhumadian	0.72	0.29	0.40	2.17	1.56	0.86
济 源 市 Jiyuan	0.11	0.29	0.02	0.13	0.10	0.02
省 直 管 县 Province Administrating County						
巩 义 市 Gongyi	0.05	0.10	0.08	0.35	0.55	0.05
兰 考 县 Lankao	0.51	0.07	0.23	0.21	0.11	0.20
汝 州 市 Ruzhou	0.93	0.16	0.11	0.24	0.12	0.04
滑 县 Huaxian	0.01	0.00	0.02	0.21	0.33	
长 垣 县 Changyuan	0.39	0.11	0.00	0.65	0.75	0.02
邓 州 市 Dengzhou	0.04	0.02	0.02	0.33	0.03	0.01
永 城 市 Yongcheng	0.03	0.04	0.01	0.07	0.37	0.04
固 始 县 Gushi	0.03	0.14	0.02	0.19	0.27	0.24
鹿 邑 县 Luyi	0.08	0.04	0.04	1.54	0.56	0.04
新 蔡 县 Xincai	0.06	0.01	0.09	0.21		0.02

19–6 各市规模以上服务业企业平均从业人员人数(2015年)

Number of Everage Employed Persons of Service companies Above Designated size by Sector and City (2015)

单位：人 (person)

市(县) City(County)	合计 Total	交通运输、仓储及邮政业 Traffic, transport, storage and post	信息传输、软件和信息技术服务业 Information transfer, software and Information technology services	房地产业(不含房地产开发经营) Realty industry	租赁和商务服务业 Tenancy and business services
全省 Total	**1133796**	**480812**	**92707**	**75585**	**137184**
省辖市 City					
郑州市 Zhengzhou	409268	195010	34949	43103	40206
开封市 Kaifeng	27674	10125	3568	854	4129
洛阳市 Luoyang	78660	26576	5797	7991	8809
平顶山市 Pingdingshan	45072	15828	2557	4797	2721
安阳市 Anyang	28642	10927	3950	1199	7794
鹤壁市 Hebi	7382	2979	905	644	741
新乡市 Xinxiang	34926	11601	4033	759	5097
焦作市 Jiaozuo	49352	35070	2242	509	2045
濮阳市 Puyang	39403	9768	2835	2196	13593
许昌市 Xuchang	45155	14433	3335	2977	4192
漯河市 Luohe	16874	11660	1075	1003	2354
三门峡市 Sanmenxia	19453	7386	2598	581	3783
南阳市 Nanyang	57571	26259	4621	1771	9737
商丘市 Shangqiu	38908	19655	3388	940	4595
信阳市 Xinyang	58911	18783	5447	1920	8137
周口市 Zhoukou	50863	15045	5397	750	5709
驻马店市 Zhumadian	51446	24627	4070	803	5121
济源市 Jiyuan	8704	5556	556	202	337
省直管县 Province Administrating County					
巩义市 Gongyi	8121	2477	65	993	524
兰考县 Lankao	8228	3175	429	258	907
汝州市 Ruzhou	10326	2540	143	59	2087
滑县 Huaxian	2327	205	353	73	301
长垣县 Changyuan	7921	897	8	442	830
邓州市 Dengzhou	3199	1264	188	50	382
永城市 Yongcheng	4100	2356	188	193	261
固始县 Gushi	8007	4009		367	494
鹿邑县 Luyi	9610	947			1777
新蔡县 Xincai	3693	1654	10	151	521

19-6 续表 continued

单位：人 (person)

市(县) City(County)	科学研究和技术服务业 Scientific research, and technical service	水利、环境和公共设施管理业 Management of water conservancy, environment and public establishment	居民服务、修理和其他服务业 Resident services Repairing and other services	教育 Education	卫生和社会工作 Sanitation, and social work	文化、体育和娱乐业 Culture, sports and entertainment
全省 Total	**119590**	**32874**	**24100**	**61359**	**64067**	**45518**
省辖市 City						
郑州市 Zhengzhou	49243	9115	3537	2089	9517	22499
开封市 Kaifeng	2526	1275	1481	2257	198	1261
洛阳市 Luoyang	13336	3165	1385	1940	4874	4787
平顶山市 Pingdingshan	5547	2204	1291	2291	1137	6699
安阳市 Anyang	1735	1326	391	1054	234	32
鹤壁市 Hebi	368	61	154	560	915	55
新乡市 Xinxiang	389	1564	102	972	9933	476
焦作市 Jiaozuo	2307	2405	1461	2061	1101	151
濮阳市 Puyang	2692	246	1955	3234	2491	393
许昌市 Xuchang	5733	1146	2081	3087	6050	2121
漯河市 Luohe	308	13		350		111
三门峡市 Sanmenxia	859	630	288		2733	595
南阳市 Nanyang	4274	2789	1695	1843	3772	810
商丘市 Shangqiu	2064	658	991	6126	20	471
信阳市 Xinyang	10485	2179	2649	3965	4989	357
周口市 Zhoukou	7561	23	1136	9805	4841	596
驻马店市 Zhumadian	1886	841	1267	6825	4063	1943
济源市 Jiyuan	404	880	122	320	266	61
省直管县 Province Administrating County						
巩义市 Gongyi	213	432	364	1617	1237	199
兰考县 Lankao	1319	172	572	530	373	493
汝州市 Ruzhou	3414	486	349	788	367	93
滑县 Huaxian	45	51	116	567	616	
长垣县 Changyuan	2016	311		1823	1537	57
邓州市 Dengzhou	171	71	72	819	116	66
永城市 Yongcheng	106	101	38	312	466	79
固始县 Gushi	113	527	81	708	811	897
鹿邑县 Luyi	264	145	134	4807	1410	126
新蔡县 Xincai	212	58	388	609		90

运输和邮电

Transport, Storage and Post

20

◉ 资料整理：陈 琛

简要说明

一、主要内容

本篇反映河南省交通运输业和邮政、通信、软件业发展的基本情况。交通运输业资料主要包括：主要运输方式的线路里程、运输设备拥有量、货物运输量和旅客运输量。邮政、通信业资料主要包括：全省邮政局(所)及邮路情况，邮政设备拥有量，邮政业务完成情况，邮政通信业发展水平等资料。

二、统计范围

铁路包括国家铁路、合资铁路、地方铁路。公路里程包括全省范围内所有国道、省道、县道、乡道(含村道)、专用公路。民用车辆拥有量包括辖区内全部登记注册民用车辆。公路、水路运输量统计范围是在全省交通运输主管部门办理营运证的从事公路、水路客、货运输的营业性的车辆和船舶所完成的运输量。邮电通信包括省邮政管理局、省邮政公司、省通信管理局及所有从事邮电通信运营的企业。

三、资料来源

铁路资料由郑州铁路局、武汉铁路局、登封铁路公司提供；公路资料由省交通运输厅提供；民用车辆资料由省公安厅、省农机局和各省辖市统计局提供。民航资料由郑州新郑国际机场、南方航空公司河南分公司提供；邮政业资料由河南省邮政管理局、省邮政公司和省通信管理局提供。由河南省统计局服务业统计处编辑整理。

Brief Introduction

I. Main Contents

Data in this chapter present the development of transportation, post, telecommunication and software in Henan province. Data on traffic and transport include the length of the routes of main transportation, the possession of transport equipment, the condition of technological quality, freight traffic and passenger traffic accomplished. Data on post and telecommunication cover mainly the situation of post offices and postal routes; telephone lines, telegraph lines and the possession of post facilities; business volume of postal services achieved; and the level of development of postal services.

II. Scope of Statistics

Data on railway transportation including National railway, joint-venture and local railways. The length of highways refer to the road of the national, provincial, county, town and dedicated lanes. Data on the possession of civil motor vehicles include all registered vehicles. Data on passenger traffic and freight traffic by highways, the statistical scope encompasses all the enterprises, institutional units and individuals (including joint-households) engaged in highway freight or passenger transport business. The data on civil aviation transport cover the civil enterprises that set up base in Henan. The data on post cover the Henan provincial bureau of post, Henan provincial postal company, Henan provincial bureau of communications authority and all enterprises for post.

III. Sources of Data

Data on railway transportation are calculated from Henan provincial operation bureau of local railways, Zhengzhou Railway Administration, Wuhan Railway Administration. Data on highway transportation are calculated from Henan provincial bureau of transportation. Data on civilian vehicles are calculated from Henan provincial bureau of public safety, Henan provincial bureau of agricultural machinery and municipal Henan provincial bureau of statistics. Data on civil aviation are calculated from Xinzheng international airport and Henan Branch of China Southern airlines. Data on postal services come from the Henan provincial bureau of post, Henan provincial post company and Henan provincial communications authority. Data in this chapter are provided by the Department of Services industry of the Henan provincial bureau of Statistics.

20-1 交通运输基本情况

Basic Conditions of Transport

年份 Year	铁路营业里程(公里) Length of Railways in Operation (km)	公路里程(公里) Length of Highways (km)	#高速公路 Expressway	通航里程(公里) Length of Navigable Inland Waterways (km)	民用汽车拥有量(万辆) Number of Civil Vehicles Owned (10 000 units)	#私人汽车 Private-Owned
1949	1224	3909		2312	0.04	
1952	1225	5766		2916	0.11	
1957	1318	14945		3837	0.33	
1962	1690	17876		2537	1.05	
1965	1823	19907		3389	1.10	
1970	2792	22320		2072	1.71	
1975	3113	26934		2268	3.80	
1978	3212	31549		2202	6.30	
1979	3216	36155		1352	7.35	
1980	3192	36423		1361	8.51	
1981	3460	36478		1419	10.13	
1982	3401	36912		1110	11.28	
1983	3305	37196		1110	12.21	
1984	3342	37704		1110	14.10	
1985	3248	38840		1110	17.82	
1986	3344	39286		1110	18.42	3.29
1987	3409	39713		1110	21.60	3.72
1988	3358	40622		1110	24.92	5.87
1989	3546	41170		1110	28.61	6.97
1990	3536	43150		1110	30.79	7.65
1991	3384	44199		1110	33.38	8.12
1992	3486	45049		1105	34.32	8.46
1993	3456	46487		1105	38.40	7.04
1994	3350	47704	81	1104	45.23	12.45
1995	3382	49707	230	1104	46.93	12.18
1996	3426	50907	294	1104	51.41	14.98
1997	3428	55016	416	1104	60.35	19.41
1998	3461	57172	465	1104	68.09	22.01
1999	3354	60330	465	1104	76.59	29.93
2000	3354	64453	505	1104	84.73	34.93
2001	3319	69041	1077	1587	92.46	39.24
2002	3347	71741	1231	1587	105.82	50.41
2003	3410	73831	1418	1208	119.75	57.20
2004	3752	75718	1759	1381	130.97	64.10
2005	4000	79506	2678	1439	206.01	132.16
2006	3988	236351	3439	1439	252.94	169.91
2007	3989	238676	4556	1439	292.69	209.22
2008	3989	240645	4841	1439	338.44	248.77
2009	3898	242314	4861	1439	404.53	305.49
2010	4224	245089	5016	1439	484.89	377.32
2011	4203	247587	5196	1439	582.14	463.08
2012	4822	249649	5830	1439	645.92	529.67
2013	4822	249831	5859	1439	746.90	628.22
2014	5108	249857	5859	1439	896.02	774.37
2015	5205	250584	6305	1514	1342.13	866.76

注：2006年起，公路里程包括村道(以下相关表同)。
a) Length of ways include county ways since 2006 (the same as following tables).

20-2 旅客和货物运输量

Passenger and Freight Traffic

年份 Year	客运量(万人) Passenger Traffic (10000 persons)	#铁路 Railway	#公路 Highway	#水运 Waterway	货运量(万吨) Freight Traffic (10000 tons)	#铁路 Railway	#公路 Highway	#水运 Waterway
1978	11145	4319	6781	45	18176	6722	11321	133
1979	12784	4513	8218	53	17533	6693	10728	112
1980	15092	4860	10151	81	17047	6758	10183	106
1981	17559	4752	12724	83	16403	6614	9705	84
1982	20129	4680	15373	76	19847	6934	12794	119
1983	23050	5060	17907	82	21579	7142	14308	129
1984	25985	5474	20412	97	23908	7456	16296	155
1985	36576	5723	30729	121	35642	8101	27340	201
1986	43590	5659	37822	105	36436	8420	27799	217
1987	46140	5524	40510	100	39539	8632	30670	237
1988	54667	6073	48421	168	38357	8772	29282	303
1989	52328	5476	46634	211	38245	9089	28811	345
1990	53567	4429	48977	150	38111	9038	28818	255
1991	53846	4223	49494	119	39923	9193	30486	244
1992	58096	4271	53703	106	44018	9343	34404	271
1993	61285	4602	56511	146	47347	9811	37182	354
1994	62686	4563	57996	81	50988	9974	40428	395
1995	61964	4288	57522	82	53582	10373	42692	324
1996	66490	3818	62464	129	55920	10594	44800	382
1997	69863	3843	65786	152	56113	9996	45542	433
1998	74182	4133	69917	55	58150	9416	48250	342
1999	78009	4366	73493	76	59218	9657	49208	352
2000	83912	4727	79017	91	60678	10172	50133	372
2001	85412	4980	80259	95	65191	11196	53596	398
2002	90334	5085	85078	86	68397	12148	55743	505
2003	81323	4864	76301	63	69689	12925	56100	663
2004	91013	5695	85016	84	73796	14732	58147	915
2005	98099	5842	91920	97	78827	14806	62684	1334
2006	108060	6313	101345	105	86608	15190	69898	1516
2007	122557	6585	115460	160	101410	16010	83537	1858
2008	(139290)	7476	(131291)	(167)	(116889)	16226	(98433)	(2226)
	130436	7476	122414	190	138392	16226	118198	3964
2009	144666	7724	136278	206	169643	13856	151343	4439
2010	167804	8399	158630	255	202470	14224	183291	4950
2011	193882	8952	184213	268	240965	14312	220122	6527
2012	208094	9628	197785	250	272240	12779	251772	7685
2013	(225738)	11160	(213900)	(261)	(304369)	12762	(282970)	(8632)
	137571	11160	125450	255	184669	12762	162040	9854
2014	141780	12400	128279	254	200626	11577	179680	9350
2015	146066	13068	131788	280	211854	9802	191572	10459

注：2008年客货运输量为公路水路运输量专项调查数据，2013年客货运输量按交通部新统计方法测算,括号内均为原口径数据。
a)Data on passenger and freight Volume in 2008 are calculated on basis of Highway and waterway traffic special investigation,Data on passenger and freight Volume in 2013 are calculated on new statistical methods of Ministry of Communications,and data in the brakfets are original data.

20—3 旅客和货物周转量

Passenger-Kilometers and Freight Ton-Kilometers

年份 Year	旅客周转量(亿人公里) Passenger-Kilometers (100 million passenger-km)	#铁路 Railways	#公路 Highways	#水运 Waterways	货物周转量(亿吨公里) Freight Ton-Kilometers (100 million ton-km)	#铁路 Railways	#公路 Highways	#水运 Waterways
1949	6.46	6.45	0.01		16.53	16.00	0.21	0.32
1952	15.62	15.26	0.36		39.12	36.56	0.88	1.68
1957	33.23	30.85	2.33	0.05	112.68	106.68	3.13	2.87
1962	90.02	82.01	7.98	0.03	131.21	125.02	4.08	2.11
1965	46.46	37.79	8.65	0.02	227.88	219.56	6.07	2.25
1970	80.54	64.74	15.66	0.14	332.55	322.03	8.74	1.78
1975	105.23	82.18	22.90	0.15	390.77	372.64	16.29	1.84
1978	123.22	92.62	30.47	0.13	508.41	484.79	21.57	2.05
1979	140.25	105.73	34.37	0.15	529.00	507.56	19.77	1.67
1980	163.98	122.40	41.35	0.23	547.65	525.31	21.01	1.33
1981	176.99	126.76	49.98	0.25	563.45	537.75	24.45	1.25
1982	195.70	135.60	59.87	0.23	617.77	578.55	37.41	1.81
1983	226.31	155.09	70.96	0.26	674.22	624.37	47.86	1.99
1984	253.11	171.10	81.71	0.30	702.70	643.53	55.88	3.29
1985	323.50	209.77	113.36	0.37	838.22	728.25	105.72	4.25
1986	358.20	228.54	129.34	0.32	881.90	777.12	99.73	5.05
1987	400.06	249.01	150.75	0.30	1020.81	880.94	133.83	6.04
1988	484.77	290.16	194.24	0.37	1079.26	932.37	139.64	7.25
1989	488.56	280.00	208.16	0.40	1157.63	1007.00	142.70	7.93
1990	423.46	229.90	193.10	0.46	1169.44	1001.79	160.66	6.99
1991	459.53	249.52	209.64	0.37	1199.31	1022.17	170.03	7.11
1992	511.40	275.46	235.56	0.38	1302.34	1085.18	209.03	8.13
1993	538.45	295.85	242.15	0.45	1337.03	1099.61	227.37	10.05
1994	566.29	305.35	260.74	0.20	1432.97	1164.43	258.41	9.60
1995	573.85	304.66	262.11	0.24	1538.82	1233.74	295.18	9.32
1996	584.25	285.72	289.65	0.35	1603.52	1263.13	326.16	10.26
1997	620.28	296.80	314.26	0.38	1547.18	1179.62	352.74	10.92
1998	640.16	310.79	320.93	0.21	1452.74	1083.35	355.48	9.93
1999	689.89	339.15	342.56	0.30	1432.08	1058.12	363.56	10.29
2000	740.98	378.80	353.78	0.30	1476.51	1101.74	363.94	10.69
2001	779.93	401.77	369.41	0.32	1573.28	1185.36	375.78	12.01
2002	820.83	421.00	390.00	0.27	1649.22	1234.77	398.87	15.43
2003	822.92	462.10	350.02	0.19	1891.73	1463.20	405.20	23.22
2004	963.09	542.00	395.40	0.45	2107.26	1650.00	422.02	34.93
2005	1000.70	535.43	437.84	0.53	2282.60	1759.77	467.00	55.49
2006	1113.77	586.88	492.72	0.55	2415.89	1810.80	538.76	65.85
2007	1264.10	620.68	601.81	0.78	2729.30	1962.93	681.85	83.95
2008	(1444.29)	667.32	(734.96)	(0.81)	(2969.81)	1985.84	(848.22)	(114.67)
	1517.33		808.32	0.49	5215.84		2995.15	213.77
2009	1645.18	675.48	914.80	0.52	6146.09	1955.36	3927.08	263.05
2010	1840.64	747.20	1031.18	0.60	7141.82	1980.23	4860.63	300.28
2011	2033.68	766.45	1211.28	0.65	8471.07	2120.10	5949.04	401.32
2012	2144.50	779.57	1309.58	0.60	9436.42	2088.97	6863.01	483.90
2013	(2328.12)	853.38	(1417.54)	(0.63)	(10357.41)	2096.81	(7702.95)	(557.19)
	1661.89	853.38	712.39	0.37	7205.05	2096.81	4488.01	618.46
2014	1858.89	895.65	844.86	0.54	7367.09	1926.50	4822.37	615.59
2015	1941.88	910.24	898.08	0.54	7582.38	1666.02	5208.16	705.29

注：2008年客货运输周转量为公路水路运输量专项调查数据，2013年客货周转量按交通部新统计方法测算,括号内为原口径数据。

a)Data on Passenger-Kilometers and Freight Ton-Kilometers in 2008 are calculated on basis of Highway and waterway traffic special investigation,and data in 2013 are calculated on new statistical methods of Ministry of Communications,and data in the brakfets are original data.

20-4 铁路、公路、内河通车通航里程(年底数)
Length of Railways, Highways and Navigable Inland Waterways (Year-end)

单位：公里 (km)

指 标	Item	2000	2005	2010	2013	2014	2015
铁 路	**Length of Railways**	**3354**	**4000**	**4224**	**4822**	**5108**	**5205**
#电气化	Electrified Railways		1309	2109	2125	2132	2291
中央铁路	National Railways	2043	2788	3395	4014	4300	4397
地方铁路	Local Railways	1311	1212	829	808	808	808
公 路	**Length of Highways**	**64453**	**79506**	**245089**	**249831**	**249857**	**250584**
#高级、次高级路面	Senior and Second-senior	46917	63474	165944	183579	184801	188020
#高速公路	Expressways	505	2678	5016	5859	5859	6305
内 河	**Length of Navigable Inland Waterways**	**1104**	**1439**	**1439**	**1439**	**1439**	**1514**

注：铁路通车里程为正线里程；铁路电气化里程为郑州铁路局全局数据。
a) Length of railways refers to trunk lines.Length of electrified railways refers to data of Zhengzhou Railway Administration.

20-5 交通运输工具拥有量(年底数)
Possession of Means of Transportation (Year-end)

指 标	Item	2000	2005	2010	2013	2014	2015
铁路	**Railways**						
国家铁路	National Railways						
内燃机车(台)	Diesel Locomotives(unit)	951	446	297	218	210	220
电力机车(台)	Electric Locomotives(unit)	981	570	837	1204	1043	1053
客车(辆)	Passenger Coaches(unit)	4981	1860	2400	2760	2399	2699
地方铁路	Number of Locomotives						
内燃机车(台)	Diesel Locomotives(unit)	85	106	64	62	53	5
客车(辆)	Passenger Coaches(unit)	80	60	14	14	13	
货车(辆)	Freight Cars(unit)	1476	1219	622	618	492	20
公路	**Highways**						
载货汽车(辆)	Ordinary Trucks(unit)	363723	491669	907504	1207263	1087637	1297191
#重型	Heabvy	212965	136946	307187	398613	249136	426097
中型	Middle			144914	89426	79862	69610
轻型	Light	150758	199410	443372	714257	753972	797052
载客汽车(辆)	Buses and Cars(unit)	456068	988796	3049045	5717116	7507955	8170640
#大型	Large	32771	46187	61940	64452	121643	69068
中型	Middle			80896	44803	101514	38589
小型	Small	423297	672144	2660344	5339141	6981935	7834810
内河	**Inland Rivers**						
机动船(艘)	Motor Vessels (unit)	3314	4687	4916	5088	5166	5202
驳船(艘)	Barges (unit)	418	431	127	108	279	308

注：国家铁路为郑州铁路局数据。由于郑州铁路局调整，2005年以后的数据与以前年份不可比。2015年起，受地方铁路改制影响，地方铁路、交通运输工具拥有量数据仅包含登封铁路公司。
a) Data on national railways are calculated by ZhengZhou Railways Administration. Because of The Change of ZhengZhou Railways Administration, data since 2005 could not be Compared with former Years.Data of Locomotives only refers to DengFeng railway company since 2015.

20-6 各市公路线路里程(2015年底)
Length of Highways by City (End of 2015)

单位：公里 (km)

市(县) City(County)	总计 Total	等级公路 Expressway and Class Ⅰ to Ⅳ Highway	高速 Expressway	一级 First Class	二级 Second Class	三级 Third Class	四级 Four Class
全省 Total	**250584**	**200470**	**6305**	**2113**	**26215**	**19807**	**146029**
省辖市 City							
郑州市 Zhengzhou	10561	9570	438	207	1648	1232	6044
开封市 Kaifeng	7306	5842	374	2	1016	243	4208
洛阳市 Luoyang	18404	13689	500	30	1874	1983	9301
平顶山市 Pingdingshan	10894	10306	328	99	1370	921	7588
安阳市 Anyang	8297	7197	210	149	968	1054	4815
鹤壁市 Hebi	4465	4265	75	52	469	334	3336
新乡市 Xinxiang	11059	9146	231	156	1725	699	6334
焦作市 Jiaozuo	7389	6394	205	105	1664	869	3552
濮阳市 Puyang	6529	6123	193	238	763	647	4281
许昌市 Xuchang	9302	7198	275	131	1250	650	4891
漯河市 Luohe	5253	4322	126	54	542	513	3088
三门峡市 Sanmenxia	9589	7750	312	68	1084	807	5479
南阳市 Nanyang	33968	26378	684	149	2573	2709	20262
商丘市 Shangqiu	19887	14236	379	228	1442	995	11192
信阳市 Xinyang	21826	16071	483	137	1547	1602	12302
周口市 Zhoukou	18907	15447	447	45	1506	957	12492
驻马店市 Zhumadian	17190	12465	366	61	1567	1225	9247
济源市 Jiyuan	2290	2053	96	43	517	435	961
省直管县 Province Administrating County							
巩义市 Gongyi	2149	1913	56	35	167	414	1241
兰考县 Lankao	1680	1536	50	7	188	77	1213
汝州市 Ruzhou	2578	2424	65		393	238	1728
滑县 Huaxian	3551	2981	56		461	94	2368
长垣县 Changyuan	2040	1487	26		297	164	1000
邓州市 Dengzhou	4128	3129	28	45	297	179	2579
永城市 Yongcheng	3252	2363	115		282	265	1701
固始县 Gushi	2965	2870	67		264	249	2290
鹿邑县 Luyi	3028	1945	48	71	131	198	1497
新蔡县 Xincai	2096	1370	71		210	51	1038

20-6 续表 continued

单位：公里 (km)

市(县) City(County)	等外公路 Highway Below Class Ⅳ	有铺装路面里程 paved Highway	沥青混凝土 Bitumen	水泥混凝土 concrete	简易铺装路面里程 Simply Paved Highway	未铺装路面里程 Unpaved Highway
全　　省 Total	**50114**	**146930**	**41508**	**105422**	**41090**	**62564**
省 辖 市 City						
郑　州　市 Zhengzhou	991	7543	3234	4309	2004	1014
开　封　市 Kaifeng	1464	5135	3505	1630	707	1464
洛　阳　市 Luoyang	4715	12302	2495	9807	331	5772
平 顶 山 市 Pingdingshan	587	8457	1312	7145	38	2398
安　阳　市 Anyang	1101	6035	1419	4616	417	1845
鹤　壁　市 Hebi	200	2616	621	1994	1080	769
新　乡　市 Xinxiang	1913	6385	2103	4282	2759	1915
焦　作　市 Jiaozuo	995	5173	1193	3980	1172	1045
濮　阳　市 Puyang	406	4621	1594	3027	1476	432
许　昌　市 Xuchang	2104	4301	1213	3088	2836	2164
漯　河　市 Luohe	931	2636	471	2165	1694	924
三 门 峡 市 Sanmenxia	1839	7216	1855	5361	102	2271
南　阳　市 Nanyang	7591	21308	4305	17003	2080	10581
商　丘　市 Shangqiu	5651	6088	3045	3043	8160	5639
信　阳　市 Xinyang	5755	12311	1572	10739	1323	8192
周　口　市 Zhoukou	3460	6880	2988	3892	8389	3639
驻 马 店 市 Zhumadian	4725	9851	3013	6838	1955	5384
济　源　市 Jiyuan	237	1688	719	969	365	237
省 直 管 县 Province Administrating County						
巩　义　市 Gongyi	235	1787	365	1423	126	235
兰　考　县 Lankao	144	1533	1165	368	4	144
汝　州　市 Ruzhou	154	1881	222	1659		697
滑　　县 Huaxian	570	2768	541	2227	213	570
长　垣　县 Changyuan	553	1037	298	739	450	553
邓　州　市 Dengzhou	999	2498	426	2072	452	1177
永　城　市 Yongcheng	889	1489	358	1131	862	901
固　始　县 Gushi	95	1198	367	832	983	784
鹿　邑　县 Luyi	1083	1119	607	512	817	1092
新　蔡　县 Xincai	726	1075	500	575	295	726

20−7 各种民用车辆拥有量(2015年底)
Possession of Civil Vehicles (End of 2015)

单位：辆 (unit)

指 标	Item	总 计 Total	营 运 Commerial	非营运 Non-commerial	#进口 Imports	#私人 Private-owned	#新注册 Newly-registered	报 废 Abandoned
合 计	**Total**	**21801578**	**1483732**	**16509713**	**255460**	**12992569**	**1639442**	**124772**
汽车	Vehicles	13421339	1177045	12234663	254490	8667600	1544441	104846
载客汽车	Passenger Service Vehicles	8170640	179070	7981939	253677	7513676	1402587	50814
大型	Big-size	69068	53251	10880	411	1376	11474	6891
中型	Medium-size	38589	16099	17796	953	8439	4592	4108
小型	Small-size	7834810	109653	7725157	251616	7292691	1381863	36452
微型	mini	228173	67	228106	697	211170	4658	3363
#轿车	Saloon Cars	8062983	109720	7953263	252313	7503861	1386521	39815
载货汽车	Freight vehicle	1297191	826593	470598	609	830038	126356	50386
重型	Heavy Duty	426097	414853	11244	102	99856	30606	9314
中型	Medium-Duty	69610	63805	5805	10	48698	1913	6983
轻型	Light-Duty	797052	346761	450291	494	677787	93831	30650
微型	Mini	4432	1174	3258	3	3697	6	3439
#普通载货	Cargo Vehicle	801484	347935	453549	497	681484	93837	34089
其他汽车	Others	3953508	171382	3782126	204	323886	15498	3646
#三轮	Tricycle	2486328	83703	2402625		189041	6307	2019
低速货车	Low-speed truck	1414892	80384	1334508		111240	5787	792
电车	Buses							
摩托车	Motorcycle	4389640	116004	4273636	935	4307951	83314	19409
普通	Standard	4357496	115976	4241520	935	4277904	83160	18896
轻便	Light	32144	28	32116		30047	154	513
拖拉机	Tractors	3798502						
#大中型	Large and Medium							
小型	Small							
挂车	Combination Vehicle	191917	190610	1307	35	16991	11677	493
其他类型车	Others	180	73	107		27	10	24

注：1.拖拉机数据来源于农机管理局，其他数据来源于公安厅。
2.全省"营运"、"非营运"、"进口"、"私人"、"新注册"和"报废"车辆分类中不包括"拖拉机"分类数据。

a) Data of Tractor was calculated from the Administration of agricultural machinery,data of cars and other vehicles was calculated from Provincial public security department.

b) In addition to the total, other index data in Penn column does not include the tractor.

20-8 各市民用车辆拥有量(2015年底)

Possession of Civil Vehicles by City (End of 2015)

单位：辆 (unit)

市 City	民用汽车 Civil Vehicles	载客汽车 Buses and Cars	#大型 Large	#轿车 Sedan	载货汽车 Ordinary Trucks	#重型 Heavy	#普通载货 Ordinary Trucks
全　　省 Total	**13421339**	**8170640**	**69068**	**8062983**	**1297191**	**426097**	**801484**
郑　州　市 Zhengzhou	2388887	2192220	17885	2168337	165711	50790	103561
开　封　市 Kaifeng	383712	314252	3262	309158	51564	11372	37309
洛　阳　市 Luoyang	757579	640581	6488	631894	98035	25536	67163
平顶山市 Pingdingshan	451626	368222	3481	362756	62813	17182	40739
安　阳　市 Anyang	524578	450796	2690	446384	57635	25469	30133
鹤　壁　市 Hebi	173056	147484	1419	145399	19598	6609	12054
新　乡　市 Xinxiang	661726	568685	4204	562811	80591	24769	52644
焦　作　市 Jiaozuo	381974	311350	2602	307608	56188	34075	20346
濮　阳　市 Puyang	449251	373786	3275	368702	61857	21400	37231
许　昌　市 Xuchang	441541	369821	2417	365427	59070	19088	35337
漯　河　市 Luohe	209788	170077	1113	167775	32488	12957	17153
三门峡市 Sanmenxia	231118	193191	1417	190601	30108	8639	18928
南　阳　市 Nanyang	664869	519538	4363	511576	112861	29580	77531
商　丘　市 Shangqiu	621601	473299	5962	465047	112800	37183	72121
信　阳　市 Xinyang	375426	276265	2822	270492	59055	9317	45412
周　口　市 Zhoukou	575261	370535	3995	363973	156135	75463	72938
驻马店市 Zhumadian	389248	295421	2578	289816	68698	13085	53035
济　源　市 Jiyuan	121606	106141	660	105310	11984	4519	6657

市 City	其他汽车 Other	#新注册 Newly-registered	摩托车 Motors	挂　车 Trailer	拖拉机 Tractors	机动车驾驶员（万人）Number of Motor Drivers (10 000 Person)	#汽车 Automobile Drivers
全　　省 Total	**3953508**	**1544441**	**4389640**	**191917**	**3798502**	**1997**	**1814**
郑　州　市 Zhengzhou	336351	397708	251560	14376	127130	323	320
开　封　市 Kaifeng	194448	62530	76344	4865	224175	85	83
洛　阳　市 Luoyang	206041	109196	348766	8973	193359	144	129
平顶山市 Pingdingshan	223730	69626	210236	6586	124335	97	86
安　阳　市 Anyang	175444	74823	117837	15204	141757	100	93
鹤　壁　市 Hebi	64910	25895	52761	3182	83678	31	30
新　乡　市 Xinxiang	135275	104060	125791	8801	186545	133	128
焦　作　市 Jiaozuo	156853	55559	132270	25242	61028	83	78
濮　阳　市 Puyang	147857	54519	118695	9540	97357	71	69
许　昌　市 Xuchang	137448	66623	261513	4652	55890	84	77
漯　河　市 Luohe	78481	36132	91453	5459	94453	44	42
三门峡市 Sanmenxia	84957	26725	185807	3893	48989	53	45
南　阳　市 Nanyang	351367	106455	957886	11848	891793	205	161
商　丘　市 Shangqiu	385745	108544	147463	17866	242526	131	122
信　阳　市 Xinyang	435770	67652	519808	2234	217924	107	83
周　口　市 Zhoukou	527963	86436	391112	40854	380271	159	141
驻马店市 Zhumadian	273038	74731	338817	5029	607333	103	82
济　源　市 Jiyuan	37822	15080	43322	3313	19959	22	21

20-9 各市私人车辆拥有量(2015年底)

Possession of Private Vehicles by City (End of 2015)

单位：辆 (unit)

市 City	民用汽车 Civil Vehicles	载客汽车 Buses and Cars	载货汽车 Ordinary Trucks	其他汽车 Other Special Vehicles	摩托车 Motors	#普通 Bicycle Motor
全 省 Total	**8667600**	**7513676**	**830038**	**323886**	**4307951**	**4277904**
郑 州 市 Zhengzhou	2150579	2033167	93534	23878	249062	247025
开 封 市 Kaifeng	344564	290345	37775	16444	75871	74931
洛 阳 市 Luoyang	662756	580126	65501	17129	346386	342369
平 顶 山 市 Pingdingshan	398654	336728	44415	17511	209465	207781
安 阳 市 Anyang	467933	419515	33504	14914	117068	115274
鹤 壁 市 Hebi	156388	135716	15075	5597	52456	50953
新 乡 市 Xinxiang	597893	530245	58876	8772	123636	122394
焦 作 市 Jiaozuo	322388	287096	22168	13124	92423	91474
濮 阳 市 Puyang	405978	353957	40682	11339	118267	117585
许 昌 市 Xuchang	383375	331983	40228	11164	251995	251271
漯 河 市 Luohe	180833	156983	18004	5846	77893	77624
三 门 峡 市 Sanmenxia	204040	177761	19589	6690	185135	182456
南 阳 市 Nanyang	570289	479992	62449	27848	956439	951321
商 丘 市 Shangqiu	553414	442575	76913	33926	146548	145575
信 阳 市 Xinyang	339701	249746	51432	38523	519173	517030
周 口 市 Zhoukou	476855	342062	90625	44168	387047	385980
驻 马 店 市 Zhumadian	340479	269362	50900	20217	337833	336814
济 源 市 Jiyuan	109982	98867	7919	3196	43105	42468

20-10 客货运量及周转量

Passenger and Freight Traffic, Turnover Volume

指标	Item	2005	2010	2011	2012	2013	2014	2015
运输量	**Traffic Volume**							
客运量(万人)	Passenger Traffic(10 000 persons)	98099	167804	193882	208094	225738	141777	146066
铁路	Railways	5842	8399	8952	9628	11160	12400	13068
国家铁路	National Railways	5758	8392	8948	9628	11160	12400	13068
地方铁路	Local Railways	84	7	4				
公路	Highways	91920	158630	184213	197785	213900	128279	131788
水运	Waterways	97	255	268	250	261	254	280
货运量(万吨)	Freight Traffic(10 000 tons)	78827	202470	240965	272240	304369	200628	211854
#铁路	Railways	14806	14224	14312	12779	12762	11577	9802
国家铁路	National Railways	12697	13292	13292	11772	11685	10540	9482
地方铁路	Local Railways	2109	931	1020	1007	1077	1037	321
公路	Highways	62684	183291	220122	251772	282970	179680	191572
水运	Waterways	1334	4950	6527	7685	8631	9350	10459
周转量	**Turnover Volume**							
旅客周转量(百万人公里)	Passenger-Kilometers (million person-km)	100070	184064	203368	214450	232812	185889	194188
铁路	Railways	53543	74720	76645	77957	85337	89565	91024
国家铁路	National Railways	53468	74715	76643	77957	85337	89565	91024
地方铁路	Local Railways	75	5	3				
公路	Highways	43784	103118	121128	130958	141754	84486	89808
水运	Waterways	53	60	65	60	63	54	54
货物周转量(百万吨公里)	Freight Ton-Kilometers (million ton-km)	228260	714182	847107	943642	1035741	736709	758238
铁路	Railways	175977	198023	212010	208897	209681	192650	166602
国家铁路	National Railways	173606	197118	210941	207904	208607	191593	166447
地方铁路	Local Railways	2371	905	1069	992	1074	1057	156
公路	Highways	46700	486063	594904	686301	770295	482237	520816
水运	Waterways	5549	30028	40132	48390	55719	61559	70529

注：2009年3月起国家铁路运输量包含漯阜公司，地方铁路数据不包括漯阜公司;2015年起，受地方铁路改制影响，地方铁路数据仅包含登封铁路公司。

a) Data of LuoFu company was adjusted from local railways to national railways since March 2009.Data of Locomotives only refers to DengFeng railway company since 2015.

20−11 各市公路客货运输量(2015年)

Passenger and Freight Traffic of Highway by City (2015)

市(县) City(County)	客运量(万人) Passenger Traffic (10 000 persons)	旅客周转量(亿人公里) Passenger-Kilometers (100 million person-km)	货运量(万吨) Freight Traffic (10 000 tons)	货物周转量(亿吨公里) Freight Ton-Kilometers (100 million ton-km)
全　省 Total	**131788**	**898**	**191572**	**5208**
省辖市 City				
郑州市 Zhengzhou	11180	74	18818	313
开封市 Kaifeng	3150	26	2213	85
洛阳市 Luoyang	12855	85	17524	439
平顶山市 Pingdingshan	10472	45	8437	195
安阳市 Anyang	3013	25	11461	418
鹤壁市 Hebi	1398	6	5434	111
新乡市 Xinxiang	4272	23	16299	325
焦作市 Jiaozuo	4082	16	15566	457
濮阳市 Puyang	4294	33	3365	161
许昌市 Xuchang	2801	17	6438	205
漯河市 Luohe	2240	19	5762	115
三门峡市 Sanmenxia	3230	16	4463	150
南阳市 Nanyang	11385	97	15150	536
商丘市 Shangqiu	9007	83	12451	346
信阳市 Xinyang	9215	90	5593	49
周口市 Zhoukou	7110	65	14121	580
驻马店市 Zhumadian	17350	78	8737	149
济源市 Jiyuan	917	7	4105	110
省直管县 Province Administrating County				
巩义市 Gongyi	2734	6	2995	57
兰考县 Lankao	773	7	549	22
汝州市 Ruzhou	1170	4	1268	32
滑县 Huaxian	771	8	738	32
长垣县 Changyuan	1697	8	358	7
邓州市 Dengzhou	1955	15	2615	107
永城市 Yongcheng	2152	16	3549	107
固始县 Gushi	431	13	1130	10
鹿邑县 Luyi	413	5	1720	79
新蔡县 Xincai	1722	11	716	11

20-12 铁路主要站客货发送量(2015年)
Number of Passengers and Volume of Freight Dispatched from Principal Railway Stations (2015)

车站名称	Name	旅客发送量(万人) Number of Passengers Dispatched (10 000 persons)	车站名称	Name	货物发送量(万吨) Volume of Freight Dispatched (10 000 tons)
郑州	Zhengzhou	3543.05	圃田西	Western putian	91.84
郑州东	Eastern zhengzhou	957.74	郑州北	Northern zhengzhou	38.85
巩义	Gongyi	92.54	新密	Xinmi	127.57
开封	Kaifeng	375.13	上街	Shangjie	161.68
兰考	Lankao	134.59	新郑	Xinzheng	251.61
洛阳	Luoyang	652.17	开封	Kaifeng	142.88
洛阳龙门	Luoyang Longmen	304.40	洛阳东	Eastern luoyang	73.53
偃师	Yanshi	53.87	巩义	Gongyi	79.26
安阳	Anyang	330.82	平顶山西	Western pingdingshan	190.09
新乡	Xinxiang	458.20	安阳	Anyang	51.56
焦作	Jiaozuo	158.32	鹤壁北	Northern hebi	169.28
许昌	Xuchang	203.11	新乡	Xinxiang	100.06
三门峡	Sanmenxia	133.07	焦作北	Northern jiaozuo	72.85
三门峡南	Southern sanmenxia	111.94	许昌	Xuchang	29.30
灵宝	Lingbao	82.56	三门峡	Sanmenxia	193.11
南阳	Nanyang	318.32	三门峡西	Western sanmenxia	56.01
商丘	Shangqiu	575.14	南阳	Nanyang	18.38
商丘南	Southern shangqiu	145.15	商丘	Shangqiu	60.31
民权	Minquan	158.14	商丘北	Northern shangqiu	29.51
			济源	Jiyuan	91.97

注：本表为郑州铁路局辖区内主要站数据。
a)Stations in this table are main Principal in popedom of zhengzhou Railways Administration.

20−13 铁路、公路分货类运输量(2015年)

Freight Traffic of Railway and Highway by Category (2015)

货类	Type of Freight	铁路 Railways 运输量(万吨) Traffic Volume (10 000 tons)	铁路 Railways 货物周转量(万吨公里) Freight Ton-Kilometers (10 000 ton-km)
煤	Coal	20408	6181923
石油	Petroleum	1798	435468
焦炭	Coke	2662	843477
金属矿石	Metal Ores	5460	1518510
钢铁及有色金属	Steel and Iron,	3347	1226277
非金属矿石	Nonmetal Ores	610	158236
磷矿石	Phosphorus Ores	145	58713
矿建材料	Mineral Building Materials	518	166039
水泥	Cement	9	3107
木材	Timber	186	66060
粮食	Grain	2385	802806
棉花	Cotton	164	75642
化肥和农药	Chemical Fertilizers and Pesticides	2691	972060
盐	Salt	40	13197
化工品	Chemical Products	1565	631889
工业机械	Industry Machinery	237	94570
电子电气	Electronic and Electric	12	4349
金属制品	Metal Products	114	47312
农业机具	Agriculture Implements	0	10
鲜活易腐货物	Fresh, Live and Perishable Goods	36	13410
农副土特产品	Agriculture Products	112	29932
饮食烟草	Diet and Tobaccos	390	131283
纺织品	Textile Products	30	10839
文教用品	Cultural and Educational Products	116	49338
医药品	Medicine Products	17	5851
零担	Fragmentary Freight	370	135398
集装箱	Container	2996	1309628

货类	Type of Freight	公路 Highways 运输量(万吨) Traffic Volume (10 000 tons)	公路 Highways 货物周转量(万吨公里) Freight Ton-Kilometers (10 000 ton-km)
煤炭	Coal and coke	4225	1915764
石油	Petroleum	1716	586095
金属矿石	Metal Ores	1492	441458
钢铁	Steel and Iron	3182	1162110
矿建材料	Mineral Building Materials	3299	974333
水泥	Cement	2887	984665
木材	Timber	1510	547496
非金属矿石	Nonmetal Ores	1624	412402
化肥及农药	Chemical Fertilizers and Pesticides	1686	373947
盐	Salt	1933	488887
粮食	Grain	5382	1806543
机械、设备、电器	Machinery, Equipment and Electrical Appliances	3774	1965447
化工原料及制品	Chemical Raw Materials and Chemical Finished Products	1724	857996
有色金属	Nonferrous Metals	1731	198631
轻工、医药产品	Light Industry and Medicine Products	2514	1046233
农林牧渔业产品	Agriculture, Forestry, Animal Husbandry and Fishery Products	2425	1184934

注：铁路为郑州铁路局全局数，公路为交通系统数。

a)Freight Traffic of railway refers to data of Zhengzhou Railways Administration, highway refers to data of transportation department.

20-14 铁路运输主要技术经济指标

Major Economic and Technical Indicators of Railway Transport

指　　标	Item	2010	2011	2012	2013	2014	2015
货运机车日产量 （万吨公里）	Average Daily Ton-kilometers of Freight Locomotives (10 000 ton-kms)	133	129	121	121	120	115
内燃机车	Diesel Locomotives	125	34	31	29	24	20
电力机车	Electric Locomotives	135	134	125	125	124	118
货运机车平均牵引总重量 （吨）	Average Total Tonnage of Freight Locomotives (ton)	3667	3663	3723	3697	3584	3460
内燃机车	Diesel Locomotives	3634	2662	2646	2485	2150	1873
电力机车	Electric Locomotives	3674	3681	3740	3713	3600	3475
客运机车日车公里 （公里）	Daily Distance per Passenger Locomotive (km)	823	858	835	761	790	814
货运机车日车公里 （公里）	Daily Distance per Freight Locomotive (km)	443	467	448	446	459	448
内燃机车万吨公里耗油（公斤）	Oil Consumption of Diesel Locomotive Per 10 000 tons.km (kg)	23.0	60.6	79.9	111.2	124.7	129.9
电力机车万吨公里耗电 （千瓦小时）	Electricity Consumption of Electric Locomotive Per 10 000 tons.km (kwh)	107.4	98.5	100.2	105.2	105.6	107.1
旅客列车技术速度 （公里/小时）	Technical Speed of Passenger Trains (km/hr)	85.6	87.9	86.2	84.5	86.3	88.4
旅客列车旅行速度 （公里/小时）	Traveling Speed of Passenger Trains (km/hr)	73.9	76.2	75.3	73.8	75.2	77.1
货物列车技术速度 （公里/小时）	Technical Speed of Freight Trains (km/hr)	46.5	47.3	46.2	46.2	48.1	48.9
货物列车旅行速度 （公里/小时）	Running Speed of Freight Trains (km/hr)	33.6	34.2	31.9	29.8	33.7	33.7
货物列车运行正点率 （%）	Punctuality Rate of Freight Trains in Running (%)	85.9	92.2	91.9	93.8	94.4	93.8
货物列车出发正点率 （%）	Punctuality Rate of Freight Trains at Departure (%)	88.0	92.4	92.3	93.8	94.0	93.5
货车周转时间 （天）	Trunning Around Time of Freight Cars (day)	1.6	1.6	1.8	1.8	1.8	1.8
货车一次作业时间 （小时）	Handling Time of Freight Cars (hour)	24.5	25.7	27.0	28.1	28.6	29.5
货车中转停留时间 （小时）	Transfer Waiting Time Per Freight Car (hour)	4.2	4.4	4.8	5.0	4.7	4.9

注：本表数据来源于郑州铁路局。
a)Data in this chapter are calculated by ZhengZhou Railways Administration.

20－15 民航基本情况

Main Indicators of Civil Aviation

指　　标	Item	2012	2013	2014	2015
航线条数(条)	Number of Civil Aviation Routes(unit)	69	51	62	61
#国际	International Routes	2	3	6	11
国内	Domestic Routes	65	46	53	47
地区	Regional Routes	2	2	3	3
航线里程(公里)	Length of Civil Aviation Routs(km)	223578	205253	212190	202462
#国际	International Routes	12326	14078	33099	39764
国内	Domestic Routes	203960	183883	165491	152148
地区	Regional Routes	7292	7292	13601	10550
飞行架次	Number of Flight	37363	38109	39665	41782
#国际	International Routes	916	1279	2036	2786
国内	Domestic Routes	35277	35746	36133	37345
地区	Regional Routes	1170	1084	1496	1651
民用机场数(个)	Number of Civil Airports (unit)	3	3	3	3
#可降737以上机型	Airports Serving Boeing 737 and above	3	3	3	3
民用飞机架数(架)	Number of Civil Aircraft (unit)	20	23	24	26
通航国家和地区(个)	Navigable Country or Region (unit)	4	4	4	5
#通航城市	Navigable City	4	4	4	10
客货吞吐量	Passenger and Cargo throughput				
旅客吞吐量(万人)	Passenger throughput (10 000persons)	1268.87	1412.86	1693.64	1860.69
货邮吞吐量(万吨)	Cargo throughput(10 000tons)	15.31	25.79	37.31	40.58

注：民用机场数和客货吞吐量为全省数据，其他指标数据为中国南方航空股份有限公司河南分公司数据。

a)Data of Civil Airports and Passenger and Cargo throughput refer to the whole province,and other data come from China southern airlines co., LTD., henan branch.

20－16 邮政行业基本情况及邮政水平(年底数)

Basic Conditions and Level of Post Services (Year-end)

指　　标	Item	2012	2013	2014	2015
局所网络	Offices and Network				
邮政局所(处)	Number of Post Offices(unit)	2531	2507	2596	2595
邮路总长度(公里)	Length of Postal Routes(km)	63846	65935	74663	74234
#汽车邮路总长度	Length of Postal Routes and Rural	55415	57504	70472	70167
铁路邮路总长度	Delivery Routes	7621	7621	3508	3508
农村投递线路总长度(公里)	Rural Delivery Routes(km)	197726	198258	199992	194476
邮政行业业务总量(万元)	Business Volume of Post (10 000 yuan)	691594	924593	1165358	1637756
函件(万件)	Number of Letters (10 000 pcs)	17517	17570	15828	12011
包裹(万件)	Number of Parcels (10 000 pcs)	284	295	264	198
快递(万件)	Pieces of Express Mail Services (10 000 pcs)	12503	19444	29484	51450
报刊期发数(万份)	Newspapers and Magazines Circulation (10 000 copies)	1010	951	1029	980
集邮业务(万枚)	Philately (10 000 units)	7595	6138	5338	6766
邮政水平	Level of Post Services				
平均每一邮电局所服务面积(平方公里)	Average Area Served Every Post Office (sq.km)	66	67	64	64
平均每一邮电局所服务人口(万人)	Average People Served by Every Post Office (10 000 persons)	4.1	3.8	3.6	3.6
平均每人发函件数(件)	Average Number of Letters Mailed per Capita (piece)	1.7	1.9	1.7	1.2
平均每百人订有报刊数(份)	Average Number of Newspaper and Magazine Subscribed per 100 Persons (piece)	9.6	10.1	10.9	10.4

注：1.括号内为上个时期不变价数据。

2.2010年起快递为全社会快递业务量；邮政业务总量也做同口径调整。

a)Data of Business Volume of Post and Telecommunications in brackets is last year constant price.

b)Data of pieces of express mail refer the whole social sine 2010.

20-17 邮电通信行业基本情况

年份 Year	邮电业务总量 (万元) Business Volume of Post and Telecommunications (10 000 yuan)	#邮政行业业务总量 Business Volume of Post	函件 (万件) Number of Letters (10 000 pcs)	包裹 (万件) Number of Parcels (10 000 pcs)	快递 (万件) Pieces of Express Mail Services (10 000 pcs)	订销报刊期发数 (万份) Magazine Subscriptions (10 000 pcs)
1978	(5450)7120		11629			
1979	7540		12783			
1980	8062		14230			
1981	8390		14823			
1982	8666		14726			
1983	9024		15144			
1984	9647		16974			
1985	11057		20304			
1986	11977		21055			
1987	14675		24020			
1988	19182		25368			
1989	22805		23345			
1990	(27872)48983		22032			
1991	59324		17335			
1992	80685		17795			
1993	122245		20260			
1994	188902		21963			
1995	302583		21958	648		
1996	461609		22470	648	225	
1997	643107		19164	489	173	
1998	1035556		18799	489	197	
1999	1384139		19452	509	296	
2000	(1869359)1300586	117999	21408	499	423	
2001	1740235	210508	29260	492	539	
2002	2201977	236549	29532	482	761	
2003	3035707	264200	35938	486	945	880
2004	4359263	282726	26470	433	1105	768
2005	5565060	318093	24471	415	1163	686
2006	7214687	365236	23030	405	1136	707
2007	9331635	412016	21515	367	1248	759
2008	11241309	470421	22147	315	1497	846
2009	12968686	548800	19786	271	1788	809
2010	(15077061)5359762	703421(897962)	24704	253	(1793)5765	803
2011	5958822	627996	32396	264	8378	1062
2012	6613588	691594	17516	283	12503	1010
2013	7949251	924593	17570	295	19444	951
2014	10110624	1165358	15828	264	29484	1029
2015	13172754	1637756	12011	198	51450	980

注：1.邮电业务总量2010年以来为2010年不变价，2000-2009年按2000年不变价格计算，1990-1999年按1990年不变价格计算，1978-1989年按1980年不变价格计算。括号内为上个时期不变价数据。
2.2007年起，局用交换机容量包含接入网设备容量。
3.2010年起快递为全社会快递业务量，括号内为原口径数据。
4.2010年起，国际互联网用户含手机上网用户。

Basic Conditions of Post and Telecommunications

集邮业务（万枚） Stamps for Collection (10 000 units)	固定电话用户（万户） Subscribers of Local Telephone (10 000 subscribers)	移动电话用户（万户） Subscribers of Mobile Telephone (10 000 subscribers)	本地电话局用交换机容量（万门） Capacity of Local Telephone Exchanges (10 000 line)	长途光缆线路长度（公里） Length of Optical Cable Lines (km)	电话普及率（含移动）（部/百人） Populariza-tion Rate of Telephone (sets/100 persons)	国际互联网用户（万户） Number of Subscribers of Internet Services (10 000 subscribers)
	12.05		21.15		0.17	
	12.40		22.01		0.17	
	12.96		22.58		0.18	
	13.12		22.92		0.18	
	13.37		23.77		0.18	
	13.25		24.45		0.17	
	14.33		25.23		0.19	
	15.67		26.91		0.20	
	16.75		27.39		0.21	
	14.00		29.47		0.17	
	16.10		32.50		0.20	
	18.92		35.31		0.23	
	22.76		40.79		0.27	
	27.31		54.45		0.31	
	36.65		66.04		0.42	
	55.70		103.31		0.63	
	89.31		171.76		0.99	
	135.74		238.36		1.50	
	205.71	23.87	349.34		2.51	
2295	292.55	48.02	479.17		3.70	
1045	442.76	118.64	723.20		6.05	
13581	773.51	173.04	837.21		8.68	
13614	912.10	310.30	969.87		12.95	67.52
12352	1096.09	503.03	1049.71	18029	16.79	185.66
10441	1180.31	531.00	1095.47	20658	17.86	208.42
9159	1370.86	1072.57	1159.70	26650	25.72	245.81
10500	1625.03	1392.31	1296.62	32644	31.14	269.17
8769	1863.48	1814.81	1349.56	33093	37.90	274.28
7038	2027.50	2351.20	1376.00	33536	44.90	326.87
6883	1940.47	2914.54	2548.50	34927	49.50	403.26
7100	1562.44	3498.89	2382.21	35718	51.20	494.38
6064	1463.89	4016.84	2304.06	36127	55.10	625.49
8158	1432.00	4449.72	1996.00	36446	59.00	3043.42
7090	1340.39	5061.69	1855.45	30519	68.07	3857.20
7585	1288.90	5787.70	1804.26	30271	75.38	5098.00
6138	1224.38	7200.22	1843.36	30296	89.60	5657.14
5338	1143.04	7712.93	1298.35	31430	94.10	5672.06
6766	1009.66	7975.06	1043.95	33578	95.22	6626.93

a)The business volume of post and telecommunications services since 2000 are calculated at 2000 constant prices.1990~1999 are calculated at 1990constant prices.1978~1989 are calculated at 1980 constant prices.Data in bracket are calculated at last period constant prices .

b) Data on capacity of local telephone exchanges include network equipment since 2007.

c)Data of pieces of express mail refer the whole social sine 2010, data in the brakfets are original data.

d)Data on Subscribers of Internet Services include Mobile Internet since 2010.

20-18 通信行业基本情况及通信水平(年底数)

Basic Conditions and Level of Post Services (Year-end)

指　　标	Item	2013	2014	2015
通信网络	**Network of Telecommunication**			
电信业务总量(万元)	Business Volume of Telecommunication Services (10 000 yuan)	7024658	8945199	11534998
长途电话业务电路(2M)	Long-distance Call Lines(2M line)	4554119	6924553	7066311
固定长途电话通话时长(万分钟)	Time of Long-distance Calls (10 000 minutes)	177532	127457	100490
移动电话用户期末数(万户)	Number of Mobile Telephones Subscribers at Year-end (10 000 subscribers)	7200	7713	7975
固定电话用户(万户)	Number of Local Telephone Subscribers of at Year-end (10 000 subscribers)	1224	1143	1010
#城市	Number of Urban Telephone Subscribers	754	737	678
住宅电话用户(万户)	Number of Residential Telephone Subscribers (10 000 subscribers)	750.60	693.30	556.11
#城市	Number of Urban Telephone Subscribers	367.62	355.74	330.11
公用电话(万户)	Number of Public Telephone (10 000 Subscribers)	118.08	113.52	92.34
国际互联网用户(万户)	Number of Subscribers of Internet Service (10 000 Subscribers)	5657.14	5672.06	6626.93
电信主要通信能力	**Major Capacity of Telecommunication Services**			
固定长途电话交换机容量(路端)	Capacity of Long-distance Call Exchanges(unit)	1446394	1337449	328980
局用电话交换机容量(万门)	Capacity of Office switching Telephone Machine(10 000 units)	1843	1298	1044
移动电话交换机容量(万户)	Capacity of Mobile Telephone Exchanges(10 000 subscribers)	8968	11097	11713
长途光缆线路长度(公里)	Length of Optical Cable Lines(km)	30296	31430	33578
通信水平	**Level of Telecommunication**			
固定电话普及率(部/百人)	Popularization Rate of Telephone (sets/100 persons)	13.0	12.1	10.7
移动电话普及率(部/百人)	Popularization Rate of Mobile Telephone (sets/100 persons)	76.5	82.0	84.5
平均每千人拥有公用电话数(部)	Per 1 000 Persons Public Telephone(set)	12.6	12.1	9.8
已通固定电话的乡(镇)比重(%)	Percentage of Townships with Telephone(%)	100	100	100
移动电话(GSM)网络覆盖县(市)	Number of County(city) Covered by GSM (unit)	109	109	109
移动电话(CDMA)网络覆盖县(市)	Number of County(city) Covered by CDMA (unit)	109	109	109
移动电话漫游国家和地区(个)	Number of country (Territory) Roamed through Mobile Telephone(unit)	245	245	245
数据通信网覆盖地(市)	Number of Region(city) Covered by Data Traffic (unit)	18	18	18

注：从2012年起，长途电话业务电路包含固定电话网、移动电话网和各类数据通信网内为疏通长话业务开放使用的长途电路。
a)since 2012,Long-distance Call Lines include Local Telephone,Mobile Telephones and other Communication network.

20-19 各市邮政网和业务量(2015年)

Network and Business Volume of Post by City (2015)

市(县) City(County)	邮政局所 (处) Number of Post Offices (unit)	邮路总长度 (公里) Length of Postal Routes (km)	农村投递线路总长度 (公里) Rural Delivery Routes (km)	邮政行业业务总量 (亿元) Business Volume of Post	函件 (万件) Number of Letters (10 000 pcs)	包裹 (万件) Number of Parcels (10 000 pcs)	特快专递 (万件) EMS (10 000 pcs)	订销报刊期发数 (万份) Magazine Subscriptions (10 000 pcs)	集邮业务 (万枚) Stamps for Collection (10 000 units)
全省 Total	**2595**	**74234**	**194476**	**163.78**	**12010.54**	**198.22**	**788**	**980**	**6766**
省辖市 City									
郑州市 Zhengzhou	247	7423	16991	63.71	4750.28	56.27	219	95	1090
开封市 Kaifeng	116	2009	8928	4.57	853.97	5.64	27	41	290
洛阳市 Luoyang	190	4457.5	12098	10.31	452.89	23.86	73	68	669
平顶山市 Pingdingshan	132	1968	8463	3.59	618.85	3.77	15	44	381
安阳市 Anyang	118	2600	10408.5	6.62	754.79	9.37	33	50	471
鹤壁市 Hebi	31	440	2684	1.59	149.20	1.57	16	19	153
新乡市 Xinxiang	171	3002	13573	8.16	360.69	16.29	56	92	463
焦作市 Jiaozuo	112	1171.5	7932	5.34	257.07	5.02	38	56	503
濮阳市 Puyang	99	1475.5	5888	3.80	252.99	8.31	32	34	309
许昌市 Xuchang	104	1516	7745	4.98	231.08	16.29	22	46	274
漯河市 Luohe	59	723	3862	4.03	670.04	2.70	14	21	151
三门峡市 Sanmenxia	84	1775	7338	2.19	192.20	3.47	12	33	314
南阳市 Nanyang	272	5484	27538	11.06	774.90	11.65	55	114	453
商丘市 Shangqiu	209	3940	13810	9.56	719.24	10.38	45	47	267
信阳市 Xinyang	225	5571	15538	6.91	203.27	5.33	77	49	278
周口市 Zhoukou	200	3335	16536	8.47	227.02	8.42	25	103	245
驻马店市 Zhumadian	201	4040	12711	7.94	453.52	8.26	23	55	381
济源市 Jiyuan	25	465	2433	0.94	88.54	1.62	6	12	73

注：本表全省合计包括郑州邮区中心局数据。特快专递指邮政企业代办的EMS业务量。

a)Data of Total include Data of Center situation in zhengzhou postal district.EMS only refers to postal.

20-20 各市电信网和业务量(2015年)

市 City	固定长途电话交换机容量(路端) Capacity of Long-distance Telephone Exchanges (unit)	局用电话交换机容量(万门) Capacity of Office Telephone Exchanges (10 000 lines)	移动电话交换机容量(万户) Capacity of Mobile Telephone Exchanges (10 000 subscribers)	电信业务总量(亿元) Business Volume of Telecommunications (100 million yuan)	固定长途电话通话时长(万分钟) Time of Long-distance Calls (10 000 minutes)
全 省 Total	**328980**	**1044**	**11713**	**1153.50**	**100490**
郑 州 市 Zhengzhou	165276	199	2410	234.06	34745
开 封 市 Kaifeng	12150	43	392	49.14	5077
洛 阳 市 Luoyang	14995	132	1109	96.40	6947
平 顶 山 市 Pingdingshan	13035	43	502	54.16	3643
安 阳 市 Anyang	9556	41	508	64.87	4925
鹤 壁 市 Hebi	4723	12	120	18.63	2026
新 乡 市 Xinxiang	10913	97	788	76.51	7867
焦 作 市 Jiaozuo	6905	55	545	46.03	4116
濮 阳 市 Puyang	7884	28	313	41.94	3976
许 昌 市 Xuchang	9571	43	592	45.81	3917
漯 河 市 Luohe	7426	28	196	29.09	1899
三 门 峡 市 Sanmenxia	5356	23	285	27.77	1550
南 阳 市 Nanyang	15729	63	927	84.72	4219
商 丘 市 Shangqiu	11395	67	722	73.15	3964
信 阳 市 Xinyang	14125	49	522	59.04	4387
周 口 市 Zhoukou	5739	55	1048	80.27	3460
驻 马 店 市 Zhumadian	14204	53	670	62.63	2898
济 源 市 Jiyuan		13	65	9.30	877

Network of Telecommunications and Business Volume by City (2015)

移动电话通话时长(万分钟) Time of Mobiles (10 000 minutes)	移动电话用户(万户) Number of Mobile Telephones Subscribers (10 000 subscribers)	移动短信业务量(亿条) Mobile SMS business (100 million piece)	固定电话用户(万户) Number of Local Telephone Subscribers at Year-end (10 000 subscribers)	#城市电话用户 Number of Urban Telephone Subscribers	住宅电话用户(万户) Number of Household Telephone Subscribers (10 000 subscribers)	公用电话(万户) Number of Public Telephone (10 000 subscribers)	国际互联网用户(万户) Number of Subscribers of Internet Services (10 000 subscribers)
32889453	**7975.06**	**212.02**	**1009.66**	**677.61**	**556.11**	**92.34**	**6626.93**
6304651	1320.73	48.56	211.64	142.04	116.57	19.36	1161.12
1405640	359.61	8.43	39.06	26.21	21.51	3.57	299.21
2589042	593.73	18.96	108.25	72.65	59.62	9.90	519.28
1500586	381.89	11.31	43.16	28.97	23.77	3.95	336.85
1844414	466.85	10.60	65.25	43.79	35.94	5.97	391.59
540318	136.11	3.21	16.97	11.39	9.35	1.55	112.30
2176467	505.33	13.98	82.28	55.22	45.32	7.52	463.68
1396775	299.77	8.56	43.33	29.08	23.87	3.96	276.27
1286746	300.63	6.67	28.11	18.87	15.48	2.57	243.59
1345484	353.17	9.43	49.33	33.11	27.17	4.51	299.41
776639	192.24	4.42	23.83	15.99	13.12	2.18	167.09
842342	191.55	6.01	22.56	15.14	12.43	2.06	172.89
2597719	664.50	15.20	73.34	49.22	40.39	6.71	535.12
2331166	591.12	11.50	60.39	40.53	33.26	5.52	440.40
1575411	412.40	11.02	47.06	31.58	25.92	4.30	339.65
2233955	567.85	11.71	46.66	31.32	25.70	4.27	427.94
1815826	473.20	10.88	39.42	26.46	21.71	3.61	384.15
326273	70.58	1.58	9.01	6.04	4.96	0.82	58.70

主要统计指标解释

铁路营业里程 又称营业长度（包括正式营业和临时营业里程），指办理客货运输业务的铁路正线总长度。凡是全线或部分建成双线及以上的线路，以第一线的实际长度计算；复线、站线、段管线、岔线和特殊用途线以及不计算运费的联络线都不计算营业里程。铁路营业里程是反映铁路运输业基础设施发展水平的重要指标，也是计算客货周转量、运输密度和机车车辆运用效率等指标的基础资料。

铁路电气化里程 指具备了电力机车牵引条件，并已交付运营的线路里程。

公路里程 指在一定时期内实际达到《公路工程技术标准JTG B01-2003》规定的技术等级的公路，并经公路主管部门正式验收交付使用的公路里程数。包括大、中城市的郊区公路，以及公路通过小城镇（指县城、集镇）街道的公路里程和公路桥梁长度、隧道长度、渡口的宽度以及分期修建的公路已验收交付使用的里程，不包括大中城市的街道、厂矿、林区生产用道和农业生产用道的里程。两条或多条公路共同经由同一路段，只计算一次，不得重复计算里程长度。按公路技术等级分为等级公路和等外公路，其中等级公路分为高速公路、一级公路、二级公路、三级公路和四级公路。该指标可以反映公路建设的发展规模，也是计算运输网密度等指标的基础资料。

内河航道里程 指在一定时期内，能通航运输船舶及排筏的天然河流、湖泊水库、运河及通航渠道的长度。包括全年季节性通航累计三个月以上的航道，不包括仅供零散流放竹、木排的河道。两省以河为界的航道里程，双方均按一半计算，以免重复。该指标可以反映内河水运网的规模、水平和发展情况。

民用航空航线里程 指统计期间内全部民用航空航线的航线总长度。航线长度指民用航空航线的计费距离。计算航线里程可按重复和不重复两种方法，前者是指各航线长度相加的总和；后者则要扣除各航线之间相同航段重复计算的部分。

货（客）运量 指在一定时期内，各种运输工具实际运送的货物（旅客）数量。它是反映运输业为国民经济和人民生活服务的数量指标，也是制定和检查运输生产计划、研究运输发展规模和速度的重要指标。货运按吨计算，客运按人计算。货物不论运输距离长短、货物类别，均按实际重量统计。旅客不论行程远近或票价多少，均按一人一次客运量统计；半价票、小孩票也按一人统计。

货物（旅客）周转量 指在一定时期内，由各种运输工具运送的货物（旅客）数量与其相应运输距离的乘积之总和。它是反映运输业生产总成果的重要指标，也是编制和检查运输生产计划，计算运输效率、劳动生产率以及核算运输单位成本的主要基础资料。计算货物周转量通常按发出站与到达站之间的最短距离，也就是计费距离计算。计算公式为：

货物（旅客）周转量＝Σ货物（旅客）运输量×运输距离

民用汽车拥有量 指报告期末，在公安交通管理部门按照《机动车注册登记工作规范》，已注册登记领有民用车辆牌照的全部汽车数量。汽车拥有量统计的主要分类：根据汽车结构分为载客汽车、载货汽车以及其他汽车；根据汽车所有者的不同分为个人（私人）汽车、单位汽车；根据汽车的使用性质分为营运汽车、非营运汽车和特种汽车；根据汽车大小规格不同载客汽车分为大型、中型、小型和微型，载客汽车分为重型、中型、轻型和微型。

电信 指利用有线、无线的电磁系统或者光电系统，传送、发射或者接受语音、文字、数据图像以及其他任何形式信息的活动。主要包括固定电信服务、移动电信服务和其他电信服务。

移动电话用户 指通过移动电话交换机进入移动电话网、占用移动电话号码的电话用户。用户数量以报告期末在移动电话营业部门实际办理登记手续进入移动电话网的户数进行计算，一部移动电话统计为一户。

互联网上网人数 指平均每周使用互联网 6 周岁以上中国公民人数。

固定电话用户 指在电信运营企业营业网点办理开户登记手续并已接入固定电话网上的全部电话用户。包括普通电话用户、公用电话用户、窄带综合业务数字网（N—ISDN）用户、智能网专用接入终端用户等。按行政区划分为城市电话用户和农村电话用户。

城市电话用户 指直辖市、省辖市、地级市、县级市的市区、市郊区及县城(包括县人民政府所在地的县城关区或行政建制相当于县人民政府所在地的镇)范围内接入局用交换机的电话用户数，包括分布在农村地区的独立工矿区、林区、驻军等接入局用交换机的电话用户数。

农村电话用户 指县城关区以下的集镇和农村接入局用交换机的电话用户数。

住宅电话用户 指安装在居民住宅或农民家里并按照住宅电话用户登记注册和收费的各类电话用户。包括私人付费、单位付费和按规定免费安装的住宅电话用户。

固定长途电话交换机容量 指用于接入长途电话网的电话交换机的设备额定容量，包括国际电话交换机容量。

局用交换机容量 指安装在本地电信运营商内用于接续本地固定电话的电话交换机容量，有倍增设备按倍增后的数量计数。包括现用和备用的人工或自动交换机的全部容量。

移动电话交换机容量 指移动电话交换机根据一定话务模型和交换机处理能力计算出来的最大同时服务用户的数量。

Explanatory Notes on Main Statistical Indicators

Length of Railways in Operation refers to the total length of the trunk line under passenger and freight transportation (including both full operation and temporary operation). The calculation is based on the actual length of the first line even if this line has a full or partial double track or more tracks, excluding double tracks, station sidings, tracks under the charge of stations, branch lines, special-purpose lines and the non-payable connecting lines. The length of railways in operation is an important indicator to show the development of the infrastructure for the railway transport, and also the essential data to calculate volume of passenger freight transport, traffic density and utilization efficiency of the locomotives and carriages.

Length of Electrified Railways refers to the length of the section of railways in operation in which the power supply lines and other equipment are installed for the running of electrified locomotives. The proportion of the length of electrified railways to the total length of railways in operation is an important indicator to show the modernization of railways.

Length of Highways refers to the length of highways which are built in conformity with the grades specified by the highway engineering standard formulated by the Ministry of Communications, and have been formally checked and accepted by the departments of highways and put into use. The length of highways includes that of the suburb highways at large and medium-sized cities, highways passing through streets at small cities and towns, and also the length of bridges and ferries. It does not include the length of streets in big and medium-sized cities and highways built for the production purpose at factories, mines, forest areas and agricultural areas. If two or more highways go the same section of the way, the length of the section is only calculated for once and no duplication is allowed. The length of highways is an important indicator to show the development of the highway construction and to provide essential information to calculate the transport network density.

Length of Navigable Inland Waterways an indicator reflecting the size and development of inland water network, it refers to the length of the natural rivers, lakes, reservoirs, canals, and ditches open to navigation during a given period, which enables the transport by ships and rafts. It includes the channels open to navigation for over an accumulative 3 months in a year, yet this does not include the river courses which are only used to float odd logs and bamboo rafts.

Length of Civil Aviation Routes refers to the length of all routes for civil aviation flights, which is used to account the freight, during the period of statistics.. There are usually two ways to calculate the route length: duplicated calculation and non-duplicated calculateion, the former is the sum of length of all civil aviation routes, and the latter should deduct the duplication length of same route among all routes.

Freight (Passenger) Traffic refers to the volume of freight (passenger) transported with various means. Freight transport is calculated in tons and passenger traffic is calculated in the number of persons. Despite the type of freight and travelling distance, the freight transport is calculated in the actual weight of the goods: and despite the travelling distance and ticket price, the passenger traffic is calculated by the principle that one person can be counted only once in one travel. The passenger who travel with a half price ticket or a child ticket is also calculated as one person. The freight (passenger) traffic provides a quantitative measure to show how the transport industry serves the national economy and people, and is also an important indicator for planning the transport industry and for studying the development scale and speed of the transport industry.

Freight Ton-kilometers (Passenger-kilometers) refer to the sum of the products of the volume of transported cargo (passengers) multiplying by the transport distance, usually using ton-kilometer and passenger-kilometer as units for measurement. Normally, the shortest distance between the departure station and the destination station (i.e., the payable distance) is the basis to calculate the freight ton-kilometers. This is an important indicator to show the total results of the transport industry, to prepare and examine the transport plan and to measure the efficiency, the labour productivity and the unit cost of transport.

The formula is as follows:

Freight Ton-kilometers (Passenger-kilometers) =∑{Freight (Passenger) Traffic x Distance of Transportation}

Measuring unit: ton-kilometer (person-kilometer)

Possession of civil Motor Vehicles refer to the total numbers of vehicles that are registered and received vehicles' license tags according to the Work Standard for Motor Vehicles Registration formulated by transport management office under department of public security at the end of reference period. They are divided into following categories according to the structure of motor vehicles: passenger vehicles, trucks and others; and private vehicles and vehicles for units use according to ownerships; working vehicles, non-working vehicles and special motor vehicles according to kind of usage; large passenger vehicles; medium passenger vehicles and small passenger vehicles, heavy trucks, light-heavy trucks and light trucks according to sizes of vehicles.

Telecom refers to fixed telecom service, mobile telecom service and other telecommunications services.

Mobile Telephone Subscribers refer to the persons who own mobile telephone numbers and are connected with the mobile telephone communication network through the mobile telephone switchboards. The number of subscribers is calculated by the subscribers who have completed registration at mobile communication business centers and entered into the mobile telephone network. One mobile telephone is taken as a subscriber.

Internet Users refer to the number of Chinese citizens aged 6 and over who use the Internet.

Local Telephone Subscribers refer to all subscribers who have gone through registration procedures in the operation points of enterprises engaged in telecommunications and are hence connected to the local telecommunications service provider through fixed line network. Included are general subscribers, public telephones subscribers, N-ISDN subscribers and intelligent network terminal subscribers. They are also classified in terms of administrative districts as urban telephone subscribers and rural telephone subscribers according to location.

Urban Telephone Subscribers refer to the number of telephone subscribers, located at the different administrative districts of municipalities directly under the Central Government, cities under the jurisdiction of province, cities at prefecture level, downtown and suburb of city at county level town and county towns, that are connected to the public line telephone network, including rural mineral area, forest area, military area.

Rural Telephone Subscribers refer to telephone subscribers, located at the towns below the level of county town and villages, that are connected to the public line telephone network.

Household Telephone Subscribers refer to telephone sets installed in the dwelling units of urban or rural residents, and registered as residence subscribers for payment, including three types of payment for the service: private payment, public payment and free service in accordance with relevant regulations.

Capacity of Long Distance Telephone Exchanges refers to the rated capacity of telephone exchanges to connect long distance telephone network, including capacity of international telephone exchanges.

Capacity of Office Telephone Exchanges refers to the capacity (measured in gate) of telephone exchanges installed in the offices of telecommunication service providers for communication between fixed telephones. It includes the capacity of both manual and automatic exchanges in use and for stand-by purpose. The capacity of subscriber exchanges is not included.

Capacity of Mobile Telephone Exchanges refers to the capacity of the maximum services provided to subscribers at any one time as computed based on a certain model of calls distribution and transacting capacity of the mobile telephone exchanges.

资源和环境

Resources and Environment

21

● 资料整理：陈向真

简要说明

一、主要内容

本篇包括水环境，大气环境，固体废物，生态环境，自然灾害和环境污染治理投资等资料。

二、资料来源

环境污染与治理、污染物排放及处理、工业污染治理投资情况为省环境保护厅提供。水资源、城市生活垃圾清运及处理、耕地变动、森林资源、自然灾害等情况分别为省水利厅、省住房和城乡建设厅、省国土资源厅、省林业厅、省民政厅提供。由省统计局能源处理编辑整理。

Brief Introduction

I. Main Contents

Data in this chapter mainly reflect the Water Environment, Atmospheric environment, solid waste, ecological environment, natural disasters and investment in environmental pollution treatment.

II. Sources of Data

Data on environmental pollution and reatment, pollutants from consumption, investment in the treatment of industrial pollution are provided by the Henan provincial bureau of environmental protection. Data on water resource, city life garbage removed and disposed, change of cultivated land, forest resources, natural disaster are provided from the Henan provincial bureau of Land and Resources, Henan provincial bureau of Water Resources, Henan provincial bureau of Housing and Urban-Rural Development, Henan provincial bureau of Forestry Administration and Henan provincial bureau of civil affairs. Data in this chapter are provided by Department of Energy of the Henan provincial Bureau of Statistics.

21-1 生态环境保护情况
Basic Conditions of Environmental Protection

指标名称	Item	2005	2010	2014	2015
累计水土流失治理面积(千公顷)	Area of Water and Soil Conservation		4429	3543	3560
森林面积(万公顷)	Forest Area (10 000 hectares)	270.30	336.59	359.07	394.50
森林覆盖率(%)	Forest-coverage Rate (%)	16.2	20.2	23.4	23.6
活立木蓄积量(万立方米)	Total Standing Stock Volume (10 000cu.m)	13371	18051	22881	22881
森林蓄积量(万立方米)	Stock Volume of the Forest(10 000cu.m)	8405	12936	17095	17095
当年造林面积(万公顷)	Area of Afforestation for This Year (10 000 hectares)	26.35	27.71	26.00	20.00
人工造林面积	Artificial afforestation	18.67	21.23	20.13	15.47
无林地和疏林地本年新封	Closure in non-stocked Land and Scattered Wood Land	7.68	5.15	4.54	3.19
湿地面积(万公顷)	Area of Weslands (10 000 hectares)	110.87	110.87	62.79	62.79
自然保护区数(个)	Number of Nature Reserves (unit)	32	35	32	30
#国家级自然保护区	National-level Nature Reserves	10	11	12	12
自然保护区面积(万公顷)	Area of Nature Reserves (10 000 hectares)	73.77	73.48	76.02	75.90
自然保护区面积占辖区总面积比重(%)	Percentage of Nature Reserves in the Region(%)	4.3	4.4	4.5	4.5

21-2 水资源情况
Water Resources

指标名称	Item	2005	2010	2014	2015
降水量(毫米)	Precipitation(mm)	905.8	841.7	725.9	704.1
水资源总量(亿立方米)	Total Amount of Water Resources (100 million cu.m)	558.56	534.89	283.37	287.17
#地表水资源量	Surface Water Resources	435.92	415.70	177.44	186.74
地下水资源量	Ground Water Resources	219.74	214.66	166.84	173.07
地表水与地下水资源重复量	Superposition Amount of Surface Water Resources and Ground Water Resources		95.47	60.91	72.64
人均水资源量(立方米/人)	Per Capita Water Resources(cu.m/person)		568.70	300.00	302.92
用水总量(亿立方米)	Water Use (100 million cu.m)	197.81	224.61	209.29	222.83
农业用水	Agriculture	114.59	125.59	112.70	120.09
工业用水	Industry	45.71	55.57	52.60	52.51
生活用水	Consumption	37.51	36.11	38.33	41.17
生态环境补水	Biological Protection		7.34	5.66	9.07
废水排放总量(亿吨)	Total Volume of Waste Water Discharge (100 millin tons)	26.26	35.87	42.28	43.35
工业废水排放量	Volume of Industrial Waste Water Discharge	12.35	15.04	12.80	12.98
城镇生活污水排放量	Volume of Consumption Waste Water Discharge	13.91	20.83	29.46	30.35
集中式治理设施污水排放量	Centralized wastewater treatment facilities			0.01	0.01
化学需氧量(COD)排放量(万吨)	Volume of COD Discharge (10 000 tons)	72.08	61.97	131.87	128.72
工业废水中COD排放量	COD Discharge from Industrial Waste Water	34.26	29.56	15.89	15.02
农业COD排放量	COD Discharge from Agricultural			76.73	75.32
城镇生活污水中COD排放量	COD Discharge from Consumption Waste Water	37.82	32.41	38.59	37.86
集中式治理设施污水排放量	Centralized wastewater treatment facilities			0.66	0.53
氨氮排放量(万吨)	Volume of Ammonia Nitrogen Discharge (10 000 tons)	10.36	7.25	13.90	13.43
工业废水中氨氮排放量	Ammonia Nitrogen Discharge from Industrial Waste Wate	5.36	2.31	1.11	0.99
农业氨氮排放量	Ammonia Nitrogen Discharge from Agricultural			5.94	5.77
城镇生活污水中氨氮排放量	Ammonia Nitrogen Discharge from Consumption Waste Wate	5.00	4.94	6.77	6.61
集中式治理设施污水排放量	Centralized wastewater treatment facilities			0.08	0.06

21－3 大气环境情况

Basic Conditions of Atmosphere Environment

指标名称	Item	2005	2010	2014	2015
二氧化硫(SO2)排放量(万吨)	Volume of Sulphur Dioxide Emission (10 000 tons)	162.45	133.87	119.82	114.43
工业SO2排放量	Volume of Sulphur Dioxide Emission by Industry	147.11	116.29	103.17	91.50
城镇生活SO2排放量	Volume of Sulphur Dioxide Emission by Consumption	15.34	17.58	16.65	22.92
集中式治理设施SO2排放量	Centralized so2 treatment facilities			0.01	0.01
氮氧化物排放量(万吨)	Nitrogen oxides Volume (10 000tons)		121.24	142.20	126.24
工业氮氧化物排放量	Nitrogen oxides Volume from Industrial		100.02	87.96	71.95
城镇生活氮氧化物排放量	Nitrogen oxides Volume from Urban life		21.22	2.62	5.08
机动车氮氧化物排放量	Nitrogen oxides Volume from Motor vehicle			51.61	49.19
集中式治理设施氮氧化物排放量	Centralized Nitrogen oxides treatment facilities			0.01	0.01
烟(粉)尘排放量(万吨)	Volume of Soot Emission ((10 000 tons)	163.28	77.35	88.21	84.61
工业烟(粉)尘排放量	Volume of Industrial Soot Emission	156.16	70.07	71.55	66.63
城镇生活烟尘排放量	Volume of Urban life Soot Emission	7.12	7.28	11.49	12.95
机动车烟尘排放量	Volume of Motor vehicle Soot Emission			5.16	5.02
集中式治理设施烟尘排放量	Centralized Soot Emission treatment facilities			0.00	

21－4 固体废物的产生及利用情况

Production and Utilization of Industrial Solid Wastes

指标名称	Item	2005	2010	2014	2015
一般工业固体废物产生量(万吨)	Volume of General Industrial Solid Wastes Produced (10 000tons)	6178.00	10714.00	15917.40	14722.47
一般工业固体废物综合利用量(万吨)	Volume of General Industrial Solid Wastes Utilized (10 000tons)	4244.00	8380.00	12319.32	11456.11
#综合利用往年贮存量(万吨)	Uolume of Storage of Former Years Utilized	212.50	154.48	127.03	63.15
一般工业固体废物综合利用率(%)	Proportion of General Industrial Solid Wastes Utilized (%)	66.4	77.1	76.8	77.8
一般工业固体废物处置量(万吨)	Volume of General Industrial Solid Wastes Treated (10 000tons)	1287.00	1770.00	3012.83	2786.10
#处置往年贮存量(万吨)	Accumulated in Previous Years		0.09	4.59	17.82
一般工业固体废物处置率(%)	Proportion of General Industrial Solid Wastes Treated (%)	20.8	16.5	18.9	18.9
一般工业固体废物贮存量(万吨)	Storage capacity of General Industrial Solid Wastes(10 000tons)	831.20	721.66	716.85	561.23
一般工业固体废物倾倒丢弃量(吨)	Dump forsake quantity of General Industrial Solid Wastes(ton)				
危险废物产生量(吨)	Volume of Hazardous waste (ton)	151000	186430	669826	743504
危险废物综合利用量(吨)	Volume of Hazardous waste Utilized (ton)	135000	186292	397490	296974
#综合利用往年贮存量	Uolume of Storage of Former Years Utilized			284	5253
危险废物综合利用率(%)	Proportion of Hazardous waste Utilized (%)			59.3	39.9
危险废物处置量(吨)	Volume of Hazardous wastes Treated (ton)	15300	35129	267599	421393
#处置往年贮存量(吨)	Accumulated in Previous Years			365	3080
危险废物处置率(%)	Proportion of Hazardous wastes Treated (%)			39.9	56.7
危险废物贮存量(吨)	Storage capacity of Hazardous wastes(ton)	800	2040	5386	33470

21-5 各市废水排放、废气排放和固体废物处理利用情况(2015年)

Production and Utilization of Waste water, toxic emission Industrial Solid Wastes by City (2015)

单位：万吨 (100 millin tons)

市 City	废水排放总量 Total Volume of Waste Water Discharge	废水COD排放量 Volume of COD Discharge	废水中氨氮排放量 Volume of Ammonia Nitrogen Discharge	二氧化硫排放量 Volume of Sulphur Dioxide Emission	氮氧化物排放量 Nitrogen oxides Volume	烟(粉)尘排放量 Volume of Soot Emission	一般工业固体废物产生量 Volume of General Industrial Solid Wastes Produced	一般工业固体综合利用量 Volume of General Industrial Solid Wastes Utilized	一般工业固体废物处置量 Volume of General Industrial Solid Wastes Treated	一般工业固体废物贮存量 Storage capacity of General Industrial Solid Wastes
全 省 Total	**433486.68**	**128.72**	**13.43**	**114.43**	**126.24**	**84.61**	**14722.47**	**11456.11**	**2786.10**	**561.23**
省 辖 市 City										
郑 州 市 Zhengzhou	77510.42	9.70	1.25	12.53	16.77	9.43	1745.62	1350.38	353.72	41.52
开 封 市 Kaifeng	21295.47	8.00	0.77	6.14	4.05	3.85	165.61	164.45	1.20	
洛 阳 市 Luoyang	30158.93	6.57	0.68	14.90	11.70	5.79	3039.82	1883.35	1156.46	0.01
平 顶 山 市 Pingdingshan	22010.79	7.25	0.79	11.69	8.26	10.89	2298.89	2321.47	0.06	0.88
安 阳 市 Anyang	19271.87	7.67	0.87	10.67	10.95	14.95	1017.18	909.43	108.01	0.12
鹤 壁 市 Hebi	9848.58	4.26	0.37	4.35	4.02	1.88	305.92	306.25	17.84	10.30
新 乡 市 Xinxiang	34292.61	8.19	0.82	6.07	7.36	3.29	446.04	438.11	8.02	0.06
焦 作 市 Jiaozuo	30521.10	4.87	0.41	5.42	9.12	4.46	984.18	590.76	81.44	333.34
濮 阳 市 Puyang	16457.84	4.88	0.41	2.52	5.25	2.58	118.58	117.09	1.21	0.28
许 昌 市 Xuchang	19476.70	5.51	0.58	4.72	5.92	2.50	374.49	371.44	1.75	1.30
漯 河 市 Luohe	12837.52	4.04	0.47	1.72	1.99	0.69	114.02	113.89	0.14	
三 门 峡 市 Sanmenxia	15459.10	2.38	0.27	10.04	6.60	3.88	1723.22	566.66	1020.91	138.95
南 阳 市 Nanyang	30374.73	10.14	1.09	6.53	7.97	3.27	415.14	361.80	29.44	23.90
商 丘 市 Shangqiu	23065.95	11.50	0.91	3.83	5.28	4.26	525.82	524.54	1.35	
信 阳 市 Xinyang	16952.48	7.40	0.91	3.28	4.33	2.51	444.13	441.09	1.03	2.01
周 口 市 Zhoukou	28030.50	12.36	1.32	2.87	8.22	2.67	66.14	63.73	2.41	
驻 马 店 市 Zhumadian	21147.00	12.98	1.36	4.04	4.65	3.01	330.81	325.97	0.06	8.45
济 源 市 Jiyuan	4775.08	1.02	0.14	3.11	3.78	4.71	606.88	605.69	1.08	0.11
省 直 管 县 Province Administrating County										
巩 义 市 gongyi	4398.80	0.89	0.11	3.04	1.98	2.80	197.56	174.61	22.95	
兰 考 县 lankao	2281.32	0.86	0.09	0.48	0.36	0.28	6.10	6.10		
汝 州 市 ruzhou	2949.53	1.68	0.14	1.66	1.09	1.72	567.15	567.15		
滑 县 huaxian	2710.70	1.20	0.13	0.44	0.46	0.37	12.19	12.18		0.01
长 垣 县 changyuan	2546.92	0.72	0.08	0.38	0.41	0.28	59.38	59.38		
邓 州 市 dengzhou	4796.23	2.64	0.21	0.63	0.55	0.39	1.70	1.60	0.10	
永 城 市 yongcheng	4192.92	1.79	0.09	1.27	1.79	2.02	322.51	322.51		
固 始 县 gushui	2344.82	1.62	0.18	0.31	0.44	0.12	0.00		0.00	
鹿 邑 县 luyi	3207.33	1.54	0.14	0.23	0.67	0.14	5.42	5.42		
新 蔡 县 xincai	1662.08	1.18	0.13	0.13	0.13	0.12	0.00	0.00		

21－6　农村环境基本情况
Basic Condition of Rural Enviroment

指　　标	Item	2005	2008	2009	2010	2014	2015
农村改水累计受益人口(万人)	Rural benefit population by water improvement (10 000 persons)		7806.9	7651.3	7324.2	7828.9	7037.0
#自来水	Tap water		4374.9	4408.0	4421.9	5950.3	5791.5
手压机井	Hand pressure shaft		3385.6	3128.9	2846.9	1747.7	1671.8
农村改水受益率(%)	Benefit rate of rural water Improvement(%)	97.3	97.7	95.4	93.3	93.0	88.4
农村改水投资(万元)	Investment in water improvement(10 000 yuan)		80835	125628	177387	315097	221232
农村自来水普及率(%)	Penetration rate of rural Tap water(%)	50.2	54.8	54.9	55.1	69.0	72.7
农村卫生厕所普及率(%)	Penetration rate of rural Sanitation toilets (%)	61.1	68.0	69.1	69.8	75.3	76.6
农村沼气池产气总量(万立方米)	Total gas production of rural digester(10 000 cu.m)	63869	108999	124796	133893	136690	143343
农村生活污水净化沼气池(个)	Purification pool (unit)	100	1426	1426	815	549	521
农村太阳能热水器面积(万立方米)	Area of Rural Solar water heater(10 000 cu.m)	122	213	279	341	532	563

21－7　自然灾害情况
Conditions of Natural Disasters

指标名称	Item	2005	2010	2014	2015
地质灾害次数(次)	Number of Geological disasters(time)	79	583	30	30
地质灾害人员伤亡(人)	Casualties persons in Geological disasters(person)	18	10		4
地质灾害直接经济损失(万元)	Casualties persons in Geological disasters(10 000 yuan)	4476	11173	130	256
森林火灾次数(次)	Number of Forest fires(time)	982	519	265	45
森林火灾受害森林面积（火场总面积，公顷)	Suffered Forest area in Forest fires(ha)	507	505	334	210
突发环境事件次数(次)	Number of Abrupt environment affairs (time)	7	18	6	10

21-8 各市农村改水、改厕情况(2015年)

Condition of Rural Water transformation and Compost toilets by City (2015)

市 City	改厕 Compost toilets				改水 Water transformation			
	累计卫生厕所户数(万户) Sanitary toilet number (10 000 household)	卫生厕所普及率(%) Sanitary toilets penetration (%)	无害化卫生厕所普及率(%) Harmless sanitary toilets penetration (%)	农村改厕投资合计(万元) Investment in Compost toilets (10 000 yuan)	改水累计受益合计(万人) The number of benefit by Water transformation (10 000 persons)	合计累计改水受益百分比(%) Benefit from the percentage (%)	自来水累计受益百分比(%) Benefit from Tap water (%)	农村改水投资合计(万元) Investment in Water transformation (10 000yuan)
全 省 Total	**1718.60**	**76.59**	**60.00**	**31312.81**	**7036.97**	**88.35**	**72.72**	**221232**
郑 州 市 Zhengzhou	159.43	92.81	73.50	318.00	413.37	99.10	97.05	6753
开 封 市 Kaifeng	63.52	64.49	40.48	384.00	141.15	84.78	59.46	4062
洛 阳 市 Luoyang	98.96	81.21	43.82	79.90	445.42	94.35	89.46	
平 顶 山 市 Pingdingshan	73.41	70.68	32.28	710.00	274.37	73.56	64.95	20132
安 阳 市 Anyang	89.05	72.62	30.90	625.20	425.98	95.15	92.51	6852
鹤 壁 市 Hebi	20.21	76.73	48.86	1530.00	104.64	99.89	84.09	
新 乡 市 Xinxiang	93.56	77.26	39.04	36.00	406.05	88.26	76.32	5233
焦 作 市 Jiaozuo	54.42	87.05	31.15	2838.35	200.43	100.00	99.55	7882
濮 阳 市 Puyang	53.68	69.58	40.57	1209.11	401.26	92.71	69.36	8331
许 昌 市 Xuchang	69.33	82.84	30.71	3390.00	303.41	89.54	67.30	6847
漯 河 市 Luohe	40.69	79.06	43.12	50.00	204.76	100.00	73.30	8848
三 门 峡 市 Sanmenxia	28.57	67.40	21.36	500.00	153.51	94.37	91.16	1300
南 阳 市 Nanyang	184.95	76.25	41.90	1538.25	819.88	84.75	65.98	35016
商 丘 市 Shangqiu	143.20	79.70	28.66	1374.00	684.35	95.23	78.62	46445
信 阳 市 Xinyang	135.23	81.92	49.23	1101.00	639.19	91.35	57.09	3139
周 口 市 Zhoukou	228.84	65.05	19.09	12234.00	841.50	79.09	76.88	33522
驻 马 店 市 Zhumadian	133.55	76.93	46.73	3395.00	529.70	77.21	40.66	26001
济 源 市 Jiyuan	48.00	100.00			48.00	100.00	99.20	869
省 直 管 县 Province Administrating County								
巩 义 市 Gongyi	14.69	91.00	91.00		72.25	97.94	97.93	
兰 考 县 Lankao	12.57	75.56	75.56	156.00	41.60	63.51	64.00	4062
汝 州 市 Ruzhou	11.70	46.80	14.80					9880
滑 县 Huaxian	19.15	54.63	31.80	456.20	102.82	87.41	87.41	6567
长 垣 县 Changyuan	13.80	83.13	29.52	36.00	63.27	88.48	100.00	5854
邓 州 市 Dengzhou	20.98	60.29	60.29	420.00	62.46	43.74	43.96	5882
永 城 市 Yongcheng	27.35	0.80	0.76	632.00	89.77	72.35	72.35	9269
固 始 县 Gushi	36.99	76.11	76.11	262.00	148.79	98.93	35.02	2849
鹿 邑 县 Luyi	66.64	68.00	60.70	3000.00	73.50	75.00	68.00	1800
新 蔡 县 Xincai	10.78	54.03	30.08	2800.00	91.23	96.03	20.35	700

注：厕所普及率和改水、自来水受益率省辖市数据不包括直管县。

a) Data on toilets penetration and Benefit from water uninclude Province Administrating County.

21-9 各市农村可再生能源利用情况(2015年)
Condition of Rural Renewable energy utilization by City (2015)

地区 City	沼气池产气总量（万立方米） Biogas gas volume (10 000 cu m)	户用沼气池 Household biogas digester	沼气工程 Biogas project	太阳能热水器（万平方米） Solar water heater (10 000 cu m)	生活污水净化沼气池（个） Sewage purification pool (unit)
全 省 Total	**143343.10**	**104920.59**	**38422.51**	**562.76**	**521**
省辖市 City					
郑州市 Zhengzhou	10892.08	6318.34	4573.74	7.81	
开封市 Kaifeng	3251. 30	3021. 12	230. 18	38. 09	28
洛阳市 Luoyang	6432.07	6140.68	291.39	23.62	14
平顶山市 Pingdingshan	6901.10	6483.15	417.95	39.11	
安阳市 Anyang	7326.99	5201.72	2125.27	43.61	1
鹤壁市 Hebi	2188.88	1484.68	704.20	11.10	10
新乡市 Xinxiang	12336.84	10910.18	1426.66	38.22	
焦作市 Jiaozuo	5242.83	4696.86	545.97	27.24	16
濮阳市 Puyang	2457.88	3103.94	96.10	15.55	
许昌市 Xuchang	3914.04	3443.22	280.35	29.75	8
漯河市 Luohe	7102.33	5596.95	3102.00	18.50	
三门峡市 Sanmenxia	5073.17	2649.95	413.85	12.67	24
南阳市 Nanyang	29853.73	11321.93	19113.92	97.65	35
商丘市 Shangqiu	11521.50	11391.27	299.32	24.77	
信阳市 Xinyang	7190.06	5412.78	887.15	42.73	35
周口市 Zhoukou	12494.62	10406.60	2088.02	62.77	327
驻马店市 Zhumadian	7493.20	6506.73	986.47	26.07	15
济源市 Jiyuan	1670.47	830.50	839.97	3.50	8
省直管县 Province Administrating County					
巩义市 Gongyi	1327.02	618.56	708.47	0.21	
兰考县 Lankao	667.00	603.00	64.00	6.80	
汝州市 Ruzhou	1328.21	1193.92	134.29	8.09	
滑县 Huaxian	1826.66	1720.00	106.66	1.51	1
长垣县 Changyuan	1674.00	1631.00	43.00	6.57	
邓州市 Dengzhou	1143.60	1120.00	23.60	9.04	
永城市 Yongcheng	1400.32	1305.00	95.32	3.51	
固始县 Gushi	1149.57	886.68	262.89	10.07	
鹿邑县 Luyi	1611.53	1464.30	147.23	9.46	92
新蔡县 Xincai	694.26	613.26	81.00	3.15	

21-10 环境污染治理投资情况

Investment in Treatment of Environment Pollution

项　目	Item	2005	2010	2014	2015
环境污染治理投资总额(万元)	Total Investment in Treatment of Environment Pollution (10 000 yuan)	823431	1322450	3175752	3601628
城市环境基础设施投资	Investment in Urban Environment Infrastructure	442771	710056	1728529	1933694
燃气	Gas Supply	48237	85960	153868	182662
集中供热	Centralized Hezting	103205	141445	270015	366507
排水	Frainage Works	104074	200684	360943	404208
园林绿化	Gardening and Greening	164533	252500	877569	899517
市容环境卫生	Environmental Sanitation	22722	29467	66134	80800
工业企业污染防治投资	Investment in the Treatment of Industrial Pollution	206815	125120	554592	330143
治理废水	Treatment of Waste Water	101842	44301	60750	44387
治理废气	Treatment of Waste Gas	70824	75616	464979	234181
治理固体废物	Treatment of Solid Wastes	24178	856	140	7862
治理噪声	Treatment of Noise Pollution	438	445	20	53
治理其他	Others	9533	3902	28703	43660
完成环保验收项目环保投资	Investment in New Construction, Expansion and Reconstruction Projects of Environment Protection	173845	487274	892631	1337791
环境污染治理投资占GDP比重 (%)	Total Investment in the Treatment of Environment Pollution as Percent of GDP (%)	0.8	0.6	0.9	1.0
工业废气治理设施运行费用(万元)	Operation cost on Industrial waste gas treatment facilities (10 000 yuan)		490262	799232	956014
工业废水治理设施运行费用(万元)	Operation cost on Industrial waste water treatment facilities (10 000 yuan)		208840	234247	239467
排污费收入总额(万元)	Income of Pollutant discharge expenses (10 000yuan)			81577	

21-11 工业重点调查单位分行业工业废水排放及处理利用情况(2015年)

Industrial waste water discharge, treatment and utilization in Key research Industrial unit by Sector (2015)

行业	Sector	汇总工业企业数(个) Number of Enterprises (unit)	工业废水排放量(万吨) Volume of Industrial Waste Water (10 000tons)	废水治理设施数(套) Number of Wastewater treatment facilities(set)
总计	**Total**	**7007**	**118519.52**	**3483**
煤炭开采和洗选业	Mining and Washing of Coal	233	26111.45	296
石油和天然气开采业	Extraction of Petroleum and Natural Gas	17	128.93	16
黑色金属矿采选业	Mining of Ferrous Metal Ores	83	371.95	65
有色金属矿采选业	Mining of Non-ferrous Metal Ores	239	2510.93	228
非金属矿采选业	Mining and Processing of Nonmetal Ores	34	154.11	18
开采辅助活动	Mining Auxiliary	5		
其他采矿业	Mining of Other Ores n.e.c	3		
农副食品加工业	Processing of Food from Agricultural Products	749	11504.96	293
食品制造业	Manufacture of Foods	265	3644.49	119
酒、饮料和精制茶制造业	Manufacture of Wine, drinks and refined tea	211	6528.35	148
烟草制品业	Manufacture of Tobacco	13	193.22	10
纺织业	Manufacture of Textile	166	3066.30	71
纺织服装、服饰业	Manufacture of Textile Wearing,Apparel	50	253.35	15
皮革、毛皮、羽毛及其制品和制鞋业	Manufacture of Leather, Fur, Feather and Its Products,Shoemaking	295	6519.69	105
木材加工和木、竹、藤、棕、草制品业	Processing of Timbers, Manufacture of Wood, Bamboo, Rattan, Palm, and Straw Products	132	313.85	17
家具制造业	Manufacture of Furniture	11	19.42	1
造纸和纸制品业	Manufacture of Paper and Paper Products	203	15856.49	144
印刷和记录媒介复制业	Printing,Reproduction of Recording Media	28	44.05	4
文教、工美、体育和娱乐用品制造业	Manufacture of Cultural and educational supplies, industrial, sporting and entertainment	82	325.27	34
石油加工、炼焦和核燃料加工业	Processing of Petroleum ,Coking, Processing of Nucleus Fuel	48	1822.65	46
化学原料和化学制品制造业	Manufacture of Chemical Raw Material and Chemical Products	667	17245.17	423
医药制造业	Manufacture of Medicines	192	5179.48	132
化学纤维制造业	Manufacture of Chemical Fiber	16	3189.85	22
橡胶和塑料制品业	Manufacture of Rubber and Plastic	107	579.06	23
非金属矿物制品业	Manufacture of Non-metallic Mineral Products	2096	2501.98	330
黑色金属冶炼和压延加工业	Manufacture and Processing of Ferrous Metals	88	1140.42	153
有色金属冶炼和压延加工业	Manufacture and Processing of Non-ferrous Metals	216	2340.15	164
金属制品业	Manufacture of Metal Products	107	265.18	65
通用设备制造业	Manufacture of General Purpose Machinery	142	475.17	45
专用设备制造业	Manufacture of Special Purpose Machinery	78	388.31	31
汽车制造业	Manufacture of Automobile	65	620.00	59
铁路、船舶、航空航天和其他运输设备制造业	Manufacture of Railway, shipbuilding, aerospace, and other transportation equipment	24	269.46	31
电气机械和器材制造业	Manufacture of Electrical Machinery and Equipment	57	203.21	31
计算机、通信和其他电子设备制造业	Manufacture of Computer Communication Equipment, and Other Electronic Equipment	33	787.14	29
仪器仪表制造业	Manufacture of Measuring Instrument	9	102.82	6
其他制造业	Manufacture of others	60	279.78	19
废弃资源综合利用业	Comprehensive utilization of waste materials	18	94.84	4
金属制品、机械和设备修理业	Repairing of Metal products, machinery and equipment	2		
电力、热力生产和供应业	Production and Supply of Electric Power and Heat Power	151	3441.42	283
燃气生产和供应业	Production and Distribution of Gas	1		1

21-12 工业重点调查单位分行业工业废气排放及处理情况(2015年)

Industrial Wastes gas discharge and treatment and utilization in Key research Industrial unit by Sector (2015)

行业	Sector	废气治理设施数(套) Number of Wastegas treatment facilities (set)	工业废气排放量(亿标立方米) Volume of Industrial Waste Gas (100 million cu.m)	工业二氧化硫排放量(吨) Volume of Industrial so2 (ton)
总计	**Total**	**12821**	**36285.61**	**812900.46**
煤炭开采和洗选业	Mining and Washing of Coal	415	86.75	4431.23
石油和天然气开采业	Extraction of Petroleum and Natural Gas	39	70.39	2223.40
黑色金属矿采选业	Mining of Ferrous Metal Ores	22	25.42	42.96
有色金属矿采选业	Mining of Non-ferrous Metal Ores	49	11.74	360.67
非金属矿采选业	Mining and Processing of Nonmetal Ores	20	87.90	8434.88
开采辅助活动	Mining Auxiliary		1.35	41.58
其他采矿业	Mining of Other Ores n.e.c	4	1.15	
农副食品加工业	Processing of Food from Agricultural Products	516	259.09	19440.80
食品制造业	Manufacture of Foods	248	115.36	13520.19
酒、饮料和精制茶制造业	Manufacture of Wine, drinks and refined tea	205	112.41	7913.47
烟草制品业	Manufacture of Tobacco	53	3.12	139.71
纺织业	Manufacture of Textile	93	42.63	3807.29
纺织服装、服饰业	Manufacture of Textile Wearing,Apparel	17	4.79	577.90
皮革、毛皮、羽毛及其制品和制鞋业	Manufacture of Leather, Fur, Feather and Its Products,Shoemaking	251	24.60	2174.89
木材加工和木、竹、藤、棕、草制品业	Processing of Timbers, Manufacture of Wood, Bamboo, Rattan, Palm, and Straw Products	120	72.45	3669.07
家具制造业	Manufacture of Furniture	3	0.32	15.95
造纸和纸制品业	Manufacture of Paper and Paper Products	329	240.74	19985.75
印刷和记录媒介复制业	Printing,Reproduction of Recording Media	21	3.86	314.46
文教、工美、体育和娱乐用品制造业	Manufacture of Cultural and educational supplies, industrial, sporting and entertainment	19	2.03	127.62
石油加工、炼焦和核燃料加工业	Processing of Petroleum ,Coking, Processing of Nucleus Fuel	156	1202.15	28621.92
化学原料和化学制品制造业	Manufacture of Chemical Raw Material and Chemical Products	1281	2138.55	104624.11
医药制造业	Manufacture of Medicines	214	93.97	9034.94
化学纤维制造业	Manufacture of Chemical Fiber	55	205.80	5145.64
橡胶和塑料制品业	Manufacture of Rubber and Plastic	135	67.61	2517.05
非金属矿物制品业	Manufacture of Non-metallic Mineral Products	5883	10109.15	162867.79
黑色金属冶炼和压延加工业	Manufacture and Processing of Ferrous Metals	526	4883.51	88880.45
有色金属冶炼和压延加工业	Manufacture and Processing of Non-ferrous Metals	621	4022.70	66328.19
金属制品业	Manufacture of Metal Products	83	64.87	1467.60
通用设备制造业	Manufacture of General Purpose Machinery	61	32.22	810.95
专用设备制造业	Manufacture of Special Purpose Machinery	129	35.91	637.68
汽车制造业	Manufacture of Automobile	112	163.31	378.84
铁路、船舶、航空航天和其他运输设备制造业	Manufacture of Railway, shipbuilding, aerospace, and other transportation equipment	57	137.49	308.14
电气机械和器材制造业	Manufacture of Electrical Machinery and Equipment	182	26.92	308.49
计算机、通信和其他电子设备制造业	Manufacture of Computer Communication Equipment, and Other Electronic Equipment	17	69.64	21.85
仪器仪表制造业	Manufacture of Measuring Instrument	2	0.23	5.90
其他制造业	Manufacture of others	46	19.55	821.34
废弃资源综合利用业	Comprehensive utilization of waste materials	14	3.53	182.48
金属制品、机械和设备修理业	Repairing of Metal products, machinery and equipment			
电力、热力生产和供应业	Production and Supply of Electric Power and Heat Power	777	11837.79	252642.96
燃气生产和供应业	Production and Distribution of Gas			

21-13 工业重点调查单位分行业工业固体废物产生及处理利用情况(2015年)

Industrial Solid Wastes Produced discharge and treatment and utilization in Key research Industrial unit by Sector (2015)

单位：万吨 (10 000tons)

行业	Sector	一般工业固体废物产生量 Volume of General Industrial Solid Wastes Produced	一般工业固体废物综合利用量 Volume of General Industrial Solid Wastes Utilized	一般工业固体废物贮存量 Storage capacity of General Industrial Solid Wastes	一般工业固体废物处置量 Volume of General Industrial Solid Wastes Treated
总计	**Total**	**13787.39**	**10689.55**	**518.01**	**2660.60**
煤炭开采和洗选业	Mining and Washing of Coal	1550.96	1547.80	49.74	33.09
石油和天然气开采业	Extraction of Petroleum and Natural Gas	10.92	6.99	0.28	3.65
黑色金属矿采选业	Mining of Ferrous Metal Ores	412.03	347.44	56.82	7.77
有色金属矿采选业	Mining of Non-ferrous Metal Ores	2160.94	864.82	35.20	1260.92
非金属矿采选业	Mining and Processing of Nonmetal Ores	31.22	28.22	0.40	2.60
开采辅助活动	Mining Auxiliary	1.25	0.24		1.01
其他采矿业	Mining of Other Ores n.e.c				
农副食品加工业	Processing of Food from Agricultural Products	66.71	65.79		0.92
食品制造业	Manufacture of Foods	37.93	37.33		0.68
酒、饮料和精制茶制造业	Manufacture of Wine, drinks and refined tea	28.29	27.32	0.06	1.02
烟草制品业	Manufacture of Tobacco	1.27	0.30		0.96
纺织业	Manufacture of Textile	5.08	4.90		0.22
纺织服装、服饰业	Manufacture of Textile Wearing,Apparel	0.80	0.76		0.04
皮革、毛皮、羽毛及其制品和制鞋业	Manufacture of Leather, Fur, Feather and Its Products,Shoemaking	10.62	8.26		2.36
木材加工和木、竹、藤、棕、草制品业	Processing of Timbers, Manufacture of Wood, Bamboo, Rattan, Palm, and Straw Products	14.88	14.66		0.22
家具制造业	Manufacture of Furniture	0.04	0.04		
造纸和纸制品业	Manufacture of Paper and Paper Products	74.52	72.93		1.70
印刷和记录媒介复制业	Printing,Reproduction of Recording Media	0.70	0.66		0.03
文教、工美、体育和娱乐用品制造业	Manufacture of Cultural and educational supplies, industrial, sporting and entertainment	0.42	0.34		0.08
石油加工、炼焦和核燃料加工业	Processing of Petroleum ,Coking, Processing of Nucleus Fuel	193.93	192.18	0.00	1.75
化学原料和化学制品制造业	Manufacture of Chemical Raw Material and Chemical Products	997.48	858.45	43.24	96.34
医药制造业	Manufacture of Medicines	33.00	16.29		16.74
化学纤维制造业	Manufacture of Chemical Fiber	30.87	30.87		
橡胶和塑料制品业	Manufacture of Rubber and Plastic	10.35	10.24	0.00	0.11
非金属矿物制品业	Manufacture of Non-metallic Mineral Products	681.12	679.83		1.29
黑色金属冶炼和压延加工业	Manufacture and Processing of Ferrous Metals	1273.72	1166.19		107.53
有色金属冶炼和压延加工业	Manufacture and Processing of Non-ferrous Metals	1874.68	454.77	322.72	1097.42
金属制品业	Manufacture of Metal Products	15.26	14.70	0.01	0.55
通用设备制造业	Manufacture of General Purpose Machinery	8.63	8.51		0.11
专用设备制造业	Manufacture of Special Purpose Machinery	9.00	4.28		4.72
汽车制造业	Manufacture of Automobile	4.54	4.19	0.00	0.34
铁路、船舶、航空航天和其他运输设备制造业	Manufacture of Railway, shipbuilding, aerospace, and other transportation equipment	4.19	3.87		0.47
电气机械和器材制造业	Manufacture of Electrical Machinery and Equipment	0.94	0.85		0.09
计算机、通信和其他电子设备制造业	Manufacture of Computer Communication Equipment , and Other Electronic Equipment	2.06	1.04	0.02	1.00
仪器仪表制造业	Manufacture of Measuring Instrument	0.09	0.09		0.01
其他制造业	Manufacture of others	3.31	3.31		0.00
废弃资源综合利用业	Comprehensive utilization of waste materials	1.27	1.19	0.09	
金属制品、机械和设备修理业	Repairing of Metal products, machinery and equipment	2.62	2.62		
电力、热力生产和供应业	Production and Supply of Electric Power and Heat Power	4228.84	4204.37	9.43	15.04
燃气生产和供应业	Production and Distribution of Gas	2.68	2.68		

主要统计指标解释

森林覆盖率 指一个国家或地区森林面积占土地总面积的百分比。森林覆盖率是反映森林资源的丰富程度和生态平衡状况的重要指标。在计算森林覆盖率时，森林面积包括郁闭度 0.2 以上的乔木林地面积和竹林地面积，国家特别规定的灌木林地面积、农田林网以及四旁(村旁、路旁、水旁、宅旁)林木的覆盖面积。

湿地 指天然或人工、长久或暂时性的沼泽地、泥炭地或水域地带，包括静止或流动、淡水、半咸水、咸水体，低潮时水深不超过 6 米的水域以及海岸地带地区的珊瑚滩和海草床、滩涂、红树林、河口、河流、淡水沼泽、沼泽森林、湖泊、盐沼及盐湖。

自然保护区 指对有代表性的自然生态系统、珍稀濒危野生动植物物种的天然分布区、水源涵养区、有特殊意义的自然历史遗迹等保护对象所在的陆地、陆地水体或海域，依法划出一定面积进行特殊保护和管理的区域。以县及县以上各级人民政府正式批准建立的自然保护区为准(包括“六五”以前由部门或“革委会”批准且现仍存在的自然保护区)。风景名胜区、文物保护区不计在内。

水资源总量 指评价区内降水形成的地表和地下产水总量，不包括过境水量。水资源总量等于地表水资源量与地下水资源量之和减去地表水和地下水资源重复量。

地表水资源量 指评价区内河流、湖泊、冰川等地表水体中可以逐年更新的动态水量，即当地天然河川径流量。

地下水资源量 指评价区内降水和地表水对饱水岩土层的补给量。

用水总量 指分配给各类用户的包括输水损失在内的毛用水量之和，不包括海水直接利用量。按用户特性分为农业、工业、生活和生态用水四大类。

农业用水 指农田灌溉用水、林果地灌溉用水、草地灌溉用水和鱼塘补水。

工业用水 指工矿企业在生产过程中用于制造、加工、冷却、空调、净化、洗涤等方面的用水，按新水取用量计，不包括企业内部的重复利用水量。

生活用水 包括城镇生活用水和农村生活用水。城镇生活用水由居民用水和公共用水（含第三产业及建筑业等用水）组成；农村生活用水除居民生活用水外，还包括牲畜用水在内。

生态环境补水 仅包括人为措施供给的城镇环境用水和部分河湖、湿地补水。

废水排放总量 为工业废水排放量、城镇生活污水排放量和集中式治理设施污水排放量之和。

工业废水排放量 指报告期内经过企业厂区所有排放口排到企业外部的工业废水量。包括生产废水、外排的直接冷却水、超标排放的矿井地下水和与工业废水混排的厂区生活污水，不包括外排的间接冷却水(清污不分流的间接冷却水应计算在废水排放量内)。

城镇生活污水排放量 指报告期内城镇居民排放生活污水的量。城镇生活包括“住宿业与餐饮业、居民服务和其他服务业、医院和独立燃烧设施以及城镇生活污染源”。

集中式治理设施污水排放量 指报告期内集中式治理设施的渗滤液排放量。集中式治理设施包括垃圾处理场（厂）和危险废物（医疗废物）集中处置厂。

化学需氧量（COD）排放量 为工业、农业、城镇生活和集中式治理设施排放的废水中 COD 排放量之和。

氨氮排放量 为工业、农业、城镇生活和集中式治理设施排放的废水中氨氮排放量之和。

二氧化硫排放量 指报告期内工业、城镇生活和集中式治理设施 SO_2 排放量之和。

工业 SO_2 排放量 指报告期内企业在燃料燃烧和生产工艺过程中排入大气的 SO_2 总量。

烟（粉）尘排放量　指报告期内工业、城镇生活、机动车和集中式治理设施烟（粉）尘排放量之和。

工业烟（粉）尘排放量　指报告期内企业在燃料燃烧和生产工艺过程中排入大气的烟尘及工业粉尘的总质量之和。烟尘或工业粉尘排放量可以通过除尘系统的排风量和除尘设备出口烟尘浓度相乘求得。

一般工业固体废物产生量　指未被列入《国家危险废物名录》或者根据国家规定的危险废物鉴别标准、固体废物浸出毒性浸出方法及固体废物浸出毒性测定方法鉴别方法判定不具有危险特性的工业固体废物。计算公式为：

一般工业固体废物产生量=（一般工业固体废物综合利用量-其中：综合利用往年贮存量）+一般工业固体废物贮存量+（一般工业固体废物处置量-其中：处置往年贮存量）+一般工业固体废物倾倒丢弃量

一般工业固体废物综合利用量　指报告期内企业通过回收、加工、循环、交换等方式，从固体废物中提取或者使其转化为可以利用的资源、能源和其他原材料的固体废物量（包括当年利用的往年工业固体废物累计贮存量）。如用作农业肥料、生产建筑材料、筑路等。

一般工业固体废物综合利用率　指一般工业固体废物综合利用量占一般工业固体废物产生量与综合利用往年贮存量之和的百分率。计算公式为：

一般工业固体废物综合利用率=一般工业固体废物综合利用量/一般工业固体废物产生量+综合利用往年贮存量×100%

一般工业固体废物处置量　指报告期内企业将工业固体废物焚烧和用其他改变工业固体废物的物理、化学、生物特性的方法，达到减少或者消除其危险成分的活动，或者将工业固体废物最终置于符合环境保护规定要求的填埋场的活动中，所消纳固体废物的量。

一般工业固体废物处置率　指一般工业固体废物处置量占一般工业固体废物产生量与处置往年贮存量之和的百分率。计算公式为：

一般工业固体废物处置率=一般工业固体废物处置量/一般工业固体废物产生量+处置往年贮存量×100%

环境污染治理投资　指城市环境基础设施投资、工业企业污染防治投资和完成环保验收项目环保投资之和。

Explanatory Notes on Main Statistical Indicators

Forest Coverage Rate Forest Coverage Rate refers to the ratio of area of afforested land to total land area. It is a very important indicator that reflects the status of abundance of forest resource and balance of the ecosystem. Forest area includes the area of trees and bamboo grow with canopy density above 0.2, the area of shrubby tree according to regulations of the government, the area of forest land inside farm land and the area of trees planted by the side of villages, farm houses and along roads and rivers.

Wetlands refer to marshland and peat bog, whether natural or man-made, permanent or temporary; water covered areas, whether stagnant or flowing, with fresh or semi-fresh or salty water that is less than 6 meters deep at low tide; as well as coral beach, weed beach, mud beach, mangrove, river outlet, rivers, fresh-water marshland, marshland forests, lakes, salty bog and salt lakes along the coastal areas.

Natural Reserves refer to certain areas of land, waters or sea that are representative in natural ecological systems, or are natural habitats for rare or endangered wild animals or plants, or water conservation zones, or the location of important natural or historic relics, which are demarked by law and put under special protection and management. Natural reserves are designated by the formal approval of governments at and above county level (including those approved by relevant departments or "revolutionary committees" before 1980). Scenic spots and cultural preservation zones are not included

Water Resource refers to sum of Surface Water and Ground Water. Water Resource is as follows:

Water Resource= Surface Water + Ground Water – repetitious volume of Surface Water and Ground Water

Surface Water Resources refers to total renewable resources which exist in rivers, lakes, glaciers and other collectors from rainfall and are measured as run-off of rivers.

Groundwater Resources refers to replenishment of aquifers with rainfall and surface water.

Water Use refers to gross water use distributed to users, including loss during transportation, broken down into use by agriculture, industry, living consumption and ecological protection.

Water Use by Agriculture includes uses of water by irrigation of farming fields and by forestry, animal husbandry and fishing. Water use by forestry, animal husbandry and fishery includes irrigation of forestry and orchards, irrigation of grassland and replenishment of fishing farms.

Water Use by Industry refers to new withdrawals of water, excluding reuse of water within enterprises.

Water Use by Living Consumption includes use of water for living consumption in both urban and rural areas. Urban water use by living consumption is composed of household use and public use (including services, commerce, restaurants, cargo transportation, posts, telecommunications and construction). Rural water use by living consumption includes both households and animals.

Water Use by Ecological and Environmental Protection includes replenishment of rivers and lakes and use for urban environment.

Waste water discharge Resources for industrial wastewater emissions, urban sewage emissions and centralized treatment facilities of wastewater.

Waste Water Discharged by Industry refers to the volume of waste water discharged by industrial enterprises through all their outlets, including waste water from production process, directly cooled water, groundwater from mining wells which does not meet discharge standards and sewage from households mixed with waste water produced by industrial activities, but excluding indirectly cooled water discharged (It should be included if the discharge is not separated from waste water).

Urban Waste Water Discharge refers to annual discharge of non-industrial waste water by urban households. Include accommodations industry and food industry, residents service and other services, hospitals and independent combustion facilities and urban life pollution sources.

Centralized treatment facilities wastewater refers to report period of centralized treatment facilities leachate emissions. Centralized management facilities including landfill (factory) and hazardous waste (medical waste) disposal factory.

Volume of Chemical Oxygen Demand (COD) refers to volume of COD in wastewater discharge form Industry, agriculture, urban life and centralized management facilities emissions.

Volume of Ammonia nitrogen refers to volume of ammonia nitrogen in wastewater discharge form Industry, agriculture, urban life and centralized management facilities emissions.

Volume of Sulfur dioxide refers to volume of SO_2 form Industry, urban life and centralized management facilities emissions.

Volume of Industrial Sulfur Dioxide Discharged refers to the volume of sulfur dioxide discharged to the air in the process of fuel burning or in the production process.

Volume of Industrial Soot Discharged refers to the volume of solid soot in the smoke discharged in the process of fuel burning in the area of the factory.

Industrial Dust Discharged refers to the total weight of solid dust discharged by industrial enterprises in the production process, such as dust of refractory materials from iron plants, dust from coke-screening system or from sintering machines of coking plants, dust from lime kilns, cement dust from building material enterprises, etc., but excluding smoke and dust discharged by power plants.

General Industrial Solid Wastes Produced refers to have not listed in the national hazardous waste list or according to the regulations of the state identification of hazardous waste standard, solid waste leaching-out toxicity leaching method and the solid waste leaching-out toxicity identification method for determining if a risk characteristics of industrial solid waste.

General Industrial Solid Wastes Utilized refers to volume of solid wastes from which useful materials can be extracted or which can be converted into usable resources, energy or other materials by means of reclamation, processing, recycling and exchange (including utilizing in the year the stocks of industrial solid wastes of the previous year). Examples of such utilizations include fertilizers, building materials and road materials.

Rate of General Utilization of Industrial Solid Wastes refers to the percentage of industrial solid wastes utilized over industrial solid wastes produced.

Rate of General Utilization of Industrial Solid Wastes= General Industrial Solid Wastes Utilized / (General Industrial Solid Wastes Produced+ Solid Wastes Utilized of ever reserves)×100%

General industrial solid waste disposal refers to enterprises during the reporting period the industrial solid waste incineration and other changes of industrial solid waste methods of physical, chemical, biological characteristics, activities to reduce or eliminate its dangerous substances, or the final placing of industrial solid waste landfill activities comply with the environmental protection requirements, the Council is satisfied that the amount of solid waste.

Rate of General industrial solid waste disposal refer to general industrial solid waste disposal accounted for general industrial solid waste generation and disposal of storage volume and percentage in previous years. Calculation formula is:

Rate of General industrial solid waste disposal= General industrial solid waste disposal / (General Industrial Solid Wastes Produced+ Disposal of ever reserves) ×100%

Investment in Environment Pollution Harnessing Projects refers to the proportion of investment in fixed assets in the total investment in harnessing industrial pollution and in the construction of urban environment infrastructure facilities.

科学技术

Science and Technology

22

◉ 资料整理：张永安　王习涛

简要说明

一、主要内容

本篇包括全社会以及大中型工业企业、政府部门属研究机构、高校的研究与试验发展（R&D）活动及规模以上工业企业的研究与试验发展（R&D）人员、经费支出情况；全省专利申请和授权情况；科研成果及科研项目，技术市场技术合同成交资料；测绘、质量监督、气象、地震等综合技术服务部门业务机构及业务活动情况。

二、统计范围

科技活动统计资料范围为全社会有研究与试验发展（R&D）活动的企事业单位，具体包括工业企业、政府部门属研究机构、普通高等学校以及研究与试验发展（R&D）活动相对密集行业（包括农、林、牧、渔业，建筑业，交通运输、仓储和邮政业，信息传输、计算机服务和软件业，金融业，租赁和商务服务业，科学研究、技术服务和地质勘查业，水利、环境和公共设施管理业，卫生、社会保障和社会福利业，文化、体育和娱乐业等）中从事研究与试验发展（R&D）活动的企事业单位。

三、资料来源

全省综合资料、企业及有关行业企事业单位的研究与试验发展（R&D）活动情况资料由省统计局调查提供；政府部门属研究机构资料由省科技厅和国防科技工业局调查提供；科学研究、技术服务和地址勘查业企事业的研究与试验发展（R&D）活动情况资料，以及科技论文资料、技术市场资料由省科技厅调查提供；高校资料由省教育厅调查提供；测绘、产品质量监督抽查、专利、气象、地震等资料，分别由省测绘局、省质量监督局、省知识产权局、省气象局、省地震局等部门调查提供。

四、统计调查方法

研究与试验发展(R&D)活动情况采用全面调查取得；测绘、产品质量监督抽查、专利资料采用抽样等多种调查方法取得。

科技活动统计资料口径变动说明：2005年以前科技活动统计资料只包括大中型工业企业、政府部门属研究机构、普通高等学校，2005年及以后年份扩大到了全社会范围。本篇资料由河南省统计局社会与科技统计处编辑整理。

Brief Introduction

I. Main Contents

Data on this chapter include the R&D personnel, the expenditure funds of R&D activities under whole society, large and medium-sized industrial enterprise, government departments, universities and colleges, data on patents application accepted and granted; data on technological markets; data on activities of the surveying and mapping, product quality supervision., Weather and earthquake, etc.

II. Scope of Statistics

Data on research and development (R&D) activities of enterprises and institutions all over the country, mainly including industrial enterprises, scientific and technological institutions under government departments, universities and colleges and R&D-intensive enterprises of different industries (such as agriculture, forestry, animal husbandry, fisher, construction, transport, storage and post, information transmission, computer services and software, financial intermediation, leasing and business services, scientific research, technical service and geologic prospecting, management of water conservancy, environment and public facilities , health, social security and social welfare, culture, sports and entertainment).

III. Sources of Data

Data on national aggregates and R&D activities of various enterprises and institutions are from Henan provincial bureau of statistics; data on scientific and technological institutions under government departments are from Henan provincial bureau of scientific and technological and Henan provincial bureau of defense science, technology industry; data on scientific research, technical service and geologic prospecting, scientific and technological papers; technological markets and high and new-tech industrial enterprises in development zones are from Henan provincial bureau of scientific and technological; data on scientific and technological activities in universities and colleges are from Henan provincial bureau of Education; Data on the development of surveying and mapping, product quality supervision and patents, Weather and earthquake are provided separately by Henan provincial bureau of Survey and Mapping, Henan provincial bureau of product quality supervision and quarantine, Henan provincial Intellectual Property Office, Henan provincial bureau of meteorology, and. Henan provincial bureau of seismological

IV. Statistical methodology

Data on R&D activities of industrial enterprises, scientific and technological institutions under government departments, universities and colleges are collected through complete surveys. Data on surveying and mapping, product quality supervision and patent applications are through sample surveys and other surveys.

Changes of the statistical coverage of data on scientific and technological activities: Data only included large and medium-sized industrial enterprises, scientific research institutions under government departments, and universities and colleges before 2005. Since 2005 (inclusive) data have covered all industries. Data on this chapter are provided by Department of social and technological of Henan provincial bureau of statistics.

22-1 研究与试验发展(R&D)主要指标
Basic Statistics on R&D Activities

年 份 Year	有(R&D)活动的单位数(个) Number of Institutions for R&D (unit)	(R&D)人员(人) Number of Persons for R&D (person)	(R&D)人员折合全时当量(人年) Number of Persons for R&D Anounted to Full-time (person-year)	(R&D)经费内部支出(万元) Intramural Expenditures on R&D (10 000 yuan)	(R&D)经费外部支出(万元) External Expenditures on R&D (10 000 yuan)	(R&D)项目数(项) Statistics on R&D Topics (item)	(R&D)机构数(个) Statistics on R&D Institutions (unit)
2000	1017		34629	248024	15050	7904	1331
2001	985		36138	283091	24064	8100	1122
2002	982		41492	293151	31148	8470	1151
2003	989		40742	341910	24664	9293	1173
2004	1090		38250	423560	24573	12105	1423
2005	1107		50888	556090	39913	16069	1498
2006	1109		58716	798414	47729	18904	1432
2007	1169		64888	1011302	59761	24395	1531
2008	1286		72830	1240890	55061	27349	1727
2009	1636		92571	1747599	96107	22347	1821
2010	1555	144408	101668	2113773	89253	24050	1798
2011	1585	167386	118266	2644922	109950	28422	1817
2012	1720	185116	128323	3107803	124399	30319	1870
2013	2051	216269	152541	3553486	109470	33015	2064
2014	2473	232105	161441	4000099	91021	36449	2203
2015	2850	241171	158855	4350430	92040	39956	2543

22-2 研究与试验发展(R&D)活动概况
Basic Statistics on R&D Activities

指标	Item	2014	2015
科技活动人员(人)	Number of Persons for S&T (person)	343697	346902
#大学本科及以上学历	Graduated from Bachelor and Above	154039	167603
有研究与试验发展(R&D)活动的单位数(个)	Number of Institutions for R&D (unit)	2473	2850
研究与试验发展(R&D)人员(人)	Number of Persons for R&D (person)	232105	241171
#女性	Female	51313	58657
#研究人员	Researchers	98962	95660
#全时人员	Full-time Personnel	132674	136824
非全时人员	Timing Personnel	99431	104347
#博士毕业	Graduated from Doctor	6533	7771
硕士毕业	Graduated from Master	22470	28266
本科毕业	Graduated from Bachelor	60475	73291
其他学历	Other Degree	142627	131843
研究与试验发展(R&D人)员折合全时当量(人年)	Number of Persons for R&D Anounted to Full-time (person-year)	161441	158855
#研究人员	Researchers	68041	61960
#基础研究	Basic Research	3681	4281
应用研究	Applied Research	8652	9659
试验发展	Experimental Development	149108	144914
研究与试验发展(R&D)经费内部支出(万元)	Intramural Expenditures on R&D (10 000 yuan)	4000099	4350430
#基础研究	Basic Research	76770	80500
应用研究	Applied Research	177064	218183
试验发展	Experimental Development	3746265	4051746
#日常性支出	Daily spending	3396244	3703693
#人员劳务费	Labour Fee	983381	1083595
#资产性支出	Assets spending	603855	646737
#仪器和设备	Instruments and Equipment	572396	615117
#政府资金	Government Apppropriation Funds	454974	483254
企业资金	Self-raised Funds by Enterpirses	3416270	3719668
境外资金	Foreign Apppropriation Funds	5273	2124
其他资金	Other Funds	123582	145384
研究与试验发展(R&D)经费外部支出(万元)	External Expenditures on R&D(10 000 yuan)	91021	92040
#对境内研究机构支出	Expenses on Domestic R&D Institutions	40529	44836
对境内高等学校支出	Expenses on Domestic Colleges and Universities	36349	32577
对境内企业支出	Expenses on Domestic Enterprises	8485	12193
对境外支出	Expenses on Overseas	5652	2433
研究与试验发展(R&D)产出情况	Statistics on R&D Outputs		
专利申请数(件)	Total Applications Examined(piece)	21666	23762
#发明专利申请数	Creation Inventions	7571	8771
专利授权数数(件)	Number of Patents Applications Granted (piece)	3345	4740
#发明专利	Inventions	1271	1730
有效发明专利数(件)	Number of Effective Invention Patent (piece)	13124	17408
专利所有权转让及许可数(件)	Assignment and Permit of Patent Ownership(piece)	197	313
专利所有权转让及许可收入(万元)	Income from Assignment and Permit of Patent Ownership(10 000 yuan)	4604	6337
植物新品种权授予数(项)	Number of New Varieties of Plants Applications Granted (item)	30	87
形成国家或行业标准数(项)	Become National or Trade standards(item)	705	800
发表科技论文(篇)	Scientific and Technological Treatise Published(paper)	58919	63293
出版科技著作(种)	Scientific and Technological Books Publiced(type)	2183	2650
研究与试验发展(R&D)项目(课题)情况	Statistics on R&D Topics		
项目(课题)数(项)	Projects of R&D (item)	36449	39956
项目(课题)参加人员(人)	Number of R&D Personnel(person)	146880	144023
#研究人员	Researchers	59762	49518
项目(课题)经费内部支出(万元)	Intramural Expenditures on R&D (10 000 yuan)	3584681	3898617
研究与试验发展(R&D)机构情况	Statistics on R&D Institutions		
机构数(个)	Number of R&D Institutions (unit)	2203	2543
从事研究与试验发展(R&D)人员(人)	Number of R&D Personnel(person)	95791	111339
#博士毕业	Graduated from Doctor	3175	3867
#硕士毕业	Graduated from Master	12240	14480
研究与试验发展(R&D)经费支出(万元)	Expenditures on R&D (10 000 yuan)	1989010	2174461
科研用仪器设备原价(万元)	Original price of Equipment for S&T (10 000yuan)	2111115	2227218
#进口	Import	358144	381822

22-3 研究与试验发展(R&D)活动概况(2015年)

Basic Statistics on R&D Activities (2015)

指 标	Item	总 计 Total	#科学研究与技术开发机构 Institution for Scientific Research and Technological Empolder	#全日制普通高等学校 Full-time Regular Institutions of Higher Edcation	#大中型工业企业 Large and Medium-sized Industrial Enterprises
有研究与试验发展(R&D)活动的单位数(个)	Number of Institutions for R&D (unit)	2850	63	135	1331
研究与试验发展(R&D)人员(人)	Number of Persons for R&D (person)	241171	15404	26290	159964
#女性	Female	58657	4061	12746	32429
#研究人员	Researchers	95660	7395	21013	49969
#全时人员	Full-time Personnel	136824	10076	5329	99504
非全时人员	Timing Personnel	104347	5328	20961	60460
博士毕业	Graduated from Doctor	7771	790	4785	1441
硕士毕业	Graduated from Master	28266	4690	12328	8577
本科毕业	Graduated from Bachelor	73291	5552	8207	49810
其他学历	Other Degree	131843	4372	970	100136
研究与试验发展(R&D人)员折合全时当量(人年)	Number of Persons for R&D Anounted to Full-time (person-year)	158855	10958	7848	114568
#研究人员	Researchers	61960	7159	6491	37046
#基础研究	Basic Research	4281	456	3503	30
应用研究	Applied Research	9659	3699	3482	1356
试验发展	Experimental Development	144914	6803	862	113183
研究与试验发展(R&D)经费内部支出(万元)	Intramural Expenditures on R&D (10 000 yuan)	4350430	331388	187075	3264932
#基础研究	Basic Research	80500	21018	57160	285
应用研究	Applied Research	218183	86731	94123	23196
试验发展	Experimental Development	4051746	223639	35792	3241451
#日常性支出	Daily spending	3703693	261395	142429	2830586
#人员劳务费	Labour Fee	1083595	79134	16781	843805
#资产性支出	Assets spending	646737	69993	44646	434346
#仪器和设备	Instruments and Equipment	615117	52225	41107	425664
#政府资金	Government Apppropriation Funds	483254	229893	118813	101254
企业资金	Self-raised Funds by Enterpirses	3719668	10014	36412	3146746
境外资金	Foreign Apppropriation Funds	2124		29	1438
其他资金	Other Funds	145384	91481	31821	15494
研究与试验发展(R&D)经费外部支出(万元)	External Expenditures on R&D (10 000 yuan)	92040	2446	1661	76715
#对国内研究机构支出	Expenses on Domestic R&D Institutions	44836	1663	646	38011
对国内高等学校支出	Expenses on Domestic Colleges and Universities	32577	565	672	27568
对国内企业支出	Expenses on Domestic Enterprises	12193	218	342	9424
对境外支出	Expenses on Overseas	2433			1712

22-3 续表 continued

指标	Item	总计 Total	#科学研究与技术开发机构 Institution for Scientific Research and Technological Empolder	#全日制普通高等学校 Full-time Regular Institutions of Higher Edcation	#大中型工业企业 Large and Medium-sized Industrial Enterprises
研究与试验发展(R&D)产出情况	Statistics on R&D Outputs				
专利申请数(件)	Total Applications Examined(piece)	23762	1069	5787	12649
#发明专利申请数	Creation Inventions	8771	819	2543	4097
专利授权数(件)	Number of Patents Applications Granted (piece)	4740	670	3981	
#发明专利	Inventions	1730	469	1225	
有效发明专利数(件)	Number of Effective Invention Patent (piece)	17408	1884	3830	8477
专利所有权转让及许可数(件)	Assignment and Permit of Patent Ownership (piece)	313	24	50	173
专利所有权转让及许可收入(万元)	Income from Assignment and Permit of Patent Ownership (10 000 yuan)	6337	438	1373	1357
集成电路布图设计登记数(件)	Number of Integrated Circuit Layout Rosters(piece)	6		6	
植物新品种权授予数(项)	Number of New Varieties of Plants Applications Granted (item)	87	82		
形成国家或行业标准数(项)	Become National or Trade standards(item)	800	45	6	630
发表科技论文(篇)	Scientific and Technological Treatise Published(paper)	63293	3454	51017	6193
出版科技著作(种)	Scientific and Technological Books Publiced(type)	2650	174	2356	
研究与试验发展(R&D)项目(课题)情况	Statistics on R&D Topics				
项目(课题)数(项)	Projects of R&D (item)	39956	900	25932	9028
项目(课题)参加人员折合全时当量(人年)	Number of R&D Personnel (person-year)	144023	10021	7845	103749
#研究人员	Researchers	49518	6467	6489	29132
项目(课题)经费内部支出(万元)	Intramural Expenditures on R&D (10 000 yuan)	3898617	235196	156519	3008567
研究与试验发展(R&D)机构情况	Statistics on R&D Institutions				
机构数(个)	Number of R&D Institutions (unit)	2543	119	273	1290
从事研究与试验发展(R&D)人员(人)	Number of R&D Personnel (person)	111339	15404	2370	79038
#博士毕业	Graduated from Doctor	3867	790	1249	1315
#硕士毕业	Graduated from Master	14480	4690	537	7706
研究与试验发展(R&D)经费支出(万元)	Expenditures on R&D (10 000 yuan)	2174461	331388	22461	1646946
科研用仪器设备原价(万元)	Original price of Equipment for S&T (10 000yuan)	2227218	299142	226328	1444291
#进口	Import	381822	47216	125237	184008

22-4 科技活动人员情况

Basic Statistics on Personnel Engaged in S&T Activities

指　标	Item	2014		2015	
		科技活动人员(人) Number of Persons for S&T (person)	#大学本科及以上学历 Graduated from Bachelor and Above	科技活动人员(人) Number of Persons for S&T (person)	#大学本科及以上学历 Graduated from Bachelor and Above
总　计	**Total**	**343697**	**154039**	**346902**	**167603**
按数据来源分组	**Grouped by Data Source**				
科研单位	Scientific and Technological Sector	24966	16120	24956	16927
#科研机构	Scientific and Technological Institutions	19974	12877	20177	13799
非工业企业	Enterprises Except Industrial	2177	2022	1998	1829
事业单位	Public Institution	2815	1221	2781	1299
高等院校	Institutions of Higer Education	57579	54356	70474	67051
#理工农医院校	Schools of Science, Engineering, Agriculture and Medicine	32040	29727	32559	30357
人文社科院校	Schools of humanities and Social Science	25539	24629	37915	36694
工业企业	Industrial Enterprises	241146	79021	231466	79083
大中型工业企业	Large and Medium-sized Industrial Enterprises	208056	68264	200343	68674
规上小型工业企业	Small-sized Industrial Enterprises above Designated Size	32210	10553	30924	10392
规上微型工业企业	Miniature industrial enterprises	880	204	199	17
重点服务业企业	Key services	3002	664	3002	664
非工业企业	Enterprises Except Industrial	9436	2864	9436	2864
事业单位	Public Institution	7568	1014	7568	1014
按执行部门分组	**Grouped by Executive Departments**				
企业	Enterprises	255761	84571	245902	84440
#大中型	Large and Medium-sized Enterprises	208056	68264	200343	68674
科研机构	Scientific and Technological Institutions	19974	12877	20177	13799
高等院校	Institutions of Higer Education	57579	54356	70474	67051
其他	Others	10383	2235	10349	2313
按隶属关系分组	**Grouped by Administrative Relationship**				
中央	Central	59905	25763	59181	26937
地方	Local	283792	128276	287721	140666

22-5 各市科技活动人员情况

Basic Statistics on Personnel Engaged in S&T Activities by City

市(县)	City(County)	2014 科技活动人员(人) Number of Persons for S&T (person)	2014 #大学本科及以上学历 Graduated from Bachelor and Above	2015 科技活动人员(人) Number of Persons for S&T (person)	2015 #大学本科及以上学历 Graduated from Bachelor and Above
全　　省	**Total**	**343697**	**154039**	**346902**	**167603**
省　辖　市	**City**				
郑　州　市	Zhengzhou	97250	56297	100706	60636
开　封　市	Kaifeng	12645	5702	13000	6244
洛　阳　市	Luoyang	40613	18173	39714	18563
平　顶　山　市	Pingdingshan	21105	6374	19382	7175
安　阳　市	Anyang	16451	4251	14022	4869
鹤　壁　市	Hebi	2700	1514	3098	1755
新　乡　市	Xinxiang	27785	15278	28589	16010
焦　作　市	Jiaozuo	21510	8739	22744	10185
濮　阳　市	Puyang	10637	3720	8286	3504
许　昌　市	Xuchang	20241	7078	21038	6588
漯　河　市	Luohe	5199	2811	5730	3509
三　门　峡　市	Sanmenxia	8757	1832	7963	1970
南　阳　市	Nanyang	22847	8219	24478	9601
商　丘　市	Shangqiu	10688	3641	12286	4493
信　阳　市	Xinyang	6576	3429	7510	4318
周　口　市	Zhoukou	8867	3140	8256	3250
驻　马　店　市	Zhumadian	5783	2824	6096	3308
济　源　市	Jiyuan	4043	1017	4004	1625
省　直　管　县	**Province Administrating County**				
巩　义　市	Gongyi	3519	837	3866	832
兰　考　县	Lankao	1160	41	971	48
汝　州　市	Ruzhou	1426	430	1142	462
滑　县	Huaxian	430	272	323	160
长　垣　县	Changyuan	2632	1467	2659	1439
邓　州　市	Dengzhou	734	311	728	149
永　城　市	Yongcheng	3680	351	3912	236
固　始　县	Gushi	266	62	260	60
鹿　邑　县	Luyi	1049	245	1018	263
新　蔡　县	Xincai	352	141	277	110

22-6 研究与试验发展(R&D)经费支出情况(2015年)
Statistics on Appropriation Expenditure for R&D (2015)

单位：万元 (10 000 yuan)

指标	Item	(R&D)经费内部支出 Intramural Expenditures on R&D	政府资金 Government Appropriation Funds	企业资金 Self-raised Funds by Enterprises	境外资金 Foreign Appropriation Funds	其他资金 Other Funds	(R&D)经费外部支出 External Expenditures on R&D
总计	**Total**	**4350430**	**483254**	**3719668**	**2124**	**145384**	**92040**
按数据来源分组	**Grouped by Data Source**						
科研单位	Scientific and Technological Sector	343944	236622	15175		92147	2533
#科研机构	Scientific and Technological Institutions	331388	229893	10014		91481	2446
非工业企业	Enterprises Except Industrial	7040	1847	5161		32	86
事业单位	Public Institution	5516	4883			634	
高等院校	Institutions of Higer Education	187075	118813	36412	29	31821	1661
#理工农医院校	Schools of Science, Engineering, Agriculture and Medicine	160636	98239	32141	14	30242	1660
人文社科院校	Schools of humanities and Social Science	26440	20574	4271	16	1579	1
工业企业	Industrial Enterprises	3688252	116072	3548931	2094	21155	86162
大中型工业企业	Large and Medium-sized Industrial Enterprises	3264932	101254	3146746	1438	15494	76715
规上小型工业企业	Small-sized Industrial Enterprises above Designated Size	422324	14815	401192	656	5661	9287
规上微型工业企业	Miniature industrial enterprises	996	4	992			160
重点服务业企业	Key services	8685	59	8626			400
非工业企业	Enterprises Except Industrial	100792	654	100087		51	1284
事业单位	Public Institution	21681	11033	10437		211	
按执行部门分组	**Grouped by Executive Departments**						
企业	Enterprises	3804770	118632	3662805	2094	21239	87933
#大中型	Large and Medium-sized Enterprises	3264932	101254	3146746	1438	15494	76715
科研机构	Scientific and Technological Institutions	331388	229893	10014		91481	2446
高等院校	Institutions of Higer Education	187075	118813	36412	29	31821	1661
其他	Others	27197	15916	10437		844	
按隶属关系分组	**Grouped by Administrative Relationship**						
中央	Central	924417	263116	572129	144	89028	16141
地方	Local	3426013	220137	3147539	1980	56357	75900

22-7 研究与试验发展(R&D)活动机构情况(2015年)

Basic Statistics on Institutions Having R&D Activities (2015)

指 标	Item	机构数 (个) Number of Institutions (unit)	机构从事(R&D)活动人员(人) Number of R&D Personnel (person)	#博士毕业 Graduated from Doctor	#硕士毕业 Graduated from Master	机构(R&D)经费内部支出(万元) Expenditures on R&D (10 000 yuan)	机构科研用仪器设备原价(万元) Original price of Equipment for S&T (10 000yuan)	#进口 Import
总 计	**Total**	**2543**	**111339**	**3867**	**14480**	**2174461**	**2227218**	**381822**
按数据来源分组	**Grouped by Data Source**							
科研单位	Scientific and Technological Sector	124	15522	808	4728	332915	302648	48060
#科研机构	Scientific and Technological Institutions	119	15404	790	4690	331388	299142	47216
非工业企业	Enterprises Except Industrial	2	101	18	35	1503	3475	844
事业单位	Public Institution	3	17		3	25	30	
高等院校	Institutions of Higer Education	273	2370	1249	537	22461	226328	125237
#理工农医院校	Schools of Science, Engineering, Agriculture and Medicine	221	1343	608	251	20636	225415	125073
人文社科院校	Schools of humanities and Social Science	52	1027	641	286	1824	913	164
工业企业	Industrial Enterprises	1997	90028	1736	8834	1791064	1660052	200257
大中型工业企业	Large and Medium-sized Industrial Enterprises	1290	79038	1315	7706	1646946	1444291	184008
规上小型工业企业	Small-sized Industrial Enterprises above Designated Size	704	10969	419	1121	143963	215643	16249
规上微型工业企业	Miniature industrial enterprises	3	21	2	7	155	119	
重点服务业企业	Key services	12	112	2	9	1011	2638	163
非工业企业	Enterprises Except Industrial	63	2394	14	89	24265	25115	3573
事业单位	Public Institution	74	913	58	283	2744	10438	4532
按执行部门分组	**Grouped by Executive Departments**							
企业	Enterprises	2074	92635	1770	8967	1817844	1691280	204837
#大中型	Large and Medium-sized Enterprises	1290	79038	1315	7706	1646946	1444291	184008
科研机构	Scientific and Technological Institutions	119	15404	790	4690	331388	299142	47216
高等院校	Institutions of Higer Education	273	2370	1249	537	22461	226328	125237
其他	Others	77	930	58	286	2769	10468	4532
按学科分组	**Grouped by Subject**							
自然科学	Natural Science	49	410	151	87	6154	44498	30017
农业科学	Agricultural Science	109	2942	304	611	55206	71584	24915
医药科学	Medical Science	96	1228	158	396	4773	44713	25876
工程与技术科学	Engineering and Technology Science	2204	105423	2542	13029	2104696	2050671	291501
人文与社会科学	Humanities and Social Science	85	1335	712	357	3632	15752	9514

22-8 研究与试验发展(R&D)人员情况(2015年)

Basic Statistics on Personnel Engaged in R&D Activities (2015)

指 标	Item	单位数(个) Number of Institutions (unit)	#有(R&D)活动的单位数 Number of Institutions for R&D	(R&D)人员(人) Number of Persons for R&D (person)	#研究人员 Researchers	(R&D)人员折合全时当量(人年) Number of Persons for R&D Anounted to Full-time (person-year)	#研究人员 Researchers
总 计	**Total**	**25863**	**2850**	**241171**	**95660**	**158855**	**61960**
按数据来源分组	**Grouped by Data Source**						
科研单位	Scientific and Technological Sector	239	92	16952	8104	12236	7755
#科研机构	Scientific and Technological Institutions	119	63	15404	7395	10958	7159
非工业企业	Enterprises Except Industrial	14	8	838	410	770	381
事业单位	Public Institution	106	21	710	299	508	215
高等院校	Institutions of Higer Education	148	135	26290	21013	7848	6491
#理工农医院校	Schools of Science, Engineering, Agriculture and Medicine	44	44	6652	5620	4431	3745
人文社科院校	Schools of humanities and Social Science	104	91	19638	15393	3417	2746
工业企业	Industrial Enterprises	22893	2454	185059	57674	131051	42184
大中型工业企业	Large and Medium-sized Industrial Enterprises	5541	1331	159964	49969	114568	37046
规上小型工业企业	Small-sized Industrial Enterprises above Designated Size	16259	1116	24925	7638	16328	5078
规上微型工业企业	Miniature industrial enterprises	1093	7	170	67	155	60
重点服务业企业	Key services	2003	17	563	345	412	248
非工业企业	Enterprises Except Industrial	377	69	5795	4748	4098	3528
事业单位	Public Institution	203	83	6512	3776	3210	1754
按执行部门分组	**Grouped by Executive Departments**						
企业	Enterprises	25287	2548	192255	63177	136331	46341
#大中型	Large and Medium-sized Enterprises	5541	1331	159964	49969	114568	37046
科研机构	Scientific and Technological Institutions	119	63	15404	7395	10958	7159
高等院校	Institutions of Higer Education	148	135	26290	21013	7848	6491
其他	Others	309	104	7222	4075	3718	1969
按隶属关系分组	**Grouped by Administrative Relationship**						
中央	Central	334	119	45816	20718	36072	17651
地方	Local	25529	2731	195355	74942	122782	44309

22-9 研究与试验发展(R&D)产出情况(2015年)

指 标	Item	专 利 申请数 (件) Total Applications Examined (piece)	#发明专利申请数 Creation Inventions	专 利 授权数 (件) Number of Patents Applications Granted (piece)	#发明专利授权数 Inventions
总 计	**Total**	**23762**	**8771**	**4740**	**1730**
按数据来源分组	**Grouped by Data Source**				
科研单位	Scientific and Technological Sector	1177	879	759	505
#科研机构	Scientific and Technological Institutions	1069	819	670	469
非工业企业	Enterprises Except Industrial	93	55	86	35
事业单位	Public Institution	15	5	3	1
高等院校	Institutions of Higer Education	5787	2543	3981	1225
#理工农医院校	Schools of Science, Engineering, Agriculture and Medicine	5572	2532	3868	1224
人文社科院校	Schools of humanities and Social Science	215	11	113	1
工业企业	Industrial Enterprises	16518	5250		
大中型工业企业	Large and Medium-sized Industrial Enterprises	12649	4097		
规上小型工业企业	Small-sized Industrial Enterprises above Designated Size	3730	1102		
规上微型工业企业	Miniature industrial enterprises	139	51		
重点服务业企业	Key services	37	15		
非工业企业	Enterprises Except Industrial	211	72		
事业单位	Public Institution	32	12		
按执行部门分组	**Grouped by Executive Departments**				
企业	Enterprises	16859	5392	86	35
#大中型	Large and Medium-sized Enterprises	12649	4097		
科研机构	Scientific and Technological Institutions	1069	819	670	469
高等院校	Institutions of Higer Education	5787	2543	3981	1225
其他	Others	47	17	3	1
按隶属关系分组	**Grouped by Administrative Relationship**				
中央	Central	4594	2320	601	421
地方	Local	19168	6451	4139	1309

Statistics on Achievements for R&D (2015)

有效发明专利数(件) Number of Effective Invention Patent (piece)	专利所有权转让及许可数(件) Assignment and Permit of Patent Ownership(piece)	专利所有权转让及许可收入(万元) Income from Assignment and Permit of Patent Ownership (10 000 yuan)	植物新品种权授予数(项) Number of New Varieties of Plants Applications Granted (item)	形成国家或行业标准数(项) Become National or Trade Standards (item)	发表科技论文(篇) Scientific Papers Published (paper)	出版科技著作(种) Science and Technology Workers Published (type)
17408	**313**	**6337**	**87**	**800**	**63293**	**2650**
2212	25	444	87	76	4005	189
1884	24	438	82	45	3454	174
326	1	6		26	302	
2			5	5	249	15
3830	50	1373		6	51017	2356
3818	45	1373		6	31077	744
12	5				19940	1612
11305	235	4513		708	6654	
8477	173	1357		630	6193	
2717	62	3157		78	383	
111					78	
6				1	3	
55	3	7		9	426	
					1188	105
11692	239	4527		744	7385	
8477	173	1357		630	6193	
1884	24	438	82	45	3454	174
3830	50	1373		6	51017	2356
2			5	5	1437	120
4620	27	448	12	236	4178	42
12788	286	5889	75	564	59115	2608

22-10 规模以上工业企业研究与试验发展(R&D)人员活动情况(2015年)

单位：人

类别	Item	(R&D)人员合计(人) Number of Persons for R&D	参加项目人员 Participating in project Personnel	管理和服务人员 Management and Service Personnel
总 计	**Total**	**185059**	**171433**	**13626**
按企业规模分组	**By Size**			
大型企业	Large-sized	116239	106977	9262
中型企业	Medium-sized	43725	40746	2979
小型企业	Small-sized	24925	23542	1383
微型企业	Miniature	170	168	2
按工业行业大类分组	**By Sector**			
#煤炭开采和洗选业	Mining and Washing of Coal	12573	11963	610
石油和天然气开采业	Extraction of Petroleum and Natural Gas	2457	1966	491
黑色金属矿采选业	Mining of Ferrous Metal Ores			
有色金属矿采选业	Mining of Non-ferrous Metal Ores	91	91	
非金属矿采选业	Mining and Processing of Nonmetal Ores	39	36	3
农副食品加工业	Processing of Food from Agricultural Products	6440	5488	952
食品制造业	Manufacture of Foods	5971	5425	546
酒、饮料和精制茶制造业	Manufacture of Wine, drinks and refined tea	2102	1979	123
烟草制品业	Manufacture of Tobacco	617	610	7
纺织业	Manufacture of Textile	3234	3058	176
纺织服装服饰业	Manufacture of Textile Wearing,Apparel	1135	1030	105
皮革、毛皮、羽毛及其制品和制鞋业	Manufacture of Leather, Fur, Featherand Its Products, Shoemaking	1242	1181	61
木材加工及木、竹、藤、棕、草制品业	Processing of Timbers, Manufacture of Wood, Bamboo, Rattan, Palm, and Straw Products	620	609	11
家具制造业	Manufacture of Furniture	339	326	13
造纸及纸制品业	Manufacture of Paper and Paper Products	2138	1997	141
印刷和记录媒介的复制业	Printing,Reproduction of Recording Media	526	515	11
文教、工美、体育和娱乐用品制造业	Manufacture of Cultural and educational supplies, industrial, sporting and entertainment	1798	1621	177
石油加工、炼焦及核燃料加工业	Processing of Petroleum ,Coking, Processing of Nucleus Fuel	680	638	42
化学原料及化学制品制造业	Manufacture of Chemical Raw Material and Chemical Products	11184	10526	658
医药制造业	Manufacture of Medicines	8310	7663	647
化学纤维制造业	Manufacture of Chemical Fiber	1306	1282	24
橡胶和塑料制品业	Manufacture of Rubber and Plastic	3815	3562	253
非金属矿物制品业	Manufacture of Non-metallic Mineral Products	12792	11714	1078
黑色金属冶炼及压延加工业	Manufacture and Processing of Ferrous Metals	8815	7921	894
有色金属冶炼及压延加工业	Manufacture and Processing of Non-ferrous Metals	10343	9692	651
金属制品业	Manufacture of Metal Products	3269	3177	92
通用设备制造业	Manufacture of General Purpose Machinery	13188	12181	1007
专用设备制造业	Manufacture of Special Purpose Machinery	15298	14141	1157
汽车制造业	Manufacture of Automobile	14938	13980	958
铁路、船舶、航空航天和其他运输设备制造业	Manufacture of Railway, shipbuilding, aerospace, and other transportation equipment	4432	4196	236
电气机械及器材制造业	Manufacture of Electrical Machinery and Equipment	14472	13519	953
计算机、通信和其他电子设备制造业	Manufacture of Computer Communication Equipment, and Other Electronic Equipment	8809	8220	589
仪器仪表制造业	Manufacture of Measuring Instrument	4858	4566	292
其他制造业	Manufacture of others	933	400	533
废弃资源综合利用业	Comprehensive utilization of waste materials	71	69	2
金属制品、机械和设备修理业	Repairing of Metal products, machinery and equipment	1456	1455	1
电力、热力的生产和供应业	Production and Supply of Electric Power and Heat Power	3626	3543	83
燃气生产和供应业	Production and Distribution of Gas	264	250	14
水的生产和供应业	Production and Distribution of Water	42	35	7

Basic Statistics on R&D Activities in Enterprises above Designated Size (2015)

(person)

#女性 Female	#研究人员 Researchers	#全时人员 Full-time Personnel	非全时人员 Timing Personnel	(R&D)人员折合全时当量合计(人年) Number of Persons for R&D Anounted to Full-time (person-year)	#研究人员 Researchers	#基础研究人员 Basic Research	应用研究人员 Applied Research	试验发展人员 Experimental Development
37847	**57674**	**115934**	**69125**	**131051**	**42184**	**30**	**1520**	**129501**
22196	36553	70774	45465	84453	27652	30	1145	83278
10233	13416	28730	14995	30115	9394		211	29905
5392	7638	16347	8578	16328	5078		164	16164
26	67	83	87	155	60			155
332	2599	3815	8758	6530	1272		235	6295
837	1146	1730	727	2200	1021		272	1927
6	17	29	62	58	10			58
19	16	11	28	26	10			26
1569	2446	4059	2381	4852	1900		14	4838
1827	1777	3893	2078	4607	1324		20	4587
636	610	1324	778	1447	455		47	1400
72	167	132	485	349	95		3	347
1039	700	1782	1452	1947	472			1947
450	236	827	308	981	195			981
190	259	422	820	1039	213			1039
192	131	473	147	347	75			347
89	103	250	89	243	80			243
330	413	1614	524	1409	253		4	1405
168	181	378	148	382	131			382
545	506	1291	507	1549	440			1549
122	270	506	174	577	233			577
2415	3295	7311	3873	8392	2502	3	65	8324
2939	2861	5432	2878	6074	2060		182	5892
1219	174	81	1225	362	59			362
699	1021	1918	1897	3018	768			3018
2345	3848	8388	4404	9560	2931		12	9548
1199	3161	4214	4601	6490	2418		52	6438
1769	2622	6676	3667	7387	1989		46	7341
533	833	1601	1668	2458	631		39	2419
2519	4567	8972	4216	9250	3136		55	9195
2594	5283	9918	5380	11215	3938		156	11059
2487	4929	10907	4031	9548	3276		21	9526
1138	1547	3354	1078	3518	1339		1	3517
2595	4620	10223	4249	9762	3628	27	163	9572
2462	3375	7309	1500	6196	2416		4	6193
1226	1849	3546	1312	3355	1227		21	3335
215	466	712	221	705	352			705
15	27	56	15	43	17			43
535	250	907	549	1449	248		7	1442
285	980	1297	2329	2634	699			2634
78	75	207	57	248	70		2	246
18	20	18	24	25	12		3	22

22-11 规模以上工业企业研究与试验发展(R&D)经费支出活动情况(2015年)

单位：万元

类别	Item	(R&D)经费内部支出 Intramural Expenditures on R&D	#基础研究支出 Basic Research	应用研究支出 Applied Research	试验发展支出 Experimental Development
总计	**Total**	**3688252**	**285**	**28056**	**3659911**
按企业规模分组	**By Size**				
大型企业	Large-sized	2418072	285	15739	2402047
中型企业	Medium-sized	846861		7457	839404
小型企业	Small-sized	422324		4860	417464
微型企业	Miniature	996			996
按工业行业大类分组	**By Sector**				
#煤炭开采和洗选业	Mining and Washing of Coal	182110		2817	179294
石油和天然气开采业	Extraction of Petroleum and Natural Gas	37462		3408	34054
黑色金属矿采选业	Mining of Ferrous Metal Ores				
有色金属矿采选业	Mining of Non-ferrous Metal Ores	1834			1834
非金属矿采选业	Mining and Processing of Nonmetal Ores	986			986
农副食品加工业	Processing of Food from Agricultural Products	129415		795	128619
食品制造业	Manufacture of Foods	94250		909	93341
酒、饮料和精制茶制造业	Manufacture of Wine, drinks and refined tea	47411		666	46745
烟草制品业	Manufacture of Tobacco	16299		219	16080
纺织业	Manufacture of Textile	78983			78983
纺织服装服饰业	Manufacture of Textile Wearing,Apparel	15138			15138
皮革、毛皮、羽毛及其制品和制鞋业	Manufacture of Leather, Fur, Featherand Its Products, Shoemaking	33267			33267
木材加工及木、竹、藤、棕、草制品业	Processing of Timbers, Manufacture of Wood, Bamboo, Rattan, Palm, and Straw Products	13807			13807
家具制造业	Manufacture of Furniture	8587			8587
造纸及纸制品业	Manufacture of Paper and Paper Products	48079		125	47954
印刷和记录媒介的复制业	Printing,Reproduction of Recording Media	10825			10825
文教、工美、体育和娱乐用品制造业	Manufacture of Cultural and educational supplies, industrial, sporting and entertainment	20629			20629
石油加工、炼焦及核燃料加工业	Processing of Petroleum ,Coking, Processing of Nucleus Fuel	17183			17183
化学原料及化学制品制造业	Manufacture of Chemical Raw Material and Chemical Products	211424	40	1816	209568
医药制造业	Manufacture of Medicines	145339		4831	140507
化学纤维制造业	Manufacture of Chemical Fiber	15266			15266
橡胶和塑料制品业	Manufacture of Rubber and Plastic	59439			59439
非金属矿物制品业	Manufacture of Non-metallic Mineral Products	275494		218	275276
黑色金属冶炼及压延加工业	Manufacture and Processing of Ferrous Metals	204237		813	203424
有色金属冶炼及压延加工业	Manufacture and Processing of Non-ferrous Metals	304345		857	303488
金属制品业	Manufacture of Metal Products	51961		4313	47647
通用设备制造业	Manufacture of General Purpose Machinery	282102		864	281239
专用设备制造业	Manufacture of Special Purpose Machinery	342309		904	341405
汽车制造业	Manufacture of Automobile	351164		1047	350118
铁路、船舶、航空航天和其他运输设备制造业	Manufacture of Railway, shipbuilding, aerospace, and other transportation equipment	77654		5	77649
电气机械及器材制造业	Manufacture of Electrical Machinery and Equipment	302045	245	1458	300342
计算机、通信和其他电子设备制造业	Manufacture of Computer Communication Equipment , and Other Electronic Equipment	122279		661	121618
仪器仪表制造业	Manufacture of Measuring Instrument	67540		220	67320
其他制造业	Manufacture of others	38935			38935
废弃资源综合利用业	Comprehensive utilization of waste materials	1626			1626
金属制品、机械和设备修理业	Repairing of Metal products, machinery and equipment	6782		18	6764
电力、热力的生产和供应业	Production and Supply of Electric Power and Heat Power	58867			58867
燃气生产和供应业	Production and Distribution of Gas	3735		94	3641
水的生产和供应业	Production and Distribution of Water	1228		32	1197

Basic Statistics on R&D Activities in Enterprises above Designated Size (2015)

(10 000 yuan)

政府资金 Government Apppropriation Funds	企业资金 Self-raised Funds by Enterpirses	境外资金 Foreign Apppropriation Funds	其他资金 Other Funds	(R&D)经费外部支出 External Expenditures on R&D	对境内研究机构支出 Expenses on Domestic R&D Institutions	对境内高等学校支出 Expenses on Domestic Universities	对境外支出 Expenses on Overseas
116072	**3548931**	**2094**	**21155**	**86162**	**41704**	**30602**	**2402**
75416	2333071	816	8769	63289	31575	22117	1349
25838	813676	623	6725	13426	6436	5451	363
14815	401192	656	5661	9287	3655	2968	690
4	992			160	38	67	
100	182011			4983	752	3421	
3561	33901			2598	317	2194	
	1834			174	24	150	
102	884						
3300	125895		220	2741	881	1798	37
2555	91223		472	1647	204	1380	
1358	45902	4	146	1118	596	484	9
	14028		2271	1705	1054	481	
401	78469		113	2272	1201	561	
49	14929		159	32		32	
267	32526		474	30			
224	13583			20			
407	8180			170	170		
1559	46516		4	757	154	486	
94	10731						
63	20566			129	5	5	119
1593	15559		32	905	141	252	
4102	206760	0	561	5265	3332	1168	38
6437	135409		3492	11146	8117	2119	
60	15206						
911	58528			485	240	241	
5870	269125	151	348	5663	2268	1606	449
1396	202636		206	6018	2912	2385	
15190	288982		173	1512	527	383	40
2154	49456	30	321	207	113	94	
12129	268415	221	1337	3555	1121	1568	4
10209	326845		5256	2961	1334	727	284
20681	329355	619	510	8485	5953	1976	304
4924	72515		215	692	218	134	
6821	293335	198	1691	10718	5823	3259	799
4018	116426	474	1361	1506	909	369	
3625	61922	397	1597	2131	841	226	255
1305	37630			293		293	
40	1586			3		3	
1	6772		8				
370	58497			5452	2359	2605	
	3545		190	66		66	
198	1030			340	110	66	64

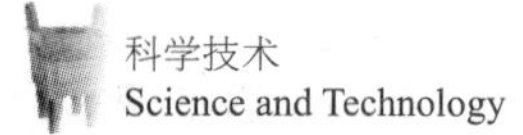

22-12 规模以上工业企业研究与试验发展(R&D)活动情况(2015年)
Basic Statistics on R&D Activities in Enterprises above Designated Size (2015)

类别	Item	新产品产值(万元) Gross Output Value of new Products (10 000 yuan)	新产品销售收入(万元) Sales Revenue of New Products (10 000 yuan)	专利申请数(项) Total Patent Applications (item)	有效发明专利数(项) Patent Owned (item)
总　计	**Total**	**58666020**	**57894206**	**16518**	**11305**
按企业规模分组	**By Size**				
大型企业	Large-sized	51879584	51196173	8869	5106
中型企业	Medium-sized	4967264	4647887	3780	3371
小型企业	Small-sized	1817973	2049058	3730	2717
微型企业	Miniature	1200	1089	139	111
按工业行业大类分组	**By Sector**				
#煤炭开采和洗选业	Mining and Washing of Coal	126584	107502	165	87
石油和天然气开采业	Extraction of Petroleum and Natural Gas			205	22
黑色金属矿采选业					
有色金属矿采选业	Mining of Non-ferrous Metal Ores	317		3	
非金属矿采选业	Mining and Processing of Nonmetal Ores	8584	6841	1	5
农副食品加工业	Processing of Food from Agricultural Products	1630410	1884408	604	279
食品制造业	Manufacture of Foods	789846	741425	278	262
酒、饮料和精制茶制造业	Manufacture of Wine, drinks and refined tea	613380	484276	137	181
烟草制品业	Manufacture of Tobacco	82132	81877	360	100
纺织业	Manufacture of Textile	614683	597997	53	43
纺织服装服饰业	Manufacture of Textile Wearing,Apparel	47182	43090	132	3
皮革、毛皮、羽毛及其制品和制鞋业	Manufacture of Leather, Fur, Featherand Its Products, Shoemaking	250671	218926	150	52
木材加工及木、竹、藤、棕、草制品业	Processing of Timbers, Manufacture of Wood, Bamboo, Rattan, Palm, and Straw Products	67988	64488	7	4
家具制造业	Manufacture of Furniture	23335	21772	120	14
造纸及纸制品业	Manufacture of Paper and Paper Products	546267	523032	36	10
印刷和记录媒介的复制业	Printing,Reproduction of Recording Media	83180	77263	49	64
文教、工美、体育和娱乐用品制造业	Manufacture of Cultural and educational supplies, industrial, sporting and entertainment	195858	240541	175	115
石油加工、炼焦及核燃料加工业	Processing of Petroleum ,Coking, Processing of Nucleus Fuel	19973	20074	72	56
化学原料及化学制品制造业	Manufacture of Chemical Raw Material and Chemical Products	1855700	1908694	719	659
医药制造业	Manufacture of Medicines	1039404	955823	460	442
化学纤维制造业	Manufacture of Chemical Fiber	143086	19632	14	10
橡胶和塑料制品业	Manufacture of Rubber and Plastic	485097	489905	254	150
非金属矿物制品业	Manufacture of Non-metallic Mineral Products	1795448	1707239	1125	782
黑色金属冶炼及压延加工业	Manufacture and Processing of Ferrous Metals	3021580	2948358	293	258
有色金属冶炼及压延加工业	Manufacture and Processing of Non-ferrous Metals	2755532	2959410	792	1319
金属制品业	Manufacture of Metal Products	225505	212536	335	205
通用设备制造业	Manufacture of General Purpose Machinery	2649940	2805854	1599	1683
专用设备制造业	Manufacture of Special Purpose Machinery	2965044	2958817	1750	1395
汽车制造业	Manufacture of Automobile	4853805	5101955	1377	413
铁路、船舶、航空航天和其他运输设备制造业	Manufacture of Railway, shipbuilding, aerospace, and other transportation equipment	587512	623402	533	437
电气机械及器材制造业	Manufacture of Electrical Machinery and Equipment	2699288	2446271	2223	846
计算机、通信和其他电子设备制造业	Manufacture of Computer Communication Equipment, and Other Electronic Equipment	27632698	26803172	346	222
仪器仪表制造业	Manufacture of Measuring Instrument	505495	489369	610	361
其他制造业	Manufacture of others	66953	66930	110	125
废弃资源综合利用业	Comprehensive utilization of waste materials	1003	893	67	
金属制品、机械和设备修理业	Repairing of Metal products, machinery and equipment	84432	84432	88	20
电力、热力的生产和供应业	Production and Supply of Electric Power and Heat Power	173574	173571	1160	644
燃气生产和供应业	Production and Distribution of Gas	20415	20415	17	15
水的生产和供应业	Production and Distribution of Water	4121	4020	5	4

22-13 规模以上工业企业研究与试验发展(R&D)活动情况(2015年)

Basic Statistics on R&D Activities in Enterprises above Designated Size (2015)

类别	Item	项目数 (项) Projects for S&T Activities (item)	参加项目人员 (人) Total Personnel of Projects (person)	项目经费支出合计 (万元) Expenditure of Projects (10 000 yuan)	政府资金
总 计	**Total**	**11764**	**171433**	**3390455**	**100714**
按企业规模分组	**By Size**				
大型企业	Large-sized	5873	106977	2225391	68510
中型企业	Medium-sized	3155	40746	783176	19108
小型企业	Small-sized	2723	23542	380961	13092
微型企业	Miniature	13	168	927	4
按工业行业大类分组	**By Sector**				
#煤炭开采和洗选业	Mining and Washing of Coal	508	11963	150132	100
石油和天然气开采业	Extraction of Petroleum and Natural Gas	227	1966	32835	3561
有色金属矿采选业	Mining of Non-ferrous Metal Ores	6	91	1652	
非金属矿采选业	Mining and Processing of Nonmetal Ores	4	36	957	5
农副食品加工业	Processing of Food from Agricultural Products	404	5488	112971	2356
食品制造业	Manufacture of Foods	380	5425	85545	2500
酒、饮料和精制茶制造业	Manufacture of Wine, drinks and refined tea	121	1979	41933	1278
烟草制品业	Manufacture of Tobacco	180	610	9899	
纺织业	Manufacture of Textile	124	3058	73106	401
纺织服装服饰业	Manufacture of Textile Wearing,Apparel	48	1030	13458	49
皮革、毛皮、羽毛及其制品和制鞋业	Manufacture of Leather, Fur, Featherand Its Products, Shoemaking	55	1181	28663	267
木材加工及木、竹、藤、棕、草制品业	Processing of Timbers, Manufacture of Wood, Bamboo, Rattan, Palm, and Straw Products	55	609	12118	224
家具制造业	Manufacture of Furniture	19	326	7432	407
造纸及纸制品业	Manufacture of Paper and Paper Products	105	1997	46286	1555
印刷和记录媒介的复制业	Printing,Reproduction of Recording Media	70	515	9894	94
文教、工美、体育和娱乐用品制造业	Manufacture of Cultural and educational supplies, industrial, sporting and entertainment	96	1621	18520	62
石油加工、炼焦及核燃料加工业	Processing of Petroleum ,Coking, Processing of Nucleus Fuel	46	638	14805	1491
化学原料及化学制品制造业	Manufacture of Chemical Raw Material and Chemical Products	716	10526	196409	3531
医药制造业	Manufacture of Medicines	626	7663	129185	5694
化学纤维制造业	Manufacture of Chemical Fiber	13	1282	15179	60
橡胶和塑料制品业	Manufacture of Rubber and Plastic	171	3562	54406	549
非金属矿物制品业	Manufacture of Non-metallic Mineral Products	891	11714	260599	5647
黑色金属冶炼及压延加工业	Manufacture and Processing of Ferrous Metals	421	7921	188143	1115
有色金属冶炼及压延加工业	Manufacture and Processing of Non-ferrous Metals	450	9692	289636	13325
金属制品业	Manufacture of Metal Products	248	3177	45734	2112
通用设备制造业	Manufacture of General Purpose Machinery	1109	12181	262874	8912
专用设备制造业	Manufacture of Special Purpose Machinery	1177	14141	310229	9008
汽车制造业	Manufacture of Automobile	954	13980	329192	20360
铁路、船舶、航空航天和其他运输设备制造业	Manufacture of Railway, shipbuilding, aerospace, and other transportation equipment	312	4196	75630	4904
电气机械及器材制造业	Manufacture of Electrical Machinery and Equipment	942	13519	289876	5743
计算机、通信和其他电子设备制造业	Manufacture of Computer Communication Equipment , and Other Electronic Equipment	351	8220	110672	2118
仪器仪表制造业	Manufacture of Measuring Instrument	473	4566	64456	1599
其他制造业	Manufacture of others	77	400	32197	1305
废弃资源综合利用业	Comprehensive utilization of waste materials	8	69	1506	40
金属制品、机械和设备修理业	Repairing of Metal products, machinery and equipment	20	1455	6660	
电力、热力的生产和供应业	Production and Supply of Electric Power and Heat Power	235	3543	55233	281
燃气生产和供应业	Production and Distribution of Gas	34	250	3477	
水的生产和供应业	Production and Distribution of Water	6	35	870	65

22-14 研究与试验发展(R&D)项目(课题)情况(2015年)

Statistics on R&D Projects(Topics) (2015)

指标	Item	项目(课题)数(项) Projects of R&D (item)	项目(课题)参加人员折合全时当量(人年) Number of Persons for R&D Anounted to Full-time (person-year)	#研究人员 Researchers	项目(课题)经费内部支出支出(万元) Intramural Expenditures on R&D (10 000 yuan)
总　　计	**Total**	**39956**	**144023**	**49518**	**3898617**
按数据来源分组	**Grouped by Data Source**				
科研单位	Scientific and Technological Sector	1171	11001	6996	245613
#科研机构	Scientific and Technological Institutions	900	10021	6467	235196
非工业企业	Enterprises Except Industrial	177	563	334	5962
事业单位	Public Institution	94	417	195	4455
高等院校	Institutions of Higer Education	25932	7845	6489	156519
#理工农医院校	Schools of Science, Engineering, Agriculture and Medicine	9458	4431	3745	146414
人文社科院校	Schools of humanities and Social Science	16474	3415	2745	10105
工业企业	Industrial Enterprises	11764	119200	33442	3390455
大中型工业企业	Large and Medium-sized Industrial Enterprises	9028	103749	29132	3008567
规上小型工业企业	Small-sized Industrial Enterprises above Designated Size	2723	15299	4253	380961
规上微型工业企业	Miniature Industrial Enterprises above Designated Size	13	152	57	927
重点服务业企业	Key Services Enterprises	29	346	40	7739
非工业企业	Enterprises Except Industrial	439	3243	2369	87129
事业单位	Public Institution	621	2387	182	11161
按执行部门分组	**Grouped by Executive Departments**				
企业	Enterprises	12409	123352	36185	3491286
#大中型	Large and Medium-sized Enterprises	9028	103749	29132	3008567
科研机构	Scientific and Technological Institutions	900	10021	6467	235196
高等院校	Institutions of Higer Education	25932	7845	6489	156519
其他	Others	715	2804	378	15616
按项目来源分组	**Grouped by Projects Source**				
国家科技项目	National Project	6768	14915	8995	418600
地方科技项目	Local Project	15763	10766	5462	251127
企业委托科技项目	Commissioned by Enterprises Project	1580	3240	1350	102093
自选科技项目	Optional Project	15095	113354	33073	3080338
来自国外的科技项目	Foreign Project	54	255	66	2940
其它科技项目	Other Project	696	1493	574	43519
按活动类型分组	**Grouped by Activity type**				
基础研究	Basic Research	12762	4072	3189	60126
应用研究	Applied Research	12092	9029	5808	173828
试验发展	Experimental Development	15101	130922	40521	3664662
按学科分组	**Grouped by Subject**				
自然科学	Natural Science	2740	1562	1226	60980
农业科学	Agricultural Science	1666	2860	1904	47236
医药科学	Medical Science	2648	3513	1102	25799
工程与技术科学	Engineering and Technology Science	16345	132478	42428	3753505
人文与社会科学	Humanities and Social Science	16557	3610	2858	11097

22-15 各市研究与试验发展(R&D)人员情况(2015年)

Basic Statistics on Personnel Engaged in R&D Activities by City (2015)

市(县)	City(County)	单位数(个) Number of Institutions (unit)	#有(R&D)活动 Number of Institutions for R&D	(R&D)活动人员(人) Number of Persons for R&D (person)	#研究人员 Researchers	(R&D)活动人员折合全时当量(人年) Number of Persons for R&D Anounted to Full-time (person-year)	#研究人员 Researchers
全省	**Total**	**25863**	**2850**	**241171**	**95660**	**158855**	**61960**
省辖市	**City**						
郑州市	Zhengzhou	3520	679	67589	31084	42702	19314
开封市	Kaifeng	1540	140	10015	4256	6725	2356
洛阳市	Luoyang	2097	249	29619	13078	21471	9960
平顶山市	Pingdingshan	1002	104	11514	3396	8857	2442
安阳市	Anyang	1224	78	9417	4215	6675	2900
鹤壁市	Hebi	605	39	1841	811	917	357
新乡市	Xinxiang	1365	206	21641	8728	12805	5458
焦作市	Jiaozuo	1373	176	16087	4626	11415	3076
濮阳市	Puyang	1087	163	6429	2606	4918	2061
许昌市	Xuchang	1753	135	13586	4477	9059	3411
漯河市	Luohe	767	48	3600	1553	2923	1275
三门峡市	Sanmenxia	712	77	6370	1354	3382	726
南阳市	Nanyang	2434	246	18491	6337	12897	4162
商丘市	Shangqiu	1433	110	7721	2622	3545	1075
信阳市	Xinyang	1436	130	4512	2154	2203	938
周口市	Zhoukou	1426	53	5355	1803	3541	938
驻马店市	Zhumadian	1830	178	4647	1829	2852	1020
济源市	Jiyuan	259	39	2737	732	1972	491
省直管县	**Province Administrating County**						
巩义市	Gongyi	488	39	3112	446	2369	334
兰考县	Lankao	344	41	1031	246	847	208
汝州市	Ruzhou	187	17	892	190	774	160
滑县	Huaxian	220	2	144	70	123	59
长垣县	Changyuan	163	17	2356	1008	996	443
邓州市	Dengzhou	180	11	490	139	379	110
永城市	Yongcheng	192	7	2697	913	752	269
固始县	Gushi	217	14	252	103	161	68
鹿邑县	Luyi	127	1	397	199	55	28
新蔡县	Xincai	164	18	208	79	88	35

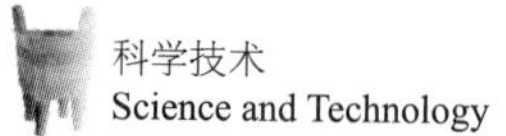

22-16 各市研究与试验发展(R&D)机构情况(2015年)
Basic Statistics on Institutions Having R&D Activities by City (2015)

市(县) City(County)	机构数 (个) Number of Institutions (unit)	机构从事(R&D)活动人员 (人) Number of R&D Personnel (person)	#博士毕业 Graduated from Doctor	#硕士毕业 Graduated from Master	机构(R&D)经费内部支出 (万元) Expenditures on R&D (10 000 yuan)	机构科研用仪器设备原价 (万元) Original price of Equipment for S&T (10 000yuan)	#进口 Import
全　　省 Total	**2543**	**111339**	**3867**	**14480**	**2174461**	**2227218**	**381822**
省 辖 市 City							
郑　州　市 Zhengzhou	728	34752	1710	4788	669473	668597	178780
开　封　市 Kaifeng	112	3340	237	318	105147	87491	18656
洛　阳　市 Luoyang	143	12959	374	3213	300655	254163	47827
平 顶 山 市 Pingdingshan	82	4927	88	438	127879	162667	10365
安　阳　市 Anyang	79	2789	159	313	56602	46039	4522
鹤　壁　市 Hebi	47	1252	53	118	16408	35874	1469
新　乡　市 Xinxiang	216	10906	312	1623	173107	199923	22144
焦　作　市 Jiaozuo	197	8750	160	503	171267	193050	44703
濮　阳　市 Puyang	110	3723	106	312	60265	65546	1577
许　昌　市 Xuchang	100	5799	97	671	118603	118987	12778
漯　河　市 Luohe	86	2616	37	238	29837	30689	7435
三 门 峡 市 Sanmenxia	56	1631	43	115	19604	49371	2843
南　阳　市 Nanyang	153	8456	141	815	172340	159233	21298
商　丘　市 Shangqiu	110	1787	43	173	27664	35494	1564
信　阳　市 Xinyang	95	1758	91	233	19188	30349	455
周　口　市 Zhoukou	72	2446	112	287	34615	23999	1525
驻 马 店 市 Zhumadian	121	2331	72	213	36626	45430	3379
济　源　市 Jiyuan	36	1118	34	109	35182	20317	505
省 直 管 县 Province Administrating County							
巩　义　市 Gongyi	35	2157	34	66	59382	38701	3470
兰　考　县 Lankao	7	82	2	4	676	430	22
汝　州　市 Ruzhou	17	555	29	45	12219	9978	1471
滑　　　县 Huaxian	2	94			613	3440	
长　垣　县 Changyuan	12	1526	13	141	32371	31022	
邓　州　市 Dengzhou	3	236		4	2855	6113	600
永　城　市 Yongcheng	16	173		26	2189	3021	
固　始　县 Gushi	2	64		2	799	96	53
鹿　邑　县 Luyi	3	139	10	14	400	3794	
新　蔡　县 Xincai	16	98		14	857	1118	70

22-17 各市研究与试验发展(R&D)经费支出情况(2015年)

Statistics on Appropriation Expenditure for R&D by City (2015)

单位：万元 (10 000 yuan)

市(县) City(County)	(R&D)经费内部支出 Intramural Expenditures on R&D	政府资金 Government Apppropriation Funds	企业资金 Self-raised Funds by Enterpirses	境外资金 Foreign Apppropriation Funds	其他资金 Other Funds	(R&D)经费外部支出 External Expenditures on R&D
全　省 Total	**4350430**	**483254**	**3719668**	**2124**	**145384**	**92040**
省辖市 City						
郑州市 Zhengzhou	1167340	178391	937728	505	50717	26917
开封市 Kaifeng	179330	18555	155254		5520	468
洛阳市 Luoyang	609702	125177	433521	32	50972	5763
平顶山市 Pingdingshan	236774	4681	231620		473	11814
安阳市 Anyang	158313	24457	131216		2640	7561
鹤壁市 Hebi	31787	1340	29145	474	827	1054
新乡市 Xinxiang	395565	83333	290901	484	20847	6397
焦作市 Jiaozuo	274801	7887	263843	34	3036	3458
濮阳市 Puyang	122202	8193	112929	0	1080	3367
许昌市 Xuchang	360436	7762	350663		2011	4839
漯河市 Luohe	76914	2624	74148		142	567
三门峡市 Sanmenxia	75465	589	74661		215	1958
南阳市 Nanyang	271830	7154	262174	595	1907	4987
商丘市 Shangqiu	98410	2266	94092		2052	828
信阳市 Xinyang	63481	3853	57083		2545	1181
周口市 Zhoukou	67677	2966	64711			7418
驻马店市 Zhumadian	70813	2704	67710		400	3030
济源市 Jiyuan	89593	1322	88269		2	434
省直管县 Province Administrating County						
巩义市 Gongyi	76585	253	76290		43	308
兰考县 Lankao	22153	576	21577			44
汝州市 Ruzhou	16217	1208	14930		79	547
滑县 Huaxian	974		793		181	
长垣县 Changyuan	58224	3404	54555		266	904
邓州市 Dengzhou	10881		10582		299	91
永城市 Yongcheng	22821	55	22726		40	403
固始县 Gushi	2474	12	2462			161
鹿邑县 Luyi	5130		5130			
新蔡县 Xincai	3162	108	3037		17	

22—18 各市研究与试验发展(R&D)项目(课题)情况(2015年)
Statistics on R&D Projects (Topics) by City (2015)

市(县) City(County)	项目(课题)数(项) Projects of R&D (item)	项目(课题)参加人员折合全时当量(人年) Number of Persons for R&D Anounted to Full-time (person-year)	#研究人员 Researchers	项目(课题)经费内部支出(万元) Intramural Expenditures on R&D (10 000 yuan)
全　省 Total	**39956**	**144023**	**49518**	**3898617**
省辖市 City				
郑州市 Zhengzhou	15354	39330	16227	1012708
开封市 Kaifeng	2359	5913	1671	165209
洛阳市 Luoyang	3948	19657	8286	547664
平顶山市 Pingdingshan	1116	8356	2182	222564
安阳市 Anyang	1120	5779	2182	131886
鹤壁市 Hebi	263	815	285	22776
新乡市 Xinxiang	5690	11629	4546	361701
焦作市 Jiaozuo	2217	10747	2492	258015
濮阳市 Puyang	605	4296	1392	109334
许昌市 Xuchang	1772	7619	2283	337063
漯河市 Luohe	335	2220	657	70685
三门峡市 Sanmenxia	533	3162	602	70547
南阳市 Nanyang	1699	11446	2984	239747
商丘市 Shangqiu	731	3242	877	86686
信阳市 Xinyang	1109	2040	794	51658
周口市 Zhoukou	246	3309	787	62952
驻马店市 Zhumadian	510	2668	888	61398
济源市 Jiyuan	349	1797	385	86023
省直管县 Province Administrating County				
巩义市 Gongyi	148	2210	263	72678
兰考县 Lankao	58	830	187	21570
汝州市 Ruzhou	60	719	136	14286
滑县 Huaxian	4	113	52	855
长垣县 Changyuan	147	803	312	54478
邓州市 Dengzhou	29	290	38	4291
永城市 Yongcheng	83	607	177	20038
固始县 Gushi	14	159	64	2279
鹿邑县 Luyi	2	43	13	4749
新蔡县 Xincai	19	80	26	2702

22-19 各市研究与试验发展(R&D)产出情况(2015年)

Statistics on Achievements for R&D by City (2015)

市(县) City(County)	专利申请数(件) Total Applications Examined (piece)	#发明专利申请数 Creation Inventions	专利授权数(件) Number of Patents Applications Granted (piece)	#发明专利授权数 Inventions	有效发明专利数(件) Number of Effective Invention Patent (piece)
全　　省 Total	**23762**	**8771**	**4740**	**1730**	**17408**
省　辖　市 City					
郑　州　市 Zhengzhou	8473	2949	1889	627	5740
开　封　市 Kaifeng	436	169	45	43	398
洛　阳　市 Luoyang	3860	2031	943	575	4638
平顶山市 Pingdingshan	776	285	82	5	538
安　阳　市 Anyang	503	176	98	36	321
鹤　壁　市 Hebi	176	60			117
新　乡　市 Xinxiang	2752	833	828	242	1661
焦　作　市 Jiaozuo	1123	395	324	159	1035
濮　阳　市 Puyang	543	214	3	3	457
许　昌　市 Xuchang	1743	673	40	1	653
漯　河　市 Luohe	582	130	153	1	151
三门峡市 Sanmenxia	313	75			209
南　阳　市 Nanyang	1406	382	194	20	798
商　丘　市 Shangqiu	263	101	25	4	159
信　阳　市 Xinyang	223	60	92	11	64
周　口　市 Zhoukou	187	84			214
驻马店市 Zhumadian	238	102	24	3	150
济　源　市 Jiyuan	165	52			105
省直管县 Province Administrating County					
巩　义　市 Gongyi	146	48			184
兰　考　县 Lankao	62	31			5
汝　州　市 Ruzhou	146	32			203
滑　　县 Huaxian					17
长　垣　县 Changyuan	465	39			352
邓　州　市 Dengzhou	4	2			45
永　城　市 Yongcheng	95	19			38
固　始　县 Gushi					1
鹿　邑　县 Luyi	2				
新　蔡　县 Xincai					

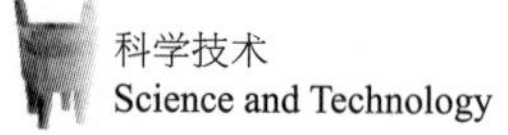

22−19 续表 continued

市(县) City(County)	专利所有权转让及许可数(件) Assignment and Permit of Patent Ownership (piece)	专利所有权转让及许可收入(万元) Income from Assignment and Permit of Patent Ownership (10 000 yuan)	植物新品种权授予数(项) Number of New Varieties of Plants Applications Granted (item)	形成国家或行业标准数(项) Become National or Trade Standards (item)	发表科技论文(篇) Scientific Papers Published (paper)	出版科技著作(种) Science and Technology Workers Published (type)
全　　省 Total	**313**	**6337**	**87**	**800**	**63293**	**2650**
省　辖　市 City						
郑　州　市 Zhengzhou	103	325	33	137	28924	1311
开　封　市 Kaifeng	3	10		48	2943	246
洛　阳　市 Luoyang	48	1836	1	175	5632	164
平 顶 山 市 Pingdingshan	6	417	4	7	1962	53
安　阳　市 Anyang	9	32	16	37	1995	71
鹤　壁　市 Hebi	1			1	468	32
新　乡　市 Xinxiang	16	73	5	31	6771	189
焦　作　市 Jiaozuo	25	679		50	3526	120
濮　阳　市 Puyang	16	306	5	26	483	8
许　昌　市 Xuchang	6	210	2	81	1082	83
漯　河　市 Luohe	41	350	2	20	1073	72
三 门 峡 市 Sanmenxia	4	953		12	440	8
南　阳　市 Nanyang	1	47		123	2398	79
商　丘　市 Shangqiu	6	680	1	12	1603	63
信　阳　市 Xinyang	5			8	1921	42
周　口　市 Zhoukou	2		14	19	882	66
驻 马 店 市 Zhumadian	21	420	1	2	942	19
济　源　市 Jiyuan			3	11	248	24
省 直 管 县 Province Administrating County						
巩　义　市 Gongyi				2	15	
兰　考　县 Lankao	1	5		1	9	
汝　州　市 Ruzhou	6	417		3	29	
滑　　县 Huaxian						
长　垣　县 Changyuan	6			3	34	
邓　州　市 Dengzhou				11	9	
永　城　市 Yongcheng	3			2	599	
固　始　县 Gushi						
鹿　邑　县 Luyi					2	
新　蔡　县 Xincai						

22-20 各市规模以上工业企业研究与试验发展(R&D)活动情况(2015年)

Basic Statistics on R&D Activities in Enterprises above Designated Size by City (2015)

市(县) City(County)	(R&D)人员合计(人) Number of Persons for R&D (person)	参加项目人员 Participating in project Personnel	管理和服务人员 Management and Service Personnel	#女性 Female	#研究人员 Researchers	全时人员 Full-time Personnel	非全时人员 Timing Personnel
全省 Total	**185059**	**171433**	**13626**	**37847**	**57674**	**115934**	**69125**
省辖市 City							
郑州市 Zhengzhou	42852	40415	2437	8341	14360	27292	15560
开封市 Kaifeng	7221	6504	717	1376	1914	5240	1981
洛阳市 Luoyang	19841	18419	1422	4249	6947	13228	6613
平顶山市 Pingdingshan	10418	10142	276	1341	2709	6156	4262
安阳市 Anyang	7580	6787	793	1037	3016	3959	3621
鹤壁市 Hebi	1599	1475	124	335	634	1057	542
新乡市 Xinxiang	15780	14734	1046	4772	4990	10603	5177
焦作市 Jiaozuo	14743	14048	695	2945	3553	8859	5884
濮阳市 Puyang	5511	4914	597	1401	2040	3727	1784
许昌市 Xuchang	12702	11172	1530	2200	3895	8420	4282
漯河市 Luohe	3227	2640	587	789	1317	2055	1172
三门峡市 Sanmenxia	6157	5820	337	937	1225	3141	3016
南阳市 Nanyang	16282	14736	1546	3734	4635	10398	5884
商丘市 Shangqiu	6881	6316	565	1059	2019	3673	3208
信阳市 Xinyang	3089	2856	233	754	1149	1465	1624
周口市 Zhoukou	4897	4541	356	1241	1444	3256	1641
驻马店市 Zhumadian	3800	3626	174	868	1222	2295	1505
济源市 Jiyuan	2479	2288	191	468	605	1110	1369
省直管县 Province Administrating County							
巩义市 Gongyi	3112	2951	161	423	446	1221	1891
兰考县 Lankao	926	910	16	200	219	662	264
汝州市 Ruzhou	892	848	44	121	190	523	369
滑县 Huaxian	144	128	16	14	70	85	59
长垣县 Changyuan	2356	2129	227	340	1008	1710	646
邓州市 Dengzhou	490	385	105	159	139	357	133
永城市 Yongcheng	2697	2330	367	141	913	840	1857
固始县 Gushi	252	249	3	82	103	166	86
鹿邑县 Luyi	397	306	91	79	199	73	324
新蔡县 Xincai	208	189	19	46	79	112	96

22-20 续表 1 continued

市(县) City(County)	(R&D)人员折合全时当量合计(人年) Number of Persons for R&D Anounted to Full-time (person-year)	#研究人员 Researchers	#基础研究人员 Basic Research	应用研究人员 Applied Research	试验发展人员 Experimental Development
全 省 Total	**131051**	**42184**	**30**	**1520**	**129501**
省 辖 市 City					
郑 州 市 Zhengzhou	29926	10118		67	29860
开 封 市 Kaifeng	5677	1494			5677
洛 阳 市 Luoyang	15800	5660		182	15618
平 顶 山 市 Pingdingshan	8388	2194		58	8330
安 阳 市 Anyang	5740	2348		2	5739
鹤 壁 市 Hebi	830	317		14	817
新 乡 市 Xinxiang	9884	3396	3	13	9867
焦 作 市 Jiaozuo	10884	2714		11	10873
濮 阳 市 Puyang	4289	1657		402	3887
许 昌 市 Xuchang	8627	3150	27	364	8236
漯 河 市 Luohe	2688	1152		40	2648
三 门 峡 市 Sanmenxia	3298	687		44	3255
南 阳 市 Nanyang	12052	3584		4	12048
商 丘 市 Shangqiu	3247	886		89	3158
信 阳 市 Xinyang	1864	694		21	1843
周 口 市 Zhoukou	3458	873		92	3366
驻 马 店 市 Zhumadian	2523	802		34	2489
济 源 市 Jiyuan	1877	459		85	1792
省 直 管 县 Province Administrating County					
巩 义 市 Gongyi	2369	334			2369
兰 考 县 Lankao	744	181			744
汝 州 市 Ruzhou	774	160		12	762
滑 县 Huaxian	123	59			123
长 垣 县 Changyuan	996	443			996
邓 州 市 Dengzhou	378	110			378
永 城 市 Yongcheng	752	269		30	723
固 始 县 Gushi	161	68			161
鹿 邑 县 Luyi	55	28			55
新 蔡 县 Xincai	88	34			88

22-20 续表 2　　continued

单位：万元　　(10 000 yuan)

市(县) City(County)	(R&D)经费内部支出合计 Intramural Expenditures on R&D	基础研究支出 Basic Research	应用研究支出 Applied Research	#试验发展支出 Experimental Development	政府资金 Government Appropriation Funds	企业资金 Self-raised Funds by Enterpirses	境外资金 Foreign Apppropriation Funds	其他资金 Other Funds
全　省 Total	**3688252**	**285**	**28056**	**3659911**	**116072**	**3548931**	**2094**	**21155**
省　辖　市 City								
郑　州　市 Zhengzhou	896782		2426	894357	27931	863251	483	5118
开　封　市 Kaifeng	149232			149232	1758	147473		
洛　阳　市 Luoyang	411845		882	410964	26418	382534	32	2861
平　顶　山　市 Pingdingshan	233592		1814	231778	3641	229635		316
安　阳　市 Anyang	135338		11	135327	1989	131040		2309
鹤　壁　市 Hebi	31185		826	30358	1076	28854	474	781
新　乡　市 Xinxiang	305324	40	357	304927	22607	280230	476	2010
焦　作　市 Jiaozuo	262486		145	262341	3714	258224	34	514
濮　阳　市 Puyang	116911		4658	112253	5884	109947	0	1080
许　昌　市 Xuchang	352836	245	3833	348758	6538	344428		1871
漯　河　市 Luohe	75580		918	74662	1691	73772		117
三　门　峡　市 Sanmenxia	75076		1809	73266	470	74396		210
南　阳　市 Nanyang	264289		18	264271	5068	257800	595	826
商　丘　市 Shangqiu	95752		2853	92899	1282	92616		1855
信　阳　市 Xinyang	57709		27	57681	918	55697		1094
周　口　市 Zhoukou	67160		3934	63226	2534	64626		
驻　马　店　市 Zhumadian	69368		2318	67051	1985	67188		195
济　源　市 Jiyuan	87789		1228	86561	568	87220		
省　直　管　县 Province Administrating County								
巩　义　市 Gongyi	76585			76585	253	76290		43
兰　考　县 Lankao	20143			20143	177	19966		
汝　州　市 Ruzhou	16217		596	15621	1208	14930		79
滑　县 Huaxian	974			974		793		181
长　垣　县 Changyuan	58224			58224	3404	54555		266
邓　州　市 Dengzhou	10881			10881		10582		299
永　城　市 Yongcheng	22821		789	22032	55	22726		40
固　始　县 Gushi	2474			2474	12	2462		
鹿　邑　县 Luyi	5130			5130		5130		
新　蔡　县 Xincai	3162			3162	108	3037		17

22-20 续表 3 continued

单位：万元 (10 000 yuan)

市(县) City(County)	(R&D)经费外部支出合计 External Expenditures on R&D	#对境内研究机构支出 Expenses on Domestic R&D Institutions	对境内高等学校支出 Expenses on Domestic Universities	对境外支出 Expenses on Overseas	项目数(项) Projects for S&T Activities (item)	项目人员合计(人) Total Personnel of Projects (person)	项目经费支出合计 Expenditure of Projects
全　省 Total	**86162**	**41704**	**30602**	**2402**	**11764**	**171433**	**3390455**
省辖市 City							
郑州市 Zhengzhou	**22406**	**12144**	**7654**	**619**	2991	40415	811527
开封市 Kaifeng	268	131	32		441	6504	139762
洛阳市 Luoyang	5332	2053	2116	4	1629	18419	385012
平顶山市 Pingdingshan	11814	5878	3801	727	669	10142	220019
安阳市 Anyang	7561	3637	2673	139	353	6787	124741
鹤壁市 Hebi	1041	177	667	19	120	1475	22558
新乡市 Xinxiang	6232	3961	1271		1067	14734	286200
焦作市 Jiaozuo	3272	1613	918	465	841	14048	249117
濮阳市 Puyang	3335	1002	2160		499	4914	106455
许昌市 Xuchang	4552	1469	2778		590	11172	330787
漯河市 Luohe	559	148	377	5	213	2640	69913
三门峡市 Sanmenxia	1954	501	678		350	5820	70216
南阳市 Nanyang	4980	1705	2059	252	923	14736	234947
商丘市 Shangqiu	828	147	424		273	6316	84416
信阳市 Xinyang	1180	748	132	35	178	2856	46988
周口市 Zhoukou	7418	3655	2266	136	127	4541	62666
驻马店市 Zhumadian	3024	2511	493		236	3626	60323
济源市 Jiyuan	407	228	103		264	2288	84809
省直管县 Province Administrating County							
巩义市 Gongyi	308	237	48		148	2951	72678
兰考县 Lankao					40	910	19579
汝州市 Ruzhou	547	179	204	64	60	848	14286
滑县 Huaxian					4	128	855
长垣县 Changyuan	904	457	215		147	2129	54478
邓州市 Dengzhou	91	86	5		29	385	4291
永城市 Yongcheng	403	5	372		83	2330	20038
固始县 Gushi	161		5		14	249	2279
鹿邑县 Luyi					2	306	4749
新蔡县 Xincai					19	189	2702

22-20 续表 4 continued

市(县) City(County)	新产品产值(万元) Gross Output Value of new Products (10 000 yuan)	新产品销售收入(万元) Sales Revenue of New Products (10 000 yuan)	企业办科技机构(个) Number of Institutions of S&T in Enterprises(unit)	专利申请数(项) Total Patent Applications (item)	有效发明专利数(项) Patent Owned (item)
全　　省 Total	**58666020**	**57894206**	**1997**	**16518**	**11305**
省　辖　市 City					
郑　州　市 Zhengzhou	33399502	32902439	438	5439	2978
开　封　市 Kaifeng	1048913	1038949	72	329	189
洛　阳　市 Luoyang	3257221	3616207	100	2376	2767
平　顶　山　市 Pingdingshan	1881111	1544264	74	667	506
安　阳　市 Anyang	1541462	1625959	63	320	243
鹤　壁　市 Hebi	555722	487797	44	176	117
新　乡　市 Xinxiang	3205240	3327184	173	1479	1020
焦　作　市 Jiaozuo	2313956	2188809	177	749	649
濮　阳　市 Puyang	521092	491352	97	524	449
许　昌　市 Xuchang	3743990	3667325	93	1679	645
漯　河　市 Luohe	725154	717994	75	445	144
三　门　峡　市 Sanmenxia	224801	279244	53	305	207
南　阳　市 Nanyang	3140017	3037838	139	1172	743
商　丘　市 Shangqiu	279354	231925	100	225	152
信　阳　市 Xinyang	383575	377074	84	95	40
周　口　市 Zhoukou	437793	383192	65	185	212
驻　马　店　市 Zhumadian	953798	890454	115	191	139
济　源　市 Jiyuan	1053320	1086200	35	162	105
省　直　管　县 Province Administrating County					
巩　义　市 Gongyi	293663	285288	35	146	184
兰　考　县 Lankao	56927	53669	6	56	2
汝　州　市 Ruzhou	154026	147863	17	146	203
滑　县 Huaxian	11009	47757	2		17
长　垣　县 Changyuan	870096	1147743	12	465	352
邓　州　市 Dengzhou	7969	7946	3	4	45
永　城　市 Yongcheng	8323	8077	16	95	38
固　始　县 Gushi	15945	15945	2		1
鹿　邑　县 Luyi			3	2	
新　蔡　县 Xincai			16		

22-21 大中型工业企业研究与试验发展(R&D)活动情况

Basic Statistics on R&D Activities in Large and Medium-Sized Industrial Enterprises

单位：亿元 (100 million yuan)

指 标	Item	2013	2014	2015
企业(R&D)活动人员（人）	Number of Persons for R&D (person)	148109	158822	159964
企业办科技机构（个）	Number of R&D Institutions operationed by Enterprises (unit)	1062	1098	1290
企业办科技机构人员（人）	Personner of R&D Institutions operationed by Enterprises (person)	85519	87719	95264
企业项目数（项）	Number of Projects (item)	9296	9903	9028
企业参加项目人员（个）	Participating in project Personnel (person)	135183	145891	147723
当年(R&D)经费内部支出	External Expenditures on R&D	265.33	301.17	326.49
新产品销售收入	Sales Revenue of New Products	4630.33	4983.21	5584.41
#出口	Export	1956.64	2367.81	2857.05
仪器和设备原价	Original price of Equipment for S&T (10 000yuan)	106.43	135.34	144.43
#进口	Import	14.96	18.49	18.40
引进技术经费支出	Expenditures on Imported Technology	7.19	5.16	3.61
消化吸收经费支出	Expenditures on Digestion and Absorption	3.64	3.91	1.42
购买国内技术支出	Expenditures on Domestic Technology	5.46	3.85	1.78
技术改造经费支出	Expenditures on Technical Reform	141.92	111.04	98.21

22-22 三种专利申请受理量及授权量

Three Types of Patent Application Examined and Granted

单位：项 (item)

项 目	Item	2005	2010	2011	2012	2013	2014	2015
申请量合计	**Total Applications Examined**	**8981**	**25149**	**34076**	**43442**	**55920**	**62434**	**74373**
发明	Inventions	1703	6408	8833	10910	15580	19646	21338
实用新型	Utility Models	4594	13856	19120	23594	29420	30716	40778
外观设计	Designs	2684	4885	6123	8938	10920	12072	12257
在三种专利申请受理量中	In the Three Types of Patent Applications Examined							
个人	Individuals	5955	9528	11155	14468	18500	18689	22399
大专院校	Universities and Colleges	311	1387	2228	2470	4254	6336	9980
科研单位	Research Institutions	166	578	824	1122	983	1062	1418
工矿企业	Industrial and Mineral Enterprises	2534	13449	19402	24670	30887	34695	39047
机关团体	Government Agencies and Organizations	15	207	467	712	1296	1652	1529
授权量合计	**Total Applications Granted**	**3748**	**16539**	**19259**	**26833**	**29482**	**33366**	**47766**
发明	Inventions	356	1498	2462	3168	3173	3493	5384
实用新型	Utility Models	2304	11048	13032	18739	21153	23539	32592
外观设计	Designs	1088	3993	3765	4926	5156	6334	9790
在三种专利授权量中	In the Three Types of Patent Applications Granted							
个人	Individuals	2535	6395	6185	7742	8529	8405	12395
大专院校	Universities and Colleges	65	630	860	1708	2108	3412	6135
科研单位	Research Institutions	60	410	469	534	398	454	571
工矿企业	Industrial and Mineral Enterprises	1076	9043	11531	16469	18057	20509	27806
机关团体	Government Agencies and Organizations	12	61	214	380	390	586	859
发明专利拥有量	Patent ownership		4501	6129	8683	11249	13535	17571

22-23 技术市场成交合同情况(2015年)

Statistics on Transaction of Technology (2015)

指　标	Item	合同数 (个) Number of Contracts (unit)	成交额 (万元) Transaction Value (10 000 yuan)
总　计	**Total**	**3497**	**455572**
按合同类别分	**Grouped by Contract Type**		
技术开发	Technological Development	1657	155525
技术转让	Technological Transfer	219	43159
技术咨询	Technological Consultation	477	127267
技术服务	Technological Services	1144	129621
按知识产权分	**Grouped by Intellectual Property**		
技术秘密	Technology Secret	723	100551
专利	Patent	68	17432
计算机软件著作权	Computer Software	301	61305
植物新品种权	New varieties of Plants	47	1752
集成电路布图设计专有权	Exclusive right of integrated circuit layout design	4	437
生物、医药新品种权	New varieties of Biology and Medicine	14	3301
设计著作权	Design and copyright	1	3
未涉及知识产权	Others	2339	270793
按技术领域分	**Grouped by Technology**		
电子信息	Electronic Information Technology	1098	119890
航空航天	Aeronautic and Astronautic Technology	50	32562
先进制造	Advanced manufacturing technology	706	39060
生物、医药和医疗器械	Biological ,Medical and Medical Device Technology	139	12397
新材料及其应用	New Materials and Their Application	92	25679
新能源与高效节能	New Energy, High Efficiency and Energy Saving	267	144069
环境保护与资源综合利用	Environmental Protetion and Resources comprehensive utilization Technology	111	16057
核应用	Nuclear application	1	9
农业	Agriculture Technology	320	26548
现代交通	Modern Communication	61	1195
城市建设与社会发展	City Construction and Social Development	652	38105
按社会经济目标分	**Grouped by Social and Economic Service Objection**		
环境保护、生态建设及污染防治	Environmental protection, ecological construction and pollution control	110	22275
能源生产、分配和合理利用	Energy production, distribution and rational utilization	226	119705
卫生事业发展	Health	89	5853
教育事业发展	Education	59	18852
基础设施以及城市和农村规划	Infrastructure and urban and rural planning	494	37653
社会发展和社会服务	Social development and social services	973	88882
地球和大气层的探索与利用	Exploration and utilization of the earth and atmosphere	2	47
民用空间探测及开发	Detection and development of Civilian space	21	1860
农林牧渔业发展	Animal husbandry fishery development	240	23400
工商业发展	Industrial and commercial development	716	62531
非定向研究	The directional research	43	1799
其他民用目标	Others Civilian space	479	41894
国防	National defense	45	30821

22-24 各市技术市场成交合同情况(2015年)

Statistics on Transaction of Technology by City (2015)

市 City	合同数(个) Number of Contracts (unit)		成交额(万元) Transaction Value (10 000 yuan)	
	2014	2015	2014	2015
全 省 Total	**2958**	3497	416415	455572
郑 州 市 Zhengzhou	1944	2289	189660	207663
开 封 市 Kaifeng	624	11	158649	2053
洛 阳 市 Luoyang	21	734	10514	199003
平 顶 山 市 Pingdingshan	24	8	25570	11766
安 阳 市 Anyang	19	5	1399	476
鹤 壁 市 Hebi	3	5	59	154
新 乡 市 Xinxiang	86	133	17820	13456
焦 作 市 Jiaozuo	132	111	3282	4811
濮 阳 市 Puyang	3	1	69	200
许 昌 市 Xuchang				
漯 河 市 Luohe	1		175	
三 门 峡 市 Sanmenxia	1	5	98	4400
南 阳 市 Nanyang	86	165	3811	2716
商 丘 市 Shangqiu	1	7	500	1480
信 阳 市 Xinyang	4		2700	
周 口 市 Zhoukou				
驻 马 店 市 Zhumadian	1	1	650	660
济 源 市 Jiyuan	8	7	1460	1605

22-25 软科学基本情况

Statistics on Soft science

项 目	Item	2013	2014	2015
完成软科学课题(项)	Completed soft science subject (item)	858	1050	791
正在进行的软科学课题(项)	Underway soft science subject (item)	1000	1200	1160
投入软科学研究经费(万元)	Investment funds(10 000yuan)	340	340	600
投入软科学研究人力(人.年)	The research of human(person.year)	7000	7000	7200
发表科学论文(篇)	Published scientific paper (paper)	1000	1000	960
#国外发表	Published abroad	20	20	24
获奖成果(项)	Award-winning achievements(item)	10	10	8
开展国际合作项目(项)	International cooperation project (item)	10	10	12
参加人数(人)	Participants	100	100	77
出席国际会议或出国考察(项)	Attend the international conference or inspection abroad (item)	10	10	18
参加人数(人)	Participants	100	100	85

22-26 产品质量监督抽查情况(2015年)

Results of Sampling Check under State Supervision on the Quality of Products (2015)

项 目	Item	抽查产品(种) Production Supervised (kinds)	抽查企业(家) Number of Enterprises Supervised (unit)	抽查产品(批) Production Supervised (batch-time)	不合格产品(批) Production Unqualified (batch-time)
抽查合计	**Total**	23	1189	1784	60
食品相关产品	Food	4	301	449	11
日用消费品	Consumer Goods	10	501	849	18
建筑与装饰装修材料	Building & Decoration Material	2	205	262	24
农业生产资料	Agricultural Means of Production	2	58	78	6
工业生产资料	Industrial Means of Production	5	124	146	1

22-27 国家和地方标准、计量基本情况
National and local standards, measuring basic situation

指标名称	Item	2014	2015
国家情况	**National conditions**		
计量基准和社会公用计量标准建立项目（项）	Standards of measurement and public standards of measurement set up projects(item)	223	227
计量仪器检定按类别分(台、件)	Measurement instrument calibration(set)	214747	341941
长度	length	20646	36623
温度	Temperature	16565	25448
力学	Mechanics	157928	240861
电磁	Electromagnetism	7054	10311
光学	Photology	1607	2250
声学	Acoustics	1265	6108
化学	Chemistry	7495	13508
放射性	Radioaction	1321	2066
无线电	Radio	182	989
时间频率	Temporal frequency	684	2229
其他	Others		1548
地方情况	**Local conditions**		
本年末标准累计(个)	Criterion Accumulative(unit)	577	839
本年度制、修订标准合计(个)	Total(unit)	118	73
制定	Formulation	111	71
修订	Amendment	7	2

22-28 测绘行业持证单位人员情况(2015年)

Statistics on Persons Engaged in Units Hold Certificate of Soundness by Surveying and Mapping Trades (2015)

系统名称	Department	持证单位数(个) Number of Units Hold Certificate of Soundness	甲 First	乙 Second	丙 Third	丁 Fourth	职工总数(人) Number of Staff and Workers (person)	测绘专业证持证人员 Certification staff	测绘专业技术人员 Number of Professional Qualification Personnel		
									高级工程师 Senior	中级工程师 Medium	初级工程师 Jumior
总　　计	**Total**	**925**	**36**	**263**	**294**	**332**	**22847**	**11867**	**1505**	**4750**	**6050**
测　　绘	Surveying and Mapping Department	5	5				534	348	60	136	188
国土资源	Land and resources	142	4	26	53	59	2944	1546	196	635	776
城乡建设与规划	Urban construction and planning	149	2	15	46	86	2459	1448	113	502	619
铁　　道	Railway Department	8	1	7			958	272	73	194	200
交通运输	Transport	11	2	7	2		603	321	62	123	74
水利水电	Water Resources and Electric Power	30	4	17	9		1394	952	144	315	242
通　　讯	Communication										
石　　油	Petrol Department	5		2	2	1	89	49	14	31	19
石　　化	Petrochemical										
煤　　炭	Coaling Department	17	1	5	3	8	386	281	32	95	101
有　　色	Non-ferrous	11	1	7	3		411	131	28	90	61
农　　业	Farming										
林　　业	Forestry										
气　　象	Meteorology										
地　　震	Earthquake	1		1			25	12	1	5	3
环　　保	Environmental Protection										
公安武警	The public Security Police										
科教文卫	The science-education-culture-health	3	1	2			182	62	20	27	47
冶　　金	Metallurgy Department	1				1	6		2	2	
其　　他	Others	542	15	174	176	177	12856	6445	760	2595	3720

22-29 各系统主要仪器设备情况(2015年,持有测绘资格证单位)

Statistics on Major Instrument and Equipment (2015, Hold Certificate of Soundness)

单位：台\套 (unit\set)

系统名称	Department	水准仪 Water Level	测距仪 range finder	全站仪 Omnidirectional Instrument	GPS 接收机	全数字摄影测量系统 Digital Monitor System
总　计	**Total**	**3044**	**4014**	**4684**	**4076**	**972**
测　绘	Surveying and Mapping Department	52	205	209	181	98
国土资源	Land and resources	306	353	624	623	86
城乡建设与规划	Urban construction and planning	263	442	377	315	
铁　道	Railway Department	646	25	476	105	
交通运输	Transport	61	63	68	64	13
水利水电	Water Resources and Electric Power	184	111	266	385	78
通　讯	Communication					
石　油	Petrol Department	12	5	17	20	
石　化	Petrochemical					
煤　炭	Coaling Department	50	50	74	61	9
有　色	Non-ferrous	41	44	82	81	8
农　业	Farming					
林　业	Forestry					
气　象	Meteorology					
地　震	Earthquake	3		5	4	
环　保	Environmental Protection					
公安武警	The public Security Police					
科教文卫	The science-education-culture-health	15	8	19	17	20
航空航天	Aeronautics and Astronautics					
冶　金	Metallurgy Department	2	4	2	1	
其　他	Others	1409	2704	2465	2219	660

22-30 气象部门基本情况

Basic Statistics on Meteorological Department

项　目	Item	2013	2014	2015
气象观测业务台站(个)	**Meteorological observation station (unit)**			
地面观测	Surface Observation	121	121	121
高空探测	Aerological Sounding	3	3	3
区域气象观测站	Regional Meteorological Observation Station	2464	2404	2431
天气雷达观测	Weather Radar Observation	18	18	18
大气成分观测	Atmospheric Composition Observation	1	1	1
辐射观测	Radiation Observation	3	3	3
农业气象观测	Agricultural Meteorological Observation	35	35	35
农业气象试验站	Agrometeorological Experimental Station	4	4	4
中国气象局卫星数据广播系统	China Meteorological Administration of Satellite Data Broadcast System	122	122	122
大气本底站	Atmospheric background Station			
气象观测业务台站(个)	**Meteorological observation station (unit)**			
闪电定位监测	Lightning Positioning Monitoring	19	19	19
紫外线观测	Ultraviolet Observations	18	18	18
气象观测业务台站(个)	**Meteorological observation station (unit)**			
风廓线雷达观测	Wind Profile Radar Observations	2	2	2
导航卫星气象观测	Navigation Satellite Meteorological Observation	39	39	39
酸雨观测	Acid Rain Observation	18	18	18
装备	**Equipment**			
高性能计算机	High Performance Computer			1
服务器(套)	Server (unit)	365	392	559
个人计算机(含个人工作站)	Personal Computer (Including personal workstation)	3677	3932	3936
远程会商系统设备(多点控制单元和会议终端)(套)	Remote Consultation System Equipment (Multipoint control unit and conference terminals) (unit)	19	19	19
人工影响天气地面作业(次)	Weather Modification Ground Operations (time)	512	2481	1282
设备高炮(门)	Equipment Anti-aircraft Gun (unit)	282	272	271
火箭发射系统(部)	Rocket-firing System (unit)	412	398	401
全省气象部门职工总数(人)	Total Number of Employees of Provincial Meteorological Department (person)	2109	2128	2111

22-31 各市地震台(网)基本情况(2015年)

Basic Statistics on Earthquake Station (Net) by City (2015)

市 City	国家地震观测台（网） National Earthquake Observation Station (Set)			市、县地震台 City、County Earthquake Observation Station		
	国家级台 National Station	省级台 Provincial Station	强震观测点 Strong Earthquake Observation Station	市、县级台 City、County Station	企业台 Enterprise Station	宏观观测点 Macroscopic Observation Station
总 计 Total	**3**	**13**	**17**	**71**	**2**	**1880**
郑 州 市 Zhengzhou		2	1	2		108
开 封 市 Kaifeng			1	3		50
洛 阳 市 Luoyang	1		1	8		151
平 顶 山 市 Pingdingshan		1		2	1	48
安 阳 市 Anyang		1	2	4		129
鹤 壁 市 Hebi		2	1	1		38
新 乡 市 Xinxiang		2	4	5		116
焦 作 市 Jiaozuo			1	8		242
濮 阳 市 Puyang			3	6		91
许 昌 市 Xuchang				3		49
漯 河 市 Luohe				2		5
三 门 峡 市 Sanmenxia		2	3	2	1	72
南 阳 市 Nanyang	1			10		41
商 丘 市 Shangqiu				1		57
信 阳 市 Xinyang	1	2				239
周 口 市 Zhoukou		1		7		107
驻 马 店 市 Zhumadian				6		322
济 源 市 Jiyuan				1		15

主要统计指标解释

研究与试验发展(R&D) 指在科学技术领域，为增加知识总量，以及运用这些知识去创造新的应用进行的系统的创造性的活动，包括基础研究、应用研究、试验发展三类活动。国际上通常采用 R&D 活动的规模和强度指标反映一国的科技实力和核心竞争力。

基础研究 指为了获得关于现象和可观察事实的基本原理的新知识(揭示客观事物的本质、运动规律，获得新发现、新学说)而进行的实验性或理论性研究，它不以任何专门或特定的应用或使用为目的。其成果以科学论文和科学著作为主要形式。用来反映知识的原始创新能力。

应用研究 指为获得新知识而进行的创造性研究，主要针对某一特定的目的或目标。应用研究是为了确定基础研究成果可能的用途，或是为达到预定的目标探索应采取的新方法(原理性)或新途径。其成果形式以科学论文、专著、原理性模型或发明专利为主。用来反映对基础研究成果应用途径的探索。

试验发展 指利用从基础研究、应用研究和实际经验所获得的现有知识，为产生新的产品、材料和装置，建立新的工艺、系统和服务，以及对已产生和建立的上述各项作实质性的改进而进行的系统性工作。其成果形式主要是专利、专有技术、具有新产品基本特征的产品原型或具有新装置基本特征的原始样机等。在社会科学领域，试验发展是指把通过基础研究、应用研究获得的知识转变成可以实施的计划(包括为进行检验和评估实施示范项目)的过程。人文科学领域没有对应的试验发展活动。主要反映将科研成果转化为技术和产品的能力，是科技推动经济社会发展的物化成果。

专业技术服务业 指拥有专业技术的一方为另一方解决某一特定技术问题所提供的各种服务，按照《2011 国民经济行业分类注释》，专业技术服务主要包括九大类别：气象服务、地震服务、海洋服务、测绘服务、质检技术服务、环境与生态监测服务、地质勘查服务、工程技术服务和其他专业技术服务业。

科技交流和推广服务业 指将新技术、新产品、新工艺直接推向市场而进行的相关技术活动，以及技术推广和转让活动。按照《2011 国民经济行业分类注释》，技术推广服务主要包括农业技术推广服务、生物技术推广服务、新材料技术推广服务、节能技术推广服务，以及其他技术推广服务。

地质勘查业 指对矿产资源、工程地质、科学研究进行地质勘查、测试、监测、评估等活动。主要包括矿产地质勘查、基础地质勘查和地质勘查技术服务等类别。

R&D 人员 指参与研究与试验发展项目研究、管理和辅助工作的人员， 包括项目(课题)组人员，企业科技行政管理人员和直接为项目(课题)活动提供服务的辅助人员。反映投入从事拥有自主知识产权的研究开发活动的人力规模。

R&D 人员全时当量 指全时人员数加非全时人员按工作量折算为全时人员数的总和。例如：有两个全时人员和三个非全时人员（工作时间分别为 20%、30%和 70%），则全时当量为 2+0.2+0.3+0.7=3.2 人年。为国际上比较科技人力投入而制定的可比指标。

R&D 经费内部支出合计 指调查单位用于内部开展 R&D 活动（基础研究、应用研究和试验发展）的实际支出。包括用于 R&D 项目（课题）活动的直接支出，以及间接用于 R&D 活动的管理费、服务费、与 R&D 有关的基本建设支出以及外协加工费等。不包括生产性活动支出、归还贷款支出以及与外单位合作或委托外单位进行 R&D 活动而转拨给对方的经费支出。

R&D 经费内部支出中政府资金 指 R&D 经费内部支出中来自各级政府部门的各类资金，包括财政科学技术拨款、科学基金、教育等部门事业费以及政府部门预算外资金的实际支出。

R&D 经费内部支出中企业资金 指 R&D 经费内部支出中来自本企业的自有资金和接受其他企业委托而获得的经费，以及科研院所、高校等事业单位从企业获得的资金的实际支出。

R&D 项目（课题）数 指在当年立项并开展研究工作、以前年份立项仍继续进行研究的研发项目（课题）数，包括当年完成和年内研究工作已告失败的研发项目（课题），但不包括委托外单位进行的研发项目（课题）数。

R&D 项目（课题）经费内部支出 指调查单位内部在报告年度进行研发项目（课题）研究和试制等的实际支出。包括劳务费、其他日常支出、固定资产购建费、外协加工费等，不包括委托或与外单位合作进行项目（课题）研究而拨付给对方使用的经费。

专利 是专利权的简称，是对发明人的发明创造经审查合格后，由专利局依据专利法授予发明人和设计人对该项发明创造享有的专有权。包括发明、实用新型和外观设计。反映拥有自主知识产权的科技和设计成果情况。

Explanatory Notes on Main Statistical Indicators

Research and Development (R&D) refers to systematic and creative activities in the field of science and technology aiming at increasing the knowledge and using the knowledge for new application. R&D includes 3 categories of activities: basic research, applied research and experimentation for development. The scale and intensity of R&D are widely used internationally to reflect the strength of S&T and the core competitiveness of a country in the world.

Basic Research refers to empirical or theoretical research aiming at obtaining new knowledge on the fundamental principles regarding phenomena or observable facts to reveal the intrinsic nature and underlying laws and to acquire new discoveries or new theories. Basic research takes no specific or designated application as the aim of the research. Results of basic research are mainly released or disseminated in the form of scientific papers or monographs. This indicator reflects the innovation capacity for original knowledge.

Applied Research refers to creative research aiming at obtaining new knowledge on a specific objective or target. Purpose of the applied research is to identify the possible uses of results from basic research, or to explore new (fundamental) methods or new approaches. Results of applied research are expressed in the form of scientific papers, monographs, fundamental models or invention patents. This indicator reflects the exploration of ways to apply the results of basic research.

Experiments and Development refer to systematic activities aiming at using the knowledge from basic and applied researches or from practical experience to develop new products, materials and equipment, to establish new production process, systems and services, or to make substantial improvement on the existing products, process or services. Results of experiment and development activities are embodied in patents, exclusive technology, and monotype of new products or equipment. In social sciences, experiment and development activities refer to the process of converting the knowledge from basic or applied researches into feasible programmes (including conduct of demonstration projects for assessment and evaluation). There are no experiment and development activities in the science of humanities. This indicator reflects the capability of transferring the results of S&T into technique and products, and measures the realization of S&T in spearheading the economic and social development.

Professional technical service refers that Technology party provide Technology service for the other party, in according to the national economic sector note in 2011 ", professional technical service mainly includes nine categories: meteorological service, earthquake service, Marine service, surveying and mapping service, quality inspection technology service, environmental and ecological monitoring service, geological prospecting service, engineering technology services and other professional technical services.

Science and technology exchange and promotion service means that technical activities for Pushing new technology, new product, new technology directly to the market, as well as the technology diffusion and transfer activity. In accordance to the national economic sector note in 2011, technical services mainly include agricultural technology extension service, biological technology extension service, new materials technology extension service, energy-saving technical services, and other technical services.

Geological exploration refers prospecting, testing, monitoring, evaluation mineral resources geology, engineering geology, scientific research on geological and other activities. Mainly including mineral geology exploration, basic geological exploration and geological exploration technology services categories.

R & D Personnel refer to persons engaged in research, management and supporting activities of R & D, including persons in the project teams, persons engaged in the management of S&T activities of enterprises and supporting staff providing direct service to the research projects. This indicator reflects the size of personnel engaged in R&D activities with independent intellectual property.

Full-time Equivalent of R&D Personnel refers to the sum of the full-time persons and the full-time equivalent of part-time persons converted by workload. For instance, if there are 2 full-time persons and 3 part-time workers (20%, 30% and 70% of working hours respectively on R&D activities), the full-time equivalent are 2+0.2+0.3+0.7=3.2 person-years. This is an internationally comparable indicator of S&T manpower input.

Total Internal Expenditure of Funds on R&D refers to the real expenditure of surveyed units on their own R&D activities (basic research, application study, test and development) including direct expenditure on R&D activities, indirect expendure of management and services on R&D activities, expenditure on capital construction and material processing by others. Excluding the expenditure on production activities, return of loan, and fees transferred to cooperated and entrusted agencies on R&D activities.

Internal Expenditure of Government Funds refer to the expenditure of funds on R&D activities from government agencies at different levels, including appropriate funds on science and technology from financial departments, scientific funds, operating expenses from education departments and the real expenditure of extrabudgetary funds from government agencies.

Internal Expenditure of Funds of Enterprises refer to the expenditure of funds on R&D activities from self-raised funds of enterprises and funds from other enterprises through entrustment, and the expenditure of funds of institutions, such a institution of scientific research and universityies, from enterprises.

Number of R&D Projects (subjects) refers to the number of R&D projects (subjects) set up and implemented at the reference year, and the number of R&D projects (subjects) set up in former years and under implementation, including the projects (subjects) finished and failed at the reference year, excluding the projects (subjects) implemented by others throught entrustment.

Internal Expenditure of Funds on R&D Projects (subjects) refers to the real expenditure of internal funds of the surveyed units on research and test of R&D projects (subjects) at the reference year, including service fee, other daily expenditure, cost for captital goods, cost of external process; excluding expenditure of funds transferred to other cooperated and entrusted units of the projects.

Patent is an abbreviation for the patent right and refers to the exclusive right of ownership by the inventors or designers for the creation or inventions, given from the patent offices after due process of assessment and approval in accordance with the Patent Law. Patents are granted for inventions, utility models and designs. This indicator reflects the achievements of S&T and design with independent intellectual property.

教育
Education

23

● 资料整理：张永安　王习涛

简要说明

一、主要内容

本篇包括公办教育和民办教育、学历教育和非学历教育。具体有高等教育（研究生教育、普通高等教育和成人教育）、中等教育（高中阶段教育和初中阶段教育）、初等教育（小学）、学前教育、特殊教育（盲聋哑和弱智学校等）以及教育经费等资料。主要指标包括学校数、在校生数、招生数、毕业生数、教职工数和专任教师数、教育经费总投入及财政性教育经费等。

二、资料来源

教育事业统计资料由省教育厅提供；技工学校的资料由省人力资源和社会保障厅提供。由省统计局社会与科技处编辑整理。

Brief Introduction

I. Main Contents

Data on education cover the situations on education funded by government and non-government agencies, and the education with and without academic credentials including higher education (education of postgraduates, general higher education and adult education), secondary education(senior and junior high schools), elementary education (primary schools),preschool education, special education (schools for the blind, deaf-mutes and mentally retarded) and their expenditure. The main indicators include the number of schools, the number of students enrolled, the number of new students enrolled, the number of graduates, the number of stuff and workers, the number of full-time teachers, sources and outlay of education funding and education expenditure.

II. Sources of Data

Data on education undertakings are calculated from Henan Provincial bureau of Education. Data on technical training schools are calculated from Henan provincial bureau of Henan Resources and Social Security. Data in this chapter are provided by Department of social and technology of Henan provincial bureau of statistics.

23-1 各级各类学校数

Number of Schools by Level and Type

单位：所 (unit)

年份 year	小 学 Primary Schools	普通中学 Regular Secondary Schools	高 中 Senior Secondary Schools	初 中 Junior Secondary Schools	职业中学 Vocational Secondary Schools	普通高等学校 Regular Institutions of Higher Education
1978	48772	26586	3705	22881		24
1979	34983	25826	2976	22850		24
1980	46672	12672	2431	10241	1	25
1981	45939	10304	1703	8601	6	26
1982	46542	10510	1279	9231	8	26
1983	46265	10324	1177	9147	21	32
1984	46232	9969	1102	8867	41	38
1985	41935	9459	1069	8390	390	43
1986	45250	9730	1058	8672	370	47
1987	44865	9632	1027	8605	336	47
1988	44379	9406	1003	8403	378	47
1989	43951	8961	958	8003	466	47
1990	43286	8249	920	7329	480	47
1991	42455	7369	854	6515	539	49
1992	42370	6893	789	6104	636	47
1993	42071	6644	719	5925	685	48
1994	41899	6476	661	5815	785	50
1995	41698	6367	641	5726	785	50
1996	41466	6282	635	5647	761	50
1997	41526	6142	645	5497	742	50
1998	41238	6069	643	5426	722	51
1999	41404	6120	688	5432	696	56
2000	41269	6217	761	5456	609	52
2001	39825	6384	819	5565	520	64
2002	37729	6399	854	5545	484	66
2003	36379	6363	888	5475	462	71
2004	34164	6229	909	5320	442	82
2005	33026	6207	945	5262	455	83
2006	31410	6045	955	5090	515	84
2007	30677	5864	920	4944	552	82
2008	30214	5718	908	4810	584	84
2009	29420	5571	868	4703	589	89
2010	28603	5441	825	4616	563	107
2011	27793	5388	792	4596	452	117
2012	27452	5336	785	4551	409	120
2013	26086	5326	776	4550	381	127
2014	25578	5340	774	4566	367	129
2015	24673	5335	770	4565	356	129

23−2 各级各类学校专任教师数

Number of Full-time Teachers by Level and Type of school

单位：万人 (10 000 persons)

年份 year	小 学 Primary Schools	普通中学 Regular Secondary Schools	高 中 Senior Secondary Schools	初 中 Junior Secondary Schools	职业中学 Vocational Secondary Schools	普通高等学校 Regular Institutions of Higher Education
1978	42.88	29.34	4.98	24.36		0.54
1979	43.66	30.01	5.09	24.92		0.62
1980	44.72	30.13	4.48	25.65	0.00	0.68
1981	47.20	26.99	3.91	23.08	0.01	0.71
1982	41.95	22.58	3.52	19.05	0.01	0.84
1983	42.52	22.17	3.46	18.71	0.04	0.91
1984	42.81	21.86	3.41	18.45	0.02	0.97
1985	43.09	22.21	3.41	18.80	0.68	1.10
1986	43.62	22.93	3.54	19.39	0.77	1.27
1987	43.52	23.69	3.73	19.96	0.81	1.33
1988	43.79	24.01	3.79	20.22	0.88	1.38
1989	43.76	23.84	3.77	20.07	1.13	1.38
1990	44.34	24.05	3.79	20.25	1.27	1.40
1991	37.93	23.54	3.83	19.71	1.34	1.42
1992	37.55	23.49	3.76	19.73	1.51	1.45
1993	38.19	23.60	3.62	19.98	1.72	1.47
1994	38.87	23.94	3.48	20.46	2.08	1.55
1995	39.23	24.68	3.45	21.23	2.28	1.55
1996	40.02	25.48	3.51	21.97	2.44	1.64
1997	41.12	26.38	3.61	22.77	2.67	1.65
1998	42.55	27.60	3.75	23.85	2.76	1.70
1999	44.66	29.09	4.09	25.00	2.67	1.88
2000	45.93	30.86	4.57	26.29	2.49	2.02
2001	47.56	32.90	5.13	27.77	2.35	2.46
2002	49.62	35.06	6.03	29.03	2.39	2.85
2003	48.85	35.88	6.72	29.16	2.21	3.33
2004	47.85	36.55	7.60	28.95	2.23	4.18
2005	47.55	37.30	8.40	28.90	2.29	4.63
2006	47.82	37.64	9.19	28.45	2.68	5.29
2007	48.30	37.88	9.79	28.09	2.76	5.88
2008	48.53	37.89	10.27	27.62	2.91	6.49
2009	48.91	38.30	10.49	27.81	3.16	7.15
2010	49.04	38.10	10.43	27.67	3.25	7.75
2011	49.58	38.65	10.43	28.22	3.20	8.20
2012	49.69	38.97	10.73	28.24	3.08	8.60
2013	49.45	38.80	10.81	27.99	2.76	9.09
2014	46.99	41.83	12.67	29.16	2.66	9.51
2015	47.21	42.87	13.01	29.86	2.66	9.80

23-3 各级各类学校在校学生数

Student Enrollment by Level and Type of school

单位：万人 (10 000 persons)

年份 year	小学 Primary Schools	普通中学 Regular Secondary Schools	高中 Senior Secondary Schools	初中 Junior Secondary Schools	职业中学 Vocational Secondary Schools	普通高等学校 Regular Institutions of Higher Education
1978	1140.26	521.62	116.38	405.24		2.73
1979	1147.88	504.04	106.42	397.62		3.38
1980	1133.75	487.27	83.75	403.52	0.02	4.59
1981	1110.65	412.31	60.66	351.65	0.27	4.93
1982	1098.47	361.41	49.25	312.16	0.51	4.63
1983	1054.04	341.32	47.82	293.50	1.11	4.80
1984	1055.08	354.20	50.87	303.33	2.28	5.33
1985	1034.97	357.46	52.27	305.19	10.89	6.85
1986	1015.67	366.96	54.66	312.30	11.92	7.50
1987	997.75	373.51	54.41	319.10	11.63	7.57
1988	980.05	362.64	52.51	310.13	11.94	7.99
1989	969.82	349.05	49.54	299.51	14.50	8.01
1990	961.15	352.56	49.26	303.30	15.61	8.04
1991	944.02	357.66	48.80	308.86	17.77	8.18
1992	936.71	359.78	46.21	313.57	20.40	8.95
1993	951.50	362.96	43.52	319.44	25.86	10.44
1994	991.06	384.80	42.51	342.29	35.74	11.71
1995	1039.56	417.86	42.91	374.95	45.86	12.24
1996	1105.58	454.48	44.02	410.46	51.18	12.79
1997	1169.96	480.21	46.68	433.53	56.84	13.60
1998	1200.06	512.51	51.13	461.38	60.10	14.64
1999	1186.97	568.86	61.06	507.80	53.75	18.55
2000	1130.63	638.14	75.15	562.99	48.27	26.24
2001	1070.73	683.38	94.73	588.65	38.71	36.91
2002	1104.59	733.35	125.55	607.80	41.52	46.80
2003	1058.61	750.51	146.42	604.09	42.32	55.72
2004	1014.06	759.42	168.75	590.67	45.93	70.28
2005	986.84	758.22	188.39	569.83	49.31	85.19
2006	997.09	742.22	201.58	540.64	59.90	97.41
2007	1018.71	719.83	212.63	507.20	66.22	109.52
2008	1036.60	691.46	207.26	484.20	72.76	125.02
2009	1052.03	675.45	201.20	474.25	80.88	136.88
2010	1070.53	661.56	192.16	469.40	79.47	145.67
2011	1092.90	657.48	189.50	467.98	75.78	150.01
2012	1079.20	646.42	192.63	453.78	73.15	155.90
2013	939.98	574.28	189.23	385.05	54.92	161.83
2014	928.60	588.91	189.55	399.36	46.74	167.97
2015	937.05	599.12	194.31	404.81	39.80	176.69

23-4 各级各类学校招生数

New Student Enrollment by Level and Type of school

单位：万人 (10 000 persons)

年份 year	小学 Primary Schools	普通中学 Regular Secondary Schools	高中 Senior Secondary Schools	初中 Junior Secondary Schools	职业中学 Vocational Secondary Schools	普通高等学校 Regular Institutions of Higher Education
1978	254.37	234.71	53.79	180.92		1.39
1979	249.91	215.50	48.55	166.95		1.07
1980	239.12	169.65	28.69	140.96	0.02	1.25
1981	226.50	146.95	24.44	122.51	0.24	1.25
1982	219.17	124.70	18.17	106.53	0.27	1.36
1983	198.48	119.04	17.04	102.00	0.88	1.65
1984	197.99	119.69	17.40	102.29	1.36	1.89
1985	174.24	118.93	17.22	101.71	5.42	2.67
1986	190.38	123.72	17.77	105.95	5.00	2.42
1987	184.06	124.03	17.84	106.19	4.56	2.64
1988	181.53	121.80	17.09	104.71	4.95	2.72
1989	179.88	118.08	16.27	101.81	6.34	2.61
1990	172.46	122.53	16.92	105.61	6.37	2.66
1991	164.72	125.47	16.49	108.98	8.28	2.76
1992	169.53	125.38	15.28	110.10	9.53	3.38
1993	190.31	130.28	14.86	115.42	12.71	4.05
1994	220.01	144.20	13.98	130.23	16.96	4.17
1995	232.52	158.34	14.58	143.76	20.75	4.32
1996	239.94	164.89	15.12	149.77	20.48	4.49
1997	239.79	171.79	16.41	155.38	23.61	4.66
1998	217.82	189.67	18.72	170.95	23.56	5.02
1999	193.65	220.12	24.42	195.70	16.95	7.88
2000	171.11	246.46	31.48	214.98	16.83	11.69
2001	163.32	246.96	37.63	209.33	14.63	14.01
2002	185.77	253.93	50.93	203.00	17.05	16.61
2003	164.35	253.19	53.77	199.42	16.85	19.02
2004	162.49	257.45	61.33	196.12	17.40	25.74
2005	169.44	259.58	69.99	189.59	20.30	27.76
2006	176.86	233.85	67.75	166.10	28.51	33.77
2007	183.22	231.49	70.57	160.92	28.83	35.52
2008	186.92	233.55	68.42	165.13	28.90	44.51
2009	184.51	225.18	64.50	160.68	33.03	45.74
2010	187.76	221.66	62.85	158.81	30.40	47.83
2011	193.44	226.25	64.63	161.62	27.18	47.14
2012	190.97	224.73	66.57	158.16	24.06	49.82
2013	181.06	203.82	66.11	137.71	18.34	50.84
2014	159.44	202.99	64.49	138.50	15.23	51.43
2015	169.30	206.21	67.98	138.23	13.49	55.92

23-5 各级各类学校毕业生数

Graduates by Level and Type of school

单位：万人 (10 000 persons)

年份 year	小学 Primary Schools	普通中学 Regular Secondary Schools	高中 Senior Secondary Schools	初中 Junior Secondary Schools	职业中学 Vocational Secondary Schools	普通高等学校 Regular Institutions of Higher Education
1978	185.03	213.34	44.37	168.97		0.96
1979	179.69	204.86	50.44	154.42		0.41
1980	173.62	109.74	45.66	64.08	0.01	
1981	173.52	131.24	43.45	87.79	0.01	0.90
1982	165.80	104.44	27.36	77.08	0.02	1.65
1983	168.90	87.90	15.85	72.05	0.28	1.47
1984	166.90	86.78	14.74	72.04	0.28	1.35
1985	158.48	88.92	15.44	73.48	2.08	1.17
1986	172.97	91.60	16.70	74.90	2.52	1.75
1987	172.82	97.24	17.78	79.46	3.11	2.53
1988	167.45	99.44	18.03	81.40	3.62	2.29
1989	162.51	100.39	17.27	83.12	3.64	2.56
1990	162.60	99.36	16.70	82.66	4.17	2.61
1991	161.86	98.77	15.96	82.81	5.26	2.72
1992	162.39	99.90	15.01	84.89	4.86	2.59
1993	163.26	102.34	14.45	87.89	5.35	2.66
1994	166.48	103.90	13.98	89.92	6.16	2.93
1995	168.96	109.35	13.51	95.84	9.22	3.76
1996	165.13	115.90	13.82	102.08	12.41	3.91
1997	168.57	133.16	13.78	119.38	15.18	3.89
1998	180.67	145.88	14.93	130.95	17.23	3.96
1999	205.01	153.97	15.50	138.47	17.95	3.99
2000	225.57	162.16	17.47	144.69	18.65	4.17
2001	220.41	176.44	19.84	156.60	15.32	4.61
2002	202.55	203.04	25.78	177.26	12.57	7.12
2003	204.18	225.16	36.38	188.78	11.68	10.90
2004	203.54	240.69	42.48	198.21	11.97	13.43
2005	191.90	252.02	53.66	198.36	13.97	16.52
2006	166.71	245.24	57.36	187.88	15.40	20.21
2007	160.19	254.20	65.10	189.10	17.21	26.72
2008	168.90	258.05	74.98	183.07	17.93	30.25
2009	165.75	233.36	70.17	163.18	22.31	33.41
2010	165.35	225.35	70.43	154.92	24.93	38.25
2011	167.61	222.00	66.55	155.45	25.05	43.30
2012	170.44	213.82	64.01	149.81	24.84	43.53
2013	164.48	203.46	63.13	140.34	24.41	45.02
2014	140.81	174.94	60.28	114.66	18.93	44.53
2015	140.55	184.67	61.05	123.62	17.28	46.58

23-6 各级各类学校、教职工和专任教师情况(2015年)

Basic Statistics on Schools, Teachers and Staff and Full-time Teachers (2015)

项目	Item	学校数(所) Number of Schools (unit)	教职工数(人) Educational Personnel (person)	#女性 Female	专任教师(人) Full-time Teachers (person)	#女性 female
高等教育	**Higher Education**	**201**	**137034**	**63749**	**100509**	**48164**
研究生培养机构	Institutions Providing Postgraduate Programs	8	214	20	214	20
普通高校	Regular Higher Education Institutions	(19)	(11110)	(3488)	(11110)	(3488)
科研机构	Research Institutions	8	214	20	214	20
普通高等学校	Regular Higher Education Institutions	129	133369	61939	98010	46896
本科院校	HEIs Offering Degree Programs	52	85621	38048	63620	29301
#独立学院	Independent Institutions	8	9162	4677	7247	3670
高职(专科)院校	Higher Vocational Colleges	77	47748	23891	34390	17595
其他机构(教学点)	Other Institutions					
成人高等学校	Adult HEIs	12	2975	1563	2042	1133
民办的其他高等教育机构	Other Non-government HEIs	52	476	227	243	115
中等教育	**Secondary Education**	**6624**	**565007**	**308755**	**492877**	**280332**
高中阶段教育	Senior Secondary Education	1584	232048	116589	192931	101045
高中	Senior Secondary Schools	776	150834	77112	130232	68802
普通高中	Regular Senior Secondary Schools	770	150726	77067	130131	68737
完全中学	Combined Secondary Schools	152	29675	16443	25596	14641
高级中学	Regular High Schools	547	109777	53384	96406	48659
十二年一贯制学校	12-Year Schools	71	11274	7240	8129	5437
成人高中	Adult High Schools	6	108	45	101	65
中等职业教育	Secondary Vocational Education	808	81214	39477	62699	32243
普通中专	Regular Specialized Secondary Schools	156	21774	10810	15894	8523
成人中专	Adult Specialized Secondary Schools	179	11713	5636	8072	4236
职业高中	Vocational Senior Secondary Schools	356	31988	15170	26610	13325
其他机构(不计校数)	Other Institutions	(32)	1665	824	1096	646
技工学校	Skilled Workers Schools	149	14074	7037	11027	5513
初中阶段教育	Junior Secondary Education	5040	332959	192166	299946	179287
初中	Junior Secondary Schools	4565	331505	191917	298617	179075
初级中学	Regular Junior Secondary Schools	3784	266780	148195	246783	142400
九年一贯制学校	9-Year Schools	781	64725	43722	51834	36675
成人初中	Adult Junior Secondary Schools	475	1454	249	1329	212
初等教育	**Primary Education**	**26228**	**505522**	**319713**	**474668**	**306460**
普通小学	Regular Primary Schools	24673	501996	317913	472129	305219
小学	Primary Schools	24673	454395	296606	425732	284120
小学教学点	Primary Schools Teaching Point	(9260)	47601	21307	46397	21099
成人小学	Adult Primary Schools	1555	3526	1800	2539	1241
#扫盲班	Literacy Courses	395	706	383	657	353
工读学校	**Correctional Work-Study Schools**	**3**	**65**	**14**	**55**	**11**
特殊教育	**Special Education Schools**	**144**	**3957**	**2818**	**3517**	**2622**
学前教育	**Pre-school Education Institutions**	**17481**	**273316**	**250095**	**165277**	**163146**
#城区公办幼儿园	City Public Kindergarten	616	23233	21616	14749	14497
镇区公办幼儿园	Town Public Kindergarten	1294	20682	19066	14556	14093
乡村公办幼儿园	Country Public Kindergarten	1747	11552	10052	7625	7223

23-7 普通中小学和幼儿园专任教师分学历的人数与构成(2015年)

Number and Composition of Full-time Teachers in Regular Secondary Schools, Primary Schools and Kindergartens by Educational Level (2015)

单位：人 (person)

学 历	Educational Level	专任教师 Full-time Teacher	构成(%) Composition (%)
普通高等学校教师	**Regular Higher Educational Institutions**	**98010**	**100.0**
博士	Doctor	13367	13.6
硕士	Master	38389	39.2
本科毕业	Undergraduate	44961	45.9
专科及以下	Junior College and Below	1293	1.3
普通中等专业学校教师	**Specialized Secondary Schools**	**15894**	**100.0**
博士	Doctor	21	0.1
硕士	Master	1992	12.5
本科毕业	Undergraduate	12947	81.5
专科及以下	Junior College and Below	934	5.9
高中教师	**Teachers of Senior Secondary School**	**114037**	**100.0**
大学本科毕业及以上	Undergraduates and over	110750	97.1
大学专科毕业	Junior College	3247	2.8
高中阶段毕业及以下	Senior Secondary and below	40	0.0
初中教师	**Teachers of Junior Secondary School**	**285946**	**100.0**
大学本科毕业及以上	Undergraduates and over	204531	71.5
大学专科毕业	Junior College	79447	27.8
高中阶段毕业	Senior Secondary	1968	0.7
高中阶段毕业以下	Below Senior		
小学教师	**Teachers of Primary School**	**500894**	**100.0**
大学专科毕业及以上	Specialized secondary of Higher Education and over	454030	90.6
高中阶段毕业	Senior Secondary	46864	9.4
高中阶段毕业以下	Below Senior		
幼儿园教师	**Teachers of Kindergartens**	**165277**	**100.0**
大学专科毕业及以上	Junior College and Below	115105	69.6
高中阶段毕业	Senior Secondary	44494	26.9
高中阶段毕业以下	Below Senior	5678	3.4

注：本表专任教师按照授课对象进行分类。

a) Data in this table according to the teaching object classification.

23-8 各级各类学历教育学生情况(2015年)

Basic Statistics on Students by Level and Type of Education (2015)

单位：人 (person)

项 目	Item	招生数 Entrants	在校生数 Enrolment	# 女生 Female Students	毕业生数 Graduates
高等教育	**Higher Education**	**747880**	**2268290**	**1223700**	**651154**
研究生	Postgraduates	13561	37559	21663	10607
博 士	Doctor's Degree	500	1792	871	201
硕 士	Master's Degree	13061	35767	20792	10406
普通本专科	Undergraduate in Regular HEIs	559198	1766869	937584	465782
本 科	Normal Courses	267170	995493	541799	222696
专 科	Short-cycle Courses	292028	771376	395785	243086
成人本专科	Undergraduate in Adult HEIs	151976	359058	212638	145418
本 科	Normal Courses	62121	159376	96395	56145
专 科	Short-cycle Courses	89855	199682	116243	89273
其他高等学历教育	Students Enrolled in Other Formal Programs	23145	104804	51815	29347
在职人员攻读硕士学位	Master′s Degree Programs for On-the-job Personnel	2710	11300	3853	2126
网络本专科生	Web-based Undergraduates	20435	93504	47962	27221
本 科	Normal Courses	8587	40655	24016	12532
专 科	Short-cycle Courses	11848	52849	23946	14689
中等教育	**Secondary Education**	**2543340**	**7380165**	**3524070**	**2402072**
高中阶段教育	Senior Secondary Education	1161045	3251134	1643370	1084905
高中	Senior Secondary Schools	679812	1943952	975416	611945
普通高中	Regular Senior Secondary Schools	679812	1943101	974986	610455
完全中学	Combined Secondary Schools	86688	237676	118272	71612
高级中学	Regular High Schools	566003	1638715	825519	520956
十二年一贯制学校	12-Year Schools	21498	51077	23609	12433
附设普通高中班	Attached Ordinary High School Class	5623	15633	7586	5454
成人高中	Adult High Schools		851	430	1490
中等职业教育	Secondary Vocational Education	481233	1307182	667954	472960
普通中专	Regular Specialized Secondary Schools	257161	689859	382079	206739
成人中专	Adult Specialized Secondary Schools	30761	70520	27422	36756
职业高中	Vocational High Schools	90300	280060	125081	144798
技工学校	Skilled Workers Schools	103011	266743	133372	84667
初中阶段教育	Junior Secondary Education	1382295	4129031	1880700	1317167
初中	Junior Secondary Schools	1382295	4048103	1841210	1236178
初级中学	Regular Junior Secondary Schools	1152863	3379095	1564943	1045006
九年一贯制学校	9-Year Schools	149836	428698	172189	113680
十二年一贯制学校	12-Year Schools	14946	44837	17920	13067
完全中学	Combined Secondary Schools	61065	184243	81537	61037
附设普通初中班	Supporting Regular Junior Secondary Schools	3585	11230	4621	3388
成人初中	Adult Junior Secondary Schools		80928	39490	80989
初等教育	**Primary Education**	**1693017**	**9624855**	**4397885**	**1690805**
普通小学	Regular Primary Schools	1693017	9370543	4283522	1405467
小学	Primary Schools	1467800	8180213	3757328	1189837
小学教学点	Primary Schools Teaching Point	133989	501527	239410	37675
附设小学班	Attached Primary Schools Classes	3361	93645	42704	67973
九年一贯制学校	9-Year Schools	81424	553574	227680	101866
十二年一贯制学校	12-Year Schools	6443	41584	16400	8116
成人小学	Adult Primary Schools		254312	114363	285338
#扫盲班	Literacy Courses		9933	5072	10293
工读学校	**Correctional Work-Study Schools**	**50**	**180**		**50**
特殊教育	**Special Education Schools**	**3946**	**20117**	**7169**	**1750**
学前教育	**Pre-school Education Institutions**	**2072151**	**3933663**	**1839645**	**1515976**

23-9 各级各类非学历教育学生情况(2015年)

Number of Students of Non-formal Education by Type and Level (2015)

单位：人次 (person-time)

项　　目	Item	结业生数 Completers	注册生数 Enrolment
总　　计	**Total**	**2002890**	**1886674**
高等教育	**Higher Education**	**661895**	**662134**
研究生课程进修班	Postgraduate Courses	1696	1850
自考助学班	Classes run by Non-government HEIs for Students Preparing for Self-directed State-administered Examinations	2733	2846
普通预科生	College-preparatory Classes		3483
进修及培训	In-service Training	347633	342173
#资格证书培训	For Certificates of Vocational Qualifications	236952	244480
岗位证书培训	For Certificates of Job-related Qualifications	72881	67302
中等职业教育	**Secondary Vocational Education**	**306845**	**192683**
#资格证书培训	For Certificates of Vocational Qualifications	137981	94817
岗位证书培训	For Certificates of Job-related Qualifications	168864	97866
其中：普通中等专业学校	Secondary Vocational Schools	58856	47163
#资格证书培训	For Certificates of Vocational Qualifications	29214	24001
岗位证书培训	For Certificates of Job-related Qualifications	29642	23162
职业技术培训机构	**Other Vocational-technical Training Institutions**	**1034150**	**1031857**
#资格证书培训	For Certificates of Vocational Qualifications	323295	337773
岗位证书培训	For Certificates of Job-related Qualifications	710855	694084

23-10 各级教育入学率及升学率情况

Enrolment Ratio and Promotion Rate by Levels

单位：% (%)

指标名称	Item	2014	2015
学前三年毛入园率	Pre-school Eduacation Entrance Rate	78.6	83.2
小学学龄儿童净入学率	Net Enrollment Ratio of Primary Schools	100.0	100.0
#男生	Male	100.0	100.0
女生	Female	100.0	100.0
小学升学率	Promotion Rate from Primary Schools to Junior Secondary Schools	98.4	98.4
初中阶段毛入学率	The Junior Middle School Stage Gross Enrollment Rate	111.5	109.7
#男生	Male	112.0	109.1
女生	Female	110.8	110.3
初中升学率	Promotion Rate from Junior Secondary Schools to Senior Secondary Schools	93.2	90.0
九年义务教育巩固率	Percentage of Student Enrollment Consolidated of Nine-year Compulsory Education	93.0	94.0
#男生	Male	93.0	94.0
女生	Female	93.0	94.0
高中阶段毛入学率	The Gross enrollment rate of higher stage	90.3	90.3
高中升学率	Promotion Rate from Senior Secondary Schools to Higher Education	75.7	81.2
高等教育毛入学率	The Gross enrollment rate of higher education	34.0	36.5

23-11 成人学校基本情况(2015年)

Basic Statistics on Adult Schools (2015)

单位：人 (person)

各类学校	Various Schools	学校数(所) Number of Schools (unit)	教职工数 Teachers and Staff	#专任教师 Full-time Teachers	在校学生数 Student Enrollment	招生数 New Student Enrollment	毕业生数 Graduates
成人高等学校	**Adult Institutions of Higher Education**	**12**	**2975**	**2042**	**359058**	**151976**	**145418**
广播电视大学	Radio and TV Universities	1	421	229	742	332	256
职工、农民学院	Schools of Higher Eduation for Staff, Workers and Peasants	8	749	479	9057	3723	6184
教育学院	Pedagogical Colleges	3	1342	1101	8308	4509	3634
其他机构	Others	(4)	463	233			
高校函授部、夜大学	Correspondence Departments or Evening Universities Run by Institutions of Higher Education	(86)			340951	143412	135344
成人中等专业学校	**Trade School for Adults**	**179**	**11713**	**8072**	**109732**	**50436**	**41300**
成人中学	**Secondary Schools for Adults**	**481**	**1562**	**1430**	**81779**		**82479**
职工中学	Secondary Schools for Staff and Workers	9	176	137	13371		12480
农民中学	Secondary Schools for Peasants	472	1386	1293	68408		69999
技术培训学校	**Techinical Training Schools**	**7997**	**17257**	**11630**	**2306743**		**2336097**
职工技术培训学校	Techinical Training Schools for Staff and Workers	164	3672	2812	117761		116293
农民技术培训学校	Techinical Training Schools for Peasants	7486	10947	7060	2057122		2080703
其他培训机构	Other Training Organizations	347	2638	1758	131860		139101
成人初等学校	**Primary Schools for Adults**	**1555**	**3526**	**2539**	**254312**		**285338**
职工初等学校	Primary Schools for Staff and Workers	24	24		2350		2350
农民初等学校	Primary Schools for peasants	1531	3502	2539	251962		282988
#扫盲班	Literacy Courses	395	706	657	9933		10293

注：其他机构、高校函授部、夜大学不计入成人高等学校总校数。

a) Number of Adult Institutions of Higher Eduation excludes those of Other Institutions , Correspondence Departments or Evening Universities Run by Institutions of Higher Education.

23-12 职业技术培训机构基本情况(2015年)

Basic Statistics on Vocational-Technical Training Institutions (2015)

项目	Item	学校数(所) Schools (unit)	教学班(点、个) Teaching Classes (site,unit)	结业生数(人次) Students Completing Courses(person-time)	
				合计 Total	#女性 Female
总计	**Total**	**7997**	**15566**	**2336097**	**1101837**
职工技术培训学校(机构)	Vocational-Technical Training Schools	164	1468	116293	51941
教育部门和集体办	Run by Education Dept.and Collective	51	536	72874	37703
其他部门办	Run by Other Dept.	72	618	33394	9102
民办	Run by Private Institutions	41	314	10025	5136
农民成人文化技术培训学校(机构)	Cultural & Technical Training Schools (Institutions)for Rural Adults	7486	12997	2080703	984227
教育部门和集体办	Run by Education Dept.and Collective	7454	12941	2071781	982135
县办	Run by Counties	104	226	137881	70560
乡办	Run by Townships	1054	4396	847751	428326
村办	Run by Villages	6296	8319	1086149	483249
其他部门办	Run by Other Departments	28	40	6856	1710
民办	Run by Private Institutions	4	16	2066	382
其他培训机构(含社会培训机构)	Others(Incld.Social Training Institutions)	347	1101	139101	65669
教育部门和集体办	Run by Education Dept.and Collective	37	99	8563	4515
其他部门办	Run by Other Dept.	39	102	41122	17152
民办	Run by Private Institutions	271	900	89416	44002
少数民族	National Miniority			3461	1462
按培训形式分	By Training Form				
资格证书培训	Qualification Certificate			323295	154445
岗位证书培训	Post certificate			710855	351085
按产业结构分	By Industrial Structure				
第一产业	Primary Industry			792006	381405
第二产业	Secondary Industry			520082	233336
第三产业	Teriary Industry			1024009	487096
按培训时间分	By Training Time				
一个月以内	Within a month			1827157	861244
一个月至三个月以内	A month to three months			317259	151652
三个月至半年以内	Three months to half a year			86575	40872
半年至一年以内	Six months to a year			76386	35360
一年及以上	One Year and Over			28720	12709

23-12 续表 continued

项 目	Item	注册学生数(人) Enrolled Students (person) 合计 Total	#女性 Female	教职工数(人) Teachers and Staff (person) 合计 Total	#专任教师 Full-time Teachers	聘请校外教 师(人) ExternalTeachers Retained (person)
总 计	**Total**	**2306743**	**1074545**	**17257**	**11630**	**11514**
职工技术培训学校(机构)	Vocational-Technical Training Schools	117761	53231	3672	2812	868
教育部门和集体办	Run by Education Dept.and Collective	72616	38733	2226	1782	507
其他部门办	Run by Other Dept.	33310	8906	587	403	166
民 办	Run by Private Institutions	11835	5592	859	627	195
农民成人文化技术	Cultural & Technical Training Schools					
培训学校(机构)	(Institutions)for Rural Adults	2057122	960693	10947	7060	9557
教育部门和集体办	Run by Education Dept.and Collective	2050056	957109	10474	6899	9497
县 办	Run by Counties	137643	70464	607	406	458
乡 办	Run by Townships	832997	421569	3584	2000	3652
村 办	Run by Villages	1079416	465076	6283	4493	5387
其他部门办	Run by Other Departments	5384	2922	163	136	60
民 办	Run by Private Institutions	1682	662	310	25	
其他培训机构(含社会培训机构)	Others(Incld.Social Training Institutions)	131860	60621	2638	1758	1089
教育部门和集体办	Run by Education Dept.and Collective	4163	1776	227	174	218
其他部门办	Run by Other Dept.	41758	17417	300	227	95
民 办	Run by Private Institutions	85939	41428	2111	1357	776
少数民族	National Miniority	2512	1127	75	43	6
按培训形式分	By Training Form					
资格证书培训	Qualification Certificate	337773	159981			
岗位证书培训	Post certificate	694084	335766			
按产业结构分	By Industrial Structure					
第一产业	Primary Industry	769505	363916			
第二产业	Secondary Industry	532379	233893			
第三产业	Teriary Industry	1004859	476736			
按培训时间分	By Training Time					
一个月以内	Within a month	1796160	833101			
一个月至三个月以内	A month to three months	320641	155918			
三个月至半年以内	Three months to half a year	77927	33997			
半年至一年以内	Six months to a year	73002	34457			
一年及以上	One Year and Over	39013	17072			

23-13 分学科研究生情况(2015年)

Number of Postgraduate Students by Academic Field (2015)

单位：人 (person)

项目	Item	招生数 Entrants	硕士 Master's Degree	博士 Doctor's Degree	在校学生数 Enrolment	硕士 Master's Degree	博士 Doctor's Degree	毕业生数 Graduates	硕士 Master's Degree	博士 Doctor's Degree
分学科研究生数(总计)	**Total**	**13561**	**13061**	**500**	**37559**	**35767**	**1792**	**10607**	**10406**	**201**
#女生	Female	8014	7780	234	21663	20792	871	6256	6175	81
学术型学位	Academic Degree	7039	6539	500	22177	20385	1792	7212	7011	201
专业学位	Professional Degree	6522	6522		15382	15382		3395	3395	
哲　学	Philosophy	94	94		295	295		102	102	
经济学	Economics	305	293	12	863	824	39	335	329	6
法　学	Law	803	783	20	2328	2245	83	780	774	6
教育学	Education	1355	1346	9	3431	3405	26	1279	1273	6
文　学	Literature	656	637	19	1650	1589	61	656	641	15
历史学	History	205	183	22	603	511	92	155	146	9
理　学	Science	1424	1315	109	4097	3706	391	1107	1053	54
工　学	Engineering	3582	3436	146	10272	9723	549	2626	2590	36
农　学	Agriculture	819	777	42	2110	1973	137	622	591	31
医　学	Medicine	2239	2144	95	6199	5850	349	1407	1369	38
军事学	Military Science									
管理学	Administrators	1631	1605	26	4359	4294	65	1185	1185	
艺术学	Art	448	448		1352	1352		353	353	
分学科研究生数(普通高校)	**Regular HEIs**	**13494**	**12996**	**498**	**37368**	**35585**	**1783**	**10542**	**10341**	**201**
#女生	Female	7994	7760	234	21619	20749	870	6243	6162	81
学术型学位	Academic Degree	6972	6474	498	21986	20203	1783	7147	6946	201
专业学位	Professional Degree	6522	6522		15382	15382		3395	3395	
哲　学	Philosophy	94	94		295	295		102	102	
经济学	Economics	305	293	12	863	824	39	335	329	6
法　学	Law	803	783	20	2328	2245	83	780	774	6
教育学	Education	1355	1346	9	3431	3405	26	1279	1273	6
文　学	Literature	656	637	19	1650	1589	61	656	641	15
历史学	History	205	183	22	603	511	92	155	146	9
理　学	Science	1421	1312	109	4092	3701	391	1105	1051	54
工　学	Engineering	3519	3375	144	10089	9549	540	2565	2529	36
农　学	Agriculture	819	777	42	2110	1973	137	622	591	31
医　学	Medicine	2239	2144	95	6199	5850	349	1407	1369	38
军事学	Military Science									
管理学	Administrators	1630	1604	26	4356	4291	65	1183	1183	
艺术学	Art	448	448		1352	1352		353	353	

23-14 分学科本科学生情况(2015年)

Number of Undergraduate Students by Academic Field (2015)

单位：人 (person)

项 目	Item	普通本科 Ordinary Undergraduates			成人本科 Adult Undergraduates			网络本科 Web-based Undergraduates		
		招生数 Entrants	在校学生数 Enrolment	毕业生数 Graduates	招生数 Entrants	在校学生数 Enrolment	毕业生数 Graduates	招生数 Entrants	在校学生数 Enrolment	毕业生数 Graduates
总 计	**Total**	**267170**	**995493**	**222696**	**62121**	**159376**	**56145**	**8587**	**40655**	**12532**
#女生	Female	147487	541799	115168	37240	96395	30713	3569	24016	7832
#师范	Teacher Training	34520	134974	32782				507	2093	1381
哲 学	Philosophy	58	212	41	9671	26570	12072			
经济学	Economics	12977	49844	11285	1714	26570	1641	396	1876	715
法 学	Law	8730	32778	7597	2207	26570	2545	485	2323	1077
教育学	Education	11281	41997	8921	3987	26570	3953	279	1129	488
文 学	Literature	22131	84659	20716	5052	26570	7401	419	1880	1022
#外语	Foreign Language	11371	42856	11108	1373	26570	1933	103	502	289
历史学	History	1546	6161	1321	108	26570	178			
理 学	Science	17982	70332	15959	2364	26570	2709	95	445	334
工 学	Engineering	86178	316813	70450	16272	26570	15260	2062	9873	2050
农 学	Agriculture	6414	21651	4383	1109	26570	726			
医 学	Medicine	18871	70006	13999	17737	26570	10510	3006	13710	4386
管理学	Administrators	51147	184333	40573	10973	26570	10269	1845	9419	2460
艺术学	Art	29855	116707	27451	598	26570	953			

23-15 分学科专科学生情况(2015年)

Number of Students for Short-cycle Courses in HEIs by Academic Field (2015)

单位：人 (person)

项目	Item	普通专科 Normal College			成人专科 Adult College			网络专科 Web-based College		
		招生数 Entrants	在校学生数 Enrolment	毕业生数 Graduates	招生数 Entrants	在校学生数 Enrolment	毕业生数 Graduates	招生数 Entrants	在校学生数 Enrolment	毕业生数 Graduates
总计	**Total**	**292028**	**771376**	**243086**	**89855**	**199682**	**89273**	**11848**	**52849**	**14689**
#女生	Female	148532	395785	126037	51839	116243	52507	5372	23946	6867
#师范	Teacher Training	24504	62366	16008	20471	43969	20335			
农林牧渔大类	Agriculture, Forestry, Husbandry and Fishing	3472	11199	4884	1165	2431	1158			
交通运输大类	Transportation and Communication	11055	29039	7483	3559	7863	1805			
生化与药品大类	Biochemistry and Medicine	4006	10177	3873	497	1673	669			
资源开发与测绘大类	Resources Development and Survey	2475	9456	4260	1616	4772	3660			
材料与能源大类	Material and Energy	2743	7629	2702	887	2402	1234	242	1355	638
土建大类	Civil Engineering	25874	84493	25175	9050	16973	5096	2058	9561	2104
水利大类	Water Resources	1147	3762	1229	833	1800	1052			
制造大类	Manufacturing	38557	99432	30923	10037	21950	9539	1083	4309	1070
电子信息大类	Electronic Information	32195	70783	21599	4565	10448	4981	594	2558	783
环保、气象与安全大类	Environment Protection, Meteorology and Safety	568	1409	636	143	260	85			
轻纺食品大类	Light,Textile and Food	4835	12990	4681	401	1202	451			
财经大类	Finance	57069	150121	44419	18114	35496	15157	4243	18652	4919
医药卫生大类	Medicine and Health	44631	112568	34434	8255	25886	13955	1899	9147	2924
旅游大类	Tourism	9819	26211	8385	778	1814	604	119	431	148
公共事业大类	Public Service	2005	5848	1932	3032	6640	2809	691	2813	793
文化教育大类	Culture and Education	31924	83048	25212	25339	54509	25146	475	1698	541
艺术设计传媒大类	Artistic Design and Mass Media	15066	40583	15934	652	1305	821	19	123	45
公安大类	Public Security	1071	2868	1944						
法律大类	Law	3516	9760	3381	932	2258	1051	425	2202	724

23-16 中等职业学校分学科学生情况(2015年)

Number of Students by Field of Education in Secondary Vocational Schools (2015)

单位：人 (person)

项 目	Item	招生数 Entrants	在校学生数 Enrolment	毕业生数 Graduates	#获得职业资格证书 Recipients of Vocational Qualifications
总 计	**Total**	**378222**	**1040439**	**388293**	**306889**
#女生	Female	189264	534582	208134	163392
农林牧渔类	Agriculture,Forestry,Husbandry & Fisheries	23516	76948	50948	40507
资源环境类	Resources and Environment	1694	5953	3417	2791
能源与新能源类	Energy and New Energy	420	1474	1514	1406
土木水利类	Civil and Hydraulic Engineering	16371	52643	17519	13254
加工制造类	Manufacturing	31907	95994	41784	34819
石油化工类	Petroleum and Chemical	622	3541	2168	1871
轻纺食品类	Light Industry,Textile,and Food	1956	5194	2072	1805
交通运输类	Transport	47291	112764	26198	20910
信息技术类	Information Technologies	54045	154897	61751	50545
医药卫生类	Medicine and Health	31025	95932	32210	20519
休闲保健类	Leisure and Health	2832	7825	1294	1139
财经商贸类	Finance and Trade	43003	105095	36032	29237
旅游服务类	Tourism Services	11733	33728	13339	11006
文化艺术类	Culture and Arts	23241	61744	20958	16119
体育与健身	Sports and Fitness	11147	25586	5742	3626
教育类	Education	72018	187586	65647	52934
司法服务类	Justice Services	618	3047	1593	876
公共管理与服务类	Public Management and Services	2206	4962	2475	1971
其他	Others	2577	5526	1632	1554

注：本表数据不含技工学校有关数据。
a) Data in this table unclude vestibule school.

23-17 网络教育学生情况(2015年)

Statistics on Network Education Students (2015)

单位：人 (person)

类别	Types	毕业生人数本科 Graduates (norma courses)	招生人数本科 New Students Enrollment (norma courses)	在校学生人数本科 Students Enrollment (norma courses)
总计	**Total**	**12532**	**8587**	**40655**
#女	Female	7832	3569	24016
经济学	Economics	715	396	1876
法学	Law	1077	485	2323
教育学	Education	488	279	1129
文学	Literature	1022	419	1880
理学	Science	334	95	445
工学	Engineering	2050	2062	9873
医学	Medicine	4386	3006	13710
管理学	Administrators	2460	1845	9419

23-18 网络教育学生情况(2015年)

Statistics on Network Education Students (2015)

单位：人 (person)

类别	Types	毕业生人数专科 Graduates (short-cycle courses)	在校学生人数专科 Enrolment (short-cycle courses)
总计	**Total**	**14689**	**52849**
#女	Female	6867	23946
材料与能源大类	Material and Energy	638	1355
土建大类	Civil Engineering	2104	9561
制造大类	Manufacturing	1070	4309
电子信息大类	Electronic Information	783	2558
财经大类	Finance	4919	18652
医药卫生大类	Medicine and Health	2924	9147
旅游大类	Tourism	148	431
公共事业大类	Public Service	793	2813
文化教育大类	Culture and Education	541	1698
艺术设计传媒大类	Artistic Design and Mass Media	45	123
法律大类	Law	724	2202

23−19 进城务工子女和农村留守儿童在校情况(2015年)

Statistics on Children of Migrant Workers and Rural Left-behind Children in Schools (2015)

单位：人 (person)

项 目	Item	普通小学 Regular Primary School					初 中 Junior Middle School			
		招生数 Entrants	#受过学前教育 Trained in preschool education	在校生数 Enrolment	#女生 Female	毕业生数 Graduates	招生数 Entrants	在校生数 Enrolment	#女生 Female	毕业生数 Graduates
总 计	**Total**	**497043**	**496875**	**2783869**	**1269982**	**268651**	**423757**	**1210259**	**542200**	**265248**
进城务工人员随迁子女	Children Living with the Rural Migrant Workers in Cities	78920	78864	419957	185977	44635	62989	182487	79055	43693
#外省迁入	Move from Other Provinces	7278	7275	36810	15847	3922	4173	12887	4978	3023
本省外县迁入	Move from Other Counties	71642	71589	383147	170130	40713	58816	169600	74077	40670
农村留守儿童	Rural Left-behind Children	339203	339147	1943955	898028	179381	297779	845285	384090	177862

23−20 普通高等学校办学条件

Condition of running Institutions of Higher Education

指 标	Item	2014	2015
占地面积(万平方米)	occupying Space (10 000 sq .m)	10981.05	10946.46
校舍建筑面积(万平方米)	Schoolhouse Building Space (10 000 sq.m)	5561.56	5705.10
一般图书(万册)	Common Books (10 000 volumes)	14360.88	14819.68
固定资产总值(亿元)	Fixed Assets (100 million yuan)	708.19	777.88
#教学、科研仪器设备值	Value of Equipment for teaching and scientific research	142.66	164.59

23-21 分地区普通高等学校情况(2015年)

Basic Statistics on Regular Institutions of Higher Education by City (2015)

单位：人 (person)

市 City	学校数(所) Schools (unit)	教职工数 Educational Personnel	招生数 Entrants	专科 Junior College Student	本科 Undergraduate	在校学生数 Enrolment	专科 Junior College Student	本科 Undergraduate
全省 Total	**129**	**133369**	**559198**	**292028**	**267170**	**1766869**	**771376**	**995493**
郑州市 Zhengzhou	55	55600	257377	142551	114826	824152	391059	433093
开封市 Kaifeng	5	7698	25363	12217	13146	89321	34441	54880
洛阳市 Luoyang	7	7932	30746	9313	21433	103324	22979	80345
平顶山市 Pingdingshan	5	4182	17345	7745	9600	55169	20307	34862
安阳市 Anyang	6	4741	23453	8540	14913	72862	21505	51357
鹤壁市 Hebi	3	1258	4639	4639		12135	12135	
新乡市 Xinxiang	9	11250	41514	12827	28687	139296	30592	108704
焦作市 Jiaozuo	7	8378	30271	15743	14528	97438	43067	54371
濮阳市 Puyang	1	783	3800	3800		8401	8401	
许昌市 Xuchang	4	2701	12050	6802	5248	35568	16272	19296
漯河市 Luohe	3	4849	10664	10664		26540	26540	
三门峡市 Sanmenxia	1	963	5036	5036		13048	13048	
南阳市 Nanyang	6	6475	25475	14186	11289	74511	33541	40970
商丘市 Shangqiu	6	6326	28921	16942	11979	84205	42289	41916
信阳市 Xinyang	5	4826	19401	8530	10871	61802	23839	37963
周口市 Zhoukou	3	3036	12085	6332	5753	38371	17697	20674
驻马店市 Zhumadian	2	1620	6888	1991	4897	22348	5286	17062
济源市 Jiyuan	1	751	4170	4170		8378	8378	

23-21　续表　　continued

单位：人　　(person)

市　City	预计毕业生数 Graduates for Next Year	专科 Junior College Student	本科 Undergraduate	毕业生数 Graduates	专科 Junior College Student	本科 Undergraduate	授予学位数 Number of degree
全　省 Total	**495601**	**246943**	**248658**	**465782**	**243086**	**222696**	**217928**
郑州市 Zhengzhou	234460	128259	106201	215418	120766	94652	92503
开封市 Kaifeng	25702	11390	14312	23022	11051	11971	11964
洛阳市 Luoyang	28289	7613	20676	24501	5615	18886	18630
平顶山市 Pingdingshan	15903	6796	9107	18523	9794	8729	8189
安阳市 Anyang	18949	5513	13436	17381	4167	13214	12950
鹤壁市 Hebi	3675	3675		3803	3803		
新乡市 Xinxiang	36973	10226	26747	34188	11312	22876	22294
焦作市 Jiaozuo	27861	14522	13339	25560	13765	11795	11558
濮阳市 Puyang	2457	2457		3388	3388		
许昌市 Xuchang	10360	5171	5189	10614	5975	4639	4519
漯河市 Luohe	8140	8140		8420	8420		
三门峡市 Sanmenxia	4684	4684		4755	4755		
南阳市 Nanyang	20727	9284	11443	21927	11309	10618	10255
商丘市 Shangqiu	23950	13499	10451	21645	12782	8863	8772
信阳市 Xinyang	14931	6808	8123	15614	8048	7566	7506
周口市 Zhoukou	10147	4754	5393	8491	3277	5214	5120
驻马店市 Zhumadian	5998	1757	4241	5552	1879	3673	3668
济源市 Jiyuan	2395	2395		2980	2980		

23-22 各市普通高中情况(2015年)

Statistics on Regular Senior Secondary Schools by City (2015)

单位：人 (person)

市(县)	City(county)	学校数(所) Number of Schools (unit)	教职工数 Teachers and Staff	#专任教师 Full-time Teachers	招生数 Entrants	在校学生数 Enrolment	#女生 Female	毕业生数 Graduates
全省	**Total**	**770**	**150726**	**130131**	**679812**	**1943101**	**974986**	**610455**
省辖市	**City**							
郑州市	Zhengzhou	114	18798	15666	65144	184452	92847	58693
开封市	Kaifeng	45	7628	6369	31838	90751	46955	28365
洛阳市	Luoyang	76	12502	10968	45631	130503	68997	42257
平顶山市	Pingdingshan	30	5675	4759	28703	81839	41324	25357
安阳市	Anyang	40	6820	5942	31422	89909	47454	26748
鹤壁市	Hebi	13	384	1713	9688	30298	15829	9147
新乡市	Xinxiang	54	10235	8519	36066	103527	54810	34786
焦作市	Jiaozuo	31	5912	5076	25758	73807	37469	23747
濮阳市	Puyang	36	9060	5072	24125	68788	36071	20211
许昌市	Xuchang	29	12208	5365	23019	69371	33807	24685
漯河市	Luohe	15	15356	2468	16014	47453	23454	14975
三门峡市	Sanmenxia	18	18504	3723	15803	44772	22809	14349
南阳市	Nanyang	71	12190	10800	65224	177142	88735	47089
商丘市	Shangqiu	32	10300	8738	55929	166102	81193	56470
信阳市	Xinyang	63	12829	11438	61878	176745	82743	56867
周口市	Zhoukou	58	14650	12922	82807	232776	114103	71502
驻马店市	Zhumadian	38	10902	9467	55276	159371	78441	50027
济源市	Jiyuan	7	1279	1126	5487	15495	7945	5180
省直管县	**Province Administrating County**							
巩义市	Gongyi	6	1097	1072	4596	13495	7118	5013
兰考县	Lankao	5	1245	1049	5678	15697	8024	4927
汝州市	Ruzhou	6	974	902	5384	14063	7127	3584
滑县	Huaxian	10	1342	1077	6449	16869	9354	4542
长垣县	Changyuan	4	1812	1133	5743	17502	9166	6833
邓州市	Dengzhou	7	1279	1156	7416	20190	10147	6613
永城市	Yongcheng	4	1235	1094	7611	21928	11362	6708
固始县	Gushi	11	2545	2403	12098	33407	14129	10485
鹿邑县	Luyi	5	1346	1182	6584	20518	10161	6080
新蔡县	Xincai	4	888	775	6500	17111	8313	4912

注：本表专任教师按照授课对象进行分类。

a) Data in this table according to the teaching object classification.

23-23 各市中等职业学校情况(2015年)

Statistics on Secondary Vocational Schools by City (2015)

单位：人 (person)

市(县) City(county)	学校数(所) Number of Schools (unit)	教职工数 Teachers and Staff	#专任教师 Full-time Teachers	#双师型教师 Double-qualified teachers	招生数 Entrants	在校学生数 Enrolment	毕业生数 Graduates	#获得职业资格证书 With Professional Qualification Certificates	预计毕业生数 Estimated Graduates for Next Year
全 省 Total	**691**	**67140**	**51672**	**10882**	**378222**	**1040439**	**388293**	**306889**	**356552**
省辖市 City									
郑州市 Zhengzhou	129	14962	10933	3068	111920	278432	82833	61991	89350
开封市 Kaifeng	35	2890	2211	595	18713	49246	16523	14230	15519
洛阳市 Luoyang	69	4618	3629	544	28960	81715	25054	19397	26481
平顶山市 Pingdingshan	24	2486	1979	296	15020	35933	16029	12475	15135
安阳市 Anyang	18	2621	2347	400	14430	37116	8948	5530	9824
鹤壁市 Hebi	9	1024	835	204	8812	26147	9199	8410	8150
新乡市 Xinxiang	34	3669	3022	520	18783	55289	23316	15677	20065
焦作市 Jiaozuo	26	2657	2049	484	14512	39509	15917	9380	13881
濮阳市 Puyang	23	2357	1883	491	12742	37926	17117	10068	12747
许昌市 Xuchang	28	3094	2251	763	12450	43647	17976	17240	19684
漯河市 Luohe	25	2010	1466	437	9926	26689	9760	9022	8565
三门峡市 Sanmenxia	21	1923	1358	430	8039	22366	12772	8155	9646
南阳市 Nanyang	88	6170	4718	609	27064	80022	32431	23742	28271
商丘市 Shangqiu	38	3426	2694	349	20750	57892	28004	26694	20287
信阳市 Xinyang	44	5010	3638	469	18225	55026	27041	25953	18656
周口市 Zhoukou	44	4306	3458	629	20981	58670	23086	22696	21673
驻马店市 Zhumadian	33	3382	2784	489	14554	48069	20683	14938	16455
济源市 Jiyuan	3	535	417	105	2341	6745	1604	1291	2163
省直管县 Province Administrating County									
巩义市 Gongyi	3	321	300	104	1160	3266	1131	1062	1066
兰考县 Lankao	2	162	134	23	1782	2802	133	133	719
汝州市 Ruzhou	5	448	355	55	1631	8655	1750	1345	5472
滑县 Huaxian	3	491	455	13	2120	4359	523	404	747
长垣县 Changyuan	3	458	400	16	3424	11666	6478	2850	4536
邓州市 Dengzhou	6	889	670	48	3523	11705	5352	5352	5033
永城市 Yongcheng	9	421	352	69	5636	9885	6939	6939	2925
固始县 Gushi	8	940	802	43	4665	13642	7192	7192	4753
鹿邑县 Luyi	4	277	215	24	425	976	219	219	249
新蔡县 Xincai	5	250	198		576	1356	2500	50	780

注：本表数据不含技工学校有关数据。
a) Data in this table unclude vestibule school.

23-24 各市普通初中教育情况(2015年)

Statistics on Regular Junior Secondary Schools by City (2015)

市(县) City(county)	学校数(所) Schools (unit)	专任教师(人) Full-time Teachers (person)	#女性 Female	城镇 Urben	乡村 County	#学历合格高一级教师 The Degree Higher Qualified Teachers
全省 Total	**4565**	**285946**	**166746**	**214668**	**71278**	**204531**
省辖市 City						
郑州市 Zhengzhou	297	23053	15398	20691	2362	19313
开封市 Kaifeng	241	13026	7690	8660	4366	8053
洛阳市 Luoyang	345	19654	11651	16275	3379	15235
平顶山市 Pingdingshan	215	12682	7377	9381	3301	8487
安阳市 Anyang	258	14565	9136	9979	4586	11753
鹤壁市 Hebi	73	4784	2760	4247	537	3546
新乡市 Xinxiang	335	16816	10358	11852	4964	12195
焦作市 Jiaozuo	185	10799	6814	8208	2591	7967
濮阳市 Puyang	177	11684	7568	8469	3215	9335
许昌市 Xuchang	210	13046	7436	10003	3043	8433
漯河市 Luohe	96	7011	4086	5364	1647	5133
三门峡市 Sanmenxia	106	6826	4016	5245	1581	5401
南阳市 Nanyang	432	27643	15943	22636	5007	18561
商丘市 Shangqiu	404	24595	13139	16834	7761	16081
信阳市 Xinyang	316	23846	11417	16342	7504	16593
周口市 Zhoukou	533	30737	17608	21928	8809	20896
驻马店市 Zhumadian	311	23287	13204	16890	6397	16096
济源市 Jiyuan	31	1892	1145	1664	228	1453
省直管县 Province Administrating County						
巩义市 Gongyi	29	2116	1425	1884	232	1782
兰考县 Lankao	53	2628	1511	1251	1377	1643
汝州市 Ruzhou	54	2603	1470	1546	1057	1770
滑县 Huaxian	50	2964	1952	1481	1483	2164
长垣县 Changyuan	45	2296	1666	1509	787	1720
邓州市 Dengzhou	58	3635	2167	2870	765	2136
永城市 Yongcheng	55	3294	1767	2764	530	2840
固始县 Gushi	52	3940	1792	2959	981	2711
鹿邑县 Luyi	75	2971	1527	2147	824	1826
新蔡县 Xincai	41	2607	1261	1499	1108	1467

注：本表专任教师按照授课对象进行分类。

a) Data in this table according to the teaching object classification.

23-24 续表 continued

市(县) City(county)	在校学生数(人) Enrolment (person)	#女性 Female	城镇 Urben	农村 County	校舍建筑面积(平方米) Architectural Area of the Building (Square meters)	教学及辅助用房面积(平方米) Teaching and Auxiliary Area (Square meters)	城镇 Urben	乡村 County
全 省 Total	**4048103**	**1841210**	**3194595**	**853508**	**44464151**	**16085720**	**12087576**	**3998144**
省 辖 市 City								
郑 州 市 Zhengzhou	327482	140869	298279	29203	4099624	1531015	1360039	170976
开 封 市 Kaifeng	195552	88068	143785	51767	1792629	660587	447742	212845
洛 阳 市 Luoyang	275036	132648	229460	45576	3406009	1258865	1022800	236065
平 顶 山 市 Pingdingshan	171050	76928	130852	40198	1920609	664287	501501	162786
安 阳 市 Anyang	213263	96409	157159	56104	2225145	925346	648995	276351
鹤 壁 市 Hebi	77204	33810	70059	7145	946499	356862	282486	74376
新 乡 市 Xinxiang	247806	112385	183888	63918	2479185	980620	670566	310054
焦 作 市 Jiaozuo	141967	63999	113039	28928	1689506	664556	487474	177082
濮 阳 市 Puyang	178058	82067	146267	31791	1750430	673094	480245	192848
许 昌 市 Xuchang	162904	72216	127308	35596	2121919	706553	544050	162503
漯 河 市 Luohe	91489	39552	74557	16932	1180312	378648	286979	91669
三 门 峡 市 Sanmenxia	75160	36012	62697	12463	973862	348679	277014	71665
南 阳 市 Nanyang	422158	196930	357154	65004	4345964	1505536	1236055	269481
商 丘 市 Shangqiu	330362	152294	247691	82671	3514016	1365567	948829	416738
信 阳 市 Xinyang	311294	141673	230258	81036	3432230	1138342	752500	385842
周 口 市 Zhoukou	465720	212239	349480	116240	4754735	1644529	1159653	484875
驻 马 店 市 Zhumadian	337028	151953	250537	86491	3406871	1117048	831819	285229
济 源 市 Jiyuan	24570	11158	22125	2445	424606	165586	148828	16758
省 直 管 县 Province Administrating County								
巩 义 市 Gongyi	24100	11391	21558	2542	334230	104494	95582	8912
兰 考 县 Lankao	34797	16040	18969	15828	290201	107048	46764	60284
汝 州 市 Ruzhou	36553	16263	22502	14051	368138	130512	67092	63420
滑 县 Huaxian	46258	21022	27922	18336	424137	160989	85416	75573
长 垣 县 Changyuan	41158	17502	29194	11964	469306	142196	98213	43983
邓 州 市 Dengzhou	62403	29192	50477	11926	452865	156256	125032	31224
永 城 市 Yongcheng	48467	22365	42246	6221	520071	205089	173466	31623
固 始 县 Gushi	62270	27329	49733	12537	655595	221126	149900	71226
鹿 邑 县 Luyi	47288	21813	38239	9049	579713	223243	149035	74208
新 蔡 县 Xincai	42117	20704	25111	17006	506869	153533	88724	64809

23-25 各市普通小学教育情况(2015年)

Statistics on Regular Junior Secondary Schools by City (2015)

市(县) City(county)	学校数(所) Schools (unit)	专任教师(人) Full-time Teachers (person)	#女性 Female	城镇 Urben	乡村 County	#学历合格高一级教师 The Degree Higher Qualified Teachers
全省 Total	**24673**	**500894**	**328392**	**268278**	**232616**	**454030**
省辖市 City						
郑州市 Zhengzhou	935	37815	28605	29444	8371	36303
开封市 Kaifeng	1281	23709	15829	11651	12058	20938
洛阳市 Luoyang	1309	30220	20268	18977	11243	27666
平顶山市 Pingdingshan	1399	26533	17789	14774	11759	23059
安阳市 Anyang	1298	25558	17484	13146	12412	23502
鹤壁市 Hebi	351	7620	5150	4982	2638	6980
新乡市 Xinxiang	1556	26193	18862	14177	12016	23787
焦作市 Jiaozuo	545	16108	11578	10234	5874	15362
濮阳市 Puyang	1164	20437	14692	10184	10253	18657
许昌市 Xuchang	1018	24195	16082	13703	10492	21583
漯河市 Luohe	499	11379	7644	6111	5268	10528
三门峡市 Sanmenxia	251	10017	6650	6646	3371	9355
南阳市 Nanyang	3288	53769	33935	28754	25015	49166
商丘市 Shangqiu	2151	48279	29992	23198	25081	45226
信阳市 Xinyang	1656	39168	22880	16808	22360	33319
周口市 Zhoukou	3573	55485	32451	26404	29081	48998
驻马店市 Zhumadian	2308	41670	26745	17020	24650	37011
济源市 Jiyuan	91	2739	1756	2065	674	2590
省直管县 Province Administrating County						
巩义市 Gongyi	70	3171	2391	2601	570	3025
兰考县 Lankao	224	3723	2338	997	2726	3297
汝州市 Ruzhou	384	5041	3115	2164	2877	3972
滑县 Huaxian	330	5271	3435	1604	3667	4395
长垣县 Changyuan	245	4184	3406	2255	1929	3764
邓州市 Dengzhou	604	6960	4197	2819	4141	6419
永城市 Yongcheng	364	7063	4358	3493	3570	6776
固始县 Gushi	359	6782	3968	2787	3995	5317
鹿邑县 Luyi	484	5293	2843	2131	3162	4588
新蔡县 Xincai	322	5590	3264	1651	3939	4555

注：本表专任教师按照授课对象进行分类。

a) Data in this table according to the teaching object classification.

23-25 续表 continued

市(县) City(county)	在校学生数(人) Enrolment (person)	#女性 Female	城镇 Urben	农村 County	校舍建筑面积(平方米) Architectural Area of the Building (Square meters)	教学及辅助用房面积(平方米) Teaching and Auxiliary Area (Square meters)	城镇 Urben	乡村 County
全 省 Total	**9370543**	**4283522**	**5530168**	**3840375**	**57289908**	**32846998**	**15339584**	**17507414**
省 辖 市 City								
郑 州 市 Zhengzhou	791010	358118	633242	157768	4880166	2467804	1825984	641820
开 封 市 Kaifeng	450458	201331	236840	213618	2375338	1379680	598449	781231
洛 阳 市 Luoyang	582802	277099	395353	187449	4183395	2338043	1178024	1160018
平 顶 山 市 Pingdingshan	527493	243173	296162	231331	2721890	1508448	719893	788556
安 阳 市 Anyang	578441	259986	313410	265031	3029025	1909933	857361	1052572
鹤 壁 市 Hebi	148593	65714	105269	43324	1033568	584948	342045	242902
新 乡 市 Xinxiang	607157	270452	353175	253982	3095446	1855151	898804	956348
焦 作 市 Jiaozuo	249981	113423	178667	71314	1841891	989055	598716	390339
濮 阳 市 Puyang	377665	171561	209392	168273	1990354	1281503	565273	716230
许 昌 市 Xuchang	402146	181078	236876	165270	2433902	1383239	649344	733895
漯 河 市 Luohe	197444	89173	116816	80628	1382406	748125	344608	403517
三 门 峡 市 Sanmenxia	146003	69923	111991	34012	1197887	617112	358727	258385
南 阳 市 Nanyang	1212205	555674	734479	477726	6688633	3733318	1696183	2037135
商 丘 市 Shangqiu	730969	338479	382753	348216	4894470	3156778	1378891	1777887
信 阳 市 Xinyang	668069	303754	349821	318248	4031233	2274663	812224	1462439
周 口 市 Zhoukou	909489	421325	482319	427170	6294935	3577326	1438901	2138424
驻 马 店 市 Zhumadian	739893	339500	350580	389313	4816955	2854573	937325	1917248
济 源 市 Jiyuan	50725	23759	43023	7702	398414	187299	138832	48467
省 直 管 县 Province Administrating County								
巩 义 市 Gongyi	51340	24013	44145	7195	436832	229619	174201	55418
兰 考 县 Lankao	73884	33293	23624	50260	389129	228575	52926	175649
汝 州 市 Ruzhou	115529	52069	54268	61261	579712	356412	127640	228772
滑 县 Huaxian	136583	60264	45364	91219	654548	408856	102206	306650
长 垣 县 Changyuan	92728	38938	54280	38448	470107	287095	158709	128386
邓 州 市 Dengzhou	180047	82466	79385	100662	845852	505685	167564	338121
永 城 市 Yongcheng	148609	69043	83389	65220	965760	635934	287571	348363
固 始 县 Gushi	128225	57745	66269	61956	647388	390408	144317	246091
鹿 邑 县 Luyi	90773	41745	46553	44220	625718	385816	124150	261666
新 蔡 县 Xincai	95410	46031	33353	62057	642719	376330	96515	279815

23-26 各市特殊教育情况(2015年)
Statistics on Special Education by City (2015)

单位：人 (person)

市(县) City(county)	学校数(所) Number of Schools (unit)	专任教师 Full-time Teachers	#女性 Female	招生数 Entrants	在校学生数 Enrolment	#女生 Female	毕业生数 Graduates
全　省 Total	**144**	**3517**	**2622**	**3946**	**20117**	**7169**	**1750**
省辖市 City							
郑州市 Zhengzhou	12	369	296	284	1589	532	169
开封市 Kaifeng	9	169	137	169	989	378	73
洛阳市 Luoyang	14	309	232	311	1743	680	135
平顶山市 Pingdingshan	9	227	174	267	1162	437	40
安阳市 Anyang	8	154	113	250	1076	389	114
鹤壁市 Hebi	2	45	34	92	511	156	33
新乡市 Xinxiang	7	172	126	203	1329	425	75
焦作市 Jiaozuo	8	162	98	118	821	320	65
濮阳市 Puyang	5	150	123	146	663	206	7
许昌市 Xuchang	5	81	57	47	335	108	15
漯河市 Luohe	6	91	69	98	565	173	41
三门峡市 Sanmenxia	5	90	73	170	791	321	58
南阳市 Nanyang	14	304	231	566	2752	1011	145
商丘市 Shangqiu	10	306	231	239	1099	424	153
信阳市 Xinyang	10	227	150	285	1568	549	448
周口市 Zhoukou	9	309	221	380	1456	443	74
驻马店市 Zhumadian	10	301	217	288	1405	510	83
济源市 Jiyuan	1	51	40	33	263	107	22
省直管县 Province Administrating County							
巩义市 Gongyi	1	14	12	10	85	41	2
兰考县 Lankao	1	5	5	12	47	11	
汝州市 Ruzhou	1	20	16	98	452	143	14
滑县 Huaxian	1	15	13	39	213	76	90
长垣县 Changyuan	1	37	30	15	147	48	1
邓州市 Dengzhou	1	29	25	135	589	230	23
永城市 Yongcheng	1	31	23	20	132	45	
固始县 Gushi	1	21	15	12	81	30	35
鹿邑县 Luyi	1	26	19	18	85	28	4
新蔡县 Xincai	1	22	17	7	76	44	

23–27 各市成人教育基本情况(2015年)

Basic Statistics on Adult Schools by City (2015)

单位：人 (person)

市 City	学校数(所) Number of Schools (unit)	教职工数 Teachers and Staff	#专任教师 Full-time Teachers	在校学生数 Student Enrollment	招生数 New Student Enrollment	毕业生数 Graduates
全　省 Total	**10224**	**37033**	**25713**	**3111624**	**202412**	**2890632**
郑　州　市 Zhengzhou	1408	8527	5562	530030	90629	388655
开　封　市 Kaifeng	278	1433	993	121674	10216	109901
洛　阳　市 Luoyang	857	2191	1771	187103	12375	168974
平顶山　市 Pingdingshan	324	2249	1468	47315	16295	27994
安　阳　市 Anyang	87	581	267	241141	6174	241000
鹤　壁　市 Hebi	2	296	181	2033	417	662
新　乡　市 Xinxiang	124	1389	794	170064	22798	138146
焦　作　市 Jiaozuo	905	2405	1507	184893	5275	180250
濮　阳　市 Puyang	5	244	158	32	6	333
许　昌　市 Xuchang	389	1209	1170	10575	4851	6662
漯　河　市 Luohe	265	2082	1619	72714	863	61027
三门峡　市 Sanmenxia	751	1011	505	331614	1003	329045
南　阳　市 Nanyang	2561	5371	4100	610391	12265	650306
商　丘　市 Shangqiu	192	1835	1296	75755	3948	83387
信　阳　市 Xinyang	311	2241	1351	136744	8718	121771
周　口　市 Zhoukou	1448	1775	1474	90781	2793	89585
驻马店　市 Zhumadian	300	1852	1225	213338	3752	207652
济　源　市 Jiyuan	17	342	272	85427	34	85282

23-28 各市技工学校基本情况(2015年)

Basic Statistics on Technical Schools by City (2015)

单位：人 (person)

市 City	学校数(所) Number of Schools (unit)	在职教职工数 Teachers and Staff	#专任教师 Full-time Teachers	在校学生数 Student Enrollment	招生数 New Student Enrollment	毕业生数 Graduates
全省 Total	**149**	**14074**	**11027**	**266743**	**103011**	**84667**
郑州市 Zhengzhou	28	3444	2315	87844	35004	29809
开封市 Kaifeng	10	1148	867	28341	16379	11861
洛阳市 Luoyang	16	965	819	21515	4783	4357
平顶山市 Pingdingshan	9	889	803	14823	4821	5491
安阳市 Anyang	5	359	277	1484	870	643
鹤壁市 Hebi	4	544	372	5364	2644	888
新乡市 Xinxiang	7	990	835	26536	8151	6967
焦作市 Jiaozuo	5	668	475	15429	5119	4705
濮阳市 Puyang	5	290	213	4807	3194	574
许昌市 Xuchang	5	506	415	3243	1683	937
漯河市 Luohe	6	551	493	11086	5100	2624
三门峡市 Sanmenxia	4	699	529	13111	3232	4111
南阳市 Nanyang	14	881	785	7120	2142	1799
商丘市 Shangqiu	9	333	267	3679	2465	1544
信阳市 Xinyang	10	574	491	4978	893	1996
周口市 Zhoukou	6	255	197	1921	453	452
驻马店市 Zhumadian	4	738	673	9608	4008	4047
济源市 Jiyuan	2	240	201	5854	2070	1862

23-29 各市成人高等教育基本情况(2015年)

Basic Statistics on Adult Education Schools by City (2015)

单位：人 (person)

市	City	学校数(所) Number of Schools (unit)	教职工数 Teachers and Staff	#专任教师 Full-time Teachers	在校学生数 Student Enrollment	招生数 New Student Enrollment	毕业生数 Graduates
全省	**Total**	**12**	**2975**	**2042**	**359058**	**151976**	**145418**
郑州市	Zhengzhou	5	1606	941	111756	50206	41025
开封市	Kaifeng	1	173	136	25899	9985	9218
洛阳市	Luoyang	3	232	136	26731	11227	10276
平顶山市	Pingdingshan	1	594	566	24587	10778	9028
安阳市	Anyang				13961	6030	5954
鹤壁市	Hebi				680	265	265
新乡市	Xinxiang				53761	22438	17066
焦作市	Jiaozuo	1	212	139	16203	5275	11615
濮阳市	Puyang				32	6	20
许昌市	Xuchang				9715	3991	4662
漯河市	Luohe				2772	751	1192
三门峡市	Sanmenxia				1783	647	193
南阳市	Nanyang				26296	12265	11561
商丘市	Shangqiu				7050	3393	3878
信阳市	Xinyang				19375	8140	6420
周口市	Zhoukou				7771	2793	6684
驻马店市	Zhumadian	1	158	124	10579	3752	6261
济源市	Jiyuan				107	34	100

23-30 各市学前教育情况(2015年)
Statistics on Pre-school Education by City (2015)

市(县) City(county)	幼儿园数(所) Number of Kindergartens (unit)	专任教师数(人) Full-time Teachers	# 女性 Female	在园幼儿数(人) Student Enrollment (person)	# 女童 Girl	# 公办幼儿园 Public Kindergartens
全　　省 Total	**17481**	**165277**	**163146**	**3933663**	**1839645**	**1402316**
省　辖　市 City						
郑　州　市 Zhengzhou	1451	22459	22202	357879	165681	112349
开　封　市 Kaifeng	971	8131	8040	188562	88209	70450
洛　阳　市 Luoyang	969	11061	10975	235441	112412	75684
平 顶 山 市 Pingdingshan	1313	10698	10544	220477	103760	61662
安　阳　市 Anyang	1510	10684	10549	232367	105715	60907
鹤　壁　市 Hebi	376	3365	3334	63659	29562	10266
新　乡　市 Xinxiang	1636	12812	12709	262653	120383	70451
焦　作　市 Jiaozuo	590	6547	6437	125332	58390	36920
濮　阳　市 Puyang	636	7454	7406	150978	69499	39877
许　昌　市 Xuchang	1030	9719	9658	195505	90970	30445
漯　河　市 Luohe	460	3971	3919	92629	42889	39784
三 门 峡 市 Sanmenxia	343	4470	4414	73816	35394	25106
南　阳　市 Nanyang	1590	12683	12474	428635	201033	219894
商　丘　市 Shangqiu	1037	13294	13175	334225	157078	126950
信　阳　市 Xinyang	1041	7787	7572	241280	112176	123201
周　口　市 Zhoukou	1568	10124	9922	378023	180527	135273
驻 马 店 市 Zhumadian	774	8540	8386	321587	151446	150925
济　源　市 Jiyuan	186	1478	1430	30615	14521	12172
省 直 管 县 Province Administrating County						
巩　义　市 Gongyi	112	1758	1751	29716	13868	5550
兰　考　县 Lankao	150	1123	1108	31808	14764	9086
汝　州　市 Ruzhou	410	2428	2400	60975	28676	10419
滑　　县 Huaxian	224	1806	1776	56305	25716	24558
长　垣　县 Changyuan	189	1901	1894	34375	15372	11090
邓　州　市 Dengzhou	325	2249	2217	79602	37795	46099
永　城　市 Yongcheng	165	2904	2897	72394	34277	24023
固　始　县 Gushi	271	1657	1623	46818	21304	15132
鹿　邑　县 Luyi	101	201	197	39122	18456	16425
新　蔡　县 Xincai	23	271	270	32588	16028	14733

23-31 各市各级普通学校生师比(2015年)

Student-Teacher Ratio by Level of Regular Schools by City (2015)

单位：人 (person)

市(县)	City(county)	普通小学 Primary School	初中 Junior Secondary School	普通高中 Regular Senior Secondary School	中等职业学校 Secondary Vocational School
全省	**Total**	**18.71**	**14.16**	**17.04**	**20.14**
省辖市	**City**				
郑州市	Zhengzhou	20.92	14.21	14.64	25.47
开封市	Kaifeng	19.00	15.01	16.64	22.27
洛阳市	Luoyang	19.29	13.99	14.54	22.52
平顶山市	Pingdingshan	19.88	13.49	17.79	18.16
安阳市	Anyang	22.63	14.64	15.48	15.81
鹤壁市	Hebi	19.50	16.14	20.77	31.31
新乡市	Xinxiang	23.18	14.74	15.08	18.30
焦作市	Jiaozuo	15.52	13.15	17.03	19.28
濮阳市	Puyang	18.48	15.24	15.97	20.14
许昌市	Xuchang	16.62	12.49	14.48	19.39
漯河市	Luohe	17.35	13.05	19.23	18.21
三门峡市	Sanmenxia	14.58	11.01	12.44	16.47
南阳市	Nanyang	22.54	15.27	17.55	16.96
商丘市	Shangqiu	15.14	13.43	20.58	21.49
信阳市	Xinyang	17.06	13.05	17.34	15.13
周口市	Zhoukou	16.39	15.15	20.30	16.97
驻马店市	Zhumadian	17.76	14.47	20.31	17.27
济源市	Jiyuan	18.52	12.99	13.98	16.18
省直管县	**Province Administrating County**				
巩义市	Gongyi	16.19	11.39	12.59	10.89
兰考县	Lankao	19.85	13.24	18.23	20.91
汝州市	Ruzhou	22.92	14.04	16.47	24.38
滑县	Huaxian	25.91	15.61	15.97	9.58
长垣县	Changyuan	22.16	17.93	18.35	29.17
邓州市	Dengzhou	25.87	17.17	17.47	17.47
永城市	Yongcheng	21.04	14.71	20.32	28.08
固始县	Gushi	18.91	15.80	17.53	17.01
鹿邑县	Luyi	17.15	15.92	19.84	4.54
新蔡县	Xincai	17.07	16.16	26.90	6.85

23-32 各市每十万人口各级学校平均在校生数(2015年)

Number of Average Students Enrollment by Level of school per 10 000 person by City (2015)

单位：人 (person)

市(县) City(county)	学前教育 Pre-school Education	小学 Primary School	初中阶段 Junior Secondary School	高中阶段 Senior Secondary School	高等教育 Higher Education
全省 Total	**4149.24**	**9884.08**	**4269.95**	**3428.41**	**2282.05**
省辖市 City					
郑州市 Zhengzhou	3739.98	8266.38	3422.32	5755.33	8950.16
开封市 Kaifeng	4150.97	9916.30	4304.85	3705.76	2597.39
洛阳市 Luoyang	3491.64	8643.07	4078.84	3466.31	1896.94
平顶山市 Pingdingshan	4445.10	10634.94	3448.59	2673.29	1395.36
安阳市 Anyang	4541.08	11304.30	4167.74	2511.41	1437.21
鹤壁市 Hebi	3963.82	9252.37	4807.22	3848.63	4351.68
新乡市 Xinxiang	4591.03	10612.78	4331.52	3239.85	2758.78
焦作市 Jiaozuo	3546.41	7073.50	4017.12	3642.99	2758.03
濮阳市 Puyang	4182.22	10461.63	4932.35	3089.22	501.83
许昌市 Xuchang	4503.17	9262.84	3752.25	2677.90	883.10
漯河市 Luohe	3528.72	7521.68	3485.30	3246.78	1078.97
三门峡市 Sanmenxia	3285.88	6499.24	3345.71	3572.24	1755.69
南阳市 Nanyang	4277.27	12096.36	4212.63	2637.24	813.88
商丘市 Shangqiu	4594.85	10049.20	4541.75	3130.00	1432.24
信阳市 Xinyang	3770.00	10438.58	4863.97	3699.20	1087.08
周口市 Zhoukou	4291.23	10324.31	5286.75	3330.23	555.67
驻马店市 Zhumadian	4623.49	10637.52	4845.49	3120.52	322.84
济源市 Jiyuan	4199.59	6958.16	3370.37	3853.77	1149.25
省直管县 Province Administrating County					
巩义市 Gongyi	3606.31	6230.58	2924.76	2034.10	2022.45
兰考县 Lankao	5028.14	11679.42	5500.63	2924.28	
汝州市 Ruzhou	6584.77	12476.13	3947.41	2453.35	
滑县 Huaxian	5086.27	12338.12	4178.68	1917.62	
长垣县 Changyuan	4577.23	12347.27	5480.43	3883.89	233.56
邓州市 Dengzhou	5585.32	12633.10	4378.54	2237.93	
永城市 Yongcheng	5905.86	12123.43	3953.91	2595.28	314.08
固始县 Gushi	4339.02	11883.69	5771.08	4360.43	
鹿邑县 Luyi	4399.69	10208.39	5318.04	2417.23	
新蔡县 Xincai	3881.83	11365.10	5016.91	2199.76	

注：高等教育包括研究生、普通本专科和成人本专科生。

a) Higher Education include Postgraduate,Junior College Student,Undergraduate in Regular and Adult Institutions.

23-33 各市教育经费情况(2015年)

Basic Statistics on Educational Funds by City (2015)

单位：万元 (10 000 yuan)

市（县） City(County)	合 计 Total	国家财政性教育经费 Government Appropriation for Education	#公共财政预算教育经费 The budget of public finance education funds	民办学校中举办者投入 Input of Sponsors in Private Schools	社会捐赠经费 Donations for Running Schools	事业收入 Undertak Revenue	学杂费 Miscell-aneous	其他教育经费 Other Educational Funds
全 省 Total	**17411099**	**13678565**	**13612296**	**209034**	**9806**	**3260710**	**2699051**	**252983**
省 本 级 Provincial Level	3251991	1919073	1902510	3448	4907	1149426	934084	175137
郑 州 市 Zhengzhou	1869574	1488909	1484837	13286	448	352770	303303	14160
开 封 市 Kaifeng	655733	494288	491220	37744	226	121209	99735	2265
洛 阳 市 Luoyang	1017020	864991	861400	21196	33	125100	105336	5700
平 顶 山 市 Pingdingshan	658380	542461	539872	29485	15	85718	76471	700
安 阳 市 Anyang	716143	581697	579686	11638	1683	110548	98482	10576
鹤 壁 市 Hebi	266615	218470	217683	1035	34	44135	36922	2940
新 乡 市 Xinxiang	816814	654695	647380	2571	11	155951	136559	3586
焦 作 市 Jiaozuo	473459	368604	366252	5128	6	97343	83594	2379
濮 阳 市 Puyang	590565	499091	498359	7976	340	71636	64144	11523
许 昌 市 Xuchang	661891	542138	541059	11282	135	105977	89243	2358
漯 河 市 Luohe	336856	279655	275792	1740	75	51602	39085	3783
三 门 峡 市 Sanmenxia	414728	371157	366889	370	97	40567	33707	2537
南 阳 市 Nanyang	1359755	1179656	1174911	31796	1612	144624	120960	2069
商 丘 市 Shangqiu	1010549	832729	830929	1672	33	175749	139370	367
信 阳 市 Xinyang	955642	845217	844072	2946	61	101895	75990	5523
周 口 市 Zhoukou	1194819	977563	975129	13789	50	199312	169130	4104
驻 马 店 市 Zhumadian	1034852	906814	903363	11880	23	114134	81573	2002
济 源 市 Jiyuan	125713	111356	110951	53	14	13015	11359	1275
省 直 管 县 Province Administrating County								
巩 义 市 Gongyi	89627	76665	76542	77		12884	11356	
兰 考 县 Lankao	107486	93423	93270	27	15	14021	12161	
汝 州 市 Ruzhou	110196	95919	95609	96		14180	13168	
滑 县 Huaxian	117243	93823	93823	5079		18296	16035	44
长 垣 县 Changyuan	113569	89626	88716			23942	22292	
邓 州 市 Dengzhou	152109	133945	133890		1025	16683	15316	455
永 城 市 Yongcheng	158068	139470	139470	141		18458	15998	
固 始 县 Gushi	125281	110695	110695	472		14114	13121	
鹿 邑 县 Luyi	132984	106576	106576	135		26177	21282	95
新 蔡 县 Xincai	124660	114035	114035			10625	2592	

23-34　外国留学生情况(2015年)

Basic condition of abroad student (2015)

单位：人、人次　　(person, person-time)

项　目	Item	招生数 Entrants	在校生数 Enrolment	毕(结)业生数 Graduates	授予学位数 Number of degree-granting
外国留学生数	**Number of Abroad Student**	**1252**	**2380**	**758**	**51**
#女性	Female	529	1034	341	29
按层次分	**by Level**				
博士研究生	Doctor's Degree	12	25	2	
硕士研究生	Master's Degree	72	160	54	21
本科	Normal Courses	614	1523	99	30
专科	Short-cycle Courses		25	22	
培　训	Training	554	647	581	
按大洲分	**by Continents**				
亚洲	Asia	973	1977	512	34
非洲	Africa	115	170	112	
欧洲	Europe	40	64	33	
北美洲	North America	95	123	75	3
南美洲	South America	9	13	9	
大洋洲	Oceania	20	33	17	14

主要统计指标解释

教育 指国家、社会、私人依照国家有关法规开办的各类教育机构的活动，以及其他与教育相关的活动。主要包括学前教育、初等教育、中等教育、高等教育和其他教育等类别。学前教育指按照国家幼儿教育规定对学龄前幼儿进行保育和教育活动；初等教育指义务教育法规定的初等教育和成人扫盲教育活动；中等教育指小学毕业到大学专科教育以前的教育；高等教育指经教育行政部门批准、由国家、地方、社会办的获取学历的高等教育活动和经教育主管部门批准举办的成人高等教育活动；其他教育主要指职业技能培训、特殊教育以及其他未列明的教育活动。

国家财政性教育经费 包括国家财政预算内教育经费，各级政府征收用于教育的税费，企业办学校教育经费，校办产业、勤工俭学和社会服务收入用于教育的经费。

财政预算内教育经费 指中央、地方各级财政或上级主管部门在年度内安排，并计划拨到教育部门和其他部门主办的各级各类学校、教育事业单位，列入国家预算支出科目的教育经费，包括教育事业拨款、科研经费拨款、基建拨款和其他经费拨款。

在园幼儿数 指在单独设立的、小学附设的学前班、幼儿班及托儿所附设的幼儿班的幼儿数。托幼混合班仅统计三至周六岁的幼儿数。不包括季节性的农忙时临时组织的幼儿园。

学前教育毛入园率 指学前教育在学人数占国家规定的年龄组人口数的比重。计算公式为：

$$\text{学前教育毛入园率}=\frac{\text{在园儿童数}}{\text{学前教育学龄人口总数}}\times 100\%$$

小学学龄儿童净入学率 指小学学龄人口中正在接受小学教育人数所占比重。计算公式为：

$$\text{学龄儿童净入学率}=\frac{\text{小学学龄人口中已经进入小学学习的在校学生总数}}{\text{小学学龄人口数}}\times 100\%$$

小学五年巩固率 指小学五年级在校学生中，能够从一年级连续学习五年的学生数占入学时本年级学生数比重。计算公式为：

$$\text{小学五年的巩固率}=\frac{\text{在校学生数}}{\text{该年级入小学一年级时 的学生数}}\times 100\%$$

初中阶段毛入学率 指初中阶段在校学生总数与12-14岁学龄组人口数的比重。计算公式为：

$$\text{初中阶段毛入学率}=\frac{\text{初中阶段在校学生数}}{\text{12至14学龄组人口数}}\times 100\%$$

初中三年巩固率 指初中三年级在校学生中，能够从一年级连续学习三年的学生占入学时本年级学生数比重。计算公式为：

$$\text{初中三年巩固率}=\frac{\text{三年级在校学生数}}{\text{该年级入初中一年级时的学生数}}\times 100\%$$

高中阶段毛入学率 指高中阶段(包括普通高中、职业高中、中等专业学校、技工学校、成人中等专业学校、成人高中)在校学生总数与15-17岁学龄组人口数的比重。计算公式为：

$$\text{高中阶段毛入学率}=\frac{\text{高中阶段在校学生数}}{\text{15-17岁学龄组人口数}}\times 100\%$$

高等教育毛入学率 指高等教育(包括国家承认学历的各类高等教育：研究生、普通高校本专科、成人高等本专科、高等学历文凭考试专科、网络教育本专科、自学考试本专科、军事院校本专科等)在校学生总数与18-22岁年龄组人口数的比重。

特殊教育 指独立设置的招收盲聋哑和残疾儿童，以及其他特殊需要的儿童，青少年进行普通或职业初中，中等教育的教学。

普通高等学校 指按国家规定的设置标准和审批程序批准建立的，通过全国普通高等教育统一招生考试，招收高中毕业生为主要培养对象，实施高等学历教育的全日制大学、独立设置的学院和高等专科学校、高等职业学校和其他机构。

大学、独立设置的学院主要实施本科及本科层次以上教育。高等专科学校、高等职业学校实施专科层次教育。其他机构是承担国家普通招生计划任务不计校数的机构。包括普通高等学校分校和批准筹建的普通高等学校等(注：高等学校在校学生数均不包括在校研究生)。

成人高等学校 指国家规定的设置标准和审批程序批准举办的，通过全国成人高等教育统一招生考试，招收具有高中毕业或同等学历的人员为主要培养对象，利用函授、业余、脱产的多种形式对其实施高等学历教育的学校。包括职工高等学校、农民高等学校、管理干部学院、教育学院、独立函授学院、广播电视大学、其他机构。其他机构是承担国家成人招生计划任务不计校数的机构。

初中毕业生升学率 计算初中毕业生升学率所用分子数为高级中学招生数，包括：普通高中招生数、职业高中招生数、技工学校招生数、普通中专招收初中毕业生数、普通中专举办的成人中专招收应届初中毕业生数及成人中专招收应届初中毕业生数，分母是初中毕业生人数。

Explanatory Notes on Main Statistical Indicators

Education refers to education institutions offered activities in the state, society, private in according to the relevant regulations of the state of all kinds of, as well as other and education related activities. Mainly include preschool education, elementary mainly include education, secondary education, higher education and other education classes.

Government Appropriation for Education refers to State budgetary fund for education, taxes and fees collected by governments at all levels that are used for education purpose, education fund for enterprise-run schools, income from school-run enterprises, work-study program and social services that are used for education purpose.

Budgetary Fund for Education refers to education funding that is planned to be allocated to various schools and education institutions by central and local financial departments at various levels within the reference year, which is within the State budgetary expenditure, including: appropriated funds for education, for science and research, for capital construction and others.

The number of infant refers infant in all kinds of kindergarten. nursery and education establishment, enrolling children in 3-6 years old.

Pre-school education entrance rate refers proportion of number of Pre-school education persons in Pre-school education school-age population×100%.

Pre-school education entrance rate= number of Pre-school education persons/ Pre-school education school-age population.

Net Enrolment Ratio of Primary Schools refers to the proportion of school age children enrolled at schools to the total number of school age children both in and outside schools (including retarded children, but excluding blind, deaf and mute children). The formula is:

$$\text{Net Enrolment Ratio of Primary Schools} = \frac{\text{Total Primary School - age Children at Schools}}{\text{Total Primary School - age Children Whether or Not Attending School}} \times 100\%$$

Elementary school five years Consolidate rate refers to the proportion of Primary school pupils to the A primary school grade.

Elementary school five years Consolidate rate= Primary school pupils/ the A primary school grade×100%.

The junior middle school stage gross enrollment rate refers to the proportion of number of middle school students in school to 12-14 years old population.

The junior middle school stage gross enrollment rate= number of middle school students/12-14 years old population×100%

Junior school three years Consolidate rate refers to the proportion of Junior school students to the Junior school grade.

Junior school three years Consolidate rate= Junior school students / the Junior school grade×100%.

The senior middle school stage gross enrollment rate refers to the proportion of number of senior middle school students in school to 15-17 years old population.

The senior middle school stage gross enrollment rate= number of senior middle school students/15-17 years old population×100%

Higher Education gross enrollment rate refers to the proportion of number of Higher Education students in school to 18-22 years old population.

Special Education Schools refer to educational establishments set up independently, enrolling blind, deaf, dumb, amentia or other special children, and educational establishment, providing regular or vocational junior and senior secondary education for hobbledehoy.

Regular Institutions of Higher Education refer to educational establishments set up according to the government evaluation and approval procedures, recruiting graduates from senior secondary schools as the main target by National Matriculation TEST. They include full-time universities, colleges, institutions of higher professional education, institutions of higher vocational education, institutions of higher vocational education and others (non-university tertiary, branch schools and undergraduate classes).

Universities and colleges primarily provide undergraduate courses; institutions of higher professional education and institutions of higher vocational education primarily provide professional trainings; and others refer to educational establishments, which are responsible for enrolling higher education students under the State Plan but not enumerated in the total number of schools, including: branch schools of universities and colleges, and universities and colleges that have been approved and under plan for construction. Non-university tertiary refers to the regular undergraduate branch college which is running in new mechanism and mode, excluding the branch schools and other similar branches of educational institutions.

Institutions of Higher Education for Adults refer to educational establishments, set up in line with relevant rules approved by the government, enrolling staff and workers with senior secondary school or equivalent education, and providing higher education courses in many forms of correspondence, spare time, or full time for adults. Professionals thus trained receive a qualification equivalent to graduates studying regular courses at regular universities, colleges and professional colleges. Institutions of higher learning for adults include schools of higher education for staff and workers, schools of higher education for peasants, colleges for management cadres, pedagogical colleges, independent correspondence colleges, Radio and TV universities and other educational establishments. Other educational establishments have undertakings to enrol adult students but not enumerated in the schools under the State Plan.

Junior high school graduates entering middle schools rate refers to ordinary high school include, professional high school include, technicians schools include average technical secondary school, junior middle school graduate recruit average technical secondary school, the number of the adult technical secondary school recruit fresh held the junior middle school graduates number and adult secondary recruit fresh junior high school graduates number, the molecules is Senior middle schools recruit students, the denominator is junior high school graduates.

卫生和社会工作

Health and Social Work

24

◉ 资料整理：徐委乔

简要说明

一、主要内容

本篇主要反映卫生、社会服务、残疾人事业的发展情况。

卫生统计资料主要包括医疗卫生机构、卫生人员、卫生设施、卫生经费、基层医疗卫生服务、妇幼保健、疾病控制、居民病伤死亡原因、医疗保障制度等情况。

社会服务统计资料主要包括社会服务企事业机构、社会组织、人员、床位情况，优抚和社会救济情况，社会服务机构情况，婚姻服务情况，殡葬服务情况，社会捐赠和福利彩票销售情况等。

残疾人统计资料主要包括残疾人康复、教育、就业、社会保障、扶贫和残联组织建设情况。

二、资料来源

卫生部分的资料由省卫生厅提供，社会服务资料由省民政厅提供，由省统计局社会与科技处编辑整理。

Brief Introduction

I. Main Contents

Data in this chapter mainly reflect the development of public health, civil affairs, and work for person with disabilities.

Data on public health include mainly the number of medical and health institutions, health personnel, health facility, health expenses, medical and health services at grass-root level, maternal and child health, disease control, major diseases as the causes of death, and health security system.

Data on civil affairs include: institutions, social organizations, personnel and beds of social services, social welfare relief, community service facilities and marriage registration service, funeral and interment services, social donations and welfare lottery.

Data on disabled persons cover information on the rehabilitation, education, employment and poverty alleviation of disabled persons and institutions serving the needs of disabled persons.

II. Sources of Data

Data on public health are calculated from Henan provincial bureau of health. Data on social services are calculated from Henan provincial civil bureau of civil affairs. Data on this chapter are provided by department of social and technology of the Henan provincial Bureau of Statistics.

24−1 卫生事业基本情况

Basic Statistics on Public Health

年份 Year	卫生机构数(个) Number of Health Institutions (unit)	#医院、卫生院 Hospitals & Health Centers	卫生机构床位数(万张) Number of Beds in Health Institutions (10 000 units)	#医院、卫生院 Hospitals & Health Centers	卫生技术人员数(万人) Medical and Technical Personnel (10 000 persons)	#执业(助理)医师 Practice (assistant) Physicians	每万人口拥有 per 10 000 Population: 卫生机构床位数(张) Number of Beds in Health Institutions (unit)	执业(助理)医师数(人) Practice (assistant) Physicians (person)
1978	7356	2476	10.20	9.73	11.44	4.38	14.4	6.2
1979	7702	2501	11.23	10.63	12.89	4.79	15.6	6.7
1980	7831	2530	11.92	11.17	14.48	5.41	16.4	7.4
1981	8483	2563	12.49	11.65	16.31	6.81	16.9	9.2
1982	8513	2578	13.08	12.11	17.34	7.31	17.4	9.7
1983	8504	2611	13.77	12.74	18.38	7.82	18.0	10.2
1984	8583	2665	14.24	13.13	19.12	8.10	18.4	10.5
1985	9207	2688	14.91	13.77	19.49	8.36	19.0	10.7
1986	8933	2713	15.31	13.99	20.15	8.50	19.2	10.6
1987	8833	2730	16.90	15.42	20.44	8.49	20.7	10.4
1988	8865	2756	17.55	15.95	21.36	8.85	21.1	10.6
1989	8721	2810	17.96	16.25	21.85	9.61	21.2	11.3
1990	8676	2824	18.21	16.36	22.28	9.94	21.1	11.5
1991	8639	2834	18.49	16.56	23.03	9.93	21.1	11.3
1992	8375	2857	18.91	16.97	23.91	10.14	21.3	11.4
1993	7669	2892	18.91	17.22	24.39	10.16	21.1	11.4
1994	7656	2944	19.14	17.45	25.13	10.55	21.2	11.7
1995	7661	2965	19.23	17.54	25.50	10.57	21.1	11.6
1996	7253	2987	18.95	17.54	25.77	10.57	20.7	11.5
1997	7194	3001	18.92	17.58	26.20	10.67	20.5	11.5
1998	11774	2999	19.42	17.99	26.32	10.68	20.8	11.5
1999	11643	3014	19.71	18.26	26.66	10.89	21.0	11.6
2000	10764	3027	19.86	18.34	26.84	11.11	20.9	11.7
2001	10719	3024	19.99	18.50	27.18	11.12	20.9	11.6
2002	13291	3094	19.73	18.75	26.48	10.17	20.5	10.6
2003	13621	3149	20.37	19.28	27.87	10.64	21.1	11.0
2004	13821	3182	20.90	19.72	28.42	10.94	21.5	11.3
2005	14554	3260	21.40	20.23	28.92	11.11	21.9	11.4
2006	14629	3292	22.52	21.23	30.07	11.55	22.9	11.8
2007	11888	3281	23.95	22.61	29.79	11.59	24.3	11.7
2008	11683	3263	26.83	25.22	30.99	11.93	27.1	12.0
2009	12157	3282	30.24	28.30	34.64	13.96	30.3	14.0
2010	75741	3282	32.76	30.44	37.28	15.48	34.8	16.5
2011	76201	3304	34.92	32.49	39.52	15.58	37.2	16.6
2012	69222	3356	39.39	36.57	42.88	16.77	41.9	17.8
2013	71464	3471	42.98	40.03	46.91	18.06	45.7	19.2
2014	71157	3470	45.93	42.83	49.45	18.93	48.7	20.1
2015	71397	3585	48.96	45.65	51.96	19.86	51.6	21.0

注：从2010年起村卫生室、2013年起计划生育技术服务机构，其机构、人员分别计入卫生机构总数、卫生人员总数(下表同)。

a)Data of Number of Health Institutions and Personnel is include Village Hospital & Health Center since 2012, and include family planning fertility technical service institution since 2013.(the same as the following table)

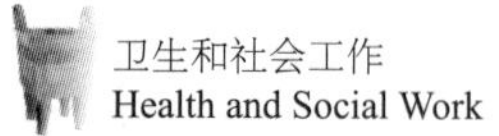

24-2 卫生事业发展情况
Basic Statistics on Public Health Development

项　　目	Item	1990	1995	2000	2005	2010	2014	2015
卫生机构数(个)	**Number of Health Institutions (unit)**	**8676**	**7661**	**10764**	**14554**	**75741**	**71157**	**71397**
#村卫生室	Village Clinics					64140	56721	56918
医院	Hospitals	789	896	966	1172	1198	1412	1521
疗养院、所	Sanatoriums	12	8	7	5	6	2	2
门诊部、所	Clinics	5142	3942	196	68	86	138	157
诊所、卫生所、医务室	Clics,Individual-Run Medical Units					6694	6723	6637
乡镇卫生院	Towns and townships Health Centers			2084	2084	2084	2055	2064
社区卫生服务中心(站)	Community Sanitation Service Station			861	1017	861	1312	1316
专科防治所、站	Specialized Prevention & Treatment Centers or Stations	45	44	45	32	20	22	22
妇幼保健所、站	Maternity and Child Care Centers	138	142	135	167	167	164	164
卫生机构床位数(万张)	**Number of Beds in Health Institutions(10 000 units)**	**18.21**	**19.23**	**19.86**	**21.40**	**32.76**	**45.93**	**48.96**
#医院、卫生院	Hospital & Health Center	16.36	17.54	18.34	20.23	30.44	42.83	45.65
#医院	Hospitals	10.80	12.10	13.26	14.97	22.10	33.27	35.83
疗养院、所	Sanatoriums	0.22	0.15	0.15	0.06	0.09	0.01	0.01
门诊部	Clinics	1.10	0.84	0.51	0.11	0.11	0.12	0.05
平均每千人口卫生机构床位数(张)	Number of Health Institutions Beds per 1 000 Population (unit)	2.11	2.11	2.09	2.19	3.48	4.87	5.16
#医院、卫生院	Hospitals & Health Centers	1.89	1.93	1.93	2.07	3.24	4.54	4.82
医院病床使用率(%)	Utilization Rate of Beds (%)	75.71	68.08	59.60	67.01	85.36	91.17	87.20
卫生机构人员数(万人)	**Number of Persons in Health Institutions (10 000 persons)**	**27.06**	**31.31**	**33.50**	**36.23**	**59.11**	**74.52**	**77.13**
#卫生技术人员	Medical Technical Personnel	22.28	25.50	26.84	28.92	37.28	49.45	51.96
#执业(助理)医师	Practice (assistant) Physicians	9.94	10.57	11.11	11.11	15.48	18.93	19.86
护士	Senior Nurses	2.16	3.19	3.84	7.71	12.14	19.11	20.54
平均每千人口医生数(人)	Number of Doctors per 1 000 Population (person)	1.15	1.16	1.17	1.14	1.65	2.01	2.10

注：1.1996年及以后年度门诊部、所不含诊所、卫生保健所和医务室,与以前年度不可比(下同)。
2.1998年及以后年度卫生机构包括个体开业(下同)。
3.2002年以来医生、护士人员数为“执业医师、执业助理医师与注册护士人员数”。
4.2007年起，诊所、卫生室、医务室与社区卫生服务中心(站)分开统计。

a)The numbers of clinics since 1996 exclude cliniques, hygiene places and infirmaries. It cannot be compared with some relative years (the same as in following tables).

b)The number of health institutions include individuals since 1998 (the same as in the following tables).

c)Number of doctors and junior nurses since 2002 is the Number of registered doctors,deputy doctors and junior nurses.

d)Number of Clics,Individual-Run Medical Units and Community Sanitation Service Station are calculated by Separate statistics system since 2007.

24-3 卫生机构、床位、人员数(2015年)

Number of Health Institutions, Beds and Persons (2015)

机构类别	Type of Institutions	机构数(个) Institutions (unit)	床位数(张) Beds (unit)	人员 合计(人) Total of Persons (Person)	#卫生技术人员 Medical Technical Personnel	#其他技术人员 Other Technical Personnel	#管理人员 Managerial Personnel	#工勤人员 Logistics Workers
总　计	**Total**	**71397**	**489621**	**771319**	**519638**	**35457**	**35181**	**64531**
#医院合计	**Total Number of Hospitals**	**1521**	**358341**	**396420**	**326135**	**17231**	**19185**	**33869**
综合医院	General Hospitals	951	259981	289977	240377	11869	13611	24120
中医医院	Hospitals Specialized in Traditional Chinese Medicine	238	55059	64249	52783	3177	2758	5531
中西医结合医院	Hospitals Combining Chinese and Western Medicine	20	2019	2210	1762	110	118	220
专科医院	Specialized Hospital	310	41182	39955	31188	2074	2698	3995
口腔医院	Hospitals for Mouth Cavity Diseases Care	15	1343	2219	1769	116	155	179
眼科医院	Hospital for Eye Care	25	2018	2285	1662	202	188	233
耳鼻喉科医院	ENT Hospital	7	322	337	258	39	18	22
肿瘤医院	Tumor Hospitals	9	5456	5428	4663	231	225	309
心血管病医院	Heart and Blood Vessel Trouble Hospital	8	1540	2125	1783	86	172	84
胸科医院	Chest Hospital	2	1224	1433	1248	79	49	57
血液病医院	Hematonosis Hospital	3	128	65	54	3	4	4
妇产(科)医院	Maternity Hospitals	24	1420	2731	1894	136	236	465
儿童医院	Hospitals for Children	2	2596	3565	2965	124	197	279
精神病医院	Mental Hospitals	44	11096	6613	5051	373	389	800
传染病医院	Hospitals of Infectious Diseases	11	3285	2534	1985	105	253	191
皮肤病医院	Dermatosis Hospital	5	168	260	209	15	12	24
结核病医院	Tuberculosis Hospitals							
麻风病医院	Leprosy hospital	1	40	40	26	1	3	10
职业病医院	Diseases hospital	1	99	188	135	4	19	30
骨科医院	Orthopaedics Hospitals	46	3879	3867	3106	160	254	347
康复医院	Rehabilitation Hospitals	24	2824	1911	1332	134	134	311
整形外科医院	Plastic Surgery Hospital	1	34	319	89	56	31	143
美容医院	Hairdressing hospital	7	154	426	232	40	53	101
其他专科医院	Other Specialized Hospitals	75	3556	3609	2727	170	306	406
社区卫生服务中心(站)	**Community Sanitation Service Stations**	**1316**	**11306**	**21939**	**18211**	**1016**	**1145**	**1567**
卫生院	**Heath Center**	**2064**	**98129**	**104072**	**81463**	**6679**	**3895**	**12035**
村卫生室	**Village clinics**	**56918**		**140785**	**24273**			
门诊部	**Clinics**	**157**	**506**	**2485**	**2147**	**25**	**66**	**247**
诊所、卫生室、医务室	**Clics,Individual-Run Medical Units and**	**6637**		**15430**	**14842**			**588**
采供血机构	**Collectting and Supply Institutions for Blood**	**22**		**2112**	**1438**	**217**	**109**	**348**
妇幼保健院(所、站)	**Maternity and Child Care Centers**	**164**	**19749**	**27930**	**22318**	**1527**	**1230**	**2855**
专科疾病防治院(所、站)	**Specialized Prevention & Treatment Centers or Stations**	**22**	**1415**	**1605**	**1085**	**179**	**119**	**222**
疾病预防控制中心(防疫站)	**Center for Disease Prevention and Control**	**179**		**17342**	**10293**	**1865**	**1524**	**3660**
卫生监督所(中心)	**Sanitation Supervision Stations**	**179**		**6624**	**4382**	**413**	**840**	**989**
计划生育技术服务机构	**Family planning fertility technical service institution**	**1872**		**25463**	**8579**	**5136**	**5642**	**6106**

注：本表人员合计中包括乡村医生108851人和卫生员10456人。
a)Data of total persons include county doctor 108851 persons and Heath Center 10456 persons.

24-4 卫生机构各类人员

Employed Persons In Health Institutions by Types of Occupation

单位：人 (person)

人员类别	Type of Personnel	1990	2000	2005	2010	2014	2015
各类人员总计	**Total**	**270573**	**335031**	**362263**	**591059**	**745187**	**771319**
卫生技术人员	Medical Technical Personnel	222771	268427	289157	372818	494537	519638
其他技术人员	Other Technical Personnel	2256	12428	23409	24100	33652	35457
管理人员	Managerial Personnel	19856	23554	20060	25348	34051	35181
工勤人员	Logistics Workers	25690	30622	29637	40013	63640	64531
乡村医生和卫生员	Village Doctors & Assistants				128780	119307	116512
卫生技术人员	**Medical Technical Personnel**	**222771**	**268427**	**289157**	**372818**	**494537**	**519638**
执业(助理)医师	Practice (assistant) Physicians	99354	111113	111134	154801	189335	198616
注册护士	Registered Nurses	46391	63032	77132	121384	191117	205366
药剂人员	Pharmacists	25812	28094	22432	20488	23963	24950
检验人员	Laboratory Technicians	10244	13982	13987	14445	17461	18254
其他	Others	40970	52206	64472	61700	72661	60075
平均每千人口	**Number of Medical Technical**						
卫生技术人员	Personnel per 1 000 Population	2.58	2.82	2.96	3.96	5.24	5.48
#执业(助理)医师	Practice (assistant) Physicians	1.15	1.17	1.14	1.65	2.01	2.10

24-5 卫生总费用

Total Health Expenditure

指标名称	Index	2011	2012	2013	2014
卫生总费用(亿元)	Total Health Expenditure(100 million yuan)	1066.57	1517.63	1701.35	1878.78
#政府卫生支出	Government Health Expenditure	321.19	489.46	561.33	612.55
社会卫生支出	Social Health Expenditure	272.98	381.86	437.19	533.89
居民个人现金卫生支出	Out-of-pocket Health Expenditure	472.40	646.31	702.84	732.35
人均卫生总费用(元)	Per Capita Health Expenditure(yuan)	1134.04	1613.47	1807.45	1997.07
卫生总费用占GDP比重(%)	Health Expenditure as Percentage of GDP (%)	4.62	5.13	5.29	5.38
门诊病人次均医药费用(元)	Outpatient all medical expenses (yuan)	77.0	86.9	95.3	103.9

24-6 卫生部门医院住院病人前十位疾病构成(ICD−10)(2015年)

Percentage of 10 Main Diseases of Inpatients in City Hospitals of Health Sector (ICD-10) (2015)

顺序 No.	市	City	疾病构成(%) As % of Total
	十种疾病构成	**Total**	70.50
1	呼吸系统疾病	Diseases of the Respiratory System	11.60
2	脑血管病	Cerebrovascular Disease	9.06
3	消化系统疾病	Diseases of the Digestive System	8.33
4	缺血性心脏病	Ischaemic Heart Disease	7.76
5	损伤、中毒和外因	External Causes of Injury and Poison	7.69
6	妊娠、分娩和产褥期病	Pregnancy,childbirth & the Puerperium	7.23
7	恶性肿瘤	Mslignant Tumour	5.87
8	泌尿生殖系统疾病	Disease of the Genitourinary System	5.00
9	神经系统疾病	Diseases of the Nervous System	4.59
10	内分泌、营养和代谢疾病	Endocrine, nutritional and metabolic disease	3.37

顺序 No.	县	County	疾病构成(%) As % of Total
	十种疾病构成	**Total**	81.63
1	呼吸系统疾病	Diseases of the Respiratory System	18.59
2	妊娠、分娩和产褥期病	Pregnancy,childbirth & the Puerperium	13.75
3	脑血管病	Injury, Poisoning & External Causes	10.31
4	消化系统疾病	Diseases of the Digestive System	9.58
5	损伤、中毒和外因	Cerebrovascular Disease	9.55
6	缺血性心脏病	Ischaemic Heart Disease	6.39
7	传染病和寄生虫病	Certain Infestious and Parasitic Diseases	3.49
8	泌尿生殖系统疾病	Disease of the Genitourinary System	3.35
9	神经系统疾病	Diseases of the Nervous System	3.33
10	恶性肿瘤	Mslignant Tumour	3.30

24-7 部分市、县前十位主要疾病死亡率(2015年)

Death Rate of Ten Major Diseases in Partial Cities and Counties (2015)

单位：1/10万 (1/100 000)

死亡原因	Cause of Death	死亡率 Death Rate
市 县	**City and County**	
脑血管病	Cerebrovascular Disease	149.17
心脏病	Heart Diseases	142.89
恶性肿瘤	Mslignant Tumour	129.78
损伤和中毒	Injury and Poison	42.04
呼吸系统疾病	Diseases of the Respiratory System	40.73
内分泌、营养和代谢疾病及免疫疾病	Endocrine, Nutritional & Metabolic Diseases, immune disease	11.72
消化系统疾病	Diseases of the Digestive System	5.13
传染病和寄生虫病	Certain Infestious and Parasitic Diseases	4.66
泌尿和生殖系病	Disease of the Genitourinary System	4.01
神经系统疾病	Diseases of the Nervous System	3.04
城 市	**City**	
恶性肿瘤	Malignant Neoplasms	138.10
心脏病	Heart Diseases	134.11
脑血管病	Cerebrovascular Disease	121.35
呼吸系统疾病	Diseases of the Respiratory System	48.41
损伤和中毒	Injury and Poison	34.20
内分泌、营养和代谢疾病及免疫疾病	Endocrine, Nutritional & Metabolic Diseases, immune disease	14.16
消化系统疾病	Diseases of the Digestive System	7.87
传染病和寄生虫病	Certain Infestious and Parasitic Diseases	4.35
神经系统疾病	Diseases of the Nervous System	4.21
泌尿和生殖系病	Disease of the Genitourinary System	4.15
县	**County**	
脑血管病	Cerebrovascular Disease	157.17
心脏病	Heart Diseases	145.41
恶性肿瘤	Malignant Neoplasms	127.38
损伤和中毒	Injury and Poison	44.17
呼吸系统疾病	Diseases of the Respiratory System	38.53
内分泌、营养和代谢疾病及免疫疾病	Endocrine, Nutritional & Metabolic Diseases, immune disease	11.02
传染病和寄生虫病	Certain Infestious and Parasitic Diseases	4.74
消化系统疾病	Diseases of the Digestive System	4.35
泌尿和生殖系病	Disease of the Genitourinary System	3.97
神经系统疾病	Diseases of the Nervous System	2.71

24-8 甲乙类法定报告传染病发病及死亡情况(2015年)

Incidence and Death from Infectious Diseases (2015)

病 名 Name	发病率 (1/10万) Incidence Disease Rate (per100 000 persons)	病 名 Name	死亡率 (1/10万) Death Rate (per 100 000 persons)	病 名 Name	病死率 (%) Mortality Rate per 100 Infectious Disease Patients (%)
肝 炎	91.354	艾滋病	1.300	狂犬病	84.615
肺结核	62.737	肺结核	0.106	艾滋病	39.877
梅 毒	17.036	狂犬病	0.070	流 脑	25.000
痢 疾	14.838	肝 炎	0.025	出血热	1.563
布 病	5.906	麻 疹	0.006	疟 疾	1.070
麻 疹	3.381	出血热	0.003	麻 疹	0.188
艾滋病	3.261	梅 毒	0.002	肺结核	0.169
淋 病	2.920	流 脑	0.002	肝 炎	0.028
猩红热	2.210	疟 疾	0.002	梅 毒	0.012
伤寒+副伤寒	0.314	痢 疾	0.001	痢 疾	0.007
百日咳	0.238	淋 病	-	淋 病	-
出血热	0.204	百日咳	-	百日咳	-
疟 疾	0.198	猩红热	-	猩红热	-
狂犬病	0.083	布 病	-	布 病	-
乙 脑	0.049	新生儿破伤风	-	新生儿破伤风	-
新生儿破伤风	0.010	乙 脑	-	乙 脑	-
登革热	0.010	登革热	-	登革热	-
流 脑	0.009	伤寒+副伤寒	-	伤寒+副伤寒	-
鼠 疫	-	鼠 疫	-	鼠 疫	*
霍 乱	-	霍 乱	-	霍 乱	*

24-9 防病工作情况

Basic Condition of Disease Prevention and Cure

指 标	Item	2012	2013	2014	2015
传染病发病总例数（甲、乙）(万例)	**Number of Incidence from infectious disease(A、B) (10 000 persons)**	**29.5**	**22.8**	**20.4**	**19.3**
发病率(1/10万)	Incidence Disease Rate (1/100 000)	314.2	399.0	439.8	204.8
传染病死亡总人数(人)	Number of Death from infectious disease (person)	1869	1438	1463	1443
死亡率(1/10万)	Death Rate (1/100 000)	2.0	1.5	1.6	1.5
结核病登记病人数(千例)	Number of register of Tuberculosis (1000 persons)	70.6	65.2	64.4	61.6
登记患病率(‰)	Register sicken Rate(‰)	0.67	0.75	0.68	0.64
结核病新发病人数(千例)	Number of New Incidence from Tuberculosis (1000 persons)	24.2	18.8	14.4	12.5
登记新发病率(1/万)	Register New Incidence Disease Rate (1/10 000)	2.30	2.00	1.50	1.30
结核病死亡人数(人)	Number of Death from Tuberculosis (person)	126	141	101	118
死亡率(1/10万)	Death Rate (1/100 000)	0.12	0.15	0.11	0.12
"五苗"接种率(%)	Five Type of bacterins inoculability Rate (%)	99.7	99.7	94.7	97.9
乙肝疫苗全程接种率(%)	Hepatitis B Bacterins Quite inoculability Rate (%)	99.7	99.7	96.7	98.1

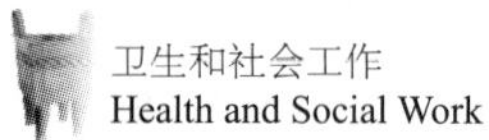

24-10 各市医疗卫生机构情况(2015年)
Conditions of Health Institutions by City (2015)

单位：个 (unit)

地 区	City (County)	合计 Total	城市 Urban Areas	农村 Rural Areas	#医院 Hospital	#公立医院 Public Hospitals	#基层医疗卫生机构 Health Care Institutions at Grass-root Level	#社区卫生服务中心(站) Community health sevice centers	乡镇卫生院 Township Health Centers	村卫生室 Village Clinics	#专业公共卫生机构 Specialized Public Health Institutions	#疾病预防控制中心 Center for Disease Control and Prevention	#妇幼保健院(所/站) Women and Children Care Agencies
全 省	**Total**	**71397**	**5610**	**65787**	**1521**	**845**	**67092**	**1316**	**2057**	**56918**	**2474**	**179**	**164**
省 辖 市	**City**												
郑 州 市	Zhengzhou	3922	967	2955	213	96	3544	216	99	2405	137	16	14
开 封 市	Kaifeng	3123	384	2739	84	42	2900	74	93	2502	110	11	8
洛 阳 市	Luoyang	4149	520	3629	128	69	3807	168	154	3104	201	16	16
平 顶 山 市	Pingdingshan	3863	411	3452	86	68	3663	116	97	2905	94	11	10
安 阳 市	Anyang	5738	612	5126	68	41	5525	36	92	4067	132	10	10
鹤 壁 市	Hebi	1421	228	1193	34	21	1337	12	25	1094	42	6	5
新 乡 市	Xinxiang	5320	373	4947	106	65	5016	129	146	4324	189	13	13
焦 作 市	Jiaozuo	2809	252	2557	95	51	2600	80	80	2097	108	11	11
濮 阳 市	Puyang	4125	332	3793	58	36	3947	60	77	3514	103	8	7
许 昌 市	Xuchang	3930	163	3767	84	35	3766	51	78	3340	77	7	6
漯 河 市	Luohe	1828	265	1563	50	26	1703	48	51	1362	73	6	5
三 门 峡 市	Sanmenxia	1944	224	1720	57	41	1854	53	75	1493	28	7	5
南 阳 市	Nanyang	6660	123	6537	108	74	6241	33	218	5886	290	14	13
商 丘 市	Shangqiu	6468	153	6315	80	42	6166	73	191	5684	148	10	9
信 阳 市	Xinyang	4017	233	3784	69	47	3682	88	200	3167	248	11	10
周 口 市	Zhoukou	7997	303	7694	130	42	7608	17	184	6664	237	11	11
驻 马 店 市	Zhumadian	3460	67	3393	62	41	3146	11	185	2827	234	10	10
济 源 市	Jiyuan	623		623	9	8	587	51	12	483	23	1	1
省 直 管 县	**Province Administrating County**												
巩 义 市	Gongyi	659		659	11	2	625	28	18	502	20	1	1
兰 考 县	Lankao	633		633	12	3	601		16	566	19	1	1
汝 州 市	Ruzhou	530		530	9	9	499	5	15	460	21	1	1
滑 县	Huaxian	1187		1187	8	6	1152		22	1110	27	1	1
长 垣 县	Changyuan	714		714	8	3	683	11	19	604	22	1	1
邓 州 市	Dengzhou	1023		1023	17	3	969	16	25	896	35	1	1
永 城 市	Yongcheng	807		807	10	6	787	2	28	736	6	1	1
固 始 县	Gushi	722		722	12	3	671	4	30	610	36	1	1
鹿 邑 县	Luyi	934		934	16	4	892	1	22	749	24	1	1
新 蔡 县	Xincai	476		476	13	5	431		23	400	29	1	1

24-11 各市医疗卫生机构床位情况(2015年)

Number of Beds in Health Institutions by City (2015)

单位：张 (unit)

地区 City(County)	合计 Total	城市 Urban Areas	农村 Rural Areas	#医院 Hospital	#公立医院 Public Hospitals	#基层医疗卫生机构 Health Care Institutions at Grass-root Level	#社区卫生服务中心(站) Community health sevice centers	#乡镇卫生院 Township Health Centers	#专业公共卫生机构 Specialized Public Health Institutions	#妇幼保健院(所、站) Women and Children Care Agencies	#专科疾病防治院(所、站) Specialized Disease Prevention & Treatment Institution
全　　省 Total	**489621**	**195317**	**294304**	**358341**	**294724**	**109941**	**11306**	**98129**	**21194**	**19749**	**1415**
省　辖　市 City											
郑　州　市 Zhengzhou	78242	57697	20545	68606	55789	6335	1275	4933	3301	3142	159
开　封　市 Kaifeng	24531	10581	13950	18802	13736	4424	313	4111	1305	1197	108
洛　阳　市 Luoyang	39936	20012	19924	30206	22780	7745	935	6690	1885	1785	80
平顶山市 Pingdingshan	26325	8650	17675	19354	18527	5680	564	4950	1246	1092	154
安　阳　市 Anyang	25073	10130	14943	17830	16257	5944	711	5213	1299	1222	77
鹤　壁　市 Hebi	7965	3469	4496	6273	4706	1552	170	1381	140	140	
新　乡　市 Xinxiang	31643	10545	21098	22853	19152	7810	872	6902	980	860	115
焦　作　市 Jiaozuo	22602	10475	12127	16348	13138	5361	1932	3429	893	893	
濮　阳　市 Puyang	18706	8582	10124	12542	8883	5305	110	5195	859	859	
许　昌　市 Xuchang	18304	5528	12776	13877	10597	3656	371	3285	771	701	70
漯　河　市 Luohe	13398	7487	5911	9552	8053	3237	530	2701	609	609	
三门峡市 Sanmenxia	13418	5419	7999	10229	9377	2809	414	2391	380	380	
南　阳　市 Nanyang	43164	13857	29307	29883	26939	11295	1125	10170	1986	1761	220
商　丘　市 Shangqiu	32766	6707	26059	21056	18658	10213	655	9548	1497	1256	241
信　阳　市 Xinyang	22983	5450	17533	14632	12332	7129	438	6675	1222	1221	1
周　口　市 Zhoukou	36776	4896	31880	23713	14997	11538	520	11018	1525	1365	160
驻马店市 Zhumadian	30806	5832	24974	20428	18766	9232	371	8861	1146	1116	30
济　源　市 Jiyuan	2983		2983	2157	2037	676		676	150	150	
省直管县 Province Administrating County											
巩　义　市 Gongyi	3205		3205	2521	1347	584	20	564	100	100	
兰　考　县 Lankao	4752		4752	3541	1170	960		960	251	251	
汝　州　市 Ruzhou	5471		5471	3636	3636	1527	180	1347	308	260	48
滑　　县 Huaxian	4759		4759	3227	2523	1382		1382	150	150	
长　垣　县 Changyuan	3354		3354	2330	1179	964		964	60	60	
邓　州　市 Dengzhou	5236		5236	3060	2525	1691	328	1363	485	265	220
永　城　市 Yongcheng	5983		5983	3566	3266	2019	50	1969	398	302	96
固　始　县 Gushi	4138		4138	2315	550	1306	172	1134	517	517	
鹿　邑　县 Luyi	4628		4628	3387	1472	1161	40	1121	80	80	
新　蔡　县 Xincai	2308		2308	1170	790	958		958	180	180	

24-12 各市卫生人员情况(2015年)

Employed Persons in Health Care Institutions by City (2015)

单位：人 (person)

地区 City(County)	卫生人员 Medical Personnel	#卫生技术人员 Medical Technical Personnel	#执业(助理)医师 Licensed (Assistant) Doctors	#执业医师 Licensed Doctor	#注册护士 Registered Nurse	#药师(士) Pharmacist	乡村医生和卫生员 Village Doctors and Assistants	其他技术人员 Other Technical Personnel
全省 Total	**771319**	**519638**	**198616**	**143010**	**205366**	**24950**	**116512**	**35457**
省辖市 City								
郑州市 Zhengzhou	109625	86518	30932	27380	41007	3743	5276	4992
开封市 Kaifeng	39510	26515	10195	7233	10781	1229	5888	1901
洛阳市 Luoyang	58053	41808	16162	12490	17412	1869	6175	2472
平顶山市 Pingdingshan	38880	26808	10253	7018	10281	1268	5839	1368
安阳市 Anyang	39364	25593	11424	7285	9476	974	7600	1385
鹤壁市 Hebi	12584	8447	3491	2529	3220	364	1902	422
新乡市 Xinxiang	51843	34006	12964	9704	13852	1586	7671	2319
焦作市 Jiaozuo	30224	21356	8994	6614	8054	972	3439	1494
濮阳市 Puyang	31254	19362	7253	5263	7585	939	6803	1682
许昌市 Xuchang	33890	22501	9262	6191	8256	1023	6055	1305
漯河市 Luohe	21081	14220	4939	3780	5694	616	3233	1220
三门峡市 Sanmenxia	19071	14000	5218	3932	5216	629	2175	820
南阳市 Nanyang	71087	45131	16193	11338	17825	2560	12982	3080
商丘市 Shangqiu	58040	36563	13671	8097	12176	2020	9063	3556
信阳市 Xinyang	41213	23921	8881	6185	8737	1184	9120	1980
周口市 Zhoukou	62516	37888	15046	9109	12727	2005	13480	3108
驻马店市 Zhumadian	47635	31216	12265	7646	11582	1785	9115	2130
济源市 Jiyuan	5449	3785	1473	1216	1485	184	696	223
省直管县 Province Administrating County								
巩义市 Gongyi	6053	4640	1800	1301	1999	209	764	129
兰考县 Lankao	6486	4323	1527	917	1661	176	934	301
汝州市 Ruzhou	7001	4165	1568	993	1287	149	1203	439
滑县 Huaxian	8139	4862	2226	1175	1848	164	2038	378
长垣县 Changyuan	7035	4763	2011	1255	1899	201	1049	210
邓州市 Dengzhou	8711	4659	1574	988	1779	229	1980	388
永城市 Yongcheng	8238	5697	1892	1165	2052	242	1310	426
固始县 Gushi	7776	3978	1336	926	1416	196	1991	459
鹿邑县 Luyi	6836	3808	1700	800	1114	227	1924	263
新蔡县 Xincai	5122	3275	1666	623	755	119	1107	305

24-13 农村乡镇卫生院医疗服务情况

Situations of Medical Services in Township Health Centers

年份 市	Year City	诊疗人次(万次) Visits (10 000 times)	病床使用率(%) Utilization Rate (%)	出院者平均住院日(日) Average Stay Days in Hospital(day)
	1990	4679	41.0	5.9
	1995	5660	43.6	4.8
	1996	5390	39.3	4.7
	1997	5073	40.6	4.7
	1998	4713	39.1	4.5
	1999	4098	37.2	5.2
	2000	4130	36.9	5.0
	2001	4398	36.3	4.5
	2002	4150	36.7	4.3
	2003	4054	37.6	5.1
	2004	4165	36.5	5.1
	2005	4205	38.4	5.0
	2006	4616	42.1	4.9
	2007	5357	54.5	7.4
	2008	6077	64.9	4.6
	2009	6230	63.4	5.2
	2010	6473	64.1	5.4
	2011	6914	62.6	6.0
	2012	8130	65.1	6.3
	2013	8935	61.7	6.9
	2014	9649	62.1	7.0
	2015	10471	62.6	7.1
郑州市	Zhengzhou	873	63.5	7.6
开封市	Kaifeng	516	51.8	7.6
洛阳市	Luoyang	686	64.0	8.1
平顶山市	Pingdingshan	517	65.1	8.3
安阳市	Anyang	333	68.1	7.9
鹤壁市	Hebi	125	57.8	7.8
新乡市	Xinxiang	469	62.1	7.6
焦作市	Jiaozuo	349	54.5	7.7
濮阳市	Puyang	291	74.4	6.7
许昌市	Xuchang	540	36.7	7.6
漯河市	Luohe	219	65.0	8.0
三门峡市	Sanmenxia	226	49.6	8.5
南阳市	Nanyang	1108	65.7	6.2
商丘市	Shangqiu	1436	70.2	6.5
信阳市	Xinyang	681	68.6	6.5
周口市	Zhoukou	1120	59.2	6.8
驻马店市	Zhumadian	919	60.6	7.1
济源市	Jiyuan	62	42.2	9.0

24-14 妇女儿童卫生保健状况

Basic Statistics on Health Care of Women and Children

指　　标	Item	2005	2010	2014	2015
婚前医学检查率(%)	Rate of Medical Examination before Marriage (%)	1.1	4.9	68.0	70.6
城市	Urban Areas	1.9	6.4	54.9	54.5
农村	Rural Areas	0.5	4.1	74.2	77.7
婴儿死亡率（‰）	Infant Mortality (‰)	10.8	7.1	4.9	4.4
城市	Urban Areas	10.0	5.5	3.7	3.5
农村	Rural Areas	11.1	8.0	5.5	4.6
5岁以下儿童死亡率(‰)	Mortality of Child under 5 Years Old (‰)	13.8	8.7	6.6	5.9
城市	Urban Areas	10.7	6.4	4.5	4.4
农村	Rural Areas	15.3	10.0	7.6	6.3
孕产妇死亡率(1/10万)	Mortality Rate of Pregnant and Lying-in Women (1/100 000)	44.8	15.2	11.2	10.5
城市	Urban Areas	33.3	20.2	12.0	11.0
农村	Rural Areas	49.3	13.2	10.8	10.2
全省住院分娩率(%)	Hospitalization Rate of Parturition in Province (%)	87.8	98.9	99.9	100.0
农村孕产妇住院分娩率(%)	Hospital Parturition Rate of Rural Pregnant and Lying-in Women (%)	85.0	98.7	99.9	100.0
农村高危孕产妇住院分娩率（%）	Hospital Parturition Rate of Rural High Risk Pregnant and Lying-in Women (%)	97.7	99.4	100.0	100.0
产前检查率（%）	Medical Prenatal Examination Rate (%)	85.0	91.2	94.6	94.9
孕产妇系统管理率（%）	Systematic Management Rate of Pregnant and Lying-in Women (%)	67.2	76.4	81.5	86.0
城市	Urban Areas	67.6	80.0	83.7	86.0
农村	Rural Areas	67.0	75.0	80.5	86.0
5岁以下儿童中、重度营养不良患病率(%)	moderate and Serious malnutrition Rate of Children under 5 Years old (%)	3.4	2.0	1.6	1.6
城市	Urban Areas	2.4	1.5	1.4	1.6
农村	Rural Areas	4.0	2.2	1.8	1.6
7岁以下儿童保健管理率（%）	Health Care Rate of Children under 7 Years Old (%)	70.2	76.7	85.6	86.6
城市	Urban Areas		83.6	86.6	88.8
农村	Rural Areas		74.0	85.2	85.6
卡介苗疫苗接种率(%)	BCG (%)	99.4	99.8	98.9	99.6
脊髓灰质炎疫苗接种率(%)	Poliomyelitis (%)	99.2	99.3	98.3	98.3
百白破疫苗接种率(%)	DPT(%)	99.2	99.5	94.5	98.7
麻疹疫苗接种率(%)	Measles (%)	98.7	99.3	94.7	98.3
乙肝疫苗接种率（%）	Inoculation Rate of Hepatitis B Vaccine (%)	99.1	99.8	96.7	98.1

24–15 社会服务机构基本情况(2015)
Statistics on Social Service Institutions (2015)

指标名称	Item	单位数 (个) Number of Institutions (unit)	职工人数 (人) Number of Staff and Workers (persons)
社会服务	**Social Services**	**12268**	**110993**
社会工作	**Social Work**	**11248**	**101638**
提供住宿的社会服务机构	Social Welfare Institutions with Accommodations	**1244**	**16160**
老年人与残疾人服务机构	Institutions for the Aged and Disabled	1073	11919
城市养老服务机构	For the Aged in Urban Areas	313	4842
农村养老服务机构	For the Aged in Rural Areas	547	3991
社会福利院	Social Welfare Homes	54	1170
光荣院	Homes for Disabled Veterans	44	428
荣誉军人康复医院	Convalescent Hospitals for Honorable Servicemen	4	462
复员军人疗养院	Sanatoriums for Ex-serviceman	2	71
军休所	Soldier nest roost	109	955
智障与精神疾病服务机构	Social Welfare Institutions for Mental Retardation and Mental Diseases	7	1046
社会福利医院	Social Welfare Hospitals	6	752
复退军人精神病院	Mental Hospitals for Ex-serviceman	1	294
儿童收养救助服务机构	Social Welfare Institutions for Children	45	1514
儿童福利机构	Welfare Institutions for Children	21	1192
未成年人救助保护中心	Juvenile Rescue and Protection Centers	24	322
其他提供住宿的服务机构	Other Social Welfare Institutions with Accommodations	119	1681
生活无着人员救助管理站	Salvation Stations	85	1059
军供站	Serviceman Supply Stations	17	474
其他提供住宿的机构	Other Residential Institutions	17	148
不提供住宿的社会服务机构	Social Welfare Institutions without Accommodations	10004	85478
老龄机构	Institutions for the Aged	82	319
为残疾人提供服务机构	Service Institutions for the Disabled	680	54020
低保救助对象服务机构	Service Institutions for People under Minimum Living Standard	47	368
救灾储备单位	Relief Reserve Units	10	74
福利彩票发行机构	Welfare Lottery Issuing Institutions	41	593
军队离退休人员管理中心	Management Centers for Retired Military Officers	5	83
军队离退休人员活动中心	Activity Centers for Retired Military Officers	58	1100
烈士纪念建筑物管理机构	Martyr Memorial Building Management Units	99	1304
社区服务机构	Community Services Institutions	8982	27617
其他社会服务机构	**Other Social Service Institutions**	**902**	**7707**
婚姻服务机构	Marriage Registration Institutions	40	331
殡葬服务机构	Funeral Service Institutions	862	7376
殡仪馆	Funeral Home	116	3606
公墓	Cemetery	195	1146
骨灰堂	Cineraria	459	1380
殡葬管理单位	Funeral and Interment Management Institutions	92	1244
其他事业单位	**Other Institutions**	**118**	**1648**

注：提供住宿的社会服务机构和社区服务机构口径较上年有变化。
a) Provide accommodation of social service agencies and community services diameter is different from the previous year.

24-16 分地区孤儿和家庭收养基本情况(2015年)

Statistics on Orphans and Children Adopted by Families by City (2015)

市（县）	City(County)	孤儿数（人）Number of orphans (person)	集中供养 Centralized support	社会散居 Live scattered	儿童收养登记件数（件）Number of Adoption Registration of Children (case)	家庭收养儿童数（人）Number of Children Adopted by Families (person)
全省	**Total**	**41828**	**5081**	**36747**	**361**	**180**
省本级	Privincial Level				181	
郑州市	Zhengzhou	2092	894	1198	20	20
开封市	Kaifeng	2691	299	2392	2	2
洛阳市	Luoyang	2077	743	1334	26	26
平顶山市	Pingdingshan	2386	273	2113	13	13
安阳市	Anyang	1282	113	1169	28	28
鹤壁市	Hebi	588	120	468	1	1
新乡市	Xinxiang	1275	205	1070	11	11
焦作市	Jiaozuo	925	339	586	9	9
濮阳市	Puyang	2266	116	2150	7	7
许昌市	Xuchang	1229	257	972	6	6
漯河市	Luohe	727	277	450	4	4
三门峡市	Sanmenxia	341	142	199	7	7
南阳市	Nanyang	5253	272	4981	4	4
商丘市	Shangqiu	3602	149	3453	9	9
信阳市	Xinyang	1681	249	1432	18	18
周口市	Zhoukou	9436	125	9311	7	7
驻马店市	Zhumadian	3835	466	3369	8	8
济源市	Jiyuan	142	42	100		
省直管县	**Province Administrating County**					
巩义市	Gongyi	76	17	59		
兰考县	Lankao	635	20	615		
汝州市	Ruzhou	331	68	263		
滑县	Huaxian	622		622		
长垣县	Changyuan	199		199		
邓州市	Dengzhou	1007		1007	2	2
永城市	Yongcheng	396	68	328		
固始县	Gushi	7	1	6	3	3
鹿邑县	Luyi	1392		1392		
新蔡县	Xincai	201	2	199		

24-17 分地区为残疾人提供服务机构基本情况(2015年)

Statistics on Services Institutions for the Disabled by City (2015)

省辖市 City	单位数（个） Number of Units (unit)	年末职工人数（人） Number of Staffs at The End of The Year (person)	#残疾职工 Disabled Persons	实际减免税金总额（万元） Total Actual tax break (10000yuan)	盈利总额（万元） Total Profit (10000yuan)
全　省 Total	**547**	**48925**	**21328**	**6579.70**	**2897.90**
省本级 Provincial level	1	85	2		
郑州市 Zhengzhou	131	18274	7318	108.10	12.70
开封市 Kaifeng	8	351	135		
洛阳市 Luoyang	46	4335	1820		
平顶山市 Pingdingshan	29	1850	798	4522.90	606.70
安阳市 Anyang	7	467	220	530.10	1264.20
鹤壁市 Hebi	19	788	296	133.40	-22.20
新乡市 Xinxiang	20	1597	575	480.00	288.00
焦作市 Jiaozuo	79	6709	2846	175.00	40.00
濮阳市 Puyang	24	1499	883		
许昌市 Xuchang	24	1174	416	50.00	30.00
漯河市 Luohe	15	1002	403		
三门峡市 Sanmenxia	26	1428	610	580.20	678.50
南阳市 Nanyang	73	5969	2843		
商丘市 Shangqiu	4	499	308		
信阳市 Xinyang	1	30	12		
周口市 Zhoukou	9	1269	1190		
驻马店市 Zhumadian	8	534	166		
济源市 Jiyuan	23	1065	487		

24-18 分地区社会救助情况(2015年)
Statistics on Social Relief by City (2015)

单位：人 (person)

市(县) City(County)	城市居民最低生活保障人数 Number of Urban Residents Receiving Minimum Living Allowance	农村最低生活保障人数 Number of Rural Residents Receiving Minimum Living Allowance	农村五保集中供养人数 Rural Households with Centralized Livelihood Guaranteed in Five Aspects	农村五保分散供养人数 Rural Households with Decentralized Livelihood Guaranteed in Five Aspects
全　省 Total	**1079085**	**3929062**	**165289**	**320905**
省辖市 City				
郑州市 Zhengzhou	22525	105639	3501	7980
开封市 Kaifeng	43123	190839	3325	15890
洛阳市 Luoyang	67159	226201	6165	15290
平顶山市 Pingdingshan	64476	213530	6306	11444
安阳市 Anyang	54181	205943	5597	11458
鹤壁市 Hebi	39482	57077	2038	2481
新乡市 Xinxiang	61666	187405	3989	15893
焦作市 Jiaozuo	32157	103065	2400	1600
濮阳市 Puyang	29870	177674	2461	17073
许昌市 Xuchang	26008	66980	4726	15352
漯河市 Luohe	23927	145624	4977	5765
三门峡市 Sanmenxia	32515	87057	2994	3982
南阳市 Nanyang	101032	462203	35730	48406
商丘市 Shangqiu	109503	390405	22981	26120
信阳市 Xinyang	123463	360884	19504	45034
周口市 Zhoukou	115795	536322	20184	47163
驻马店市 Zhumadian	126737	392922	17918	29522
济源市 Jiyuan	5466	19292	493	452
省直管县 Province Administrating County				
巩义市 Gongyi	1754	14208	336	941
兰考县 Lankao	6494	41020	1159	2033
汝州市 Ruzhou	7409	63331	878	2704
滑县 Huaxian	5929	57240	1770	6015
长垣县 Changyuan	13761	30852	2462	2802
邓州市 Dengzhou	19223	59808	738	11695
永城市 Yongcheng	6795	62155	4365	4910
固始县 Gushi	18452	68763	3641	12165
鹿邑县 Luyi	9577	53726	2526	5485
新蔡县 Xincai	23422	51545	2039	3059

24-19 分地区医疗救助基本情况(2015)

Basic Statistics on Medical Aid (2015)

省辖市(县) City(County)	民政部门资助参加医疗保险(人) Civil Affairs Aid for Medical Insurance (persons)	民政部门资助参加合作医疗(人) Civil Affairs Aid for Cooperative Medical Care (persons)	直接医疗救助(人次) Direct Medical Aid (persons-time)	民政部门资助参加医疗保险支出(万元) Civil Affairs Expenses of Medical Insurance (10 000 yuan)	民政部门资助参加合作医疗支出(万元) Civil Affairs Expenses of Cooperative Medical Insurance (10 000 yuan)	直接医疗救助支出(万元) Expenses for Direct Medical Aid (10 000 yuan)
全 省 Total	**710066**	**3058581**	**795897**	**6581**	**22635**	**79036**
省 辖 市 City						
郑 州 市 Zhengzhou	7509	90785	42080	164	734	4101
开 封 市 Kaifeng	21499	209307	19954	151	1353	3036
洛 阳 市 Luoyang	106034	186426	80982	2537	1875	3155
平 顶 山 市 Pingdingshan	118956	209195	45919	512	989	4458
安 阳 市 Anyang	30955	114787	33776	182	1582	5638
鹤 壁 市 Hebi	26579	27696	10769	92	300	1848
新 乡 市 Xinxiang	47974	141929	17336	612	1312	2909
焦 作 市 Jiaozuo	27272	102897	27956	203	681	2469
濮 阳 市 Puyang	2892	35266	16032	35	333	3055
许 昌 市 Xuchang	6906	44307	17729	40	410	2854
漯 河 市 Luohe	4387	80217	15754	27	585	2388
三 门 峡 市 Sanmenxia	26144	78600	20139	136	930	2293
南 阳 市 Nanyang	44485	488131	145557	310	2447	8321
商 丘 市 Shangqiu	63853	379454	72360	477	2450	8271
信 阳 市 Xinyang	49805	294270	66477	728	2324	6412
周 口 市 Zhoukou	2275	242369	36686	27	1809	9254
驻 马 店 市 Zhumadian	117286	332945	115411	280	2520	7665
济 源 市 Jiyuan	5255		10980	68		911
省 直 管 县 Province Administrating County						
巩 义 市 Gongyi	2293	19924	4400	34	207	313
兰 考 县 Lankao	6947	43056	3563	17	276	435
汝 州 市 Ruzhou	76048	44227	11085	284	199	813
滑 县 Huaxian	3061	55175	6388	40	1091	1986
长 垣 县 Changyuan	5921	40464	10481	23	364	914
邓 州 市 Dengzhou	10419	84947	29693	67	253	1201
永 城 市 Yongcheng	8638	64040	10167	51	454	1366
固 始 县 Gushi	4918	15539	14804	14	140	1501
鹿 邑 县 Luyi	2050	49655	7938	25	435	697
新 蔡 县 Xincai	23422	61741	4688	54	329	821

24-20 分地区社区服务基本情况(2015年)

Statistics on Community Service Facilities by City (2015)

市 City	社区服务机构数(个) Number of Community Service Facilities (unit)	年末职工人数(人) Number of Staffs at The End of The Year (person)	#女性 Female	床位数(张) Number of Beds (unit)	年末收养人数(人) Number of Adopted Person at The End of The Year (person)
全　省 Total	**8982**	**30297**	**10076**	**241814**	**139975**
省 本 级 Provincial level					
郑 州 市 Zhengzhou	1085	4880	1294	8469	617
开 封 市 Kaifeng	622	1520	459	10174	4391
洛 阳 市 Luoyang	1208	2510	945	6404	2389
平顶山 市 Pingdingshan	538	2078	861	11535	4596
安 阳 市 Anyang	544	2143	718	13017	4883
鹤 壁 市 Hebi	143	891	430	1425	643
新 乡 市 Xinxiang	439	2748	496	3101	40
焦 作 市 Jiaozuo	283	1216	484	1374	230
濮 阳 市 Puyang	220	752	166	9408	1815
许 昌 市 Xuchang	220	1114	431	12383	4509
漯 河 市 Luohe	167	518	201	12614	7894
三门峡 市 Sanmenxia	121	597	319	4147	2976
南 阳 市 Nanyang	900	2605	860	54743	47012
商 丘 市 Shangqiu	320	964	383	10740	7556
信 阳 市 Xinyang	1003	1715	387	28134	7758
周 口 市 Zhoukou	476	1942	793	20502	18487
驻马店 市 Zhumadian	645	1928	772	33036	24179
济 源 市 Jiyuan	48	176	77	608	

24–21 分地区婚姻服务基本情况(2015年)

Statistics on Marriages and Divorces by Region (2015)

地区 City	结婚登记(对) Total Number of Registered Marriages (couples)	结婚登记人数(人) Total Number of Registered Marriages (person)	离婚(对) Divorces (couples)	#民政 Civil Affairs
全省 Total	**1132176**	**2264352**	**260391**	**221273**
省本级 Provincisl Level	585	1170		40
郑州市 Zhengzhou	89232	178464	35519	31261
开封市 Kaifeng	53028	106056	12158	11757
洛阳市 Luoyang	67406	134812	17626	15508
平顶山市 Pingdingshan	52315	104630	13548	11483
安阳市 Anyang	63722	127444	15228	12751
鹤壁市 Hebi	16366	32732	4298	3609
新乡市 Xinxiang	64985	129970	15388	13366
焦作市 Jiaozuo	34280	68560	9649	8375
濮阳市 Puyang	41668	83336	8699	7125
许昌市 Xuchang	49618	99236	13543	11712
漯河市 Luohe	23291	46582	6217	5173
三门峡市 Sanmenxia	20505	41010	5908	4807
南阳市 Nanyang	98620	197240	25645	20095
商丘市 Shangqiu	121508	243016	20173	17362
信阳市 Xinyang	95259	190518	15225	12327
周口市 Zhoukou	141896	283792	18157	14578
驻马店市 Zhumadian	90197	180394	21175	18014
济源市 Jiyuan	7695	15390	2195	1930

24-22 妇女参政议政情况

Statistics of Female Joined and discussion politics

单位：人 (person)

指标名称	Item	2005	2010	2011	2012	2013	2014	2015
省人大代表	Deputy to the people's congress of Henan	939	947	951	952	949	942	921
#女性	Female	190	177	183	192	192	193	191
市人大代表	Deputy to the people's congress of City	7715	7724	7719	8060	7848	7848	7848
#女性	Female	1620	1522	1583	1644	1667	1667	1667
县人大代表	Deputy to the people's congress of County	37007	37298	37286	37974	37974	37974	37974
#女性	Female	7771	7505	7565	8123	8123	8123	8123
省政协委员	Political Consultative Committee Member of Henan	842	874	872	899	899	897	887
#女性	Female	159	193	202	205	204	202	200
市政协委员	Political Consultative Committee Member of City	6694	6744	6760	7328	7294	7245	7346
#女性	Female	1521	1571	1579	1716	1695	1743	1780
县政协委员	Political Consultative Committee Member of County	26293	30627	33158	34093	33950	34022	35604
#女性	Female	3102	6056	6092	7313	7279	7302	7325

24-23 残疾人事业基本情况

Basic Information of Person with Disabilities

项 目	Item	2013	2014	2015
康复	**Rehabilitation**			
视力残疾康复	Rehabilitation of Persons with Visual Disability			
白内障复明手术 (万例)	Sight-restoring Surgeries for Cataract Patients (10 000 cases)	1.95	0.82	0.89
#贫困白内障患者免费手术	Free Surgeries for Poor Cataract Patients	0.99	0.32	0.52
低视力者配用助视器 (人)	Persons with Low-vision Fitted with Vision-aids	9120	6564	15820
盲人定向行走训练数 (人)	Blind Persons Receiving Orientation Skill Training	8644	8721	8477
聋儿康复	Rehabilitation of Children with Hearing Disability			
年收训聋儿 (人)	Hearing and Speech Training (persons)	2388	2466	2519
聋儿入普幼普小率 (%)	Enrollment Rate of Trained Children to Ordinary Kindergartens and Primary Schools (%)	7.3	7.7	8.0
培训家长 (人)	Parents Trained (person)	3137	3298	3297
肢体残疾康复 (人)	Rehabilitation of Persons with Physical Disability (person)			
肢体残疾人社区康复训练数	Persons Rehabilitated at Community	12513	13026	15984
肢体残疾儿童机构康复训练数	Children Rehabilitated at Institutions	2850	2634	3617
贫困肢体残疾儿童矫治手术	Corrective surgery of Chirdren with Physical Disability	464	535	202
智力残疾康复 (人)	Rehabilitation of Persons with Intellectual Disability (person)			
智残儿童康复机构训练数	Children with Intellectual Disability Receiving Rehabilitation Training at Institutions	1479	1281	7416
智残儿童社区、家庭康复数	Rehabilitation of Children with Intellectual Disability at Community and Family	6465	5579	5852
精神病防治康复	Prevention and Treatment of Psychiatric Diseases			
开展精神病防治康复工作市县数(个)	Counties Carried on the Works of Prevention and Treatment of Psychiatric Diseases (unit)	156	156	156
综合防治康复精神病人数(万人)	Number of Rehabilitation Persons of Psychiatric Diseases (10 000 persons)	20.42	21.43	20.9
监护率 (%)	Guardianship Rate (%)	46.54	49.1	49.1
显好率 (%)	Significant Improvement Rate (%)	52.86	49.8	50.9
社会参与率 (%)	Social Involvement Rate (%)	39.2	36.7	37.6
肇事率 (‰)	Violent Events Rate (‰)	2.8	2.0	2.0
孤独症儿童训练数 (人)	Children with Autism Trained in Institutions(person)	1158	1193	1227
残疾人辅助器具供应服务	Provision of Assistive Devices			
辅助器具供应件 (件)	Assistive Devices Provided (10 000 pieces)	119910	108598	121674
教育	**Education**			
未入学适龄残疾儿童少年(万人)	School-age Disabled Children without Schooling (10 000 persons)	0.79	0.75	0.90
未入学女童(万人)	Girls without Schooling	0.30	0.28	0.34
职业教育与培训机构数 (个)	Vocational Education and Training Facilities (unit)	230	251	269
教育与培训人数 (万人次)	Number of Educated and Trained (10 000 person-times)	5.11	4.18	3.82

24-23 续表 continued

项 目	Item	2013	2014	2015
就业	**Employment**			
城镇残疾人就业状况 (人)	Employment of Urban Handicapped (person)			
当年安排就业	Persons Employed in the Year	36337	38860	28080
集中就业	Employed at Welfare Enterprises	15136	11635	11101
#按比例就业	Employed by Quota Scheme	7195	5734	5029
个体及其他形式就业	Self-employed and Others	14006	11261	9891
公益性岗位就业	Employment at public welfare	7795	7517	8816
辅助性就业	Supporting Employment	2199	2713	1863
农村残疾人就业状况 (万人)	Employment of Rural Handicapped (10 000 persons)	191	190	192
残疾人就业服务机构 (个)	Employment Service Institutions for Handicapped (unit)	157	162	162
省	Provinces	1	1	1
市 (含地级市、县级市)	Cities (inc. Cities at County Level)	32	35	36
县 (含市辖区)	County(incloud municipal district)	124	126	125
盲人按摩	**Massage by Persons with Visual Disability**			
保健按摩人员培训 (人)	Massage Therapists Training (person)	2092	1798	1827
医疗按摩人员培训 (人)	Keep-fit Massager Training (person)	674	511	335
扶贫	**Poverty Alleviation**			
扶贫开发解决温饱残疾人 (万人)	Disabled Persons Overcoming Poverty Through Government's Poverty Reduction Program (10 000 persons)	16.77	16.90	13.51
当地低收入残疾人 (万人)	Disabled Persons at the Local Low-income Level (10 000 persons)	77.49	69.38	12.90
维权	**Rights Protection**			
法规体系及执法检查	Rules System and Law Enforcement Inspection			
人大执法检查或专题调研 (次)	Law enforcement inspection of National People's Congress and Special investigation (time)	28	41	36
政协视察或专题调研 (次)	Inspection of CPPCC and Special investigation (time)	28	27	26
法律救助及援助	Legal Aid and Assistance			
残疾人法律救助工作站 (个)	Legal aid Workstations for disabled People (unit)	51	96	98
残疾人法律救助工作站办理案件(件)	Cases of Legal aid workstations for disabled People(case)	227	204	161
残疾人法律援助中心 (个)	Legal aid Center for disabled People(unit)	165	168	168
残疾人法律援助中心办理案件(件)	Cases of Legal aid Center for disabled People(case)	712	585	553
无障碍设施建设	Construction of Barrier-free Facilities			
贫困残疾人家庭无障碍改造(户)	Barrier-free Reconstruction for Poor Family with Disabled People(household)	2003	2739	3061
无障碍检查 (次)	Barrier-free Check(time)	147	168	119
无障碍培训 (人次)	Barrier-free Training(person-time)	468	424	320
残疾人信访	Letters and Calls from Disabled Persons			
残疾人来信 (件)	Letters from Disabled Persons(case)	1109	625	721
残疾人来访 (人次)	Calls from Disabled Persons(person-time)	6435	5259	4665
残联组织建设	**Organization of the Disabled Persons' Federation**			
残疾人工作者数 (人)	Workers Working for the Disabled (person)	8048	8180	8074

主要统计指标解释

医疗卫生机构 指从卫生行政部门取得《医疗机构执业许可证》、《计划生育技术服务许可证》，或从民政、工商行政、机构编制管理部门取得法人单位登记证书，为社会提供医疗保健、疾病控制、卫生监督服务或从事医学科研和医学在职培训等工作的单位。医疗卫生机构包括医院、基层医疗卫生机构、专业公共卫生机构、其他医疗卫生机构。

基层医疗卫生机构 包括社区卫生服务中心、社区卫生服务站、街道卫生院、乡镇卫生院、村卫生室、门诊部、诊所(医务室)。

专业公共卫生机构 包括疾病预防控制中心、专科疾病防治机构、妇幼保健机构（含妇幼保健计划生育服务中心）、健康教育机构、急救中心（站）、采供血机构、卫生监督机构、取得《医疗机构执业许可证》或《计划生育技术服务许可证》的计划生育技术服务机构。

其他医疗卫生机构 包括疗养院、临床检验中心、医学科研机构、医学在职教育机构、医学考试中心、农村改水中心、人才交流中心、统计信息中心等卫生事业单位。

医院 指设有固定床位，能收容病人住院并能为病人提供医疗、护理服务的医疗机构。包括综合医院、中医医院、中西医结合医院、民族医院、各类专科医院和护理院，不包括专科疾病防治院、妇幼保健院和疗养院。

卫生技术人员 包括执业医师、执业助理医师、注册护士、药师（士）、检验技师（士）、影像技师（士）、卫生监督员和见习医（药、护、技）师（士）等卫生专业人员。不包括从事管理工作的卫生技术人员（如院长、副院长、党委书记等）。

执业医师 指《医师执业证》“级别”为“执业医师”且实际从事医疗、预防保健工作的人员，不包括实际从事管理工作的执业医师。执业医师类别分为临床、中医、口腔和公共卫生四类。

执业助理医师 指《医师执业证》“级别”为“执业助理医师”且实际从事医疗、预防保健工作的人员，不包括实际从事管理工作的执业医师。执业助理医师类别分为临床、中医、口腔和公共卫生四类。

注册护士 指具有注册护士证书且实际从事护理工作的人员，不包括从事管理工作的护士。

收养性单位（提供食宿的社会福利单位） 指提供食宿的、不以盈利为目的的革命伤残人休养院、复退军人慢性病疗养院、复退军人精神病院、光荣院、社会福利院、儿童福利院、精神病人福利院、老年收养性机构（敬老院、养老院、老年公寓）等收养性的社会福利企业单位的总称。

收养性单位年末在院人数（收养人数） 指收养单位报告期末实际收养的优抚对象、社会“三无”对象和自费人员的总人数。

社会福利企业单位 指以集中安置有一定劳动能力的残疾人就业为目的（残疾职工占生产人员10%以上）、带有社会福利性质的企业总称。社会福利企业分类为：社会福利工厂、假肢厂、其他福利企业。

Explanatory Notes on Main Statistical Indicators

Medical and Health Care Institutions refer to the units which have been qualified the Certification of Health Care Institution, certification of family planning technical service by the administration of public health, or qualified the Certification of Corporate Unit by the civil affairs, administration for industry and commerce, commission office for public sector reform, and engaging in medical care, disease prevention and control, health supervision and inspection, medicine research and on-job training, etc., including: hospitals, health care institutions at grass-root level, specialized public health institutions, and other medical and health care institutions.

Health Care Institutions at Grass-root Level include community health service centers, community health service stations, urban health centers, township health centers, village clinics, outpatient departments and clinics (health centers).

Specialized Public Health Institutions include centers for disease control and prevention, specialized disease prevention and treatment institutions, women and children care agencies(including women and children health care family planning service center), health education institutions, first aid centers, blood gathering and supplying institutions, health supervision and inspection agencies, and family planning technical service centers that obtained the Certification of Health Care Institution or certification of family planning technical service centers.

Other Medical and Health Care Institutions include sanatoriums, clinical laboratory centers, medicinal scientific research institutions, on-job training institutions, medical examination centers, rural water improvement centers, talent exchange centers, and statistical information centers, etc.

Hospitals refer to medical institutions with permanent hospital beds, which are able to take in patients and provide them with medical and nursing services. Include general hospital, hospital of traditional Chinese medicine, hospital of combining traditional Chinese and western medicine, national hospital, all kinds of specialized subject hospital and nursing homes, not including specialized subject hospital, maternity and child care centers, and convalescent hospital.

Medical Technical Personnel include Licensed Doctors, Licensed Assistant Doctors, Pharmacists, inspection technician, image technicians, hygiene supervisors and apprentice physicians and other health professionals. Not including engaged in the management of the health technical personnel.

Licensed Doctors refer to the medical workers who have obtained the licenses of qualified doctors and are employed in medical treatment, disease prevention or healthcare institutions, excluding the licensed doctors engaged in management job. The licensed doctors are divided into 4 categories: clinician, Chinese medicine physicians, dentist and public health physicians.

Licensed Assistant Doctors refer to the medical workers who have obtained the licenses of qualified assistant doctors and are employed in medical treatment, disease prevention or healthcare institutions, excluding the licensed assistant doctors engaged in management job. The classification of licensed assistant doctors is clinician, Chinese medicine, dentist and public health.

Registered nurse refers to has registered nurse certificate and actually engaged in nursing work of the staff, not including engaged in the management of the nurse.

Social Welfare Enterprises refers to those welfare-oriented enterprises employing a significant number of handicapped people with certain labour ability (handicapped employees shall exceed 10% of the production staff), including welfare factories, artificial limb plants as well as other welfare enterprises.

文化和体育

Culture and Sports

25

● 资料整理：徐委乔

简要说明

一、主要内容

本篇包括文化、文物机构、档案、广播、电视、新闻出版、文化及相关产业增加值、规模以上企业等方面的活动情况。

二、资料来源

文化机构人员，艺术表演团体，艺术表演场馆，公共图书馆，博物馆，群众艺术馆，文化馆等资料由河南省文化厅提供；档案资料由省档案局提供；文物机构资料由省文物局提供；广播、电视资料由省广电厅提供；新闻出版资料由省新闻出版局提供；体育资料由省体育局提供。由省统计局社会与科技处编辑整理。

Brief Introduction

I. Main Contents

Data in this chapter mainly reflect the situations on culture, relics institutions, archives, broadcasting, television; news and publication.

II. Sources of Data

Data on the number of the staff and workers in cultural situations, art performing groups and performance venues, public libraries, museums, art venues, cultural venues are calculated from Henan provincial bureau of culture; data on archives are calculated from Henan provincial bureau of archives; data on cultural relics situations are calculated from Henan provincial bureau of cultural relics; data on broadcasting and TV are calculated from Henan provincial bureau of broadcasting and TV; data on news and publication are calculated from Henan provincial bureau of news publication. Data on this chapter are provided by department of social and technological of Henan provincial bureau of statistics.

25-1 文化文物机构和人员情况(2015年)

Number of Institutions and Employed persons in Province (2015)

指标名称	Item	机构（个） Number of Institutions (unit)	文化部门 Culture Institution	其他部门 Other Institution	从业人员（人） Number of Employed Persons (person)	文化部门 Culture Institution	其他部门 Other Institution
总 计	**Total**	**16012**	**3846**	**12166**	**119018**	**45246**	**73772**
艺术业	Arts	974	311	663	30360	12214	18146
公共图书馆业	Public Libraries	158	158		2949	2949	
群众文化服务业	Mass Culture service	2533	2533		10967	10967	
艺术教育业	Article Education	9	9		357	357	
文化市场经营机构(不含非公有制艺术表演团体)	Culture Market Institutions (Without Non-public Arts Performance Groups)	11425		11425	54454		54454
文艺科研机构	Article Research institutions	17	17		173	173	
文物业	Historical Relics	544	467	77	12102	11015	1087
其他	Others	352	351	1	7656	7571	85

25-2 艺术表演场馆基本情况(2015年)

Basic Statistics of Arts Centers (2015)

指标名称	Item	机构数（个） Number of Institutions (unit)	从业人员（人） Number of Employed Persons (person)	座席数（个） Number of Seats (unit)	演(映)出场次（场次） Number of Performances (time)	#艺术演出 Art Performance
总　计	**Total**	**150**	**3692**	**189186**	**19260**	**2510**
按登记注册类型分	by Status of Registration					
国　有	State-owned	134	3055	84894	9470	1750
其　他	Others	16	637	104292	9800	770
按管理部门分	By Management Department					
文化部门	Culture Department	140	3139	85944	9000	1760
按机构类型分	By Type					
剧场	Theaters	50	1046	26933	1110	810
影剧院	Showplaces	93	2090	59017	17670	1460
综合性	General Performing Theates	5	514	103186	460	240
其他艺术表演场馆	Others Arts Centers	2	42	50	30	10
按隶属关系分	By Administrative Relationship					
省、区、市	Province,District,City	2	194	4054	420	150
地、市	Province Administrating County	28	824	8808	5890	480
县、市及以下	County and Below	120	2674	176324	12970	1900

指标名称	Item	观众人次（万人次） Number of Audiences (10 000 person-times)	#艺术演出 Art Performance	收入合计（万元） Total Income (10 000 yuan)	#财政拨款 fiscal appropriation	#演出收入 Income by Performance	支出合计（万元） Total Expenditure (1000 yuan)
总　计	**Total**	**272.76**	**114.42**	**13170.0**	**4875.8**	**1912.2**	**13860.8**
按登记注册类型分	by Status of Registration						
国　有	State-owned	218.37	113.84	10487.9	4472.4	1365.8	11289.7
其　他	Others	54.39	0.58	2682.1	403.4	546.4	2571.1
按管理部门分	By Management Department						
文化部门	Culture Department	223.37	114.42	11114.8	4778.8	1393.9	11769.5
按机构类型分	By Type						
剧场	Theaters	74.97	32.11	2680.2	834.6	469.2	2462.7
影剧院	Showplaces	146.70	59.82	4139.1	1046.0	181.2	4580.3
综合性	General Performing Theates	50.97	22.49	6222.5	2995.2	1240.5	6693.5
其他艺术表演场馆	Others Arts Centers	0.13		128.2		21.3	124.3
按隶属关系分	By Administrative Relationship						
省、区、市	Province,District,City	37.56	16.86	5034.5	2880.8	1084.1	4943.0
地、市	Province Administrating County	56.64	31.63	2528.1	141.4	67.0	3175.4
县、市及以下	County and Below	178.57	65.93	5607.4	1853.6	761.1	5742.4

25-3 艺术表演团体基本情况(2015年)

Basic Statistics of Arts Performance Troupes (2015)

指标名称	Item	剧团数(个) Number of Performance Troupes (unit)	从业人员(人) Number of Employed Persons (person)	本团原创首演剧目(个) Number of Original Play Firsty Performanced (unit)	演出场次(万场次) Number of Performances (10000 times)	#国内演出 Domestic performance	#农村 Rural Areas
总　计	**Total**	**824**	**26668**	**35**	**35.62**	**35.60**	**30.37**
按登记注册类型分	**By Registration Status**						
国有	State-owned	166	8710	33	4.37	4.35	3.82
集体	Collective-owned	1	16		0.02	0.02	0.02
其他	Others	657	17942	2	31.23	31.23	26.53
按隶属关系分	**By Administrative Relationship**						
省、区、市	Province,District,City	6	1155	8	0.17	0.17	0.10
地、市	Province Administrating County	27	2186	6	0.66	0.64	0.51
县、市及以下	County and Below	791	23327	21	34.79	34.78	29.77
按管理部门分	**By Management Department**						
文化部门	Culture Department	171	9075	35	4.48	4.46	3.91
其他部门	Other Department	653	17593		31.14	31.14	26.46
按剧种分	**Grouped by Type of Drama**						
话剧、儿童剧、滑稽剧团	Drama, Children's Play and Comedy Troupes	73	1845		8.50	8.50	8.24
歌舞、音乐类	Opera, Ballet Troupes	55	1579	2	0.39	0.39	0.29
京剧、昆曲类	Beijing Opera and Kunqu Opera	2	125		0.02	0.02	0.01
地方戏曲类	Local Opera	346	13678	32	8.94	8.93	7.94
杂技、魔术、马戏类	Acrobatics,Magic, Circus	60	2463	1	7.44	7.43	5.55
曲艺类	Folk	88	1802		1.06	1.06	0.98
综合性艺术表演团体	Comprehensive Art Performing Troupes	200	5176		9.28	9.28	7.35

25-3 续表 continued

指标名称	Item	国内演出观众人次(万人次) Number of Spectators (10 000 person-times)	#农村 Rural Areas	收入合计(万元) Total Income (10 000 yuan)	支出合计(万元) Total Expenditure (1000yuan)	政府采购的公益演出活动 Public performance by government procurement: 演出场次(万场次) Number of Performances (10 000 times)	观众人次(万人次) Number of Spectators (10 000 person-times)
总 计	**Total**	**19415.69**	**9345.29**	**119752.4**	**96846.4**	**1.81**	**2057.17**
按登记注册类型分	**By Registration Status**						
国有	State-owned	5243.01	4595.40	58991.4	54776.5	1.75	1956.45
集体	Collective-owned	15.00	9.00	15.3	15.3	0.00	9.00
其他	Others	14157.68	4740.89	60745.7	42054.6	0.06	91.72
按隶属关系分	**By Administrative Relationship**						
省、区、市	Province,District,City	225.95	141.01	23982.8	20252.4	0.11	157.18
地、市	Province Administrating County	1106.51	968.92	19337.6	19321.1	0.40	555.23
县、市及以下	County and Below	18083.23	8235.37	76432.0	57272.9	1.30	1344.76
按管理部门分	**By Management Department**						
文化部门	Culture Department	5404.87	4728.04	61958.8	57932.2	1.81	2057.17
其他部门	Other Department	14010.82	4617.25	57793.6	38914.2		
按剧种分	**Grouped by Type of Drama**						
话剧、儿童剧、滑稽剧团	Drama, Children's Play and Comedy Troupes	608.41	577.80	3686.1	2552.9		18.30
歌舞、音乐类	Opera, Ballet Troupes	212.57	112.84	9915.2	9875.9	0.08	58.38
京剧、昆曲类	Beijing Opera and Kunqu Opera	7.68	6.88	1728.0	1870.8		7.68
地方戏曲类	Local Opera	7571.62	6227.25	54155.5	48115.9	1.52	1771.13
杂技、魔术、马戏类	Acrobatics,Magic, Circus	6712.10	602.15	21198.2	16735.1	0.07	69.38
曲艺类	Folk	468.41	421.71	2599.1	1899.1		12.47
综合性艺术表演团体	Comprehensive Art Performing Troupes	3834.90	1396.67	26470.3	15796.7	0.09	119.83

25-4 娱乐场所基本情况

Basic Statistics on Entertainment

指标名称	Item	2014	2015
机构数(个)	Number of Institutions (unit)	2249	1977
游艺	Carnival	725	454
歌舞	Musical	1521	1512
其他	Others	3	11
从业人员(人)	Number of Employed Persons (person)	25936	20231
资产总计(万元)	Total assets (10 000yuan)	293606	250733
营业收入(万元)	Operation Revenue (10 000yuan)	148954	130979
营业成本(万元)	Operation Cost (10 000yuan)	98836	89793
养老、医疗、事业等保险费	Insurance expenses of Pension, Medical and Business	1717	2947
工资总额	Total Wages	32913	39546
税金总额	Total Taxes	4313	4927
营业利润(万元)	Operating Profit (10 000yuan)	50118	41186

25-5 公共图书馆基本情况(2015年)

Basic Statistics on Libraries (2015)

指标名称	Item	总计 Total	#少儿图书馆 Chilren Libraries	#省、区、直辖市(级) Province, county, Province Administrating County	地市级 prefecture-level	县市级 County-level	#县图书馆 county Libraries
机构数(个)	Number of Institutions (unit)	158	5	2	18	138	88
从业人员(人)	Number of Employed Persons(person)	2949	99	205	778	1966	1208
总藏量(万册)	Total Collections (10 000 volumes)	2472.30	62.98	357.79	904.24	1210.27	623.50
#图书	Books	2014.28	54.97	274.18	736.57	1003.52	521.46
报刊	Newspapers and periodicals	298.22	8.02	29.95	112.95	155.32	75.63
本年收入(万元)	Income of this Year (10 000yuan)	33951	2579	5769	14890	13293	7590
本年支出(万元)	Expenditures of this Year (10 000yuan)	32060	2468	5177	13586	13298	7486
公共图书馆少儿文献(万册)	Children's literature in public Libraries	175.40	40.40	17.89	74.22	83.28	38.96
电子图书(万册)	Electronic books (10 000 volumes)	1244.56	22.56	201.86	335.81	706.88	196.44
本年新购图书(万册)	Number of Books Purchased During the Year (10 000 volumes)	124.28	12.53	10.35	35.27	78.66	30.07
当年购买的报刊种类(万种)	Category of Newspapers and periodicals bought Current Year	3.49	0.16	0.37	1.30	1.82	0.86
累计发放有效借书证数(万个)	Number of Effective library card Totally Provide	94.26	7.98	7.21	42.44	44.61	19.90
总流通人次(万人次)	Number of people circulation(10 000person-times)	2233.16	128.34	216.42	929.08	1087.67	531.65
#书刊文献外借人次	Number of Books Borrowed by the Readers	1106.81	35.51	78.77	371.99	656.05	337.66
书刊文献外借册次(万册次)	Number of Books Borrowed (10 000volume-times)	1676.03	91.93	158.69	619.45	897.89	440.11
为读者服务举办各种活动	Service Activities Provided for Readers(times)						
次数(次)	Times	5058	829	610	1355	3093	1747
参加人数(万人次)	Number of Readers Involved (10 000 person-times)	176.67	19.91	19.41	74.70	82.57	45.96
组织各类讲座次数(次)	Number of organizing lectures	2640	242	50	950	1640	922
举办展览(个)	Number of Holding Exhibitions (unit)	997	104	91	240	666	407
举办培训班(个)	Number of Training courses	1421	483	469	165	787	418
计算机(台)	Computers	9203	304	328	2641	6234	3589
#电子阅览室终端数(台)	Number of Electronic reading room terminals	6204	182	184	1712	4308	2562
阅览室坐席数(万个)	Seating Capacity of Reading Rooms(10 000 seats)	4.21	0.16	0.21	1.29	2.71	1.42
实际使用公共用房建筑面积(万平方米)	Floor Space of Public Buildings(10 000 sq.m)	54.87	1.68	3.89	21.66	29.32	16.05
#书库	Stack Rooms	11.59	0.21	1.04	4.36	6.19	2.87

25-6 分地区公共图书馆基本情况(2015年)

Basic Statistics on Public Libraries by City (2015)

省辖市（县） City(County)	机构数（个）Number of Institutions (unit)	从业人员（人）Number of Employed Persons (person)	总藏量（万册）Total Collections (10 000 volumes)	#图书 Books	少儿文献（万册）Children's literature (10 000 volumes)
全省 Total	**158**	**2949**	**2,472.30**	**2,014.28**	**175.40**
省本级 Provincial Level	**2**	**205**	**357.79**	**274.18**	**17.89**
省辖市 City					
郑州市 Zhengzhou	13	358	278.26	228.85	18.88
开封市 Kaifeng	6	104	94.30	81.80	8.49
洛阳市 Luoyang	17	241	221.64	184.84	21.30
平顶山市 Pingdingshan	9	131	142.67	113.55	2.12
安阳市 Anyang	7	117	125.51	98.34	28.82
鹤壁市 Hebi	5	65	57.01	52.65	8.00
新乡市 Xinxiang	11	163	134.16	98.25	8.13
焦作市 Jiaozuo	8	101	134.33	120.93	7.62
濮阳市 Puyang	7	115	60.81	55.03	8.00
许昌市 Xuchang	7	143	113.28	94.58	9.51
漯河市 Luohe	5	69	47.62	40.07	0.05
三门峡市 Sanmenxia	7	98	142.63	118.70	12.39
南阳市 Nanyang	12	213	163.40	123.07	8.08
商丘市 Shangqiu	9	203	86.21	68.76	4.70
信阳市 Xinyang	11	236	111.18	93.78	7.42
周口市 Zhoukou	11	206	75.57	64.27	2.21
驻马店市 Zhumadian	10	151	74.98	58.45	0.61
济源市 Jiyuan	1	30	50.95	44.18	1.18
省直管县 Province Administrating County					
巩义市 Gongyi	1	13	18.00	13.46	
兰考县 Lankao	1	14	7.30	7.28	2.00
汝州市 Ruzhou	1	10	12.13	9.21	
滑县 Huaxian	1	9	8.05	7.69	2.30
长垣县 Changyuan	1	5	4.95	4.60	1.20
邓州市 Dengzhou	1	21	7.17	5.17	
永城市 Yongcheng	1	27	16.72	14.11	
固始县 Gushi	1	40	9.26	8.63	2.23
鹿邑县 Luyi	1	30	4.80	4.10	0.50
新蔡县 Xincai	1	11	2.17	2.10	

25-7 文物业、博物馆和文物管理机构基本情况

Statistics on Cultural Relics, Museums and protection and control of cultural relics

指标名称	Item	2014	2015
文物业	**Cultural Relics**		
机构(个)	Number of Institutions (unit)	544	544
从业人员(人)	Number of Employed persons(person)	11862	12102
本年收入合计(万元)	Total Revenue this Year (1000yuan)	163629	178083
本年支出合计(万元)	Total Expenditure this Year (1000yuan)	151335	165782
资产总计(万元)	Total Assets (1000yuan)	413312	361060
实际使用房屋建筑面积(万平方米)	Floor Space of Buildings Actually Used (10 000 sq.m)	190.73	192.21
文物藏品(件/套)	Number of Collections (piece/set)	2043967	2101398
#一级品	Grade One	2433	2461
本年新增文物藏品数(件/套)	Number of Newly Increased Collections This Year(piece/set)	24488	53977
举办陈列展览(个)	Exhibition & Displays (unit)	1136	1106
参观人次(万人次)	Spectators (10 000 person-times)	5536.13	5791.97
博物馆	**Museums**		
机构数(个)	Number of Institutions (unit)	248	268
#免费开放馆数	Number of Free Museums	210	210
从业人员(人)	Number of Employed persons(person)	6265	6126
#专业技术人员	Professional Skilled Person	1453	1680
文物藏品数(件/套)	Number of Collections(pieces)	917092	928893
#一级品	Grade One	1902	1915
基本陈列、展览(个)	Basic Exhibition & Displays (unit)	1096	1073
参观人次(万人次)	Number of Visitors(10 000 person-times)	4531.5	4727.55
#未成年人	Minors	1412.63	1461.35
门票销售总额(万元)	Income from Tickets(1000yuan)	6969	7121
收入合计(万元)	Total Revenue (1000yuan)	54558	66749
支出合计(万元)	Total Expenditure (1000yuan)	59215	67422
资产总计(万元)	Total Assets (1000yuan)	194771	210305
实际使用房屋建筑面积(万平方米)	Floor Space of Buildings Actually Used (10 000 sq.m)	96.21	97.02
#展览用房	Room for Exhibition	52.67	52.79
#库房	Storeroom	10.64	10.86
文物管理机构	**protection and control of cultural relics**		
机构数(个)	Number of Institutions (unit)	124	124
从业人员(人)	Number of Employed persons(person)	2403	2701
#专业技术人员	Professional Skilled Person	574	555
藏品数(件/套)	Number of Collections(pieces)	229696	224619
#一级品	Grade One	439	352
基本陈列、展览(个)	Basic Exhibition & Displays (unit)	39	29
参观人次(万人次)	Number of Visitors(10 000 person-times)	1003.63	1062.83
门票销售总额(万元)	Income from Tickets	32244	34075
收入合计(万元)	Total Revenue (1000yuan)	48547	47709
支出合计(万元)	Total Expenditure (1000yuan)	43019	49856
资产总计(万元)	Total Assets (1000yuan)	138522	174822
实际使用房屋建筑面积(万平方米)	Floor Space of Buildings Actually Used (10 000 sq.m)	18.12	18.74
#展览用房	Room for Exhibition	6.48	6.45
#文物库房	Storeroom For Relics	1.66	1.64

25-8 国家综合档案馆基本情况(2015年底)

Basic Statistics on the National comprehensive Archives (End of 2015)

分 类	Item	机构数(个) Number of Institutions (unit)	馆藏档案(卷) Archives Stored (volume)	开放档案(卷) Opening Archives (volume)
总 计	**Total**	**177**	**14864404**	**3715602**
省 级	Province Level	1	415849	164719
市 级	City Level	18	3863428	1086967
县 级	County Level	158	10585127	2463916

分 类	Item	利用档案(卷次) Number of Archives Used (volume-time)	馆藏资料(册) Number of Material Stored (volume)	库房面积(平方米) Areas of Storerooms (sq.m)
总 计	**Total**	**292551**	**2695236**	**378590**
省 级	Province Level	3539	74799	13822
市 级	City Level	23752	540116	139529
县 级	County Level	265260	2080321	225239

25-9 新闻出版业主要指标
Main Indicators of News and Print Stations

指标名称	Item	2014	2015
机构和人员情况	**Agencies and Employed Persons**		
机构数(个)	Agencies(unit)	13532	14624
从业人员(人)	Employed Persons(penson)	130020	140512
出版情况	**Publishing**		
图书出版	Publishing of Books		
图书种数(种)	Sort of Books(sort)	7705	7410
图书总印数(万册)	Total Printed Copies of Books(10 000volumes)	19714	23224
图书总印张(万印张)	Total Printed Sheets of Books(10 000 sheets)	1512488	1714897
图书定价总金额(万元)	Total Priced Value of Books(10 000 yuan)	225316	249290
期刊出版	Magazine		
期刊种数(种)	Sort of Magazine(sort)	241	241
期刊总印数(万册)	Total Printed Copies of Magazine(10 000 volumes)	8674	8602
期刊总印张(万印张)	Total Printed Sheets of Magazine(10 000 sheets)	401568	408239
期刊定价总金额(万元)	Total Priced Value of Magazine(10 000 yuan)	53890	54688
报纸出版	Publishing of Newspaper		
报纸种数(种)	Sort of Newspaper(sort)	121	121
报纸总印数(万份)	Total Printed Copies of Newspaper(10 000 volumes)	210240	204783
报纸总印张(万印张)	Total Printed Sheets of Newspaper(10 000 sheets)	6857270	5906918
报纸定价总金额(万元)	Total Priced Value of Newspaper(10 000 yuan)	208351	209337
音像及电子出版物出版	Audio Products and Electronic Publications		
音像及电子出版物出版种数(种)	Category of Audio Products and Electronic Publications(kind)	221	320
音像及电子出版物出版数量(万盒)	Number of Audio Products and Electronic Publications(10 000 cases)	144	597
音像及电子出版物发行数量(万盒)	Total Issuance of Audio and Electronic Publications(10 000 cases)	279	581
音像及电子出版物发行金额(万元)	Total Issuance Value of Audio and Electronic Publications(10 000 yuan)	2602	4943
印刷企业单位数(个)	Number of Enterprises of Printing(unit)	6911	7050
出版物发行情况	**Issuance of Publication**		
出版物购进数量(万册/张/份/盒)	Number of Publication Bought(10 000 volumes/paper/cases)	316570	337030
出版物购进金额(万元)	Total Bought Value (10 000yuan)	1725985	1824946
出版物销售数量(万册/张/份/盒)	Volume of Saling Printing(10 000 volumes/paper/cases)	310579	318441
出版物销售金额(万元)	Total Sales of Publication(10 000 yuan)	1786012	1838235
出版物库存数量(万册/张/份/盒)	Storage of Publication(10 000 volumes/paper/cases)	41584	52658
出版物库存金额(万元)	Inventory Publication(10 000 yuan)	453673	519010

25-10 课本出版情况(2015年)
Basic Statistics of Textbook publishing (2015)

项 目	Item	种 数 (种) Number of Items (number)	新出版 (种) New Publication (number)	总印数 (万册) Printed Copies (10 000)	总印张 (万印张) Printed Sheets (10 000)	定价总金额 (万元) Total Priced Value (10 000 yuan)
总 计	**Total**	**1060**	**383**	**14045**	**93203**	**105166**
#大专及以上课本	Textbooks for Colleges and Universities	712	316	245	2833	6895
中专、技校课本	Textbooks for Secondary Technical Schools	41	25	17	229	530
中学课本	Textbooks for Secondary Schools	88	16	5906	46097	46012
小学课本	Textbooks for Primary Schools	143	18	7853	43722	50635
教学用书	Teaching Materials	58	5	9	100	626

25-11 音像制品及电子出版物情况
Basic Statistics of Audio Products and Electronic Publications

指标名称	Item	2014	2015
录像制品出版品种(种)	Sort of Video Recordings(kind)	107	137
# 新出版	Newly Published	91	101
录像制品出版数量(万盒、万张)	Number of Publishing of Video Recordings(10 000 cases)	110.90	43.79
# 新出版	Newly Published	66.20	37.43
录像制品发行数量(万盒、万张)	Total Issuance of Video Recordings(10 000 cases)	183.10	39.03
录音制品出版品种(种)	Sort of Sound Recordings(kind)	23	3
# 新出版	Newly Published	23	3
录音制品出版数量(万盒、万张)	Number of Publishing of Sound Recordings(10 000 cases)	3.95	0.55
# 新出版	Newly Published	3.95	0.55
录音制品发行数量(万盒、万张)	Total Issuance of Sound Recordings(10 000 cases)	27.40	0.20
电子出版物出版品种(种)	Number of kind of Electronic Publications(kind)	91	180
# 新出版	Newly Published	91	163
电子出版物出版数量(万张)	Number of Electronic Publications(10 000 cases)	29.63	553.00
# 新出版	Newly Published	29.63	544.90

25-12 各市出版物发行网点数和从业人数(2015年)

Issuing Institutions and Spots of Publication by City (2015)

市（县） City(County)	发行机构合计（处） Issuing Institutions (unit)	#国有书店及国有发行点 State-owned Book Store and Issuing Spots	集体个体零售 Collective and Personal Retail	国有书店及国有发行点从业人数（人） State-owned Bookstores and Number of Person in Issuing Spots (person)
合计 Total	**7263**	**1089**	**5843**	**12698**
省辖市 City				
郑州市 Zhengzhou	1464	37	1133	851
开封市 Kaifeng	410	114	295	687
洛阳市 Luoyang	694	84	602	752
平顶山市 Pingdingshan	223	29	193	915
安阳市 Anyang	370	39	331	460
鹤壁市 Hebi	123	9	114	85
新乡市 Xinxiang	497	49	443	887
焦作市 Jiaozuo	276	53	223	542
濮阳市 Puyang	427	15	411	261
许昌市 Xuchang	91	45	45	454
漯河市 Luohe	131	23	107	393
三门峡市 Sanmenxia	335	35	300	248
南阳市 Nanyang	551	162	389	1431
商丘市 Shangqiu	526	96	428	603
信阳市 Xinyang	369	67	301	2558
周口市 Zhoukou	202	86	112	633
驻马店市 Zhumadian	494	140	352	856
济源市 Jiyuan	68	5	63	82
省直管县 Province Administrating County				
巩义市 Gongyi	43	1	42	64
兰考县 Lankao	47	7	40	82
汝州市 Ruzhou	23	2	21	131
滑县 Huaxian	66	9	57	112
长垣县 Changyuan	41	6	35	88
邓州市 Dengzhou	38	9	29	238
永城市 Yongcheng	49	17	32	62
固始县 Gushi	45	1	44	499
鹿邑县 Luyi	27	6	21	49
新蔡县 Xincai	40	17	23	67

25-13 广播电视业基本情况

Basic Statistics on Radio and Television Stations

指标名称	Index	2014	2015
广播电台情况	**Broadcasting stations**		
广播电台(座)	Number of broadcasting stations (set)	18	18
中短波转播发射台(座)	Medium and short wave Relaying launch pad(set)	30	30
公共广播节目数(套)	Number of Public Radio Programs (set)	151	154
广播综合人口覆盖率(%)	Listener Rating(%)	98.21	98.28
全年广播节目播出时间(时：分)	Annual Broadcasting Hours of Radio Program(hour:minute)	662681:10	675088:04
全年制作广播节目时间(小时)	Annual Execution Hours of Radio Programs(hour)	312758	317585:57
被中央台采用节目(条)	Number of Programs Adopted by CCTV Hours(item)	3878	4337
电视台情况	**TV stations**		
电视台(座)	Number of TV stations (set)	18	18
电视转播发射台(座)	Television Transmission Stations and Relaying Stations (set)	153	162
公共节目套数(套)	Number of Public Programs (set)	166	167
电视综合人口覆盖率(%)	Viewer Rating(%)	98.26	98.43
全年电视节目播出时间(时：分)	Annual Broadcasting Hours of TV Programs(hour:minute)	908730:22	908609:01
全年制作电视节目时间(小时)	Annual Execution Hours of TV Programs(hour)	142405	140658
被中央台采用节目数(条)	Number of Programs Adopted by CCTV Hours(item)	3042	2815
有线电视用户(万户)	Consumers of CATV(10 000 households)	1030.47	1013.31
#数字电视用户	Numberal TV	452.85	586.75
#付费数字电视用户	Charge Numberal TV	45.79	47.81
有线电视入户率(%)	Consumer of CATV Rating(%)	33.0	31.9

25-14 广播电视业经营情况

Basic Statistics on Radio and Television Operation

单位：万元 (10 000yuan)

指标名称	Index	2014	2015
从业人员(人)	Number of Employed Persons (person)	50649	50209
总收入	Total Income	676197	691303
#行政事业单位收入	Income of Agencies and Institutions	443859	391606
企业主营业务收入	Revenue form Principal Business	232338	299697
事业企业单位实际创收收入	Actual Income of Institutions and Enterprises	554057	556924
#广告收入	From Advertisement	310267	266741
#网络收入	From Internet	172297	196658
#有线广播电视收视费收入	From Cablecasting	124304	142515
#付费数字电视收入	From Charge Numberal TV	4903	5819
资产总额	Total Assets	1764610	1906197

25-15 分市广播电视覆盖率

Radio and TV Coverage of Population

单位：%　　　　(%)

市(县) City(County)	2014		2015	
	广播覆盖率 Radio Coverage of Population	电视覆盖率 TV Coverage of Population	广播覆盖率 Radio Coverage of Population	电视覆盖率 TV Coverage of Population
合　计 Total	**98.21**	**98.26**	**98.28**	**98.43**
省辖市 City				
郑州市 Zhengzhou	99.47	99.80	99.48	99.80
开封市 Kaifeng	100.00	100.00	100.00	100.00
洛阳市 Luoyang	97.44	97.85	97.48	97.92
平顶山市 Pingdingshan	98.40	97.11	98.76	97.59
安阳市 Anyang	100.00	99.69	100.00	99.69
鹤壁市 Hebi	100.00	100.00	100.00	100.00
新乡市 Xinxiang	99.95	99.80	99.95	99.80
焦作市 Jiaozuo	99.61	99.03	99.63	99.04
濮阳市 Puyang	96.70	97.32	96.70	97.32
许昌市 Xuchang	100.00	100.00	100.00	100.00
漯河市 Luohe	100.00	100.00	100.00	100.00
三门峡市 Sanmenxia	97.07	97.62	97.22	97.75
南阳市 Nanyang	96.43	96.45	96.44	96.52
商丘市 Shangqiu	100.00	100.00	100.00	100.00
信阳市 Xinyang	92.49	94.60	92.65	94.90
周口市 Zhoukou	98.47	98.54	98.47	98.98
驻马店市 Zhumadian	98.41	97.23	98.72	97.92
济源市 Jiyuan	98.11	99.00	98.24	99.03
省直管县 Province Administrating County				
巩义市 Gongyi	97.02	100.00	97.02	100.00
兰考县 Lankao	100.00	100.00	100.00	100.00
汝州市 Ruzhou	99.49	99.31	99.72	99.63
滑县 Huaxian	100.00	100.00	100.00	100.00
长垣县 Changyuan	100.00	100.00	100.00	100.00
邓州市 Dengzhou	100.00	100.00	100.00	100.00
永城市 Yongcheng	100.00	100.00	100.00	100.00
固始县 Gushi	93.02	98.61	93.14	98.71
鹿邑县 Luyi	100.00	100.00	100.00	100.00
新蔡县 Xincai	95.62	94.73	96.82	96.84

25-16 运动员人数

Number of Athletes

单位：人 (person)

人员分类	Category of Personnel	2014	#女 Female	2015	#女 Female
等级运动员人数	**Number of Athletes in Grades**	**2351**	**693**	**2386**	**773**
运动健将	Sportive Master	49	19	70	39
一级运动员	First Grades	598	229	613	232
二级运动员	Second Grades	1704	445	1692	494

25-17 体育彩票发行情况

Issue of Sports Lottery Ticket

单位：万元 (10 000 yuan)

项　目	Item	2009	2010	2011	2012	2013	2014	2015
体育彩票销售点(个)	Sale Place of Physical Training Lottery Ticket (unit)	5005	5588	6016	7067	7947	8555	9153
体育彩票销售收入	Sale Revenue of Physical Training Lottery Ticket	277650	286122	388900	516325	616824	826226	1020710
用于兑奖金额	Value of Exchanging Awards	148588	157709	252785	299829	363325	495070	658521

25-18　健身场地设施建设情况(2015年)

Basic Statistics on Facilities Construction of Fitness Site (2015)

省辖市（县） City(County)	各类健身场地设施数 Number of various fitness facilities	#全民健身活动中心 fitness activities center	乡镇体育健身场所 Sports Fitness Center in Township in	村级农民体育健身场所 Peasant Sports Fitness Center in Village
全　省 Total	**6393**	**14**	**394**	**5985**
郑　州　市 Zhengzhou	227	1	20	206
开　封　市 Kaifeng	327		28	299
洛　阳　市 Luoyang	355	2	8	345
平顶山市 Pingdingshan	489	2	14	473
安　阳　市 Anyang	393	1	17	375
鹤　壁　市 Hebi	177		9	168
新　乡　市 Xinxiang	304	1	23	280
焦　作　市 Jiaozuo	190	2	8	180
濮　阳　市 Puyang	352		12	340
许　昌　市 Xuchang	141		6	135
漯　河　市 Luohe	280		3	277
三门峡市 Sanmenxia	207	1	8	198
南　阳　市 Nanyang	569	2	49	518
商　丘　市 Shangqiu	705	1	49	655
信　阳　市 Xinyang	499	1	59	439
周　口　市 Zhoukou	683		29	654
驻马店市 Zhumadian	443		49	394
济　源　市 Jiyuan	52		3	49

25-19 各市文化及相关产业增加值

Value-Added of Culture and Related Industry by City

市(县)	City(county)	2014 (亿元) (100 million yuan)	2014 占生产总值比重（%） Percentage of GDP (%)	2015 (亿元) (100 millionyuan)	2015 占生产总值比重（%） Percentage of GDP (%)
全省	**Total**	**984.66**	**2.8**	**1111.87**	**3.0**
省辖市	**City**				
郑州市	Zhengzhou	257.52	3.8	283.68	3.9
开封市	Kaifeng	84.46	5.7	90.34	5.6
洛阳市	Luoyang	77.44	2.4	90.48	2.6
平顶山市	Pingdingshan	19.71	1.2	21.43	1.3
安阳市	Anyang	23.57	1.3	25.29	1.4
鹤壁市	Hebi	4.84	0.7	5.24	0.7
新乡市	Xinxiang	51.18	2.7	54.74	2.8
焦作市	Jiaozuo		3.1	67.23	3.5
濮阳市	Puyang	45.67	3.6	53.16	4.0
许昌市	Xuchang	108.67	5.2	123.24	5.7
漯河市	Luohe	27.28	2.9	31.21	3.1
三门峡市	Sanmenxia	9.15	0.7	9.79	0.8
南阳市	Nanyang	73.25	2.7	92.43	3.2
商丘市	Shangqiu	41.75	2.5	46.76	2.6
信阳市	Xinyang	35.75	2.0	40.00	2.1
周口市	Zhoukou	23.20	1.2	26.67	1.3
驻马店市	Zhumadian	37.95	2.2	43.37	2.4
济源市	Jiyuan	5.96	1.2	6.79	1.4
省直管县	**Province Administrating County**				
巩义市	Gongyi	13.07	2.2	15.17	2.4
兰考县	Lankao	13.41	6.3	15.48	6.6
汝州市	Ruzhou	1.64	0.5	2.62	0.7
滑县	Huaxian	3.23	1.6	3.74	1.8
长垣县	Changyuan	2.47	1.0	2.83	1.0
邓州市	Dengzhou	4.08	1.2	4.49	1.3
永城市	Yongcheng	3.22	0.8	3.69	0.9
固始县	Gushi	7.78	3.0	8.70	3.2
鹿邑县	Luyi	1.27	0.5	1.63	0.6
新蔡县	Xincai	1.75	1.2	2.15	1.3

25-20 文化及相关产业规模以上企业分类主要指标(2015年)

Main Indicators of Culture and Related Industry above Designated Size by Type (2015)

项目	Item	法人单位数(个) Number of Institutional Unit (unit)	从业人员期末人数(人) Number of Employed Persons year-end (person)	资产总计(万元) Total Assets (10 000 yuan)	营业收入(万元) Business Rerenue (10 000 yuan)	利润总额(万元) Total Profits (10 000 yuan)	税金合计(万元) Tax and Expenses (10 000 yuan)	应付职工薪酬(万元) Employee Compensation (10 000 yuan)
全省	**Total**	**2718**	**458613**	**28675708**	**31796867**	**2526567**	**979690**	**2016272**
文化产品的生产	**Production of Cultural Products**	**1730**	**241602**	**17131197**	**13903169**	**1190091**	**459372**	**1180267**
新闻出版发行服务	News publishing and distribution services	188	23861	3093243	1195822	101552	25675	152618
广播电视电影服务	Broadcasting,television and movies services	79	4523	198502	154461	26008	9982	19799
文化艺术服务	Culture and art services	89	11997	329890	154788	7173	9741	31300
文化信息传输服务	Cultural information transmission services	62	11481	1053028	458107	34498	5361	79431
文化创意和设计服务	Cultural creativity and design services	419	34867	2151106	1722111	160043	80771	271988
文化休闲娱乐服务	Recreation and cultural services	330	38621	4223208	657917	94140	48943	122708
工艺美术品的生产	Production of arts and crafts	563	116252	6082219	9559963	766677	278900	502423
文化相关产品的生产	**Cultural production of related products**	**988**	**217011**	**11544512**	**17893698**	**1336476**	**520318**	**836004**
文化产品生产的辅助生产	Auxiliary production of cultural products	360	78526	3528939	5285770	440105	166566	315635
文化用品的生产	Production of cultural goods	589	131978	7647157	11782958	851683	337251	488624
文化专用设备的生产	Production of culture of special equipment	39	6507	368416	824969	44688	16502	31746

25-21 文化及相关产业规模以上企业主要经济指标(2015年)

Main Economic Indicators of Culture and Related Industry Enterprises above Designated Size (2015)

单位：万元 (10 000 yuan)

指标	Item	合计 Total	文化制造业 Cultural Manufacturing Industry	文化批零业 Cultural wholesale and Retail Industry	文化服务业 Cultural Service Industry	#内资 Domestic Funded	公有制 Public-owned	非公有制 Non-public owned
企业单位数（个）	Number of Enterprises (unit)	2718	1006	640	1072	2671	376	2342
期末从业人员（人）	Employed Persons (person)	458613	313558	29632	115423	422087	76395	382218
资产总计	Total Assets	28675708	16008380	2206637	10460691	27768315	8153560	20522149
流动资产合计	Total Current Assets	12548161	7458569	1299164	3790428	12035453	3599229	8948932
固定资产原价	Fixed Assets Price	12376128	8721093	448319	3206716	11907084	2797783	9578345
本年折旧	Depreciation in This Year	716118	466620	14162	235336	692887	178417	537700
负债合计	Total Liabilities	11848309	5822497	1071142	4954671	11522453	4114385	7733924
所有者权益合计	Total Owner's Equity	16645609	10006390	1135495	5503724	16068139	4015793	12629816
营业收入	Business Rerenue	31796867	24311212	3972320	3513335	30182226	5242659	26554208
#主营业务收入	Major Business Rerenue	31559870	24274593	3841459	3443818	29950574	5162187	26397684
营业成本	Operating Cost	26551036	20895073	3351227	2304736	25163389	4373781	22177255
#主营业务成本	Cost of Pricipal Business	26454168	20872225	3341989	2239954	25067912	4319460	22134708
营业税金及附加	Business tax and extra	247193	133505	34791	78898	236982	36153	211041
#主营业务税金及附加	Main business taxes and add	239373	132513	34015	72845	229614	31422	207950
销售费用	Sales expenses	994531	546096	165587	282848	958601	210945	783587
管理费用	Management Fee	1158634	529930	111763	516941	1105632	390033	768601
#税金	Taxes	51176	23609	6349	21219	50094	19009	32167
财务费用	Financial Expenses	359441	259955	20318	79168	346825	76486	282955
#利息收入	Expenses of Interest	23380	7089	4656	11635	23063	11819	11561
#利息支出	Interest Expense	280922	211359	6616	62947	270718	77052	203870
投资收益	Income from Investment	68984	-130	11869	57245	68984	58486	10498
营业利润	Major Business Profits	2405798	1880805	201265	323728	2306482	191797	2214000
应交所得税	Income Tax Payable	293690	221247	10014	62429	278323	28544	265146
应付职工薪酬	Employee Compensation	2016272	1266417	124049	625807	1908496	544511	1471761
应交增值税	Value Added Tax Payable	681321	552795	51097	77429	662930	104403	576917
利润总额	Total Profits	2526567	1936114	203146	387307	2427320	283954	2242613

25-22 各市文化及相关产业规模以上企业主要指标(2015年)

Main Indicators of Culture and Related Industry above Designated Size by City (2015)

市(县)	City(county)	法人单位数(个) Number of Institutional Unit (unit)	从业人员期末人数(人) Number of Employed Persons year-end (person)	资产总计(万元) Total Assets (10 000 yuan)	营业收入(万元) Business Rerenue (10 000 yuan)	利润总额(万元) Total Profits (10 000 yuan)	税金合计(万元) Tax and Expenses (10 000 yuan)	应付职工薪酬(万元) Employee Compensation (10 000 yuan)
总计	**Total**	**2718**	**458613**	**28675708**	**31796867**	**2526567**	**979690**	**2016272**
省辖市	**City**							
郑州市	Zhengzhou	538	92319	8476604	7386742	731011	276695	553119
开封市	Kaifeng	221	26181	1220195	1947802	218849	62084	104588
洛阳市	Luoyang	285	49543	2436539	2021477	104204	41970	178263
平顶山市	Pingdingshan	131	14517	1651776	424511	36233	13210	42778
安阳市	Anyang	38	5786	301096	477137	45134	16449	20850
鹤壁市	Hebi	25	2237	118527	100838	4707	2735	7500
新乡市	Xinxiang	80	20644	1342504	1631283	69424	27269	61407
焦作市	Jiaozuo	76	28155	1719856	2665757	99873	63661	105667
濮阳市	Puyang	79	12543	1272971	2288585	215524	62566	45413
许昌市	Xuchang	303	69031	3292315	5139869	356797	157203	264145
漯河市	Luohe	70	15905	1239369	1337368	129638	53676	58911
三门峡市	Sanmenxia	43	2589	289863	179747	15384	3574	9373
南阳市	Nanyang	292	36512	2360801	2444980	152603	78315	286639
商丘市	Shangqiu	116	21221	515872	886638	75854	24415	62265
信阳市	Xinyang	183	27365	854870	1117284	97672	30668	89789
周口市	Zhoukou	79	8816	448536	592618	77546	25609	31253
驻马店市	Zhumadian	144	23994	1010430	1059060	88217	34533	88308
济源市	Jiyuan	15	1255	123585	95172	7897	5060	6005
省直管县	**Province Administrating County**							
巩义市	Gongyi	29	5056	193004	547094	49543	17971	29304
兰考县	Lankao	57	6405	319780	313607	46686	19560	23028
汝州市	Ruzhou	31	1755	77869	120746	11881	2043	7176
滑县	Huaxian	6	2267	49967	24266	2357	70	3862
长垣县	Changyuan	11	591	12231	22928	717	367	1622
邓州市	Dengzhou	11	1799	87047	107569	4160	2239	5848
永城市	Yongcheng	13	1333	21532	25347	3006	703	2974
固始县	Gushi	27	8216	85664	261439	19542	2626	29105
鹿邑县	Luyi	19	2421	38901	36101	3603	693	5988
新蔡县	Xincai	30	993	28817	62804	7978	1940	3960

25-23 各市文化及相关产业规模以上文化制造业企业主要指标(2015年)

Main Indicators of Cultural Manufacturing Industry above Designated Size by City (2015)

市(县)	City(county)	法人单位数(个) Number of Institutional Unit (unit)	从业人员期末人数(人) Number of Employed Persons year-end (person)	资产总计(万元) Total Assets (10 000 yuan)	营业收入(万元) Business Rerenue (10 000 yuan)	利润总额(万元) Total Profits (10 000 yuan)	税金合计(万元) Tax and Expenses (10 000 yuan)	应付职工薪酬(万元) Employee Compensation (10 000 yuan)
总计	**Total**	**1006**	**313558**	**16008380**	**24311212**	**1936114**	**709908**	**1266417**
省辖市	**City**							
郑州市	Zhengzhou	157	37559	2488253	4208920	535192	178692	156756
开封市	Kaifeng	70	16211	746673	1239037	122391	36236	67955
洛阳市	Luoyang	52	33339	565373	1153911	52297	20414	92674
平顶山市	Pingdingshan	14	2681	125623	157291	6605	4254	8598
安阳市	Anyang	18	4124	207452	417448	42576	15336	13694
鹤壁市	Hebi	10	1513	93656	72153	3847	2198	4686
新乡市	Xinxiang	37	17013	1132822	1479945	65754	24766	48545
焦作市	Jiaozuo	53	24564	1507939	2565013	92699	53488	90838
濮阳市	Puyang	39	10481	1125720	2145312	212805	58541	33295
许昌市	Xuchang	170	63111	3065169	4730338	328635	132853	243398
漯河市	Luohe	49	15172	1039730	1176469	115119	38093	55288
三门峡市	Sanmenxia	6	856	116460	111581	12129	2130	2722
南阳市	Nanyang	130	27468	1872654	2059016	120233	62591	251628
商丘市	Shangqiu	44	15755	359602	633352	47906	14277	45959
信阳市	Xinyang	66	17900	425119	778136	61455	15216	59330
周口市	Zhoukou	35	6102	321120	477509	60204	18741	20199
驻马店市	Zhumadian	52	19178	783683	827089	49805	27611	67345
济源市	Jiyuan	4	531	31333	78693	6463	4472	3507
省直管县	**Province Administrating County**							
巩义市	Gongyi	12	4247	162820	522315	45453	8382	26987
兰考县	Lankao	24	4476	288058	261284	31515	12966	15672
汝州市	Ruzhou	3	626	43511	86464	7600	986	3749
滑县	Huaxian	4	1817	18111	14168	2443	55	2193
长垣县	Changyuan							
邓州市	Dengzhou	4	1160	73976	94143	3222	1929	3914
永城市	Yongcheng	4	720	5920	13105	1164	483	1065
固始县	Gushi	13	6532	68362	240032	18285	1279	24323
鹿邑县	Luyi	8	1874	25973	24022	624	306	4198
新蔡县	Xincai	4	561	17573	43081	4532	1561	2334

25-24 各市文化及相关产业规模以上文化批零业企业主要指标(2015年)

Main Indicators of Cultural wholesale and Retail Industry above Designated Size by City (2015)

市(县)	City(county)	法人单位数(个) Number of Institutional Unit (unit)	从业人员期末人数(人) Number of Employed Persons year-end (person)	资产总计(万元) Total Assets (10 000 yuan)	营业收入(万元) Business Rerenue (10 000 yuan)	利润总额(万元) Total Profits (10 000 yuan)	税金合计(万元) Tax and Expenses (10 000 yuan)	应付职工薪酬(万元) Employee Compensation (10 000 yuan)
总计	**Total**	**640**	**29632**	**2206637**	**3972320**	**203146**	**92237**	**124049**
省辖市	**City**							
郑州市	Zhengzhou	96	3634	837653	1305367	35464	10486	25284
开封市	Kaifeng	76	4642	146059	558877	57954	15883	15805
洛阳市	Luoyang	69	2680	367318	378522	4686	3352	11983
平顶山市	Pingdingshan	48	1637	45284	114143	4110	3213	5938
安阳市	Anyang	11	726	21232	41460	1651	554	3709
鹤壁市	Hebi	10	399	12024	22314	748	222	1119
新乡市	Xinxiang	21	1146	45204	99009	2241	864	4715
焦作市	Jiaozuo	14	567	29239	48269	5409	728	2687
濮阳市	Puyang	18	854	31046	84573	798	773	2994
许昌市	Xuchang	63	2351	117900	297429	8042	15112	7945
漯河市	Luohe	17	611	191641	157673	14049	15560	3130
三门峡市	Sanmenxia	14	402	17202	51202	1643	451	1835
南阳市	Nanyang	72	3112	127726	280461	20927	9635	11331
商丘市	Shangqiu	26	1939	64645	190157	13765	5823	7294
信阳市	Xinyang	40	2365	55947	144957	11290	5031	7448
周口市	Zhoukou	12	1054	33774	49520	2288	945	4318
驻马店市	Zhumadian	32	1446	59647	145315	17972	3576	6086
济源市	Jiyuan	1	67	3096	3072	108	31	429
省直管县	**Province Administrating County**							
巩义市	Gongyi	3	75	3846	10911	1296	327	574
兰考县	Lankao	13	409	13373	22326	3437	1681	1406
汝州市	Ruzhou	6	201	10227	14889	1443	493	1030
滑县	Huaxian	1	72	2348	4761	136	15	50
长垣县	Changyuan	4	193	6316	17441	506	200	664
邓州市	Dengzhou	3	232	7665	11738	847	245	1004
永城市	Yongcheng	1	158	2862	4855	318	10	545
固始县	Gushi	3	252	4522	7481	229	200	1120
鹿邑县	Luyi	1	78	2061	3217	165	7	358
新蔡县	Xincai	5	95	4484	8355	677	216	498

25-25 各市文化及相关产业规模以上文化服务业企业主要指标(2015年)

Main Indicators of Culture Service Industry above Designated Size by City (2015)

市(县)	City(county)	法人单位数(个) Number of Institutional Unit (unit)	从业人员期末人数(人) Number of Employed Persons year-end (person)	资产总计(万元) Total Assets (10 000 yuan)	营业收入(万元) Business Rerenue (10 000 yuan)	利润总额(万元) Total Profits (10 000 yuan)	税金合计(万元) Tax and Expenses (10 000 yuan)	应付职工薪酬(万元) Employee Compensation (10 000 yuan)
总计	**Total**	**1072**	**115423**	**10460691**	**3513335**	**387307**	**177545**	**625807**
省辖市	**City**							
郑州市	Zhengzhou	285	51126	5150699	1872456	160355	87517	371079
开封市	Kaifeng	75	5328	327463	149888	38504	9965	20828
洛阳市	Luoyang	164	13524	1503847	489044	47222	18204	73606
平顶山市	Pingdingshan	69	10199	1480869	153077	25518	5743	28242
安阳市	Anyang	9	936	72413	18228	908	559	3447
鹤壁市	Hebi	5	325	12847	6371	112	314	1695
新乡市	Xinxiang	22	2485	164478	52329	1429	1639	8147
焦作市	Jiaozuo	9	3024	182678	52475	1765	9445	12142
濮阳市	Puyang	22	1208	116204	58700	1921	3252	9124
许昌市	Xuchang	70	3569	109246	112103	20120	9239	12802
漯河市	Luohe	4	122	7997	3226	470	23	492
三门峡市	Sanmenxia	23	1331	156202	16965	1612	994	4817
南阳市	Nanyang	90	5932	360421	105504	11442	6089	23680
商丘市	Shangqiu	46	3527	91626	63129	14182	4315	9011
信阳市	Xinyang	77	7100	373804	194191	24928	10421	23012
周口市	Zhoukou	32	1660	93641	65589	15054	5923	6736
驻马店市	Zhumadian	60	3370	167100	86655	20441	3346	14877
济源市	Jiyuan	10	657	89156	13406	1326	558	2069
省直管县	**Province Administrating County**							
巩义市	Gongyi	14	734	26338	13867	2795	9263	1744
兰考县	Lankao	20	1520	18349	29997	11735	4913	5950
汝州市	Ruzhou	22	928	24132	19393	2838	564	2398
滑县	Huaxian	1	378	29508	5337	-221	0	1619
长垣县	Changyuan	7	398	5915	5488	211	167	957
邓州市	Dengzhou	4	407	5406	1688	91	65	930
永城市	Yongcheng	8	455	12749	7388	1524	210	1364
固始县	Gushi	11	1432	12781	13925	1029	1147	3661
鹿邑县	Luyi	10	469	10867	8863	2814	380	1433
新蔡县	Xincai	21	337	6760	11368	2768	163	1128

主要统计指标解释

文化 主要包括新闻出版业、广播电视电影和影像业、文化艺术业等类别。新闻业指新华通讯社、各新闻单位及派驻的记者站、境外驻我国的新闻机构、中心、办事处联络站等的活动；出版业指国家批准的出版社的活动；广播电视电影和影像业指对广播、电视、电影、录音、录像内容的制作、编导、播出、放映等活动；文化艺术业主要包括文艺创作与表演、艺术表演场馆、图书与档案馆、文物及文化保护、博物馆、烈士陵园、纪念馆、文化艺术经纪代理等活动。

体育 主要包括体育组织、体育场馆、以及其他体育活动。

娱乐业 主要包括室内娱乐活动、游乐园、休闲健身娱乐活动、以及其他娱乐活动。

艺术表演团体 指由文化部门主办或实行行业管理（经文化行政部门审批或已申报登记并领取相关许可证），专门从事表演艺术等活动的各类专业艺术表演团体，含民间职业剧团。不包括群众业余文艺表演团队。

艺术表演场馆 指由文化部门主办或实行行业管理（经文化市场行政部门审批或已申报登记并领取相关许可证）,有观众席、舞台、灯光设备，公开售票、专供文艺团体演出的文化活动场所。附属于文化部门机构内非独立核算的剧场、排演场，公开营业的也应单独统计。

文化市场经营机构 指经文化市场行政部门审批或已申报登记并领取相关许可证的、从事文化经营和文化服务活动的机构。

公共图书馆 指文化部门主办的面向社会服务的图书馆。

广播节目综合人口覆盖率 是指根据国家广电总局制定的《广播电视人口覆盖率统计技术标准和方法》，在对象区内采用无线、有线、卫星等技术手段能够收听到包括中央、省、地市、县广播节目其中任意一套的人口数与总人口的比。

电视节目综合人口覆盖率 是指根据国家广电总局制定的《广播电视人口覆盖率统计技术标准和方法》，在对象区内采用无线、有线、卫星等技术手段能够收看到包括中央、省、地市、县级电视节目中任意一套的人口数与总人口的比。

有线电视入户率 指能接收到有线广播电视台、有线广播电视站(系统内和系统外)和共享天线系统播放的有线电视节目的家庭户数与总户数的比率。计算公式：

有线电视入户率=年末有线电视总用户数/年末总户数×100%

等级运动员 是指经考核正式批准授予技术等级的运动员，分为国际级运动健将、运动健将、一级、二级运动员。

Explanatory Notes on Main Statistical Indicators

Culture mainly includes Journalism, radio, television and film and video industry, culture art industry etc. Journalism refers to The Xinhua news agency, the press agencies and their reporter station. In our country overseas news agency, center, office activities; The publishing refers to the activities approved by the state; Radio, television and film and video refers to broadcasting, television, films, sound recording, video content production, broadcast playwright-director, showing activities; Culture and art owner to should include the creation of literature and art and performance, artistic performance venues, books and archives, cultural relics and culture protection, museums, martyr cemetery, memorial, arts and culture, as an agent and other activities.

Sports include sports organizations, sports venues, and other physical activities.

Entertainment include entertainment activities interior, amusement park, the leisure fitness entertainment activities, and other recreational activities.

Arts Performance Troupes refer to the various professional performing arts groups, which sponsored by the cultural sectors or guided by the cultural society (approved by the cultural market administration, or registered and permitted with the relative certificate), including non-governmental troupes, such as drama troupes, dialect troupes, comedy troupes, children troupes, Opera troupes, puppetry troupes, Shadowgraph troupes, etc., comprehensive professional arts performance troupes. The mass amateur arts performance troupes are not included.

Arts Performance Places refer to the various sites for cultural activities, which sponsored by the cultural sectors or guided by the cultural society (approved by the cultural market administration, or registered and permitted with the relative certificate), with the facility of auditorium, stage, and lighting, and selling tickets in public. The theaters and rehearse sites which are affiliated to the cultural sectors without independent financial accounts which are open to the public should be covered independently.

Cultural Market Operating Units refer to the units dealing in culture and cultural services, which registered and permitted with the relative certificate by cultural market administration.

Public library refers to the library service set up by the social cultural departments.

Radio Coverage of Population refers to the percentage of population, which can listen to one of central, provincial, city, prefecture, and county radio programs by wireless, cable, satellite and other technical means, in the surveying area, to national total population, according to Statistical Standard and Method on Television and Radio Coverage of Population established by the State Administration of Broadcasting, Film and Television.

Television Coverage of Population refers to the percentage of population, which can watch one of central, provincial, city, prefecture, and county television programs by wireless, cable, satellite and other technical means, in the surveying area, to national total population, according to Statistical Standard and Method on Television and Radio Coverage of Population established by the State Administration of Broadcasting, Film and Television.

Cable Television Coverage of Household refers to the percentage of households, which can watch television by cable of radio and television network, to national total household.

Class athletes refers to formally approved by the examination on the level of the athletes awarded technology, divided into international sports, master of sports, level 1, level 2 player.

公共管理、社会保障和社会组织

Public Management , Social Security and Social Organizations

26

◉ 资料整理：赵 霞

简要说明

一、主要内容

本篇包括公检法司、安全生产、居民最低生活保障人数、农村社会保障网络情况和参加基本养老保险、基本医疗保险、失业保险、工伤保险、生育保险人数及社会保险基金和妇女参政议政情况等。公检法司的资料主要包括公安机关的刑事案件立案情况和治安案件查处情况，交通、火灾事故情况，检察机关的办案情况，人民法院审理案件和收结案情况，以及公会、律师、公证、调解工作等资料。

二、资料来源

公检法司统计资料分别由河南省公安厅、河南省高级人民法院、河南省人民检察院和河南省司法厅提供。劳动争议仲裁由河南省人力资源和社会保障厅提供。安全生产由河南省安全生产监督管理局提供。妇女参政议政资料由中共河南省委组织部、河南省人大常委会选举任免代表联络工作委员会、中国人民政治协商会议河南省委员会办公厅提供。社会福利和居民最低生活保障人数由省民政厅提供；参加社会保险人数、社会保险基金收支资料由省人力资源和社会保障厅提供。婚姻服务情况由省民政厅和省高级人民法院提供。由省统计局社会与科技处编辑整理。

Brief Introduction

I. Main Contents

Data in this chapter include public security, procuratorial, legal and judicial affairs, production safety, female cadres and so on. Data on public security, procuratorial, legal and judicial affairs cover information such as criminal cases registered and offense cases handled by the public security agencies, traffic or fire accidents, cases handled by procuratorate's offices, cases accepted and settled by the people's courts, persons received lowest cost-of-living, urban welfare facilities, rural network of social security, work injury insurance, maternity insurance and social insurance funds and statistics on lawyers, notarization and mediation.

II. Sources of Data

Data on public security, procuratorial, legal and judicial affairs are calculated from Henan provincial bureau of Public Security, the Henan provincial Supreme People's Procuratorate, the Henan provincial Supreme People's Court and the Henan provincial bureau of Justice. Data on the labor disputes arbitration are calculated from Henan provincial bureau of Human Resources and Social Security. Data on production safety are calculated from Henan provincial Supervisory Bureau of Work Safety. Data on female cadres are calculated from Henan Provincial Organization Department. Data on people participated in basic insurance are provided by Department of social and scientific and technological of Henan provincial bureau of statistics basic on monitoring reports of women and children. Data on Attend social insurance persons and social insurance funds are from Henan provincial bureau of Human Resources and Social Security. Data on social welfare and persons received lowest cost-of-living are from the Henan provincial bureau of Civil Affairs. Data on Marriages are provided by the Henan provincial bureau of Civil Affairs and Higher people's court. Data on this chapter are provided by Department of social and scientific and technological of Henan provincial bureau of statistics.

26-1 公安机关立案的刑事案件情况

Criminal Case of Register by Public Security Organs

案件类别	Category of Cases	立案(起) Number of Cases Registered (case)		构成(%) Composition(%)	
		2014	2015	2014	2015
总　计	**Total**	**421981**	**546891**	**100.0**	**100.0**
杀人	Homicide	595	566	0.1	0.1
伤害	Injury	11336	11131	2.7	2.0
抢劫	Robbery	5291	4882	1.3	0.9
强奸	Rape	2605	2451	0.6	0.4
拐卖妇女、儿童	Kidnapping and Selling People	595	470	0.1	0.1
盗窃	Larceny	311056	398199	73.7	72.8
诈骗	Fraud	46579	76760	11.0	14.0
走私	Smuggling	1		0.0	
伪造、变造货币,出售、购买、运输、持有、使用假币	Forging and Fabricating or Trafficing Bills	19	22	0.0	0.0
其他	Others	43904	52410	10.4	9.6

26-2 公安机关受理和查处治安案件情况(2015年)

Cases of Offence Against Public Order Handled by Public Security Organs (2015)

案件类别	Category of Cases	受理(起) Number of cases Accepted to be Treated	查处(起) Number of Investigated and Treated	每万人口受理案件数(起/10万人) Number of Cases Accepted per 10 000 Population (case/10 000 persons)
合　计	**Total**	**712928**	**680363**	**752.03**
扰乱单位秩序	Disturbing Business Orders	3206	3094	3.38
扰乱公共场所秩序	Disturbing the Orders in Public Places	2674	2650	2.82
寻衅滋事	Causing Quarrels and Making Troubles	5961	5399	6.29
阻碍执行职务	Obstructing Government Workers in Performing Their Duties	1182	1129	1.25
非法携带枪支、弹药、管制刀具	Violation of Firearms Control Regulations	1153	1123	1.22
违反危险物质管理规定	Violation of Explosives Control Regulations	4521	4474	4.77
殴打他人	Battering Other Persons	266286	253973	280.89
故意伤害	Willfully Injuring Others	38780	36841	40.91
盗窃	Stealing Property	63498	54081	66.98
敲诈勒索	Extortion and Blackmail	950	932	1.00
抢夺	Robbery and Snatch	495	427	0.52
伪造、变造、倒卖有价票证、凭证	Forge/alter/scalp Valuable Coupons or Certificates	101	95	0.11
违反旅馆业管理	Violating the Hotel Management Regulations	2526	2478	2.66
违反房屋出租管理	Violating the Rent Control Regulations	3830	3830	4.04
诈骗	Swindling, Seizing and Extorting Property	5559	4433	5.86
卖淫、嫖娼	Prostitution or Soliciting Prostitutes	1678	1674	1.77
赌博或赌博提供条件	Gambling	11653	11555	12.29
毒品违法活动	Illegal Drug Related Action	36213	35994	38.20
其他	Others	262662	256181	277.07

26-3 交通事故情况(2015年)

Basic Statistics on Traffic Accidents (2015)

项 目	Item	发生数(起) Number of Traffic Accidents (case)	死亡人数(人) Number of Deaths (person)	受伤人数(人) Number of Injuries (person)	直接财产损失(万元) Direct Property Losses (10 000 yuan)
总 计	**Total**	**6429**	**1631**	**6374**	**3387.41**
机动车	Vehicles	5960	1556	5877	3190.38
#汽车	Motor Vehicles	5144	1335	4903	2980.79
摩托车	Motorcycles	798	208	956	192.09
拖拉机	Tractors	18	13	18	17.50
非机动车	Non-motor-driven Vehicles	436	52	484	76.23
#自行车	Bicycles	406	44	452	70.07
行人乘车人	Pedestrians and Passengers	32	22	13	120.30
其他	Others	1	1		0.50

26-4 各市火灾事故情况(2015年)

Basic Statistics on Fires (2015)

市	City	发生(起) Number of Traffic Accidents (case)	死亡(人) Number of Deaths (person)	受伤(人) Number of Injuries (person)	直接经济损失(万元) Direct economic loss (10 000yuan)	人口火灾发生率(1/10万人) The population incidence of fire (1/10000person)	平均每起事故损失(元) Average losses on every accident (yuan)
合 计	**Total**	**19925**	**117**	**48**	**19755.13**	**21.02**	**9914.7**
郑州市	Zhengzhou	5394	35	19	3459.94	5.69	6414.4
开封市	Kaifeng	765	2	4	936.09	0.81	12236.5
洛阳市	Luoyang	789	2	6	1100.26	0.83	13945.0
平顶山市	Pingdingshan	2412	41	6	2674.21	2.54	11087.1
安阳市	Anyang	895	5		1423.13	0.94	15900.9
鹤壁市	Hebi	393	6	2	155.02	0.41	3944.5
新乡市	Xinxiang	1563	6	4	570.91	1.65	3652.6
焦作市	Jiaozuo	1524	3	1	567.77	1.61	3725.5
濮阳市	Puyang	863	3		873.27	0.91	10119.1
许昌市	Xuchang	533	2	1	297.72	0.56	5585.7
漯河市	Luohe	500	1		475.70	0.53	9513.9
三门峡市	Sanmenxia	94			114.23	0.10	12151.8
南阳市	Nanyang	375	1		393.42	0.40	10491.1
商丘市	Shangqiu	485			2067.72	0.51	42633.4
信阳市	Xinyang	729	1		726.96	0.77	9972.0
周口市	Zhoukou	815			1307.41	0.86	16041.8
驻马店市	Zhumadian	1058	2		1786.12	1.12	16882.0
济源市	Jiyuan	738	7	5	825.27	0.78	11182.5

26−5 检察机关直接立案侦查案件情况(2015年)

Basic Statistics on Law Case Direct Registered by Procuratorial Organ (2015)

案件分类	Case Item	受案(件) Cases Accepted (case)	立案合计 Total Number of Cases Registered 件 (case)	人 (person)	#大案(件) Large Cases (case)	#要案(人) Key Cases (Person)	结案合计 Total number of cases settled 件 (case)	人 (person)
总　计	**Total**	**5349**	**3090**	**4297**	**2714**	**320**	**2780**	**3887**
贪污贿赂案件小计	Sub-total of Cases on Corruption and Bribery	4060	2372	3110	2151	278	2116	2786
#贪污	Corruption	1486	774	1284	648	47	708	1183
贿赂	Bribery	2038	1203	1324	1132	212	1037	1137
挪用公款	Misappropriation of Public Funds	489	383	473	371	13	356	434
集体私分	Collective Illegal Possession	21	10	27		6	11	27
巨额财产来源不明	Unstated Source of Large Properties	10	2	2				
其他	Others	16					4	5
渎职案件小计	Sub-total of Cases on Abuse and Dereliction of Duty	1289	718	1187	563	42	664	1101
滥用职权	Abuse of Power	570	293	470	261	31	268	427
玩忽职守	Dereliction of Duty	463	297	466	232	5	277	438
徇私舞弊	Fraudulent Practice	181	99	148	58	5	88	139
侵犯公民权利	Infringement of civil rights	26	7	9	6		5	7
其他	Others	49	22	94	6	1	26	90

26−6 人民检察院审查批准、逮捕、公诉情况(2015年)

Arrests of Criminal Suspects and Defendants under Public Prosecution (2015)

案件分类	Category of Cases	批捕、决定逮捕合计 Total of Arrests (件) (case)	(人) (person)	决定起诉合计 Total of Public Prosecutions (件) (case)	(人) (person)
合　计	**Total**	**35167**	**44087**	**59129**	**78807**
公安、安全、监狱机关提请小计	Sub-total of Requests by Departments of State and Public Security and Prisons	33671	42327	56465	75071
危害国家安全案	Offences Against National Security	6	12	9	16
危害公共安全案	Offences Against Public Security	4440	4588	16901	17191
破坏社会主义市场经济秩序案	Offences Against Socialist Economic Order	2514	3527	3442	5919
侵犯公民人身、民主权利案	Offences Against Citizens' Personal and Democratic Rights	7647	8699	9802	12147
侵犯财产案	Offences Against Properties	12235	15809	16597	22758
妨害社会管理秩序案	Offences Against Social Management of Order	6821	9683	9706	17031
危害国防利益案	Offences Against National Defense	8	9	8	9
军人违反职责案	Offences on Dereliction of Duty by Servicemen				
检察机关直接立案侦查案件小计	Sub-total of Cases Handled by Procuratorates	1496	1760	2664	3736
贪污贿赂案	Offences on Corruption and Bribery	1286	1471	2033	2723
渎职侵权案	Offences on Abuse and Dereliction of Duty	210	289	631	1013

26−7 人民检察院处理申诉案件情况(2015年)

Appeals Handled by People's Procuratorate (2015)

单位：件 (case)

案件分类	Category of Cases	受案 Cases Accepted	立案复查 Cases Registered for Reinvestigation	结案 Cases Settled	#改变原决定 Original Decision Changed
合 计	**Total**	**874**	**278**	**263**	**8**
不服检察机关处理决定	Appeals against Decision of Procuratorate's Offices	476	147	148	8
不服不批捕	Appeals against Rejection of Arrest	73	14	13	1
不服不起诉	Appeals against Rejection of Prosecuting	390	129	131	6
不服撤案	Appeals against Withdrawal of the Case	3	1	1	
不服原免予起诉	Appeals against Original Exemption of Lawsuit	1			
其他	Others	9	3	3	1
不服法院刑事判决裁定	Appeals against Judgment of Criminal Case	398	131	115	
刑罚执行中被害人申诉	Appeals of the Victim at the Punishment	98	41	40	
刑罚执行中被告人申诉	Appeals of the Defendant at the Punishment	79	22	18	
刑罚执行完毕后被害人申诉	Appeals of the Victim after the Punishment	43	17	15	
刑罚执行完毕后被告人申诉	Appeals of the Defendant after the Punishment	156	40	32	

26−8 人民检察院出庭公诉情况(2015年)

Public Prosecutions Appearing in Court by People's Procuratorate (2015)

单位：件 (case)

案件类别	Category of Cases	适用简易程序 Summary Procedure Applied	出庭公诉 Public Prosecutions Appearing in Court	一审 First Instance	二审 Second Instance	上诉案 Appeal Cases	抗诉案 Procuratoral Appeal Cases	再审 Retrial
合 计	**Total**	**22454**	**57930**	**56321**	**1591**	**1165**	**426**	**18**
贪污贿赂	Embazzlement and Bribery	133	1923	1618	305	262	43	
渎职侵权	Dereliction of Duty and Infringement of Citizens' Right	55	643	565	78	66	12	
刑事案件	Criminal Cases	22266	55364	54138	1208	837	371	18

26−9 人民检察院办理刑事抗诉案件情况(2015年)

Criminal Appeals Handled by People's Procuratorate (2015)

案件类别	Category of Cases	提出抗诉 (件) Presenting Procuratoral Appeal (case)	审判结果 合计 (件) Total Result of Judgement (case)	改判 Revising Judgment (件) (case)	改判 Revising Judgment (人) (person)	维持原判 (件) Affirming Original Judgment (case)	发回重审 (件) Remanding for Retrial (case)
合 计	**Total**	**482**	**397**	**298**	**428**	**49**	**50**
二审小计	Sub-total of Second Instance	461	379	284	408	47	48
贪污贿赂案件	Embazzlement and Bribery Cases	41	30	13	18	9	8
渎职侵权案件	Dereliction of Duty and Infingement of Citizens' Right Cases	16	7	2	2	2	3
刑事案件	Criminal Cases	404	342	269	388	36	37
再审小计	Sub-total of Retrial	21	18	14	20	2	2
贪污贿赂案件	Embazzlement and Bribery Cases						
渎职侵权案件	Dereliction of Duty and Infingement of Citizens' Right Cases						
刑事案件	Criminal Cases	21	18	14	20	2	2

26−10 人民检察院办理民事、行政抗诉案件情况(2015年)

Civil and Administrative Appeals Handled by People's Procuratorate (2015)

单位：件 (case)

案件类别	Category of Cases	合计 Total	民事案件 Civil Cases	行政案件 Administrative Cases
受 理	Cases Accepted	10272	7165	3107
提请抗诉	Submitting Procuratoral Appeal	606	580	26
抗 诉	Procuratoral Appeal	398	393	5
提出再审检察建议	Giving Retrial Procuratorate Suggestion	364	359	5
抗诉案件再审	Retrial of Procuratoral Appeal	141	139	2
改 判	Revising Judgment	84	84	
发回重审	Remanding for Retrial	17	17	
调 解	Mediation	12	11	1
维持原判	Affirming Original Judgment	25	24	1
其 他	Others	3	3	

26−11 人民检察院受理举报、控告和申诉案件情况(2015年)

Cases of Reporting, Accusation and Petition Handled by People's Procuratorate (2015)

单位：件 (cases)

案件类别	Category of Cases	受理 Cases Accepted	处理 Cases Handled	#分送检察机关 Handled by General Office of People's Procuratorate	#转其他机关 Transfering to Other Organs
合　计	**Total**	**13687**	**11748**	**11371**	**377**
首次举报	First Report of an Offence	5496	4580	4434	146
首次控告	First Accusation	3002	2848	2691	157
首次申诉	First Petition	5189	4320	4246	74

26−12 人民检察院纠正违法情况

Law-breaking Cases Rectified by People's Procuratorate

项　　目	Item	2014	2015
书面提出纠正	Written Rectification		
件次合计（件次）	Total of Written Rectification (Case-times)	2843	2201
立案监督小计	Sub-total of Supervision of Cases Filing	2179	1555
监督立案	Supervision of Cases Filing	1342	1112
监督撤案	Supervision of Cases Withdrawed	837	443
侦查监督小计	Sub-total of Supervision of Investigation	610	557
审查批捕环节	Supervision of Investigation in the Processof Arrests Approved	480	418
审查起诉环节	Supervision of Investigation in the Process of Prosecution	130	139
刑事审判监督	Supervision of Criminal Trial	54	89
刑罚执行监督人次小计(人次)	Sub-total of Supervision of Punishment Execution (person-times)	17497	11682
监管活动	Administration of Prison and Custody	14172	9514
超期羁押	Excessive Custody		1
减刑、假释、暂予监外执行	Commutation of Sentence, Parole and Released,Temporary execution outside prison	3325	2167
已纠正	Rectified		
件次合计（件次）	Total of Rectified (Case-times)	2483	1714
立案监督小计	Sub-total of Supervision of Cases Filing	1855	1307
监督立案	Supervision of Cases Filing	1163	865
监督撤案	Supervision of Cases Withdrawed	692	442
侦查监督小计	Sub-total of Supervision of Investigation	575	355
审查批捕环节	Supervision of Investigation in the Processof Arrests Approved	457	282
审查起诉环节	Supervision of Investigation in the Processof Prosecution	118	73
刑事审判监督	Supervision of Criminal Trial	53	52
刑罚执行监督人次小计(人次)	Sub-total of Supervision of Punishment Execution (person-times)	17492	11677
监管活动	Administration of Prison and Custody	14170	9508
超期羁押	Excessive Custody		1
减刑、假释、暂予监外执行	Commutation of Sentence, Parole and Released,Temporary execution outside prison	3322	2168

26−13 人民检察院检察官基本情况

Basic Statistics on inquisitors

单位：人 (person)

指 标	Item	2012	2013	2014	2015
检察官数	Number of inquisitor	10141	10027	10175	10813
#女性	Female	2413	2431	2577	2915
#检察长人数	Number of law-officer	183	180	182	177
#女性	Female	15	14	16	15
#副检察长人数	Number of vice-law-officer	804	820	794	798
#女性	Female	111	119	117	111
#检察员人数	Number of fact-finder	7067	6954	6965	7562
#女性	Female	1758	1749	1843	2133
#助理检察员	Number of assistant fact-finder	849	820	966	892
#女性	Female	292	292	347	348

26−14 人民法院审理刑事一审案件收结案情况

Basic Statistics on Criminal Case at First Trial by People's Court

单位：件 (case)

项 目	Item	2014		2015	
		收案 Cases Accepted	结案 Cases Settled	收案 Cases Accepted	结案 Cases Settled
合 计	**Total**	**61278**	**61171**	**60969**	**62538**
危害公共安全罪	Offences Against Public Security	15229	15132	17274	17707
破坏社会主义经济秩序罪	Offences Against Socialist Economic Order	5637	5601	3792	4012
侵犯公民人身权利、民主权利罪	Offences Against Citizens' Personal and Democratic Rights	11663	11778	10639	11444
侵犯财产罪	Offences Against Properties	17291	17083	16988	17632
妨害社会管理秩序罪	Offences Against Social Management of Order	8289	8241	9426	9734
危害国防利益罪	Offences Against National Defense	23	25	7	10
贪污贿赂罪	Offences on Corruption and Bribery	2420	2508	2178	1400
渎职罪	Offences on Dereliction of Duty	722	797	655	590
其他	Others	4	6	10	9

26-15 各市人民法院审理刑事案件罪犯情况(2015年)
Criminal Offenders Heard by Courts by City (2015)

市（县） City(County)	刑事罪犯总数（人） Number of Offenders (person)	#青少年犯罪 Young Offenders	不满18岁 Less Than 18 Years	18-25岁 Between 18 and 25 Years	青少年罪犯占刑事罪犯比重(%) Proportion of Young Offenders in the Total (%)
全　省 Total	**71978**	**13887**	**2809**	**11078**	**19.3**
省辖市 City					
郑州市 Zhengzhou	9386	1582	207	1375	16.9
开封市 Kaifeng	4057	774	176	598	19.1
洛阳市 Luoyang	5306	1396	346	1050	26.3
平顶山市 Pingdingshan	2749	485	87	398	17.6
安阳市 Anyang	4915	1012	245	767	20.6
鹤壁市 Hebi	1296	265	43	222	20.4
新乡市 Xinxiang	4843	973	192	781	20.1
焦作市 Jiaozuo	3194	718	126	592	22.5
濮阳市 Puyang	2857	485	86	399	17.0
许昌市 Xuchang	3846	680	88	592	17.7
漯河市 Luohe	1051	204	30	174	19.4
三门峡市 Sanmenxia	2921	514	84	430	17.6
南阳市 Nanyang	7143	1265	243	1022	17.7
商丘市 Shangqiu	3761	781	142	639	20.8
信阳市 Xinyang	3518	605	166	439	17.2
周口市 Zhoukou	4409	818	203	615	18.6
驻马店市 Zhumadian	6206	1210	333	877	19.5
济源市 Jiyuan	520	120	12	108	23.1
省直管县 Province Administrating County					
巩义市 Gongyi	677	29	15	14	4.3
兰考县 Lankao	352	97	18	79	27.6
汝州市 Ruzhou	507	121	23	98	23.9
滑县 Huaxian	833	143	49	94	17.2
长垣县 Changyuan	293	97	25	72	33.1
邓州市 Dengzhou	766	119	16	103	15.5
永城市 Yongcheng	477	82	12	70	17.2
固始县 Gushi	647	99	40	59	15.3
鹿邑县 Luyi	451	90	22	68	20.0
新蔡县 Xincai	440	77	14	63	17.5

26-16 人民法院审理婚姻家庭、继承一审案件收结案情况(2015年)

First Trial Civil Cases of Marriage, Family Affairs and Inheritance Accepted and Settled by Courts (2015)

单位：件 (case)

项目	Item	收案 Cases Accepted	结案 Cases Settled	调解 Mediation	判决 Judgment	驳回 Reject	撤诉 With-drawal	其他 Other
合计	**Total**	**105958**	**110368**	**35281**	**44367**	**1123**	**28930**	**667**
婚姻家庭	Marriage and Family Affairs	102197	106542	33455	43182	998	28268	639
离婚	Divorce	83174	86638	27635	34934	706	22865	498
赡养纠纷	Support Disputes	2450	2563	562	1021	20	924	36
抚养、扶养关系纠纷	Upbringing Disputes	2931	3381	1184	1223	37	910	27
抚育费纠纷	Upbringing Fee Disputes	1555	1618	427	682	37	457	15
其他	Others	12087	12342	3647	5322	198	3112	63
继承	Inheritance	3761	3826	1826	1185	125	662	28
法定继承	Legal Inheritance	520	589	213	237	17	119	3
遗嘱继承	Testament Inheritance	127	141	37	73	5	26	
其他	Others	3114	3096	1576	875	103	517	25

26－17 人民法院审理合同纠纷一审案件收结案情况(2015年)
First Trial Cases of Contract Disputes Accepted and Settled by Courts (2015)

单位：件 (case)

项 目	Item	收案 Cases Accepted	结案 Cases Settled	调解 Mediation	判决 Judgment	驳回 Reject	撤诉 With-drawal	其他 Other
合 计	**Total**	**299239**	**290423**	**63538**	**140827**	**16110**	**65840**	**4108**
借款合同	Loan Contracts	135564	127424	28739	65078	7691	24117	1799
买卖合同	Trade Contracts	45297	45426	11433	20380	1963	11160	490
电信合同	Telecom Contracts	552	587	71	87	6	330	93
租赁合同	Lease Contracts	20757	21000	4164	10446	1895	4055	440
劳动争议	Work Disputes	8925	8863	1426	4481	413	2467	76
房地产合同	Real Estate Contracts	6233	6013	1471	2755	283	1434	70
供用动力合同	Power Supply Contracts	470	468	102	67	10	287	2
建设工程合同	Construction Contracts	8059	8061	1367	4207	409	1888	190
农村承包合同	Rural Contracts	134	142	17	76	11	37	1
承揽合同	Contracts for Work	2844	2929	664	1335	89	792	49
其他	Others	70404	69510	14084	31915	3340	19273	898

26-18 人民法院审理权属、侵权纠纷一审案件收结案情况(2015年)

First Trial Cases of Disputes of Right, Infringement of Right and Other Civil Affairs Accepted and Settled by Courts (2015)

单位：件 (case)

项 目	Item	收案 Cases Accepted	结案 Cases Settled	调解 Mediation	判决 Judgment	驳回 Reject	撤诉 With-drawal	其他 Other
合 计	**Total**	**127247**	**131463**	**30609**	**70430**	**3553**	**21656**	**5215**
所有权及其相关权利	Ownership and Related Rights	18762	18373	2094	8368	1583	6050	278
特别程序	Special Proceedings	7761	8029	35	2976	277	666	4075
人身权纠纷	Personal Rights	39965	35241	10173	18254	683	5837	294
#人身损害赔偿	Compensate for Personal Harm	39015	34352	10044	17820	649	5554	285
特殊侵权纠纷	Disputes of Special Infringement of Right	52024	61220	17305	37273	489	5883	270
不当得利	Unjustified Enrichment	3028	2968	379	1326	295	912	56
票据、证券、股票纠纷	Disputes of Bill, Securities and Stocks	1149	1087	98	598	81	261	49
其他	Other	4558	4545	525	1635	145	2047	193

26-19 人民法院审理行政一审案件收结案情况 (2015年)

First Trial Administrative Cases Accepted and Settled by Courts (2015)

单位：件 (case)

项 目	Item	收案 Cases Accepted	结案 Cases Settled	维持 Affirmation of Original Judgement	撤销 Cancel	驳回 Reject	撤诉 With-drawal	单独赔偿 Separate Compen-sation	其他 Other
合 计	**Total**	**18178**	**16493**	**337**	**1403**	**2868**	**5130**	**51**	6704
土地等资源	Land	2061	1832	54	205	228	644	5	696
公安	Public Security	2506	2383	64	109	690	709	5	806
城建	City Construction	2892	2606	49	251	207	1072	8	1019
交通运输	Traffic and Transport	325	320		4	9	142		165
工商	Industry and Commerce	386	344	4	50	54	162		74
环保	Environment Protection	71	66		3	5	44		14
计划生育	Family Planning	59	56		4	4	34		14
税务	Tax	33	31		2	6	12		11
卫生	Health	52	51	1	4	10	14		22
乡政府	Townships Government	322	281	1	18	40	56		166
劳动和社会保障	Labour and Social Security	703	650	10	111	200	206	1	122
其他	Other	8768	7873	154	642	1415	2035	32	3595

26−20 法官及审理有关案件情况

Statistics on Justices and Case at Trial

指　　标	Item	2013	2014	2015
法官及陪审员情况(人)	Justicer and juror(person)			
法院法官人数	Number of justicer in court	12589	13332	13242
#女法官	Female	3353	3402	3387
高级法院法官人数	Number of justicer in High court	372	384	393
#女法官	Female	123	126	131
人民陪审员人数	Number of juror	6584	31548	32017
#女陪审员	Female	1987	9604	9632
建立少年法庭数(个)	Number of Juvenile Court (unit)	96	93	83

26−21 全省法院判处女性犯罪案件情况(2015年)

Number of case Trial by court (2015)

指标名称	Item	判处犯罪人数(人) Number of offender (person)	女性 Female	女性所占比例(%) Proportion of Female (%)
总　计	**Total**	**71978**	**5982**	**8.3**
组织、利用会道门、邪教组织、利用迷信破坏法律实施罪	Organiaze and Use Superstitious Sects and Cult or Use Superstition to Break Law Enforcement	161	100	62.1
重婚罪	Bigamy	101	48	47.5
非法吸收公众存款罪	Illegally Absorbe Public Deposits	653	297	45.5
拐卖妇女、儿童罪	Abduct and Sell Female and Chind	204	66	32.4
组织、领导传销活动罪	Organize and Lead pyramid schemes	163	61	37.4
引诱、容留、介绍卖淫罪	Tempt、Remain and introduce Prostitution	356	140	39.3
非法行医罪	Illegal medical practice	155	40	25.8
生产、销售假药罪	Priduce and Sell Counterfeit drugs	240	65	27.1
生产、销售有毒、有害食品罪	Produce and Sell Poisonous and harmful food	514	149	29.0
生产、销售不符合安全标准的食品罪	Priduce and Sell food without reaching safety standards	741	193	26.0
聚众扰乱社会秩序罪	Organizing a mob to disturb social order	250	48	19.2
虚开增值税专用发票、用于骗取出口退税、抵扣税款发票罪	Falsely making out special invoices for value-added tax to defraud a tax refund for exports or to offset tax invoice	102	7	6.9
窝藏、包庇罪	Shelter and Screen	178	37	20.8
伪造、变造、买卖国家机关公文、证件、印章罪	Forge,Alter and Deal Official Document , Certificate and Seal of State Organs	206	32	15.5
诈骗罪	Fenagle	3257	607	18.6
走私、贩卖、运输、制造毒品罪	Smuggle,Peddle,Transport,Fabricate Drugs	1418	242	17.1
生产、销售伪劣产品	Priduce and Sell Sham Products	176	26	14.8
非法经营罪	Illegal Business Operations	371	58	15.6
信用卡诈骗罪	Credit Card Fraud	376	64	17.0
挪用公款罪	Embezzlement	342	52	15.2
妨害公务罪	Disrupting Public Service	682	101	14.8
职务侵占罪	Position Encroachment	328	34	10.4
故意毁坏财物罪	Intentional Destruction of Property	544	32	5.9
滥用职权罪	Abuse of power	325	33	10.2
其他	Others	60135	3450	5.7

26-22 律师、公证和调解工作基本情况
Basic Statistics on Lawyers, Notarization and Mediation

项　目	Item	2013	2014	2015
律师工作	Lawyers			
律师事务所（个）	Number of Law Offices (unit)	877	962	1124
律师人数（人）	Number of Lawyers (person)	12422	13571	14775
#女性（人）	Female	2789	3235	3852
#专职律师（人）	Full-time Lawyers	11292	12349	14233
#女性（人）	Female	2473	2876	3508
兼职律师（人）	Part-time Lawyers	517	542	558
#中共党员（人）	Member of Communist Party of China	3234	3724	3815
律师人员学历构成	Education Composition of Lawer			
#博士（人）	Doctor's Degree	96	96	123
硕士、双学士（人）	Master's Degree, Double Bachelor's Degree	1099	1518	1442
法律专业本科（人）	Bachelor Degree in Law	9486	9955	11938
其他专业本科（人）	Bachelor Degree In Other Specialities	875	890	1234
聘请担任常年法律顾问的单位（处）	Number of Units with Permanent Legal Advisors (unit)	17972	18847	20577
民事诉讼代理（件）	Agent of Civil Cases (case)	81344	100123	112421
刑事诉讼辩护及代理（件）	Agent and Defender of Criminal Cases (case)	24220	26523	23389
行政诉讼代理（件）	Agent of Administrative Action (case)	4803	5983	5777
非诉讼法律事务（件）	Agent of Non-Litigious Legal Affairs (case)	39328	30746	33757
解答法律询问（人次）	Agent of Legal Advisory Services (person)	290145	319475	320851
代写法律事务文书（件）	Agent of Legal Documents Written on Behalf of Clients (unit)	67395	59587	68496
公证工作	Notarization			
公证处（个）	Number of Notary Offices (unit)	178	178	178
#涉外公证处（个）	Foreign-related notarization	34	36	36
公证人员（人）	Notarial Personnel (person)	1256	1257	1221
#公证员（人）	Notaries	691	700	713
公证员助理（人）	Assistant Notaries	565	557	508
办理公证文书（万件）	Number of Notarized Documents (10 000 cases)	57	53.3	49.5
人民调解工作	Number of People's Mediation			
人民调解委员会（万个）	Number of People's Mediation Committees (10 000 units)	5.53	5.56	5.57
人民调解员（万人）	Number of Mediators (10 000 persons)	21.83	20.57	20.68
调解民间纠纷（万件）	Number of Civil Disputes Mediated (10 000 cases)	49.72	90.76	101.8

26-23 国内公证业务分类
Domestic Notarial Services by Type

单位：件 (case)

项 目	Item	2013	2014	2015
合 计	**Total**	**459945**	**412132**	**372650**
合同(协议)	Contracts (Agreements)	150674	121300	86495
继承	Inheritance	37433	38107	40053
单方法律行为	Unilateral Legal Acts	109875	104923	110659
现场监督	Field Supervision	18408	19392	21469
保全证据	Evidence Preservation	10545	8973	7807
公司章程	Corporation Constitutions	567	48	75
组织资格	Organization Qualification	92	64	137
财产权	Property Rights	640	107	60
身份	Identity	1104	1285	980
收养关系	Adoptive Relationship	167	56	73
婚姻状况	Marital Status	1127	849	1023
亲属关系	Kinship Confirmation	3567	2982	3016
有无违法犯罪记录	Illegal and Criminal Record Check	1337	865	1108
其他有法律意义事实	Other Facts of Legal Significance	2862	2891	2574
证书(执照)	Certificate (Licence)	966	1024	934
签名(印章)	Signature (Seal)	8470	9379	21008
文本相符	Conformity of Documentation	4109	3459	3694
赋予执行效力	Executor Force	81274	77685	57288
执行证书	Certificate of Execution	2515	2999	3975
抵押登记	Mortgage Registration	1169	1164	383
提存	Drawing	347	252	163
保管	Storage	50	23	33
其他	Others	22647	14305	9643

26-24 涉外公证文书分类

Foreign-Related Notarial Documents by Type

单位：件 (case)

项　目	Item	2013	2014	2015
合　计	**Total**	**103895**	**112905**	**118985**
合同(协议)	Contracts (Agreements)	61	85	40
继承	Inheritance	49	4	6
委托	Power of Attorney	1513	1964	2199
声明	Declaration	1315	1570	1728
遗嘱	Testaments	7	1	
其他单方法律行为	Other Unilateral Legal Acts	658	1498	1129
公司章程	Corporation Constitutions	132	29	65
组织资格	Organization Qualification	120	25	121
收养关系	Adoptive Relationship	224	57	44
婚姻关系	Marital Relationship	3899	4142	3689
亲属关系	Kinship Confirmation	10573	12444	12654
出生	Births	16083	17488	17782
死亡	Deaths	122	147	152
生存、居住	Survival and Residence	569	902	714
学历(学位)	Education Background (Academic Degree)	14710	5730	7683
经历	Resume	310	984	690
职务(职称)	Professional Titles	474	217	481
身份	Identity	323	252	424
有无违法犯罪记录	Illegal and Criminal Record Check	14150	14141	14011
其他有法律意义事实	Other Facts of Legal Significance	1021	527	1391
证书(执照)	Certificate (Licence)	11657	23742	22293
签名(印章)	Signature (Seal)	3576	4616	5046
文本相符	Conformity of Documentation	13762	17590	17974
其他	Others	8587	4750	8669

26-25 国内合同(协议)类公证业务分类

Domestic Notarization of Contracts (Agreements) by Type

单位：件 (case)

项　目	Item	2013	2014	2015
合　计	**Total**	**150674**	**121300**	**86495**
买卖合同	Trade Contracts	14487	15336	10031
赠与合同	Gift Contracts	10690	6526	4853
借款合同	Contracts for Loan of Money	64245	57705	40676
租赁合同	Leasing Contracts	972	711	606
承揽合同	Contracts of Hired Work	104	46	50
建设工程合同	Contracts for Construction Projects	1232	177	155
委托合同	Agency Appointment Contracts	1714	2216	1897
担保合同	Guarantee Contracts	5488	618	662
土地使用合同	Land Use Contracts	604	779	380
知识产权合同	Intellectual Property Contracts	35	29	211
承包合同	Contract Agreements	2947	3734	1116
企业经营合同	Enterprise Operating Contracts	50	75	59
劳动(劳务)合同	Labor (Labor Service) Contracts	4515	3360	2068
其他合同	Other Contracts	11589	10078	7214
合伙协议	Partnership Agreements	506	343	394
财产分割协议	Property Division Agreements	4589	3142	2731
财产约定协议	Property Agreement	2541	2147	1840
抚养协议	Child Support Agreements	598	714	740
出国留学协议	Studying Abroad Agreement	358	646	867
拆迁安置协议	Removal and Resettlement Agreements	2096	2772	1403
赔偿协议	Compensation Agreements	756	791	716
还款协议	Payment Contracts	1086	826	788
其他	Others	19472	8529	7038

26-26 法律援助工作情况

Statistics on legal aid

项　目	Item	2013	2014	2015
法律援助机构（个）	Number of Institutions (unit)	207	209	211
工作人员（人）	Staffs(person)	1040	1023	1023
#法律专业（人）	Major in Law	842	823	838
受理案件　（件）	Receive Aid Case(case)	81442	81540	88402
民事法律援助	Civil	63260	62298	67342
刑事法律援助	Penal	17544	18545	20350
行政法律援助	Administrative	638	697	710
咨询（人次）	Consultation Persons(person-time)	497242	648100	688791

26–27 法律服务基本情况(2015年)
Basic Statistics on Legal Services(2015)

地区 Region	律师人数 (人) Number of Lawer (person)	#女性 Female	专职律师人数 (人) Number of full-time lawyer (person)	#女性 Female	公证人员 (人) Notary personnel (person)	#女性 Female	获得法律援助的受援人数 (人) Number of Person Receiving legal aid (person)
全省 Total	**13233**	**3402**	**12809**	**3286**	**1221**	**546**	**92855**
省辖市 City							
郑州市 Zhengzhou	4125	1211	3958	1163	223	147	11397
开封市 Kaifeng	408	93	406	93	46	29	4193
洛阳市 Luoyang	1143	311	1117	303	105	25	6654
平顶山市 Pingdingshan	634	115	609	113	55	31	4923
安阳市 Anyang	1093	308	1065	303	50	3	5064
鹤壁市 Hebi	119	18	119	18	20	12	1579
新乡市 Xinxiang	771	244	720	228	75	44	5584
焦作市 Jiaozuo	425	124	405	119	75	35	3572
濮阳市 Puyang	362	93	362	93	47	22	4913
许昌市 Xuchang	384	93	368	89	52	20	4478
漯河市 Luohe	229	64	229	64	30	16	2794
三门峡市 Sanmenxia	274	67	274	67	46	22	2252
南阳市 Nanyang	927	179	891	168	141	55	7680
商丘市 Shangqiu	681	129	662	122	65	21	7562
信阳市 Xinyang	481	90	468	87	57	21	6499
周口市 Zhoukou	624	137	612	133	55	18	6784
驻马店市 Zhumadian	454	92	446	89	72	21	6083
济源市 Jiyuan	99	34	98	34	7	4	874
省直管县 Province Administrating County							
巩义市 Gongyi	49	16	49	16	7	4	1151
兰考县 Lankao	43	14	43	14	3	1	589
汝州市 Ruzhou	57	7	57	7	4	1	1100
滑县 Huaxian	184	54	184	54	8	3	960
长垣县 Changyuan	24	8	24	8	6	1	625
邓州市 Dengzhou	34	5	34	5	13	4	1142
永城市 Yongcheng	54	7	54	7	12	2	990
固始县 Gushi	62	7	62	7	8	1	1853
鹿邑县 Luyi	40	9	40	9	6	1	617
新蔡县 Xincai	24	7	24	7	3		658

26-28 劳动人事仲裁委员会受理及处理案件情况(2015年)

单位：件

项 目	Item	合计 Total
上期未结争议案件数	**Number of Cases Left Over from Last Period**	**1552**
当期立案受理情况	**Cases Accepted**	
立案受理案件总数	Number of Cases	23799
#集体劳动(人事)争议	Number of Collective Labour Disputes	209
#劳动者申诉	Number of Persons Involved	23055
立案受理案件涉及劳动者人数(人)	Number of Persons Involoved in Collective Disputes (person)	28711
#集体劳动(人事)争议	Number of Collective Labour Disputes	2904
按争议类型分	Grouped by Dispute type	
劳动报酬	Labor compensation	7926
社会保险待遇及福利	Social Insurance and Benefits	6620
工伤保险	Work Injury Insurance	2712
确认劳动(人事)关系	Confirm labor (personnel) relations	3046
履行劳动(聘用)合同	Fulfill labor (recruit) the contract	16
解除劳动(聘用)合同	Remove labor (recruit) the contract	4462
其他	Others	1716
案件处理情况	**Cases settled**	
当期审结案件数	Number of Cases Settled	24639
涉案金额(万元)	Involving Amount (10 000yuan)	62781
按处理方式分	By Manners of Settlement	
仲裁调解	By Mediation	12136
仲裁裁决	By Arbitration Lawsuit	11395
#一裁终局	Arbitration Award shall be final and binding	984
其他	Others	1108
按处理结果分	By Result of Settlement	
用人单位胜诉	Won by Units	2820
劳动者胜诉	Lawsuit Won by Labourers	12339
双方部分胜诉	Lawsuit Partly by Both Parties	7992
期末累计未结案数	**Number of Cases Dissettled**	**712**

Cases Accepted and Heard by Board of Labor Arbitration (2015)

(case)

劳动争议 Labor Dispute				人事争议 Personnel Disputes	
国有企业 State-owned Enterprises	集体企业 Collective-owned Enterprises	港澳台及外资企业 Foreign Funded and Hong Kong, Macao and Taiwan Funded Enterprises	民营企业 Private Enterprises	机关 Administrative Authority	事业单位 Public Institution
350	**148**	**38**	**935**	**11**	**21**
4103	2539	404	16282	6	231
29	18		159		
4037	2490	401	15690	6	219
4919	3345	427	19490	6	237
379	273		2214		
1105	792	83	5822	3	43
983	736	104	4621	3	115
387	196	17	2070		10
641	281	63	2018		16
					16
1214	521	127	2552		25
160	209	27	1269		13
4336	2641	425	16723	16	231
9669	7205	548	44407	32	484
2095	1276	140	8377	15	84
2095	1218	245	7607	1	127
90	72	23	790		8
146	147	40	739		20
578	449	63	1682	1	25
1944	950	191	8978	14	136
1584	1068	133	5055	1	53
117	**46**	**17**	**494**	**1**	**21**

26-29 工会组织情况

Basic Statistics on Trade Unions

单位：万人 (10 000 persons)

年 份 year	工会基层组织数（万个） Number of Grassroot Trade Unions (10 000 units)	工会组织基层单位的职工与会员人数 Membership and Staff and Workers in Grassroot Trade Unions				工会专职工作人员人数 Number of Full-time Personnel of Trade Unions
		职工人数 Staff and Workers	#女职工 Female	会员人数 Membership	#女会员 Female	
2000	3.61	672.8	255	611.6	225.2	2.38
2001	4.86	757.84		700.1		
2002	5.68	811.02	298.59	749.51	270.99	3.28
2003	5.23	777.38	291.23	717.47	263.68	3.55
2004	5.38	785.64	297.21	734.64	266.71	3.2
2005	6.14	841.38	303.38	803.68	281.73	3.06
2006	6.94	905.5	325.51	866.43	306.15	3.36
2007	8.15	1070.2	380.3	1016.7	360.1	4.1
2008	9.13	1164.4	404.1	1125	392.1	4.5
2009	10.3	1291.31	443.76	1208.81	419.37	5.09
2010	11.43	1396.41	499.99	1324.06	480.69	6.45
2011	14.89	1517.46	548.67	1441.09	526.66	10.35
2012	19.42	1698.29	625.82	1616.72	602.21	13.02
2013	20.43	1734.41	642.58	1653.14	620.27	13.52
2014	21.12	1789.89	662.51	1707.29	642.37	13.67
2015	21.44	1852.19	685.95	1780.90	667.73	13.13

26-30 全省工会组织基本情况

Basic Statistics on Trade Unions

指标名称	Item	2013	2014	2015
工会基层组织数（万人）	Number of Grassroot Trade Unions (10 000 persons)	20.43	21.12	21.44
工会专职工作人员人数（万人）	Number of Full-time Personnel of Trade Unions (10 000 persons)	13.52	13.67	13.13
已建工会组织的基层单位职工人数（万人）	Staff and Workers in Grassroot Trade Unions (10 000 persons)	1734.41	1789.89	1852.19
#女职工	Female Staff and Workers	642.58	662.51	685.95
#农民工	Migrant workers	644.38	671.04	786.22
#女性	Female	227.74	239.98	274.72
已建工会组织的基层单位工会会员人数（万人）	Membership in Grassroot Trade Unions (10 000 persons)	1653.14	1707.29	1780.9
#女会员	Female Membership	620.27	642.37	667.73
职工代表数	Number of worker representative	128.78	163.67	126.74
#女性	Female	34.52	58.01	48.94
执行《女职工劳动保护特别规定》的企业比重(%)	Proportion of Pnterprise which Carry Out Special Provisions of Female Worker Labor Protection	95	96	96
企业职工代表大会中女性代表比重（%）	Proportion of Female Representatives in Enterprise Staff and Workers'Congress	33	35	38
企业董事会中女性比重（%）	Board of Directors	30	35	38
企业监事会中女性比重（%）	Board of Supervisors	25	30	32

26−31 各市基层工会劳动法律监督工作情况(2015年)

Statistics on Labor Law Supervision Work of Primary Trade Union by City (2015)

市 City	基层工会劳动法律监督组织 Labor Law Supervision Organizations of Primary Trade Union		基层以上工会劳动法律监督组织 Labor Law Supervision Organizations of Primary Trade Union and Above	
	组织个数 Number of Organizations	提请劳动监察部门处理的违反劳动法律行为、事件件数 Number of Violation of the Labor Law and Events Submitted to the Labor Inspection department	受理职工举报件数 Number of pices of Staff Report Accepted	提请劳动监察部门处理的违反劳动法律行为、事件件数 Number of Violation of the Labor Law and Events Submitted to the Labor Inspection
全　　省 Total	**21147**	**3765**	**1457**	**266**
郑　州　市 Zhengzhou	3788	45	778	129
开　封　市 Kaifeng	162	6		
洛　阳　市 Luoyang	3124	168	19	14
平顶山市 Pingdingshan	706	1184	17	1
安　阳　市 Anyang	787	14	71	4
鹤　壁　市 Hebi	142	119		
新　乡　市 Xinxiang	2124	1560	38	11
焦　作　市 Jiaozuo	519	38	110	35
濮　阳　市 Puyang	768	32	11	4
许　昌　市 Xuchang	417	3	7	3
漯　河　市 Luohe	1372		164	14
三门峡市 Sanmenxia	74	2	14	6
南　阳　市 Nanyang	3546	409	110	24
商　丘　市 Shangqiu	6		8	3
信　阳　市 Xinyang	2252	155	56	9
周　口　市 Zhoukou	205		20	4
驻马店市 Zhumadian	1039	12	34	5
济　源　市 Jiyuan	116	18		

26–32 参加各类保险人数

Active Contributors

单位：万人 (10 000 persons)

年份 Year	养老保险 Basic Pension Insurance	#女性 Female	失业保险 Unemployment Insurance	医疗保险 Basic Medical Insurance	#女性 Female	工伤保险 Work Injury Insurance	#女性 Female	生育保险 Maternity Insurance	#女性 Female
2000	662.68		671.00	287.00		198.00		172.00	
2001	639.05		676.00	456.40		245.00		207.00	
2002	645.53		670.00	537.28		218.79		204.54	
2003	659.25		679.97	567.93		210.61		199.29	
2004	688.70		681.60	590.19		324.72		200.66	
2005	716.17		681.90	640.70		404.00		228.30	
2006	762.60		682.80	704.00		432.90		238.40	
2007	804.68		684.65	726.03		452.32		254.02	
2008	948.57		689.00	840.87		501.20		313.35	
2009	1019.09		694.82	1970.13		521.02		379.76	
2010	1079.33	476.50	696.46	2043.75	910.21	551.74	192.84	412.87	176.54
2011	1168.38	525.34	701.19	2122.26	942.44	655.54	202.45	460.69	203.64
2012	1270.63	578.58	735.50	2222.20	1008.88	720.56	208.47	520.29	228.50
2013	1349.99	629.39	741.29	2297.20	991.48	773.09	291.43	569.60	251.30
2014	1431.55	617.39	773.30	2340.03	1021.21	805.71	298.60	590.17	259.52
2015	1508.71	682.34	783.34	2344.90	1017.51	856.68	302.15	609.46	271.21

注：1.2009年起由原来城镇职工基本医疗保险人数加入城镇居民医疗保险人数。

2.此处养老保险口径为城镇职工基本养老保险。

a) Data on basic Medical insurance include urban residents since 2009,before 2009 only refer to urban staff and workers.

b)Pension Insurance refers to Urban worker basic endowment insurance.

26–33 社会保险基金

Social Insurance Funds

单位：亿元 (100 million yuan)

年份 Year	基金收入 Revenue	基金支出 Expenses	累计结余 Balance at the Year-end
2003	187.50	151.10	145.20
2004	216.10	166.90	195.80
2005	257.10	203.20	244.20
2006	298.50	239.20	303.30
2007	365.20	289.60	363.80
2008	540.61	445.51	496.21
2009	558.14	462.74	595.57
2010	609.40	484.90	664.70
2011	723.60	581.25	806.68
2012	872.46	702.51	977.21
2013	1304.45	1043.23	1505.51
2014	1440.14	1210.84	1734.19
2015	1515.98	1310.66	1828.51

注：2015年社保基金收入、支出、累计结余数据不含机关事业单位养老保险数据。

a) Data on 2015 uninclude Agencies and institutions Endowment insurance.

26-34 各市城镇职工参加基本养老保险人数

Number of People Participated in Basic Pension Insurance by City

单位：万人　(10 000 persons)

市(县) City(County)	2005	2006	2007	2008	2009	2010	2011	2012	2013	2014	2015
省辖市 City											
郑州市 Zhengzhou	98.62	108.37	119.00	127.74	141.12	158.14	198.28	251.76	290.69	331.98	370.70
开封市 Kaifeng	27.10	30.50	52.67	55.43	60.22	62.48	59.25	62.14	64.54	67.91	70.84
洛阳市 Luoyang	45.08	45.07	76.86	80.26	85.98	90.60	95.65	100.34	105.98	110.91	114.98
平顶山市 Pingdingshan	22.45	23.30	35.60	36.80	40.01	42.28	44.72	47.63	49.77	50.91	53.03
安阳市 Anyang	42.99	50.00	52.48	55.10	58.78	61.58	65.22	67.63	69.79	71.78	74.42
鹤壁市 Hebi	9.37	9.91	13.24	13.88	14.57	15.37	16.40	17.33	18.09	19.20	20.29
新乡市 Xinxiang	48.90	52.00	53.69	57.75	61.26	65.74	71.49	76.11	80.43	84.31	88.31
焦作市 Jiaozuo	24.50	26.00	41.82	42.08	45.99	48.20	50.70	52.70	53.97	55.70	57.16
濮阳市 Puyang	5.50	18.50	21.01	21.38	24.35	25.86	27.41	28.73	29.95	31.26	32.07
许昌市 Xuchang	21.01	22.99	33.08	34.21	37.07	38.76	40.70	42.50	45.09	48.53	52.31
漯河市 Luohe	17.93	17.90	20.58	20.94	23.10	24.33	25.72	27.69	29.82	31.36	32.39
三门峡市 Sanmenxia	14.79	16.30	21.99	23.58	25.08	26.39	27.51	28.80	29.94	30.92	31.98
南阳市 Nanyang	47.00	31.20	68.27	65.21	72.62	75.38	80.02	83.88	86.72	89.36	91.58
商丘市 Shangqiu	18.37	20.55	34.66	37.45	41.13	43.57	47.52	50.58	53.10	55.25	57.73
信阳市 Xinyang	40.31	31.40	41.97	42.96	48.12	50.60	54.10	58.48	60.49	62.88	65.40
周口市 Zhoukou	20.71	21.35	37.29	40.61	44.15	47.03	51.95	55.48	57.41	60.13	62.20
驻马店市 Zhumadian	14.68	15.11	25.59	26.40	28.68	30.74	34.94	37.22	39.12	40.69	41.83
济源市 Jiyuan	7.28	7.73	9.71	10.25	10.98	11.64	12.49	14.15	15.27	16.63	17.43
省直管县 Province Administrating County											
巩义市 Gongyi							8.95	9.95	10.47	10.61	11.13
兰考县 Lankao							3.65	4.79	4.85	5.28	5.60
汝州市 Ruzhou							4.46	4.67	4.93	5.24	5.58
滑县 Huaxian							5.31	5.49	5.69	5.90	6.11
长垣县 Changyuan							3.30	3.56	3.91	4.24	4.51
邓州市 Dengzhou							7.53	7.80	8.05	8.29	8.53
永城市 Yongcheng							7.07	7.53	7.72	7.84	8.40
固始县 Gushi							8.93	11.87	12.44	12.88	13.53
鹿邑县 Luyi							4.29	4.49	4.55	4.67	4.88
新蔡县 Xincai							1.70	2.63	2.75	2.82	3.01

26-35 各市参加基本医疗保险人数

Number of People Participated in Basic Medical Insurance by City

单位：万人 (10 000 persons)

市(县) City(County)	2005	2006	2007	2008	2009	2010	2011	2012	2013	2014	2015
省辖市 City											
郑州市 Zhengzhou	47.00	56.30	64.96	74.76	208.80	230.83	261.64	296.53	315.40	329.47	344.52
开封市 Kaifeng	21.30	28.35	31.68	36.13	86.21	89.95	92.83	99.23	101.66	104.52	105.01
洛阳市 Luoyang	64.50	67.73	74.64	82.99	183.30	189.44	195.91	202.24	197.75	210.39	214.41
平顶山市 Pingdingshan	52.17	52.52	55.55	60.23	120.08	122.88	126.62	128.22	127.54	127.85	127.98
安阳市 Anyang	42.21	45.00	52.51	55.87	116.13	119.94	121.48	122.19	121.91	124.13	124.62
鹤壁市 Hebi	16.03	17.17	18.66	20.39	46.92	38.70	38.80	39.24	39.21	39.60	41.39
新乡市 Xinxiang	44.45	50.40	53.23	55.59	129.51	135.09	141.57	142.18	142.12	143.17	144.15
焦作市 Jiaozuo	29.40	38.60	41.65	43.52	95.45	91.83	93.20	93.97	94.64	95.02	95.20
濮阳市 Puyang	23.30	24.40	39.48	46.68	79.74	79.78	80.30	80.50	69.50	64.50	60.00
许昌市 Xuchang	27.89	28.24	31.01	34.22	85.93	88.61	89.91	90.79	92.40	93.10	95.07
漯河市 Luohe	17.60	17.60	21.42	24.62	64.33	67.84	73.20	78.12	76.48	76.89	74.69
三门峡市 Sanmenxia	22.20	23.61	27.37	28.56	59.11	62.21	64.04	64.93	66.73	59.78	59.84
南阳市 Nanyang	63.93	66.50	63.00	65.60	143.09	154.10	158.33	160.50	161.92	163.14	164.02
商丘市 Shangqiu	35.50	36.62	37.61	39.51	124.87	128.11	135.34	142.24	153.82	154.96	140.30
信阳市 Xinyang	40.30	44.58	47.80	51.30	124.28	128.61	132.62	134.02	134.62	134.73	133.34
周口市 Zhoukou	32.50	35.20	36.65	39.83	112.92	121.12	129.34	137.76	140.41	140.88	140.52
驻马店市 Zhumadian	33.34	35.80	36.01	38.00	106.49	109.13	116.02	121.44	122.06	125.47	127.25
济源市 Jiyuan	5.82	6.39	6.80	8.04	18.58	19.11	19.80	20.88	23.73	24.43	24.46
省直管县 Province Administrating County											
巩义市 Gongyi							13.90	12.93	12.93	11.17	11.23
兰考县 Lankao							6.90	7.19	7.46	7.27	7.17
汝州市 Ruzhou							11.00	11.53	11.63	11.09	11.17
滑县 Huaxian							12.80	13.01	13.74	13.96	14.01
长垣县 Changyuan							8.70	8.76	8.85	9.47	10.19
邓州市 Dengzhou							16.40	16.19	16.62	16.84	16.54
永城市 Yongcheng							18.20	17.22	18.49	17.76	16.72
固始县 Gushi							14.30	14.31	14.50	14.51	10.61
鹿邑县 Luyi							10.30	10.62	10.67	10.50	8.60
新蔡县 Xincai							7.40	9.57	10.10	10.98	11.02

26-36 各市参加失业保险人数

Number of People Participated in Unemployment Insurance by City

单位：万人 (10 000 persons)

市(县)	City(County)	2005	2006	2007	2008	2009	2010	2011	2012	2013	2014	2015
省辖市	**City**											
郑州市	Zhengzhou	78.60	85.52	86.22	87.08	87.74	89.75	92.71	131.24	133.13	154.94	172.62
开封市	Kaifeng	36.20	36.20	36.20	36.20	35.78	34.10	33.96	34.23	34.27	34.61	35.08
洛阳市	Luoyang	60.20	59.04	59.71	59.10	59.78	59.99	60.23	60.83	61.07	63.46	63.64
平顶山市	Pingdingshan	44.20	45.53	45.55	46.60	46.60	46.98	46.98	47.44	45.93	46.41	45.56
安阳市	Anyang	38.12	39.00	39.66	39.90	40.00	40.06	40.28	40.51	40.54	41.89	41.72
鹤壁市	Hebi	17.42	15.56	15.22	15.22	15.20	15.45	15.47	15.75	14.69	14.66	14.20
新乡市	Xinxiang	45.38	36.30	45.38	45.10	44.95	44.90	44.84	45.15	44.92	45.34	44.39
焦作市	Jiaozuo	37.20	34.80	34.44	34.19	34.18	35.40	35.20	35.45	35.06	35.86	34.69
濮阳市	Puyang	19.80	19.40	29.51	29.87	31.26	30.84	31.21	31.04	29.40	30.09	29.71
许昌市	Xuchang	27.61	27.31	27.64	27.01	27.00	27.00	27.00	27.50	27.50	27.50	27.50
漯河市	Luohe	16.00	16.00	14.95	16.86	16.98	17.02	17.10	17.64	17.10	17.54	17.54
三门峡市	Sanmenxia	20.03	22.34	22.35	22.65	22.71	22.70	22.79	23.24	22.23	22.32	23.07
南阳市	Nanyang	61.90	61.70	61.49	61.26	62.61	62.66	63.19	65.01	62.15	63.15	61.45
商丘市	Shangqiu	34.20	34.20	34.86	35.00	35.48	34.91	35.03	35.25	34.20	34.76	34.33
信阳市	Xinyang	39.71	39.20	39.11	39.17	39.29	39.23	39.41	39.70	38.88	38.92	37.81
周口市	Zhoukou	38.00	38.50	38.60	38.63	38.10	38.00	38.12	39.54	38.41	38.92	38.01
驻马店市	Zhumadian	31.80	31.80	31.80	34.03	35.37	36.61	37.04	38.92	38.83	38.21	37.80
济源市	Jiyuan	6.96	7.10	7.05	6.86	6.85	6.86	6.83	7.06	9.57	11.47	11.22
省直管县	**Province Administrating County**											
巩义市	Gongyi							5.90	6.00	6.00	5.86	5.82
兰考县	Lankao							2.90	2.90	2.90	2.90	3.26
汝州市	Ruzhou							3.30	3.40	3.30	3.41	3.41
滑县	Huaxian							4.33	4.33	4.33	4.33	4.08
长垣县	Changyuan							2.82	2.88	2.80	3.03	2.71
邓州市	Dengzhou							5.60	5.61	5.61	5.61	5.21
永城市	Yongcheng							4.80	4.80	4.80	4.80	4.80
固始县	Gushi							5.27	5.30	5.22	5.30	5.09
鹿邑县	Luyi							3.39	3.60	3.60	3.60	3.60
新蔡县	Xincai							3.11	3.20	3.13	3.13	3.13

26-37 各市参加工伤保险人数

Number of People Participated in Work Injury Insurance by City

单位：万人 (10 000 persons)

市(县) City(County)	2005	2006	2007	2008	2009	2010	2011	2012	2013	2014	2015
省辖市 City											
郑州市 Zhengzhou	41.76	44.18	47.30	52.53	55.71	57.84	84.57	134.95	147.29	154.47	164.97
开封市 Kaifeng	20.20	21.60	22.66	25.10	25.93	27.09	32.24	33.00	33.61	34.33	34.96
洛阳市 Luoyang	37.08	38.12	41.52	45.72	47.90	49.50	55.13	60.02	61.56	64.10	66.51
平顶山市 Pingdingshan	16.80	18.66	19.74	21.71	23.09	23.72	29.00	32.13	33.20	35.05	36.83
安阳市 Anyang	24.60	26.00	28.11	31.39	32.59	34.11	40.30	42.77	43.88	45.79	48.04
鹤壁市 Hebi	9.52	9.51	6.42	6.67	7.03	7.44	9.16	11.01	11.56	12.03	12.51
新乡市 Xinxiang	31.70	36.60	36.57	43.21	44.80	48.55	50.93	51.30	52.92	55.20	57.41
焦作市 Jiaozuo	18.00	19.60	20.96	23.11	24.12	25.10	27.48	30.11	31.33	32.82	34.45
濮阳市 Puyang	4.10	4.50	11.91	16.89	17.87	19.04	21.87	22.20	22.70	23.50	24.50
许昌市 Xuchang	12.95	13.64	14.98	16.12	16.73	17.50	21.76	22.23	23.03	24.13	25.42
漯河市 Luohe	9.72	9.70	10.91	13.40	14.15	14.56	17.81	19.56	20.28	21.17	22.39
三门峡市 Sanmenxia	11.25	12.05	12.55	14.01	14.46	15.13	18.13	20.05	20.58	21.01	21.56
南阳市 Nanyang	22.50	29.50	28.77	33.19	34.27	35.65	47.07	49.22	50.46	52.41	54.64
商丘市 Shangqiu	9.72	12.06	11.36	15.23	16.06	16.60	25.71	30.40	31.01	31.64	32.13
信阳市 Xinyang	14.60	16.20	16.20	19.34	20.01	20.95	29.82	32.93	33.68	31.85	33.32
周口市 Zhoukou	13.10	14.40	14.44	16.00	17.00	18.00	28.93	36.78	40.00	41.82	43.10
驻马店市 Zhumadian	11.00	10.40	11.88	14.14	14.60	15.16	24.06	27.19	28.20	29.53	30.73
济源市 Jiyuan	4.31	4.86	5.21	5.44	5.69	5.91	7.28	7.77	8.34	9.36	11.21
省直管县 Province Administrating County											
巩义市 Gongyi							4.68	7.43	7.86	7.86	8.10
兰考县 Lankao							1.67	1.67	1.76	2.23	2.44
汝州市 Ruzhou							2.40	2.64	3.03	3.04	3.29
滑县 Huaxian							3.03	3.50	3.68	3.71	3.81
长垣县 Changyuan							3.03	3.03	3.03	3.12	3.30
邓州市 Dengzhou							4.12	4.12	4.35	4.40	4.50
永城市 Yongcheng							12.12	12.35	9.63	9.63	9.63
固始县 Gushi							3.72	4.38	4.40	1.84	2.29
鹿邑县 Luyi							1.90	2.70	3.01	3.01	3.01
新蔡县 Xincai							1.44	1.83	1.92	1.92	2.00

26-38 各市参加生育保险人数

Number of People Participated in Maternity Insurance by City

单位：万人 (10 000 persons)

市(县)	City(County)	2005	2006	2007	2008	2009	2010	2011	2012	2013	2014	2015
省辖市	**City**											
郑州市	Zhengzhou	13.50	17.25	20.79	28.70	37.98	39.95	58.57	75.84	85.04	94.73	101.45
开封市	Kaifeng	21.00	19.34	20.02	21.00	22.01	22.50	23.00	23.61	24.60	24.90	20.14
洛阳市	Luoyang	34.05	35.02	35.52	40.00	43.68	44.70	48.94	52.52	54.11	54.96	56.41
平顶山市	Pingdingshan	16.74	16.75	15.46	20.50	22.31	26.92	28.42	31.47	32.83	33.66	34.31
安阳市	Anyang	20.49	20.00	22.07	23.60	24.73	25.04	25.53	26.37	27.60	29.03	29.99
鹤壁市	Hebi	7.21	7.20	7.51	8.10	9.02	9.51	10.01	10.62	10.81	10.91	11.12
新乡市	Xinxiang	18.20	19.00	22.74	23.70	24.89	26.04	26.84	28.73	29.90	30.37	31.47
焦作市	Jiaozuo	18.00	18.60	20.22	22.00	23.30	24.24	25.59	26.97	28.18	28.49	29.18
濮阳市	Puyang	4.63	4.80	10.51	14.40	17.66	21.72	22.17	22.80	14.30	14.40	14.80
许昌市	Xuchang	14.01	14.14	15.69	16.10	18.01	18.51	19.02	19.63	20.47	20.80	21.66
漯河市	Luohe	1.87	1.90	3.45	5.50	8.35	9.51	11.06	12.43	13.06	13.30	13.89
三门峡市	Sanmenxia	7.55	7.58	8.36	9.60	10.04	11.53	12.62	13.97	14.82	14.93	15.12
南阳市	Nanyang	18.20	17.20	19.22	23.00	25.30	28.80	31.42	34.20	36.33	37.31	40.06
商丘市	Shangqiu	2.51	3.80	4.43	4.80	6.59	6.60	13.52	17.08	19.25	19.60	19.62
信阳市	Xinyang	13.40	14.58	12.01	17.30	20.13	21.87	23.73	26.05	28.46	29.59	33.55
周口市	Zhoukou	0.83	0.87	1.90	11.00	16.93	20.98	24.91	30.27	33.07	34.86	35.96
驻马店市	Zhumadian	14.00	15.00	11.43	17.00	19.11	20.02	21.52	23.56	25.15	26.49	28.51
济源市	Jiyuan	2.80	3.01	2.70	3.00	4.07	4.53	4.84	5.36	7.21	8.84	9.50
省直管县	**Province Administrating County**											
巩义市	Gongyi							4.50	5.19	5.19	5.25	5.07
兰考县	Lankao							0.60	0.60	0.90	0.90	0.90
汝州市	Ruzhou							2.80	3.06	3.25	3.35	3.40
滑县	Huaxian							2.60	2.69	2.91	2.96	3.13
长垣县	Changyuan							1.00	1.08	1.31	1.55	1.75
邓州市	Dengzhou							2.40	4.41	4.57	4.65	4.70
永城市	Yongcheng							2.70	2.27	2.56	2.57	2.59
固始县	Gushi							3.70	3.85	4.02	4.00	3.67
鹿邑县	Luyi							1.50	1.60	1.20	2.16	2.16
新蔡县	Xincai							1.10	1.19	1.19	1.39	1.50

26-39 安全生产基本情况

Basic Statistics on security production

指　标	Indicate	2013	2014	2015
发生伤亡事故总数(起)	Number of casualty accident (case)	2002	1716	1438
#道路交通事故	Traffic accident	1696	1453	1221
工矿商贸企业	Factory、mine and trade Enterprise	125	109	89
矿山企业	Mine Enterprise	19	26	14
煤矿企业	Colliery Enterprise	8	20	10
非煤矿企业	Other mine Enterprise	11	6	4
非矿山	Factory and trade Enterprise	106	83	75
造成死亡总人数(人)	Number of deaths in accident (person)	941	903	753
#道路交通事故	Traffic accident	625	598	544
工矿商贸企业	Factory、mine and trade Enterprise	170	182	135
矿山企业	Mine Enterprise	25	58	20
煤矿企业	Colliery Enterprise	10	47	14
非煤矿企业	Other mine Enterprise	15	11	6
非矿山	Factory and trade Enterprise	145	124	115
一次死亡3-9人较大事故(起)	Number of grave accident in which once dead 3~9 persons (case)	42	38	24
#道路交通事故	Traffic accident	33	22	12
工矿商贸企业	Factory、mine and trade Enterprise	9	16	12
矿山企业	Mine Enterprise	1	6	
煤矿企业	Colliery Enterprise	1	5	
非煤矿企业	Other mine Enterprise		1	
非矿山	Factory and trade Enterprise	8	10	12
一次死亡3-9人较大事故中死亡人数(人)	Number of deaths in grave accident (person)	176	151	89
#道路交通事故	Traffic accident	137	90	50
工矿商贸企业	Factory、mine and trade Enterprise	39	61	39
矿山企业	Mine Enterprise	7	25	
煤矿企业	Colliery Enterprise	7	20	
非煤矿企业	Other mine Enterprise		5	
非矿山	Factory and trade Enterprise	32	36	39
一次死亡10人以上重特大事故(起)	Number of the gravest accident in which once dead over 10 persons (case)	2	1	1
#道路交通事故	Traffic accident	1		1
工矿商贸企业	Factory、mine and trade Enterprise		1	
矿山企业	Mine Enterprise		1	
煤矿企业	Colliery Enterprise		1	
非煤矿企业	Other mine Enterprise			
非矿山	Factory and trade Enterprise			
一次死亡10人以上重特大事故中死亡人数(人)	Number of deaths in the gravest accident (person)	24	13	11
#道路交通事故	Traffic accident	11		11
工矿商贸企业	Factory、mine and trade Enterprise		13	
矿山企业	Mine Enterprise		13	
煤矿企业	Colliery Enterprise		13	
非煤矿企业	Other mine Enterprise			
非矿山	Factory and trade Enterprise			
煤矿百万吨死亡人数(人)	Deaths per million tons of colliery (person)	0.065	0.348	0.109
骨干煤矿企业	Backbone mine	0.007	0.297	0.091
地方煤矿	The local mine	0.716	1.243	0.422

主要统计指标解释

受理劳动争议案件数 指劳动争议仲裁委员会根据国家有关规定，对劳动争议当事人的申请予以审查，符合受理条件而正式立案、准备处理的劳动争议案件数。

要案 指县、处级以上干部的犯罪案件。该指标主要反映职务犯罪案件中县、处级以上干部被人民检察院依法立案侦查的情况。

批准逮捕 指人民检察院对公安机关、国家安全机关、监狱管理机关提出逮捕的犯罪嫌疑人进行审查，根据事实，依法做出逮捕决定。该指标主要反映人民检察院对提请逮捕犯罪嫌疑人进行审查后依法做出批准逮捕决定的情况。

决定逮捕 指人民检察院对直接立案侦查的案件，认为需要逮捕犯罪嫌疑人时，依据法律做出的逮捕决定。该指标主要反映人民检察院对直接受理的案件行使决定逮捕权的情况。

提起公诉 指人民检察院对公安机关、国家安全机关、监狱管理机关和检察机关侦查部门等移送起诉的案件进行审查，根据事实，做出提起公诉的案件。该指标主要反映人民检察院对各种刑事案件向人民法院提起公诉的情况。

适用简易程序 指人民法院对依法可能判处三年以下有期徒刑、拘役、管制、单处罚金的公诉案件，事实清楚，证据充分，人民检察院建议或者同意适用简易程序的案件 ；告诉才处理的案件；被害人起诉的有证据证明的轻微刑事案件。

提出抗诉 指人民检察院对人民法院的判决、裁定认为确有错误，向人民法院提出对案件重新进行审理的诉讼活动。包括按照第二审程序提出的抗诉和按照审判监督程序（再审程序）提出的抗诉。

撤回抗诉 指上级人民检察院对下级人民检察院按照第二审程序提出的抗诉，经审查，认为抗诉不当时向同级人民法院撤回抗诉，同时通知提出抗诉的下级人民检察院。

立案监督 指人民检察院对侦查机关刑事立案活动的监督。包括对应当立案而不立案的监督和不应立案而立案的监督。

监督立案 包括侦查机关接到要求说明不立案理由后主动立案和执行通知立案两个内容。

监管活动 指人民检察院对监狱等监管改造场所的管理活动进行的监督。

青少年罪犯 指人民法院在报告期内判决发生法律效力的有罪判决中 14 周岁以上不满 25 周岁的罪犯。其中 14 周岁以上不满 18 周岁的罪犯为未成年罪犯。

行政案件 指公民、法人和其他组织不服行政机关作出的具体行政行为，向人民法院提起行政诉讼，人民法院依法审理的案件。

单独赔偿 指单独提起行政赔偿的案件。当事人对行政行为的合法性没有争议，就行政侵权造成的损害赔偿单独提起赔偿诉讼。

公证人员 指在公证处工作的人员总称，包括公证处主任、副主任、公证员、公证员助理(助理公证员)和其他从事辅助性工作的人员。

公证文书 指公证处根据当事人申请，依照事实和法律，按照法定程序制作的，具有法律效力的司法证明文书。

受理劳动争议案件数 指劳动争议仲裁委员会根据国家有关规定，对劳动争议当事人的申请予以审查，符合受理条件而正式立案、准备处理的劳动争议案件数。

城镇职工基本养老保险

1.（参保）职工人数 指报告期末按照国家法律、法规和有关政策规定参加基本养老保险并在社保经办机构已建立缴费记录档案的职工人数，包括中断缴费但未终止养老保险关系的职工人数，不包括只登记未建立缴费记录档案的人数。

2.（参保）离退休人员人数 指报告期末参加基本养老保险的离休、退休和退职人员的人数。

3.基金收入 指根据国家有关规定，由纳入基本养老保险范围的缴费单位和个人按国家规定的缴费基数和缴费比例缴纳的养老保险基金，以及通过其他方式取得的形成基金来源的收入。包括单位和职工个人缴纳的基本养老保险费、基本养老保险基金利息收入、上级补助收入、下级上解收入、转移收入、财政补贴和其他收入。

4.基金支出 指按照国家政策规定的开支范围和开支标准从养老保险基金中支付给参加基本养老保险的个人的养老金、丧葬抚恤补助，以及由于保险关系转移、上下级之间调剂资金等原因而发生的支出。包括离休金、退休金、退职金、各种补贴、医疗费、死亡丧葬补助费、抚恤救济费、社会保险经办机构管理费、补助下级支出、上解上级支出、转移支出、其他支出等。

5.基金累计结余 指截止报告期末基本养老保险基金收支相抵后的累计余额。

基本医疗保险

1.参保人数 指报告期末按国家有关规定参加相应基本医疗保险的人数。

2.基金收入 指由用人单位和个人按照国家规定的缴费基数、缴费比例或缴费标准缴纳的基本医疗保险基金，财政补助资金以及通过其他方式取得的形成基金来源的款项，包括：单位缴纳收入、个人缴纳收入、财政补助收入（含医疗救助补助个人收入）、财政补贴收入、利息收入和其他收入。

3.基金支出 指按照国家政策规定的开支范围和开支标准，从基本医疗保险基金中支付给参保人员的医疗保险待遇支出，以及其他支出。包括住院医疗费用支出、门急诊医疗费用支出、个人账户基金支出、其他支出。

4.基金累计结余 指截止报告期末基本医疗保险基金累计结余金额。

失业保险

1.参保人数 指报告期末按照国家法律、法规和有关政策规定参加了失业保险的城镇企业、事业单位的职工及地方政府规定参加失业保险的其他人员的人数。

2.基金收入 指报告期内筹集的失业保险基金的总额，包括失业保险费收入、利息收入、财政补贴收入、其他收入、转移收入、上级补助收入、下级上解收入。

3.基金支出 指报告期内为保障失业人员基本生活、促进其再就业等支出的基金总额，包括失业保险金支出、医疗补助金支出、丧葬补助金和抚恤金支出、职业培训和职业介绍补贴支出、农民合同制工人一次性生活补助支出、其他支出、转移支出、上级补助支出、下级上解支出。

4.基金累计结余 指截止报告期末失业保险基金收支相抵后的累计余额。

工伤保险

1.参加保险人数 指报告期末依据国家有关规定参加工伤保险的职工人数和有雇工的个体工商户的雇工数。

2.享受保险待遇人数 指年初至报告期末因工伤或职业病而享受工伤保险待遇的人数。为享受工伤医疗待遇中未评定等级的人数、享受伤残待遇人数以及享受因工死亡待遇人数之和。

3.基金收入 指根据国家有关规定，由参加工伤保险的单位按国家规定的缴费基数和缴费比例缴纳的工伤保险基金，以及通过其他形式取得的形成基金来源的款项。包括：单位缴纳的社会统筹基金收入、财政补贴收入、利息收入、其他收入。

4.基金支出 指按照国家政策规定的开支范围和开支标准从工伤保险基金中支付给参加工伤保险的人员及供养直系亲属工伤保险待遇支出及其他支出。包括工伤医疗费、伤残补助金、工亡补助金、护理费、丧葬补助费、工伤预防费用、职业康复费用和其他支出。

5.基金累计结余 指截止报告期末工伤保险基金累计结余金额。

生育保险

1.参保人数 指报告期末依据有关规定参加生育保险的人数。

2.基金收入 指根据国家有关规定，由参加生育保险的单位按照国家规定的缴费基数和缴费比例缴纳的生育保险基金，以及通过其他方式取得的形成基金来源的款项，包括：单位缴纳的基金收入、利息收入和其他收入。

3.基金支出 指按照国家政策规定的开支范围和开支标准，从生育保险基金中支付给参加生育保险的职工，因妊娠、分娩和计划生育手术而享受的待遇及其他支出。包括：生育津贴、医疗费用支出及其他支出。

4.基金累计结余 指截止报告期末生育保险基金累计结余金额。

Explanatory Notes on Main Statistical Indicators

Number of Labour Dispute Cases Accepted refers to the number of cases of labour dispute submitted that, after being reviewed by the labour dispute arbitration committees in line with the relevant state regulations, are accepted and registered for treatment.

Key Cases refer to crimes committed by county and director-level officials. This indicator reflects the situation of those county and director-level officials involved in criminal cases registered and handled by People's Procuratorate offices.

Approval for Arrest refers to the decision made by people's procuratorate office, in accordance with the law and relevant facts, to approve the arrest of the suspect(s) as proposed by the public security departments, state security departments or prisons authority. This indicator reflects approved arrests made by people's procuratorate offices that are proposed by related departments.

Decision on Arrest refers to decision made by the people's procuratorate office, in accordance with laws, to arrest the suspect(s) in the cases that are accepted and to be investigated by procurators office. This indicator mainly reflects the implementation of the decision on arrest by people's procuratorate office.

Cases by Public Prosecution refer to those ones that are instituted by People's Procuratorate offices after their examination of such cases transferred by public security organs, national security organs, jail management organs and prosecutorial organs on the bases of the facts found. This indicator reflects the situation of public prosecutions instituted to the people's courts by People's Procuratorate Offices.

Application of Summary Procedure refers to those cases of public prosecution where the suspects might be, according to law, sentenced to fixed-term imprisonment of not more than three years, criminal detention, public surveillance or punishment with fines exclusively by People's Court ;, those cases where the facts are clear and the evidence is sufficient, and for which the People's Procuratorate suggests or agrees to the application of summary procedure; those cases to be handled only upon complaints; and those minor criminal cases prosecuted by the victims with evidence.

Protests Presented refers to those protests presented by local People's Procuratorate at any level who considers that there exists some definite error in a judgment or order of first instance made by a People's Court at the same level to the People's Court at the next higher level, including the protests raised in accordance with the second instance and protests raised in accordance with procedure for trial supervision.

Withdrawal of Protests refers to the actions made by the People's Procuratorate at the next higher level when it considers the protests inappropriate by withdrawing the protests from the People's Court at the same level and notifying the People's Procuratorate at the next lower level.

Case Registration Supervision refers to the actions made by the People's Procuratorate to supervise the registration of criminal cases initiated by investigative authorities, including supervision of the cases which have wrongly not been registered and have wrongly been registered.

Supervision of Case Registration includes both the supervision of those registrations initiated by investigatory authorities and the supervision of those registrations according to notifications after hearing declined reasons for registration.

Supervisory Activities refers to the supervision of the People's Procuratorate over the management of prisons as well as other places of criminal reformation under supervision.

Juvenile Criminals refers to the offenders within the age range of 14 to 25 convicted guilty by the court during the reporting period while those between 14 and 18 are defined as minor offenders.

Administrative Cases refers to the cases filed by citizens, corporations and other organizations against the specific administrative conducts of administrative authorities and handled by the court.

Separate Compensation refers to cases that are separately filed for administrative compensation by the party who has no dispute on the legality of administrative conducts but brings proceedings separately to claim for damages caused by administrative tort.

Notary Personnel refers to people working for notary offices including: directors, deputy directors, notaries, assistant notaries and other people providing assistance.

Notary Documents refer to legally binding judicial notary documents developed at the request of the interested party based on facts and the law following certain legal proceedings.

Number of Labour Disputes Cases Accepted refers to the number of cases of labour disputes submitted that, after being reviewed by the labour dispute arbitration committees in line with the relevant national regulations, are accepted and registered for treatment.

Basic Pension Insurance

1. Number of staff and workers covered refer to staff and workers participating in the basic pension insurance programme according to national laws, regulations and related policies at the end of the reference period, who have already had payment records in social security management agencies, including those who have interrupt payment without terminating the insurance programme. Those who have registered in the programme but with no payment records are not included.

2. Number of retirees participating in the basic pension insurance programme refer to the number of retirees participating in basic pension insurance programmes by the end of the reference period.

3. Revenue of the basic pension insurance programme refers to payments made by employers and individuals participating in the pension insurance programme in accordance with the basis and proportion stipulated in State regulations, and income from other sources that become source of pension insurance fund, including the premium paid by employers and staff and workers, interest income, subsidies from higher level agencies, income as transfer from subordinate agencies, transferred income, government financial subsidies and other income.

4. Expenditure of basic pension insurance programme refer to payment made on pensions and funeral subsidies to those retired and resigned people covered in pension insurance programmes according to related national policies on scope and standard of expenditure. Also included are expenditure which arises due to shift of the insurance relationship or adjustment of funds among agencies. More specifically, included are pensions for resigned people, pensions for retired people, pension for people quitting jobs, various subsidies, medical fees, funeral subsidies, compensation payments, management fees for social security agencies, expenses on subsidies to lower subordinates, expenses as transfer to agencies at higher level, transferred expenditure and other expenditure.

5. Balance of basic pension insurance programme refers to the balance of basic pension insurance funds at the end of the reference period after deducting expenses from revenue.

Basic Medical Care Insurance

1. Number of people participating in the insurance programme refers to people participating in the basic medical care insurance programme according to related regulations at the end of the reference period.

2. Revenue of the insurance programme refers to payments made by employers and individuals participating in the medical care insurance programme in accordance with the basis and proportion stipulated in State regulations, and income from other sources that become source of medical insurance fund, including income paid by units, individual paid income, financial assistance's income (including individual income from medicaid), financial subsidies' income, interest income and other income.

3. Expenditure of the insurance programme refers to payment made to people covered in basic medical care insurance programme within the scope and standards of expenditure according to related national policies, and medical care payment and other expenses, including medical expenses of hospital inpatients, medical expenses for outpatients and emergency patients, payment from individual accounts and other expenditure.

4. Balance of the basic medical care insurance programme refers to the balance of medical care insurance funds at the end of the reference period.

Unemployment Insurance

1. Number of people covered refers to staff and workers in urban enterprises or institutions who have participated in the unemployment insurance programme according to relevant policies and regulations, and other people who have participated according to local government regulations at the end of the reference period.

2. Revenue of the unemployment insurance programme refers to the total unemployment insurance funds raised in the reference period, including unemployment insurance premium, interest income, financial subsidies, other income, transferred income, subsidies from higher level agencies and income as transfer from subordinate agencies.

3. Expenditure of the unemployment insurance programme refers to total expenses during the reference period to guarantee the basic livelihood of unemployed people, and to encourage their re-employment. Included are unemployment relief, medical fees, funeral subsidies, compensation payments, training expenses, management fees for unemployment insurance agencies, subsidies to lower level agencies, expenses as transfer to higher level agencies, transferred expenditure and other expenditure.

4. Balance of the unemployment insurance programme refers to the balance of revenue of the programme after deducting expenses at the end of the reference period.

Work Injury Insurance

1. Number of people covered refers to staff and workers who have participated in the work injury insurance programme and number of employees in private business according to relevant national regulations at the end of the reference period.

2. Number of beneficiaries refers to number of people benefited from work injury insurance, as a result of work injury or occupational disease. It is the sum of beneficiaries from the work injury medical treatment without rating, disabilities and deaths at work places.

3. Revenue of the work injury insurance programme refers to payments made by employers participating in the work injury insurance programme in accordance with the basis and proportion stipulated in State regulations, and income from other sources that become source of work injury insurance fund, including income of social comprehensive funds paid by employers, government financial subsidies, interest income and other income.

4. Expenditure of the work injury insurance programme refers to payments made from work injury insurance funds to those who participated in the work injury insurance programme and their direct dependents within the scope and standards of expenditure according to related national policies, and other expenditure, including medical fees for work injury, injury and disability subsidies, death subsidies, nursing fees, funeral subsidies, injury prevention fees, occupational rehabilitation fees and other expenditure.

5. Balance of the work injury insurance programme refers to the balance of the work injury funds at the end of the reference period.

Maternity Insurance

1. Number of people covered refers to people who have participated in the maternity insurance programme according to relevant regulation at the end of the reference period.

2. Revenue of maternity insurance refers to payments made by employers participating in the maternity insurance programme in accordance with the basis and proportion stipulated in State regulations, and income from other sources that become source of maternity insurance fund, including income of funds paid by employers, interest income and other income.

3. Expenditure of the maternity insurance programme refers to payments made from maternity insurance funds to staff and workers who participate in the maternity insurance programme within the scope and standards of expenditure in accordance with related national policies, expenses paid for pregnancy, child delivery or surgeries related to family planning, and other expenditure, including allowance for child bearing, medical fees and other expenditure.

4. Balance of the maternity programme refers to the balance of the maternity insurance funds at the end of the reference period.

各县（市、区）主要统计指标

Main Indicators of County (City, municipal districts)

27-1 各县(市)人口及从业人员(2015年)

Population and Employed Person by County and City (2015)

县市 County and city	年末总户数(万户) Total Households (year-end) (10 000 household)	年末总人口(万人) Population (year-end) (10 000 persons)	年平均总人口(万人) Average person Per Year (10 000 persons)	常住人口(万人) Resident population (10 000 persons)	#城镇 Urban	城镇化率(%) Urban Proportion (%)	从业人员(万人) Employment (10 000 persons)	第一产业 Primary Industry	第二、三产业 Secondary Industry and Tertiary Industry	#乡村从业人员 Employed Persons in Rural Area
郑州市 Zhengzhou										
中牟县 Zhongmu	17.65	104.52	99.72	104.52	47.44	45.39	36.89	15.88	21.01	24.38
巩义市 Gongyi	21.34	83.60	83.40	82.40	43.14	52.35	49.34	10.72	38.62	33.37
荥阳市 Xingyang	17.56	61.58	61.56	61.58	31.74	51.54	47.12	9.94	37.18	32.19
新密市 Xinmi	20.95	80.37	80.35	80.37	42.55	52.94	52.68	8.63	44.06	33.27
新郑市 Xinzheng	18.93	88.55	87.50	88.55	47.21	53.31	46.06	11.26	34.80	26.93
登封市 Dengfeng	17.38	69.43	69.16	69.43	35.78	51.53	53.54	14.76	38.78	34.83
开封市 Kaifeng										
杞县 Qixian	38.28	112.30	112.01	91.08	30.54	33.53	67.68	36.16	31.52	60.04
通许县 Tongxu	18.22	64.22	64.05	52.71	17.66	33.50	40.51	20.02	20.49	33.18
尉氏县 Weishi	26.87	96.26	95.98	86.57	29.06	33.57	75.76	30.66	45.10	52.38
兰考县 Lankao	28.01	84.62	84.38	63.26	22.50	35.56	57.55	19.08	38.47	46.41
洛阳市 Luoyang										
孟津县 Mengjin	16.15	46.19	46.07	42.29	18.77	44.38	33.60	11.60	22.00	21.70
新安县 Xinan	15.88	52.99	52.91	47.91	20.34	42.45	37.60	9.00	28.60	26.40
栾川县 Luanchuan	10.78	33.94	33.86	35.10	15.63	44.53	26.40	8.60	17.80	17.90
嵩县 Songxian	17.29	59.93	59.78	51.83	16.09	31.05	35.70	18.10	17.60	30.50
汝阳县 Ruyang	12.79	48.06	47.90	42.47	13.45	31.66	34.70	17.80	16.90	25.00
宜阳县 Yiyang	20.15	69.53	69.39	61.25	19.97	32.60	42.30	19.10	23.20	34.90
洛宁县 Luoning	13.92	48.84	48.79	42.83	12.85	30.00	34.90	28.40	6.50	28.30
伊川县 Yichuan	25.46	83.00	82.75	78.27	31.31	40.00	53.10	21.50	31.60	43.10
偃师市 Yanshi	18.21	60.45	60.32	56.78	31.30	55.12	45.80	10.90	34.90	28.70
平顶山市 Pingdingshan										
宝丰县 Baofeng	16.54	53.08	52.93	49.64	19.13	38.55	34.45	19.27	15.17	27.95
叶县 Yexian	23.43	90.46	90.44	77.99	26.00	33.34	53.70	32.48	21.23	48.13
鲁山县 Lushan	24.40	94.76	94.50	78.52	26.13	33.28	52.67	25.72	26.96	46.08
郏县 Jiaxian	20.28	63.56	63.36	57.45	21.54	37.49	39.78	22.89	16.89	34.02
舞钢市 Wugang	10.46	34.45	34.34	32.01	17.19	53.69	21.59	10.28	11.32	15.91
汝州市 Ruzhou	30.63	107.67	107.38	92.60	38.21	41.26	64.01	30.80	33.21	52.48
安阳市 Anyang										
安阳县 Anyang	32.23	100.76	100.50	85.97	37.01	43.05	63.41	25.90	37.51	51.72
汤阴县 Tangyin	15.02	50.33	50.20	43.79	19.04	43.48	30.67	13.98	16.69	25.19
滑县 Huaxian	44.82	136.71	136.31	110.70	30.08	27.17	79.92	32.98	46.93	67.87
内黄县 Neihuang	19.41	77.93	77.72	67.37	17.76	26.36	53.51	23.81	29.70	46.29
林州市 Linzhou	32.84	107.09	106.82	79.60	39.40	49.50	64.77	21.11	43.66	53.96
鹤壁市 Hebi										
浚县 Xunxian	19.59	70.73	70.53	67.38	22.13	32.84	44.30	15.04	29.26	34.34
淇县 Qixian	8.64	29.20	29.11	27.54	14.34	52.07	21.31	8.04	13.29	13.86

27-1 续表 1 continued

县 市 County and city	年末总户数（万户）Total Households (year-end) (10 000 household)	年末总人口（万人）Population (year-end) (10 000 persons)	年平均总人口（万人）Average person Per Year (10 000 persons)	常住人口（万人）Resident population (10 000 persons)	#城镇 Urban	城镇化率(%) Urban Proportion (%)	从业人员（万人）Employment (10 000 persons)	第一产业 Primary Industry	第二、三产业 Secondary Industry and Tertiary Industry	#乡村从业人员 Employed Persons in Rural Area
新　乡　市 Xinxiang										
新　乡　县 Xinxiang	8.90	34.47	34.38	34.21	17.47	51.06	28.80	2.78	26.02	19.44
获　嘉　县 Huojia	12.26	43.81	43.70	40.84	17.12	41.91	30.89	14.71	16.18	23.78
原　阳　县 Yuanyang	18.82	74.17	73.97	65.76	20.15	30.64	40.06	19.53	20.54	35.03
延　津　县 Yanjin	14.09	50.06	49.93	46.67	15.50	33.21	30.04	13.27	16.77	23.24
封　丘　县 Fengqiu	21.56	81.95	81.74	72.69	23.52	32.35	40.81	17.36	23.45	34.55
长　垣　县 Changyuan	27.54	86.31	86.09	75.10	31.47	41.91	54.74	7.59	47.15	32.13
卫　辉　市 Weihui	15.47	51.98	51.84	49.60	20.38	41.08	26.16	11.67	14.49	21.49
辉　县　市 Huixian	25.81	84.95	84.74	74.58	32.26	43.25	46.91	19.65	27.26	35.80
焦　作　市 Jiaozuo										
修　武　县 Xiuwu	6.98	27.05	27.73	25.06	11.64	46.43	16.55	4.56	11.99	11.97
博　爱　县 Boai	10.39	39.99	39.90	37.35	18.68	50.01	23.76	9.23	14.53	16.65
武　陟　县 Wuzhi	18.98	71.34	72.20	66.06	25.50	38.60	48.46	20.57	27.90	34.35
温　　县 Wenxian	14.28	45.28	45.15	41.71	18.82	45.12	34.95	13.70	21.26	24.01
沁　阳　市 Qinyang	11.92	49.34	49.23	43.91	25.27	57.56	33.88	10.58	23.30	24.92
孟　州　市 Mengzhou	11.39	38.68	38.55	36.93	16.98	45.98	32.77	6.05	26.72	20.00
濮　阳　市 Puyang										
清　丰　县 Qingfeng	21.02	71.24	71.06	63.08	16.72	26.51	47.50	25.43	22.07	37.91
南　乐　县 Nanle	14.86	53.67	53.53	47.57	13.95	29.32	37.38	15.51	21.87	24.84
范　　县 Fanxian	16.25	55.34	55.20	46.15	13.90	30.11	40.24	18.83	21.41	26.75
台　前　县 Taiqian	10.61	37.84	37.74	32.24	9.45	29.30	23.89	8.72	15.17	19.74
濮　阳　县 Puyang	30.78	115.10	114.82	101.10	37.71	37.30	69.80	29.54	40.26	56.57
许　昌　市 Xuchang										
许　昌　县 Xuchang	27.24	89.78	89.56	77.62	29.02	37.39	42.15	18.55	23.60	31.62
鄢　陵　县 Yanling	19.55	66.35	66.19	55.65	20.76	37.30	35.02	11.62	23.40	25.14
襄　城　县 Xiangcheng	27.10	86.62	86.42	67.68	24.81	36.66	49.75	39.77	9.98	43.18
禹　州　市 Yuzhou	41.85	128.29	127.98	114.07	49.27	43.19	75.63	33.56	42.07	60.41
长　葛　市 Changge	19.55	77.59	77.40	68.11	34.18	50.18	51.10	12.40	38.70	34.64
漯　河　市 Luohe										
舞　阳　县 Wuyang	17.50	61.47	61.34	55.61	22.56	40.56	38.45	19.17	19.28	32.13
临　颍　县 Linying	22.63	77.19	77.06	72.85	31.25	42.89	50.35	28.23	22.13	40.95
三门峡市 Sanmenxia										
渑　池　县 Mianchi	12.47	35.58	35.52	34.94	15.53	44.46	22.32	8.22	14.10	16.89
卢　氏　县 Lushi	13.23	36.66	36.60	35.53	12.13	34.15	21.05	13.13	7.92	17.61
义　马　市 Yima	5.25	16.68	16.66	14.63	14.07	96.16	10.93	0.80	10.13	2.29
灵　宝　市 Lingbao	21.66	74.72	74.60	72.73	30.09	41.37	46.93	25.23	21.70	35.08
南　阳　市 Nanyang										
南　召　县 Nanzhao	21.68	65.21	65.07	54.19	19.48	35.94	37.12	24.46	12.66	31.40
方　城　县 Fangcheng	34.27	109.18	108.86	89.05	30.23	33.95	75.18	40.29	34.90	66.43
西　峡　县 Xixia	15.65	46.96	46.86	43.70	19.77	45.24	42.06	4.77	37.29	29.14

27-1 续表 2 continued

县 市	County and city	年末总户数(万户) Total Households (year-end) (10 000 household)	年末总人口(万人) Population (year-end) (10 000 persons)	年平均总人口(万人) Average person Per Year (10 000 persons)	常住人口(万人) Resident population (10 000 persons)	#城镇 Urban	城镇化率(%) Urban Proportion (%)	从业人员(万人) Employment (10 000 persons)	第一产业 Primary Industry	第二、三产业 Secondary Industry and Tertiary Industry	#乡村从业人员 Employed Persons in Rural Area
镇平县	Zhenping	28.62	103.37	103.11	84.46	31.00	36.71	58.48	24.56	33.92	47.77
内乡县	Neixiang	22.67	71.83	71.67	55.53	20.35	36.65	37.89	17.17	20.73	30.40
淅川县	Xichuan	20.72	71.50	71.33	66.16	25.47	38.50	40.50	19.90	20.60	31.68
社旗县	Sheqi	51.52	73.74	73.54	61.73	22.38	36.25	46.99	28.53	18.46	40.87
唐河县	Tanghe	40.91	144.64	144.36	121.19	45.48	37.53	76.31	38.50	37.81	64.33
新野县	Xinye	22.57	83.34	83.21	61.01	22.41	36.73	52.44	25.79	26.65	42.73
桐柏县	Tongbai	15.40	47.74	47.61	38.01	15.75	41.45	27.38	10.33	17.06	21.31
邓州市	Dengzhou	48.09	176.81	176.49	142.52	52.19	36.62	96.01	52.34	43.67	83.87
商丘市	**Shangqiu**										
民权县	Minquan	27.38	91.60	91.36	71.28	23.26	32.63	55.90	26.92	28.98	45.22
睢县	Suixian	24.92	87.60	87.38	66.85	22.29	33.34	60.89	32.19	28.70	48.97
宁陵县	Ningling	21.46	65.45	65.29	50.55	15.66	30.97	40.90	21.47	19.43	34.03
柘城县	Zhecheng	32.18	102.89	102.62	68.21	22.25	32.62	59.43	29.51	29.92	43.52
虞城县	Yucheng	37.97	113.96	116.17	86.71	29.39	33.90	69.68	23.97	45.71	59.79
夏邑县	Xiayi	42.25	121.21	120.90	87.05	30.91	35.51	70.52	27.83	42.69	60.57
永城市	Yongcheng	43.96	154.94	154.50	122.58	52.59	42.90	104.32	28.94	75.38	82.65
信阳市	**Xinyang**										
罗山县	Luoshan	22.55	76.12	75.90	51.21	19.71	38.48	44.51	19.32	25.19	38.31
光山县	Guangshan	28.89	84.55	84.33	59.95	21.58	35.99	50.48	22.51	27.97	42.37
新县	Xinxian	14.20	36.63	36.49	27.95	12.40	44.37	23.76	7.98	15.78	17.44
商城县	Shangcheng	24.54	78.64	78.39	50.21	18.00	35.84	42.08	16.35	25.73	37.03
固始县	Gushi	54.11	175.10	174.69	107.90	40.39	37.43	102.04	34.83	67.20	81.43
潢川县	Huangchuan	27.60	86.26	86.02	64.99	30.59	47.07	48.97	29.32	19.65	40.33
淮滨县	Huaibin	24.19	76.70	76.47	56.57	20.48	36.20	47.62	22.32	25.30	38.91
息县	Xixian	3.30	103.70	103.43	83.35	29.78	35.73	61.74	32.95	28.79	53.93
周口市	**Zhoukou**										
扶沟县	Fugou	19.87	76.10	75.91	59.89	21.05	35.15	46.53	22.32	24.21	38.10
西华县	Xihua	28.63	96.66	96.43	75.30	26.35	34.99	58.17	26.02	32.15	52.76
商水县	Shangshui	32.95	123.80	123.50	89.52	28.94	32.33	77.45	38.49	38.97	66.18
沈丘县	Shenqiu	35.34	130.56	130.25	95.85	33.91	35.38	77.29	40.04	37.24	55.06
郸城县	Dancheng	40.19	134.19	133.86	94.57	33.13	35.03	84.83	41.93	42.90	71.14
淮阳县	Huaiyang	38.77	131.00	130.68	99.43	34.81	35.01	86.32	47.36	38.95	67.58
太康县	Taikang	43.20	150.09	149.72	105.79	35.44	33.50	88.54	51.22	37.32	73.54
鹿邑县	Luyi	33.42	121.42	121.09	88.92	33.66	37.85	78.99	18.86	60.13	67.67
项城市	Xiangcheng	38.23	124.38	124.08	100.15	43.82	43.75	74.11	28.89	45.22	48.10
驻马店市	**Zhumadian**										
西平县	Xiping	22.82	89.31	89.08	68.22	23.34	34.21	63.55	12.35	51.20	55.48
上蔡县	Shangcai	41.96	151.66	151.27	98.41	33.54	34.08	83.56	41.72	41.84	73.29
平舆县	Pingyu	26.73	100.62	100.36	71.73	26.36	36.74	64.21	31.25	32.96	54.51
正阳县	Zhengyang	24.66	82.81	82.59	62.61	18.62	29.74	51.08	25.32	25.77	43.44
确山县	Queshan	16.07	52.80	52.66	40.27	15.39	38.21	35.03	16.29	18.74	26.12
泌阳县	Biyang	26.71	91.96	91.71	68.22	24.97	36.60	61.12	18.87	42.25	46.48
汝南县	Runan	22.49	85.42	85.20	65.41	22.32	34.13	55.15	31.89	23.25	48.24
遂平县	Suiping	17.84	56.26	56.12	41.74	16.09	38.54	37.95	17.59	20.36	29.27
新蔡县	Xincai	29.13	112.73	112.50	83.95	25.36	30.21	74.67	20.81	53.86	67.27

27-2 各县(市)生产总值和指数(2015年)

县 市	County and city	生产总值（亿元） Gross Domestic Products (100 million yuan)	第一产业 Primary Industry	第二产业 Secondary Industry	第三产业 Tertiary Industry
郑 州 市	**Zhengzhou**				
中 牟 县	Zhongmu	754.83	41.11	506.72	207.00
巩 义 市	Gongyi	625.50	11.26	387.01	227.23
荥 阳 市	Xingyang	588.26	30.50	366.67	191.09
新 密 市	Xinmi	642.13	20.10	352.54	269.49
新 郑 市	Xinzheng	873.94	21.11	535.34	317.48
登 封 市	Dengfeng	522.30	16.35	307.61	198.35
开 封 市	**Kaifeng**				
杞 县	Qixian	265.65	76.96	90.53	98.16
通 许 县	Tongxu	214.14	47.45	86.40	80.29
尉 氏 县	Weishi	311.21	51.26	165.20	94.75
兰 考 县	Lankao	234.56	39.09	103.28	92.19
洛 阳 市	**Luoyang**				
孟 津 县	Mengjin	239.86	25.65	130.68	83.52
新 安 县	Xinan	379.96	21.57	232.48	125.92
栾 川 县	Luanchuan	152.19	14.64	86.20	51.35
嵩 县	Songxian	145.51	29.61	50.79	65.12
汝 阳 县	Ruyang	129.78	14.80	67.77	47.21
宜 阳 县	Yiyang	224.66	34.44	99.87	90.35
洛 宁 县	Luoning	158.27	28.88	62.97	66.42
伊 川 县	Yichuan	301.49	26.77	164.72	110.00
偃 师 市	Yanshi	414.18	20.33	221.22	172.63
平 顶 山 市	**Pingdingshan**				
宝 丰 县	Baofeng	246.63	20.32	137.44	88.87
叶 县	Yexian	201.62	40.98	107.03	53.61
鲁 山 县	Lushan	140.76	27.73	48.83	64.20
郏 县	Jiaxian	149.30	22.47	86.03	40.80
舞 钢 市	Wugang	118.16	11.80	57.13	49.23
汝 州 市	Ruzhou	362.33	37.07	167.73	157.53
安 阳 市	**Anyang**				
安 阳 县	Anyang	340.24	30.86	184.67	124.70
汤 阴 县	Tangyin	164.00	23.51	90.45	50.04
滑 县	Huaxian	211.30	65.62	77.95	67.72
内 黄 县	Neihuang	176.28	52.57	70.68	53.04
林 州 市	Linzhou	455.47	20.35	251.53	183.60
鹤 壁 市	**Hebi**				
浚 县	Xunxian	169.48	30.33	91.99	47.15
淇 县	Qixian	203.94	19.42	156.01	28.51

Gross Domestic Product and Its indices by County and City (2015)

人均生产总值(元)(按常住人口计算) Per Capita GDP(yuan) (calculated at residents)	生产总值指数(%)(上年=100) Indices of Gross Domestic Products(%) (preceding year=100)	第一产业 Primary Industry	第二产业 Secondary Industry	第三产业 Tertiary Industry	人均生产总值指数(%) Indices of Per Capita GDP (%)
75696	113.5	102.4	111.1	126.0	106.1
76095	108.0	104.6	107.6	109.6	107.5
95558	108.6	104.8	108.6	109.2	108.5
79914	109.5	105.0	108.6	111.8	109.2
99879	115.6	100.7	116.1	116.2	112.6
75519	108.7	104.8	107.1	113.5	107.8
29028	**109.5**	**104.5**	**109.5**	**114.0**	**111.7**
40430	109.0	104.3	109.1	112.1	112.7
35788	110.0	104.3	109.9	113.7	110.4
37185	110.1	104.3	110.1	113.0	112.7
56870	110.8	105.0	111.7	111.4	110.2
79525	112.1	104.7	112.5	112.6	111.6
43458	112.5	104.8	113.5	108.0	111.5
28165	111.1	105.1	112.0	112.8	110.3
30856	110.5	105.2	111.4	110.9	109.0
36766	**109.3**	**104.9**	**109.6**	**110.9**	**108.7**
37000	111.4	105.1	113.7	111.5	110.6
38620	110.9	104.1	111.6	111.5	109.5
73110	110.8	104.2	111.3	111.0	110.4
49703	102.2	104.7	97.2	115.9	102.1
25879	108.0	105.0	108.1	110.2	108.2
17935	106.0	104.5	104.2	108.9	106.1
25999	109.6	104.3	111.8	106.7	109.7
36935	115.6	104.5	119.8	107.9	115.4
38975	**108.6**	**104.3**	**106.8**	**112.9**	**109.0**
39699	102.6	103.3	100.6	108.3	102.2
37650	113.7	103.9	116.0	112.0	113.2
19079	109.1	104.2	110.2	113.0	109.4
26238	110.5	104.1	113.1	112.3	110.8
57448	108.0	103.3	106.7	112.2	107.5
25224	108.1	104.1	109.1	108.7	107.8
74261	108.5	103.7	108.5	112.1	109.3

27-2 续表 1

县 市 County and city	生产总值（亿元） Gross Domestic Products (100 million yuan)	第一产业 Primary Industry	第二产业 Secondary Industry	第三产业 Tertiary Industry
新 乡 市 Xinxiang				
新 乡 县 Xinxiang	202.93	13.08	145.96	43.89
获 嘉 县 Huojia	93.53	15.63	54.09	23.82
原 阳 县 Yuanyang	116.85	26.86	54.21	35.79
延 津 县 Yanjin	117.30	25.92	58.88	32.50
封 丘 县 Fengqiu	118.33	38.30	47.55	32.48
长 垣 县 Changyuan	271.77	32.69	138.10	100.98
卫 辉 市 Weihui	96.55	23.06	21.68	51.81
辉 县 市 Huixian	306.78	38.18	177.33	91.27
焦 作 市 Jiaozuo				
修 武 县 Xiuwu	114.21	7.42	65.20	41.60
博 爱 县 Boai	224.78	18.60	144.15	62.03
武 陟 县 Wuzhi	291.33	36.56	178.05	76.73
温 县 Wenxian	244.17	27.42	155.17	61.58
沁 阳 市 Qinyang	352.10	19.91	228.49	103.70
孟 州 市 Mengzhou	267.63	20.40	185.68	61.55
濮 阳 市 Puyang				
清 丰 县 Qingfeng	204.52	40.21	115.71	48.60
南 乐 县 Manle	156.57	31.27	87.67	37.63
范 县 Fanxian	168.94	17.07	109.80	42.07
台 前 县 Taiqian	91.81	9.55	53.17	29.09
濮 阳 县 Puyang	342.21	40.95	218.76	82.50
许 昌 市 Xuchang				
许 昌 县 Xuchang	345.95	30.30	214.79	100.86
鄢 陵 县 Yanling	257.59	48.92	124.43	84.24
襄 城 县 Xiangcheng	303.01	33.93	158.09	111.00
禹 州 市 Yuzhou	512.38	30.23	298.25	183.91
长 葛 市 Changge	494.22	25.14	363.74	105.35
漯 河 市 Luohe				
舞 阳 县 Wuyang	158.25	25.10	87.09	46.06
临 颍 县 Linying	240.33	31.31	161.62	47.40
三 门 峡 市 Sanmenxia				
渑 池 县 Mianchi	230.03	19.53	151.70	58.79
卢 氏 县 Lushi	79.03	20.65	27.08	31.30
义 马 市 Yima	137.12	1.04	104.11	31.96
灵 宝 市 Lingbao	458.57	52.42	289.01	117.14
南 阳 市 Nanyang				
南 召 县 Nanzhao	121.64	18.34	59.63	43.67
方 城 县 Fangcheng	175.37	37.49	73.99	63.89
西 峡 县 Xixia	219.47	28.09	127.12	64.27

continued

人均生产总值 (元) (按常住人口计算) Per Capita GDP(yuan) (calculated at residents)	生产总值指数 (%) (上年=100) Indices of Gross Domestic Products(%) (preceding year=100)				人均生产总值指数 (%) Indices of Per Capita GDP (%)
		第一产业 Primary Industry	第二产业 Secondary Industry	第三产业 Tertiary Industry	
59476	104.8	103.8	105.0	103.7	104.4
23001	108.5	104.4	102.4	133.0	107.9
17736	106.1	103.7	108.2	103.6	106.2
25036	108.5	104.5	110.5	107.3	108.8
16230	108.8	104.2	111.6	109.8	109.0
36020	110.6	104.3	111.1	112.3	110.0
19424	78.7	104.6	51.8	100.2	78.8
41286	105.0	104.6	106.4	101.7	104.5
44335	110.4	103.0	111.4	110.9	112.7
60348	108.7	103.6	109.9	106.2	108.2
43806	110.0	104.6	110.5	111.0	111.2
58688	110.5	104.9	110.9	111.2	109.9
79992	108.2	104.4	108.1	109.3	108.6
72675	108.8	104.4	108.9	109.9	108.2
32446	111.7	104.4	113.0	114.3	112.0
32914	111.8	104.5	113.1	113.7	109.8
36606	113.9	104.5	114.9	114.6	115.1
28542	112.7	104.7	113.2	114.4	112.2
33835	111.7	104.4	112.2	114.4	111.9
44709	105.8	103.1	104.0	113.7	105.2
46437	109.3	103.7	110.7	110.4	108.7
44916	108.6	103.8	108.0	111.8	108.1
45050	109.5	104.1	108.2	113.8	109.0
72776	111.7	104.2	112.4	111.0	111.2
28571	110.1	103.8	111.0	111.3	109.1
33090	108.2	103.7	108.4	111.1	107.4
65829	105.8	102.0	104.8	111.0	105.7
22240	108.3	105.6	108.8	109.1	108.2
93724	90.5	105.5	87.3	110.9	90.4
63044	103.2	105.7	102.1	107.1	103.1
22441	111.0	104.5	111.9	111.8	111.7
19708	111.6	104.6	113.4	113.8	112.4
50258	110.1	104.5	110.6	111.6	110.4

27-2 续表 2

县　市 County and city	生产总值（亿元）Gross Domestic Products (100 million yuan)	第一产业 Primary Industry	第二产业 Secondary Industry	第三产业 Tertiary Industry
镇　平　县 Zhenping	215.07	30.36	103.63	81.08
内　乡　县 Neixiang	147.60	35.18	61.01	51.40
淅　川　县 Xichuan	194.63	35.54	98.83	60.27
社　旗　县 Sheqi	139.25	34.74	58.16	46.34
唐　河　县 Tanghe	263.02	70.50	107.45	85.07
新　野　县 Xinye	237.40	43.52	118.22	75.66
桐　柏　县 Tongbai	138.14	20.95	73.13	44.06
邓　州　市 Dengzhou	347.48	97.46	125.68	124.34
商　丘　市 Shangqiu				
民　权　县 Minquan	184.33	43.87	69.04	71.43
睢　县 Suixian	144.67	41.92	54.54	48.20
宁　陵　县 Ningling	96.29	25.47	38.49	32.34
柘　城　县 Zhecheng	168.63	42.53	59.63	66.47
虞　城　县 Yucheng	215.04	45.12	87.24	82.68
夏　邑　县 Xiayi	189.94	47.56	73.23	69.15
永　城　市 Yongcheng	430.03	64.59	214.23	151.21
信　阳　市 Xinyang				
罗　山　县 Luoshan	160.06	45.69	56.87	57.50
光　山　县 Guangshan	166.54	47.35	64.95	54.24
新　县 Xinxian	108.80	26.32	46.13	36.34
商　城　县 Shangcheng	156.22	42.25	62.94	51.03
固　始　县 Gushi	272.75	75.54	88.84	108.37
潢　川　县 Huangchuan	208.60	58.31	74.41	75.87
淮　滨　县 Huaibin	140.37	35.80	59.38	45.20
息　县 Xixian	178.01	49.21	70.42	58.38
周　口　市 Zhoukou				
扶　沟　县 Fugou	151.67	38.15	72.95	40.57
西　华　县 Xihua	192.58	52.27	90.68	49.63
商　水　县 Shangshui	206.44	59.62	84.40	62.42
沈　丘　县 Shenqiu	214.95	43.22	98.00	73.73
郸　城　县 Dancheng	203.88	49.66	97.65	56.57
淮　阳　县 Huaiyang	192.91	59.58	83.89	49.44
太　康　县 Taikang	210.52	55.67	86.85	68.00
鹿　邑　县 Luyi	259.50	48.63	122.43	88.44
项　城　市 Xiangcheng	259.77	42.53	124.96	92.28
驻马店市 Zhumadian				
西　平　县 Xiping	184.94	47.61	62.60	74.72
上　蔡　县 Shangcai	184.85	40.52	72.89	71.44
平　舆　县 Pingyu	175.80	37.74	75.66	62.40
正　阳　县 Zhengyang	145.92	49.88	40.46	55.58
确　山　县 Queshan	137.07	31.46	56.56	49.05
泌　阳　县 Biyang	186.22	49.72	74.63	61.87
汝　南　县 Runan	163.23	45.88	61.41	55.93
遂　平　县 Suiping	165.17	29.13	74.84	61.20
新　蔡　县 Xincai	159.44	45.80	55.65	57.98

continued

人均生产总值（元）（按常住人口计算）Per Capita GDP(yuan) (calculated at residents)	生产总值指数（%）（上年=100）Indices of Gross Domestic Products(%) (preceding year=100)	第一产业 Primary Industry	第二产业 Secondary Industry	第三产业 Tertiary Industry	人均生产总值指数（%）Indices of Per Capita GDP (%)
25479	110.5	104.3	111.1	112.1	110.7
26583	110.8	104.8	112.2	113.2	111.7
29424	110.3	104.3	110.9	113.2	111.2
22563	111.5	104.6	113.7	114.3	112.2
21743	108.2	104.5	107.9	112.5	109.4
38911	110.5	104.5	111.2	113.2	110.9
36362	107.5	104.7	105.0	116.0	108.6
24520	108.6	104.4	109.0	111.4	108.8
25718	109.3	104.5	110.0	111.9	109.9
21647	108.3	104.5	108.5	112.0	108.2
18950	108.6	104.3	108.9	111.4	109.2
24488	108.2	104.6	106.6	112.7	109.2
24498	109.3	104.5	108.7	113.7	110.8
21732	109.1	104.5	108.7	113.7	109.9
35295	108.7	104.4	107.8	114.4	109.0
30859	109.1	104.7	110.6	110.1	110.4
27657	109.7	104.7	110.5	112.5	110.1
38506	110.0	104.4	110.7	112.3	112.1
30472	108.6	104.4	109.1	110.8	110.5
25372	108.9	104.5	109.2	112.8	108.2
31779	109.3	104.6	110.8	111.0	110.2
24483	109.6	104.5	111.2	110.6	110.6
21645	108.7	104.4	108.9	111.7	107.4
25332	109.3	104.2	110.6	112.0	109.5
25580	106.6	104.4	105.0	112.7	107.0
23064	108.3	104.1	109.8	111.7	108.5
22430	109.6	104.9	110.6	111.4	109.3
21562	109.4	103.9	110.9	111.2	109.8
19405	108.2	104.4	109.7	110.6	108.0
19903	109.7	104.4	111.6	112.7	109.8
29204	109.0	104.3	109.4	111.9	108.8
25942	109.5	104.7	110.3	110.6	107.9
27101	110.2	104.6	109.2	115.6	110.7
18731	109.3	104.4	109.1	112.3	110.3
24518	108.9	104.7	108.6	112.2	108.9
23326	108.7	104.0	109.4	112.7	108.7
34047	108.7	104.4	108.6	111.6	107.0
27308	108.6	104.5	108.4	112.6	108.3
24985	108.3	104.5	109.5	109.9	107.8
39607	109.6	104.1	108.4	114.0	109.0
18986	109.1	104.3	108.1	114.4	108.6

27-3 各县(市)固定资产投资、建筑业及规模以上工业主要指标(2015年)

Main Indicators on Investment in Fixed Assets、Construction and Enterprises above Designated Size Industry by County and City (2015)

县市	County and city	全社会固定资产投资(亿元) Total Investment in Fixed Assets (100 million yuan)	#固定资产投资 Investment in Fixed Assets	#房地产开发 Real Estate	建筑业总产值(亿元) Gross Output Value of Construction (100 million yuan)	工业增加值增速(%) Growth Rate of Value Added of Industry (%)	主营业务收入(亿元) Sales Revenue (100 million yuan)	利税总额(亿元) Pre-tax Profits (100 million yuan)
郑州市	**Zhengzhou**							
中牟县	Zhongmu	339.39	327.75	31.48	30.70	17.8	439.54	45.03
巩义市	Gongyi	484.50	475.49	39.73	15.35	8.0	1859.64	144.80
荥阳市	Xingyang	493.41	483.24	66.72	70.10	9.5	1718.48	226.47
新密市	Xinmi	468.61	453.69	26.35	59.80	9.7	1436.23	224.18
新郑市	Xinzheng	488.35	473.15	90.45	31.14	12.5	1317.45	277.52
登封市	Dengfeng	418.11	404.77	11.72	17.10	9.5	1298.23	207.27
开封市	**Kaifeng**							
杞县	Qixian	189.82	183.46	3.78	6.85	10.8	399.00	47.20
通许县	Tongxu	152.57	146.19	7.50	17.07	10.6	308.60	20.40
尉氏县	Weishi	240.81	235.47	18.23	11.62	11.4	781.40	127.80
兰考县	Lankao	154.34	147.79	15.74	11.20	11.3	381.09	51.40
洛阳市	**Luoyang**							
孟津县	Mengjin	271.65	268.68	0.50	6.99	14.8	657.64	52.30
新安县	Xinan	449.26	445.62	9.42	11.62	14.8	1011.08	28.20
栾川县	Luanchuan	214.99	212.12	4.63	21.07	14.2	173.30	11.86
嵩县	Songxian	211.04	206.35	0.07	3.27	14.5	122.11	4.99
汝阳县	Ruyang	161.00	159.29	4.21	4.46	15.2	89.57	0.81
宜阳县	Yiyang	278.53	273.66	8.89	9.78	10.5	330.29	25.74
洛宁县	Luoning	207.52	203.02	23.88	11.37	14.5	274.94	20.68
伊川县	Yichuan	416.80	412.12	8.07	2.62	14.6	529.13	2.30
偃师市	Yanshi	295.42	289.09	6.27	7.40	13.3	1099.42	97.53
平顶山市	**Pingdingshan**							
宝丰县	Baofeng	218.72	216.00	7.58	1.67	-2.7	281.84	42.17
叶县	Yexian	285.16	281.00	1.41	6.24	9.3	419.13	69.35
鲁山县	Lushan	166.02	161.52	2.84	8.11	2.4	164.11	12.63
郏县	Jiaxian	193.76	189.95	2.45	4.14	16.9	335.71	45.14
舞钢市	Wugang	193.61	191.02	1.53	3.45	27.0	199.44	2.26
汝州市	Ruzhou	286.38	282.78	6.49	4.17	9.8	291.16	26.03
安阳市	**Anyang**							
安阳县	Anyang	501.07	494.12	4.83	84.66	-0.5	674.37	52.49
汤阴县	Tangyin	108.39	106.17	8.97	13.61	18.1	391.78	36.61
滑县	Huaxian	153.50	148.56	14.43	33.08	11.6	309.33	31.60
内黄县	Neihuang	113.61	109.41	11.33	10.21	18.0	324.95	43.33
林州市	Linzhou	536.77	527.03	31.03	360.76	7.0	988.15	86.65
鹤壁市	**Hebi**							
浚县	Xunxian	130.86	125.49	10.24	3.84	9.6	402.49	28.52
淇县	Qixian	148.44	146.26	9.31	0.77	9.8	662.88	92.17

27-3 续表 1 continued

县 市 County and city	全社会固定资产投资(亿元) Total Investment in Fixed Assets (100 million yuan)	#固定资产投资 Investment in Fixed Assets	#房地产开发 Real Estate	建筑业总产值(亿元) Gross Output Value of Construction (100 million yuan)	工业增加值增速(%) Growth Rate of Value Added of Industry (%)	主营业务收入(亿元) Sales Revenue (100 million yuan)	利税总额(亿元) Pre-tax Profits (100 million yuan)
新乡市 Xinxiang							
新乡县 Xinxiang	120.98	118.32	11.12	26.09	5.0	641.73	33.10
获嘉县 Huojia	92.52	88.80	2.48	9.58	12.4	214.19	8.26
原阳县 Yuanyang	141.93	137.22	9.62	9.67	8.8	147.03	5.73
延津县 Yanjin	92.96	88.43	5.72	6.36	12.4	243.76	12.40
封丘县 Fengqiu	154.32	149.11	11.77	57.25	12.5	145.72	23.43
长垣县 Changyuan	288.05	282.96	11.96	161.07	11.7	519.58	62.51
卫辉市 Weihui	90.95	87.37	5.92	11.79	-58.4	71.03	1.09
辉县市 Huixian	286.20	280.36	16.32	6.43	7.0	809.69	29.42
焦作市 Jiaozuo							
修武县 Xiuwu	155.15	152.14	2.66	2.61	13.5	339.40	19.60
博爱县 Boai	188.61	184.94	1.10	1.11	11.9	573.30	65.90
武陟县 Wuzhi	304.42	300.07	2.86	2.79	12.4	853.60	68.90
温县 Wenxian	208.03	203.83	2.86	1.78	13.3	646.80	75.70
沁阳市 Qinyang	289.96	285.68	11.53	8.18	8.9	904.00	100.20
孟州市 Mengzhou	297.62	293.40	0.58	4.06	10.8	822.10	95.70
濮阳市 Puyang							
清丰县 Qingfeng	231.84	228.03	11.94	1.02	14.4	507.69	113.20
南乐县 Manle	166.36	162.12	7.04	1.69	14.4	372.37	97.04
范县 Fanxian	160.83	157.41	4.21	2.02	17.9	525.80	100.30
台前县 Taiqian	72.56	71.37	4.53	6.36	13.9	235.54	15.54
濮阳县 Puyang	312.22	307.55	7.19	14.37	13.9	1088.79	306.99
许昌市 Xuchang							
许昌县 Xuchang	267.36	260.77	13.68	8.37	3.2	639.14	155.44
鄢陵县 Yanling	244.87	236.36	18.21	34.78	12.2	566.13	75.94
襄城县 Xiangcheng	244.80	241.82	5.33	2.17	8.2	486.20	66.07
禹州市 Yuzhou	527.66	516.93	20.47	3.52	9.5	1378.61	175.37
长葛市 Changge	359.34	353.85	26.09	5.91	14.2	1786.58	195.56
漯河市 Luohe							
舞阳县 Wuyang	180.11	175.09	7.47	1.51	11.1	351.01	44.77
临颍县 Linying	194.92	189.97	4.79	6.53	9.5	775.90	125.66
三门峡市 Sanmenxia							
渑池县 Mianchi	299.72	297.93	8.33	7.26	6.0	638.71	92.07
卢氏县 Lushi	111.93	110.64	1.52	5.12	11.8	54.91	4.94
义马市 Yima	212.78	212.60	7.29	8.60	-13.4	560.56	-7.59
灵宝市 Lingbao	353.30	348.47	12.49	11.83	3.3	1511.46	158.29
南阳市 Nanyang							
南召县 Nanzhao	155.03	153.00	3.24	11.85	13.7	257.90	26.91
方城县 Fangcheng	196.48	187.68	15.43	11.74	15.0	261.97	28.46
西峡县 Xixia	284.09	281.58	2.25	11.57	12.8	493.99	35.65

27–3 续表 2 continued

县 市	County and city	全社会固定资产投资(亿元) Total Investment in Fixed Assets (100 million yuan)	#固定资产投资 Investment in Fixed Assets	#房地产开发 Real Estate	建筑业总产值(亿元) Gross Output Value of Construction (100 million yuan)	工业增加值增速(%) Growth Rate of Value Added of Industry (%)	主营业务收入(亿元) Sales Revenue (100 million yuan)	利税总额(亿元) Pre-tax Profits (100 million yuan)
镇平县	Zhenping	236.27	226.35	4.31	4.41	13.8	337.02	29.16
内乡县	Neixiang	208.07	201.61	2.16	18.60	15.2	222.91	14.22
淅川县	Xichuan	266.64	261.32	1.73	26.71	11.3	327.04	22.69
社旗县	Sheqi	151.17	146.29	6.06	16.85	15.3	223.76	17.17
唐河县	Tanghe	243.01	231.24	5.27	23.20	10.8	352.57	33.11
新野县	Xinye	248.27	242.38	2.72	9.06	14.4	447.02	38.31
桐柏县	Tongbai	178.57	176.30	4.80	15.77	2.6	180.31	15.02
邓州市	Dengzhou	291.04	280.74	10.16	41.05	11.1	398.48	23.64
商丘市	**Shangqiu**							
民权县	Minquan	187.65	181.75	18.86	37.70	9.7	305.98	20.25
睢县	Suixian	177.78	170.55	27.87	20.74	9.5	178.09	13.73
宁陵县	Ningling	93.59	89.33	9.93	8.15	8.9	199.63	12.05
柘城县	Zhecheng	137.77	130.10	24.86	19.42	7.1	209.63	16.13
虞城县	Yucheng	188.45	181.16	15.39	13.59	9.9	393.65	25.72
夏邑县	Xiayi	194.94	187.31	29.96	23.58	9.5	277.39	23.38
永城市	Yongcheng	310.18	307.13	44.63	48.66	9.2	864.64	35.49
信阳市	**Xinyang**							
罗山县	Luoshan	199.91	192.97	36.12	65.32	12.5	177.34	19.41
光山县	Guangshan	204.18	197.19	36.13	30.40	12.5	228.73	25.15
新县	Xinxian	137.86	134.88	13.65	29.42	12.8	161.52	23.00
商城县	Shangcheng	165.35	159.20	10.80	32.53	10.0	176.06	16.71
固始县	Gushi	270.86	260.98	27.67	32.71	11.6	262.73	20.47
潢川县	Huangchuan	210.80	203.73	24.98	42.63	12.7	228.09	12.54
淮滨县	Huaibin	140.76	136.75	23.05	27.60	13.0	194.36	22.73
息县	Xixian	209.26	202.90	30.29	51.08	9.5	243.60	21.87
周口市	**Zhoukou**							
扶沟县	Fugou	165.23	161.53	24.29	12.98	12.1	302.53	56.92
西华县	Xihua	152.99	145.49	2.57	30.99	3.7	366.40	38.41
商水县	Shangshui	163.84	155.09	2.38	33.61	11.1	342.42	44.95
沈丘县	Shenqiu	193.20	183.60	16.13	16.22	12.8	431.69	61.08
郸城县	Dancheng	168.52	157.51	6.40	19.63	12.1	459.72	33.62
淮阳县	Huaiyang	142.36	133.71	21.73	15.00	12.2	293.60	50.95
太康县	Taikang	158.20	146.00	13.53	61.40	12.9	423.10	59.09
鹿邑县	Luyi	172.08	159.84	8.47	34.69	10.3	484.90	58.29
项城市	Xiangcheng	172.06	161.44	13.11	33.99	12.2	561.75	87.62
驻马店市	**Zhumadian**							
西平县	Xiping	132.03	119.88	15.16	27.92	10.6	184.34	11.62
上蔡县	Shangcai	127.94	119.36	15.00	16.75	10.5	267.09	30.74
平舆县	Pingyu	141.80	135.52	14.25	42.86	9.1	362.31	42.67
正阳县	Zhengyang	117.68	112.02	12.31	21.52	9.7	149.72	12.98
确山县	Queshan	122.94	120.04	23.51	76.73	9.5	200.49	28.21
泌阳县	Biyang	138.76	132.18	18.80	30.69	9.3	353.28	39.69
汝南县	Runan	129.45	123.10	14.19	10.01	10.6	235.79	23.42
遂平县	Suiping	145.83	141.60	25.15	20.04	9.2	266.62	19.64
新蔡县	Xincai	129.18	121.57	16.53	22.57	9.8	182.37	16.56

27-4 各县(市)城镇从业人员和工资(2015年)

Number and Wages of Employed Person in Urban by County and City (2015)

县 市 County and city	城镇单位年末从业人员(人) Number of Employed Person in Urban (person)	城镇单位年平均从业人员(人) Everage Number of Employed Person in Urban (person)	城镇单位从业人员平均工资(元) Total Wage of Employed Persons (yuan)	#在岗职工平均工资 Average Wage of Staff and Workers
郑州市 Zhengzhou				
中牟县 Zhongmu	48994	48484	47959	47882
巩义市 Gongyi	85115	83226	40806	40930
荥阳市 Xingyang	98688	96358	40487	40532
新密市 Xinmi	109791	108328	40487	40884
新郑市 Xinzheng	123069	117663	46475	46736
登封市 Dengfeng	112609	109853	38910	38995
开封市 Kaifeng				
杞县 Qixian	63587	62651	41554	41884
通许县 Tongxu	42326	41536	41746	42136
尉氏县 Weishi	52733	51962	43677	43879
兰考县 Lankao	45120	44046	44627	44699
洛阳市 Luoyang				
孟津县 Mengjin	40132	40817	35500	35720
新安县 Xinan	74083	73876	39168	39662
栾川县 Luanchuan	30947	30339	43335	44439
嵩县 Songxian	20537	20519	38695	39257
汝阳县 Ruyang	24682	22969	39950	40113
宜阳县 Yiyang	36152	35886	40170	41092
洛宁县 Luoning	42647	42478	32342	32374
伊川县 Yichuan	37854	37423	37289	38343
偃师市 Yanshi	33377	33137	39030	39207
平顶山市 Pingdingshan				
宝丰县 Baofeng	26845	27259	39291	40805
叶县 Yexian	35322	34409	36754	37465
鲁山县 Lushan	34651	32455	42032	42182
郏县 Jiaxian	31438	29612	38736	39480
舞钢市 Wugang	43412	43358	36718	37264
汝州市 Ruzhou	62584	62143	47234	47864
安阳市 Anyang				
安阳县 Anyang	78399	76645	36289	37237
汤阴县 Tangyin	43612	42408	37372	37559
滑县 Huaxian	67952	68828	34547	34777
内黄县 Neihuang	28825	28311	33275	33316
林州市 Linzhou	176763	170574	42619	42660
鹤壁市 Hebi				
浚县 Xunxian	35880	34992	36705	37287
淇县 Qixian	47277	46617	37967	38161

27-4 续表 1 continued

县 市 County and city	城镇单位年末从业人员（人）Number of Employed Person in Urban (person)	城镇单位年平均从业人员（人）Everage Number of Employed Person in Urban (person)	城镇单位从业人员平均工资（元）Total Wage of Employed Persons (yuan)	#在岗职工平均工资 Average Wage of Staff and Workers
新 乡 市 Xinxiang				
新 乡 县 Xinxiang	68870	67866	37436	37841
获 嘉 县 Huojia	40802	39445	33255	32945
原 阳 县 Yuanyang	30483	30130	34279	34355
延 津 县 Yanjin	37212	37274	37382	37824
封 丘 县 Fengqiu	40704	40282	38289	38299
长 垣 县 Changyuan	142488	137962	38787	38918
卫 辉 市 Weihui	25848	25435	38130	38225
辉 县 市 Huixian	72153	71248	39467	40936
焦 作 市 Jiaozuo				
修 武 县 Xiuwu	31019	31015	37705	37753
博 爱 县 Boai	25101	25306	36877	36923
武 陟 县 Wuzhi	69192	67269	39932	39953
温 县 Wenxian	50503	49566	38070	38257
沁 阳 市 Qinyang	34360	34473	42028	42188
孟 州 市 Mengzhou	78690	78084	42848	42813
濮 阳 市 Puyang				
清 丰 县 Qingfeng	35534	33530	38324	38730
南 乐 县 Manle	23143	22061	34936	35471
范 县 Fanxian	31002	30506	35842	35984
台 前 县 Taiqian	19697	19337	33280	32636
濮 阳 县 Puyang	68628	67864	34772	34797
许 昌 市 Xuchang				
许 昌 县 Xuchang	66098	65289	43459	43678
鄢 陵 县 Yanling	53860	53445	38131	38152
襄 城 县 Xiangcheng	47091	46614	40752	40747
禹 州 市 Yuzhou	53439	53771	42919	42813
长 葛 市 Changge	103011	102236	45092	45120
漯 河 市 Luohe				
舞 阳 县 Wuyang	47817	47363	38186	38321
临 颍 县 Linying	60876	60914	38686	38620
三 门 峡 市 Sanmenxia				
渑 池 县 Mianchi	27274	26159	45010	45010
卢 氏 县 Lushi	15501	15196	47702	47851
义 马 市 Yima	70929	73411	40567	40655
灵 宝 市 Lingbao	60762	58998	39280	39616
南 阳 市 Nanyang				
南 召 县 Nanzhao	38387	38387	42747	43206
方 城 县 Fangcheng	49475	49475	40182	40829
西 峡 县 Xixia	75046	75046	41461	41483

27-4 续表 2 continued

县 市 County and city	城镇单位年末从业人员（人）Number of Employed Person in Urban (person)	城镇单位年平均从业人员（人）Everage Number of Employed Person in Urban (person)	城镇单位从业人员平均工资（元）Total Wage of Employed Persons (yuan)	#在岗职工平均工资 Average Wage of Staff and Workers
镇平县 Zhenping	68757	68757	44700	44931
内乡县 Neixiang	54462	54462	40243	42013
淅川县 Xichuan	64770	64770	43746	43625
社旗县 Sheqi	42599	42599	36122	36186
唐河县 Tanghe	83384	83384	39191	39094
新野县 Xinye	53358	53358	35135	35514
桐柏县 Tongbai	35373	35373	31151	30939
邓州市 Dengzhou	80714	78554	38620	40022
商丘市 Shangqiu				
民权县 Minquan	56914	56337	48903	50162
睢县 Suixian	80701	76873	47572	47512
宁陵县 Ningling	40781	39946	42032	42118
柘城县 Zhecheng	59233	57811	45446	46470
虞城县 Yucheng	89458	81934	38503	38735
夏邑县 Xiayi	75344	72423	39113	39048
永城市 Yongcheng	101584	96724	46427	47277
信阳市 Xinyang				
罗山县 Luoshan	40574	40613	40355	40581
光山县 Guangshan	52472	51484	35668	37455
新县 Xinxian	33752	33077	39357	39768
商城县 Shangcheng	37994	37345	39318	39584
固始县 Gushi	87053	85187	43318	43317
潢川县 Huangchuan	64604	63945	37775	37813
淮滨县 Huaibin	58572	58644	40723	40860
息县 Xixian	52828	52033	44477	44591
周口市 Zhoukou				
扶沟县 Fugou	36084	32553	38839	39107
西华县 Xihua	52318	52163	38605	38692
商水县 Shangshui	64354	62883	41584	41725
沈丘县 Shenqiu	76005	73431	37804	37843
郸城县 Dancheng	85241	82667	36653	36697
淮阳县 Huaiyang	44036	44116	48321	48509
太康县 Taikang	78049	77536	44565	44666
鹿邑县 Luyi	64376	63381	42327	42409
项城市 Xiangcheng	76095	75301	38830	38949
驻马店市 Zhumadian				
西平县 Xiping	57212	55010	39700	39600
上蔡县 Shangcai	60425	59289	37577	37644
平舆县 Pingyu	56614	54597	36770	36928
正阳县 Zhengyang	40790	40153	40319	40415
确山县 Queshan	53283	51754	39210	39449
泌阳县 Biyang	88921	87305	42852	42856
汝南县 Runan	38677	38062	37673	38136
遂平县 Suiping	54068	52155	37567	37521
新蔡县 Xincai	42091	41862	41005	40988

27-5 各县(市)农业增加值、城乡居民收入和社会消费品零售总额(2015年)

Value Added of Agriculture, Per Capita Net Income of Rural and Urban Residents, Total Retail Sales of Consumer Goods (2015)

县 市	County and city	农林牧渔业增加值（万元）Value Added of Farming Forestry,Animal Husbandry and Fishery (10 000 yuan)	#农业 Farming	#牧业 Animal Husbandry	农村居民人均可支配收入（元）Disposable Income of Rural Household (yuan)	城镇居民人均可支配收入（元）Per Capita Net Income of Urban Residents (yuan)	社会消费品零售总额（亿元）Total Retail Sales of Consumer Goods (100 million yuan)
郑州市	**Zhengzhou**						
中牟县	Zhongmu	233608	134796	73149	15349	24359	94.37
巩义市	Gongyi	119977	46703	55070	17985	26105	248.29
荥阳市	Xingyang	307827	164305	126312	16224	26652	222.77
新密市	Xinmi	205549	106998	67049	16242	26633	242.94
新郑市	Xinzheng	195964	98849	92095	17054	26655	232.87
登封市	Dengfeng	166579	83527	52974	14683	25689	191.73
开封市	**Kaifeng**						
杞县	Qixian	819643	444784	278100	10608	18322	86.90
通许县	Tongxu	490020	347605	120691	11024	19358	68.43
尉氏县	Weishi	536207	342509	133156	10829	20662	99.29
兰考县	Lankao	403157	230661	137721	9072	19651	83.22
洛阳市	**Luoyang**						
孟津县	Mengjin	264215	131692	102501	10570	23296	62.29
新安县	Xinan	225486	147190	45821	12203	26637	91.50
栾川县	Luanchuan	155040	110207	15430	9175	24979	57.89
嵩县	Songxian	320114	166395	69186	9083	23141	69.53
汝阳县	Ruyang	161067	86341	17224	8410	21697	57.31
宜阳县	Yiyang	358763	246350	92966	8659	22870	77.55
洛宁县	Luoning	318174	196617	59878	8323	22440	55.79
伊川县	Yichuan	280325	148223	112754	11086	24234	156.63
偃师市	Yanshi	217572	96309	104770	15286	25705	146.45
平顶山市	**Pingdingshan**						
宝丰县	Baofeng	207205	86912	103384	12468	21056	47.07
叶县	Yexian	409828	178519	197699	9501	19651	64.83
鲁山县	Lushan	286949	201829	57728	7278	18191	50.30
郏县	Jiaxian	228713	131407	83112	9422	18621	47.54
舞钢市	Wugang	120986	47668	61441	11551	22767	40.45
汝州市	Ruzhou	391899	153417	174769	13060	22270	118.14
安阳市	**Anyang**						
安阳县	Anyang	304761	177448	71284	13310	23414	69.61
汤阴县	Tangyin	242819	177972	51473	11632	21740	33.69
滑县	Huaxian	686988	544250	102729	9079	20747	83.10
内黄县	Neihuang	542750	459066	53163	9374	18851	58.53
林州市	Linzhou	209986	86611	110403	15706	24841	105.58
鹤壁市	**Hebi**						
浚县	Xunxian	317549	172668	126174	13266	19661	45.40
淇县	Qixian	200505	50044	137827	13446	22136	40.03

27-5 续表 1 continued

县 市	County and city	农林牧渔业增加值(万元) Value Added of Farming Forestry,Animal Husbandry and Fishery (10 000 yuan)	#农 业 Farming	#牧 业 Animal Husbandry	农村居民人均可支配收入(元) Disposable Income of Rural Household (yuan)	城镇居民人均可支配收入(元) Per Capita Net Income of Urban Residents (yuan)	社会消费品零售总额(亿元) Total Retail Sales of Consumer Goods (100 million yuan)
新乡市	**Xinxiang**						
新乡县	Xinxiang	133825	77062	49778	14783	24253	36.33
获嘉县	Huojia	160739	98123	51890	11887	18330	36.14
原阳县	Yuanyang	276133	159836	94426	9901	18606	34.24
延津县	Yanjin	264321	183282	61024	12413	19828	38.19
封丘县	Fengqiu	388431	222898	130351	8412	18937	33.52
长垣县	Changyuan	334021	234266	75028	14950	21633	68.00
卫辉市	Weihui	236204	116340	104527	11957	19834	42.29
辉县市	Huixian	393128	227801	153457	12930	24524	95.92
焦作市	**Jiaozuo**						
修武县	Xiuwu	76525	34815	35465	13135	24197	41.90
博爱县	Boai	191247	141134	38735	13142	24223	56.43
武陟县	Wuzhi	372369	254712	100718	13840	24455	87.56
温县	Wenxian	277031	207744	64832	13793	24137	68.52
沁阳市	Qinyang	207167	140820	56512	14689	25149	86.29
孟州市	Mengzhou	207996	147483	53520	14378	25098	73.01
濮阳市	**Puyang**						
清丰县	Qingfeng	411710	277876	114298	11201	20183	67.70
南乐县	Manle	317820	170299	122268	10399	20233	51.69
范县	Fanxian	171110	69126	86121	7805	17633	57.96
台前县	Taiqian	97013	86554	4358	7434	17142	32.22
濮阳县	Puyang	416131	256133	138305	10205	22266	137.57
许昌市	**Xuchang**						
许昌县	Xuchang	310322	192892	97538	13421	23658	78.11
鄢陵县	Yanling	525092	295185	158189	13474	23445	66.80
襄城县	Xiangcheng	344796	185346	143687	12534	22235	67.60
禹州市	Yuzhou	303700	168281	122124	13838	25478	185.89
长葛市	Changge	253673	112665	113212	13612	23828	136.40
漯河市	**Luohe**						
舞阳县	Wuyang	255813	141531	105316	7916	18863	77.55
临颍县	Linying	320866	181089	128363	12599	21381	88.53
三门峡市	**Sanmenxia**						
渑池县	Mianchi	196208	118619	68356	12483	25725	48.70
卢氏县	Lushi	207188	170757	21001	7409	21284	36.50
义马市	Yima	10582	5221	4374	14031	23397	35.00
灵宝市	Lingbao	528347	465337	45388	12793	24158	139.60
南阳市	**Nanyang**						
南召县	Nanzhao	184698	106355	37436	8789	22008	84.47
方城县	Fangcheng	389993	287370	69567	9891	22663	107.04
西峡县	Xixia	282166	199243	48819	12981	25015	75.16

27-5 续表 2 continued

县 市	County and city	农林牧渔业增加值(万元) Value Added of Farming Forestry,Animal Husbandry and Fishery (10 000 yuan)	#农业 Farming	#牧业 Animal Husbandry	农村居民人均可支配收入(元) Disposable Income of Rural Household (yuan)	城镇居民人均可支配收入(元) Per Capita Net Income of Urban Residents (yuan)	社会消费品零售总额(亿元) Total Retail Sales of Consumer Goods (100 million yuan)
镇平县	Zhenping	309099	226457	60799	11080	22508	141.76
内乡县	Neixiang	353339	197717	140741	10442	23186	86.01
淅川县	Xichuan	356419	216124	106860	9130	24267	93.83
社旗县	Sheqi	352547	241205	97145	8918	21043	63.27
唐河县	Tanghe	711554	459722	230569	11080	22871	141.65
新野县	Xinye	441489	277841	145912	12986	23984	112.62
桐柏县	Tongbai	211998	128815	44520	8670	22427	79.46
邓州市	Dengzhou	1008708	689305	272030	11827	23014	140.90
商丘市	**Shangqiu**						
民权县	Minquan	452840	290875	119196	8463	20640	57.56
睢县	Suixian	422559	326674	83497	8453	21320	56.81
宁陵县	Ningling	256457	188510	56983	8417	18757	38.97
柘城县	Zhecheng	437753	296628	115009	8574	19899	63.23
虞城县	Yucheng	460434	337754	98949	8795	21846	65.07
夏邑县	Xiayi	480690	342490	113886	8698	22388	70.25
永城市	Yongcheng	659394	461859	161183	11097	25102	146.96
信阳市	**Xinyang**						
罗山县	Luoshan	461865	318004	80219	9719	21770	63.39
光山县	Guangshan	483368	339871	91554	9854	21747	75.58
新县	Xinxian	264562	143384	30401	9880	21718	40.35
商城县	Shangcheng	431846	247801	93728	9544	21729	59.78
固始县	Gushi	763192	478834	204993	10535	21715	154.00
潢川县	Huangchuan	585779	361380	158614	10682	21865	86.43
淮滨县	Huaibin	374566	235860	92503	8837	21139	58.78
息县	Xixian	513112	371049	75912	8907	21588	82.13
周口市	**Zhoukou**						
扶沟县	Fugou	391339	301933	68552	8789	19665	59.22
西华县	Xihua	541927	374888	122904	8258	20157	93.02
商水县	Shangshui	606031	446887	119935	8272	20270	70.62
沈丘县	Shenqiu	435907	298036	122115	8395	20445	87.76
郸城县	Dancheng	507221	390893	91701	8716	20721	80.89
淮阳县	Huaiyang	607387	389502	155323	8032	20311	101.82
太康县	Taikang	571431	376614	158091	8776	19915	108.75
鹿邑县	Luyi	517648	306477	166522	10101	21163	110.72
项城市	Xiangcheng	427559	323293	88879	9677	21165	120.44
驻马店市	**Zhumadian**						
西平县	Xiping	495697	302460	165331	9907	20564	90.09
上蔡县	Shangcai	421915	249638	145994	8867	20955	76.79
平舆县	Pingyu	393087	246740	121312	9233	21496	72.49
正阳县	Zhengyang	519402	285247	201205	8958	19116	58.90
确山县	Queshan	327505	175782	120127	8958	21111	50.47
泌阳县	Biyang	517820	317332	166208	9098	21444	67.52
汝南县	Runan	477708	260936	161098	9279	19419	66.21
遂平县	Suiping	303419	152399	130287	9728	21550	61.24
新蔡县	Xincai	472227	245811	199122	9384	19972	55.91

27-6 各县(市)农业生产条件(2015年)

Agricultural Conditions by County and City (2015)

县 市	County and city	农用机械总动力(万千瓦) Total Agricultural Machinery Power (10 000kw)	农村用电量(万千瓦时) Electricity Consumed in Rural Areas (10 000 kwh)	化肥施用折纯量(吨) Consumption of Chemical Fertilizers (ton)	农药使用量(吨) Consumption of Agricultural Chemical (ton)	农用塑料薄膜使用量(吨) Consumption of Plastic Film (ton)
郑州市	**Zhengzhou**					
中牟县	Zhongmu	75.00	17230.24	37435	1033	3019
巩义市	Gongyi	59.53	137784.80	28460	316	104
荥阳市	Xingyang	85.65	33028.57	30040	580	861
新密市	Xinmi	106.01	42700.79	25790	270	711
新郑市	Xinzheng	91.36	43094.26	35463	661	566
登封市	Dengfeng	69.30	45750.97	25238	338	216
开封市	**Kaifeng**					
杞县	Qixian	225.50	15900.45	70223	1526	2463
通许县	Tongxu	96.64	4704.89	36334	1807	1974
尉氏县	Weishi	145.38	21751.70	42822	916	2156
兰考县	Lankao	98.70	24699.72	73855	782	996
洛阳市	**Luoyang**					
孟津县	Mengjin	39.66	21811.56	18470	447	399
新安县	Xinan	47.20	6229.90	22111	521	535
栾川县	Luanchuan	28.34	30895.87	8255	77	99
嵩县	Songxian	59.28	11627.69	24975	463	305
汝阳县	Ruyang	42.60	20280.02	17313	521	501
宜阳县	Yiyang	60.11	20485.34	46049	953	878
洛宁县	Luoning	45.80	8198.00	22917	430	672
伊川县	Yichuan	73.77	34684.77	25237	338	522
偃师市	Yanshi	85.47	30396.19	25181	524	237
平顶山市	**Pingdingshan**					
宝丰县	Baofeng	47.82	16085.10	52270	451	324
叶县	Yexian	69.86	18514.63	106048	807	997
鲁山县	Lushan	43.02	26932.18	44844	561	306
郏县	Jiaxian	55.99	11894.84	46178	751	862
舞钢市	Wugang	29.30	5305.09	19652	1039	354
汝州市	Ruzhou	148.26	31795.43	99557	723	817
安阳市	**Anyang**					
安阳县	Anyang	94.78	86345.69	51575	1264	184
汤阴县	Tangyin	62.16	60114.16	45039	591	545
滑县	Huaxian	267.43	47939.48	235146	1957	3936
内黄县	Neihuang	118.08	36327.77	82627	1531	16072
林州市	Linzhou	61.42	60741.92	41333	360	41
鹤壁市	**Hebi**					
浚县	Xunxian	164.90	5052.91	52298	739	965
淇县	Qixian	31.82	5156.59	7426	325	10

27-6 续表 1 continued

县 市 County and city	农用机械总动力(万千瓦) Total Agricultural Machinery Power (10 000kw)	农村用电量(万千瓦时) Electricity Consumed in Rural Areas (10 000 kwh)	化肥施用折纯量(吨) Consumption of Chemical Fertilizers (ton)	农药使用量(吨) Consumption of Agricultural Chemical (ton)	农用塑料薄膜使用量(吨) Consumption of Plastic Film (ton)
新乡市 Xinxiang					
新乡县 Xinxiang	49.20	182493.25	29136	568	79
获嘉县 Huojia	75.13	15374.11	40648	456	86
原阳县 Yuanyang	130.79	56425.84	51771	839	710
延津县 Yanjin	93.98	15323.52	111731	1052	95
封丘县 Fengqiu	116.00	12417.64	74162	2301	245
长垣县 Changyuan	116.23	59003.46	69815	1286	599
卫辉市 Weihui	63.55	21107.03	55854	1001	644
辉县市 Huixian	83.03	257595.43	85211	970	691
焦作市 Jiaozuo					
修武县 Xiuwu	39.30	8494.88	12927	326	99
博爱县 Boai	32.37	11697.56	29842	486	601
武陟县 Wuzhi	120.25	17247.25	54105	1370	340
温县 Wenxian	58.61	28588.02	23227	453	233
沁阳市 Qinyang	58.30	40601.89	31514	728	281
孟州市 Mengzhou	49.07	24250.59	28789	934	718
濮阳市 Puyang					
清丰县 Qingfeng	86.32	12782.89	64398	645	620
南乐县 Manle	84.39	28908.00	59635	668	3295
范县 Fanxian	71.40	17298.04	34736	491	194
台前县 Taiqian	42.03	11733.08	11563	215	225
濮阳县 Puyang	140.83	7824.65	90865	1756	398
许昌市 Xuchang					
许昌县 Xuchang	81.94	19267.77	48861	1057	421
鄢陵县 Yanling	79.64	7735.18	37205	857	872
襄城县 Xiangcheng	80.86	13548.50	51029	758	665
禹州市 Yuzhou	85.86	23766.40	106509	541	768
长葛市 Changge	59.63	28494.93	44775	749	489
漯河市 Luohe					
舞阳县 Wuyang	67.98	9895.86	35039	693	405
临颍县 Linying	104.42	22314.82	52787	939	1757
三门峡市 Sanmenxia					
渑池县 Mianchi	37.47	5555.43	20778	321	866
卢氏县 Lushi	23.38	2904.13	13886	214	779
义马市 Yima	3.16	2078.53	1073	48	88
灵宝市 Lingbao	71.47	15068.73	38193	1485	1019
南阳市 Nanyang					
南召县 Nanzhao	38.58	4269.96	17039	441	890
方城县 Fangcheng	127.07	12568.94	92306	1778	4140
西峡县 Xixia	16.82	25052.43	29104	428	2645

27-6 续表 2 continued

县 市	County and city	农用机械总动力(万千瓦) Total Agricultural Machinery Power (10 000kw)	农村用电量(万千瓦时) Electricity Consumed in Rural Areas (10 000 kwh)	化肥施用折纯量(吨) Consumption of Chemical Fertilizers (ton)	农药使用量(吨) Consumption of Agricultural Chemical (ton)	农用塑料薄膜使用量(吨) Consumption of Plastic Film (ton)
镇平县	Zhenping	106.97	16024.97	47174	920	973
内乡县	Neixiang	80.25	20166.78	29953	523	899
淅川县	Xichuan	59.29	28080.88	49310	760	1195
社旗县	Sheqi	101.17	6712.35	66174	1429	1301
唐河县	Tanghe	238.48	20559.43	111714	3640	2401
新野县	Xinye	156.11	24124.19	108658	3189	7447
桐柏县	Tongbai	86.94	7425.56	42350	450	816
邓州市	Dengzhou	198.34	23442.95	189962	3776	3773
商丘市	**Shangqiu**					
民权县	Minquan	126.28	17163.60	57014	2485	2015
睢县	Suixian	119.51	8635.79	57152	950	817
宁陵县	Ningling	99.51	15395.23	52783	1314	1083
柘城县	Zhecheng	122.52	13621.52	54965	874	251
虞城县	Yucheng	178.10	44407.50	134355	4971	2422
夏邑县	Xiayi	176.21	52002.88	127952	1692	1095
永城市	Yongcheng	181.12	40082.68	126537	2050	2500
信阳市	**Xinyang**					
罗山县	Luoshan	85.00	9998.24	35328	647	685
光山县	Guangshan	46.24	28938.28	39376	881	428
新县	Xinxian	24.43	6368.00	9476	385	162
商城县	Shangcheng	40.35	1744.50	22800	600	660
固始县	Gushi	118.07	29015.00	101382	2894	3121
潢川县	Huangchuan	48.14	29171.69	65550	548	2526
淮滨县	Huaibin	77.42	16925.60	88932	1128	2686
息县	Xixian	128.32	17884.00	64099	1748	1172
周口市	**Zhoukou**					
扶沟县	Fugou	112.41	16069.55	63419	2058	3938
西华县	Xihua	130.58	12706.92	105059	3033	2130
商水县	Shangshui	128.67	17036.40	68493	1041	1275
沈丘县	Shenqiu	94.60	21648.60	107181	1429	1783
郸城县	Dancheng	165.55	15311.30	74898	2142	1986
淮阳县	Huaiyang	125.52	25743.00	115849	3281	3888
太康县	Taikang	186.98	15997.85	116761	2682	2647
鹿邑县	Luyi	130.83	14273.79	93819	1194	712
项城市	Xiangcheng	94.61	28965.00	49398	1534	1192
驻马店市	**Zhumadian**					
西平县	Xiping	133.43	33383.77	69988	325	1262
上蔡县	Shangcai	163.58	23368.14	92325	848	916
平舆县	Pingyu	169.97	8773.89	58422	527	971
正阳县	Zhengyang	218.70	6860.36	121418	304	1057
确山县	Queshan	112.89	14047.18	71915	991	2258
泌阳县	Biyang	166.49	8598.63	62121	350	2136
汝南县	Runan	141.37	9569.98	88475	899	1067
遂平县	Suiping	102.51	7726.37	62443	545	487
新蔡县	Xincai	167.95	9006.00	71070	1220	1706

27–7 各县(市)主要农作物播种面积(2015年)

Sown Area of Major Farm Products by County and City (2015)

县 市 County and city	总播种面积(千公顷) Total Sown Area (1 000 hectares)	#粮食 Food	#谷物 Grain	#小麦 Wheat	#玉米 Corn	#豆类 Beans	#棉花 Cotton	#油料 Oil-bearing Crops
郑州市 Zhengzhou								
中牟县 Zhongmu	70.67	31.24	28.63	12.75	15.88	1.25	0.96	9.58
巩义市 Gongyi	48.38	43.10	41.36	22.51	18.58	0.59	0.85	2.80
荥阳市 Xingyang	75.08	61.23	58.71	32.14	26.18	1.01	0.16	3.81
新密市 Xinmi	66.61	56.98	52.91	27.92	24.91	2.21	0.04	3.38
新郑市 Xinzheng	67.56	53.13	50.84	26.71	24.03	0.96	0.02	7.77
登封市 Dengfeng	58.91	51.04	45.25	24.69	20.47	3.01	0.33	3.86
开封市 Kaifeng								
杞县 Qixian	207.54	113.66	104.19	65.52	38.66	4.49	4.22	24.25
通许县 Tongxu	129.72	63.13	60.14	39.72	20.42	1.45	1.64	8.33
尉氏县 Weishi	148.94	102.99	93.55	63.72	29.82	4.79	4.67	18.55
兰考县 Lankao	123.74	93.79	90.05	57.36	32.42	1.88	3.24	17.28
洛阳市 Luoyang								
孟津县 Mengjin	67.58	54.54	52.87	27.87	24.11	0.50	0.68	1.59
新安县 Xinan	62.74	47.85	42.97	22.58	19.79	2.37	0.10	1.96
栾川县 Luanchuan	22.63	11.93	10.69	4.18	6.50	0.98	0.02	0.74
嵩县 Songxian	75.48	51.86	43.23	23.28	19.78	3.79	0.24	5.01
汝阳县 Ruyang	56.43	43.59	37.60	19.69	17.41	2.06	0.20	3.76
宜阳县 Yiyang	131.37	87.40	75.72	41.39	29.85	6.69	1.49	17.93
洛宁县 Luoning	80.13	61.70	49.04	30.27	16.00	9.51	0.07	5.65
伊川县 Yichuan	95.71	79.19	69.39	38.47	24.27	2.84	0.93	4.77
偃师市 Yanshi	55.75	44.41	43.10	22.44	20.23	0.71	0.12	1.59
平顶山市 Pingdingshan								
宝丰县 Baofeng	63.73	47.39	46.76	24.33	22.42	0.24	0.14	7.20
叶县 Yexian	141.66	111.37	106.46	55.95	50.51	3.10	0.21	12.61
鲁山县 Lushan	72.97	58.50	55.35	29.45	25.02	0.84		8.59
郏县 Jiaxian	82.83	58.10	47.82	29.86	17.95	3.47	1.05	5.96
舞钢市 Wugang	37.57	31.78	29.97	15.88	14.09	1.31	0.20	2.27
汝州市 Ruzhou	116.50	95.52	90.21	45.43	44.66	1.28	0.82	9.78
安阳市 Anyang								
安阳县 Anyang	122.96	106.44	105.53	49.07	55.30	0.41	1.04	2.42
汤阴县 Tangyin	84.62	68.67	66.96	35.30	31.49	0.98	0.65	2.81
滑县 Huaxian	262.84	188.57	186.84	114.88	71.59	0.65	2.20	26.67
内黄县 Neihuang	150.73	85.95	84.83	57.02	27.81	0.20	0.86	22.54
林州市 Linzhou	88.28	80.30	72.71	34.21	34.74	2.99	0.35	3.27
鹤壁市 Hebi								
浚县 Xunxian	117.21	100.92	100.41	54.09	46.21	0.24	0.28	9.72
淇县 Qixian	44.22	42.41	41.87	20.71	21.11	0.06	0.11	0.47

27-7 续表 1 continued

县 市	County and city	总播种面积(千公顷) Total Sown Area (1 000 hectares)	#粮食 Food	#谷物 Grain	#小麦 Wheat	#玉米 Corn	#豆类 Beans	#棉花 Cotton	#油料 Oil-bearing Crops
新乡市	**Xinxiang**								
新乡县	Xinxiang	44.04	36.20	35.94	18.62	16.90	0.26	0.49	2.83
获嘉县	Huojia	56.97	49.16	48.70	20.98	22.67	0.42	0.40	0.07
原阳县	Yuanyang	133.94	116.54	108.66	62.95	25.52	7.43	0.54	9.99
延津县	Yanjin	109.57	70.93	69.06	46.02	23.05	0.44	0.46	29.08
封丘县	Fengqiu	139.64	96.41	89.00	53.81	30.73	3.08	1.33	14.15
长垣县	Changyuan	123.49	96.06	91.39	53.03	35.71	3.39	0.33	15.45
卫辉市	Weihui	68.29	56.52	56.12	29.19	26.78	0.04	0.79	3.31
辉县市	Huixian	107.26	89.54	88.10	44.06	43.62	0.15	0.01	7.14
焦作市	**Jiaozuo**								
修武县	Xiuwu	31.63	30.06	29.26	15.12	14.12	0.69	0.01	0.18
博爱县	Boai	34.72	24.68	23.93	12.21	11.67	0.45	0.04	0.71
武陟县	Wuzhi	88.48	67.83	65.73	35.56	24.46	1.52	0.12	8.33
温县	Wenxian	54.36	38.96	38.25	21.60	16.65	0.12	0.59	3.14
沁阳市	Qinyang	56.32	45.48	44.30	22.04	22.26	0.67	0.13	1.13
孟州市	Mengzhou	55.02	41.73	41.37	21.76	19.61	0.14	0.51	3.34
濮阳市	**Puyang**								
清丰县	Qingfeng	115.05	77.37	75.08	48.75	26.29	1.30	0.21	15.16
南乐县	Manle	83.63	62.68	60.28	34.42	25.82	0.60	0.70	6.50
范县	Fanxian	60.31	55.84	53.47	27.50	8.86	2.11	0.10	1.67
台前县	Taiqian	37.53	35.06	31.82	17.58	13.84	3.23	0.16	0.67
濮阳县	Puyang	173.46	141.99	133.65	79.29	33.32	6.33	1.76	8.77
许昌市	**Xuchang**								
许昌县	Xuchang	140.85	102.88	92.43	51.67	40.55	7.67	1.34	14.71
鄢陵县	Yanling	119.04	76.18	75.71	41.15	34.55	0.30	0.11	0.43
襄城县	Xiangcheng	119.90	86.76	67.99	41.85	26.13	3.09	0.42	4.41
禹州市	Yuzhou	131.44	97.46	84.84	44.57	40.26	3.22	1.57	5.10
长葛市	Changge	88.34	77.98	76.25	37.68	38.57	1.19	0.02	2.92
漯河市	**Luohe**								
舞阳县	Wuyang	99.26	83.84	80.12	41.21	38.92	0.99	1.00	4.34
临颍县	Linying	120.05	75.87	68.96	41.13	27.84	3.52	4.03	1.11
三门峡市	**Sanmenxia**								
渑池县	Mianchi	68.90	44.52	34.28	22.50	10.86	7.75	0.14	8.16
卢氏县	Lushi	46.33	32.32	26.29	14.13	12.07	5.15		0.33
义马市	Yima	3.27	2.34	2.09	0.94	1.13	0.10	0.04	0.19
灵宝市	Lingbao	80.06	55.94	48.04	26.33	21.71	6.17	1.10	3.80
南阳市	**Nanyang**								
南召县	Nanzhao	63.02	37.56	32.89	16.57	8.93	1.60		12.60
方城县	Fangcheng	214.58	127.12	108.60	65.89	42.38	12.58	0.81	53.00
西峡县	Xixia	40.94	24.53	20.82	10.92	7.87	1.33		2.74

27-7 续表 2 continued

县 市 County and city	总播种面积（千公顷）Total Sown Area (1 000 hectares)	#粮食 Food	#谷物 Grain	#小麦 Wheat	#玉米 Corn	#豆类 Beans	#棉花 Cotton	#油料 Oil-bearing Crops
镇平县 Zhenping	136.57	98.41	94.31	51.04	42.60	2.24	1.50	22.90
内乡县 Neixiang	107.63	65.22	58.93	29.43	28.71	0.32	0.78	20.58
淅川县 Xichuan	133.93	64.30	55.58	34.26	17.64	4.56	0.31	43.53
社旗县 Sheqi	139.16	92.41	76.30	52.85	23.45	10.37	2.68	21.22
唐河县 Tanghe	295.21	230.23	211.52	135.91	70.76	7.98	2.45	28.39
新野县 Xinye	132.63	79.08	74.67	51.00	23.66	2.57	2.10	26.95
桐柏县 Tongbai	74.74	45.08	39.44	20.36	2.42	4.31	0.07	21.53
邓州市 Dengzhou	342.09	215.50	196.35	136.99	58.36	15.21	6.09	65.74
商丘市 Shangqiu								
民权县 Minquan	152.28	98.40	93.92	68.33	25.25	2.27	4.07	22.75
睢县 Suixian	141.95	97.28	90.59	58.26	32.33	4.53	3.36	12.32
宁陵县 Ningling	102.05	68.60	64.96	43.07	21.89	1.89	0.44	20.49
柘城县 Zhecheng	135.97	108.09	106.84	62.76	44.08	0.69	1.36	1.37
虞城县 Yucheng	204.03	129.13	122.73	72.85	49.80	2.40	4.21	12.58
夏邑县 Xiayi	183.09	155.81	145.34	79.92	65.37	6.59	0.61	5.88
永城市 Yongcheng	239.96	203.60	171.55	106.43	65.13	30.20	0.08	1.27
信阳市 Xinyang								
罗山县 Luoshan	148.42	98.49	94.74	27.33	0.11	2.08	0.10	32.49
光山县 Guangshan	133.18	75.89	72.56	19.17		2.03	0.15	36.82
新县 Xinxian	28.16	15.05	13.79	1.20	0.05	0.23	0.03	9.87
商城县 Shangcheng	77.41	46.57	43.94	11.88	0.09	1.81	0.07	21.89
固始县 Gushi	240.39	155.78	153.83	39.69	3.60	0.70	0.15	46.74
潢川县 Huangchuan	144.53	100.70	99.52	36.86	0.13	0.63	0.03	23.29
淮滨县 Huaibin	135.23	101.28	93.67	53.79	5.36	2.73	0.20	20.07
息县 Xixian	195.13	163.27	157.75	90.81	17.90	2.51	0.43	15.52
周口市 Zhoukou								
扶沟县 Fugou	141.84	90.08	79.23	59.83	18.77	10.60	8.04	7.54
西华县 Xihua	174.61	119.51	107.97	68.01	39.96	9.64	1.17	9.76
商水县 Shangshui	210.19	153.76	131.97	73.87	57.95	18.77	0.80	14.94
沈丘县 Shenqiu	171.31	135.32	122.74	67.73	55.00	8.01	0.40	10.71
郸城县 Dancheng	206.54	152.19	129.14	82.01	47.12	11.61	1.06	8.83
淮阳县 Huaiyang	231.52	149.77	134.22	78.55	55.67	7.93	4.87	28.48
太康县 Taikang	236.79	173.98	161.56	100.70	60.86	9.32	1.89	7.21
鹿邑县 Luyi	170.61	132.75	116.83	68.99	47.76	14.37	3.08	6.47
项城市 Xiangcheng	173.12	125.57	105.15	69.68	35.47	18.30	0.65	16.65
驻马店市 Zhumadian								
西平县 Xiping	167.11	138.47	138.13	68.12	70.00	0.24		11.54
上蔡县 Shangcai	203.58	166.06	157.49	87.86	69.62	7.64	0.72	19.66
平舆县 Pingyu	168.00	123.19	113.49	70.32	43.17	6.89	0.25	26.16
正阳县 Zhengyang	243.13	144.75	141.53	104.32	20.95	2.07	0.17	87.76
确山县 Queshan	132.40	92.66	90.42	48.25	36.92	0.25	0.06	27.77
泌阳县 Biyang	172.86	112.01	105.64	60.03	42.06	2.01	1.26	46.18
汝南县 Runan	178.56	119.91	115.45	72.51	40.52	3.39	0.44	37.30
遂平县 Suiping	127.13	99.67	96.87	48.76	47.79	1.10	0.05	16.56
新蔡县 Xincai	189.74	138.78	132.82	80.93	46.42	2.58	2.53	27.46

27-8 各县(市)主要农作物产量(2015年)

Output of Major Farm Products by County and City (2015)

县 市	County and city	粮食产量(吨) Output of Grain (ton)	#谷物 Grain	#小麦 Wheat	#玉米 Corn	#豆类 Beans	棉花产量(吨) Output of Cotton (ton)	油料产量(吨) Output of Oil-bearing Crops (ton)	园林水果产量(吨) Output of Fruits (ton)
郑州市	**Zhengzhou**								
中牟县	Zhongmu	192390	177869	77808	100061	3121	1000	47218	17861
巩义市	Gongyi	169313	162363	93994	68026	385	769	5265	31102
荥阳市	Xingyang	336385	325803	179695	145121	1046	150	10079	42982
新密市	Xinmi	218755	210345	116828	93237	2449	42	10591	21091
新郑市	Xinzheng	279357	269999	144100	125532	2379	27	28813	86793
登封市	Dengfeng	194368	164885	91958	72850	4556	298	5277	25035
开封市	**Kaifeng**								
杞县	Qixian	672450	633979	416771	217208	12448	4993	120632	28476
通许县	Tongxu	392307	377483	257419	120064	4790	1988	40079	89736
尉氏县	Weishi	609195	568023	402627	165396	16296	5046	91957	127066
兰考县	Lankao	539413	520098	347872	170380	5624	3810	73636	195433
洛阳市	**Luoyang**								
孟津县	Mengjin	260044	243233	148525	90305	679	501	4323	55513
新安县	Xinan	211542	190542	107343	81714	3941	228	5014	71443
栾川县	Luanchuan	48068	44874	18030	26844	1582	18	1260	9532
嵩县	Songxian	217388	192615	103351	88930	5211	234	9013	84640
汝阳县	Ruyang	188115	160091	87720	70721	2229	241	9200	10373
宜阳县	Yiyang	397590	350097	200923	133712	9332	1415	75668	131994
洛宁县	Luoning	257739	239994	138962	94517	7945	95	5649	369595
伊川县	Yichuan	389641	343757	196245	124244	2190	986	11639	12313
偃师市	Yanshi	270623	265261	133588	130590	1349	299	3868	90569
平顶山市	**Pingdingshan**								
宝丰县	Baofeng	237057	235511	136076	99435	285	146	19636	8495
叶县	Yexian	623691	589928	320017	269911	12896	174	36602	12008
鲁山县	Lushan	214674	204396	110237	89018	1613		21617	32216
郏县	Jiaxian	325897	279082	173278	105804	8732	1130	18329	11711
舞钢市	Wugang	162580	157347	89360	67987	2969	184	6292	10969
汝州市	Ruzhou	479803	458906	246900	211642	2201	789	34673	36537
安阳市	**Anyang**								
安阳县	Anyang	676884	670057	314492	351665	1427	1346	6201	36075
汤阴县	Tangyin	450136	442030	240061	201292	3218	1031	10746	46148
滑县	Huaxian	1482054	1471367	893996	574020	2360	2227	110630	164141
内黄县	Neihuang	529170	522255	362411	159844	595	946	108145	341770
林州市	Linzhou	378209	340563	135599	191298	7360	610	4705	86189
鹤壁市	**Hebi**								
浚县	Xunxian	759999	757517	417843	339096	515	274	30374	28106
淇县	Qixian	307108	302697	154440	148100	69	66	1688	4378

27-8 续表 1 continued

县 市 County and city	粮食产量 (吨) Output of Grain (ton)	#谷物 Grain	#小麦 Wheat	#玉米 Corn	#豆类 Beans	棉花产量 (吨) Output of Cotton (ton)	油料产量 (吨) Output of Oil-bearing Crops (ton)	园林水果产量 (吨) Output of Fruits (ton)
新乡市 Xinxiang								
新乡县 Xinxiang	276539	275826	148703	125504	713	519	15032	6440
获嘉县 Huojia	336632	334793	157830	138303	1575	405	179	15621
原阳县 Yuanyang	753746	732041	420940	171234	19624	389	47587	34146
延津县 Yanjin	462808	455379	329858	125521	1475	504	138890	29926
封丘县 Fengqiu	659494	624159	422029	181035	6919	1430	58551	16885
长垣县 Changyuan	656442	636665	404704	208224	8390	390	56819	22056
卫辉市 Weihui	377495	376623	204692	171367	57	831	13042	47276
辉县市 Huixian	592790	588902	303816	284100	382	16	20746	29446
焦作市 Jiaozuo								
修武县 Xiuwu	215133	212692	109664	103007	1708	8	608	7333
博爱县 Boai	191122	187317	98995	88109	1400	43	1450	20507
武陟县 Wuzhi	535754	524746	289320	188584	4878	120	38376	14296
温县 Wenxian	310744	306763	177543	129220	219	500	14166	21057
沁阳市 Qinyang	344378	337969	174668	163296	2214	122	3846	38438
孟州市 Mengzhou	310194	308545	168912	139633	463	518	13304	66577
濮阳市 Puyang								
清丰县 Qingfeng	576085	566431	373498	192791	2617	199	67629	38032
南乐县 Manle	469967	449548	268662	180727	2408	710	33519	163655
范县 Fanxian	361115	353987	180745	49613	5260	99	8639	4455
台前县 Taiqian	205272	195602	120089	72515	4609	207	2681	209
濮阳县 Puyang	956629	917302	562277	222430	21539	1746	40117	42852
许昌市 Xuchang								
许昌县 Xuchang	689015	657190	389456	267301	14722	1397	55363	3486
鄢陵县 Yanling	551690	549258	314722	234536	1241	114	1736	24913
襄城县 Xiangcheng	563241	473835	316232	157603	7482	406	14149	25698
禹州市 Yuzhou	558474	498887	280978	217909	5798	1267	11386	16450
长葛市 Changge	553459	545558	285561	259997	3821	15	9848	4782
漯河市 Luohe								
舞阳县 Wuyang	556163	541709	300755	240954	2086	1067	12263	16347
临颍县 Linying	529692	508811	319392	189419	5815	2996	2832	1725
三门峡市 Sanmenxia								
渑池县 Mianchi	192937	157479	108437	46378	15062	90	20381	181146
卢氏县 Lushi	123950	101841	61886	39787	14735		617	83084
义马市 Yima	9833	9242	4576	4647	116	20	304	735
灵宝市 Lingbao	233771	212827	119013	93814	11346	840	8438	1506417
南阳市 Nanyang								
南召县 Nanzhao	189220	170499	69698	47065	2891		62288	14052
方城县 Fangcheng	634030	583516	353529	228714	22322	805	261806	44077
西峡县 Xixia	100800	86459	38091	34989	2687		8140	504964

27-8 续表 2 continued

县 市 County and city	粮食产量 (吨) Output of Grain (ton)	#谷物 Grain	#小麦 Wheat	#玉米 Corn	#豆类 Beans	棉花产量 (吨) Output of Cotton (ton)	油料产量 (吨) Output of Oil-bearing Crops (ton)	园林水果产量 (吨) Output of Fruits (ton)
镇平县 Zhenping	525046	509902	283860	222330	4681	1053	75176	8822
内乡县 Neixiang	329770	293693	157650	130531	525	719	82153	54172
淅川县 Xichuan	261498	236598	136028	73925	11092	281	129085	61039
社旗县 Sheqi	547747	488334	332514	155820	23500	2340	90030	5360
唐河县 Tanghe	1316000	1223224	891213	301968	13163	2228	119511	87749
新野县 Xinye	521295	506137	378214	127923	6308	2202	121280	13058
桐柏县 Tongbai	247010	235537	90930	11858	4854	66	71856	17341
邓州市 Dengzhou	1240329	1177629	846890	324529	37223	5485	257396	29358
商丘市 Shangqiu								
民权县 Minquan	677886	650560	500200	148372	14076	3942	91717	291056
睢县 Suixian	653395	633467	426887	206580	8828	3600	59225	52317
宁陵县 Ningling	467442	455180	316540	138640	5816	428	97203	249620
柘城县 Zhecheng	754843	748985	473323	275662	2293	1317	5360	24626
虞城县 Yucheng	880918	860938	543108	317220	7200	4082	53841	438050
夏邑县 Xiayi	1068485	1036962	599708	436933	19508	597	21500	298455
永城市 Yongcheng	1338547	1243068	803615	439453	77029	75	4516	278098
信阳市 Xinyang								
罗山县 Luoshan	738295	734497	117670	320	1865	80	75749	7718
光山县 Guangshan	594098	587600	82242		1296	103	89273	5822
新县 Xinxian	121732	119127	4251	366	150	23	33280	3305
商城县 Shangcheng	336318	333745	49387	379	1169	52	60291	11130
固始县 Gushi	1215788	1205395	186642	22828	2580	142	126974	28885
潢川县 Huangchuan	706745	704894	160799	558	380	22	72701	7024
淮滨县 Huaibin	594239	581184	276556	18826	1285	200	65760	29025
息县 Xixian	984909	969994	486600	72969	2250	411	39534	20497
周口市 Zhoukou								
扶沟县 Fugou	596342	565818	456587	103861	29020	8345	38303	27537
西华县 Xihua	752356	723657	519056	204601	17263	1170	42735	177149
商水县 Shangshui	1052440	967088	563862	402621	63978	832	52405	47284
沈丘县 Shenqiu	911418	859952	517233	342719	24634	410	42679	94813
郸城县 Dancheng	1002572	909047	626053	282994	21405	1088	31375	17826
淮阳县 Huaiyang	1001855	943671	599546	344125	16988	5001	145570	28584
太康县 Taikang	1155642	1117272	768724	348548	24434	1954	34691	36159
鹿邑县 Luyi	933461	865847	536601	328937	52723	3245	18431	10517
项城市 Xiangcheng	832891	778026	531902	246124	39382	664	41200	47620
驻马店市 Zhumadian								
西平县 Xiping	959102	958098	516908	441190	459		57450	14433
上蔡县 Shangcai	1065233	1037906	654814	383071	20193	706	52119	7475
平舆县 Pingyu	795128	764665	515845	248787	16581	238	61086	8739
正阳县 Zhengyang	863751	851599	653757	99102	4968	154	381336	10644
确山县 Queshan	550697	535676	319255	184719	785	58	106130	6190
泌阳县 Biyang	627265	597014	360570	218223	3885	1040	156690	33890
汝南县 Runan	774206	757227	522686	219855	8834	516	184752	10090
遂平县 Suiping	624917	610686	355083	253859	3279	45	56252	21880
新蔡县 Xincai	845135	822884	546608	243700	6534	2638	89285	22073

27-9 各县(市)牧渔业生产情况(2015年)

Statistics on Animal Husbandry and Fishery by County and City (2015)

县 市 County and city	肉类产量 (吨) Output of Meat (ton)	#猪肉 Pork	#牛肉 Beef	#羊肉 Mutton	大牲畜年底头数 (头) Large Animals (year-end) (unit)	猪年底头数 (万头) Hogs (year-end) (10 000 units)	禽蛋产量 (吨) Poultry Eggs (ton)	水产品产量 (吨) Output of Aquatic Products (ton)
郑州市 Zhengzhou								
中牟县 Zhongmu	41324	29180	4358	2468	55078	26.30	21974	58396
巩义市 Gongyi	26245	22246	900	317	7613	19.46	11088	5085
荥阳市 Xingyang	48322	33945	3977	669	22241	24.37	77095	19850
新密市 Xinmi	22105	14251	1235	297	17718	19.67	29448	880
新郑市 Xinzheng	52974	34942	1004	636	21312	36.74	46543	430
登封市 Dengfeng	26770	18146	3925	757	34789	20.54	22311	2120
开封市 Kaifeng								
杞县 Qixian	107718	70303	19783	6877	135817	67.81	87909	3400
通许县 Tongxu	64259	53948	3469	1830	49510	52.22	30285	1803
尉氏县 Weishi	85701	60040	11908	5990	99550	63.31	95990	19998
兰考县 Lankao	50696	31006	9588	3201	97899	31.75	35568	9821
洛阳市 Luoyang								
孟津县 Mengjin	22866	17280	3320	445	63803	18.52	13761	17584
新安县 Xinan	22781	14574	2578	1150	31059	14.80	14121	8242
栾川县 Luanchuan	7834	5214	1474	275	12536	5.91	5544	645
嵩县 Songxian	32452	18065	10372	1300	114878	18.72	14449	3867
汝阳县 Ruyang	12448	9544	1373	310	18573	9.23	3895	260
宜阳县 Yiyang	49712	33047	10406	1506	121144	27.57	19632	3240
洛宁县 Luoning	28045	9339	13324	1259	113651	9.31	18393	3690
伊川县 Yichuan	47062	34182	8731	475	112979	32.40	25041	595
偃师市 Yanshi	31177	25641	1334	147	44576	24.92	19602	310
平顶山市 Pingdingshan								
宝丰县 Baofeng	47755	35554	5144	867	84596	38.58	20500	724
叶县 Yexian	110290	71064	18055	6057	61035	64.02	34485	15901
鲁山县 Lushan	29028	20683	3573	1405	25349	22.27	18915	11756
郏县 Jiaxian	43465	26249	6147	1801	55101	20.09	12195	765
舞钢市 Wugang	49296	35793	1338	788	27327	34.16	3880	4580
汝州市 Ruzhou	97329	63626	15667	1567	238255	60.09	66177	3053
安阳市 Anyang								
安阳县 Anyang	33182	20806	2637	569	43904	21.04	48490	5200
汤阴县 Tangyin	37148	8800	1227	467	21112	8.90	34495	1922
滑县 Huaxian	49166	26898	4300	3803	43569	22.99	86816	670
内黄县 Neihuang	47437	33120	784	3096	7746	33.49	45886	611
林州市 Linzhou	73586	70164	335	155	4268	70.96	52454	3500
鹤壁市 Hebi								
浚县 Xunxian	87847	41420	1625	3074	13193	42.41	41650	3402
淇县 Qixian	111335	31487	540	341	11067	28.75	43490	5430

27-9 续表 1 continued

县 市 County and city	肉类产量 (吨) Output of Meat (ton)	#猪肉 Pork	#牛肉 Beef	#羊肉 Mutton	大牲畜年底头数 (头) Large Animals (year-end) (unit)	猪年底头数 (万头) Hogs (year-end) (10 000 units)	禽蛋产量 (吨) Poultry Eggs (ton)	水产品产量 (吨) Output of Aquatic Products (ton)
新乡市 Xinxiang								
新乡县 Xinxiang	17227	9399	2618	293	20696	10.22	30921	4000
获嘉县 Huojia	30339	18970	2412	603	5677	17.55	26762	5300
原阳县 Yuanyang	36912	21465	4646	2424	94489	21.44	39838	5330
延津县 Yanjin	31382	17890	4103	1562	27102	17.45	33510	19675
封丘县 Fengqiu	81555	59383	9159	3755	60367	40.54	33547	14116
长垣县 Changyuan	40108	24089	5255	2481	33857	23.31	23726	4921
卫辉市 Weihui	54622	41605	5334	564	130440	50.70	75500	5285
辉县市 Huixian	87248	74282	3333	861	31451	72.11	69513	690
焦作市 Jiaozuo								
修武县 Xiuwu	23979	16059	1030	342	8624	15.50	10535	400
博爱县 Boai	14232	12027	288	213	4926	10.40	6178	252
武陟县 Wuzhi	64047	39571	6392	1409	63651	40.14	57889	9420
温县 Wenxian	18223	13310	1884	340	11110	14.92	38010	
沁阳市 Qinyang	20424	13402	2807	783	10830	14.07	18635	280
孟州市 Mengzhou	30181	23377	374	622	11609	28.09	13420	3120
濮阳市 Puyang								
清丰县 Qingfeng	60403	32514	2607	1353	26248	28.06	71063	1260
南乐县 Manle	74989	35040	13136	650	166723	40.08	69664	2140
范县 Fanxian	28333	14025	1832	3220	34080	13.25	34841	26903
台前县 Taiqian	14364	5829	592	1149	8201	4.66	43744	1015
濮阳县 Puyang	73690	40931	2096	5372	24406	40.14	69299	5968
许昌市 Xuchang								
许昌县 Xuchang	62131	51144	4118	1323	15286	33.59	43408	1579
鄢陵县 Yanling	89131	64062	14011	1833	95721	56.17	47175	6050
襄城县 Xiangcheng	81355	61634	7343	2473	102876	55.66	45622	8650
禹州市 Yuzhou	82225	61791	4214	4997	38913	53.17	37065	1710
长葛市 Changge	76632	61595	2895	1426	22314	45.81	58793	1519
漯河市 Luohe								
舞阳县 Wuyang	67096	58023	2539	1544	31799	47.61	19309	4447
临颍县 Linying	77502	64419	3655	788	24706	55.90	39236	1695
三门峡市 Sanmenxia								
渑池县 Mianchi	37886	25872	8300	1051	94959	24.28	25258	5000
卢氏县 Lushi	9728	4451	4156	351	60576	4.17	3669	1970
义马市 Yima	4107	3669	82	53	415	3.99	454	150
灵宝市 Lingbao	29751	21526	4537	994	84589	21.69	12267	7685
南阳市 Nanyang								
南召县 Nanzhao	24325	16123	3923	1808	54576	14.87	13180	8500
方城县 Fangcheng	41746	29655	4225	2665	35944	26.92	20797	6450
西峡县 Xixia	29574	20099	4714	2583	46394	18.41	13181	5275

27−9 续表 2 continued

县 市 County and city	肉类产量 (吨) Output of Meat (ton)	#猪肉 Pork	#牛肉 Beef	#羊肉 Mutton	大牲畜年底头数 (头) Large Animals (year-end) (unit)	猪年底头数 (万头) Hogs (year-end) (10 000 units)	禽蛋产量 (吨) Poultry Eggs (ton)	水产品产量 (吨) Output of Aquatic Products (ton)
镇平县 Zhenping	34299	22351	3860	1725	62153	21.08	27369	6166
内乡县 Neixiang	95329	70863	11228	7005	98507	66.39	25727	6400
淅川县 Xichuan	57675	33863	14697	2756	132077	33.93	30100	29244
社旗县 Sheqi	67755	45108	12550	1920	104548	46.06	21600	6012
唐河县 Tanghe	115199	71685	25736	3696	318525	65.47	54040	16600
新野县 Xinye	49277	23609	13388	2788	118156	22.68	26111	6520
桐柏县 Tongbai	27744	17153	5514	1401	59121	16.20	14102	12020
邓州市 Dengzhou	150050	91242	36282	7118	269344	89.76	72447	12552
商丘市 Shangqiu								
民权县 Minquan	60439	32744	12917	6308	107056	24.94	43570	21650
睢县 Suixian	55216	34971	7343	4225	7500	32.69	30707	4980
宁陵县 Ningling	40620	32504	3632	2435	41028	26.56	13358	3955
柘城县 Zhecheng	66752	41773	14588	4181	80150	36.57	18671	5580
虞城县 Yucheng	45890	24239	6591	4100	151723	20.52	27024	14505
夏邑县 Xiayi	83626	66925	6943	3626	102115	67.19	38846	6081
永城市 Yongcheng	91927	41620	18042	9971	97954	39.87	52527	17700
信阳市 Xinyang								
罗山县 Luoshan	48815	36640	2790	424	48858	30.54	16673	31000
光山县 Guangshan	47768	16688	5424	257	97070	16.81	25715	29889
新县 Xinxian	21799	12310	3235	364	54858	11.07	8856	5000
商城县 Shangcheng	44152	16018	2633	1479	47724	15.93	22192	34500
固始县 Gushi	154756	80900	2121	4063	41802	60.11	87130	48364
潢川县 Huangchuan	146502	67148	2087	566	69098	50.12	64472	45500
淮滨县 Huaibin	53791	16899	6778	1460	57779	17.58	12897	13060
息县 Xixian	64880	45745	5193	1198	48017	41.09	16281	17750
周口市 Zhoukou								
扶沟县 Fugou	49306	36400	6092	872	50225	34.10	13950	4997
西华县 Xihua	87001	64650	5732	3286	60446	61.00	30750	3521
商水县 Shangshui	92189	63700	8389	4403	63212	62.30	34080	3760
沈丘县 Shenqiu	90287	56000	11469	6759	69875	49.99	39200	7041
郸城县 Dancheng	68214	43380	8325	3856	52880	46.00	27990	5837
淮阳县 Huaiyang	105115	64000	11069	6335	96177	55.00	31260	26266
太康县 Taikang	106677	65894	12950	6905	70614	66.74	52580	3258
鹿邑县 Luyi	76598	54659	7424	2867	87836	54.76	33531	6209
项城市 Xiangcheng	66010	43600	8115	1866	61466	46.50	27140	5368
驻马店市 Zhumadian								
西平县 Xiping	109645	84725	1085	2153	17987	80.59	61698	6840
上蔡县 Shangcai	79214	60495	6004	2056	44959	61.59	52034	8199
平舆县 Pingyu	77896	59772	6210	3054	63934	51.55	24819	8835
正阳县 Zhengyang	95721	88967	895	500	26030	95.18	20889	11810
确山县 Queshan	70141	46345	15450	2563	162886	51.67	18922	13078
泌阳县 Biyang	100786	57324	33483	3160	401345	37.90	25713	18774
汝南县 Runan	86411	62551	8955	4293	60615	62.67	23797	37300
遂平县 Suiping	77147	59120	6720	1330	40885	59.31	63239	6952
新蔡县 Xincai	110701	62644	25221	3500	223783	62.08	45139	13761

27-10 各县(市)财政、金融主要指标(2015年)

Main Indicators of Government Finance and Financial Intermediation by County and City (2015)

单位：万元 (10 000yuan)

县 市	County and city	一般公共预算收入 Public Financial Revenueof theLocal Government	一般公共预算支出 Public Financial Expenditures oftheLocal Government	#教育 Education	#农林水事务 Farming Forestry Water Conservancy Operating	金融机构存款余额 Depositsof National Banking System	金融机构贷款余额 Loansof National Banking System
郑州市	**Zhengzhou**						
中牟县	Zhongmu	360516	582856	95066	85153	3923008	1910307
巩义市	Gongyi	347335	504288	76542	47719	3209004	1823956
荥阳市	Xingyang	316038	407939	79275	34534	2672954	1470658
新密市	Xinmi	303097	484005	75202	92887	3370326	1723939
新郑市	Xinzheng	600369	703274	96416	102237	4930243	3469376
登封市	Dengfeng	262810	411552	79453	72431	2842208	1195482
开封市	**Kaifeng**						
杞县	Qixian	120167	375018	65354	56555	1496822	728848
通许县	Tongxu	75218	235292	36137	42715	1091534	530248
尉氏县	Weishi	154266	400719	85722	64562	1628048	857397
兰考县	Lankao	127311	438602	93260	85416	1460485	858046
洛阳市	**Luoyang**						
孟津县	Mengjin	130741	253910	46742	55946	1228660	605402
新安县	Xinan	173269	287823	75459	36330	1630910	966813
栾川县	Luanchuan	172000	273366	59692	45470	1384167	633848
嵩县	Songxian	57758	267589	67829	59980	1040942	394648
汝阳县	Ruyang	77646	218626	50122	44731	851246	383366
宜阳县	Yiyang	97568	285598	64506	53937	1128921	591380
洛宁县	Luoning	74184	244095	52479	55869	923927	319620
伊川县	Yichuan	170369	321687	66473	46428	3116034	1727962
偃师市	Yanshi	159098	279937	72161	49024	2458958	1167196
平顶山市	**Pingdingshan**						
宝丰县	Baofeng	82835	201601	35517	30948	1235272	904942
叶县	Yexian	70367	284464	49116	52809	1476865	583620
鲁山县	Lushan	70843	305505	66438	50300	1685123	831134
郏县	Jiaxian	71001	220598	44671	37893	1127791	614751
舞钢市	Wugang	88031	172507	29626	28570	1143457	847434
汝州市	Ruzhou	206616	451946	91222	63823	2172876	1479787
安阳市	**Anyang**						
安阳县	Anyang	97599	304899	72717	55285	2836097	1076761
汤阴县	Tangyin	101894	229360	55075	41001	979069	566365
滑县	Huaxian	93574	505337	92517	96040	2303254	985993
内黄县	Neihuang	56551	248951	64500	44294	1151494	424527
林州市	Linzhou	153238	391572	88133	55704	3873309	1371691
鹤壁市	**Hebi**						
浚县	Xunxian	60121	259744	48045	44354	1116863	958943
淇县	Qixian	75964	185968	30866	24001	925552	1080812

27-10 续表 1 continued

单位：万元 (10 000yuan)

县市 County and city	一般公共预算收入 Public Financial Revenueof theLocal Government	一般公共预算支出 Public Financial Expenditures oftheLocal Government	#教育 Education	#农林水事务 Farming Forestry Water Conservancy Operating	金融机构存款余额 Depositsof National Banking System	金融机构贷款余额 Loansof National Banking System
新乡市 Xinxiang						
新乡县 Xinxiang	72351	155615	34565	18005	1282326	992301
获嘉县 Huojia	40763	155338	36435	23238	902523	291651
原阳县 Yuanyang	65220	244452	43805	46877	1081281	576045
延津县 Yanjin	65749	183766	43954	30304	762336	288448
封丘县 Fengqiu	39175	291999	53934	62304	1324801	288390
长垣县 Changyuan	153499	395590	88716	54567	2911041	1604661
卫辉市 Weihui	80809	218510	42174	32364	1113621	569065
辉县市 Huixian	240033	375962	81669	57004	2268885	1331285
焦作市 Jiaozuo						
修武县 Xiuwu	98156	162185	32020	22089	826504	497437
博爱县 Boai	69031	152795	24187	21399	974928	643739
武陟县 Wuzhi	106939	255637	50524	33545	1345307	809785
温县 Wenxian	63256	175842	29905	26495	1066436	623564
沁阳市 Qinyang	124399	230574	36433	22978	1403640	836803
孟州市 Mengzhou	111339	189825	29818	23620	1130978	651549
濮阳市 Puyang						
清丰县 Qingfeng	57500	254651	51159	47049	1033351	367121
南乐县 Manle	40558	221143	42892	38477	864835	298308
范县 Fanxian	57734	267485	38114	64852	994997	352224
台前县 Taiqian	33170	183228	42504	31355	804556	351792
濮阳县 Puyang	100869	410788	94907	71585	1737131	899658
许昌市 Xuchang						
许昌县 Xuchang	113619	295266	65647	51021	1984194	1287546
鄢陵县 Yanling	98175	287133	61989	42406	1402623	1196555
襄城县 Xiangcheng	126363	284053	82891	48887	1958064	1315631
禹州市 Yuzhou	320609	525586	99036	54220	2734427	1806192
长葛市 Changge	195866	342368	99557	45102	2328345	1686380
漯河市 Luohe						
舞阳县 Wuyang	79974	247899	45970	47140	1149279	335184
临颍县 Linying	104164	313618	59502	52960	1447604	653563
三门峡市 Sanmenxia						
渑池县 Mianchi	197708	285376	70836	50209	1190563	612298
卢氏县 Lushi	56312	210499	41077	33767	951045	356261
义马市 Yima	127808	152827	32581	4698	1121929	849815
灵宝市 Lingbao	182688	353464	71561	48189	2461565	1641867
南阳市 Nanyang						
南召县 Nanzhao	56008	259151	68511	41941	1063945	540767
方城县 Fangcheng	86610	364740	80420	68745	1447515	875085
西峡县 Xixia	111569	282698	67859	44238	1519388	1088657

27-10 续表 2 continued

单位：万元 (10 000yuan)

县市 County and city	一般公共预算收入 Public Financial Revenueof theLocal Government	一般公共预算支出 Public Financial Expenditures oftheLocal Government	#教育 Education	#农林水事务 Farming Forestry Water Conservancy Operating	金融机构存款余额 Depositsof National Banking System	金融机构贷款余额 Loansof National Banking System
镇平县 Zhenping	79566	331829	69103	53756	2061731	891265
内乡县 Neixiang	72728	309496	69225	66591	1347920	937108
淅川县 Xichuan	77815	374964	72211	70841	1731945	894856
社旗县 Sheqi	55363	249976	57428	39971	1098007	607807
唐河县 Tanghe	81273	431354	72465	79109	2233808	718007
新野县 Xinye	63958	269396	56868	44282	1587419	925823
桐柏县 Tongbai	76876	226066	45772	37962	1049142	493014
邓州市 Dengzhou	127738	624086	110690	108674	2728971	1371333
商丘市 Shangqiu						
民权县 Minquan	78522	335335	67303	59202	1435814	868673
睢县 Suixian	54806	300667	45290	54489	1437521	579317
宁陵县 Ningling	40009	251826	61550	37807	1007466	503150
柘城县 Zhecheng	62638	356976	76428	65824	1458176	572017
虞城县 Yucheng	79046	388119	76730	78039	1871151	841664
夏邑县 Xiayi	65178	408699	92928	69022	2109853	727817
永城市 Yongcheng	335186	673260	120845	87848	3498859	2456711
信阳市 Xinyang						
罗山县 Luoshan	50939	286122	57074	54911	2006549	791674
光山县 Guangshan	51256	317250	96924	55915	1944603	823545
新县 Xinxian	38163	214383	48098	41189	1027892	491887
商城县 Shangcheng	45805	303460	85399	52015	1701437	662011
固始县 Gushi	111356	630948	110695	102142	3455100	1544335
潢川县 Huangchuan	54993	313901	73828	57858	1840105	1767740
淮滨县 Huaibin	41288	290638	66552	50020	1485075	587912
息县 Xixian	41999	327562	88625	49789	2151868	619844
周口市 Zhoukou						
扶沟县 Fugou	61934	305568	70683	51445	1482818	583835
西华县 Xihua	61634	311866	68281	46498	1619539	531727
商水县 Shangshui	63853	410290	91586	60191	1917514	464743
沈丘县 Shenqiu	115830	436006	122118	56879	2136568	1022523
郸城县 Dancheng	88183	456961	114656	72742	1949066	652653
淮阳县 Huaiyang	67962	431925	91434	66021	2063496	518247
太康县 Taikang	90861	482016	95900	69701	2143965	686776
鹿邑县 Luyi	103661	426789	97795	53160	1956066	963391
项城市 Xiangcheng	93955	398325	89195	42726	2298804	563669
驻马店市 Zhumadian						
西平县 Xiping	69355	321010	56597	48187	1858835	804118
上蔡县 Shangcai	56563	433874	94866	63071	2550233	939451
平舆县 Pingyu	65663	334847	69572	45156	1996984	606909
正阳县 Zhengyang	48363	336716	61720	57063	1730189	696687
确山县 Queshan	63421	239748	48804	44904	1456611	506868
泌阳县 Biyang	72000	371012	79219	74912	1536278	544700
汝南县 Runan	56025	288919	67628	58863	1637899	606329
遂平县 Suiping	66977	236575	49906	39058	1350681	815423
新蔡县 Xincai	61644	473031	96979	62348	2030039	621598

27-11 各县(市)教育主要指标(2015年)

Main Indicators of Education by County and City (2015)

县 市	County and city	在校学生数(人) Student Enrollment (person) 小学 Primary Schools	普通中学 Regular Secondary Schools	小学在校生巩固率(%) Percentage of Primary Schools Enrollment Consolidated (%)	初中在校生巩固率(%) Percentage of Junior Enrollment Consolidated (%)	高中阶段毛入学率(%) The high school stage gross enrollment rate(%)
郑州市	**Zhengzhou**					
中牟县	Zhongmu	95813	40003	99.1	90.2	54.1
巩义市	Gongyi	51340	37595	98.3	98.3	69.0
荥阳市	Xingyang	44652	30878	105.5	107.0	108.5
新密市	Xinmi	67439	46097	91.0	98.0	90.5
新郑市	Xinzheng	77015	46607	108.4	93.5	224.0
登封市	Dengfeng	78439	57320	108.8	184.8	146.4
开封市	**Kaifeng**					
杞县	Qixian	92644	57937	67.0	112.6	40.6
通许县	Tongxu	55417	36539	68.8	94.7	68.3
尉氏县	Weishi	88223	41974	82.5	96.1	54.5
兰考县	Lankao	73884	50494	84.2	97.7	58.3
洛阳市	**Luoyang**					
孟津县	Mengjin	30313	27595	88.7	96.1	114.8
新安县	Xinan	38846	33135	84.1	97.4	116.2
栾川县	Luanchuan	27758	19172	94.9	99.5	77.3
嵩县	Songxian	57455	33829	90.5	93.6	64.6
汝阳县	Ruyang	49862	31076	89.4	92.5	39.2
宜阳县	Yiyang	52331	39623	94.3	94.9	53.0
洛宁县	Luoning	40050	25050	95.2	97.6	34.4
伊川县	Yichuan	83327	47562	83.8	88.5	49.9
偃师市	Yanshi	38241	30632	69.6	83.2	56.4
平顶山市	**Pingdingshan**					
宝丰县	Baofeng	54132	23885	103.9	98.1	68.0
叶县	Yexian	70036	35926	82.3	98.6	62.2
鲁山县	Lushan	106602	41244	106.1	89.9	74.1
郏县	Jiaxian	62457	28331	108.2	98.4	40.3
舞钢市	Wugang	26689	14678	69.3	94.7	89.1
汝州市	Ruzhou	115529	50616	88.0	87.4	67.9
安阳市	**Anyang**					
安阳县	Anyang	96588	51191	90.4	105.7	66.3
汤阴县	Tangyin	51042	26630	80.1	100.4	59.9
滑县	Huaxian	136583	63127	90.0	89.1	70.7
内黄县	Neihuang	76416	37277	106.3	104.3	45.7
林州市	Linzhou	101212	55912	91.2	98.6	69.0
鹤壁市	**Hebi**					
浚县	Xunxian	65123	42025	89.8	102.1	45.0
淇县	Qixian	26802	16533	77.7	96.2	40.8

27-11 续表 1 continued

县 市 County and city	在校学生数(人) Student Enrollment (person) 小学 Primary Schools	普通中学 Regular Secondary Schools	小学在校生巩固率(%) Percentage of Primary Schools Enrollment Consolidated (%)	初中在校生巩固率(%) Percentage of Junior Enrollment Consolidated (%)	高中阶段毛入学率(%) The high school stage gross enrollment rate(%)
新 乡 市 Xinxiang					
新 乡 县 Xinxiang	31658	20549	93.3	96.4	52.1
获 嘉 县 Huojia	39231	24509	89.0	102.0	55.0
原 阳 县 Yuanyang	70824	41863	92.2	94.0	53.0
延 津 县 Yanjin	51620	32524	90.2	103.0	72.7
封 丘 县 Fengqiu	76116	41872	78.5	104.1	60.0
长 垣 县 Changyuan	92728	58660	103.0	102.8	81.4
卫 辉 市 Weihui	59172	22677	52.6	101.0	70.0
辉 县 市 Huixian	89630	40756	90.7	93.6	80.5
焦 作 市 Jiaozuo					
修 武 县 Xiuwu	20444	16804	83.9	96.1	64.0
博 爱 县 Boai	30043	22286	84.4	98.0	61.2
武 陟 县 Wuzhi	50140	44615	76.3	100.3	63.2
温 县 Wenxian	29565	28122	87.3	105.0	78.4
沁 阳 市 Qinyang	32806	29933	95.8	109.1	82.5
孟 州 市 Mengzhou	19515	16829	93.9	104.5	61.2
濮 阳 市 Puyang					
清 丰 县 Qingfeng	60171	25473	65.5	96.2	38.4
南 乐 县 Manle	50015	32721	77.2	121.1	53.1
范 县 Fanxian	48171	32164	88.0	101.5	43.9
台 前 县 Taiqian	36700	21493	54.3	103.0	63.3
濮 阳 县 Puyang	95481	42430	67.2	95.5	46.1
许 昌 市 Xuchang					
许 昌 县 Xuchang	60930	35993	82.0	112.1	47.7
鄢 陵 县 Yanling	55774	26387	72.9	98.6	57.1
襄 城 县 Xiangcheng	70065	42450	83.6	104.3	81.6
禹 州 市 Yuzhou	105231	57816	83.8	102.0	59.4
长 葛 市 Changge	66321	36202	86.9	91.0	78.3
漯 河 市 Luohe					
舞 阳 县 Wuyang	40088	21725	92.5	88.4	55.2
临 颍 县 Linying	52132	36219	72.2	100.5	59.7
三 门 峡 市 Sanmenxia					
渑 池 县 Mianchi	30349	21359	93.3	104.7	56.0
卢 氏 县 Lushi	19195	21820	80.5	101.9	64.3
义 马 市 Yima	9939	5453	92.9	99.1	54.7
灵 宝 市 Lingbao	48280	36400	82.7	102.4	90.8
南 阳 市 Nanyang					
南 召 县 Nanzhao	66517	36482	81.3	96.2	54.0
方 城 县 Fangcheng	123231	45322	87.9	78.5	47.1
西 峡 县 Xixia	46514	35631	76.6	107.0	82.1

27-11 续表 2 continued

县 市 County and city	在校学生数(人) Student Enrollment (person) 小学 Primary Schools	普通中学 Regular Secondary Schools	小学在校生巩固率(%) Percentage of Primary Schools Enrollment Consolidated (%)	初中在校生巩固率(%) Percentage of Junior Enrollment Consolidated (%)	高中阶段毛入学率(%) The high school stage gross enrollment rate(%)
镇 平 县 Zhenping	102062	48214	89.5	99.4	55.1
内 乡 县 Neixiang	73944	38129	97.5	93.0	76.3
淅 川 县 Xichuan	67195	45130	84.4	89.7	50.1
社 旗 县 Sheqi	68163	32735	85.9	91.6	43.5
唐 河 县 Tanghe	125404	46878	85.7	88.5	38.1
新 野 县 Xinye	80328	32667	85.8	81.2	49.6
桐 柏 县 Tongbai	50258	22691	70.9	85.4	65.6
邓 州 市 Dengzhou	180047	82593	81.8	104.1	54.4
商 丘 市 Shangqiu					
民 权 县 Minquan	70139	49640	72.6	98.6	100.0
睢 县 Suixian	63296	48925	72.5	85.6	67.9
宁 陵 县 Ningling	55400	29830	62.7	103.5	38.8
柘 城 县 Zhecheng	70521	55593	56.5	103.3	59.6
虞 城 县 Yucheng	96391	73442	77.4	104.9	56.2
夏 邑 县 Xiayi	81118	60134	54.6	95.9	59.2
永 城 市 Yongcheng	148609	70395	70.6	91.0	66.3
信 阳 市 Xinyang					
罗 山 县 Luoshan	59422	37462	74.8	99.4	108.2
光 山 县 Guangshan	68814	60443	76.4	97.8	73.3
新 县 Xinxian	28817	23375	80.8	109.4	91.8
商 城 县 Shangcheng	53915	49676	63.5	98.9	78.5
固 始 县 Gushi	128225	95677	82.5	94.5	92.2
潢 川 县 Huangchuan	57107	42267	59.1	98.1	64.2
淮 滨 县 Huaibin	57982	45192	69.9	97.5	63.0
息 县 Xixian	91917	50119	76.6	105.5	41.8
周 口 市 Zhoukou					
扶 沟 县 Fugou	50916	48047	70.2	102.4	66.1
西 华 县 Xihua	64750	48809	63.7	92.9	51.5
商 水 县 Shangshui	103130	78798	70.1	98.9	47.0
沈 丘 县 Shenqiu	100933	72574	66.7	89.9	53.8
郸 城 县 Dancheng	118831	94983	66.6	94.8	64.1
淮 阳 县 Huaiyang	102924	86658	68.8	90.7	55.0
太 康 县 Taikang	129525	82894	68.2	90.0	48.0
鹿 邑 县 Luyi	90773	67806	56.4	98.9	38.1
项 城 市 Xiangcheng	92214	76207	59.1	99.4	77.6
驻 马 店 市 Zhumadian					
西 平 县 Xiping	47172	42747	66.4	110.2	49.2
上 蔡 县 Shangcai	119607	84720	75.3	94.1	46.2
平 舆 县 Pingyu	76885	52082	59.6	104.4	58.8
正 阳 县 Zhengyang	76248	40129	68.5	99.0	64.0
确 山 县 Queshan	51309	35770	78.2	103.6	50.6
泌 阳 县 Biyang	80617	50028	63.8	94.0	76.2
汝 南 县 Runan	62177	43487	68.2	116.4	73.0
遂 平 县 Suiping	41846	25588	72.6	98.6	85.2
新 蔡 县 Xincai	95410	59228	73.2	98.1	51.0

27-12 各县(市)卫生主要指标(2015年)

Main Indicators of Sanitation by County and City (2015)

县 市 County and city	卫生机构床位数(张) Number of Beds in Health Institutions (unit)	卫生技术人员(人) Medical Technical Personnel (person)	执业医师(人) Medical practitioner (person)	助理医师(人) Assistant doctor of the operation (person)	注册护士(人) Registered Nurse (person)
郑州市 Zhengzhou					
中牟县 Zhongmu	3135	2771	734	266	1195
巩义市 Gongyi	3205	4640	1301	499	1999
荥阳市 Xingyang	2480	3132	698	357	1239
新密市 Xinmi	4052	3928	1125	323	1748
新郑市 Xinzheng	3549	3634	1103	326	1495
登封市 Dengfeng	3144	3157	828	337	1370
开封市 Kaifeng					
杞县 Qixian	3194	3480	764	846	1072
通许县 Tongxu	2240	2402	478	329	1025
尉氏县 Weishi	2804	2755	660	422	1107
兰考县 Lankao	4752	4323	917	610	1661
洛阳市 Luoyang					
孟津县 Mengjin	1859	1974	483	338	567
新安县 Xinan	1958	1666	462	231	576
栾川县 Luanchuan	1782	1683	427	182	740
嵩县 Songxian	2073	1694	473	275	579
汝阳县 Ruyang	1717	1675	424	213	625
宜阳县 Yiyang	2488	2532	629	452	888
洛宁县 Luoning	2396	1766	416	329	663
伊川县 Yichuan	2597	2845	687	485	1009
偃师市 Yanshi	2666	2933	1036	360	1060
平顶山市 Pingdingshan					
宝丰县 Baofeng	2457	2487	672	566	829
叶县 Yexian	2717	2814	598	612	779
鲁山县 Lushan	2972	2717	581	456	1024
郏县 Jiaxian	2460	2674	624	415	926
舞钢市 Wugang	1393	1478	489	145	543
汝州市 Ruzhou	5471	4165	993	575	1287
安阳市 Anyang					
安阳县 Anyang	2430	2124	589	810	380
汤阴县 Tangyin	1351	1672	332	444	326
滑县 Huaxian	4759	4862	1175	1051	1848
内黄县 Neihuang	2420	2512	543	486	806
林州市 Linzhou	3718	3609	1175	735	995
鹤壁市 Hebi					
浚县 Xunxian	2317	1686	472	417	418
淇县 Qixian	1910	1593	455	146	686

27-12 续表 1 continued

县 市 County and city	卫生机构床位数(张) Number of Beds in Health Institutions (unit)	卫生技术人员(人) Medical Technical Personnel (person)	执业医师(人) Medical practitioner (person)	助理医师(人) Assistant doctor of the operation (person)	注册护士(人) Registered Nurse (person)
新 乡 市 Xinxiang					
新 乡 县 Xinxiang	926	1210	343	291	340
获 嘉 县 Huojia	2050	1726	456	183	609
原 阳 县 Yuanyang	2612	2583	667	242	1095
延 津 县 Yanjin	2154	1829	474	278	627
封 丘 县 Fengqiu	3005	2427	538	384	836
长 垣 县 Changyuan	3354	4763	1255	756	1899
卫 辉 市 Weihui	3852	3641	1056	207	1843
辉 县 市 Huixian	2809	3064	872	440	999
焦 作 市 Jiaozuo					
修 武 县 Xiuwu	1166	1392	424	312	382
博 爱 县 Boai	2041	1402	476	327	290
武 陟 县 Wuzhi	3127	2762	714	497	987
温 县 Wenxian	2197	1958	541	215	716
沁 阳 市 Qinyang	1712	2355	900	379	632
孟 州 市 Mengzhou	1740	1654	497	185	621
濮 阳 市 Puyang					
清 丰 县 Qingfeng	1712	1725	396	303	507
南 乐 县 Manle	1918	1587	332	234	563
范 县 Fanxian	1810	1786	400	228	591
台 前 县 Taiqian	1391	1762	417	209	609
濮 阳 县 Puyang	3113	2931	688	685	780
许 昌 市 Xuchang					
许 昌 县 Xuchang	1853	2238	589	411	743
鄢 陵 县 Yanling	2639	2796	713	543	883
襄 城 县 Xiangcheng	2469	2565	545	309	946
禹 州 市 Yuzhou	3840	5109	1427	955	1618
长 葛 市 Changge	1975	3381	953	543	1108
漯 河 市 Luohe					
舞 阳 县 Wuyang	2229	2385	511	278	921
临 颍 县 Linying	2473	2491	577	251	1030
三 门 峡 市 Sanmenxia					
渑 池 县 Mianchi	1767	1565	332	176	566
卢 氏 县 Lushi	1616	1629	434	314	436
义 马 市 Yima	1537	1628	460	94	753
灵 宝 市 Lingbao	2671	2681	865	426	803
南 阳 市 Nanyang					
南 召 县 Nanzhao	1853	2633	513	397	929
方 城 县 Fangcheng	2984	2661	628	446	924
西 峡 县 Xixia	2378	2095	497	158	941

27-12 续表 2 continued

县 市 County and city	卫生机构床位数(张) Number of Beds in Health Institutions (unit)	卫生技术人员(人) Medical Technical Personnel (person)	执业医师(人) Medical practitioner (person)	助理医师(人) Assistant doctor of the operation (person)	注册护士(人) Registered Nurse (person)
镇平县 Zhenping	2604	2355	598	484	554
内乡县 Neixiang	2191	1671	404	264	499
淅川县 Xichuan	2191	2273	538	254	754
社旗县 Sheqi	2168	1911	326	385	619
唐河县 Tanghe	2717	3323	806	358	1366
新野县 Xinye	1728	2443	537	383	789
桐柏县 Tongbai	1449	1621	309	227	449
邓州市 Dengzhou	5236	4659	988	586	1779
商丘市 Shangqiu					
民权县 Minquan	3019	2481	683	422	866
睢县 Suixian	3195	3474	657	441	1186
宁陵县 Ningling	2036	3172	603	499	723
柘城县 Zhecheng	4534	4198	953	749	1394
虞城县 Yucheng	2604	4118	788	1303	840
夏邑县 Xiayi	3102	3726	782	558	1222
永城市 Yongcheng	5983	5697	1165	727	2052
信阳市 Xinyang					
罗山县 Luoshan	2071	2016	562	198	771
光山县 Guangshan	2232	2014	595	189	655
新县 Xinxian	699	963	257	114	313
商城县 Shangcheng	1820	1678	512	230	553
固始县 Gushi	4138	3978	926	410	1416
潢川县 Huangchuan	1804	1821	433	316	538
淮滨县 Huaibin	1899	1830	391	359	626
息县 Xixian	1823	2013	456	313	659
周口市 Zhoukou					
扶沟县 Fugou	2511	2536	620	490	835
西华县 Xihua	2684	3197	758	401	893
商水县 Shangshui	2924	2856	771	523	886
沈丘县 Shenqiu	3377	3608	816	736	866
郸城县 Dancheng	3973	4341	846	600	1602
淮阳县 Huaiyang	3222	4190	781	710	1284
太康县 Taikang	5254	4329	1123	770	1420
鹿邑县 Luyi	4628	3808	800	900	1114
项城市 Xiangcheng	3107	2930	718	417	1109
驻马店市 Zhumadian					
西平县 Xiping	3018	2627	678	368	960
上蔡县 Shangcai	3616	2725	603	360	891
平舆县 Pingyu	3010	3667	833	717	1481
正阳县 Zhengyang	2341	2548	655	389	763
确山县 Queshan	2307	2201	518	305	859
泌阳县 Biyang	2625	2500	651	417	824
汝南县 Runan	2119	2450	571	368	881
遂平县 Suiping	2904	2520	620	309	971
新蔡县 Xincai	2308	3275	623	1043	755

27－13　各县(市)社会保险和低保参保人数(2015年)

Number of People Participated in Basic Insurance and Lowest Cost-of-Living by County and City (2015)

单位：人　(person)

县　市 County and city	城镇基本养老保险参保人数 Number of Persons in Basic Pension Insurance	城镇基本医疗保险参保人数 Number of Persons in Basic Medical Insurance	城镇居民最低生活保障人数 Number of Persons Receiving Lowest Cost-of-Living in Urban Area	农村居民最低生活保障人数 Number of Persons Receiving Lowest Cost-of-Living in Rural Area	新型农村合作医疗参保人数 Number of Persons Participated in the new rural cooperative medical	新型农村社会养老保险参保人数 Number of Persons Participated in the Rural Basic Pension Insurance
郑　州　市 Zhengzhou						
中　牟　县 Zhongmu	1145467	94078	1136	8515	442585	264001
巩　义　市 Gongyi	111320	113400	1754	14208	660958	383196
荥　阳　市 Xingyang	92900	118720	1049	18173	554795	321167
新　密　市 Xinmi	106847	141610	1185	17098	658991	410979
新　郑　市 Xinzheng	89326	252601	2498	11107	475634	340165
登　封　市 Dengfeng	64398	66137	4046	28435	529731	368500
开　封　市 Kaifeng						
杞　县 Qixian		27305	5264	44164	1009662	499855
通　许　县 Tongxu	10135	48254	5469	28485	551887	297813
尉　氏　县 Weishi	46473	54663	3716	42641	831628	445043
兰　考　县 Lankao	46755	70717	6494	41020	762469	411028
洛　阳　市 Luoyang						
孟　津　县 Mengjin	30127	49349	3639	15685	406461	270790
新　安　县 Xinan	45208	75282	5894	8635	444792	250515
栾　川　县 Luanchuan	25675	56362	1619	12786	275053	186873
嵩　县 Songxian	27955	53031	8535	25308	530318	319496
汝　阳　县 Ruyang	32449	55114	8025	18531	442823	242389
宜　阳　县 Yiyang	36730	67854	1874	19003	600660	373700
洛　宁　县 Luoning	24293	61789	6865	25070	429743	197963
伊　川　县 Yichuan	44756	103176	7515	31430	708897	341870
偃　师　市 Yanshi	44764	79949	2157	23665	522469	335670
平　顶　山　市 Pingdingshan						
宝　丰　县 Baofeng	30938	65136	6177	18694	447243	279215
叶　县 Yexian	38801	67999	7026	40428	692172	464272
鲁　山　县 Lushan	33420	80106	6740	39347	830508	463459
郏　县 Jiaxian	28953	66663	5691	25836	540924	349787
舞　钢　市 Wugang	53740	94002	5575	12442	220939	142739
汝　州　市 Ruzhou	54450	110000	7409	63331	915440	540128
安　阳　市 Anyang						
安　阳　县 Anyang	105605	121087	1877	29212	803801	521509
汤　阴　县 Tangyin	43247	73166	2977	17221	398576	263721
滑　县 Huaxian	60821	116184	5959	57240	1223889	725217
内　黄　县 Neihuang	26799	47149	2371	31532	752475	461928
林　州　市 Linzhou	69477	169152	5210	53020	846399	589333
鹤　壁　市 Hebi						
浚　县 Xunxian	37300	65700	6310	34109	631059	289000
淇　县 Qixian	33100	52600	2598	10607	239785	106900

27-13 续表1 continued

单位：人 (person)

县 市 County and city	城镇基本养老保险参保人数 Number of Persons in Basic Pension Insurance	城镇基本医疗保险参保人数 Number of Persons in Basic Medical Insurance	城镇居民最低生活保障人数 Number of Persons Receiving Lowest Cost-of-Living in Urban Area	农村居民最低生活保障人数 Number of Persons Receiving Lowest Cost-of-Living in Rural Area	新型农村合作医疗参保人数 Number of Persons Participated in the new rural cooperative medical	新型农村社会养老保险参保人数 Number of Persons Participated in the Rural Basic Pension Insurance
新 乡 市 Xinxiang						
新 乡 县 Xinxiang	47809	70592	853	11614	327204	183129
获 嘉 县 Huojia	31155	76276	3637	13701	362649	213507
原 阳 县 Yuanyang	34663	63800	5548	26909	505010	206541
延 津 县 Yanjin	31697	79532	10449	20539	406059	238891
封 丘 县 Fengqiu	27389	55375	6427	42361	702852	460925
长 垣 县 Changyuan	45136	96000	13761	30852	765117	471378
卫 辉 市 Weihui	48942	105600	6638	12827	364368	217066
辉 县 市 Huixian	74694	134852	775	15599	703295	450173
焦 作 市 Jiaozuo						
修 武 县 Xiuwu	137339	40916	2454	11477	208617	119538
博 爱 县 Boai	209372	71915	3331	13716	330295	209372
武 陟 县 Wuzhi	45789	75011	2864	22983	636962	349572
温 县 Wenxian	46093	63284	3025	13226	390992	248647
沁 阳 市 Qinyang	47678	85673	4717	16499	390340	228000
孟 州 市 Mengzhou	221148	56322	2300	13000	321619	221148
濮 阳 市 Puyang						
清 丰 县 Qingfeng	35073	85977	3699	32077	652731	335263
南 乐 县 Manle	32976	45700	1942	23502	501652	275800
范 县 Fanxian	33903	54000	2812	40831	499671	285563
台 前 县 Taiqian	16279	48950	1266	19707	353947	163548
濮 阳 县 Puyang	41137	87400	6722	52580	1061869	625623
许 昌 市 Xuchang						
许 昌 县 Xuchang	35882	50570	4175	8545	974165	481922
鄢 陵 县 Yanling	27371	36324	9439	21943	626976	374321
襄 城 县 Xiangcheng	29814	53608	2296	20321	746428	505814
禹 州 市 Yuzhou	78429	120411	7817	25695	1035348	707374
长 葛 市 Changge	64987	71617	1372	6227	624910	405752
漯 河 市 Luohe						
舞 阳 县 Wuyang	32601	99667	3635	40873	525653	308947
临 颍 县 Linying	13417	115392	2947	45882	644033	329038
三 门 峡 市 Sanmenxia						
渑 池 县 Mianchi	45582	101169	4327	14563	265079	146118
卢 氏 县 Lushi	18366	42046	3269	19690	331300	203702
义 马 市 Yima	62423	45100	7582		47611	29217
灵 宝 市 Lingbao	50928	108140	2901	27874	622278	426239
南 阳 市 Nanyang						
南 召 县 Nanzhao	31680	60133	6597	25682	570173	324000
方 城 县 Fangcheng	57756	95025	13561	59074	975372	565651
西 峡 县 Xixia	60289	86729	4768	19020	408543	215781

27-13 续表2 continued

单位：人 (person)

县 市 County and city	城镇基本养老保险参保人数 Number of Persons in Basic Pension Insurance	城镇基本医疗保险参保人数 Number of Persons in Basic Medical Insurance	城镇居民最低生活保障人数 Number of Persons Receiving Lowest Cost-of-Living in Urban Area	农村居民最低生活保障人数 Number of Persons Receiving Lowest Cost-of-Living in Rural Area	新型农村合作医疗参保人数 Number of Persons Participated in the new rural cooperative medical	新型农村社会养老保险参保人数 Number of Persons Participated in the Rural Basic Pension Insurance
镇平县 Zhenping	53412	105622	5721	41099	908533	562008
内乡县 Neixiang	48061	85300	4404	25281	629710	355806
淅川县 Xichuan	61745	109917	6784	40380	631373	302224
社旗县 Sheqi	54166	92423	8846	31057	659643	339784
唐河县 Tanghe	60671	112972	11789	59816	1218514	657789
新野县 Xinye	60470	94784	12920	29506	649449	408227
桐柏县 Tongbai	43367	81152	16876	23502	370971	195733
邓州市 Dengzhou	31795	165360	19223	59808	1510100	925000
商丘市 Shangqiu						
民权县 Minquan	37689	85230	8218	39346	835825	556360
睢县 Suixian	31258	65749	4679	40967	756346	452000
宁陵县 Ningling	26982	49163	9742	32456	581219	293686
柘城县 Zhecheng	28500	223600	10506	54366	892291	559130
虞城县 Yucheng	38710	113882	8662	49853	1048872	471230
夏邑县 Xiayi	39514	127281	10845	52484	1048259	731000
永城市 Yongcheng	82225	167151	6795	62155	1292577	827717
信阳市 Xinyang						
罗山县 Luoshan	32573	109755	13118	29979	633971	409577
光山县 Guangshan	40463	119246	10563	34480	725800	392216
新县 Xinxian	17374	34845	11889	16934	277949	270534
商城县 Shangcheng	31020	85399	8113	29258	655727	408034
固始县 Gushi	129800	101872	17695	67255	1466383	1341234
潢川县 Huangchuan	56300	130400	8885	33345	694600	377705
淮滨县 Huaibin	32898	114650	10285	29610	613000	358221
息县 Xixian	29928	107152	13520	54005	908306	437324
周口市 Zhoukou						
扶沟县 Fugou	23536	45156	8782	37698	637185	423963
西华县 Xihua	26655	98172	8157	46715	817902	429464
商水县 Shangshui	29806	105100	12245	60738	1061505	598680
沈丘县 Shenqiu	24418	154600	8555	55452	1106012	663001
郸城县 Dancheng	41507	117210	12247	65578	1268685	642616
淮阳县 Huaiyang	33000	150000	16694	72026	1227938	741351
太康县 Taikang	34247	148765	14731	70637	1366983	740986
鹿邑县 Luyi	33416	106660	11583	55669	1115656	560353
项城市 Xiangcheng	70200	226563	6174	25644	1066361	677560
驻马店市 Zhumadian						
西平县 Xiping	5757	81000	14388	32050	713000	512688
上蔡县 Shangcai	719000	32000	10844	69387	1207000	712000
平舆县 Pingyu	22364	131467	15867	39564	799876	548876
正阳县 Zhengyang	31184	115206	19886	43291	720314	443970
确山县 Queshan	22087	117711	4980	21000	438194	280000
泌阳县 Biyang	38181	121583	6558	37464	737848	489452
汝南县 Runan	31152	106538	17142	52106	690652	500652
遂平县 Suiping	26152	78665	9073	21722	447626	317000
新蔡县 Xincai	372977	81682	27538	52000	941023	499180

27-14 各市区主要统计指标(2015年)

Main Statistics indicators by District (2015)

单位：亿元 (100 million yuan)

区	District	常住人口(万人) Residents popolation (10 000 persons)	#城镇 Urban	城镇化率(%) Urban Proportion (%)	生产总值 Gross Domestic Product	第一产业 Primary Industry	第二产业 Secondary Industry	第三产业 Tertiary Industry	人均生产总值(元) Per Capita GDP (yuan)
郑州市	**Zhengzhou**								
中原区	Zhongyuan	99.90	90.12	90.21	547.06	1.36	215.05	330.65	55015
二七区	Erqi	78.14	69.67	89.16	464.43	0.46	86.25	377.72	60012
管城区	Guancheng	75.60	64.26	85.00	621.26	1.12	326.52	293.61	82608
金水区	Jinshui	174.16	158.47	90.99	1187.18	1.62	104.13	1081.43	68727
上街区	Shangjie	13.68	12.44	90.95	120.45	0.44	76.97	43.04	88263
惠济区	Huiji	28.60	20.33	71.10	106.49	5.93	46.18	54.38	37432
开封市	**Kaifeng**								
龙亭区	Longting	41.24	33.13	80.33	149.32	8.04	61.69	79.59	36824
顺河区	Shunhe	24.13	20.97	86.89	84.26	3.52	34.03	46.71	35257
鼓楼区	Gulou	14.95	14.24	95.22	64.58	1.74	13.37	49.47	43516
禹王台区	Yuwangtai	13.47	10.57	78.45	66.43	3.61	24.76	38.05	49516
祥符区	Xiangfu	66.85	22.24	33.27	216.17	52.22	78.14	85.80	32094
洛阳市	**Luoyang**								
老城区	Laocheng	19.27	17.88	92.80	68.43	1.60	16.46	50.38	35683
西工区	Xigong	35.95	33.54	93.29	288.11	0.30	102.63	185.18	80409
瀍河区	Chanhe	19.07	17.81	93.41	85.91	0.65	31.26	54.00	45168
涧西区	Jianxi	64.36	60.31	93.70	416.92	1.09	216.72	199.11	65415
吉利区	Jili	6.93	4.72	68.17	86.44	1.48	55.10	29.86	125022
洛龙区	Luolong	69.99	42.89	61.28	229.69	5.75	76.03	147.91	33252
平顶山市	**Pongdingshan**								
新华区	Xinhua	40.55	37.21	91.76	200.71	2.51	111.76	86.45	49625
卫东区	Weidong	31.60	30.47	96.40	113.20	0.99	48.33	63.89	35859
石龙区	Shilong	5.66	4.84	85.51	44.89	0.36	35.37	9.16	79365
湛河区	Zhanhe	29.98	23.35	77.88	107.99	2.84	54.38	50.76	36055
安阳市	**Anyang**								
文峰区	Wenfeng	47.62	36.21	76.03	147.30	4.25	46.28	96.77	31065
北关区	Beiguan	27.30	23.90	87.55	105.29	1.28	23.13	80.89	38770
殷都区	Yindu	26.64	23.14	86.88	131.73	1.21	69.81	60.72	49600
龙安区	Longan	22.71	13.18	58.05	139.91	2.08	111.87	25.96	61809
鹤壁市	**Hebi**								
鹤山区	Heshan	12.86	10.90	84.74	87.71	3.46	65.36	18.89	68323
山城区	Shancheng	23.80	20.60	86.54	107.76	2.42	81.58	23.76	45377
淇滨区	Qibin	29.02	21.43	73.84	148.36	6.22	73.31	68.84	51263

27-14 续表 1 continued

单位：亿元 (100 million yuan)

区	District	常住人口（万人）Residents popolation (10 000 persons)	#城镇 Urban	城镇化率(%) Urban Proportion (%)	生产总值 Gross Domestic Product	第一产业 Primary Industry	第二产业 Secondary Industry	第三产业 Tertiary Industry	人均生产总值（元）Per Capita GDP (yuan)
新乡市	**Xinxiang**								
红旗区	Hongqi	42.89	40.76	95.03	320.25	2.21	164.09	153.95	75728
卫滨区	Weibin	21.02	21.02	100.00	104.73	1.32	21.72	81.69	50666
凤泉区	Fengquan	15.44	8.77	56.77	84.85	3.03	33.87	47.95	55169
牧野区	Muye	33.30	31.94	95.92	142.28	2.49	69.82	69.96	42822
焦作市	**Jiaozuo**								
解放区	Jiefang	30.15	29.14	96.68	105.99	0.26	14.33	91.40	35237
中站区	Zhongzhan	10.57	6.73	63.62	55.92	0.57	36.80	18.55	53203
马村区	Macun	14.00	8.79	62.79	44.52	1.26	25.87	17.39	31304
山阳区	Shanyang	47.67	32.54	68.27	225.43	4.70	117.23	103.50	48944
濮阳市	**Puyang**								
华龙区	Hualong	70.86	53.96	76.15	364.30	18.43	166.08	179.79	51681
许昌市	**Xuchang**								
魏都区	Weidu	51.02	48.49	95.04	258.12	1.19	122.47	134.46	50741
漯河市	**Luohe**								
源汇区	Yuanhui	33.82	21.40	63.29	132.88	7.92	58.42	66.54	39549
郾城区	Yancheng	50.95	26.27	51.57	180.42	20.21	102.20	58.00	35564
召陵区	Zhaoling	49.27	23.31	47.31	280.72	21.23	215.43	44.06	57359
三门峡市	**Sanmenxia**								
湖滨区	Hubin	32.14	29.03	90.31	185.12	4.67	81.15	99.30	57589
陕州区	Shanzhou	34.68	14.93	43.05	161.27	20.17	74.93	66.17	46323
南阳市	**Nanyang**								
宛城区	Wancheng	90.59	53.46	59.02	307.56	28.07	138.78	140.70	34012
卧龙区	Wolong	93.99	55.84	59.41	359.36	21.40	123.41	214.55	38329
商丘市	**Shangqiu**								
梁园区	Liangyuan	88.15	44.48	50.46	191.66	29.24	85.77	76.65	22374
睢阳区	Suiyang	86.01	37.29	43.35	192.73	37.13	75.51	80.09	22481
信阳市	**Xinyang**								
浉河区	Shihe	66.52	43.14	64.86	243.38	33.34	89.63	120.41	36795
平桥区	Pingqiao	71.35	37.98	53.23	252.63	39.62	138.49	74.52	36123
周口市	**Zhoukou**								
川汇区	Chuanhui	71.50	42.41	59.31	195.78	8.57	96.71	90.50	27391
驻马店市	**Zhumadian**								
驿城区	Yicheng	95.03	60.78	63.96	304.26	27.02	145.83	131.42	32436

27-14 续表 2 continued

单位：亿元 (100 million yuan)

区	District	全社会固定资产投资 Total Investment in Fixed Assets	规模以上工业利税 Total Pre-tax Profits of Industry above Designated Size	社会消费品零售总额 Total Retail Sales of Consumer Goods	城镇居民人均可支配收入(元) Disposable Income of Urban Household (yuan)	农村居民人均可支配收入(元) Disposable Income of Rural Household (yuan)	一般公共预算收入 Public Financial Revenue of the Local Government	一般公共预算支出 Public Financial Expenditures of the Local Government
郑州市	**Zhengzhou**							
中原区	Zhongyuan	273.24	17.92	176.65	32069	18231	28.78	23.37
二七区	Erqi	407.56	11.36	393.59	33208	19340	30.69	28.07
管城区	Guancheng	300.02	99.21	259.08	31488	20589	22.96	25.08
金水区	Jinshui	468.33	4.57	673.22	36871	20643	55.11	47.79
上街区	Shangjie	139.49	18.90	47.63	36097	17857	12.03	16.29
惠济区	Huiji	168.84	2.95	108.14	27041	20079	12.51	13.92
开封市	**Kaifeng**							
龙亭区	Longting	38.71	0.60	39.75	24402	11863	6.45	11.52
顺河区	Shunhe	37.85	8.40	54.55	22963	11372	1.32	5.30
鼓楼区	Gulou	44.55	-0.20	114.66	24837	12076	1.75	3.40
禹王台区	Yuwangtai	49.24	3.15	46.60	23100	11677	1.86	4.07
祥符区	Xiangfu	189.41	44.30	68.68	19567	10169	8.52	26.50
洛阳市	**Luoyang**							
老城区	Laocheng	69.74	1.38	72.75	28568	11980	5.85	9.46
西工区	Xigong	166.30	13.66	277.62	32982	13368	15.38	16.19
瀍河区	Chanhe	81.55	0.50	80.01	29663	13765	5.27	7.49
涧西区	Jianxi	198.70	42.47	205.24	29670	15790	21.14	21.08
吉利区	Jili	37.67	46.24	22.22	33723	12958	4.90	6.83
洛龙区	Luolong	237.28	61.51	176.74	29192	12095	16.85	25.54
平顶山市	**Pongdingshan**							
新华区	Xinhua	125.02	0.22	126.60	26832	13962	7.27	7.54
卫东区	Weidong	81.27	10.08	139.04	27253	14925	5.51	7.48
石龙区	Shilong	8.23	-0.83	5.99	16086	13052	2.00	5.27
湛河区	Zhanhe	41.97	23.03	50.18	27218	14493	6.36	8.62
安阳市	**Anyang**							
文峰区	Wenfeng	130.73	2.58	71.88	29162	16004	7.64	9.35
北关区	Beiguan	78.68	0.55	87.21	26151	16131	5.70	7.66
殷都区	Yindu	47.24	0.01	51.90	29301	16149	3.55	7.06
龙安区	Longan	76.62	55.86	39.25	25085	13449	4.70	7.48
鹤壁市	**Hebi**							
鹤山区	Heshan	65.14	6.52	17.35	23635	12262	2.02	6.28
山城区	Shancheng	118.33	6.44	32.89	24856	13079	5.64	9.68
淇滨区	Qibin	105.61	2.07	48.00	26706	12040	10.27	14.86

27-14 续表 3 continued

单位：亿元 (100 million yuan)

区	District	全社会固定资产投资 Total Investment in Fixed Assets	规模以上工业利税 Total Pre-tax Profits of Industry above Designated Size	社会消费品零售总额 Total Retail Sales of Consumer Goods	城镇居民人均可支配收入（元）Disposable Income of Urban Household (yuan)	农村居民人均可支配收入（元）Disposable Income of Rural Household (yuan)	一般公共预算收入 Public Financial Revenue of the Local Government	一般公共预算支出 Public Financial Expenditures of the Local Government
新乡市	**Xinxiang**							
红旗区	Hongqi	130.83	62.82	86.69	27317	13761	7.41	9.41
卫滨区	Weibin	80.22	2.02	149.80	27189	——	3.35	4.95
凤泉区	Fengquan	39.37	5.15	15.00	24192	12311	3.23	4.19
牧野区	Muye	147.75	14.65	74.80	27836	14774	5.58	7.40
焦作市	**Jiaozuo**							
解放区	Jiefang	104.61	1.00	85.31	26367	——	6.71	8.37
中站区	Zhongzhan	58.55	3.70	7.85	21298	12671	3.82	5.98
马村区	Macun	53.73	3.30	15.62	21346	12687	2.79	5.46
山阳区	Shanyang	105.94	38.10	102.24	26350	13378	5.24	6.85
濮阳市	**Puyang**							
华龙区	Hualong	168.02	-58.81	123.54	27258	12275	12.02	13.64
许昌市	**Xuchang**							
魏都区	Weidu	147.63	42.49	151.83	26518	11379	9.20	11.53
漯河市	**Luohe**							
源汇区	Yuanhui	130.32	25.22	104.50	27401	14645	5.65	13.02
郾城区	Yancheng	171.85	49.77	88.28	26369	14204	6.22	19.00
召陵区	Zhaoling	250.07	130.85	57.88	25024	13761	3.34	16.27
三门峡市	**Sanmenxia**							
湖滨区	Hubin	111.01	6.37	95.40	24390	11969	7.26	8.82
陕州区	Shanzhou	276.81	7.49	41.60	22661	10043		
南阳市	**Nanyang**							
宛城区	Wancheng	296.44	29.59	133.24	27110	12615	7.97	24.80
卧龙区	Wolong	234.53	21.02	312.70	27316	12460	9.67	29.66
商丘市	**Shangqiu**							
梁园区	Liangyuan	130.48	11.06	183.79	24736	9264	9.01	29.08
睢阳区	Suiyang	188.01	12.65	107.50	23995	9289	8.89	33.39
信阳市	**Xinyang**							
浉河区	Shihe	240.64	17.79	143.55	23645	12205	10.35	24.30
平桥区	Pingqiao	305.67	36.79	118.29	23556	10737	6.57	27.52
周口市	**Zhoukou**							
川汇区	Chuanhui	128.05	41.08	121.57	22324	11741	3.89	12.25
驻马店市	**Zhumadian**							
驿城区	Yicheng	178.17	24.99	147.45	24619	9450	10.39	26.68

全国及各省、市、区主要统计指标

Main Indicators of the whole Nation and 31 Provinces (Municipality, Autonomous, Regions)

28-1 全国及各省市区人口、工资及投资(2015年)

Population, Wage and Investment by Provinces and Regions (2015)

地区 Region	常住人口(万人) Number of the resident population (10 000 persons)	在岗职工平均工资(元) Average Wage of Staff and Workers (yuan)	#国有经济 State-Owned Units	#城镇集体经济 Urban Collective Owned Units	固定资产投资(亿元) Investment in Fixed Assets (100 million yuan)	#房地产 Real Estate
全国 National	**137462**	**63241**	**67415**	**47638**	**551590.04**	**95978.85**
北京 Beijing	2171	113073	119046	49969	7446.02	4177.05
天津 Tianjin	1547	81486	97522	48366	11814.57	1871.55
河北 Hebei	7425	52409	54260	41830	28905.74	4285.27
山西 Shanxi	3664	52960	54952	44114	13744.59	1494.87
内蒙古 Inner Mongolia	2511	57870	62059	58679	13529.15	1081.05
辽宁 Liaoning	4382	53458	54738	35208	17640.37	3558.64
吉林 Jilin	2753	52927	57622	41936	12508.59	924.24
黑龙江 Heilongjiang	3812	51241	52163	40641	9884.28	992.15
上海 Shanghai	2415	109279	109779	65179	6349.39	3468.94
江苏 Jiangsu	7976	67200	82355	59629	45905.17	8153.68
浙江 Zhejiang	5539	67707	100167	55831	26664.72	7111.93
安徽 Anhui	6144	56974	63211	48391	23803.93	4424.86
福建 Fujian	3839	58719	73714	54201	20973.98	4469.61
江西 Jiangxi	4566	52137	58565	46734	16993.90	1520.10
山东 Shandong	9847	58197	70618	51178	47381.46	5892.16
河南 Henan	**9480**	**45920**	**50662**	**42058**	**34951.28**	**4818.93**
湖北 Hubei	5852	55237	60615	41152	26086.42	4249.23
湖南 Hunan	6783	53889	57308	41324	24324.17	2613.75
广东 Guangdong	10849	66296	78058	45436	29950.48	8538.47
广西 Guangxi	4796	54983	60239	42518	15654.95	1909.09
海南 Hainan	911	58406	64485	46771	3355.40	1704.00
重庆 Chongqing	3017	62091	74665	44318	14208.15	3751.28
四川 Sichuan	8204	60520	68686	49506	24965.56	4813.03
贵州 Guizhou	3530	62591	69068	69106	10676.70	2205.09
云南 Yunnan	4742	55025	64463	56245	13069.39	2669.01
西藏 Tibet	324	110980	120786	36219	1295.68	50.02
陕西 Shaanxi	3793	56896	57592	46528	18231.03	2494.29
甘肃 Gansu	2600	54454	59989	37625	8626.60	768.06
青海 Qinghai	588	61868	67095	46364	3144.17	336.00
宁夏 Ningxia	668	62482	66444	50872	3426.42	633.64
新疆 Xinjiang	2360	60914	59518	63811	10525.42	998.88
河南为全国% Henan as % of the Country	**6.9**	**72.6**	**75.1**	**88.3**	**6.3**	**5.0**
河南居全国位次 Order of Precedence of Henan in the Country	**3**	**31**	**31**	**22**	**3**	**5**

28-2 全国及各省市区生产总值(2015年)
Gross Domestic Product by Provinces and Regions (2015)

地区 Region	生产总值(亿元) Gross Domestic Products (100 million yuan)	第一产业 Primary Industry	第二产业 Secondary Industry	第三产业 Tertiary Industry	生产总值增速(上年=100) Growth Rate of GDP (preceding year=100)	第一产业 Primary Industry	第二产业 Secondary Industry	第三产业 Tertiary Industry
全国 National	**685506**	**60871**	**280560**	**344075**	**6.8**	**3.9**	**6.1**	**8.3**
北京 Beijing	23015	140	4543	18332	6.9	-10.8	3.3	8.1
天津 Tianjin	16538	209	7704	8625	9.3	2.5	9.2	9.6
河北 Hebei	29806	3439	14387	11980	6.8	2.6	4.7	11.2
山西 Shanxi	12766	783	5194	6789	3.1	1.0	-1.2	10.0
内蒙古 Inner Mongolia	17832	1617	9001	7214	7.7	3.0	8.0	8.1
辽宁 Liaoning	28669	2384	13042	13243	3.0	3.8	-0.3	7.2
吉林 Jilin	14063	1596	7006	5461	6.3	4.8	5.2	8.4
黑龙江 Heilongjiang	15084	2634	4798	7652	5.7	5.2	1.4	10.4
上海 Shanghai	25123	110	7991	17023	6.9	-13.6	1.2	10.6
江苏 Jiangsu	70116	3986	32044	34086	8.5	3.3	8.3	9.4
浙江 Zhejiang	42886	1833	19712	21342	8.0	1.5	5.3	11.3
安徽 Anhui	22006	2457	10947	8602	8.7	4.2	8.3	10.8
福建 Fujian	25980	2118	13065	10797	9.0	3.7	7.4	12.3
江西 Jiangxi	16724	1773	8412	6539	9.1	3.9	9.4	10.1
山东 Shandong	63002	4979	29486	28537	8.0	4.2	7.4	9.5
河南 Henan	**37002**	**4210**	**17917**	**14875**	**8.3**	**4.4**	**7.7**	**10.9**
湖北 Hubei	29550	3310	13504	12737	8.9	4.5	8.3	10.7
湖南 Hunan	28902	3332	12811	12760	8.5	3.6	7.3	11.2
广东 Guangdong	72813	3346	32614	36853	8.0	3.3	7.0	9.5
广西 Guangxi	16803	2565	7718	6520	8.1	3.9	8.2	9.6
海南 Hainan	3703	855	876	1972	7.8	5.4	6.5	9.6
重庆 Chongqing	15717	1150	7069	7498	11.0	4.7	11.3	11.5
四川 Sichuan	30053	3677	13248	13128	7.9	3.7	7.5	9.5
贵州 Guizhou	10503	1641	4148	4714	10.7	6.5	11.4	11.1
云南 Yunnan	13619	2056	5416	6147	8.7	5.9	8.6	9.6
西藏 Tibet	1026	98	376	552	11.0	3.7	15.7	8.9
陕西 Shaanxi	18022	1598	9082	7342	7.9	5.1	6.6	10.5
甘肃 Gansu	6790	954	2495	3341	8.1	5.4	7.4	9.7
青海 Qinghai	2417	209	1207	1001	8.2	5.1	8.4	8.6
宁夏 Ningxia	2912	238	1380	1294	8.0	4.6	8.5	7.9
新疆 Xinjiang	9325	1559	3596	4169	8.8	5.9	7.3	12.2
河南为全国% Henan as % of the Country	**5.4**	**6.9**	**6.4**	**4.3**				
河南居全国位次 Order of Precedence of Henan in the Country	**5**	**2**	**5**	**7**	**13**	**13**	**14**	**8**

注：生产总值按当年价格计算。生产总值指数按可比价格计算。
a) GDP in this table are calculated at current prices. The indices in this table are calculated at comparable prices.

28-3 全国及各省市区物价指数(2015年)

Price Indices by Provinces and Regions (2015)

(上年=100) (Preceding Year=100)

地区 Region	居民消费价格总指数 General Consumer Price Index	固定资产投资价格指数 Price Indices of Investment In Fixed Assets	农业生产资料价格指数 General Price Index of Agricultural Means of Production	工业生产者出厂价格指数 Ex-Factory Price Indices of Industrial Products	工业生产者购进价格指数 Purchasing Price Indices of Raw, Fuels and Power
全国 National	**101.4**	**98.2**	**100.4**	**94.8**	**93.9**
北京 Beijing	101.8	97.6		96.9	93.7
天津 Tianjin	101.7	99.9		90.3	92.4
河北 Hebei	100.9	98.0	99.8	89.1	90.3
山西 Shanxi	100.6	98.2	99.6	87.7	93.1
内蒙古 Inner Mongolia	101.1	98.0	98.7	94.0	95.9
辽宁 Liaoning	101.4	97.9	99.5	93.9	93.5
吉林 Jilin	101.7	97.6	100.2	95.3	96.6
黑龙江 Heilongjiang	101.1	99.0	101.3	86.0	88.2
上海 Shanghai	102.4	97.0		96.1	90.6
江苏 Jiangsu	101.7	96.2	99.6	95.3	92.1
浙江 Zhejiang	101.4	97.4	100.9	96.4	94.5
安徽 Anhui	101.3	96.9	101.6	93.9	93.5
福建 Fujian	101.7	98.3	101.4	97.0	96.1
江西 Jiangxi	101.5	96.8	101.4	93.7	93.6
山东 Shandong	101.2	97.7	99.3	95.2	95.0
河南 Henan	**101.3**	**97.6**	**100.3**	**95.4**	**95.4**
湖北 Hubei	101.5	99.4	100.4	96.7	92.8
湖南 Hunan	101.4	100.4	104.1	96.3	94.5
广东 Guangdong	101.5	99.0	101.2	96.8	95.3
广西 Guangxi	101.5	98.8	100.9	97.0	95.7
海南 Hainan	101.0	99.4	101.6	89.8	88.5
重庆 Chongqing	101.3	98.2		97.2	97.1
四川 Sichuan	101.5	97.9	101.5	96.4	96.7
贵州 Guizhou	101.8	98.4	103.1	96.1	97.5
云南 Yunnan	101.9	99.1	101.1	94.9	96.9
西藏 Tibet	102.0		99.7	93.2	
陕西 Shaanxi	101.0	98.8	100.6	90.8	95.2
甘肃 Gansu	101.6	97.7	98.6	87.0	87.0
青海 Qinghai	102.6	98.2	100.8	93.1	97.7
宁夏 Ningxia	101.1	97.5	98.7	93.7	92.1
新疆 Xinjiang	100.6	98.3	98.6	82.4	84.3
河南居全国位次 Order of Precedence of Henan in the Country	**20**	**22**	**16**	**12**	**10**

28-4 全国及各省市区城乡居民收支(2015年)

Income and Expenditure of Urban and Rural Residents by Provinces and Regions (2015)

单位：元 (yuan)

地 区	Region	居民人均可支配收入 Per Capita Annual Disposable Income	城镇居民 Urban Households	农村居民 Rural Households	居民人均消费支出 Per Capita consumption expenditures	城镇居民 Urban Households	农村居民 Rural Households
全 国	**National**	**21966**	**31195**	**11422**	**15712**	**21392**	**9223**
北 京	Beijing	48458	52859	20569	33803	36642	15811
天 津	Tianjin	31291	34101	18482	24162	26230	14739
河 北	Hebei	18118	26152	11051	13031	17587	9023
山 西	Shanxi	17854	25828	9454	11729	15819	7421
内 蒙 古	Inner Mongolia	22310	30594	10776	17179	21876	10637
辽 宁	Liaoning	24576	31126	12057	17200	21557	8873
吉 林	Jilin	18684	24901	11326	13764	17973	8783
黑 龙 江	Heilongjiang	18593	24203	11095	13403	17152	8391
上 海	Shanghai	49867	52962	23205	34784	36946	16152
江 苏	Jiangsu	29539	37173	16257	20556	24966	12883
浙 江	Zhejiang	35537	43714	21125	24117	28661	16108
安 徽	Anhui	18363	26936	10821	12840	17234	8975
福 建	Fujian	25404	33275	13793	18850	23520	11961
江 西	Jiangxi	18437	26500	11139	12403	16732	8486
山 东	Shandong	22703	31545	12930	14578	19854	8748
河 南	**Henan**	**17125**	**25576**	**10853**	**11835**	**17154**	**7887**
湖 北	Hubei	20026	27051	11844	14316	18192	9803
湖 南	Hunan	19317	28838	10993	14267	19501	9691
广 东	Guangdong	27859	34757	13360	20976	25673	11103
广 西	Guangxi	16873	26416	9467	11401	16321	7582
海 南	Hainan	18979	26356	10858	13575	18448	8210
重 庆	Chongqing	20110	27239	10505	15140	19742	8938
四 川	Sichuan	17221	26205	10247	13632	19277	9251
贵 州	Guizhou	13697	24580	7387	10414	16914	6645
云 南	Yunnan	15223	26373	8242	11005	17675	6830
西 藏	Tibet	12254	25457	8244	8246	17022	5580
陕 西	Shaanxi	17395	26420	8689	13087	18464	7901
甘 肃	Gansu	13467	23767	6936	10951	17451	6830
青 海	Qinghai	15813	24542	7933	13611	19201	8566
宁 夏	Ningxia	17329	25186	9119	13816	18984	8415
新 疆	Xinjiang	16859	26275	9425	12867	19415	7698
河南为全国%	Henan as % of the Country	**78.0**	**82.0**	**95.0**	**75.3**	**80.2**	**85.5**
河南居全国位次	Order of Precedence of Henan in the Country	**24**	**24**	**17**	**25**	**25**	**24**

注：从2013年起，国家统计局开展了城乡一体化住户收支与生活状况调查，本表数据来源于此调查，与以前年份城乡住户调查的调查范围、调查方法、指标口径有所不同。

a)Since 2013, the national bureau of statistics was carried out survey of The integration of urban and rural residents income and life condition, data in this table from the survey, and the investigation, investigation method, index diameter is different.

28-5 全国及各省市区主要农产品产量(2015年)

Output of Major Farm Products by Provinces and Regions (2015)

单位：万吨 (10 000 tons)

地区	Region	粮食 Grain	棉花 Cotton	油料 Oil-bearing Crops	水果(含果用瓜) Fruits(include fruit with melon)	肉类 Meat	奶类 Milk
全国	**National**	**62143.50**	**560.34**	**3536.98**	**27375.00**	**8625.00**	**3870.30**
北京	Beijing	62.60	0.01	0.57	87.94	36.40	57.20
天津	Tianjin	181.70	2.56	0.42	62.69	45.80	68.00
河北	Hebei	3363.80	37.34	151.54	2117.19	462.50	480.90
山西	Shanxi	1259.60	1.45	15.30	842.57	85.60	92.70
内蒙古	Inner Mongolia	2827.00	0.02	193.58	296.74	245.70	812.20
辽宁	Liaoning	2002.50	0.02	46.12	882.02	429.40	142.60
吉林	Jilin	3647.00		76.42	208.97	261.10	52.80
黑龙江	Heilongjiang	6324.00		18.34	213.46	228.70	574.40
上海	Shanghai	112.10	0.04	1.18	61.54	20.30	27.70
江苏	Jiangsu	3561.30	11.69	143.11	914.78	369.40	59.60
浙江	Zhejiang	752.20	1.99	31.35	740.86	131.10	16.50
安徽	Anhui	3538.10	23.37	227.85	1029.80	419.40	30.60
福建	Fujian	661.10	0.01	30.67	837.05	216.60	15.40
江西	Jiangxi	2148.70	11.52	123.96	663.42	336.50	13.00
山东	Shandong	4712.70	53.69	324.10	3218.61	774.00	284.90
河南	**Henan**	**6067.10**	**12.64**	**599.74**	**2665.10**	**711.10**	**352.30**
湖北	Hubei	2703.30	29.76	339.60	966.26	433.30	16.90
湖南	Hunan	3002.90	14.46	242.89	981.04	540.10	9.70
广东	Guangdong	1358.10		110.34	1648.53	424.20	12.90
广西	Guangxi	1524.80	0.25	64.68	1720.02	417.30	10.10
海南	Hainan	184.00		11.26	405.93	78.00	0.20
重庆	Chongqing	1154.90		59.87	375.95	213.80	5.40
四川	Sichuan	3442.80	0.98	307.55	934.19	706.80	67.50
贵州	Guizhou	1180.00	0.12	101.34	224.90	201.90	6.20
云南	Yunnan	1876.40	0.01	65.92	726.54	378.30	62.50
西藏	Tibet	100.30		6.40	1.49	28.00	35.00
陕西	Shaanxi	1226.80	3.86	62.66	1930.90	116.20	189.90
甘肃	Gansu	1171.10	4.25	71.57	678.99	96.30	39.90
青海	Qinghai	102.70		30.48	3.60	34.70	32.70
宁夏	Ningxia	372.60		15.25	298.94	29.20	136.50
新疆	Xinjiang	1521.30	350.30	62.88	1635.02	153.20	163.80
河南为全国%	**Henan as % of the Country**	**9.8**	**2.3**	**17.0**	**9.7**	**8.2**	**9.1**
河南居全国位次	**Order of Precedence of Henan in the Country**	**2**	**7**	**1**	**2**	**2**	**4**

28-6 全国及各省市区规模以上工业主要统计指标(2015年)

Main Indicators of Enterprises Above Designed Size by Provinces and Regions (2015)

地区 Region	原油 (万吨) Crude Oil (10 000 tons)	发电量 (亿千瓦小时) Electricity (100 million kwh)	原煤 (万吨) Coal (10 000 tons)	成品钢材 (万吨) Steel (10 000 tons)	水泥 (万吨) cement (10 000 tons)	农用化肥 (万吨) Chemical Fertilizers (10 000 tons)	增加值指数 (上年=100) Indices of Value-Added of Industry (Preceding=100)
全国 National	**21474**	**56184**	**368485**	**112350**	**234796**	**7627**	**106.1**
北京 Beijing		417	450	175	554		101.0
天津 Tianjin	3497	622		8186	778	13	109.3
河北 Hebei	580	2487	7437	25244	9073	216	104.4
山西 Shanxi		2435	94410	4267	3565	465	97.2
内蒙古 Inner Mongolia	46	3686	90580	1897	5807	293	108.6
辽宁 Liaoning	1037	1627	4635	6322	4543	65	95.2
吉林 Jilin	665	711	2622	1153	3585	57	105.3
黑龙江 Heilongjiang	3839	870	6322	404	3021	49	100.4
上海 Shanghai	7	793		2203	434	2	100.2
江苏 Jiangsu	191	4352	1919	13561	18014	204	108.3
浙江 Zhejiang		2905		4048	11287	35	104.4
安徽 Anhui		2034	13404	3335	13085	310	108.6
福建 Fujian		1765	1532	2821	7746	52	108.7
江西 Jiangxi		843	2090	2578	9438	141	109.2
山东 Shandong	2627	4651	14217	9003	15174	618	107.5
河南 Henan	**412**	**2615**	**13548**	**4767**	**16566**	**562**	**108.6**
湖北 Hubei	71	2301	758	3421	11289	1408	108.6
湖南 Hunan		1215	3465	1951	11614	108	107.8
广东 Guangdong	1573	3900		3271	14490	71	107.2
广西 Guangxi	51	1228	402	3545	11059	110	107.9
海南 Hainan	30	245		35	2225	64	105.1
重庆 Chongqing		645	3478	1411	6799	215	110.8
四川 Sichuan	15	2970	6356	2703	14041	497	107.9
贵州 Guizhou		1741	16763	463	9910	582	109.9
云南 Yunnan		2352	4590	1695	9305	334	106.7
西藏 Tibet		36		3	468		114.6
陕西 Shaanxi	3737	1594	52224	1656	8580	187	107.0
甘肃 Gansu	67	1139	4390	848	4764	47	106.8
青海 Qinghai	223	537	805	114	1745	520	107.6
宁夏 Ningxia	13	1097	7443	202	1743	82	107.8
新疆 Xinjiang	2795	2370	14643	1071	4099	320	105.2
河南为全国% Henan as % of the Country	**1.9**	**4.7**	**3.7**	**4.2**	**7.1**	**7.4**	
河南居全国位次 Order of Precedence of Henan in the Country	**10**	**7**	**7**	**6**	**2**	**4**	**7**

28-7 全国及各省市区贸易外经和财政主要指标(2015年)

Main Indicators of Internal and Foreign Trade、Government Finance by Provinces and Regions (2015)

地 区	Region	社会消费品零售总额(亿元) Total Retail Sales of Consumer Goods (100 million yuan)	进出口贸易总额(亿元) Total Value of Imports (100 million yuan)	#出口 Total Value of Exports	公共财政预算收入(亿元) Public Financial Revenueof theLocal Government (100 million yuan)	公共财政预算支出(亿元) Public Financial Expenditures oftheLocal Government (100 million yuan)
全 国	**National**	**300930.8**	**245740.54**	**141255.23**	**82982.7**	**150218.8**
北 京	Beijing	10338.0	19839.80	3395.46	4723.9	5751.4
天 津	Tianjin	5257.3	7097.40	3175.21	2667.0	3233.0
河 北	Hebei	12990.7	3192.38	2042.06	2648.5	5593.2
山 西	Shanxi	6033.7	913.99	523.34	1642.2	3443.4
内 蒙 古	Inner Mongolia	6107.7	790.45	350.30	1963.5	4293.4
辽 宁	Liaoning	12787.2	5951.29	3143.50	2125.6	4461.8
吉 林	Jilin	6651.9	1176.18	288.63	1229.3	3217.1
黑 龙 江	Heilongjiang	7640.2	1300.16	496.34	1165.2	4022.1
上 海	Shanghai	10131.5	27907.49	12165.55	5519.5	6191.6
江 苏	Jiangsu	25876.8	33870.53	21022.03	8028.6	9681.5
浙 江	Zhejiang	19784.7	21562.16	17170.18	4809.5	6645.6
安 徽	Anhui	8908.0	2983.17	2008.35	2454.2	5233.2
福 建	Fujian	10505.9	10511.00	7013.24	2544.1	3995.8
江 西	Jiangxi	5925.5	2632.75	2052.16	2165.5	4419.9
山 东	Shandong	27761.4	15018.64	8952.99	5529.3	8249.9
河 南	**Henan**	**15740.4**	**4600.19**	**2684.03**	**3009.6**	**6806.5**
湖 北	Hubei	14003.2	2838.42	1816.75	3005.4	6094.2
湖 南	Hunan	12024.0	1823.34	1187.88	2515.8	5657.3
广 东	Guangdong	31517.6	63554.52	39979.91	9364.8	12801.6
广 西	Guangxi	6348.1	3190.31	1739.86	1515.1	4069.4
海 南	Hainan	1325.1	868.62	232.36	627.7	1241.5
重 庆	Chongqing	6424.0	4615.49	3417.03	2155.1	3793.8
四 川	Sichuan	13877.7	3190.22	2056.45	3349.2	7506.7
贵 州	Guizhou	3283.0	761.22	618.56	1503.3	3930.2
云 南	Yunnan	5103.2	1522.27	1030.65	1808.1	4712.9
西 藏	Tibet	408.5	56.55	36.24	137.1	1383.9
陕 西	Shanxi	6578.1	1895.66	918.52	2059.9	4375.5
甘 肃	Gansu	2907.2	496.79	361.25	743.9	2964.6
青 海	Qinghai	691.0	119.86	101.76	267.1	1505.4
宁 夏	Ningxia	789.6	234.40	184.12	373.7	1138.2
新 疆	Xinjiang	2606.0	1225.27	1090.52	1331.0	3804.3
河南为全国%	**Henan as % of the Country**	**5.2**	**1.9**	**1.9**	**3.6**	**4.5**
河南居全国位次	**Order of Precedence of Henan in the Country**	**5**	**11**	**11**	**8**	**5**

注：财政收支为地方本级收支，数据来源于《中国统计提要-2016》。
a)Government revenue and expenditures is corresponding level.Data from China statistical abstract - 2016.

28-8 全国及各省市区教育、卫生情况(2015年)

Main Indicator on Education and Public Health by Provinces and Regions (2015)

地 区	Region	在校学生数(万人) Student Enrollment (10 000 persons)			卫生机构数(个) Health Care Institutions (unit)	卫生机构床位数(张) Number of Beds in Health Institutions (unit)	执业(助理)医师数(人) Doctors (person)
		普通高等学校 Institutions of Higher Education	普通中学 Regular Secondary Schools	小学 Primary Schools			
全国	**National**	**2625**	**6686**	**9692**	**983528**	**7015220**	**3039135**
北京	Beijing	60	45	85	9771	111555	85232
天津	Tianjin	51	43	60	5223	63693	35871
河北	Hebei	118	352	596	78594	342096	166881
山西	Shanxi	74	192	227	41002	183209	90216
内蒙古	Inner Mongolia	42	110	131	23886	133892	64238
辽宁	Liaoning	101	165	200	35236	266986	104552
吉林	Jilin	63	100	128	20612	144500	67245
黑龙江	Heilongjiang	74	145	148	20752	212590	82708
上海	Shanghai	51	57	80	5016	122813	62983
江苏	Jiangsu	172	285	500	31925	413612	189216
浙江	Zhejiang	99	225	357	31137	272509	158056
安徽	Anhui	113	304	423	24853	267405	107792
福建	Fujian	76	176	288	27921	173007	77984
江西	Jiangxi	98	269	422	38557	197837	76807
山东	Shandong	190	480	675	77259	519372	237118
河南	**Henan**	**177**	**599**	**937**	**71397**	**489621**	**198616**
湖北	Hubei	141	224	336	36179	343147	135997
湖南	Hunan	118	330	489	62646	396950	150840
广东	Guangdong	186	561	869	48320	435666	228539
广西	Guangxi	75	283	440	34439	214485	91585
海南	Hainan	18	50	77	5046	38698	19002
重庆	Sichuan	72	158	207	19806	176549	60973
四川	Chongqing	139	393	542	80109	488755	181480
贵州	Guizhou	50	296	346	28712	196422	63384
云南	Yunnan	61	268	378	24181	237597	79567
西藏	Tibet	3	18	29	6814	14013	6213
陕西	Shaanxi	110	188	233	37030	211885	79496
甘肃	Gansu	45	154	180	27799	127743	49610
青海	Qinghai	6	33	45	6223	34546	13791
宁夏	Ningxia	12	43	58	4288	33804	15860
新疆	Xinjiang	30	141	205	18798	150263	57283
河南为全国% Henan as % of the Country		**6.7**	**9.0**	**9.7**	**7.3**	**7.0**	**6.5**
河南居全国位次 Order of Precedence of Henan in the Country		**3**	**1**	**1**	**4**	**2**	**3**